布莱克维尔法律与社会指南

社会思想译丛
丛书主编/沈明

根据Blackwell Publishing Ltd. 2004年版本翻译

布莱克维尔
法律与社会指南

【美】奥斯汀·萨拉特 编

高鸿钧 刘 毅 危文高
吕亚萍 秦士君 赖骏楠 译

The Blackwell
Companion to Law
and Society

edited by Austin Sarat

This edition is published by arrangement with **Blackwell Publishing Ltd,Oxford**.

Translated by **Peking University Press** from the original English language version.

Responsibility of the accuracy of the translation rests solely with the **Peking University Press** and is not the responsibility of **Blackwell Publishing Ltd**.

献给我的儿子本杰明,我可爱的小王子

目　录

译者前言　　　　　　　　　　　　　　　　　　　　　　1
译者简介　　　　　　　　　　　　　　　　　　　　　　1
前　言　　　　　　　　　　　　　　　　　　　　　　　1
作者介绍　　　　　　　　　　　　　　　　　　　　　　1

导　论　片段化中的活力:后现实主义法律与社会研究的涌现
　　　奥斯汀·萨拉特／著　高鸿钧／译　　　　　　　　1

第一编　法律与社会研究的历史和意义

1. 社会理论中的法律和法律研究中的社会理论
　　　罗杰·科特雷尔／著　高鸿钧／译　　　　　　　　15
2. 职业、科学和文化:一种新出现的法律与社会研究的传统
　　　卡洛尔·赛隆、苏珊·希尔贝／著　高鸿钧／译　　32

第二编　法律的文化生命

3. 权利的作用和权利的运用:一种批判的实证进路
　　　劳拉·贝斯·尼尔森／著　赖骏楠／译　　　　　　67

4. 意识与意识形态
   帕特丽夏·埃维克／著　赖骏楠／译　　　　　　　　86
5. 大众文化中的法律
   理查德·K.舍温／著　赖骏楠／译　　　　　　　　101
6. 比较法律文化
   戴维·奈尔肯／著　高鸿钧／译　　　　　　　　121

第三编　制度与行动者

7. 警察与警务
   让妮娜·贝尔／著　刘毅／译　　　　　　　　139
8. 职业权力：律师与职业权威的建构
   泰妮娜·罗斯坦／著　刘毅／译　　　　　　　　154
9. 法院与法官
   李·爱泼斯坦、杰克·奈特／著　刘毅／译　　　　　　　　180
10. 陪审员与陪审团
    瓦勒莉·P.汉斯、尼尔·威德玛／著　刘毅／译　　　　　　　　208
11. 规制者与规制过程
    罗伯特·A.卡根／著　刘毅／译　　　　　　　　227
12. 私人组织的法律生活
    劳伦·B.埃德尔曼／著　刘毅／译　　　　　　　　248

第四编　政策诸领域

13. 变革社会中的家庭法律规制
    苏珊·B.博伊德／著　吕亚萍／译　　　　　　　　275
14. 文化、"文化斗争"及其他：抵制性法学下的反歧视原则
    弗朗西斯科·瓦尔德斯／著　吕亚萍／译　　　　　　　　293
15. 风险治理
    帕特·奥马利／著　吕亚萍／译　　　　　　　　316

16. 反思刑事司法：社会-法律专业知识与美国刑事司法的现代化
    乔纳森·西蒙／著　吕亚萍／译　　334
17. 阶级阴影下的权利：贫困、福利与法律
    弗兰克·芒格／著　吕亚萍／译　　358
18. 移民
    苏珊·斯蒂莱特／著　危文高／译　　385
19. 商品文化、私人审查、品牌环境与全球贸易政治：法律与社会研究中的知识产权问题
    罗斯玛丽·J.库姆／著　危文高／译　　401
20. 法律范畴化与宗教：论现代性政治、实践、信仰与权力
    加德·巴茨莱／著　危文高／译　　426
21. 社会科学在法律裁决中的作用
    乔纳森·约维尔　伊丽莎白·梅茨／著　危文高／译　　446

第五编　法律如何重要

22. 程序正义
    汤姆·R.泰勒／著　高鸿钧／译　　473
23. 两种不同风格的叙事：法律与社会研究同批判种族理论关于现实与理想之间联系的论述
    劳拉·E.戈麦兹／著　秦士君／译　　492
24. 身份的构成：性别、女权主义法律理论及法律与社会运动
    尼克拉·莱西／著　秦士君／译　　512
25. 法律与社会研究中的性征
    莱斯利·J.莫兰／著　秦士君／译　　529
26. 法律与社会运动
    米歇尔·麦坎恩／著　高鸿钧／译　　551
27. "不吠之犬"：社会-法律研究关于法律、民主和选举的叙事
    斯图亚特·A.施因古尔德／著　高鸿钧／译　　569

第六编　全球化研究：过去、现在与未来

28. 法律民族学
　　伊夫·达里安-斯密斯／著　高鸿钧／译　　　　　　591
29. 殖民法与后殖民法
　　萨利·恩格尔·默里／著　高鸿钧／译　　　　　　617
30. 人权
　　利萨·哈嘉／著　高鸿钧／译　　　　　　　　　　639
31. 全球时代的法治与经济发展
　　凯瑟琳·亨德利／著　高鸿钧／译　　　　　　　　657
32. 21世纪的经济全球化与法律
　　弗朗西斯·斯奈德／著　高鸿钧／译　　　　　　　678

索　引　　　　　　　　　　　　　　　　　　　　　　697
译后记　　　　　　　　　　　　　　　　　　　　　　743

译者前言

刚想从译事中抽身,潜心阅读和思考,一见英文版《布莱克维尔法律与社会指南》(以下简称《指南》),便如决心戒毒的瘾君子面对"欲仙白粉",跃跃欲试,想把这部著作从蝌蚪文倒腾成方块字。

《指南》除了一篇简短的编者前言,汇集文章33篇,第一篇文章是编者萨拉特撰写的全书导言。其余32篇分为六编。第一编,法律与社会研究的历史与意义;第二编,法律的文化生命;第三编,制度与行动者;第四编,政策诸领域;第五编,法律如何重要;第六编,全球化研究:过去、现在与未来。仅仅从上述编名,就可以发现本《指南》涉及内容之广,承载信息之多。

《指南》的作者来自不同的国家和不同的文化背景。他们在专业上涉及法学、政治学、社会学、人类学以及心理学等诸多学科,在旨趣上都尝试探索法律与社会的关联与互动,因而都属于法律与社会研究领域的学者。这些作者在本《指南》的名下集结起来,以百科全书的体例,从不同视角对于法律与社会研究进行描述和总结。他们梳理了各个具体领域的核心议题、代表人物、主要方法以及重要文献,指出了在不同领域所取得的进展和成就,并简要评价了各种研究进路和各家观点的得失。总体而言,《指南》回顾了法律与社会研究的起源和发展历程,指出了它的现状及其面临的问题和挑战,并预言了它的未来走向与趋势。从性质上讲,这部《指南》更类似学术史之作,是对"研究"的研究,对"观察"的观察,它便于读者把握法律与社会研究领域的总体状况和具体进展,从而为读者了解和研究相关问题提供一般的指导。

法律与社会研究继承了法的社会理论传统,借鉴了美国法律现实主义的遗产,运用了法律社会学的实证方法,由此形成了自己独特的研究风格和传统,并形成了一个跨学科的研究领域和跨领域的学科。这个研究领域的主要特色是尝试超越法律专业的思维,意在从其他学科的视野观察法律,或从多学科结合中探索法律与社会的互动;尝试超越法律的书本之维,努力探索法律的行动之维,并致力于发掘法律的意义之维;尝试超越国家法或国际法的视野,密切关注国家之下和国家之上的非国家法。

《指南》重"述"而不重"作"，着力展示特定研究领域的方法多元性和观点多样性。而作者的不同文化和学科背景以及他们的不同立场，无疑会展现《指南》的多元和多样特色。例如，就法律的命意和旨向而言，《指南》就展示了多元的张力：法律既是强者的压迫工具，又是弱者的反抗武器；既是规训的权力话语，又是交往的沟通媒介；既是地方规则的体现，又是普世价值的载体。在民主问题上，《指南》也展现了多元的视角，即通过类型化的方式，把西方的民主分为自由型民主、社会型民主以及解放型民主。总之，《指南》所展示的多元和多样特点有助于读者开阔视野，避免简单的线性思维。

重视法律的实证研究，固然可以弥补偏重法学理论研究的不足，有助于揭示法律实践的运作效果，而不是满足于法律理论的应然逻辑。但迷信实证研究，崇拜量化分析，也是一种偏颇。这种以科学面貌出现的法律实证研究，在当代美国特别流行，而法律与社会研究在那里也特别自然兴旺发达。读者不难发现，《指南》的作者绝大多数来自美国，评论中所涉及的文献也主要是英文著作。另外，《指南》虽然把美国以外的西方世界乃至非西方世界纳入了自己视野，例如第六编对法律全球化的研究，就突显了全球的视野，但美国问题仍然是其内容的重中之重。当然，与15年前的同类著作《法律与社会科学》相比，《指南》不仅篇幅增加了3倍，女性作者从3位增至19位，而且美国以外的作者也从1位增加到9位，这些改进反映了法律与社会研究的视野已经大为扩展，变得更加具有包容性。

对于本书的是非得失及其对中国法治与法学的借鉴意义，我不想多加议论，而愿意留给读者去判断和评说。现在回到开头的话题，承接本书的翻译，兴奋之余，遂感到不可承受之重。于是联络同道，网罗译人，刘毅、危文高、吕亚萍、秦士君和赖骏楠五员大将，在我的软硬兼施之下相继"入伙"。刘毅博士除了承担其中的翻译任务，还协助我筹划和联络译事，并与我一道负责统审全书译稿。他还主动承担了作者介绍和索引的翻译。清样排出后，吕亚萍以职业编辑的手眼，对照原文审读了全部译文，纠正了许多错误，改进了译文质量。赖骏楠在译事上也出力不少。凡是染指这类事务的同仁，都深知其事何等繁琐和辛劳，多么需要细心和耐力。在本书付梓之日，我对他们以及其他几位译者的合作与支持深表谢意。沈明把本书推荐给我，鼓励我负责译事，并费心联络出版事宜；北大出版社的蒋浩先生对本书的出版给予了热情支持，姜雅楠女士在编辑中付出了艰辛的劳动。在此向他们特致谢忱。

面对本书广泛的内容、复杂的知识背景以及独特的专业词语，我们深感力不从心，译文中舛误和不周之处在所难免，我们殷望读者批评指正。"洞房昨夜停红烛，待晓堂前拜舅姑。装罢低声问夫婿，画眉深浅入时无？"唐人朱庆馀的这首诗，或许可以作为我们心情的写照。

高鸿钧
2010年12月20日

译者简介

高鸿钧 清华大学法学院教授。

刘　毅 法学博士,北京理工大学法学院教师。

危文高 法学博士,烟台大学法学院教师。

吕亚萍 北京大学法学院2009级博士研究生。

秦士君 清华大学法学院2006级法理学硕士。

赖骏楠 北京大学法学院2010级博士研究生。

前　言

　　不难想象,有幸接受邀请从"法律与社会"这样广泛的领域中选编出一部"指南",既令人兴奋又使人望而生畏。承接这项任务为考察这个领域提供了良机,加深了我对这个领域及其诸多优秀学者的认知。故而,编辑本书就是一个重新学习的过程。但是,这个领域的范围之广泛和知识之多样,对我构成了实质性挑战。如何取舍其中的内容?如何展现法律与社会研究这个学术共同体深厚的理论、丰富的方法以及广阔的视野?

　　所有这一切都构成了巨大挑战。尽管难于选择,遗漏在所难免,且各家意见纷纭,但我略感欣慰的是,《布莱克维尔法律与社会指南》在为该领域提供指导方面,能尽绵薄之力。实际上,本书中三十余篇文章足以构成对该领域现状的良好介绍。这些文章的作者虽然从事同类工作,但是他们都按照自己的方式各陈己见。读者虽然会发现他们的阐释各具特色,但也会发现这些阐释存有共同之处。把这些文章汇集成书,可以展现法律与社会研究领域的演进历史和知识现状,并可以指明它未来富有成果的发展取向。

　　本书虽然突出展示了法律与社会研究的多样性和片段化,然而,一旦它们汇编成书,就自然难免使特殊的知识、问题和文本"形成传统"(canonization)。这不可避免,且在某种程度上也不无益处。形成传统有助于我们达成共识,也可为人们的争论提供一个富有意蕴的场域。作为一部形成传统的作品,入选文章的作者虽然会感到愉悦,但对于那些寻求提出新范式或仅仅想要证明学术勇气的人们来说,这些作品将成为永久的靶子。一种学术传统可以成为一种重要的共享知识体系,任何法律与社会研究领域训练有素的学者,不管从事的具体研究领域和专门关注的问题是什么,都必须知道哪些文献属于必读作品。

　　学术传统关涉学术的质量,人们通过确认共同的学术旨趣,得以界定自己所属的群体,这种旨趣使得学者潜入了法律与社会研究领域中许多(如果说不是全部)问题的核心,孜孜不倦地进行探索。这种学术传统包含着读者对我们的希求,这要求我们在阅读范围上超越狭窄的专业知识视野,并熟知自己十分不喜欢的理论和方法。

作为学科化(disciplinization)(一个很别扭的词)的拥护者,我赞成杰克·巴尔金(Jack Balkin)和桑福德·列文森(Sanford Levinson)的观点:"每个学科因其为学科,自有一种学术传统、标准的文本、方法、问题、事例或故事,成员反复利用和援引它们,而它们有助于界定一个学科之为学科。"他们还指出:"如果法律研究是一个学科,它也必须有其学术传统及其学术传统的意识"(参见本书第3章,p.31)。在我看来,一个学科更多的是指一套共享的对话体系或共享的读者共同体,而不是一套共享的方法和理论(根据这种定义,实际上几乎没有几个学科)。对于我们中的每个人来说,学术传统确立了起码的叙事"语法",我们如果要讨论法律与社会问题,并得到他人的承认,就必须熟悉这种"语法"。在这个意义上,学术传统提供了一种界定学科的横向纽带,从而可以把一种智识探索区别于另一种智识探索。学术传统的边界虽然如同语法的边界,处于移动、流动并存有争议的状态,但是没有学术传统,就几乎无法进行可理解的对话。

不过,学术传统也提供了一种纵向的或历史的关联,即前代对后代表达思想的一种方式。好的父母必须(或者理应)教会他们的子女如何在世间生存,这种教导既可以成为维持稳定的源泉,也可以成为反叛的动力,一个学科也是如此,前辈学者要对后辈学者认真负责,就不应回避确立学术传统的复杂任务。毫无约束似乎表现出开放之境,但我认为,这实际上是一代人回避了对另一代人的责任。我们如果不能识别罗斯摩尔山国家纪念公园几位著名美国总统巨像的面孔,就无望赢得后代对我们自己的尊敬,而我们的后代将是我们要交流的人群,也是在不确定的未来谈论我们的人。实际上,诚如巴尔金和列文森所言:"没有什么比研究一个学科成员所确立的学术传统能更好地理解一个学科——它的基本预设,它的当下关注与忧虑……研究学术传统及其特征是揭开文化秘密和解读典型思考方式的关键。"

当然,学术传统及其形成也会涉及何谓传统以及传统由谁形成的争议。列出传统指标或指出形成传统的代表人物,也总会引发诸多问题,不仅因为这会伤及那些没有被提到之人的感情,由此而受到指责;而且因为人们无法为确立传统提供正当化的理由,无法仅仅通过提及某人之名或进行简单的宣告就可确立传统。传统作为社会事实而存在,即作为经验上可证明的现象,包括我们文章的摘要、脚注,我们积攒的故事,我们的共享意识,以及关于我们所属群体视为理所当然的感觉。人们关于学术传统的不同意见也是传统的应有之义。这些不同意见通常都有益无害,即便它们令人不快亦复如此。

如果远离我们所知所为,学术传统化所引起的敬畏就可能会使我们感到边缘化。如果传统体现的是我们工作中所运用的理论或方法,那些被讥为名不副实的传统化则可能令我们反感。不过,对于传统的争论则可以使传统保持常新不衰;这些争论会要求传统的既定维护者作出解释,为何传统包容某些做法而排斥另一些做法,并澄清他们认为对该领域具有界定意义的问题和洞见,由此推动传统的更新。在这个过程中,历史变成了记忆,而过去变成了当下。传统一旦得到明确,自然就会得到更新和获得活力。

《布莱克维尔法律与社会指南》展示了被称为法律与社会的这个领域中的持续的观点与争论。由于本书的形成之时恰值这个领域颇具活力之际,也恰逢它很大程度上趋向片段化之际,因此在一些人看来,该领域形成传统适逢其时,而另一些人则会认为这种形成过分突出某种方向。无论读者如何阅读本书,我都希望本书能够成为学术之旅的一站,提供一种临时性学术标准,由此寄望它向法律与社会研究的贡献致敬,并推动这个领域的深入发展。

我深谢本书各位作者勇于承担富有挑战的工作,认真评价这个学术领域。苏姗·拉宾诺维茨(Susan Rabinowitz)建议我接受承担本书编者的任务,并在最初阶段对我颇多助益;肯·波劳温切尔(Ken Provencher)从头至尾参与其事。安默斯特学院科研部主任格雷·卡尔(Greg Call)给予了慷慨资助,在法律、法理学和社会思想系工作的同事,为我提供了良好的智识环境。在此,对于上述帮助,我诚致谢忱。我还要特别感谢挚友斯蒂芬妮(Stephanie)、劳拉(Lauren)、艾米丽(Emily)和本杰明(Benjamin)。

奥斯汀·萨拉特
2003 年 7 月

作者介绍

加德·巴茨莱(Gad Barzilai)

特拉维夫大学政治学系教授,同时还任教于该校法学院。1996年作为共同创建人创设了特拉维夫大学的法律、政治与社会研究项目,这是以色列在该领域的第一个研究生项目,他也是该项目的负责人之一。1998年联合创建了以色列法律与社会学会,后来担任该学会的联合主席(2000—2001)。他还积极参与了一些著名学术机构的工作,例如《美国政治学杂志》、以色列法律与社会学会,以及法律与社会学会国际委员会等。他是法律与社会学会项目委员会(2003)的成员。著作包括:《共同体与法律:法律认同中的政治与文化》(2003);《总检察长:权威与责任》,即《原则,比较视野下的制度,对改革的分析与建议(第6辑)》(与David Nachmias合著,1997);《战争、内部冲突与政治秩序》(1996);《以色列最高法院与以色列公众》(与Zeev Segal及Efraim Yaar合著,1994);《战争时期的民主:以色列的冲突与共识》(1992)。

让妮娜·贝尔(Jeannine Bell)

印第安纳大学的法学副教授。她于1999年进入印第安纳大学法律系,同时还是该校政治学系的助理教授。讲授的课程包括刑事诉讼程序、第一修正案研讨,以及法律与社会。著有《受到仇视的警务:执法、民权与仇恨犯罪》(2002),还是另一部著作《接近研究场地》的共同作者。在家庭和医疗假期法,以及对仇恨犯罪的法律反应方面撰有论文若干。

苏珊·B.博伊德(Susan B. Boyd)

加拿大不列颠哥伦比亚大学的法学教授,同时还是该校女权主义研究的讲席教授。她著有《儿童监护、法律与妇女的工作》(2003),还编有文集《挑战公/私之分:女权主义、法律与公共政策》(1997)。

罗斯玛丽·J.库姆(Rosemary J. Coombe)

多伦多约克大学法律、交流与文化研究的加拿大一级讲座教授,她在该校指导交流与文化联合博士/硕士项目。同时还受聘于该校奥斯古丁法学院的研究生项目,以及社会与政治思想的研究生项目。她的研究着力关注知识产权法律中的文化、政治和社会意蕴,其著作《知识产权的文化生命》就是以法律民族学的方法研究知识产权法如何塑造了消费社会的文化政治。她最近正在从事两个项目的研究,与安德鲁·赫尔曼(Andrew Herman)合作研究互联网中商标管理的财产权与专有权伦理,以及在数字化环境下如何使得消费者打破和挑战关于公司的善意的预设。

罗杰·科特雷尔(Roger Cotterell)

伦敦大学玛丽皇后学院法律理论教授。其著作有:《法社会学》(1992年第2版),《法理学的政治》(1989,1992年美国版),《法律共同体》(1995),《埃米尔·涂尔干:道德领域中的法律》(1999)。编有《法律、民主和社会正义》(与 B. Bercusson 合作,1988)、《法律与社会》(1994),以及《法律的社会学观察》(2001)。此外,他在社会-法律理论和法理学等主要专业领域发表了70多篇论文,还有若干关于公法、犯罪学和信托法的论文。他是《法律与社会杂志》、《法社会学》和《格里菲斯法律评论》的顾问委员。还是法律与社会学会(美国)的董事(1996—1999),法律与社会学会(LSA)论文奖委员会主席(1999—2000),以及英国全国研究评估实践法律小组成员(1999—2001)。

伊夫·达里安-斯密斯(Eve Darian-Smith)

加利福尼亚大学圣芭芭拉分校法律与社会教授。她的著作《跨越鸿沟:英伦海峡海底隧道和英国法律认同》(1999)获得法律与社会学会的最佳图书奖。她是《后殖民法》(1999)的共同编者之一,即将出版的著作有《文化、习惯、权力、法律:法律人类学对于法律研究的意义》。她与 Bill Felstiner 同为《欧尼亚提简报》的编辑。

劳伦·B. 埃德尔曼(Lauren B. Edelman)

加利福尼亚大学伯克利分校法理学与社会政策项目中的法律与社会研究教授。她在法律与工作(law and work)的交叉研究领域著述颇丰,其中包括关于组织对民权法律之反应的经验研究,关于人力资源专业人士如何解释、执行和改变民权法律的研究。她曾于2000年获得古根海姆学术奖,在2002—2003年担任法律与社会学会的主席,同时还是社会科学和行为科学高等研究中心的会员(2003—2004)。

李·爱泼斯坦(Lee Epstein)

华盛顿大学政治学与法学的爱德华·玛林科罗德讲席杰出教授。她独著或合作发表了70余篇论文和文章,出版著作12部,包括《最高法院与法律变迁》,《变革中之美国宪法(丛书)》(已出至第5版),《最高法院概述》(目前已是第3版,获得美国政治学学会法律与法院分会的特别荣誉奖,以及《选择》[Choice]杂志颁发的优异学术著作奖),《法官决策的抉择》获得法律与法院方面的普利切特最佳图书奖。她曾担任美国政治学学会法律与法院分会的主席,目前是中西部政治学学会主席。

帕特丽夏·埃维克(Patricia Ewick)

克拉克大学社会学教授。她是《法律、政治与社会研究》的合作主编,《法律与社会评论》的副主编。发表的论文和著作有:《权威的建构:法律、空间与科学》(与 Susan Silbey 合著,载于 Austin Sarat 和 Thomas Kearns 主编的《法律的场域》,2003),《修补栅栏:超越认识论的分歧》(载于《法律与社会评论》,2001),《社会科学、社会政策与法律》(与 Robert Kagan 和 Austin Sarat 合著,1999),以及《法律的普通场域:来自日常生活的故事》(与 Susan Silbey 合著,1998)。

劳拉·E. 戈麦兹(Laura E. Gómez)

加利福尼亚大学洛杉矶分校法律与社会学教授。她著有《误解母亲:立法者、检察官和产前药物滥用中的政治》。目前正在写作一部关于 19 世纪新墨西哥州的法律、种族和政治的著作。在加利福尼亚大学洛杉矶分校,她与 Jerry Kang 教授共同担任法学院批判种族研究中心(成立于 2000 年)的主任。她是美国联邦第九巡回上诉法院 Dorothy W. Nelson 法官的助理,曾作为参议员 Jeff Bingaman 的助手在国会工作,还是法律与社会学会信托基金官员和理事会成员。

利萨·哈嘉(Lisa Hajjar)

任教于加利福尼亚大学圣芭芭拉分校的法律与社会研究项目。她著有《权威、抵抗与法律:对西岸与加沙的以色列军事法院系统的研究》(即出),《法律对抗秩序:人权组织与巴勒斯坦当局》,载于《迈阿密大学法律评论》(2002);以及《主权实体、主权国家与酷刑问题》,载于《法律、政治与社会研究》(2002)。她是法律与社会学会信托基金理事会成员。

凯瑟琳·亨德利(Kathryn Hendley)

威斯康星大学法学与政治学教授。她是美国律师协会中东欧法律项目的咨询委员,以及麦克阿瑟基金会苏联项目的咨询委员。其新著有《何种机制支持销售合约的履行? 探问公司的决策者》,载于《经济通讯》(与 Peter Murrell 合著,2002);《在俄罗斯起诉政府》,载于《后苏联事务》(2002);以及《比较视野中的惩罚性赔偿:俄罗斯企业对惩罚的使用》,载于《威斯康星法律评论》(与 Peter Murrell、Randi Ryterman 合著,2001)。

瓦勒莉·P. 汉斯(Valerie P. Hans)

特拉华大学刑事司法与心理学教授,同时兼职于该校的法律研究项目。此外,她还是斯坦福法学院、宾夕法尼亚大学法学院、沃顿商学院和威尔士卡迪夫大学法学院的访问学者。她是哥伦比亚特区巡回法院性别特别委员会之性别与种族歧视特别工作组研究项目的共同负责人,特拉华关于有效使用陪审团特别工作组的成员。她还参与了国家科学基金之法律与社会科学项目的授权审查小组的工作,是美国心理学-法学协会以及法律与社会学会执行委员会成员。著有《评判陪审团》(与 Neil Vidmar 合著,1986),《审判事务:民事陪审与公司责任》(2000)。

罗伯特·A. 卡根(Robert A. Kagan)

加利福尼亚大学伯克利分校政治学与法学教授,法律与社会研究中心主任。著有:《规制的正义》,《照章办事》(与 E. Bardach 合著),《规制的冲突:跨国公司与美国式对抗制法条主义》,《对抗制法条主义:美国的法律方式》,以及《绿色之影:商业、规制与环境》(与 N. Gunningham 和 D. Thornton 合著)。

杰克·奈特(Jack Knight)

华盛顿大学西尼·W. 索弗斯讲席政治学教授;政治经济学中心常任研究员;以及社会思想与分析委员会成员。他从北卡罗来纳大学教堂山分校获得文学学士(BA)和法学博士(JD)学位,从芝加哥大学获得文学硕士(MA)和哲学博士(PhD)学位。早期的研究兴趣是现代社会与政治理论,法律和法学理论,政治经济学以及社会科学哲学。著有:《制度与社会冲突》(1992),《解释社会制度》(与 Itai Sened 合著,1995),《正义的选择》(与 Lee Epstein 合著,1997),另有不同期刊上的论文以及编辑丛书若干。

尼克拉·莱西(Nicola Lacey)

伦敦经济学院刑法学教授,澳大利亚国立大学社会科学研究院社会与政治理论副教授。著有:《国家惩罚》(1988),《社区政治》(与 Elizabeth Frazer 合著,1993),《不可言说之物》(1998),以及《重构刑法》(与 Celia Wells 和 Oliver Quick 合著,第 3 版,2003)。她是英国社会科学院院士,并于 2001 和 2003 年任纽约大学全球法学院成员。

米歇尔·麦坎恩(Michael McCann)

华盛顿大学民权进步研究戈登·平林讲席教授。著有《工作的权利:报酬平等改革和法律动员的政治》(1994),合著有《曲解法律:政治、大众传媒和诉讼危机》(2004)。他目前致力于一系列关于针对平等主义民权之政治抵制,以及美国在过去 50 年间相关社会政策的分析研究。

萨利·恩格尔·默里(Sally Engle Merry)

卫斯理学院人类学教授和观念史马里奥·巴特勒·迈克林恩讲席教授。她还是和平与正义研究项目的共同负责人。其新著《殖民夏威夷:法律的文化力量》(2000)荣获法律与社会学会 2001 年度的赫斯特奖。另著有《法律与太平洋帝国:夏威夷与斐济》(与 Donald Brenneis 合编,即出),《大众司法的可能性:对美国社区调解的案例研究》(与 Neal Milner 合编,1993),《寻求正义还是寻求公平:美国工人阶级的法律意识》(1990),以及《城市的危险:在陌生的邻里间生活》(1981)。她是法律与社会学会以及政治与法律人类学学会的前任主席。

伊丽莎白·梅茨(Elizabeth Mertz)

威斯康星大学法学教授,美国律师协会基金会高级研究员。其新著有《凝视的背叛与不确定性的痛苦:人类学理论与探寻封闭》,载于《不稳定地区的民族学:剧烈政治变迁背景下的日常生活》(与 Carol Greenhouse 及 Kay Warren 合编,2002);《向法律人传授法律语言:法律翻译与人类学翻译》,载于《约翰·马歇尔法律评论》(2001)。她最近的研究课题"法律教育的语言:对法学院一年级课堂的社会语言学/符号学研究"涉及对全国八所法学院的观察性研究,此项目由美国律师协会基金会和斯宾塞基金会联合资助。她最新的研究项目是与人类学家 Carol Greenhous 及社会学家 Wamucii Njogu 合作,共同考察高级法学研究者的职业状况。

莱斯利·J. 莫兰(Leslie J. Moran)

伦敦大学伯克贝克学院法律系主任,在关于同性恋的法律问题方面研究成果丰富。他是英国一项关于女同性恋、男同性恋、暴力和安全问题最大规模的跨学科研究团队的成员,该项目作为暴力研究计划的一部分得到了经济与社会研究理事会的资助。2000年他作为麦考瑞大学的访问研究员与 Andrew Sharpe 一起进行针对悉尼变性人的暴力的研究。2000年12月在伯克贝克学院组织了一场关于仇恨犯罪之批判反思的跨学科研讨会。2001年1月在伦敦米尔班克的泰特美术馆合作举办了"法律的移动影像:关于法律与电影的讨论会";最近正在编辑《法律与批判》的特刊,主题是"关于仇恨犯罪的批判反思",以及关于法律与电影的论文集。其新著暂定名为《酷儿暴力》。他还是《法律与社会评论》、《法律与批判》以及《利物浦法律评论》的编辑委员会成员。

弗兰克·芒格(Frank Munger)

纽约法学院法学教授,《法律与社会评论》的前任编辑,法律与社会学会主席。他新著有《低于水平线的劳动:对贫穷和低工资工作的新民族学考察》和《全球经济中的生存和包容权:美国残疾人生活中的法律与认同》(与 David Engel 合著)。

戴维·奈尔肯(David Nelken)

意大利马切拉塔大学社会学以及法律制度与社会变迁研究领域的杰出教授,是英国威尔士大学卡迪夫法学院的杰出研究教授。他曾任教于剑桥大学(1974—1976),爱丁堡大学(1976—1984)和伦敦大学学院(1984—1990,1990—2000年间任访问教授)。他于1985年荣获美国社会学学会(犯罪学分会)的杰出学术奖。目前是美国法律与社会学会的理事,国际社会学学会法律研究委员会的副主席。1992—2000年间担任意大利艾米利亚-罗马涅地区安全城市委员会专家组成员。他还是加利福尼亚大学伯克利分校、哥本哈根大学、佛罗伦萨大学、耶路撒冷大学、纽约大学和特拉维夫大学的访问教授。编辑了两套犯罪学丛书,还是14种科学期刊的编辑委员。新著有《比较法律文化论》、《比较刑事司法论》、《调适法律文化》以及《法律的新界限》。

劳拉·贝斯·尼尔森(Laura Beth Nielsen)

美国律师协会基金会的研究实习员。新著有《微妙、弥漫和危害:公共言论中作为仇恨表达的种族主义和性别歧视》,载于《社会问题杂志》(2002);《法律意识的定位:普通公民对于法律与街头犯罪的经验与态度》,载于《法律与社会评论》(2000)。她是法律与社会学会理事会成员,《法律与社会调查》的合作编辑。曾获得法律与社会学会 2000 年度博士论文奖。

帕特·奥马利(Pat O'Malley)

加拿大犯罪学与刑事司法研究讲席教授,卡尔顿大学社会学与人类学系和法学系教授,新近担任澳大利亚拉筹伯大学法律与管理学系教授兼系副主任,以及该校社学会研究国家中心主任。他是风险和安全领域许多著作的作者和编者,还参与了关于刑事司法、毒品政策和犯罪预防的政府机构的工作。他是剑桥大学出版社"法律与社会"丛书的编辑,也是该领域许多重要国际学刊的编辑和顾问。新著主要研究政府在处理社会问题时所采取的预防风险模式的作用,包括两部文集:《犯罪与风险社会》和《澳大利亚的犯罪预防》。其他新著涉及毒品管理问题研究,对法律制裁全球化的分析,以及当代治理的理论考察。2000 年获得了美国犯罪学协会为该领域最杰出贡献而颁发的"赛林-格吕克奖"。

泰妮娜·罗斯坦(Tanina Rostain)

纽约法学院法学副教授,该校职业价值与实践中心联席主任。她的新著集中研究律师和会计如何解释法律问题,这个课题在能源巨人安然公司倒闭,以及其会计公司安达信会计师事务所被调查之后开始受到极大的关注。新著有《变化世界中的职业追求》,载于《福特汉姆法律评论》(2002);《受过教育的"经济人":对新行为法律经济学运动的警示》,载于《法律与社会评论》(2000);以及《伦理缺失:当代律师规制方法的限制》,载于《南加州法律评论》(1998)。

奥斯汀·萨拉特(Austin Sarat)

安默斯特学院法理学与政治学威廉·尼尔森·克伦威尔讲席教授,法学、法理学和社会思想教授。他是法律与社会学会以及法律、文化和人文研究学会的前任主席。他创作和编辑了 40 多本著作,包括《当国家杀人时:死刑与美国传统及法律的暴力》(与 Thomas Kearns 合作)、《杀人国、痛苦、死亡与法律》以及《离婚律师及其当事人》(与 William Felstiner 合作)。1997 年获得法律与社会学会为奖励"法律与社会领域的杰出研究"而颁发的海瑞·卡尔文奖。

斯图亚特·A. 施因古尔德(Stuart A. Scheingold)

华盛顿大学政治学荣休教授,新著有《事业型律师与全球化时代的国家:政治追求与职业责任》(与 Austin Sarat 合著)、《政治、犯罪控制与文化》。其出版有《权利的政治:律师、公共政策与政治变迁》、《法律与秩序的政治:街头犯罪与公共政策》以及《街头犯罪的政治:刑事程序与文化强迫症》。他于 1995 年担任日本科学促进协会的研究员,1998—1999 年在不列颠哥伦比亚大学担任瓦尔特·S. 欧文法学讲席教授;2001 年荣获法律与社会学会颁发的小海瑞·J. 卡尔文奖。

卡洛尔·赛隆(Carroll Seron)

纽约城市大学巴鲁学院公共事务和社会学教授,著有《兼职悖论:时间规范、职业生活、家庭与性别》(与 Cynthia Fuchs Epstein、Bonnie Oglensky,以及 Robert Saute 合著,1999),《实践性法律业务:个人律师与小型事务所律师的职业生活》(1996),《理性化司法:联邦地区法院的政治经济学》(与 Wolf Heydebrand 合著,1990),以及《法院的再组织化:联邦破产法院改革中的政治学》(1978)。

理查德·K. 舍温 (Richard K. Sherwin)

纽约法学院法学教授。他是诉讼与诉讼当事人公共关系中视觉展示与视觉说服之使用问题的专家,在法律与文化的关系方面著述颇丰,包括法律与修辞、法律与话语理论、法律与政治正当性之间的跨学科研究,以及法律与影视之关系的理论与实践维度的研究。他在美国以及海外都担任常任公共发言人的角色,经常出现在 NBC 的"今天秀"、法庭电视台、WNET 电视台、国家公共电台等媒体,评论电视、广播以及印刷媒体与法律、文化和电影之间的关系。著有《当法律开始流行:正在消失的法律与大众文化之界限》(2000)。

苏珊·希尔贝(Susan S. Silbey)

麻省理工学院人类学教授。她的著作涉及各种制度化机构和非正式机构中法律的社会组织化,这些机构包括首席检察官办公室、法院、学校、私人家庭和商业组织等。她还研究替代性纠纷解决方式,包括谈判和调解。编辑《法律、政治与社会研究》(1990—1997),《法律与社会评论》(1998—2000)。1998 年,其著作《法律的普通地位:来自日常生活的故事》(与 Patricia Ewick 合著)描述了美国人是如何想象、使用并建构法治的。她最近的研究关注法律在科学实验室中的角色和概念,将其与法律在专家共同体和大众文化中的角色作了对比。她目前正在指导的一项研究是关于科学实验室中新的安全机制的发展,实验室组织对科学中性别科层的影响,以及工程教育的变化等。她是法律与社会学会的前任主席,美国政治与社会科学研究院院士。

乔纳森·西蒙(Jonathan Simon)

加利福尼亚大学伯克利分校法理学和社会政策教授。他的文学学士(AB,1981)、法学博士(JD,1987)和法理学与社会政策博士(PhD,1991)学位均从加利福尼亚大学伯克利分校获得。从法学院毕业后他担任了联邦上诉法院第九巡回区法官 Jr. William C. Canby 的助理。在刑法和犯罪学方面颇多著述。1999 年 11 月,他获得开放社会协会的索罗斯高级法官奖学金的资助,完成了一部关于犯罪政策在治理转型中之作用的著作;新著有《文化分析、文化研究与法律:超越法律现实主义》(与 Austin Sarat 合著,2003),《利用风险:变化中的保险与责任文化》(与 Tom Baker 合著,2002)。

佛兰西斯·斯奈德(Francis Snyder)

法国埃克斯-马赛第三大学欧洲法教授,伦敦政治经济学院百周年访问教授,欧洲学院(布鲁日和那托兰)法学教授,中国澳门国际贸易法研究院联席主席。他特别关注于欧洲法、国际贸易法以及全球化与法律。曾获得美国大学优等生荣誉奖、查尔斯·沃什伯恩·克拉克奖、瑞克斯汉奖、富布赖特奖学金、福特基金会外国领域奖学金、加拿大国际发展研究中心研究资助奖、赫斯科维茨提名奖以及努菲尔德基金会社会科学个人研究奖学金等许多荣誉、奖金和研究资助。他是近20部著作的作者和编者,发表论文160篇。其著作包括《国际贸易与欧盟习惯法》(1998),《欧盟法导论》(中文版,1996,第2版正在准备中),《欧共体法的新指南》(1990),以及《共同农业政策的法律》(1985)。编辑有《法律的欧洲化:欧洲一体化的法律影响》(2000),《欧洲经济一体化的宪政之维》(1996),以及《欧共体法》(1993)。

苏珊·斯蒂莱特(Susan Sterett)

丹佛大学政治学教授。她著有《创造宪政?》(1997),《公共养老金:性别与国家的市政服务,1850—1937》(2003),以及发表在《比较政治研究》、《法律与社会调查》、《美国政治发展》、《法律与社会评论》等刊物上的若干论文。

汤姆·R. 泰勒(Tom Tyler)

纽约大学心理学与法律教授。他的研究领域是群体、组织和社会中权威的动力;正义心理学;法律与规制。出版有《程序正义的社会心理学》(与 Allen Lind 合著,1980);《法律权威中的公共信任与信心:多数与少数群体成员希望从法律和法律权威那里得到什么?》,载于《行为科学与法律》(2001);以及《人们为什么遵守法律? 程序正义、正当性与服从》(2000)。

弗朗西斯科·瓦尔德斯(Francisco Valdes)

迈阿密大学法学教授。他是拉美批判运动和同性恋权利研究的领军人物,也是西班牙和加勒比海法律研究中心联席主任,拉美批判组织联合主席。他讲授民事程序、比较法、批判种族理论、法律与性征、法律与电影以及美国宪法等课程。新著有《仅在边缘:在法学院课程中寻找拉丁裔——对拉丁批判文本的调查》,载于《佛罗里达大学法律评论》(2001);《乔治二世选集中种族政治的中心化:有色人种的学者诉诸回忆与抵抗的传统》,载于《狄克森法律评论》(2001);以及《拉美批判运动五周年:发展中的运动、建设中的制度和孕育中的未来》,载于《丹佛大学法律评论》(与 Elizabeth M. Iglesias 合著,2001)。

尼尔·威德玛(Neil Vidmar)

杜克大学罗素·M. 罗宾逊(II)法学讲席教授。他在刑事与民事陪审团方面撰写了大量论文,并联合编辑了《评判陪审团》(与 Valerie Hans 合作,1986)。1995年出版了《医疗事故与美国陪审团:关于陪审团不适格、"深口袋"和漫无边界的损害赔偿裁决之反思》。在最近的一项由国家科学基金会、国家正义研究所和美国律师协会基金会资助的陪审团研究项目,他前所未有地涉及了亚利桑那州 50 个民事陪审团被录像的审议。他的研究还包括替代性纠纷解决方式、程序正义、受虐妇女综合症,以及其他形式的专家鉴定材料,安大略商业实务法案、家庭暴力案件的调解以及死刑等。他新著中有两章涉及惩罚与报复的社会与心理学动力。

乔纳森·约维尔(Jonathan Yovel)

以色列海法(Haifa)大学的法律与哲学高级讲师,也是作家、律师与民权活动家。他曾经在特拉维夫大学、牛津大学、芝加哥大学和西北大学研习法律、哲学和语言学。他的研究领域主要涉及两个范畴:法律和语言;合同理论、商法和相关义务。他讲授和写作的领域包括合同、伦理学、政治理论、法理学、法律与文学、法律与社会科学等。他的新作发表在《西北大学法律评论》、《艾莫里法律杂志》、《卡多佐法律评论》、《卡多佐法律与文学研究》、《斯坦福论坛》、《法律符号学国际杂志》等学术刊物上。他获得了诸多研究资助,曾在多伦多大学法律系、马克斯-普朗特研究所、海德堡大学、福特汉姆大学法学院以及其他学术机构担任访问学者。他的最近研究兴趣集中在法律的复调(polyphony)、悲剧的概念、外行的正义概念、关系与分配进路的合同法。其希伯来文短篇故事集《特洛伊木马》将于近期出版。

导论

片段化*中的活力：后现实主义法律与社会研究的涌现

奥斯汀·萨拉特 著

高鸿钧 译

在1986年,社会科学研究理事会法律与社会科学委员会推出了《法律与社会科学》一书。这部长达740页的巨著由耶鲁大学两位著名法学教授合编,他们是里昂·李普森(Leon Lipson)教授和斯坦顿·威勒(Stanton Wheeler)教授。这部著作旨在进行"一种评估……而不是对学理性论文加以汇集,更不是一种创新研究之作"(Lipson and Wheeler,1986:5)。该书分为11章,各章涉及的内容从宏观的"世界法系"和"法律与规范性秩序",到较为具体的"立法"与"法律人",范围颇为不同。各章的作者均是该领域的知名人士,他们负责考察该领域的有关研究,展示社会科学对于我们理解各种法律现象的独特贡献。《法律与社会科学》一书,在关于法律与社会发展的研究中发挥了重要的作用,重现了20年前美国的现代法律与社会运动的生命。重读这些文章,我们对以下几点印象深刻:它们对于社会科学抱有信心,几乎完全不关注文化和身份认同问题,把法律与民族国家的边界关联起来,大胆地从描述性转向规范性。编者选取某些文章其用意是提供"充分的证据,以表明社会-法律研究在过去四分之三世纪所具有的活力"(Lipson and Wheeler,1986:10)。

当他们描述该领域时,李普森和威勒(Lipson and Wheeler,1986:2)突出了作为该领域范型和重心的两个维度。他们所强调的第一个维度是"……一种观念,这种观念认为法律是一种社会现象,法律原理和法律从业者是社会场景的内在部分";第二个维度是以下观点,"法律制度不仅深嵌于社会生活之中,而且可以通过汲取社会经验中富有生命的智慧而得到改进"。在他们写下这些话时,法律与社会领域的研究被完全等同于社

---

* 英文"fragmentation"在许多涉及后现代语境的作品中常译作"碎片化"。为避免夸张之嫌,本书中酌译为"片断化"。——译者注

会科学事业,而社会科学事业与规范、改革和政策的导向密切相联(Sarat and Silbey, 1988)。法律现实主义对于法律世界的经验性研究抱乐观态度,该书反映了法律现实主义弦歌不辍的遗产(Schlegel,1979),编者把该书描述为来自"那代学者的作品,其作者们大都是社会科学家和法学教授,他们认为,对于更好地理解法律来说,社会科学的视角、材料和方法是必备的基础"(Lipson and Wheeler, 1986:1)。

从法律现实主义到法律与社会研究

借助于社会科学来理解法律和获得关于法律政策的信息,这种观念界定了一个称之为法律与社会研究的领域,而这种做法至少可以追溯到20世纪早期法律现实主义的著作。[1]正如我们现在所知,法律现实主义的涌现,是对19世纪自由放任政治经济学(political economy)的崩溃所作出的后续反应。古典法律概念的预设是,法律涉及的是从先在的权利到具体案件判决的独立的和客观的运动过程,法律现实主义者攻击这种概念(Cohen, 1935;Llewellyn, 1931, 1960),由此打开了法律作为政策的视界。在这种视界中,法律可以并应该受到实用主义的和/或功利主义考量的指导(Llewellyn, 1940)。[2]法律现实主义者揭示了书本之法与行动之法之间的差异,从观照法律实施之难的视角,确认了策略地探讨立法和司法的必要性。他们通过探索对政治颇具吸引力的法律运作方式,例如在低级刑事法院运作的法律,为改革提供能量和动力,这种改革旨在挽救法律的过程和恢复其融贯性(integrity)。[3]法律现实主义攻击"所有不能转化为实际经验的教条和方法"(Cohen, 1935:822);批判传统法律学者概念化的倾向,指责他们试图把法律简化成一套规则和原则,认为它们可以指导和限制法官的判决。这种大胆的主张促使霍姆斯(Holmes, 1881)指出,理解法律需要的是工具(tools)而不是逻辑。在他看来,法律是历史和文化的产物,不可通过演绎推理的方式来操持。

法律现实主义把20世纪的开始看作是知识爆炸和知识转变的时代(Riesman, 1941)。一些人从自然科学和正在涌现的社会科学的发展中看到了理性对传统、怀疑对信仰以及人类心智对周围环境的胜利(McDougal, 1941)。如何使法律面对这种知识的爆炸和转变,是他们的诸多筹划之一。他们认为,法律的合理性和功效性最终在于同实证主义科学的关联(见 Schlegel, 1980)。通过运用科学的议题和方法来评价法律判决的结果,法律现实主义宣称,理解法律能够有何作为,会有助于确定法律应该有何作为(Llewellyn, 1931)。正如英特马(Yntema)所指出的:

最终,法律科学较晚近的目标……是指向持续的努力,即通过客观分析法律的运行来改革法律制度。这样的分析是否依据对于苦乐的计算、利益的权衡、实用手段与目的的考量,以及对人的行为的预设,这类问题并不重要,更为重要的是在所有这些及其类似的分析中,把法律作为一种受到条件限制的工具性程序,以实现它自身之外的目标。这等同于晚近法律科学中的"哥白尼发现"。(1934:209)

法律现实主义者主张,法律之外的范畴与法律密切相关,由此发起了法律与社会科学之间的对话(Cardozo, 1921; Pound, 1923; Llewellyn, 1940)。社会科学有助于把握实在的和确定的现实,"词语背后的实体……[会]有助于借助事实检验理念、规则和公式,从而使之接近事实"(Llewellyn, 1931:1223)。他们认为,为使法律富有功效和具备合法性,就必须面对这种特定的、有形的和客观的事实,忽视社会生活事实则是愚蠢之举。通过识别限制官员裁量的某些因素,更重要的是通过识别影响决策的决定性因素,社会科学有助于决策。认知这些决定性条件,掌握情况的决策者就能够并会在采取决策时,考虑特定情势下什么可行或不可行,进而作出选择。

法律现实主义在智识和制度上取得了相当大的成功。在第二次世界大战之后,由科学的法律现实主义所催生的行为主义和功能主义的导向,在主流的社会科学和主流的法律分析与讲授中广泛流行。对于社会科学来说,揭开法律形式主义的面纱,并使法律制度对经验性探索敞开大门,一方面为研究提供了丰富的基础,另一方面为重塑法律基本思想提供了机会。影响法律决定和政策的可能性,进一步推动了社会科学与法律的结合。法律现实主义不是旨在挑战基本规范或试图改变法律的结构,而是最终致力于增强人们对于法律的信心(Brigham and Harrington, 1989)和增进这样一种信念,即由社会知识所滋润的法律思维有助于推动国家干预的计划。由此,法律现实主义鼓励法律与社会科学的研究致力于考察社会政策,尽管不是全部,但确有许多法律实务者受到了这种激励。

在20世纪的最后40年,现代法律与社会运动将法律现实主义的遗产付诸实践(Garth and Sterling, 1998; Tomlins, 2000)。实际上,现代的社会-法律研究时期可能始于1964年法律与社会学会(Law and Society Association)的组建。虽然许多社会-法律研究可以追溯到该协会形成之前和之外,但是它的创立,标志着朝向经验性法律研究迈出了重要的一步。法律与社会学会有意识地强调经验性研究在了解政策信息方面的价值(见Schwartz, 1965)。

法律与社会运动的涌现与美国法律史的一个片段适相巧合,在那个时期,法律被视为改进社会的有益工具;当时,社会问题似乎倾向于诉诸法律解决;法律正义与社会正义之间的关联,不存在或似乎不存在疑问(Trubec and Galanter, 1974)。此外,西方世界以其法治区别于共产主义世界的相反力量,由此,法律理想充分和平等的实现,对于许多改革者来说都至关重要。至1960年代中期,自由主义的改革者似乎在重建布满疑云的民主战斗中,再次取得了胜利;某些政治力量的作用尽管不应夸大,但它们在权利的拓展以及财富和权力的重新分配方面取得了优势。政府致力于通过国家权力和法律改革,以实现建设"伟大社会"的目标。法院,尤其是最高法院,在扩展法律权利的含义和确保它们得以实现方面处于前线。因为法律被作为社会变革的重要工具,那些对现行社会实践持批判态度的法律学者坚信,他们在法律秩序中有其盟友和同道。实用主义的社会变革被明确地提到国家的议程,同样也明确地成为法律和社会研究议题的一部分。法制(legality)似乎成为疗病之药而不是疾病本身(Scheingold, 1974);法律的抱负似乎具有不容置疑的正确性。

因此,现代的法律与社会运动,如同此前的法律现实主义运动,在人们对法律抱持乐观态度的时期发展起来,并与该时期结成联盟。"社会科学提供了一种新型专业化知识,这种知识是指能为解决社会议题提供方法的知识"(Garth and Stertling, 1998:412)。当时正处于这样一个时期:"自由主义的法律学者和社会科学同道与国家的行政当局相呼应,而当时的行政当局似乎在实行渐进的福利管理规划,扩大对于基本宪法权利的保护,并运用法律实现广泛的目标,在自由社会中,人们广泛地共享这些目标,它们甚至深嵌于那种法律传统之中"(Trubek and Esser, 1987:23)。当然,这也是人们对社会科学的作用极其乐观的时期,一个行为革命(behavioral revolution)取得胜利的时期,一个社会调查中运用量化方法渐趋成熟的时期(参见 Eulau, 1963)。

社会科学对于政策功效予以关注,明确体现在许多法律与社会研究的标准形式表述中,这些表述始于政策问题,体现在一般理论语境中,体现在针对该问题的经验性研究中,也体现在结论中,有时(虽然不总是)结论伴有建议、意见和告诫(关于这种研究的论述见 Abel, 1973; Nelken, 1981; Sarat, 1985)。这类标准形式表述在该领域某些最受尊重的和广为引用的著作中有显著体现,但是,社会科学服务于法律政策的方式,通常是澄清其背景条件和指出其潜在后果,而很少或根本不致力于就新的政策提出建议,或提议改变政策。

《法律与社会科学》(1986)一书虽然问世于社会科学与法律结合的乐观时期之末,但是该书以及它所试图反映的领域,仍然处于法律现实主义遗产的影响之下,这种遗产界定了这个领域的重心和和边界意识。《布莱克维尔法律与社会指南》中的著述出现于该领域发展的不同时刻,在这个时刻,为社会科学与法律的结合提供基础的基本治理逻辑正在经历巨变,"社会科学的相对声望已普遍走向衰落,而法律与社会研究尤其如此"(Garth and Stertling, 1998: 414)。结果,法律现实主义坚持的法律与社会之间的想象业已松弛;法律与社会研究中那种规范性和改革的冲动也已减弱;还有一种信念也有所淡化,这种信念认为,社会科学可以成为法律研究的主导范式,从而赋予法律以社会的生命。

社会的式微和后法律现实主义范式的探求

西方社会曾经把社会作为治理逻辑的中心,这种潮流的衰退即使不是削弱了法律与社会研究领域对法律现实主义的坚持,也恰好与法律现实主义在这个领域的退却适相巧合。[4] 上述逻辑在1960年代和1970年代的"社会自由主义"(social liberal)国家时期达到了顶峰,但在持续半个多世纪之后开始衰退。在那期间,同自由放任和方法论上个人主义相联系的自由理性主义政府经历了普遍的重构,在这种重构中,人们把社会作为积极的认知和实行有效政府干预的场域。由此,社会自由主义促成了法律、社会科学和政府管理的强劲结合。

传统上,通过复杂的主权机制,法律与国家保持重要的关联,但在20世纪,法律与主权的关联却隐而不显,而与政府管理的关联则更为突出,社会则是法律与政府联系的通道。同样,社会科学也成为治理的重要辅助手段,部分是通过法律的媒介(在较小程度上还包括医疗),包括犯罪学、社会工作和公共卫生领域,后来涉及所有经济的和一般政策领域(Shamir, 1995)。法律与社会研究并没有蜕变为纯粹的政策分析,尽管某些人雄心勃勃,但这种研究的实际影响力却在很大程度上取决于它与治理的关系(Sarat and Silbey, 1988)。

不过,在社会被纳入到政府管理的议程数十年之后,社会业已被界定为需要通过重构政府管理来解决的问题(Rose, 1999; Simon, 2000)。我们当代最显著的特征就是,人们对于社会之维的几乎所有体制、改革规划或知识获取的信心在普遍衰退。社会工作、社会保险、社会政策以及社会正义,凡此种种,人们曾经期望它们成为建构更合理的现代社会的动力,但今天人们认为它们并无实效和无法自圆其说。社会主义曾经作为现代社会的治理模式,成为自由主义的强大竞争对手,但在当代政治领域几近消失。社会科学,尤其是社会学(最关注社会),在1960年代和1970年代的最高峰时期一度成为庙堂科学(court sciences),但今天它却大都从国家的政府管理中消失得无影无形,而其自身正在经历着内在的彷徨和不满。法学和经济学业已变成霸权的知识范式,并"为……翻转社会福利和社会能动主义(social activism)提供了很多的谋略与合法性"(Garth and Sterling, 1988:414)。

在质疑"社会"方面,美国是个极端的特例。社会的最为醒目的形式,比如社会保险、公共交通、住房、公共卫生、社会医疗以及社会主义思潮这类事务,在美国各州政府和联邦政府那里,从未如同它们在其他工业化程度较高的欧洲、日本、澳大利亚和美洲某些社会那样得到积极的接受。而且,对于社会的政治批判,在任何其他社会都没有像在诸如里根、克林顿和布什父子担任总统时期的美国那样取得成功。不过,今天正在经历的社会的危机显然是全球性的,不限于先前福利主义的西方各国,也波及新兴的工业化国家。

治理的实践有助于设定法律研究的议题,无论我们是否喜欢,也不管法律学者把自己想象为政策机构的同盟还是批判者,都是如此(Ewick, Kagan, and Sarat, 1999)。把社会作为治理中心的做法已然式微,描述同这种式微相关联的法律研究领域的转变,足足需要一部著作的篇幅,但有大量证据表明,法律与社会研究与治理之间关系正在发生的转变,已经全方位改变了法律知识的形成和利用。同样,经验性研究的声誉一直与以下合作相关联,这就是社会与法律研究者作为实验者或专家顾问,运用自己的研究成果协助政府管理者解决诸如犯罪、黑帮以及城市贫穷等问题。甚至那些对社会政策和社会研究提出较多批评性意见的讨论,也常常有助于揭露实践中的差距和种族主义、家长制以及阶级特权所建构的想象。

伴随着把社会作为治理中心这种逻辑的衰退,法律与社会研究也进入了一个自由发展的时期,这意味着它渐趋疏离和摆脱时代的治理潮流。借用富兰克林·齐姆灵(Franklin Zimring, 1993:9)的话讲,该领域正经历着"挣脱束缚"的过程,从而"学者们现在所考虑的是更广泛和更多样的问题"。标志着这个自由时代特征的是研究的巨大潜能、活力和成功,同时还有法律与社会研究现存定义和边界走向解体并趋于片段化。

法律与社会研究的制度化与片段化

就制度化而言,自从《法律与社会科学》一书于1986年问世以来,对于学者来说,法律与社会研究已经持续地成为一个富有活力的重要领域。在21世纪之初,这个领域业已完全制度化了。这方面的证据是美国以及国外成立了大量的学术性协会或协会中的分支,这些协会把研究者联系在一起,鼓励学者探讨法律的社会生命。为了促进这个领域的法律研究,人们还建立了一些组织,例如附属美国政治科学协会的法院与司法过程研究所,美国心理协会心理-法律研究分会/第41分会;还有国际社会学协会下的法律社会学研究分会,政治与法律哲学研究会,美国法律史学会,法律、文化和人文研究会,以及法律与社会学会,它们都具有学科交叉的特征。

还有大量高质量的学术期刊,其中许多都在国际范围发行,通过这种期刊,关于法律与社会之间关联的信息得以传播开来。这些期刊包括《法律与社会评论》、《法律与政策》、《法律与社会调查》、《法律与历史评论》、《法律与批判》、《法律、政治与社会研究》以及《社会与法律研究国际学刊》。现在,学术性和商业性出版社意识到了这个领域的活跃氛围,因而在牛津大学、剑桥大学、密歇根大学、耶鲁大学、斯坦福大学、芝加哥大学的出版社以及达特茅斯/阿什盖特与哈特出版公司等出版机构,出现了令人瞩目的法律与社会研究书目。

此外,大量研究机构对法律进行了跨学科(大都是社会科学)的研究。这方面的例子包括美国律师协会、兰德民事司法研究会、牛津大学社会-法律研究中心以及西班牙欧尼亚提国际法律社会学研究所的工作。自1971年以来,美国国家科学基金会通过开展法律与社会科学的研究项目,支持了这类研究;现在,资助跨学科法律研究成为美国全国人文研究基金会等经常性活动的一部分。这些研究机构和资助渠道支持了学者开展法律与社会的复杂的跨学科研究。

这个领域一些跨学科项目的开展,进一步表明了这个领域的制度化。在当今的美国、英国、欧陆以及其他国家,有50个以上的大学或学院在开展这类研究项目。这些项目向学生所传达出的信息是,法律几乎无所不在,它渗入到我们生活的大多数领域。同时,这些项目也为表达文化的特性提供了平台。这些研究向人们展示了法律在表达价值和解决冲突中所发挥的作用。

凡此种种都表明了法律与社会研究的范围在拓展,活力在增加,但它们几乎没有反映自《法律与社会科学》一书问世以来,该领域的实际扩展和转变。与1970年代和1980年代的研究相比,现今的后法律现实主义时代的法律与社会研究表现出以下几个特点:(1)在新生代学者中,许多人继续研究法律的社会生命这个老问题,另一些学者则指向新的方向,探讨在20年前不被重视的重要问题;(2)在社会科学内部,新的跨学科关联研究得到了发展,还出现了克利福德·吉尔兹(Clifford Geertz)所谓的社会科学和人文学科的"混种";(3)开展了关于何为社会知识的争论,并对此进行了新的理论概括,在社会知识的政治效用问题上,放弃了某些乐观主义;(4)渐趋放弃了通过学术研究推动政策改革的导向,而趋向描述和分析法律在各个社会领域中的运作过程;(5)关于法律现象与作为学术领域的法律与社会研究,已经趋向全球化与国际化。

从1960年代中期到1980年代早期,现代法律与社会研究开始成型,关于这种研究的方法与目的,学界大致达成了共识,这方面的定义和描述十分丰富。这里仅仅试举几例:劳伦斯·弗里德曼(Lawrence Friedman, 1986:764)认为,"法律与社会运动处于有些危险的处境,它运用科学的方法,它的理论原则上是科学理论,但它所研究的却是松散无体、起伏不定和变化多端的对象,到处弥散着规范性理念。它是一种……关于完全非科学的科学。"弗兰克·芒格(Frank Munger, 1998:24)认为,法律与社会研究得以联结的因素,在于"它致力于通过实证研究来验证各种理念,而不是从前提中推导出结论"。菲利斯·莱文(Felice Levine)认为,法律与社会的研究涉及的是:

> 法律、法律过程、法律制度、规范秩序、有关法律的行为以及社会中特定法律现

象的社会研究。但它的范围之广,意在把法律研究作为社会现象,并非意在法律中或由法律运用社会科学……把社会-法律研究工作视为科学,并不需要信仰一种普遍理论或普遍法则,也不需要确信科学价值无涉和科学并不深嵌于社会生活之中。从理想的角度讲,如同其他社会科学领域,探索法律与社会关系的工作必须既是综合的又是灵活的。(Levine,1990:23)

这些定义暗示,对于该领域的成员来说,从来就没有单一风格的法律与社会研究样式或检验标准,但这些定义强调了在李普森和威勒1986年著作中所反映的大致共识,这种共识以广泛享有的观点才有可能达成,这种观点认为,法律与社会研究等同于法律与社会科学研究,故通常伴有温和的改革锋芒。在当今这个后现实主义的时代,法律与社会研究出现了兼收并蓄的和不连贯的特征。这种研究不是围绕一个中心观点,也不是围绕达成共识的范式。罗伯特·埃利克森(Robert Ellickson,1995:118)指出,"从事法律与社会研究的学者群体已经走向了支离破碎,因为他们在构建基本理论范式上意见纷纭,甚至常常在这个方面没有多少兴趣"(Ellickson,1995:118)。

此外,"社会科学"不再拥有先前那样几乎不容置疑的地位,社会科学本身也不再如先前那样有所作为。正如以下几章所论述的,在后现实主义的时代,法律与社会研究的风格,呈现出丰富多样性;关于何为经验方法和法律与社会研究是否等于法律与社会科学研究这类问题,人们意见纷纭。社会科学的研究虽然至今仍是占据支配地位和十分重要的研究模式,但是谈及解释、叙述和认同,日渐流行的一种话题似乎很像是人文语言。

后现实主义的法律与社会研究由于具有特殊性、多样性和模糊性的核心特征,在传统上认为自己作为社会科学同盟的学术共同体中,当研究者陷入一种自我理解的危机时,这种特征的出现并不令人感到惊异。这种风格混合业已发生在整个人文科学中,例如女性主义、种族和民族主义的研究以及同性恋理论等,就都已经对理所当然地把法律与社会研究等同于社会科学研究的观点提出了疑问。这种研究强调法律作为形成和回应个人、团体和民族认同的作用,它的出现在打开这个领域边界方面扮演了重要的角色。

法律过去未曾涉足的领域,为今天的法律与社会研究提供了空间。文学的和人文的视角已经取得了某些进展。有些人研究全球化和后殖民主义的影响,有些人研究后马克思主义的方法与解构,这些研究同定量分析并驾齐驱。法律与社会研究的传统也可以并且应当可以作为新学者重新界定该领域。这个领域的研究在发展趋势上是走向更大程度的包容性,但同时也趋向于片段化。随着包容性的增加,关于法律与社会研究究竟何为以及有关学者应有何作为这些问题,变得更加不确定且令人不安。这个领域进展的标志之一则是以下疑问:这个领域的边界是什么?何谓这个领域的正统与异端?

此外，法律现实主义的法律研究虽然几乎总是在政治体之内进行，这种政治体通常是国家，这种限定不仅使视野无法超越政治国界，而且会忽视国内的种族、文化和语言之维；但是，本书中所体现的正在涌现的后现实主义法律与社会研究，其渐趋面对的则是对这种秩序构想的一些挑战，诸如涉及旧式法律现实主义范式所不承认的全球化、政治认同和/或风险社会等。那么，今天的法律与社会研究虽然可以说生气勃勃、活力十足，但是这个领域正经历一个多元化和片段化的时期，它不再有明显的重心，也不再有清晰的合理边界。在法律与社会的旗帜下，这个领域的重要发展反而标示了它的独特性的丧失。本书各章都很好地阐述了有关这个领域富有活力与趋向片段化的特征。

全书内容概观

称为《布莱克维尔法律与社会指南》的这部著作，反映了正在涌现的后现实主义时代的新趋势。在15年前的《法律与社会科学》一书中，作者仅以11章的篇幅来考察该领域，今天，本书的篇幅增加了近乎3倍，这些内容都可以适当地归之于法律与社会研究的旗帜之下。在那部著作中，只有3位女性作者和1位国际学者负责"规范"各自的分支领域，在本书中，作者中有19位女性学者和9位国际学者。本书中的作者代表了法律与社会研究领域不同辈分，以及持有不同理论、方法和政治倾向的学者，从实证主义到解释学进路，从制度主义到文化研究进路，应有尽有。

本书分为六编。第一编梳理和发掘本领域的智识谱系。第二编探索法律与文化之间的复杂关联。第三编考察法律与社会的基本"主体"，即人们所知晓的从事法律工作的机构场域。第四编从机构领域转向探索法律与社会研究所关注的政策领域。第五编考察法律在社会生活中发挥重要作用的各种方式。第六编探讨法律与民族国家之间的关联，这一编的各章涉及全球化时代法律的过去、现在和未来。

本书的这种编排结构只是观照了法律与社会研究的宏观图景，许多重要的问题反复出现在各章和各节中。其中最重要的是那些标志着后法律现实主义的法律与社会研究特征的主题，即法律在形塑社会生活中的构成作用、制度运作过程的复杂性，以及法律在日常生活中的重要性；法律制度变迁的方式和它们拒绝变革的方式；在国家和地方法制中日渐增加的全球化和国际化过程的重要性；新的媒体和技术在界定、描述和沟通法律方面日渐增加的重要性；法律与认同的交叠；法律在增进社会共识和回应社会冲突中的作用。

一部类似《布莱克维尔法律与社会指南》这样的著作所要表明的是，我们很难确切指出，恰好是哪些因素构成和界定了法律与社会研究这个领域；但同时也在表明，这种尝试特别重要。这种尝试本身并不会减轻当前的不确定性或混乱,也无助于阐明这种研究会以何种方式转向某种后现实主义范式。同时,在面对片段化的局面中,这种尝试也无助于恢复这个领域的共识。然而,本书各章评论中所评论的各种风格的著作就足以表明,在这个方兴未艾的后现实主义时代,法律与社会研究所呈现出的活力和重要性。

注释

[1] 这种观点由 Sarat 和 Silbey(1988)所拓展。

[2] 但是,法律现实主义决不意味着一个统一或单个的智识运动。同时,法律现实主义的标签可适用于像 Felix Cohen(1935)等人,他采取了 Gary Peller(1985:1222)后来所概括的解构方法,即一种挑战法律推理逻辑一致性和必要性命题的激进怀疑论,这个标签也适用于拥护和相信科学与技术的其他人士。此外,法律现实主义体现在三种独特的政治视角。它包括一种批判性对立场,这种立场通过揭露经典法律形式主义的矛盾和法律权威的伪善,旨在瓦解法律为政治和经济精英提供合法性的潜力。法律现实主义也包括一种科学自然论的立场,它的倡导者试图提出一种更开明、合理和有效的社会秩序,其途径是运用经验科学的方法和洞见来理解广泛的人类、政治和社会现象。这些科学现实主义内部存在不同的分支,一个支系是杜威和詹姆斯的实用主义之信徒,另一个支系是追求更为实证主义经验科学观的现实主义者。最后,法律现实主义是一种实践政治的尝试,这种尝试并不仅仅支持和为政治精英提供合法性,而且其中某些成员本身就是设计、制定和实施改革政策的官员。

[3] 不过,并非全部现实主义的研究都同样相信法律能够或应该得到挽救,或者它的融贯性能够或应该得到恢复。主流法律学者把解构的立场视为危险的相对主义和虚无主义,这种立场试图通过强调不确定性、偶然性和矛盾性而重新调整法律思想。根据彼勒(Peller)的观点,"这种解构的和揭露导向的现实主义立场似乎与任何独立于政治的自由主义法治观念不相一致,或实际上与任何独立于意识形态的理性思想模式不一致……这种进路强调偶然性和目的开放的可能性,所暴露的是中立理性工作的表面背后所隐藏的社会权力之操纵"(1985:1223)。

[4] 在本编中关于这种观点的精致阐述见 Sarat 和 Simon(2003)。

参考文献

- Abel, Richard (1973) "Law books and books about law," *Stanford Law Review* 26: 175-228.
- Brigham, John and Harrington, Christine (1989) "Realism and its consequences," *International Journal of the Sociology of Law* 17: 41-62.
- Cardozo, Benjamin (1921) *The Nature of the Judicial Process*. New Haven, CT: Yale University Press.
- Cohen, Felix (1935) "Transcendental nonsense and the functional approach," *Columbia Law Re-*

view 34: 809-849.
- Ellickson, Robert (1995) *Order Without Law: How Neighbors Settle Disputes*. Cambridge, MA: Harvard University Press.
- Eulau, Heinz (1963) *The Behavioral Persuasion in Politics*. New York: Random House.
- Ewick, Patricia, Kagan, Robert, and Sarat, Austin (1999) "Legacies of legal realism: Social science, social policy, and the law," in Patricia Ewick, Robert Kagan, and Austin Sarat (eds.), *Social Science, Social Policy, and the Law*. New York: Russell Sage, pp. 1-38.
- Friedman, Lawrence (1986) "The law and society movement," *Stanford Law Review* 38: 763-780.
- Garth, Bryant and Sterling, Joyce (1998) "From legal realism to law and society: Reshaping law for the last stages of the social activist state," *Law & Society Review* 32: 409-72.
- Holmes, O. W. (1881) *The Common Law*. Boston: Little Brown & Company.
- Llewellyn, Karl (1931) "Some realism about realism," *Harvard Law Review* 44: 1222-1264.
- Llewellyn, Karl (1940) "On reading and using the newer jurisprudence," *Columbia Law Review* 40: 581-614.
- Llewellyn, Karl (1960) *The Common Law Tradition: Deciding Appeals*. Boston: Little, Brown & Co.
- Levine, Felice (1990) "Goose bumps and 'the search for signs of intelligent life' in sociolegal studies: After twenty-five years," *Law & Society Review* 24: 7-34.
- Lipson, Leon and Wheeler, Stanton (eds.) (1986) *Law and the Social Sciences*. New York: Russell Sage Foundation.
- McDougal, Myers (1941) "Fuller v. the American legal realists," *Yale Law Journal* 50: 827-840.
- Munger, Frank (1998) "Mapping law and society," in Austin Sarat, Marianne Constable, David Engel, Valerie Hans, and Susan Lawrence (eds.), *Crossing Boundaries: Traditions and Transformations in Law and Society Research*. Evanston, IL: Northwestern University Press, pp. 21-80.
- Nelken, David. (1981) "The 'gap problem' in the sociology of law," *Windsor Access to Justice Yearbook* 1: 35-61.
- Peller, Gary (1985) "The metaphysics of American law," *California Law Review* 73: 1152-1290.
- Pound, Roscoe (1923) "The theory of judicial decision," *Harvard Law Review* 36: 641-662.
- Riesman, David (1941) "Law and social science," *Yale Law Journal* 50: 636-53.
- Rose, Nikolas (1999) *The Powers of Freedom*. Cambridge, UK: Cambridge University Press.
- Sarat, Austin (1985) "Legal effectiveness and social studies of law: On the unfortunate persistence of a research tradition," *Legal Studies Forum* 9: 23-32.
- Sarat, Austin and Silbey, Susan (1988) "The pull of the policy audience," *Law & Policy* 10: 97-166.
- Sarat, Austin and Simon, Jonathan (2003) "Cultural analysis, cultural studies, and the situation of legal scholarship," in Austin Sarat and Jonathan Simon (eds.), *Cultural Analysis, Cultural Stud-*

ies, and the Law. Durham, NC: Duke University Press, pp. 1-34.
- Scheingold, Stuart (1974) *The Politics of Rights*. New Haven, CT: Yale University Press.
- Schlegel, John (1979) "American legal realism and empirical social science-I," *Buffalo Law Review* 28: 459-586.
- Schlegel, John (1980) "American legal realism and empirical social science-II," *Buffalo Law Review* 29: 195-324.
- Schwartz, Richard (1965) "Introduction," Law and Society: Supplement to *Social Problems* 4: 1-7.
- Shamir, Ronen (1995) *Managing Legal Uncertainty: Elite Lawyers in the New Deal*. Durham, NC: Duke University Press.
- Simon, Jonathan (2000) "Law after society," *Law & Social Inquiry* 24: 143-194.
- Tomlins, Christopher (2000), "Framing the field of law's disciplinary encounters: A historical narrative," *Law & Society Review* 34: 911-972.
- Trubek, David and Galanter, Marc (1974) "Scholars in self-estrangement," *Wisconsin Law Review* 1974: 1062-101.
- Trubek, David and Esser, John (1987) "Critical empiricism in American legal studies: Paradox, program, or Pandora's box," *Law and Social Inquiry* 14: 3-52.
- Yntema, H. E. (1934) "Legal science and reform," *Columbia Law Review* 34: 207-29.
- Zimring, Franklin (1993) "On the liberating virtues of irrelevance," *Law & Society Review* 27: 9-18.

第一编

法律与社会研究的历史和意义

1

社会理论中的法律和法律研究中的社会理论

罗杰·科特雷尔　著
高鸿钧　译

社会理论对于法律研究能够有何贡献？在社会理论的视野中法律处于何种地位？在 30 或 40 年前，"法律与社会"研究或社会-法律研究首次变成了富有活力和颇为流行的研究热点，界定法律与社会理论的关系，意味着首先要确定法律在社会学传统中的地位，并探讨哪些社会学传统有助于法律研究。不过，社会理论现在已经不再属于任何一个特定学科，它必须根据自身的目标而不是已经塑造它的特殊传统来界定。

古典社会理论中的法律

社会理论是指系统地、历史地形成的具有经验导向的理论，旨在寻求解释"社会"的性质。社会可指反复发生的各种形式的人际互动及其关系范型。社会是指人类共同和在与他人的关联中的持续生活，以及基于人类共存关系所产生的制度构架、互动模式、网络、体制和集体生活结构。如此说来，社会是指人类群体和总体的集体生活，也是指众多的个人生活，这种个人生活受到他同人类总体或群体之间关联的影响。社会是一个团结（solidarity）、认同和合作的场域，但也是权力、冲突、异化和分离的场域；是稳定的期待、结构、体制、习惯、信任和信心得以形成的场域，但也是不可预见的行为、突变、暴力、分裂和断裂得以发生的场域。

在这些广泛词语的描述中，作为一个研究对象或领域，社会似乎过于宽泛，令人迷惑。关于社会的性质和重要性的争论，在今天评价社会理论自身重要性时，具有基础的地位。社会理论以十分不同的方式反映了社会的实质。例如，在马克斯·韦伯（Max

Weber,1978)的著作中,社会表现为几种有限的独特的社会行为类型,这些行为的各种组合可以产生我们所说的"资本主义"、"科层制"、"统治"以及社会世界(social world)其他大致成型的结构。有时,人们根据人类关系的进化来观察社会,例如马塞尔·毛斯(Marcel Mauss,1990)对于赠礼关系重要性的著名分析就属于此类。有人在不同类型人群的一致行为中,发现了社会的实质(Durkheim,1984),有人在社会性或社会团体成员之间的联系纽带中发现了社会的实质(Gurvich,1947)。有时,人们把社会的实质理解为个人得以彼此联系的一些范畴或体制要素,例如格奥尔格·齐美尔(Georg Simmel,1971)关于"陌生人"、"大都市"、"时尚"、"冲突"、"交换"以及其他现象的分析,就属此类。

　　社会理论研究的目标大都或明或暗地主要关注某种意义上作为一个整体的"社会",因此,有关这个整体如何存续的研究,虽然涉及政治、法律、经济以及其他较为具体的社会行为或经验的研究,但与这些研究毕竟有所区别。这种意义上的社会是"法律治理下的多少有某种边界的领土内个人和(经济、政治或文化)事件之间关联和关系的总和"(Rose,1996:328)。社会理论即使不以探讨社会为直接目的,在涉及社会的特征时,也会认为社会现象在某些重要方面存在着协调一致:社会生活形成了某种组织结构;它具有连续性和规模性,社会的个别现象与更大的模式相关联,尽管这种模式的确切限度或边界可能变化不定和难于把握。例如,社会包括阶级、种族或性别,尤其包括经济关系,但是社会理论认为,必须把这些现象视为人类互动的要素或特例,而这些要素或特例附属于更一般的模式或特征,社会理论所持续关注的必定是社会的一般性。社会总是在某种意义上被理解为一个整体。

　　在19世纪后期和20世纪早期的古典社会理论中,典型的"社会"是指政治上实现了组织化和领土边界确定的现代西方民族国家模式的社会。由于这种定位,最富雄心的社会理论著作,如涂尔干、韦伯和马克思的一些著作,强烈关注法律就不足为奇了。社会的范围类似于有关民族国家法律制度的管辖范围。当社会理论考察体现社会的一般社会关系和构成社会的结构时,则认为现代法律是界定和规范着这些关系和结构的社会体制。在某种意义上,在描述现代社会的特征方面,法律与社会理论存在差异,但社会理论可以用法律来例证社会的某些基本结构和模式。

　　因此,在涂尔干看来,现代法律(尤其是合同法、商事法、财产法和刑法)的实体及其程序表现了现代社会团结的独有特征,他用社会团结意指现代社会得到了某种程度的整合并被赋予了整体意义,尽管现代社会渐趋复杂、多变和多元。有关对几个世纪法律发展的研究可以表明,协调现代社会的社会团结机制是如何逐渐形成的(Durkheim,1984)。他得出的结论是,只有那些整合现代社会的价值体系,即全部现代法律的道德基础,将是这样一种价值体系:它要求普遍尊重所有个人公民的自主和人类尊严(Durkheim,1975;Cotterrell,1999:103-147)。

韦伯以完全不同的方式和运用不同的方法,也把法律研究与对法律的现代社会形式的研究密切联系起来。现代法律体现了理性,这种理性反映了西方生活其他维度的理性化,理性也得到了反映,并与其他维度的理性并驾齐驱。法律的形式理性虽然是一种独特的思想和实践形式,却可以作为现代世界广泛理性化的一部分。研究法律的理性发展及其与其他各种理性(特别是在经济行为、行政管理和政治统治中)的内在关联,有助于洞察西方出现的独特的社会特征(Weber, 1978: pt.2, ch.8)。

寻求分析资本主义本质和命运的马克思,把法律视为某种意义上的上层建筑的维持机制,而不是作为生产方式和现代西方社会整体结构的资本主义运行的动力。但是,他强调法律在界定社会关系、镇压阶级反抗和维护思想方式——首要的是维持财产与合同关系——方面的作用,认为这种思想方式是资本主义社会关系中基本意识形态的支柱(Cain and Hunt, 1979)。因此,像涂尔干和韦伯一样,马克思感到有必要阐释法律的发展,有必要甄别它在某个历史阶段形成的特定思想、推理或实践方式。所有上述思想家虽然对于现代社会的理解可能存在差异,但他们都把法律视为改造社会——建构现代社会的基础——的基本机制。

这些简短的评论足以表明以下两点:"现代性"的概念在实际上常常与社会理论视野中的"社会"概念密不可分;在古典社会理论中,人们常常在某种方式上把法律视为人类进入现代世界的一种关键标志、要素或媒介。较为晚近的社会理论家,在此种意义上通常把某种法律制度的出现视为至关重要的现象。例如塔尔科特·帕森斯(Talcott Parsons)就把"一般法律制度"的出现视为"现代社会重要的独有特征"(Parsons, 1964: 353),这种一般法律制度超越了全部传统的特殊身份,并表现为一种普遍的权利和义务体系。但是,正如我们后文所述,对于社会理论如此重要的"现代性"和"社会"的概念,成为了今天社会理论进行争论的核心。

我们对于这些争论姑置不论,而是要追问,古典和传统形式的社会理论对于法律研究究竟有何助益?如果社会理论在范围上是抽象的和广泛的,相比之下,作为实践和常常作为一个研究领域的法律则被认为与"重视具体的方法"密切关联(Twining, 1974),关注特殊的问题和直接寻求解决问题的办法。社会理论一般宣称,各种哲学分析、对具体历史经验的反思以及对社会条件系统的经验观察,综合起来可以解释社会的性质。社会理论家对法律的思考受到这种导向的影响,即运用哲学的、历史的和观察的方法进行综合分析。作为关注一般问题的副产品,社会理论经常评价法律的功能、限度、存续条件以及权威和权力来源。它对于某些法律学者的吸引力在于,这种进路的法律视野比那些法律专家单独驾驭的视野更广阔。因此,社会理论一直呼吁,社会-法律研究应避免法律重视具体的方法的局限,并反对狭隘的社会科学经验论。这种追求已经拓宽了法律研究的社会视野。但与之相伴的风险则是,宽广的视野则会忽略特定法律经验或实践的丰富性和具体性。重视具体的方法也许需要补充,但无论如何有其存在的价值。

　　许多论者都主张社会理论对于法律研究富有价值,并认为在古典社会理论中,法律具有突出地位,尽管如此,法律研究与社会理论之间的联系一直较为薄弱。法律与社会理论的各种变革正在导致这两者渐趋互相依赖,这将是本文后几部分讨论的主题。无论如何,直到相当晚近,这种关联还没有得到清晰和明确的承认。

　　古典社会理论的学者提供了关注法律的范例,尽管这样,许多社会理论学家常常怀疑,法律是否那样重要或值得作为特殊的社会现象,需要所有的社会理论都予以特别关注?大部分需要分析的现象,是否都需要根据诸如行政行为、国家强制、社会规范、社会控制、意识形态、互惠、一致与偏离、科层制规范或习惯之类的概念加以阐释?法律似乎不必从一般意义上予以理论化:它可以留给法学家基于其目的来探讨。"法律"一词对于社会理论家来说,仅仅意味着一种常识性标签,常常用于意指一些理论上需要解释但无需实质探讨的社会现象。无论如何,法律的地位及其重要性,因不同社会而殊异。法律的一般概念和定义受到法学家观念的支配,而大多数社会理论家并不寻求颠覆这些观念和定义。

　　例如,社会理论家很少采用时下那些法律概念的激进重释,那些概念与社会科学的法律多元论相关联(例子见 Merry, 1988)。那种意义上的法律多元论明确否认法学家的法律概念具有普遍适用性,从而采用某些更广义的法律概念,出于各种分析目的,那种广义的法律概念可以包括法律人认为不属于法律的现象,例如,各种私人或"非官方"的规范体系。在主要的社会理论中,乔治·格维奇(Georges Gurvitch)就挺身激烈反对法学家的法律概念,赞成把一种复杂的、十分精致的法律多元理论纳入他的较广泛的社会理论。值得指出的是,格维奇的这种立场是基于他的早期社会-法律和哲学研究,而不是作为他后来一般社会学理论的副产品。

　　实际上,与社会理论家形成对照,最常容纳法律多元主义视角的研究者,是那些认为法律对他们研究事业至关重要的社会科学家,以及那些认为自己从事的是"法律与社会"研究或社会-法律研究的学者。但是,许多社会-法律研究学者满足于遵循社会理论的一般指导,对于古典社会理论中有关法律的广泛视野深表敬意,然而却以另一种方式对"法律"采取实用主义的姿态,主要用它称谓一些社会现象,这些社会现象曾根据自己所属社会科学学科所熟悉的概念得到分析。

　　社会理论虽然关注法律的表现形式,却一直回避法律本身,同样,法律实务者和法律学者则倾向于回避社会理论。当然,从法学家的观点看,社会理论的价值似乎并不明显:他们可能认为社会仅仅是作为法律背景的调节性结构,其中法律创造了本身所调控的领域。在这种意义上,社会理所当然地成为法律实践得以展开的场域和环境。另外,毫无疑问,从法学家的观点看,法律界定和调整它所指向的关系之范围和性质,就此而言,它似乎是取之不尽和用之不竭的丰富源泉。社会就是法律所塑造的那个样子。

法律与当代社会变迁

在改变这两个领域彼此疏离的关系方面,出现了什么新动向?一方面是在法律情境和法律研究方面发生了相关的变化,另一方面是在社会理论领域发生了相关的变化,而这都常常与现代性的终结及其取代它的"后现代"观念相关联。"后现代"中的"后"意味着"新",这里的"新"仅仅可以理解为相对于先前的现象,并在某种意义上是对先前现象的修补或反应,同时,人们现在把现代性理解为终结性,以致随后发生的现象都明显有别于它的特征。

根据让-弗朗索瓦·利奥塔(Jean-François Lyotard)著名的格言,后现代最深刻的征兆,是在一个流动、激变、强烈自我质疑以及不确定的(西方)世界中,人们对"宏大叙事"信念的丧失(Lyotard,1984:37):"一种激进的无根和多疑时代"的到来(Douzinas and Warrington,1991:9)。这不仅适用于诸如马克思和伟大宗教的综合性思想体系,而且适用于作为稳定和融贯整体的总体性"社会"理论,还适用于各种政治意识形态以及作为不断揭示真理的"科学"思想。据说它们都挣扎在四处蔓延的社会偶然性和不确定性的暗礁险滩之间。

结果是"地方知识"(Geertz,1993)和以下观念现今开始得势,这种观念认为,试图对社会变迁和社会现象进行广泛的一般概括既不可行亦无意义。这种趋势可能意味着完全放弃社会理论。新的关注点在于地方性和特殊性,以及社会结构和制度的不稳定性,由于个人生活失去根基而带来的兴奋和恐惧,人们生发出一种怀疑,即质疑把"社会"作为一个整体进行充分理论概括的价值(Rose,1996;Bauman,1992:190)。传统上社会学对于社会的分析,所涉及的秩序与变革、结构与行动之间的辩证关系,似乎无法捕捉迅速流动的意识,在世界最发达的国家,后现代的思想与当代人类的共存状态相关联。

有人认为,对社会进行理论概括不再富有价值,这种观念有时导致了较为宽泛但并不明确的主张,这种主张宣称"社会死亡"(Baudrillard,1983:2)。由此,社会理论丧失了它已有的对象整体性,因而呈现出世界末日的场景。取代整体性的是诸多竞争性话语,其中尤其是文学、女权主义、心理分析、经济以及文化的理论,人们在探讨人类关系时,不再诉诸任何明确的整体性社会概念。

这里还可以提及直接关乎法律命运的更为具体的理念。有时人们宣称社会已经消失,正在湮灭于政府所干预的各个具体领域,围绕社会所组织起来的事业(诸如社会工作、社会福利、社会学和社会主义)正在失去重要性(Simon,1999:144-147)。有人进而宣称,社会作为一个独立于政治的领域正在萎缩。一种观点认为,社会业已蜕化成寂静而沉默的人群,不再是政治动力的积极源泉,而只是消极地接受政府的行为(Baudrillard, 1983:19-25)。随之而来的结果似乎是,法律干预几乎无法有效地合法化或受到合法基础的导引。

另一种观点认为,生活方式的个人化动摇着诸多社会体制(例如,传统的家庭、雇佣和性别关系)的稳定,但与此同时,个人对于自己生活关系的自主选择,则为激进地重塑社会提供了无法估量的机会(Beck and Beck-Gernsheim, 2002;也见 Beck, Giddens, and Lash, 1994)。由此,政治潜在地发生了转变,它的关注点转向了地方或个人,以及更重要的是转向了全球(如许多环境、安全和健康问题就广泛涉及跨国范围)。同时,民族国家的政治在传统的公共领域中日渐失去活力。实际上,在一种富有活力的政治中,公共与私人以及国家与全球之间的界线,可能最终变得毫无意义(Beck, 1992:ch. 8, 2000:ch. 2)。这对法律研究来说,主要含义也许在于,规制的范围和适当方法正在许多根本面发生着变化。

这种晚近理论概括的重要性当然无损于作为一个范畴的社会。实际上,许多理论家——包括一些强烈地宣称社会死亡的理论家,诸如让·波德里亚(Jean Baudrillard)——也都继续毫不尴尬地提及"社会"一词(Smart, 1993:55-56)。对于法律研究来说,这些作品的重要性在于提醒以下一点,即社会的性质不应不加质疑地断定。法律可以界定社会,正如它可以调控社会,但它只能根据社会本身提供的条件来界定社会。法律以社会的概念作为前提条件,这种社会概念不仅界定了法律在技术方面的管辖范围,而且界定了法律干预所需要合理整合的领域,以及包含了法律合法化及其文化意蕴的一般渊源。随之而来的是,诸如社会同一性、一致性以及一般模型之类的观念受到了质疑,关于法律性质和功效的预设也都成为了疑问的对象。

在当代社会理论中,米歇尔·福柯(Michel Foucault)的著作,对于人们根据社会特征基本的长期变化来重新思考法律的范围和性质,提供了最重要的工具。他提出的问题是,法律是否无法适应这些变化,结果变得边缘化,渐趋让位于其他管理和控制形式。福柯的著作描述了新型知识和权力得以产生的过程,它们相互强化从而筑成了他所谓的"规训社会"(Foucault, 1977:216)。监狱、收容所、学校、诊所以及其他特定的体制性场所,一直成为知识/权力相继集中涌现的主要场域,其中技术性规范、专家知识、训练和监视一并用来管理人群,并限定作为自主和负责主体的个人活动。

福柯在晚期的讲座中,对他早期研究中所使用的"法律"一词的一般含义进行了具体阐释。他把法律统治(majesty of law)与重视以行政手段管理社会生活的"治理术"(art of government)进行了鲜明的区分(Foucault, 1991:92)。在他看来,法律是主权的体现,其中最重要的特征是要求人们服从,并对于冒犯主权的任何行为予以惩罚。所以,法律的实质是强制。福柯进行了如下比较,一方面是法律的"偶然或不连贯对社会的干预",另一方面是"一种规训和持续管理类型的权力,它们弥散地、隐秘地和内在地存在于社会之中",他认为后者十分不同于法律(Fitzpatrick,1992:151)。后者是一种自主的和专家型管理,特别关注调控经济和人口问题,依赖于"多重策略"和广泛的技术、知识以及信息,而这些技术、知识和信息只需"聪明和勤奋"就能获得(Foucault,1991:95,96)。

福柯把这种弥散性管理活动称作"治理术"(governmentality)而不是一般管理(government),意在强调治理超越了通常意义的管理,运用的技术比通常政治意义上的管理更广泛,治理的场域不限于通常所认为的公共领域,还涉及生活的所有方面。不过,治理术的出现标志着国家发展到了一个新阶段,即从"司法型国家"(state of justice)或法律型国家,通过在特定领土上组织起来而进行管理和规训的"行政型国家"(administrative state),转向了"治理型国家"(governmental state),这种类型的国家旨在确保安全,其治理"实质上不再(排他地)根据特定的领土……即它的表面区域,而是根据它的人口数量和密度……"(Foucault,1991:104)。

值得注意的是,在福柯所提及的这个阶段,法律的命运仍然模糊不清。最终解决这个问题也许有赖于法学家和从事社会-法律研究的学者。国家进入这个发展阶段是渐进的结果,从而最终导致了法律型、行政型和治理型国家并存。一些学者认为,福柯在宣称技术性和规训性规范相继取代了法律,指责他在坚持一种狭隘的法律观,明显忽视了现行法律的范围和特征(Hunt,1993:ch.12)。另一些学者认为,福柯明确认识到当代社会法律的性质和范围(Ewald,1990),只是把法律视为渐趋弱化的旧式最高管理权威。毫无疑问,福柯的主张意味着,法律业已从它显赫的主权地位逐渐下降,降至同其他大量相应的管理技术平起平坐的位置,不过是依其是否合适而运用或不用的管理"策略"(Foucault,1991:95)。

从另外一种观点看,围绕福柯及其法律观点所展开的关键争论涉及的是法律的潜能。这里的问题是,面对新的社会复杂性和不确定性,通过和基于法律的行动能否提供一种手段,以驾驭福柯著作所强调的社会的和无数分散的权力场域(Munro,2001)?在国家行为和政治规划日益疏离社会领域的情况下,寻求与此相关联的重要社会问题的解决和应对措施,是否会不断加剧混乱(Smart,1989)?

福柯著作在这些问题上含义模糊,这表明,社会理论变革的态势使得业已确立的法律理念处于不稳定的状态,这种态势在不同方向提出了新的概念。一种广义的和松散的法律概念可能意味着,法律可以变形,成为多维的管理方略、形式和策略,以反映社会的流动性、偶然性和不确定性(Rose and Valverde,1998)。在某些场域中,法律作为治理术就可能具有不确定的特征,例如在学校、宗教活动、仪式传统以及保护地方工业发展方面(Cooper,1998)就是如此;这种场域常常远离国家机构的直接操控。

在这种情境下,新型整合原则开始出现,例如,基于控制风险的考量,风险就作为一个主要范畴应运而生,而这赋予了偶然性以规范性意义(Beck,1992)。然后,风险观念或风险评估就作为一种警示的信号,或由此启动风险控制的管理过程,提醒人们关注这个问题(例如,Ericson and Haggerty,1997)。同样,它们也可以成为政治和法律行动的集合点(Franklin,1998)。

相比之下,那些以某种方式强调自治性和独特性而不是策略灵活性的法律概念,当面对某些它不适合承担的管理任务时,就可能面临应对的危机(Teubner,1987)。相反,人们可能强调以下明显的事实:在面对这种复杂性时,法律系统则可以应对;尽管社会生活渐趋多样、社会变化日新月异,法律系统仍然可以不断产出应对规则和决定。

社会学家尼可拉斯·卢曼(Niklas Luhmann,1995)所创立的自创生(autopoiesis)理论,作为社会理论的一种范式,可以看作是这种语境下一种特殊的具有原创性的概念建构,它所涉及的是法律如何适应社会的变化,同时不至于在这个过程中丧失其独有的特征,进而变成福柯所言的只是整体管理"策略"的一部分。自创生理论试图解释法律如何得以在复杂社会中保持其独特性与稳定性,同时能够应对由于社会流动性和复杂性而日益增加的广泛问题。这种理论也暗示,法律调控何以常常产生不可预见和难以意料的社会后果,法律何以常常似乎固执地对于来自社会的吁求置之不理。

在卢曼的理论体系中,法律在认知上开放,在规范上封闭,因而变成了一种自创生(自我观察、自我生成和自我再生产)的沟通系统(Luhmann,1992)。这意味着,如同其他沟通系统(诸如经济、政治和科学),法律必然对于来自其环境的信息保持开放,但它也必然只按自己的话语来解读这些信息。法律仅仅适用自身独特的规范性代码,即适用合法/非法代码加工有关信息,全部判决都遵循这种代码。相似地,其他系统也根据本系统的代码来解读法律规则和判决,例如经济系统根据有效率/无效率的标准代码来解读法律。

作为一种社会理论的自创生理论,明确地以法学家所熟悉的方式描述了法律,成为了一种以权威的推理和运作的循环而自成一体的自构话语(self-founding discourse)。这种理论阐明了法律如何以这种方式运作,并从社会学上解释了它为何那样运作。这种理论宣称,在演化过程中,日益复杂的社会分化成诸多专门化的沟通系统,法律只是其中之一。由此,法律系统并不是由规则和制度所界定——例如,塔尔科特·帕森斯早期作为回应复杂性的社会分化理论中,就认为法律不是由规则和制度所界定的(Parsons,1977:174-176)——而是由关于合法/非法的独特话语所界定。

因此,法律可以遍布社会空间。作为一种话语,法律可以存在于一切场合,法律问题的主题化(thematization)可以发生的情境不限于正式的国家法律制度(Luhmann,1981)。由此,自创生理论可以适用于正在涌现的"没有国家的全球法"(Teubner,1997)这种理念,或者符合主张私人领域存在法律的理念,社会理论家已经把这些私人领域作为当代新型政治和社会转型的场域。

不过,正如许多批评者所指出的,这种理论的弱点在于它几乎具有难以理解的抽象性。这种理论虽然突出强调,法律的话语对于系统之外的信息不予理会或不予理解,例如在涉及儿童的案件中,法律在法庭上面对社会福利的话语就是如此,但是,将这种理论运用于经验社会-法律的研究只取得了有限的成功(King and Piper, 1995)。这一理论以其复杂和活力对社会理论作出了贡献,并推进了社会理论对于法律的独特理解(如Teubner, 1993;Pribán and Nelken, 2001),但是,自创生理论在某种方式上毕竟偏离了本文所强调的主题。它并没有以具体的法律词语广泛地考察变化中的社会特征,它没有指明当代法律变化如何能够根据社会理论得到解释。它相对忽略了那些发达法律所具有的话语特征的具体细节。关于自创生的法律会如何实际应对社会可能产生的管理性问题,这种理论几乎没有提供解释。它的关注点似乎仅仅在于认定,法律将总是从自己的视角出发并运用自己的话语资源来回应这些问题。

法律权威的基础

自创生理论试图绕过社会理论长期以来关注的一个主要问题:法律的源泉和基础是什么?即能够使得法律受到尊重和得到服从的合法性基础是什么?对于卢曼来说,法律的合法性问题已被功能问题所取代:该问题仅仅涉及效力,即法律是否能够根据自身合法/非法的代码而有效地履行作出决定的社会功能。但由此产生了一个问题,如何判断和鉴别法律在功能上是否取得了成功?事实上,更晚近的社会理论著作则致力于探讨法律的"根据"问题,即权威或合法性的终极基础问题。

涂尔干的古典社会理论认为,法律与道德不可分离,道德是法律的"灵魂"。因为它把道德理解为社会的规范性结构,他的社会理论强烈主张,法律的全部含义、权威和效力最终应诉诸道德基础。没有这样一种根据,法律就会变成赤裸裸的暴力和空洞的词语(Cotterrell, 1999)。在某种意义上,韦伯的社会理论翻转了涂尔干的主张。由于自然法理论受到了怀疑,现代法律业已丧失了"形而上学的尊严",呈现为只是"利益妥协的产物或技术性手段"(Weber, 1978: 874-875)。在韦伯看来,法律并不需要道德权威,相反,它的规则和程序以其抽象的形式性就能实现权威自我赋予,而具有法律依据的政治权威就是合法性政府。韦伯的著作由此成为我们所熟知观点的首创者之一,这种观点即通过合法律性(legality)或程序而获得合法性(legitimacy) (Cotterrell, 1995: ch. 7)。

十分有趣的是,涂尔干与韦伯之间对立的立场所涉及的广泛的问题(如果不是主旨),明显地出现在新近关于法律与社会理论的著作中,以及运用社会理论研究法律的著作中。后现代关于宏大叙事坍塌的观点可能暗示,全部宏大知识结构的权威性和有效性都已成问题。不过,可以认为,在后现代的社会环境中,借助于合法律性而获得韦伯意义上的合法性,仍是仅有可能的稳定权威。那些明显是建构的、特殊的、在范围上是地方的并且变动不居的当代法律,可能体现了后现代知识或原理的典型形式:它们在任何意义上都不是宏大叙事,而是呈现出偶然性、无常性、人为性、短暂性以及任意性,是实用主义的十足体现;针对新的法律问题,法律的原理持续地受到调适、修正、取消、补充或重新解释。

因此,有关法律的后现代著作常常强调,在一个业已对其他话语失去信念的世界,法律出现了同样的道德空洞化的特征和社会权力特色(Goodrich,1990)。自创生理论不无冷峻地揭示,法律话语的实质是循环推理,这种观点与某些后现代视角的主张具有亲缘性:例如,法律自我建构的权威强有力地掩盖诸如"社会"和"民族"之类概念的内在不一致,尽管法律的思考以这些概念作为前提(Fitzpatrick,2001)。

在新近有关社会-法律研究的著作中,与这种思想脉络不相关的理论强调法律的构成性力量(例如Brigham,1996),即法律通过长期塑造诸如财产、所有权、责任、合同、权利、过错与责任以及利益、认同和共同体等一般理念,实际上具有了构建社会的能力(不仅涉及直接的管理性目的,而且涉及全部社会生活参与者的广泛意识)。为了在理论上协调一致,这种意义上的构成性理念,连同可追溯到马克思关于法律的意识形态力量的观点,最终必定要么以自我建构的法律观念为前提,要么承认法律与社会互相构成,法律从社会那里获得其意义和终极权威,同时,法律通过其管理性力量塑造社会。换言之,法律是社会经验的一个维度或一个领域,并非某驱动社会的神秘的"外在"力量。

最后这一结论可能重新提起了涂尔干关于法律权威的社会基础问题,这个结论意味着,社会比许多后现代著作所认为的更协调、稳定和易于进行理论概括。这就是尤尔根·哈贝马斯(Jürgen Habermas)的社会理论主张。这种理论所展示的社会形象部分由卢曼所描述的系统(如经济、政治和法律系统)所构成,部分由他所称的"生活世界"构成。生活世界是日常社会经验得以构成的环境,在其中习惯、文化、道德以及大众理解得以形成并进行再生产。生活世界提供了经验性"背景知识"(Habermas,1996:23),借助于这种背景知识,人们得以理解相互之间的一般行为和交往行为,生活世界是团结和合法化的源泉,对于社会组成部分的系统的存续来说,这种源泉不可或缺。但是,生活世界不断受到这些系统的殖民化、侵蚀或扭曲。因而,在哈贝马斯看来,社会存在于系统与生活世界的互动之中。

所有后现代理论都把偶然性、不确定性和道德空洞性描述为当代生活的特征,与此相比,哈贝马斯则寻求在法律、社会和自然的互动中完成理性启蒙的未竟事业。他认为,法律不是自赋根据,其权威取源于理性,他把这种理性称为交往理性,这种理性依赖于某些理想条件的适当发展,根据这些条件,追求相反或不同利益的人们之间有可能达成合议。在哈贝马斯看来,法律仅仅是一种媒介,它能够把复杂的现代社会中的生活世界和各个系统联结起来。作为系统本身的法律依赖于生活世界赋予它权威和意义。由此,哈贝马斯思想所体现的涂尔干之维得到了坚持,即法律必须植根于生活世界的社会团结资源,并应是这种资源的表达。他认为法律的主要职责在于协调当代社会,既参与弥漫在社会系统中的工具理性,又要参与维持生活世界的团结所必需的共识导向的交往理性。

哈贝马斯在关于法律理论的主要著作(Habermas, 1996)中坚持认为,法律与道德彼此独立,虽然两者取源于同一最终基础即交往理性原则。这种理性得以展开的条件包括特定的基本权利,而这些权利通过法律过程才能得到保障。这些过程转而以民主结构为前提,同时必须在设置上使之支持民主结构。法律与民主由此密不可分地交织在一起。

哈贝马斯关于法律的思想在社会-法律研究的著作中得到了较多讨论,这可能主要是因为面对后现代的疑虑,他的思想明确肯认了法律与理性的关联以及法律理性正当化的可能性。但是这些思想随着时间的推移业已发生了重要的变化。开始时,他采取的经验导向的社会理论进路,主要关注的是资本主义社会中合法政府的条件(Habermas, 1975),后来,他转向了更富于思辨的法律哲学。十分有趣的是,哈贝马斯(Habermas, 1987: 249)曾经批评福柯的权力观是"彻底的非社会学的",然而,人们对于他关于交往理性的某些抽象和一般的论述,也可以提出这种批评。

哈贝马斯晚近著作中最富有挑战的思想可能在于,在他所描述的社会图景中,法律占据了中心地位。如果在某些后现代性的形象中,法律可以被视为当代有效知识的缩影,那么,在哈贝马斯完全不同的视野中,法律至少潜在地成为重要的社会过程的缩影,这个过程就是通过解释程序达成共识的过程,而这种解释程序是指有可能采取交往理性立场的那种程序。法律的程序是技术机制,借助于这种机制,理性导向的交往行为实际上可能在广泛的社会基础上得以展开。这样,从某个基点出发,法律对于社会理论的重要性就以十分明确的方式得到了确认。在他看来,法律是社会生活核心结构的基础,也是社会整合所依赖的一些过程和程序。

超越民族国家的法律

我在上文业已指出,在过去,一些人认为法律通常不必涉及社会理论,因为法律把社会性质视为理所当然。法律构成社会的调控机制,但它必须以社会的总体概念作为前提,在这种概念中,法律的调控才富有成效。长期以来,西方法律思想的前提条件是,把现代民族国家的政治社会等同于总体的社会概念。

在人权、商务、金融、知识产权、环保、信息技术以及许多其他领域,跨国规制和调控的需求日益增加,这为法律研究吸取社会理论的资源提供了新的动力。因为这种局面潜在地颠覆了一个由来已久的成见:法律与民族国家的政治社会之间存有牢不可破的关联。社会理论则致力于以不同的方式理解社会,认为社会正在超越这种意义的社会边界,或受到了强劲的跨国力量的影响,从而主要围绕着全球化这个合成的概念而展开。但是,在全球化理论中,法律并不占据核心的地位,可能因为法律通常是伴随着社会的跨国扩展而不是积极形塑社会的跨国扩展。人们常常根据社会在跨国扩展方面表现出的特殊形式来描述全球化,诸如市场的协调,文化(如可理解为传统、基本价值或信仰)的转变,以及新型通讯技术的影响等。法律即便在这些发展中至关重要,其作用通常也被视作纯粹技术性的。相对而言,只有很少几位学者(Teubner, 1997; Santos, 2002)认为有必要发展"全球法"理论或法律跨国化的理论。根据传统的流行观念,无论法律实践遇到了怎样的社会,法律都不断地适应它,并能够与它相关联。

我认为,涉及法律研究和社会理论之间未来的某些最重要关系,无论如何,都会关注以下需要,即理解法律在参与当下全球化背景下的发展中所展现出的变化特征。那种常常把社会等同于民族国家的政治社会的社会理论,在多大程度上有助于理解法律同日益以其他方式界定的社会范围之间的关系?

如上所述,福柯著作所引起的争论,针对的是当代管理(如果说与主权之法的关联有些不确定,则属于复杂关联)的性质和社会中权力网络的复杂性。对于理解跨国管理的性质和社会背景来说,这些争论至关重要。这使得人们有必要追问以下问题,即在某些方面,跨国管理方式——如用福柯的话讲——是否预示着"斩王之首"(参见 Foucault, 1979: 88-89),换言之,管理性战略正在摆脱国家主权的权力缰轭。因而有必要考虑,如何扩展广阔的跨国社会空间,可能使分散但无所不在的权力不仅用于规训个人,而且用于为个人创造自主,这恰是福柯在其著作中所分析的权力的两个维度。乌尔利希·贝克(例如, Beck, 1992, 2000)在其著作中以类似的方式,用个人化和风险的词语指出了新的管理问题,以及开放政治行为的新焦点,正如他所强调的,这些问题和焦点同样与跨国领域及国内领域相关联。

超越民族国家视野的法律研究和社会理论之间的结合,并不完全倚赖于提出新的社会-法律问题。它也涉及在新的语境下呈现的老问题,其中最重要的老问题包括法律如何通过吸取经验或理解它所调控的人群,来确保权威。始终关注这个问题的涂尔干提供了重要的民主理论,这种理论在社会-法律研究中一直没有得到重视。根据他的理解,民主作为一种理想的实践,主要不是诉诸民众的代表,而是依赖敏锐的和知情的协商,由此,植根于广泛日常生活经验中的理解、问题以及价值,能够由此得到确认并转变成有效的规定(Cotterrell, 1999: chs. 10, 11)。

涂尔干对于法律道德基础的重视也与此相关。但是,当社会不再能够简单地被设想为仅仅是统一的民族政治社会时,这种追求就面临更多困难。既然社会理论业已揭示了社会的多样性、流动性和偶然性,在这样一个社会中,很难形成或确立道德协调一致的基础。跨国管理现在所涉及的广泛社会领域,在文化上可能更明显地呈现出多样、多变、片段化以及范围不确定的特点。

社群主义的著作探索了这样的问题,即在复杂的社会中,何种道德纽带可能形成而且必不可少,尽管它们努力在社会理论的传统中寻找分析的基础(Selznick,1992),但是,关于这些社会现存道德共识的范围,它们仍然模糊不清(Baunan,1993:44-45),并冒险地坠入一种乡愁:为了重新发现价值,不惜恢复古老形式的社会团结或道德训诫。有人提出了一些替代性方案,试图把一种前社会的"他性的伦理"(ethics of alterity)作为社会道德的价值基础(Baunan,1993:47-53),并对此加以扩展,使之作为从道德上评价当代法律的方法(例如,Cornell,1992)。

这方面的一种不同进路,可能在于通过确认共同体意义的社会概念,潜在并有效地置换或补充国家意义的社会概念,从而承认共同体中团结的必要性,将其作为调节共同体的道德之维的正当理由。但是,这需要以十分不同的形式看待现存共同体:诸如能够为商业提供基础的工具型共同体;涉及友谊、爱心或关怀的情感型共同体;基于共享终极价值的信念型共同体;以及建立于共同环境或历史经验基础上的传统型共同体。这种观点认为,社会由流动的、复杂交错的不同类型的共同体构成,无论这种交错构成的是民族国家型社会,还是这种社会中特殊的群体或人际互动模式,抑或是穿越民族国家边界的互动网络、利益或利害关系,都属于共同体意义的社会。基于这样一种观点我们可以认为,法律是对共同体的调节和体现(Cotterrell,1997)。

当社会似乎日益"全球化"时,关于法律权威或合法性基础这样的古老问题并没有失去重要性,除非人们接受卢曼的观点,认为法律所追求的唯有功能的成功实现。即便功能意味着一切,仍然需要追问,能够确保法律的调控功能得以实现的最终条件是什么?哈贝马斯(Habermas,1996:33)指出,强制性法律"只有在法律规范的遵守者能够把自己理解为这些规范的理性创制者时,它才能成为整合社会的力量"。无论怎样看待这种涉及交往理性的观点,当法律扩展到国家边界之外和国家法更一般地受到跨国力量的驱动时,重申这个古老问题具有新的迫切性。

如果真像哈贝马斯所指出的,在民族国家的政治社会中,民主能够在某种条件下增进公民作为法律创制者的意识,那么,在走向跨国管理或国内法服从跨国压力的社会领域中,是否也能够发现这种意识?涂尔干关于通过民主协商来管理社会的理念,是否可以在跨国范围得以实现,以创建增进团结的管理方式?马克思主义的社会理论著作适当地强调了——有时是与福柯的争论中(Poulantzas,1978:76-92)——法律起源于组织化的权力,并强调了法律的强制性和说服力(Jessop,1980);但是,这仍然没有回答关于法律的道德权威问题。由于社会变化的特性,社会-法律研究面临着挑战,这就需要考虑新问题,这些问题可能很早以前就变成了难题,困扰着那些"重视具体方法"的人们的法律日常实践。

参考文献

- Baudrillard, J. (1983) *In the Shadow of the Silent Majorities or*, *The End of the Social and Other Essays*. New York: Semiotext(e).
- Bauman, Z. (1989) *Modernity and the Holocaust*. Cambridge, UK: Polity.
- Bauman, Z. (1992) *Intimations of Postmodernity*. London: Routledge.
- Bauman, Z. (1993) *Postmodern Ethics*. Oxford: Blackwell.
- Beck, U. (1992) *Risk Society: Towards a New Modernity*. London: Sage.
- Beck, U. (2000) *What is Globalization?* Cambridge, UK: Polity.
- Beck, U. and Beck-Gernsheim, E. (2002) *Individualization: Institutionalized Individualism and its Social and Political Consequences*. London: Sage.
- Beck, U., Giddens, A., and Lash, S. (1994) *Reflexive Modernization: Politics, Tradition and Aesthetics in the Modern Social Order*. Stanford, CA: Stanford University Press.
- Brigham, J. (1996) *The Constitution of Interests: Beyond the Politics of Rights*. New York: New York University Press.
- Cain, M. and Hunt, A. (eds.) (1979) *Marx and Engels on Law*. New York: Academic Press.
- Cooper, D. (1998) *Governing Out of Order: Space, Law and the Politics of Belonging*. London: Rivers Oram Press.
- Cornell, D. (1992) *The Philosophy of the Limit*. New York: Routledge.
- Cotterrell, R. (1995) *Law's Community: Legal Theory in Sociological Perspective*. Oxford: Oxford University Press.
- Cotterrell, R. (1997) "A legal concept of community," *Canadian Journal of Law and Society* 12: 75-91. Cotterrell, R. (1999) *Emile Durkheim: Law in a Moral Domain*. Stanford, CA: Stanford University Press.
- Douzinas, C. and Warrington, R. (1991) *Postmodern Jurisprudence: The Law of Texts in the Texts of Law*. London: Routledge.
- Durkheim, E. (1975) "Individualism and the intellectuals," in W. S. F. Pickering (ed.), *Durkheim on Religion: A Selection of Readings with Bibliographies*. London: Routledge & Kegan Paul, pp. 59-73.
- Durkheim, E. (1984) *The Division of Labour in Society*. London: Macmillan.
- Ericson, R. and Haggerty, K. (1997) *Policing the Risk Society*. Toronto: University of Toronto Press.
- Ewald, F. (1990) "Norms, discipline, and the law," *Representations* 30: 138-61.

- Fitzpatrick, P. (1992) *The Mythology of Modern Law*. London: Routledge.
- Fitzpatrick, P. (2001) *Modernism and the Grounds of Law*. Cambridge, UK: Cambridge University Press.
- Foucault, M. (1977) *Discipline and Punish: The Birth of the Prison*. New York: Pantheon.
- Foucault, M. (1979) *The History of Sexuality*, vol. 1. London: Allen Lane.
- Foucault, M. (1991) "Governmentality," in G. Burchell, C. Gordon, and P. Miller (eds.), *The Foucault Effect: Studies in Governmentality with Two Lectures by and an Interview with Michel Foucault*. London: Harvester Wheatsheaf, pp. 87-104.
- Franklin, J. (1998) *The Politics of Risk Society*. Cambridge, UK: Polity.
- Geertz, C. (1983) *Local Knowledge: Further Essays in Interpretive Anthropology*. New York: Basic Books.
- Goodrich, P. (1990) *Languages of Law: From Logics of Memory to Nomadic Masks*. London: Weidenfeld and Nicolson.
- Gurvitch, G. (1935) *L'expérience juridique et la philosophie pluraliste du droit*. [*Legal Experience and Pluralist Philosophy of Law*] Paris: Pedone.
- Gurvitch, G. (1947) *Sociology of Law*. London: Routledge & Kegan Paul.
- Habermas, J. (1975) *Legitimation Crisis*. Boston: Beacon Press.
- Habermas, J. (1987) *The Philosophical Discourse of Modernity: Twelve Lectures*. Cambridge, UK: Polity.
- Habermas, J. (1996) *Between Facts and Norms: Contributions to a Discourse Theory of Law and Democracy*. Cambridge, UK: Polity.
- Hunt, A. (1993) *Explorations in Law and Society: Toward a Constitutive Theory of Law*. New York: Routledge.
- Jessop, B. (1980) "On recent Marxist theories of law, the state, and juridico-political ideology," *International Journal of the Sociology of Law* 8: 339-68.
- King, M. and Piper, C. (1995) *How the Law Thinks About Children*, 2nd edn. Aldershot, UK: Gower.
- Luhmann, N. (1981) "Communication about law in action systems," in K. Knorr-Cetina and A. Cicourel (eds.), *Advances in Social Theory and Methodology*. London: Routledge and Kegan Paul, pp. 234-56.
- Luhmann, N. (1992) "Operational closure and structural coupling: The differentiation of the legal system," *Cardozo Law Review* 13: 1419-41.
- Luhmann, N. (1995) *Social Systems*. Stanford, CA: Stanford University Press.
- Lyotard, J.-F. (1984) *The Postmodern Condition: A Report on Knowledge*. Minneapolis: University of Minnesota Press.
- Mauss, M. (1990) *The Gift: The Form and Reason for Exchange in Archaic Societies*. London:

Routledge.
- Merry, S. (1988) "Legal pluralism," *Law & Society Review* 22: 869-96.
- Munro, V. (2001) "Legal feminism and Foucault: A critique of the expulsion of law," *Journal of Law and Society* 28: 546-67.
- Parsons, T. (1964) "Evolutionary universals in society," *American Sociological Review* 29: 339-57.
- Parsons, T. (1977) *The Evolution of Societies*. Englewood Cliffs, NJ: Prentice-Hall.
- Poulantzas, N. (1978) *State, Power, Socialism*. London: New Left Books.
- Pribán, J. and Nelken, D. (eds.) (2001) *Law's New Boundaries: The Consequences of Legal Autopoiesis*. Aldershot, UK: Ashgate.
- Rose, N. (1996) "The death of the social? Re-flguring the territory of government," *Economy and Society* 25: 327-56.
- Rose, N. and Valverde, M. (1998) "Governed by law?" *Social and Legal Studies* 7: 541-51.
- Santos, B. de S. (2002) *Toward a New Legal Common Sense: Law, Globalization and Emancipation*, 2nd edn. London: Butterworth, 2002.
- Selznick, P. (1992) *The Moral Commonwealth: Social Theory and the Promise of Community*. Berkeley: University of California Press.
- Simmel, G. (1971) *On Individuality and Social Forms: Selected Writings*. Chicago: University of Chicago Press.
- Simon, J. (1999) "Law after society," *Law and Social Inquiry* 24: 143-94.
- Smart, B. (1993) *Postmodernity*. London: Routledge.
- Smart, C. (1989) *Feminism and the Power of Law*. London: Routledge.
- Teubner, G. (ed.) (1987) *Juridiflcation of Social Spheres: A Comparative Analysis in the Areas of Labor, Corporate, Antitrust and Social Welfare Law*. Berlin: de Gruyter.
- Teubner, G. (1993) *Law as an Autopoietic System*. Oxford: Blackwell.
- Teubner, G. (ed.) (1997) *Global Law Without a State*. Aldershot, UK: Dartmouth.
- Twining, W. (1974) "Law and social science: The method of detail," *New Society* June 27: 758-61.
- Weber, M. (1978) *Economy and Society: An Outline of Interpretive Sociology*. Berkeley: University of California Press.

扩展文献

- Cotterrell, R. (ed.) (2001) *Sociological Perspectives on Law. Volume 1: Classical Foundations. Volume 2: Contemporary Debates*. Aldershot, UK: Ashgate.
- Febbrajo, A. and Teubner, G. (eds.) (1992) *State, Law, Economy as Autopoietic Systems*. Milan: Giuffrè.

- Hunt, A. and Wickham, G. (1994) *Foucault and Law: Towards a Sociology of Law as Governance*. London: Pluto.
- Rosenfeld, M. and Arato, A. (eds.) (1998) *Habermas on Law and Democracy: Critical Exchanges*. Berkeley: University of California Press.
- Tie, W. (1999) *Legal Pluralism: Toward a Multicultural Conception of Law*. Aldershot, UK: Ashgate.
- Wickham, G. and Pavlich, G. (eds.) (2001) *Rethinking Law, Society and Governance: Foucault's Bequest*. Oxford: Hart.

2

职业、科学和文化:
一种新出现的法律与社会研究的传统

卡洛尔·赛隆、苏珊·希尔贝 著

高鸿钧 译

在过去几十年,各个学科的学者针对法律这个特殊研究领域反复进行了对话,这种对话已经产生一种观点,这种观点标示了诸多社会科学领域中某些最重要的当代洞见。这种观点就是,社会行动的"场域"(site)对于该行动的意义以及相关组织至关重要。在过去十年左右,整个社会科学中发生了一种转变,从大规模的理论拓展和抽象的研究模式,转向了对社会行动场域更为情境化和语境化的分析。这种关注社会行动场域的分析一向是美国社会科学的组成部分(例见 Becker, Strauss, Hughes, and Greer, 1961; Gusfield, 1963),并在最近的各个学科的主流中得到了广泛的采用。当代社会科学家正在探索如何接通认识论的范式与理论的范式,这两种范式的分离可以推动他们的知识生产,但同时却会在学科内部造成深深的隔阂。由此,许多领域转向文化分析就标志着一种努力,即致力于把行为与结构加以合并研究,并将微观视角与宏观视角结合起来。这种趋势推动了学者密切关注各种正式和非正式环境,即法律活动可能以各种形式得以展现的环境,法律与社会研究这个学科尤其可以为文化社会学的理论发展作出重要贡献。

法律与社会研究的传统(canon)涉及各种正式和非正式的场域,追寻这种传统表明,学者业已积累了大量的文献,这些文献显示,法制(legality)并非如其所宣称的那样:它兼具不及与过分两种偏颇;它染有种族、性别和不平等的色彩。从正式法律和法律制度的观点看,那些倾向可能是偏离正轨的做法,如果设身处地来看,它们则是常规和正常的现象。法制是情境化的,并偶然发生在特定的时空。在研究正式的法律制度时,如研究法院、律师、警察或行政机构时,法律与社会研究的学者捕捉到细微的差别、语境、偶然性、时间以及地点的重要性。但一种深邃的思考表明,这种洞见需要继续推进。这些学者由于也研究法制正式制度以外的场域,揭示了该法律开始存在之前人们的法律活动;那就是,法律在社会之中,贯穿于、介乎于并存续于社会的文化之中。这些主题源于对法律与社会研究经典传统的评论,它们具有明显的当代特征。它们表明,社会理论及其基本概念必须通过以下途径得到检验和确认,即理解偶然的、地方的、深嵌于文化之中的和边缘的社会行动。通过研究法律主张与实践之间的差距,以及在那种差距中所留下的空间,法律与社会研究的学者更接近了当代科学和人文研究的主流。

法律与社会研究正在为当代社会理论作出实质贡献,为了阐明我们的这个观点,本文分为两部分。第一部分描述法律与社会研究的知识背景和专业化趋势。简言之,这种描述旨在表明,早期法律与社会学者使用和新创造了社会科学的方法来回答法律现实主义的问题,即法律是否兑现了承诺,行动之法与书本之法是否完全契合?当代法律与社会研究这个学科接受并扩展了这个问题,关注法律行动的实际构成而不仅仅是它的工具性形式。这种研究在较为专业化背景下得到了发展,它有自己的协会、杂志、资金支持和学术项目。细而思之,这一历程也表明,与更主流的学科或研究领域相比,法律与社会研究的专业化程度还不够充分,我们认为,部分原因在于它缺少核心的理论框架支撑早期的研究体系,也在于它没有充分地观照更重要社会科学学科所探讨的核心理论问题。

第二部分简短地考察法律与社会的经典著作以及我们对于法律与社会传统的理解,包括涉及法院、纠纷解决、律师、陪审员、警务以及行政执法与管理的著作。每个学科就其作为一个学科而言,都发展出一种传统,它包括研究者反复运用或援引的有助于界定该学科的标准文本、方法、问题、成例和故事等。传统可以理解为学者进入智识和职业共同体必须遵守的规矩,是该领域学者经验的组成部分。如果法律(和这里我们附加重要的补充词语)与社会研究是一个学科,它就必须有自己的传统及其规范意识(Balkin and Levinson, 1996;也见 Sarat, 1998)。成熟的学科产生成熟的传统,界定该领域的经典研究为该学科的发展提供了起点,并作为支持该学科发展和分化的参照点。在这个意义上,文本规范是社会过程和话语约定的客观化,这种客观化在制度再生产的摩擦过程中"不断变异"(Guillory, 1987:498)。作为这种并不轻松的事业所保留下来的传统,为该学科跨越代际以及不同分支的关联和争论提供了基础,并促进了新问题的提出和新的研究(Sarat, 1998)。任何特定的工作都在某种程度上是该领域动态持续过程的组成部分,就此而言,这个过程就是该学科的传统或经典范式。

在法律与社会研究传统中,我们可以发现这类研究重要的且经历时间检验的贡献。数十年来,法律与社会研究学者强调时间和情境对于解释社会行动的重要性,在这种语境中,他们探讨法制问题。通过密切关注书本之法与行动之法之间的差距,法律与社会研究的学者开拓了从文化视角分析法律的路径,并运用从社会科学到人文学科的各种方法和理论工具进行探索,探索这种差距在何种意义上为从社会的角度诠释法律和法制提供了空间。[1]

追溯传统的起源:先辈及其智识潮流

法律与社会研究学科具有广泛的智识源流。法律与社会之间的关系虽然在马克思、韦伯和涂尔干的著作中处于中心地位,在美国,法律与社会研究则发源于对法律现实主义所提出的问题的探索。身居法学院的美国法律现实主义者关注的是这样一个命题,即仅仅理解"书本"之法的含义和作用是不够的,相反,人们必须运用社会科学的技术研究"行动"之法。与它的欧洲谱系相比,美国的社会科学在发展中特别关注方法论。其研究尤为寻求回答法律现实主义所提出的问题,法律现实主义在提出这个问题时运用了美国的实用主义的(有时是实证主义的)社会科学方法。在这种问题和方法的影响下,法律与社会研究就更少关注法律的社会理论发展及其在现代化和社会变革中的作用,社会理论涉及的是全部社会科学的范式问题。

法律与现代化

从不同的分析起点出发,马克思、韦伯和涂尔干都尝试解释现代化的过程或传统社会向工业社会的转变过程。他们都试图在最宽泛的层面分析社会现象,将法律视为社会、政治和经济制度变革的一部分。例如涂尔干就认为,在劳动分工发达的社会,人们更加相互依赖和互惠合作,因而法律已经成为"集体良知"的体现。在涂尔干看来,"法律是最外显的社会事实,它是全部社会实质的有形符号"(Hunt,1978:65)。对于韦伯(Weber,1947,1954)来说,具有现代特征的社会组织形式,乃是基于法律的形式理性和科层制的行政管理。这些现代社会的法律特征产生了明显的和似乎不可调和的令现代社会为之困扰的紧张:可预见性与具有同等价值的实质正义要求之间存有冲突。与韦伯或涂尔干相比,马克思对于法律的论述稍欠明确,而更多地持批判态度。他把意识形态的概念及其关系归之于物质生产条件和国家权力,由此为现代化的研究作出了重要贡献。在他的语境中,无论是成文之法或是生活之法以及经验之法都可以视为"政治或意识形态的混合物,或一种政治-意识形态假象"(Sumner,1979:266)。法律虽然只是诸多意识形态的"武器"之一,但它的功劳在于掩盖或扭曲阶级关系的形成和转变。由此,法律研究可以提供一面镜子,以便理解不平等的剥削的阶级关系如何被掩盖和神秘化的。在涂尔干、马克思和韦伯看来,法律在联结国家与市民社会之间的关系中处于中心位置,是现代化与社会变革的动力。

行动之法的实证研究

在从欧洲到美国的转换中,在从社会理论到社会-法律研究的职业和实践的发展中,对法律、社会与现代性之间关系的理解处于新的前沿。这影响了研究的实体内容和方法。法律的社会研究主要变成了法学院的势力范围而非艺术和科学学科的任务。在维持法律的学术和职业兴趣中,人们主要是根据创制和实施正式的法律过程来界定法律,法律被当作一种机器而不是意义体系。在这种概念的转变中,更重要的不在于法律对社会的反映,而在于法律对社会的作为。

通过采用法律职业者的定义,社会科学家的研究焦点和议题也局限于同职业兴趣有关的范围(Schlegal, 1995)。在那个时候,由涂尔干、韦伯和马克思以不同方式所提出的法律与现代化的问题黯然失色。1920年代,美国法律现实主义者开始把深入探索书本之法与行动之法之间差距作为研究的焦点。例如,关于银行交易和泊车模式的研究旨在积极地澄清,是法律遵循习惯还是实践遵循法律(Schlegal, 1995)。虽然大多数学者的研究常常发现,存在对法律学者的基本前提构成挑战的行动之法,但这种研究并非阐发于社会理论的首要问题;研究者很少探寻这些实践同现代社会宏观变革趋势之间的关系。

传统法律学者宣称,通过认真阅读法律的文本即有关法律的文字材料就可以理解法律,对此,在19世纪与20世纪之交,法律与社会研究学者所作出的回应是,法律必须根据经验来理解和解释,因为法律是在各种正式和非正式的制度环境下实施和运行("行动之法")。因此,鉴于法律形式主义者主张,法学涉及的是严谨阅读法律文本之学,在回应这种主张时,社会科学学者主张,法学所涉及的是深入观察之学。对于法律现实主义者所提出的政策和职业问题,那些在社会科学方法上受到新训练的跨学科同行能够予以解答。每个学科(社会学、心理学、人类学、政治学以及经济学)都各自创造了一套独特的研究方法(以及有时是广为接受的中等程度的理论和预设),这些方法无论如何实际上都信奉科学方法的基本信念,这些信念涉及对人类行为经验的、客观的和系统的观察。从最早开始,社会科学家就运用定性与定量的方法记录自己的观察,而在这两种情况下,他们都强调这种事业的科学基础。[2]

如果社会科学的核心议题过去和现在都是现代性问题(Ross, 1991:8),那么,美国学者很快就发展出整齐的劳动分工,以确保更实用主义(如果片段地)导向地探究这个大问题。法律现实主义提出的问题更加鼓励这种研究,而社会科学家定性和定量的方法则催生了法律与社会研究这个学科。这种劳动分工导致了研究领域和方法的专门化,从而诸如陪审制的研究最终变成了社会心理学家所从事的活动,他们在小型团组研究和模拟试验方面受到过训练,而对于制作司法判决的研究则变成了运用统计模型技术的政治学家所从事的活动。有时,这种劳动分工造成了学科的窄化和技术化,如过分关注研究的具体操作、可信度和有效性,由此可能丧失了法律与社会研究在总体结合方面的优势。不过,持续的跨学科对话鼓舞了法律与社会研究,从而有人探究法律在社会和文化方面的构成性作用,这种探究开始在法律与社会的研究中占据突出地位。我们认为,由于这引发了各个学科视角的相互挑战,也由于不同学科的视角无论如何都关注相同的关系即法律与社会之间的关系,这种跨学科的对话,推动了法律与社会研究先于传统社会科学学科转向文化/解释的视角。

法律与社会研究的职业化

对于一个学科的发展来说,知识潮流是必要条件,但不是充分条件。作为一个独特学术领域的学科,还需要职业的园地或体制性安排,以确保对于工作条件和独特知识体系发展的控制。职业与一般行业之间"最关键的区分""在于合法的和组织化的自治性"(Freidson, 1970:71),合法性的弹性判断来自抽象的理论和概念体系(Freidson, 2001)。评价自治性也是基于富有弹性的判断,主要源于独特的和受到维护的知识基础,其实现的途径是:(1) 附属于大学教育的背景;(2) 获得正式的批准和认可;(3) 代表该学科利益和价值的职业协会的形成(Freidson, 2001)。[3]现代大学和专业权威之间的关系不可低估:大学有合法资格颁发文凭,通过研究使得新的理论、概念和方法获得合法认可。

在适应科学和社会科学的职业化方面,法律与社会研究则超越了学科的界限,它虽然处在边缘,但通过建立学会、创办同仁期刊、获取资助财源以及进行学术培训,确保了职业自治。不过,法律与社会研究作为一个跨学科领域,从不确保自身作为一个独立学科的地位,尤其从不确保在社会科学中作为一个独立学科的地位(例见 Garth and Sterling, 1998; Schlegal, 1995; Tomlins, 2000)。无论如何,如果职业化是职业发展的一种指标,那么学会、期刊、研究资金和培训计划的发展,便标示着一个学科的逐渐成熟。[4]

但是,专业化仅仅是整个职业图景的一小部分。知识的理论基础对于自治职业来说是更基本的要素(Feidson, 2001),在这个方面,法律与社会研究的基础并不那么稳定。作为一个学科的法律与社会研究始于实地观察,观察大街上运作之法或"行动"之法,正如以下材料所示,这些观察用来表明法律是否以及在何种程度上以正式的(法院,正规机构)或非正式的(纠纷解决、治安维护)的方式兑现它的承诺。因此,法律与社会研究的核心受到了实用主义这种毫不掩饰的意识形态考量的驱动。它是否如其所宣称的那样呢?我们认为,在这个问题本身成为批判的对象之前,法律与社会研究无法从边缘转移到社会科学关注的核心问题。马克思、韦伯和涂尔干牢牢抓住了法律的现代性之维。但是,与社会研究的其他领域(如组织理论、社会分层和政治社会学)不同,那些理论问题和争论并不以美国的实证主义进路解释法律在现代化中的作用。在某种程度上,法律与社会研究并非由这些或其他中心性和组织化的理论问题所驱动,在那些领域,实证研究可以推动理论和概念的进一步发展,与社会科学中其他职业化的学科相比,它的专业发展基础薄弱因而自治程度较低。作为一种指标,法律与社会研究的学者分散在各个社会科学的分支领域,诸如政治学、社会学、人类学或心理学,而不是集中在一个称之为法律与社会研究的领域。但是,法律与社会研究能够确立其作为一个学科的传统,并围绕中心问题而展开研究(例如关于社会变革与现代性以及权力与不平等),就意味着它能够对于当代社会理论提出重要的和具有持久生命力的洞见。

法律与社会的经典研究

知识源流和专业组织为一个学科传统的发展提供了基础。由于缺乏学科传统,法律与社会研究被定位在我们称为"行动之法"的领域。[5]行动之法存在于法庭上法官与律师之间的互动中,存在于律师私人办公室的业务中,存在于陪审员闭门作出裁决的过程中,存在于管理机构官僚之间的谈判中,存在于警察面对公民的大街上,或者存在于公民提出法律要求或者思考和决定某个问题是否属于法律问题的行动和观念中。

行动之法与书本之法相对,后者是指传统上的法律教条(案例、法规和宪法),这些文本性材料通常被视为法律人关注的特定职业领域。通过对于书本之法与行动之法的这种独特二元界分,法律与社会研究在与法律相关的术语和议题上重复了一系列具有道德色彩的二元论,这类二元论都具有西方哲学和智识的特征,例如理想与实践、言语与行动、观念与现象、实效与规范以及理性与常规/传统之间的对立。法律与社会研究的视野超越了正式的法律现实,从而为自己确立了广阔的基础。同时,它可以长时间地把自己的概念构造限定在特定的范围内。法律与社会研究的学者在历史上致力于探索行动之法的范围是:(1)法院;(2)律师事务所;(3)陪审员;(4)规制机构;(5)警察的工作;(6)公民与法律职业者和规制机构之间的互动。我们拟运用这些范畴来分析法律与社会研究经典著作的特征,因为这些经典著作常常通过这些词语得到表述、发展和解释,并且这些范畴业已变成了法律与社会研究学科的分支领域。但是,随着时间的推移,话语和对话的发展,法律与社会研究的学者开始解构自己的范畴和术语,并开始探索更远离正式和官方法律的特定空间中的法制迹象,例如剧场、家庭和医院等。起初,这种做法有时是对于法律形式主义的一种回应,有时竟变成了一种界定范围的自我指涉,即学科性科学主义。如同经常或可能更经常出现的那样,对于学科问题的探讨,发展了法律与社会研究这个领域,这个学科问题所涉及的是该学科源自法学还是社会科学,而这是一个富有吸引力的争点。我们认为,持续的努力导致了对于法律进行文化之维的研究,而这种研究现在标示了大部分当代正在涌现的法律与社会传统的特征。

在解读法律与社会研究的传统时,我们注意到几个共同的主题。首先,法律的实践与资源分布不平等且表现出高度层级化的特征。研究表明,社会背景和组织能力对于人们诉诸法律和获得法律服务的质量如何至关重要。其次,那些从书本之法的观点来看似乎非常不当、不合法和异常的做法,在实践中却往往是"正常的"做法(Sudnow, 1956)。再次,法律活动是情境化和偶然的活动,它带有具体时空的烙印;例如,诸多研究表明,律师并非是一种具有"兄弟关系"的职业(Goode, 1957);相反,律师的工作和地位取决于谁是他们的委托人(Heinz and Lauman, 1982),他们所毕业的学校(Landinsky, 1963),或者他们所工作的城市或国家(Handler, 1967; Landon, 1990)。最后,作为制度化和话语实践,法律由历史地和文化上发展起来的活动所构成,这些活动调控社会集团对暴力的运用并使这种运用合法化。法律既是言辞又是行动。法律的活动与它的合法性密不可分,这种行动包括诉诸物质暴力的可能性(参见 Habermas 有关事实性的论述, 1999)。

有趣和重要的是,这些主题合起来,其含义多于各部分之和。20 世纪后期,在各主流社会科学学科中,都有一种重要的智识转向,即转向一些较为稳健的主张,这些主张认为实证研究能够在某种程度上对一般理论有所贡献,并能够提出一些有助于指导人们理解现代社会的概念。至此,通常的做法是把理论和概念置于特定的时空中,并承认社会模式在某种程度上具有偶然性、地方性、深嵌于文化之中,以及源于职业与非职业交易边界的谈判互动(例见 Lamont and Fournier, 1992)。具有讽刺意义的是,由于同法律学术和职业的密切接触,法律与社会研究这个学科竟可以为社会科学理论这种巨大转向作出贡献,这恰好是这个学科由于一代又一代穿梭于法律交汇的多重场域而发现了这一点(文化地域和实践的偶然性)。20 世纪中期法律与社会研究起初可能标示了学科弱点(规避理论作为理论的作用)的某种特性,到了 21 世纪初,这种特性则更普遍地显示为对社会科学的最重要贡献。

法院

法律学者研究法官的上诉判决,以识别在某些特定时刻生效的法律规则,而法律与社会研究领域的学者则开始研究法官的背景和制作判决的模式。还有些法律与社会研究领域的学者关注他们所认为的明显的行为主义模式,并通过研究法院与律师、原告、被告和其他法院人员之间的日常互动来描述法院工作。在上述两种关于司法行为和地方法院的研究中,法律与社会研究这个领域开始指向数百年来困扰法理学和宪法学者的一些问题:如何使得司法判决保持前后一致并具有可预见性?在一个代议制民主社会中,我们如何能够证明非选举产生的强有力的判决制作者具有正当性?但是,这个领域的发展产生了更为复杂的从组织和文化角度对于法院工作的诠释,这种诠释涉及司法共同体的构成和司法机构在政府管理方面的作用。

行为主义方法把"个人或团体行为作为分析的基本单位"(Ulmer, 1961:1),源于这种方法的扩展,大量研究机构在1950年代早期和1960年代得到了发展,这种研究从法官的背景和政治意识形态的角度来解释上诉审级的司法活动(Peltason, 1955; Schubert, 1965; Schmidhauser, 1960)。从这种对法院行为模式的基础性研究工作出发,后来发展出大量对于法院进行组织和文化分析的文献,而这种基础性工作是由几个学者的经典性研究所开创的,他们包括赫曼·普利切特(Herman Prichett)关于罗斯福(1948)和文森(Vinson)法院的研究和瓦尔特·墨菲(Walter Murphy)在《司法策略的要素》(1964)一书中的综合性陈述。从效果上看,普利切特和墨菲把法律现实主义引入了政治科学领域。在形式主义的诠释中,法官依据遵循先例原则(stare decisis)机械地判决案件(见 Levi, 1949: 4-5)。通过遵循先例,法官避开自己的政策偏好并忠于法治。通过研究判决的异议,普利切特发现,法官去除政策偏好的意愿在历史上变数很大。数十年来,制作出司法判决的学者肯定了普利切特的预设,即法官"受到自己偏好的驱动",而不是受到明确的法律指引(Prichett, 1949:xiii)。在《司法策略的要素》一书中,墨菲改进并拓展了普利切特的观点,认为最高法院运作的情境不同于选举出来的官员面对的情形,在后者那里,法官就他们所审理的案件在观点上进行策略性交涉,这种交涉牵涉到判决采用哪些意见,论证中如何考量其他法官以及制度的期待。

后继一代法律与社会研究的学者对于这些关于司法判决的研究作出了回应,其重点是关注地方法院的工作。布卢姆伯格(Blumberg, 1967)发表了《作为信用游戏的实践:职业的组织选择》(1967)一文,该文研究了地方法院关于刑事案件的判决,标志着关注点从上诉法院转向了初审法院的诉讼。在这种研究转向地方法院的过程中,布卢姆伯格旨在表明,压倒多数的刑事案件是通过辩诉交易而不是审判解决的;而且,地方法院的工作更关注效率和速度而不是公正和法律的正当程序(也见 Packer, 1968)。在阐释这种观点时,布卢姆伯格描述了地方法院的组织结构和这种"组织"事实上会如何影响法官和地方检察官、司法职员、缓刑、被告及其律师,使他们通过辩诉交涉达成协议和各方的"妥协",从而变通处理案件。他得出的结论是,地方法院的日常工作更类似理性的、有效的官僚体制,而不是那种受到规则和程序限制的判决模式,这种判决模式是指程序公正的、缓慢的、慎思明辨的(司法)判决。布卢姆伯格隐含的意思是,仅仅研究高高在上的上诉法院判决会忽略对地方法院的考察,而那里才是处理大多数法律事务的地方。

在菲利的《过程就是惩罚》(Feeley,1977)一书中,他沿着布卢姆伯格的思路密切观察低级法院的工作。但是他对以下主张提出了异议:这种主张认为这些法院是官僚地组织起来的开放体制,在那里,法院工作者致力于确保效率。菲利展示了这些法院如何努力把工作"做好"(即确保实体正义),这通常意味着达成和解。有人认为,这种貌似透明和开放的体制充斥着政治,尤其充斥着那种通过选举和带有倾向性任命的政治。

尽管那种体制具有灵活性并追求实体正义,但预审会影响整个过程,以致这种过程就是一种惩罚(Feeley, p.291)。菲利深谙法律与社会研究的命意,重复汉德(Hand)"你不应配给正义"的名言(Feeley, p.291),没想到在国家的大多数法院,即解决全部法律事务中大部分的地方,事实上人们可以发现那里却有组织地配给正义。

雅各布(Jacob, 1965)的著作解构了关于地方民事法院的相似神话。例如他指出,司法的质量取决于法律服务的质量及其公众在多大程度上可以获得这种服务,公民可以获得法律服务的质量常常取决于他们的财富或支付能力;美国律师协会(虽然愿意颁布伦理规则)如果不是更关注保护其成员的利益,至少在一般程度上是如此;最后,在职业边缘从业的单个律师,则常常从事违反伦理的行为(Jacob, 1965:55;也见Carlin, 1962)。

加兰特(Galanter, 1974)的一篇开创性文章《为何"富人"占据优势:关于法律变革限度的思考》,综合性考察了截至1970年代初民事法院的工作,并将先前的同类研究推进了一大步。加兰特在那些他名之为民事法院中的"一次性游戏者"(one-shot players)与"反复游戏者"(repeat players)之间,发现了弱势递增效应。导致弱势的原因在早期的有关研究中就已经揭示,即知识体系、经验、资源和在接触社会方面的差异会影响司法的种类和质量。加兰特认为,"反复游戏者"即民事法院中大型组织的当事人比个人"一次性游戏者"占据优势。他的预设为后来关于法院和纠纷的更大规模研究奠定了基础,例如"民事诉讼研究项目"(CLRP, Trubek, Sarat, Felstiner, Kritzer, and Grossman, 1983;见 *Law & Society Review*, 1980-1981),也为纵深研究美国、其他国家的案件结果以及跨国案件结果的比较研究奠定了基础(*Law & Society Review*, 1994)。

当代关于法院的研究主要属于政治学的范围,即使在法律与社会研究的学科内部亦复如此。虽然有些学者继续关注较为精致和成熟的司法判决制作模式(Lee Epstein, 1998; Epstein, Segal, Spaeth, and Walker, 1996),但是还有些学者尝试了解当事人的构成情况,致力于研究法院文化(Eisenstein, Flemming, and Nardulli, 1988; Flemming, Nardulli, and Eisenstein, 1992; Nardulli, Eisenstein, and Flemming, 1988)。无论如何,这种研究超越了政治学;如下所述,来自法院研究中的发现补充了来自其他法律制度的发现,并对具有特殊专业知识和权威的法学观点构成了挑战。这些研究发现,法院是高度层级化的体制,人们得到哪种民事或刑事的正义取决于他们能够获得哪种律师的协助(Casper, 1972)。此外,关于法院的研究表明,"富有者"占据优势不是因为法院行为不当和缺乏权能,而是因为法院是复杂的社会制度,它们深嵌于影响法院取舍的关系网络之中。初看上去,那些从上诉案件适用法律的角度来看似乎是异常的做法,事实上却是正常的做法:这些研究表明,在基层法院,效率的考量压倒了法律的效力,司法行政压倒了审判(Heydebrand and Seron, 1990)。那些法院不仅仅、甚至主要不关心抽象的法律先例或理由充分的判决(Levi, 1949)。

法律与社会研究通过穿越各个层级的司法体制考察,揭示的事实是,法院的工作受到地方因素的影响并在文化上受制于地点和环境。在团队和团体之间以及在法官、律师和法院人员之间发展起来的一些独特和特殊的做法,这影响了法律事务的处理、居民和社区的构成以及司法的质量和法治的意蕴(Jacob and Eisenstein, 1991)。通过密切观察行动者、组织和历史之间的互动,关于法院的研究超越了较为狭隘的学科视野,使方法论工具变得更加锐利,通过这些工具来研究诸如当代宪法法院的工作如何影响了个人主体性以及社会,可以改进相关的一些概念。同时,通过持续地关注诉讼和法院的工作,这种研究拓展了对于特殊性和地方多样性的理解,这种特殊性和多样性可能体现在一般带有组织特征和具体的做法中。

纠纷

观察法院或其他正式法律机构之外的现象,这种进路赋予了法律与社会研究领域以独特的形式和内容。真正开创性的研究是卢埃林(Llewellyn)和霍贝尔(Hoebel)的《夏延人的生活方式》(*The Cheyenne Way*, 1941),作者声称开始研究的处境是由于"棘手案件"(trouble case),在那种处境中,理所当然的社会互动模式被打破了。基于"棘手案件",纠纷成为法律与社会学科的中心议题:研究法律必须始于法律或法律规范出现之前。在《夏延人的生活方式》一书中,卢埃林和霍贝尔把法律人关于法律是组织化的社会控制和暴力之类的观念弃之一旁,代之以法律作为一种规范性调控体系的观念,这种体系具有四项功能:处理"棘手案件";预防性功能,即引导、定位和稳定期待以避免冲突;权威分配;以及"网络驱动",即激励、指导和协调行动。实际上,卢埃林和霍贝尔指出了法律的几种基本虽不是全部的社会功能。这种观察法律的方式对以下主张构成了挑战:作为法律产生和运作的中心场域,法院处于首要地位。还有,在对由此所"发现的"社会中之法的阐释中,法律与社会研究学科开始发展出一种同其研究相匹配的研究场域,这个场域并不限于法律现实主义的议题。

劳拉·纳德尔(Laura Nader)受过人类学的训练,是法律与社会学会及其刊物的创办者之一。她基于卢埃林和霍贝尔的研究成果以及"二战"后诸如格列佛(Gulliver)、埃文斯-普里查德(Evans-Pritchard)、吉布斯(Gibbs)、拉德克利·布朗(Radcliffe Brown)和博汉南(Bohannon)等人类学家的研究工作,把纠纷的概念视为法律的社会文化研究之基点。她认为,通过对纠纷过程的观察,有可能发展出一种社会理论,这种理论可以解释社会控制与法律变迁之间的关系。同样,纳德尔(Nader, 1978)也认为,在适当情况下,应对法院进行情境化的民族学调查,这种建议即便合适,但也应注意到,那里的纠纷解决是采取组织化的形式。这种工作可以基于以下前提,即纠纷是出现在社会网络中的社会的窗口,它们的出现使集体生活受到了挑战、改变或修整。

但是,注意到许多类似法律的活动发生于正式的法律机构之外,或关注研究棘手案件和纠纷,并不仅仅限于人类学。威斯康星大学法学教授斯图尔特·麦考莱(Stewart Macaulay)在《美国社会学评论》(1963)发表了自己的文章,该文是关于机动车制造商与经销商之间"非合同"关系的研究,成为第二篇受到最广泛引用的关于法律与社会经典文献。他观察到,制造商与经销者之间虽然完全是法律关系,但是他们之间的异议和纠纷是通过非正式商谈与谈判解决的,而不是诉诸受到法律保护的当事人之间所确定的合同条款和救济手段。麦考利还发现,建筑业的协议通常是在不知道有关当代合同法规则的情况下缔结的,在许多情况下,根据合同法的规则,这类协议可能无效,因而在法院可能受到挑战。但是它们很少受到挑战,因为商人通常不希望法律、律师和法院卷入他们的事务。保持长期关系的愿望和出于维护协议严肃性的考虑,促使他们进行非正式的"人对人"的商讨,而不对合同语言进行专业化的解释学角度的解读,这种发现印证了莫顿(Merton,1968)关于规范及其社会关系的中距理论(middle-range theory)。

在1970年代,一些论文进一步发展了纠纷和纠纷解决的概念(Felstiner, 1974, 1975; Abel, 1973; Danzig and Lowy, 1975)。这些文章宣称,纠纷及其解决办法并不仅仅发生在法院,甚至不仅仅发生在靠近"法律的领域"(shadow of the law)(Mnookin and Kornhauser, 1979),这种观点为大规模和系统地考察公民解决纠纷的经验奠定了基础,在那些地方,调查者向受访者提出的问题是,在出现纠纷时,他们在多大程度上诉诸正式和非正式的机构解决纠纷。"民事诉讼研究项目"(CLRP)是由来自威斯康星大学的学者所组织的合作研究,得到了美国司法部的资助,起初的预设是,有可能"以纠纷为线索把法律与社会[研究]联结起来"(Trubek, 1980-1981:496)。这项研究获得了重要的发现,并催生了富有活力的研究模式,最雄心勃勃的尝试可能是运用纠纷的概念来进行法律的经验研究。首先,尽管众人持论相反,研究结果还是印证了麦考利20年前定性分析的发现。即使怀有冤情和怨愤,公民也宁可避免诉诸法律或第三方解决纠纷。大多数美国人并不诉诸法律解决不平之事;他们宁可"忍受"损失而不是进行诉讼(Felstiner, Abel, and Sarat, 1980-1981)。其次,研究发现的重要一点是,纠纷的类型(即属于商事、家庭事务抑或公民权利问题)至关重要,并明显地形成金字塔结构(Miller and Sarat, 1980-1981)。最后,尽管有人针对纠纷解决过程范式(dispute processing paradim)提出了一些重要的异议(Engel, 1980; Kidder, 1980-1981),在重新界定纠纷概念方面,以及在系统阐释纠纷解决的金字塔结构方面,作为理解公民如何"运用"法律的模式,纠纷解决的"生活史的视角"(life history of perspective)富有成效。

因此,大量有关法律与社会研究方面的文献都从多样的视角和各种方法出发,关注法律行动的起源:从一般公众的法律需求(Curran, 1977)到社会阶级和种族(Carlin, 1962; Black and Reiss, 1967; Silberman, 1985; Caplowiz, 1974),以及共同体组织(Merry, 1990; Yngvesson, 1993)运用法律的多样性。使更多的法律更便于运用,并考察平等的正义是否得到普及,这些考量有时始于政策,后来却导向了对于行动之法范式的根本性反思,这包括关于方法和政治的重要内部斗争(Silbey and Sarat,1987;Sarat and Silbey,1988;*Legal Studies Forum*,1985;Trubek and Esser,1989)。许多研究开始时不过作为"一般导向",这种导向后来却得到了确认,变成了主要的研究视角和方向,这有些类似物理学通过雄心勃勃的实验和超大型国际合作研究基本粒子。

然而,这些研究项目及其所提出的纠纷概念并非没有受到强烈的批评和进行改进;批评的宗旨似乎在于引起研究者注意该种研究的限度。例如,某些人类学家就认为,关注纠纷及其解决正在分散人们关注社会生活中更一般顺从和规范整合模式的注意力。他们担心,纠纷视角会像法律职业传统上所做的一样,再次拒斥运用社会科学研究冰山一角;结果,运用社会科学的知识来挑战或增进法律领域的知识这种努力则会受到限制。另一些学者则批评这种研究没有形成界定其边界的概念。他们担心,追寻纠纷的生活史,如果按照这种逻辑范畴,把法律分解到全部社会关系之中,将会损害社会科学的命意(Kidder,1980-1981),同时,这种研究进路也会不断脱离正式法律制度。法律与社会研究不再具有一个主题,由此也就没有了特定和独立的职业追求。

当社会-法律研究开始包括广泛的方法和进路,诸如那些与人文学科相关联的方法和进路,上述担心再次出现。但我们认为,这种研究法律的进路不是一种缺陷,而是一种同当代社会理论相关联并为之作出贡献的机会。如大多数当代研究一样,关于纠纷的研究也寻求运用和检验那些联通微观与宏观社会现象的理论。把人类学的理论和方法运用于法律领域,可以更好地观察和系统解释那些变成了官方法律内容的材料;同时,假若需要法律之外的概念来理解文化和社会现象,那么这种愉快的学科联姻就会激励人类学家观察法律在多大程度上渗透到了日常生活和社会规范之中。现在,我们开始讨论另一种法律行动者,他们在把纠纷从规范性冲突转向法律案件的过程中扮演了重要的角色。

律师

法律学者认定这样一个前提,全部律师都是共同和共享职业的组成部分,学术共同体的作用在于服务于这个职业,服务的途径首先是对每一代律师进行培训,使他们掌握法律原理和程序的技术性规则;其次是为职业实践发展出一套共同的伦理准则。早期从事法律与社会研究的学者从具有悠久历史的社会学传统中借取概念,用以解释那些用来区分法律职业与其他行业的要素。帕森斯(Parsons,1949)曾经指出,专业化的发展是20世纪的一个最重要特征,而一种职业得以区别于其他行业的要素是,它服务于公众的利益,组成小型合作共同体,并自行管理成员的加入、培训和在业内的活动。

我们发现,有两种早期经典性文献涉及帕森斯的问题,考察法律职业在单独操业(Carlin,1962)和大型律师事务所(Smigel,1969)模式下,分别如何运作。卡尔林(Carlin,1962)的《单独操业的律师》一书,刻画了单独操业律师的这样一种形象:他们与主张普遍主义价值导向的高高在上的法律学者大不一样。卡尔林发现,服务于个人客户而单独操业的律师职业,并不是一种回报丰厚和令人感到满足的职业。他的研究表明,单独操业的律师被迫采用相当积极的技巧争取客户的信任,这种做法即使不构成不道德,也是非正常的行为(Carlin,1962)。单独操业的律师可能发现,自己为了客户的各种需要,如办理停业、简单遗嘱以及合同等事务,与其他律师处于竞争的环境。卡尔林认为,对于单独操业的律师来说,合作可能更是神话而不是实情,因为他们孤立地工作并孤独地生活。实际上,单独操业律师的命运可能十分不稳定,以致他们(当时这种从业者全都是男性)为了谋生,被迫要用其他工作方式来补充在法律工作方面的收入。卡尔林指出,有关研究最终发现,单独操业的律师多是移民的后代,他们中的许多人都在私人开办的法律夜校做兼职工作。[6]

斯密戈尔(Smigel, 1969)《华尔街律师》一书涉及的是对法律精英的研究,它刻画了一幅完全不同的法律实践图景。华尔街律师在大型律师事务所工作,为机构客户提供服务。但各律师事务所之间都不相同。斯密戈尔指出了华尔街律师事务所的两个类别。一类是"白鞋"(white shoe, WASP)事务所,它们主要负责办理公司的证券事务;另一类是种族事务所,成员包括刚到美国的新移民、地位正在上升者、毕业于常青藤联盟学校的天主教徒和犹太教徒,他们主要从事公司的诉讼事务。斯密戈尔发现,华尔街的律师在法学院时并无界分,但是他们在工作中却形成了由于种族—宗教背景所导致的劳动分工。作为对帕森斯提出的范式的补充,斯密戈尔还指出,尽管华尔街的律师事务所规模很大,但它们并不是韦伯意义上的那种规则明确、等级分明和实行专门化分工的科层制组织。相反,他发现,1950年代后期华尔街律师事务所的组织化反映了合作的职业理念:律师在法学院受到了法律领域的全面和一般教育;由合伙人来主导几乎全是男性的合作,这些合伙人转而集体决定事务所的事务和新合伙人的加入。

如果提及性别问题,人们可能会询问:律师事务所是否只是兄弟会的变种,即一种封闭的男性公司?辛希娅·福克斯·艾泼斯坦(Cynthia Fuchs Epstein,1998)在她的开创性研究中,描述了一些女性的工作和生活经历:她们受过精英式法律教育,并曾经尝试闯入斯密戈尔所描述的华尔街律师事务所。那些女性不顾当时的性别规范,诉诸公正和平等的法律语言尝试闯入华尔街那个男性兄弟会,却往往发现她们无法摆脱女性只能从事某些法律事务的成见,这种成见认为女性律师所从事的典型事务是信托、遗嘱以及不动产业务。[7]

海因兹(Heinz)和劳曼(Laumann)在他们《芝加哥律师》(1982)的经典性研究中,基于这些对各种实践领域所进行的深入的民族学研究,解释遍布于职业内部的层级与网络。他们从社会分层的古典问题(背景在多大程度上影响人们的地位晋升?)开始,解释大城市中法律职业的组织和社会网络(也参见 Landinsky,1963)。基于对芝加哥律师的随机抽样调查,他们得出的结论是,最好把法律职业理解为两个"半球",它们分别围绕着"一次性游戏"的个人客户和"反复游戏"的机构客户组织起来(Galanter,1974)。他们指出,如果人们知道某个律师是为个人客户还是为机构客户提供服务,就可以推断出该律师父亲的社会背景,他本人曾在哪个法学院读书,他获得更多客户的社会网络,以及他在同行眼里的社会地位。[8]海因兹和劳曼对于法律职业所进行的大规模、较为系统和定量的研究,在许多方面都支撑和丰富了卡尔林关于不稳定的单独操业律师的描述,补充了斯密戈尔关于职业精英男性所享有的舒适地位的描述,并支撑了艾泼斯坦关于女性境遇的描述,她认为在律师的精英阶层,女性几乎常常受到忽视,并不得不在为其划定的属于女性的典型法律事务领域从事工作。[9]

尽管法律与社会研究领域的学者雄心勃勃地挑战法律学者的规范性主张,但这种研究更一般的趋势并不涉及法律职业的制度基础。当美国的社会科学在1960年代后期发生了更为批判的即新马克思主义的转向时,职业社会学则发展出一些新的概念模型,用以解释社会阶级与"职业规划"之间的社会关系(Larson,1977)以及职业劳动的反专业化和无产阶级化(Haug,1973,1975;Oppenheimer,1973)。[10]这类社会学著作,尤其是拉尔森(Larson,1977)的著作,为法律职业的大规模比较研究奠定了基础(Abel and Lewis,1989),在许多方面,这种研究影响了有关律师的研究,使之关注社会科学的背景或律师在现代化中的作用。总体上讲,这类著作记录了职业如何受到了结构不平等的影响,也记录了那些被视为特殊的法律学者的主张如何被当作正常的观点,以及职业背景(性别、地域和父辈职业)如何影响了职业流动和晋升的机会与结果。

埃弗雷特·休斯(Everett Hughes)及他的学生,尤其是弗雷德森(Freidson,1970)、贝克尔(Becker)、斯特劳斯(Strauss)、休斯(Hughes)和格雷尔(Greer,1961),以及斯特劳斯(Strauss,1961),基于20世纪早期芝加哥社会学学派的传统,对于大型调查研究提出了重要的方法论挑战。其实,海因兹和劳曼所从事的研究就运用了精确的、系统的和归纳的方法研究实际运作的职业。休斯等人通过对于职业劳动深入的考察,揭示了合法的自治会如何影响实践中的自由裁量。这类研究虽然更多是指向医疗职业,涉及医生同作为助手的护士团队以及其他人员之间的关系,但是这些学者描述了等级、地位和职位如何在实践中得以构成并自圆其说(也见Abbott,1981)。晚近法律与社会研究领域中关于法律职业的研究,其出发点是把传统的视角和解释的视角结合起来,即承认解释的必要性,根据法律职业所特有的规则、工作环境和制度约束来解释律师的实践。如果举一个当代的例子标示这种研究,那就是马瑟、麦克伊文和梅曼(Mather,McEwen and Maiman,2001)的研究,他们的研究表明,社会化、身份认同和实践共同体如何为从事离婚事务的律师创造了空间,以塑造职业劳动的文化。

陪审团

关于陪审团问题,有各种各样的描述,有人把它称为民主的真正堡垒(De Tocquevill,1938),有人称其为政治机体中的一种退化器官(Griswold,1973),事实上,美国法院很少采用陪审制。[11]不过,卢埃林(Llewellyn,1969)在他为法学院新生所做的入门讲座中指出,由外行人组成的陪审团作出判决的构想或预设乃是法律过程的核心,这种构想或预设推动和解释了证据规则的地位和整个审判过程。由于它的作用虽然重要却不够明确,民事和刑事陪审团一直是争论的议题,关注的问题是陪审员是否能够作出合格、公正和公平的裁决。这种法理学中的古老争论牵涉到基本的价值和规范判断,即如何定位法律与民主参与之间的关系。

法律与社会领域的研究者拓展了关于陪审制的规范性和哲学问题,开始探讨陪审团如何实际运作。例如,面对熟悉的案件和事实类型,陪审员的行为是否不同于法官?陪审员怎样作出裁决?还有,在他们作出裁决时,性别和社会背景是否至关重要?陪审团的规模大小是否影响裁决的结果?结合有关法院和律师的研究,法律与社会研究领域的学者对陪审团进行了实证考察。

1952年,研究者在芝加哥大学法学院最先开始系统地研究美国的陪审制,该研究得到了福特基金会的资助。这项研究以"芝加哥陪审项目"(Chicago Jury Project)而闻名,并且代表了后法律现实主义对法律制度进行实证研究的最初尝试。"芝加哥陪审项目"出版了3部著作:《美国陪审制度》(Kalven and Zeisel,1966)、《法庭上的拖延》(Zeisel,Kalven,and Bucholz,1959)以及《陪审团与精神病人的抗辩》(Simon,1967)。

卡尔文和蔡塞尔(Kalven and Zeisel,1966)考察的问题是,在面对事实相同的刑事案件,陪审团是否及在多大程度上不受法官的影响。他们向55名法官发放了问卷,让他们在知道陪审员的裁决结果之前,就刑事案件作出判决。在把法官作出的判决与陪审员作出的裁决进行对比之后,研究者发现,只有在少量的刑事案件中,法官与陪审员的裁决意见存在差异,并且"在所有的刑事案件中,陪审团的裁决都不完全与法律相悖"(Kalven and Zeisel,1966,p.76)。还有,他们的调查发现,在通常情况下,陪审员有足够的能力并实际上能够理解案件事实。他们的发现印证了以下主张:由同等身份的人所组成的陪审团能够理解案件的事实,总体上看,能够作出与法律意义先例相一致的裁决。如果陪审员能够理解所提出的事实,那么他们为何会在某些案件中得出与法官不同的结论呢?他们的发现在一般层面揭示了以下一点,即陪审员的裁决在某种程度上依赖他们对案情所作的较为谨慎和个人化的评估。例如,与法官相比,陪审员如果发现警察的行为或起诉过程存有颇为不当之处,就可能倾向于宣告被告无罪(Kalven and Zeisel,1966,p.319)。

西蒙(Simon,1967)考察了陪审员在判断被告是否精神错乱方面的能力,尤其考察了哥伦比亚特区法院于1954年所采用的"德赫姆规则"(The Durham rule)。"德赫姆规则"的核心内容是,刑事被告的行为如果是精神疾病或缺陷所致,可以免于受到起诉。上述调查发现,与先前相比,采用这个规则的结果是更多的刑事被告被免于起诉,而陪审员却感到有些被这个非此即彼的法律规则束缚。她的研究结论表明,在过去,陪审员宁可裁决这类被告有罪,并把他们交给一个机构惩罚和处理,而根据这个新规则,这是一种不再能够作出的抉择。西蒙采用了更敏锐的社会学眼光从事这种研究,并考察了社会地位和性别对于陪审员裁决的影响:她发现的某些证据表明,社会地位较低的陪审员可能多少比社会地位较高的同伴更同情被告,"家庭主妇"在某种程度上可能比其他身份的陪审员更严厉,陪审团主席更可能是一个社会地位较高的人,也有"某些证据显示,与社会地位较低的陪审员的意见相比,社会、经济地位较高的陪审员的意见更具影响力"(Simon, 1967, p.118)。[12]

卡尔文和蔡塞尔尽管从事了开创性研究,但他们仍然担心自己的研究像先前许多法律研究一样,可能失之片面,仅仅呈现了冰山一角,即只涉及了陪审员与法官意见不一致的案件。他们也许应该关注专业法官与外行陪审员的裁决意见相一致的案件,而这种情况占陪审员全部活动的四分之三;他们也许应该关注陪审团的裁决过程而不是结果。因此,在堪萨斯州威彻塔地区的法官们的支持下,卡尔文和蔡塞尔于1954年对6个陪审团裁决的过程进行了录音,这项调查有律师参与,其过程受到严格的控制,参与者一律匿名。公众对此事的关注最终引起了国会的重视,1955年,参议院司法委员会内务安全分委员会举行了听证会,讨论研究者关于陪审团裁决过程所获得的材料是否合法。因为这项研究观察了陪审团的实际裁决过程,国会认定这已经构成了对隐私权的侵犯和对陪审员的亵渎。1964年,国会通过了一项立法,禁止人们对联邦法院的陪审裁决过程进行录音,大多数州也通过了这种立法。

从开始搜集数据的1950年代中期到1990年代后期,自卡尔文和蔡塞尔的录音尝试之后,只有两个陪审团裁决的过程被录音(Hans and Vidmar, 1991)。因此,按照这种早期研究路径而发展起来的对陪审团的广泛研究,大都是由社会心理学家进行的,他们感兴趣的是对小型团体的动态研究,这种研究可以利用他们学科的经验模拟和(审判后与司法方面的)调查传统。现在,人们已经熟悉这些研究所涉及的主题。关于裁决过程的研究集中在以下因素:领导者的作用,讨论的内容,参与情况,以及多大程度可以模拟裁决结构,这种结构包括社会地位、性别和参与场景。这种研究有助于社会科学家发现成熟的方法并从事正式而持续的科学研究项目。在探索法律职业的过程,这些研究表明,陪审制也许是法律中最具民主内涵的机制,陪审员在履行职责中,符合较为基本的法律要求:陪审员对他们认真的理性裁决负责;他们以公正而合理的方式考量社会环境问题和法律原理。

当前,在亚利桑那州进行着一种研究,这种研究使得学者能够回头考察陪审团实际的裁决过程。研究者有机会分析50个记录陪审团实际裁决过程的笔记,这些案件涉及货币投资中的各种法律问题,这项开创性研究可以拓展有关陪审团研究的范围,并可以为研究陪审团问题提供更加广泛的文献以及文化素材。由于能够查阅陪审团裁决过程的记录,研究者便有可能分析陪审员如何"解读"和"确定"事实的过程,并有可能分析他们的法律意识和对法律的理解如何影响了他们的裁决过程及其结果(Diamond et al.,2003)。

警务

现代的法律职业及其各个分支虽然都形成了自己的学术研究议题,但警察问题并不构成专业研究的核心问题(Bittner, 1990:311-313)。有关警察的研究属于社会学和犯罪学探索违法、犯罪和社会控制一般问题的组成部分。1960年代的社会运动,尤其是民权运动,为研究警察问题奠定了基础。比特纳(Bittner, 1990)解释说,民权运动揭露了中产阶级的大学生所没有经历过的事务,如警察监控的做法,同样,民权运动使得"来自反方阵营的"人们,得以要求审查曾经作为其日常生活一部分的警察监控做法。在1960年代,警察问题成为公众争论的焦点,这种争论呈现"剑拔弩张"之势(Bittner, 1990:312),基于丰富的社会科学调查资源,一个重要的研究议题开始启动,但这个议题并非由警察自己设计和发起。

斯科尔尼克(Skolnick, 1966)、雷斯(Reiss, 1971, Black and Reiss, 1967)以及比特纳(Bittner, 1970)启动了对于警察的开创性研究,这个研究过程为法律与社会研究开拓了重要的路径。这些学者指出,警察在复杂的社会和文化背景下从事工作。在大众的印象中,警察的工作是"受污染的",因为在公民的眼里,警察的基本职责是维持社会控制和社会秩序,他们工作在被遗忘的"不干净"角落,与少数族裔、街头青少年以及穷人打交道(Bittner, 1970)。不过,所谓受污染的警察工作常常受到司法审查,法院可以介入有关警察行为的争议,以判定警察的行为是否适当。当法院发现警察在维护社会秩序过程中出手过重,警察的做法与宪法性权利保护之间出现冲突,法院随后就会作出判决,通过保护公民自由和确保书本之法与行动之法的一致性对警察的行为进行"法律的约束",在1960年代民权抗议运动觉醒时期尤其如此(Skolnick, 1966)。[13]

公众对于官员的角色和职责的社会期待,往往较为抽象和模糊,书本之法的要求与警察的实际作为之间也存在模糊地带,除此之外,身处"街头"现场的警察应当如何作为,法律的规定尤其存有模糊之处。正如布莱克和雷斯(Black and Reiss, 1967)所言,铃声响起,幕布在"面对面相遇的社会舞台上"升起。但是,从社会行动者的角度来看,在即将展开的故事情节中,舞台的每个背景都是"模糊的"(Black and Reiss, 1967, p.8)。那会是一个涉及"家庭纠纷"的情节?一个人的投诉?有人非法侵入私人或公共场所的投诉?遇到所有这类情况,都有可能"牵涉到捉摸不定的人际冲突和法律与道德的深层问题"(Bittner, 1970:9)。

针对这种背景,警察形成了自己非正式或所谓"隐性原则"的工作规范(Skolnick, 1966)。例如,警察工作在一种具有潜在危险的环境中,但是与处于战斗中的士兵不同,这种危险是偶然发生的(Black and Reiss, 1967),并且事实上这种场合只占警务工作时间的三分之一(Bittner, 1970)。或者,他们在处理社会上的麻烦事务中,如卖淫或交通肇事等,更多地把这类行为视作对他们职权的"冒犯"(Skolnick, 1966:111)。但是,警察也必须作为社会工作者或"问题解决者"而履行职责(Bittner, 1970)和行使权威,与社区中的教师并无不同(Skolnick, 1966)。这样,当面对并不尊重他们权威的公民时,"警察就可能产生敌对和威权主义的情绪,当公民情绪激动或不予配合而非平静或超然时,警察更可能嘲弄他们,而不论公民是白人还是黑人"(Black and Reiss, 1967:35)。

　　正如这些研究警察问题的学者所指出的,夜间单独或结伴巡逻,可能是警察与公民面对面的最重要行动,他们此时的工作是处在这样一个状态,"警局对他们的控制程度最低",有时根本不存在这种控制(Black and Reiss, 1967:10),法律似乎鞭长莫及。这些学者虽然采取的视角不同,但他们都指出,正如其他领域的执法者(见下一部分),警察实质上享有很大裁量权。虽然"书本"规则限制并指导"街头"警察如何作为,但是"无论我们如何深入考察越来越细密的不同位阶的正式规定,都会发现总是存有规则无法涉及之处,警察的职责在于把规则适用于个案,就此而言,任何旨在消除甚或有效抑制警察自由裁量空间的努力,都不会取得成功"(Bittner, 1970:4)。

　　关于警察的研究议题也属于法律与社会研究领域,这种研究为思考法律与社会的关系带来了新的和重要的洞见。像法官一样,文化期待是警察工作的背景,这种期待的含义是,忠于社会秩序要以忠于法制为前提。如同法律实践的其他方面,这种对于法制的忠诚不是形式上对书本之法的信奉,因为这个领域如同其他领域一样,也存在一种持续的紧张关系。虽然"警察的角色"最重要之处在于"具有一种不可讨价还价的强制力,在紧急关头根据直觉的指令来运用这种强制力"(Bittner,1970:46;着重号为原文所有),但是,这些执法官员必须根据"法制"来平衡这种职权。不过,警察作出权衡行为的社会情境,受到悖论性的、可能是独特的社会动态背景的约束。警察行为发生于"街头",那里处于公众目光之下,但大都处于其他法律人员的视野和监督之外。对于公民来说,与法律打交道最通常的方式是面对警察(Skogan, 1994)。而对于法律精英、法律领域的权威、法学家和法律注释者来说,警察则与自己相距遥远、无足轻重,有时甚至类似于令自己难堪的过继子女。警察完成法律制度内的肮脏工作,清扫社会垃圾,配置环境所需的力量,预防违反法律的各种暴力,但他们通常却被视为法律领域之外的人员。警察被赋予处理"紧急情况"所需要的裁量权威,这种权威连同因种族和民族问题所造成的高度分化的经验,使得与法官、(也许还包括)律师相比,警察所从事的法律活动更少理想的色彩。针对这种"紧急情况"的裁量背景,内在的文化规范和适应社会情势的取向在警察的活动中展现出来。警察自视为"能工巧匠",通过行使日常的裁量权而保障社会秩序;因此对那些他们认为不理解自己工作并试图限制自己裁量权的人们(包括法官),以及低估他们工作和生活日常危险的人们感到愤愤不平(Skogan,1994)。也许是由于警察工作的独特境况,由于警察工作与法律权威之间存在重要的联系,以及由于警察亚文化所具有的鲜明特征,因此,有关警察的研究业已产生了影响极为持久的洞见,这些洞见涉及紧急情况和具体情境对于法律文化的重要性。

行政法与规制

作为对警务工作研究成果的呼应,法律与社会研究把自由裁量权问题作为理解行政法执行的核心。自1880年代以来,大量美国法律一直用来调控日常商业实践。从某种视角看,这类规定是公共秩序的扩展,这是一种类似警察的职能,这种职能是任何国家的核心特征,这是早期共和制国家就具备的职能,以便为商业和国家提供规范性架构和管理机制(Hurst, 1964)。1881年,州际商业委员会成立,用以协调铁路产业的垄断性政策,由此美国发明了一种准行政—立法—司法模式的机构,该机构重视专家意见,通过调查和准司法的深思熟虑,负责规制一些与国会管理的社会生活领域有关的事务。这种混合的法律形式在美国的历史、政治和法律中具有特殊的重要性,因为这种规制模式出现于19世纪后期,是对资本和机遇特权持续性争夺的一种回应,也是现代(福利)国家的雏形。

早期法律与社会研究有很大一部分直接集中探讨各种行政机构的工作,这些行政机构出现于19世纪末和20世纪初,部分宗旨是协调书本之法与行动之法之间的关系。观察者宣称,如果认真对待法治所包含的道德期待(致力于用法律制度限制官方权力,Dicey, 1915)并希望减少权力的任意性(Selznick, 1969)和负责地运用暴力(Davis, 1972a),那么这种为了公共福利的商业规制已然失败。学者的共识是,此种事务的效果绝非如其所愿,相应的立法会转变成行政者的裁量行为。人们更多的努力只在于发现这些被授权为公众提供服务的机构如何麻木不仁和慵懒无效(Bernstein, 1955; Edelman, 1964; Shapiro, 1968; Kolko, 1965; Orren, 1974)。

公共管理机构为何会服务于它们所管理和控制的利益?对于这个问题有各种解释。这包括对产生不一致指令的立法过程的分析(Edelman, 1964),以及对于分割的制度结构的分析,这种制度结构鼓励在利益当事人之间分配公益,而排除了一般公众(Lowi, 1969)。

通过密切考察这些机构的内部结构,研究者指出,为了实现法规的目标,这些机构行使裁量权是不可避免的,且有其必要(Davis, 1972a; Kadish and Kadish, 1973; Lipsky, 1980)。制定法虽然在理论上确定了官方行为的限度,但是这些法律并没有指明官方如何具体实施这些行为。个别执法官员通过选择作为和不作为(Davis, 1972b: 91),实际上成为了澄清和具体阐释授权指令的决定者(Jowell, 1975: 14)。行政官僚(公共行政人员和私人管理人)实际上成为了"自由的"的立法者,他们在创制罗斯(Ross)所说的成文法和判例法之外的第三个法律维度。这种行动之法出现在私人领域和公共官僚机构实施正式法律规则的过程中,通常做法是通过组织化的机制形成授权规范。有关组织在形成指令的过程中,修改了立法指定的目标。组织的成员对内部环境的压力进行调节,以确保组织的存续并潜在地确保组织目标的维系。公共官僚机构在特定的约束下实施政策,但常常不能够提供有关指令所规定的服务。法律期望"街区层次"官僚的代理人与被代理人之间保持经常的互动,但是他们的工作环境使他们深感压力之大,资源也有限。指令常常模糊或前后冲突。委托人是组织存在的基础,但他们不是决策和承担责任的主要群体。结果,很难评估或酬答工作的效果。这些代理人面对的压力是,为了节省资源而改进例行程序和简化办事过程。他们重新界定了有效性的含义,以便使程序符合这种有效性要求(Silbey, 1980-1981:851)。为了实现实体性目标,他们援引所有法律规则、条例或程序,尽管其中有些不属于这些机构授权指令的组成部分(Silbey and Bittner, 1982)。在这样做时,他们可能改变了自己工作的性质,重新界定了他们所代理的对象,有效地置换了组织发出的指令。

针对所发现的裁量权问题,政策分析者认为有更为正式的控制机制,这些控制机制是指通过制定规则来限定、规范和审查行政行为与法律执行过程的裁量权。但是,法律与社会研究的学者再次观察到了意料之外的后果。卡根(Kagan)认为,更加严格控制裁量权的要求,改变了政府管理者的风格。在《依法行政》一书中,巴达赫(Bardach)和卡根描述了这种改变,认为这种改变"脱离了传统的执法风格,传统执法颇为依赖说服、警告和非正式谈判,而现在开始转向一种严守法条的风格,即强调严格适用法律规定,并对所有被发现的违法行为及时施加严厉的法律制裁"(Bardach and Kagan, 1980:1)。巴达赫和卡根所描述的新型严守法条的风格,并未统一通行于所有行政机构或这些机构所辖范围;实际上,早期经典研究关注行政管理的风格与管理结果之间的关系,此后,有关行政管理的研究显示,行政执法一直呈现出明显多样化的特征。

这些早期的努力取得了重要成果,但除了几个明显的例外,研究者关注的焦点一直受到政策议题的影响,也就是关注组织的日常规程是否与正式的法律指令保持一致(Sarat and Silbey, 1988)。如何界定、衡量和评估遵守正规指令的形式和程度,这本身业已变成研究的议题,数十年来,这个活动变得越来越技术化,并且如一些人所认为的那样,越来越精准和富有成效。在这个方面,法律与社会研究致力于探讨法律的学术议题,并致力于把工具性政策议题与法律精英的思考结合起来。但这个领域的某些研究,如同法律与社会研究的其他分支领域,也关注不平等和权力问题,并通过考察常规行政特权在职业与情境约束缺位的情况下如何行动,来追踪它们以何种方式重复着既是游戏组织者又是游戏参与者的游戏(Silbey, 1980-1981;Ewick, 1985)。

然而,从不同视角出发的研究者最近似乎达成了共识,即组织的文化观是影响行政管理是否依法和是否可能不断改进的关键变量。[14] 诸如"管理文化"(regulatory culture)、"管理风格"(regulatory style)、"治理风格"(governing style)或"管理情境"(regulatory context)这样的词语,最近用于意指政治、科学和法律的新特征:它们用于描述或解释各种管辖区域、行政机构,甚至包括国家这几者之间的各种变量,至于具体所指则不明确(Epp,2001;Vogel,1986)。在传统的政策架构内人们虽然也常常使用这些词语,但是,关于管理型行政执法和行政管理研究的转变,促使我们关注合作性管理主体的内部而不是仅仅关注它们的输出,并由此引入了一种更具有文化含量和建设性的视角来研究管理型行政。在这一点上,行政管理的传统研究中加入了一种更为激进的福柯视角的研究,从执法主体而不是执法机构的视点出发来观察法律。

这样,在行政法和行政管理领域,法理学对自由裁量权的兴趣同对于权力的理论兴趣相结合,形成了对现代国家的一种更为复杂的分析。当代法律与社会研究的学者超越了狭隘的兴趣,不再仅仅关注行政管理服从控制的情况,而是也开始观察,在国家建构的过程中,法律如何发挥作用,这不仅涉及规则的制定和法律的颁布,而且涉及对于法律的独特解释活动。

结　语

反映社会科学一般发展的法律与社会研究处在交叉点上。基于对于这种"行进中传统"的考察,我们发现,在法律与社会研究领域中有三个彼此竞争的范式在起作用,它们似乎也是20世纪社会科学争论的核心问题:(1)运用科学方法研究公共政策,如法律现实主义的传统;(2)从一些可检验的预设出发拓展一般的法律理论;(3)对文化密切可感的社会学理解。

首先,在法律与社会研究学科的每个分支领域中,一些研究者都基于同一种传统,即探索书本之法与行动之法之间的"差距"。毫无疑问,这些研究方法和概念日益成熟;但是,主题和架构却基于法律现实主义的基础。正如我们所指出的,在研究法院的学者之间,存在有益的争论,这有助于基于行为主义的模式继续研究那些作出判决的角色;或者也如我们所表明的,还有一些学者继续追问,是否存在某些激励机制保障行政机构忠实地依法行政和进行有效的管理。

其次,法律与社会研究学科如同更一般的社会科学,继续拓展关于社会和现代化过程的宏大理论,并以理论为基础提出了可检验的预设。在法律与社会研究学科,唐纳德·布莱克(Donald Black)的《法律行为》(1976)一书是这种范式的例证。布莱克认为,放弃诸多法律与社会研究(有人认为包括他自己关于警务的研究)的规范性基础,进而发展一种"法律的理论",时机已经成熟。他的论述从以下前提出发:"可能提炼出一些命题,用以解释各种环境下的法律变量和风格"(p.6)。他把社会控制界定为"社会生活的规范之维",法律只是这种社会控制的形式之一,还有其他社会生活的变量,诸如"礼仪、习俗、伦理、官僚机构和精神病的治疗"等(p.105),他认为,"社会控制是可量化的一个变量"(p.105)。如果社会控制有多重指标并且可以量化,那么随之而来的结论则是,"法律与其他社会控制成反比"(p.107)。布莱克的著作代表了一种发展法律理论的重要尝试,这种理论得到了他的许多学生和一些共同研究者的验证(Morril, 1995; Baumgartner, 1988; Cooney, 1998; Tucker, 1999)。

最后,法律与社会研究业已发现法律无处不在,法律不仅存在于法庭、监狱、律师事务所,而且存在于医院、寝室、教室、剧场以及影片和小说中,当然还存在于大街和警察局以及马车上。曾有那样一段时间,当时法律与社会研究的学者绘制了"法律地图",标出哪里本应有法但却没有。随后,在法律与社会研究的学者看来,"法律无处不在"(Sarat, 1990)。借助这种洞见,即法律存在于那些表面看上去似乎不像有法的地方,法律与社会研究的学者,通过完全不同的一套概念和主题探索了法律的文化生命,这些概念和主题迥异于关于书本之法与行动之法的组织化生成性研究(generative studies)所使用的概念和主题。研究者不是关注法律是什么,而是研究法律意味着什么,其途径是研究作为意识、表达和话语实践的法律或作为构成认同、性别和政府管理组成部分的法律。

基于更为深入的考察,这种法律文化社会学的"发现"事实上得益于菲利普·塞尔兹尼克的开创性工作。转向新的制度和文化的视角,是他关于组织、法律和工业社会学研究的核心。在关注制度过程中,塞尔兹尼克拓展了自己的视角,并在理想与价值之间架起了桥梁(Kagan, Kryger, and Winston, 2002):对于制度的关注为其理论架构、方法导向以及规范反思提供了一席之地。对于社会科学的探索来说,法律以及法制是特别值得关注的制度,法律体现了"文化认同的支柱"以及"正义与共同体之间的桥梁"(Selznick, 1992:435)。对于研究法律或法制的学者来说,随后的任务就是在法律或法制明显、隐含存在以及正在涌现的所有场域,"探索法制本身的含义……法制的质量及其内在变化"(Selznick, 1959:124; 1961)。

今天,文化社会学关注认同与意识之间的关系,关注社会构成及其复杂性——这是一种由历史性所标示的不确定性,以及关注以无数形式和在各种场域所展现的权力形态。这些主题补充了法律与社会研究,揭示了人们期望本应平等的法律所隐含的等级性,这是意料之外的常态,是作为特定时空偶然性产物的法制表现方式,也是作为一种社会制度之法的持续性力量。这样一种传统的涌现归功于塞尔兹尼克对于法律制度深度的智识、理论和政治的解读,标示着长期的对话和一种新的开端。

注释

[1] 我们按照 Ewick 和 Silbey(1998)的用法,使用法制(legality)一词意指具有法律属性的意义、

权威源泉以及文化实践,而不问涉及的主体是谁或出于何种目的。法制是一个复杂的分析性概念而不是社会认可的事态。根据这种定义,人们在诉诸法制和构筑它时,可能并不限于采取法律所认可和承认的方式。

[2] 人们对于社会生活的科学研究采取不同形式的观察及其解释。但是,对于社会科学的期望始于1830至1840年代奥古斯特·孔德的著作,18世纪和19世纪的实证主义导向的法律研究就体现了这种期望。如在一般社会科学中,法律领域的实证主义意指一种哲学立场,这种立场坚持认为有效的知识仅仅由对经验现象的可重复观察所构成,对于现象的深层原因、含义或本质的推测不属于科学知识。根据这种实证主义的观点,我们能够知道的仅仅是那些我们能够观察到的,而我们所能观察到的则是存在的全部。在此前200年的西方法律制度和法理学中,法律实证主义在法律职业和学术研究中都是主导取向。从实证主义的视角看,法律仅仅由规则构成,而规则是由有权制定有效规则的官方权威(例如立法机构、行政机构或法官)颁布的。

这些规则……构成法律,即由法律职业者来分析和整理的材料。在这种意义上,法律是"既定的",即经验性材料的组成部分。如果根据某些可观察的证据可以把某些材料确认为现行法律,那么人们就能够分析这种法律。由此,法律实证主义者所承认的可以证明法律存在的证据等同于科学家所承认的可以证明某种化学成分存在的证据。(Cotterrell, 1992:10)

实证主义的概念塑造了现代理性主义,在努力建构逻辑严谨和概念协调的包罗万象的法律体系中,这种理性主义达到了顶点,对于这种理性主义,赞成者把它誉为法律推理,批评者把它称作法条主义推理。

但是,在社会科学中,方法论取向并非全都是实证主义的。例如,芝加哥社会学学派就运用了许多从人类学中发展出来的定性的观察方法和技巧,其中观察者的解释技术和行动者的主观意义处于中心地位。不过,这些定性解释的社会科学家在他们的著作中,也隐含地表示了对于系统的科学观察的尊重(例见Dorothy Ross对于W. I. Thomas著作的讨论,Ross,1991:347-57)。在第二次世界大战之后,出现了更为成熟的定位统计技术,首次显示了现代计算机所能发挥的作用,大规模的更实证的研究得到了新的重视(Converse, 1987)。社会科学研究需要一定人数组成的学者团队和广泛的资料搜集技术。在所谓的"进步时代"(Progressive Era),非营利组织和基金会的出现在推动这些对社会进行新的科学研究方面发挥了重要作用。

[3] 古典职业是法律、医学、大学教育和神职。但是,这些职业都根据新兴的现代科学进行了改造,在美国,这些职业特别受到了现代大学的重新塑造(Larson, 1977)。在这种转变中,神职在当代各种职业阶层中已经不具有核心地位(Freidson, 1986)。

[4] 除了法律与社会学会,还有一些专业化的社会-法律研究学会,如美国心理-法律学会(APLS),美国法律史学会(ASLH),美国犯罪学学会(ASC),美国社会学协会法律社会学分会,政治和法律人类学学会(PoLAR),澳大利亚和新西兰犯罪学学会(ANZSOC),澳大利亚和新西兰法律和历史学会,加拿大法律与社会学会,民间法和法律多元主义研究会,欧洲共

同体研究协会(ECSA),国际科学协会比较司法研究会,国际社会学协会法律社会学研究会(RCSL),以色列法律与社会学会(ILSA),欧洲法律与社会之网,国际政治科学协会比较司法研究会,社会-法律研究协会(SLSA),社会问题研究学会(SSSP),荷兰与比利时法律与社会研究协会(VSR),以及德国法律社会学协会等。在出版物方面,学者的文稿可以投给《法律与社会评论》或其他大量同行审稿的期刊,包括《法律与社会调查》等。虽然拉塞尔·塞奇基金会不再支持社会-法律研究,但其他基金会开始资助这种研究,如美国国家科学基金会、美国律师基金会、索罗斯基金会等。今天,可以培养法律与社会研究学科博士的大学有,加利福尼亚大学欧文分校和伯克利分校、纽约大学以及亚利桑那州立大学。因此,在研究机构方面的明显进展确保了法律与社会研究作为一个学科的专业自治。

[5] 值得注意的是,缺少专业词语和行话是建构职业共同体的严重障碍:那些"懂行"的人不同于那些没有受到专业训练的人员。学习一个学科的专业词语是青年进行职业社会化的重要组成部分,或者是入行的门径(Becker, Strauss, Hughes, and Greer, 1961)。本部分我们在讨论法律与社会研究学科的职业发展时,所强调的是对于建构一个现代的学术共同体来说那些必不可少的形式和结构的约束。非正式的社会化礼仪,包括学习行话,对于将外行与内行区分开来同等重要。关于法律学者社会化的研究,参见 Stover 的著作(1989)。

[6] Handler(1967)在中西部的一个小城市重复了 Carlin 的研究。Handler 并没有发现 Carlin 在城市环境下律师职业的不稳定性。最近,Van Hoy(1997)也在芝加哥重复了 Carlin 研究的部分内容。

[7] 当然,今天大型律师事务所的整体状况是相当不同的。例见 Hagan and Kay(1995);Epstein, Seron, Oglensky and Saute(1999)的著作。

[8] 在对芝加哥律师的首次研究中,受访者中 4% 是女性;作者并没有考察这些受访者的职业经历。

[9] Heinz 和 Laumann 在农村重复了这种研究,见 Landon 的著作(1990)。

[10] 从 1960 年代后期开始,在美国就有人阅读并重读马克思的著作,这很大程度上是由当时的政治行动主义所推动的。从 1970 年代后期开始,批判理论和法兰克福学派提出的问题影响了新一代的法律学者,并催生了批判法学研究运动(Munger and Seron, 1984;Trubec and Esser, 1989)。随之而来的是一场旷日持久、剑拔弩张而意味深长的争论;也许这种影响的具体时间和走向最终也无法确定。这里的要点是,马克思主义社会理论当时成为了法律与社会研究的核心理论,但这种理论重新受到重视很大程度也得益于法学院的激烈争论。

[11] 在所有案件中,进入审判阶段的案件不到 10%,在这不到 10% 的案件中,没有多少采取陪审制。

[12] 许多交叉研究表明,女性、职业地位较低的人群和少数族裔的参与程度低于白人、男性及地位较高的群体(Strodtbeck and Mann, 1956;Strodtbeck, James, and Hawkins, 1957;James, 1959;Hawkins, 1961;Nemeth, Endicott, and Wachtler, 1976;Kirchmeyer, 1993)。

[13] 例如,*Miranda v. Arizona*(1961)案和 *Mapp v. Ohio*(1966)案。在超越"书本之法"的神圣传统中,相关研究也表明,即使是在最高法院判决的活跃时期,警察工作也受到"情境"和语

境的限制:种族、民族和年龄对于一个人与警察相遇时至关重要。(Bittner, 1970; 也见 Decker, 1981; Huang and Vaughn, 1996; Tuch and Weitzer, 1997)。

[14] 这种新制度主义的架构代表了对塞尔兹尼克著作的回归,这是我们在结论部分所指出的一点。

参考文献

- Abbott, Andrew (1981) *The System of Professions: An Essay on the Division of Expert Labor.* Chicago: University of Chicago Press.
- Abel, Richard (1973) "A comparative theory of dispute institutions in society," *Law & Society Review* 8: 217-347.
- Abel, Richard and Lewis, Philip (eds.) (1989) *Lawyers in Society.* Berkeley: University of California Press.
- Balkin, Jack M. and Levinson, Sanford (1996) "How to win cites and influence people," *Chicago Kent Law Review* 71: 843.
- Bardach, Eugene and Kagan, Robert (1980) *Going by the Book.* Philadelphia: Temple University Press.
- Baumgartner, M. P. (1988) *The Moral Order of a Suburb.* New York: Oxford University Press.
- Becker, Howard, Strauss, Anselm, Hughes, Everett, and Greer, Blanche (1961) *Boys in White: Student Culture in Medical School.* Chicago: University of Chicago Press.
- Bernstein, Marver (1955) *Regulating Business by Independent Commission.* Princeton, NJ: Princeton University Press.
- Bittner, Egon (1970) *The Functions of the Police in Modern Society.* Washington, DC: Government Printing Offlce.
- Bittner, Egon (1990) *Aspects of Police Work.* Boston: Northeastern University Press.
- Black, Donald (1971) "Social organization of arrest," *Stanford University Law Review* 23: 1087-1111.
- Black, Donald (1976) *The Behavior of Law.* New Haven, CT: Yale University Press.
- Black, Donald and Reiss, Albert, Jr. (1967) *Studies in Crime and Law Enforcement in Major Metropolitan Areas.* Washington, DC: Supt. of Docs, US Government Printing Offlce.
- Blumberg, Abraham (1967) "The practice of law as a confldence game: Organizational cooptation of a profession," *Law & Society Review* 1(2): 15-39.
- Caplowitz, D. (1974) *Consumers in Trouble: A Study of Debtors in Default.* New York: Free Press.
- Carlin, J. E. (1962) *Lawyers on their Own: A Study of Individual Practitioners in Chicago.* New Brunswick, NJ: Rutgers University Press.
- Carlin, J. E. and Howard, J. (1965) "Legal representation and class justice," *UCLA Law Review* 12: 381-437.

- Casper, Jay (1972) *American Criminal Justice: The Defendant's Perspective*. Washington, DC: US Government Printing Office.
- Converse, Jean M. (1987) *Survey Research in the United States: Roots and Emergence*. Berkeley, CA.: University of California Press.
- Cooney, Mark (1998) *Warriors and Peacemakers: How Third Parties Shape Violence*. New York: NYU Press.
- Cotterrell, Roger (1992). *The Sociology of Law*. London: Butterworths.
- Curran, Barbara A. (1977) *Legal Needs of the Public*. Chicago: American Bar Foundation.
- Danzig, Richard and Lowy, J. (1975) "Everyday disputes and mediation in the United States: A reply to Professor Felstiner," *Law & Society Review* 9: 675-94.
- Davis, Kenneth Culp (1972a) *Discretionary Justice*. Baton Rouge: Louisiana State University Press.
- Davis, Kenneth Culp (1972b) *Administrative Law Text*. St. Paul, MN: West Publishing Company.
- DeTocqueville, Alexis (1938) *Democracy in America*. New York: Allard & Saunders.
- Decker, S. H. (1981) "Citizen attitudes toward the police: A review of past findings and suggestions for future policy." *Journal of Police Science and Administration* 9(1): 80-7.
- Diamond, S. S., Vidmar, N., Rose, M., Ellis, L., and Murphy, B. (2003) "Juror discussions during civil trials: A study of Arizona's Rule 39(f) Innovation," *Arizona Law Review*, 45: 1-81.
- Dicey, A. V. (1915) *The Law of the Constitution*. London: Macmillan Co.
- Edelman, Murray (1964) *The Symbolic Uses of Politics*. Urbana: University of Illinois Press. Eisenstein, James, Flemming, Roy B., Nardulli, Peter (1988) *Contours of Justice*. Boston: Little Brown and Company.
- Engel, David (1980) "Legal pluralism in an American community: Perspectives on civil trial court," *American Bar Foundation Research Journal*, 3: 425.
- Epp, Astrid (2001) "Contested cultures of regulation: The conflict over GM Food in Germany and in the United States," Paper presented at the Law and Society Association meeting in Budapest, Hungary.
- Epstein, Cynthia Fuchs (1998) *Women in Law*, 2nd edn. Urbana and Chicago: University of Illinois Press.
- Epstein, Cynthia Fuchs, Seron, Carroll, Oglensky, Bonnie, and Saute, Robert (1999) *The Part-time Paradox: Time Norms, Professional Life, Family and Gender*. New York: Routledge.
- Epstein, Lee (1998) *Choices Judges Make*. Washington, DC: Congressional Quarterly Press.
- Epstein, Lee, Segal, Jeffrey A., Spaeth, Harold J., and Walker, Thomas G. (1996) *Supreme Court Compendium: Data, Decisions, Developments*. Washington, DC: Congressional Quarterly Press.
- Ewick, Patricia (1985) "Redundant regulation: Sanctioning broker-dealers" *Law & Policy* 7(4): 421-45.

- Ewick, Patricia and Silbey, Susan (1998) *The Common Place of Law: Stories from Everyday Life*. Chicago: University of Chicago Press.
- Feeley, Malcolm (1977) *The Process is the Punishment*. New York: Russell Sage Foundation.
- Felstiner, William L. F. (1974) "Influences of social organization on dispute processing," *Law & Society Review* 9: 63-94.
- Felstiner, William L. F. (1975) "Avoidance as dispute processing: An elaboration," *Law & Society Review* 9: 695-706.
- Felstiner, William, Abel, Richard, and Sarat, Austin (1980-81) "The emergence and transformation of disputes: Naming, blaming, claiming...," *Law & Society Review* 15 (3-4): 631-54.
- Flemming, Roy B., Nardulli, Peter, and Eisenstein, James (1992) *The Craft of Justice: Politics and Work in Criminal Court Communities*. Philadelphia: University of Pennsylvania Press.
- Freidson, Elliott (1970) *The Profession of Medicine: A Study of the Sociology of Applied Knowledge*. New York: Dodd, Mead.
- Freidson, Eliot (1986) *Professional Powers: A Study of the Institutionalization of Formal Knowledge*. Chicago: University of Chicago Press.
- Freidson, Elliott (2001) *Professionalism: The Third Logic*. Chicago: University of Chicago Press.
- Galanter, Marc (1974) "Why the 'haves' come out ahead: Speculations on the limits of legal change," *Law & Society Review* 9(1): 95-160.
- Garth, Bryant and Sterling, Joyce (1998) "From legal realism to law and society: Reshaping law for the last stages of the activist state," *Law & Society Review* 32(2): 409-72.
- Goode, William (1957) "A community within a community: The professions," *American Sociological Review* 22: 194-200.
- Griswold, Erwin (1973) *The Judicial Process* (Benjamin Cardozo Lectures). New York: Association of the Bar of the City of New York.
- Guilllory. J. (1987) "Canonical and non-canonical literary canon: A critique of the current debate," *English Literary History* 54(3): 483-527.
- Gusfleld, Joseph (1963) *Symbolic Crusade: Status Politics and the American Temperance Movement*. Urbana: University of Illinois Press.
- Habermas, Jüurgen (1999) *Between Facts and Norms*. Cambridge, MA: MIT Press.
- Hagan, John and Kay, Fiona (1995) *Gender in Practice*. New York: Oxford University Press.
- Handler, Joel (1967) *The Lawyer and His Community: The Practicing Bar in a Middle-Sized City*. Madison: University of Wisconsin Press.
- Hans, Valerie and Vidmar, Neil (1991) "American jury at twenty flve years," *Law and Social Inquiry* 16(2): 323-52.
- Haug, Marie (1973) "Deprofessionalization: An alternative hypothesis for the future," *Sociological Review Monograph* 20: 195-211.

- Haug, Marie (1975) "The deprofessionalization of everyone?" *Sociological Focus August*: 197-213.
- Hawkins, Charles (1961) "Interaction and coalition realignments in consensus-seeking groups: A study of experimental jury deliberations," Doctoral dissertation, University of Chicago, Department of Sociology.
- Heinz, Jack and Laumann, Edward (1982) *Chicago Lawyers: The Social Strucutre of the Bar*. New York: Russell Sage Foundation; Chicago: American Bar Foundation.
- Heydebrand, Wolf and Seron, Carroll (1990) *Rationalizing Justice: The Political Economy of the Federal District Courts*. New York: SUNY Press.
- Huang, W. S. W., and Vaughn, M. S. (1996) "Support and confldence: Public attitudes toward the police," in Timothy J. Flanagan and Dennis R. Longmire (eds.), *Americans View Crime and Justice: A National Public Opinion Survey*. Thousand Oaks, CA: Sage, pp 31-45.
- Hunt, Alan (1978) *The Sociological Movement in Law*. London: Macmillan Press.
- Hurst, Willard (1964) *Law and Economic Growth: The Legal History of the Lumber Industry in Wisconsin, 1836-1915*. Cambridge, MA: Harvard University Press.
- Jacob, Herbert (1965) *Justice in America: Courts, Lawyers and the Judicial Process*. Boston: Little Brown and Company.
- Jacob, Herbert and Eisenstein, James (1991) *Felony Justice: Organizational Analysis of Criminal Courts*. Lanham, MD: University Press of American.
- James, Rita M. (1959) "Status and competence of jurors," *American Journal of Sociology* 64: 563-570.
- Jowell, Jeffrey (1975) *Law and Bureaucracy: Administrative Discretion and the Limits of Legal Action*. Port Washington, NY: Dunellen Publications, Kennikat Press.
- Kadish, Mortimer H. and Kadish, Sanford (1973) *Discretion to Disobey*. Palo Alto, CA: Stanford University Press.
- Kagan, Robert A., Kryger, Martin, and Winston, Kenneth (2002) *Legality and Community: Essays in Honor of Philip Selznick*. Berkeley: University of California Press.
- Kalven, Harry Jr. and Zeisel, Hans (1966) *The American Jury*. Boston: Little, Brown and Company.
- Kidder, Robert (1980-81) "The end of the road: Problems in the analysis of disputes," *Law & Society Review* 15(3-4): 717-726.
- Kirchmeyer, Catherine (1993) "Multicultural task groups: An account of the low contribution level of minorities," *Small Group Research* 24: 127-48.
- Kolko, Gabriel (1965) *Railroads and Regulation*. Princeton, NJ: Princeton University Press.
- Lamont, Michele and Fournier, Marcel (1992) *Cultivating Differences: Symbolic Boundaries and the Making of Inequality*. Chicago: University of Chicago Press.
- Landinsky, Jack (1963) "Careers of lawyers: Law practice and legal institutions," *American Socio-

logial Review 28: 47-54.
- Landon, Donald D. (1990) *Country Lawyers: The Impact of Context on Professional Practice*. New York: Prager.
- Larson, Magali Safarti (1977) *The Rise of Professionalism: A Sociological Analysis*. Berkeley: University of California Press.
- Law & Society Review (1980-81) Special Issue on Dispute Processing and Civil Litigation 15 (3-4): 389-920.
- Law & Society Review (1994) Special Issue on Law and Society in Southeast Asia 28 (3): 409-720.
- Legal Studies Forum (1985) Special Issue on Law, Ideology and Social Research, IX (1).
- Levi, Edward (1949) *An Introduction to Legal Reasoning*. Chicago: University of Chicago Press.
- Lipsky, Michael (1980) *Street-level Bureaucracy*. New York: Russell Sage Foundation.
- Llewellyn, Karl (1969) *The Bramble Bush*. Dobbs Ferry, NY: Oceana Publishers.
- Llewellyn, Karl and Hoebel, E. Adamson (1941) *The Cheyenne Way*. Norman: University of Oklahoma Press.
- Lowi, Theodore (1969) *The End of Liberalism*. New York: W. W. Norton & Co.
- Macaulay, Stewart (1963) "Non-contractual relations in business: A preliminary study," *American Sociological Review* 28: 55-67.
- Mather, Lynn, McEwen, Craig, and Maiman, Richard (2001) *Divorce Lawyers*. New York: Oxford University Press.
- *Mapp v. Ohio* (1961) 367 U. S. 643.
- Merry, Sally E. (1990) *Getting Justice and Getting Even*. Chicago: University of Chicago Press.
- Merton, Robert K. (1968) *Social Theory and Social Structure*. New York: Free Press.
- Miller, Richard and Sarat, Austin (1980-81) "Grievances, claims and disputes: Assessing the adversary culture," *Law & Society Review* 15(3-4): 525-66.
- *Miranda v. Arizona* (1966) 384 U. S. 436.
- Mnookin, Robert and Kornhauser, Lewis (1979) "Bargaining the shadow of the law: The case of divorce," *Yale Law Journal* 88: 950.
- Morrill, Calvin (1995) *The Executive Way*. Chicago: University of Chicago Press.
- Munger, Frank and Seron, Carroll (1984) "Critical legal theory versus critical legal method: A comment on method," *Law and Policy* 6: 257-99.
- Murphy, Walter (1964) *Elements of Judicial Strategy*. Chicago: University of Chicago Press.
- Nader, Laura. (1978) *The Disputing Process: Law in Ten Societies*. New York: Columbia University Press.
- Nardulli, Peter F., Eisenstein, James, and Flemming, Roy B. (1988) *The Tenor of Justice: Criminal Courts and the Guilty Plea Process*. Champaign-Urbana, IL: University of Illinois Press.
- Nemeth, Charlan, Endicott, Jeffrey, and Wachtler, Joel (1976) "From the 50s to the 70s: Women

in jury deliberations." *Sociometry* 39(4): 293-304.
- Oppenheimer, Martin (1973) "The proletarianization of the professional," *Sociological Review Monograph* 20: 213-27.
- Orren, Karen (1974) *Corporate Power and Social Change*. Baltimore: Johns Hopkins Press.
- Packer, Herbert (1968) *The Limits of the Criminal Sanction*. Stanford, CA: Stanford University Press.
- Parsons, Talcott (1949) "The professions and social structure," in Talcott Parsons (ed.), *Essays in Sociological Theory*. New York: Free Press, pp. 34-50.
- Peltason, Jack (1955) *Federal Courts in the Political Process*. Garden City, NY: Doubleday Books.
- Pritchett, C. Herman (1948) *The Roosevelt Court: A Study in Judicial Politics and Values*. New York: Macmillan.
- Pritchett, C. Herman ([1954] 1966) *Civil Liberties and the Vinson Court*. Chicago: University of Chicago Press.
- Reiss, Albert J. (1971) *The Police and the Public*. New Haven, CT: Yale University Press.
- Ross, Dorothy (1991) *The Origins of American Social Science*. Cambridge, UK: Cambridge University Press.
- Ross, H. Lawrence (1970) *Settled Out of Court*. Chicago: Aldine Press.
- Sarat, Austin (1990) "'...the law is all over': Power, resistance and the legal consciousness of the welfare poor," *Yale Journal of Law and the Humanities* 2(2): 343-79.
- Sarat, Austin (1998) "President's column," *Law & Society Association Newsletter*, October.
- Sarat, Austin and Silbey, Susan S. (1988) "Pull of the policy audience," *Law & Policy* 10(2,3): 97-166.
- Schlegel, John Henry (1995) *American Legal Realism and Empirical Social Science*. Chapel Hill: University of North Carolina Press.
- Schmidhauser, John R. (1960) *The Supreme Court: Its Politics, Personalities, and Procedures*. New York: Holt, Rinehart and Winston.
- Schubert, Glendon (1965) *Judicial Policy-making: Political Role of Courts*. Chicago: Scott Foresman.
- Selznick, Philip (1959) "The sociology of law," in Robert K. Merton, Leonard Broom, and Leonard S. Cottrell, Jr. (eds.), *Sociology Today*, New York: Basic Books, pp. 115-27.
- Selznick, Philip (1961) "Sociology and natural law," *Natural Law Forum* 6: 84-108.
- Selznick, Philip (1969) *Law, Society, and Industrial Justice*. New York: Russell Sage Foundation.
- Selznick, Philip (1992) *The Moral Commonwealth: Social Theory and the Promise of Community*. Berkeley and Los Angeles: University of California Press.
- Shapiro, Martin (1968) *The Supreme Court and Administrative Agencies*. New York: Free Press.
- Silberman, Mathew (1985) *The Civil Process*. Orlando, FL: Academic Press.

- Silbey, Susan S. (1980-81) "Case processing in an attorney general's offlce," *Law & Society Review* 15(3-4): 849-910.
- Silbey, Susan S. and Bittner, Egon (1982) "The availability of law," *Law & Policy* 4(4): 399-434.
- Silbey, Susan S. and Sarat, Austin (1987) "Critical traditions in law and society research," *Law & Society Review*, 21(1): 165-74.
- Silbey, Susan S. and Sarat, Austin (1989) "Dispute processing in law and legal scholarship: From institutional critique to the reconstruction of the juridical subject," *Denver Law Review* 66(3): 437-98.
- Simon, Rita (1967) *The Jury and the Defense of Insanity*. Boston: Little, Brown and Co.
- Skogan, W. G. (1994). *Contacts Between Police and Public: Findings from the 1992 British Crime Survey*. London: HMSO Books.
- Skolnick, Jerome (1966) *Justice Without Trial*. New York: John Wiley & Sons.
- Smigel, E. O. (1969) *The Wall Street Lawyer: Professional Organization Man*. Bloomington, IN: Indiana University Press.
- Stover, Robert V. (1989) *Making it and Breaking it: The Fate of Public Interest Commitment During Law School*. Champaign-Urbana: University of Illinois Press.
- Strauss, Anselm (1961) *Images of the American City*. New York: Free Press of Glencoe.
- Strodtbeck, Fred L., James, Rita M., and Hawkins, Charles (1957) "Social status and jury deliberations," *American Sociological Review* 22: 713-19.
- Strodtbeck, Fred L. and Mann, Richard D. (1956) "Sex-role differentiation in jury deliberations," *Sociometry* 19: 3-11.
- Sudnow, David (1965) "Normal crimes: Sociological features of the penal code in a public defender's offlce," *Social Problems* 12(3): 253-76.
- Sumner, Colin (1979) *Reading Ideologies: An Investigation into the Marxist Theory of Ideology and Law*. London: Academic Press.
- Tomlins, Christopher (2000) "Framing the fleld of law's disciplinary encounters: A historical narrative," *Law & Society Review* 34(4): 911-72.
- Trubek, David (1980-81) "Studying courts in context," *Law & Society Review* 15(3-4): 485-502.
- Trubek, David M. and Esser, John (1989) "Critical empiricism in American legal studies: Paradox, program or Pandora's box," *Law and Social Inquiry* 14(1): 3-52
- Trubek, David, Sarat, Austin, Felstiner, William L. F., Kritzer, Herbert, and Grossman, Joel (1983) "The costs of ordinary litigation," *UCLA Law Review* 31: 72-127.
- Tuch, S. A. and Weitzer, R. (1997) "The polls-trends: Racial differences in attitudes toward the police," *Public Opinion Quarterly* 61: 642-63.
- Tucker, James (1999) *Therapeutic Corporation*. Oxford: Oxford University Press.

- Ulmer, Sidney (1961) *Introductory Readings in Political Behavior*. Chicago: Rand McNally & Company.
- Van Hoy, Jerry (1997) *Franchise Law Firms and the Transformation of Personal Practice*. Westport, CT: Quorum.
- Vogel, David (1986) *National Styles of Regulation: Environmental Policy in Great Britain and the United States*. Ithaca, NY: Cornell University Press.
- Weber, Max (1947) *The Theory of Social and Economic Organization*, trans. A. M. Henderson and Talcott Parsons. New York: Free Press.
- Weber, Max (1954) *Max Weber on Law in Economy and Society*, ed. Max Rheinstein and Edward Shills. New York: Simon and Schuster.
- Yngvesson, Barbara (1993) *Virtuous Citizens, Disruptive Subjects: Order and Complaint in a New England Court*. New York: Routledge.
- Zeisel, Hans, Kalven, Harry Jr., and Bucholz, Bernard (1959) *Delay in Court*. Westport, CT: Greenwood Press.

第二编

法律的文化生命

3

权利的作用和权利的运用：
一种批判的实证进路

劳拉·贝斯·尼尔森　著
赖骏楠　译

导　言

　　社会正义与法律权利之间的联系引发了各学科的学术研究。一项"权利"主要并不是指对所有权的主张；它是对正义、正当性（legitimacy）与权力（或对权力的抵抗）的主张。权利保护个人免受国家权威非法行使的侵害，权利是一种个人在其组织中保护和坚持自主性的机制，权利对社会改革的策略也至关重要。

　　政治理论家长期以来就在个人与国家的关系上，以及权利在调整这种关系时所扮演的角色上争论不休。然而，只是最近，理论和政治的争议才开始致力于考察普通公民考虑、诉求以及未能诉求他们权利时的各种过程。一项权利的实际效果是什么？为什么某些权利拥有者能宣称他们的权利而其他人则不能？为什么某些权利主张获胜了而其他主张则失败了？

　　学者们在争论这个问题，即，权利是由国家行动授予的，还是人类生而拥有，进而为地方的、国家的乃至跨国的治理机构所承认？政府能够通过宪法、制定法或者司法行动来授予或承认权利。权利属于实质性事项——从持有财产到政治参与，从表达自由到隐私权再到正当程序，从环境保护到就业中的非歧视（nondiscrimination），这里列举的仅是很小一部分。（例见，联合国大会1948年12月10日通过的《世界人权宣言》。）

　　法律权利有助于保护个人自治，并抵抗来自国家权力的专横和暴虐的强制，法律权利也是为平等而斗争的重要工具。权利是一种媒介，通过这种媒介，各群体能够挑战各种结构性障碍,以促进实质性法律、政治、社会和经济的平等。有人也许会通过主张法律权利以证明一项个人主张的正当,或者主张该法律权利是一个更大的社会改革运动的一部分,或兼举两种主张(Hull, 2001)。通常这两者通过许多重要方式联系在一起,但也有可能发生冲突。社会运动通常伴随着诉讼和权利主张,但是个人要求解决争讼并结束由此产生的个人困难的主张,会使权利导向(rights-oriented)的社会变革策略面临困境(Albiston, 1999)。尽管问题的解决会证明个人权利的正当,但这种解决方式却让事务脱离了公共话语,因此忽略了潜在的更大范围的社会变革,而法院的判决本来是可以做到这点的。

在本文中,我认为除非我们能够说明个人何时相信他们享有一项权利,以及个人何时寻求对它的运用,否则我们不可能理解最简单的权利功能。脱离了经验基础上的有关权利意识和权利主张行为的理论,我们无法理解权利如何可能或应该在一个社会系统得以运作。本文将有选择地考察有关权利的现有实证研究,尤其是,谁行使权利?在什么语境中行使?并获得了什么成就?我将从对政治理论家关于权利的基本问题的讨论开始。我认为,政治理论家和社会改革者都将从一种关于权利如何运作的经验性理解中受益,我将指出某些未曾被政治理论回答的重要经验问题。而且,尽管曾有过将权利理论和其他学科融合起来的尝试(Sarat and Kearns, 1996),我的目标依然是证明,实证社会科学家们在理解权利如何运作于这个社会世界方面,迈出了最大步伐。

权利的政治理论

本文首先对有关权利的政治理论作一简要综览,继之以对权利的批判和社会科学分析的讨论,这些工作都是很重要的。权利的话语史本身就是权利实证研究的语境的一部分,因为社会科学家有时依靠政治理论为实证分析提供信息。

政治理论家长期以来就在权利个体作为人(human)和公民时应享有的东西上争论不休。最早的权利理论家认为权利是用来保护作为个体的我们免受相互间的侵害(自保权;Hobbes, 1909),权利也可用来保护我们免受国家权力的潜在滥用(Locke, 1967)。关于权利的理论争论非常重要,因为这些争论提出了有关个人与国家间理想关系的各种替代性构思。于是权利理论聚焦到政府责任和个人权利上。权利理论大体上可以被划分为有着延续性的"数代",每一代都从上一代受益,同时又批判上一代(关于"权利的世代"的更多讨论,也见 Marshall, 1950)。

第一代权利主要关注自由和自治的权利,诸如宗教自由、言论自由和公民权等,这些权利在传统上与自由主义民主社会相联系。这类"消极权利"保障个人免受国家行动的侵害,而非获得国家的积极帮助,尽管第一代权利也包括某些积极权利,诸如政治参与和公平对待的权利。

第二代权利聚焦于经济、社会与健康的权利,诸如"免于饥饿"的权利、适当生活标准的权利、基本教育权、合理工作条件的权利以及基本的医疗保障的权利。从属于个人权利的角度上看,它们与第一代权利是相似的,但因为它们的实现需要对有限资源的重新分配,它们与第一代权利又有所区别。第二代权利的理论家追问,当说一个人享有权利或自由时,却不给予他用以实现该权利的物质条件,这种说法究竟有何意义(Waldron, 1995)? 于是他们主张,这些社会经济权利对于那些试图实现他们政治权利的人来说,是至关重要的(Waldron, 1996)。例如,堕胎的"权利"对于那些承担不起手术费用的贫困妇女究竟有何意义(MacKinnon, 1989)? 关于第二代权利的理论争议强调(再)分配正义和权利被行使的过程,并关注实现权利过程中的物质障碍(Nozick, 1974: 238)。

第三代权利关注"群体"或"团结"权利,这包括健康环境的权利、和平权利、分享一个共同命运和文化实践的权利。这类理论家主张一项"由国家一方承担的,保护允许自主选择的文化条件的积极义务……尊重少数文化成员的自治的前提是尊重他们的文化结构"(Kymlicka, 1989: 903)。第三代权利引发了有关个人权利是否优先于群体权利的争论。这些理论强调,权利通常是自由的或社会性的民主社会的产物,因而与那些脱离此种语境的社会无关。换言之,西方自由主义所提倡的政治权利,对于那些生活在经济落后国家的处在饥饿和贫穷状态中的人们来说,并不重要。

有关公民应享有什么权利的争议引发了其他理论问题。例如,在什么范围内权利包含了义务(Dworkin, 1977)? 当授予了程序性权利却没有实质正义的时候,能说法治实现了吗(Dworkin, 1977, 1985)? 在这些理论分析中无疑有许多经验性的问题,这些问题事关权利在不同的社会、法律、政治、地理和社会经济语境中是如何运作的。正当政治理论家在这类重要问题上争论不休时,一种对权利的批判却从与批判法律研究运动有关的学者中产生了。

对权利的批判

作为一系列诸如"布朗诉教育委员会案"(*Brown v. Board of Education*)及"罗伊诉韦德案"(*Roe v. Wade*)等里程碑式案件的结果,有一种广泛的共识:认为法律权利相当直接地导致了社会变革。权利语言——在这些案件中就是平等保护权和私隐权——提供了个人原告获胜的理由。这些个人胜利据说引起了社会变革。然而经验社会科学家和坚持批判法律研究的学者现在却都开始重新思考以权利为基础的诉讼对社会变革的影响。社会-法律研究学者长期以来发现,许多相信他们自己的法律主张的人并不追求那些主张(只是适应或"忍受"),这会因有关主张/权利的性质而不同,也因所涉及的当事人间关系而异(Curran,1977;Curran,1977;Felstiner,Abel,and Sarat,1980;Macaulay,1963)。同批判法律研究相关联的学者则质疑了这种把权利的力量视为理所当然的观念。这些学者认为,权利是社会性地建构的(Scheingold,1974),空洞的(Tushnet,1984),有待具体化的(Aron,1989;Grabel,1981)和被滥用的(Glendon,1991)。某些女权主义者则认为,权利象征着男性行为模式,并因此最终对女性无所助益(Olsen,1984),或者至少在她们行使权利时显得问题重重(Mackinnon,1989)。正如他们的政治理论同行那样,批判法律学者批判权利的观念,认为这种观念貌似中立,但实际上却被个人不平等地享用着。

与此同时,政治上的左派也发展出他们自己对权利的批判,这也是一种从政治权利中产生出来的权利批判策略。右翼的批判者则指出,权利,尤其是被司法强制实现的权利,意味着将政治事务不正当地引入司法程序和法律职业。为了回应左派提出的看似成功的诉讼导向的社会改革策略,保守派采取了一种市场导向的公共利益法模式,在其中公共利益的表达在为贫困个人提供通向法律市场之路方面,应该是非中立的和有限的(Johnson,1991)。这种批评导致了一种代表政治右翼的行动,他们将公益律师视为不正当地利用法院实现其社会目标的人(Johnson,1991),他们还发起了一种运动,阻止政府设立用以援助法律服务公司的基金,并挑战公益机构的起诉地位(Aron,1989)。

这一系列对权利的批判触发了两种不同但又相互联系的回应。第一种反应大体上是理论性的,并且聚焦在权利的效用上。第二种回应是则是对经验性权利研究旨趣的更新。

对权利批判的批判

与其他人不同的是,批判种族理论和女权主义理论家形成了他们自己的对"权利批判"的批判。抱着权利至少不只是"神话"的想法(Scheingold,1974),批判种族理论和女权主义理论家对权利批判者的回应是,权利是传统上处于劣势群体成员的一个重要的权力来源,这正是因为一项法律权利在社会建构上的独特性质。"权利"被认为平等适用于每一个人,权利是"中立的",而且权利的背后是法律和国家的正当性权威。尽管这些说法在实践中并不完全真实,这一理想还是可以作为弱势者的权力来源从而产生作用。

在《种族与权利的炼金术》中,帕特丽夏·威廉姆斯(Patricia Williams,1991)讲述了一个寻找和租赁公寓的故事,该故事使得这一观点颇具说服力。在这个故事中,她和同事兼朋友——彼得·加贝尔(Peter Gabel),都在寻找公寓。对威廉姆斯来说,她"始终试图在保持一定距离的前提下进行交易,这显得像是合理的商业交往,并且将自己装扮成一个具有不同价值、独立力量(以及)充分权利来操纵交易的讨价还价者",真诚和值得信赖是从她急于签订一个详细的租约这一情形中表现出来的。加贝尔则与此相反,他过于轻信未来房东的真诚和信用,仅仅因为获得了一次友好的握手,就将自己的现金存入对方账户(Williams, 1991:147-148)。根据正式法律,威廉姆斯获得了更具分量的正当性,以及与她的房东间的保护性距离。

威廉姆斯的故事说明"一个人的自主权意识确定了此人同法律的关系,这种关系以权利/无权利……的措辞来表示"(Williams, 1991:148)。加贝尔在许多方面得益于自己的做法,即通过漠视法律建立起别人对他的信赖;他不需要法律。另一方面,威廉姆斯则通过成为一个符合正式法律意义的承租人,"获得认同和一个自治的社会自我"。威廉姆斯以墨守成规的方式寻求法律来规范她与外界的关系,是因为一种有充分根据的恐惧,亦即担心如果没有那种规范,那么种族原因和性别等级制将可能对她不利。她运用权利保护利益的视角源于她的经历和她作为奴隶的祖先的经历。她选择运用法律权利的语言来界定自己及其外界关系。

根据个人所处的环境和社会地位,以及他们对法律及其运作方式的理解,权利可以对个人起着或多或少的作用。对那些传统上处于劣势的群体成员而言,法律权利的语言提供了共同的话语基础,确立了共同体规范以及成员关系(Milner, 1989; Minow, 1987)。一些人由于种族、社会阶级和性别的原因而享有各种本不应得的体制性特权利益,相较于那些不享有这些利益的人们,权利在确保他们的需求这个问题上可能远没有那么重要。

威廉姆斯并不是唯一一位指出如下观点的法律理论家,即法律权利,实际上正是法律本身,对不同处境的人具有不同意义(Bumiller, 1988; Delgado, 1993; Ewick and Silbey, 1992, 1998; MacKinnon, 1987, 1989; McGuire, 1995; Nielsen, 2000; Yngvesson, 1988; Young, 1990),这种理论洞见激发了实证研究的新兴趣,该研究涉及权利、权利诉求者以及影响权利实效的组织环境。因为权利必定是牢牢嵌在法律当中,这类洞见引导学者们去研究个人与法律之间的关系。这类理论争议引发了重要的实证问题:那些法律上处境不同的人们是如何思考、运用或者没能行使他们的法律权利?

权利争议的实证检验:语境对权利实现的重要性

许多社会科学家开始转向对法律的社会角色的思考,并思考权利在其中的作用,这必须考虑到权利在不同语境中的不同功能和效果。这种解释框架拓展了一个由社会科学家获得的基本洞见,他们是在询问普通公民如何行使其权利时获得该洞见的:法律权利的行使以共同体规范和社会关系为条件,而且法律权利常常不如共同体规范和社会关系来得重要。实证数据持续地表明,身处稳固关系中的人们在涉及这些关系时不大愿意行使他们的法律权利。这条原则适用于商务(Macaulay, 1963)、家庭、社区(Yngvesson, 1985)以及雇佣关系中的人们(Albiston, 2001a 2001b; Edelman and Chambliss, 1999; Edelman, Erlanger, and Abraham, 1992; Edelman and Suchman, 1997)。

在本部分,我将讨论社会-法律研究中的解释性转向如何帮助我们理解权利。在此基础之上,我将返回本文的首要问题:权利如何实现?我将通过关注权利在四种不同但又相互联系的语境中的运用,简要地考察关于该问题的实证研究,这四种语境分别是:(1)个人运用;(2)在组织中的运用;(3)为了社会运动而运用,以及(4)在全球化语境中的运用(Albiston, 2001a)。

解释性转向

权利的实证研究是社会-法律研究解释性转向的一部分,并且深受这种转向的影响。在更一般的社会-法律研究中(Suchman and Edelman, 1996),权利研究逐渐更少关注其工具性效果——例如询问权利是否产生社会变革,而开始更加关注权利的构成性质,亦即权利是如何实现的。这导致大量实证著作的产生,比如研究哪种类型的个人更愿意行使他们的权利,而他们不仅在法律机制中是如此,在日常生活与斗争中也是如此。

解释性社会-法律研究的学者反对那种认为法律与社会相分离的观念。相反,他们认为,意义、意识形态、权利、权利观念、法律以及社会关系并非静态范畴,毋宁说是受到持续的建构、谈判、改变和抵抗(Ewick and Silbey, 1992, 1998; Harrington and Yngvesson, 1990)。因此他们赞同许多现代理论家的理论倾向,即实践、结构和意识形态是相互关联的(Bourdieu, 1977)。批判性实证研究的进路(Harrington and Yngvesson, 1990)包含了法律和法律权利作为权力之所在的复杂性。在这种观点中,社会建构了法律,一如法律建构了社会。

解释性社会-法律研究学者关注不同社会背景下权利的效用,以便考察哪些人怀有权利诉求,何时提出权利主张,以及何时取得了成功等问题,他们调查权利的有意或无意的结果。这类文献告诉我们,法律权利受到它们所处的组织背景的影响,同时也受到所提出的权利主张的竞争性质的影响,最后还受到个人权利主张的不同社会地位的影响(Merry,1990;Nielsen,2000;Sarat,1990;Sarat and Kearns,1995;Yngvesson,1985)。

个人与权利

权利常被认为是自然地永存于个体中。因此,从个人与权利关系入手来回顾权利的实证分析,将是有益的。追求法律权利有赖于一个首先必须"提出、指责并主张"(name,blame,and claim)的积极原告(Felstiner等,1980)。换而言之,个人必须提出问题,指责某个人对此有过错,并主张他们的法律救济。个人是否将问题认定为法律问题(或者认定为对其权利的侵害)是复杂的。个人如何理解他们的日常问题不仅取决于法律自身,而且取决于问题是如何被法庭参与者界定的,这些参与者包括法官(Merry,1990)、法庭书记员(Yngvesson,1998)、朋友和邻居等(Albiston,2001b;Ewick and Silbey,1998;Nielsen,2000. Nielsen,即出作品),个人对法律和法律参与者的过往经验也界定了他们对日常问题的理解(Macaulay,1963;Merry,1990;Nielsen,2000;Sarat and Kearns,1995)。

在不同个体追求一项法律主张的意愿上,存在着重要差别。例如,个人可能不懂法律或者习惯于避开受害者这一范畴;个人常常更愿意维护人际关系而非坚持法律权利;而且个人存在于社会经济的、种族的以及性别的等级制中,这种状况也影响了他们追求法律主张的能力与意愿。

完美的法律知识不会自动跳入个人意识;个人常常不知道他们享有什么权利,以及权利何时遭到了侵犯(Ewick and Silbey,1998)。作为一个直接推论,权利的意识形态很重要,因为人们可能有一种对于他们的权利是什么的夸张想法,这种想法将一切事物都投入到"权利"的讨论中去,尽管此时并不存在真正的权利(Glendon,1991)。在个人被侵害之际,不仅是"法律"才构成何时何地寻找援助的决定,而且有关法律、自力救济以及性别角色的相互竞争的意识形态也起到类似作用,这里只列出了少数例子(Nielsen,2000)。

人们将自己认定为受害者的内心过程是与心理学家所知的应对行为(coping behavior)不一样的。例如,享有一个免于歧视的工作场所的"权利"常常不被提出,因为个人不知道发生在他们身上的事情是可以在法律上提起诉讼的(无法"指明"[name]),或者因为那些知道自己是受害者的人们可能出于种种原因而不情愿转向法律寻求矫正(Bumiller,1988)。

甚至当个人明白他们享有的权利受到侵害,而且他们知道谁对此负有责任时,他们仍有可能出于种种原因而不选择追求该权利。他们可能害怕遭报复(Ewick and Silbey, 1998);他们可能由于自身的社会地位,而变得习惯于受害却得不到矫正(Sarat, 1990);或者他们可能不相信法律参与者会相信他们的主张或支持他们(Taub and Schneider, 1998)。个人是带着一大堆有关法律和法律参与者的知识、假定、意识形态和经历来到法律面前的(当然法律也常常来到他们面前),而这些东西将影响到他们是否坚持其法律权利。

组织中的权利

人们参与其中的组织背景如何影响权利的运作(如果存在这种影响的话)?主张行为和权利研究中的最近趋势探究了权利的主张/将法律和政治权威正当化的主张与相互间竞争的制度、规范、组织和社会系统之间的根本张力。组织常被视作一个舞台,在该舞台中,"正当程序"保护的贯彻将确保行动迈向组织内的实质正义(Selznick, 1969)。然而,更晚近的研究组织的学者们,则对在组织内法律和类似法律结构的成功更少持乐观态度(Edelman and Chambliss, 1999;Edelman 等,1992;Edelman and Suchman, 1997)。组织结构可能掩盖责任,这使得那些被剥夺某种权利的人难以识别出剥夺,或难以知晓是何原因导致或谁将对此负责(Nelsen and Bridges, 1999)。最终,组织拥有自己的一系列角色来对可能与权利发生冲突的组织命令负责。

研究组织的学者通常认为,在组织内贯彻法律能够与在组织内灌输其他价值的可能性兼容(Selznick, 1069)。更晚近的"新制度主义"学者们则对在组织中将法律转化成更好的实质性结果的可能性更不抱乐观态度。尽管组织可能是获取有关法律信息的一个有益资源,新制度主义学派的学者们仍然认为组织中的法律,诸如工作场所的规定,将导致一种法律的官僚化,通过这种官僚化,法律的目标(在这个例子中,即受雇者权利的保护不能在种族或性别的基础上受到歧视)将被限制、转化成商业目标而非法律命令,这将限制法律目标的有效性。最后,通过建立起公司要在其中被评估的标准实践,这种限制反而被转化为对公司的积极保护(Edelman and Chambliss, 1999;Edelman and Suchman, 1997)。

在其对《家庭和医疗假期法案》(Family and Medical Leave Act)的研究中,凯瑟琳·艾尔比斯顿(Albiston, 2000, 2001b)考察了如下问题,即当法律权利(在该例子中,即最近被赋予的有关家庭和医疗假期的法定权利)被主张,而该权利又同什么才意味着一名令人满意的工人的制度化理念、由家庭及其中性别角色构成的社会组织的观念以及工作制度本身相冲突时,在工作场所究竟会发生什么。法律主张难以战胜与其竞争的主张。相反,法律主张在工作场所中遭遇过滤、转变乃至与其他机制的竞争。艾尔比斯顿的被告们对合法权利主张的回应是,在找不到要求休假的工人的替代者时,公司的运行将难以为继——"在商言商"。甚至是更迫切且更正当的休假要求也遭遇了反对,因为给出的休假理由并不符合传统的性别/家庭角色要求(例如,当婴儿诞生或被收养时男人要求在家休假)(Albiston,2001b)。尽管如此,艾尔比斯顿还是发现,工人们有时成功地使用了体现在新法律中的规范,以反驳在就休假所作的谈判中资方提出的有关工作的制度化理念(Albiston,2001a,2001b)。

医院是一个研究严重早产婴儿的救治的较好场所,这种研究有助于理解组织语境中的权利(Heimer and Staffen,1998)。尽管并没有清晰地形成一种权利研究,在《为了孩子的利益》一书中,海默与斯达芬还是成功地探讨了当法律主张面临道德和职业主张时,究竟会发生什么这一问题。父母享有为他们孩子作医疗决定的法定权利——一项为父母权利运动所支持的权利。然而,婴儿也享有职业者有义务确保的某些权利。医生、护士、社会工作者和律师必须不时在孩子的权利和父母的权利间作出平衡。而且光靠法律并不足以产生结果(Heimer,1996)。职业知识和公共机构权力的合作在被用来对付某些(贫穷的、未受教育的、被认为"没有爱心的")父母时,可以起决定性作用。与此同时,其他父母则有能力抵抗,并通常能行使他们的权利。很显然,权利并非处于决定地位。相反,它们通过组织及其中的职业者得到调停。

以上仅是有关组织中权利研究的两个例子,但它们表明了组织特权是如何对权利主张进行竞争、过滤、歪曲或放大的。

运动

在关于权利效果的争论中,一个显著焦点是这个基本问题:法院能带来社会变革吗?在对特定社会语境中的权利进行实证考察的传统中,1990年代有两本有关权利效果问题的重要实证作品问世,即杰拉德·罗森伯格(Gerald Rosenberg)的《虚伪的希望》(1991)和迈克尔·迈卡恩(Michael McCann)的《运作中的权利》(1994)。迈卡恩和罗森伯格针对权利在美国的作用问题得出了非常不同的结论,但就它们整理并分析了许多关于法律权利及其在社会世界中效果的实证数据而言,这两本书都是极其实证性的。

尽管其研究并非专门指向法律权利,在其对最高法院的研究中,罗森伯格使用了三个案例研究来考察美国最高法院引发社会变革的能力。建立在其对"罗伊诉韦德案"、"布朗诉教育委员会案"以及一系列环境案件研究的基础上,罗森伯格最终得出的结论是,法院并没有引发社会变革所必需的制度性能力。他认为由他考察的案例所保障的法律权利是社会运动的产品,这些权利早已内含于这些社会运动中了。罗森伯格的三个案例研究导致他得出结论,即法院对社会变革只有微乎其微的作用,甚至没有作用(除非是在严格限定的条件下)。实际上,民权运动、生育自由选择运动(prochoice movement)以及环保运动的重大"胜利",都是由政治行动来实现的,而法院行动只是跟随其后。在他的观点中,权利(至少是由司法来强制实现的权利)对于促进社会变革不起作用,或者只有很小的作用。甚至,罗森伯格认为,诉讼的诱惑力反而会耗费属于其他社会改革途径的重要资源,而这些途径原本更有意义。

罗森伯格的论点引发了其他社会科学家的激烈批判,这些人批评罗森伯格使用了有问题的数据(McCann,1993),并且批评他发展了一种关于权利及其与社会变革关系的工具性模式。某些学者提供了新的经验证据来证明法律和权利的效果,尤其是在美国民权斗争中的证据(Donohue and Heckman, 1997; McCann, 1994; Smith and Welch, 1997)。

迈卡恩的著作涉及的是对职场工资平等改革的研究,他的问题与罗森伯格略有不同。迈卡恩考察的不是权利能否带来社会变革,而是权利在一个改革运动的不同阶段是如何运作的。这个差异使他能够注意到权利所带来的微妙且无意的结果,这不仅体现在社会改革方面,而且还体现在人们观念上;该差异也使他注意到权利话语在论辩中扮演的角色;他还注意到权利在动员作为社会运动之部分的个体行动者时的角色。他考察了权利和法律大致在法律动员的四个阶段中的影响,该四个阶段分别为:运动筹划、在官方政策上要求正式变革的斗争、对实际政策改革控制力的争夺以及法律行动的起改造作用的遗产。对运动中的每个阶段和每个参与者而言,法律权利都包含着不同的承诺、困难和权力。迈卡恩的回应者表明,法律权利"唤醒了希望"(McCann, 1994: 64),提供了一种可用于申诉侵害的法律语言,并因而有助于促进一个社会运动。迈卡恩认识到,如果得到各种结构的和物质的支持,法律改革运动将或多或少获得成功。支持程度的变数(诸如对政治机会的感知力以及组织上的资源)有助于解释各次社会运动在效果上的不同。

迈卡恩断定权利对社会运动非常重要,这不仅是对法律上的成功而言,而且是对这些运动中的个体行动者而言。如果个人被那种声称他们对某物拥有(在这里是指平等工资)"权利"的观念所激励,从而采取某些行动,权利就会产生效果。这种行动有可能小到诸如与某人的口头争执,也可能大到诸如去组织一个工会;但是权利的观念却都能在他们面对强大的反对力量时强化自己的主张。迈卡恩针对权利对个人意识和行动的微妙但具累积效果的考察,是一个说明以下问题的范例,即那种仅着眼于法律背景中的形式法律权利的研究,是如何失去了对权利运作成果的观察的:这种权利运作的成果体现在个人意识、私人交谈以及更大的社会运动中。

罗森伯格和迈卡恩的实证研究都告诉了我们重要的问题,尽管它们最终呈现了关于权利在社会变革上效果的对立观点。因为权利通常是出现于法庭的主张,所以罗森伯格通过证明法院在试图促进社会变革时所面临的制度性困境,从而在这个研究领域作出了重要贡献。相反,迈卡恩则通过展示权利如何在法律和非法律背景(诸如工作场所、工会组建或者社会运动行为)中塑造行动,在此领域作出了重要贡献。虽然罗森伯格和迈卡恩得出的结论不同,但他们都通过阐明权利主张与社会世界相关联的机制,来推进对权利的理解。

更为晚近的时候,研究社会运动的学者们开始将这类分析结合起来,以考察在社会运动中文化、制度和意识形态对于权利效果的共同影响。乔纳森·古德伯格-希勒(Goldberg-Hiller, 2002)对同性恋婚姻的案例研究极具信服力地指出,以权利为基础的社会运动的效力赋予权利的"结构性后果"以特权,而这却是以损害权利运行于其间的社会、文化与制度情境为代价的。

迈卡恩与罗森伯格关于权利在社会变革上效果问题的争论,引发了有关权利在社会运动中角色的更宽泛的问题。对社会运动的研究主要指出了导致社会运动的政治机会、组织社会运动的动员结构以及组织者说明他们运动和目标的表达过程(McAdam, McCarthy, and Zald, 1996)。那些认为权利是社会变革重要引擎的人们可能会相信权利象征着实现社会变革的承诺(政治机会),并相信权利是使该项承诺得以兑现的有效途径(动员结构),或认为法律是"表达"一个特定问题的有效方式。一个运动应在多大范围内投入法律的问题(与其他变革途径相对),可能是社会运动中各参与者之间的显著争议的来源。当全国有色人种协进会(NAACP)基金提出并最终承担了导致"布朗诉教育委员会案"的诉讼策略时,那种争议便显现了(Cruse, 1987)。此外,研究权利的学者们表明,追求一个权利策略会导致一个利益集团的分裂。设立一个以权利为措辞的议程可能会使共同体(比如那些倾向同性婚姻的人)某些成员正常化,却有效地排除了一场运动的更为激进的外围(Warner, 2000),并导致对权利效果的判断更加困难。

另一条理解权利在社会运动中效果的途径,是理解律师和以诉讼为基础的策略对社会变革的作用。强大的物质基础对任何社会运动的成功而言都是重要的。对那些利用诉讼或权利导向策略的人们来说,这意味着对律师的需求。该支系的一个繁荣的研究领域便是有关社会改革型律师的著作(Sarat and Scheingold, 2001, 1997)。事业型律师(cause lawyers)是那些在意识形态上献身于其政治目标的人,尽管有着财政上和职业上的障碍,他们仍然追求这些目标。有关事业型律师的实证作品有助于我们理解,当律师投身于借助法律策略的社会变革时,他们所持有的意识形态动机(Menkel-Meadow, 1998; Polikoff, 1996);这些著作也有助于我们理解他们工作于其中的制度和组织语境,还有助于我们理解这些语境如何在跨国层面上表现出不一致性(Dotan, 1998; Hajjar, 1997),以及如何由于政治意识形态的缘故而表现不一(Heinz, Paik, and Southworth, 2003; Southworth, 2000)。

有关事业型律师的作品详述了他们的成功与失败,这些作品表明了对社会运动中的权利进行研究的重要性。这类研究表明,律师的社会组织是协调权利与社会变革间关系的另一个变数。

权利的比较与跨国研究

权利的比较与跨国研究包含两个互相关联的领域。权利的比较研究聚焦于各国的内部政治事务以及在这些语境中权利所起到的作用。而跨国研究则考察世界范围内的全球社会在促进或抵抗权利上的状况——显然大多发生在人权领域。

许多对"权利爆炸"的实证研究都聚焦(或许是不成比例的)在美国,甚至仅关注发生在美国的民权运动。然而,关于"权利爆炸"的比较研究表明,这不是一个美国独有的现象;法律权利在许多国家中都被用来促进社会事业(Epp, 1998;Feldman, 2000;Heyer, 2000, 2001;Sarat and Scheingold, 2001),甚至在那些其文化和法律规范相较美国显得更少对抗性的国家亦是如此(Epp, 1998;Feldman, 2000;Ginsburg, 2002)。

对社会运动中权利运用情况的比较透视也表明,这类运动的成功依靠的是权利主张自身力量之外的其他大量因素。此外,这些著作显示,当被输入不同的文化和社会政治背景中时,权利会发生变异(Ginsburg, 2002;Heyer, 2000, 2001)。

研究跨国权利运动的学者们在一个国际情境中研究权利,这是对理解国内政治中权利运用情况的补充。研究国际权利运动的学者们对权利在全球语境中的效果问题抱有不同看法。国际社会可以对政府和诸如公司这样的跨国行动者施加压力,以促进包括人权、环保和妇女权利在内的社会事业。各种国际组织都涉足全球权利运动中。世界银行和国际货币基金组织常常运用它们的影响,在国际层面上保护和界定财产权。诸如大赦国际(Amnesty International)这样的非政府组织以及这些组织中的个体行动者,则通过对主权国家施加压力的运动来追求权利策略,以改变它们边境内的各种状况。关注大量实质权利的全球积极分子共同体,在最近二十年中已变得更为强大,这要归功于更廉价的空中运输、改善的通讯技术以及更强大的国际互联网络(Keck and Sikkink, 1998:14)。

然而,全球化理论家们却不赞同国际社会施加的压力一定会改变民族国家内部状况这一承诺。有些人认为全球文化强制形成了国家行动和结构(Meyer, Boli, Thomas, and Ramirez, 1997;Meyer and Hannan, 1979),而且能相当显著地影响国内政治。其他全球化学者则将跨国公民社会视作"一个斗争的舞台,一个碎片状的和相互争夺的区域"(Keck and Sikkink, 1998:199)。尽管如此,这个舞台上的行动者依然使用着跨国行动者的网络,以向包括政府在内的国际行动者传播启蒙理想(Sikkink, 1993)。这些法律人和积极分子决心"将法律作为一项促进弱势人群的权利和进步以及推进社会正义的工具来使用"(Golub and McClymont, 2000:1)。

由于存在着一系列可能消减跨国行动者影响的结构性强制机制,其他人对国际法及其伴随权利主张的积极影响更不抱乐观态度(Dezalay and Garth, 2001)。有些人主张,主权衰退导致新时期的公民身份出现问题(Sassen, 1996)。他们担心西方的法律和文化理想以各种不同的实践在各文化和各民族的霸权式扩张(Hardt and Negri, 2000)。此外,特定的跨国权利运动的成功最终看来似乎都建立在与美国的联系这一基础之上,并因此应该用略带怀疑主义的眼光来审视(Dezalay and Garth, 2001)。国际法和全球人权的压力,如同跨国法律的其他领域,在国际组织、非政府组织和主权国家间"重组和调整了身份等级、正当化权威的模式以及权力结构",这意味着权利在面对其他强大力量时对社会变革只存在有限效果(Dezalay and Garth, 1996:11)。当权利体系被当作个人可在其中寻求物质利益的机制而被输入时,这类体系就取代了现存的原本有效的有权提出主张的体系(Kagan, Garth, and Sarat, 2002)。

全球情境提供了一个引人注目的舞台,在该舞台中学者们可以考察权利的产生。权利是被社会性地建构的,它们是强有力的精英的社会政治斗争和妥协的产品,这就使得讲述特定权利的诞生历史对于理解该语境中的权力、妥协和权威变得重要。如同权利被诉求的其他舞台,(全球)语境事关权利在全球语境中的意义。通常被视作与人权相联系的国际话语,强调作为某种普遍性的权利的理想化形式。然而跨国环境中的实证研究却展现出权利在行动中的相对性。在一个全球语境中,权利意味着可以被用来以法律对抗权力,但它们自己却被深深嵌入甚至本就诞生于权力结构和权力关系中。于是,尽管将权利冲突嵌入跨国语境的权力结构能支持一项权利主张,但跨国语境通常也使人清楚地认识到,在什么构成一项权利或权利应如何被贯彻的问题上几乎不存在共识。

虽然我已勾勒了对权利的实证研究的四种不同语境,但还须强调的是这四种语境是不可避免地互相关联的。很显然,个人生活和工作在组织中,组织被政治体统治着,政治体则在一个全球经济中运行着。

结　语

从事法律与社会研究的学者们必须继续研究权利的作用与权利的运用。为了做好这件事情,我们应该继续分析社会语境中的权利,而不仅是分析正式法律制度上的权利。研究权利的学者必须继续深入到这些社会背景中去考察相互竞争的正式和非正式的制度、机构和主张,这些制度、机构和主张界定着权利,并生产或减弱着权利的社会效果。学者们应该继续产出系统性作品,以记录权利持有者在实现权利时的成功和失败,为此,学者们应该认真关注社会地位(种族、阶级和性别,这里只列举了很少种类)如何影响了这些机制。

对社会世界的实证考察已显示出,权利在不同语境中对不同人的运作不一。权利可能是允许弱者挑战或抵抗强者的重要法律构造,但是实证研究表明,最弱势群体和最不利群体却往往不大知道他们享有权利,也往往不大追求他们的权利,而当他们如此作为时往往不大可能获得成功(Galanter, 1974)。而且,当权利被赋予组织中的个人时,组织语境却充当了一个重新解释的过滤器,使个人享有的权利服从于经营特权(或许是服从于毫无意义的目标)。在社会运动中,权利可能使资源偏离社会改革更有成效的途径。最后,在全球语境中,法律权利被某些人认为是美国霸权向拥有其他类型的争端解决机制、价值观以及权力关系的文化输出。但是这类描述也仅仅展现了关于权利在社会系统中作用的争议的一个方面。

权利也在社会改革运动中充当工具:它们在诉讼语境中提供了追击策略;它们还拥有影响权利意识和权利感的能力。因此它们对个人有着显著影响。权利是一种机制,组织中的个人通过它有可能战胜与其冲突的组织特权。确信自己享有法律权利的观念可以激励个人去加入甚至组织一个由相同意向的人组成的联盟,以追求社会变革。更有甚之,一旦社会运动开始,法律权利就会成为影响社会变革的有力途径。最后,在全球语境中,权利可能是国际社会在社会正义、环境质量和民主参与等议题上影响政府行动者的一条极为有效的途径。

正是社会进程中的权利角色复杂且矛盾的性质,构成了权利的批判实证研究的巨大挑战与承诺。对权利的经验性理解是关键的,因为权利不可避免地同实质正义和平等联系在一起。政治理论家和社会-法律研究学者都承受不起忽视这层联系的代价。

注释

在此特别需要感谢对本文提供了有益评论的人们,他们是:Catherine Albiston, Bryant Garth, Tom Ginsburg, Katharina Heyer, Bonnie Honig, Kay Levine, Ann Lucas, Tracey Meares, Robert Nelson, Austin Sarat, 和 Ben Steiner。Adriene Hill 提供了出色的研究协助。

参考文献

- Albiston, C. R. (1999) "The rule of law and the litigation process: The paradox of losing by winning," *Law & Society Review* 33(4): 869-910.
- Albiston, C. R. (2000) "Legal consciousness and the mobilization of civil rights: Negotiating family and medical leave rights in the workplace," Paper presented at the Law and Society Association Annual Meeting, Miami, FL, May 2000.
- Albiston, C. R. (2001a) "The institutional context of civil rights: Mobilizing the family and medical leave act in the courts and in the workplace," dissertation, University of California, Berkeley.
- Albiston, C. R. (2001b) "The struggle to care: Negotiating family and medical leave in the workplace," Working Paper #26, Center for Working Families, University of California, Berkeley.
- Aron, N. (1989) *Liberty and Justice For All: Public Interest Law in the 1980s and Beyond*. Boulder, CO: Westview Press.
- Bourdieu, P. (1977) *Outline of a Theory of Practice*. Cambridge, UK: Cambridge University Press.

- Brown v. Board of Education (1954) 347 U.S. 483.
- Bumiller, K. (1988) *The Civil Rights Society: The Social Construction of Victims*. Baltimore: John Hopkins University Press.
- Cruse, H. (1987) *Plural but Equal: A Critical Study of Blacks and Minorities and America's Plural Society*. New York: William Morrow.
- Curran, B. A. (1977) *The Legal Needs of the Public: The Final Report of a National Survey*. Chicago: American Bar Foundation.
- Delgado, R. (1993) "Words that wound: A tort action for racial insults, epithets, and name calling," in C. R. L. Mari, J. Matsuda, Richard Delgado, and Kimberle W. Crenshaw (eds.), *Words That Wound: Critical Race Theory. Assaultive Speech, and the First Amendment*. Boulder, CO: Westview Press, pp. 89-110.
- Dezalay, Y. and Garth, B. G. (1996) *Dealing in Virtue: International Commercial Arbitration and the Construction of a Transnational Legal Order*. Chicago: University of Chicago Press.
- Dezalay, Y. and Garth, B. G. (2001) "Constructing law out of power: Investing in human rights as an alternative political strategy," in A. Sarat and S. Scheingold (eds.), *Cause Lawyering and the State in a Global Era*. New York: Oxford University Press, pp. 354-81.
- Donohue, J. J. and Heckman, J. (1997) "Continuous versus episodic change: The impact of civil rights policy on the economic status of blacks," in John J. Donohue III (ed.), *Foundations of Employment Discrimination Law*. New York: Foundation Press, pp. 225-42.
- Dotan, Y. (1998) "The global language of human rights: Patterns of cooperation between state and civil rights lawyers in Israel," in A. Sarat and S. Scheingold (eds.), *Cause Lawyering: Political Commitments and Professional Responsibilities*. New York: Oxford University Press, pp. 244-63.
- Dworkin, R. (ed.) (1977) *Taking Rights Seriously*. Cambridge, MA: Harvard University Press.
- Dworkin, R. (ed.) (1985) *A Matter of Principle*. Cambridge, MA: Harvard University Press.
- Edelman, L. B. and Chambliss, E. (1999) "Sociological perspectives on equal employment law," Paper presented at the Conference on the New Frontiers in Law's Engagement with the Social Sciences, Chicago, May 1999.
- Edelman, L. B., Erlanger, H. S., and Abraham, S. E. (1992) "Professional construction of law: The inflated threat of wrongful discharge," *Law and Society Review* 26(1): 47-83.
- Edelman, L. B. and Suchman, M. C. (1997) "The legal environments of organizations," *Annual Review of Sociology* 23: 479.
- Epp, C. R. (1998) *The Rights Revolution: Lawyers, Activists, and Supreme Courts in Comparative Perspective*. Chicago: University of Chicago Press.
- Ewick, P. and Silbey, S. (1992) "Conformity, contestation, and resistance: An account of legal consciousness," *New England Law Review* 26: 731-49.
- Ewick, P. and Silbey, S. S. (1998) *The Common Place of Law: Stories From Everyday Life*. Chica-

go: University of Chicago Press.
- Feldman, E. A. (2000) *The Ritual of Rights in Japan: Law, Society, and Health Policy*. Cambridge, UK: Cambridge University Press.
- Felstiner, W., Abel, R., and Sarat, A. (1980) "The emergence and transformation of disputes: Naming, blaming, and claiming," *Law and Society Review* 15: 631-55.
- Gabel, P. (1981) "Reiflcation in legal reasoning," *Research in Law and Sociology* 3: 25-52.
- Galanter, M. (1974) "Why the 'haves' come out ahead: Speculations on the limits of legal change," *Law and Society Review* 9(1): 95-160.
- Ginsburg, T. (2002) "Confucian constitutionalism? The emergence of judicial review in Korea and Taiwan," *Law and Social Inquiry* 27(4): 763-800.
- Glendon, M. A. (1991) *Rights Talk: The Impoverishment of Political Discourse*. New York: The Free Press.
- Goldberg-Hiller, J. (2002) *The Limits to Union: Same-sex Marriage and the Politics of Civil Rights*. Ann Arbor: University of Michigan Press.
- Golub, S. and McClymont, M. (2000) "Introduction: A guide to this volume," in S. Golub and M. McClymont (eds.), *Many Roads to Justice: The Law-Related Work of the Ford Foundation*. The Ford Foundation, pp. 1-20.
- Hajjar, L. (1997) "Cause lawyering in transnational perspective: National conflict and human rights in Israel/Palestine," *Law and Society Review* 31(3): 473-504.
- Hardt, M. and Negri, A. (2000) *Empire*. Cambridge, MA: Harvard University Press.
- Harrington, C. B. and Yngvesson, B. (1990) "Interpretive sociolegal research," *Law and Social Inquiry* 15(1): 135-48.
- Heimer, C. A. (1996) "Explaining variation in the impact of law: Organizations, institutions, and professions," *Studies in Law, Politics and Society* 15: 29-59.
- Heimer, C. A. and Staffen, L. R. (1998) *For the Sake of the Children: The Social Organization of Responsibility in the Hospital and Home*. Chicago: University of Chicago Press.
- Heinz, J. P., Paik, A., and Southworth, A. (2001) "Lawyers for conservative causes: Clients, ideologies, and social proximities," *Law and Society Review* 37(1): 5-50.
- Heyer, K. (2000) "From special needs to equal rights: Japanese disability law," *Asia-Paciflc Law and Policy Journal* 1(1); 6-24.
- Heyer, K. (2001) "Rights on the road: Disability politics in Japan and Germany," PhD dissertation, University of Hawai'i at Honolulu.
- Hobbes, T. (1909) *Hobbe's Leviathan: Reprinted from the Edition of 1651 with an Essay by the Late W. G. Pogson Smith*. Oxford: Clarendon Press.
- Hull, K. (2001) *Wedding Rites/Marriage Rights: The Cultural Politics of Same Sex Marriage*. Evanston, IL: Northwestern University.

- Johnson, L. H. (1991) "The new public interest law: From old theories to a new agenda," *Boston University Public Interest Law Journal* 1(1): 169-91.
- Kagan, R. A., Garth, B., and Sarat, A. (2002) "Facilitating and domesticating change: Democracy, capitalism, and law's double role in the twentieth century," In A. Sarat, B. Garth, and R. A. Kagan (eds.), *Looking Back at Law's Century*. Ithaca, NY: Cornell University Press, pp. 1-31.
- Keck, M. E. and Sikkink, K. (1998) *Activists Beyond Borders: Advocacy Networks in International Politics*. Ithaca, NY: Cornell University Press.
- Kymlicka, W. (1989) "Liberal individualism and liberal neutrality," *Ethics* 99: 883-98.
- Locke, J. (1967) *Two Treatises of Government: A Critical Edition with an Introduction by Peter Laslett*, 2nd edn. London: Cambridge University Press.
- Macaulay, S. (1963) "Non-contractual relations in business: A preliminary study," *American Sociological Review* 28: 55.
- MacKinnon, C. (1987) *Feminism Unmodified: Discourses on Life and Law*. Cambridge, MA: Harvard University Press.
- MacKinnon, C. (1989) *Toward a Feminist Theory of the State*. Cambridge, MA: Harvard University Press.
- Marshall, T. H. (1950) *Citizenship and Social Class and Other Essays*. Cambridge, UK: Cambridge University Press.
- McAdam, D., McCarthy, J. D., and Zald, M. N. (eds.) (1996) *Comparative Perspectives on Social Movements: Political Opportunities, Mobilizing Structures, and Cultural Framings*. New York: Cambridge University Press.
- McCann, M. W. (1993) "Reform litigation on trial," *Law and Social Inquiry* 17: 715-43.
- McCann, M. W. (1994) *Rights at Work: Pay Equity Reform and the Politics of Legal Mobilizations*. Chicago: University of Chicago Press.
- McGuire, K. T. (1995) "Repeat players in Supreme Court: The role of experienced lawyers in litigation," *The Journal of Politics* 57(1): 187-96.
- Menkel-Meadow, C. (1998) "The causes of cause lawyering: Toward an understanding of the motivation and commitment of social justice lawyers," in A. Sarat and S. Scheingold (eds.), *Cause Lawyering: Political Commitments and Professional Responsibilities*. New York: Oxford University Press, pp. 31-68.
- Merry, S. E. (1990) *Getting Justice and Getting Even: Legal Consciousness Among Working-Class Americans*. Chicago: University of Chicago Press.
- Meyer, J., Boli, J., Thomas, G. M., and Ramirez, F. O. (1997) "World society and the nation-state," *American Journal of Sociology* 103(1): 144-81.
- Meyer, J. W. and Hannan, M. T. (eds.) (1979) *National Development and the World System*. Chicago: University of Chicago Press.

- Milner, N. (1989) "The denigration of rights and the persistence of rights talk: A cultural portrait," *Law and Social Inquiry* 14(4): 631-75.
- Minow, M. (1987) "Interpreting rights: An essay for Robert Cover," *Yale Law Journal* 96: 1860-1915.
- Nelson, R. L. and Bridges, W. P. (1999) *Legalizing Gender Inequality: Courts, Markets, and Unequal Pay for Women in America*. Cambridge, UK: Cambridge University Press.
- Nielsen, L. B. (2000) "Situating legal consciousness: Experiences and attitudes of ordinary citizens about law and street harassment," *Law and Society Review* 34: 201-36.
- Nielsen, L. B. (forthcoming) *License to Harass: Law, Hierarchy, and Offensive Public Speech*. Princeton, NJ: Princeton University Press.
- Nozick, R. (1974) *Anarchy, State, and Utopia*. New York: Basic Books.
- Olsen, F. (1984) "Statutory rape: A feminist critique of rights analysis," *Texas Law Review* 63: 387-432.
- Polikoff, N. (1996) "Am I my client? The role confusion of a lawyer activist," *Harvard Civil Rights-Civil Liberties Law Review* 31: 458.
- *Roe v. Wade* (1973) 410 U.S. 113.
- Rosenberg, G. N. (1991) *The Hollow Hope: Can Courts Bring About Social Change?* Chicago: University of Chicago Press.
- Sarat, A. (1990) "'The law is all over': Power, resistance, and the legal consciousness of the welfare poor," *Yale Journal of Law and Humanities* 2(2): 343-79.
- Sarat, A. and Kearns, T. R. (1995) *Law in Everyday Life*. Ann Arbor: University of Michigan Press.
- Sarat, A. and Kearns, T. R. (eds.) (1996). *Legal Rights: Historical and Philosophical Perspectives*. Ann Arbor: University of Michigan Press.
- Sarat, A. and Scheingold, S. (eds.) (2001) *Cause Lawyering and the State in a Global Era*. New York: Oxford University Press.
- Sarat, A. and Scheingold, S. (eds.) (1997) *Cause Lawyering: Political Commitments and Professional Responsibilities*. New York: Oxford University Press.
- Sassen, S. (1996) *Losing Control? Sovereignty in an Age of Globalization*. New York: Columbia University Press.
- Scheingold, S. (1974) *The Politics of Rights: Lawyers, Public Policy, and Political Change*. New Haven, CT: Yale University Press.
- Selznick, P. (1969) *Law, Society, and Industrial Justice*. New York: Russell Sage Foundation.
- Sikkink, K. (1993) "Human rights, principled issue-networks, and sovereignty in Latin America," *International Organization* 47: 411-41.
- Smith, J. P. and Welch, F. R. (1997) "Black economic progress after Myrdal," in John J. Dono-

hue III (ed.), *Foundations of Employment Discrimination Law*. New York: Foundation Press, pp. 215-24.
- Southworth, A. (2000) "Review essay: The rights revolution and support structures for rights advocacy," *Law & Society Review* 34(4): 1203-19.
- Suchman, M. C. and Edelman, L. B. (1996) "Legal rational myths: The new institutionalism and the law and society tradition," *Law and Social Inquiry* 21: 903.
- Taub, N. and Schneider, E. (1998) "Women's subordination and the role of law," in D. Kairys (ed.), *The Politics of Law: A Progressive Critique*, 3rd edn. New York: Basic Books, pp. 328-55.
- Tushnet, M. (1984) "An essay on rights," *Texas Law Review* 62: 1363.
- Waldron, J. (1995) "Rights," in R. E. Goodin and P. Pettit (eds.), *A Companion to Contemporary Political Philosophy*. Oxford: Blackwell, pp. 575-85.
- Waldron, J. (1996) "Rights and needs: The myth of disjunction," in A. Sarat and T. R. Kearns (eds.), *Legal Rights: Historical and Philosophical Perspectives*. Ann Arbor: University of Michigan Press, pp. 87-112.
- Warner, M. (2000) *The Trouble with Normal: Sex, Politics, and the Ethics of Queer Life*. Cambridge, MA: Harvard University Press.
- Williams, P. J. (1991) *The Alchemy of Race and Rights*. Cambridge, MA: Harvard University Press.
- Yngvesson, B. (1985) "Law, private governance, and continuing relationships," *Wisconsin Law Review*, 1985: 623-46.
- Yngvesson, B. (1988) "Making law at the doorway: The clerk, the court, and the construction of community in a New England town," *Law and Society Review* 22(3): 409-48.
- Young, I. M. (1990) *Justice and the Politics of Difference*. Princeton, NJ: Princeton University Press.

4

意识与意识形态

帕特丽夏·埃维克 著

赖骏楠 译

根据这两个词汇在19世纪社会理论中的起源,意识(consciousness)与意识形态(ideology)存在着紧张关系。根据最初的构想,意识与意识形态是互相对立的。当意识形态表现为权力的藏身之处时,意识则需要除去权力的面具。在这一经典传统中,两个概念都处于观念层面。与意识形态相联系的是一种使不平等得以自然化的信念体系。与此相反,意识则意味着个人主体所保持的清醒,意味着主体发现这些信念实际是歪曲的、有偏见的和涉及利益的。这一对立是如此极端,以至于"虚假的意识"(false consciousness)这一措辞跟创造认同的概念颠倒的意识形态变成了同义词。

伴随着这对概念在20世纪的发展,意识和意识形态不再被理解为必然互相对立了。如同许多其他概念对立(结构/行动、或者权力/抵抗)那样,最初被设想为独立和对立的元素现在被解释为一个社会建构的更大过程的内在成分。比如,尽管仍然有着大量关于意识形态的性质和意义的争论,但在什么不是意识形态这一点上已经出现共识。在当代从事社会-法律研究的学者中,很少有人主张意识形态是一套宏大理念,以其无懈可击的条理性灌输着信念。换言之,它不是一套能够严格决定人们的思考亦即其意识的理念体系,不论这种意识是否虚假。实际上,意识形态最有前途的再阐述认为,意识形态根本就不是一个(静态的、条理清晰的或者其他类似特征的)抽象理念体系。毋宁说,意识形态是一个复杂的过程,"通过此过程,意义得以生成、遭遇挑战并再生产,(以及)转变"(Barrett, 1980;97;另见 Bahktin, 1987; Billig, 1991; Steinberg, 1991, 1999)。由于被解释为一个过程,意识形态之所以塑造着社会生活,不是因为它阻止人们思考(通过将人们安排或骗进一个顺从或自满的状态中),而是因为意识形态积极地引导人们思考。为了保持实效,意识形态必须是有生命的、发展且持续发展的。它必须得到表述、应用并接受挑战。人们不得不运用它来理解他们的生活和周遭世界。

为了成为意义和意义形成的一个来源,意识形态必须是多义、开放、可变和复杂的。没有这些特性,它可能变得无用或枯萎;或者它可能变成嘲笑、恐惧或奚落的对象。简言之,它可能不成其为意识形态。

同样,意识也明显在社会建构的过程中得以成型。首先,它也被拓展,远非仅指个体认识者拥有的对权力和不平等的观念。意识显示出对特定社会结构生成的参与,这种社会结构决定了不平等存在于一个社会中的程度和类型(Ewick and Silbey, 1997)。在这种意义上,法律意识使得思考和行动都成为必要:讲故事、投诉、大量不满、工作、结婚、离婚、起诉邻居或者拒绝报警。通过社会实践的循环,结构和行动之间的界线变模糊了。由于这种模糊性,就认知总是承载着文化图式的诉求和意味着对不同可用资源的调用而言,意识脱离了个体认识者的观念范围。换言之,意识即使在塑造社会结构时,也产生于社会结构。

通过这种方式所展示的意识和意识形态显得相似了,如果不是相同的话。这二者都是动态的文化产品,这种产品在构成社会生活的词汇、行为和相互作用之外没有实质的存在。然而,在意识和意识形态之间仍保留着一个关键性差别。这个差别就是权力。就其包含着被多罗茜·史密斯(Dorothy Smith)所谓为"未知"(not knowing)所设程序而言,意识形态连接着权力。这种对意识形态的概念化实际上保留了一种隐藏的因素。但是,根据一种法律的构成性理论,这种对意识形态的理解巧妙地避免了以下进路,即主张可与意识形态对立的基本真相。于是有人提出,意识形态存在于隐藏的过程或形式中,而非隐藏的内容中。

在本文中,我将探讨晚近有关意识与意识形态的实证研究,以考察各种包含法律意识形态的"为未知所设程序",并评价这种概念重构对于社会-法律研究的功效。

关于意识形态与意识的古典与当代阐释

大多数有关意识形态与意识的讨论往往始于马克思主义的表达。在《德意志意识形态》(K. Marx and F. Engels, 1970)中,马克思和恩格斯将意识形态描述为一种认知的扭曲形式,一种对真实的虚假或虚幻的展现。在这种表述下,意识形态被认为等同于观念领域。意识形态根据哲学和宗教体系来解释历史。因此,它们掩盖了深嵌于社会运作的物质利益。意识形态因而阻止男人和女人们去理解存在的真实条件,或者他们的"真实"利益,似乎这些"真实"利益可以在这些条件中找到其表现形态。

对马克思而言,克服意识形态,需要一种"对现实的研究",或对日常生活实践关系的实证考察。这种研究将揭露观念的虚幻,并揭露出掩盖所谓现实的深层物质利益。

从这种意识形态的历史主体的观点来看,这将导致阶级意识,或者导致一种对这类利益的理解和实现。相比之下,处在由宗教和哲学提供的假象下的劳动者,拥有的则是虚假的意识。于是,对马克思来说,意识既维护(虚假的)又洞穿了(阶级的)意识形态。

在当代的社会-法律研究中,意识形态和意识依然是牢固且核心的概念。实际上,由于大多数从事社会-法律研究的学者都关注权力、文化、语言与思想,这对概念(意识形态与意识)因而必不可少。而且,尽管很少有这对术语的经典马克思主义表达的严格拥护者,对于意识形态与意识的观点的各面相还是体现在当下许多社会-法律研究中。比如,某些当代的马克思主义结构主义者,就将包括文化符号和叙述在内的思想视作一种物质条件的上层建筑残余,它服务于精英的利益。

根据这一视角,就某一特定的社会和经济结构被认为用来生产一种相应的或适当的法律秩序(包括法律主体在内)而言,法律与法律意识被视作附带现象。这一传统中的作品通常描述资本主义生产与再生产的需求是如何塑造法律行为与意识的。研究聚焦于法律的生产与实践,它对阶级利益的协调,以及它造成的不公正。

比如,钱布里斯(Chambliss, 1964)将流浪法的出现、消失、再次出现与统治阶级的需求改变联系在一起。他描绘了在黑死病爆发后,劳动力供应的下降以及随之而来的增加工资的压力,是如何被土地士绅们通过禁止流浪的立法所抵消。这类法律禁止从一个村社到另一个村社的迁徙,因而将劳动者束缚在土地上。当封建制度破产时,这种法律就不再需要了,并且在之后的世纪里也几乎未被实施。最后,在16世纪的贸易扩张时期,流浪法又复活了,并变成警察工作与管理公共道路的手段,在这些道路上货物与人员的商业运输已变得普遍。但是这些法令原本关注的是"无所事事者"和"那些拒绝劳动的人",而在16世纪,法令强调的重点则是"流浪者"和"捣乱者"。当统治阶级经济制度和物质利益的需求改变时,流浪法也随之改变。

20世纪晚期从事社会-法律研究的学者大多反对这个版本的意识形态,因为它将意识形态视为更根本的阶级统治的纯粹附带表现,他们指出了这一概念的许多问题。或许最棘手的问题在于,将意识形态这一马克思主义遗产视作幻觉或一种"虚假意识"的形式(Hunt, 1985)。对那种有关虚假的意识之想法的当代质疑,其主要理由在于,如今人们拒绝承认并质疑一种根本真相,一种启蒙意义上的客观真实的存在。实际上,许多在19世纪或20世纪早期被用来描绘对意识形态批判的二元性(科学/意识形态、真实/理想、主体/客体)已经遭到当代学者的争论或拒绝。最明显的是,他们拒绝这样一种可能性,亦即存在一个理念和符号形式的体系,这个体系对优先或独立于那些理念而存在的社会真实进行了歪曲(Thompson, 1990)。

就其质疑扭曲或隐藏的观念而言,这一批判的必然结果,便是指责那种认为意识形态是虚假的意识的观念,歪曲或低估了主体看穿占优势的权力关系的能力。相反,主体被重构为对弥漫在他们每天的社会互动中的权力关系有着足够清醒的意识。这一洞见导致从事社会-法律研究的学者去考察法律主体的意识,他们的意识被视作斗争、论战、创新与抵制的领域,而非来自上层的意识形态陈述的存放处。法律主体被认为更积极地参与了对意识形态的再生产与抵抗的过程。在同法律权威以及其他个人的互动中,个人援引、评论、拒绝并修改包含意识形态在内的符号意义。借此,他们创造性地构造了——有意或无意地——他们行动于其中的情境化的权力关系(Bumiller, 1988; Ewick and Silbey, 1995, 1997; Sarat, 1990; Scott, 1985, 1990)。

最后,学者们重新思考了意识形态与统治阶级的关系。法律创制、解释与实施的实证分析已经表明,意识形态并非先验地与一个特定或单独的支配性利益相连,并被向下强加给大众。这意味着没有什么特定理念在本质上是意识形态。根据亨特的作品(Hunt, 1985: 16),"意识形态的阶级维度并非该词汇或概念的固有特性,相反这一阶级维度来自于意识形态因素得以组合和相互关联的方式。意识形态不应被视为'仿佛它们是社会各阶级挂在他们背上的政治车号牌'(Poulantzas, 1975)。"

作为附带性错觉的意识形态观念所带来的问题,可以通过抛弃作为"统治理念"的意识形态概念来解决,从而简单地将其等同于"理念",或者更精确地说,相互竞争的理念。意识形态失去了其贬损意涵,从而呈现出更中立和更描述性的倾向。在这种阐述中,意识形态变得与"理念体系"、"符号体系"或"信念体系"同义。意识形态被视为有生气的社会行动,但不与任何特定的行动类型、政治事业或固定利益结盟。在这里,意识形态呈现出一种多元主义和民主的品性。民主化的意识形态所能达到的,是作为自觉行动者的主体的重塑,这些行动者愿意去积极理解世界以及他们的自身经历。例如,萨莉·梅丽(Sally Merry)就将意识形态描述成

> 一组符号和意义,个人通过它来理解他们的世界和经历,这暗示着意识形态没有对错之分,它只是理解世界的一系列方式中的一种。不同文化提供了多种互相竞争的符号形式和意义系列,而人们可在其中自主选择。这类符号体系可以通过人们在社会系统中的经验和变化来实现再定义。(Merry 1985: 61)

就在这种趋向避免了意识形态的过去用法带来的某些陷阱之际,它又轻率地陷入大量其他问题。最显而易见的是,这一研究意识形态的进路通过切断意识形态与权力和服从的联系,使意识形态中立化。不幸的是,对意识形态消极面向的剥离,遗留下了许多未予回答的问题,而意识形态原本就是被构想来关注诸如统治、不平等以及社会再生产这类问题的。例如,在其对这一进路的批评中,希尔贝(Silbey, 1998)认为,对自由选择的主体的(过分)关注,导致学者们未能考虑到权力和特权被整合进制度和语言中的方式:"不幸的是,对能够从可用的符号、隐喻和策略的工具箱中自由选择的主体的强调,却忽略了某些集体将他们对真实世界的想象置于优先地位的行动,而且还忽略了他人不断寻求抵抗此类企图的手段的努力"(p.282)。

采用一种使意识形态等同于"信念体系"的定义,解除了古典意识形态概念中固有的许多张力。但是这个方案却承受着很高的代价。意识形态失去了其大部分批判能力,并因此也失去了其作为一个社会科学概念的有效性。

更晚近的时候,学者们开始着力抢救该措辞的批判功能,而不放弃其与权力的联系。这类再阐述保留了意识形态合法化并再生产了社会不平等的理念,但却不带有任何如下的明确断言:(1)存在一个被掩盖的真正的根本真相;(2)主体的意识只是消极且自动地反映着统治者的意识形态;或者,(3)意识形态必定与一个阶级的利益结盟。这类再阐述中最有前景的部分将意识形态设想为不是通过隐藏或伪装真相,而是通过对真相的巧妙生产来实现操作。

意识形态与话语:真相的巧妙生产

将意识形态视作一种创造性和构成性过程,这种意识形态的再阐述类似于福柯所提出的权力的再概念化(Foucault,1977)。虽然福柯要求我们将权力视为一种生产能力,但是关于意识形态已经提出过一种相似主张。与其去关注作为一种暗箱的意识形态,不如将意识形态理解成一个透镜,这个透镜不仅提供了一个对真实的(倒转的)幻象,而且实际上生产着真实。这一主张来自社会建构论者或社会生活构成理论。在这一架构中,意识和意识形态被理解成一个相互过程的局部,在该过程中,个人对他们的世界所赋予的意义得以确定、稳固和客观化。这些意义一旦被制度化,就成为限制和约束未来意义形成的物质和话语体系的一部分。

这种有关意识形态的观点承认,意识形态不是简单地沿着统治的边缘运作;它不仅仅是一种用来隐藏或分散真实的工具。相反,被我们界定为意识形态的社会意义是由统治所构成。于是我们可以将意识形态定义为"意义在特定环境中服务于建立及维持系统性不对称权力关系的方式"(Thompson,1990:7)。

必须指出的是,在该定义中,意识形态不是通过其内容来界定。它的内容只能在特定的社会历史语境中以及(更精确地说)通过在意识形态这些语境中的运作来认识。简言之,意识形态是从它们的效果方面来理解的。一个特定的意义系列只有就其"服务"于权力而言,才能被说成是意识形态(Thompson,1990)。重点于是转移到主动动词服务上了,这提醒我们意识形态分析只能通过考察意义斗争发生于其中的特定语境,以及关注这类斗争是如何不经意地稳固权力来进行。

关注作为一个意义形成过程的意识形态,必然涉及对话语的考察,或者涉及考察"人们借以交流的、位于社会中和被制度安排的方式的过程和产品,通过这些方式,人们得以传达他们对存在的与想象的真实之陈述"(Steinberg,1999:743)。借助话语,意识形态具有了互动性,并且被深嵌于特定的社会语境(参见 Bakhtin,1987;Umphreys,1999)。具有互动性意味着通过该过程被生产的意义从来不是单数或固定的,而是持续地对解释的革新、在新环境中的适用或者未曾料及的意图保持开放。然而,位于社会中则意味着意义形成的可能性既是开放的又是约束的。在某种程度上,约束反映了已被制度化的过去的话语实践。刑事审判中的证据规则和交叉询问正是这种制度化约束的例证。约束也可能反映被输入到任何既定环境中的意义的沉淀。正如巴克廷(Bakhtin)观察到的那样:

> 生动的言辞,它在一个特定社会环境的特定历史瞬间承载着意义和形状,但却不得不遭遇成千上万的活生生的对立思路,这些思路由围绕言辞客体的社会意识形态化的意识所编织,因此它也不得不成为一个社会辩论的积极参与者。而且不是所有词汇对任何人而言都能公平而轻易地占用……许多词汇顽强地抵抗占用,另一些词汇则可以转让。(Bakhtin,1987:276)

某些词汇拒绝被占用,或者可以转让,这一事实意味着过去针对词汇的斗争赋予了某些意义以特权,并压制了其他意义。米尔斯(Mills)认为,话语主要是围绕着排斥的实践而得以组织的,她写道:"当可以说什么东西看起来是不言而喻而且自然的时候,这种自然性是某种东西遭到排斥的结果,而遭排斥的东西则几乎是不可说的"(1997:12)。通常认为,由于意识形态的特定内容不能被提前确定,所以专断事物的出现显得不可避免而且自然。通过这种方式,权力和统治集团的偶发联系通过为"未知"所设程序而得以稳固,这是真相的巧妙生产的一个核心部分。

当然,法律是一种意识形态话语,尤其在它服务于意义形成的事务时。正如许多学者曾指出,法律以我们几乎没有意识到的方式塑造着我们的生活。它赋予我们身份和主体性,它塑造我们生活于其中的自然和物质世界,它明确建立起其他制度的规则和实践。最终,法律被有意设计成一个"斗争地域"。法律的许多部分——其机构、职业实践和程序规则——都像一个发生对立冲突的竞技场那般运作。然而,最重要的是,通过将自己展现为这类斗争中的"裁判员",法律系统否认自己在斗争中是积极的或有利益纠葛的参与者。于是,法律判决和意义是意识形态,恰是因为它们显得不那么意识形态。

法律意识形态的模式

将意识形态作为一种服务于权力的意义形成过程的再阐述,已造成显著的经验结果和观念影响。这种表述导致了一种关注某些实践和话语的"意识形态效果"(ideological effects)的社会-法律研究。"意识形态效果"是个稍嫌笨拙的措辞,但确实能有效地强调并明确阐释意识形态可能的相互作用性质。此外,对意识形态效果的关注使得研究重点从意识形态内容,转向了详述服务权力的意义在其被制造和调用时借助的技术和形式。拉宁·夏米尔(Ronen Shamir)主要针对法律与社会研究所作的描述,也可以用来描述法律与意识形态研究:"最近对法律的社会-法律研究中一个重要成就便是,它将法律的形式,而非其明确内容,描述成法律运作模式的更深层面"(Shamir, 1996: 235)。

约翰·汤普森(Thompson, 1990)识别出了五种法律意识形态运作的模式,他还将这些模式中的每一种都同某种符号建构的典型形式相联系,尽管他承认这些符号建构的形式可能与任何或所有模式相联系。尽管如此,在没有声明这种形式范畴的穷举性或排他性的情况下,我仍要论证这种类型学的功效。界定意识形态形式的分析,可以在无需考虑意识形态的内容即何为意识形态的情况下,揭示意识形态如何通过压制替代意义巧妙地建构真相的能力和制造"无知"的方式。这一进路因而避免了该概念的某些反复出现的问题,而且不牺牲其在解释系统性不对称时的批判角色。此外,通过追问意识形态如何运作,我们能指出一个过程或一种技术。对各种意识形态形式的关注,促使我们考察这类技术的运作和效果。这要求我们将意识形态和意识理解为持续的参与性活动,这种活动伴随着时间的流逝,生成了特定的社会和历史世界。

合法化

在意识形态的运作模式中,最为显著和常见的是合法化。法律意识形态和相应的法律意识,是社会组织生产授权、支持以及再生产自己的手段的方式。通过关注法律的合法化效果,相关研究描述了法律通过某些方式促使人们将他们的世界,不论是私人还是公共世界,都视为自然和正确的。简言之,意识形态通过将情境描绘成值得支持的,从而将系统性不对称合法化。

至迟从上一世纪开始,一种合法化的主要策略就是合理化(rationalization),或是对逻辑推理和实证主义认识论的应用,这使得作为结果的权力关系显得不可避免,并因而不容置疑。例如,在其对1970年代发生在英国的由抢劫引发的道德恐慌所作考察中,霍尔(Hall)、克里切尔(Critcher)、杰弗森(Jefferson)、克拉克(Clarke)和罗伯茨(Roberts)赋予政治家和记者的数据运用以相当大的重要性:"数据——无论是犯罪率还是民意测验——有着一种意识形态功能:他们看似将自由漂浮且充满争议的想法稳定在坚固的、不容置疑的数字土壤中。媒体和公众都对'事实'——坚固的事实——充满尊重。而且没有什么事实能像数字一样'坚固'了……"(Hall et al., 1978: 9;着重号为原文所加)。与此类似,乔纳森·西蒙(Jonathan Simon, 1988)也描述过"精算实践"(actuarial practices)的意识形态效果,在这种实践中数据的搜集和看似中立的统计技术的运用创造出成为社会控制对象的人的范畴。于是女人凭借她们相对于男人更长的平均寿命,成为了设置保险费的一个类别;或者高犯罪率案件的犯罪者导致一个典型(犯罪者)形象,这成为了刑事司法政策的基础。此外,因为这类技术创造出建立在总人口(而非相互影响的共同体)的统计学特征基础上的分组人口(subpopulations),这类实践使得传统形式的抵抗和集体抗议变得无能为力。最显著的是,这类技术在政治上是强有力的,部分是因为它们看似与政治事业并无牵连,而且看似公正地固定在对数据的理性分析基础上。西蒙观察到:

> 精算技术在不断增加的社会实践中扮演着一个核心角色。它们同时是一种真相的格局,一种行使权力的方式,以及一种调整社会生活的方法。精算实践在社会观察者眼中看似不那么重要也没引起多大兴趣,部分是因为人们对此已经很熟悉,部分因为精算实践是如此不显眼地与各种实际事务(例如教育、租赁、保险费设定)融为一体,在这些事务中它们属于为实现目的所需的手段。然而这种不显眼的特性正是它们变得如此重要的原因;通过消除其政治和道德沉积物,它们使得权力更加强大且高效。(Simon, 1988: 772)

对合法性的呼吁同样表达为普遍化(universalization)主张,借此原本只利于某一个人或群体等级的情势被描绘成对所有人都是有利或可欲的。当精算实践创造出看似不可避免因而也就合法的区分时,普遍化则通过否定差别来达到类似结果。例如,巴尔布斯主张,自由主义法律的某些特征,诸如受到高度珍视的对形式平等和程序正义的诉求,是服务于对现存经济秩序中不平等的加固和合法化的。由正当程序权利例示的形式平等提供了"一个稳定和看似中立的架构,在其中资产阶级在积累和利润最大化上的利益能够兴旺发达";但是正当程序和形式平等也使无产者相信"他们拥有法律权利并因而拥有上升为资产阶级的真实机会"(Balbus, 1973: 6)。

叙述(narrative)也是一种合法化的强大技术。通过将事件以故事形式来展示,对世界的描写被深嵌于在一个特定和不可避免的事件链条中展开的情节中,这一链条通向某种意义的道德主张。各种背景中的研究已通过阐明故事如何能贡献于现存意义和权力结构的再生产,来说明叙述的意识形态效果。

正是叙述形式,而非任何特定故事的内容,构成了叙述以意识形态方式来运作的主要方式。首先,叙述的意识形态效果是叙述对意识进行殖民化的能力的固有部分。通过将各种(经过适当选择的)事件和细节联系进一个依时间顺序组织的整体,精心描绘的故事就形成了。条理清晰的整体、被安排进可信情节中的事件和角色的布局,战胜了其他故事。事件仿佛在为它们自己说话。叙述也维持着权力关系,这是就它隐藏了生产权力关系和使该关系变得可信的社会组织而言。叙述象征着对世界的普遍看法,通过对它们的调用和重复,生活世界得以构成和维持。然而因为叙述描绘的是处于特定社会、物质和历史地位的特定人物,这种普遍看法常常不被承认。由于无法证明这种普遍看法,叙述吸收了未经考验的假定和因果关系主张,却没有展示这类假定和主张,或者让它们公开面对挑战或检验。

掩饰

权力不仅得益于合法化,也得益于欺骗。汤普森将欺骗视为一种意识形态运作模式的用法,看似在重复上文阐述过的虚假意识的失足。然而,正如他极具说服力地指出的那样,社会理论家们是如此专注于切断意识形态与谎言的联系,以至于他们可能忽视欺骗可以被用来维持统治和权力关系这一事实,尽管这并非一个确定特性。掩饰(dis-simulation)表现为隐藏和扭曲的技术,这种技术可以用来实现以上目的。通过诸如委婉语(euphemism)、代替(displacement)和比喻等话语策略,意义(meaning)被用于扭曲或掩盖另一个替代的真相。

在其有关南非和美国社会的语言和意识形态的分析中,莫茨(Mertz, 1988)说明了南非种族隔离制度中官方报道里掩饰的运作。通过对用于描绘白人至上和黑人被剥夺公民权的不正义历史的词汇、措辞和文本的深入观察,莫茨发现"复杂和模棱两可的情势在寥寥数语中被解释得可信;难懂的政治决定和情势被表述得简单而易懂。问题甚至不被承认;相反,宣言式的和坚定的语言被用来描绘仿佛政府希望其能公之于众的情形"(1998:671)。她通过引用一份政府出版物对此加以说明。

> 南非共和国政府毋庸置疑地清楚这些特殊问题,这些问题是由历史传统造成的,这种传统将白人民族置于一个对各种发展不充分的班图民族实施托管的地位上。在一个巧妙整合起来的统一国家内,班图人由于与白人相比显现出的巨大差距,所以注定只能成为下层无产阶级……然而,通过为每个班图民族创造一个在地缘政治容忍范围内建立独立国家的机会……那种不同群体关注不同利益因而为权力而进行持续政治斗争的可能性被消除了。(Mertz, 1988:670)

以色列对内盖夫贝都因人新迁居地的叙述上的类似性,则更引人注目。在其对处于以色列法律管辖下的贝都因人的分析中,夏米尔(Shamir, 1996)引用了一个司法意见,该意见否决了请求者提出的历史上曾有过不正义的主张。该意见以描述一个否定当下存在不正义的情势结束,其方式则是暗示一段有关原始与落后以及通过法律秩序的承诺来提供援助和确实拯救的历史。

> 在这种情形下,并且在全面考虑该地区贝都因人经历的历史发展的情形下,我们很难不去同情这些人,而且也很难不感觉到有一种在他们陷入窘迫时去帮助他们的愿望,而这似乎也是当局的态度……但是这一态度不能驱使我们允许非法建筑的存在,也不能驱使我们命令当局不要执行法律。(1996:251)

在每个例子中,压迫的历史都被粉饰成诸如"白人政治领导权"或"贝都因人经历的历史发展"这般措辞。在每个例子中,被设计用来剥夺南非黑人或贝都因游牧民族公民权的系统性官方政策,都通过托管或帮助的愿望这类语言得以展现。在每个例子中,被法律强加的秩序都被用来充当一种混乱和持续斗争的替代物。

代替是另一种被设计用来掩饰的话语策略,它并不必然与欺骗相关。代替的策略是将与一个对象相联系或产生于一个语境的意义援引至另一对象或语境。让我们回到霍尔等人在《治理危机》中讲述的道德恐慌历史,作者对移植来自美国情境的有关抢劫的观念赋予最高重要性。这一输入的措辞携带着大量附加联想和指涉,这些附加物才导致意义的充足。在没有补充进这些联想——包括有关美国普遍社会危机和高犯罪率的观念——的情形下,恐慌和因而发生的政府运动,可能永远不会发生。

有必要重申的是,委婉语或者代替,以及其他诸如比喻的修辞手段,并不意味着歪曲或掩盖真相。换言之,它们之所以是意识形态并非因为它们破坏或隐藏真相,而是因为它们生成意义。通过意义的创造,它们得以构造它们描绘的情势和关系。由于遭到征服,班图人依然生活在"未充分发展的"黑人家园。由于其所有权主张被否决,贝都因人依然是"无根"的。由于按照美国的例子来构造,一连串不甚严重的犯罪引发了道德和社会恐慌。格林豪斯(Greenhouse, 1988)写到,意识形态因此是自足的。意识形态在这里展现出它们服务于权力的能力。

统一与分裂

尽管汤普森将统一与分裂展示成各自分离的,但按理说它们可进入一个单一范畴或模式。不管怎样,以统一与分裂为名的过程,使通过划定边界来实现的社会实体的象征建构成为必要。那些边界一旦被划定,就创造出群体内同质性以及跨群体异质性的效果。在某些例子中,来自于该过程的对群体和人的创造,阻止了本可能以跨群体方式产生的话语挑战的可能性。在其他例子中,边界增强了被建构的群体间的冲突和争端,从而偏离了抵抗权力持有者的努力。最终,当各群体被安排进一个价值等级时,作为结果的那些范畴便得以将维持不平等的区别对待合法化。

我们可以看到,分裂与统一同时在针对福利内涵的话语斗争中运作着。根据威廉姆斯的作品(Williams, 1998),伴随着1996年《个人责任与工作机会调和法案》的通过,贫困单亲家庭获取联邦现金资助的资格被取消了。导致该政治结果的首要原因,是将"资格"与穷人获取政府救济的权利联系起来的修辞联想。使用"资格"这一措辞来描绘将利益转移给穷人的行为,强烈地暗示这类支付是一个法律上的发明,而与通过我们法律制度被授予所有公民的大量其他资格相区别。例如,许多私法、合同和侵权法是建立在资格这一法律概念的基础上的。通过建立这些看似中立、市场构造的背景规则,国家有效地创造和维持了不平等,甚至在它对此表示否认的时候。将福利"资格"描绘成一种对美国法律文化的越轨,这就在话语上生产了一个福利接受者的外围集团,这个外围集团对国家的依赖看似将他们与"勤奋工作"的美国人区别开来(Williams,1998:579)。

需要指出的是,当社会行动在完全个体和非关联的条件下被理解时,一种极端或受限的分裂情形就实现了。例如,通过阻碍诸如工会这样的挑战性群体的发展,通常来说担保着资本主义经济的个体化,就能维持作为结果的权力之不平等及不对称。于是,通过将靠工资为生的人描绘成"独立的"和"自治的"(在某种意义上,这就在作为唯一真正或可靠的社会实体的个体工人周围建立起一条边界),由此法律偏离了对由市场造成的结构性不平等的关注。根据这条推理路线,批判法学理论家们致力于在这点上研究权利话语的意识形态功能。由于观察到对法律权利的认识是以如此极端的个体化为前提,他们声称自由主义关于权利的法律仪式实际上削减了个人力量。正如戈登(Gordon)指出的那样:

> 正如黑人民权运动揭示的那样,权利的修辞可能是危险的双刃剑。最低等的资格可能转变为最高等的。脱离了实际强制内容的形式权利很容易被真实利益取代。无论如何,强者总是能够在弱者的权利面前宣称对立的权利(固有财产权利、根据"功劳"区别对待的权利……)。(Gordon,1998:657)

物化

我要在本文中讨论的最后一种意识形态模式是物化(reification)。在其各种外观中,物化总是涉及对"社会-历史现象的社会和历史性质"的否定(Thompson,1990:65)。与其将法律和合法性理解成相关行动者及其行动的结构,该结构在特定的物质形式中得以具体化,并且被历史主体制定出来,不如将法律理解成存在于"历史之外"。它与人类行动和意识无关。一个物化的世界提供了一个去人性化的视角。在该视角中,法律虽有可能在人类行动和意向中发现其表达;法律也可能在法官的宣判、陪审团的裁定或狱警的钥匙中得到"表达"或"反映",但它只是偶然地同这些展现相联系。人类社会互动的这种显著的、分散的和特殊的世界成为法律的一个导管或容器,而法律本身却被理解成独立存在于这些形式之外。

通过将具体的历史行动者及其行动聚集于一个脱离来源的超验实体这一提取过程,物化便实现了。当提取本身得以定形,并被赋予事物脱离原本造就它的经验表现的本体论的独立时,这个过程就完成了。

在其对"现代最著名侵权案"("帕尔斯格拉芙诉长岛铁路公司案",*Palsgraf v. Long Island Railroad Company*)的历史研究中,约翰·诺南(John Noonan,1976)追踪了决定"事实"选择的物化过程,而这种"事实"导致(亦即"决定")了司法判决。上诉法院的判决否认了帕尔斯格拉芙夫人就其受伤提起的赔偿请求。在1924年8月某个炎热的上午,一个磅秤倒下并击中了站在长岛铁路站台上的她。正如该案件在司法判决和随后评论中所呈现的那样,没有人提及帕尔斯格拉芙夫人的年龄、婚姻状况或职业、她受伤的程度、受伤对她孩子的影响、她为此承受的经济负担、被告及其资产、帕尔斯格拉芙夫人承受的法律上的煎熬、参与该案的辩护律师,或者法官其人(Benjamin Cardozo)。

相反,通过各种我们称为法律程序的判决、辩论和律师意见,一个基本规则得以从这些事件中提取出来。卡多佐曾写道:"如果伟大的法官在其中仔细观察,就会发现许多普通法诉讼的提起动机,从卑鄙或高尚都有。"从那个8月上午的肮脏事件中提取出来的"规则"假定了如下形式,正如它体现在《侵权行为法重述》中作为对该规则b项的例证那样:

> A,X与Y铁路公司的一位乘客,正试图上一辆火车,正被其携带的大量明显易散落的包裹拖累。B,该公司的一名乘务员,正在协助A上车,其使用的方式是允许A扔下一个或更多包裹。A扔下一个包含烟花爆竹的包裹,尽管从包裹外表来看难以知晓里面会是此类物品。烟花爆竹发生爆炸,炸伤A的眼睛。铁路公司对A不负责任。(Noonan, 1976:150)

正如这个例子表明的那样,在物化中发生的大量变质是通过文本化,或者书写、登记和其他形式的编码通讯来实现的,这一系列的编码通讯保证自身脱离持续互动而得以提取、维护和修正。正如多罗茜·史密斯观察到的那样,"文本在说话者缺席时说话"(Smith, 1990:210)。而正是这种能力才赋予文本超越时间、空间和社会互动的权力,而且,在这种超越中,这种权力看似还决定了必定在特定时空中出现的历史行动者的行动。

例如,借助于先例制度,文本性赋予法官印刷好的意见以权威。将现在的判决同先前的判决联系起来,以及将较晚的先例同更早的先例区分开来,需要有一种记录以及该记录的稳定化。"律师被训练成从不去思考案件的真实性,而只关注所有发生之事的印刷版本。结果,随着时间的逝去,人们就忘记了印刷出来的意见只是对真实的一种陈述"(Katsh, 1989:36)。

文本性同样也在现代审判中界定着参与的领域。法律的文本性要求"审判结果必须遵循书面文本遵循的方式",詹姆斯·克利福德(James Clifford)在对梅西比印第安人土地主张的审判中观察到了这一要求。原告"通过与代理人的文稿交流表达自己(的主张),这样做据说是为了便于记录",书面证词变成了询问和可能质疑诉讼中证人的根据。法律得以反映"历史档案的书写逻辑,而非变动不居的集体记忆"(Clifford, 1988:329)。

法律的这一特征对社会权力或意识形态效果的扩散负有责任。对那些几乎没有资源和权力的人来说,策略性地进入法律文本是困难的。在其对梅西比印第安人审判的记载中,克利福德发现了导致他们土地主张被否认的矛盾。由于缺少一个不间断的文档式文化实践的历史,梅西比印第安人的诉求遭到驳回。然而这个以高度文本化的文化观为前提的反驳意见,却蓄意无视长达一个世纪甚至更长时间的适应和调整,这种适应和调整由于梅西比印第安人屈从于主流白人文化而有必要。这样一种文化屈从导致梅西比印第安人有选择地放弃了其文化实践的某些方面,并导致他们采用白人文化(即说英语、不穿部落服装等),这又使得梅西比印第安人的文化完整性诉求丧失了正当性。当然,如果他们有机会将他们的文化展示为一种保存完好的博物馆档案,他们无疑会拥有足够权力来保住他们现在主张的土地。

结语:重回意识

在以上部分,我所涉及的内容大多有关意识形态,与意识相关的则很少。因此,在结论部分,我将明确在我刚才概述的过程中意识的角色。在对意识与意识形态的古典理解中,这对概念处于一种相互间充满张力的深度关联中。在意识形态主宰的社会世界中,人们要么缺少意识,要么拥有虚假的意识。与此相应的是,发展阶级意识需要克服意识形态。从马克思自己开始,对它们关系的简单看法就被抛弃了。在当代用法中,意识形态是一种效果,一种能生成意义的特定符号实践的可能结果。

对这一概念在意义的积极生产方面的强调,使我们的关注回到意识。意识意味着对该过程的参与。持续不断地改造世界的需求,来自于意义并非固定而总是动态这一事实。根据斯泰因贝格的作品(Steinberg, 1991),这种动态来自于两种资源:首先,意义从未被用以表达它的符号完全固定住。因为符号是复调的,当它们被嵌入新的语境时,它们的意义便可能受到挑战和改变。其次,通过符号生成的意义,是符号同其身处的更广阔话语的关系的结果。它们从未漂移出它们的历史或未来目标。

因此,意识既不能克服意识形态,又不能被后者殖民化。被解释成一种意义形成的积极过程的意识,生产、再生产或挑战着意识形态。此外,在各种可能性中何种可能性能被实现,永远不能在理论上得到陈述。意识形态、意识和社会结构之间的关系根本上是特定的社会历史互动的结果,并且只能从经验上认识和理解。南非已不再由白人统治。梅西比印第安人再度走上法庭。由于阅读了约翰·诺南关于"帕尔斯格拉芙诉长岛铁路公司案"的记载,几代律师和法官知道了原本淹没在司法记录中的帕尔斯格拉芙夫人的困境细节。简言之,被定义成一种服务于权力的意义形成形式的意识形态是有生命的、发展的而且是持续发展的。它必须不断得到援引和使用,而这就意味着它将一直经受挑战和质疑。人们运用意识形态形式来理解他们的生活。而正是通过这种意义的形成,人们才得以不仅生产这些生活,而且也生产他们身处其中的特殊结构。

参考文献

- Bahktin, M. M. (1987) *The Dialogic Imagination: Four Essays.* Austin, TX: University of Texas Press.
- Balbus, I. D. (1973) "The concept of interest in pluralist and Marxian analysis," *Politics and Society* 1: 151-77.
- Barrett, M. (1980) *Women's Oppression Today: Problems in Marxist Feminist Analysis.* London: Verso.
- Billig, M. (1991) *Ideology and Opinions: Studies in Rhetorical Psychology.* London: Sage Publications.
- Bumiller, K. (1988) *The Civil Rights Society: The Social Construction of Victims.* Baltimore: Johns Hopkins University Press.
- Chambliss, W. (1964) "A sociological analysis of the law of vagrancy," *Social Problems* 12: 67-77.
- Clifford, J. (1988) *The Predicament of Culture: Twentieth-Century Ethnography, Literature, and Art.* Cambridge, MA: Harvard University Press.
- Ewick, P. and Silbey, S. (1995) "Subversive stories and hegemonic tales: Toward a sociology of narrative," *Law & Society Review* 29: 197-226.
- Ewick, P. and Silbey, S. (1997) *The Commonplace of Law: Stories from Everyday Life.* Chicago: University of Chicago Press.
- Foucault, M. (1977) *Discipline and Punish: The Birth of the Prison.* New York: Vintage.
- Gordon, R. W. (1998) "Some critical theories of law and their critics," in David Kairys (ed.), *The Politics of Law.* New York: Basic Books, pp. 641-61.
- Greenhouse, C. (1988) "Courting difference: Issues of interpretation and comparison in the study of legal ideologies," *Law & Society Review* 22: 687-798.
- Hall, S., Critcher, C., Jefferson, T., Clarke, J., and Roberts, B. (1978) *Policing the Crisis: Mugging, the State and Law and Order.* New York: Macmillan.
- Hunt, A. (1985) "Ideology of law: Advances and problems in recent applications of the concept of ideology to the analysis of law," *Law & Society Review* 19: 11-37.
- Katsh, Ethan M. (1989) *Electronic Media and the Transformation of Law.* New York: Oxford University Press.
- Marx, K. and Engels, F. (1970) *The German Ideology*, ed. C. J. Arthur. London: Lawrence and Wishart.
- Merry, Sally E. (1985) "Concepts of law and justice among Americans: Ideology as culture," *Le-*

gal Studies Forum 9: 59-70.
- Mertz, E. (1988) "The uses of history: Language, ideology and law in the United States and South Africa," *Law & Society Review* 22: 661-85.
- Mills, Sara (1997) *Discourse*. London: Routledge.
- Noonan, J. (1976) *Persons and Masks of the Law*. New York: Farrar, Straus & Giroux.
- Poulantzas, N. (1975) *Political Power and Social Classes*. London: New Left Books.
- Sarat, A. (1990) "'The law is all over...': Power, resistance and the legal consciousness of the welfare poor," *Yale Journal of Law and Humanities* 2: 343-79.
- Scott, J. C. (1985) *Weapons of the Weak*. New Haven, CT: Yale University Press.
- Scott, J. C. (1990) *Domination and the Arts of Resistance: Hidden Transcripts*. New Haven, CT: Yale University Press.
- Shamir, R. (1996) "Suspended in space: Bedouins under the law of Israel," *Law & Society Review* 30: 231-57.
- Silbey, S. (1998) "Ideology, power, and justice," in Bryant Garth and Austin Sarat (eds.), *Power and Justice in Law and Society Research*. Evanston, IL: Northwestern University Press, pp. 272-308.
- Simon, J. (1988) "Ideological effects of actuarial practices," *Law & Society Review* 22: 771-800.
- Smith, D. (1987) *The Everyday World as Problematic: A Feminist Sociology*. Boston: Northeastern University Press.
- Smith, D. (1990) *Texts, Facts and Femininity: Exploring the Relations of Ruling*. London: Routledge.
- Steinberg, M (1991) "Talkin' class: Discourse, ideology, and their roles in class conflicts," in Scott G. McNall, Rhonda Levin, and Rick Fantasia (eds.), *Bringing Class Back in: Contemporary and Historical Perspective*. Boulder, CO: Westview Press, pp. 261-84.
- Steinberg, M. (1999) "The talk and back talk of collective action: A dialogic analysis of repertoires of discourse among nineteenth-century English cotton spinners," *American Journal of Sociology* 105: 736-80.
- Thompson, J. B. (1990) *Ideology and Modern Culture*. Stanford, CA: Stanford University Press. Umphreys, M. M. (1999) "The dialogics of legal meaning: Spectacular trials, the unwritten law and narratives of criminal responsibility," *Law & Society Review* 33: 393-423.
- Williams, L. A. (1998) "Welfare and legal entitlements: The social roots of poverty," in David Kairys (ed.), *The Politics of Law*. New York: Basic Books, pp. 569-90.

5

大众文化中的法律

理查德·K.舍温 著

赖骏楠 译

一种文化可以通过它对我们的影响来定义,亦即它如何将我们结合在一起。
——约翰·拉奇曼(John Rajchman):《无意识下的机变:伦理与心理分析》

导言:什么是大众法律研究?

法律表现为借助一个制度权威来沟通、纪念和支持的各种形式:在其意义的背后是国家的权力。但是法律的权力,正如其意义那样,是无处不在的:不仅是在正式场所,诸如法庭、立法机构和政府部门,而且也遍布于每天的社会实践中(Sarat,1990)。人们接受有关法律、律师和法律制度的一系列故事和图像,这些故事和图像来自于书籍、报纸、电视新闻节目、文件、纪录片和故事片。无论我们来到何处,我们脑海中都带着这些故事和图像,我们在投票室和陪审团休息室中也是如此,在那里,法律的意义——无论是大众的、正式的还是二者混合的——产生效果。

在法律与大众文化之间存在一个双向交通。真实的法律问题和争议会促使大众法律表达(popular legal representations)的形成,一如大众法律表达会推动真实法律问题和案件结果的形成(Sherwin,2000)。声名狼藉的审判的戏剧性再上演会快速呈现。让我们回忆一下埃里克·默南德兹和莱尔·默南德兹兄弟案(Erik and Lyle Menendez)。就在这两兄弟正接受对其谋杀父母行为的审判时,关于该案的两部大型纪录片已被拍摄出来,片中内容包括对犯罪的模拟。两部电影都在第一次无效审判后、第二次陪审团审理开始之前上映。考虑到两部纪录片对未来陪审员可能造成的影响,辩护律师莱斯利·艾布拉姆森(Leslie Abramson)扬言,除非制片人愿意在片中添入更有利于被告的细节,否则他将在一家与其竞争的电视台公布一段对埃里克·默南德兹的现场采访,这段采访与纪录片传播的内容正相反。正如丽莎·司各托莱恩所写的那样,"虚假与真实之间的墙壁已变得像细胞膜一样可以穿透。透过这层细胞膜,真实变成了虚假,而虚假转变成⋯⋯真实"(Scottoline, 2000: 656)。让我们回忆一下茱莉亚·罗伯茨对埃琳·布罗克维奇(Erin Brockovich)的扮演,后者在一场某小镇居民对一个贪婪而又冷漠的公司的侵权诉讼中成为重大胜利者,该镇居民因地下水受污染而成为其毒性作用的受害人。这部影片很快打破票房纪录,新纪录的出现甚至要早于真正的埃琳·布罗克维奇在电视广告中的出现,此时她正在努力阻止大公司支持的侵权行为改革法案的通过,这项法案将给侵权损害赔偿的额度施加限制。

然而,好莱坞的虚假与法律的真实间的模糊不仅发生在电影院和家庭电视屏幕中。它也同样发生在法庭上。让我们考虑一下真实人命案中的检察官,他们时常将被告比作电影中的角色,这些角色来自于弗朗西斯·福特·科波拉(Francis Ford Coppola)的《教父》或奥利弗·斯通(Oliver Stone)的《天生杀人狂》。而州检察官们设计的一种米兰达权利的"已知且自愿的"弃权声明书,也是建立在对一个流行电视节目中反方角色熟悉的基础之上(Kemple, 1995)。

当然,从某种意义上说,法律话语中真相与虚假的混合绝非新鲜事。根据当代美国小说家堂·德里奥(Don DeLillo)的解释,法律案件,正如小说和戏剧,都是有关事情的再现。法律人是讲故事者,而最好、最具竞争力的故事是那些采用人们熟悉的叙述形式的故事,这些形式的特色则来自受到日常情感、动机和欲望驱动的可识别的性格类型。辩护律师若能将其案件意见整合进一种有效的故事形式中,并能在证据和法律限度内将其表演于法庭,相比那些只是陈述事实和白纸黑字法条的人,更容易成功地说服陪审团。犯罪及其动机、被忽视的举动及(被声称的)其导致的痛苦和遭遇、被违背的承诺及其导致的利益损失——从法律上看,除非而且直到它们被证实,亦即决策者(不论是法官还是陪审员)相信它们的确如此,所有这些东西都不存在。要在这个方面获得成功,依靠单纯演绎和归纳逻辑是无济于事的。人们必须讲述故事,讲述含有角色并表达情绪的故事。这就要求有虚构方法、想象的基本情节以及巧妙的比喻——这全是辩护律师使用原材料的成果,通过对原材料的处理,意义得以形成,并被置入决策者的意识中。简而言之,这要求熟悉大众文化的资源。

因此,辩护律师技能的一个重要部分,便是必须能够证明并展示该处境下最可能形成的故事。或许这会是个推理侦探小说,这正如一位名叫玛西娅·克拉克(Marcia Clark)的检察官在辛普森谋杀罪案的审判中于辩论总结时所做的那样。她急促地背诵每条线索,而陪审员则在投影屏幕上看见辛普森形象的各种片段:他杀人的时机(投影仪的咔嗒声)、他的动机(咔嗒)、他袜子和手套上被害人的鲜血(咔嗒)、他在犯罪现场留下的血迹(咔嗒)。最终则是:辛普森那张熟悉的脸。谜底被揭开了。又或许政府讲述的这个侦探故事冷静、逻辑的言辞将让位于一个更栩栩如生的讲述。或许这个故事将变为一个英雄的传说,在其中制度性种族主义和权力滥用将会遭遇群情激奋的陪审团的抵抗。这正是乔尼·柯克兰(Johnnie Cochran)在为辛普森辩护时所采取的叙述策略。柯克兰向陪审员投掷出一连串针对"灭绝性种族主义"的英勇质疑。他宣称:"如果你们不去阻止(亦即州对种族主义的掩盖),那么又有谁会去阻止呢?你们觉得警察局会去做这个吗?……你们通过你们的裁决,为警察工作预警。"或者还有一种至高无上的叙述,一个铸造美国政体的神话故事,这正是辩护律师格里·斯宾斯(Gerry Spence)所讲述的故事。斯宾斯在陪审员面前,将他的委托人兰迪·韦弗(Randy Weaver)塑造成一个抵抗国家暴政、捍卫杰弗逊主义自由的英雄,他的当事人涉嫌枪杀一位联邦警察局局长,这位局长来到韦弗的住所,试图以非法制造和销售枪支的罪名逮捕他。"让我们回到1775年和大陆会议,"斯宾斯对陪审员说,"杰弗逊就在那儿,亚当斯也在那儿……他们无非是从事他们职业的地方上的年轻人,正如你们是从事你们职业的地方上的人……但是他们做了一些永恒、伟大且持久的事情,而这也正是你们通过你们的裁决将做出的事情"(Sherwin, 2000:57)。

  对法律、真相和正义的大众观念、范畴、情感和信念,以各种方式进入到法律系统当中。当陪审员以他们自己的常识信念来代替难以理解的、在法官指示陪审团时匆匆读过的、超出普遍人理解能力的法律规则时,这些观念、范畴、情感和信念就进入了法律(Smith, 1991)。当大众媒体执着地挑拨一个团体的复仇欲望时,大众法律表达也进入法律,这正是1994年发生的事情。当时加利福尼亚人正由于12岁的波莉·克拉斯(Polly Klaas)遭遇性侵犯和杀害而充满愤怒,他们投票通过了这个国家最粗暴的强制性判决规则,亦即随后以"三振出局"(Three Strikes and You're Out)命名的那一法案*。法律甚至可能因一部电影而改变,这正是《细细的蓝线》(The Thin Blue Line)的功能。它是埃罗尔·莫里斯(Errol Morris)所谓的"纪录片",他利用这部"纪录片",在一场真实的、可判死刑的谋杀案中,曝光出监狱死囚区中一位无辜的人遭到的诬陷。当凶杀案中的法官、律师、目击者、被告和被告同伙依次在莫里斯的摄像机前发言时,他们的偏见、谎言和反常立即暴露出来。被告遭到定罪且被判处在电椅上执行死刑,然而电影对审判过程的控告是如此引人注目,以至于它立即引起了该案的复审。复审使得被宣告有罪的人从监狱释放。莫里斯的"纪录片"使用演员上演关键事件以戏剧性地再现这一事实,或者莫里斯将来自B级侦探剧本的可视覆盖图(visual overlays)合并成对某个目击者证词的批判的或滑稽的评论这一事实,都得到菲利普·格拉斯(Philip Glass)催眠

---

 * 该法案的主要内容是:如果一个人被宣判触犯三个重罪,那么他可能面临终身监禁的刑罚。——译者注

式评价标准的支持,这些事实仿佛没有被注意到,以便支持制片商声称的对真相的探求(Sherwin, 1994: 53, n. 52)。

在图像时代,除了屏幕上出现的,法律真实再也不能被正确地理解或评定。可视大众媒体,尤其是电视,已经成为世俗知识和常识的主要来源(Pfau, Mullen, Deidrich, and Garrow, 1995)。罗伯特·弗格森的作品显示出(Ferguson, 1994),我们只能讲述我们知道的——以及知道在既定媒体的特性界限内该如何讲述的——故事。这正如马歇尔·麦克卢汉在1964年写下的那句著名的话:"媒体就是信息"(McLuhan, 1994)。电视的出现尤其改变了新闻界和政界的实践方式。从罗纳德·里根1984年的经典竞选影片《一个新的开始》(*A New Beginning*),到比尔·克林顿1992年的竞选故事片《来自希望的人》(*A Man from Hope*),政治,如同新闻界,已经走向视觉化。今天的可视大众媒体——从电影到电视到互联网——都在以类似方式改变着法律的实践和消费。

今天,电子摄像头遍及现代美国法庭。陪审员和法官在屏幕上观看视屏证言、远距离证人、证明人身伤害的日常录像,以及所有方式的证据出示——从物证和书证的投影图像,到存入电脑的图表与数字动画,以及模拟的犯罪和事故。陪审员甚至观看专为结辩陈词阶段制作的电影(*Standard Chartered PLC*, 1989)。而且,毫无疑问的是,人们也在家中观看这些,有时甚至看着了迷。在这些时候,特别重大的案件,比如辛普森谋杀案,获得了一种被放大的文化意义。更大的社会议题,诸如种族和名人崇拜,在一个全国乃至全球的平台上展开。作为其后果,法律发生改变,而新政策得以产生。于是此处媒体也发挥了重要作用。某个审判的声名狼藉仅有部分是它引发的法律议题所造成。它的流行程度,还取决于这个审判的故事和角色类型在多大程度上符合或违背媒体自身的审美标准。

以法庭电视网(Courtroom Television Network)即法庭电视(Court TV)为例,这个频道将自己宣传为美国司法制度的一个"窗口"。它播出的审判显然不足以证明它的宣传。在这些审判报道中时常出现的对人与人之间的性或暴力的频繁叙述,对绝大多数真实审判而言是很没有代表性的。而一个更典型的非暴力民事争议得以大出风头——比如说一个合同争议,则是因为它涉及名流,比如由演员帕米拉·安德森(Pamela Anderson)和著名电视剧《海魂》(*Bay Watch*)的制片商担任主演的诉讼。为了给该案报道做宣传,法庭电视频道播出了一个身着比基尼的安德森欢快地在《海魂》拍摄现场的海滩上嬉戏的镜头。性、暴力以及名人崇拜,这些当然是成功商业电视作品的熟悉公式。这正是观众共同期待的(而且从收视率上看,也是最喜欢看的)。成功的法律节目模拟这些欲望和期待。如果法律节目不是这样,那么它们甚至在一开始就不可能被播出,更不用说流行了。

但是,如果相似的期待和产品价值试图塑造和充实法庭中的法律故事讲述,又会发生什么呢?如果法律和娱乐结成姻缘,又会发生什么呢?如果大众文化中的可视技术试图将它们的展示方式带入法庭,我们会抗议吗——如果我们注意到的话?我们应该区分言辞的说服效果和视觉隐喻的效果吗?通讯技术的变迁会造成通讯内容的变化吗?主流的叙事变化会改变讲述者和观众的意识和文化吗?如果的确是这样,那么这将造成何种法律影响?这些变化又如何影响对真相的探求、法律的权威以及社会中追求正义的斗争呢?这些问题的提出和回答是关于大众法律研究的关键目标。沿着这条探索路径,我们将开始发现,对法律和大众文化的解释既是一种美学现象和技术现象(在麦克卢汉的意义上),又是一种实质意义上的法律的题材。

对大众文化中的法律的学术研究,相对而言是晚近的成就,但是通过其中之一来解释另一个的做法却与西方法律本身一样古老。正如古典学家凯西·伊登(Kathy Eden, 1986:7-8)指出的那样,普通的雅典公民"非常直接而且非常频繁地"在悲剧和法律表演时作为观众及法官而参与进来。确实,古希腊悲剧中的戏剧话语充实了公众对法律的理解,正如法律话语帮助塑造和充实了古希腊悲剧中的话语那样。古希腊的经历很难说是独特的。菲利普·西德尼(Philip Sidney)就指出,在两千年后的伊丽莎白治下的英格兰,证明法律和事实真相的实际任务要依靠虚构的方法(Duncan-Jones, 1989)。人们怎么可能以其他方式在法庭中重建真实(Bennett and Feldman, 1981)?除了借助故事和戏剧的虚构机制,人们怎么可能赋予纯粹的事实资料以生命?没有了戏剧的外加力量,以及(尽管有时甚至是蔑视)法律的形式要求,辩护律师无法使他人相信自己,也无法促使判决形成,那些判决者的职责据说是对真相和正义的要求作出回应。

然而,随着数字通讯的出现和可视大众媒体的繁荣,我们今天面临着新的问题和新的挑战。一方面,数字技术使得以此前难以想象的清晰度来描述对象和事件成为可能。图像为无论是否受过训练的眼睛都提供了一种直接的认识途径。通过可视图像的帮助,以前被掩盖的物理细节展露无遗:化学物质如何渗入附近地下水,一个有缺陷的尾翼如何导致飞机相撞,或者香烟制造商是如何故意使用氨分子来更有效地产生尼古丁。然而,正是由于这些途径的简易性和可靠性("眼见为实"),可视图像引发了新的挑战——正如罗德尼·金案(Rodney King)中那位粗心的公诉人引起人们注意的那样。由于拘泥于乔治·霍利迪(George Holliday)的外行录像——该录像展现了一幅警官们包围并殴打金的场景,这位检察官从来没有考虑过辩护方对视频的数码重构是如何改变视觉资料叙述的。通过拆分录像画面并改变其长度,被告颠倒了因果关系:与一群有着种族偏见的白人殴打一个手无寸铁的黑人驾驶员的故事不同,陪审员看见了另一系列图像,这些图像显示警官小心翼翼地将暴力水平"逐步升级并逐步降级",以直接回应金对逮捕的挑衅性抵抗。

这里最值得关注的是视觉资料劝说的独特效能。存在着三个值得考虑的维度。首先,因为照片、电影和视频图像看似更接近真实,它们更有可能引发认识上以及(尤其是)感情上的反应,这类似于被描述的真实事件本身能够引发的反应。电影、电视以及其他以图像为基础的娱乐节目已经在大众中大规模地压倒了文本媒体,这在很大程度上是因为它们凭借着生动、栩栩如生的感觉,看似能更彻底地模拟真实,并强烈地影响观众(在交互式电脑和电视游戏以及沉浸式虚拟环境的情形中,则是参与者)。就诉诸情感及理智的劝说工作而言,图像相比纯粹字词能够更有效地实现说服。其次,因为图像看似能提供一种直接的、无中介的关于它们所描述的真实的看法,它们更有可能被视作对该真实的可信再现。不像明显由说话人建构并因而被理解为距其所描述真相有一定距离的字词,照片、电影和视频图像(不论是模拟的还是数字信号的)看似直接源自外部世界,而没有人为媒介及其解释的成分;图像因而看起来是它们声称要描述的事物的更好证据(Kassin and Dunn, 1997)。最后,当图像被用来传达建议性主张时,至少它们的某些意义总是暗示性的。图像不能被归结为清晰的论点。因此,图像更适合于对原本的意义不予明说,而这是劝说者求之不得的——当证据规则禁止清晰地提出主张时,尤其是这样(Messaris, 1997)。

因此,图像并非简单地"增加"了字词的劝说力量;它们改变了论证方式,并通过这种改变拥有了更有力地实现劝导的能力。字词构成了线性的信息,而这种信息必须被连续地接受,与此不同,至少图像的某些意义能被立刻领会。这种快速的可理解性允许可视信息被高度浓缩(看一幅图的时间明显比读一千个字的时间要少得多),并且允许图片制作者在快速衔接中将一个个意义联系起来。这种理解的直接性增强了说服效果。当我们认为自己立刻就获得了全部信息时,我们就不愿去进一步探究问题了。而且日益快速的图像序列使我们丧失了批判性思考的能力,观看者太忙于处理眼下的图像,以致无暇对上一张图像加以思考。由于这两个原因,可视信息导致相反的论辩减少了,因而也就更有可能获得我们信任。此外,图像通过一种联想的逻辑来传达意义,这种逻辑很大程度上是在潜意识层面运作,并借助于对观众情感的吸引力得以运作。最后,图像易于促成交互性指涉(intertextual references),这种交互性指涉能够把不同作品和体裁的信息连接起来,这使得论据能够借用观众假定的对其他作品和体裁的熟悉,因而也就在更大程度上动用了文化中的意义资源。观众对他们熟悉事物的喜好,对他们正在理解真实的信念,以及(对图像的)迅速和轻易的理解,这一切使得观看比阅读要有趣得多。因为观看者一直在忙碌并且很娱乐,他们就既不能也不愿对劝导性的视觉信息提出批评。因此这种信息就更容易被接受。

新通讯技术的逻辑不可能被排斥在法律之外,它也确实没有被排斥。现代的(印刷的、规则导向的、线性因果的、客观证据取向的)解释风格尚未消失,但那种风格对真相和法律的支配地位已走向尽头。今天,观看者从他们日常的屏幕实践中吸收着后现代思维,在屏幕中图像反映出其他的图像,而且这种模拟物获得了等同于现实经验的地位。我们要考虑到的是,我们处于这样一个时代:美国总统在其弹劾过程初期的视频证言也在《纽约时报》头版被电影和电视评论家所评论(在其评论中,评论者负责任地指出,这盘录像带"不像是在模仿路易·马勒[Louis Malle]的电影《与安德雷吃晚餐》[*My Dinner With Andre*]")。我们也生活在这样一个时代:美国公众可以提名"电视法官"而不能提名真正的法官,而且人们还期望真正的法官在法庭上像在电视上看到的那样来行为(Podlas, 2001)。有时,法官竟真的如此表现。有时,警官和律师也是如此。

很明显,这些考量不单局限于美国法律制度和文化之内。作为改装后的国际贸易模式之结果的文化全球化(和同质化)造成了逐渐加剧的紧张,这种紧张扩展到对生产和制造品的市场竞争范围之外。全球化同时也加速了其他国家对美国大众文化及其法律表达的输入。比如,加拿大国民在被加拿大警察调查时就主张他们的"米兰达权利"(*Miranda* rights)。实际上由于美国法律电影和电视泛滥而"归化",他们显然觉得自己有资格作为"其他"美国公民而享有相同的权利和特权。又比如在法庭中的德国法学家在法庭上站起以抗议法官独任裁决,或者戏剧般地对证人席上的证人进行交叉询问。美国大众法律文化中的惯常节目,连同其包含的对抗性规范,似乎导致他们忘记了自己所处的大陆法系的纠问式(非对抗性、文档导向)特性(Machura and Ulbrich, 2001)。这些发展引发人们去思考这样的问题:对抗性法律情节剧(一种明显来自于英美大众文化的体裁[Clover, 2000])的跨国吸引力,是否可能重构全球的共识(Herman and McChesney, 1997)。

大众法律研究的一个基本前提是,对法律的研究和批判现在必须顾及大众文化和通讯技术以及社会经济条件的新发展,大众法律表达就在这些新发展中形成。基于对社会法律意识建构的批判性洞见(Ewick and Silbey, 1998),对大众文化中法律的研究提供了一条探究制度和个人的法律意义相互形成过程的多学科进路。

为了追求这一目标,对大众文化中法律的研究将一种理论、一种实践、一个领域、一种教学法和一种思潮结合在一起。这种理论建立在结构主义洞见的基础上,这一洞见告诉我们,表达的特定形式——话语、隐喻、图像——对于被表达的真相来说有着根本意义。它采用一种多学科的进路(包括认知与文化心理学、人类学、语言学和修辞学;以及媒体、电影和通讯研究),来理解法律意义在社会中是如何形成和传播的。这种实践则从事于微观分析研究,在这种研究中特殊的法律行为受到一系列分析工具的考察和评定,这种研究包括经验性的以及更广阔的解释性研究。这个领域则从法律意义形成的正式场所和实践(法庭、立法机构、政府部门)一路拓展到日常场所和实践(人们在社会话语中对法律意义发表意见,并从包括屏幕图像在内的一系列文化人工制品中将大众法律意义内化)。这种教学法则是兼收并蓄的,有赖于需要创建的多种不同视角,这不必然是线性模式,对洞见的组合可能影响新的和具体的法律行动领域。在这方面,大众法律研究的教学法类似于经典修辞学者的实践,当存在特定情势的需要时,他们将关注积累的多种论题(亦即分散的实体知识和审美形式)。最后,从这一多学科的、结构主义的进路中产生的思潮体现在对两个核心问题的回应上:谁负责设定公共符号的意义?以及这种职责是如何履行?(Ober, 1989:339)。这些问题在适当的时机将重新面对民主社会中带有法律色彩的权力地位及其分配方式。

在下文中,我将尝试进一步阐述关于大众社会中法律的研究的所有维度,同时也将进一步扩展这一崭露头角的领域。

法律与大众文化的互相渗透

对美国法律的作用由文化所塑造的深刻认识,可以追溯到法国历史学家托克维尔的作品。在1830年代观察美国社会的托克维尔发现,"在美国几乎所有政治问题迟早要转化成司法问题"。"法律的精神,"托克维尔写道,"通过社会权利一直渗透到最底层的人们,直到最后全体人民都染上了司法官的习性"(Tocqueville, 1969:270)。然而,托克维尔未能指出的是,这种流动其实是双向的:大众法律意义同样也向上渗透到法律权力的最高层。我们作为共同体的一部分,意味着我们同时使用各种共享的认知和文化意义形成的工具来解释事件。法律官员们所使用的许多意义形成工具,通过大众文化表达进入了大众法律意识领域。但是大众文化同时还生产着它自己的工具和方法。它在理解法律真实的过程中,还生成它自己的图像、标志、故事、角色和隐喻。如此,则官方和非官方的法律意义(有时是分离的,有时则是混合的)会按部就班地通过大众文化传媒来实现循环。

正如约翰·丹维尔(John Denvir)简洁指出的那样,"我们能够通过看电影学到许多有关法律的东西"(Denvir, 1996:xi)。正如保罗·约瑟夫(Paul Joseph, 2000:257)认为,"大众文化反映的是已存在的法律认识,甚至在它帮助塑造和增强法律认识的时候,也是如此。"借助于法律电影,我们得以直面当时严重的道德困境,无论它是《杀死一只知更鸟》(*To Kill A Mockingbird*, 1962)中纠结的种族主义,还是在《费城故事》(*Philadelphia*, 1993)中得以戏剧化的对同性恋的憎恶所导致的后果,或者是诸如《死囚上路》(*Dead Man Walking*, 1995)和《绿里奇迹》(*The Green Mile*, 1999)这类电影显示出的死刑的正当性困境(Greenfleld, Osborn, and Robson, 2001)。而诸如《佩科斯之王》(*King of the Pecos*, 1936)和《双虎屠龙》(*The Man Who Shot Liberty Valance*, 1962)这样的流行电影则使观众面临暴力与法治的关系这一麻烦问题(Ryan, 1996; Nevins, 1996)。通过对法律电影的比较分析,我们也能看见大众法律表达在目的上的显著变化。例如,我们可以将德国电影界中1920年代和1930年代早期的魏玛电影题材——在这些电影中该时代的社会冲突和政治动荡清晰可见——与纳粹掌权(1933年)后出现的电影作一对比。在纳粹时期,德国电影使用法律"来证明政治制度的'仁爱'和'慈善'性质,……或者来传播法律制度的效率和安全,因而也就掩饰了实际存在的对法律的歪曲"(Drexler, 2001：71)。对法律电影的比较分析同样也显示出对法律人和法律制度的社会规范和期待的显著变化。比如马丁·斯科塞斯(Martin Scorsese)的《恐怖角》(*Cape Fear*, 1991)中对法律容纳正义要求之能力的幻想破灭，与此相比，J.李·汤普森(J. Lee Thompson)1962年的原版则明显更为乐观(Sherwin, 1996)。在相同领域，我们也可以将诸如《青年林肯》(*Young Mr. Lincoln*, 1939)这样的产生于英雄法律人电影鼎盛时期的作品，同随后时期的"愤世嫉俗和文体上表现主义的电影"(Rafter, 2001)作对比，如《三楼的陌生人》(*Stranger on the Third Floor*, 1940)和《上海小姐》(*The Lady From Shanghai*, 1948)，诺曼·罗森伯格将这些电影巧妙地称为"法律的黑色文学"(law noirs)(Rosenberg, 1996)。

同时值得注意的是，人们从法律题材的电影中也时常学到错误规则(Asimow and Bergman, 1996)。显然，这至少部分是由于电影和电视故事讲述的不同需求造成的，这种需求不同于书面或口头法律叙述的需求。对市场份额的竞争，以及现存的对于一部好电影或电视节目应该是什么样的准则和期待，也在塑造公众有关诉讼、庭审律师和法律制度整体的感觉上扮演重要角色。正如雷·苏雷特所写，"主宰公共意识和政策争议的犯罪类型并非常见犯罪，而是其最罕见的类型。无论是在娱乐节目还是在新闻中，用以界定犯罪性的罪行总是嗜血成性的犯罪行为"(Surrette, 1994：131)。

媒体偏爱刺激和具有视觉冲击力的故事，这背后是人们对复杂性的反感。多重因果关系以及系统性的错误，相较于能塑造出易辨认的好人和坏人的简单情节剧，显然更难在视觉上叙述(Feigenson, 1999-2000)。与此同时，新形式的可视故事的力量和功效则不会对权利主张者不起作用，无论是在诉讼实践还是在诉讼公关，以及其他形式的法律和政治宣传中，都是如此。正如劳伦斯·弗里德曼指出的那样，"媒体传播的是'三振出局'或'年龄足以从事犯罪，即足以承担刑罚'(old enough to do the crime, old enough to do the time)这样的套语。刑事政策是由波莉·克拉斯*决定……侵权行为法政策则由麦当劳的热咖啡以及各种其他都市传奇来决定"(Friedman, 2000：557)。

电影和电视中的大众法律表达不仅有助于塑造和充实公众观念；它们也充当一种文化气压计。它们能够告诉我们有关法律、法律人以及一般法律制度的变动着的公众信念和看法。正如苏珊娜·莎尔所写，"除非我们对大众娱乐产业如何展示法律和法律制度有所关注，否则我们就不能指望去了解维系法律和它的主体之间的那层关系"(Shale, 1996：992)。我们可以将大众法律表达视作一种大众对法律人和司法制度的除魅(disenchantment)和批判洞见的有用来源。例如，从1970年代起，对法律人的电影描写几乎一律是负面的。在同一时期，民意调查则始终如一地显示美国公众对法律人

---

* Polly Klaas 是美国加州的少女，1993年10月，12岁的克拉斯在家中被人绑架并杀害，此案在全美引起震动。——译者注

的尊敬经历着一个惊人的下降。从1977年起,相信法律人"享有崇高声誉"的美国人数量从36%下滑到19%(Asimow, 2000)。

正如一种流行的复仇电影题材(诸如查理·布朗逊[Charlie Bronson]在1970年代大获成功的系列复仇电影)的出现,预示着公众对法律解决暴力犯罪问题的无能产生了广泛不满,一个类似现象则是人们对臭名昭著的案件的关注。对公众来说,案件的戏剧性显然要比法庭中特定当事人的命运更受瞩目。这类审判在很大程度上远离了这个国家的社会、政治、文化和心理意义。此时法律要解决的是当时爆发的最深刻、最难以解决的冲突。例如,在1991年,辛普森谋杀案的审判导致了国家种族主义和名人崇拜之间的冲突。1907年,对哈里·肖(Harry Thaw)谋杀斯坦福·怀特(Stanford White)——纽约最著名的建筑师——一案的审判,在人们面对现代的除魅和不确定时引起了对自然法正义的乡愁。1859年,由于其通过攻击一个地处哈珀斯渡口(Harper's Ferry,这个地方几乎没有奴隶)的联邦军械库来引发奴隶起义的尝试失败,约翰·布朗(John Brown)受到审判,该审判使得无意义的暴力和英雄般的情节剧之间的冲突得以戏剧化,而这种英雄般的情节剧正是由最著名的先验论者如拉尔夫·沃尔多·爱默生(Ralph Waldo Emerson)和亨利·大卫·梭罗(Henry David Thoreau)等人创造的(Sherwin, 2000)。无论是无意识地靠近还是明确地面对符号化的法律冲突,这种法律冲突既通过审判得以成功解决,又遭遇到更深远的疑虑和压抑,因而也就确保了其将来某时的卷土重来。

因此,根据这一观点,臭名昭著案件的审判之传播和接收同大众法律表达一样,可以提供抵抗、批判以及更广泛地肯定和重新解释接受到的法律意义的机会。实际上,大众文化对法律真实的回复和反应可以为公众提供富有抱负的或许甚至是乌托邦的向往之径。正如奥斯汀·萨拉特(Austin Sarat, 2000: 429)所写,"电影不纯粹是反映被歪曲的法律和社会真实的镜像。毋宁说电影总是表现出替代性真实,这种真实由于电影总是依赖影视创作、编辑或架构,从而显得与法律真实不同。"再举一个极端的例子,人们可以从昆汀·塔伦蒂诺(Quentin Tarantino)和大卫·林奇(David Lynch)的怀疑论的、不受因果律支配的、后现代的视觉叙述中,发现对法律(以及对构成西方自由主义传统的准则)的颠覆性冲击(Sherwin, 2000)。然而,在后现代光谱的另一端,我们也遭遇到一个强烈的肯定性范式,在该范式中非因果性、结构主义认识论以及伦理的更新获得了新的和有高度说服力的表达形式。这点可以在诸如克日斯托夫·基耶斯洛夫斯基(Krzysztof Kieslowski)的光辉般的电影作品中发现(Sherwin, 2001)。

大众法律表达对真实的影响显示出托克维尔对美国法律与文化关系的早期洞见中所缺失的东西。当托克维尔写下"法律的精神通过社会权利一直渗透到最底层的人们"这句话时,他确实是对的,但是这一洞见却遗漏了等式的重要一端,即,从日常法律实践到最高层的司法决定的形成,大众法律表达如何有助于提供构成法律的意义形成工具和议题。让我们来思考一下这些过程的更深入细节。

法律意义形成的工具和议题

  众所公认,我们的历史意识,就如我们的记忆和自我认同意识,在很大程度上是编排和讲述故事的结果。而且,正如通过故事我们才建构了个人和集体经历的意义那样,通过故事我们也被激发去指责(或赦免)他人(Pennington and Hastie, 1993)。然而,法律学者在加入到迈向视觉技术的文化转型方面,却要比其他学术领域的同行显得迟钝。不过,如果今天的真实越来越被视作是符号的效果,而可视图像被认为比真实更为真实(Baudrillard, 1990),那么这正是我们应该期待从新闻、广告、政治和法律中看到的东西。当法庭中的律师从视觉上重构真实时,我们看见的正是符号间的和图像间的演示。

  在我们的时代,故事和讲故事风格的最重要来源是电视和电影。这些媒体设置的参数越来越被大多数人认为是服务于对真实的记录。我们的思考以及我们在思考时使用的认知工具,在很大程度上处于可视大众媒体的范围内。逐渐地,法律人认识到有效的劝导不仅要利用人们脑海中的真实,而且要符合人们的认知习惯和思维方式,而这正是由大众媒体文化的广泛宣传来生成的。辩护律师现在知道并且开始使用广告商和政治家已经知道并已长期使用的一些东西:如何发布信息;如何将内容调整以适合媒体;以及如何在屏幕上和观看者意识中加工图片、编辑信息并抓取关键时刻。法庭录像在这方面已赶上电视新闻、游戏和商务节目。它们也直接吸收了故事片中的图像。至少可以举出一个例子,模糊电影和真实间的界线构成了审判策略的关键。根据杰里米亚·多诺万(Jeremiah Donovan)——一个复杂的有组织犯罪的审判中的首席辩护律师——的叙述,州一方的证据是如此极端(比如粘有一百根人骨的板子),以致陪审员产生了一种完全脱离真实的体会。证据的某些片段看起来像"戏剧中的小道具"。这一洞见促使多诺万将他的辩护总结改变成"一个故事……听起来像个电影中的情节"(Sherwin, 2000: 31)。

  在实际法律实践中对真实的美化,也与诉讼公关和追求法律改革的高成本媒体运动的迅速发展保持一致。法律战斗现在不仅要在法庭内发动,而且要在法院门口台阶上的摄像机前、在流行的电视脱口秀中以及付费的法律广告中发动。正如一位在芝加哥工作的负责人身损害案件的律师指出的那样,"公众性向来是民事和刑事案件中的一个问题。"而一旦图像转轮得以启动,则很难不对此回应。正如一个公司发言人指出的那样,"如果我们允许我们对手的律师和发言人将画面展现给新闻媒体去吸收和关注,那么为了抵消一般公众接受这些画面所造成的损害,我们将付出各种代价。"(更不用说因未来的陪审员对画面接受而造成的损害了)(Sherwin, 2000：148)。结果,通过大众媒体通讯而形成的公众性成为了当代律师工具箱中的又一个工具。甚至连美国联邦最高法院的大法官们也开始警惕大众媒体图像的效能和可操控性(Sherwin, 2000)。

为着实现特定客户的利益或者获取一个更好的法律位置,从而在法庭内外对大众法律表达的有意使用,涉及一个广泛系列的议题,包括媒体技能、文化和认知的启示方法,以及(毫无疑问包括)法律伦理。这个发展迫使法律教师和法律学者在有意无意间去研究我们建构、铭记、修改或放弃法律意义的各种方式。为了充分评估这一意义形成的过程,法律学者需要对律师、法官、陪审团和压倒性的公众,以及公共关系代理人和其他通讯专家所拥有的大量意义形成工具和能力有足够的熟悉。何种故事和故事讲述风格、何种故事元素和角色类型、何种大众隐喻和法律范畴、何种通讯技术和相关逻辑形式可资利用?它们又是处于何种条件下,并对感觉、信念和判断具有何种效果?

当然,这是另一种导向亚里士多德修辞学进路的陈述关键问题的方式,即在面对一个既定的法律冲突或争议时,什么是可用的劝导手段(Aristotle, 1954：24)?遵循着今天的相似路线的一种对修辞目标更广阔的重述,可以与来自包括认知心理学、文化人类学、社会学、语言学、传媒研究、电影研究和广告学的多个学术领域对意义形成过程的洞见相结合。这一打破传统上巴尔干化(balkanized)法学研究、过分限制其研究领域及其理论基础、实践、教学方法和分析工具之壁垒的持续努力,促使我们直面大众法律研究的构成性要素,这是我们下文要探讨的一个主题。

法律/文化矩阵:构成性大众法律研究

从1970年代后期起,文化研究开始给学者提供跨学科的工具(Hall, Critcher, Jefferson, Clarke, and Roberts, 1978；Williams, 1980)。文化研究关注象征形式的生产、流通和同化。这也同制度和地方性实践如何生成社会意义这一问题有关(Turner, 1993)。这条兼收并蓄的进路在稍晚时候被大量法律学者采用,这批学者试图在上诉法院判例法、法律解释和社会政策之外寻求法律教育和学术创作的主要议题,以便更广泛地涵盖全社会法律意义形成的实践(Sherwin, 1992)。正如芭芭拉·杨维森所指出的,"法律的精神不仅在最高层被创造出来,而且也在地方性实践中得以转变、挑战和再创造,这种地方性实践在当代美国生产出一种多元法律文化"(Yngvesson, 1989：1689)。无论是引起谣言风波以抗议法团对文化符号的控制(Coombe, 1998),或是接近一个法庭书记员以便使一个有关虐待的故事得到确认而从容获得法律诉求的权利(Yngvesson, 1989),还是抵制以违反法律条款方式来建构争议图像的仲裁员(Silbey and Merry, 1986),

这些地方层面上的实践都构成了"权力的微观物理学"（借用福柯的措辞）。我们在这里发现了文化宰制与抵抗的高度语境化形式。

诸如杰罗姆·布鲁纳（Jerome Bruner）、安东尼·阿姆斯特丹（Anthony Amsterdam）和尼尔·费根森（Neal Feigenson）这样的研究法律文化的学者，都类似地提供了一种地方性实践的微观分析，这种地方性实践组合了一系列语言的、叙事的和修辞的要素。无论是将联邦最高法院的判决解读成"斗争神话"或"恶魔情人的私通故事"（Bruner and Amsterdam, 2000），还是将人身伤害案中律师的辩论总结解读成个人忏悔的情节剧（与系统的责任相对）（Feigenson, 2000），这些学者探究的问题是：在特定的文化生产场域中，呈现的大众法律文化的代码、熟悉的图示和剧本、关于动机和意图的常用词汇以及信念和价值的位阶排序是什么？为了寻找法律意识的构成性要素，亦即寻找使法律意义得以塑造、传播和接受的大众文化材料，文化法律研究已将领域扩大到了由电影、电视和互联网构成的日常世界。

如果构成大众法律研究的指导性洞见是：法律不是自治的，法律与文化间的界限是相当容易穿透的，那么它的学术方法也将追随这种主张。这一强调实践性与跨学科特色的文化分析进路，促使批判理论通过在特定具体语境中运用广泛的分析工具来实现着陆。然而，与此同时，大众法律研究也对过度的批判和无处不在的除魅所带来的危险保持警惕（Sherwin, 2000）。我们熟悉的反讽或戏谑的怀疑论这一后现代倾向，不能对实证发现、解释洞见和规范承诺的持续需要做到公平对待。为了推进这一更具肯定性的目标，对新的法律场所以及对法律权力的社会效果的研究，必须要持续扩展。

这种研究的方法是兼收并蓄的、参与性的和实用性的。如同我们的故事以及故事讲述的技术和实践会变化，我们的信念和判断形式，以及我们关于什么构成证据和有效劝导的期待也会发生变化。伴随着法庭内电子监视器的采用，法律学生必须能够解释陪审员带入屏幕中的日常联想。他们也必须适应观看者在家里和办公室中通过电脑接受的熟悉的节目和信息图式。出于同样原因，他们可能需要应付陪审员不断增强的期待，即提出允许他们自己浏览屏幕数据。电脑使用者的软件与互联网的数据搜索（亦即"冲浪"）系统相链接，他们通过自由联想将由软件提供的思考工具加以内化，有鉴于此，法律对话和辩护也可能需要作出相应的调整。因此，法律教育必须能应付技术的不确定性以及正在出现的数字思维的行话（Lessig, 1999; Rohl and Ulbrich, 2000）。

最后，大众法律研究也提出了新的伦理议题和挑战。例如，由于更多的人熟练掌握数字化制作的技术，他们开始认识到他们所理解的真实得以建构或改变的各种方式，一种新的怀疑论可能显现。辩护律师如何再度声称其真相声明所具有的权威？反过来说，数字图像时代的法律，将如何应对人们在观念上对接受和信任其能力的缺失（Gilbert, 1991; Gerrig, 1993）？新的媒体技术是否能够满足批判性地面对屏幕上劝导图像的挑战？或者把信念和判断予以工程化是否会加紧它对头脑的控制（Ewen, 1996）？我们还需要思考的是,依附于法律意义的权力是源自一个精英的、自我指定的文化生产者群体,还是来自本地共同体的真正需要、欲求和想象?马库斯·阿诺德(Marcus Arnold)的故事提供了一个尽管并非决定性却令人感兴趣的暗示,这个15岁的孩子成为了互联网上点击率最高的法律意见提供者。马库斯相信他已从电视中掌握了足够的法律,因此他可以无需从事实际研究而直接提供法律意见。很显然,当他的年龄和惯用伎俩为公众所知时,他的受欢迎程度并未受到影响(Lewis,2001)。这是否是对马库斯交流技巧的一个奖赏(同时也是对这个行业在与人交流上的失败的一记耳光)?它是否预示到,一种对违反直觉的法律技能所造成的损害开刀的大众法律文化将占据支配地位?如果我们对法律/文化矩阵(matrix)掌握更多,那么关于民主制原则持久力的基本问题必定会涌现出新活力。一旦我们追问,是谁设定了社会中的法律符号的含义,如何设定含义,以及它们会有怎样的效果,我们就会直接面对大众法律研究的政治和伦理维度。在这种语境中,伦理是一种对意义承担责任的事务。正是由于意识到这种挑战,我们将转向讨论研究大众文化中法律的学术规划和全球含义。

未 来 展 望

大众法律研究的一个主要目标,是探究法律意义是如何"在线和下线"或多多少少地被持久压制的。为此我们需要去考察能够说明该意义选择过程是如何和为何发生的社会、政治与心理过程。实证研究有助于揭开人们在建构对特定法律结果以及更普遍法律效果的信念和判断时,会在什么环境下,使用什么社会剧本、常备故事、陈规、神话、隐喻以及其他认知或语言的表现形式,并收到什么效果。这一实证研究尤其感兴趣于对法庭内可视技术应用的日益增加,以及对大众传媒领域中视觉劝导技术的日益依赖(诸如诉讼公关)。到目前为止,对电脑动画制作、意外事故受害者一天的生活的电影描述、视频证据、以数字化方式模拟的犯罪和事故以及法律广告等的实证分析,只不过刚刚开始。正如社会心理学研究者尼尔·费根森和默根·邓恩所指出:

> 没有有效的实证研究,咨询委员会和立法机构就不会去起草、提议并通过处理现代可视通讯技术的运用的证据规则……没有对可视技术效果——既对陪审团又对审判过程本身而言——的可靠了解,法官就无法准确评估可视证据的证明力或副作用……尤其重要的是,该研究必须以一种心理学理论为基础,并试图阐明这一关于观念和社会判断的心理学理论。如果现代可视技术影响审判参与者的机制能够得以识别和理解,那么新兴技术的益处和风险就能更容易和更精确地得到评估。

(Feigenson and Dunn, 2003:110-111)

除了对视觉劝导策略的产生和评估都予以关注的新的实证研究外,法律学者应该继续从事大众法律表达的解释性研究。对电影、电视和互联网中图像的分析,将可能不仅揭露公众期待与信念是如何被这类媒体所塑造和教育的,而且还可能在认知工具和文化内容方面提供新的洞见,这些认知工具和文化内容涉及的是人们被如何带入法庭或者其他场所,在那里,法律的意义是如何被阐发、争论和可能转变的。无论是作为对法律权威或大众文化操控进行大众抵抗的场域,还是作为得以确认的新形式或乌托邦努力的例证,这些文化资源都可能被开发用于阐释规范内容(Sherwin, 2001)。

将大众法律研究带入课堂,意味着视觉表达可以被投入多种用途。对法律/文化矩阵提供洞见,确保了增进学生的某些知识,这些知识事关法律人应做什么,法律由什么构成(和它能在哪里被发现),以及法律如何使自我、他者和规范性世界的特定模式得以展现,或法律如何压制这些模式(Cover, 1983)。显而易见的是,这一研究跨越国界。正如许多评论者已指出的那样,美国是包括大众法律文化在内的大众文化的主要输出国。这对输入国有着什么影响?这一询问引起了对以下问题所具有的新的重要性的关注:对大众通讯方法和内容的拥有和控制(Herman and McChesney, 1997)。媒体控制方面的全球性趋同是否为跨国大众法律文化的先驱?对跨国公司市场战略同美国中心主义的意识形态、技术以及制度这二者之间的可能联系的探索,可以得益于对大众法律表达的研究。新技术与新市场条件对事关法律意义形成的本土文化模式的后殖民影响,需要更深入地分析。

与此相关,我们也可以考虑大众法律研究的一个分领域,该领域关注法律与媒体生态。道格拉斯·里德已经注意到,一方面是法律和司法程序的强有力影响,另一方面则是包括电视专家和复杂民意调查的运用在内的大众媒体权力。根据里德的看法,这已造成一种能够显著影响政策制定和治理过程的宪法外机制。他将其称为司法-娱乐复合体(juridico-entertainment complex)。这个复合体"将法律程序和法律冲突转变成消费品,这种消费品声称是在实施教育和启蒙,但同时又激发普通观众的冲动,给他们消遣或者让他们开心"(Reed, 1999)。美国大众法律表达的全球输出和消费,伴随着贸易实践的转变和新大众通讯技术的繁荣,引发了司法-娱乐复合体成为一种跨国现象的可能性(Machura and Ulbrich, 2001)。作为大众法律表达的商品化及其全球贸易的伴随物,关注媒体技能、互联网接入、知识产权、软件设计、隐私、反托拉斯限制以及国际贸易规制等的问题,将赋予大众法律研究领域以十分紧迫的重要性。

在这点上,我们必须记住民众(商品化的)文化(mass culture)与大众(本土的)文化(popular culture)之间的张力,以及与此相伴随的消费主义认同形式的强制性与试图创造更真实或更有意义认同形式的努力之间的张力。作为文化生产的一个机制,以及作为一种文化产品本身,法律是相互竞争的生活方式之间的媒介(有时是压制性的,有时是创造性的)。诚然,文化与认同之间的关系是复杂的。借助诸如大众媒体对于大众文化表达的控制,霸权文化力量对个人的自我意识的殖民化绝不会铁板一块。生活经验的真实性会以地方性文化表现形式得以保留,并将重新构造自己(Ewing, 1997:18-19; Turner, 1993:427)。保持多重话语的可能性及将其付诸实践的意识有助于文化分析,即使它包含了与他者间的以及不可通约的自我认同的碎片之间的矛盾关系,亦复如此。根据这一观点,在全球范围内对本土大众法律表达的研究,可以为描述性和批判性的文化洞见提供一种资源,这一洞见将涉及在面临新形式的国家或私人对法律意识的操纵和控制时,可能发生的抵抗、肯认以及转变。

结　语

　　法律将国家力量添加到文化规范中。但那些规范是如何得到建构、铭记、传播和强加的? 在法律与大众文化之间有着一个双向交通,这个双向交通有助于我们去理解这其中之一是如何塑造和充实另一方的。除此之外,我们怎么可能识别法律对哪些规范作了编码,又将哪些规范排除在外? 大众法律研究反映了一个更为广泛的学术运动,这一运动试图阐明意义是如何在社会中形成和传输的。它解释了法律实践的交流和劝导要素,同时也解释了在很大程度上通过公众成员来实现的大众法律意义形成的日常实践。主流叙事实践的变化预示着观念和文化的变化。今天,我们的故事越来越视觉化。理解这复杂而又无处不在的法律意义的形成过程,要求法律学者能够把握这些发展变化。

　　对大众文化中法律的研究包含各种多学科的分析方法,这种分析方法能够揭示,对法律与大众文化的解释如何促成了法律意识的形成。按照这种路径,它也揭示了民众抵制或创造性地肯认这种劝导的场域。它还遭遇到新的支配形式。例如,在法律劝导与商业娱乐价值会聚的地方,我们就看到了这一点,在这里高度感官化的认同被当作大众判断和信念的基准。这一标准或其他标准是否将最终获胜,仍然有待观察。同时,对大众文化中的法律进行研究,可能有助于我们去观察和评估是谁设定了公共法律符号的含义,这又伴随着什么样的法律与政治后果。对法律意识的生产和效果承担责任,是我们对我们身处其中的社会承担责任的一种(或许是最重要的)方式。

参考文献

- Aristotle (1954) *The Rhetoric*. New York: The Modern Library.

- Asimow, Michael (2000) "Bad lawyers in the movies," *Nova Law Review* 24: 531-91.
- Asimow, Michael and Bergman, Paul (1996) *Reel Justice: The Courtroom Goes to the Movies*. Kansas City: Andrews and McMeel.
- Baudrillard, Jean (1990) *Fatal Strategies*. New York: Semiotext(e).
- Bennett, W. Lance and Feldman, Martha S. (1981) *Reconstructing Reality in the Courtroom*. New Brunswick, NJ: Rutgers University Press.
- Bruner, Jerome and Amsterdam, Anthony (2000) *Minding the Law*. Cambridge, MA: Harvard University Press.
- Clover, Carol (2000) "Law and the order of popular culture," in Austin Sarat and Thomas R. Kearns (eds.), *Law in the Domains of Culture*. Ann Arbor, University of Michigan Press, pp. 97-119.
- Coombe, Rosemary J. (1998) *The Cultural Life of Intellectual Properties*. Durham, NC: Duke University Press.
- Cover, Robert (1983) "The Supreme Court, 1982 term—Foreword: Nomos and narrative," *Harvard Law Review* 97: 4-68.
- Denvir, John (1996) *Legal Reelism: Movies as Legal Texts*. Urbana: University of Illinois Press.
- Drexler, Peter (2001) "The German courtroom film during the Nazi period: Ideology, aesthetics, historical context", in Stefan Machura and Peter Robson (eds.), *Law and Film*. Oxford: Blackwell, pp. 64-78.
- Duncan-Jones, Katherine (ed.) (1989) *Sir Philip Sidney*. Oxford: Oxford University Press.
- Eden, Kathy (1986) *Poetic and Legal Fiction in the Aristotelian Tradition*. Princeton, NJ: Princeton University Press.
- Ewen, Stuart (1996) *PR! A Social History of Spin*. New York: Basic Books.
- Ewick, Patricia and Silbey, Susan (1998) *The Common Place of Law: Stories from Everyday Life*. Chicago: University of Chicago Press.
- Ewing, Katherine Pratt (1997) *Arguing Sainthood*. Durham, NC: Duke University Press.
- Feigenson, Neal (1999-2000) "Accidents as melodrama," *New York Law School Law Review* 43: 741-810.
- Feigenson, Neal (2000) *Legal Blame: How Jurors Think and Talk About Accidents*. Washington, DC: American Psychological Association.
- Feigenson, Neal and Dunn, Meghan A. (2003) "New visual technologies in court: Directions for research," *Law and Human Behavior* 27: 109-26.
- Ferguson, Robert (1994) "Story and transcription in the trial of John Brown," *Yale Journal of Law and the Humanities* 6: 343-79.
- Friedman, Lawrence (2000) "Lexitainment: Legal process as theater," *DePaul Law Review* 50: 539-58.
- Gerrig, Richard (1993) *Experiencing Narrative Worlds*. New Haven, CT: Yale University Press.

- Gilbert, Daniel (1991) "How mental systems believe," *American Psychologist* 46: 107-19.
- Greenfleld, Steve, Osborn, Guy, and Robson, Peter (2001) *Film and the Law*. London: Cavendish Publishing.
- Hall, Stuart, Critcher, Charles, Jefferson, Tony, Clarke, John, and Roberts, Brian (1978) *Policing the Crisis: Mugging, the State, and Law and Order*. New York: Holmes and Meier Publishers.
- Herman, Edward S. and McChesney, Robert W. (1997) *The Global Media*. London: Cassell.
- Joseph, Paul (2000) "Introduction: Law and popular culture," *Nova Law Review* 24: 527-29.
- Kassin, S. and Dunn, M. (1997) "Computer-animated displays and the jury: Facilitative and prejudicial effects," *Law and Human Behavior* 21: 269-81.
- Kemple, Thomas M. (1995) "Litigating illiteracy: The media, the law, and *The People of the State of New York v. Adelbert Ward*," *Canadian Journal of Law and Society* 1: 73-97.
- Lessig, Lawrence (1999) *Code*. New York: Basic Books.
- Lewis, Michael (2001) *Next: The Future Just Happened*. New York: W. W. Norton & Co.
- Machura, Stefan and Ulbrich, Stefan (2001) "Law in fllm: Globalizing the Hollywood courtroom drama," *Journal of Law and Society* 28: 1117-32.
- McLuhan, Marshall (1994) *Understanding Media: The Extensions of Man*. Cambridge, MA: MIT Press.
- Messaris, Paul (1997) *Visual Persuasion: The Role of Images In Advertising*. Thousand Oaks, CA: Sage.
- Nevins, Francis M. (1996) "Through the Great Depression on horseback," in John Denvir (ed.), *Legal Reelism: Movies as Legal Texts*. Urbana: University of Illinois Press, pp. 44-69.
- Ober, Josiah (1989) *Mass and Elite in Democratic Athens: Rhetoric, Ideology, and the Power of the People*. Princeton, NJ: Princeton University Press.
- Pennington, Nancy and Hastie, Reid (1993) "Explanation-based decision making," *Cognition* 49: 123-63.
- Pfau, Michael, Mullen, Lawrence J., Deidrich, Tracy, and Garrow, Kirsten (1995) "Television viewing and public perceptions of attorneys," *Human Communications Research* 21: 307-30.
- Podlas, Kimberlianne (2001) "Please adjust your signal: How television's syndicated courtrooms bias our juror citizenry," *American Business Law Journal* 39: 1-24.
- Rafter, Nicole (2001) "American criminal trial fllms", in Stefan Machura and Peter Robson (eds.), *Law and Film*. Oxford: Blackwell, pp. 9-24.
- Reed, Douglas S. (1999) "A new constitutional regime: The juridico-entertainment complex." Unpublished paper presented at the annual meeting of the Law and Society Association, May 1999, Chicago.
- Rohl, Klaus F. and Ulbrich, Stefan (2000) "Visuelle rechtskommunikation," *Zeitschrift für Rechtssoziologie*, 21(2).

- Rosenberg, Norman (1996) "Law noir," in John Denvir (ed.), *Legal Reelism: Movies as Legal Texts*. Urbana: University of Illinois Press, pp. 280-302.
- Ryan, Cheyney (1996) "Print the legend: Violence and recognition in The Man Who Shot Liberty Valance", in John Denvir (ed.), *Legal Reelism: Movies as Legal Texts*. Urbana: University of Illinois Press, pp. 23-43.
- Sarat, Austin (1990) "'The law is all over': Power, resistance, and the legal consciousness of the welfare poor," *Yale Journal of Law and the Humanities* 2: 343-79.
- Sarat, Austin (2000) "Exploring the hidden dimension of civil justice: 'Naming, blaming, and claiming'," *DePaul Law Review* 50: 425-52.
- Scottoline, Lisa (2000) "Get off the screen," *Nova Law Review* 24: 653-72.
- Shale, Suzanne (1996) "The conflicts of law and the character of men," *University of San Francisco Law Review* 30: 991-1022.
- Sherwin, Richard K. (1992) "Lawering theory: An overview—what we talk about when we talk about law," *New York Law School Law Review* 37: 9-53.
- Sherwin, Richard K. (1994) "Law frames: Historical truth and narrative necessity in a criminal case," *Stanford Law Review* 47: 39-83.
- Sherwin, Richard K. (1996) "Picturing justice symposium: Images of law and lawyers in the visual media," *University of San Francisco Law Review* 30: 991-1022.
- Sherwin, Richard K. (2000) *When Law Goes Pop: The Vanishing Line Between Law and Popular Culture*. Chicago: University of Chicago Press.
- Sherwin, Richard K. (2001) "Nomos and cinema," *UCLA Law Review* 48: 1519-43.
- Silbey Susan S. and Merry, Sally E. (1986) "Mediator settlement strategies," *Law and Policy* 8: 7-32.
- Smith, Vicki (1991) "Prototypes in the courtroom: Law representations of legal concepts," *Journal of Personality and Social Psychology* 61: 857-72.
- *Standard Chartered PLC v. Price Waterhouse* (1989) CV 88-34414 (Super. Ct., Maricopa Co., Ariz. 1989).
- Surrette, Ray (1994) "Predator criminals as media icons," in Gregg Barak (ed.), *Media, Process, and the Social Construction of Crime*. New York: Garland Publishing, pp. 131-58.
- Tocqueville, Alexis de (1969) *Democracy in America*. New York: Doubleday/Anchor.
- Turner, Terence (1993) "Anthropology and multiculturalism: What is anthropology that multiculturalists should be mindful of it?" *Cultural Anthropology* 8(4): 411-29.
- Williams, Raymond (1980) *Problems in Materialism and Culture*. London: Verso.
- Yngvesson, Barbara (1989) "Inventing law in local settings: Rethinking popular legal culture," *Yale Law Journal* 98: 1689-1709.

扩展文献

- Chase, Anthony (1986) "Toward a legal theory of popular culture," *Wisconsin Law Review* 1986: 527-69.
- Friedman, Lawrence (1989) "Law, lawyers, and popular culture," *Yale Law Journal* 98: 1579-1606.
- Merry, Sally (1990) *Getting Justice and Getting Even*. Chicago: University of Chicago Press.
- Rentschler, Eric (1996) *The Ministry of Illusion: Nazi Cinema and its After Life*. Cambridge, MA: Harvard University Press.
- Sherwin, Richard K. (1995) "Law and the myth of the self in mass media representations," *International Journal for the Semiotics of Law/Revue Internationale de Semiotique Juridique* 8: 299-326.
- Sherwin, Richard K. (1996) "Framed," in John Denvir (ed.), *Legal Reelism: Movies as Legal Texts*. Urbana: University of Illinois Press, pp. 70-94.
- Sherwin, Richard K. (1999-2000) "'Foreword' to symposium law/media/culture: Legal meaning in the age of images," *New York Law School Law Review* 43: 653-9.
- Stachenfeld, Avi and Nicholson, Peter (1996) "Blurred boundaries: An analysis of the close relationship between popular culture and the practice of law," *University of San Francisco Law Review* 30: 903-16.
- Yngvesson, Barbara (1988) "Making law at the doorway," *Law & Society Review* 22: 409-48.
- Yngvesson, Barbara (1993) *Virtuous Citizens, Disruptive Subjects*. New York: Routledge.

6

比较法律文化

戴维·奈尔肯　著

高鸿钧　译

本章拟探讨一些理论和方法论问题,它们涉及如何在比较架构中理解法律文化(legal cultures)。我首先讨论何谓法律文化和"法律文化"是否可以成为一个富有意义的概念。然后,我将阐述在法律文化的比较研究中,可以运用哪些不同的方法。在讨论这些(相互关联的)论题时,我将对学界的有关争论进行简要的评述。我还拟结合意大利正在讨论的法院办案拖延问题,阐释我对上述问题的看法。

在某种意义上,法院办案拖延问题恰好是法律文化维度之一,采用比较视角可以使这个领域的研究富有生机。同时,办案拖延问题具有某种特殊的重要性。法院办案拖延问题是战后美国最初的社会-法律实证研究的主题,但对这个问题进行跨国法律文化研究还显得相对落后,更多的是把法院办案拖延问题作为未来研究的一个重要领域。法院办案拖延即超限度等待问题必须根据人们的期待来界定。如我的个案研究所表明,关于这个问题的研究可以提供一种关于法律程序期限的标准,用这种标准可以检验超越国家设定办案期限标准的理念,在多大程度可能得到传播和强制推行。

意大利的境况特别有趣,因为那里的法院办案拖延极其严重(许多民事案件拖延长达10年或更长时间),它植根于另类繁荣的资本主义经济之中,这可能对于一些学者的观点构成了挑战,这些学者深信韦伯关于法律与资本主义相互依赖的命题。但另一方面,与其他治理形式相比,意大利的法院办案拖延也可能是相应法律期待不够集中和救济缺失的一种体现。为了理解法院克服拖延的障碍(在意大利和别处),对于这种现象,我们必须不仅仅视之为法院的管理问题,而应从态度和行为的维度考察,这种维度可以把我们带入法律文化与更广社会之间关系的核心。

然而,那些从事其他领域法律文化研究的人们也不应对面临的困难存在幻觉(而对于本国法律文化的研究也隐含着比较视角)。研究者仅仅描述法律原理、程序和制度,现在已远远不够了(如果过去曾经令人满意),即使运用"行动之法"的眼光来描述亦复如此。现在,似乎每种特定的环境都涉及法律运用的独特方式,它们需要我们进行具体的整理和分类。从事比较研究的学者现在必须考虑对他们事业的各种强烈反对意见,并使他们的调查方法能够观照这些挑战背后的智识和社会发展背景。如同社会科学中所有其他基本概念的建构,"法律文化"概念本身也颇受争议。在人类学中,对于其他文化的阐释过程颇受质疑,其突出的重点日益是"讲述者"(teller)和"讲述本身"(telling),而不是被告知的内容和信息是什么(Clifford and Marcus, 1986)。

文化也是一个在学界之外更多地被滥用的词语,正如谈论"文化战争"(culture wars)(Kuper, 1999)或"亚洲价值"(Asian values)之类的概念,某些政治家宣称本国正面临着西方法律扩散所带来的危险。人们不再把这类比较看作是治疗狭隘观念的廉价万灵药。这种比较可能受到与之相反的"西方主义"(occidentalism)或"东方主义"(orientalism)缺陷的污染,由此我们要么假定其他文化定会与我们的文化内在地相似,要么我们就把它当作一种衬托,并进而认为它们在性质上属于"他者"之类的东西(Cain, 2000)。除了这种老套模式,还有一种误区,即认为某些社会似乎陷入了静止不变的状态;据称,"对于社会、传统和文化的整体性阐释,靠的是压制持续不断涌现的差异,并推行排外主义及施加社会暴力"(Coombe, 2000:31)。

法律文化"单位"并不限于国家法律体系(Nelken, 1995)。但是仍然有人质疑,在一个由于更广泛的发展而导致的据说是片段化和重构的时代,试图识别国家法律文化模式是否还有意义。有许多学者认为,正是不断发展的全球化进程,逐步削弱了不同法律文化的差异。当国家文化受到全球流动及其趋势的影响,文化趋向统一、一致或稳定常常不过是意识形态的谋划或修辞技巧,即由文化内部的不同力量或外部观察者所操纵的谋划或修辞技巧。本章特别关注这个重要问题,我将从理论的角度进行论述,并借助法院办案拖延的事例予以说明。

不过,与劳伦斯·弗里德曼(Friedman, 1994)的主张相反,全球化与必定趋同的预设之间并无必然关联(Nelken, 1997b)。这意味着,没有相关的个案研究为我们提供支持,从而我们可以见证全球化如何与国家、区域和地方的持续不断的,有时是新发现的差异实际上保持互动。我们也不应在某种程度上把全球化视为普遍理性的载体,也许应把它看作是某些暂时具有同质性的地方做法和标准的扩展。在这个方面,我们急需更加关注法律社会学过去和现在所持的(地方)法律文化观,在法律文化问题尚未阐释而不是得到了澄清的地方,尤其如此。

法律文化的含义

关于法律在其他社会发挥何种作用的研究,为探索法律与社会之间最饶有兴味和令人迷惑的特征提供了一个机会。英国和丹麦曾经是对推行欧盟法抱怨最多的国家,但为何它们却转而成为了最忠实遵守欧盟法的国家?相反,为何在舆论上最支持欧盟的意大利却在遵守欧盟法方面的记录如此欠佳?为何在其他方面与德国如此相似的荷兰,却在诉讼率上低于它?为何在英国和美国,通常以性丑闻的方式来激起官方处理腐败问题的兴趣,而在拉丁文化国家,反而是以严重腐败事件的披露引发人们对婚外情的关注?这些问题引导我们(或应该引导我们)重新考虑法律与社会研究中更为广泛的理论问题。不同社会中法律实施之维的差异如何重要?当我们仅仅根据诉讼率来界定"法律"会有何种得失?文化是否界定了法律的边界?法律以何种方式有助于形塑那些完全相同的边界?

然而,比较法律文化在智识方面的承诺常常不能兑现。在常见的比较工作中,通常是采取我们称之为"并列"比较的方式:"这是丹麦的做法,贵国做法如何?"通常这是受政策驱动的研究,旨在寻求新的理念。但这类研究始终未能把握可比性的问题,而这个问题应该成为比较研究必须把握的要旨。我们想要理解什么内容?为何比较这些社会?我们是否仅仅选择那些相似之处进行比较?更好的比较并非需要囊括大量国家:甚至恰恰与此相反。深入研究一个外国社会,如果能够带着理论的问题进行考察,也会获得重要的发现。例如,哈雷在他的经典研究中,考察了"作为日本窗口的法律和作为法律窗口的日本",从而描述一个社会在试图运用法律维系当时的社会共识时,所出现的图景(Haley, 1991: 4)。

在尝试解释法律以何种方式植根于更大的社会结构和文化的架构中时,这类比较研究在那些进行深入探索的比较法律学者的著作中存在某些线索。这种研究会探索法律在多大程度是当事人导向的还是国家导向的(自下而上或自上而下),也会考察法院和法律职业者的数量、作用和权力,司法机构的作用和重要性,以及法律教育和法律训练的性质。这种研究所关注的是"法律"具有怎样的含义(和法律"何为"),以及可以在哪里发现和怎样发现法律(法律推理的类型、判例法和先例的作用,与具体规则相对的一般条款,以及法律与事实的地位)。这种研究也会以比较法学者所采取的方式,认为不同社会通过运用不同的法律类型和法律技术,可以解决类似的社会问题,由此着眼于探索法律的"功能等同物"(Zweigert and Kötz, 1987)。

但是,社会科学家也会考虑法律和非法律制度的作用以及法律的替代机制,这不仅包括仲裁和调解,而且包括用以防止和解决纠纷的某些"基础结构"(Blankenburg, 1997)。此外,他们也认为有必要考虑不同传统的专业知识,以及家庭或客户网络等公民社会内部的其他治理形式。在进行规制、行政管理和纠纷解决中,也涉及法律文化的差异。人们需要关注宗教或伦理规范的作用以及非正式规范的界限,也应尝试理解关于法律作用的不同态度、形式和实质合法性的理念以及公众参与的需要或其可接受性,所有这些问题都会伴随着法律文化的差异。

这样说来,关于如何更好地把握法律文化,人们几乎没有共识,我们也不应抱有这种期望。出于不同的目的,根据社会理论互有冲突的进路,人们把法律文化视为制度性行为的体现,是塑造个体法律意识差异或被这种差异塑造的一种元素,是行为背后的一种观念模式,或者本身是另一种政治-法律话语。法律文化有时独立于政治文化,有时则是政治文化不可分离的一个维度(见 Brants and Field, 2000)。人们也可以在"高级文化"(high culture)和"低级文化"(low culture)中探索法律文化。当把法律文化作为一般文化意识的组成部分,则可以通过有准备的访谈来调查正义意识(Hamilton and Sanders, 1992),在阿默赫斯特学校的工作中,法律文化被情境化,作为日常叙事的一部分;在美国批判法学的著作中,法律文化则被从法律原则背后的意识形态中分离出来。

甚至关于法律文化这个变化不定的概念是否具有价值,人们也存有争议。罗杰·科特雷尔(Cotterrell, 1997)就对弗里德曼(Friedman)宽泛地运用这个概念的做法提出了批评,指责这个概念过于模糊和带有印象主义的气质。他认为应代之以法律意识形态的概念,并研究职业化控制的法律意识形态以何种方式形塑了广泛的意识。然而,在弗里德曼看来,甚至一个模糊的概念可以包容其他不那么模糊和更可操作的范畴。法律文化决定着人们何时、为何以及在何处诉诸法律还是诉诸其他制度,抑或决定私下"忍受"。他指出,例如,人们如果发现法国的妇女比意大利的妇女更不愿因性骚扰诉诸警察,这就属于法律文化方面的发现(Friedman, 1997)。弗里德曼还采用一个富有影响的区分,即法律职业和法学界的"内行法律文化"与代表广泛社会群体意见和压力的"外行法律文化"之分。

运用法律文化的某些理念,无疑有助于对法院办案拖延这类问题进行比较研究。对法院办案拖延的不同程度的容忍便是一个例子,这个例子可以表明存在可测量的属于法律文化的行为和态度范畴,这正属于弗里德曼所认为的法律文化所包括的内容。法院办案拖延之所以是值得关注的一个适当例子,就在于它涉及是否存在布兰肯伯格所说的作为诉讼替代机制的"基础结构"(Blankenburg, 1997)。然而,法律文化概念特别有用之处在于,它可以使我们超越对"功能等同物"的搜索,根据这种搜索视角,处于相似发展程度的社会可以运用不同的法律或替代机制解决类似的问题。这个概念也有助于我们意识到以下一点,即文化并不简单地提供某种明确的"解决方案",在人们对"问题"理解不同时尤其是这样。文化所提供的力量在于,它能够使人们从关联的角度界定什么值得支持和反对,并使人们意识到,制度和实践可能是不同历史和独特情境的体现。

以法院办案拖延为例,哪些人把拖延作为一个问题?哪些拖延属于不公正的等待,即何时和为何需要等待?追问这类问题十分有趣。匆忙草率办案也成问题!我们需要探索的是,意大利的法律、法学和实践如何界定拖延及如何分配其稀缺资源。在意大利,对于刑事与民事案件有不同的规则,例如,对于劳动案件就适用特别紧急的程序,这类似纽约法院优先处理商事案件,卡尔文和蔡塞尔(Kalven and Zeisel, 1959)在对法院办案拖延的经典研究中,对此有所描述。

法律文化的著作以可操作的定义为前提,这种定义涉及的是何谓文化,法律文化如何与一般文化相关联。某些文化具有严守法条的导向,而另一些文化则呈现出实用主义的倾向。在宗教传统或哲学理想主义的影响下,人们可能有时把法律更多地作为所期望的状态而不是指导行为的蓝图(如在大陆法国家那样);另一些社会则可能更严格地看待法律,在它们更大的文化背景中,把法律预设为合理行为的标准(如在某些普通法法域那样)。如果法律与其他行为规范之间存在巨大差距,则可能反映出先前外国的统治背景、帝国的解体或外来法律模式的强加。

在许多社会中,法律文化与一般文化之间存有巨大差距,例如在一些社会中,人情因素和因人特别对待的做法很普遍,而刑法则旨在保护法律面前的人人平等原则,不考虑人情因素。意大利法院的程序进展缓慢,但如果把这一点简单地作为一般文化的体现,我们还需心存谨慎。因为在私人领域,意大利的公司在遵守交付期限和提供服务方面,十分具有国际竞争力;法院办案拖延似乎体现出公共事务与私人事务存在着更一般差异。

一个令人棘手的问题是,何时把有关现象适当地解释为"文化性"而不是"结构性"因素?我们是否需要诉诸文化来解释意大利的法院办案拖延?这是否可以从政府和商业方面的利益来解释?例如在日本,人们不愿诉诸法院源于日本人(以及其他亚洲人)特殊的法律意识,即他们不喜欢与法律打交道,还是政府蓄意压抑诉讼的结果?人们对此存有激烈的争论。当然,任何关于意大利法院办案拖延现象的全面解释都必须把(如果不是还原)文化特性同社会结构之维以及经济和政治利益因素结合起来。与其他发达经济体的法院制度不同,意大利的法院制度在其他方面业绩不佳,却似乎在为商业界十分无效率的"延期履行"提供了机会。

这种拖延通常有利于债务人,他们可能是弱势方,但"反复游戏者"也可以找到技巧规避甚至利用法院办案拖延这种现象。一些富人不再诉诸民事法院,而以聘请这些法官参与私人付费的法律仲裁作为替代。他们在商业和政治活动违法时,也可以得益于刑事法院的拖延。无法获得及时的司法正义的弱势当事人,则被迫求助于他们所属公民社会的人脉和所在团体。在更大范围上,这些扩展的社会、政治和亲属团体的网络最终会依赖某些力量,如作为信用担保者、资源中介者以及纠纷调停者的影响力。

法律文化的比较研究

118　　描述法律文化是一码事,而运用法律文化的概念来解释这些变量之间的差异是另一码事。科特雷尔曾经指出,法律文化的概念承担的解释使命太多,实际上,这可能会引起一些迷惑,一方面它构成解释,另一方面它本身却需要被解释(Cotterrell, 1997)。弗里德曼回应说,我们诉诸法律文化的阐释会有助于捕捉那些影响法律变革的彼此交叠的主要变量,这些变革伴随着诸如技术革新等更大范围的社会转型而出现(Friedman, 1997: 34)。事实上,认为法律文化无法在不同场合作为被解释的对象并作为解释的方法,这种观点在原则上并不成立。以意大利法院办案相对拖延这种法律文化的独特现象就可以说明这一点。当我们谈论法律文化时,拖延现象的解释模式有助于我们构成自己的解释,而这种模式也可以根据构成内行和外行法律文化的其他特征而得以解释,并有助于对其他特征的解释。

　　无论如何,都存在一种重要的区分:一些学者从法院和其他法律制度的活动中寻找法律文化的"指标";另一些学者与之相反,主张应对法律文化的含义进行解释。第一种进路运用法律文化的概念(或有意简化它的维度),来解释不同程度和类型诉讼或社会控制的变量;第二种进路则寻求把机构或个人的有关法律行为本身作为一种文化"指标"。在第一种进路中,其策略是把地方性词语转变成科学的世界语;例如,在跨文化研究中,我们应该根据官方的"决定"而不是富有弹性的"裁量"概念来衡量变量。在第二种进路中,目标是对作为"地方知识"的"法律"进行"深度描述"(Geertz, 1973, 1983)。我们应该审慎对待文化的笼统提法,意识到在忠实地解读一种制度关于公正和正义观念方面所面临的困难,以及适当阐释这种意义之网时所面临的困难。

　　采取第一种进路的某些学者,通过运用类似弗里德曼的类型学,作出了一种区分:一方是作为限定法律"供方"条件的因素,它们植根于法律和与之类似制度的效力及其运作;另一方是体现法律及其法律制度运用者态度的"需方"(Blankenburg, 1997)。在著名的所谓"自然试验"的命题中,布兰肯伯格(Blankenburg)尝试解释,在社会和文化上如此相似而经济上如此互相依赖的两个国家中,为何在欧洲各国中,德国保持了最高的诉讼率,而荷兰则呈现出最低的诉讼率。他认为,把这种诉讼率的差异归之于"民俗"或一般文化的差异似乎不合情理。与此相反,在荷兰,有大量诉讼的替代机制,这些机制的存在才是荷兰人避讼的决定性原因。在他看来,这表明了以下一点,即在解释法律的行为模式方面,法律文化的"供方",尤其是法律基础结构的制度形态,比"需方"因素能够提供更令人信服的解释。

布兰肯伯格的命题无法避免科特雷尔所指责的法律文化概念的模糊性。布兰肯伯格意在探寻某种方式以描述(不同国家)法律文化的差异,还是把法律文化的概念用作工具来解释法律制度的运作方式,这一点并不总是清楚。在他的著作中,有时法律文化似乎被解释为一种渗透和替代机制,即布兰肯伯格所谓的荷兰"行动之法",有时法律文化却被称之为诉讼或避讼的模式(在这种情况下,把法律文化用作解释的内容无异于同义反复)。对于他关于供方与需方这种绝对区分是否可行,人们也可以提出批评,例如,人们很难断定律师的策略属于哪一方。

布兰肯伯格的分析也表明了诉诸文化进路的严重局限,这种进路在关注行为模式时,却以牺牲意义的探索为代价(Nelken, 1997a)。所有比较研究都涉及对于相似性与差异性的探究:问题的关键在于如何找到一些标准,以便从跨文化的角度提炼和识别这些相似性与差异性。这里不仅仅涉及技术性问题,例如犯罪率、诉讼率或法院办案拖延方面的变量,在可以用于解释文化的差异之前,已然是需要理解的(但并不清楚的)文化过程的产物。例如,布兰肯伯格认为,对于法院的需求程度,德国与荷兰两国存在一种恒量。但是这种跨文化功能等同物(采用什么制度实现功能并不重要)的预设始终是成问题的;何谓替代或"补漏"机制本身在文化上具有偶然性。我们也可以理直气壮地认为,荷兰的法院呈现出的不同功能恰恰在于律师和福利立法因素导致了低诉讼率。布兰肯伯格在解释荷兰为何呈现出低诉讼率时,认为原因在于那里存在替代机制,然而,在其他社会(包括德国),这种替代机制可能反而会导致更高的诉讼率。

相比之下,解释的进路重视关键的地方话语(有时被认为几乎但不是绝对不可改变的),由此试图把握法律文化的奥秘。布兰肯伯格探究了在荷兰"*beleid*"一词的含义,指出它意指政府、刑事司法人员以及一般复合性(公共)组织所遵循的经常性"政策"指导(Blankenburg and Bruinsma, 1994)。其他学者考察了普通法国家和大陆法国家的理念,他们尝试理解一些差异,例如,为何美国把诉讼视为民主的机制,而法国则把诉讼看作反民主的机制。在这种努力中,他们寻求比较重要的理念和一般理念在意义及其运用方面的差异。英语的"rule of law(法治)"与德语的"*Rechtsstaat*(法治国)"以及意大利语"*stato di diritto*(法治国)"分别在含义上有何异同?如何理解英美的"due process(正当程序)"与意大利的"*garantismo*(正式程序)"之间的异同?英语的"law and order(法律与秩序)"与德语的"*innere sicherheit*(内政安全)"在含义上有何差异?为何德国的"*lokale justiz*(地方司法)"不同于英美的"community crime control(社区犯罪控制)"(Zedner, 1995)?这些追问应具备的前提是,概念反映并构成文化。与此相关的是,在一个社会,如果个人的概念必须与更广泛的关系相联系,"合同"一词的含义就会发生变化(Winn, 1994),或者日本人对于"权利"新概念的表达方式会与"自我利益"而不是道德的意象相联系(Feldman, 1997)。

然而,解释性进路所面对的问题在于,如何确定我们应该理解哪些理念(Nelken,1995,2003)。出于不同的目的,我们关注的可能是政治家、法律官员以及法律和其他职业者的观念和行为,也可能是富有影响力和影响力较小的法律学者的观点和行为。我们虽然始终想知道当地人的想法是什么,但是这并不意味着我们实际上想要如同一位当地人那样思考。我们可能或多或少想知道他们的做法,出于某些目的,我们甚至可能想要知道比这更多的东西,但是,如果我们没有且不能始终寻找足以确证我们想法的事实,那么,我们的错误解释有时就会带来危险。因为他们无论如何努力告诉我们所观察到的现象,观察者的观点总是有很大部分来自他们自己的位置和角度,而这更增加了解释的危险。同样,观察者的描述,无论本身如何具有说服力,都取决于本土受众是否认为那些描述确实可信(Nelken,2000)。因此,对于野心勃勃的计划,即最终实现"解释行为与文化之间强健的互动影响"(J. Friedman,1994:73)而言,学者的贡献在于加入沟通之流,借助这种沟通文化得以实现自我创造。

在考察意大利法院办案拖延问题的过程中,实证主义和解释性两种进路都有所贡献。当然,这种现象大部分可以根据诉讼的供求关系得到解释,即是否能够满足对诉讼要求的供应,诉讼解决机制与诉讼需求是否存在紧张关系。因为自"二战"以来,民事诉讼增加了7倍,私人律师的人数也大量增加,但法官人数只有少量的增加(Cassese,2001)。诉诸法院成本相对低廉,与英、美两国相比尤其如此,也有少量布兰肯伯格称为"基础结构的替代机制",只有十分富有的人才具有财力把案件交付仲裁,而地方商会几乎没有提供调解的机制。

然而,这些未能满足需求的压力为何没有引起制度的变革?缺少替代机制本身是否就需要解释?律师在审判前所能解决的案件比例较低,这一点必定与法院办案的拖延程度存有关联。意大利的律师和法官会告诉你,那里并不存在"妥协的文化"。在意大利法院的运作中,也几乎没有管理主义(managerialism)的迹象;司法界的领导人从来没有由于管理能力而被选任,他们常常缺乏这种能力。法院行政疲于奔命地应付而同时又依赖陈旧过时的信息技术;至少那些通常薪酬低得可怜的雇员以一种悠闲的方式工作,而这也是意大利大部分公共机构雇员的工作特色。相比之下,在英美法律文化的背景下,外行人员参与司法事务受到严格的限制:最近,甚至那些加入荣誉性治安法官系统负责处理轻微民事案件的人员,也需要取得法学学位。

更一般地讲,意大利的法律文化特色是,面对稀缺资源的境况,却追求高尚的理想,在程序性保护方面尤其如此。伴随法院案件负担的增加,程序保障的复杂性也在增加。例如,就刑事案件而言,由于1989年颁布了新的《刑事诉讼法典》,据此法院需要对当事人提供来自抗辩式和纠问式诉讼两个方面的保障。这部法典把外来的对抗制审判的要素与不同法官进行的双重审核制度结合起来,因而很可能导致案件被重审(所有案件都可以基于提出的事实而重审)。在法国的民事案件中,法官扮演核心的角色,但在意大利的民事案件中,法官则需要撰写更具体的判决"理由"。(法官要说明,他们只是围绕有关案件而思考,并仅仅根据在他们面前提出的事实而作出判决。)

超越国家法律文化

尽管全球化的影响,致力于在民族国家层面解读和诠释法律文化仍然是比较法律社会学的重要目标(Gessner, Hoeland, and Varga, 1996)。学者著作的典型特色仍然围绕着所谓"日本人的法律观"、"荷兰法律文化"以及"法国的刑事司法"等议题。即使有些学者试图突破既定套路,即不再讨论哪些国家的人们最好诉或最不好诉这类问题,人们仍然理所当然地认为,法律文化属于民族国家之维。但这种主张能够在多大程度得到维持呢?

一方面,出于各种政治和法律的理由,国家权威继续运用法律来推行相似的制度和程序。司法管辖区域可以用来反映法律文化与一般文化之间更广泛的社会和文化的相似性,这种相似性大体与政治边界相契合。在一个民族国家内部,虽然确实常常存在相当大的差异,但是这并不会掩盖不同国家之间所存在的差异。例如在意大利,法院办案拖延在南部地区更为严重,但就这个国家的法院办案拖延整体情况而言,仍然高于欧洲各国的平均水平。

另一方面,把我们的关注点囿于民族国家的范围并不总是无懈可击。在微观层面,这种视野可能更有助于出于某些目的对地方法院文化进行研究,也可能有助于研究不同的社会团体、利益群体、职业联合体以及纠纷中和避免纠纷的个人之间的角色和关系。在宏观层面,民族国家之间日益相互依赖(虽然不必定日趋相似)。不同的法律体系被卷入世界或区域性体系之中以及共同的筹划或趋势之中,诸如尝试构建"欧洲要塞"或反腐败和反洗钱联盟等。每个国家都以自己的方式回应欧洲化、美国化和全球化趋势,但每个国家都受到现代(或后现代)文化的影响。正如库姆(Coombe)所正确指出的,法律不仅可以在民族法律文化中发现,而且可以在国际武力、仲裁、难民营和企业区的实践中发现(Coombe, 2000:44)。个人居住在一个"去界化的(deterritorialized)世界",她的这个说法在某种程度上反映了真实情况;我们通过媒体可以参与同他人的沟通,而这些"他人"并不居住在与我们共同的地域,也没有与我们共同的历史,我们也可以通过大众媒体部分地生活在想象的世界里。

法律文化的研究有时超越了民族国家,探索更大范围的文化实体;不再仅仅谈论比较法学者长期以来在法律话语中所认可的大陆法或普通法(或"英美法")(Varga, 1992),而且开始运用更能反映特殊风格的范畴,诸如"拉丁法律文化"(Garapon, 1995)

或"现代法律文化"(L. Friedman, 1994)之类的范畴。人们也日益关注国际贸易、沟通网络和其他跨国过程中出现的所谓"第三方文化"(third cultures)(例见 Dezalay and Garth, 1996; Snyder, 1999:第 33 章; Teubner, 1997)。法律文化单位的边界开始处于流动的状态,不同的法律文化在宏观和微观之维,以常常尚不和谐的方式相互交叠。但是,这种并非整齐划一的状态以及不断掩盖或解决这种状态的做法,全都是现行法律文化的应有之义。

法律文化还有动态之维。比较法律文化的研究者也尝试把握日渐加速的法律迁移(legal transfer)的速率(Nelken, 2001a, 2001b, 2001c; Teubner, 1998)。其中对于法律与社会研究进行更广泛的理论概括特别重要的是,这种迁移以何种方式实现想象的未来这个艰辛的过程,即如何运用外来法律改变现行社会和文化。一些人希望借助法律的机制解决当下问题,对现行社会加以改造,使之更像这种法律被借用的社会;另一些人认为,法律迁移的主要目标是使社会变得更加民主,经济更加成功,生活更加世俗化或宗教化。还有些人认为,法律借用的做法类似交感巫术,能够创造法律被借用国家所存在的某些条件,由此促进经济繁荣和公民社会的发展。例如,后共产党统治的国家更喜欢选择那些较为成功的市场社会作为范例,南非新宪法所模仿的是西方国家最成功的样板而不是非洲邻国的宪法体制。

在法律迁移是第三方所强加的地方,无论这种强加是作为殖民计划、贸易、援助或联盟的条件,还是作为外交上承认的条件,我们都更可能发现某些彼此不相似的法律模式。法律迁移也打上了诸如国际货币基金组织等国际组织的烙印,这些国际组织当时可能尝试根据它们所认为的普遍的政治和财政整合模式来重新塑造有关社会。法律迁移也可能作为一种符号,主要用来表示愿意接受更广泛的全球经济"游戏规则"。这解释了许多国家为何承认世界贸易组织关于知识产权或反垄断的规则,但同时却几乎并不执行或无需执行这些规则。

过去由一些精英所推动的法律迁移旨在实现自己社会的"现代化",或者使自己的社会融入"文明"国家的大家庭之中。日本和土耳其是这方面最显著的例子。关于这种迁移是否成功,存在诸多争论。但是,这些迁移即使就其明显的目的而言取得了成功,也可能付出了高昂的代价。例如,日本在 1890 年接受西方法律时,就引发了持续的争论。一些本土派的学者认为日本具有与现代西方法律不同的文化基础;而另一些学者则反对这种观点,宣称这是出于权力精英的目的,他们意在使得民众相信自己不愿诉讼(和缺少权利意识),从而使掌权者不受民众权利诉求的搅扰(Tanase, 2001: 195)。然而有人认为,最值得关注的是,日本取得了令人难以置信的现代化成就,这不是得益于西方的法律,而是得益于官僚制的威权主义,因此一些人感到,日本仍然没有实现现代化。

棚濑孝雄指出,日本人得知他们在"现代"要素缺失的情况下实现了现代化,由此产生焦虑感,并被迫寻找那些他们感到缺失的现代要素。日本人对法律产生了矛盾的心态,他提供的一个例子是,邻里纠纷耻于诉诸法律,在其他方面,人们也宁愿通过其他方式而不是法律机制来解决那些本来属于法律的事务。但是饶有兴味的是,他在结论中认为,日本文化在这个方面并不独具特色,这属于后现代法律的特色,或者说后现代的法律日渐与日本人对待法律的方式相似,即法律内在空心化,它的内容可以由相关的人们通过谈判而灵活地确定,由此来改进有效和特殊的安排(Tanase,2001:197)。他所采取的是一种现象学探讨法律文化的进路,这种描述对人们颇具吸引力,我们也感受到这种解释具有一定难度。然而,有多少人符合棚濑孝雄所描述的日本人形象?我们应该关注精英还是常人的看法?棚濑孝雄的视角源自他置身其中的文化,由此,我们应该在多大程度确信他的阐释?

提及引进的法律是否合适这个问题,许多承担法律迁移使命的人士都愿意把这个问题留给移植国来回答,有鉴于此,一些学者转而更加确信,法律只有在本国环境中才具有意义。例如一位著名的宪法学者就指出,他在中国的经验使他感到,美国所采用的行政法模式在那里难以运行。这种法律依赖于被移植国的更广泛的社会背景,首要的是存在好诉文化和一种预设,即众多利益团体作为诉讼当事方的参与可以评估和改进官僚体制的管理。因此,变革的建议必须符合现行中国社会的公认特征:

  通过双重反思,中国远距离所折射出的美国法特征,有助于在某种方式上感受中国法的基本特征。中国法律重视权力的级别和政府在整个体制中的突出地位。为了执行法定的必要程序,中国建构了政府监管机构,这些监管机构虽然独立于其他机构,却拥有政府的充分权力和地位。(Rubin,2000:108)

当下比较法律文化研究最重要的任务之一就是努力探索,法律的全球化在多大程度上实际导致了某种地方性(尤其是英美的)法律文化模式强加于其他社会(Heydebrand,2001;Santos,1995)。这种类型法律文化的一个突出特色就是人们所说的"实用主义的法律工具主义"(pragmatic legal instrumentalism)。根据这种观念,法律实际和应该"服务"于公民社会中的人们,正是这些人们使得法律得以运转,而与这种观念相伴的是这样一种主张,即法律所涉及的事务能够或应该以独立于更广泛政治争论的方式得到解决。在有的国家,据称那里官方法律的制度在过去不受任何限制,当上述观念输入到这种法律文化,无论结果是好是坏,都会产生革命性影响(Lopez-Ayllon,1995)。

随着全球化的进展,有些人已经指出,民族国家实在法在现代阶段的突出地位,只是法律的全球化因素与地方化因素暂时融合的结果。只有通过对不同环境下的个案研究进行认真思考,我们才能评估两者之间的当下平衡正在如何变化。对于意大利法院办案拖延程序的批评,无疑至少部分地是"实用主义的工具主义"影响日益增加的产物,也至少部分上是意大利国家边界之外其他国家发展出来的产物,这种效应同欧洲化或全球化相关联。关于意大利法院办案拖延的意识是反思性形成的,是意大利学者把意大利同其他据认为是相似社会(或经济上的竞争对手)相对照的结果。如我们所见,最重要的影响来自更高级的法院即斯特拉斯堡欧洲人权法院的作用,它虽然没有设在意大利,但毕竟负责实施意大利已经签署的《欧洲人权公约》。

变革的内外压力有时以惊人的方式产生互动效应。迄今为止,意大利仍然有大量的国内改革在进行,包括刑事和民事程序,这些改革旨在推动法院减少程序的拖延,并常常从外国法律制度中(有选择地)借用某些理念,其中最明显是从英美法律文化中吸取灵感。例如,于1989年颁布的新的《刑事诉讼法典》就明显把某些对抗式的机制引入到刑事诉讼中来,这是对大陆法纠问式制度的重要修改。但是,这部法典虽然包含了辩诉交易的内容和可以减少法院办案拖延的其他各种机制,并且当时有意采取这些机制,这些内容和机制却一直很少得到运用。许多对抗制因素的引入甚至加剧了法院办案拖延,因为这种机制牵涉到对于一些要件的严格解释,按照这些解释,只有多至七名或八名的法官才可以处理一个案件,而决定起诉强度所涉及的要件在决定案件本身中不起作用。最近关于"公正程序"的建议包括更多关于加速审判的权利。但这种目标实现的可能性(和对这个目标的真正追求),由于对程序权利和控制的多重机制和方法持续而日渐增加地强调,而蒙上了可疑的阴影(实际上,关于应高效处理案件的目标也被视为另一种此类权利)。

在理论上,减少法院办案拖延的压力来自以下任何一个领域:经济领域(来自商业和贸易伙伴)、政治领域(来自大型政治组织和国际协议),以及文化环境(借助于通讯和媒体联系)。可能令人惊奇的是,经济趋同(L. Friedman, 1994)的要求至今似乎没有影响法律的过程。趋向更大程度欧洲内部的一体化的政治压力更为重要。法律或行政机构无效率会致使个人蒙受痛苦和损失,这类故事的传播常常会引起公众对法院办案拖延问题的关注。意大利的主流报刊近年来也占用很大篇幅讨论这个问题,向设在斯特拉斯堡的欧洲人权法院严厉指责意大利国家这方面的弊端,认为它未能保障案件在合理的期限内得到审判。但是,欧洲人权法院认为意大利法院近五年来所出现的民事初审案件的不合理拖延,期限并不长于许多负责审理其他事务法院的平均数。约有40个国家签署了《欧洲人权公约》,其中包括来自苏联的一些国家、南斯拉夫解体后的国家和土耳其,就这种拖延而言,意大利受到了上述国家中大约半数的指责。意大利处理案件的拖延甚至加剧了欧洲人权法院本身的办案拖延!

对于法院处理案件样本的研究显示,办案拖延的范围从4年到18年(Nelken, 2001d)。其中大多数案件是民事案件,涉及商事纠纷的案件不超过七分之一。人们在意大利所感受到的这方面的主要"问题",似乎不在于对原告的赔偿代价,因拖延而导致的"道德损害赔偿"平均数额为4000英镑(约合6000美元)。与提高司法制度审判速度的成本相比,这个数字并不算多。人们主要关心的是有失体面;意大利由于不断违反

《欧洲人权公约》协议条款,在未来 5 年处于欧盟部长理事会的监督之下,并(在理论上)面临被逐出这个公约的危险。这种逐出的可能性会导致精英们(怪异但常常表达出来)的担心,担心意大利被先进的欧洲各国"甩在后面",由此而不能成为"欧洲"的真正一员。

并不能认为,由于意大利自愿签署了《欧洲人权公约》,欧洲人权法院就是这种相同法律文化的高级上诉法院。但是,对于我所访谈过的参加普通案件审判的律师来说,他们认为意大利法院审理案件所花费的平均时间是正常的,特殊案件可以视为超出正常期限的特例。因此,欧盟部长理事会和欧洲人权法院开始采取措施,致力于使法律程序和法院的做法"正常化",而不是仅仅通过对严重违反《欧洲人权公约》的特殊案件上诉来施加压力。根据一位专门在斯特拉斯堡欧洲人权法院从事"人权"事务律师的观点,"……欧洲人权法院,几乎是个'奇迹法院',因为它是一个超时空的组织。你可以在那里使强权受到惩治。因为它提供的就是我们所说的那种革命的、甚至超越政府的司法正义。"(不过,他补充说,对于"受到国家法律制度侵害"的人们,这个法院所提供的实际救济远不足以补偿他们遭受到的损失。)

意大利公民诉诸斯特拉斯堡的欧洲人权法院这种现象,表明了法律如何可以成为欧洲化和全球化的媒介和动力。这也表明了这种趋势如何既具有进步力量又具有破坏性力量,或两者兼具。人权的传播可以成为一种福祉,但它也可以对正义和社会团结构成竞争和威胁(Man and Wai, 1999)。它可以推动通过法律解决地方或国际问题,但这取决于各种条件。毫无疑问,许多意大利人由于这种现存的法院办案拖延而蒙受苦难和损失,包括商人在内的各种团体感到国家主导的纠纷解决过程存在缺陷。但在意大利的背景下植入斯特拉斯堡标准诉讼时限(以及英美影响日隆的民刑事程序形式)的后果,很可能导致现行被告保护机制的弱化。一般说来,在民事和刑事案件中,这种改革会导致强势当事人在更大程度上控制法律过程,尤其在案件当事人一方是弱者时,追求办案效率会使"案件处理过程"变成"走过场"。如果致力于使法院办案过程更"合理"和及时,无论结果好坏,都会削弱仲裁员的作用,而他们现在发挥着沟通和解决潜在社会冲突的作用。

但是,得出以下结论也为时尚早:欧洲对于法院办案拖延的协调会使意大利法院办案拖延问题得到改进(其他方面具体研究也可能发现类似的变革与抵制之间的矛盾)。现在必须决定的是,创建一种新型全国性上诉体制(连结地区法院的上诉),由此,当事人对于不合理的办案拖延首先在国内寻求损害赔偿,当事人对本国法院的裁决结果不满意,再诉诸欧洲人权法院。在这种情况下,只要救济结果不至于影响意大利的国际声誉,就应鼓励当事人寻求这种救济。这个上诉法院的判决可以在 4 个月内作出。这样,负责处理案件的法官如果办案超过规定期限,就必须面临支付损害赔偿的风险,而此前他们的风险只是面对最高司法理事会的听证,受到内部纪律的批评。但是,这些"救济"措施可能对改变审判平均速度无甚贡献。重复那些导致法院办案拖延的国内法律文化所衍生出来的诸多相同模式和逻辑,可能只会加剧这种拖延。

参考文献

- Blankenburg, E. (1997) "Civil litigation rates as indicators for legal culture," in D. Nelken (ed.), *Comparing Legal Cultures*, Aldershot, UK: Dartmouth, pp. 41-68.
- Blankenburg, E. and Bruinsma, F. (1994) *Dutch Legal Culture*, 2nd edn. Deventer, Netherlands: Kluwer.
- Brants, C. and Field, S. (2000) "Legal cultures, political cultures and procedural traditions," in D. Nelken (ed.), *Contrasting Criminal Justice*. Aldershot, UK: Dartmouth, pp. 77-116.
- Cain, M. (2000) "Orientalism, occidentalism and the sociology of crime," *British Journal of Criminology* 40: 239-60.
- Cassese, S. (2001) "L'esplosione del diritto. Il sistema giuridico Italiano dal 1975 al 2000," *Sociologia Del Diritto* 28(1): 55-66.
- Clifford J. and Marcus G. (1986) *Writing Culture: The Poetics and Politics of Ethnography*. Berkeley: University of California Press.
- Coombe, R. J. (2000) "Contingent articulations: A critical cultural studies of law," in A. Sarat and T. Kearns (eds.), *Law in the Domains of Culture*. Ann Arbor: University of Michigan Press, pp. 21-64.
- Cotterrell, R. (1997) "The concept of legal culture," in D. Nelken (ed.), *Comparing Legal Cultures*. Aldershot, UK: Dartmouth, pp. 13-32.
- Dezalay, Y. and Garth, B. (1996) *Dealing in Virtue*. Chicago: University of Chicago Press.
- Feldman, E. (1997) "Patients' rights, citizen movements and Japanese legal culture," in D. Nelken (ed.), *Comparing Legal Culture*. Aldershot, UK: Dartmouth, pp. 215-36.
- Feldman, E. (2000) "Blood justice, courts, conflict and compensation in Japan, France and the United States," *Law & Society Review* 34(3): 651-702.
- Friedman, J. (1994) *Cultural Identity and Global Process*. London: Sage.
- Friedman, L. (1994) "Is there a modern legal culture?" *Ratio Juris* 1994: 117.
- Friedman, L. (1997) "The concept of legal culture: A reply," in D. Nelken (ed.), *Comparing Legal Cultures*, Aldershot, UK: Dartmouth, pp. 33-40.
- Garapon, Antoine (1995) "French legal culture and the shock of 'globalization'," *Social and Legal Studies*, Special issue on legal culture, diversity and globalization 4(4): 493-506.
- Geertz, C. (1973) "Thick description: Towards an interpretive theory of culture," in C. Geertz, *The Interpretation of Culture*. London: Fontana, pp. 3-32.
- Geertz, C. (1983) *Local Knowledge: Further Essays in Interpretive Anthropology*. New York: Basic Books.

- Gessner, V., Hoeland, A., and Varga, C. (eds.) (1996) *European Legal Cultures*. Aldershot, UK: Dartmouth.
- Haley, J. (1991) *Authority without Power: Law and the Japanese Paradox*. New York: Oxford University Press.
- Hamilton, V. and Sanders, J. (1992) *Everyday Justice: Responsibility and the Individual in Japan and the United States*. New Haven, CT: Yale University Press.
- Heyderbrand, W. (2001) "Globalization and the rule of law at the end of the 20th century," in A. Febbrajo, D. Nelken, and V. Olgiati (eds.), *Social Processes and Patterns of Legal Control: European Yearbook of Sociology of Law 2000*. Milan: Giuffrè, pp. 25-127.
- Kalven, S. and Zeisel, H. (1959) *Delay in the Courts*. New York: Little Brown.
- Kuper, A. (1999) *Culture: The Anthropologists Account*. Cambridge, MA: Harvard University Press.
- Lopez-Ayllon, S. (1995) "Notes on Mexican legal culture," *Social and Legal Studies*, Special issue on legal culture, diversity and globalization 4(4): 477-92.
- Man, S. W. and Wai, C. Y. (1999) "Whose rule of law? Rethinking (post) colonial legal culture in Hong Kong," *Social and Legal Studies* 8: 147-170.
- Nelken, D. (1995) "Understanding/invoking legal culture," in *Social and Legal Studies*, Special issue on legal culture, diversity and globalization 4(4): 435-452.
- Nelken, D. (1997a) "Puzzling out legal culture: A comment on Blankenburg," in D. Nelken (ed.), *Comparing Legal Cultures*, Aldershot, UK: Dartmouth, pp. 58-88.
- Nelken, D. (1997b) "The globalization of crime and criminal justice: prospects and problems," in M. Freeman (ed.), *Law and Opinion at the end of the 20th Century*. Oxford: Oxford University Press, pp. 251-279.
- Nelken, D. (2000) "Telling difference: Of crime and criminal justice in Italy," in D. Nelken (ed.), *Contrasting Criminal Justice*. Aldershot, UK: Dartmouth, pp. 233-64.
- Nelken, D. (2001a) "The meaning of success in transnational legal transfers," *Windsor Yearbook of Access to Justice* 19: 349-66.
- Nelken, D. (2001b) "Towards a sociology of legal adaptation," in D. Nelken and J. Feest (eds.), *Adapting Legal Cultures*. Oxford: Hart Publishing, pp. 4-55.
- Nelken, D. (2001c) "Beyond the metaphor of legal transplants? Consequences of autopoietic theory for the study of cross-cultural legal adaptation," in J. Priban and D. Nelken (eds.), *Law's New Boundaries: The Consequences of Legal Autopoiesis*. Aldershot, UK: Dartmouth, pp. 265-302.
- Nelken, D. (2001d) "Legal culture, globalization and court delay in Italy," Paper presented and distributed at the Law and Society/RCSL conference, Budapest, July 2001.
- Nelken, D. (2003) "Comparativists and transfers," in P. Legrand and R. Munday (eds.), *Comparative Legal Studies: Traditions and Transitions*. Cambridge, UK: Cambridge University Press.

- Rubin, E. (2000) "Administrative law and the complexity of culture," in A. Seidman, R. Seidman, and J. Payne (eds.), *Legislative Drafting for Market Reform: Some Lessons from China*. Basingstoke, UK: Macmillan, pp. 88-108.
- Santos, B. de Sousa (1995) *Towards a New Common Sense*. London: Routledge.
- Snyder, F. (1999) "Governing economic globalization: Global legal pluralism and European law," *European Law Journal* 5: 334-74.
- Tanase, T. (2001) "The empty space of the modern in Japanese law discourse," in D. Nelken and J. Feest (eds.), *Adapting Legal Cultures*. Oxford, Hart Publishing, pp. 187-198.
- Teubner, G. (1997) "Global Bukowina: Legal pluralism in the world society," in G. Teubner (ed.), *Global Law without a State*. Aldershot, UK: Dartmouth, pp. 3-38.
- Teubner, G. (1998) "Legal irritants: Good faith in British law, or how unifying law ends up in new divergences," *Modern Law Review* 61(1): 11-32.
- Varga, C. (ed.) (1992) *Comparative Legal Cultures*. Aldershot, UK: Dartmouth.
- Winn, J. K. (1994) "Relational practices and the marginalization of law: Informal practices of small businesses in Taiwan," *Law & Society Review* 28(2): 193-232.
- Zedner, L. (1995) "In pursuit of the vernacular: comparing law and order discourse in Britain and Germany," *Social and Legal Studies* 4: 517-34.
- Zweigert, K. and Kotz, H. (1987) *An Introduction to Comparative Law*. Oxford: Oxford University Press.

扩展文献

- Kagan, R. A. (2001) *Adversarial Legalism: The American Way of Law*. Cambridge, MA: Harvard University Press.
- Nelken, D. (ed.) (1997) *Comparing Legal Cultures*. Aldershot, UK: Dartmouth.
- Nelken, D. (ed.) (2000) *Contrasting Criminal Justice*. Aldershot, UK: Dartmouth.
- Nelken, D. (2003) "Beyond compare? Criticizing 'the American way of law'", *Law and Social Enquiry* 28(3): 181-213.
- Nelken, D. and Feest, J. (eds.) (2001) *Adapting Legal Cultures*. Oxford: Hart Publishing.

第三编

制度与行动者

7

警察与警务

让妮娜·贝尔 著
刘 毅 译

　　在最原初的意义上,"警务"(policing)要求执行人能够使用强制力来规制行为和控制公共秩序。在大多数情况下,执行警务的人不需要使用暴力,尽管他们可以这样做。在世界范围内,有许多组织虽然不是传统意义上的"警察",却有权使用强制力来控制公共秩序——例如美国的移民局(Immigration and Nationalization Service)官员、私人保安、义务警员以及日本的武士。不过,本章只是简要涉及私人性非国家警务和替代性警务,主要内容还是关于由国家授权的公共警察。也就是说,这里集中讨论的是传统意义上的警察。在本章中,"警察"是指那些由他们所隶属的集团授权,有权使用暴力以规制该集团成员之间关系的人(Bayley,1985:7)。

　　本章首先对世界范围内的警察权之组织与结构功能作一简要介绍,接下来,将会考察三个对于研究不同国家之警察和警察权问题的社会-法律研究者来说颇具吸引力的长期性问题。第一节主要分析警察的两种功能——维持秩序与执行法律——之间的紧张;第二节关注警察与公民的关系,特别会集中于少数族裔与警察之间不易相处的关系;第三节则旨在描述各种增强警察可问责性(accountability)的方法。

　　如果在全球范围内进行警察权比较研究,警察机构的组织结构是其中的一项重要指标。有学者将其分为单一警察权国家和多元警察权国家,或者分为中央控制结构和非中央控制结构(Reichel,1994;Bayley,1985)。单一警察权体制是指只存在一种行使警察权的机构。多元体制的特征则是指对应于各级政府设有各种不同的警察机关,例如有联邦警察,有州警察,还有基层警察。国家的、中央控制的、单一制的警察权——例如在丹麦、尼日利亚和沙特阿拉伯等国家——在执行法律时,预设整个国家都处于一套法律体系的单一管辖之下。而非中央控制体制——例如美国、德国、英国和加拿大等国家将警察权分授予联邦和各州——则允许各地方政府根据本地实际情况作出不同反应

(Reichel,1994)。

通过对世界各国的研究显示,不同国家的公民对自己国家的警察权怀有不同的期待。有学者在对世界各国的警察权作出比较研究后得出结论:警察权的部分职能在于,应对公众对于警务服务的需求以及公民寻求警察帮助的愿望(Bayley,1985:130)。当一个社会很难通过非正式的社会机制来维持社会纪律的时候,警察不得不应对的局势的复杂性和规模都会扩大。通过对几个国家的比较研究发现,各国之所以有不同的期待是缘于各国不同的技术能力和人口规模。例如,较发达的国家和城市中的警察在控制犯罪方面所花费的时间就会少于那些不发达国家和农村地区的警察。不过美国是个例外,比起同样发达程度的国家,美国的警察需要把更多的时间投入到处理犯罪的问题上,而用于提供服务的时间则相对较少,一般发达国家的警察会把更多的精力用于处理非犯罪事务和提供服务上,例如解决纠纷等(Bayley,1985)。

维持秩序 vs. 法律与秩序

警察的首要任务就是维持秩序,各国都是如此。在民主社会中,警察被要求依据法治原则来维持秩序。对警察来说,这种遵守法治原则的义务是更进一步的职责。法治的可问责性原则要求警官们承担起多种职能,扮演好多种重要的角色:规则的执行者,社会服务者,道德家,以及街头勇士。警官们必须清楚在何种情况下他们应当扮演何种角色(Skolnick,1966:17)。

例如在美国,对犯罪嫌疑人的程序保护就对警察的调查权构成了限制,警察必须遵照程序的规定来执行法律。表面看来,维持秩序似乎意味着把所有已知的违法者抓起来。但是,程序保护对羁押罪犯的方式作出了限制。例如在美国,如果警察只是怀疑某人犯罪的话,尚无权实施拘捕,除非警察坚定地确信该嫌疑人实施了犯罪行为。维持秩序与执行法律有时会有冲突(Goldstein,1960)。

警察工作之所以具有复杂性,不仅由于其任务目标的含糊不清,而且因为他们所执行的法律之内容的含糊不清。这种含糊不清有些体现在过分繁琐的条文中,这些条文使得行为束手束脚。另一些含糊不清是由于书面的法律与社会习惯或意愿相冲突。例如那种过时的法律,即由于立法机关之不作为而仍然停留在书面上的法律,以及像禁止通奸这样的法律(LaFave,1962)。执行这样的法律会违反公众意愿。

维持秩序与执行法律之间的紧张,也使得对警察的民主监督变得更加困难。社会对警察难以监督,一方面由于大部分的警察行为都难以被看到,另一方面在于警察在大部分的工作中可以行使自由裁量权。例如在美国,如果巡逻警察不遵守法律——例如决定不开交通罚单,因为上诉和复议的程序很复杂——在很多时候是很难被发现的(Goldstein,1960)。所以,即便法律对某种情况规定得很清楚,警察也还是能够以自由裁量的方式规避法律。

有许多社会-法律学者对维持秩序与执行法律之间的紧张,以及警察如何决定执行法律等问题进行了研究(Goldstein,1960;Skolnick,1966;Worden,1989;Lundman,1994;Boyd,Hamner,and Berk,1996;Bell,2002)。这些关于警务领域的社会-法律研究成果中大多包含了对警察的观察性研究。在这些研究中,受过训练的研究者经常花费数月时间观察警察的日常工作,并记录他们的行为。然后,研究者们将收集到的数据予以整理分析。通过这些研究发现,由于组织目标的相互冲突,具体情境的差异性,以及不同的社区对警务服务有不同的需求,所以警察的行为并不正规,没有严格地执行法律(Smith and Visher,1981)。研究者还发现,警察的执法并非总是一以贯之,而是有选择地执法,有时在法律明文规定某行为违法的情况下拒不执行法律。

研究者发现了警察适用法律时赖以作出决定的几个因素。警察的决定主要取决于两类因素:情境因素——当时的情境特征;态度因素——与警察本人的信念和态度有关。研究者最为关注警察在决定是否拘捕嫌犯时的决断。在观察一名警察是否会采取正式行动(即拘捕嫌犯)时,研究者注意到警察作出拘捕决定的原因可能在于罪行的严重性;或是嫌犯的特征(性别、种族、社会背景、社会阶层、行为举止、态度是否严肃等);或是受害人的特征;或是受害人和嫌犯之间的关系(Worden,1989:669)。

侧重于情境因素的研究者发现,警察在少数族裔社区会采用选择性执法,并且歧视少数族裔违法者(LaFave,1962;Wilson,1973;Smith and Visher,1981;Harris,1999)。一些早期对警察选择性执法的研究揭示出警察在少数族裔社区拒绝执法的原因在于,这些警察认为发生在黑人社区的违法行为是可接受的(Wilson,1973;LaFave,1962)。更多新近的研究发现,警察针对少数族裔行使自由裁量权进行盘查、询问、搜查以及适用正式的制裁措施,要远多于针对白人(Harris,1999;Russell,1998)。

警察还有权自由裁量是否使用暴力。尽管如本章所述,有权使用暴力是警务的重要因素,但是大部分警察还是尽量控制对暴力的使用。研究显示警察很少使用暴力。例如,由国际警察首长协会(International Association of Chiefs of Police)主持的对暴力使用的研究显示,美国警察在所有警务服务中使用暴力的比例少于0.5%(Adams,1999:3)。警察使用暴力的典型情境是在实施拘捕的时候。该研究还发现警察使用暴力大多数是指对嫌犯的推挤行为,而很少使用枪械(Adams,1999:3)。

有两种重要的警务模式被许多城市所采用,这两种模式对警察使用暴力采取不同的视角。第一种模式是社区警务,强调社区与警察以合作的方式维持秩序。社区警务旨在推动公民与警察共同维护公共秩序,其中包括增强警察的全方位可问责性,包括对暴力的使用(Adams,1999:2)。另一种模式为进攻型警务,有时也称"破窗"模式,是指通过增强对区域内有关"生活品质"犯罪——包括公开饮酒、故意破坏公物以及其他破坏秩序的行为——的打击,来达到减少犯罪的目标。对犯罪和执法的过分强调和关注,使得官方在实施进攻型警务时更倾向于使用或者滥用暴力(Adams,1999:2)。

武器会扮演何种角色,注定与执行警务的背景密切相关,特别是与国家公民权的性质,警察与军队的关系,以及某种程度上与公民对抗国家权威的程度相关(Waddington,1999:152)。例如,爱尔兰诸城市以及大英帝国的其他前殖民地的警察,与伦敦的都市警察以及英格兰和威尔士的其他城市警察,在武器的制度化方面形成了强烈的对比。在爱尔兰的城市中警察允许携带武器,其历史渊源在于殖民地时代的大英帝国政府为实施殖民地法律以及镇压潜在的叛乱所作的准备。相反,伦敦的大部分警察都不携带武器,伦敦居民在警务发展的时代就已经是自由公民。

执行法律中的态度因素

除了情境因素,态度也是理解警察自由裁量权的一个重要因素。学者发现影响警察执法决断的一个重要态度因素是对违法行为严重性的主观感觉。如果警察认为犯罪行为不严重,不值得花费太多精力,执行法律的可能性会降低。在这种情况下,警察会使用自由裁量权给予较轻的处罚,例如提出警告。

如果警察对于违法严重性的主观态度能够决定法律是否被实施,那么警察就可以通过不作为或错误适用法律来抵消法律的效力。所以有时不得不通过修改法律和/或程序来校正警察的行为。如果警察行为是由警察的组织规范所规定的,为了使法律得到有效实施,就必须使程序的修改先于警察规范而存在。例如,美国许多城市的警察对于女性配偶的虐待投诉都保持冷淡态度,即便通过修改法律加重了警察的责任——例如提供特别培训以及增设家庭暴力部门——亦无济于事。通过研究警察对家庭暴力投诉的反应,会发现警察之所以淡漠处之,部分原因在于他们不认为家庭暴力这样的事情会构成严重违法(Hirschel and Huchinson,1992)。警察的消极态度还说明他们对家庭暴力力的实施者抱有同情,或者说他们不认为丈夫对妻子的暴力行为能构成犯罪(Walker,1993)。

在仇恨犯罪的问题上,警察部门的规范严重影响了警察的执法。国家反仇恨犯罪法对因为种族、宗教和性取向等方面的歧视或偏见而引起的犯罪增加了额外的处罚。在对警察判断犯罪动机的规定中要求警察部门须特别重视仇恨犯罪——即便这是一种低级别的犯罪,因为警察通常对这类犯罪不予调查。研究发现警察一般不愿意正确执行反仇恨犯罪法,除非在程序上要求先前的警察规范将此犯罪视为重罪(Boyd et al.,

1996；Bell，2002）。

不过，通过修改程序规定要求警察的行为不同于先前的组织规范，或许可以取得效果。有一项关于警察在美国大城市的特殊区域"市中心"如何实施反仇恨犯罪法的研究发现，警探们还是执行了反仇恨犯罪法，尽管警察部门的制度文化一般是拒绝处理这种低级别犯罪的。警察在执行反仇恨犯罪法时也会遇到其他障碍，例如"市中心"的社区成员被动员起来反对执行该法。在"市中心"，警探需要融入特定的种族混合的区域内，这样就可以为执行反仇恨犯罪法而进行的规范修改提供支持和制度空间（Bell，2002）。

或许由于警察成员中很少少数族裔和白人女性警察，所以许多对警察行为的研究都很少考察警察因身份不同而产生的差异。不过近期的警察研究已经开始探讨种族和性别问题与警察行为的关系（Martin，1994；Oberweis and Musheno，1999；Bell，2002；Miller，1999）。这些研究一般是将白人女性和少数族裔的警察行为与他们的白人男性同事作比较。研究显示，少数族裔和女性警察的工作经历通常被打上性别歧视或种族歧视的标记，或者两者的结合。结果，少数族裔警察与白人男性警察的同事关系明显地受到影响。

在对少数族裔警察和白人女性警察的访谈中，同白人男性警察一样，他们也经常强调自己的警察身份（Martin，1994；Oberweis and Musheno，1999）。尽管"警察"身份得到强调，女性或者有色人种的身份特征还是使得这些警察在观察事件情况时具备了别样的有利视角。虽然需要在警察之种族和性别特征对其行为之影响方面作进一步的研究，但现有的社会-法律研究已经能够说明，少数族裔和女性警察在执法时，会对人群的差异更为敏感，进而影响他们的决定和对法律的适用（Bell，2002；Oberweis and Musheno，1999）。

警察与公民相遇

在世界范围内，警察所处理的事务大致是这样几大类：应对犯罪，犯罪调查，犯罪预防，调停纠纷和争议，处理非犯罪事件以及交通管理（Bayley，1985：150）。研究者发现较富裕和发达国家的公民更多地在非犯罪事件中求助于警察，或者更多地寻求警察提供服务，其原因有两方面（Bayley，1985：149）：其一，农村或不发达地区，通常会有其他的社会组织来帮助解决非犯罪事件；其二，缺乏通讯技术也使公民很难求助于警察。所以在不发达地区，公民更少依赖警察（Bayley，1985）。

在美国，有一项关于警民联系的调查显示，大约1/5的公民在接受调查前12个月内曾与警察有过面对面的接触。有将近一半的受访者曾经通过电话或其他方式接触警察。公民与警察相遇一般是在如下情形下：要求警察提供帮助，提供自己受犯罪侵害的信息，为犯罪行为作证。这项调查揭示出警民联系中存在着重大的种族差异。尽管白人可能比少数族裔在过去12个月中更多地接触过警察，但是少数族裔在与警察的接触中，更多的情形是被戴上手铐。比起白人，有很高比例的黑人和西班牙裔人声称曾经遭受警察的暴力——包括被卡脖子，被殴打，被持枪威胁，以及其他形式的暴力（Greenfield, Langan, and Smith,1997）。

最近有一项关于公民如何评价警察的社会-法律研究指出对警察的评价中存在种族差异。还有一些调查的数据显示，非洲裔美国人相比白人更加确信警察对待非洲裔美国人比对待白人更粗暴（Russell,1998；Weitzer,2000）。近来另有一项以对三个华盛顿特区居民区的调查为基础的研究描述了居民对警察行为的评价，并分析了种族背景与对警察评价之间的关联性。这三个居民区中有两个是中产阶级社区，另一个是穷人社区。研究发现种族是决定公民评价警察的一个重要因素。黑人和白人受访者都同意警察将黑人和白人区别对待。但是，白人受访者相信警察的行为是正当的，而黑人则认为警察出于不公正的态度采取了歧视性行为。该研究还考察了提供警务服务的情况，发现在黑人受访者中存在着阶级差异。穷人居民中的大多数都认为他们社区的居民受到了警察歧视性对待，而在中产阶级社区中只有少数人这样认为（Weitzer,2000）。

在美国，少数族裔对警察的看法——特别是非洲裔和拉美裔美国人——在很大程度上取决于他们认为警察如何对待他们。歧视对待的一种形式就是种族成见，即警察以某人为调查目标的原因在于警察认为此人的种族决定了他很有可能实施犯罪行为。许多对于种族成见的不满发生在交通肇事的调查中。少数族裔声称他们比白人更有可能因超速而被警察拦截，更有可能被开罚单，更有可能被搜查毒品。警察的这些歧视行为如此普遍，非洲裔美国人广受其害，以至于发明了一个专有名词"DWB"（driving while black）来指称这种种族成见。警方则否认他们具有这种种族成见。他们坚称，少数族裔的高拘捕率就可以证明以黑人和其他少数族裔为执法目标的正当性（Harris,1999：267）。但是学者们已经指出了这种说法是一种循环论证，并质疑其经验基础（Harris,1999；Skolnik and Caplovitz,2001）。

在对俄亥俄州、马里兰州和新泽西州警务程序的研究中，对由于种族原因导致的停车检查的比例分析发现，非洲裔美国人受到的处罚完全超出了正常比例（Harris,1999；Knowles, Persico, and Todd,1999）。还有一些对警察行为和种族成见的研究，根据警方的数据比较了受罚驾驶者的种族情况，发现在特定路段黑人受到拦截、处罚和拘捕的比例明显较高。还有一项对新泽西州收费公路上的拦截情况的研究，通过计数路上通过的汽车数量来确定驾驶人的种族情况，此外，还统计了超速驾驶的种族情况。该研究发现，尽管在超速的比例上白人和黑人没有区别，但是在这条路上受到拦截和拘捕的

73.2%是黑人,而在整个统计的车数中,黑人驾驶或乘坐的只占13.5%(Harris,1999)。

学者们可以确定警察的种族成见可能会导致一些负面结果。当警察仅仅由于种族原因就把那些守法的少数族裔公民当作嫌犯来对待,自然会在这些少数族裔社区中埋下恐惧和不信任的种子(Harris,1999)。对警察的不信任和恐惧会导致社区警务在打击犯罪方面主动性的丧失,极端而言,还会引发暴力犯罪(Skolnik and Caplovitz,2001)。除了会影响少数族裔和警察的关系,还会影响执行法律的策略。只关注罪犯的族裔特征,而忽略犯罪行为的其他特征,这不是实施刑法的好方法(Skolnik and Caplovitz,2001)。

社区警务

世界上许多国家包括中国、以色列、日本、英国和美国等都有社区警务制度,这项制度设置的目的在于加强社区与警察的联系。社区警务旨在让警察回归社区。公民与警察之间更紧密的联系能够减少对警察的怀疑和不信任,使公民更加积极地举报犯罪,并能增加公民对警察的满意程度。社区警务的目标之一就是让公众在打击犯罪中能够参与协助警察的工作,起到更为积极的作用(Skolnick and Bayley,1988;Miller,1999)。如果居民同警察一同分担了打击犯罪的责任,那么因城市犯罪率的上升或下降所引起的褒扬和责备也就同样被分担了(Miller,1999)。

社区警务在制度设计上大不同于所谓的反应型警务,后者是指警察大部分时间里都守在中心警局里,等到公民电话求助时才作出反应。而社区警务在语言和行动两方面都与之不同。一项关于社区警务的研究发现,为了使公民认可社区警务,他们采用了一种友好的"言谈方式",不同于一般官方的警察话语。居民被视为"'投资'于社区稳定之共有产品的主顾"(Miller,1999:194)。社区警务在内容上也进行了切实的改变。通过对四个大洲之社区警务规划的研究发现,社区警务的内容包含了四个不同以往的改变:(1) 以组织化社区为基础的犯罪预防;(2) 重新安排巡逻活动,重视非紧急情况下的警务服务;(3) 增强区域社区的可问责性;(4) 去中心化的命令体系(Skolnick and Bayley,1988)。

发动社区参与犯罪预防是社区警务最显著的特征。以社区为基础的广泛的犯罪预防,或者称为"守望相助"(Neighborhood Watch)计划存在于美国、英国、日本、新加坡等国家。例如在伦敦,旨在维持治安的"守望相助"计划包括警察在社区开展安全教育,举办旨在保护居民财产的社区会议,还有就是鼓励社区居民充当警察的"耳目"。通过伦敦式"守望相助"计划的各种安排——诸如安全和治安方面的讲座,社区安全会议,以及共享信息等——提供了关于治安和犯罪预防的信息(Skolnick and Bayley,1988)。

那些与警方关系不好的社区,就不愿与警方保持合作进行犯罪预防。为了保证这类社区的社区警务能够开展,警务部门必须采取措施向公民说明警察对社区是负责任的。有一种增强警方可问责性的制度就是设置"联络官"。在美国,警方在社区警务中通常会为少数族裔和男女同性恋者设置联络官。这些警察的职责就是在这些个体和社区之间建立联系,在社区与警察之间建立信任,并回应该社区的某些特殊需求。另一种增强警方可问责性的方法是允许公民监督警察。例如在英国和瑞典,公民可以监督警察局的活动(Skolnick and Bayley,1988)。

除了关注社区并与社区建立信任关系之外,社区警务的特点还体现在警方在打击犯罪方面的一种结构性变化。许多警局在推行社区警务的时候都对巡逻方式予以重新调整。这种调整是指巡逻警察由原先根据无线电指挥系统的命令对求助电话作出反应的传统模式,转向随机性的机动巡逻。可以预见到警察角色的这种转变所带来的好处就是,警察对于公民来说更加周到和负责任(Miller,1999)。在美国的某些城市,在日本、澳大利亚和挪威,巡逻方式的调整还包括将警力从大型中心警局转向坐落在居民区或商业区的小警局。鼓励这些小警局的警察通过各种方式来了解社区。例如日本的小型警局(日语称为 koban),新加坡的邻里警务所(Neighborhood Police Posts),可以开展警察巡逻,治安调查,推进犯罪预防,还可以作为处理居民投诉的媒介,以及挨家挨户地进行警务服务和咨询等。有些城市改进巡逻方式的方法则是重新采用步行和自行车巡逻方式(Skolnick and Bayley,1988)。

在向社区警务转变的过程中发生的结构性变化绝不只是巡逻方式的调整。通常决策机制也在向非中心化命令体制转变。如果警务决策方式发生如此改变的话,就意味着权力从中心决策层转向了负责社区警务的警察。在多数情况下,这意味着对命令系统的重新规划,并加强了整个命令系统的决策能力(Skolnick and Bayley,1988)。对于有着决策机制非中心化传统的警察组织来说,命令系统的非中心化是比较容易被接受的。对于那些非常依赖中心式命令结构的警察机构来说,在管理的有效性、可问责性以及对普通警员的控制方面会逊色很多。而且,如果推行社区警务,将会颠覆原先的职业化行为标准(Mawby,1999)。

在对社区警务的研究中,学者们对社区警务的逻辑和目的提出了疑问。社区警务的目的——改变传统警务的重心,更多地关注于社区——是模糊不清的。在推行社区警务的过程中,许多警察机构都遇到了使他们难以有效实现从传统警务形式转型的重重障碍。其中最主要的障碍来自警察本身,本来是需要他们实现从反应型警务的转变来为新制度提供支持的。通过对一些警局的研究发现,许多警察并不接受社区警务(Loyns,1999;Rosenbaum and Lurigio,1994;Scheingold,1991;Miller,1999)。社区警务导致的一个结果是,那些从事社区警务的警察由于工作方式被迫发生了重大改变,而产生了一种受威胁感,他们本身倒成为顺利推行社区警务的障碍(Rosenbaum and Lurigio,

1994;Lurigio and Skogan,1994)。警察们对于工作重点转向非危机性工作以及与公民互动方面也感到不满,他们认为与社区警务有关的工作都只是"社会工作",而不是"真正的警察工作"(Miller,1999:103;Rosenbaum and Lurigio,1994:306)。

　　研究者建议,如果想要成功推行社区警务,必须创造特定条件来克服上述结构性的障碍。如果警察们感觉自己是被迫改变,即被从"办公室警察"猛然推到不熟悉的警察事务中,自然会产生怨恨情绪。在某个城市,由于上级官员也参与到这项事务中,从而避免了该问题的发生(Miller,1999:198)。最终,如果社区警务与之前的警务在风格上没有那么大的差异,可能更容易实施。社区警务在荷兰、瑞典和加拿大能得到广泛拥护,很大程度上是因为在这些国家社区警务与传统的警察组织形式保持了连贯性(Mawby,1999)。

　　对巡逻方式的调整以及其他有助于犯罪预防的措施,经常是一整套地投放到社区内,其目的是授权给社区,并使官方在打击犯罪方面发生了结构性的突变。当然,这就要求社区乐意与警方发生更多的联系。但是有时并非如此,特别是城市中那些饱受警察欺侮和虐待的少数族裔社区。在这些社区,其社区领袖往往不愿支持社区警务的措施,这些措施包括增加社区警察的数量,因为这样会增加居民与警察的接触(Lypns,1999;Rosenbaum and Lurigio,1994)。

　　一项对华盛顿州西雅图市的研究显示,社区警务与传统执法方式之间只是一定程度的不同(Lyons,1999)。事实上,社区警务对警察的授权多于对社区的授权(Lyons,1999)。通过对警察、社区积极分子和城市官员的言谈进行分析发现,社区警务在宣传中鼓励对国家的服从,其审查评判标准背离了城市转型的主题,而关注于法律与秩序方面。合作解决问题的机制还可以减轻警察的职业恐惧,因此有助于限制适用法律的范围(Lyons,1999:172)。

　　还有学者实施类似风格的研究,他们试图从法国哲学家米歇尔·福柯的著作中汲取资源,来批判社区警务中存在的不计其数的强化规训监视的方式,即允许警察渗入并最终统治社区。警察对年轻人的过分关心——例如建立青年中心——以及对待在家里的居民的过分关心,会造成国家与社会之界限的模糊(Scheingold,1991:189)。通过这种方式,国家权力正式地进入并弥漫在社区内,社区被动员起来与犯罪行为作斗争,包括一些轻微违法,例如涂鸦、破坏秩序的行为等(Scheingold,1991:189)。

非国家警务

　　如前所述,非国家的行动者也可以承担起警察事务。20世纪后半叶,世界范围内都兴起了由非国家或私人的行动者来履行警务功能或者说私人警务的风潮。私人警务中的个人——安保人员、私人侦探、保镖——可以从事与公共警察相似的活动,例如犯罪调查、财产或人身保护、守卫,以及维持秩序等。私人警务之所以得到快速发展,其原因包括社会经济的变迁,社团事务不断介入公共生活,以及大型私人空间的不断扩展(例如购物中心)等(Reichman,1987)。

尽管私人警务和公共警务所从事的活动是相似的,但是二者有两方面的主要区别。首先,私人警务一般来说几乎完全限于私人领域的秩序维持或破坏最小化。其次,在绝大多数情况下,私人警力在涉及刑法时都要求助于官方警察(Reiss,1987:26)。在私人领域内无权执行刑事法律,意味着私人警察不具备公共警察所拥有的行动的正当性(同上)。

某些私人可以执行警务的领域正是国家权威撤回警察权的地方,也就是说,某些情况下,私人警务的存在是因为国家将部分警务功能转交给了私人或私人机构。英国、美国和澳大利亚等国家已经建立了私人监狱,这就是针对囚犯的私人警务。在美国,随着监狱人口的大量增长,出于削减开支的需要,私人监狱得以广泛建立。美国私人监狱通常都是以盈利为目的由私人公司建造并运营的。各州及联邦政府与私人监狱就犯人监禁的事务签订合同。在英国,警务的私人化导致了警察岗位的"平民化",即原先应当正规地由宣誓就职人员履行的工作,现在可以省费用,由平民职员来履行(Johnston,1992:55)。

将社区居民吸纳在内的"替代式警务"是另一种形式的非国家警务。尽管也是公民从事警务,但是替代式警务还是不同于社区警务,原因在于在替代式警务中,社区在实施刑法方面扮演了非常重要的角色。例如,在大多数社区的警务制度中,公民的主要角色是咨询性的,公民可以提供有关违法者的信息,但是不能真正执法。相对而言,替代式警务就可以在社区事务方面真正执行刑事法律,或者处理特定的发生在非国家行动者之间——例如社区和利益群体之间的冲突。在阿拉斯加的乡村地区、菲律宾、秘鲁、意大利、中国、巴西、南非和印度尼西亚都有替代式警务的实践。

替代式警务不是缘于国家的不作为。相反,是社区和利益群体促成了替代式警务的诞生,因为他们认为国家在提供警务服务方面力有不逮。发展替代式警务的另一个原因在于,公民对国家干预社区事务的正当性提出了质疑。在发展中国家,维持秩序不仅仅是国家的任务,也是社区的责任,所以发展中国家更倾向于推行替代式警务(Findlay and Zvekić,1993)。下面将具体介绍推行替代式警务的两个国家:菲律宾和印度尼西亚。

在印尼,邻里警务系统被称为"自发式"或"自愿式"的安全系统,这是为了强调社区应当在参与警务活动中扮演积极角色。邻里巡逻是邻里警务系统重要组成部分,巡逻人员由18~50岁的男人(通常是一家之长)组成。这些男人从晚9点到早4点轮流在城市社区巡逻。这些巡逻组织在1980年代早期就得到了印尼警察系统的官方认可,其传统源于荷兰殖民时代,当时的殖民政府授权村庄首领组织巡逻,所有村民都被要求参与其中(Reksodiputro and Purnianti,1993)。

尽管现在参与巡逻是非强制性的,但是在那些有着很强内聚力的乡村地区,参与邻里的共同防卫活动方面还是存在社会压力的。城市里的情况与之不同,城里的巡逻队由雇佣人员组成,而不是居民本人。由官方机构筹集资金承担巡逻队的费用,包括买探照灯电池、咖啡和香烟的钱(Reksodiputo and Purnianti,1993)。

在菲律宾,"巴朗加"(barangay)是该国最小的区划单位,有30到100户家庭。尽管"巴朗加"是地方层次的组织,但是它能够提供其他国家在国家一级才能提供的服务,包括农业支持服务,健康与社会福利服务,以及司法体制的维持等。马尼拉城区附近的奎松城(Quezon City)开展的替代式警务,将警察权赋予了完全由平民志愿者组成的组织,作为巴朗加巡回系统(Barangay Ronda System)中的一部分(Leones,1993)。

尽管巴朗加巡回系统不是该区域内唯一的警力组织——隶属于国家的职业警察也对"巴朗加"负有责任——但是对这些组织中公民的授权,远远多于社区警务体制中的公民能被授予的最大权力。巴朗加巡回体系的职责类似于穿制服的执法官员。除了报告可疑人员,像前文的"守望相助"一样对本区域进行监视之外,在巡回体制中工作的公民还要接收并调查公民投诉,为本地官员提供人身安保,并在危急情况下协助疏散撤离(Leones,1993)。

控制警察

督责警察的方法之一是公众求助于政治领导人,由政治领导人担负起监督警察的任务。这种通过政治手段督责警察的体制,一定程度上与警察的组织形式有关。例如法国这样的国家警察体制——通常由政府的部门首长或代表负责督查——是在国家政治的层面上进行督责(Loveday,1999:132)。在那些更为分散化的体制中,警察分为许多层级,对警察的控制也就更为间接迂回。在美国,如果警察局是在民选司法长官(sheriff)的领导下,或者警察局长是由市长任命的,那么选民就可能通过监督这些行政官员来实现对警察不正当行为的问责(Loveday,1999)。

在美国,对警察行为的督责包括运用刑事程序对抗警察,对侵犯个人权利的行为提起民权诉讼进行索赔,诉请禁令救济(injunctive relief)等。1991年对殴打罗德尼·金(Rodney King)的几名洛杉矶警察判决无罪的事件,是刑事程序无法对警察的错误行为进行问责纠错的最典型例证。请求金钱赔偿的诉讼也无法对强势的警察系统产生威慑,即便原告胜诉。例如,洛杉矶警局的警察告诉研究者,他们把损害赔偿视为因使用暴力行为威慑犯罪所付出的合理代价(Skolnick and Fyfe,1993)。其前提是,就洛杉矶市而言,为损害赔偿付出的代价,少于为补足警察数量而增加的警察人数(Skolnick and Fyfe,1993)。

刑事被告人对警察行为的指控,也是督责警察的一种方式。这些被告人经常诉称某个警察的行为侵犯了自己的宪法权利。被告人根据美国宪法第四、第五、第六修正案所享有的权利,在许多方面限制了警察的侦察进程,其中包括搜查人员和财产,逮捕拘留,以及讯问犯罪嫌疑人。在执法过程中侵犯被告人的宪法权利是一项严重的问题。例如美国宪法第四修正案禁止不合理的搜查和扣押。如果警察想搜查犯罪嫌疑人的家,在大多数情况下,禁止不合理的搜查和扣押是指要求警察取得搜查证。如果警察收集的证据被发现是在违反宪法第四修正案及其例外规则——由美国最高法院确立的规则——的情况下取得的,该证据则不能被用于对被告人的审判。

与此相关的是美国刑事诉讼史上最著名的案例——"米兰达诉亚利桑那州案"(*Miranda v. Arizona*),学者们长期以来争辩不休的是,对宪法原则的宣示是否真正对警察行为产生了影响(见 Leo and Thomas,1998)。在 1966 年的米兰达案中,最高法院宣称,设置程序是为了减轻警察讯问的强制性。法院作此决定的部分原因在于警察审讯手册中所描述的审讯实践中所表现出来的强制性特征。法院发现看管式审讯将犯罪嫌疑人置于一种天然强制的环境中,使嫌疑人倍感心理压力。因此,法院要求政府有义务告知犯罪嫌疑人有权保持沉默,他们所说的话将成为呈堂证供,他们有权获得律师帮助。

米兰达案判决之后,社会-法律研究者们从经验角度评估了警察的讯问程序。这些研究中有一项非常详细,这项研究的基础源于对某一大型市区警察局中 45 名探警之 122 件审讯的观察(Leo,1996)。法律要求警察在审讯之前必须复述众所周知的米兰达警告。如果嫌疑人要求求助律师或保持沉默,则审讯必须终止。该研究中的绝大多数审讯中,被告人都放弃了上述权利,审讯得以继续进行。其中 4% 的审讯中,探警在被告提出要求的情况下仍然继续讯问。如果被告提出在审讯中被迫提供不利信息,那么被告提供的任何证据都不能作为控方证据。那些选择继续讯问的探警显然了解此规定,但是他们疏于告知被告,如果被告选择坦白,那么他们所说任何话都会在交叉讯问中作为对抗他们自己的证词(Leo,1996:276)。

自米兰达案判决之后,就有些学者认为最高法院主导的这种程序束缚了警察的手脚,妨碍了警察为刑事被告人的定罪而进行的证据搜集。但是对警察讯问的研究得出了与之相反的结论。在大多数情况下,即在 64% 的讯问中探警都获得了成功——犯罪嫌疑人向探警交代了犯罪信息。该研究还发现探警使用了大量讯问技巧使嫌疑人交代罪行。这些技巧中最为成功的包括:唤醒嫌疑人的良知,揭露嫌疑人叙事中的矛盾之处,以及表扬或吹捧犯罪嫌疑人(Leo,1996:278)。该研究还发现在米兰达案中为最高法院所反对的那些侦讯技巧在实践中被广泛采用,也就是说,法院所制定的规则其实对于约束警察行为效果有限。

结　语

最近关于警察的大部分研究都是关于警察体制革新之效果和制度运行情况,例如对社区警务或维持治安之政策的研究。还有许多重要的领域有待于进一步研究。尤其需要对警察的行为进行分析和考察。这方面的研究包括对警察的角色与行为之间关系的研究,包括警察行为规范与制定规则之间关系的研究。

对于从事法律与社会研究的学者来说别具吸引力的一个领域,就是警察与法律的关系。法律所发出的指令与负责执行这些指令的人员之间的关系,是个尚有很大空间的研究课题。对警察执法所提出的原则要求,与警察自己对于法律规则和原则的理解和把握,二者之间的关系亦是值得进一步研究的课题。

最后,还需要对警察制度作出更多的比较性研究,即对警察制度进行跨国研究。其中包括对那些很少受到关注的国家之制度的研究——例如非洲国家以及新近民主化的东欧国家。还要对其他国家中的替代性警察制度和非国家警察制度予以特别关注。在每个研究领域中,都要特别关注新近制度革新的结构、功能和效用。上述这些领域的研究均会极大地增进警察和警务研究的广度、深度和完备性。

参考文献

- Adams, Kenneth (1999) "What we know about police use of force," in *Use of Force by the Police*. Washington, DC: National Institute of Justice, pp. 1-14.
- Bayley, David H. (1985) *Patterns of Policing: A Comparative International Analysis*. New Brunswick, NJ: Rutgers University Press.
- Bell, Jeannine (2002) *Policing Hatred: Law Enforcement, Civil Rights and Hate Crime*. New York: New York University Press.
- Boyd, Elizabeth, Hamner, Karl M., and Berk, Richard (1996) "Motivated by hatred or prejudice: Categorization of hate-motivated crimes in two police divisions," *Law & Society Review* 30: 819-50.
- Findlay, Mark and Zvekić, Uglieša (eds.) (1993) *Alternate Policing Styles, Cross Cultural Perspectives*. Boston: Kluwer Law and Taxation Publishers.
- Goldstein, Joseph A. (1960) "Police discretion not to invoke the criminal process: Low-visibility decisions in the administration of justice," *Yale Law Journal* 69: 543-94.

- Greenfeld, Lawrence A., Langan, Patrick A., and Smith, Steven K. (1997) *Police Use of Force: Collection of National Data*. Washington, DC: US Department of Justice, National Institute of Justice.
- Harris, David A. (1999) "The stories, the statistics, and the law: Why 'driving while black' matters," *Minnesota Law Review* 84: 265.
- Hirschel, J. David and Hutchinson, Ira W. III (1992) "Female spouse abuse and the police response: The Charlotte, North Carolina experiment," *Journal of Criminal Law and Criminology*, 83: 73-119.
- Johnston, Les (1992) *The Rebirth of Private Policing*. London: Routledge.
- Knowles, John, Persico, Nicola, and Todd, Petra (1999) "Racial bias in motor vehicle searches: Theory and evidence," *Journal of Political Economy* 109: 203-29.
- LaFave, Wayne R. (1962) "The police and non enforcement of the law—Part II," *Wisconsin Law Review* 1962: 179-239.
- Leo, Richard A. (1996) "Inside the interrogation room," *The Journal of Criminal Law and Criminology* 86: 266-303.
- Leo, Richard A. and Thomas, George C. III (eds.) (1998) *The Miranda Debate: Law, Justice, and Policing*. Boston: Northeastern University Press.
- Leones, Celia S. (1993) "Alternative policing in the Philippines," in Mark Findlay and Uglieša Zvekić (eds.), *Alternate Policing Styles, Cross Cultural Perspectives*. Boston: Kluwer Law and Taxation Publishers, pp. 101-8.
- Loveday, B. (1999) "Government accountability and the police," in in R. I. Mawby (ed.), *Policing Across the World: Issues for the 21st Century*. London: UCL Press, pp. 132-50.
- Lundman, Richard J. (1994) "Demeanor or crime? The midwest city police-citizen encounters study," *Criminology* 32: 631-56.
- Lurigio, Arthur J. and Skogan, Wesley G. (1994) "Winning the hearts and minds of police officers: An assessment of staff perceptions of community policing in Chicago," *Crime and Delinquency* 40: 315-30.
- Lyons, William (1999) *The Politics of Community Policing: Rearranging the Power to Punish*. Ann Arbor: University of Michigan Press.
- Martin, Susan E. (1994) "Outsider within the station house: The impact of race and gender on black women police," *Social Problems* 41(3): 383-400.
- Mawby, Rob (1999) "Approaches to comparative analysis: The impossibility of becoming an expert on everywhere," in R. I. Mawby (ed.), *Policing Across the World: Issue for the 21st Century*. London: UCL Press, pp. 187-203.
- Miller, Susan L. (1999) *Gender and Community Policing: Walking the Talk*. Boston: Northeastern University Press.
- Oberweis, Trish and Musheno, Michael (1999) "Policing identities: Cop decision making and the

constitution of citizens," *Law and Social Inquiry* 24: 897-923.
- Reichel, Phillip L. (1994) *Comparative Criminal Justice Systems*. Englewood Cliffs, NJ: Prentice Hall.
- Reichman, Nancy (1987) "The widening web of surveillance: Private policing unraveling deception claims," in Clifford D. Shearing and Philip C. Stenning (eds.), *Private Policing*. Newbury Park, CA: Sage, pp. 247-65.
- Reiss, Albert J. (1987) "The legitimacy of intrusion into private space," in Clifford D. Shearing and Philip C. Stenning (eds.), *Private Policing*. Newbury Park, CA: Sage, pp. 19-44.
- Reksodiputro, Mardjono and Purnianti, Yanti (1993) "Community oriented policing in urban Indonesia," in Mark Findlay and Uglieša Zvekić (eds.), *Alternate Policing Styles, Cross Cultural Perspectives*. Boston: Kluwer Law and Taxation Publishers, pp. 91-100.
- Rosenbaum, Dennis P. and Lurigio, Arthur J. (1994) "An inside look at community policing reform: Deflnitions, organizational changes, and evaluation flndings," *Crime and Delinquency* 40: 299-314.
- Russell, Kathryn (1998) *The Color of Crime*. New York: New York University Press.
- Scheingold, Stuart (1991) *The Politics of Street Crime*. Philadelphia: Temple University Press.
- Skolnick, Jerome H. (1996) *Justice Without Trial: Law Enforcement in Democratic Society*. New York: Wiley.
- Skolnick, Jerome H. and Bayley, David H. (1988) *Community Policing: Issues and Practices Around the World*. Washington, DC: National Institute of Justice.
- Skolnick, Jerome H. and Caplovitz, Abigail (2001) "Guns, drugs and proflling: Ways to target guns and minimize racial proflling," *Arizona Law Review* 43: 413-37.
- Skolnick, Jerome H. and Fyfe, James (1993) *Above the Law: Police and the Excessive Use of Force*. New York: The Free Press.
- Smith, Douglas A. and Visher, Christy A. (1981) "Street-level justice: Situational determinants of police arrest decisions," *Social Problems* 29: 167-7.
- Waddington, P. A. J. (1999) "Armed and unarmed policing," in R. I. Mawby (ed.), *Policing Across the World: Issues for the 21st Century*. London: UCL Press, pp. 151-66.
- Walker, Samuel (1993) *Taming the System: The Control of Discretion in Criminal Justice, 1950-1990*. New York: Oxford University Press.
- Weitzer, Ronald (2000) "Racialized policing: Residents' perceptions in three neighborhoods," *Law and Society Review* 34: 129-55.
- Wilson, James Q. (1973) *Varieties of Police Behavior: The Management of Law and Order in Eight Communities*. New York: Atheneum.
- Worden, Robert E. (1989) "Situational and attitudinal explanations of police behaviors: A theoretical reappraisal and empirical assessment." *Law & Society Review* 23: 667-711.

8

职业权力:律师与职业权威的建构

泰妮娜·罗斯坦 著
刘 毅 译

直到 1970 年代,美国关于法律职业的社会-法律研究仍然局限在功能主义的理论框架之内,该理论假定各种职业人组织化地兴起引发了现代社会的秩序问题(Durkheim,1957;Parseons,1954)。功能主义者认为,职业人的角色就是在个人利益与国家制度之间进行调解。以此观点为预设,关于律师的社会-法律研究一般都集中在律师是否遵循公认的职业规范的问题上,这些职业规范被认为能够准确地界定律师在现代社会中的角色,而对于这些规范自身的产生、功能或正当性等问题无人质疑。因此,有些学者致力于考察律师究竟是作为独立的顾问方,在当事人的利益和社会价值之间提供调解(Smigel,1964),还是作为当事人的忠实同党,在抗辩制度中一心一意地维护当事人的利益(Blumberg,1967;Macaulay,1979)。另一些学者则注重考察律师未能遵守职业伦理的内在原因,职业伦理是定位律师角色的规范(Carlin,1966;Handler,1967)。对律师职业规范性要求与日常执业实际状况之间的差异的考察,是早期社会-法律研究者所专有的一种"差距研究"(gap studies),后来这种研究方法盛行于社会-法律研究领域,其关注的重点在于国家为何未能兑现自由民主之承诺(Abel,1980;Garth and Sarat,1998)。

1970 年代开始出现新的理论,不再延续旧有的功能主义进路,而是将构成职业精神(professionalism)的各种制度视为职业人为了获取经济报酬和声誉而发挥集体能动性力量的结果(Abbott,1988;Freidson,1986,1973;Larson,1977)。这种新的理论范式代表了从结构理论向行为理论的转变(MacDonald,1995),并引发了一些经验性问题,例如人们如何通过自己的行为来"从事"或"完成"职业活动(Freidson,1983:27)等。功能主义理论在很大程度上忽视了职业权力的建构与展开这个问题,也没有将律师在社会上的地位和正当性视为应当探讨的问题,如今学术焦点转移到作为社会行动者的职业人身上,从而将权力问题带到了前台。

理论的转向引发了社会-法律研究针对法律职业的研究热潮。最近30年里,经验研究所关注的问题有:权力如何经由律师得以产生、积累、正当化以及被实施,权力如何在竞争者、当事人和其他人之间被争夺,以及各种类别的组织化或日常的职业活动。最近对律师的社会-法律调查以不同方式集中在以下几个方面的相互关系上:法律职业者的市场行为、他们在工作中对专业知识的运用、为了正当化其市场地位而援引的各种不同的而且经常是相互冲突的意识形态、他们为当事人提供的服务所体现的价值,以及他们所扮演的角色对于全社会的重要程度。这些研究都共同关注职业权力的问题,区别在于有的关注职业权力的构成,有的则更关注职业权力的运作。很多研究都借鉴了马克思主义和韦伯的理论,着力考察职业精神的制度如何提升了律师的物质利益和社会地位(例如,Abel, 1989; Heinz and Laumann,1982; Nelson,1988)。另一些研究则从福柯和布迪厄(例如,Bourdieu, 1987)的思想中获得启发,关注权力的社会建构,考察职业权威自身如何通过意识形态诉求和律师话语被建构起来(Sarat and Felstiner, 1995; Shamir,1995)。概括来说,这些研究揭示出职业权力的多维内涵。

本章旨在介绍1970年代以来针对律师和法律职业的社会-法律考察。由于社会-法律研究领域的重要论点都来自美国,因此我的关注点也集中在美国律师身上,同时也适当介绍比较性和国际性的研究。此外,职业研究计划一般围绕行为展开,包括针对当事人提供法律服务的内容,所以我在本章中所关注的也是针对执业律师的研究,并没有涉及对法官、立法者或法学研究者的考察,尽管这些不同法律人集团的行为毫无疑问在建构律师职业权威正当性方面起着非常重要的作用(例如,Halliday, 1987; Shamir, 1995)。[1]

对于法律职业的社会-法律研究可以归纳为若干条线索,包括理论的、方法论的和历史的等线索。本章将从多重视角出发来考察律师的工作领域。律师们会在不同的场所运用他们的职业权力,包括公共组织的行业协会活动和日常的工作(Nelson and Trubeck,1992)。本章的第一部分是以社会历史的方法考察美国的法律职业人,主要集中考察组织化的律师协会如何发挥凝聚团结的作用,以及如何有效地(为律师们)提供一种可以共享的经济和意识形态规划。学者们从历史的角度争辩律师的职业活动是否仅仅以创造和控制律师服务的市场为目标,或者是否意识形态的追求也不可缺少(Abel, 1989; Halliday, 1987; Shamir,1995)。

虽然组织化的活动最为引人注目,但也只是律师建构与行使权力的诸多领域之一。本章接下来考察的是对特定领域内律师业务,是指平日作为当事人代表的律师如何实践职业精神的理念。有研究者对美国私人律师协会中的两种律师作了截然的区分,一种是代表公司的律师,他们具有很高的经济收入和社会地位,另一种是代表个人的律师,他们的经济收入和社会地位则相对较低(Heinz and Laumann,1982; Heinz, Nelson,

Laumann, and Michelson, 1998)。这种针对私人业务的"两个半球"理论为梳理该领域的社会-法律研究成果提供了有价值的思路。这种分析框架特别强调,在为当事人提供特定法律服务方面,在专业和意识形态诉求方面,在工作的组织结构等诸方面,公司律师和个人律师都存在着重要的差别。社会-法律的研究发现,身处两个不同领域的律师们,在建构职业权力,特别是在如何采纳、抵制或者重构市场激励措施以提升自身职业发展的问题上,也存在着明显的差异。

尽管大部分律师都为私人当事人提供服务,但仍有很多律师在政府内工作,或者从事公益法律事务(Carson,1999:24)。作为另一种建构并运用职业权力的领域,公益或"事业型"律师已经引起社会-法律研究者的极大关注。对事业型律师活动的研究首先关注的是其中持自由派或左派立场的律师。此项研究揭示出事业型律师的目标在于填平平等主义和专业化之间的鸿沟,前者认为在自由民主的制度下,每个人都可以平等地运用法律,而后者则通过职业权威的实践表明,公民必须通过特定的专业知识的媒介才能运用法律。与事业型律师相比,政府律师并没有成为经验调查持续关注的目标。由于缺乏这方面的研究,因此很难查明政府律师在国家授予他们自由支配的权力时,如何取得、控制并改造这些权力。

组织化律师协会

关于美国法律职业的社会历史考察关注到组织化律师协会及其精英成员的活动,该协会为律师进行市场划分和推进政治及意识形态议程等集体行动提供了一个有形的空间。研究发现,法律职业人对立法的集体影响,既包括对律师及其竞争者的规制——因为律师力图实现对法律服务市场的直接控制,也包括在更广泛的范围内对律师及其当事人的物质和意识形态利益的影响。针对该问题存在学术争议,一种理论把律师们的组织化行为理解为企图实现并维持对法律服务市场的垄断,即市场控制理论;另一种理论则将其理解为追求社会地位或独立的意识形态诉求。

阿贝尔(Abel)对美国自 19 世纪末期至 1960 年代律师职业的研究,是市场控制理论的力作。正如阿贝尔所描述的,美国律师协会通过获取法律服务市场的垄断权来不断扩大影响力,据称不仅控制了"生产者的生产(过程)",而且控制了"生产者的产品"。早期的组织化律师协会通过制定律师教育资格和律师协会标准,控制了新律师的培训和供应,以此将移民及其后代排除在外,并强化了针对女性和少数族裔的入行障碍。在其后的几十年里,美国律师协会进一步控制了"生产者的产品"。协会建立起防止协会外从业者竞争的禁令制度,并不顾民粹主义者的反对,在1930年代建立起广泛的职业垄断,垄断范围不止于出庭诉讼,还包括法律咨询、起草文书以及财产转让事务(Abel, 1989:26,113)。与此同时,协会还通过禁止发布广告等措施以限制内部竞争,特别是来自低阶层律师的竞争(Abel,1989:115-122)。世界范围内的比较研究发现,在普通法国家存在着类似的发展历程。相对而言,民法法系国家法律职业的发展史就与市场控制的思路不同,其特点在于各种不同类型的律师间关系,包括国家的、大学的以及市场的。尤其不同的是,国家在创设与法律有关的诸职业方面占据极为中心的地位,而律师作为整体采取的集体行动则很少(Abel and Lewis,1988a, 1988b, 1989; Abel, 1988; Rueschemeyer, 1973)。

  阿贝尔将职业意识形态主要视为加强市场控制的手段。而其他社会历史学者则认为,律师追求意识形态利益的行为,并非为了进一步提升集体市场利益(Halliday,1987; Gordon, 1983,1984; Shamir,1995)。高登(Gordon)认为律师意识形态的特定内容——他们对自身立场的解释和正当化论证——具有行动的和社会的效果(Gordon,1983, 1984)。在高登看来,律师认为他们自己有义务遵守普遍性的法律秩序,即一整套旨在规制社会关系的规则和程序,目的在于使社会关系与主流的对善好(the good)的政治理解相一致。因此他们应当被理解为"致力于解决信念与实践之间的关系——即理想与现实之间的关系问题,这样他们才能心安理得地生活"(Gordon, 1984:53)。海利德(Halliday)则指出律师们在美国法律职业史上的若干重要时代,都采取旨在推进公民职业主义(civic professionalism)的集体性行动,特别是为了开创并维护一个独立自主的免受政治不测支配的法律王国(Halliday,1987; 参见 Powell,1988)。欧洲和美国对于律师的历史研究发现,律师是西方政治自由主义兴起的积极参与者,所以仅仅用市场控制理论不足以概括律师所扮演的角色(Halliday and Karpik,1997)。

  通过对1930年代美国律师协会的研究,沙米尔(Shamir)认为市场控制理论不能解释精英律师阶层对新政时期新兴行政领域的态度。组织化协会并没有像市场控制理论所预言的那样,努力掌控新的行政管理范围以扩大法律服务的市场,而是投入大量的精力批评新建的行政机制,认为后者破坏了基本的正当程序原则。沙米尔还指出,律师们反对行政系统提出的关于法律的多元主义概念,这是行政系统为了保持和强化他们的特权地位而作出的对法律的特殊理解。组织化律师协会反对新的源于行政系统的法律,因为这些法律"威胁到经由妥协达成的既定的划分明确的律师职业身份格局,而且颠覆了以法院为中心形成的等级化组织结构"(Shamir,1995:124)。

  关于律师的职业意识形态是否应当被理解为对自由民主价值的反思性的规范性表现,海利德与沙米尔持不同意见,前者认为需要视律师的动机而定(Halliday,1999),后者则认为应当从是否能够强化其社会地位的角度来考量(Shamir,1995),更多考虑的是其行动的效果。不过这种理论分歧并不像初看起来那么严重。一方面,像海利德那样以动机为基础的分析,必须考虑到律师头脑里关于法律的"理想"概念总是被社会性地建构起来的。律师的动机总是被他们所处的社会地位所决定,社会进一步强化并正当化了他们作为法律秩序的守护者的角色(参见 Shamir,1995:129;Bourdieu,1987)。另一方面,任何规范性诉求都被有争议地解释为其功能在于强化其生产者(即律师)的权威;所以所谓提高律师地位的说法并没有增添多少解释性价值。

在 20 世纪的大部分时间里,美国律师协会都能够掌控法律服务的市场。自 1970 年代末期,美国律师界原有的限制圈外人竞争的权力逐渐被削弱。由于律师的集体行动被申请反托拉斯禁令,组织化协会借助国家力量参与未被授权之法律业务的权力已经逐渐被限制,特别是当某些业务归属于其他职业人士例如会计师的时候(Wolfram,2000;Abel,1989:229)。其结果是,美国律师被迫面对日益激烈且直接的竞争压力,这种竞争来自其他公司或个人法律服务提供者。同时,律师协会未能控制住涌入本行业的新手数量,其原因是多方面的,包括高等教育规模的扩大,对法律服务需求的增长,以及歧视性行业壁垒的消除(Abel,1989)。1970 年到 1988 年之间,美国律师占一般人口的比例增长了两倍多(Sander and Williams,1989:433)。[2]这种非同寻常的增长导致律师职业内部的竞争更加激烈。

律师们只能求助于"专业化"来摆脱困境,但是这会使得律师在作为集体事业之基础的共同经济和意识形态利益上难以获得共识(Abel,1989:237;Heinz and Laumann,1982;Heinz et al.,1998:762)。律师协会的不断分化有助于激发律师的创业才能。如尼尔森(Nelson)和楚贝克(Trubek)观察到的,"美国律师作为群体在政治和经济上成功的关键就在于他们的适应性。但代价就是削弱了其独一无二的职业传统,同时导致行业内部缺乏能够实施特定职业理念的核心权力"(1992:13)。

通过对特定法律执业场所的社会-法律研究,可以发现过去几十年里律师在争取顾客时所采取的具体路径和方法,包括意识形态的、认知的以及组织的诸方法。本章接下来的两节中,会把这些研究分为两类,一类是私人律师协会中代表公司当事人的律师,另一类是代表个人当事人的律师,这种划分早在 1970 年代中期就被广泛采用(Heinz and Laumann,1982)。为公司服务和为个人服务的律师,两者的区别表现在许多方面:社会背景(个人律师较少显赫的社会背景);教育背景(公司律师一般来自精英的公立法学院,而个人律师则来自地方性学校);专业方向(公司和个人律师根据其当事人的需求决定各自的专业领域);执业场所(公司律师在大律师事务所,而个人律师则工作在小型或个体的律师事务所);执业所带来的荣誉感(公司律师业务比起个人法律服务有着高得多的职业荣誉感);收入(公司律师的收入远远高于提供个人服务的律师,只有成功地从事人身伤害赔偿业务的律师是个声誉不佳的例外)(Heinz and Laumann,1982;Heinz et al.,1998;Sander and Williams,1989;Auerbach,1976;Carlin,1966)。两种执业方式秉持着不同的意识形态。在同一类别内部,律师们还有着各自不同的地方性意识形态,不同的专业领域,以及不同的工作地点组织方式,这些都强化了他们的职业权威,并赢得了当事人的信任。

公司律师

　　整个20世纪里,在公司律师事务所里工作的律师,无论在经济还是社会地位方面,都是律师中的佼佼者。社会-法律研究者考察过以下三种因素之间的内在关系:公司律师之较高的社会和经济地位,他们对各种职业意识形态的建构和运用,以及他们自身的组织化结构。学者们认为最具优势的律师在公司律师事务所,后者在1960年代达至鼎盛时期(Galanter and Palay,1991)。学者还研究了近些年在公司律师事务所工作的律师职业权威的相对下降——相对于当事人和其他法律服务提供者而言,其原因在于市场压力越来越大,工作的专业化程度越来越高,以及律师事务所不仅规模越来越大,也越来越趋于官僚化。

　　"商务律师"首次出现在19世纪末期,很快就取代个体诉讼律师,成为职业主义的新范式,相比于法庭辩护人——即代表若干当事人的普通执业律师,"商务律师"这种新型的律师,其特殊之处在于满足了日益增长的公司企业和商业的需求(Galanter and Palay,1991)。这些律师逐步将业务扩大到包括制订计划、咨询、谈判、文件起草,以及作为当事人代表出席在其他场合等,他们的业务活动就从"法庭转移到了法律事务所(law offices)或谈判场上"(Gordon,1984:59;Hobson,1986;Lipartito,1990)。法律事务所原先只是律师间松散的联合,律师们间或在此共享雇员或当事人,现在则具备了更为正式的结构。这种新体制延续了保罗·科拉维斯(Paul D. Cravath)所开创的模式,当事人"属于"整个公司,律师以团队的方式工作,收入和成本由合伙人根据实现确定的模式共享和分担;新成员从法学院里招募,在高级律师的指导下逐步成长,最终成为合伙人(Galanter and Palay,1991:ch.2)。对新成员培训的前提是,他们已经在若干精英学校里接受过教育,这些学校所采用的课程表和教育方法都是哈佛大学法学院的院长克里斯托弗·兰德尔(Christopher Langdell)在19世纪开创的(LaPiana,1994;Stevens,1983)。商务律师自始就被批评为仅仅局限在狭隘的当事人利益上(Berle,1933;Hobson,1986)。但是,20世纪上半叶之后,荣誉和权力就转移到大型公司律师事务所。加兰特(Galanter)和帕雷(Palay)指出,在1960年代"律师职业的传统徽章——以独立的一般性业务为所有人提供个人化法律服务——已经不再是真正的'职业化律师'所拥有的标志。取而代之的是体现职业理想的大型公司化律师"(1991:32)。

　　伴随公司律师事务所同时出现的是一种新的意识形态,它将规范性权威诉求与这种律师事务所所要求的实践技能联系起来,后者的出现为公司律师享有的特权提供了正当性证明。这种意识形态有强弱两种版本的表达,前者认为,公司律师所从事的实务就是一种"公共使命"(pulic calling),公司律师的权威就在于他们是当事人利益与体现在法律中的社会价值之间的调解者(Brandeis,[1914]1916;Gondon,1988,1990;Luban,1988;Kronman,1993)。后者将公司律师的形象定位为一个理想的公司顾问,促使公司放弃眼前的好处,转而谋求长远利益。后者这种弱版本的意识形态将精英律师事务所的律师视为全能型人才,能够掌握公司律师实务的各个方面,还能为当事人的商业事务提供全方位的法律意见(Gordon,1988,1990;kronman,1993)。

正如职业主义的早期范式推崇的是个体化普通执业律师的优点,上述两种(强弱版的)公司律师的意识形态所强调的则是公司法律业务在认知和动机两方面的优势,公司律师不仅可以同诸多当事人保持长期的关系,而且可以对单个当事人维持自己的独立性。律师与公司当事人的稳定关系通过各种形式的律师报酬协议予以确定,这些协议使律师得以详细而广泛地了解当事人商业运作方面的知识和信息,同时确保在当事人不愿接受建议或者在当事人提出投诉的情况下,律师得以保全自身。不与单个当事人建立联系,也是出于同样的考虑。公司庞大的当事人资源可以使律师们接触到公司法的众多问题,因而增强了律师的执业技能。庞大的当事人基础使得律师们有可能拒绝向不受欢迎的当事人提供咨询,甚至可以拒绝当事人提出的不理智的法律诉求(Gordon,1988,1990;Smigel,1964)。此外,相对松散的公司组织结构也有助于上述优势的形成,同时也使得律师可以最大程度地自主决定工作场所的条件,以便更好地推进自己的事业(Smigel,1964)。

有什么可以证明公司律师在代表当事人行事时,是以上述意识形态,特别是其中强势版的具有社会建构性质的意识形态为指导的?很难取得关于律师与其当事人对话的数据,传统上这些属于保密的内容。高登认为律师从来都是独立于当事人,并按照社会对他们的期待和要求来行事(Gordon,1988,1990;另见 Carruthers and Halliday,1998:526-539)。而与之相反的观点则认为,至少从新政时期开始,公司律师便有依附于当事人以及一心追求公司利益的倾向,只要这样做有助于巩固律师自己的利益(Auerbach,1976;Felstiner,1998;另见 Shamir,1995)。

大型律师事务所的业务正处于强劲的社会化进程中,但是这些业务只关注公司利益,即便公司律师的确希望成为独立的顾问,但他们是否能够保持相对于当事人的全方位独立身份,还是值得怀疑。1980年代一份针对芝加哥公司律师的调查发现,公司律师在从事实际业务过程中,还是明显地代表着当事人的利益(Nelsen,1988;另见 Kagen and Rosen,1985)。此外,尽管公司律师在抽象意义上坚持信奉独立顾问的意识形态,但是他们承认在不同意当事人行动方案的情况下,他们很少坚持自己的原则(Nelson,1988)。(研究显示这种社会化过程的肇始甚至早于法学院的公司法务实践教育:Granfield,1992)。

关于公司律师是否一向与独立顾问的意识形态保持一致,学者之间看法不同。他们承认,到了20世纪晚期,作为独立顾问之意识形态的存在基础已然消失。在世纪之交,公司律师事务所得到突飞猛进的发展,并形成了科层化体制。在1950年代,最大的律师事务所也只有大约100名律师,很少有超过50名律师的事务所。但是35年之后,最大的律师事务所已经拥有超过1000名律师的规模,很多大型律师事务所都拥有数百名律师(Galanter and Palay,1991:47; Thomas, Schwab, and Hansen,2001)。学者们将这种迅猛发展的原因归结为各种市场因素的互动:对公司法律服务的需求激增(Nelson,1988; Galanter and Palay, 1991; Thomas et al. ,2001),对更大范围的专业法律服务的需求(Nelson,1988; Flood,1988;Spangler,1986:37),以及律师事务所自身活力的增长(Galanter and Palay,1991)。[3]

与此同时,律师事务所与当事人的关系也发生了根本性的转变。公司扩展了自己的公司法律部门,并将日常法律工作内部化(in-house)。公司内部法律咨询业务发挥着越来越积极的作用,其工作体现在监督公司外部工作,加强预算约束,以及在不同律师事务所之间进行"货比三家"的选择等。处于世纪之交的这些公司并没有选择全面的长期的律师服务合同,而是在某些特例性的、非常规性的、因而需要高度专业化技艺的案件中启用律师事务所。因此,公司律师事务所就要在日常诉讼与极少数高风险业务之间保持平衡,这种变化说明公司诉讼不仅在数量上急速增长,而且变得更加复杂和费时(Galanter and Palay,1991)。随着外部公司法律服务发生本质变化,对特定具体领域内的技术性专业能力的需求开始不断增长,而与此同时,关于公司法律和当事人商业活动的较为宽泛的知识则不被重视,后者曾经是作为独立的法律顾问所必须具备的条件。

伴随这些变化同时出现的,是一种强调专心为当事人利益服务的抗辩型意识形态。参与其中的人都会发现,1990年代的公司诉讼具有过度抗辩的特征,它所体现的是当事人要求的"焦土战术/格杀勿论"(scorched earth/take no prisoners)的抗辩策略,但缺乏通过司法监督实现的正式约束,或者通过强制性公司文化实现的非正式约束(ABA,1998)。这种抗辩风格也被成功地推向海外。德扎莱(Dezalay)和格斯(Garth)通过对国际仲裁的具体研究发现,美国的律师事务所已经通过他们的技术性专业能力,将国际商业仲裁转变成另一个施展"美国式"诉讼的舞台(1996: ch. 3;比较 Boon and Flood,1999)。

同公司律师事务所将业务集中在商业实务方面相一致,公司律师在自身业务开展中也具有类似的进取型工作风格。公司律师过去一直在为当事人确保和发展商业机会方面发挥着积极作用(Hobson,1986; Lipartito,1990),但是在20世纪末期,他们在商业交易和"造法工程"(creative legal engineering)方面的成果达到了前所未有的高度(McBarnet, 1992:257)。在商业世界所关注的利润和竞争因素的推动下,公司律师们恰当地利用当时的政治与规制形势,参与到创新性民间立法活动中,包括诸如反收购机制或"毒药丸"（poison pills）等新的法律措施（Powell,1993），发展出一个全球化的不良债务市场（Flood,1995），并设计出各种新的避税方法（McBarnet,1992）。律师们还积极参与到美国破产制度改革的过程中，不仅可以借此提高收入增长的预期，而且把这种过去被视为"一锤子买卖"的业务转变成声誉良好的公司专业服务（Carruthers and Halliday,1998:444-449,526-539）。硅谷律师们也表现出类似于企业家的精神，在1980至1990年代的科技浪潮中，他们采取风险分担的策略来化解律师事务所成立初期的不确定性风险（Friedman, Gordon, Pirie, and Whatley,1989；Suchman and Cahill, 1996）。[4] 随着律师事务所更多地走向联合，带来了商业精神的日益强化，以及高度的参与（社会事务）精神，导致复杂的"忠诚混乱"局面的出现，律师事务所需要通过建立日益复杂的正式或非正式冲突制衡机制来解决这个问题（Shapiro, 2002）。也有学者研究那些非英美法律传统的国家——即便是像日本那样厌恶律师的国家——的不同的法律实践的特点和趋势（Milhaupt and West, 2002）。随着企业化公司法律业务的发展，公司实务的意识形态也发生了变化。如果说1960年代的公司律师倾向于将其职业权威建立在广泛的法律和商务专业技能以及相对于当事人的独立地位上，那么世纪末的公司律师们则更愿意强调他们高度专门化的知识，进取型的工作态度，以及积极热情的伙伴角色。[5]

从独立顾问向专一伙伴的转变，标志着公司律师职业权力的衰落。根据先前的意识形态逻辑，公司律师应当有适当的职业自治，据说原因在于他们能够据此对抗来自当事人的经济压力，并能提出社会化的建设性建议（或者至少能够提出符合当事人长远利益的建议）。公司律师是否能建构起一种纯粹伙伴化的角色来担负起职业权威，尚不清楚。出现在美国的怀疑主义观点认为，公司律师希望（或者能够）控制其当事人的违法行为，国家已经开始对某些传统上放任给自我管理的业务加以控制。（2002年萨班斯·奥克斯利法案[Sarbanes Oxley Act]的颁布就说明，公司律师自由裁量的权威已经因近来的若干公司丑闻而被削弱，该法案要求逐级上报潜在的违反证券法的行为。）同时，公司律师们看起来越来越热衷于将自己从独特的职业角色中脱离出来。大型律师事务所已经开始模仿职业服务型律师事务所的组织结构，并在事务所名称中嵌入了"顾问"（consultancy）的字眼。在21世纪的开端，为了取得大型会计师事务所那样的成功，一些大型美国律师事务所开始以经济主义的术语"价值增长"作为自己的服务准则，重点从出售法律服务转向了"法律产品"（Rosen, 2003；参见 Thomas et al., 2001），这种趋势在国际法律领域同样明显（Dezalay and Sugarman, 1995）。

内部法律顾问的意识形态与公司律师在公司律师事务所内的意识形态有着同样的发展轨迹。内部法律顾问曾经在1980年代初期被普遍视为公司律师界的二等公民（Spangler,1986:ch.3；Heinz and Laumann, 1982），现在他们则抓住公司律师事务所衰落的机会，声称律师的职业权力和荣誉已经转移到公司内部的法律部门那里。在此期间，这些公司法律部门得以发展扩大，他们处理的法律事务在规模和数量上都得到扩展,出现了内部法律顾问的发展"运动",公司内部法律顾问的普遍自治和决策权威得到尊重和赞赏(Chayes and Chayes, 1985; Rosen, 1989)。

但这种职业主义的建构似乎注定是短命的。因为内部律师只有唯一的当事人,所以他们缺乏不服管理指令的结构性条件。关于19世纪晚期对公司法律顾问的研究发现,即便这些律师一般将自己的角色定位为具有传统特征的"顾问"或"警察"(cops),实际上他们在很大程度上要服从管理。该项研究还从企业经营的角度为内部法律顾问划定角色,认为他们关注的是公司短期利益。这些企业家式的公司法律顾问也把自己定位为商人,把法律视为利润的来源,以此为原则从事公司内部的运作,并积极地开拓外部的公司业务(Nelson and Nielson, 2000;参见 Gunz and Gunz, 2002)。

尽管律师事务所和公司总法律顾问部门发生了广泛的变化,公司法律实务整体而言在20世纪末期依然保持着在律师界的声誉(Heinz and Laumann, 1982; Heinz et al., 1998; Sandefur, 2001)。海因茨(Heinz)和劳曼(Laumann)认为公司律师的地位在很大程度上源于其当事人的实力,而不是来自其积累和运用职业性力量的独立地位。尽管公司律师的地位有一部分来自于职业专长的诉求(特别是他们所在实务领域内的法律复杂性),但是这种复杂性自身正是公司当事人经济实力的产物,这些当事人总是能够投入大量资金雇用律师来解决问题(Sandefur, 2001)。公司律师身上的光芒,不过是其所服务的世界上最有实力的私人机构之光芒的反射而已(Heinz and Laumann, 1982)。当众多公司在全球不断扩展壮大的时候,作为其代表的律师们的地位自然也不断提升。

除了考察公司业务的结构和意识形态通过何种方式引入、反映并重构市场激励的因素之外,社会-法律学家们还研究了职业权力的建构在多大程度上隐含着对女性和少数族裔的持续性排斥,特别是排斥他们成为合伙人。随着进入法学院和律师界的歧视性门槛的消除,进入美国法律职业群体的女性和少数族裔自1970年代后逐步增多。至1990年代末期,女性和少数族裔分别占法律职业界新入行者的45%和20%(Chambliss, 2000)。尽管如此,女性和少数族裔在公司律师中的代表性仍嫌不足,这个群体的构成主要还是通过年龄、教育背景以及其他相关因素来决定的(Rhode, 2000; Chambliss 2000:9; Wilkins and Gulati, 1996)。性别和种族的不平衡反映出结构和意识形态的相互强化。在最基本的层面上,女性和少数族裔仍然长期遭受持续性的偏见和歧视性待遇(Hensler and Resnik, 2000; ABA, 2001; Rhode, 2000:39)。此外,女性和少数族裔还会因为非正式的校友关系网("old boy" networks)的运作和在权力坐席中缺少代表而受到歧视(Rhode, 2000, 2001; Chambliss and Uggen, 2000)。对女性来说,能够做出卓越成绩所需要的额外时间,总是会跟抚育幼小孩子的家庭责任相冲突,这种家庭责任又是社会所期待且不可推卸的(Chambers, 1989; Rhode, 1996; Hagan and Kay, 1995)。而少数族裔律师的缺席在某种程度上可以说是公司董事会会议将少数族裔排除在外的结果。此外,律师事务所在招聘和职业训练中仍然存在对少数族裔律师的体制性歧视(Wilkins and Gulati, 1996)。

政治因素和职业意识形态也是女性和黑人在公司法律业务中受限制的原因。研究显示,女性和少数族裔的法科大学生比其他同学更多地秉持自由主义政治价值观,因此也更有可能从一开始就避开了公司法律业务(Abel,1989:96)。女权主义者不仅批判抗辩式意识形态,而且指出要求律师好斗的期望与性别社会化的进程之间关系紧张,后者鼓励女性担当起调和与化解冲突的角色(Menkel-Meadow,1985,1994;Pierce,1995;Rhode,2000)。威尔金斯(Wilkins)认为,广义来说,美国律师界的主导性意识形态就是一种"漂白的"职业主义,在该行业中,一个律师的种族、性别、宗教或民族不应影响他(她)本人对自己的职业期待(1998a,1998b)。

个人法律服务

20世纪晚期,代表个人的律师——海因茨和劳曼对私人律师执业研究中的另一半球——比起公司律师更少拥有特权背景,也更少享有声望。不仅如此,在整个1980和1990年代,前者在收入方面也比后者少很多(Heinz and Laumann,1982;Sander and Williams,1989)。尽管从事个人法律服务的律师所占比例在逐渐下降,但他们仍然是美国私人法律业务中的主力军,占全部律师数量的将近一半(Heinz et al.,1988;Sander and Williams,1989;Carson,1999)。提供个人法律服务的律师的业务范围主要在离婚、人身伤害、居民不动产以及遗产规划等领域,多数是个人执业或人数少于10人的小型律师事务所(Heinz and Laumann,1982:442-443)。

对从事个人法律服务的律师来说,他们的当事人群体、市场进路、专业化程度、意识形态和执业组织形式各都不相同。虽然他们都旨在帮助当事人适用法律,但是所采取的实践方式各有不同。学者们分别考察了个人和小型律师事务所(Seron,1996),特许经营律师事务所(Van Hoy,1997),离婚业务律师(Sarat and Felstiner,1995;Mather,McEwen,and Maiman,2001),人身伤害赔偿律师(Kritzer,1998a,2001;Baker,2001)以及乡村律师(Landon,1990)等,这些研究揭示出在该领域内职业权力和权威的不同建构形式,以及用以支持权力和权威的不同组织结构。

个人服务律师有一些例外之处,例如无需具备高度技术化和形式化的专业技能。诸多学者研究发现,在大多数情况下,法律适用都不需要特别复杂的法律业务,也不需要耗费太多时间进行法律研究(Cain,1979;Seron,1996;Van Hoy,1997;Kritzer,1990)。律师们一般只需按照当事人要求去从事各种日常业务,诸如起草离婚或人身损害赔偿的意见书,拟定证书和遗嘱等——而且通常是由律师助理和秘书在办公室里代为完成的(Seron,1996；Van Hoy,1997；Kritzer,1990；参见 Landon,1990:90-91)。个人法律服务工作的这种简洁明快的特点发展出两种不同风格和组织的实务。一种是传统型,典型地体现在个人法律服务和小型事务所律师的身上,强调工作的人性化,以解决问题为指向。另一种是企业型,相对来说更多地注重通过增强专业化程度、采用规模化生产以及提高市场运作水平来达到降低成本、提高效率的目标。为了纠正人们印象中个人法律服务通常缺乏法律知识的不良形象,有三分之一的从业者为了追求更高的报酬和更好的地位,将原先的以解决问题为导向的思路与依赖技术性的实体或程序专业技能(通常是从公司民事诉讼中移植而来)相结合(Seron,1996；Mather et al.,2001；Van Hoy；1997)。这些个人法律服务的专家——包括高端离婚业务律师和白领辩护律师——一般也可以胜任大型公司化律师事务所,或者小型或中型"精品"事务所的工作(Mather et al.,Mann,1985)。这种对传统型、企业型和特定路径型律师的划分,尽管有过分简化之嫌,但还是提供了一份关于个人法律事务的实用图景(Seron,1996；Mather et al.,2001)。

传统的个人服务律师将他们的目标设定为帮助当事人在面对法律体系的时候,努力将法律和法律程序人性化(Seron,1996；Mather et al.,2001；Landon,1990)。即便在通常情况下律师们会经常性地遇到同样的问题,但他们仍然声称要把每个当事人单独对待。在传统的执业律师看来,当事人自身所处的特定的生活状况,而不是技术性的法律问题,才是构成智识挑战和职业承诺的基础(Saron,1996；Van Hoy,1997；Schön,1983)。例如离婚业务律师认为他们的目标就是帮助当事人摆脱当下因离婚而带来的危机中,从而开始调整适应此后长期的经济、社会和生活其他方面的改变(Mather et al.,2001)。尽管传统的执业律师将良好的倾听和交流技巧视为最重要的职业法宝,但是他们并不认为自己的工作就是给当事人提供情感和心理的支持,而是认为主要还是提供实实在在的咨询(Seron,1996；Mather et al.,2001；Sarat and Felstiner,1995)。法律知识在某种程度上是重要的,但是只有通过合理运用这些知识才能具有预测当事人案件结果的能力,还需要掌握关于法律体系运行的内在或本地化的知识,这些知识是通过日复一日的实践经验获得的,而不是通过正规化的学习(Seron,1996；Sarat and Felstiner,1995；Kritzer,1998b)。正如塞隆(Seron)在她关于纽约小型律师事务所和个体律师的研究中所指出的,传统律师在他们的工作日内会用大量时间和当事人通过电话以及面对面的交谈,来为当事人提供情感上的支持。

通过对缅因州和新罕布什尔州离婚业务的研究发现,传统律师将自己的角色描述为"理性的"代理人(Mather et al.,2001)。所谓理性的代理人是指了解离婚法律,特别是在预测案件结果方面能保持"客观性",以避免当事人的过分期待,并能够以真诚公正的态度在法庭上与对方律师交流。随着无过错离婚、法定财产分割和无争议抚养子女准则的出现,缅因州和新罕布什尔州的法律体系中,那种纯粹的辩护技术已经没有存身之地了(Mather et al.,2001:117)。这些律师都把自己视为布兰戴斯(Brandeis)大法官所说的"具体情况的顾问";而不是为了当事人的利益斗争到底,他们努力把当事人的期待转到在律师看来是理性与务实的方向上来。

相比离婚案件中当事人情感的无常和脆弱,律师以其理性、客观和经验能够化解来自尊重当事人自主性和证明律师职业权威之间的紧张(Mather et al.,2001:92)。这种隐含的紧张关系贯穿于律师业务实践中。为了体现律师的职业权威,他们从知识的独立王国中寻找资源来证明他们的专业能力。但是这些知识中蕴含的规范性考量,会与生活在自由民主理念下的当事人的利益、目标和价值发生重叠或交叉(Halliday,1987)。这种专家理念与当事人权威之间的紧张特别是在个人法律服务领域体现地更为尖锐,除了部分专家之外,执业律师们不会诉诸复杂而深奥的法律知识,而是将他们的职业权威建立在对当地法律制度和与法律程序有关的社会、经济等生活状况的经验性知识之上(Mather et al.,2001;Sarat and Felstiner,1995)。

这种紧张还体现在离婚业务律师为了使当事人保持"理性"而采用的各种方法上。最普遍的就是"冷却"技术——从控制案件到进行说服——律师以此来帮助当事人从当时的情绪中解脱出来,并能"务实地"看待自己的处境(不过,有时离婚律师会认为自己的工作是为那些对待自己的法律权利过分消极或沉默的当事人做教育工作,促使他们积极争取自己应得的权利)。律师们在访谈中指出,当事人情感的激烈程度证明了他们为影响当事人的观念所做的工作的必要性,正是他们的工作使得当事人可以作出"理性的"决策(Mather et al.,2001:92)。但即便是其他普通诉讼领域的律师们,也会花费大量精力来帮助当事人形成理性看待案件的观念(Kritzer,1998a;Rosenthal,1974)。因此,一项关于人身伤害赔偿代理律师的研究发现,这些律师会用自己关于可能的金钱赔偿的道德观念影响当事人,促使当事人以理性的态度撤回多于保险赔付的金钱诉求(Baker,2001)。不过乡村律师业务是一个明显的例外,其中律师和当事人关于社会、政治和经济的价值观高度统一和融合(Landon,1990:ch.7)。

萨拉特和菲尔斯提纳的研究(Sarat and Felstiner,1995)显示,职业权威和当事人权威之间的冲突,不可避免地引起在当事人与法律互动之意义和建构问题上的权力竞争,这种互动出现在律师与当事人的对话中。两位学者通过对离婚案件中当事人与律师之间互动情况的微观研究,揭示出律师和当事人之间为了界定离婚过程对于当事人自身生活的意义而进行的斗争。他们发现,当事人为了给自己失败的婚姻和配偶行为寻找原因,往往会使用诸如借口、责任和过错等说法。而他们的律师则拒绝使用这样的个人化语言——这些词语在非过错离婚中用不上,而是着力强调以法律制度的运作为基础,对案件进行情境化的解释。在此过程中,"律师通过对意义的建构来实现对自身权威的正当化,并取得当事人的信任"(Sarat and Felstiner,1995:51)。该研究还显示,当事人并非像律师所说的那样消极和沉默,而是主动地参与到关于案情建构的斗争中,坚持主张更多地引入个人视角中的社会关系(1995;另见 Griffiths,1986:155)。最终还是律师"赢"得了这场斗争,因为他们控制着进入法律体系并获得利益的通道。从这个意义上讲,对个人服务律师的需求掌控了当事人本身(Abel,1989;Sarat and Felstiner,1995)。但是,这两位学者还强调指出,当事人在交流中"反对律师限制社会生活在互动中的重要性。因此导致律师—当事人权力关系的脆弱性,同时也避免了意义创设的过程"(Sarat and Felstiner,1995:52)。[6]

传统型个人服务律师强调关注个人化的需求,但企业型的个人服务律师则与之不同。在后者看来,当事人对服务的要求是低收费和高效率。所以他们把所提供的业务进行了标准化的重组。这种企业化的业务战略特别体现在大型律师事务所中,其专业领域包括人身伤害(Kritzer,2001)、劳动赔偿(Seron,1996)、其他个人法律服务,以及特许权律师事务所(雅可比和梅耶斯律师事务所[Jacoby and Meyers]和海特律师事务所[Hyatt]是其中规模最大最具知名度的事务所)。这些大型律师事务所为当事人提供了一整套基本法律服务项目,包括离婚、遗嘱、不动产交割和人身伤害赔偿。

塞隆在其关于个体律师和小型事务所执业律师的研究中,对企业型律师作了访谈,他们认为自己"首先是商人,然后才是律师"。他们在从业过程中体现出强烈的商业气质(有时会有一些法律服务者的特征作为补充)。企业型律师非常注重市场和业务安排,从而得以处理大量的同类型案件。为了使法律服务市场化,他们率先在电子和印刷媒体上使用大型目标化广告,并将其业务重组包装,制作成"通用型"法律服务。企业型个人服务律师所运用的这种商业模式在公司内部,一般包括一个关键性的劳务部门,一套科层化的报告体系,以及一套要求所有成员(包括律师和辅助性职员)遵守的标准化运行程序(Seron,1996:90;Van Hoy,1997)。

企业型个人服务律师需要非常倚重专业化的辅助性职员,其数量远远超过律师雇用的准专业人士(Seron,1996)。范赫伊(Van Hoy)在其1990年代早期针对特许权律师事务所的人类学研究中发现,不管什么样的酌情决定都会委托给秘书。秘书与当事人建立最初的联系,对案件进行筛选,判断这些案件是否适合本事务所的业务范围,有时甚至为当事人提供基本的法律意见,并诱导他们与事务所建立委托关系。范赫伊还发现,秘书负责使用事务所计算机系统中的样板化文件格式给当事人写信或起草文件;而律师只是负责对外提供律师事务所的服务,以及"加工法律"(他们所做的起草文件的工作仅限于填写适用于案件的模板,以便秘书知道应该复印哪种表格)。尽管企业型律师坚持认为当事人首要关注的是服务的价格和速度,但是他们也承认当事人仍然期待更具个性化的服务。律师们力图通过在当事人和律师事务所之间建立一体化的关系来满足这种期待,这种一体化意味着对每一个成员来说都是一个集体性的可变的本我(Seron,1996),并通过一些手法使得当事人以为自己得到了个体化的关注(Van Hoy,1997)。

传统型和企业型的个人服务律师都会受到来自准专业人士的竞争威胁。低成本竞争不仅威胁到企业型律师,也是传统型律师头疼的问题,后者的专业技能主要来自经验性知识,而不是技术性专业能力。在法律顾问领域,律师技巧和秘诀(know-how)被视为额外的法宝,准专业人士在处理日常个人民事诉讼案件中相比正规律师来说,能力并不差但是更便宜(Kritzer 1990:170-176;另见 Rhode,1981)。通过对比律师与非律师在解雇赔偿、国家税收、社会保险和劳动申诉案件中的表现,克里泽(Kritzer)得出的结论是,对于具备竞争力的法律顾问来说,必不可少的技能是具体的法庭程序,而不是一般性的法律训练。根据克里泽的研究,个人法律服务业已经进入到后职业化的时代。这些服务的内容更加局限和具体,方式更为常规化,所要求的是不需要接受完整法律教育就可以掌握的有限的专业技能(Kritzer,1998b)。处于世纪之交的传统型和企业型律师在为同一阶层的当事人提供服务的过程中共存和竞争(Seron,1996),不过从长期来看,这两种类型的律师都会被价格更为低廉的非律师准专业人士(Seron,1996;Kritzer,1998b)或自助式法律服务所取代,后两者随着互联网和信息技术的发展应用,已经得到迅猛的增长。

　　与传统型和企业型律师不重视正式法律知识相比,第三类个人法律服务从业者们则通过一套广泛的实质性专业化战略来提升自己的业务。例如白领犯罪辩护律师就通过整合关于联邦白领刑法的知识和关于起诉中的筹划和策略的"内部"知识,来为富裕的个人或公司提供强有力的辩护。与街头犯罪辩护不同,白领犯罪辩护一般着力于审前甚至起诉前阶段,成功与否通常取决于律师在歧义纷呈和纷繁芜杂的书面证据中条分缕析、化繁为简的能力(Mann,1985)。与之相似的是在婚姻法律事务领域,某些专业人士声称自己的专业能力不仅在离婚法,而且包括税法、信托法和不动产法,以及金融和心理学知识。与一般的执业律师使用的非正式的信息交换不同,这些离婚案件的专家通常服务于富裕的当事人,因此采用更为昂贵的正式的(证据)发现技术,这种技术从大型律师事务所民事诉讼业务借鉴而来(Mather et al.,2001)。马瑟和她的同事调查发现,离婚案件专家中有很大一部分是女性,她们从事此专业的动机来自对政治价值的关注,旨在将政治层面上授予女性的社会经济权力更好地体现在离婚事务中(Mather et al.,2001:85-86)。在上述个人法律服务领域中,同公司业务一样,有效的财力支持促进了实体和程序法律技能以及信息管理策略的成熟发展。从事大规模侵权和原告证券诉讼业务的律师成功地融合了企业型律师和专家型律师的优势。这些律师经常共享各个律师事务所的财力、专家和当事人,他们通常以风险代理收费为主,倾向于案件高发并需要实体性专业知识的领域,例如医学或其他类似领域(Resnik,Curtis,and Hensler,1996)。

事业型律师业务

社会-法律研究显示,从事私人事务的执业律师所秉持的意识形态,因他们所服务的市场不同而异。但是,从更抽象的角度来说,这些意识形态共同接受一种工具性的关于律师服务的概念,这是一个与市场逻辑相关联的概念,认为律师只是向当事人出售他们的专业技能,不需要有什么特定的目的。与之相反,事业型律师不愿把职业权威的基础建立在贩卖所谓中立的专业技能方面。一个"具有道德主动性的律师会(努力)与她的当事人共同为所追求的目的而承担责任"(Luban,1988:xxii),事业型律师对其所代理的事务没有秉持不可知论的态度。相反,他们的志向就是利用法律机制和程序挑战占据统治地位的权力关系——或者说"用法律向权力宣战"(Abel,1998)。上文曾提到,律师们利用职业意识形态为律师界的集体权威和他们日常作为当事人代理的权威提供正当化论证,但是这种意识形态只能部分或勉强地将事业型的律师概念纳入其中。相比那种认为律师是顾客的"枪手"的观念,事业型律师认为法律是一种公益(public good)——就这个术语在广为接受的意义上讲,体现了各种(即便经常是相互冲突的)关于集体利益的实质性考量(Halliday,1987)。对事业型律师来说,无论处于政治谱系的左端还是右端,都在寻求"重新连接法律与道德,并致力于将律师是一种'公共职业'的观念变为现实,他们认为律师的贡献应当超越于对职业技巧的汇集、整理和运用"(Sarat and Schneingold,1998a:3)。与此同时,凭借公开主张的政治理想,事业型律师对主流的律师中立思想提出了批判,并揭露了支配这种中立性思想的经济和政治利益(Sarat and Schneingold,1998b;Cain and Harrington,1994)。

大多数关于事业型律师的社会-法律研究都集中关注那些秉持自由主义/进步主义价值观的律师。研究指出,倾向于左翼的律师必须克服职业权力带来的特权与他们所追求的关于正义与平等的实质性目标之间的紧张(Sarat and Schneingold,1998b)。这种紧张也存在于个人法律服务业务中,但是在自由主义/进步主义事业型律师中表现得更为强烈,他们的自我定位就是要挑战权力的不对称。社会-法律研究者调查了各种不同的意识形态和组织结构,事业型律师借此来化解冲突。冲突的一面来自律师职业的排他性设计,不论出于事业还是利益的考量,其理念来自对特定知识的限制性取得;另一面则是来自对包容性、平等和保障当事人权益等价值的道德承诺。秉持自由主义/进步主义价值观的事业型律师,通常仍然认同职业专家的传统型概念,努力帮助弱势群体实现法律面前的平等(Schneingold,1994)。这种律师业务很难与传统的个人法律服务区分开来。左翼的事业型律师则援引法律对于正义的承诺,致力于保障当事人与社区的权益,以此从整体上颠覆职业权威的概念(Sarat and Schneingold,1998b;Wexler,1970)。学者们还注意到"批判型律师"的出现,他们运用后结构主义的观念,关注以收费为基础的法律服务中存在的微观权力(Trubek and Kransberger,1998)。批判型律师认为他们的使命是通过在实体性领域的执业来实现社会正义,这些实体性领域能够了解社区的需求,并能致力于社区组织、立法游说和其他公开的政治活动。在他们的业务过程中,试图将女权主义和其他批判理论的视域融合起来,集中在反对削减当事人对法律范畴的解释权,协助当事人在各个领域制定决策,以及在他们自己的工作场所取消科层制的组织结构(Trubek and Kransberger,1998;另见 Alfieri,1991;Lopez,1992)。

正如自由主义/进步主义派的事业型律师必须面对职业权威和当事人自主性之间的紧张,因此他们也必须处理好法律与政治的界线问题。事业型律师试图通过揭示法律如何让优先于特定的政治和物质利益——尽管法律主张保持政治的中立性——来解决这个问题。但是,通过诉诸法律制度、法律权利和"法言法语",事业型律师又重新划出了法律与政治的界线(Garth,1987;Sarat and Schneingold,1998b)。批评者认为,自由主义/进步主义律师建立的以法律为基础的战略,无论在实践还是想象层面上都束缚了可能出现的转变,事业型律师甚至可能由此而转变为现存秩序的辩护人。社会-法律研究揭示了上述趋势,例如事业型律师在面对自由主义民主制下的民权时,采取回避为之辩护的态度(Garth,1987),还有左翼激进派律师之共同体的消亡,这些共同体的成员在很大程度上已经放弃了以个体当事人服务为基础的政治动员(Scheingold,1998)。相比而言,其他的研究着重关注自由主义/进步主义律师在法律规范之内推动转型的可能性。历史学研究考察了美国民权运动时期,作为斗争策略的法律咨询事业取得成功的基础性条件(Carle,2001,2002)。其他的研究则认为即便在发达的自由主义民主制度下,律师仍旧能够通过将无权者群体的困境公开化的方式,有效地激活程序性诉求中蕴含的尊严性价值(Sterett,1998)。

事业型律师在面对国际范围内全球化和民主化的大潮,需要迎接的是双重挑战。研究显示,在某些情况下律师成功地贯彻了法治的价值,从而与第三世界的某些压制性政权的滥用权力发生冲突(Abel,1995;Lev,1998)。学者们指出全球化所带来的影响并不清晰。国际化网络的出现为律师群体发挥经济和政治影响力,从而实现社会变革提供了机遇,他们通常也与以实现自由市场经济理念之扩张为目的的基金资源联系在一起;其结果就是,他们力主一种新自由主义的方案,而不是以提高物质和社会福利为目标。这样的全球网络系统可能会对当地社会运动解决本地区最为紧迫的问题形成阻碍(White,2001;Scheingold,2001)。不过其他学者在承认这些风险的同时,认为上述观点未免言过其实。尽管在第三世界的事业型律师总体上是从西方法律传统中借取资源,但有研究指出,与此同时他们也在建立另外一种以当地关怀为基础的批判性思路。通过对亚洲、非洲和拉丁美洲22个公益性法律组织的研究发现,有人之所以担心国际人权律师会被西方新自由主义所吸纳,是因为"低估了由第三世界事业型律师所为世界人权文化所作的原创性与实质性的贡献"(Ellmann,1998:356)。

但是进步主义的事业型律师的工作记录——无论成功还是失败,前进还是倒退,挑战还是合作——所显示的自由主义/进步主义派事业型律师业务的迅猛增长,正反映出20世纪末期律师权力问题的一个重要向度(Sarat and Scheingold,1998b,2001)。为了推进他们的事业,自由派/左派的事业型律师经常会放弃物质待遇,承受职业和社会的边缘化,而且时常遭遇生命危险(Abel,1995)。不论他们走在法律的独木桥,还是政治的阳关道上,这些寻求实现变革理想的积极分子所依靠的资源始终是法律本身。在运用法律的符号与资源的同时,也是在使用法律本身的力量,而法律力量的基础就是对正义的渴望,是对国家与社团权力的挑战(参见 Silbey,1998)。

结语:未来研究的方向

1970年代晚期出现的关于职业的理论,一般把职业主义定义为一种获取经济、社会和政治权力的集体性规划。这些新理论特别关注从业者的市场活动与他们的专业技能和意识形态诉求之间的交集。在这些新的概念化的工作之后,社会-法律研究着手调查律师的组织化活动和日常执业情况,出发点是为了能够全方位地理解职业权力。这些研究揭示出律师在私人业务中采用的各种意识形态和组织策略,目的是为了控制市场并提高其业务的竞争力,对于事业型律师来说,则是为了以法律之美德推动正义的实现。社会-法律领域更进一步的研究关注的是职业权力各个组成部分——包括对专门化技能的意识形态诉求、当事人服务以及参与公共事务等——中有哪些可以延续到21世纪。此外,随着全球化的展开,后续的研究旨在以批判的态度考察律师在建构国际法律制度、机构和市场方面(关于这些领域的研究才刚刚开始)的复杂表现。

近来,社会语言和心理语言专业的学者开始致力于揭示法律语言中所蕴含的权力。正如有学者指出的,法律是一种彻头彻尾的"语言的职业"(Constable,1998)。从这个角度出发,学者们开始研究律师如何在正式的话语和非正式的"法言法语"(law talk)中建构职业权威(Conley and O'Barr,1998; Sarat and Felstiner,1995,Mertz,1996)。关于法律实践的微观研究可能会关注:律师的意识形态和专业诉求如何影响到职业权力的产生,以及如何揭示出律师权力和法律权力之间的相互依赖。

注释

感谢 Elizabeth Chambliss, Denny Curtis, Stephen Ellmann, Frank Munger, Judith Resnik, Austin

Sarat,以及 Susan Silbey 为文本初稿提供的有益的评论。同时感谢 Amy Garzon,Chrisine Harrington,以及 Monica Lima 为本研究提供的出色的协助。

[1] 本章内容未涉及法律与经济学方面的研究文献,这是一个正在发展中的研究方向,通过博弈理论、效益分析以及其他经济学模式来研究律师的工作。

[2] 卡尔森的研究(Carson,1999:1)结论略低于此,但仍然是一个惊人的增长速度。

[3] 对于律师事务所发展的经验性证据的评价,见 Sander and Williams(1992)。

[4] 学者们对这些不同方式的协助性活动的强调,旨在说明律师的作用并没有抑制经济发展——这是1980年代学术界流行的看法——而是通过减少不确定性和降低交易成本促进了经济发展(尽管这些活动通常只是有利于个体的当事人,而损害了公共的利益)(Gilsen, 1984; Suchman and Cahill,1996; Friedman et al., 1989)。

[5] 这并不意味外国律师就不能运用美国式的法律技能在其当地展开"宫廷战争"(Dezaley and Garth, 2002:ch.12)。

[6] 萨拉特(Sarat)和菲尔斯提纳(Felstiner)着重强调律师与当事人之间的冲突,特别是律师对当事人的操控和支配,因此他们所定义的离婚律师的特征与马瑟(Mather)及其同事所描述的正面形象大相径庭。这种区别至少部分是源自研究方法和样本的不同。玛瑟及其同事主要是以访谈为分析的基础,而萨拉特和菲尔斯提纳则侧重于考察律师与当事人的互动。另一方面,萨拉特和菲尔斯提纳的样本采集主要来自离婚律师圈中相对不太精英的部分,而玛瑟的研究则来自更为广泛和多元的样本(Sarat and Felstiner, 1995:10)。

参考文献

- ABA Commission on Women in the Legal Profession (2001) *The Unflnished Agenda: Women in the Legal Profession.* Chicago: ABA.
- ABA Ethics Beyond the Rules Task Force (1998) *Report: Ethics Beyond the Rules.* Chicago: ABA. Reprinted in *Fordham Law Review* 67: 691-895.
- Abbott, A. (1988) *The System of Professions: An Essay on the Division of Expert Labor.* Chicago: University of Chicago Press.
- Abel, R. L. (1980) "Taking stock," *Law & Society Review* 14: 429-33.
- Abel, R. L. (1988) *The Legal Profession in England and Wales.* Oxford: Blackwell.
- Abel, R. L. (1989) *American Lawyers.* New York: Oxford University Press.
- Abel, R. L. (1995) *Politics By Other Means: Law in the Struggle Against Apartheid, 1980-1994.* New York: Routledge.
- Abel, R. L. (1998) "Speaking law to power: Occasions for cause lawyering," in A. Sarat and S. Scheingold (eds.), *Cause Lawyering: Political Commitments and Professional Responsibilities.* Oxford: Oxford University Press, pp.69-117.
- Abel, R. L. and Lewis, P. C. (1988a) *Lawyers in Society,* Vol. 1, *The Common Law World.* Berkeley: University of California Press.

- Abel, R. L. and Lewis, P. C. (1988b) *Lawyers in Society*, Vol. 2, *The Civil Law World*. Berkeley: University of California Press.
- Abel, R. L. and Lewis, P. C. (1989) *Lawyers in Society*, Vol. 3, *Comparative Theories*. Berkeley: University of California Press.
- Alfleri, A. V. (1991) "Reconstructive poverty law practice: Learning lessons of client narrative," *Yale Law Journal* 100: 2107-47.
- Auerbach, J. S. (1976) *Unequal Justice: Lawyers and Social Change in Modern America*. New York: Oxford University Press.
- Baker, T. (2001) "Blood money, new money, and the moral economy of tort law in action," *Law & Society Review*, 35: 275-320.
- Berle, A. A. (1933) "Modern legal profession," *Encyclopedia of the Social Sciences* 5: 340-5.
- Blumberg, A. S. (1967) "The practice of law as a confldence game: Organizational cooptation of a profession," *Law & Society Review* 1: 15-39.
- Boon, A. and Flood, J. (1999) "Trials of strength: The reconflguration of litigation as a contested terrain," *Law & Society Review* 33: 595-636.
- Bourdieu, P. (1987) 'The force of law: Toward a sociology of the juridical fleld," *Hastings Law Journal* 38: 814-53.
- Brandeis, L. D. ([1914] 1996) *Business: A Profession*. Boston: Small, Maynard & Co.
- Cain, M. (1979) "The general practice lawyer and the client: Towards a radical conception," *International Journal of the Sociology of Law* 7: 331-54.
- Cain, M. and Harrington, C. B. (eds.) (1994) *Lawyers in a PostModern World: Translation and Transgression*. New York: New York University Press.
- Carle, S. D. (2002) "Race, class, and legal ethics in the early NAACP (1910-1920)," *Law & History Review*, 20: 97-146.
- Carle, S. D. (2001) "From Buchanan to Button: Legal ethics and the NAACP (Part II)," *University of Chicago Law School Roundtable* 8: 281-307.
- Carlin, J. (1966) *Lawyers on Their Own?* New Brunswick, NJ: Rutgers University Press.
- Carruthers, B. G. and Halliday, T. C. (1998) *Rescuing Business: The Making of Corporate Bankruptcy Law in England and the United States*. Oxford: Clarendon Press.
- Carson, C. N. (1999) *The Lawyer Statistical Report: The U. S. Legal Profession in 1995*. Chicago: American Bar Foundation.
- Chambers, D. L. (1989) "Accommodation and satisfaction: Women and men lawyers and the balance of work and family," *Law & Social Inquiry* 14: 251-87.
- Chambliss, E. (2000) *Miles to Go 2000: Progress of Minorities in the Legal Profession*, American Bar Association Commission on Racial and Ethnic Diversity in the Profession. Chicago: American Bar Association.

- Chambliss, E. and Uggen, C. (2000) "Men and women of elite law flrms: Reevaluating Kanter's legacy," *Law & Social Inquiry* 25: 41-68.
- Chayes, A. and Chayes, A. (1985) "Corporate counsel and the elite law flrm," *Stanford Law Review* 37: 277-300.
- Conley, J. M. and O'Barr, M. O. (1998) *Just Words: Law, Language, and Power*. Chicago: University of Chicago Press.
- Constable, M. (1998) "Reflections on law as a profession of words," in B. G. Garth and A. Sarat (eds.), *Justice and Power in Sociolegal Studies*. Evanston, IL: Northwestern University Press, pp. 19-35.
- Dezalay, Y. and Garth, B. G. (1996) *Dealing in Virtue: International Commercial Arbitration and the Construction of a Transnational Legal Order*. Chicago: University of Chicago Press.
- Dezalay, Y. and Garth, B. G. (2002) *The Internationalization of the Palace Wars: Lawyers Economists and the Contest to Transform Latin American States*. Chicago: University of Chicago Press.
- Dezalay, Y. and Sugarman, D. (eds.) (1995) *Professional Competititon and Professional Power: Lawyers, Accountants and the Social Construction of Markets*. London: Routledge.
- Durkheim, E. (1957) *Professional Ethics and Civic Morals*. New York: The Free Press.
- Ellmann, S. (1998) "Cause lawyering in the third world," in A. Sarat and S. Scheingold (eds.), *Cause Lawyering: Political Commitments and Professional Responsibilities*. Oxford: Oxford University Press, pp. 349-430.
- Felstiner, W. L. F. (1998) "Justice, power, and lawyers," in B. G. Garth and A. Sarat (eds.), *Justice and Power in Sociolegal Studies*. Evanston, IL: Northwestern University Press, pp. 55-79.
- Flood, J. (1988) *Anatomy of Lawyering: An Ethnography of a Corporate Law Firm*. Ann Arbor, MI: University Microfllms International.
- Flood, J. (1995) "The cultures of globalization: Professional restructuring for the international market," in Y. Dezalay and D. Sugarman (eds.), *Professional Competition and Professional Power: Lawyers, Accountants and the Social Construction of Markets*. New York: Routledge, pp. 139-69.
- Freidson, E. (1973) *Professions and Their Prospects*. New York: Sage.
- Freidson, E. (1983) "The theory of the professions: The state of the art," in R. Dingwall and P. Lewis (eds.), *The Sociology of the Professions*. London: Macmillan, pp. 19-37.
- Freidson, E. (1986) *Professional Powers: A Study of the Institutionalization of Formal Knowledge*. Chicago: University of Chicago Press.
- Friedman, L. M., Gordon, R. W., Pirie, S. and Whatley, E. (1989) "Law, lawyers, and legal practice in Silicon Valley: A preliminary report," *Indiana Law Journal* 64: 555-67.
- Galanter, M. and Palay, T. (1991) "The transformation of the big law flrm," in R. L. Nelson, D. M. Trubek, and R. L. Solomon (eds.), *Lawyers' Ideals, Lawyers' Practices: Transformations in the American Legal Profession*. Ithaca, NY: Cornell University Press, pp. 31-62.

- Garth, B. G. (1987) "Independent professional power and the search for a legal ideology with a progressive bite," *Indiana Law Journal* 62: 183-214.
- Garth, B. G. and Sarat, A. (1998) "Justice and power in law and society research on the contested careers of core concepts," in B. G. Garth and A. Sarat (eds.), *Justice and Power in Sociolegal Studies*. Evanston, IL: Northwestern University Press, pp. 1-18.
- Gilson, R. J. (1984) "Value creation by business lawyers: Legal skills and asset pricing," *Yale Law Journal* 94: 239-313.
- Gordon, R. W. (1983) "Legal thought and legal practice in the age of American enterprise," in G. L. Geison (ed.), *Professions and Professional Ideologies in America*. Chapel Hill: University of North Carolina Press, pp. 70-110.
- Gordon, R. W. (1984) "The ideal and the actual in the law: fantasies and practices of New York City lawyers," in G. W. Gawalt (ed.), *The New High Priests: Lawyers in Post Civil War America*. Westport, CT: Greenwood Press, pp. 51-74.
- Gordon, R. W. (1988) "The independence of lawyers," *Boston University Law Review* 68: 1-83.
- Gordon, R. W. (1990) "Corporate law practice as a public calling," *Maryland Law Review* 49: 255-92.
- Granfleld, R. (1992) *Making Elite Lawyers*. New York: Routledge.
- Grifflths, J. (1986) "What do Dutch lawyers actually do in divorce cases?" *Law & Society Review* 20: 135-75.
- Gunz, H. P. and Gunz, S. P. (2002) "The lawyer's response to organizational professional conflict: An empirical study of the ethical decision making of in-house counsel," *American Business Law Journal* 39: 241-87.
- Hagan, J. and Kay, F. (1995) *Gender in Practice: A Study of Lawyers' Lives*. New York: Oxford University Press.
- Handler, J. (1967) *The Lawyer and His Community*. Madison: University of Wisconsin Press.
- Halliday, T. C. (1987) *Beyond Monopoly: Lawyers, State Crises, and Professional Empowerment*. Chicago: University of Chicago Press.
- Halliday, T. C. (1999) "Politics and civic professionalism: Legal elites and cause lawyers," *Law & Social Inquiry* 24:1013-43.
- Halliday, T. C. and Karpik, L. (eds.) (1997) *Lawyers and the Rise of Western Political Liberalism: Europe and North America from the Eighteenth to Twentieth Centuries*. Oxford: Clarendon Press.
- Heinz, J. P. and Laumann, E. O. (1982) *Chicago Lawyers: The Social Structure of the Bar*. Chicago: American Bar Foundation.
- Heinz, J. P., Nelson, R. L., Laumann, E. O., and Michelson, E. (1998) "The changing character of lawyers' work: Chicago in 1975 and 1995," *Law & Society Review* 32: 751-75.

- Hensler, D. and Resnik, J. (2000) "Contested identities: Task forces on gender, race, and ethnic bias and the obligations of the legal profession," in D. L. Rhode (ed.), *Ethics in Practice*. New York: Oxford University Press, pp. 240-63.
- Hobson, W. K. (1986) *The American Legal Profession and the Organizational Society, 1890-1930*. New York: Garland Publishing.
- Kagan, R. A. and Rosen, R. E. (1985) "On the social signiflcance of large law flrm practice," *Stanford Law Review* 37: 399-443.
- Kritzer, H. M. (1990) *The Justice Broker: Lawyers and Ordinary Litigation*. New York: Oxford University Press.
- Kritzer, H. M. (1998a) "Contingent fee lawyers and their clients: Settlement expectations, settlement realities, and issues of control in the lawyer-client relationship," *Law & Social Inquiry* 23: 795-821.
- Kritzer, H. M. (1998b) *Legal Advocacy: Lawyers and Nonlawyers at Work*. Ann Arbor: University of Michigan Press.
- Kritzer, H. M. (2001) "From litigators of ordinary cases to litigators of extraordinary cases: Stratiflcation of the plaintiffs' bar in the twenty-flrst century," *DePaul Law Review* 51: 219-40.
- Kronman, A. T. (1993) *The Lost Lawyer: Failing Ideals of the Legal Profession*. Cambridge, MA: The Belknap Press of Harvard University Press.
- Landon, D. D. (1990) *Country Lawyers: The Impact of Context on Professional Practice*. New York: Praeger.
- LaPiana, W. P. (1994) *Logic and Experience*. Oxford: Oxford University Press.
- Larson, M. S. (1977) *The Rise of Professionalism: A Sociological Analysis*. Berkeley: University of California Press.
- Lev, D. (1998) "Lawyers' causes in Indonesia and Malaysia," in A. Sarat and S. Scheingold (eds.), *Cause Lawyering: Political Commitments and Professional Responsibilities*. Oxford: Oxford University Press, pp. 431-52.
- Lipartito, K. (1990) "What have lawyers done for American business? The case of Baker and Botts of Houston," *Business History Review*, September: 489.
- Lopez, G. P. (1992) *Rebellious Lawyering: One Chicano's Vision of Progressive Law Practice*. Boulder, CO: Westview Press.
- Luban, D. (1988) "The noblesse oblige tradition in the practice of law," *Vanderbilt Law Review* 41: 717-40.
- Macaulay, S. (1979) "Lawyers and consumer protection laws," *Law & Society Review* 14: 115-71.
- MacDonald, K. M. (1995) *The Sociology of the Professions*. London: Sage.
- Mann, K. (1985) *Defending White-Collar Crime: A Portrait of Attorneys at Work*. New Haven, CT: Yale University Press.

- Mather, L., McEwen, C. A., and Maiman, R. J. (2001) *Divorce Lawyers at Work: Varieties of Professionalism in Practice.* Oxford: Oxford University Press.
- McBarnet, D. (1992) "It's not what you do but the way you do it: Tax evasion, tax avoidance, and the boundaries of deviance," in David Downes (ed.), *Unravelling Criminal Justice: Eleven British Studies.* London: Macmillan, pp. 247-67.
- Menkel-Meadow, C. (1985) "Portia in a different voice: Speculations on a women's lawyering process," *Berkeley Women's Law Journal* 1: 39-63.
- Menkel-Meadow, C. (1994) "Portia redux: Another look at gender, feminism, and legal ethics," *Virginia Journal of Social Policy & the Law* 2: 75-114.
- Mertz, E. (1996) "Recontextualization as socialization: Text and pragmatics in the law school classroom," in Michael Silverstein and Greg Urban (eds.), *Natural Histories of Discourse.* Chicago: University of Chicago Press, p. 229.
- Milhaupt, C. J. and West, M. D. (2002) "Law's dominion and the market for legal elites in Japan," The Center for Law and Economic Studies Working Paper no. 206, Columbia Law School.
- Nelson, R. L. (1988) *Partners with Power: The Social Transformation of the Large Law Firm.* Berkeley: University of California Press.
- Nelson, R. L. and Nielson, L. B. (2000) "Cops, counsel, and the entrepreneurs: constructing the role of inside counsel in large corporations," *Law & Society Review* 34: 457-94.
- Nelson, R. L. and Trubek, D. M. (1992) "Introduction: New problems and new paradigms in studies of the legal profession," in R. L. Nelson, D. M. Trubek, and R. L. Solomon (eds.), *Lawyers' Ideals, Lawyers' Practices: Transformation in the American Legal Profession.* Ithaca, NY: Cornell University Press, pp. 1-30.
- Parsons, T. (1954) *Essays in Sociological Theory.* Glencoe, IL: The Free Press.
- Pierce, J. L. (1995) *Gender Trials: Emotional Lives in Contemporary Law Firms.* Berkeley: University of California Press.
- Powell, M. J. (1988) *From Patrician to Professional Elite: The Transformation of the New York City Bar Association.* New York: Russell Sage Foundation.
- Powell, M. J. (1993) "Professional innovation: Corporate lawyers and private law making," *Law & Social Inquiry* 18: 423-52.
- Resnik, J., Curtis, D. E., and Hensler, D. R. (1996) "Individuals within the aggregate: relationships, representation, and fees," *New York University Law Review* 71: 296-401.
- Rhode, D. L. (1981) "Policing the professional monopoly: A constitutional and empirical analysis of unauthorized practice prohibitions," *Stanford Law Review* 34: 1-112.
- Rhode, D. L. (1996) "Myths of meritocracy," *Fordham Law Review* 65: 585-94.
- Rhode, D. L. (2000) *In the Interests of Justice: Reforming the Legal Profession.* New York: Oxford University Press.

- Rhode, D. L. (2001) *The Unfinished Agenda: A Report on the Status of Women in the Legal Profession*. Chicago: American Bar Association.
- Rosen, R. E. (1989) "The inside counsel movement, professional judgment and organizational representation," *Indiana Law Journal* 64: 479-553.
- Rosen, R. E. (2003) "We're all consultants now: How change in client organizational strategies influences change in the organization of corporate legal services," *Arizona Law Review* 44: 637-83.
- Rosenthal, D. (1974) *Lawyer and Client: Who's in Charge?* New York: Russell Sage Foundation.
- Rueschemeyer, D. (1973) *Lawyers and Their Society: A Comparative Study of the Legal Profession in Germany and the United States*. Cambridge, MA: Harvard University Press.
- Sandefur, R. L. (2001) "Work and honor in the law: Prestige and the division of lawyers' labor," *American Sociological Review* 66: 382-403.
- Sander, R. H. and Williams, E. D. (1989) "Why are there so many lawyers? Perspectives on a turbulent market," *Law & Social Inquiry* 14: 431-79.
- Sander, R. H. and Williams, E. D. (1992) "A little theorizing about the big law firm: Galanter, Palay, and the economics of growth," *Law & Social Inquiry* 17: 391-414.
- Sarat A. and Felstiner, W. L. F. (1995) *Divorce Lawyers and Their Clients: Power and Meaning in the Legal Process*. New York: Oxford University Press.
- Sarat A. and Scheingold, S. (eds.) (1998a) *Cause Lawyering: Political Commitments and Professional Responsibilities*. Oxford: Oxford University Press.
- Sarat A. and Scheingold, S. (1998b) "Cause lawyering and the reproduction of professional authority: An introduction," in A. Sarat and S. Scheingold (eds.), *Cause Lawyering: Political Commitments and Professional Responsibilities*. Oxford: Oxford University Press, pp. 3-28.
- Sarat A. and Scheingold, S. (eds.) (2001) *Cause Lawyering and the State in a Global Era*. Oxford: Oxford University Press.
- Scheingold, S. (1994) "The contradictions of radical law practice," in M. Cain and C. B. Harrington (eds.), *Lawyers in a Post-Modern World*. New York: New York University Press, pp. 265-85.
- Scheingold, S. (1998) "The struggle to politicize legal practice: A case study of left-activist lawyering in Seattle," in A. Sarat and S. Scheingold (eds.), *Cause Lawyering: Political Commitments and Professional Responsibilities*. Oxford: Oxford University Press, pp. 118-48.
- Scheingold, S. (2001) "Cause lawyering and democracy in transnational perspective," in A. Sarat and S. Scheingold (eds.), *Cause Lawyering and the State in a Global Era*. Oxford: Oxford University Press, pp. 382-405.
- Schön, D. A. (1983) *The Reflective Practitioner: How Professionals Think in Action*. New York: Basic Books.
- Seron, C. (1996) *The Business of Practicing Law: The Work Lives of Solo and Small-Firm Attor-

neys. Philadelphia: Temple University Press.
- Shamir, R. (1995) *Managing Legal Uncertainty: Elite Lawyers in the New Deal*. Durham, NC: Duke University Press.
- Shapiro, S. P (2002) *Tangled Loyalties: Conflict of Interest in Legal Practice*. Ann Arbor: Michigan Press.
- Silbey, S. S. (1998) "Ideology, power, and justice," in B. G. Garth and A. Sarat (eds.), *Justice and Power in Sociolegal Studies*. Evanston, IL: Northwestern University Press, pp. 272-308.
- Smigel, E. (1964) *The Wall Street Lawyer: Professional Organization Man?* New York: Macmillan.
- Spangler, E. (1986) *Lawyers for Hire: Salaried Professionals at Work*. New Haven, CT: Yale University Press.
- Sterett, S. (1998) "Caring about individual cases: Immigration lawyering in Britain," in A. Sarat and S. Scheingold (eds.), *Cause Lawyering: Political Commitments and Professional Responsibilities*. Oxford: Oxford University Press, pp. 293-316.
- Stevens, R. (1983) *Law School: Legal Education in America From the 1850's to the 1980's*. Chapel Hill: University of North Carolina Press.
- Suchman, M. C. and Cahill, M. L. (1996) "The hired gun as facilitator: lawyers and the suppression of business disputes in Silicon Valley," *Law & Social Inquiry* 21: 679-712.
- Thomas, R. S., Schwab, S. J. and Hansen, R. G. (2001) "Megafirms," *North Carolina Law Review* 80: 115-98.
- Trubek, L. and Kransberger, M. E. (1998) "Critical lawyers: Social justice and the structures of private practice," in A. Sarat and S. Scheingold (eds.), *Cause Lawyering: Political Commitments and Professional Responsibilities*. Oxford: Oxford University Press, pp. 201-26.
- Van Hoy, J. (1997) *Franchise Law Firms and the Transformation of Personal Legal Services*. Westport, CT: Quorum Books.
- Wexler, Stephen (1970) "Practicing law for poor people," *Yale Law Journal* 79: 1049-67.
- White, L. (2001) "Two worlds of Ghanian cause lawyers," in A. Sarat and S. Scheingold (eds.), *Cause Lawyering and the State in a Global Era*. Oxford: Oxford University Press, pp. 35-67.
- Wilkins, D. B. (1998a) "Identities and roles: Race, recognition, and professional responsibility," *Maryland Law Review* 57: 1502-94.
- Wilkins, D. B. (1998b) "Fragmenting professionalism: Racial identity and the ideology of bleached out lawyering," *International Journal of the Legal Profession* 5: 141-73.
- Wilkins, D. B. and Gulati, G. M. (1996) "Why are there so few black lawyers in corporate law firms? An institutional analysis," *California Law Review* 84: 501-614.
- Wolfram, C. W. (2000) "The ABA and MDP's: Context, history, and process," *Minnesota Law Review* 84: 1625-54.

9

法院与法官

李·爱泼斯坦、杰克·奈特 著
刘 毅 译

如果用一个词来概括关于法院和法官研究的特征,那就是"多样化",包括学者们所提出的问题类型的多样化,所援引的理论的多样化,以及为了实现他们的理论期待所使用的方法论的多样化。

一方面,鉴于如此复杂的状况,若要在一篇文章中概括该研究领域的所有发展成果,几乎是不可能的任务;显然需要更大的篇幅,例如两篇或三篇论文才有可能涵盖全面。不仅如此,仅仅两三个政治学或法学领域的学者远不足以胜任此项工作,而是需要包括人类学、经济学、心理学和社会学在内的众多学者的参与。这些社会科学以及人文诸学科在关于法院和法官的研究领域内已经取得丰硕的成果,但是,基于可理解的原因,至少是部分已有的研究成果未能体现在本文中。

另一方面,尽管在具体的问题、理论和方法论上呈现出多元化的特征,但是在对法院和法官的分析方面都集中在一整套相类似的普遍化的实质性的关注点上。我们可以将其分解为四个方面:法官选任与任期,司法权力的取得,司法权力的限制,以及司法裁决的制定。

下文我们将分别讨论以上诸问题。但是,如果想把学者们所研究的问题和所调查出的结论巨细靡遗地全部收入,则最好也不过是泛泛而谈,最坏则会产生误导。有鉴于此,我们在每一个主题下只讨论一个关键性问题。对现有研究的考察揭示出,在过去几十年间,学者们针对法院和法官的各种现象和问题的理解已经取得了很大的进步,但是仍有很长的路要走。我们在下文所进行的阐释或许会在一定程度上缩小这种差距,但是不可过分乐观。

关于问题、理论与方法论的概述

在进入四个实质性问题的讨论之前,我们先做一些简要的铺垫工作。在本节中,我们把问题、理论与方法论这三要素视为实施科研工程的三块基石,并对这三要素在法院与法官研究中的作用作一考察。

实质性研究问题

因为本文的主要内容是探讨四个实质性问题,所以此处无需过多讨论这些实质性问题的类别。但是有一点需要强调:在过去二十多年甚至更长的时间里,这些问题的类型没有发生太大变化。所以,例如海尼斯在他关于法官选任和任期的经典研究(Haynes,1944:44)中就指出,学术界和公众在该问题上有着广泛的关注和兴趣:"仅美国一个国家关于法官选任与任期问题的演讲、辩论、著作和论文,就足以装满整个书架。"而杜波伊斯在40年后的著作(Dubois,1986:31)中仍然声称:"在过去50年间,没有哪个问题像法官选任问题一样在各种法律评论和法律出版物中占据了如此大的篇幅。"

真正发生变化的(准确地说是得到发展的)是关于法院与法官的经验研究的研究对象。学者们在过去十年间的研究仍然局限在一般性的问题上,他们的研究对象几乎总是集中在美国最高法院。不过变化正在发生,而且是非常显著的变化。今天,当我们拿起一份关于法官选任的研究,它可能是关于美国州法院法官选任的研究,也可能是对低一级联邦法院法官选任的研究,也可能是对美国最高法院法官选任的研究。当我们看到一份关于司法裁决的论文时,其研究对象可能是美国最高法院的大法官,但是也很有可能是关于低一等级的上诉法官和初审法官(包括州一级和联邦一级)。

可能更令人兴奋的变化在于,此方面的研究范围开始——尽管是刚刚开始——超越美国的界限,关注全世界的法院和法官,包括欧洲(例如,Stone,1994)、拉丁美洲(例如,Helmke,1999)、亚洲(例如,Ramseyer,1994),甚至非洲(例如,Windner,2001)。本章所涉及的所有主题——从法官选任和任期到司法裁决——的重要比较研究,目前可见于各类学术型期刊以及更为专业性的期刊。

在下文中我们将关注关于法院和法官的研究中的重大变化——即研究对象的扩展——是如何发生的(不过需要声明的是,由于大多数关于法院和法官的研究文献都集中于美国最高法院,所以我们的综述在一定程度上也不得不如此)。因此现在我们可以假定这种颇具潜力的发展在读者和我们看来都是令人兴奋而且显然是非常重要的。值得我们思考的首先是这种变化是如何发生的,其次,法律和社会共同体应当采取何种措施确保这种变化的实现。

至于为什么新的研究重点不再是最高法院而是美国法官,其原因简单说来就是对现实的观察。在我们此刻所生活的时代,较低级的上诉法院的裁决——例如那些关于平权措施的裁决使得全国的巡回法院陷入分歧,而美国最高法院则颇不赞成这样的裁决——甚至初审法院的裁决(想想微软的案件)所制造的新闻效应都会超过最高法院的判决(例如布什诉戈尔案[*Bush v. Gore*],2000)。那种传统的观念——即认为初审法院只是在作"裁判",而上诉法院的工作不过是对其下级法院的判决上盖上图章而已——现在看来不仅过时甚至可能是错误的(Mather,1995)。当今时代,作为公民的我们时刻处在来自全世界法院的新闻轰炸中,这些法院则是重要政策的制定者。匈牙利和南非的法院裁定死刑违宪;印度和德国的法院则实施了支持反歧视的少数族裔发起的宪法"积极反歧视"计划;德国和爱尔兰的法院作出了支持胎儿生命权的判决。这些问题都是民主政策制定中的要害问题,对这些问题的最终决定都来自法院。这意味着,会有越来越多的学者承认,我们忽视了国外法院所具有的越来越强的重要性和影响力。

有这样认识的学者至少在美国是越来越多了。在过去的十来年里,我们看到许多关于法院及其判决的多用户公共数据库的问世。这里我们以两个数据库为例,一是哈罗德·J. 斯佩思(Harold J. Spaeth)的美国最高法院数据库,它收集了 1953 年以来最高法院与判决有关的资料,从关于诉讼当事人主体资格的口头辩论到大法官投票情况的记录,一应俱全;二是唐纳德·R. 松格(Donald R. Songer)美国上诉法院数据库,所收集的是 1925 至 1996 年间美国上诉法院的判例信息。

当然,这些数据库也并非万灵丹,学者不可能依靠数据库找到关于法院和法官的任何问题的答案。不过,使用者对数据库的内容加以调整便可适用于各种目的,因此也可据以解答许多长期性的问题。现在学者们似乎很明显都这么做,因为至少根据我们的推测,这些多用户数据库对于经验研究参考资料的扩展丰富起到了很大的推动作用。针对美国上诉法院之研究的增长就可以证明这一点。仅仅几年之前,也就是松格的数据库问世之前,巡回法院只能引起学术界和相关期刊很有限的关注;而今天,几乎所有学界同仁都投入到上诉法院的研究热潮中,这方面的论文自然也不再是稀有之作。

这样就使得美国境外的法院同美国上诉法院或美国最高法院的数据库之间的失衡状态更加严重。不过已经有一些改进措施正在进行——例如 C. 尼尔·塔特(C. Neal Tate)和他的同事正在进行的项目就是收集美国境外某些国家高等法院的判决信息。但是,如果大家愿意以部分或全部精力投入到国外法院的研究中,我们会鼓励学术界发展出更多的批判型资源。例如塔特的项目就是以美国最高法院和上诉法院数据库为参照的,他们也是集中在法院判决方面。但是我们可以为其他的数据库设想一种更为制度化的基础,其中包含关于法官选任、管辖权和法院等级的正式规则和规范,以及法官工作量的数据等。想要最大程度地收集到这些信息绝非易事。但是假如关于上诉法院的调查工作能够吸引更多学者从事国外法院的研究,那么这样的工作显然非常重要,甚至是十分必要的。

理论

理论是关于法院和法官的研究中正在成长中的一个领域——"理论就是对所研究问题的一个理性的清晰的思考"(King, Keohane, and Verba, 1994:19)。50 多年前的大多数研究都缺乏理论的支持;许多研究只是对司法考量的结果(即判决和意见)进行简单的教义式分析,而且是重教义,轻分析,更缺乏理论的支撑。但是,正如托马斯·沃克尔(Thomas Walker)在其研究(1994:4)中指出的,所有这些在 1950 年代末和 1960 年代初期都发生了变化:"出现了理论创新的爆炸式发展。态度理论,社会背景理论,角色理论,事实模式分析,以及其他理论都被用来解释司法裁决的制定。"紧接着沃克尔这个理论清单,我们现在(即 2001 年)还可以继续增补一系列理论,学者们正在以这些理论为指导从事关于法院和法官的研究(不仅限于司法判决的研究),既包括简单的、小的理论,以及适合于特定情境的专门理论,也包括力图为宏观现象提供分析视角的相对宏大的理论。

这并不意味着关于法院和法官的研究中反理论的意见就销声匿迹了。但是近来那些从事传统学科研究的学者们,包括在法学院里工作的学者,有越来越多的人开始承认理论的价值,因为运用理论可以得出"可观察的结论"(例如,如果我们的理论是正确的,那么我们就可以在现实世界中找到我们所期待的事物),这些结论可以成为评估"数据"的标准。艾斯克里齐关于法律解释的基础性研究(Eskridge, 1991a, 1991b, 1994)中引用了"积极政治理论"(PPT)来解释法官如何解释法律,就是一个例证。他通过运用"积极政治理论"发现,法官们的目的是希望看到自己所偏好的政策能够写进法律,但是意识到如果没有考虑到其他相关行动者的偏好和可能采取的行动,以及他们所处的制度环境,就不可能达成上述目的,这些行动者包括国会看门人(例如相关委员会的主席和政党领袖),国会的其他议员以及总统。

艾斯克里齐通过两个图表(见图 10.1a 和 b)来展示研究得出的"可观察的结论"。这两个图表分别描述了对某一特定政策(例如民权法案)的一组预设性偏好。水平线代表(民权)政策的空间,从左("最'自由'")至右("最'保守'");垂直线代表相关行动者的偏好("首选的立场"):总统、法院、国会及其关键性的委员会中的中间派成员,以及其他国会看门人,后者可以决定是否将民权立法的法案提交各自所属的(参、众)议院。我们还要注意各委员会的"无差别点","在这个点上,对于法院所制定的政策和与之相反的可能是议会全体成员所支持政策,委员会则持无所谓的态度"(Eskridge, 1991a:378)。

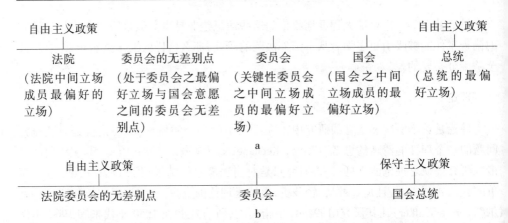

图10.1　a. 可观察的结论1：所制定的政策处于委员会的无差别点上。
b. 可观察的结论2：所制定的政策处于委员会的无差别点/法院的最偏好位置上。

现在设想法院已经接受了某一要求解释民权法律的案件，那么法院应当怎么办？根据艾斯克里齐的理论，会得出以下可观察的结论：鉴于偏好最强的行动者的分配方案，在图10.1a中法院不会冒险根据这个偏好最强的方案来解释法律。我们可以看到国会可以很轻松地推翻这种方案，而总统则会支持国会。相反，根据艾斯克里齐的理论，法官如果想看到法律能够反映他们自己的政策偏好，那么最好的选择就是在靠近委员会之"无差别点"的地方来解释法律。原因很简单：各委员会对于处在"无差别点"和中间立场立法者的政策偏好之间的问题抱持无所谓的态度，因此他们不会主动推动立法来推翻一项处于其"无差别点"上的政策。所以，法院在制定政策时应当靠近但不完全处于"无差别点"这个理想的位置，这样就避免了被国会否决的危险。图10.1b所反映的偏好分配是另一种可观察的结论：法院制定政策时也可以完全真实地反映其偏好。因为如果法院展示出其偏好（一种相对自由主义的偏好）并根据其最理想的立场制定政策，则相关的国会委员会也不会主动推翻该政策；因为各委员会的"无差别点"与法院的最理想立场完全相同，他们对于法院所偏好的政策也就漠不关心。重点在于该理论所解释的法院在解释法律时最主要的解释变量是什么——即主要行动者的偏好，他们的相互关系以及因变量。

对于分析法律解释来说，积极政治理论不是唯一的，也不是最好的必备理论工具（尽管我们如此认为）。但是我们不要轻视了艾斯克里齐所举例证的更广泛的意义，幸好现在并没有被忽视，其重要性在于它对于指引经验性研究的方向来说，既是一种起点式的理论，也是一个"好"理论，所谓的"好"是指它能在一定程度上对所描述和解释的现象进行可观察的分析总结。

方法论

我们强调"经验的"研究也就是承认我们的讨论事实上主要集中在经验性研究方面,即以现实世界(例如关于现实世界的数据和事实)的观察为基础的研究。原因很简单:尽管确有关于法院和法官的纯粹规范性或理论性的研究,但是绝大多数该领域的研究都是经验性的,包括许多以规范性为目的的论文。然而这并不是说所有关于法院和法官的研究至少在方法论方面都是相似的。恰恰相反,在方法论上至少存在两种不同的类型,一种是援引数据,另一种是运用理论工具分析数据。

这两种类型涉及的范围都很广泛。关于法院和法官的"数据"既有数量(数字化)的数据形式,也有品质(非数字化)的数据形式;既有历史性的研究,也有关于当代的研究;数据的来源基础包括立法或者判例法、访谈或调查的结果、对二手文献的研究或者对第一手资料的收集。这些数据有些是十分清晰或相对确定的,或二者兼具;有些则是模糊或非常不确定的。它们有些来自直接的观察,有些则来自间接的委托,从知识分类来说可能是人类学的、社会学的、经济学的、法学的或者政治学的。换句话说,如果说"经验的"这个词意味着以观察或经验为基础的关于世界的证据,那么关于法院和法官的证据则可以是任何可能的形式,来自任何可能的来源。

第二种类型的方法论——即运用不同类型的工具分析数据——同前一种类型一样颇为多样化。目前分析的方法既运用在简单的概念化方面,也运用在复杂的多样化模型方面。换句话说,方法论的多样性就像方法论的创新一样为数可观。其原因(至少部分地)在于方法论的专家们(尽管在法律领域中并非必须)发现学者们所收集到的关于法院和法官方面独特的数据,能够成为发展和评估创新性分析方法的工具(例如,Caldeira, Wright, and Zorn, 1999; Caldeira and Zorn, 1998; Martin, 2001)。我们通常使用的贝叶斯等级模型(Martin and Quinn, 2001)和事件分析模型(Spriggs and Hansford, 2001)就是两个例证。

运用这些方法论以及其他的模式会产生怎样的结果?在下一节中,我们会通过对四种实质性问题的探讨来解答这个问题,这些问题是法院和法官研究的学者们长期的关注所在。

法官选任与任期

在一个社会设计法律制度时所面临的诸种困难中,最具争议性的莫过于法官的选任与任期:一个国家如何遴选自己的法官,这些法官应当服务多少年?事实上,历史上那些非常激烈的宪政论辩中——无论是在1787年的费城(Farber and Sherry, 1990),还是1993年的莫斯科(Hausmaninger, 1995)——关于司法领域制度设计的争议不在于司法的权力或竞争力,而在于由谁遴选法官并决定其任期。

因此有许多学者投入到关于法官选任与任期问题的研究中,既包括基础性规范研究(Garrow, 2000; Oliver, 1986),也有占大多数的经验性研究(Segal, Cameron, and Cover, 1992),以及介于二者之间的研究(Hall, 2001),是不足为奇的。在本节中,我们会集中讨论一个近年来引起广泛争议的问题:关于法官选任与任期的法律对所任命法官的类型会产生怎样的影响,以及对于法官们进行决策时会产生怎样的影响?这个问题正是关于司法领域之宪政设计中许多争议的要害所在,但是学者们对这个问题的解答却各有不同。

我们先从能够影响何人成为法官的法律开始。就美国联邦层面来说,宪法第二修正案规定,法官职位的取得须经总统提名和参议院批准,这似乎是个不错的制度设计。因为总统可以根据不同的法官层级(初审、巡回或最高法院)较为自由地决定法官的提名,或者根据谢尔登·古德曼(Sheldon Goldman)的研究,总统至少可以相对自由地根据以下一种或几种考量来决定提名:个人因素(运用任命权来关照某个朋友或团体),党派因素(将法官任命视为推进本党选举或者支持本党及其政策的机会),以及政策因素(试图通过法官任命增强行政系统之实质性政策的客观性)。

显然,正是因为宪法第二修正案以正式规则的形式赋予总统提名法官的权力,所以总统能够在此过程中追求确定目标的实现,最终导致各种不同类型法官的产生。但是需要着重强调的是,由于法律还明确规定总统的提名必须要得到参议院的批准,因此法律限制了总统目标的实现(无论该目标具体是什么)。而且事实上有研究显示,总统理解这种对权力的限制,并能够依法行事(Moraski and Shipan, 1999)。所以当总统和参议院就未来司法发展的方向拥有相同偏好的时候,总统就可以相对自由地根据自己的选择来提名法官;但是当总统和参议院的立场有分歧的时候,总统就必须向参议院的立场靠近,否则就无法获得批准。由此看来,关于法官选任的正式法律不仅影响到作出任命的行动者,而且在一定程度上也影响到究竟由谁来主掌国家的司法权。罗伯特·博克(Robert Bork)尽管很受里根政府的欣赏,但是参议院站在意识形态的立场上否决了他。安东尼·肯尼迪(Anthony Kennedy)尽管并非里根的理想人选,但是得到了参议院的支持。

在州一级关于法官选任的法律规定是否与联邦相同?事实上如果州长能够拥有同总统一样的制度平台,就会产生同联邦相似(如果不是相同的话)的结果。但是大部分州都不是如此。当前有22个州是以选举(无论政党提名选举还是非政党提名选举)作为选任上诉法官的主要方式;有2个州是以立法机构选举法官;还有22个州采用了所谓的"优才计划"(merit plan)。只有4个州采用行政(在新泽西州和新罕布什尔州还需选举机构的批准)任命法官的形式。

这些不同的选任方式是否产生了不同类型的法官？这是个有意思的问题，经过多年争论之后，某些共识似乎即将达成。最近似乎可以得出清楚的结论，即各种不同的选任机制并不能产生"完全不同的或者具有更高司法公信力的法官"(Glick and Emmert, 1987:232)。其中更具争议的问题是这些不同的机制是否带来了一个更加多样化的法官群体。对这个问题的回答日渐统一，绝大多数学者都会同意弗兰戈(Flango)和杜凯特(Ducat)的看法："看来根据五种选任制度产生的法官无论在教育、法律、地域、前期经验、性别、种族还是个性特征方面，都不存在明确的区别。"(例见 Alozie, 1990; Berg, Green, Schmidhauser, and Schneider, 1975; Canon, 1972; Champagne, 1986; Dubois, 1983; Glick, 1978; Glick and Emmert, 1987; Watson and Downing, 1969;另可参见 Graham, 1990; Scheb, 1988; Tokarz, 1986; Uhlmann, 1977)。

但是这些洞见并不适用于我们在本节开头所提问题的第二部分(这部分可能更重要一些)：关于法官选任与任期的法律规定对于那些有权任命法官的行动者们进行选择有何影响？不同的选任方式对于法官的角色是否有不同的认识？是将其视为实质性问题还是公共政策问题，或是二者皆有？

对这些问题的解答催生了一大批学术论文，不幸的是这些文章当中几乎没有共识。有些学者坚持认为选举产生的法官与任命产生的法官不存在什么差别(Canon and Jaros, 1970; Flango and Ducat, 1979; Lee, 1970)。也有人强烈质疑民选法官的理性和对人民的责任感，因为选民们通常并不了解和熟悉法官的行为。所以由选举产生的法官同那些被任命的法官一样，不必考虑公共或政治官员在决策时的擅断。有些学者则不同意这种观点。霍尔的研究(Hall, 2001)显示法官的选举同国会选举一样竞争激烈。即使有超过90%(这个数字并不夸张)的国会议员支持重新选举，选举产生的法官在决策的时候还是不能忽视公众情感。

的确有大量的证据显示法官们不会忽视民意。学者们研究发现，高票当选的法官更倾向于压制不同意见(Brace and Hall, 1993; Vines, 1962; Watson and Downing, 1969)，并会在裁决中反映民意(Croly, 1995; Gryski, Main, and Dixon, 1986; Hall, 1987a, 1987b; Pinello, 1995; Tabarrok and Helland, 1999)。

尽管这些研究成果颇具吸引力，但是如果想要解答法官选任与任期制度对法官决策之影响的问题，还需引入更多学者的研究。我们仍然可以从州一级开始，比较各种正式制度之间的不同。但是对我们来说，该领域研究未来的理想方向是超出美国的范围。事实上，读者会注意到，我们前面的讨论明显地忽略了美国以外的研究。因为相关的研究文献中本身就缺乏对美国域外的研究，尽管各国之间的差异正是真正的比较研究的素材所在。尽管许多国家——特别是民法法系国家——在培训和"选拔"普通法官方面发展出一套相类似的方法,但是在宪法法院法官的选任上却有着相当大的差别。例如在德国,法官由议会选任,尽管在 16 名法官中必须选择 6 名职业法官。在保加利亚,则是由议会选出三分之一的法官,由总统选出三分之一,另外三分之一则由其他法院的法官选出。此外,在某些采用中央司法审查制度的国家,法官的任期有限。例如在南非,法官的一届任期为 12 年,意大利则为 9 年。而在其他国家,例如捷克和韩国,法官的任职期限是固定的,虽然可以重新任命。

差别还体现在那些原先具有相似法律传统的一些国家大约在同一历史时刻建立起不同的法院结构。图 10.2 所展示的就是苏联各加盟共和国在其宪法法院法官的选任方面的各种不同的正式制度。从该图中可以清楚地看出,这些国家采用了至少五种不同的方法:(1) 行政机关与立法机关平权(即每一方都可任命一定人数的法官);(2) 行政机关与司法机关(在某些情况下也包括立法机关)平权;(3) 行政机关提名,(通常)由立法机关确认;(4) 行政、立法、司法机关具有同等的提名权,然后由议会确认;(5) 由司法机关任命。

国家	选任制度	任期
亚美尼亚	平权任命:议会与总统	终身制
阿塞拜疆	总统提名,议会任命	10 年,可连任*
白俄罗斯	平权任命:总统与议会上院	11 年,可连任
爱沙尼亚	最高法院首席法官提名,议会任命	终身制
格鲁吉亚	平权任命:总统、议会、最高法院	10 年,不可连任
哈萨克斯坦	平权任命:总统、上、下议院的议长	6 年,不可连任,但是每 3 年须更换半数成员
拉脱维亚	总统提名 3 名,内阁和最高法院各提名 2 名,议会任命	10 年,不可连任
立陶宛	平权任命:总统、议会议长和最高法院	9 年,不可连任
吉尔吉斯斯坦	总统提名,议会任命	5 年,不可连任
摩尔多瓦	平权任命:议会、总统和地方行政长官	6 年,可连任*
俄罗斯	总统提名,议会上院任命	曾经是终身制,后改为 12 年,不可连任
塔吉克斯坦	总统提名,议会任命	5 年,不可连任
土库曼斯坦	总统提名并任命	5 年,但是总统在法官任期届满前可免除其职务
乌克兰	总统提名,议会任命	5 年,不可连任
乌兹别克斯坦	总统提名,议会任命	5 年,不可连任

*在任命首席法官时适用不同的提名和任命程序。

图 10.2 苏联各成员的法官选任制度

我们应当对该领域的研究保持长期的关注,例如本节已涉及的部分,以此来了解各种制度上的差异,继而找到新的路径。尽管多数研究都集中在法官选任的效果方面,我们的关注也在这方面,但是未来的研究所要考虑的问题是以前的学者所未及考虑的,这些问题与制度选择紧密相关:为什么不同的国家会选择不同的法官选任与任期制度?为什么他们会正式地修改先前的选择?对于不同国家间制度差异的比较分析,为解答这些重要却又未引起足够重视的问题提供了非常有力的帮助。

诉诸法院

正如法官选任制度各有差异,各国对诉诸法院的规定亦大相径庭。但是一般来说,法官只能根据宪法文本或立法中的相关法律来决定诉诸法院的问题。即便如此,相关的司法程序也不会自动运转。美国以及全世界的法官都会在案件诉诸法院的过程中设置一系列非正式的障碍,或者形成一套障碍性的规范。

运用这些正式或非正式的规范会产生许多问题,例如这些规范是否会产生有利于某些特定当事人的效果,或者这些规范(以及其他相关因素)会对法院的议程产生怎样的影响。不过我们这里更为关注的是另一个问题,即有哪些因素(无论是规范还是其他)影响到法官运用自由裁量来决定哪些纠纷可以受理和解决,哪些纠纷被拒绝。也就是说,法官们如何设置他们的议程?这个问题吸引了几代司法问题的研究专家(例如,Boucher and Segal, 1995; Caldeira and Wright, 1988; Schubert, 1959; Tanenhaus, Schick, Muraskin, and Rosen, 1963; Ulmer, 1972),不过的确值得如此关注。议程设置毕竟是法官或相关的政治行动者最重要的行动之一(见 Cobb and Elder, 1983; Kingdon, 1984; Riker, 1993)。当然,对于法院来说更为重要,因为他们的工作量是惊人的,美国最高法院每年会接到大约7000份申诉,俄罗斯宪法法院则是8000份左右,他们面临同样的斟酌考量的任务,其中美国最高法院所能接受并裁决的案件不到100件,而俄罗斯则大约只有40件。即便像加拿大最高法院这样受案相对较少的法院,每年也会接到大约450件请求,需要对之进行实质性的裁量;事实上,加拿大最高法院每年也只能裁决80件。

不过,尽管有众多研究文献都关注这个问题,对这个问题的解答却没有达成共识。有学者通过法律的或法学的模式解释这种议程设置的程序(Provine, 1980);另有学者认为这种设置很明显是为达成更进一步政策目标的真诚的投票(Krol and Brenner, 1990);还有三分之一的学者认为这种设置有着更为宏大的战略考量(Caldeira, Wright, and Zorn, 1999);最后,还有学者将其研究目标指向当事人本身(Ulmer, 1978)。我们这里列出这些不同观点,并不仅仅是为了强调而已;这个问题很重要,它妨碍了我们对作为法官最重要工作之一的制度化议程建设的理解。我们在本节下文中还会讨论这个问题。这里要探讨的是上述四种基本的观点,需要指出的是,这四种观点都具有一定的影响力,但是没有哪一个占有支配地位。

提出法律或法理解释理论的学者认为,法官在议程设置阶段追求原则性的裁决,其基础主要是指以相关法律规定为依据的公正指令。在美国是指联邦最高法院规则第10条,该条规定法官应当受理的案件包括州法院与联邦法院存在冲突的案件,以及根据最高法院先例应当受理的案件;在加拿大,主要是指最高法院法案1975年修正案中的第40条第1项之规定,它侧重强调律师所提问题的"公共重要性"(Flemming, Krutz, and Schwank,1999)。法官遵循这些规则行事的同时,就是在进行原则性的议程设置,因为这些规则本身对于特定请求的可能结果来说是公正的。如果法官只考虑州法院与联邦法院的冲突是否存在,或者该纠纷是否具有公共重要性,则他们的议程设置裁决就不能反映他们自己在该案件之实质性结果上的政策偏好,而是相反,所反映的是规则自身的指令。

的确,有证据显示法官们事实上会如此行事。根据与美国最高法院法官及其助手的访谈(Perry,1991:127),佩里总结道:"毫无疑问,对于所有法官来说,巡回法院出现的冲突是最重要的事情之一。所有人的任务都是解决冲突,而且要了解某一特定案件是否存在冲突。"弗莱明等人的研究(Flemming et al. ,1999)着重对美国以外国家的情况作出一般性的概括。通过对加拿大最高法院议程安排裁决的艰苦细致的分析,他们总结认为"反映'公共重要性'规则的法理性因素"(1999:21)是立案审查中最重要的考量。

尽管所有研究议程设置的学者都认可法律解释进路确有优势,很多人认为这种思路是解释议程设置问题的关键性方法,至少对美国最高法院是如此。但是卡尔德拉(Caldeira)和莱特(Wright)指出(1988:1114),最高法院规则第10条并不总是有助于理解"法院如何作出受理案件的决定"。例如在1989年度,大法官们在超过200个案件中适用了第10条提供的标准(Baum,2001);但是在1981年度所受理的184个案件中,只有47件(25%)是真正具有冲突的案件(O'Brien,2000)。

由此看来,体现在各种法院规则中的法律因素的确起到了约束法官行为的作用(例如美国最高法院拒绝受理缺乏真实冲突的案件),但是这种思路并不足以推进我们对受理案件之标准的理解。因此就有其他学者另辟蹊径,力图建立一种"诚意政策模式"(又称纠错或逆向方法)。根据这种解释,法官在审查案件阶段就持有政策目标,也就是说,他们希望看到法院的终局意见能够反映他们所偏好的立场,所以他们通过真诚的投票来实现这个目标。在操作阶段,法官会投票接受那些他们不同意下级法院判决的案件。例如,一个中间偏右的法官会投票受理下级法院作出的自由主义判决;而一个中间偏左的法官则倾向于受理持保守立场的下级法院判决。

因为许多国家的宪法法院不属于普通法院体系,所以这种理论很难适用于美国以外的问题。不过,至少在美国国内,有大量的证据可以支持该理论。卡尔德拉和莱特在关于政策偏好之影响的研究(Caldeira and Wright, 1988:1120)中发现,某些长期不变的因素也可以影响到议程设置的裁决,例如,"大法官的意识形态倾向就会影响他们的裁判,就像其他的政治精英们通常会受到其个人意识形态立场的影响一样"。为了对该结论提供证明,也是以另一种形式来研究议程设置,乔治的研究(George, 1999)就是对全体大法官共同审理的案件之判决的考察。她的研究结论显示"对于极端保守倾向案件的上诉,更有可能获得自由主义式的裁决受理,而不是保守主义的裁决"(1999:256)。

根据上述研究成果,许多学者开始接受这样的观点,即法官行为具有政策导向,在审查阶段就开始主动地根据自己的目标进行选择,或者在程序的其他阶段也同样如此行事(例见,Caldeira, Wright, and Zorn, 1999; Epstein and Knight, 1998; Eskridge, 1991b; Gely and Spiller, 1990; Maltzman, Spriggs, and Wahlbeck, 2000; Spiller and Gely, 199)。其中涉及的问题包括,法官在追求其政策目标时完全不考虑其他因素(也就是说完全根据自己的真实偏好来投票),还是同时要考虑其同事的偏好以及可能采取的行动。秉持"策略政策考量"之进路的学者倾向于后一种理解:法官在决定是否受理一项案件时,肯定会考虑他们在案件的评估阶段取得优势的可能性。赞成这种理论的人会问,那些政策导向的法官如果不能确定自己一方在案件评估阶段已经取得足够的支持的话,他们为什么要投票同意受理该案件呢?

是否有证据能支持这种观点?有的,但是并非一致的意见。早在1959年,舒伯特(Schubert)就根据数据模型(而不是真实的复审投票情况)得出结论,认为在整个1940年代,美国最高法院的自由派法官都会选择支持FELA(《联邦雇主责任法案》)案件的受理,在这类案件中,下级法院的判决往往不利于工人,不过此类案件中工人往往易于在评估阶段取胜。换句话说,大法官们是以"防守的方式否决"(他们会拒绝审查那些本来愿意受理的案件,因为他们估计到很难在评估阶段取胜),而不是以"进攻的方式同意"(他们受理的案件是"那种不能确保得到复审的案件,因为他们已经估计到该案具有某些特殊之处,可能借此会发展出一套特别的理论,而且这些特别之处也使得该案更有可能在评估阶段获胜……",Perry, 1991:208)。但是布歇(Bucher)和西格尔(Segal)的研究(1995)则主张只有当大法官们希望确认(某一进攻性同意策略)时,而不是相反的情况下,才会关注可能的结果。而卡尔德拉和他的同事的研究(1999)则发现法官的行为兼具进攻性同意和防守型否决两种类型。

关于议程设置的第四种理论则认为当事人的特定身份是左右复审裁决的因素,取决于当事人是"反复游戏者"(repeat players),还是"一次性游戏者"(one-shotters),属于上流社会(upperdogs)还是弱势群体(underdogs)。迈克圭尔(McGuire)和卡尔德拉的研究(1993)则以美国最高法院为例说明一个经验丰富的律师所代理的上诉更有可能赢得复审的机会;乌尔莫(Ulmer)在其1978年的研究中则指出上流社会在具备特定条件时,在美国的高等法院具有很明显的优势;弗莱明及其同事的研究(1999:23)指出,"当事人的身份及其代理律师的类型影响着在加拿大最高法院受理的可能性",尽管他们还强调这些因素相对于"公共重要性"来说是次要的。最后,有大量的研究得出相近的结论,即当联邦政府提起申请时,美国最高法院同意复审的可能性很大(Armstrong and Johnson, 1982; Caldeira and Wright, 1988; Tanenhaus et al., 1963; Ulmer, 1984)。

  为什么美国政府(其在最高法院的代表是联邦总律师[Solicitor General])总是能够成功地取得复审的机会。我们发现,而且我们也希望读者能够从这篇不长的评论文章中发现,不难理解为什么有些学者认为关于议程设置的研究文献是"一团乱麻"(Boucher and Segal, 1995)。即便是某些学者认可法官在评审阶段的基本动机是追求政策效果,也不会赞同法官总是通过真诚投票或者采取策略性计算以求在评估阶段取得预计效果的说法。

  需要强调的是,这种"一团乱麻"的局面并不是一个小问题。相反,它会严重影响到我们对议程设置问题的理解,妨碍我们作出明晰的预测。还有一些学者以各种严肃的方式作出的似是而非的解释更加剧了这种混乱。例如,有一种观点认为,法官的确在议程设置上存在策略性安排,但不是发生在法官们彼此之间,而是当他们采取与议程设置有关的行动时,关注相关行动者(例如行政和议会部门)可能的行动。请看下文来自一名俄罗斯宪法法院法官的评论:

> 1995年12月议会选举之前,正处在选举运动的热潮之中,我们收到一份某代表团的申请,涉及的是关于宪法中为政党参加议会设置的百分之五席位的门槛问题。我们否决了这项请求。我反对这项请求,是因为我认为法院不应介入政治斗争……法院必须避免介入诸如政党斗争这样的现实政治事件。(Nikitinsky, 1997:85)

  尽管这并不能证明还存在其他诸多关于议程设置裁判的解释,但是起码可以说明,这个领域研究状况的混乱超出许多学者的想象。

  怎样才能消除这种混乱局面?以下两个方面需注意。首先,学者们在研究中应当尽量避免走"捷径",所谓捷径往往存在许多潜在问题,也是造成这种混乱局面的原因之一。例证之一就是对因变量的选择:在已出版的研究中有不少著作都存在这个问题(例如,Brenner, 1979; Krol and Brenner, 1990; Palmer, 1982; Provine, 1980),这些学者只分析那些法院予以受理的案例,而不是把全部申请——无论被受理还是拒绝的——纳入分析范围内。我们可以理解为什么这些学者采用这样的研究策略,因为他们缺少足够的时间、资源来从事全面的研究。但是我们必须要指出,这种方法隐藏着陷阱,最要紧的是其中包含着偏见:我们知道(至少在美国)被受理的案件并不代表提出申请的全部案件,事实上,大量的研究显示被受理的案件与未被受理的案件存在系统性的差别,很难推断说法官在选择哪些案件应被受理时,通过何种方式来保证所受理的案件都是他们赞同的案件。其次,学者们除了应避免走捷径之外,还须再多一份重要的关注。同关于法官选任和任期的研究一样,学者们需要把自己的研究进一步拓展至美国之外。正如该领域内少有的从事比较分析的学者弗莱明(1997:1)所言:"除了美国,我们很少了解到其他国家终身法院的议程设置是怎样的。因此,我们不知道美国在该领域广泛而深入的研究文献中有多少是针对美国最高法院以外的研究。"在经过对相关文献的广泛介绍之后,我们对此说法深以为然。

司法权力的限制

在上一节里我们考察了法官如何运用裁量权决定案件的受理;本节中所要研究的是法官受到哪些政治和制度设置方面的限制。这个领域的研究文献同前文其他领域一样规模庞大,在前文中提到有学者认为法官必须(或者不必)关注很多相关行动者的偏好与可能的行为,既包括行政官员和立法者(例如,Eskridge, 1991a, 1991b; Spiller and Gely, 1992),也包括上级法院的法官(Segal, 1995; Songer, Segal, and Cameron, 1994),还包括公民(Mishler and Sheehan, 1993, 1996; Stimson, McKuen, and Erikson, 1995)。

接下来,我们将集中考察经选举产生的政治行动者对法官可能有(或没有)的影响。这样做的首要原因是,尽管这方面的研究早已不是新事物,学者从事这方面的研究大概已有半世纪或更久的时间,但是今天的研究者们采用了新的理论和方法,并将其研究范围扩展至美国以外。因此,对这方面研究的考察在此颇具现实意义和价值。

晚近研究中有一个核心的问题,即行政和立法机构的成员在多大程度上对法官的行为构成限制? 这个问题看似简单,但要想作出明确的解答却非易事。首先要解答的就是我们为什么要提出这个问题,因为就法官而言不需要面对再选举的问题,也不需要通过经选举产生之官员的批准以保留自己的工作;换句话说,我们为什么会认为这些终身任职的法官会关注那些经选举产生的官员的偏好和可能的行动? 有些学者就认为不存在这样的问题。例如西格尔和斯佩思就主张(1993),在一定的制度条件下——包括终身任职、司法体系之上再无上级、缺乏政治野心——高等法院或宪法法院的法官完全可以不在乎经选举产生之官员的需求。在具备这些条件的情况下,法官们只要按照自己的政策偏好行事即可。

但是另有学者认为,法官们即便在具备上述制度条件的情况下,仍需考虑立法机关的偏好和可能的行动(Epstein and Knight, 1998; Epstein, Knight, and Martin, 2001; Murphy, 1964; Rosenberg, 1992)。他们提出了许多理由支持上述主张,其中最关键的理由是,即便法官如西格尔和斯佩思所言是一个"专一的法律政策的追寻者"(George and Epstein,1992:325),但是这些法官为什么不关心自己所追求之政策的最终效果呢? 如果重述一下这个问题,那就是:意图将自己的政策偏好最大化的法官为什么会采取一种明知会被立法机关推翻的立场呢? 如果认为法官就是这样只关心自己想法,那也就是说法院里坐了一群短视者,他们只考虑短期的政策效果。但是这种看法显然与大多数关于美国最高法院如何解释法律的研究成果不相符,包括前文提到过的艾斯克里奇的研究(1994,1991a,1991b)。而且也与许多关于宪法判决的研究结论不相符。立法和行政机关一般不能通过法律规章推翻法院根据宪法作出的判决,但是他们能够采取其他措施惩罚"犯错误的"法院,不仅使得法官们无法实现其政策目标,而且这些措施还具有一定程度的正当性。罗森伯格(Rosenberg)在 1992 年的研究中概括出以下几种措施,都是美国国会和总统试图采用的措施:

> (1)运用参议院的批准权选拔特定类型的法官;(2)通过宪法修正案推翻法院的判决,或者改变法院的结构或程序;(3)弹劾;(4)取消法院在特定事务上的管辖权;(5)变更法官的任免程序;(6)对违宪判决要求特别多数;(7)要求最高法院上诉至一个更具"代表性"的法庭;(8)取消司法审查权;(9)削减法院的预算;(10)变更法院的规模。(Rosenberg,1992:377)

罗森伯格所列的这个武器清单直接来自美国的现实。在其他国家则有更为激进的措施。例如在俄罗斯,鲍里斯·叶利钦(Boris Yeltsin)总统对宪法法院能制约他的权力感到十分恼火,因此在 1993 年中止了宪法法院的工作。该法院的法官们直到两年前俄罗斯采用新的宪政制度后,才开始恢复工作。

因此学者们指出,正是因为这些武器的存在,才使得法官们必须关注可能动用这些武器的那些人的偏好的可能行动。但是,究竟有多少法官在多大程度上如此行事? 根据现有的研究很难得出明确的答案。

这也给我们带来了第二个难题:即便我们认为法官感觉到来自立法和行政机构的约束,但是想证明这一点却非常困难。首要的问题在于如果法官以有利于现政府的方式进行裁判,其原因未必是他们要取悦于政府,也有可能是因为法官的偏好与政府相同。所以,想要在真诚的、世故的和自顾自的这几种行为方式之间作出区分也非易事。

但这并不说明学者们知难而退。相反,他们在行政、立法机关与法院之关系方面作出许多有意义的分析研究,包括阿根廷(Helmke,1999)、俄罗斯(Epstein,Knight,and Shvetsova,2001)、德国(Vanberg,1999),当然还有美国(Spiller and Gely,1992)。但是研究的结论仍然不够明确,而且以目前的研究成果尚不足以形成坚实的结论。

这就意味着我们距离完全理解选举型行动者对法院之影响,还有很长的路要走。我们也要以同样的态度看待相对应的研究,即法院对立法和行政机构的约束,正如有些学者所认为的,这是一个成熟的课题,可以就其进行深化的系统性分析(Martin, 2001; Stone, 1994; 1995; Sweet, 2000),也可以进行法院与其他相关行动者之间直接或间接关系的研究。还可以包括如我们在开头部分提到的公众以及其他法官在内。我们正在这些前沿性的课题上进行着实质性的发展,但是还需要在这些问题上投入更多更持久的关注,对这些问题的研究对于我们完整透彻地了解法院在其所在社会中的角色,发挥着潜在而重要的作用。

司法裁决

似乎我们在每一节的开头都要宣称"该领域的研究已经取得大量成果"。如果说这种评价对于其他领域的研究状况来说诚非虚言,对于司法裁决的研究来说则要数倍于此。在过去的五十多年里,法律与社会学术圈的学者们在司法裁决方面的研究成果可谓汗牛充栋,其中包括事实发现、判例引用、法律解释以及宪法文本等不同层面的研究。其成果就是关于该主题的大量研究文献,既有规范视角,也有实证视角;对于社会科学和人文学既有吸收,亦有修正;所用数据既有定量的,亦有定性的。

前文中的任何一章,甚至任何一节的内容都没有像本节一样具有如此全面的学术含量。我们不想作面面俱到的评论,而是集中强调其中的一个引起广泛学术关注的关于普通法法官(现在甚至也包括民法法系的法官)的问题:先例在法院裁判中发挥了怎样的影响?相关的研究给出了三种截然不同的答案:很多,一些,没有。

学者基本都同意先例对于下级法院来说具有重要作用,尽管他们在为什么重要的问题上未能达成共识。某些学者认为原因在于法官的等级制度(Segal, 1995; Songer, Segal, and Cameron 1994):因为下级法官当然不希望自己的判决被"上级"推翻,所以他们会遵从上级法院建立的先例。例如初审法官:尽管他们的上级——中级上诉法院的法官——已经为初审法院的裁决给出了预测,但下级法院的裁决仍有可能被推翻。同理可知,终审法院有机会审查中级上诉法院的裁决,他们也会毫不犹豫地推翻这些中级法院的裁决。伦奎斯特(Rehnquist)法官曾经这样解释为什么美国最高法院在1980年代初期会把第九巡回上诉法院的28个案件中否决了27件:"当所有程序和陈述都进行完毕后,第九巡回法院的一些法官们总是很难对那些不幸的当事人说不。"对某一巡回法院施行如此严厉的监督毕竟还是例外现象;但是西格尔及其同事研究发现(Segal, 1995; Songer, Segal and Camron, 1994),最高法院进行复审的威胁,可能会诱导中级上诉法院的法官遵循其上级法院的命令。

在另一些情况下,下级法官不是为了避免裁决被推翻,而是因为他们乐于遵守"自

己的职业义务",以达成原则性的裁决。卡恩(Kahn)的研究(1999)采纳了这种观点:

> 法官在作裁决时处于一个制度性的语境下,这种语境对法官的判断形成影响。法院的制度性规范与承诺对于维护宪政原则和法院的裁判具有重要意义。进言之,如果法官希望得到其同事以及更为广泛的法律解释共同体,以及公民和领导的持久尊重的话,他就必须根据相应的原则作出裁判。法官不仅要让人确信某一特定案件的裁决是明智的,而且要以相应的原则为基础作出裁决,未来的案件也可以此原则为基础,而且能够恰当地适用原则。(Kahn, 1999:176)

这种观点不仅可以解释下级法院法官援引先例的理由,完全也可以适用于终审法院。这只是该观点的部分内容——许多针对其他国家的研究也都认为,先例更多地与该国最高法院的法官有关——但也是发生实质性分歧的地方。卡恩以及其他同样以"历史制度主义"自诩的学者都认为,法官们愿意遵守诸如"遵循先例"(stare decisis)这样的原则,即便这些原则相对于他们的偏好来说已经过时了。但是另有学者认为这种观点是"胡扯":既然法官们没有上级,而且是终身任职,那么他们就没有必要受先例的约束,就像他们无需关注立法和行政机关的偏好一样;他们完全可以根据自己的政策偏好来投票(Segal and Spaeth, 1993, 1996; Spaeth and Segal, 1999)。

还有介于前两种极端观点之间的第三种解释,认为先例对于裁判结果来说既不是完全决定性的,也不是完全非决定性的;而是说,先例可以作为法官以个人偏好作出裁决时的约束(Epstein and Knight, 1998; Knight and Epistern, 1996)。根据这种解释,法官本来倾向于适用某一规则处理某一案件,但是他们策略地调整了他们的立场,接受一种规范性的约束,这是一种包含先例的规范,因而使所作的裁决尽可能地接近他们预想的效果。

法官们为什么愿意这样做? 至少有两个原因。其一,法官遵循先例而不是依据自己的政策偏好是审慎理性的要求。法院通过"遵循先例"原则表达对法律共同体之期待的尊重。法律共同体的成员在一定程度上将他们对未来的期待建立在一种信念上,即共同体的其他成员将会遵循已有的法律,法院也愿意尽可能地降低由于推翻现存的规则而导致的破坏性影响。如果法院倾向于激烈地改变现有规则,那么这种改变将会导致法律共同体成员无法适应,导致所作的判决不能产生出有效的规则。其二,还有一些规范性的原因可以解释为什么法官会遵循先例而不是自己的偏好。如果法律共同体有一个基本的信念,即"法治"要求法院必须受先例的约束,那么法官就能够受到先例的约束,即便法官个人并不接受这种信念。这种约束的实现还来自于一个法律共同体的信念,即共同体成员愿意接受并遵守自己法院的判决。如果法律共同体的成员相信正当的司法功能包括遵循先例,那么他们就会拒绝那种经常性、制度性地违反先例的法院所作出的不具有规范正当性的判决。法官们在一定程度上会考虑自己所建立的规则应当会得到法律共同体的遵循,或者说,法官所考虑的是自己所确立的规则在共同体成员的眼中应当是正当的。如此一来,"遵循先例"的规范就可以约束法官的行为,即使某些法官并不认为自己应受过去判例的约束。

上述三种关于先例重要性问题的解答不仅各有其逻辑上的优点,而且还有经验的支持。对于先例对法院裁决具有重要影响的观点,得到了西格尔及其同事对中级上诉法院研究的支持,上文曾经提到过。关于先例对最高司法机关的影响,既有历史和定性研究的支持(例如,Kahn,1999),也有当代和定量研究的印证(例如,George and Epstein)。

但是还有同等数量的研究反对上述观点,主张先例对于判决来说几乎没有影响,即便在下级法院也是如此。克洛斯(Cross)和提勒(Tiller)的研究(1998)认为,美国上诉法院的法官对于自己不喜欢的先例很少忠实地遵循。如果法庭上有一个法官是"举报人"——"此人的政策偏好与多数法官不同"(Cross and Tiller,1998:2155),而且会把多数法官不适用先例的情况揭发出来——那么多数法官就会"遵循先例"。但是如果法庭上没有这么一个"举报人"法官,法院就会试图操控判例以使其符合自己的政治价值。西格尔和斯佩思的研究(1996)集中于美国最高法院,通过一种巧妙的研究方案,得出了相似的结论。他们假设如果某先例被遵循,则必然会影响到最高法院法官们之后的判决。如果某法官不同意根据某一判决所建立的特定的判例,那么这个法官也不会同意之后适用该判例所作的判决。但是事实并非如此。通过对18位大法官的研究发现,只有两位法官通常会抑制自己对于先例的偏好(见 Spaeth and Segal,1999)。

最后,在一篇批判西格尔和斯佩思的论文(Knight and Epstein,1996)中,既给出了大量与遵循先例相一致的法官行为证明,也提供了大量与之相反的证据。这些相反的证据既包括律师的案情摘要,也包括最高法院大法官在其私人记录中援引先例的记载,还包括法院判决中对先例的引用。

毫无疑问,这场争论还会继续下去,而且各方都在争取更多的对自己立场的支持。这些支持中肯定有一部分来自对各个层级的美国法院的研究,但是,我们期待学者们更多地从其他国家的法院中收集材料。对其他普通法国家司法判决的研究已经有系统性的进展(可参见 Tate and Haynie,2001),但是这些研究要么已经过时,要么数量不多(这些研究中经常会缺少关于判例的研究)。至少在我们看来,对于判例的重要性(或不重要)的问题秉持不同观点的学者们显然需要通过更多外国法院的研究,来发展和检验自己的理论。当然,我们可以把这样的期待送给每一个领域的研究者。

讨　　论

无论如何,这篇概述还是基本实现了我们在开头许下的承诺:我们只是走马观花

(也确实这样做了)。我们不可能把所有涉及的领域内的文章悉数介绍,只能是挂一漏万。在本文的后半部分,特别遗憾的是已经没有篇幅讨论法院与法官的影响力问题,这个问题是所有法律与社会领域的学者所垂青的课题,并在近些年——至少是罗森伯格的著作《空洞的希望》出版(1999)后——引起了广泛而深刻的争论。罗森伯格在他的这本开创性的著作中指出,1954 年的布朗案(*Brown v. Board of Education*)本身对于南方公立学校的整合贡献很少,直到国会在总统、司法部、美国民权委员会以及广泛的民权运动的持续压力之下,颁行了若干民权立法之后,局面才开始改观。针对罗森伯格的这一发现,以及由此引申出的一个更为普遍性的观点——只有在非常特殊的情境下,法院才能促成重大的社会变革,学界的反应可谓毁誉参半。在后半部分的研究中,值得一提的是麦凯恩(McCann)1994 年的研究,其中描述了各类组织和律师利用某些诉讼案件——这些案件中雇主不情愿地遵守了法律和上诉判决——推进了妇女同工同酬权利的实现。

当然,除了已经看到的这样或那样明显遗漏,还有几个方面的主题值得迫切关注。有些主题是关于那些决定法官作出选择的关键性规则;另一些则旨在对不同国家以及法律体系中不同级别的法官工作状况的研究予以普遍化。不过最后我们还是要再回到本文的开头:尽管学者们已经在关于法院与法官的司法过程的诸特征的研究方面取得了很大的进展,但是知识与现实之间仍有很大的差距。但是,只要能够持续不断地关注于理论的发展,经验目标的扩展,以及对前沿技术的应用,司法研究的专家们一定会填平这些差距,并在不长的时间内使得未来撰写"法院与法官"这一章的作者不会比我们更有畏难的心理。

参考文献

- Alozie, Nicholas A. (1990) "Distribution of women and minority judges: The effects of judicial selection methods," *Social Science Quarterly* 71: 315.
- Armstrong, Virginia and Johnson, Charles A. (1982) "Certiorari decisions by the Warren and Burger courts: Is cue theory time bound?" *Polity* 15: 141-50.
- Baum, Lawrence (2001) *The Supreme Court*, 7th edn. Washington, DC: CQ Press.
- Berg, Larry L., Green, Justin J., Schmidhauser, John P., and Schneider, Ronald S. (1975) "The consequences of judicial reform: A comparative analysis of California and Iowa appellate systems," *Western Political Quarterly* 28: 263.
- Boucher, Robert L., Jr. and Segal, Jeffrey A. (1995) "Supreme Court justices as strategic decision makers: Aggressive grants and defensive denials," *Journal of Politics* 57: 824-37.
- Brace, Paul and Hall, Melinda Gann (1993) "Integrated models of dissent," *Journal of Politics* 55: 919-35.
- Brenner, Saul (1979) "The new certiorari game," *Journal of Politics* 41: 649-55.

- *Brown v. Board of Education* (1954) 347 U. S. 483.
- Caldeira, Gregory A. and Wright, John R. (1988) "Organized interests and agenda setting in the U. S. Supreme Court," *American Political Science Review* 82: 1109-28.
- Caldeira, Gregory A., Wright, John R. and Zorn, Christopher J. (1999) "Sophisticated voting and gate-keeping in the Supreme Court," *Journal of Law, Economics, & Organization* 15: 549-77.
- Caldeira, Gregory A. and Zorn, Christopher J. (1998) "Of time and consensual norms in the Supreme Court," *American Journal of Political Science* 42: 874-902.
- Canon, Bradley C. (1972) "The impact of formal selection process on the characteristics of judges—reconsidered," *Law and Society Review* 6: 579-93.
- Canon, Bradley C. and Jaros, Dean (1970) "External variables, institutional structure and dissent on state Supreme Courts," *Polity* 3: 175-200.
- Champagne, Anthony (1986) "The selection and retention of judges in Texas," *Southwestern Law Journal* 40: 53-117.
- Cobb, Roger W. and Elder, Charles D. (1983) *Participation in America: The Dynamics of Agenda Building*. Baltimore: Johns Hopkins University Press.
- Croly, Steven P. (1995) "The majoritarian difflculty: Elective judiciaries and the rule of law," *University of Chicago Law Review* 62: 689-791.
- Cross, Frank B. and Tiller, Emerson H. (1998) "Judicial partisanship and obedience to legal doctrine: Whistleblowing on the Federal Courts of Appeals," *Yale Law Journal* 107: 2155-76.
- Dubois, Philip L. (1983) "The influence of selection system and region on the characteristics of a trial court bench: The case of California," *Justice System Journal* 8: 59-87.
- Dubois, Philip (1986) "Accountability, independence, and the selection of state judges: The role of popular judicial elections," *Southwestern Law Journal* 40: 31-52.
- Epstein, Lee and Knight, Jack (1998) *The Choices Justices Make*. Washington, DC: CQ Press.
- Epstein, Lee, Knight, Jack, and Martin, Andrew D. (2001) "The Supreme Court as a strategic national policy maker," *Emory Law Journal* 50: 101-29.
- Epstein, Lee, Knight, Jack, and Shvetsova, Olga (2001) "The role of constitutional courts in the establishment and maintenance of democratic systems of government," *Law & Society Review* 35: 117-64.
- Eskridge, William N. Jr. (1991a) "Overriding Supreme Court statutory interpretation decisions," *Yale Law Journal* 101: 331-417.
- Eskridge, William N. Jr. (1991b) "Reneging on history?: Playing the court/congress/president civil rights game," *California Law Review* 79: 613-84.
- Eskridge, William N. Jr. (1994) *Dynamic Statutory Interpretation*. Cambridge, MA: Harvard University Press.
- Farber, Daniel A. and Sherry, Suzanna (1990) *A History of the American Constitution*. St. Paul,

MN: West.
- Flango, Victor Eugene and Ducat, Craig R. (1979) "What difference does method of judicial selection make? Selection procedures in state courts of last resort," *Justice System Journal* 5: 25-44.
- Flemming, Roy B. (1997) "Deciding to decide in Canada's Supreme Court," Paper presented at the Conference Group on the Scientiflc Study of Judicial Politics, Atlanta, GA.
- Flemming, Roy B., Krutz, Glen S., and Schwank, Jennifer Renee (1999) "Agenda setting on the Supreme Court of Canada," Paper presented at the Conference on the Scientiflc Study of Judicial Politics, College Station, Texas.
- Garrow, David J. (2000) "Mental decreptitude on the U.S. Supreme Court: The historical case for a 28th amendment," *University of Chicago Law Review* 67: 995.
- Gely, Rafael and Spiller, Pablo T. (1990) "A rational choice theory of Supreme Court decision making with applications to the *State Farm* and *Grove City* cases," *Journal of Law, Economics, & Organization* 6: 263-300.
- George, Tracey E. (1999) "The dynamics and determinants of the decision to grant en banc review," *Washington Law Review* 74: 213-74.
- George, Tracey E. and Epstein, Lee (1992) "On the nature of Supreme Court decision making," *American Political Science Review* 86: 323-37.
- Glick, Henry R. (1978) "The promise and performance of the Missouri Plan: Judicial selection in the flfty states," *University of Miami Law Review* 32: 509-41.
- Glick, Henry R. and Emmert, Craig F. (1987) "Selection systems and judicial characteristics: The recruitment of state Supreme Court judges," *Judicature* 70: 228-35.
- Goldman, Sheldon (1997) *Picking Federal Judges*. New Haven, CT: Yale University Press.
- Graham, Barbara Luck (1990) "Judicial recruitment and racial diversity on state courts: An overview," *Judicature* 74: 28.
- Gryski, Gerard S., Main, Eleanor C., and Dixon, William J. (1986) "Models of state high court decision making in sex discrimination cases," *Journal of Politics* 48: 143-55.
- Hall, Melinda Gann (1987a) "Constituent influence in state Supreme Court: Conceptual notes and a case study," *Journal of Politics* 49: 1117-24.
- Hall, Melinda Gann (1987b) "An examination of voting behavior in the Louisiana Supreme Court," *Judicature* 71: 40-6.
- Hall, Melinda Gann (2001) "State Supreme Court in American democracy: Probing the myths of judicial reform," *American Political Science Review* 95: 315-30.
- Hausmaninger, Herbert (1995) "Towards a 'new' Russian constitutional court," *Cornell International Law Journal* 28: 349.
- Haynes, Evan (1944) *The Selection and Tenure of Judges*. Newark, NJ: National Conference of Judicial Councils.

- Helmke, Gretchen (1999) "Ruling against the rulers: Insecure tenure and judicial independence in Argentina, 1976-1995," Working paper, University of Chicago.
- Kahn, Ronald (1999) "Institutional norms and Supreme Court decision making: The Rehnquist Court on privacy and religion," in Cornell W. Clayton and Howard Gillman (eds.), *Supreme Court Decision-Making*. Chicago: University of Chicago Press, pp. 175-98.
- King, Gary, Keohane, Robert O., and Verba, Sidney (1994) *Designing Social Inquiry: Scientiflc Inference in Qualitative Research*. Princeton, NJ: Princeton University Press.
- Kingdon, John W. (1984) *Agendas, Alternatives, and Public Policies*. Boston: Little, Brown.
- Knight, Jack and Epstein, Lee (1996) "The norm of stare decisis," *American Journal of Political Science* 40: 1018-35.
- Krol, John F. and Brenner, Saul (1990) "Strategies in certiorari voting on the United States Supreme Court," *Western Political Quarterly* 43: 335-42.
- Lee, Francis G. (1970) "An explanatory variable of judicial behavior on bi-partisan state Supreme Courts," PhD thesis, University of Pennsylvania.
- Maltzman, Forrest, Spriggs, James F. II, and Wahlbeck, Paul J. (2000) *Crafting Law on the Supreme Court*. Cambridge, UK: Cambridge University Press.
- Martin, Andrew D. (2001) "Congressional decision making and the separation of powers," *American Political Science Review* 95: 361-78.
- Martin, Andrew D. and Quinn, Kevin M. (2001) "Bayesian learning about ideal points on the Supreme Court, 1953-1999," Paper presented at the Political Methodology Society, Atlanta, GA.
- Mather, Lynn (1995) "The flred football coach," in Lee Epstein (ed.), *Contemplating Courts*. Washington, DC: CQ Press, pp. 170-202.
- McCann, Michael W. (1994) *Rights at Work*. Chicago: University of Chicago Press.
- McGuire, Kevin T. (1995) "Repeat players in the Supreme Court: The role of experienced lawyers in litigation success," *Journal of Politics* 57: 187-96.
- McGuire, Kevin T. and Caldeira, Gregory A. (1993) "Lawyers, organized interests, and the law of obscenity: Agenda-setting in the Supreme Court." *American Political Science Review* 87: 717-28.
- Mishler, William and Sheehan, Reginald (1993) "The Supreme Court as a countermajoritarian institution? The impact of public opinion on Supreme Court decisions," *American Political Science Review* 87: 716-24.
- Mishler, William and Sheehan, Reginald (1996) "Public opinion, the attitudinal model, and Supreme Court decision making: A micro-analytic perspective," *Journal of Politics* 56: 169-200.
- Moraski, Brian J. and Shipan, Charles R. (1999) "The politics of Supreme Court nominations: A theory of institutional choice and constraints," *American Journal of Political Science* 43: 1069.
- Murphy, Walter F. (1964) *Elements of Judicial Strategy*. Chicago: University of Chicago Press.
- Nikitinsky, Leonid (1997) "Interview with Boris Ebzeev, Justice of the Constitutional Court of the

- Russian Federation," *Eastern European Constitutional Review* Winter: 83-8.
- O'Brien, David M. (2000) *Storm Center: The Supreme Court in American Politics*, 5th edn. New York: W. W. Norton & Co.
- Oliver, Philip D. (1986) "Systematic justice: A proposed constitutional amendment to establish flxed, staggered terms for members of the United States Supreme Court." *Ohio State Law Review* 47: 799.
- Palmer, Jan (1982) "An econometric analysis of the U. S. Supreme Court's certiorari decisions," *Public Choice* 39: 387-98.
- Perry, H. W. (1991) *Deciding to Decide: Agenda Setting in the United States Supreme Court*. Cambridge, MA: Harvard University Press.
- Pinello, Daniel R. (1995) *The Impact of Judicial Selection Method on State-Supreme-Court Policy*. Westport, CT: Greenwood.
- Provine, Doris Marie (1980) *Case Selection in the United States Supreme Court*. Chicago: University of Chicago Press.
- Ramseyer, J. Mark (1994) "The puzzling (in)dependence of courts: A comparative approach," *Journal of Legal Studies* 23: 721.
- Riker, William H. (ed.) (1993) *Agenda Formation*. Ann Arbor: University of Michigan Press. Rosenberg, Gerald N. (1991) *The Hollow Hope*. Chicago: University of Chicago Press.
- Rosenberg, Gerald N. (1992) "Judicial independence and the reality of political power," *Review of Politics* 54: 369-98.
- Scheb, John M. (1988) "State appellate judges' attitudes toward judicial merit selection and retention: Results of a national survey," *Judicature* 72: 170-4.
- Schubert, Glendon (1959) "The certiorari game," in Glendon Schubert (ed.), *Quantitative Analysis of Judicial Behavior*. New York: Free Press, pp. 210-55.
- Segal, Jeffrey A. (1995) "Decision making on the U. S. Courts of Appeals," in Lee Epstein (ed.), *Contemplating Courts*. Washington, DC: CQ Press, pp. 227-46.
- Segal, Jeffrey A., Cameron, Charles M., and Cover, Albert D. (1992) "A spatial model of roll call voting: Senators, constituents, presidents, and interest groups in Supreme Court conflrmations," *American Journal of Political Science* 36: 96-121.
- Segal, Jeffrey A and Spaeth, Harold J. (1993) *The Supreme Court and the Attitudinal Model*. New York: Cambridge University Press.
- Segal, Jeffrey A and Spaeth, Harold J. (1996) "The influence of stare decisis on the vote of United States Supreme Court justices," *American Journal of Political Science* 40: 971-1003.
- Songer, Donald R., Segal, Jeffrey A., and Cameron, Charles M. (1994) "The hierarchy of justice: Testing a principal-agent theory of Supreme Court-Circuit Court interactions," *Journal of Politics* 38: 673.

- Spaeth, Harold J. and Segal, Jeffrey A. (1999) *Majority Rule or Minority Will: Adherence to Precedent on the U. S. Supreme Court.* New York: Cambridge University Press.
- Spiller, Pablo T. and Gely, Rafael (1992) "Congressional control of judicial independence: The determinants of U. S. Supreme Court labor-relations decisions, 1949-1988." *RAND Journal of Economics* 23: 463-92.
- Spriggs, James F. II and Hansford, Thomas G. (2001) "Explaining the overruling of U. S. Supreme Court precedent," *Journal of Politics* 63: 1091-111.
- Stimson, James A., MacKuen, Michael B., and Erikson, Robert S. (1995) "Dynamic representation," *American Political Science Review* 89: 543-65.
- Stone, Alec (1994) *The Birth of Judicial Politics in France.* New York: Oxford University Press, 1994.
- Stone, Alec (1995) "Complex coordinate construction in France and Germany," in C. Neal Tate and Torbjörn Vallinder (eds.), *The Global Expansion of Judicial Power.* New York: New York University Press, pp. 205-30.
- Sweet, Alec Stone (2000) *Governing with Judges: Constitutional Politics in Europe.* New York: Oxford University Press.
- Tabarrok, Alexander and Helland, Eric (1999) "Court politics: The political economy of tort awards," *Journal of Law & Economics* 42: 157-87.
- Tanenhaus, Joseph, Schick, Marvin, Muraskin, Matthew, and Rosen, Daniel (1963) "The Supreme Court's certiorari jurisdiction: Cue theory," in Glendon Schubert (ed.), *Judicial Decision Making.* New York: Free Press, pp. 111-32.
- Tate, C. Neal and Haynie, Stacia L. (2001) "Comparative judicial politics: Intellectual history and bibliography," Paper presented at the American Political Science Association, San Francisco, CA.
- Tokarz, Karen L. (1986) "Women judges and merit selection under the Missouri Plan," *Washington University Law Quarterly* 64: 903-51.
- Uhlmann, Thomas M. (1977) "Race, recruitment, representation: Background differences between black and white trial court judges," *Western Political Quarterly* 30: 457-70.
- Ulmer, S. Sidney (1972) "The decisions to grant certiorari as an indicator to decision 'on the merits'," *Polity* 4: 429-47.
- Ulmer, S. Sidney (1978) "Selecting cases for Supreme Court review: An underdog model," *American Political Science Review* 72: 902-10.
- Ulmer, S. Sidney (1984) "The Supreme Court's certiorari decisions: Conflict as a predictive variable," *American Political Science Review* 78: 901-11.
- Vanberg, Georg Stephan (1999) "The politics of constitutional review: Constitutional court and parliament in Germany." PhD thesis, University of Rochester.

- Vines, Kenneth N. (1962) "Political functions on a State Supreme Court," in Kenneth N. Vines and Herbert Jacob (eds.), *Tulane Studies in Political Science: Studies in Judicial Politics*. New Orleans: Tulane University, pp. 51-77.
- Walker, Thomas G. (1994) "The development of the fleld," Paper presented at the Columbus Conference on the State of the Field of Judicial Politics, Columbus, OH.
- Watson, Richard A. and Downing, Rondal G. (1969) *The Politics of Bench and Bar: Judicial Selection under the Missouri Nonpartisan Court Plan*. New York: Wiley.
- Widner, Jennifer A. (2001) *Building the Rule of Law*. New York: Norton.

扩展文献

- Baum, Lawrence (1997) *The Puzzle of Judicial Behavior, Analytical Perspectives on Politics*. Ann Arbor: University of Michigan Press.
- Benesh, Sara C. (2002) *The U. S. Courts of Appeals and the Law of Confessions: Perspectives on the Hierarchy of Justice*. New York: LFB Scholarly Publishing.
- Brace, Paul and Hall, Melinda Gann (1997) "The interplay of preferences, case facts, context, and rules in the politics of judicial choice," *Journal of Politics* 59: 1206.
- Brenner, Saul (1989) "Fluidity on the United States Supreme Court: A reexamination," in Sheldon Goldman and Austin Sarat (eds.), *American Court Systems*. New York: Longman, pp. 479-85.
- Brenner, Saul and Krol, John F. (1989) "Strategies in certiorari voting on the United States Supreme Court," *Journal of Politics* 51: 828-40.
- Burbank, Stephen B. and Friedman, Barry (eds.) (2002) *Judicial Independence at the Crossroads*. Thousand Oaks, CA: Sage Publications and the American Academy of Political and Social Science.
- Caldeira, Gregory A. (1987) "Public opinion and the U. S. Supreme Court: FDR's court-packing plan," *American Political Science Review* 81(4): 1139-53.
- Caldeira, Gregory A. and Gibson, James L. (1992) "The etiology of public support for the Supreme Court," *American Journal of Political Science* 36: 635-64.
- Caldeira, Gregory A. and Gibson, James L. (1995) "The legitimacy of the Court of Justice in the European Union: Models of institutional support," *American Political Science Review* 89: 356-76.
- Cameron, Charles M., Cover, Albert D., and Segal, Jeffrey A. (1990) "Senate voting on Supreme Court nominees: A neoinstitutional model," *American Political Science Review* 84: 525-34.
- Cameron, Charles M., Segal, Jeffrey A., and Songer, Donald R. (2000) "Strategic auditing in a political hierarchy: An informational model of the Supreme Court's certiorari decisions," *American Political Science Review* 94: 101-16.
- Caminker, Evan H. (1994) "Why must inferior courts obey superior court precedent?" *Stanford Law Review* 46: 817-73.
- Canon, Bradley C. and Johnson, Charles A. (1998) *Judicial Policies: Implementation and Impact*,

2nd edn. Washington, D. C. : CQ Press.
- Carter, Stephen L. (1994) *The Confirmation Mess: Cleaning up the Federal Appointments Process*. New York: Basic Books.
- Clayton, Cornell W. and Gillman, Howard (eds.) (1999) *Supreme Court Decision-Making*. Chicago: University of Chicago Press.
- Cook, Beverly Blair (1977) "Public opinion and federal judicial policy," *American Journal of Political Science* 21: 567-600.
- Cook, Beverly Blair (1982) "Women as Supreme Court candidates: From Florence Allen to Sandra Day O'Connor," *Judicature* 65: 314-26.
- Cross, Frank B. (1997) "Political science and the new legal realism: A case of unfortunate interdisciplinary ignorance," *Northwestern University Law Review* 92: 251-326.
- Dahl, Robert A. (1957) "Decision-making in a democracy: The Supreme Court as a national policymaker," *Journal of Public Law* 6: 279-95.
- Epstein, Lee (1995) *Contemplating Courts*. Washington, DC: CQ Press.
- Epstein, Lee and Knight, Jack (2000) "Toward a strategic revolution in judicial politics: A look back, a look ahead," *Political Research Quarterly* 53: 625-61.
- Ferejohn, John and Weingast, Barry (1992a) "Limitation of statutes: Strategic statutory interpretation," *Georgetown Law Review* 80: 565-82.
- Ferejohn, John and Weingast, Barry (1992b) "A positive theory of statutory interpretation," *International Review of Law and Economics* 12: 263-79.
- Gates, John B. and Johnson, Charles A. (eds.) (1991) *The American Courts: A Critical Assessment*. Washington, DC: CQ Press.
- Gibson, James L. (1978) "Judges' role orientations, attitudes, and decisions: An interactive model," *American Political Science Review* 72: 911-24.
- Gibson, James L., Caldeira, Gregory A., and Baird, Vanessa A. (1998) "On the legitimacy of high courts," *American Political Science Review* 92(2): 343-58.
- Gillman, Howard (2001) *The Votes that Counted*. Chicago: University of Chicago Press.
- Howard, J. Woodford (1968) "On thefluidity of judicial choice," *American Political Science Review* 62: 43-56.
- Howard, J. Woodford (1977) "Role perceptions and behavior in three U. S. courts of appeals," *Journal of Politics* 39: 916-38.
- Kornhauser, Lewis A. (1992a) "Modeling collegial courts I: Path dependence," *International Review of Law and Economics* 12: 169-85.
- Kornhauser, Lewis A. (1992b) "Modeling collegial courts II. Legal doctrine," *Journal of Law, Economics, & Organization* 8: 441-70.
- Lim, Youngsik (2000) "An empirical analysis of Supreme Court justices' decision making," *Jour-

nal of Legal Studies 29: 721-51.
- McNollgast (1995) "Politics and courts: A positive theory of judicial doctrine and the rule of law," Southern California Law Review 68: 1631-83.
- Murphy, Walter F. (1959) "Lower court checks on Supreme Court power," American Political Science Review 53: 1017-31.
- Murphy, Walter F. (1962) Congress and the Court. Chicago: University of Chicago Press.
- Murphy, Walter F., Pritchett, C. Herman, and Epstein, Lee (2001) Courts, Judges, and Politics, 5th edn. New York: McGraw-Hill.
- Murphy, Walter F. and Tanenhaus, Joseph (1990) "Publicity, public opinion and the court," Northwestern University Law Review 84: 983-1036.
- Peretti, Terri (1999) In Defense of a Political Court. Princeton, NJ: Princeton University Press.
- Posner, Richard A (1985) The Federal Courts. Cambridge, MA: Harvard University Press.
- Posner, Richard A (1993) "What do judges and justices maximize? (the same thing everybody else does)," Supreme Court Economic Review 33: 1-26.
- Priest, George L. and Klein, Benjamin (1984) "The selection of disputes for litigation," Journal of Legal Studies 13-55.
- Pritchett, C. Herman (1948) The Roosevelt Court. New York: Macmillan.
- Pritchett, C. Herman (1961) Congress against the Supreme Court. Minneapolis, MN: University of Minnesota Press.
- Revesz, Richard L. (1997) "Environmental regulation, ideology, and the D. C. circuit," Virginia Law Review 83: 1717-72.
- Rohde, David W. and Spaeth, Harold J. (1976) Supreme Court Decision Making. San Francisco: W. H. Freeman.
- Rosenberg, Gerald N. (2000) "Across the great divide (between law & political science)," The Greenbag 3: 267-72.
- Rowland, C. K., and Robert A. Carp (1996) Politics & Judgment in Federal District Courts. Lawrence: University Press of Kansas.
- Sakolar, Rebecca Mae (1992) The Solicitor General: The Politics of Law. Philadelphia: Temple University Press.
- Schneider, Daniel M. (2001) "Empirical research on judicial reasoning: Statutory interpretation in federal tax cases," New Mexico Law Review 31: 325-52.
- Schubert, Glendon (1965) The Judicial Mind: The Attitudes and Ideologies of Supreme Court Justices, 1946-1963. Evanston, IL: Northwestern University Press.
- Schwartz, Herman (2000) The Struggle for Constitutional Justice in Post-Communist Europe. Chicago: University of Chicago Press.
- Scigliano, Robert G. (1971) The Supreme Court and the Presidency, The Supreme Court in American

Life. New York: Free Press.
- Segal, Jeffrey A. (1984) "Predicting Supreme Court decisions probabilistically: The search and seizure cases," *American Political Science Review* 78: 891-900.
- Segal, Jeffrey A. (1997) "Separation-of-powers games in the positive theory of law and courts," *American Political Science Review* 91: 28-44.
- Segal, Jeffrey A. and Cover, Albert D. (1989) "Ideological values and the votes of U.S. Supreme Court justices," *American Political Science Review* 83: 557-65.
- Segal, Jeffrey A., Timpone, Richard J., and Howard, Robert M. (2000) "Buyer beware? Presidential success through Supreme Court appointments," *Political Research Quarterly* 53: 557-95.
- Sheldon, Charles H. and Lovrich, Nicholas P. Jr. (1991) "State judicial recruitment," in John B. Gates and Charles A. Johnson (eds.), *The American Courts: A Critical Assessment*. Washington, DC: CQ Press, pp. 161-88.
- Sheldon, Charles H. and Maule, Linda S. (1997) *Choosing Justice: The Recruitment of State and Federal Judges*. Pullman: Washington State University Press.
- Sisk, Gregory C., Heise, Michael, and Morriss, Andrew P. (1998) "Charting the influences on the judicial mind: An empirical study of judicial reasoning," *New York University Law Review* 73: 1377-1500.
- Spriggs, James F. II. (1996) "The Supreme Court and federal agencies: A resource-based theory and analysis of judicial impact," *American Journal of Political Science* 40: 1122-51.
- Stearns, Maxwell L. (1999) *Constitutional Process: A Social Choice Analysis of Supreme Court Decision Making*. Ann Arbor: University of Michigan Press.
- Tate, C. Neal (1981) "Personal attribute models of voting behavior of U.S. Supreme Court justices," *American Political Science Review* 75: 355-67.
- Tate, C. Neal and Handberg, Roger (1991) "Time binding and theory building in personal attribute models of Supreme Court voting behavior, 1916-88," *American Journal of Political Science* 35: 460-80.
- Tate, C. Neal and Vallinder, Torbjörn (1995) "The global expansion of judicial power: The judicialization of politics," in C. Neal Tate and Torbjörn Vallinder (eds.), *The Global Expansion of Judicial Power*. New York: New York University Press, pp. 1-10.
- Vines, Kenneth N. (1964) "Federal District Court judges and race relations cases in the south," *Journal of Politics* 26: 338-57.
- Whittington, Keith E. (2000) "Once more unto the breach: Post-behavioralist approaches to judicial politics," *Law and Social Inquiry* 25: 601-34.

10

陪审员与陪审团

瓦勒莉·P. 汉斯、尼尔·威德玛 著
刘　毅 译

许多国家都在其法律制度中采用了某些诸如陪审团这样的外行参与制度。有若干理由可以论证在法律决策过程中引入外行参与的正当性，例如，支持陪审团制度的人认为陪审团可以提升裁决的水准，并能降低因法官的偏见或腐败而产生的不良影响。相比受过法律训练的精英化的法官，外行的陪审团具有更强的社会代表性。据说从事陪审团实践可以使公民接受关于法律和公民责任方面的教育。陪审团的判决能够更好地体现当代社会价值观，因此也具有更强的正当性。本章所考察的内容包括关于刑事和民事审判中采用陪审团制度的理论观点、经验研究以及相关的政治环境。

对于以陪审团为代表形式的外行参与制度的研究热情，在过去几个世纪中曾经屡有起伏，近些年再度成为争议的热点问题。反对者认为尽管法律外行过去曾经是适当的法律裁决者，但是今天的刑事和民事纠纷中的证据制度和法律理由等方面，对于外行的陪审员来说已经太过复杂，超出了他们的理解能力。他们还指责陪审团对待罪犯过于慈悲，并抱有种族主义和其他偏见。商界的领导人则抱怨陪审团的民事陪审判决有反商业的偏见和不可预测的缺点。这些关于陪审团具有偏见和不能胜任审判职责的批评，促使政界和法律界开始考虑缩小陪审团的适用范围。

关于陪审团的政治争议激发出众多以陪审制度为研究对象的学术成果。在传统的法律与社会研究中，已经有学者研究过针对陪审团或其他法律裁决中的外行参与制度在历史、社会和政治等方面的积极和消极因素。

另有学者更为具体地考察陪审团如何实现其多重功能。关于陪审员和陪审团裁判模式的研究，以及关于证据影响、法律工具、个体态度和个人性格的经验研究，都为解答上述问题提供了新的视角。此外，还有学者致力于回应关于陪审员具有偏见和不能胜任审判的批评，其研究结果在很大程度上为陪审制度洗脱了"罪名"，尽管这个问题仍是易被攻击的弱点。正是以这些经验研究为基础,展开了陪审制度的改革。

本章将对上述研究进展作一番概述,并对关于陪审实践与理论的各种新思路略作考察。此外,我们将陪审团视为一种民主的制度。

关于陪审团的历史描述与比较考察

法律史学家已经证实,陪审团的原初形式可以追溯至13世纪的英格兰(Green,1985)。那些早期的陪审员主要由有财产的白人男性组成,他们更像证人,而不是事实发现者。地方社区中的优秀居民以宣誓的方式为他们所了解的民事或刑事纠纷作证。在后来的几个世纪中,陪审团的职能逐渐从作证转向了发现事实。不过,即便如此,陪审团还是在法官的控制之下,法官有权推翻陪审团的判决,甚至可以因为某个他认为是错误的判决而惩罚陪审员。

在某些早期的英国案例中,有一种调解陪审团,或者称之为混合陪审团,由两个社群派出相同数量的陪审员一起协商,并最终达成判决(Constable,1994)。采用混合陪审团的形式,说明当时的人们认识到,对于不同社群当事人之间的纠纷,让双方社群的人都参与到纠纷解决的过程中,是一种公平和正当的解决之道。混合陪审团根据法律传统并结合双方社群的不同取向,最终达成判决。美国早期历史上也出现过一些调解陪审团,新西兰在20世纪中叶时,在涉及白人和毛利人犯罪的案件中也采用过这种形式的陪审团。

陪审团制度经过几个世纪的演进,获得了越来越大的权力和独立性,尽管法官仍旧主导着审判的程序,并负责为陪审团解释证据(Beattie,1986)。虽然早期的陪审团成员是拥有土地并在社群中处于较高地位的男人,但是他们经常开释那些被指控侵犯他们利益的被告,尽管事实充分证明这些被告是有罪的。从所在社群情感的角度出发,陪审团起到了软化严刑峻法的作用,因为法律往往会对轻微犯罪也处以绞刑或极刑。陪审团判决的宽大程度,对当时社群背景的理解程度,以及对当时法律本身的消解程度,一直是法律史学家和研究当代陪审制度的学者们感兴趣的问题。

1670年的"布什尔案"(*Bushell's case*)对陪审团制度提出了质疑。教友派信徒威廉·潘(William Penn)和威廉·米德(William Mead)被指控为宣传教友派宗教教义在伦敦街头进行煽动性的集会。法官指示陪审团根据法律和证据进行判决,但是陪审员们拒绝这种指导,最终开释了这些教友派的被告。但是之后法官指控这些陪审员作出了错误的判决,对陪审员判处罚金并将他们同被告一起投入监狱!陪审员爱德华·布什尔(Edward Bushell)对此提出上诉,最终法官的判决被推翻。"布什尔案"后来被赞为建立陪审团自主性的关键事件。自此以后,法官不能再以自认为是错误的判决而对陪审员施加惩罚。

在陪审团独立化历程中第二个具有里程碑意义的事件是"七主教案"(Seven Bishops case)。詹姆士二世是1685至1688年间大英帝国的国王,虽然圣公会是英国的国教,但他自己却皈依了天主教。1688年詹姆士二世重新发布了《赦免宣言》,解除了许多针对天主教的禁令,并命令在各教堂宣读传播该宣言的内容。但是有七名主教对此命令提出抗议,理由是该命令触犯了议会的统治权。詹姆士二世以煽动罪将这些主教送上法庭审讯。陪审团裁决释放这些主教,由此对詹姆士政府形成了政治上的打击。"七主教案"的陪审团判决的意义在于,增进了议会的权力,确立了司法制度相对于国王的独立地位。陪审团的判决以对意图和诽谤的质疑为基础,否决了国王的政策和王室法官的观点,所以后来的研究者据此认为陪审团的作用(如果不是权利的话)在于使法律无效(Green, 1985)。

英国的帝国主义政策也促进了陪审团制度在世界范围的传播(Vogler, 2001)。作为英国法律的核心组成部分,陪审团制度被输送到美洲殖民地,扎根并繁衍起来。在18世纪大英帝国向世界各地的扩张的同时,英国殖民者在殖民地也建立了英国人接受陪审团审判的制度,尽管他们经常忽视殖民地土著人的权利。在非洲、印度部分地区、澳大利亚、新西兰以及加勒比海和南美部分国家,均建立了陪审制度。欧陆的法学家也很青睐包括陪审制度在内的英国法律程序,所以后来一些欧洲国家也在某些时期内采纳了陪审制度。

北美洲无论在其殖民阶段还是后殖民阶段,都是陪审制度的一片热土。本土的陪审团成为抵制英国统治美洲殖民地的强有力的武器(Alschuler and Deiss, 1994)。保护陪审团审判的制度是美国宪法的制定者们优先考虑的问题,他们在宪法中规定了刑事陪审制度,继而将刑事和民事陪审权庄严地载入宪法第六和第七修正案。今天的美国在刑事和民事案件中依然可以由陪审团作出裁决,尽管大部分纠纷通过和解以及辩诉交易等方式得以解决。

目前许多国家和地区仍施行通过刑事陪审团裁决严重刑事犯罪的制度,包括澳大利亚、加拿大、爱尔兰、北爱尔兰、新西兰、苏格兰等40多个国家和地区。不过民事陪审团在司法实践中在美国之外极为鲜见,只有加拿大的两个省在适用,以及澳大利亚偶一为之(Vidmar, 2000)。还有些国家则是通过其他的方式将外行裁判引入司法制度。在德国、克罗地亚等国家采用外行法官与受过法律训练的法官一起组成混合制法庭来审理案件(Ivković, 1999)。其他国家则通过雇用外行顾问协助法官办案(Vidmar, 2002; Vogler, 2001)。

近年来关于陪审团和其他外行参与司法模式的研究已经扩展至世界范围(见Vidmar, 2000, 2002; Thaman, 2001),社会-法律学者们开始着手分析不同时代和地区的社会、政治和其他因素如何塑造了外行参与的法律制度。此方面的研究尚在初期,但已经形成一些明确的模式。在许多先前被英国统治的国家,陪审团制度在国家独立后即告终结,因为该制度被视为殖民压迫的工具,尤其遭人诟病的是陪审制度对英国殖民者区别对待,或者对当地居民的判决不公正。甚至在其他法律制度都被保留的情况下,陪审制度仍难逃被抛弃的命运。在其他地方,当殖民统治结束后,没有陪审制传统的本土法律又重返其统治地位。

职业化成为律师界和司法界日益强化的趋势,也成为减少对陪审制度的依赖性的主要原因。在荷兰和法国等国的法律制度中,着重强调职业法官在调查和证据发展方面的重要作用。而英国式的陪审制度则被认为与上述观念不兼容。

随着法律与法律训练在普通法国家的逐步扩展,那些未受过法律教育的陪审员凭借感知进行裁判的价值逐渐受到怀疑,陪审团的职权开始受到限制。例如,早期的陪审团有权解释和适用法律与事实两方面的问题。英格兰从1700年代开始作出区分,法官是法律适用者,而陪审团则是事实发现者。但是在美国,直到19世纪末期法官和陪审团的职能才得以明确划分。法官作为法律的专家,陪审团则仅限于决定事实问题(Alschuler and Deiss, 1994)。

此外,还有一些制度以外的原因导致陪审团重要性的降低。例如在美国,绝大多数的刑事案件的解决都是通过辩诉交易而不是审判。量刑指南和强制性最低刑罚制度的实施,赋予检察官更多的权力以促使被告认罪。在美国的民事案件中,替代性纠纷解决方式的广泛推行,分流了许多无需陪审团的案件。所有这些因素导致的结果就是,陪审团在司法制度中很大程度上扮演的是一种象征性却又非常重要的角色。据估计,在今天的美国,陪审团裁决的刑事案件只有总数的5%到10%,而在英国,这个数字还不到1%(Auld, 2001)。

尽管陪审团裁判的数字在不断下降,但是学者和评论人士则指出陪审裁判所具有的持续性影响。托克维尔(Alexis de Toqueville)早年就观察到陪审制度所具有的教育功能。托克维尔在其关于1800年代美国的著作中指出,参与陪审是教育公众认识何为司法的重要方式,还可以给公民灌输一种强烈的正义感。马克·加兰特(Marc Galanter)在其1993年的研究中也强调指出,陪审制度具有较为深远的影响力,其影响所及决不限于某特定案件。陪审团的判决给那些潜在的犯罪者和受害者、疏忽大意者、律师和法官等,均传递出信息,暗示刑事或民事案件可能导致的法律后果。这种深远的影响力增强了陪审制度的效力,尽管今天陪审案件的数量已经相对减少。那些旨在限制或削弱陪审制度的政治措施,其实是低估了该制度的深远影响力。

当前关于陪审制度的争议

在历史上,陪审团一方面被赞誉为抵御专制的壁垒和自由的守护神,另一方面,它又被认为充满偏见及不能胜任审判。关于陪审团之评价的争议近年来日渐激烈,政治界和法律界都参与其中。再加上上述职业化趋势和替代性纠纷解决方式的出现,所以开始有具体的措施旨在引导和限制陪审团的范围与权力。

在英格兰这个陪审团的诞生地,曾经宣称陪审制度是一个公正社会的重要组成部分。但是劳埃德-波斯托克(Lloyd-Bostock)和托马斯(Thomas)在他们的研究中提出了针对陪审团的负面观点;陪审团被认为"费用高,不太能胜任审判任务,不合时宜等,只不过为'职业'罪犯钻空子提供了机会,而且所费不赀"(Lloyd-Bostock and Thomas,2000:53)。与这些负面评价相一致的是,英国的民事陪审团实际上已经不复存在,而适用于犯罪的陪审团审判的数量也在急剧下降(Auld,2001)。

在美国,过去三十年间出现的许多社会与政治问题使得陪审团的公正性和胜任程度受到严重的质疑。与世界上绝大多数国家不同,美国依然保留着死刑制度,而陪审团在死刑案件中的角色看起来很成问题。1972年的"弗尔曼诉佐治亚州案"(*Furman v. Georgia*)推翻了所有关于死刑的成文立法,原因在于在陪审团审判和死刑判决中存在着不公正与任意性。但是,几年以后最高法院又作出裁决,认为各州已经校正了程序中的缺陷,所以死刑是合宪的。最近大多数关于死刑陪审团的经验研究强烈主张,这些关于死刑的程序修正存在严重的不足(Bowers and Steiner,1998)。陪审团在死刑案件中无论是定罪还是量刑都极具争议。

关于陪审团是否公正的问题还表现在其他方面。研究发现美国的陪审团过度代表了白人男性,从而排斥了少数族裔和女性,所以需要运用新的方法挑选陪审团成员(Fukurai,Butler,and Krooth,1993;*Taylor v. Louisiana*,1975)。美国南方的陪审团则因为陪审团拒绝执行法律(jury nullification)而受到批评,这些陪审团通常无视法律的明文规定而将受到侵犯民权指控的人释放。民权运动和越南战争期间的政治审判刺激了以社会科学的技术方法研究陪审团成员遴选的发展。出于效率的考虑,许多司法区通常在未作多少事先研究的情况下就改变了陪审团的规模和裁决规则,因此陪审团判决的可靠性问题也引起广泛关注。

美国民事陪审团的制度问题同样是争议的焦点所在。美国自1960年代开始将陪审团的审理范围扩展到侵权责任领域,特别是商业和工业领域。现在陪审团所裁决的案件先前是被法院拒绝或是由法官裁决的。商业领袖们激烈地认为,由一群无知的公民组成的陪审团不可能针对日益复杂的纠纷作出公正、恰当、公平的裁决。他们还认为这些陪审员只不过是过一把侠盗罗宾汉的瘾,劫商业公司之富,济原告之贫。这两种批评共同指出了陪审团偏向原告和不能胜任审判的缺陷,并进一步引发了对美国民事陪审制度的攻击。商业集团和保险公司纷纷游说各州议员,希望为民事陪审增加新的限制,他们在很多时候都取得成功(Hnas,2000;Vidmar,1995)。

陪审团所从事的工作注定使自己成为风暴的中心。陪审团判决通常会具有超越了特定案件当事人之上的政治、社会和经济影响。刑事陪审判决通常针对的是最严重的刑事案件。而民事陪审的案件则可能是一件标的亿万元的大案,或者关系到一名医生或大公司的声名存毁。陪审团的裁判之所以引人注目,是因为在这些案件中当事人已经准备针锋相对,不能达成和解或辩诉交易。因此陪审团审理中的抗辩战争会更加激烈和漫长。有史以来陪审团的判决总是会在公众、当事人和法律评论者中产生震动。无论是新英格兰殖民地上的塞勒姆(Salem)巫术审判,还是著名的橄榄球明星辛普森(O. J. Simpson)谋杀案,或者是英国的凯文(Kavin)和伊恩·麦斯威尔(Ian Maxwell)——此人是英国媒体大亨罗伯特·麦斯威尔(Robert Maxwell)之子——欺诈案,陪审团的审判连同其判决都会登上报纸的头条。但是并非所有的观察人士都会赞同这些陪审团的判决。

探究陪审团:早期的发展

关于陪审团之功效的法律与政治争议激励学者们将陪审制度作为研究对象。陪审团研究的主要推动力即来自上述争议。例如,早期关于陪审团的系统性研究最终发展为对美国陪审团的持续性批评,认为这是一项过时且低效的纠纷解决方式(Kalven and Zeisal, 1966:5-9)。针对围绕陪审团之未来定位而产生的激烈争论,学者们通过辨析争论中的不同主张、考察陪审团的行为以及评估计划中或已被批准的改革方案等方式参与其中。

当代陪审团研究可以追溯至1950年代,当时芝加哥大学法学院的小哈里·卡尔文(Harry Kalven, Jr.)和汉斯·蔡塞尔(Hans Zeisel)主持了一项考察美国陪审团的新颖的研究项目(Hans and Vidmar, 1991)。战后美国所热烈争论的话题是,陪审团制度是否已经老朽而不堪其用。卡尔文和蔡塞尔在芝加哥大学发起了一项旨在研究陪审团运行的合作研究项目。透过法学和社会科学各个不同领域的多样化视角,这个研究团队发展出一种全新的多学科研究模式,成为未来社会-法律研究的新范式(Simon and Lynch, 1989)。

芝加哥陪审团研究项目并非第一个关于陪审团的系统研究,但它是同类研究中的翘楚。该研究团队采用多样化方法考察陪审团,包括对陪审团审理统计数据的分析,庭审后访谈,实验性模拟陪审团,以及法庭观察等。该计划中最著名的部分就是司法问卷调查,该问卷分发给全美各州法院中主持陪审团审判的法官们。数以百计的法官参与了此次开创性的研究,提供了他们关于案件和陪审团判决的意见和看法,以及在法官审理的情况下他们可能得出的判决结果。整个研究结果最终展现在一本颇具影响的著作中——卡尔文和蔡塞尔的《美国陪审团》(1966)。

该研究的核心成果在于发现无论刑事还是民事案件中,陪审团与法官在大多数时候都能就判决达成一致意见。在78%的案件中,法官的假设性判决同陪审团的真实判决完全一致。当他们在刑事案件中产生分歧时,一般陪审团倾向于对被告更为宽厚仁慈。分歧主要来自陪审团对待其审判任务时所特有的价值观,例如陪审团对于合理的怀疑秉持更为宽大的解释,对被告更多感性判断,以及对法律的不认同等。在民事案件中法官与陪审团产生分歧总是因为各自倾向于原告和被告。

值得注意的是,证据方面的难题并没有加剧法官和陪审团之间的分歧。原本会有人推测如果陪审团难以理解复杂的证据,就会与法官产生更多的分歧。但事实并非如此,因此这是一个极为重要的发现,因为即使到了1950年代还是有评论者质疑那些外行陪审员在这个日益复杂的法律世界里,是否有足够的智慧审理案件。卡尔文和蔡塞尔得出的结论是,陪审团一般来说足以胜任事实发现者的任务。他们对于陪审团职责能力和功效的整体评价是非常正面的,这种结论也被学校的教科书、论文和法律意见所广泛引用(Hans and Vidmar, 1991)。关于该研究对于政治性争议的影响已经难以追溯,不过它有可能确实对之后几十年间的美国陪审团制度起到了保护的作用。尽管这项研究完成于1950年代,但是其中关于法官和陪审团对判决具有相对高比例的一致意见的发现,在今年的研究中仍被提及(Hannaford, Hans, and Munsterman, 2000; Heuer and Penrod, 1994)。

其他国家从事陪审团的经验研究比美国晚很多。英国、加拿大、澳大利亚和新西兰等国研究陪审团的最初动机,同芝加哥陪审团研究项目一样,也是出于担心陪审团在处理当代纠纷时能否胜任的问题。但是,在这些普通法国家从事该研究遇到的最大障碍在于,陪审员们要么被明确禁止要么被极力阻止讨论有关陪审团商议的话题。困难不止于此,英国研究者鲍德温(Baldwin)和麦康维尔(McConville)在1979年的研究中重复了卡尔文和蔡塞尔关于法官—陪审团一致性的研究,但是英国的法官不予配合。

英国的陪审团研究者另辟蹊径,其方法包括"影子陪审团"或模拟陪审团,借此探寻真实的陪审团所不能回答的关于英国陪审团的问题(McCabe and Purves, 1974)。作为加拿大陪审制度整体研究的一部分,加拿大法律改革委员会于1980年启动了几项研究项目,包括公共意见,陪审员调查,以及模拟陪审团研究等。随着新西兰和澳大利亚对陪审团功效问题的日益关注,这两个国家的法律委员会近年来也解除了对陪审员的法律禁令,允许他们在例外情况下讨论自己的陪审经验,研究者得以借此开展陪审团访谈(Young, Cameron, and Potter, 1999; Chesterman, Chan, and Hampton, 2001)。

模拟陪审团的方法

尽管《美国陪审团》的中心问题是对法官-陪审团之分歧的分析,但是除此之外,参与该研究项目中的其他研究者还进行了模拟陪审团的实验性研究,以探究当代有关陪审团的法律问题,其中以弗雷德·斯托特柏克(Fred Strodtbeck)和丽塔·詹姆斯·西蒙(Rita James Simon)为代表。或许由于该研究的规划处于芝加哥陪审团研究项目的法律-社会科学合作框架之内,所以这些原创性的陪审团模拟实验是为有关候选陪审员团的诸问题提供现实审判的材料,而且该实验的设计也是为了解答关于陪审团的核心的法律争议问题。例如,西蒙的研究就是考察对精神病辩护的不同法律定义所产生的效果。

后辈的陪审团研究者积极采纳了模拟陪审团的方法。特别是心理学家们抓住这个机会,借助陪审团审判这个巧妙的工具来检验心理学理论。许多心理学理论的发展——例如社会知觉与认知、归属理论、偏见,以及群体过程等——都可以通过考察陪审团裁决过程的研究得以验证。但是,与芝加哥陪审团计划的跨学科协作研究的模式不同,一些运用模拟陪审团研究范式的心理学家并没有律师作为合作者,而是自学法律,他们更感兴趣的是心理学问题而不是法律问题。从法律视角来看,许多早期的模拟陪审团研究很难被概念化(Vidmar, 1979)。

最有代表性的例证是1969年发表在某个广受推崇的美国心理学期刊上的论文。心理学家大卫·兰迪(David Landy)和埃里奥特·阿伦森(Elliot Aronson)运用模拟陪审团的方法验证社会心理学上的吸引理论。大学生们先阅读关于案件的简要描述,其中包括真实的法庭所不允许披露的信息,然后提出个人的判决建议,而不是真正的判决。最后得出结论是,被害人和被告人的性格因素会对判决产生影响,兰迪和阿伦森强调他们的研究同真实的陪审团之间存在的关联,并援引了卡尔文和蔡塞尔在性格影响方面的发现(Landy and Aronson, 1969)。此类早期的模拟陪审团研究致力于解答的是心理学问题而不是法律问题,其中对法律素材不仅应用极少,而且通常是不恰当的,并且其对于法律界是否具有普遍意义依然不确定,这些特征削弱了此类研究对于陪审团研究的价值(Vidmar, 1979; Weiten and Diamond, 1979)。

法院也就模拟陪审研究的有效性和普遍性产生了争议。美国最高法院的某些案件就援引了陪审团研究的成果。1978年的"巴鲁诉佐治亚州案"(*Ballew v. Georgia*)涉及五人制陪审团的合宪性问题。最高法院援引模拟陪审团比较六人制和十二人制陪审团的研究结论,判决认为陪审团的规模是审判的重要的因素,六人制是保证实现陪审团重要功能的最低人数。与之相反,1986年的"洛克哈特诉麦克里案"(*Lockhart v. McCree*)对以模拟陪审团之研究结论为基础而形成的死刑判决形成了挑战,该研究认为陪审团在审理死刑案时倾向于认定死刑成立。麦克里案的多数法官意见认为,模拟陪审团研究是有缺陷的,不能普遍运用于真正的陪审团审判中。但是社会科学家也指出,巴鲁案和麦克里案在评估和应用模拟陪审团研究成果方面都是错误的。正如心理学家在法律方面时常是幼稚的,法官们在评估研究方法和经验数据方面也同样找不到感觉。

陪审团经验研究的扩展

尽管在法律界对模拟陪审团持批评态度,也不大接受其研究结论,但是模拟陪审团作为一种研究方法,以及陪审团作为学者的研究对象,仍然在美国和其他地方得到广泛发展,例如英国的霍尼斯(Honess)、列维(Levi)和查尔曼(Charman)1998年的研究,劳埃德-波斯托克(Lloyd-Bostock)2000年的研究,加拿大的舒勒(Shuller)和哈斯廷斯(Hastings)1996年的研究。其中的推动力部分来自关于陪审制度之持续影响力问题的社会和政治争议。来自不同学术领域研究的发展促进了学科间的协作研究,也使得受过社会科学训练的教授们可以在法律领域进行更为精深的研究。尽管非现实性的模拟陪审团仍在努力获得期刊文献的认可,不过当代的陪审团研究出现了许多高逼真度模拟陪审团(例如,Hastie, Penrod, and Pennington, 1983; Horowitz and Bordens, 1990; Cowan, Thompson, and Ellsworth, 1984; Honess, Levi, and Charman, 1998)以及真实陪审团的研究(Bowers and Steiner, 1998; Hannaford, Hans, and Munsterman, 2000; Diamond, Vidmar, Rose, Ellis, and Murphy, 2003)。

学术研究之发现

通过运用一系列日渐精巧的方法,陪审团学者们已经发展出一整套关于陪审团的知识体系。我们已经在上文中有所介绍,但是仍然有必要将该领域的其他研究发现予以展示。某些研究旨在解答一些理论问题,例如态度和性格特征对于个人就法律问题作出判断时有何影响,法律裁决形成的模式以及群体过程。另一些研究本质上更倾向于应用型,针对陪审团实践与改革提出看法。

陪审员的个人特征

有些研究者旨在探讨个人态度和特征如何影响陪审员本人对证据和法律问题的认识,这关系到一个核心的法律问题,即陪审员的遴选。陪审员个人特征的重要性是心理学家长期关注的问题,所以有许多受过心理学训练的陪审团研究者致力于考察人口学和态度因素是否会对证据评价和判决偏好产生影响。除了少数明显的例外情况,模拟陪审团研究显示,诸如个人的年龄、性别、教育背景、收入以及种族或民族身份等个人特征对于判决只有一定程度且或然性的影响(Diamond,1990)。

陪审员针对犯罪和正义问题的具体态度与他们的裁决有着密切联系。例如,一个人支持死刑判决就与其针对案件倾向与确定被告有罪以及倾向于控制犯罪的倾向有关,陪审员的态度决定着对证据的评价,判决的偏好,以及加重或减轻的情节(Butler and Moran, 2002; Fitzgerald and Ellsworth, 1984)。相比少数族裔和女性,男性白人更倾向于支持死刑。就民事审判而言,对原告提起的案件秉持敌意的态度往往会导致一场民事诉讼的危机(Hans, 2000)。针对具体个案的态度与判决的关联最密切,例如针对强奸罪的态度就已经预示了模拟陪审团对于性暴力证据的评估,或者说针对警察的态度也决定了关于警察案件的证据的评价。研究中共同发现是,如果证据模棱两可并无法为判决提供支持时,态度因素就会发挥更大的影响。

陪审员遴选顾问

有一些职业专家作为陪审团遴选顾问出现在美国的刑事民事诉讼中,他们主要是利用陪审团研究中的洞见,策划组织民意测验和焦点小组(focus group)等活动。以研究成果为基础的体系化的陪审团遴选,最早可以追溯到1970年代的政治审判事件,当时的社会科学家运用公共意见调查和观察非语言行为等技术,协助律师为诸如越战抗议者等政治上处于弱势的当事人提供辩护。陪审团遴选顾问发展出几种不同的方式,目前最典型的包括模拟陪审团焦点小组,对民意调查的研究,案例分析,对潜在陪审员的审前调查,对法庭上"诚实回答宣誓"(voir dire)的观察等。通过这些方法可以概括出有利于本方当事人的"理想型"陪审员的特征。例如,在备受争议的辛普森双重谋杀案中,被告方的陪审团遴选顾问确信受到较少教育的陪审员将有利于自己一方,因为该顾问通过研究发现这些人更倾向于对DNA证据持怀疑态度,而DNA证据正是事关被告人谋杀成立与否的关键证据。

陪审团遴选顾问的业务虽然不断拓展,却也颇受争议。某些陪审团研究者认为,陪审团遴选顾问所使用的方法,特别是廉价而又大众化的模拟陪审团焦点小组是无效的,因为陪审团顾问在其中允诺太多。另有些学者则对这些顾问们采取的具有伦理暗示的陪审员"归类"法感到不安:这样的做法对正义来说究竟是推进还是破坏?这种方法多数情况下为富人所用,所以会产生不公平的问题。但是无论是否存在争议,美国律师在许多重大的刑事民事案件中都会雇用陪审团顾问,以及美国审判顾问协会。后者作为这个行业最主要的行业组织,在 1980 年代初创时期只有少量的参与者,现在则已经发展至 400 多名会员(Kressel and Kressel,2002)。

陪审员制定裁决的模式

陪审员裁决模式研究的发展为整体的陪审团研究作出了重要的理论贡献。其所探讨的问题是:陪审员如何把不同的证据置于一个法律案件中,并将这些证据整合后形成一份法律判决?最为广泛接受的理论模式是所谓的"故事模式"(Bennett and Feldman,1981;Pennington and Hastie,1986)。这种模式假定陪审员以叙事或讲故事的方式编排证据,其中包括重要的事件,故事背景,心理状态,动机以及个性评价等。为了最终达成判决,陪审员就在故事和可适用的判决之间寻找最佳的结合。1986 年心理学家潘宁顿(Pennington)和哈斯提(Hastie)以及其他学者验证了这种故事模式。他们发现模拟陪审团的确是以故事的形式来形成证据,而且这种以故事形式形成的证据更具说服力。

尽管这种故事模式得到广泛支持,但还是有各种不同的心理学模式应用到此项研究中,包括信息整合理论(Anderson,1981)和贝叶斯方法(Schum and Martin,1982)。其他研究者探究的是心理学现象——例如原型依赖(Smith,1991)和后见之明(Casper,Benedict,and Perry,1989)——如何影响到陪审员作出裁决。有大量的研究显示陪审员有时很难理解法官的法律指示。根据心理语言学理论,学者们提出了修正指示理论,以促进陪审员对法官指示更好的理解和运用(Elwork,Sales,and Alfini,1982)。

陪审团的集体决定过程

第三个理论关切点在于考察陪审团如何将分散的个人观点汇合为一个集体决策。陪审团的审议具有怎样的重要性?什么样的集体过程有助于或者会阻碍判决的达成?

早在几十年前,卡尔文和蔡塞尔就将陪审团审议同冲洗胶卷的过程相类比:"其结果都是图景的显现,不过这样的结果其实已被预定"(Kalven and Zeisel,1966:489)。根据芝加哥陪审团研究项目收集到的资料显示,真正的陪审员在被要求披露他们在首轮投票时的情况时,卡尔文和蔡塞尔发现多数规则在起作用。当绝对多数倾向于一方或另一方时,陪审团几乎总是会根据多数的偏好作出决定。许多模拟陪审团研究也印证了这一基本结论,他们发现当初始多数不断增长后,达成一致性判决的可能性也在逐渐增大(Kerr,1993)。但是在某些研究中也会发现一种宽大性的偏向。处于数量劣势的陪审员主张宣告无罪的影响力总是强于相对多数陪审员主张定罪的意见。显然,提出一种合理的怀疑总是要比带着疑点的确证容易些(MacCoun and Kerr, 1988)。

对于陪审员在审议过程中如何从一种判决偏好转移到另一种偏好,并最终达成一致意见,研究者们在其中发现了许多有趣的洞见。在审议进行过程中,陪审员一般会转移到当前多数的观点下。这里存在一种显著的动量效应,如果一方赢得了新成员,那么这一方就有可能赢得更多的成员。这些社会变迁现象可以通过规范的和信息的因素得到解释。当多数成员增加时,少数派的社会压力也会增大,陪审团审议过程中就会出现更多的支持多数立场的观点。

模拟陪审团的研究分析了陪审团启动审议程序的方式,发现如何开始审议对于该审议整体的状态有着密切关系。那些掌握公共投票权的陪审团更具有"判决驱动"的倾向;他们与那些同自己具有相似观点并能展示论点和证据以支持自己立场的陪审员们组成一个小团体。与之不同的是"证据驱动型"陪审团,他们不着急投票,而是从对本案证据进行整体考察和评估开始。证据驱动型陪审员致力于在投票之前的审议过程中形成对案件的共识(Hastie, Penrod, and Pennington, 1983)。

但是这两种情况真的有什么不同吗? 根据卡尔文和蔡塞尔的观点,陪审团的审议过程基本上类似于冲洗胶卷。不过即便判决结果符合多数规则模式,审议本身仍然起到了增强陪审团裁决过程之可靠性和正当性的作用。审议能够使信息得到汇集,纠正错误的记忆或结论,以及澄清和巩固立场(Hans and Vidmar, 1986)。不仅如此,在一项关于首轮投票和最终判决之关系的经验研究中,桑迪斯(Sandys)和迪勒海(Dillehay)在研究(1995)中发现,通常在首轮投票前会有实质性的讨论,因此首轮投票即已反映出集体过程的效果。

审议在民事陪审审判中尤为重要,特别是在损害赔偿案件中。一项关于民事陪审员的研究显示,大多数陪审员都说尽管他们知道哪一方将获胜,但是并不清楚应当赔偿的具体数额(Mott, Hans, and Simpson, 2000)。具体的数额产生于陪审团审议,陪审员在这个过程中提出、论证和调整给予原告的不同标准的赔偿数额。在某些模拟陪审团研究中会发现一些引人注目的极端化赔偿,在此项研究中,审议的开始阶段会提出一些个人化的赔偿偏好,并将这些偏好与最终产生的模拟陪审团赔偿标准作一比较(Diamond and Casper, 1992)。

最后,研究者还考察了陪审团规模和裁决规则如何影响到具体审议、陪审团判决以及陪审团损害赔偿数额的认定(Hans, 2001; Hastie, Penrod, and Pennington, 1983; Saks and Marti, 1997)。小型陪审团不大可能代表社会的所有成员。多数决策规则一般会用较短时间进行审议,并具有判决驱动的倾向,而且相对不太关照持少数意见者。但是,相对多数判决来说,陪审团更难达成的是全体一致的判决。

陪审团改革

无论正当与否,对陪审团的批评导致对陪审团的改革成为经常性需求。从陪审团出现之初的几个世纪里,陪审团制度就始终处在变迁和调整的过程中。但是陪审团的改革主要集中在近些年。其中包括大力修正陪审团遴选程序,以使陪审团成员更具代表性,改变陪审团规模和决策规则,调整审判实务以促进陪审团更好地作出裁决,推进陪审团指导水平,引导和限制陪审团的作用等(Munsterman, Hannaford, and Whitehead, 1997)。陪审团研究者们对某些改革措施持倡导态度,对另一些则持批评和观望的态度。

研究者还对社区和候选陪审员团进行了比较人口学分析,以实例证明候选陪审员团未能全面代表本地居民中的特定人口学群体。这些分析反映在特定案件中对候选陪审员团提出法律挑战的文献中(见 Fukarai, Butler, and Krooth, 1993)。这些挑战在某些案例中确实改进了候选陪审员的遴选工作。但是,其他学者指出了陪审团之代表性上存在的长期性问题。例如,巴尔杜斯(Baldus)和他的同事就发现,在死刑案件的陪审员遴选过程中,尽管有律师的强力挑战,但还是会出现排斥少数族裔的情况(Baldus, Woodworth, Zuckerman, Weiner, and Broffitt, 2001)。这些研究发现正说明了进一步改革陪审制度的必要性。

其他调整审判程序的改革也借鉴了陪审团研究中的发现。1993 年,迈克尔·丹恩(B. Michael Dann)时任亚利桑那州初审法官,他在《印第安纳法律期刊》上发表了一篇重要的论文,主张应当根据陪审员研究成果中的趋势来调整审判实务,促使陪审员以更加积极的方式进行决策。他观察到当今抗辩制的审判实务强化了陪审员的被动性,尽管陪审团研究已经发现陪审员在评估证据和从审判初期形成故事方面比较积极。丹恩在亚利桑那州主持了一个颇具影响力的陪审团改革委员会,计划对该州的陪审制度来一次大规模的改革,其中包括允许陪审员向证人提问,在审判过程中做笔记(这在某些司法辖区内仍被禁止),允许民事陪审员在案件审理过程中对证据进行讨论,而不是根据美国的标准性规定只能在陪审团审议开始后进行。不过,令人诧异的是,澳大利亚、新西兰和英格兰都没有判例法禁止陪审员在审理期间讨论证据,只要不是跟非陪审员讨论即可。加拿大的陪审团指导意见中特别规定陪审员可以在案件审理过程中一起讨论证据。亚利桑那州陪审团改革委员会的许多改革建议都被该州采纳,并且被其他美国司法辖区作为借鉴或例证来参考。

陪审团研究者也考察了这些审判实务改革的具体影响。豪雅(Heuer)和彭洛德

(Penrod)在美国进行了两次以真实陪审团为对象的田野实验,旨在考察允许陪审员向证人提问的实际效果。在实验中,任意指定其中一半人数的陪审员,他们受到指示,可以向证人提问,而另一半陪审员则没有收到这样的指示。研究者接下来比较了这两组人参与审判的情况。豪雅和彭洛德发现,允许提问的那些陪审员的确提问了,但也没有问太多。他们在实验中平均每两小时提了一个问题。所提的问题总体来说对最后的判决未产生显著的影响,但是这些陪审员声称他们感觉比以前能够更好地了解情况,获得了足以达成判决的信息。他们的研究成果发表后,美国司法协会(American Judicature Society)在发布这些研究成果的同时,也发出了实施建议。据说,允许陪审员向证人提问的制度,已经从当年的稀有实验,变成了广为应用的实践(Munsterman et al., 1997)。

在备受争议的亚利桑那改革中,允许民事陪审员在案件审理过程中讨论的举措,通过两场实验得到评估(Diamond et al., 2003; Hannaford, Hans, and Munsterman, 2000)。在每个实验中,随意选取一些陪审案件,其中陪审员被告知他们可以在审议之前就案件展开讨论,而另一些陪审案件中则禁止陪审员这样做。汉纳福德等人发现允许讨论证据的陪审员中有三分之一没有进行讨论,其原因在于快速审理时没有休息时间,或是有些陪审团不愿讨论。汉纳福德(Hannaford)等人还发现,尽管难以衡量,但没有强有力的证据显示参与讨论的陪审员会对证据进行预判。相反,许多陪审员报告说,他们会随着证据情况的发展而不断地修正他们的思路。讨论过证据的陪审员发现这对审理案件很有帮助;但是,并不会对案件的判决形成影响。参与讨论证据的陪审员的确认为他们的陪审过程中冲突更为激烈。

戴尔蒙(Diamond)等人2003年的田野实验具有独特性,因为陪审团讨论和陪审团审议过程都被录像,而且所有当事人包括陪审员在内都知情并同意。他们发现在复杂案件中,审理中间的讨论能够增进对案件的理解。除了少数例外情况,这种讨论并不会导致批评者们所担心的对判决的早产式判断。

陪审团和陪审团研究的未来

在英格兰,可以明显看出刑事陪审团正在逐步走向消亡。在加拿大,仍有少数法官愿意看到陪审团的消失,尽管陪审团审判权被庄严地写进了宪法。修改后的加拿大刑事法典削减了被告人选择陪审团审判的权利。在新西兰和澳大利亚出现了一些针对陪审团的抱怨,未来有可能在这些国家出现针对接受同等人审判的权利的限制。由于具有宪法所赋予的地位,美国的刑事和民事陪审团不可能走向消亡。但是有种种迹象显示刑事和民事案件中陪审团审判的百分比在逐渐下降。不仅如此,美国的侵权法改革运动引起立法修订,对于陪审团在侵权案件中,判决伤痛赔偿的数额和惩罚性赔偿的数额都作了限制。与这些趋势相反的是,近来美国最高法院审理的一些刑事案件(*Apprendi v. New Jersey*, 2000; *Ring v. Arizona*, 2002)中增加了要求陪审团裁决的问题。

要求减少刑事陪审团权力的压力来自许多方面,首当其冲的就是法官职业性扩权,此外还有陪审团审判的经济成本,以及未被经验研究所证实的说法,即陪审团存在偏见且不能胜任审判工作。还有人注意到陪审团在大众媒体时代受到不良影响的问题。公众意见在审判之前就已定型,会预先影响到对案件的公正评价。在民事案件中,如上文提到过的,陪审团被指责对公司和富裕的被告人抱有偏见,不能胜任审判,判决不可靠等,据说这种不确定性已经影响到侵权制度,并引起了混乱,也严重影响到产品革新和美国的竞争力。

但是大部分针对刑事民事陪审制度的指责并没有详细的经验验证作支撑。陪审团研究的一个重要功能就是持续不断地扩展陪审团经验研究,特别是对于法官和立法者来说更有说服力的田野研究。新的研究建立在对个人和群体决策过程的更好理解的基础上,这样会有助于进行有利于陪审员的程序改进。

在研究过程中也会出现学术研究客观性这个颇为复杂的问题。许多陪审团研究者最初总是对陪审团抱有积极的观点。这可能是因为他们所了解的前人的研究通常是为陪审团开脱的,但是也有人为陪审团制度烙上意识形态的色彩。某些陪审团研究受到某些组织的资助,而这些组织在改革运动中具有特定的利益。如果作为研究对象的制度经常会受到政治性攻击,或者研究发现会被用来推动某项特定的计划,无论学者对这项计划同意与否,这些不良的研究环境都会对传统意义上的科学客观性形成挑战。

对陪审团的功效评估,除了大多数陪审团研究中已经涉及的以外,还有一项重要的陪审团功能在以往的社会-法律研究中有所忽略,就是评估陪审团的民主功能和其他象征性功能。法律制度中的外行参与其实是普遍存在的。尽管只有少数几个欧洲国家例如丹麦和比利时采纳了有限的陪审团制度,大部分欧洲国家都没有陪审团制度。但是许多欧洲国家都以法官和外行人组成混合法庭的形式,使得外行人参与到严重刑事案件的审判中。在非洲、亚洲、加勒比海国家,以及南美洲的巴西等国也将外行人纳入其刑事司法体制中。

近来陪审团开始在西班牙和俄罗斯复兴(Thaman, 1999),在日本,人们开始对以法官为主导的排他性司法体制表示不满(Lempert, 1992),这是同一个问题。为什么外行参与司法的制度似乎遍及全球?外行人仅仅是为法律程序的正当性镀金吗?或者这些外行能够发挥实质性的作用,使得职业法律人得以了解当代的规范与社会态度?进言之,怎样比较各种不同的外行参与模式——包括陪审团、外行助理、外行法官等——将其常识性判断注入法律体系的效能?这些都是颇为艰深的尚待解答的问题。这些问题对各个学科的社会-法律研究者都提出了理论和经验的挑战,这些学科包括社会学、历史学、政治科学、法学以及社会心理学。最重要的是要理解外行参与司法的优势所在及其多样性。这对于未来若干年的社会-法律研究来说是个颇具吸引力的主题。

参考文献

- Alschuler, A. W. and Deiss, A. G. (1994) "A brief history of the criminal jury in the United States," *University of Chicago Law Review* 61: 867-928.
- Anderson, N. H. (1981) *Foundations of Information Integration Theory*. New York: Academic Press.
- *Apprendi v. New Jersey* (2000) 503 U. S. 466.
- Auld, L. J. (2001) *A Review of the Criminal Courts of England and Wales* (2001). Available online at ⟨http://www.criminal-courts-review.org.uk/⟩.
- Baldus, D. C., Woodworth, G., Zuckerman, D., Weiner, N. A., and Broffltt, B. (2001) "The use of peremptory challenges in capital murder trials: A legal and empirical analysis," *University of Pennsylvania Journal of Constitutional Law* 3: 3-169.
- Baldwin, J. and McConville, M. (1979) *Jury Trials*. London: Oxford University Press.
- *Ballew v. Georgia* (1978) 435 U. S. 223.
- Beattie, J. M. (1986) *Crime and the Courts in England 1660-1800*. Princeton, NJ: Princeton University Press.
- Bennett, W. L. and Feldman, M. (1981) *Reconstructing Reality in the Courtroom*. New Brunswick, NJ: Rutgers University Press.
- Bowers, W. J. and Steiner, B. D. (1998) "Choosing life or death: Sentencing dynamics in capital cases," in J. R. Acker, R. M. Bohm, and C. S. Lanier (eds.), *America's Experiment with Capital Punishment: Reflections on the Past, Present, and Future of the Ultimate Penal Sanction*. Durham, NC: Carolina Academic Press, pp. 309-49.
- Butler, B. M. and Moran, G. (2002) "The role of death qualiflcation in venirepersons' evaluations of aggravating and mitigating circumstances in capital trials," *Law and Human Behavior* 26: 175-84.
- Casper, J. D., Benedict, K., and Perry, J. L. (1989) "Juror decision making, attitudes, and the hindsight bias," *Law and Human Behavior* 13: 291-310.
- Chesterman, M., Chan, J., and Hampton, S. (2001) *Managing Prejudicial Publicity*. Sydney: Law and Justice Foundation of New South Wales.
- Constable, M. (1994) *The Law of the Other: The Mixed Jury and Changing Conceptions of Citizenship, Law, and Knowledge*. Chicago: University of Chicago Press.
- Cowan, C. L., Thompson W. C., and Ellsworth, P. C. (1984) "The effects of death qualiflcation on jurors' predisposition to convict and on the quality of deliberation," *Law and Human Behavior* 8: 53-79.

- Dann, B. M. (1993) "'Learning lessons' and 'speaking rights': Creating educated and democratic juries," *Indiana Law Journal* 68: 1229-79.
- Diamond, S. S. (1990) "Scientific jury selection: What social scientists know and do not know," *Judicature* 79: 178-83.
- Diamond, S. S. and Casper, J. D. (1992) "Blindfolding the jury to verdict consequences: Damages, experts, and the civil jury," *Law & Society Review* 26: 513-63.
- Diamond, S. S., Vidmar, N., Rose, M., Ellis, L., and Murphy, B. (2003) "Juror discussions during civil trials: A study of Arizona's Rule 39(f) Innovation," *Arizona Law Review* 45:1-81. Available at ⟨http://www.law.duke.edu/pub/vidmar/ArizonaCivilDiscussions.pdf⟩ and at ⟨http://www.law.northwestern.edu/faculty/fulltime/diamond/papers/arizona_civil_discussions.pdf⟩.
- Elwork, A., Sales, B. D., and Alfini, J. J. (1982) *Making Jury Instructions Understandable*. Charlottesville, VA: Michie.
- Fitzgerald, R. and Ellsworth, P. C. (1984) "Due process vs. crime control: Death qualification and jury attitudes," *Law and Human Behavior* 8: 31-51.
- Fukurai, H., Butler, E. W., and Krooth, R. (1993) *Race and the Jury: Racial Disenfranchisement and the Search for Justice*. New York: Plenum.
- *Furman v. Georgia* (1972) 408 U. S. 238.
- Galanter, M. (1993) "The regulatory function of the civil jury," in R. Litan (ed.), *Verdict: Assessing the Civil Jury System*. Washington, DC: Brookings Institution, pp. 61-102.
- Green, T. (1985) *Verdict According to Conscience*. Chicago: University of Chicago Press.
- Hannaford, P. L., Hans, V. P., and Munsterman, G. T. (2000) "Permitting jury discussions during trial: Impact of the Arizona reform," *Law and Human Behavior* 24: 359-82.
- Hans, V. P. (2000) *Business on Trial: The Civil Jury and Corporate Responsibility*. New Haven, CT: Yale University Press.
- Hans, V. P. (2001) "The power of twelve: The impact of jury size and unanimity on civil jury decision making," *Delaware Law Review* 4: 1-31.
- Hans, V. P. and Vidmar, N. (1986) *Judging the Jury*. New York: Plenum.
- Hans, V. P. and Vidmar, N. (1991) "The American Jury at twenty-five years," *Law & Social Inquiry* 16: 323-51.
- Hastie, R., Penrod, S. D., and Pennington, N. (1983) *Inside the Jury*. Cambridge, MA: Harvard University Press.
- Heuer, L. and Penrod, S. (1994) "Juror notetaking and question asking during trials: A national field experiment," *Law and Human Behavior* 18: 121-50.
- Heuer, L. and Penrod, S. (1996) "Increasing juror participation in trials through note taking and question asking," *Judicature* 79: 256-62.
- Honess, T. M., Levi, M., and Charman, E. A. (1998) "Juror competence in processing complex

information: Implications from a simulation of the Maxwell trial," *Criminal Law Review* 1998: 763-73.
- Horowitz, I. A. and Bordens, K. S. (1990) "An experimental investigation of procedural issues in complex tort trials," *Law and Human Behavior* 14: 269-85.
- Ivković, S. K. (1999) *Lay Participation in Criminal Trials: The Case of Croatia*. Lanham, NY: Austin & Winfleld.
- Kalven, H., Jr. and Zeisel, H. (1966) *The American Jury*. Boston: Little, Brown.
- Kerr, N. L. (1993) "Stochastic models of juror decision making," in R. Hastie (ed.), *Inside the Juror*. New York: Cambridge University Press, pp. 116-35.
- Kressel, N. J. and Kressel, D. F. (2002) *Stack and Sway: The New Science of Jury Consulting*. Boulder, CO: Westview Press.
- Landy, D. and Aronson, E. (1969) "The influence of the character of the criminal and his victim on the decisions of simulated jurors," *Journal of Experimental Social Psychology* 5: 141-52.
- Law Reform Commission of Canada (1980) *The Jury in Criminal Trials*. Ottawa: Minister of Supply and Services Canada.
- Lempert, R. (1992) "A jury for Japan?" *American Journal of Comparative Law* 40: 37-71.
- Lloyd-Bostock, S. (2000) "The effects on juries of hearing about the defendant's previous criminal record: A simulation study," *Criminal Law Review* 2000: 734-55.
- Lloyd-Bostock, S. and Thomas, C. (2000) "The continuing decline of the English jury," in N. Vidmar (ed.), *World Jury Systems*. Oxford: Oxford University Press, pp. 53-91.
- *Lockhart v. McCree* (1986) 476 U. S. 162.
- MacCoun, R. J. and Kerr, N. L. (1988) "Asymmetric influence in mock deliberation: Jurors' bias for leniency," *Journal of Personality and Social Psychology* 54: 21-33.
- McCabe, S. and Purves, R. (1974) *The Shadow Jury at Work*. Oxford: Blackwell.
- Mott, N. L., Hans, V. P., and Simpson, L. (2000) "What's half a lung worth? Civil jurors' accounts of their award decision making," *Law and Human Behavior* 24: 401-19.
- Munsterman, G. T., Hannaford, P., and Whitehead, G. M. (eds.) (1997) *Jury Trial Innovations*. Williamsburg, VA: National Center for State Courts.
- Pennington, N. and Hastie, R. (1986) "Evidence evaluation in complex decision making," *Journal of Personality and Social Psychology* 51: 242-58.
- *Ring v. Arizona* (2002) 122 S. Ct. 2428.
- Saks, M. J. and Marti, M. W. (1997) "A meta-analysis of the effects of jury size," *Law and Human Behavior* 21: 451-67.
- Sandys, M. and Dillehay, R. C. (1995) "First-ballot votes, predeliberation dispositions, and flnal verdicts in jury trials," *Law and Human Behavior* 19: 175-95.
- Schuller, R. A. and Hastings, P. A. (1996) "Trials of battered women who kill: The impact of al-

- ternative forms of expert evidence," *Law and Human Behavior* 20: 167-87.
- Schum, D. A. and Martin, A. W. (1982) "Formal and empirical research on cascaded inference in jurisprudence," *Law & Society Review* 17: 105-51.
- Simon, R. J. (1967) *The Jury and the Defense of Insanity*. Boston: Little, Brown.
- Simon, R. J. and Lynch, J. P. (1989) "The sociology of law: Where we have been and where we might be going," *Law & Society Review* 23: 825-47.
- Smith, V. L. (1991) "Prototypes in the courtroom: Lay representations of legal concepts," *Journal of Personality and Social Psychology* 61: 857-72.
- *Taylor v. Louisiana* (1975) 419 U. S. 522.
- Thaman, S. C. (1999) "Europe's new jury systems: The cases of Spain and Russia," *Law and Contemporary Problems* 62: 233-59.
- Thaman, S. C. (2001) "The idea of the conference," *International Review of Penal Law* 72: 19-23.
- Vidmar, N. (1979) "The other issues in jury simulation research: A commentary with particular reference to defendant character studies," *Law and Human Behavior* 3: 95-106.
- Vidmar, N. (1995) *Medical Malpractice and the American Jury*. Ann Arbor: University of Michigan Press.
- Vidmar, N. (ed.) (2000) *World Jury Systems*. Oxford: Oxford University Press.
- Vidmar, N. (2002) "Juries and lay assessors in the Commonwealth of Nations: A contemporary survey," *Criminal Law Forum* 13: 385-407.
- Vogler, R. (2001) "The international development of the jury: The role of the British Empire," *International Review of Penal Law* 72: 525-51.
- Weiten, W. and Diamond, S. S. (1979) "A critical review of the jury simulation paradigm: The case of defendant characteristics," *Law and Human Behavior* 3: 71-93.
- Young, W., Cameron, I., and Potter, S. (1999) *Juries Survey: Report of Findings*. Wellington, New Zealand, Law Reform Commission.

扩展文献

- Abramson, J. (2000) *We the Jury: The Jury System and the Ideal of Democracy*. Cambridge, MA: Harvard University Press.
- Daniels, S. and Martin, J. (1995) *Civil Juries and the Politics of Reform*. Evanston, IL: Northwestern University.
- Feigenson, N. (2000) *Legal Blame: How Jurors Think and Talk about Accidents*. Washington, DC: APA Books.
- King, N. J. (1999) "The American criminal jury," *Law and Contemporary Problems* 62: 41-67.
- Litan, R. E. (ed.) (1993) *Verdict: Assessing the Civil Jury System*. Washington, DC: Brookings Institution.

11

规制者与规制过程

罗伯特·A. 卡根 著

刘 毅 译

规制型国家中各种规章制度和执行部门的急剧增长,成为当代法律体系中非常重要的组成部分。至少在经济发达的民主国家,政府的巡查人员每天都会穿梭于各个社区,这是白领警务人员在执行有关下列事务的规章:工作场所安全,空气和水污染,防火,护理院的服务品质,食品加工厂的清洁程度,客机、电梯、学校巴士和铁道的适当维护,以及其他潜在的危险。还有更多的规制官员在详细审查各种许可申请,诸如工厂扩张,新建工程,新药品,以及新股发行等。对于这张严密的规制义务之网,商业公司和其他组织需要支付出大量的精力和金钱。规制的官员、机构和规则经常会陷入政治和法律的冲突中。这种冲突引起了社会-法律研究者的关注。本文旨在对学者就规制者和规制过程作出的研究作一归纳总结,主要涉及经济发达的民主国家,因为这些国家是研究的焦点所在。

规制的多样性

所有的法律分支——刑法、合同法、侵权法、交通法等——都具有规制功能,因为这些法律都负有制止在政治上被定义为具有危害性和反社会性的行为,并鼓励对社会负责的行为。但是按照常规,"规制(规章)"这个术语专指由已公布的行政规章组成的法律体系,并由特定的政府机构来执行。而且"规制(规章)"这个术语一般特指在控制商业公司、其他大型组织以及专业服务提供者之行为的法律系统。而刑法和民法是指在侵害事实发生后,通过诉讼以对抗违法者。规制则以事前预防为目的,旨在将侵害行为防范于未然。执行民法的初始成本要由被侵害的当事人一方来承担,他要搜集证据并聘请律师,但是在规制程序(包括警察局执行刑法)中,由政府承担这些费用,原告方免费。

政府的规制程序有时会与先前存在的同样是防范危险发生的私人规制有所重叠。因为在大多数社会,抵御危险产品和不公平经营的第一道防线就是来自私人市场的激励性制度;商誉或生意受损的威胁促使大多数企业建立起各种形式的品质控制体系。对于汽车制造商来说,无需政府规制,自然会发展出有效的刹车系统。合同与侵权法提供了第二道防线;通过赋予受害人诺言反悔和过失行为免责的权利,使得企业面临法律制裁的威胁,以激励他们以负责任的方式行事,并导致许多公司和贸易组织创设了一套"自我规制"的体制(Rees, 1994;Gunningham and Rees, 1997)。职业协会和工程师组织也建立起无数的私人规章和标准——例如"公认会计准则",医院评审体系,以及电力设备中的合格的绝缘线标准等(Cheit, 1990)。当市场与责任法无法创设一种达到政治上可接受之标准的自我规制和保护标准,以至于无法对抗特定种类的伤害和不公平时,就会出现要求以法律方法约束政府规制(这正是本文的主题)的呼声,尽管这里的"市场失灵"并不是要求规制立法的唯一原因。

保护性规制

政府规制并非新鲜事物,因为"市场失灵"会在许多情况下发生。几个世纪以来,政府制定并实施了许多规章来控制土地使用,防止误导性或危险的商业行为,以及协调合作活动等。一项殖民时期马萨诸塞州的法律就要求每个城镇须任命一名"计量人或包装人",以确保已经封装好的牛肉和猪肉不会"被取掉最好的部分"(Hughes, 1975:133)。最早在18世纪时,荷兰的水利董事会(*Waterschappen*)就曾制定规章要求沟渠和河道的拥有者保持其水路的适当状态(Huooes and Kagen, 1989:221)。

马萨诸塞州之所以要求对封装的物品进行公共检查,原因在于"信息缺失",消费者面对不透明的包装,无法预先通过抵制售卖低质货物的商家来保护自己的利益,而这些商家则有可能将最好的部分取走。当消费者无法检查出产品缺陷,或者无法将伤害或疾病的原因追溯至某一特定卖主的时候,政府的监督提供了一种先期预警机制。因此,大部分政府都对包装食品和饮料的添加物作出规制,政府检查人员会对生产食品和药品的工厂进行卫生方面的规制监督。与之相似,证券法律和规章旨在确保不会向投资者隐瞒"最坏的"情况,要求发行股票的公司必须向公众披露他们真实的财务状况。政府规制对许多领域的服务提供者都提出了要求,从健康护理到船舶营运和工程建设,包括一定的教育程度和其他许可证要求的标准,因为他们的客户不好确定从业者是否清楚自己的要求。政府还要规制和检查护理院的设施、人员和工作程序,因为老年人和重病人自己通常无法对服务缺陷进行监督或投诉。政府对银行提出了"安全与稳健"

的规制要求,限制其贷款的额度与品质,因为存款人很难自己评估银行的抗风险能力。

荷兰的水利董事会处理的是另一种市场失灵问题,一般将之命名为"集体行动"或"搭便车"问题(Olsen, 1968)。因为对荷兰来说,洪水控制系统是一种"集体福利",但是个体农夫由于不出力也可以得到好处,所以就有可能逃避承担维护水利设施的义务。所以只有通过集体严格执行规制义务才能解决这种问题。用另一个稍有不同的术语来说,这种懒惰的荷兰农夫逃避河道维修义务的行为被称为"外部性",这种外部性成为施加在其他人身上的成本,却不会体现在这个懒惰农夫的账本上。不过这个农夫产品的买主对此既不知情也不关心。没有哪个勤奋的农夫会非常积极地去起诉这个懒惰的农夫,而且无论如何,集体性需求总是首先与河道维护者的义务之间存在些许联系。

许多当代环境法的任务就是试图解决类以上述情况的市场失灵。渔业规章对私人船只设定了捕捞限制,否则就会产生"公地的悲剧"(Hardin, 1968),对整个渔业造成破坏。空气和水污染的规章力求强制制造商和市政当局将排放进生态系统的污染成本"内部化",因为生态系统不可能为保护自己而组织抵制,或者提起诉讼。20世纪晚期的荷兰水利董事会正在力求保护水质免受农业排放的污染,他们制定规章限制农夫向其土地投放化肥的数量(Huppes and Kagen, 1989)。

经济规制

上述讨论的各种事例通常被称为"保护性规制"或"社会规制",其目的在于防止实体性伤害、危险性缺失和非正义情况的发生,这些情况是竞争性压力和法律诉讼威胁无法应对的。但是,还有一类规制经常被称为"经济规制",所追求的是完全不同的目标,旨在控制经济权力的滥用,或者针对竞争带来的"创造性破坏",维持市场和就业的平衡。一个普遍的例子就是政府以"自然垄断"的名义对价格进行规制,自然垄断的对象包括公共设施、港口、铁路、供水系统和发电厂等(Anderson, 1981)。反托拉斯规制或竞争政策则是旨在控制对市场权力的滥用,包括阻止并购,连锁董事会,或者类似卡特尔的协议等方式,大型商业机构借此保护它们免于竞争。

即使不存在明确的市场失灵或滥用市场权力的情况,政府也会时不时对整个产业(例如房屋租赁业)实施"价格规制",目的是为了缓和通货膨胀,或者仅仅是为了回应消费者的政治不满。与之相似,为了在经济衰退时期稳定就业形势,或者为了鼓励经济增长,抑或是为了某些特定企业或行业的稳定,政府也会出台相应的规制措施。在后一种情况下,规制措施通常是指限制进入某一市场的公司的数量,例如航空运输业(Caves, 1962; Levine, 1965)。许多国家都对开办大型折扣连锁店有所限制,目的是为了保护小型家庭商店的市场。倾向劳工的政府通常会通过执行最低工资标准,要求雇主提供带薪假期或其他福利,以及限制解雇等方式,来消减雇主的市场权力(Freeman, 1994)。多年以来,日本财政部对金融机构进行规制,以防止绩效最好的公司将绩效差的公司逐出市场(Milhaupt and Miller, 2000)。

过去二十年间,在要求更高经济绩效和"去规制"的政治压力下,许多政府开始削减或实质性地调整大量的经济规制项目,例如在银行、运输和电信领域的稳定市场(和限制竞争)的规制措施(Derthick and Quirk, 1985)。不过颇为反讽的是,在上述市场中消除垄断和被规制的卡特尔的同时,又引发了保护性规制的增长,因为消费者抱怨更多数量的竞争性公司的出现导致的外部性,即成本的削减和服务品质的下降,导致顾客受损(Vogel, 1996)。

对保护性规制的经济分析及其新方向

除了削减某些经济规制的影响,经济分析和要求经济绩效的政治压力,也会导致许多保护性规制项目的改变。或者说,保护性规制也有其经济维度(Leone, 1986)。如果制度坚持规定法庭上的律师服务只能由具备法律学位并通过资格考试的人来提供,其结果就是限制了法律执业者的数量,同时对当事人来说就意味着更高的费用。所有类型的保护性规制都存在这个问题,从对水污染的处理到对幼儿护理中心的管理,一般来说规制措施都是使服务提供者(一般是规模较大者)受益,它们能够更好适应规制的要求,并通过"消灭"竞争者来限制市场准入。布莱斯威特(Braithwaite)在其1994年的研究中发现,美国关于护理院安全的规制所要求的成本如此高昂,以至于只有非常大型的机构(因此也是非个人的机构)才能够生存下来。所以,学者们开始关注某些特定的规制条文——例如美国空气污染标准——与某些特定的公司和工会的关系,后者与环保组织结成联盟,寻求有利于自己竞争地位的规制(Ackerman and Hassler, 1986; Vogel, 1995)。

为了对上述趋势作出回应,同时也是应对当今越来越开放的全球市场环境下激烈竞争所产生的经济绩效压力,许多政府成立了"规制规制者"的机构,旨在对现有的和计划中的规制进行成本-收益分析,并要求各规制机构采用成本-效益最优的方式进行规制(Morgan, 1999)。不仅如此,某些政府还寻求替代传统的"命令加控制"的保护性规制方式,这种传统方式对所有的公司都提出同样的警示或经营标准,这是一种低效且浪费的方式(Weber, 1998)。与之相反,一些政府对污染排放或产生污染的原材料征税,这样就使得相关企业可以更灵活地决定哪种削减措施最具成本-效益优势(Hupps and Kagan, 1989)。美国环境保护局启动了一项"气泡工程",根据此计划,制造企业可以主动调整对其设置的具体的资源型空气污染限制,只要它能找到控制排放总量(可以将其想象为一个工厂大小的气泡)不增长的方法即可(Levin, 1982)。除此之外,联邦政府还建立了两项成功的排放配额交易项目,此项目实际上为整个工业体系建立起一个限制性的"气泡",这也能够激励竞争者双方都力图发现最具成本-效益优势的方式减少有害污染。这些项目中某一项就发挥了作用,(以更有效的方式)加速了汽油中的铅添加物的逐步减少(Nussbaum,1992)。其次,1990 年的《清洁空气法案修正案》(Clean Air Act Amendments)成功地促使电力公司修订他们的计划以削减二氧化硫(这是导致酸雨的主要来源)的排放(Stewart,2001:103-112)。

作为另一种对命令与控制规制的替代模式,政府只需要求企业报告或公布关于其产品或生产过程的危险即可,这样也就为消费者和居民提供了自我防范的信息。例如,根据 1986 年《美国紧急计划和社区知情权法》(Emergency Planning and Community Right to Know Act)制定的《美国排放毒性化学品目录》(Toxics Release Inventory,TRI),要求各公司测算并公开披露自己企业排放有毒化学废气与废水中的有毒化学成分的程度;这样就可以激励生产商减少现有的库存和有害物质的排放(Konar and Cohen,1997)。此外,政府开始越来越多地鼓励工业企业和特定的公司采取自我规制的计划。只要被规制企业证明他们通过创新型自我规制能够超水平实现对规制要求的遵守,就可以以更加灵活的方式对待命令和控制型规制(Gunningham and Grabosky,1998;Hazard and ORTS,2000;Coglianse and Nash,2001;Rees,1998)。

政治与规制

政治与规制的发展

尽管政府规制已经存在了几个世纪,但是在资本主义国家有关规制的法律和规划的迅速发展是从 19 世纪晚期开始的。规制的发展在某种程度上是由于城市化、技术的迅速发展、非人格化以及现代化导致的环境恶化,产生了大量因伤害和不公正导致的新风险。与之同步的是,科学的发展也促进规制的增加,因为科学能够提供有关风险的知识,特别是关于不可见的风险,例如 19 世纪晚期发现的卫生条件与疾病的关系,以及 20 世纪下半叶发现的烟草产品与致癌化学物质之间的关系等(Bardach and Kagan,1982:7-25)。

但是关于风险的知识并不会自动产生新的规制措施。从这个角度来看,规制是强烈的政治需求与政府对这些需求所作回应的联合产物。不过,规制的发展还体现了两种重要的政治因素。从需求的角度来说,劳伦斯·弗里德曼(Lawrence Friedman)在 1985 年的研究中指出,随着富裕程度和受教育程度的增长,人民越来越不能容忍侵害、不公正和风险,而这些先前要么被视为命中注定的,要么被认为是必须要忍受的。另一方面,从政府的反馈来看,最重要的发展是选举式民主的竞争越来越激烈,促使竞争性政党热衷于满足选民需要更多保护的要求,以免于侵害、虐待和经济风险(Bardach and

Kagan,1982)。新的规制法令的大量涌现往往源于强有力的政治运动,例如(这里仅以美国为例)大萧条时期的劳工运动,1960年代的民权运动,以及1960年代末和1970年代初的环境与妇女权利运动。

可以越来越清楚地看到,全球化的加速——或者说世界经济、金融和通信系统的进一步整合——促进了规制的发展(Shapiro, 1993)。这些因素并没有迫使各国法律体系更多地削减对公司的规制,沃格尔(Vogel)在1995年的研究中同其他人一样发现,至少在保护性规制领域,那些试图减少严厉规制的国家会面临强大的政治压力,不得不向那些采取严格规制措施的国家学习。这种压力来自日益加速的关于风险和解决方法的国际信息的流通,来自国际协议和欧盟指令,还来自"施洗者和酒贩子"(Baptist-bootlegger)政治联盟;后者是指那些希望加强规制的非政府组织与跨国公司的联合,跨国公司已经习惯了遵守严格的规制,他们希望其他政府也能针对那些狡猾的竞争者施加同样严格的规制(Vogel, 1995)。所以全世界的金融体制都在效仿美国银行严格的安全标准(Kapstein, 1989)和美国证券法中严格的披露要求,同时美国则学习德国和斯堪的纳维亚国家,对源自纸浆和造纸厂废水中的有毒物质的排放制定了更加严格的标准。

政治与规制效果

大多数赞同规制的政治运动也会激起一种政治上的反动,被规制企业会有组织地提出限制过于严厉的规制内容和过于激烈的规制方式。事实上,一些学者也认为对商业进行规制所带来的政治上的好处,总是不可避免地会破坏规制在事实上规范行为方面的有效性。埃德尔曼(Edelman)在1964年的研究中发现,制定规制法不过是一种"象征性政治",因为政治家们一般更热衷于宣布一项新的规制计划,而不是为该计划的实现提供必要的资金。因为被规制企业对实施规制的机构来说是重要的信息来源(这些企业通常也会争取让"亲工业"的规制官员任职),一些学者提出了"俘获理论",即认为规制机构通常所实施的法令和程序并非有利于公众利益,而是有利于被规制行业中的占据支配地位的公司(Bernstein, 1955)。在"芝加哥学派"经济学的早期,保守派学者将规制视为私人利益借以攫取"垄断租金"的机制,这种私人利益包括奶牛场主、轮船公司、工会以及支持"平权措施"规制的少数派组织,他们利用法律打击竞争,或者将资源转移进自己下属机构的口袋里(Stigler, 1975)。

但是后来的研究者对此理论表示怀疑。这个"俘获理论"从一开始就受到质疑(Quirk, 1981; Wilson, 1980),特别是不适用于那些20世纪下半叶出台的十分引人注目的保护性的规制(环境保护、工作场所安全、反歧视)。对于"被被规制者俘获"问题来说,有一剂重要的解药就是非盈利组织的兴起(特别是在富裕的民主国家),他们被授权参与政策制定过程,代表了那些预期能够从规制中获益的支持者的利益(McCann, 1986)。与之相似,寻租行为事实上也是规制政治的一个重要问题,寻租者获益的程度在很大程度上取决于与之相反的利益方能够参与规制决策过程的程度,还取决于反对方在多大程度上能够公开规制政策与实践在经济上的不足。

此外,尽管许多政府的计划在一定程度上存在"象征性政治"的问题,但是如果认为政府的机制通常会导致削弱规制的有效性,则不是事实。当然,许多规制机构确实缺乏资源和政治背景以保证充分实施规制措施(Gunningham,1987),很少有哪个机构有足够的资源能够做到规制呼吁者所期望做到的最佳程度(政府机构又能做到什么程度呢?)。许多重要渔场的倒闭,不幸印证了试图限制渔船数量和捕鱼规模是一种不断重复错误的措施(Stone,1997)。部分由于政治压力,美国负责规制储蓄贷款行业的官员未能阻止1980年代出现的灾难性的大量过度危险贷款,导致许多贷款人破产(Rubin,2000)。

但是仍有许多得到足够政治支持的规制领域带来了社会行为的显著变化。例如规制显著提升了银行、奶产品、家用电力系统、药品和汽车的安全水准。规制大幅降低了煤矿的死亡率(Braithwaite,1985;Lewis-Beck and Alford,1980)。规制推动了制造商和市政当局花费数亿美元进行排放控制和污水处理,消除各种形式的空气和水污染(Scruggs,1999),甚至是在这个工业和污染急速增长的时代(Esterbrook,1999)。在美国,规制在数以千计的工作场所和饭店实现了禁烟(Kagan and Skolnick,1993),而且,部分由于私人成为公共执法的补充,因此增加了非洲裔美国人的就业机会和收入(Burstein and Edwards,1994)。社会-法律研究者将更多的注意力投入到规制过程的分析中,而不是炮制各种关于规制是否有效改变社会行为的理论。但是,显然政治因素依然具有非同一般的重要性,这里的政治因素包括各种支持和反对规制的政治组织。

政党选举政治也对规制政策和实施方式产生了影响。由于规制国家的成本在不断增长,所以保守派政党通常会承诺削减商界的规制负担,而中左派政党则会承诺施加更为严格和有效的规制。一旦当选,政党领袖就会以多种方式影响规制机构的政策和实施方式,包括任命或影响最高规制机构官员的任命;通过预算程序扩充规制机构的人员和资源;立法监督听证;有时会告诉规制官员他们希望那些事关政治的规制问题被如何处理(Kagan,1993:401)。肖尔茨(Scholz)和魏(Wei)1986年的研究在考察过州际之间不同的"环境任务"机构之后,发现在那些民主党任州长的州里负责规制工作场地安全的官员及民主党控制的立法机构,与共和党控制的州相比,总是倾向于得以更重的处罚。美国联邦工作场所安全局(OSHA)所课处的罚金在1980年代早期里根总统上台后开始降低,当时新当选的里根总统根据竞选运动中的口号"太多政府规制",任命了一名新的机构领导。不过,在1982和1983年,民主党国会议员主导的强势监督听证会要求里根政府反其道而行之:规制在经历过初期的下降趋势之后开始反弹,联邦环境清理命令和对规制犯罪的刑事指控都开始增长,其所达到的程度已经超过了前任民主政府时期(Wood,1988;Wood and Watermen,1991)。

西欧的社会-法律研究同样发现规制机构受到政党和政治领导人的影响。例如胡特(Hutter)在其1988年的研究中发现,在英国,工作在工党控制下的选区的环境控制官员,就比保守党地区的官员更多地提起违法控告。尼迈尔(Niemeijer)1989年的研究发现,荷兰市政规制官员有时会放宽土地适用计划和建筑许可的时间程序规划,只要其最高市政长官认为计划中的工程对社区经济健康非常重要即可,不过这种变通适用规则的做法有可能会激起政治抗议或工程反对者的法律诉讼。

事实上,在许多民主国家,由公民群体组织的政治抗议和法律诉讼,已经几乎同选举政治一样重要,它们共同约束着规制机构的行为,有时甚至作用更大。1980年代,在艾滋病激进主义者的强烈抗议之后,美国食品与药品管理局放松了某些规制,这些规制原先规定实验性抗艾滋病药品在经过完全检验确保安全与疗效之前,禁止发放(1988年规章)。在德国和美国,核能反对者的系统性诉讼对规制当局的许可证政策提出了挑战,有效地制止了新的核电厂的兴建(Boyle, 1998)。在美国,环境组织提起的诉讼通常会使建设项目推迟或取消,这些项目包括原先已经获得规制者批准的港口、公路和垃圾处理站(Wells and Engel, 2000; Kagan, 2001)。英国、法国和德国的类似行动也颇为活跃(Sellers, 1995)。与之相反,在那些本地抗议者缺乏持续性政治组织能力和压力的情况下,规制的执行就更有可能受到当地受规制企业的政治影响(Morag-Levine, 1994)。

各国不同的规制方式

规制机构运用的是国家的强制力。他们所制定的规则不仅约束私人行为,而且经常(例如在环境和安全规制中)还要强迫商业公司投入大量的财力以防止或减少潜在的危害。规制官员可以进入工厂和公司的办公室,查看他们的工作记录,并要求公司从事研究,整理报告以及披露信息给公众。规制官员经常会运用实质性的裁量权以停止他们认为具有危害性的工程,可以禁止产品的销售或运输,还可以推迟昂贵且紧急的工程的进度。这些实质性和指导性的权力引发的是一个老生常谈的问题:谁来监督监督者滥用权威?如何监督?如何既能约束规制者的权力,又不至于过分削弱他们控制强调经济实体的能力?毕竟规制者的任务就是规制这些企业的行为。大量的规制法反映出政府和司法机构在努力回应这些问题。

许多社会-法律研究者已经详细研究了规制法的制定和执行问题。还有学者考察了政治制度、被规制企业以及拥护规制的游说团体如何力图促使规制官员为其行使的强制权力承担责任。其中最具吸引力的发现是关于美国"规制风格"的独特性问题。第一,与其他经济发达的民主国家相比,经常会发现美国的法律和规章更加具体、更有指导性,也更为复杂(Kagan,2000)。第二,美国的规制业务通常遵循一种条文主义的执法风格。也就是说,当美国规制官员遇到违法行为时,他们不是同被规制企业协商如何解决该问题,而是比他们在其他国家的同行更倾向于诉诸正式的法律规定,对违法者课以法律制裁,而且他们作出的法律制裁一般会更为严厉(Braithwaite,1994,1985;Kelman,1981;Aoki and Cioffi,1999)。除此之外,美国的官方执法之外,还会有大量的私人诉讼作为执法的补充,特别在反托拉斯、证券法、工作场所歧视和环境规制等领域。第三,在美国,规制机构和被规制的主体之间经常是对抗性的;无论对于被规制主体还是提出抗议的公民来说,对于规制条文和规制机构所作裁决产生法律争议是非常普遍的现象(Brickman,Jasanoff,and Ilgen,1985;Church and Nakamura,1994)。第四,美国的规制条文和方法经常会陷入到政治争议和冲突中,围绕规章的制定会展开利益冲突和政治争斗,争议双方都力图将自己的政策偏好写进法律。

  规制风格与程序的不同反映出各国解决行政可问责性问题的不同方式。在大多数民主国家,对官员问责的主要方法是行政监察与政治监督。政治反对党和新闻媒体扮演了另外的监督者的角色。但是美国与其他民主国家不同的在于,还有法律诉讼(或以诉讼作为威胁)这种问责形式。因为美国法律设定了宽泛的"起诉资格",还有非常广泛的利益相关人,包括自我任命为"私人总检察长"的公益律师,这些因素都使得针对违反公法的政府机构提起诉讼成为可能。此外,美国的规制法通常还授权并鼓励直接针对违反规制者的私人诉讼,而不是只有政府机构才握有规制执行权(Kagan,2001)。

  这种独特的规制程序背后体现的是美国独特的政治传统与结构。在奉行新合作主义的国家,由于强大的、势力遍及全国的工业联合组织有能力与规制当局进行谈判,并在其成员间形成最为协议性的规制标准(Badarraco,1985;Wallace,1995)。在具有政党凝聚力的议会体制下,政府具有强势权力,可以不把触犯自己的规制决定放在眼里,所以也不需要制定具体的法律或是给公民诉讼授权,以约束规制当局(Moe,1990;Kelemen,1998)。但是美国的情况相反,占主流地位的统治文化总是对中央集权非常不信任,无论政治上的左派还是右派。所以美国的政治和经济权力都是碎片化的。因为美国没有一个庞大的、高度职业化的、且值得信任的国家官僚体系,没有强大的国家商业联盟,所以对政府和企业界来说,制定具体的法律、课以重罚,以及完备的司法审查,就成为最好的治理模式(Kagan,2001)。

规制执行中两难困境

　　两种不同的关于政府规制的思维模式主导着关于规制实施或执行过程的讨论。第一种模式将规制视为一种法律过程，认为规制是指权威的法律规范，违反者将受到惩罚。另一种模式则认为规制是一种社会过程，强调政府和商界通过合作来解决问题，并就违规行为采取救济措施。在任何一个民主国家里，都有一些游说团体和政治家坚持认为政府应当积极寻求合乎法律的解决方式，而商业团体和多数规制官员则认为合作的方式更为可行与有效，情况大体如此。

　　上述法条主义的模式反映了刑法对于社会处置违法行为之方式的重要历史影响。但是现代社会，显然实施规制措施的任务一般要授权给特定行政机构，而不是传统的刑法执行机构。与传统的刑法不同，规制计划中所制定与执行的各种标准，通常并不是既定的行为规范，即早已确立的关于错误行为的标准。规制的目标通常不是要禁止所有的污染，而只是针对已经达到严重危及人类健康或生态系统之标准的污染；也不是防范工作场所的所有可能的危险，而是"不合理的危险"。但是，一般来说，决定何为"有害的"或"不合理的"情况，要求在较为宽广复杂的背景下针对特定行为进行个案的判断，很难将之局限在具体的法律条文内。此外，如菲利浦·塞尔兹尼克（Philp Selznick）所言（1969：14-16），行政机构首要的社会功能不是根据预先设定的法律条文让"法律与事实相协调"，而是"使社会运转起来"，改造"人类或其他资源，以实现特定的目标"。根据这种观点，有效的规制要求规则与劝诫、威胁与教育、严厉与妥协的结合，这样才能以最好的方式诱导被规制企业达成合作。

　　另一方面，某些违反规制的行为已经超出了刑法传统规范的范围；这些行为中有些属于故意欺诈，即对执法者或其他政府官员说谎；以及无视或轻率对待他人的健康和安全。即便对于普通的违反规制者来说，显然寻求合作的方式总是有利于实现良性的规制。对于那些容易上当受骗的，过分忙碌的，或者是政治上易受攻击的规制官员来说，他们解决问题的方式逐渐会退化为一种不可救药的懈怠状态（Gunningham，1987）。因此，在规制游说团体和某些规制执行官员看来（尤其在美国），为了防止部分被规制对象的机会主义行为，针对严重或故意的破坏规制的行为必须常规化地进行严格执法和施以严厉惩罚。

　　不过由于多种原因，真正对违反规制的行为提起刑事诉讼的情况还是相对较少（Hawkins，1984；Spence，2001）。尽管有些企业将系统性的违反规制法律作为其核心的商业战略，但是大部分常规性的违规行为——与侵占、贿赂以及其他大多数白领犯罪相比——并不是以违规作为其目的,不过这种行为产生的副作用就是对正当的、具有社会价值的商业行为产生了不良影响。在当代民主国家所作的针对特定规制计划的研究发现,绝大多数的被规制公司都能够遵守规制要求,而且主要是出于良好的商业原因(Gunningham, Kagan, and Thornton, 2003; Mehta and Hawkins, 1998; Bardach and Kagan, 1982:64-66; Ayres and Braithwaite, 1992)。不过规制从其本质来说,容易导致管得过宽:从意外事故、欺诈,到破坏环境等严重问题,都在规制范围之内,此外还有一些预警性的措施,广泛适用于各种弱危险情况,以及一些基本上诚实的企业(Bardach and Kagan, 1982: 66-71)。因此对规制机构来说,大多数违反规制的行为和大多数违规者都不适用严厉的法律惩罚。

与之相似,还有许多违反规制的行为不过是诸如未能按时将文件归档,或者报告不够详尽,或者未能采取特定的预警措施等。这类行为与大多数传统的犯罪不同,通常并不会对他人导致任何即时的、实际发生的伤害。在诸如此类看起来只是"技术性违规"的案例中,规制者、法官和被规制企业一般都认为,对一个商人或公司施以道义谴责和刑法上的严厉制裁是不公正的。而且,在实践中,刑事诉讼会有沉重的取证负担,规制官员还要进行耗费大量人力的调查和法庭审讯,所以只有事态十分严重时才会采取如此法律手段(Hawkins, 1989; Coffee, 1981:400-407)。

由于以上诸原因,大多数规制机构都声称他们所追求的是一种灵活的执法方式:必要时采取法条主义和惩罚性的方式,但是在其他情况下则采用变通式和助益式的方法,如何选择取决于被规制企业的可信度以及具体违规行为所造成之风险或伤害的严重性(Hawkins, 1984)。学者们对此问题的学术分析一般都支持这种方法。约翰·肖尔茨(John Scholz)在研究中(1984)将这种规制方式模型化为重复性的囚徒困境。如果规制者试图对每一种可疑的违规行为都课以法律制裁,那么被规制公司就会尽可能地采取强有力的法律辩护措施,最终导致漫长的法律拖延,而且规制原初计划尽快消除风险的目的也会陷入困境。但是另一方面,如果规制者在被规制公司承诺即刻停止违规行为的情况下,答应放弃刑事追诉的话,该公司又会拖延下来,因为对它的法律威胁已经消失。肖尔茨总结认为,对社会来说,最好的结果是经过协商达成妥协,根据这种妥协,规制者可以暂不采取惩罚措施,甚至可以同意接受所谓的"实质性遵从",而不是完全按照法律条文的字面规定提出要求,只要被规制公司能够提供可靠的承诺,尽快对最严重的违规行为做出补救。但是与此同时,规制者必须建立一套声誉机制,对那些推诿拖延的被规制者施以即时且代价不菲的法律制裁。肖尔茨称之为"针锋相对"的执法策略;意思是指,不合作对应的是惩罚,合作对应的则是宽容(另见 Bardach and Kagan, 1982; Hawkins, 1984)。

艾尔斯(Ayres)和布莱斯维特(Braithwaite)在1992年的研究中也认为合作相比惩罚来说花费更少,效果更好,只要合作邀请的背后有惩罚威胁作后盾即可。不过他们还发现,为了使威胁产生效果,规制者必须令法律制裁比起刑事追诉更为快捷、廉价且不那么严厉,这样才更有适用的可能性。规制者针对被规制企业的不合作采用的最有效的办法,是通过成功地运用一种"金字塔式制裁"方式进行威胁,制裁分为几个阶段,起初是发出传讯或警告信,接下来是加强监管,然后是行政罚款,继而是更高额的由法庭处以的民事罚金,最后是刑事处罚或吊销许可证。艾尔斯和布莱斯维特指出,当规制机构采用这种层级式执法方式时,大多数规制工作在金字塔的最底一层就得到迅速有效的执行。这可能就是为什么比起美国的法条主义规制方式,日本(Aoki and Cioffi,1999;Wokutch and Vansandt, 2000)和西欧(Verweij, 2000;Scruggs, 1999;Dwyer, Brooks, and Marco, 2000)这些非法条主义规制国家,通常更能体现平等性,甚至也更加有效。

对有些社会-法律研究者来说,一个未解决的问题是,为什么某些规制机构或个体的规制者同其他人相比更愿意采用法条主义的执法方式(May and Winter, 2000;Kagan, 1993)。书面的法律有时可以解释规制者的选择。例如,法律为执法官设定了一些非常困难的高标准的证据条件时,或者只能课以小额罚金时,规制者就更愿意诉诸"诱诈"(bargain and bluff)的执法方式(Hawkins, 1984;Kitamura, 2000)。但是,有时规制机构执法的风格不是由法律决定,而是由规制对象的成本和激励因素所决定。研究者发现,当规制对象是配备专业的合规管理人员并具有良好合作声誉的大型企业时,规制机构就更愿意采用合作的方式。相反,如果是同小公司打交道,这些公司往往缺乏内部监督人员,对规章制度不熟悉,而且存在资金压力问题,因此具有规避法律的可能性,这时规制者们就更倾向于采取法条主义、威慑导向的执法方式(Shover et al. , 1984)。

与上述情况相类似的是,如果要求被规制企业进行重大且代价高昂的行为变更,继而引起该企业的抵抗时,规制者若采取制裁导向的进攻性执法方式会面临更大的压力,当然,在这些情况下,政治上的强烈反对也会导致规制官员变通适用规则(Kagan,1993)。此外,如前文所述,政治因素——包括政府当局的政治意识形态——也会影响规制的执行风格。最后,下文会简要介绍的是,执法风格通常会受到第一线的规制机构自由裁量权限的影响,而在重大决策中裁量权的使用情况又取决于规制官员的职业化程度。

规 制 官 员

1981年,在罗纳德·里根这个宣称反规制的总统宣誓就职之后,美国环境保护署反倒增加了签署减少污染之命令的频率(Wood,1988)。所以我们要知道,规制官员通常具有自己的使命与担当,不在乎施加给他们的政治指示和法定标准。但是大部分社会-法律研究在此方面的关注都集中在美国,其实相比西欧和日本,美国的规制机构体系一般较少受到公开的政治压力(Wilson,1989:295-312;Harris and Milkis,1996;Landy, Roberts, and Thomas,1993)。

詹姆斯·威尔森(James Q. Wilson)指出(1980:374-382),在美国规制机构的高层官员中,有些属于"事业型"官员,他们最关注的问题是避免政治争议,并能保证机构的经费。另外一些被威尔森贴上了"政治家"的标签,他们将自己的职务视为通向更高政治地位或选举官职的垫脚石;他们更愿意同被规制企业在法庭上进行公开的论战。还有一些官员,根据威尔森的类型学,被称为"职业型"官员,他们会坚持得到理据支持的政策,而不考虑外部的政治影响。因为美国的规制机构长官通常来自民事事务以外,所以有时他们会以激烈的方式重订机构的政策。在1970年代末和1980年代初,出身经济学家的阿尔弗雷德·卡恩(Alfred Kahn)和戴利斯·加斯金斯(Darius Gaskins)在领导民用航空委员会和州际商业委员会时,就采取了相对激进的去规制化转向(Derthick and Quick,1985)。法学教授威廉·巴克斯特(William Baxter)在担任里根政府的司法部长期间,改变了对反垄断法的认识偏见,并将该法的政策方向转向自由市场经济。1970年代,加利福尼亚州空气污染控制委员会的领导层,对环境游说团体给予了组织和资金上的帮助,希望借此能加强他们自己的政治支持度(Sabatier,1975)。但是在美国,某些规制机构领导人的政治积极性,再加上选举活动的频繁,导致规制政策在短时间内的剧烈变动。不仅如此,美国公务员系统中的规制官员还经常发生重大的调整。因此,相比其他经济发达的民主国家,美国的规制政策更具不确定性和易变性(Kagan,2000)。

同规制机构的领导人一样,一般规制官员的政治态度和职业精神通常也会对规制政策和执法风格产生影响(Hawkins,1984;Hutter,1997;Hedge, Menzel, and Williams,1988),他们日常的工作状况和监管水平也同样重要。由于从事具体规制工作的人员经常与被规制的商人面对面地接触,而不只是处理文件和档案,所以他们较少法条主义的倾向(Kagan,1978:152-154)。在缺乏充分的信息以及面临强大的组织压力——要求快速结案或达到业绩考核标准——的情况下,规制官员可能会更具法条主义的倾向(Kagan,1978:127-143)。根据一些针对美国规制机构的研究,机构的专职律师,一般相比工程师、科学家和经济学家更倾向于法条主义的执法策略(Meinick,1983:259-260;Katzmann,1980;Weaver,1980;Mashaw and Harfst,1991)。

在德国,负责银行安全与稳健事务的规制官员都是政府的专职雇员,他们比起美国联邦储备委员会的同仁来说,接受过更多的教育和训练。由此导致的不同结果就是,高度职业化的德国官员可以获得足够的信任,在原则框架下作出明智的判断,而美国的规制官员就只能局限于浩繁、复杂且具体的法律条文之中(Rubin,1997)。还有一个更为普遍的问题,即如果规制官员的收入微薄且受教育水平不高,那么显然他们更有可能被腐化、被收买或者滥用权力。有鉴于此,立法者和机构的高层领导就更加会通过具体条文和明细表格严格地限制第一线工作人员的自由裁量权限,如此一来,就更加会强化法条主义和僵化的执法风格(Bardach and Kagan, 1982)。因此,为了使政府规制走向成熟,有必要在规制官员的职业化方面加大社会投入,就像近几十年来对警察系统的投入一样。不过在政府资源存在众多竞争性需求的情况下,不是所有国家都有这样的政治意愿。

未来研究的方向

相比对于传统的刑法适用、犯罪行为、警务和刑事程序的社会-法律研究的水平和深度,对于规制的内容、程序和遵守情况的研究尚在起步阶段,不可同日而语。就像在雨林中的开拓,现有的研究只占据了弹丸之地,而且时刻面临着被时代潮流所抛弃的危险。但是,有三方面的紧迫任务亟待完成。第一,需要对欠发达国家的规制过程和执行情况进行更多的社会-法律研究。第二,需要对经济发达的民主国家的规制过程进行更多的比较研究,特别要注意两点,一是考察在全球化背景下,各国规制体系是否在普遍规范和规制方法上走向融合(Vogel and Kagan, 2002; Unger and van Waaeden, 1995; Kagan, 1997),二是考察不同的执法方法与其结果之间的关系。第三,需要对规制官员的职业化情况进行社会-法律研究,重点在于考察不同的教育背景、受训情况、得到的支持,以及组织哲学,对规制过程的有效性和灵活性产生了怎样的影响。

参考文献

- Ackerman, Bruce and Hassler, William (1986) *Clean Coal/Dirty Air*. New Haven, CT: Yale University Press.
- Anderson, Douglas (1981) *Regulatory Politics and Electrical Utilities*. Boston: Auburn House. Aoki, Kazumasu and Cioffl, John (1999) "Poles apart: Industrial waste management regulation and enforcement in the United States and Japan," *Law & Policy* 21: 213-45.
- Ayres, Ian and Braithwaite, John (1992) *Responsive Regulation*. New York: Oxford University Press.
- Badaracco, Joseph L. (1985) *Loading The Dice: A Five Country Study of Vinyl Chloride Regulation*. Boston: Harvard Business School Press.
- Bardach, Eugene and Kagan, Robert A. (1982) *Going by the Book: The Problem of Regulatory Unreasonableness*. Philadelphia: Temple University Press.

- Bernstein, Marver (1955) *Regulating Business by Independent Commission*. Princeton, NJ: Princeton University Press.
- Boyle, Elizabeth Heger (1998) "Political frames and legal activity: The case of nuclear power in four countries," *Law & Society Review* 32: 141-74.
- Braithwaite, John (1985) *To Punish or Persuade: Enforcement of Coal Mine Safety*. Albany, NY: SUNY Press.
- Braithwaite, John (1994) "The nursing home industry," in Michael Tonry and Albert J. Reiss, Jr. (eds.), *Beyond the Law: Crime in Complex Organizations*. Chicago: University of Chicago Press, pp. 11-54.
- Brickman, Ronald, Jasanoff, Sheila, and Ilgen, Thomas (1985) *Controlling Chemicals: The Politics of Regulation in Europe and the United States*. Ithaca, NY: Cornell University Press.
- Burstein, Paul and Edwards, Mark (1994) "The impact of employment discrimination litigation on racial disparity in earnings: Evidence and unresolved issues," *Law & Society Review* 28: 79-108.
- Caves, Richard (1962) *Air Transport and its Regulators*. Cambridge, MA: Harvard University Press.
- Cheit, Ross E. (1990) *Setting Safety Standards: Regulation in the Public and Private Sectors*. Berkeley: University of California Press.
- Church, Thomas W. and Nakamura, Robert (1994) "Beyond superfund: Hazardous waste cleanup in Europe and the United States," *Georgetown International Environmental Law Review* 7: 15-76.
- Coffee, John C. Jr. (1981) "No soul to damn, no body to kick: An unscandalized inquiry into the problem of corporate punishment," *Michigan Law Review* 74: 386-459.
- Coglianese, Cary and Nash, Jennifer (2001) *Regulating from the Inside: Can Environmental Management Systems Achieve Policy Goals?* Washington, DC: Resources for the Future.
- Derthick, Martha and Quirk, Paul (1985) *The Politics of Deregulation*. Washington, DC: The Brookings Institution.
- Dwyer, John Richard Brooks and Marco, Alan (2000) "The air pollution permit process for U. S. and German automobile assembly plants," in Robert A. Kagan and Lee Axelrad (eds.), *Regulatory Encounters: Multinational Corporations and American Adversarial Legalism*. Berkeley: University of California Press, pp. 173-221.
- Easterbrook, Greg (1999) "America the O. K.," *The New Republic*, January 4 and 11, pp. 19, 22.
- Edelman, Murray (1964) *The Symbolic Uses of Politics*. Urbana: University of Illinois Press.
- Freeman, Richard (1994) "How labor fares in advanced economies," in R. Freeman (ed.), *Working Under Different Rules*. New York: Russell Sage Foundation, pp. 1-28.
- Friedman, Lawrence M. (1985) *Total Justice*. New York: Russell Sage Foundation.
- Gunningham, Neil (1987) "Negotiated non-compliance: A case study of regulatory failure," *Law &*

Policy 9(1): 69-93.
- Gunningham, Neil and Grabosky, Peter (1998) *Smart Regulation*. Oxford: Clarendon Press.
- Gunningham, Neil, Kagan, Robert A., and Thornton, Dorothy (2003) *Shades of Green: Business, Regulation, and Environment*. Stanford CA: Stanford University Press.
- Gunningham, Neil and Rees, Joseph (1997) "Industry self-regulation," *Law & Policy* 19(4): 363-414.
- Hardin, Garrett (1968) "The tragedy of the commons," *Science* 162: 1243-8.
- Harris, Richard and Milkis, Sidney (eds.) (1996) *The Politics of Regulatory Change: A Tale of Two Agencies*, 2nd edn. New York: Oxford University Press.
- Hawkins, Keith (1984) *Environment and Enforcement: Regulation and the Social Deflnition of Deviance*. Oxford: Oxford University Press.
- Hawkins, Keith (1989) " 'FATCATS' and prosecution in a regulatory agency: A footnote on the social construction of risk," *Law & Policy* 11: 370-91.
- Hazard, Geoffrey C. Jr. and Orts, Eric W. (2000) "Environmental contracts in the United States," in Karl Detekelaere and Orts, Eric W. (eds.), *A Comparative Approach to Regulatory Innovation in the United States and Europe*. New York: Kluwer Law International, pp. 71-92.
- Hedge, David, Menzel, Donald, and Williams, George (1988) "Regulatory attitudes and behavior: The case of surface mining regulation," *Western Political Quarterly* 41: 323-40.
- Hughes, Jonathan (1975) *Social Control in the Colonial Economy*. Charlottesville: University of Virginia Press.
- Huppes, Gjalt and Kagan, Robert A. (1989) "Market-oriented regulation of environmental problems in The Netherlands," *Law & Policy* 11: 215-39.
- Hutter, Bridget (1988) *The Reasonable Arm of the Law? The Law Enforcement Procedures of Environmental Health Offlcials*. Oxford: Clarendon Press.
- Hutter, Bridget (1997) *Compliance: Regulation and Environment*. Oxford: Clarendon Press.
- Kagan, Robert A. (1978) *Regulatory Justice: Implementing A Wage Price Freeze*. New York: Russell Sage Foundation.
- Kagan, Robert A. (1993) "Regulatory enforcement," in D. Rosenbloom and R. Schwartz (eds.), *Handbook of Regulation and Administrative Law*. New York: Marcel Dekker, pp. 383-42.
- Kagan, Robert A. (1997) "Should Europe worry about adversarial legalism?" *Oxford Journal of Legal Studies* 17: 165-83.
- Kagan, Robert A. (2000) "The consequences of adversarial legalism," in Robert A. Kagan and Lee Axelrad (eds.), *Regulatory Encounters: Multinational Corporations and American Adversarial Legalism*. Berkeley: University of California Press, pp. 372-413.
- Kagan, Robert A. (2001) *Adversarial Legalism: The American Way of Law*. Cambridge, MA: Harvard University Press.

- Kagan, Robert A. and Skolnick, Jerome (1993) "Banning smoking: Compliance without enforcement," in Robert Rabin and Stephen Sugarman (eds.), *Smoking Policy: Law, Politics and Culture*. New York: Oxford University Press, pp. 69-94.
- Kapstein, Ethan (1989) "Resolving the regulators' dilemma: International coordination of banking regulations," *International Organizations* 43: 323-47.
- Katzmann, Robert (1980) *Regulatory Bureaucracy: The Federal Trade Commission and Antitrust Policy*. Washington: Brookings Institution.
- Kelemen, R. Daniel (1998) "Regulatory federalism: The European Union in comparative perspective," unpublished PhD dissertation, Stanford University.
- Kelman, Steven (1981) *Regulating America, Regulating Sweden: A Comparative Study of Occupational Safety and Health Policy*. Cambridge, MA: MIT Press.
- Kitamura, Yoshinobu (2000) "Regulatory enforcement in local government in Japan," *Law & Policy* 22: 305-18.
- Konar, Shameek and Cohen, Mark (1997) "Information as regulation: The effect of community right-to-know laws on toxic emissions," *Journal of Environmental Economics and Management* 32: 109-24.
- Landy, Marc, Roberts, Marc, and Thomas, Stephen (1993) *The Environmental Protection Agency: Asking the Wrong Questions*, expanded edn. New York: Oxford University Press.
- Leone, Robert (1986) *Who Profits? Winners, Losers and Government Regulation*. New York: Basic Books.
- Levin, Michael H. (1982) "Getting there: Implementing the 'bubble' policy," in Eugene Bardach and Robert A. Kagan (eds.), *Social Regulation: Strategies for Reform*. San Francisco: Institute of Independent Studies Press, pp. 59-92.
- Levine, Martin (1965) "Is regulation necessary? California air transportation and national regulatory policy," *Yale Law Journal* 74: 1416.
- Lewis-Beck, Michael and John Alford (1980) "Can government regulate safety? The coal mine example," *American Political Science Review* 74: 745-55.
- Mashaw, Jerry L. and Harfst, Daniel (1991) *The Struggle for Auto Safety*. Cambridge, MA: Harvard University Press.
- May, Peter and Winter, Soeren (2000) "Reconsidering styles of regulatory enforcement: Patterns in Danish agro-environmental inspection." *Law & Policy* 22: 145-73.
- McCann, Michael (1986) *Taking Reform Seriously: Perspectives on Public Interest Liberalism*. Ithaca, NY: Cornell University Press.
- Mehta, Alex and Hawkins, Keith (1998) "Integrated pollution control and its impact: Perspectives from industry," *Journal of Environmental Law* 10: 61-78.
- Melnick, R. Shep (1983) *Regulation and The Courts: The Case of The Clean Air Act*. Washington,

DC: The Brookings Institution.
- Milhaupt, Curtis and Miller, Geoffrey (2000) "Regulatory failure and the collapse of Japan's home mortgage lending industry: A legal and economic analysis," *Law & Policy* 22: 245-90.
- Moe, Terry M. (1990) "Political institutions: The Neglected side of the story" *Journal of Law, Economics, and Organization* 6: 213-53.
- Morag-Levine, Noga (1994) "Between choice and sacriflce: Constructions of community consent in reactive air pollution regulation," *Law & Society Review* 28: 1035-77.
- Morgan, Bronwen (1999) "Regulating the regulators: Meta-regulation as a strategy for reinventing government in Australia" *Public Management* 1: 49-65.
- Niemeijer, Bert (1989) "Urban land-use and building control in The Netherlands: Flexible decisions in a rigid system," *Law & Policy* 11: 121-52.
- Nussbaum, B. (1992) "Phasing down lead in gasoline in the U. S.: Mandates, incentives, trading, and banking," OECD Workshop on Reducing Greenhouse Gas Emissions, June, Paris.
- Olson, Mancur, Jr. (1968) *The Logic of Collective Action*. New York: Schocken Books.
- Quirk, Paul (1981) *Industry Influence in Federal Regulatory Agencies*. Princeton, NJ: Princeton University Press.
- Rees, Joseph (1988) *Reforming the Workplace: A Study of Self-Regulation in Occupational Safety*. Philadelphia: University of Pennsylvania Press.
- Rees, Joseph (1994) *Hostages of Each Other: The Transformation of Nuclear Safety Since Three Mile Island*. Chicago: University of Chicago Press.
- *Regulation* (1998) "Dying for drugs," 3: 9-11.
- Rubin, Edward L. (1997) "Discretion and its discontents," *Chicago Kent Law Review* 72: 1299-1336.
- Rubin, Edward L. (2000) "Communing with disaster: What we can learn from the Jusen and Savings and Loan crises," *Law & Policy* 22: 291-303.
- Sabatier, Paul (1975) "Social movements and regulatory agencies: Toward a more adequate—and less pessimistic—theory of 'clientele capture'," *Policy Sciences* 6: 301-42.
- Scholz, John T. (1984) "Cooperation, deterrence and the ecology of regulatory enforcement," *Law & Society Review* 18: 601-46.
- Scholz, John T. and Wei, Feng H. (1986) "Regulatory enforcement in a federalist system," *American Political Science Review* 80: 1249-70.
- Scruggs, Lyle A. (1999) "Institutions and environmental performance in seventeen Western democracies," *British Journal of Political Science* 29(1): 1-31.
- Sellers, Jeffery M. (1995) "Litigation as a local political resource: Courts in controversies over land use in France, Germany and the United States," *Law and Society Review* 29: 475-517.
- Selznick, Philip (1969) *Law, Society and Industrial Justice*. New York: Russell Sage Foundation.

- Shapiro, Martin (1993) "The globalization of law," *Indiana Journal of Global Legal Studies* 1: 37-64.
- Shover, Neil, Lynxwiler, John, Groce, Stephen, and Clelland, Donald (1984) "Regional variation in regulatory law enforcement: The Surface Mining Control and Reclamation Act of 1997," in Keith Hawkins and John Thomas (eds.), *Enforcing Regulation*. Boston: Kluwer-Nijhoff, pp. 121-46.
- Spence, David B. (2001) "The shadow of the rational polluter: Rethinking the role of rational actor models in environmental law," *California Law Review* 89: 917-98.
- Stewart, Richard B. (2001) "A new generation of environmental regulation?" *Capital University Law Review* 29(21): 28-182.
- Stigler, George (1975) *The Citizen and the State*. Chicago: University of Chicago Press.
- Stone, Christopher (1997) "Too many fishing boats, too few fish," *Ecology Law Quarterly* 24: 504-44.
- Ulman, Lloyd and Flanagan, Robert (1971) *Wage Restraint: A Study of Incomes Policies in Western Europe*. Berkeley, CA: University of California Press.
- Unger, Brigitte and Waarden, Frans van (1995) *Convergence or Diversity? Internationalization and Economic Policy Response*. Aldershot, UK: Avebury.
- Verweij, Marco (2000) "Why is the River Rhine cleaner than the Great Lakes (despite looser regulation)?" *Law & Society Review* 34: 1007-54.
- Vogel, David (1986) *National Styles of Regulation: Environmental Policy in Great Britain and the United States*. Ithaca, NY: Cornell University Press.
- Vogel, David (1995) *Trading Up: Consumer and Environmental Regulation in a Global Economy*. Cambridge, MA: Harvard University Press.
- Vogel, David and Kagan, Robert A. (eds.) (2002) *Dynamics of Regulatory Change: How Globalization Affects National Regulatory Policies*. Berkeley, CA: University of California Press/University of California International and Area Studies Digital Collection. Available at ⟨http://repositories.cdlib.org/uciaspubs/editedvolumes/1⟩.
- Vogel, Steven (1996) *Freer Markets, More Rules: Regulatory Reform in Advanced Industrial Countries*. Ithaca, NY: Cornell University Press.
- Wallace, David (1995) *Environmental Policy and Industrial Innovation: Strategies in Europe, the U. S., and Japan*. London: Royal Institute of International Affairs/Earthscan Publications, Ltd.
- Weaver, Suzanne (1980) "Antitrust division of the Department of Justice," in James Q. Wilson (ed.), *The Politics of Regulation*. New York: Basic Books, pp. 123-51.
- Weber, Edward (1998) *Pluralism by the Rules: Conflict and Cooperation in Environmental Regulation*. Washington, DC: Georgetown University Press.
- Welles, Holly and Engel, Kirsten (2000) "A comparative study of solid waste landfill regulation: Case studies from the United States, the United Kingdom, and the Netherlands," in Robert A. Ka-

- gan and Lee Axelrad (eds.), *Regulatory Encounters: Multinational Corporations and American Adversarial Legalism*. University of California Press, pp. 122-72.
- Wilson, James Q. (1980) *The Politics of Regulation*. New York: Basic Books.
- Wilson, James Q. (1989) *Bureaucracy*. New York: Basic Books.
- Wokutch, Richard and Vansandt, Craig (2000) "National styles of worker protection in the United States and Japan: The case of the automotive industry" *Law & Policy* 22: 369-84.
- Wood, B. Dan (1988) "Principals, agents, and responsiveness in clean air enforcement," *American Political Science Review* 82: 213-34.
- Wood, B. Dan and Waterman, Richard (1991) "The dynamics of political control of the bureaucracy," *American Political Science Review* 85: 801-28.

扩展文献

- Aalders, Marius and Wilthagen, Ton (1997) "Moving beyond command-and-control: Reflexivity in the regulation of occupational safety and health and the environment," *Law & Policy* 19: 415-43.
- Beierle, Thomas C. and Cayford, Jerry (2002) *Democracy in Practice: Public Participation in Environmental Decisions*. Washington, DC: Resources for the Future.
- Black, Julia (1997) *Rules and Regulators*. Oxford: Clarendon Press.
- Braithwaite, John (2002) *Restorative Justice and Responsive Regulation*. Oxford and New York: Oxford University Press.
- Braithwaite, John and Drahos, Peter (2000) *Global Business Regulation*. Cambridge, UK: Cambridge University Press.
- Fischbeck, Paul S. and Farrow, R. Scott (eds.) (2002) *Improving Regulation: Cases in Environment, Health, and Safety*. Washington, DC: Resources for the Future.
- Haufler, Virginia (2002). *A Public Role for the Private Sector: Industry Self-Regulation in a Global Economy*. Washington, DC: Carnegie Endowment for International Peace.
- Hawkins, Keith (2002) *Law as Last Resort: Prosecution Decision-Making in a Regulatory Agency*. Oxford: Oxford University Press Kunreuther H. C., McNulty, P. J., and Kang, Y. (2002) "Third-party inspection as an alternative to command and control regulation. Risk analysis." *Risk Analysis* 22: 309-18.
- Majone, Giandomenico (ed.) (1996) *Regulating Europe*. London: Routledge.
- McBarnet, Doreen and Whelan, Christopher (1991) "The elusive spirit of the law, formalism and the struggle for legal control," *Modern Law Review* 54: 847-73.
- McCubbins, Matthew, Roger Noll, Barry Weingast (1989) "Structure and process: Politics and policy: administrative arrangements and the political control of agencies," *Virginia Law Review* 75: 431-82.
- Parker, Christine (2002) *The Open Corporation: Effective Self-Regulation and Democracy*. Cam-

bridge, UK: Cambridge University Press.
- Power, Michael (1997). *The Audit Society: Rituals of Verification*. Oxford: Oxford University Press.
- Sunstein, Cass R. (1990) "Paradoxes of the regulatory state," *University Chicago Law Review* 57: 407-40.
- Viscusi, Kip (2002) *Regulation Through Litigation*. Washington, DC: Brookings Institution Press.

12

私人组织的法律生活

劳伦·B. 埃德尔曼 著

刘 毅 译

法律与组织的关系

本文旨在汇集组织理论与社会-法律研究的发展成果,特别集中在近年对法律与组织之联系进行明确讨论的研究,这些研究提供了一幅关于私人组织内部和与之相关的法律图景。私人组织的法律生活可以理解为一张由规则、规范、习惯、风俗和意识形态诸要素织成的复杂的网。这张网成为法律领域与组织领域之间交换规范性观念的平台。此外,这张网还能够使组织对法律作出即时反应,并在更广阔的社会环境中成为法律的组成部分。

通过大量正式的法律规则和非正式的社会规范,私人组织的法律生活与更广泛的法律环境产生了互动。地方的、州一级的、国家的,有时还包括国际层面各个层级的法律,对组织生活的关键部分进行规制,包括贸易、并购、产品设计、员工管理以及员工的健康与安全等。组织在规制之网中运营,这种规制不仅仅是指正式的法律,还包括执业资格和经营许可、劳工合同和商业惯例等。社会控制的指向不仅是从社会到组织;法律和规范不仅源于日常的组织交易,更多地源于工业资本主义的意识形态和实践。

二者互动的第二个方面体现在组织在日常运营中所使用的法律工具,或与法律有关的工具,以及常规做法等。法律通过合同服务于组织的经济交换,通过财产法实现了资本的积累。通过建立关于交易、并购和合资经营的法律机制,组织得以发展壮大。组织的转型则通过破产法、反垄断法和并购法得以实现,甚至组织的诞生与死亡也是通过合并与清算等法律行为来分别完成。在所有这些法律领域内,公司在与其供应商、客户、竞争者和规制者以及员工们谈判时,提起法律诉讼或者以诉讼相威胁仍然是组织运用的重要法宝。这些法律成规(rubrics)甚至在其不在场时,仍能通过提供一整套规范、威胁和语言来发挥作用,以此来建构一种不大正式的关于经济交换和社会行动的领域(例如,Macaulay,1963)。

法律与组织的生存状态息息相关,因为组织生活的许多方面都是以法律的形式体现出来的。不同国家和政府的法律体制可以激励(或不鼓励)组织的创设;例如美国跨国公司就是因应第三世界国家松散的劳动法而创建的。组织的形式也受法律的影响;例如一个组织是以合伙还是以公司的形式设立,通常取决于当地的税务政策。从更基本的层面来看,关于财产、合同和就业的概念决定了组织的行为、边界、角色以及形式正当与否。但是与此同时,组织在发展过程中的实际情况也影响着我们对法律和服从的理解。

下面各节会更为具体地考察法律与组织的互动。第一节将通过当代新制度主义的视角,自古典社会理论开始,概述关于组织和法律的理论。第二节将从多个角度详细介绍组织的法律环境,并探讨关于组织环境问题在唯物论和文化视角之间的元理论争议。第三节将提出并概述一种关于法律的理论,即认为法律内生于其所力图规制的社会环境。最后,结论部分提出了一些尚未解决的问题,对未来之法律与组织环境互动问题研究指出了方向。

理 论 框 架

法律与组织的相互影响是古典社会理论的一个核心主题。埃米尔·涂尔干(Emile Durkheim)曾强调指出(1964)现代社会中法律在维护社会组织和劳动分工方面的功能。卡尔·马克思(Karl Marx)将法律形式视为实现生产组织的意识形态再生产和现实再生产中的关键因素,更主要的是维护阶级统治的关键因素(Marx and Engels,1978;Cain and Hunt,1979)。马克斯·韦伯(Max Weber)在其著作(1947)中对法律与组织生活的联系作出了最为全面的理论化说明,认为法律理性化的组织结构与理性化组织起来的法律结构,相类似地都体现了效率、可预见性和支配之间的紧张关系。不过,尽管法律与组织在古典社会理论中已经有如许关联,但是关于法律与组织的社会学理论直到较为晚近时,才取得了学术的独立地位。

从1940年代到1970年代的组织理论继承了韦伯的遗产,以理性的、目的性的、协作的科层制行为作为考察对象。法律却被排除在分析之外,很大程度上是由于组织的内部结构和行为是学者们的兴趣所在,而不是组织的外部环境。更为晚近的组织理论吸收了一种更为"开放系统"的方法,关注的是组织与其环境之间的相互关系,而不是以私人组织为考察对象(Scott, 1998)。开放系统的视角将法律也纳入了组织理论,尽管是以附带的形式:对法律的兴趣主要不在于其本身,而更多地在于组织力图依靠法律来克服不确定性,或者将法律视为能够创造更适宜之环境的机制(Pfeffer and Salancik, 1978; Stigler, 1971; Zald, 1970; Scott, 1998)。这些观点一般都将组织描述为通过理性方式力求将利益最大化的理性的行动者(Edelman and Suchman, 1997)。

发展于1970年代的新制度主义组织理论,在组织分析中赋予法律更为核心的地位。相比唯物论者强调对法律的利用和策略性反应,新制度主义更多强调法律的文化面向(Edelman and Suchman, 1997)。借鉴伯格和卢克曼(Berger and Lukmann, 1967)关于现实的社会建构理论,新制度主义理论强调共有的文化规则、模式和神话等在型构组织过程中的作用。在迈耶和罗温(Meyer and Rowan, 1977)、迪马乔和鲍威尔(DiMaggio and Powell, 1983),以及迈耶和斯考特(Meyer and Scott, 1983)的重要著作中指出,组织存在于"组织化领域"内,该领域被描述为"在其中,总体来说,组织构成了一种可辨识的制度化生活:包括主要的供应者、资源、产品的消费者、规制机关以及其他提供相似服务或产品的组织"(DiMaggio and Powell, 1983:148)。这些领域内的组织倾向于组成制度化的模式,不仅缘于对其成本收益的分析,而且因为特定的行为、形式或仪式被认为是正当且自然的。

通过强调组织化生活的文化面向,新制度主义理论自然就成为将法律和组织的互动理论化的工具。但是,早期的制度理论一般将法律视为具有稳定性、外生性和强制性的特征。根据这些观点,因果关系的方向一般是从法律指向组织(例如,Meyer and Rowan, 1977; DiMaggio and Powell, 1983; Fligstein, 1990)。

发展于1960年代的法律与社会研究,描绘出一番完全不同的关于法律的图景。与组织理论中认为法律具有外生性和强制性的观点不同,法律与社会研究的传统认为,法律自身从文化和结构两方面都内生于社会制度之中。不过只有很少一部分法律与社会研究关注法律与组织的互动问题(塞尔兹尼克[Selznick, 1969]和麦考莱[Macaulay, 1963]的研究是著名的例外),这种对于法律的看法显然与新制度理论中的更具文化意义的组织概念相匹配。

在过去十几年间不断发展的新制度主义对法律与组织的观点,将组织研究中关于组织的制度性本质的观点,与社会-法律研究对法律的制度性本质的观点融合起来。艾德尔曼(Edelman, 1990, 1992)认为组织对其"法律环境"或与法律有关的组织领域具有高度敏感性。法律环境包括正式法律及其制裁措施;在利用、不利用或规避法律过程中形成的非正式惯例和规范。关于法律之意义以及遵守法律的观念;还有在正式法律之外广泛存在的原则、观念、习俗和规范(Edelman, 1990, 1992; Edelman and Suchman, 1997; Cahill, 2001)。在下一节中,我将讨论最近关于法律环境中法律与组织之互动关系的研究。

组织的法律环境

法律环境至少创造了三个法律和组织的交汇点。尤其是法律环境作为一套便利的工具,组织能够借以型构自己与环境中其他部分的关系;法律环境作为一系列规制性命令,可以能动地将社会权威施加于组织生活的不同方面;法律环境作为一套构成性架构,能够对组织的形式和结构产生微妙的影响。

法律环境的这三个面向可以通过两种主要的互动模式得到进一步的理解:一种是唯物论者的观点,一种是文化论的视角。唯物论观点将组织定义为能够运用和掌控法律的理性目标实体。文化论视角则将组织视为一种制度化实体,它能够对与法律有关的规范性理想、标志性仪式和剧本角色保持高度敏感(对法律环境这三个面向以及元理论视角的更多了解,见 Edelman and Suchman, 1997)。

便利性环境

便利性法律环境包括一系列消极的程序性工具和论坛,组织可以借用这些工具和论坛解决纠纷,型构与其他组织的关系,管理自己的员工,影响规制机构的行为,以及收集信息等。唯物论观点对此问题的关注点在于组织如何策略性地运用法律工具影响环境中的其他行动者,并控制市场。而文化论视角则更关注规范在运用法律和法律外工具问题上的塑造作用。

唯物论强调对法律的策略性运用,以及诉讼与组织生活的日益重要性,强调商业中对民事诉讼的运用(Cheit, 1991; Galanter and Rogers, 1991)以及与之相伴而生的公司律师和独立公司律师事务所的数量和地位(Galanter and Rogers, 1991)。诉讼的增加导致保险业的增长(Cheit, 1991),破产率的升高(Delaney, 1989),以及从事高风险革新的意愿降低(Cheit, 1991)。

对非正式纠纷解决方式的研究,显示出文化论和唯物论视角的融合。例如麦考莱(Macaulay, 1963)对合同纠纷的开创性研究就显示,商人更喜欢以非正式的方式解决相互关系问题,也更愿意依据商业共同体的规范来解决纠纷,而不是通过法律诉讼。尽管商业文化是麦考莱分析的核心问题,但是在他的研究中,商人认为非正式纠纷解决方式比诉讼更有效率。最近的研究发现,使用诸如调解和仲裁等替代性纠纷解决方式来处理商业间纠纷呈上升趋势(Lande, 1998; Morrill, 1995),类似的还有用以处理组织内部冲突的内部申诉程序等各种非正式内部纠纷解决技术的急剧增长(Edelman, Erlanger, and Lande, 1993; Edelman and Cahill, 1998; Edelman, Uggen, and Erlanger, 1999; Edelman and Suchman, 1999)。其他研究集中在跨组织(Cahill, 2001)和跨国(Gibson and Caldeira, 1996; Kagan and Axelrad, 2000; Kagan, 2001; Cahill, 2001; Saguy, 2000)之纠纷解决规范的不同。

当组织力图约束市场或规制竞争性行业的时候,也会对便利性环境产生积极作用。对此问题的研究在此显示出唯物论与文化论的融合。产业界会策略性地利用法律以确保拿到直接政府补贴,以及利用规则限制行业准入,阻碍竞争对手或阻止有利于竞争对手的措施,对竞争进行规制等(Stigler, 1971; Gable, 1953; Pfeffer, 1974; Zhou, 1993)。行业和组织也会尝试从行政机构获得有利的制定规则(Posner, 1974; Clune, 1983; Hawkins, 1984; Blumrosen, 1993)。有时产业界同规制者的结盟是通过政治和文化议程来实现的。以财产保险为例,关于保险费率的规章的制定遭到业界的反对,但是制度建设和政治安排保护了保险公司和保险代理人在价格竞争中免于受害。

所以,便利性法律环境的概念引起对两个问题的关注,一是关注以法律策略型构经济互动,二是关注对组织生活产生影响的以及源自于组织生活的诸种规范。

规制性环境

规制性法律环境由各种实体性规则组成,这些规则将社会权威能动地施加给组织生活的各个方面。规制组织的法律(例如反歧视法,健康和安全法,以及反托拉斯法),对执法机构(例如平等就业机会委员会和职业安全与健康局)的行政规制,以及法院的实体性判决(包括对成文法的解释和对普通法原理的演绎),所有这些方面共同组成了规制性环境。规制性环境还包括具有类似法律功能的非正式规则,例如关于员工待遇一致性的规范或关于多元化的规范。唯物论观点将法律视为一系列对组织的外部约束,以激励和惩罚为手段。文化论与之相反,认为组织居于高度结构化的组织领域中,其中法律规则与社会规范创设出结构与仪式,这些结构与仪式又成为组织生活的制度化因素。

在唯物论者看来,组织会计算守法与不守法的比较价值,并以此来调整它们的行为(Diver, 1980; Paternoster and Simpson, 1996; Braithwaite and Makkai, 1991; Genn, 1993)。对不守法的制裁经常不足以阻止违法行为,因为法律判决或行政罚款的风险相比与市场有关的风险例如产品失败来说,似乎不算什么。或者说,法律制裁对理性的组织规划来说,力度太小,来得太慢(Stone, 1975; Jowell, 1975)。此外,组织的去中心化一方面使得错误决策的地点难以确定,另一方面还鼓励了部门间的竞争,导致市场业绩凌驾于守法问题之上。

文化论者则对上述认为组织会理性计算守法的成本收益的观念提出了挑战,认为正是因为大多数规制公司的法律过于含糊不清,所以守法的意涵是在社会中逐渐形成的。规制性环境是通过组织性模仿、职业规范的传播和对政府规则的规范性影响而逐步建构起来的(Edelman, 1990, 1992; Sutton, Dobbin, Meyer, and Scott, 1994; Dobbin, Sutton, Meyer, and Scott, 1993; Dobbin and Sutton, 1998; Edelman and Petterson, 1999; Edelman et al., 1999; Heimer, 1999; Kelly and Dobbin, 1998; Edelman, 2002)。法律由于两方面的因素而被过滤,一方面是经营管理方面的传统和特权,另一方面是组织内部的专业人员运用组织化的方式对法律作出反应。与公共部门联系最紧密的那些组织是解释守法的最佳角色,这些组织经常会创设内部的程序、机构和规则,以显示对法律的重视。这些内部法律结构——更多是在形式上而不是实质上反映了公共法律制度——通常被认为是服从法律的必备(有时是足够的)要素(Edelman, 1992)。随着时间的推移,这些关于法律服从的结构性标志在其他组织、员工、规制者,甚至法院看来,都需要提高它的正当性和合理性(Edelman, 1990, 1992; Edelman et al., 1999)。

唯物论和文化论的学者们共同关注的一个问题就是各种形式的规制"捕获",所谓规制"捕获"是指组织的力量能够使规制者忽略被规制的组织内存在的一些有法律问题的行为,甚至为这些行为提供方便(Blumrosen, 1965, 1993; Wirt, 1970; Ackerman, Sawyer, and Henderson, 1974; Conklin, 1977; Cranston, 1979; Diver, 1980; Clune, 1983; Vaughan, 1983; Hawkins, 1984; 另见 Levine, 1981; Horowitz, 1987; Luchansky and Gerber, 1993)。产业界之所以能向规制者施加重大压力,是因为公共机构需要产业界为其提供专家、信息和人员(Bardach, 1989; Breyer, 1982; Makkai and Braithwaite, 1992)。

尽管规制捕获源自产业界的策略行动,但是文化论学者更强调组织化的制度和政治在影响规制政策方面的作用。欧洲学者将规制视为政治竞争、社会政策、主要社会建制(例如银行)的经济业务以及广泛的文化规划等的产物(Lange and Regini, 1989; Regini, 1995; Majone, 1994)。与之相似,经济社会学家也关注文化观念、产业实践、科学以及政治斗争等对规制的影响(Dobbin, 1994; Stryker, 1989, 1990, 2000; Pedriana and Stryker, 1997; Yeager, 1990)。

所以,规制性环境一方面是法律规则对组织施加控制,另一方面是组织力图改变控制它的规则。但是,研究文献中大量的争议在于,法律究竟主要是作为一套组织予以策略性反馈的激励或阻碍机制,还是一套逐渐融入组织生活的规范性理念。

建构性环境

建构性法律环境相比便利性与规制性环境更为细微,但具有同样的重要性。它由一系列概念、确定性分类、定义和观念组成,这些因素以一种微妙的而且通常是看不见的方式起着判定一些问题的标准作用:组织应当如何设立,组织应当如何运筹自己的行动和外在的关系,组织应当如何发挥自己的管理功能。类似"公司法人"这样的定义,有助于判定行为的正当与否。诸如公/私、程序/实体、雇主/员工、豁免/非豁免、全职/

兼职等关键性的二元概念,以及诸如劳动力资源、申请人、合格、资质、无能力等概念,其意义和影响部分地来自建构性法律环境。只有通过法律才能理解何为公司,何为员工,雇主与员工间(或组织之间)有约束力的合同由什么组成,以及诸如公正、效率和理性等更为根本性的概念。法律设定的某些组织常规(包括雇用、解雇以及升职的程序,关于休假、衣着、语言、口音等的规定)看起来自然而且正常。

由于文化因素在建构性环境中发挥作用,所以建构性环境更多地引起文化论者而不是唯物论者的关注。这方面的研究包括:为了达成有约束力的契约,合同法如何规定象征和仪式(Suchman, 1995),财产法如何规定组织对资源与观念的控制(Campbell and Lindberg, 1990),破产法如何影响到组织对其各种股东的回报(Delaney, 1989)。还有研究旨在说明法律催生了某些组织特征,例如平权行动政策(Edelman and Petterson, 1999),或者"毒药丸"(poison pill)反并购策略(Powell, 1993; Davis, 1991)。此外,另有研究发现法律为整个组织的形式制定了基本的规则。例如,法律帮助建立了现代有限责任公司制度(Coleman, 1974, 1990; Seavoy, 1982; Roy, 1990; Creighton, 1990; Klein and Majewski, 1992),并对私人公司、公共机构、集体企业和非政府组织作出划分(Nee, 1992; Hansmann, 1996; Campbell and Lindberg, 1990)。

从更基本的层面来说,法律提供的基本逻辑隐含在组织内社会互动的文化和基础结构中。如韦伯(1947)所观察到的,现代组织和现代法律都贯穿着"法律理性"的逻辑,或者说普遍且明确的法律规则在其中发挥着重要作用。法律理性不完全是法律的产物;毋宁说法律和组织共同协作强化了制度中的法律理性逻辑——催生了公民的类法律观念(Selznick, 1969)以及组织中的公正(Edelman, 1990)。

尽管唯物论者不重视组织环境中的建构性因素,但是在法律与经济研究中还是隐含了一些建构性环境的因素。例如,该研究指出,通过对"交易成本"或谈判成本的影响,法律也会影响到市场交易针对科层化组织的某些诉求(Williamson, 1975, 1981, 1985, 1991; Posner, 1972; Masten, 1990)。不仅如此,通过建立财产关系以及其他规则,法律还可以影响经济行动者之间的权力平衡,法律以各种建构性的方式体现在市场与经济之中(Campbell and Lindberg, 1990)。

组织不仅是法律作为建构性环境时的客体,而且能够参与到法律规则的形成过程中,从而反过来影响市场。这种参与过程既可以是游说和诉讼等直接的方式,也可以通过间接的方式,例如组织采用新的策略以达到回避、规避或利用法律的目的,这也会对法律规则产生影响(Powell, 1993; Gilson, 1984; Suchman, 1995)。

所以说,法律在组织的建构性环境中发挥着微妙的作用。法律在其中不仅仅提供程序性工具或实体性规则,而且还能够提供各种认知可能性和价值,从而对组织的结构、形式和策略均产生影响。不过关于便利性和实体性法律环境的研究中,仅仅把组织视为法律的生产者和接受者,而关于建构性环境的研究则将法律视为行动的首要指南,认为组织在很大程度上是法律思想的接受者。

法律的内生性

大部分关于法律与组织的观点都认为法律是外生性的,或者说法律外在于组织领域,并先于组织领域而存在的。所以在大多数关于法律与组织的论述中,法律的方向是向下的,即从政府到组织。

学者们关注的是组织对法律的影响,而且首要的是便利性和规制性法律环境的背景。学者们认为组织的策略和组织的规范对法律的运用和规制的内容产生了影响。但是较少关注的是组织的制度如何提供了已经成为法律环境一部分的认知分类和基本原理,或者说,组织如何成为建构性法律环境的生产者(也是接受者)。

在本文接下来的部分,我将概括介绍视法律为内生性的理论,即认为法律产生于其所要规制的社会领域。法律环境是法律内生性理论中的重要因素,不仅仅是组织借以认知法律的场域,更主要是法律与组织两者间实现互动的渠道。

法律的内生性之所以可能,很大程度上取决于两个重要社会领域——组织领域与法律领域——的交叠。组织领域,或者说与组织直接相关的环境,是形成管理、效率、公平、合法性和理性等概念之共识的地方。在组织领域内,某些行为方式一旦被视为是成功的,很快就会通过众多的组织类型被传播开来,以至于最终被正当化为获得组织成功的合理的甚至必须的方式(例如,Tolbert and Zucker, 1983; Fligstein, 1985; Edelman, 1990; DiMaggio, 1991)。

我把法律领域定义为一种被法律制度和行动者所环绕的社会领域,是组织领域的法律拟制。正如关于商业实践的观念贯穿组织领域一样,诸如正义、服从、协商和规制等法律观念同样也在法律行动者之间交流,并且贯穿于日常行动和公民关于法律秩序的思想之中。法律领域除了正式法律,还包括非正式的实践和规范,以及处于"法律阴影"之下的协商模式(Mnookin and Kornhauser, 1979)。

组织领域与法律领域在经验层面上区别不大,因为它们具有相同的组织、行动者和过程。但是,它们在概念上却分属不同的制度逻辑。组织领域遵循的是资本主义/管理型逻辑,一般来说,对金钱的考量要高于合法性、公平或社会规范这些观念。合法性的观念从属于合理性的观念,对法律的考量要让位于将市场份额最大化,维护商业关系,保持权威传统的延续,当然还有增加产量与利润等问题。

相较而言,法律领域则遵循正式的以权利为基础的(或者说自由主义合法性的)逻辑,它所推崇的是由公正且消极的司法界制定的普遍适用的一般性法律规则体系。自由主义合法性的逻辑认为,个人权利拥有者能够发现权利被侵犯,并能运用自己的法律权利。党派竞争中对这些权利的吁求,最终将产生不依赖于任何政治或社会力量的正义。

当然,法律与社会研究还指出,法律领域另有一些非正式的逻辑,与自由主义合法性逻辑是共存或竞争性的关系。这些另类的逻辑通常强调共同体规范和非正式纠纷解决方式的价值;其中也存在权利问题,但主要体现了其他社会规范的特征(Macaulay,1963;Ellickson,1991)。因此法律领域的逻辑是自由主义合法性逻辑与一系列非正式程序的混合,后者提供了实现正义的替代性机制。但是,无论正式还是非正式,法律领域的逻辑所强调的都是权利和正义,而不是效率和理性。

尽管法律和组织领域分别由完全不同的逻辑所支配,但实际上仍有相交叠的部分。组织的法律环境是由组织领域中与法律相关的因素,和法律领域中与组织相关的要素共同组成。组织领域和法律领域的交叠导致组织逻辑和法律逻辑的模糊。当组织与法律相遇时,法律观念就会流入组织领域,将权利和正义的概念灌输进效率化的管理中。与之类似,当法律领域的行动者和制度与组织协商时,管理型观念也会流入法律领域,将效率和利润的观念引进法律领域。

对组织领域和法律领域的观念交流能产生促进作用的是一个被称为"合规职业者"的重要群体,其中包括在组织内或组织外工作的律师、经理人、顾问以及其他的专家,他们的工作就是为组织处理法律事务。组织内部的合规职业者包括人力资源专家,处理法律要求的事务或根据法律制定组织的政策;内部法律顾问,其工作的主要或次要部分就是处理合规或法律问题;合规事务专家,例如处理平权事务或安全事务的专家;还有一般行政人员,其职责包括根据法律要求处理行政事务。组织外部的合规职业者包括律师,为组织提供关于法律问题或如何处理法律纠纷的建议,还有各类管理咨询者,他们也提供类似的建议。无论代表组织还是代表对抗组织的当事人的律师,也属于合规职业者。在某些情况下,外部合规职业者的工作与组织的联系比较紧密,例如在律师与组织具有隶属关系,或者作为常规管理顾问的情况下;在其他情况下,合规职业者与组织只有短暂的互动关系,例如只提供一次性建议的顾问,或者只通过网络提供建议的顾问。

合规职业者起到了社会过滤器的作用,法律观念通过他们传达给组织,组织中的法律建设又通过他们传递回法律领域。在向客户提供咨询、制定政策、解决问题或寻求改变的过程中,这些合规职业者们也有各种机会去影响组织和法律。

合规职业者在其穿越组织领域的过程中在多个阶段上可以对法律的发展产生影响。这些阶段包括:(1)通过合规职业者建构法律和法律环境,(2)建构并传播关于合规的象征性形式,(3)在组织内部实现法律化管理,(4)将法律问题结构化,(5)对组织制度的法律服从。下文我将逐一简要介绍。

合规职业者对法律和法律环境的建构

组织的高层经理人对法律的了解不是来自阅读法条、案例或行政规章,而是来自组织内部或服务于组织的合规职业者。只有当法律被组织行动者所知晓的时候,才能成为组织领域的相关组成部分。合规职业者是第一线的法律解释者;他们向组织的管理者解释哪些法律与组织相关,有着怎样的关系,这些法律会对组织产生怎样的威胁等。

不同的合规职业者可能对法律环境持有不同的看法,这反映了其所在工作领域的不同逻辑。在统一行业内工作的人一般具有相似的教育背景(有时还有相似的社会背景),加之他们通过职业网络被联系起来,例如在会议上的互动,撰写和阅读本行业的期刊文章,参与在线论坛和讨论小组,在工作中或在业务往来中交流观点等。因此在特定行业中,关于法律的观念一般会被制度化。

事实上在行业内部存在着复杂的关系,某种程度上是一种等级体制,当其进入组织领域后,就会推动法律信息产生体系化的转变。来自精英律师事务所的律师通常位于等级体制的顶端,他们会就法律的变更或诉讼模式中的新风险提出初始性的警告。这些精英律师会为网站和本行业期刊撰写文章;引导有其他律师和经理人参与的讨论小组;他们充当普通律师,特别是组织内部的律师的顾问。精英律师可能会刻意强调或夸大法律环境所受到的威胁,一方面是因为他们认为自己的角色就是为组织的客户提供必要的保护,另一方面他们通过强调自己有能力保护组织避免来自环境的威胁,从而为自己赢得更大的市场(参见 Bisom-Rapp,1999)。

合规之象征形式的建构与传播

在合规职业者所提供的法律视野和法律威胁建议的作用下,组织开始寻求通过理性方式化解这些威胁。合规职业者再一次体现出其关键作用,一旦他们发现并证明法律威胁的存在,就可以通过提供解决这些威胁的方法而获得组织权力(Edelman, Abraham, and Erlanger, 1992)。

公共管理为私人管理提供了现成的正当化模式,因此在解决法律问题方面也成为可以挑战组织管理的资源。在组织管理中合规业务的早期阶段,在创设结构方面,至少在形式上倾向于模仿公共法律制度。例如,作为对 1960 和 1970 年代所规定之模棱两可的民权的反应,雇主们制定的规则和政策看起来像法规,办公室看起来像行政机构,合规管理者看起来像行政官员甚至警察,申诉程序看起来像是在法庭进行(Edelman et al., 1999)。这些反歧视规则、民权事务所、申诉程序以及其他法律结构,都可以被视为重视法律的看得见的标志。

早期采纳合规之象征性形式的往往是具有广阔视野的组织,或者是因为他们都是行业的领导者,或者是因为他们与公共部门有联系。这些被组织采纳的合规形式接下来就成为其他组织进行正当的合规业务的现成模式(Edelman,1992)。合规职业者的网络有助于传播这些合规形式。当某种特定的合规形式逐渐盛行时,这些解决方式的合理性就开始被视为"神话"或理所当然(Meyer and Rowan,1977;Edelman,1990,1992)。

法律的管理化

合规的象征性形式在组织人群中的快速传播,并不必然意味着这些形式会导致实质性的变化。因为一般来说,是合规的形式而不是实质取得了制度化的地位,管理层和安排合规结构之人员的人事部门在热情拥抱法律观念方面有变化。在某些情况下,合规的结构主要是作为象征性的姿态,无意通过这些结构来改变组织的政策或实践。组织可以在正当性和合理性方面实现最大化,又可以将这些结构的实质性影响最小化,方法是通过创设形式化的看似具有正当性的管理结构,同时又使那些不合规范的实践摆脱出这些结构(Edelman,1992)。在其他情况下,高层管理者会主动地关注法律观念。

但是一旦形成,合规结构就会独立于组织的策略而自我发展,因为这些结构是形成法律意义的工具。法律意义部分源于为合规结构安排人员的那些行动者,也源于与这些结构形成互动的那些人,但是法律意义不可避免地要在某种程度上契合于由组织行动者操控的组织领域的逻辑。因此,尽管合规结构具有类似法律的形式,但这些结构存在于组织领域,这就意味着其中效率和理性的逻辑通常会战胜权利和正义的逻辑。

管理者们对法律的理解被限制在组织和目标的框架内。他们也考虑遵守法律的问题,但是这个问题的重要性必然比不上他们对生产效率和服务措施的兴趣。因此,当组织从事解释法律要求、整理法律文书、解决法律问题等事务的时候,法律已经不断地被管理性规范过滤,在管理层的关注过程中被调和。组织可能会变得越来越合法化,或者受到法律价值和规则更多的影响,但是与此同时,法律理念也被灌输进传统的管理思维方式,因此而产生了所谓的法律的管理化(Edelman,Fuller,and Mara-Drita,2001)。

法律的管理化体现为多种形式。第一,组织政策的制定者可以通过制定在组织内部具有法律效力的规则,实现法律的管理化(例如禁止性骚扰的规则)。但是这种内部立法不能确保会被公共法律所效仿,或得到法律观念的认可。相反,在结合法律目标和管理目标的过程中,管理层倾向于在规则中引入自由裁量,以管理标准(例如一致性待遇)替代法律标准(例如差别待遇),甚至规避法律标准。例如,如果法院创设出一种理论,据此被解雇的员工就可以起诉雇主违反了"默示合同",此时雇主会即刻开始修订其人事政策和雇用合同以避免法律风险,例如以明确的方式具体规定其员工的工作是"自愿的",因此可以无原因地被解雇(Edelman et al.,1992)。因此,内部立法实际某种程度上是对法律理念的破坏(Edelman and Suchman,1999)。

第二,合规结构还可以内部司法处理法律申诉的方式实现法律的管理化。以多种方式处理内部法律申诉正在成为诸多组织的共同趋势。内部争议解决方式的出现,赋予组织的人事部门重大的职责,他们可以决定问题由哪些因素构成,该问题在本质上是否合法,该问题能否或应否得到解决,法律标准会对问题的解决产生怎样的影响,以及问题应当如何解决。埃德尔曼等人(Edelman et al., 1993)发现内部申诉的处理者倾向于把歧视问题的申诉转换为典型的管理问题,例如管理不善,或者人际关系困难等,而且也是用这套思路来处理问题的。管理不善可以通过训练来改进,或者通过调动人员等实用主义的解决方式;如果是人际关系困难,也是通过一些救治措施,例如咨询、员工帮助计划或类似于调解的交流等。这些救济措施服务于组织的目标,确保平稳的雇佣关系,通常也能够解决员工的申诉,但是他们很少关注法律权利。在此过程中,这些措施的去政治化和去法律化的特征,不仅对雇主和员工当下的特定争议,而且对他们的未来都会产生潜在的影响(Edelman et al., 1993; Edelman and Cahill, 1998; Edelman and Suchman, 1999)。

第三,管理的修辞与管理的潮流也可以通过重构法律观念来实现法律的管理化。例如,关于"管理多元化"和"价值多元化"的修辞,也以微妙的方式影响了均等就业机会的含义。正式的 EEO(全称 equal employment opportunity,均等就业机会)法律规定公民拥有不以种族、肤色、性别、宗教和原国籍而遭受歧视的权利。这几项非歧视权利的指向并非随意确定,而是体现了对一种道德理念的信奉,这种理念产生于历史上剥夺公民权的事件之后,为避免进一步的权利歧视而授权予以特别保护。尽管管理多元化的修辞看起来是支持 EEO 法律的,而且也秉持同样的道德理念,但实际上从均等机会向多元话语的转变,可不仅仅是表面上的变化。事实上,多元化的修辞冲淡了对历史上剥夺公民权事件的关注,具体来说,就是以因文化差异、地理差异、生活方式差异,甚至包括交流方式的差异、服饰差异、饮食差异而形成的多元化,等同于法律保护类别上的多元化。不仅如此,关于多元化的管理修辞还以一种负面的方式来描述反歧视法,认为这种法律为组织设定一些反效率的规则,而多元化的管理则有助于实现创造力、和谐与利润。因此关于多元化的管理修辞倾向于根据传统管理的目标重塑法律价值(Edelman et al., 2001)。

第四,组织可以通过法律实践的内部化达成法律的管理化。最近几年,组织在大量扩充富于经验的内部法律人员。在大型公司里,这些法律工作者不仅处理申诉和诉讼,而且负责保管公司文件,防止可能的泄露,以及分派工作给外部律师等(Rosen, 1989; Galanter and Rogers, 1991; Nelson and Nielsen, 2000; Neison, 1994)。内部法律人员相比外部律师,既有可能也有能力按照使法律价值服从管理价值(例如赢利性、效率和等级权威)的方式解释和执行法律(Edelman and Suchman, 1999)。

最后,组织甚至可以通过对强制性报告要求采取对策来实现法律的管理化,例如在应 EEOC(Equal Employment Opportunity Commission,美国就业机会均等委员会)的要求填写关于劳动力明细统计的强制性表格时。尽管这项工作看起来是常规化的要求,但是劳动力报告统计的法律意义在于:哪些员工被划分为未被充分代表的少数人群,谁是在统计时才"被雇用的",以及各种职位是如何划分的,诸如此类问题既取决于也影响到公司内部合规性的特征。

上述各个方面尚未穷尽法律在组织领域内被管理化的方式。法律的管理化可以强化组织的合法性,因为法律价值在被管理术语重塑后,更容易融入组织的管理之中。但是,法律的管理化会因为法律被纳入管理的目标,由此对法律的理念造成弱化、不重视和去政治化的效果。

法律问题的框架

组织是社会化的过程中强有力的引擎。组织内部的法律文化决定了组织内部或外围的个人如何看待法律的理念、法律的边界、法律的威慑,以及雇主与法律有关之行动和结构的公正性与合法性(Fuller, Edelman, and Matusik, 2000;参见 Bumiller, 1987, 1988; Felstiner, Abel, and Sarat, 1981; Ewick and Silbey, 1998)。

因此,法律的管理化对判定何种行为或政策正当或不公正产生重大的影响;法律的管理化还支持了特定类型的诉求和关于法律问题的特定框架,同时排斥了相反的诉求和框架。在一定程度上,组织的文化将歧视问题重塑为人际关系和管理上的问题,或者将法律范围之外的多元化与种族和性别的多元化相提并论,偏好白人男性的升职决定或者工作场所缺少妇女或少数族裔等问题,都不太可能被视为法律上的问题。

组织的行为在多大程度上被视为法律问题,对于这些行为是否以及如何被置入法律领域,具有重要的意义。例如,员工、雇主和他们的律师都起到了设定法律问题的作用。雇主的作用很明显;他们是被管理化的法律概念的传播者。员工的作用体现在他们对管理行为的看法上——哪些行为在法律上是正当的,哪些是不公正的。

无论是员工(一般是原告)的律师还是雇主(一般是被告)的律师,都以不同的方式对合规模式的管理化起到了强化和正当化的作用。员工的律师扮演了法律领域看门人的角色,因为他们不太愿意接手一个雇主符合制度化合规理念的案件。例如,即使在员工有充分的理由避免适用内部申诉程序的情况下,原告的律师也不太愿意接手一个员工不能运用这些程序的案件。雇主律师的作用在于将管理的逻辑引入法庭,通过将他们有关法律的程序和政策改造为具有合规性,以及通过某些正当的理据(例如市场价格和商业需要)为自己的行为辩护。管理化的法律概念在一定程度上已被融入雇主、员工和律师的纠纷产生和形成过程中,这些概念塑造了法律领域之纠纷的逻辑和词汇。

对组织之法律建构的司法尊重

虽然传统法律观念以自上而下的视角来看,法院对于偏离了法律目标的组织的合规性建构,应当予以校正。而法律内生性的观点则认为法院实际上受到了组织领域内制度化合规实践的影响。

正如雇主愿意从自己法律环境中的规范与实践中获取提示一样,法官也会从组织中已被制度化的规范与实践中获得提示。因为组织领域和法律领域有交叠,所以关于法律和合规的制度化观念也会隐蔽地潜入司法领域。所以法院经常会接受雇主关于合规的象征性标志,不认为雇主的法律结构缺少对法律权利的保护,在某些案件中甚至抵制这些权利。通过这种方式,制度化、管理化的组织实践就被纳入了 EEO 合规的司法标准。当法院将来自组织领域的观念引入新的案件判决时,法律就具有了内生性(Edelman et al. , 1999)。

法律的内生性在雇主的内部申诉程序中得到最明显的体现。从 1970 年代到 1980 年代早期,人力资源行业推崇申诉程序的法律价值,即便法律对此没有明确规定,即便当时的法院不承认这种程序能构成 EEO 合规的证据。但是人力资源行业声称,申诉程序会被法官视为公平对待的证据,因此该程序会给雇主带来好处。

在 1980 年代中期,法院开始明确地按照人力资源行业的建议行事。1986 年,最高法院在"梅里托储蓄银行诉文森案"(*Meritor Savings Bank v. Vinson*)中提出,一个有效的申诉程序可以保护雇主免于承担性骚扰的责任。之后不久,一个联邦巡回上诉法院在种族歧视案中也采用了类似的标准(*Hunter v. Allis-Chalmers*, 1986)。还有在 1998 年,最高法院宣布员工如果没有使用雇主的内部申诉程序,雇主则可以免于承担其对员工性骚扰的监管责任(*Faragher v. City of Boca Raton*)。当法院宣布内部申诉程序能够帮助雇主免于承担责任时,他们就是在加强申诉程序作为一种与法律有关的合规形式的正当性和合理性(即便这些申诉程序事实上很难保证均等就业机会的实现)。

所以说用于规制组织的法律是内生性的,因为该法律的意义一定程度上是通过组织行为和组织行为的模式所塑造的,而后者在组织领域内已经被制度化。法律的模糊性促使组织创设出内部的法律结构,这种结构也象征着对法律的关注。这种结构一旦形成,就会引起关于法律意义的争议,因为业界人士和其他官员寻求在组织内部完善法律。由于受其训练、经验和职业眼界的影响,组织行动者倾向于按照传统的管理风格和目标构建法律。随着时间的推移,这些关于法律的建构形成制度化,它们又会逐渐且微妙地影响到其他社会行动者(包括法官)对法律意义以及如何理性地遵守法律的理解。

结　语

对私人组织法律生活的学术研究很大程度上受益于近来组织研究和社会-法律研

究的融合。社会-法律研究者们开始从原先非常简单地将组织理解为目标导向的理性行动者,转向能够理解组织生活中那些弱形式化和弱理性化的因素。与此同时,研究组织的学者开始质疑那种认为法律是强制性和决定性力量的观点,并逐渐关注将法律置于其社会背景下的研究(Suchman and Edelman, 1996)。因此,有更多的研究开始关注如何更加精确地理解组织的法律生活同社会的法律生活之间的纠葛。

尽管在理解法律与组织之间复杂的互动关系方面取得了重大进展,但其中还是存在很多空白留待未来进一步的研究。首先,学者们应当关注唯物论和文化论之间的冲突(或者说明显的冲突)。在对组织的法律生活进行解释时,如何调和唯物论者对理性策略的强调及文化论者对制度化理念和仪式的强调?这些根本性的冲突是由于两种元理论的视角不同吗?还是说组织的法律生活本身就是具备理性和规范性两种特征?

其次,学术研究应当探究的是,无论是便利性、规制性还是构成性的法律环境,如何同时成为组织借以改变对法律的理解的场域(Edelman and Suchman, 1997)。国家创造某些工具是为了方便互动,但组织改造法律是因为他们想通过这些工具来制造新的法律问题和可能性,或者因为他们需要一些组织机制来规避法律障碍(例如卡特尔组织逃避反垄断法的约束,或者用新的会计方法逃避公司报告制度)。国家创设规则是为了制约组织的行为,但是组织会通过规定合规的意义来克服和改变这些制约。国家通过给予公司、股东和员工以法律定义的方式帮助建构组织。但是这种建构性的环境其实主要是通过组织的制度来实现的,而不是立法者的笔杆子。

最重要的是,需要更多地关注法律的内生性问题,关注组织在改造法律的内容和形式方面所起的作用。在任何具体的情况下,看起来法律相对于特定的组织行为或结构来说都是外生性的,组织似乎也是在顺从或抵制法律的力量。但是如果关注到法律建构的过程,就会发现组织的法律环境——处于组织领域和法律领域之间——是进行法律建构和组织建构的沃土。正是在这些空间内,产生了一些跨领域的职业,例如律师、管理顾问、人事主管、合规主管,以及其他负责解释并最终定义法律的人员。

我在就业问题的讨论中提出了关于法律内生性理论的初步框架(Edelman et al., 1999),在其他社会领域也存在着相似的过程。例如关注在卫生保健、反垄断、破产、环境和犯罪等领域中的法律内生性问题,可能会带来丰富的理论成果。在这些以及其他领域中,法律与社会问题的研究应当致力于表现各种社会领域,在其中,对法律的理解在不断发展,社会行动者扩展了社会领域的边界,社会互动和制度化的过程引起了法律和社会的变迁。

对法律内生性的跨国分析也很重要。在民法法系国家和普通法国家,法院角色和法官训练的差异,会影响到制度化的组织实践融入司法裁决制定过程的程度。民族文化与组织文化和个人法律意识的互动,也会对法律内生性问题产生影响(参见 Cahill, 2001)。

此外，政策中蕴含的法律内生性也是关键性的问题。就法律的内生性问题而言，或者法律是在组织领域——法律力图规制的领域——内被塑造而言，对组织的社会控制实际上是由组织进行的社会控制——虽然不是公开进行，而是通过制度化的治理模式的影响实现的。

注释

感谢 Catherine T. Albiston, Hamsa Murthy, Austin Sarat, Willow Tracy, 以及 Kay Levine 对本文早期版本的评论。本文中的一节（"组织的法律环境"）主要源自前期与 Mark Suchman 的合作（Edelman and Suchman, 1997）。

参考文献

- Ackerman, B. A., Ackerman, S. R., Sawyer, J. W. Jr., and Henderson, D. W. (1974) *The Uncertain Search for Environmental Quality*. New York: Free Press.
- Bardach, E. (1989) "Social regulation as a generic policy instrument," in L. M. Salamon (ed.), *Beyond Privatization: The Tools of Government Action*. Washington, DC: Urban Institute, pp. 197-230.
- Berger, P. L. and Luckmann, T. (1967) *The Social Construction of Reality*. New York: Doubleday. Bisom-Rapp, S. (1999) "Bulletproofing the workplace: Symbol and substance in employment discrimination law practice," *Florida State University Law Review* 26(4): 959-1038.
- Blumrosen, A. W. (1965) "Anti-discrimination laws in action in New Jersey: A law-sociology study," *Rutgers Law Review* 19: 187-287.
- Blumrosen, A. W. (1993) *Modern Law: The Law Transmission System and Equal Employment Opportunity*. Madison: University of Wisconsin Press.
- Braithwaite, J. and Makkai, T. (1991) "Testing and expected utility model of corporate deterrence," *Law & Society Review*, 25(1): 7-40.
- Breyer, S. (1982) *Regulation and its Reform*. Cambridge, MA: Harvard University Press.
- Bumiller, K. (1987) "Victims in the shadow of the law: A critique of the model of legal protection," *Signs* 12: 421-34.
- Bumiller, K. (1988) *The Civil Rights Society: The Social Construction of Victims*. Baltimore: Johns Hopkins University Press.
- Cahill, M. L. (2001) *The Social Construction of Sexual Harassment Law: The Role of the National, Organizational, and Individual Context*. Burlington, VA: Dartmouth.
- Cain, M. and Hunt, A. (eds.) (1979) *Marx and Engels on Law*. New York: Academic Press.
- Campbell, J. L. and Lindberg, L. N. (1990) "Property rights and the organization of economic activities by the state," *American Sociological Review*, 55: 634-47.

- Cheit, R. E. (1991) "Corporate ambulance chasers: The charmed life of business litigation," *Studies in Law, Politics, and Society* 11: 191-240.
- Clune, W. H. (1983) "A political model of implementation and the implications of the model for public policy, research, and the changing role of lawyers," *Iowa Law Review* 69: 47-125.
- Coleman, J. S. (1974) *Power and the Structure of Society*. New York: Norton.
- Coleman, J. S. (1990) *Foundations of Social Theory*. Cambridge, MA: Belknap Press of Harvard University.
- Conklin, J. E. (1997) *Illegal But Not Criminal: Business Crime in America*. Englewood Cliffs, NJ: Prentice-Hall.
- Cranston, R. (1979) *Regulating Business: Law and Consumer Agencies*. London: Macmillan.
- Creighton, A. L. (1990) "The emergence of incorporation as a legal form for organizations," unpublished PhD dissertation, Department of Sociology, Stanford University.
- Davis, G. F. (1991) "Agents without principles? The spread of the poison pill through the intercorporate network," *Administrative Science Quarterly* 36: 583-613.
- Delaney, K. J. (1989) "Power, intercorporate networks, and 'strategic bankruptcy'," *Law and Society Review* 23: 643-66.
- DiMaggio, P. J. (1991) "Constructing an organizational field as a professional project: U. S. art museums, 1920-1940," in Walter W. Powell and Paul J. DiMaggio (eds.), *The New Institutionalism in Organizational Analysis*. Chicago: University of Chicago Press, pp. 267-92.
- DiMaggio, P. J. and Powell, W. W. (1983) "The iron cage revisited: Institutional isomorphism and collective rationality in organizational fields," *American Sociological Review* 48: 147-60.
- Diver, C. (1980) "A theory of regulatory enforcement," *Public Policy* 28: 257-99.
- Dobbin, F. (1994) *Forging Industrial Policy: The United States, Britain, and France in the Railway Age*. New York: Cambridge University Press.
- Dobbin, F. and Sutton, J. R. (1998) "The strength of a weak state: The rights revolution and the rise of human resource management divisions," *American Journal of Sociology* 104: 441-76.
- Dobbin, F., Sutton, J. R., Meyer, J. W., and Scott, W. R. (1993) "Equal employment opportunity law and the construction of internal labor markets," *American Journal of Sociology* 99: 396-427.
- Durkheim, E. (1964) *The Division of Labor in Society*; trans. George Simpson. New York: Free Press.
- Edelman, L. B. (1990) "Legal environments and organizational governance: The expansion of due process in the workplace," *American Journal of Sociology* 95(6): 1401-40.
- Edelman, L. B. (1992) "Legal ambiguity and symbolic structures: Organizational mediation of civil rights law," *American Journal of Sociology* 97(6): 1531-76.
- Edelman, L. B. (2002) "Legality and the endogeneity of law," in Robert Kagan, Martin Krygier,

and Kenneth Winston (eds.), *Legality and Community: On the Intellectual Legacy of Philip Selznick*. Lanham, MD: Rowman & Littlefleld, pp. 187-202.
- Edelman, L. B., Abraham, S. E., and Erlanger, H. S (1992) "Professional construction of law: The inflated threat of wrongful discharge doctrine," *Law & Society Review* 26(1): 47-83.
- Edelman, L. B. and Cahill, M. (1998) "How law matters in disputing and dispute processing (or, the contingency of legal matter in alternative dispute resolution)," in Bryant Garth and Austin Sarat (eds.) *How Law Matters*. Evanston, IL: Northwestern University Press, pp. 15-44.
- Edelman, L. B., Erlanger, H. S., and Lande, J. (1993) "Internal dispute resolution: The transformation of civil rights in the workplace," *Law & Society Review* 27(3): 497-534.
- Edelman, L. B., Fuller, S. Riggs, and Mara-Drita, I. (2001) "Diversity rhetoric and the managerialization of law," *American Journal of Sociology* 106(6): 1589-641.
- Edelman, L. B. and Petterson, S. (1999) "Symbols and substance in organizational response to civil rights law," *Research in Social Stratiflcation and Mobility* 17: 107-35.
- Edelman, L. B. and Suchman, M. C. (1997) "The legal environments of organizations," *Annual Review of Sociology* 23: 479-515.
- Edelman, L. B. and Suchman, M. C. (1999) "When the haves hold court: Speculations on the organizational internalization of law," *Law & Society Review* 33(4): 941-91.
- Edelman, L. B., Uggen, C., and Erlanger, H. S. (1999) "The endogeneity of legal regulation: Grievance procedures as rational myth," *American Journal of Sociology* 105: 406-54.
- Ellickson, R. (1991) *Order Without Law: How Neighbors Settle Disputes*. Cambridge, MA: Harvard University Press.
- Ewick, P. and Silbey, S. S. (1998) *The Common Place of Law: Stories from Everyday Life*. Chicago: University of Chicago Press.
- *Faragher v. City of Boca Raton* (1998) 118 S. Ct. 1115.
- Felstiner, W., Abel, R. L., and Sarat, A. (1981) "The emergence and transformation of disputes: Naming, blaming, claiming...", *Law & Society Review* 15(3-4): 631-54.
- Fligstein, N. (1985) "The spread of the multidivisional form among large flrms 1919-1979," *American Sociological Review* 50(3): 77-91.
- Fligstein, N. (1990) "The structural transformation of American industry: An institutional account of the causes of diversiflcation in the largest flrms, 1919-1979," in Walter W. Powell and Paul J. DiMaggio (eds.), *The New Institutionalism in Organizational Analysis*. Chicago: University of Chicago Press, pp. 311-36.
- Fuller, S. R., Edelman, L. B., and Matusik, S. F. (2000) "Legal readings: Employee interpretation and mobilization of law," *The Academy of Management Review* 25(1): 200-16.
- Gable, R. W. (1953) "NAM: Influential lobby or kiss of death?" *Journal of Politics* 15: 254-73.
- Galanter, M. and Rogers, J. (1991) "Transformation of American business disputing? Some pre-

liminary observations," Working Paper. Madison, WI: Institute of Legal Studies.
- Genn, H. (1993) "Business responses to the regulation of health and safety in England," *Law and Policy* 15(3): 219-33.
- Gibson, J. L. and Caldeira, G. A. (1996) "The legal cultures of Europe," *Law & Society Review* 30(1): 55-85.
- Gilson, R. J. (1984) "Value creation by business lawyers: Legal skills and asset pricing," *Yale Law Journal*, 94(2): 239-313.
- Hansmann, H. (1996) *The Ownership of Enterprise*. Cambridge, MA: Belknap.
- Hawkins, K. (1984) *Environment and Enforcement: Regulation and the Social Definition of Pollution*. Oxford: Clarendon Press.
- Heimer, C. (1999) "Competing institutions: Law, medicine, and family in neonatal intensive care," *Law & Society Review* 33: 17-67.
- Horowitz, M. J. (1987) "Understanding deregulation," *Theory and Society* 15: 139-74.
- *Hunter v. Allis-Chalmers* (1986) 797 F. 2d 1417.
- Jowell, J. L. (1975) *Law and Bureaucracy: Administrative Discretion and the Limits of Legal Action*. Port Washington, NY: Kennikat.
- Kagan, R. A. (2001) *Adversarial Legalism: The American Way of Law*. Cambridge, MA: Harvard University Press.
- Kagan, R. A. and Axelrad, L. (eds) (2000) *Regulatory Encounters: Multinational Corporations and American Adversarial Legalism*. Berkeley: University of California Press.
- Kelly, E. and Dobbin, F. (1998) "How affirmative action became diversity management: Employer response to antidiscrimination law, 1961-1996," *American Behavioral Scientist* 41: 960-84.
- Klein, D. B. and Majewski, J. (1992) "Economy, community, and law: The turnpike movement in New York, 1797-1845," *Law & Society Review* 26(3): 469-512.
- Lande, J. (1998) "Failing faith in litigation? A survey of business lawyers' and executives' opinions," *Harvard Negotiation Law Review* 3: 1-70.
- Lange, P. and Regini, M. (1989) *State, Market and Social Regulation: New Perspectives on Italy*. Cambridge, UK: Cambridge University Press.
- Levine, M. (1981) "Revisionism revised? Airline deregulation and the public interest," *Law and Contemporary Problems* 44: 179-95.
- Luchansky, B. and Gerber, J. (1993) "Constructing state autonomy: The Federal Trade Commission and the Celler-Kefauver Act," *Sociological Perspectives* 36(3): 217-40.
- Macaulay, S. (1963) "Non-contractual relations in business: A preliminary study," *American Sociological Review* 28: 55-70.
- Majone, G. (1994) "The rise of the regulatory state in Europe," *West European Politics* 17: 77-101.

- Makkai, T. and Braithwaite, J. (1992) "In and out of the revolving door: Making sense of regulatory capture," *Journal of Public Policy* 12: 61-78.
- Marx, K. and Engels, F. (1978) *The Marx-Engels Reader*, ed. Robert Tucker. New York: W. W. Norton.
- Masten, S. E. (1990) "A legal basis for the flrm," in O. E. Williamson and S. G. Winter (eds.), *The Nature of the Firm: Origins, Evolution and Development*. New York: Oxford University Press, pp. 196-212.
- *Meritor Savings Bank v. Vinson* (1986) 106 S. Ct. 2399.
- Meyer, J. W. and Rowan, B. (1977) "Institutionalized organizations: Formal structure as myth and ceremony," *American Journal of Sociology* 83: 340-63.
- Meyer, J. W. and Scott, W. R. (1983) *Organizational Environments: Ritual and Rationality*. Beverly Hills, CA: Sage Publications.
- Mnookin, R. H. and Kornhauser, L. (1979) "Bargaining in the shadow of the law: The case of divorce," *Yale Law Journal* 88: 950.
- Morrill, C. (1995) *The Executive Way: Conflict Management in Corporations*. Chicago: University of Chicago Press.
- Nee, V. (1992) "Organizational dynamics of market transition: Hybrid forms, property rights, and mixed economy in China," *Administrative Science Quarterly* 37: 1-27.
- Nelson, R. L. (1994) "The future of American lawyers: A demographic proflle of a changing profession in a changing society," *Case Western Reserve Law Review* 44: 345-406.
- Nelson, R. L. and Nielsen, L. B. (2000) "Cops, counsel, or entrepreneurs: The shifting roles of lawyers in large business corporations," *Law & Society Review* 34: 457-94.
- Paternoster, R. and Simpson, S. (1996) "Sanction threats and appeals to morality: Testing a rational choice model of corporate crime," *Law & Society Review* 30: 549-83.
- Pedriana, N. and Stryker, R. (1997) "Political culture wars 1960s style: Equal employment opportunity—afflrmative action law and the Philadelphia Plan," *American Journal of Sociology* 99: 847-910.
- Pfeffer, J. (1974) "Administrative regulation and licensing: Social problem or solution?" *Social Problems* 21: 468-79.
- Pfeffer, J. and Salancik, G. R. (1978) *The External Control of Organizations*. New York: Harper and Row.
- Posner, R. A. (1972) *Economic Analysis of Law*. Boston: Little, Brown.
- Posner, R. A. (1974) "Theories of economic regulation," *Bell Journal of Economic and Management Science* 5: 335-58.
- Powell, M. J. (1993) "Professional innovation: Corporate lawyers and private lawmaking," *Law and Social Inquiry* 18(3): 423-52.

- Regini, M. (1995) *Uncertain Boundaries: The Social and Political Construction of European Economies*. Cambridge, UK: Cambridge University Press.
- Rosen, R. E. (1989) "The inside counsel movement, professional judgement, and organizational respresentation," *Indiana Law Journal* 64: 479-553.
- Roy, W. (1990) "Functional and historical logics in explaining the rise of the American industrial corporation," *Comparative Social Research* 12: 19-44.
- Saguy, A. C. (2000) "Employment discrimination or sexual violence?: Deflning sexual harassment in American and French law," *Law & Society Review* 34(4): 1091-128.
- Schneiberg, M. (1999) "Political and institutional conditions for governance by association: Private order and price controls in American flre insurance," *Politics & Society* 27(1): 67-103.
- Schneiberg, M. and Bartley, T. (2001) "Regulating American industries: Markets, politics and the institutional determinants of flre insurance regulation," *American Journal of Sociology* 107: 101-46.
- Scott, W. R. (1998) *Organizations: Rational, Natural, and Open Systems*, 4th edn. Englewood Cliffs, NJ: Prentice-Hall.
- Seavoy, R. E. (1982) *The Origins of the American Business Corporation, 1784-1855: Broadening the Concept of Public Service During Industrialization*. Westport, CT: Greenwood Press.
- Selznick, P. (1969) *Law, Society, and Industrial Justice*. New York: Russell Sage.
- Stigler, G. J. (1971) "The theory of economic regulation," *Bell Journal of Economics and Management Science* 2(Spring): 3-21.
- Stone, C. D. (1975) *Where the Law Ends: The Social Control of Corporate Behavior*. New York: Harper & Row.
- Stryker, R. (1989) "Limits on technocratization of the law: The elimination of the National Labor Relations Board's Division of Economic Research," *American Sociological Review* 54: 341-58.
- Stryker, R. (1990) "A tale of two agencies: Class, political-institutional and organizational factors affecting state reliance on social science," *Politics & Society* 18: 101-41.
- Stryker, R. (2000) "Legitimacy processes as institutional politics: Implications for theory and research in the sociology of organizations," *Research in the Sociology of Organizations* 17: 179-223.
- Suchman, M. C. (1995) "Localism and globalism in institutional analysis: The emergence of contractual norms in venture flnance," in W. R. Scott and S. Christensen (eds.), *The Institutional Construction of Organizations*. Thousand Oaks, CA: Sage Publications, pp.39-63.
- Suchman, M. C. and Edelman, L. B. (1996) "Legal-rational myths: The new institutionalism and the Law & Society tradition," *Law & Social Inquiry* 21(4): 903-41.
- Sutton, J. R., Dobbin, F., Meyer, J. W., and Scott, W. R. (1994) "Legalization of the workplace," *American Journal of Sociology* 99(4): 944-71.
- Tolbert, P. S. and Zucker, L. G. (1983) "Institutional sources of change in the formal structure of

organizations: The diffusion of Civil Service reform, 1880-1935," *Administrative Science Quarterly* 28: 22-39.
- Vaughan, D. (1983) *Controlling Unlawful Organizational Behavior: Social Structure and Corporate Misconduct*. Chicago: University of Chicago Press.
- Weber, M. (1947) *The Theory of Social and Economic Organization*, trans. A. M. Henderson and T. Parsons. New York: Oxford University Press.
- Williamson, O. E. (1975) *Markets and Hierarchies: Analysis and Antitrust Implications*. New York: The Free Press.
- Williamson, O. E. (1981) "The economics of organization: The transactions cost approach," *American Journal of Sociology* 87: 548-77.
- Williamson, O. E. (1985) *The Economic Institutions of Capitalism*. New York: Free Press.
- Williamson, O. E. (1991) "Comparative economic organization: The analysis of discrete structural alternatives," *Administrative Science Quarterly* 36: 269-96.
- Wirt, F. (1970) *The Politics of Southern Equality: Law and Social Change in a Mississippi County*. Chicago: Aldine.
- Yeager, P. (1990) *The Limits of Law: The Public Regulation of Private Pollution*. Cambridge, UK: Cambridge University Press.
- Zald, M. N. (1970) "Political economy: A framework for comparative analysis," in Mayer N. Zald (ed.), *Power in Organizations*. Nashville, TN: Vanderbilt University Press, pp. 221-61.
- Zhou, X. (1993) "Occupational power, state capacities and the diffusion of licensing in the American states: 1890 to 1950," *American Sociological Review* 58(4): 536-52.

扩展文献

- Baer, X., March, J. G., and Saetren, X. (1998) "Implementation and ambiguity," in J. March (ed.), *Decisions and Organizations*. Oxford: Blackwell, pp. 150-164.
- Baron, J. N. and Bielby, W. T. (1980) "Bringing the flrms back in: Stratiflcation, segmentation, and the organization of work," *American Sociological Review* 45: 737-65.
- Baron, J. N. and Bielby, W. T. (1985) "Organizational barriers to gender equality: Sex segregation of jobs and opportunities," in Alice S. Rossi (ed.), *Gender and the Life Course*. New York: Aldine, pp. 233-51.
- Baron, J. N., Mittman, B. S., and Newman, A. E. (1991) "Targets of opportunity: Organizational and environmental determinants of gender integration within the California civil service, 1979-1985," *American Journal of Sociology* 96: 1362-402.
- Bielby, W. T. and Baron, J. N. (1984) "A woman's place is with other women: Sex segregation within organizations," in B. F. Reskin (ed.), *Sex Segregation in the Workplace: Trends, Explanations, Remedies*. Washington, DC: National Academy Press, pp. 27-55.

- Blau, P. M. and Schoenherr, R. A. (1971) *The Structure of Organizations*. New York: Basic Books.
- Coase, R. H. (1937) "The nature of the firm," *Economica* 16: 386-405.
- Collins, H. (1982) *Marxism and Law*. New York: Oxford University Press.
- Dill, W. R. (1958) "Environment as influence on managerial autonomy," *Administrative Science Quarterly* 2: 409-43.
- Donahue, J. J. III (1986) "Is Title VII efficient?" *University of Pennsylvania Law Review* 134(6): 1411-31.
- Edwards, R. (1979) *Contested Terrain: The Transformation of the Workplace in the Twentieth Century*. New York: Basic Books.
- Gordon, D. M., Edwards, R., and Reich, M. (1982) *Segmented Work, Divided Workers: The Historical Transformation of Labor in the United States*. Cambridge, UK: Cambridge University Press.
- Hall, R. (1963) "The concept of bureaucracy: An empirical assessment," *American Journal of Sociology* 69: 32-40.
- Hoffmann, E. A. (2001) "Confrontations and compromise: Dispute resolution at a worker cooperative coal mine," *Law and Social Inquiry* 26: 555-96.
- Kanter, R. (1977) *Men and Women of the Corporation*. New York: Basic Books.
- Laumann, E. O. and Knoke, D. (1987) *The Organizational State: Social Change in National Policy Domains*. Madison: University of Wisconsin Press.
- Powell, W. W. and DiMaggio, P. J. (eds.) (1991) *The New Institutionalism in Organizational Analysis*. Chicago: University of Chicago Press.
- Pugh, D. S., Hickson, D. J., Hinings, C. R., and Turner, C. (1968) "Dimensions of organization structure," *Administrative Science Quarterly* 13: 65-91.
- Scott, W. R. (2001) *Institutions and Organizations*. Thousand Oaks, CA: Sage.
- Selznick, P. (1948) "Foundations of the theory of organization," *American Sociological Review* 13: 25-35.
- Selznick, P. (1949) *TVA and the Grass Roots*. Berkeley: University of California Press.
- Selznick, P. (1957) *Leadership in Administration: A Sociological Interpretation*. New York: Harper & Row.
- Simon, H. A. (1964) "On the concept of organizational goal," *Administrative Science Quarterly* 9: 1-22.
- Simon, H. A. (1966) *The New Science of Management Decision*. New York: Harper.
- Stigler, G. J. (1968) *The Organization of Industry*. Homewood, IL: RD Irwin.
- Suchman, M. C. (2001) "Organizations and the law," in N. J. Smelser and Paul B. Baltes (eds), *International Encyclopedia of the Social and Behavioral Sciences*. Oxford: Elsevier, pp.

10948-54.
- Udy, S. H., Jr. (1959) *Organization of Work*. New Haven, CT: Human Relations Area Files.
- Udy, S. H., Jr. (1962) "Administrative rationality, social setting, and organizational development," *American Journal of Sociology* 68: 299-308.
- Weick, K. E. (1979) *The Social Psychology of Organizing*, 2nd edn. Reading, MA: Addison-Wesley.
- Wholey, D. R. and Sanchez, S. M. (1991) "The effects of regulatory tools on organizational populations," *Academy of Management Review* 16: 743-67.

第四编

政策诸领域

13

变革社会中的家庭法律规制

苏珊·B.博伊德　著

吕亚萍　译

进路与方法

在过去20年间,从法律与社会的进路出发研究家庭关系及其法律,已经成为了一方重要的研究领域,而且在理论、方法论以及研究范围方面,日益变得多样化。尽管《法律与社会科学》(*Law and the Social Sciences*)(Lipson and Wheeler, 1987)一书并未辟有专章论述家庭法,但是如今在任何有关法律与社会研究的评论中忽略这一主题,都将是一项严重的遗漏。在1980年代中期,急剧增长的社会-法律研究著作出现在家庭法中,其中有许多来自英国(例如,Eekelaar, 1984; Eekelaar and Maclean, 1986; Freeman, 1984; Smart, 1984)。过去未曾对家庭法给予多少关注的社会-法律研究期刊开始特别关注法律与家庭问题。正如赫伯特·雅各布(Herbert Jacob)在其为《法律与社会评论》(1989:539)"法律与家庭特刊"写的导言中说到:"家庭政策在政治事业中突然获得了显著的地位,家庭法也成为学术研究中越发活跃的领域。"

社会-法律研究领域的学者已经做好充分准备进入这一领域,因为要在一种实证主义的或者仅仅依赖学理的框架中考察有关家庭的法律,实际上是不可能的。1970年代以来,在关于家庭的社会-法律规制方面发生了诸多变革,这些变革反映了家庭关系、性别关系,以及妇女就业方式的变化。这些变革还体现在对家庭的异性恋常态的定义的质疑上。及至1980年代,大多数法律体系都转而确立无过错离婚制度,其原因主要是认为丈夫与妻子之间存在互惠的"性别中立"的经济义务,而不再认定女性具有从属性而男性应承担经济义务。儿童的权利和福利逐渐成为法律和社会政策著述中更为核心的问题。及至1990年代,注意力转向了对同性关系的法律规制。家庭法为以下问题的社会争论提供了场所:"家庭"概念自身、"丈夫"与"妻子"和"母亲"与"父亲"的角色,以及国家对家庭进行规制中婚姻的核心地位。

社会学的、历史学的以及理论的研究进路为促成家庭法的变革提供了洞见,并挑战了家庭是——或者本来是——不受规制的私人领域的观念(O'Donovan, 1985; Olsen, 1983; Rose, 1987)。它们还打破了原来的家庭法概念,揭示了法律正以无数种方式规制并建构家庭,而不仅仅限于有关婚姻破裂的法律(Graycar, 2000)。这些著作还经常引用讲述"家庭政治学"的文学作品(例如,Barrett and McIntosh, 1982; Zaretsky, 1976)。日益显而易见的是,若只倡导国家或多或少地干预家庭以便应对相关问题,则是未能把握国家、市场和家庭之间错综复杂的关系。尽管在有关家庭生活隐私权方面存在着强有力的意识形态,但是对家庭关系进行法律规制的历史,正在挑战任何源于自由主义的公私领域区分的僵化观念。即使当法律自称游离于家庭之外的时候,家庭关系中仍存有法律的影响,在性别权力关系的巩固和家庭暴力问题上尤为显著。此外,法律得以规制——或者退出——家庭"私人"领域所依赖的条件,典型地反映出且往往强化了根据性别、种族、阶级、性取向以及残疾这一脉络划分的不平等社会关系(Boyd, 1997; Fineman, 2000; O'Donovan, 1985; Olsen, 1983; Ursel, 1992)。

一般而言,随着在涉及家庭问题时,越来越频繁地诉诸和启用权利话语,尤其是在与权利法案有关的司法辖区,由于大量涉及"家庭"的问题受到了法院和立法者的审视,家庭法日益呈现出清晰的公共面向(Harvison Young, 2001)。然而,针对家庭关系的公共讨论的这种趋势,并不必然意味着,家庭以及家庭的责任以公共基金的方式得到支持(Fineman, 2000)。当前的诸多争论反映了关于对家庭关系的法律规制要达到何种程度以及对家庭关系的公共支持又要达到何种地步的争论。答案典型地表达了多种多样的理论观点,也体现了作者将哪些社会群体放置于其分析的核心位置。

直接关注失权群体(disempowered groups)(例如,单身母亲,土著居民)的研究者审视了关于家庭的法律以哪些方式体现了依照性别、种族、阶级,以及性征(sexuality)的界限而形成的社会权力关系,并且(或者)以哪些方式与这些关系相互作用。其结果是,从前被视为家庭法范围之外的议题,诸如堕胎、生育,以及社会福利等,如今往往被囊括于对家庭关系的社会-法律分析中。社会-法律学者质疑了传统的"家庭"规范,揭示了家庭内占支配地位的意识形态以何种方式对不同种类的法律造成影响,并被这些法律所强化。这一进路允许一种更为复杂的法律分析进路,其注意力不仅倾注于法律结果之上,而且还关注作出法律决策时的话语模式。早期的分析清楚地呈现了家庭法中的父权因素,家庭法以家长方式规制家庭关系及家庭关系的破裂(Smart, 1984)。这类作者普遍认为,法律强化了社会中占支配地位的意识形态和既存的权力关系。一些研究者对母性意识形态进行了深入探讨(例如,Boyd, 2003; Fineman, 1995; Kline, 1993),

父性在法律中的体现最近也已得到研究,并与家庭法潜在的异性恋规范相联系(Collier, 1999, 2001)。

其他著作重点关注种族和贫穷问题,使整幅图景越发复杂化。这些著作探讨了美国非裔单身母亲如何在贫穷话语和儿童福利话语中被妖魔化,而解决办法往往是父权式的,找到缺席的父亲并让他们回归家庭,尤其是在他们对家庭的经济贡献方面(Fineman, 1995; Roberts, 1997)。将土著居民儿童归入加拿大儿童"福利"系统的程序,则与殖民主义者以法律规制并控制土著居民家庭的历史联系在一起(Kline, 1992)。而且,基于一种由居家母亲和养家糊口的父亲组成的核心家庭模式的家庭观念形态,为土著居民母亲抚养儿童所带来的负面评价提供了一种过滤器(Kline, 1993)。这类著作揭示出,诸如"子女最大利益原则"这样的法律原则——早已被确认为含义模糊(Mnookin, 1975)——由于其所适用的家庭不同,产生了迥然不同的效果。将抚养子女的责任指派给核心家庭之外的那些人(比如,广义家庭[extended family]的成员或社区成员)的文化,和基于核心家庭的理想抚养模式的自由主义法律框架,并不完全符合。

受后结构主义影响的学者考察了法律对社会的构成性作用,对家庭法与意识形态之间的确切关系提出了概念性问题。许多学者如今强调法律与社会存在相互的构成性作用,而非认定一种单向的关系,即要么是法律形塑社会关系,要么是社会关系形塑法律(例如,Mahoney, 1991)。有些人运用自创生理论来分析法律如何为诸如"子女"这样的社会概念赋予意义(King and Piper, 1990)。最近一段时间,学者们特别强调研究个体行动在物质和意识的束缚之下对于法律话语建构之作用的必要性(Fegan, 2002)。还有学者提出,法律提供了斗争的场地,使人们有机会对意义和定义提出挑战。近年来,法律的规范性定义受到质疑的程度不可低估,尤其是那些为生活于异性恋模式或者婚姻模式的家庭之外的人们寻求认可的学者(Gavigan, 1999; Goldberg-Hiller, 1999)。尽管如此,批判性的思想者已经指明,虽然法律体系为把家庭的新含义注入法律和社会提供了机会,但是法律自由主义者却已经限定了这些新含义的形态。

日益纷繁的方法被运用于探究家庭法的运作。有些研究者考察了案件审理结果,法院卷宗,或者离婚率和其他数据。其他一些学者则调查了离婚妇女和离婚男人,对法庭或律师与当事人之间的互动进行观察,或者访问家长、律师、曾在堕胎问题上作出选择的妇女、法律顾问以及法官。立法机关的争论也被拿来分析。父亲权利团体曾被访问和观察,他们向法律改革机构提交的建议也曾被人研究过。有些学者运用叙述的手法来强调原先为人们所忽视的个体对法律体系的种种体验。有些司法辖区作出了专门的努力,以衡量法律对家庭关系所起到的作用,这些工作往往由诸如英国的牛津社会-法律研究中心和利兹家庭、亲属和儿童研究中心,澳大利亚的澳大利亚家庭研究院,格里菲斯大学的家庭法研究小组和悉尼司法研究中心,以及加拿大法律与家庭研究院等研究中心来完成。澳大利亚家庭法院的研究者也进行了重要的经验研究工作。

最近的研究揭示,现代家庭法以复杂性、碎片化和过程的多样性为特征。因此,在任何的一般性层面来表明家庭法的本质和作用都变得日益困难。有些研究将关注的焦点从分析法院的最终裁决转移到既分析作出裁决的过程(比如,司法自由裁量权)又分析实际上构成多方当事人之间最终裁决的一部分的中间裁决(Dewar and Parker, 1999：109；Rhoades, Graycar, and Harrison, 2000)。"宏大理论"的适当性——比如那些论证公私领域区分的理论——受到了质疑,导致它们受质疑的部分原因在于这些理论过分注重单一的法律观念(Rose, 1987)。一种替代进路是探究社会关系、社会知识,以及完全多元化的法律之间的关系,包括法律如何吞并或侵入其他形式的专业知识和规制过程(例如,King and Piper, 1990)。

值得注意的是,某些生产经验知识的学者,通过与理论问题建立关联从而形成了方法论,这些理论问题则是由研究法律的构成性作用及其在社会变革中体现的复杂的、往往互相矛盾的作用的学者提出的。最有影响力的著作既体现了对家庭法在"真实世界"以及各种背景下的具体运作的考察,也体现了对家庭法在有关意识观念的和物质的斗争时之作用的研究(例如,Rhoades, 2000；Sarat and Felstiner, 1995)。就法律被运用于指导离婚后家庭生活之类事务上"自上而下"的变革(Smart and Neale, 1999)而言,确定法律在塑造信仰方面的作用并评价其影响大小,无论是有意还是无意的结果,都是重要的。确定在何种程度上传统规范,比如一种异性恋的意识形态或者养家糊口的男人和家庭主妇的意识形态,仍在继续渗透着"全新"的家庭法,也是很重要的。

本章在下文中运用四个主题,来揭示家庭法的社会-法律进路研究所呈现的汗牛充栋的著作中的主要洞见：(1) 性别、平等和家庭；(2) 家庭的构成和重新定义；(3) 法律上的亲子关系的重新定义；(4) 私有化和新家庭法：话语和物质。这些主题与它们在加拿大、澳大利亚、英国以及美国的社会-法律进路中出现的年代顺序大致相对应,尽管在实践中这些主题之间存在相互影响和重叠。两性平等趋势的各种互相矛盾的含义出现于数种语境之下。对同性关系日益增长的承认所带来的影响,与对文化和种族的多样性日益得到承认一样,都至关重要。

性别、平等和家庭

伴随着1980年代对家庭法的新兴趣的出现,女权主义进路的影响也开始盛行,这使人们能够更多地了解家庭关系、婚姻破裂和法律改革的性别后果,并且为平等、公私领域区分以及权力提供了新的理论进路。众多研究者开始认真地探究新的性别中立的家庭法规范和妇女仍旧处于经济上劣势地位之间的关系(例如,Fineman, 1991；Weitzman and Maclean, 1992)。尽管妇女提高了在工作队伍中的参与程度(尽管并非平等),但是研究表明,她们的生活水准在离婚之后往往直线下降,而离婚男子的生活水准往往却提高了。人们已经认识到,妇女继续被社会性地界定为有照顾子女和处理家务的义务,是任何对形式主义平等观的强制实施的重大障碍。然而,这一认知与揭示妇女在工作队伍中参与度上升的统计数据放在一起时,并不能轻易成立。尽管有些法官愿意通过财产分割和/或判给抚养费,承认居家多年的家庭主妇对家庭和配偶的贡献,但是研究显示,他们相对而言不大愿意对同配偶离婚的年轻妇女,在她一直进行的照顾子女的责任方面判给抚养费的支持。尽管相对于她们的男性配偶,职业妇女仍然在承担更多的家务责任,但法官和立者们却在优先适用哪条政策性规范问题上很难取舍:是采纳与自由主义的个人主义相联系的自力更生、完全独立和"彻底决裂",还是对根植于国家、市场和家庭结构中的继续存在的不平等性别关系所导致的处于经济弱势或贫困的一方给予补偿。

除了关注实体法律规范外,也有著作开始认真思考涉及弱势群体的程序问题。由于妇女在经济上处于相对弱势,她们在涉足法律程序和获得法律援助时也会遭遇特别的障碍。为家庭纠纷提供法律援助设立的基金,如果不是根本没有的话,往往也是完全入不敷出,这反过来也对妇女造成了性别上的冲击(Mossman, 1994)。对妇女实施的暴力,也被认为是造成妇女在与男性配偶发生家庭法上的争议时的实质不平等的关键因素(例如,Sheehan and Smyth, 2000)。在完整家庭以及正在离婚或者已离婚的家庭中,对妇女实施暴力的情况普遍存在,与家庭暴力在家事诉讼中作为罕见的或异常的案件来解释的状况形成强烈反差(Mahoney, 1991)。事实表明,当遭受家庭暴力的妇女与法律制度相遇时,她们在与前夫讨价还价的能力方面处于弱势地位,而实施了家庭暴力的男子却经常利用法律程序,设法支配和控制离开他们的妇女。在这种情境下,随着父亲对子女的接触愈加被重视而法律援助基金愈发捉襟见肘,妇女的弱势地位愈加突显。

对于纠纷解决的非正式程序,尤其是家庭调解的这种趋势的批判性分析,质疑了调解人维持中立姿态或充分审查妇女受虐待状况的能力(例如,Astor, 1994),甚至有人怀疑调解人兑现其承诺的、提供一种更为人性和更为亲近的争议解决模式的能力(Grillo, 1991)。其他著作提出,调解的趋势模糊了解决家庭破裂问题的复杂过程及其性别动力,并把调解的兴起和新的提高了父亲的权利主张的共享抚养权规范联系起来(Fineman, 1991)。尽管有些学者指出当调解运用于权力失衡的配偶、尤其是存在家庭暴力的配偶之间时存在问题,但是其他学者却指出,只有很小比例的离婚人群在解决争议时求助于律师(Pearson, 1993)。新的研究表明,大多数争议解决过程,包括商谈、调解和诉讼,都未能认真对待家庭暴力问题(Neilson, 2002)。立基于分析实际调解过程的研究指出,当争议人提出家庭暴力问题的时候,调解人往往忽略不计(Greatbatch and Dingwall, 1999)。这种倾向很有可能加剧了已经存在于双方之间的全部讨价还价能力的不平等,并且对妇女获得公正的经济待遇的能力造成了损害。

对规制家庭破裂的规则和程序进行研究的著作所关注的焦点,在其对个体家庭成员——经济或其他方面——的弱点予以揭露时,并未忽视完整家庭的生活。相反,它还研究了一旦被视为理所当然的家庭成员的互相依赖终结之后、完整家庭的规范性指示与法律制度发生交互关系的方式。下文谈到的其他著作,更为具体地关注了家庭如何被规范性地构建,如何受法律规制,以及家庭如何在法律和社会之下被重新定义。

家庭的构成和重新定义

260 有关家庭破裂的法律的影响,由于诸如性别和阶级之类的因素而有所殊异,而对此进行研究的同时,有的学者对"家庭"的含义以及诸如"配偶"、"父母"和"孩子"的法律定义提出了更为深刻的挑战。这些挑战在过去二十年无论是对法律变革还是对学术论争来说,都是核心问题。家庭法的一个主要转型,则是原先作为家庭关系之关键性决定因素的婚姻,现处于被去中心化的过程中。在1970年代后期和1980年代,许多法律制度开始在法律上认可未婚同居者之间的关系,在发生分手问题时赋予他们一定的权利和义务。由父母之间的婚姻纽带决定的有关子女合法地位的法律观念,其重要程度也相应降低了。结婚和同居在功能上的相似性,以及父母和子女之间在血缘和亲属关系上的纽带,取代基于一男一女间婚姻的传统家庭,日益得到重视。

研究女同性恋和男同性恋家庭形式的学者利用社会上日益受人瞩目的同性恋关系作为素材,最为明确地解构了家庭法的异性恋规范。子女在同性关系中被抚养以及孕育的事实,与大多数法律中孩子拥有性别不同的双亲的规范性假设形成反差(Polikoff, 1990)。已经承认异性同居关系的法律制度,特别是在西欧,通过使用登记同居伴侣卡(Bailey, 2000),以及在加拿大,随着异性"配偶"的定义受到宪法平等权利条款的挑战(Gavigan, 1999),已经出现了将这些规则扩展到包含同性同居者间关系的要求。在像美国这样的未婚异性同居者未能在相同程度上受法律承认的司法辖区,讨论较为鲜明地集中在是否向同性伴侣打开合法婚姻制度的入口。有学者对当地范围内使用同居伴侣卡作为基于契约承诺建立身份关系之认可的替代选择的情况进行了调查(Goldberg-Hiller, 1999)。同居伴侣卡往往形成一个悖论,人们形容它是在保留传统婚姻地位的同时为同性伴侣提供一种平行的法律体制的政治折中方案。有些学者——尤其是女权主义者之间——就同性关系应当通过什么方式得到承认进行了争论,他们对女同性恋和男同性恋追求婚姻权的重要性提出质疑。这些作者将注意力更多地放在了婚姻(以及核心家庭规则)在弱势群体的社会史中所起到过的作用上(Polikoff, 1993;Robson,

1994)。尽管存在这些争论,大多数学者如今正努力设法解决的不是是否要在法律上构建同性关系,而是应当运用哪种制度来构建同性关系。

除了对异性恋常态(heteronormativity)表示质疑以外,他们的著作还认为,当收养法和儿童福利法审慎地为更为宽泛的"家庭"定义提供了空间之后,常态核心家庭的优先性也在一定程度上受到挑战。例如"公开收养"的趋势允许有些儿童的生母,或者甚至儿童的生身父母家庭,在儿童被收养以后仍然参与儿童的生活,而大多数国家以前都对新的经收养形成的核心家庭的完整性进行严密保护。在北美,广义上的家庭成员和原社区在儿童保护和收养的某些法律程序中也得到承认。这些趋势导致学者们对文化背景和种族认同应当具备的意义展开了争论,尤其是在涉及儿童保护和跨种族收养,以及社区和身份认同在断绝原始家庭关系并构建新的家庭关系的法律程序中应当起到的作用方面(Kline, 1992; Perry, 1993-1994)。在一定程度上,"家庭"的边界在法律实务和社会-法律话语的合力之下变得支离破碎。

在对家庭进行重新定义,尤其是在对婚姻作为家庭法的核心构造因素的关注减少之后,出现了一种针对亲子纽带,特别是针对父亲和子女之间纽带的新的社会和学术关注。事实上,除了同性婚姻方面的争论,父母身份的法律定义是现代家庭法上最富争议的议题。相对于社会性联系或功能性联系而言的血缘联系何时应当对法律关系、权利以及责任起到决定作用,现代家庭法就此提出了诸多问题。

法律上的父母身份的重新定义

法律制度和学术著作正设法逐渐解决如何才构成法律上的父母这个问题(Bainham, Day Sclater, and Richards, 1999),详细讨论了从法律推定(主要是父子关系)、血缘和基因的联系、意愿,到抚养的社会性或功能性定义等根本性问题。作为法律概念的私生(illegitimacy)在许多司法辖区的取消,降低了此前丈夫和妻子之间的婚姻纽带在确定法律上父子关系时的优先性,引发了对血统上的父亲身份的重视(Smart and Neale, 1999)。这种重视生身父亲的情形主要出现在母亲请求将子女交付收养的子女监护权纠纷中,以及涉及子女抚养费的问题上(Sheldon, 2001)。就现代跨司法辖区对不以生物学为基础的子女最大利益原则的重视而言,新近对父子血缘纽带的重视让人惊诧。它含有一种将文化上的特定价值观加诸本地社区的倾向。同性恋家庭的社会性双亲角色的合法化,已经引起人们对于这一事实的批评,即,随之而来的子女法律权利和法律义务可能牵涉到并非总是存在血缘关系的多方当事人。当继父母取代生身父母一方承担起子女抚养义务时,便产生了类似的问题。在诸如利用捐献的精子授精,或者利用捐献的遗传物质研制成受精卵植入妇女体内的情形中,也出现了复杂的问题。在代孕的情况下,基于社会的或血缘的指向,有好几个人可能会被确定为父母,问题则在于,谁应当被认定为父母,以及出于何种考虑把他们认定为父母。

　　对分手或离婚后抚养子女的法律规制已有大量著作进行了论述,也提出了基于遗传学上的亲子关系而产生的权利与社会责任间的对抗问题。卡波内(Carbone)认为"现代家庭法争论中内在的最大实践性分歧"在于"法律应当推动父母双方持续参与孩子的抚养过程,还是应当更优先考虑为照顾孩子的那些人提供支持"(Carbone, 2000:228)。诸多著作援引社会科学研究的成果,评价了各种法律秩序类型对子女与父母关系的影响。许多社会科学家提出了法律改革建议,受过法律教育的学者在其支持或反对法律变革的论证中引用社会科学研究的成果。社会-法律研究的这片领地对研究的客观性和政治性提出了种种告诫:社会科学研究往往也被影响法学的同一种意识形态和偏见所渗透。同样不可避免的是,研究的结论千差万别。此外,这一研究领域也和其他所有的研究领域一样,有些研究被视为无可置疑的和客观的、科学的(例如,Galatzer-Levy and Kraus, 1999),而有些其他研究(特别是女权主义者或少数派发出的声音),则被认为是有害的,没有权威性的(Moloney, 2001;对于它的批判,参见 Boyd, 2003; Rhoades, Graycar, and Harrison, 2001:74-75)。

　　从这些著作所呈现的"真相"总是随着时代的变化而变化的角度来看,这些研究成果也是引人注目的。古德斯坦、弗洛伊德和索尔尼特(Goldstein, Freud, and Solnit, 1973)的早期研究表明,儿童能够从可能是单方监护权判决所造成的、由最初抚养孩子的父母一方独立自主的持续照顾和关爱中获益。所以有些著作表明,在儿童监护权判决中须重视最初照顾儿童的父母一方,而且,这些著作还要求纠正由于襁褓原则的终结和子女最大利益原则的出现而增加的裁决的不确定性问题(Mnookin, 1975)。对子女照顾责任的性别天性的分析显示了这样一种强调,子女的照顾责任的根源在于子女生活的实际情况(例如,Fineman, 1995)。对有争议和无争议案件的研究揭示,尽管在父亲要求监护权的案件中其获得监护权的机会比母亲更多,但是实际上母亲往往比父亲对子女(尤其是年幼子女)承担更多的照管责任(例如,Bordow, 1994)。子女在裁决作出之前的居住地是一个举足轻重的影响因素,而自行决定监护权问题的父母双方大多选择母亲作为子女的监护人。

　　及至1980年代后期和1990年代,新的"真相"出现了,那就是:如果子女跟父母双方保持持续的联系,他们会生活得更好。父权团体利用支持这种"真相"的研究,要求实施共同监护权规则或共同监护权推定(Bertoia and Drakich, 1993; Kay and Tolmie, 1998)。事实上,研究证明并不存在纯粹的答案(Kelly, 1993),儿童和分开居住的父母一方(通常是父亲)的接触,并不必然会给儿童带来正面影响,特别是如果父母双方一直发生冲突的话。监护权状况本身在本质上并不能明显预示儿童在父母离婚后的适应情况(Kline Pruett and Santangelo,1999)。然而,有些共享监护权的形式日益被人们认可为最佳方案。许多司法辖区提出了立法改革,以便最大限度地加强儿童和分开居住的父母一方的联系,包括确立共同监护权优先原则。研究显示,虽然共同法定监护权判决在数量上有相当大的增加(Maccoby and Mnookin,1992;Melli,Brown,and Cancian,1997),但是大多数受到共同监护权判决规范的儿童都跟母亲住在一起。劳动力的性别分工在父母双方离婚之后继续存在,但是分开居住的父母一方却被赋予了更多的权力(Boyd,2003)。最近,立法改革的新趋势,正有意避开"监护权"和"探视权"等用语,转而采用养育格局(parenting regimes)的说法,比如在澳大利亚和英国,这一说法推定父母双方在孩子生活中都享有持续的责任和权力。这种改革趋势明显是为回应变革的政治要求,而非解决法律上的实际问题(Rhoades,2000;Smart and Neale,1999)。拒绝探视并非过去常常认为的那样是一个普遍的问题,认为监护权出现纠纷时会大量出现性侵犯也是错误的断言(Pearson,1993)。然而,通过子女"最大利益"原则的应用,血缘上的父亲的地位已经在法律上得到提高。在实践中,一种认为跟父母的联系符合儿童的最大利益的推定开始兴起,从而导致对儿童福利,包括虐待等的其他关注,相对而言不那么有影响力了(Bailey-Harris,Barron,and Pearce,1999;Rhoades et al.,2000)。为妇女和儿童遭遇最恶劣的虐待建立防范机制的尝试,在鼓励父母双方和子女建立联系的法律规定面前,退居次要地位。

  这些有争议的新法律制度正在改写"家庭责任法典……就这些法律的唯一关注——对孩子的关注而言"(Carbone,2000:xiii),在决定父亲的地位、权利和责任的时候,降低了对父亲与孩子母亲之间关系的重视程度。就法律的建构作用而言,人们可能会认为,男人正在被唤醒,以一种被重新界定的男性气质参与到新型的父亲身份中去。然而,这些新的法律格局造成的结果却是互相矛盾的和性别化的,反映了考察法律在对人类行为施以物质制约时体现的话语角色的必要性。这种新格局制造了(主要是血缘上的)双亲之间的养育联系和责任,这种联系和责任在某种程度上具有以前的联系所不具备的强制性,有时候甚至父母双方未同居也同样如此。母亲在法律上被指定为必须让自己的孩子与血缘上的父亲建立联系,而这往往会危害到自己的自主性。下一节内容将探讨如何理解这些往往互相抵触的趋势。

私有化和新家庭法:话语和物质

  社会-法律学者试图解释上一节所陈述的现代家庭法的显而易见的悖谬之处。一方面,家庭法日渐支持家庭的多样性、离婚自由,以及接力赛似的一夫一妻制(serial monogamy)。另一方面,家庭法又坚持认为配偶之间以及父母和子女之间始终存在着经济和社会心理上的义务。

人们认为,找到儿童的法定父亲,在经济扶助和心理健康方面,都极其有助于保护儿童免受伤害,尽管社会科学对此的研究结论好坏参半(Fineman, 1995; Kaganas, 1999)。有些著者认为,这种趋势事关儿童抚养,而儿童抚养已经成为家庭法的核心问题,所以随后往往会通过立法对相关问题加以规定,并加强该领域的强制性。成年人之间一旦不再是配偶关系之后就"一刀两断"的想法,对于负有共同扶养义务(无论是抚养照料方面还是经济扶助方面)的大人来说,只是一种错觉。儿童监护权法最近对于共同抚养的重视,与经济责任的(再次)私有化存在关联性:"虽然从表面上看来,家庭生活的新模式仅仅受到福利话语的推动,但是很显然,较为利己的考虑也开始发挥作用。其中包括财务优先的假设,也即,如果血缘上的父亲要继续和自己的孩子保持联系,那么他们就要为孩子花钱"(Smart and Neale, 1999: 38)。尽管在法律上儿童抚养问题与儿童监护/探视问题是分开的,但是在实践中,这两个问题显然是联系在一起的(Pearson, 1993)。当然,在政治层面上,父权的倡导者却赞成父亲在承担(或回避)经济义务的同时,扩大监护权利。

研究家庭法的悖谬所在,需要考虑到法律的话语效应及其在物质制约上,不仅在经济方面而且在心理方面所起到的作用。"新"家庭法的显而易见的悖谬之处,是和家庭法在自由民主政治中所起到的作用联系起来考察的,而这种自由民主政治深深依赖于个体经济福利责任的私有化(往往由家庭来承担)。探索国家与法在规范性别和家庭关系中发挥的历史作用的作者已经揭示了家庭内的社会再生产(即通过生育、社会化,以及日常扶养而生产人类生命)成本不断私有化的总体趋势(Ursel, 1992)。在完整的家庭关系中,妇女承担的无报酬的家务责任,减轻了社会再生产成本由更宽泛的社会公众承担责任的要求。一旦家庭关系紧张,这套体系的限度及由此导致的经济后果就显露了出来,一方面是妇女和儿童生活水准的降低,另一方面是支付两份家用造成的困难。然而,法律对家庭破裂的应对仍然有赖于社会再生产成本的私有化,认定经济上较有保障的成年人(通常是男性)要继续扶助他的前配偶,并抚养自己的子女。历史研究显示,这套体系有赖于建立在性别基础上的规范。随着社会福利国家的出现,扶养义务被强加到遗弃了"应获得救济的"妻子的丈夫身上(Chunn, 1992)。由此,法律制度同时在物质和话语两个层面上发挥作用:一方面它坚持私有化的经济责任,另一方面,它强化了在丈夫与妻子双方异性恋角色中被视为恰当的表现。

研究当代趋势的结果表明,尽管现代家庭法表面上体现了自由化和性别中立,但是其内在的发展趋势却包含着财政保守主义和经济紧缩,包括1980年代加速发展的私有化。卡波内提出,美国现代家庭法的基本要求在于财产而非婚姻关系:

新时代的妇女发生性关系的理由可能与男子相同——无需结婚的承诺或暗示。然而,国家仍旧需要一个保证人。在这类案件中,个人所负有的不得将性行为的后果强加给公共财政的义务,仅仅取决于父亲的承担能力以及国家迫使父亲承担义务的能力。(Carbone, 2000: 162)

经济责任的(再次)私有化在扶养法中得到确定,其中还包括将责任扩展到继父和同性伴侣(Cossman, 2000)。相对于那些将责任统统推给国家或社会的法律主张,法官和立法者往往会对体现了责任私有化的法律主张抱有较多的赞同态度,即使在同性伴侣之间也是如此。

这些趋势并没有造成一种中性的影响。社会再生产成本私有化给国家带来的好处,以及相继而来的给妇女带来的坏处,已得到揭示。比如,政府往往通过宣扬妇女和儿童在经济上的不利处境,大力鼓吹儿童抚养规范的引入,并加强儿童抚养义务的强制性(Mossman, 1997)。但是,家庭法解决妇女和儿童贫困问题的能力却受到了严重的质疑(Eichler, 1990; Pulkingham, 1994)。家庭的私有领域已然超负荷,一旦社会安全网后撤,妇女和儿童会被弃置一旁、乏人问津(Mossman and Maclean, 1997),尤其是黑人妇女和单身母亲(Beller and Graham, 1993)。具有反讽意味的是,加强儿童抚养的私人义务的努力却成效有限。这些法律变革没有想到,支付一个家庭的开支便已捉襟见肘的收入,要维持两份家用是不可能的(Pearson, 1993: 296)。除了对家庭法本身加以变革之外,著者逐渐认为,对家庭及其经济政策进行大刀阔斧的改革已经成为必然,并指出必须由国家和社会采取集体行动为经济上处于贫困状态的人提供充分的经济安全网。这些著作对家庭法和社会福利法之间的关联予以了突出强调。

私有秩序的提升、公共出资法律援助的减少,以及家庭法程序总体上的碎片化,也可以被视为家庭法"再次私有化"的一种形式,因为在某种意义上说,公共领域在掌控结果公平方面发挥的作用正在降低(Neave, 1994)。讨价还价能力的不平等,可能就像当初家庭表面上并未受法律规范时那样,因为不被人注意所以得以持续存在。获得司法救助的权利是不平等的,正如其实体结果也可能同样不平等;无论是程序还是实体都可能是有性别倾向的,正如谈判条款会被转换成有利于权力较大的一方(Dewar, 2000)。较早时期的制度在提供程序公平或结果平等的能力上存在缺陷,而最近的趋势据说是在粉饰权力造成的差别,使之不那么显而易见,由此却加剧了差别。具讽刺意味的是,一方面人们认为,家庭法正在变成一个越来越不那么"私人"的领域(Harvison Young, 2001),同时出现的另一种看法却是,家庭法的发展趋势强化了一种私人化的家庭形式,这种家庭形式建立在基于性别、种族和阶级差别的社会关系之上。两种观点可能都是正确的,因为对家庭的公共规制往往有赖于和强化私人化的责任(Boyd, 1997)。社会-法律学者须知的全部教益在于在审视家庭法规范的运作与效果时有必要关注物质关系。

面向未来:法律的限度

正是因为有关家庭的法律自 1970 年代以来发生了剧烈的变革,而且由于法律规范家庭的方式超越了法律本身的学科界限,所以家庭法为社会-法律研究提供了一片理想的领地。这一研究领域为社会-法律学者提供了全方位的课堂。尽管福柯(Foucault)的研究认为,法律作为一种治理技术,已经被社会科学和心理学话语取代,但是这一领域的研究成果却说明了,恰恰是法学学说和社会学理论两者之间的关联性,而非一者被另一者取代,才是问题的关键所在。

研究家庭的社会-法律学者已经发现,家庭成员基于性别、种族、阶级、以及(或者)性取向而形成不同的社会地位,由于以上所有因素会影响到他们获得法律服务的权利和途径,所以不同家庭成员会受到法律的不同影响和冲击。这种洞见对一种陈词滥调提出了质疑:当事人之间在多大程度上依据法律进行谈判(Mnookin and Kornhauser, 1979)。法官潜在的判决对当事人之间讨价还价的影响,是一种严格的隐喻,它假定各方当事人以相同的方式注意到法律规范,对法律的关注程度也相同。这种假设可能既没有反映出当前家庭法适用程序的复杂程度,也没有考虑到法律的效力要受到其他诸多因素的影响。这些因素包括社会地位,以及与法律相关的因素,诸如法律援助政策、法庭程序、职业风格(Dewar and Parker, 1999)以及法律实务团体等(Mather, McEwen, and Maiman, 2001)。正如德沃尔(Dewar)所指出的(2000:74),无论是在私人秩序还是在诉讼中,或者无论有无法律建议,"赋予法律规则的特定意义,可能会由于它们被适用于制度的不同方面而形态各异"。基于各种不同的影响因素,诸如性别不同,一方当事人是否获得法律援助,是否为个人提供资金,或者是否有人代理等,各方当事人的谈判能力也会有天壤之别(Hunter, Genovese, Melville, and Chrzanowski, 2000)。

家庭法的研究揭示,法律在任何特定情形下对于社会的影响都是难以预测的,立法改革与社会变化之间,甚至立法改革与法律结果之间,不存在必然的因果关系。通过鼓励某些程序,比如调解,或适用新的诸如"共同监护权"或"养育责任"等法律术语来传递正面信息,在改变行为、让父母共同承担责任方面并不成功。尽管抚养法改革者意在减少冲突、加强养育责任分担,但是冲突和诉讼却增加了,大多数儿童仍然主要和母亲住在一起(Dunne, Wren Hudgins, and Babcock, 2000; Rhoades et al., 2000)。德沃尔和帕克(Dewar and Parker)基于以上经验资料提出,立法上关于养育责任的信息在不同的听众中间,获得了不同的接收效果。因此,立法规定在法律制度的不同方面,以及在不同的制度参与者之中,会拥有不同的含义。这一"接收变数原则"(principle of variable reception)意味着,在此抚养法新潮流的背景下,鼓励和解的信息,更容易被彼此原本就对离婚后的子女抚养存在分担合意的人接受。

在更系统的层面上阐述的一种重要的相关看法是,如果家庭法不能和社会政策的变革相结合,那么家庭法解决深深植根于社会的问题(诸如劳动的性别性分工,或者[通常和父母贫困紧密联系在一起的]儿童贫困)的能力是很有限的。研究还显示,以适当的公共政策在父权式框架之外对家庭责任予以支持,比之在法律上实行离婚后子女抚养的共同负担规范,将更能有效地激励男性对子女抚养的参与。人们也逐渐认识到,家庭法被要求解决过多严重的根深蒂固的经济和社会问题,而它原本只是一个更为复杂的、影响到家庭关系的社会体系的缩影。

对家庭问题的法律规制予以考察所汲取的另一经验是,如果法律要从一种社会领域中退出,那么可能就需要对其影响和限制进行研究,因为这些问题还会在其他领域中出现。比如,在某些司法辖区中,堕胎的非罪化趋势和保护妇女的生育权、不受男性伴侣反对的影响的倾向,并没有消除妇女在实施有关堕胎的重大选择时所面临的困境。只不过是权力转移到了另一个领域,即医疗职业领域,它要求人们把注意力转移到法律的不同领域(Sheldon,1997)。随着刑事法的后撤,更大的权力被授予医生,这意味着卫生法进一步突显出来(Lessard,1993)。妇女生育选择权的牢固障碍坚定地存在着,包括对居住在偏远社区的和属于少数种族群体的年轻妇女而言。这些障碍要求研究者不仅需考虑到个人自主权的物质约束和意识制约,而且要考虑到法律解决社会问题的限度。

法律与社会研究的最大学术成就是将法律和法律改革放置于探讨法律的悖谬、限度和可能性,以及其与权力的关系的背景之中。正如我们已经发现,众多的悖谬之处呈现于现代家庭法中,比如,一方面是最新出现的、以分派儿童抚养义务为目的的、对血缘上的亲子关系,尤其是父子关系的重视;另一方面又是,比如最近以所谓的"第二母亲"收养为例证的、对社会养育的强调。这样的悖谬对一部家庭法能否容纳既存的多种家庭形式(既有传统的、异性恋的核心家庭,也有传统之外的家庭)提出了质疑。有些著者建议,需要用不同的法律构造来回应亲子关系的不同方面:出身(遗传学上的出身)、亲子关系(承担养育子女责任的父母一方持续存在的法律身份),以及双亲责任(由子女抚养而产生的法定权力和义务)(Bainham et al.,1999)。这些趋势要求社会-法律学者直面家庭法的碎片化和悖谬之处,同时牢记社会权力关系。尽管有众多呼声要求把孩子放在分析的核心位置,但是必须以一种挑剔的眼光来审视传闻中的家庭法的新核心和儿童福利的新政策:"福利话语在离婚中的运用,除了与儿童福利相关以外,与大人在道德上、情感上以及政治上的任务有同样多的关联。"(Day Sclater and Piper,1999:20)21世纪的学者所面临的挑战,是要在一个相对不明朗的、以身份为基础的,但却基于与虽流变却持久的性别、种族、阶级以及性征的权力关系相联的各种社会等级结构的体制中,估量家庭法能够发挥什么样的作用。

注释

感谢雷吉·格雷卡尔(Reg Graycar)、罗斯玛丽·亨特(Rosemary Hunter)、玛丽·简·莫斯曼(Mary Jane Mossman)和海伦·罗兹(Helen Rhoades)对本章初稿的批评指正。

参考文献

- Astor, H. (1994) "Violence and family mediation: Policy," *Australian Journal of Family Law* 8: 3-21.
- Bailey, M. (ed.) (2000) "Symposium: Domestic partnerships," *Canadian Journal of Family Law* 17(1).
- Bailey-Harris, R., Barron, J., and Pearce, J. (1999) "From utility to rights? The presumption of contact in practice," *International Journal of Law, Policy and the Family* 13: 111-31.
- Bainham, A., Day Sclater, S., and Richards, M. (eds.) (1999) *What is a Parent? A Socio-Legal Analysis*. Oxford: Hart Publishing.
- Barrett, M. and McIntosh, M. (1982) *The Anti-social Family*. London: Verso.
- Beller, A. H. and Graham, J. W. (1993) *Small Change: The Economics of Child Support*. New Haven, CT and London: Yale University Press.
- Bertoia, C. and Drakich, J. (1993) "The fathers' rights movement: Contradictions in rhetoric and practice," *Journal of Family Issues* 14: 592-615.
- Bordow, S. (1994) "Defended custody cases in the Family Court of Australia: Factors influencing the outcome," *Australian Journal of Family Law* 8: 252-63.
- Boyd, S. B. (ed.) (1997) *Challenging the Public/Private Divide: Feminism, Law, and Public Policy*. Toronto: University of Toronto Press.
- Boyd, S. B. (2003) *Child Custody, Law, and Women's Work*. Toronto: Oxford University Press.
- Carbone, J. (2000) *From Partners to Parents: The Second Revolution in Family Law*. New York: Columbia University Press.
- Chunn, D. E. (1992) *From Punishment to Doing Good: Family Courts and Socialized Justice in Ontario 1880-1940*. Toronto: University of Toronto Press.
- Collier, R. (1999) "From women's emancipation to sex war? Men, heterosexuality and the politics of divorce," in S. Day Sclater and C. Piper (eds.), *Undercurrents of Divorce*. Aldershot, UK: Ashgate, pp. 123-44.
- Collier, R. (2001) "In search of the 'good father': Law, family practices and the normative reconstruction of parenthood," *Studies in Law, Politics and Society* 22: 133-69.
- Cossman, B. (2000) "Developments in family law: The 1998-99 term," *Supreme Court Law Review*

11(2): 433-81.
- Day Sclater, S. and Piper, C. (1999) *Undercurrents of Divorce*. Aldershot, UK: Ashgate.
- Dewar, J. (2000) "Family law and its discontents," *International Journal of Law, Policy and the Family* 14: 59-85.
- Dewar, J. and Parker, S. (1999) "The impact of the new Part VII Family Law Act 1975," *Australian Journal of Family Law* 13: 96-116.
- Didick, A. (1999) "Dividing the family assets," in S. Day Sclater and C. Piper (eds.), *Undercurrents of Divorce*. Aldershot, UK: Ashgate, pp. 209-30.
- Dunne, J. E., Wren Hudgins, E. and Babcock, J. (2000) "Can changing the divorce law affect post-divorce adjustment?" *Journal of Divorce and Remarriage* 33(3-4): 35-54.
- Eekelaar, J. (1984) *Family Law and Social Policy*, 2nd edn. London: Weidenfeld and Nicholson.
- Eekelaar, J. and Maclean, M. (1986) *Maintenance After Divorce*. Oxford: Clarendon Press.
- Eichler, M. (1990) "The limits of family law reform or, the privatization of female and child poverty," *Canadian Family Law Quarterly* 7: 59-84.
- Fegan, E. (2002) "Recovering women: Intimate images and legal strategies," *Social and Legal Studies* 11: 155-84.
- Fineman, M. A. (1991) *The Illusion of Equality: The Rhetoric and Reality of Divorce Reform*. Chicago and London: University of Chicago Press.
- Fineman, M. A. (1995) *The Neutered Mother, The Sexual Family, and Other Twentieth-Century Tragedies*. New York: Routledge.
- Fineman, M. A. (2000) "Cracking the foundational myths: Independence, autonomy, and self-sufficiency," *Journal of Gender, Social Policy and Law* 13: 13-29.
- Freeman, M. D. A. (ed.) (1984) *State, Law, and the Family: Critical Perspectives*. London: Tavistock.
- Galatzer-Levy, R. and Kraus, L. (eds.) (1999) *The Scientific Basis of Child Custody Decisions*. New York: John Wiley & Sons.
- Gavigan, S. A. M. (1999) "Legal forms and family norms: What is a spouse?" *Canadian Journal of Law and Society* 14: 127-57.
- Goldberg-Hiller, J. (1999) "The status of status: Domestic partnership and the politics of same-sex marriage," *Studies in Law, Politics and Society* 19: 3-38.
- Goldstein, J., Freud, A., and Solnit, A. (1973) *Beyond the Best Interests of the Child*. New York: Free Press.
- Graycar, R. (2000) "Law reform by frozen chook: Family law reform for the new millennium?" *Melbourne University Law Review* 24: 737-55.
- Greatbatch, D. and Dingwall, R. (1999) "The marginalization of domestic violence in divorce mediation," *International Journal of Law, Policy and the Family* 13: 174-90.

- Grillo, T. (1991) "The mediation alternative: Process dangers for women," *Yale Law Journal* 100: 1545-610.
- Harvison Young, A. (2001) "The changing family, rights discourse and the upreme Court of Canada," *Canadian Bar Review* 80: 750-92.
- Hunter, R., with Genovese, A., Melville, A., and Chrzanowski, A. (2000) *Legal Services in*
- *Family Law*. Sydney: Justice Research Centre.
- Jacob, H. (1989) "From the special section editor," *Law and Society Review* 23(4): 539-41.
- Kaganas, F. (1999) "Contact, conflict and risk," in S. Day Sclater and C. Piper (eds.), *undercurrents of Divorce*. Aldershot, UK: Ashgate, pp. 99-120.
- Kay, M. and Tolmie, J. (1998) "Fathers' rights groups in Australia and their engagement with issues in family law," *Australian Journal of Family Law* 12: 19-68.
- Kelly, J. B. (1993) "Current research on children's postdivorce adjustment: No simple answers," *Family and Conciliation Courts Review* 31: 29-49.
- King, M. and Piper, C. (1990) *How the Law Thinks About Children*. Aldershot, UK: Gower.
- Kline, Marlee (1992) "Child welfare law, 'best interests of the child' ideology, and First Nations," *Osgoode Hall Law Journal* 30: 375-425.
- Kline, Marlee (1993) "Complicating the ideology of motherhood: Child welfare law and First Nations women," *Queen's Law Journal* 18: 306-42.
- Kline Pruett, M. and Santangelo, C. (1999) "Joint custody and empirical knowledge: The estranged bedfellows of divorce," in R. M. Galatzer-Levy and L. Kraus (eds.), *The Scientific Basis of Child Custody Decisions*. New York: John Wiley & Sons, pp. 389-424.
- Lessard, H. (1993) "The construction of health care and the ideology of the private in Canadian constitutional law," *Annals of Health Law* 2: 121-59.
- Lipson, L. and Wheeler, S. (eds.) (1987) *Law and the Social Sciences*. New York: Russell Sage Foundation.
- Maccoby, E. E. and Mnookin, R. H. (1992) *Dividing the Child: Social and Legal Dilemmas of Custody*. Cambridge, MA: Harvard University Press.
- Mahoney, M. (1991) "Legal images of battered women: Redefining the issue of separation," *Michigan Law Review* 90: 1-94.
- Mather, L., McEwen C. A., and Maiman, R. J. (2001) *Divorce Lawyers at Work*. New York: Oxford University Press.
- Melli, M. S., Brown, P. R., and Cancian, M. (1997) "Child custody in a changing world: A study of postdivorce arrangements in Wisconsin," *University of Illinois Law Review* 1997: 773-800.
- Mnookin, R. H. (1975) "Child-custody adjudication: Judicial functions in the face of indeterminacy," *Law and Contemporary Problems* 39: 226-92.
- Mnookin, R. H. and Kornhauser, L. (1979) "Bargaining in the shadow of the law: The case of di-

vorce," *Yale Law Journal* 88: 950-97.
- Moloney, L. (2001) "Researching the Family Law Reform Act: A case of selective attention?" *Family Matters* 59: 64-73.
- Mossman, M. J. (1994) "Gender equality, family law and access to justice," *International Journal of Law and the Family* 8: 357-373.
- Mossman, M. J. (1997) "Child support or support for children? Re-thinking 'public' and 'private' in family law," *University of New Brunswick Law Journal* 46: 63-85.
- Mossman, M. J. and Maclean, M. (1997) "Family law and social assistance programs: Rethinking equality," in P. M. Evans and G. R. Wekerle (eds.), *Women and the Canadian Welfare State*. Toronto: University of Toronto Press, pp. 117-141.
- Neave, M. (1994) "Resolving the dilemma of difference: A critique of 'The role of private ordering in family law'," *University of Toronto Law Journal* 44: 97-131.
- Neilson, L. C. (2002) "Comparative analysis of law in theory and law in action in partner abuse cases: What do the data tell us?" *Studies in Law, Politics and Society* 26: 141-187.
- O'Donovan, K. (1985) *Sexual Divisions in Law*. London: Weidenfeld and Nicholson.
- Olsen, F. E. (1983) "The family and the market: A study of ideology and legal reform," *Harvard Law Review* 96: 1497-1578.
- Pearson, Jessica (1993) "Ten myths about family law," *Family Law Quarterly* 27: 279-299.
- Perry, T. L. (1993-1994) "The transracial adoption controversy: An analysis of discourse and subordination," *N. Y. U. Review of Law and Social Change* 21: 33-108.
- Polikoff, N. (1990) "'This child does have two mothers': Redefining parenthood to meet the needs of children in lesbian-mother and other nontraditional families," *Georgetown Law Journal* 78: 459-576.
- Polikoff, N. (1993) "We will get what we ask for: Why legalizing gay and lesbian marriage will not dismantle the legal structure of gender in every marriage," *Virginia Law Review* 79: 1535-50.
- Pulkingham, J. (1994) "Private troubles, private solutions: Poverty among divorced women and the politics of support enforcement and child custody determination," *Canadian Journal of Law and Society* 9: 73-97.
- Rhoades, H. (2000) "Posing as reform: The case of the Family Law Reform Act," *Australian Journal of Family Law* 14: 142-59.
- Rhoades, H., Graycar, R., and Harrison, M. (2000) *The Family Law Reform Act 1995: The First Three Years*. University of Sydney and Family Court of Australia, available at ⟨http://www.familycourt.gov.au/papers/html/fla1.html⟩.
- Rhoades, H., Graycar, R., and Harrison, M. (2001) "Researching family law reform: The authors respond," *Family Matters* 59: 68-75.
- Roberts, D. (1997) *Killing the Black Body: Race, Reproduction, and the Meaning of Liberty*. New

York: Pantheon.
- Robson, R. (1994) "Resisting the family: Repositioning lesbians in legal theory," *Signs* 19: 975-996.
- Rose, N. (1987) "Beyond the public/private division: Law, power and the family," *Journal of Law and Society* 14: 61-76.
- Sarat, A. and Felstiner, W. (1995) *Divorce Lawyers and Their Clients: Power and Meaning in the Legal Process*. New York: Oxford University Press.
- Sheehan, G. and Smyth, B. (2000) "Spousal violence and post-separation financial outcomes," *Australian Journal of Family Law* 14: 102-118.
- Sheldon, S. (1997) *Beyond Control: Medical Power and Abortion Law*. London: Pluto Press.
- Sheldon, S. (2001) "'Sperm bandits,' birth control fraud and the battle of the sexes," *Legal studies* 21(3): 460-480.
- Smart, C. (1984) *The Ties That Bind: Law, Marriage and the Reproduction of Patriarchal Relations*. London: Routledge & Kegan Paul.
- Smart, C. and Neale, B. (1999) *Family Fragments?* Cambridge, UK: Polity Press.
- Ursel, J. (1992) *Private Lives, Public Policy: 100 Years of State Intervention in the Family*. Toronto: Women's Press.
- Weitzman, L. and Maclean, M. (eds.) (1992) *Economic Consequences of Divorce: An International Perspective*. Cambridge, MA: Harvard University Press.
- Zaretsky, E. (1976) *Capitalism, The Family, and Personal Life*. New York: Harper and Row.

14

文化、"文化斗争"及其他：
抵制性法学下的反歧视原则

弗朗西斯科·瓦尔德斯 著

吕亚萍 译

导　　论

正如小马丁·路德·金（Martin Luther King, Jr.）所言，历史的弧线很漫长，不必期待任何一代人来见证其希望的达成。但是历史并不具备必然的结合力；它是发生多重竞争的复杂场所。历史之弧也不是线性的，它是多层面的，充满矛盾和中断，处在或然的不稳定的展开过程中，且总是变动不居。历史之"弧线"不是预先注定的天意，而是社会经验的瞬间积累——再加上对代际发展轨迹的感知。在过去两个世纪左右的时间里，历史之弧沿着从形式上的从属到形式上的平等的全民性转变，缓慢又艰难地次第展开，然后在20世纪中后期的几十年，在"机会均等"的自由主义概念下，以正式采纳反歧视原则告终。在此历史背景下，（美国的）"平等"和"反歧视"法律近年最显著的发展，体现在法学理论中"局外人"法学和"抵制性"法学的偕同出现，这两种理论都是自由主义社会-法律遗产的反应与延续，尽管在这一时期，还有诸多其他现实且深刻的理论形式兴起于法学理论内外，但是唯有这两种理论最能体现自由主义理论中的鲜明对立，并能从法学的视角出发，对自由主义在社会和法律层面的反歧视遗产予以发展。

虽然将抵制性法学或者局外人法学看成铁板一块的理论构造可能是糟糕的过分简化，但是当代的这两大阵营确实代表了可归类为法学景观的法律、政策和政治——以及它们与社会和文化之间的实质关系——的公认话语；实际上，在从奴隶制、到种族隔离、再到反歧视，以及其他或许仍绵延不绝的、历史性的、断续的国民运动的当前阶段，局外人和抵制者将民族国家推向了政策的十字路口。从今日的有利位置来看,要说两种法学理论构造,在反歧视原则深入人心的国家(和国际)价值的表达中,已经被嵌入有关历史之弧前进方向的果决斗争,也并非夸大其词(Brest, 1976)。然而,两大阵营在结构条件和政治措辞方面,却处于极为殊异的立场:在过去20年中,抵制性学说起源于国家法律理论并迅速兴起,如今已经占据了联邦法院,经由联邦法院将其偏好烙印于法律。与此同时,后者仍主要停留于学院中,继续精心研究可能会在将来某一时刻引领平等原则的法律复兴的洞见、方法和原则。

作为两大阵营的轴心的基本问题是,历史性的国民运动是必得继续,还是必须回转。抵制者的训诫是回归"传统",而局外人的愿望则是拥护"反从属"的社会变革。就规范性基础和学说指引而言,前者求助过去,而后者寄希望于底层。因此,这两类共生的法学发展,代表了理论拓展和学说压缩的不约而同又互相冲突的过程,折射出更为宏大的、复杂多变的社会政治现象。

这种更为宏大的现象——安东宁·斯卡里亚(Antonin Scalia)在联邦最高法院裁决"罗默诉埃文斯案"(*Romer v. Evans*, 1996)的少数意见中以文化斗争(*Kulturkampf*)这一术语表达的——被更广泛、更普遍地称之为过去四分之一世纪发生的"文化斗争"(Hunter, 1991)。文化斗争,正如以下概述,表现为对文化始终包含权力的明确承认,因而也承认文化是造成个体和群体界定并满足其需求的能力差异的部分原因。这些"文化"斗争在表面上事关国家的"灵魂"——以在"不同"群体内及"不同"群体之间的权利分配,及其对商品分配造成的社会影响为代表:文化斗争,包括其法学维度,表现为一种文化反革命,对在(调和并便利了20世纪后半叶的社会变革的)自由主义改革期间被扰乱的"传统价值"予以重申,对借助于文化、经济和政治术语的"传统价值"的支配权利予以重申。文化斗争,是实至名归的:它们关系到文化,以及文化在法律与社会中的权力构造;文化斗争,关系到法律统治下的社会生活的塑造和重塑。

因此,在很大程度上,反歧视原则(的过去、现在和未来)都一直是文化斗争众多主题和战役发生的场所。文化斗争,以抵制性法学的形式,展现了法律与政策的适用,不仅是要构造社会文化,而且要让运用宪法修辞的"文化"的特定规范化概念取得霸权地位。因此,潜在于文化斗争的政治,在某些基本的方面,与文化原教旨主义政治存在亲缘关系:这是对殖民和新殖民主义起到规定作用的"传统"的一种"回归"。反歧视原则,甚或其社会潜力,处于这些"传统"的政治及其社会-法律层级结构之间。

这种更为宏大的现象已经造就了最新一层的社会-法律经验,我们可以从中汲取新的知识,特别是涉及反歧视的研究领域,由于通过文化福利实现反歧视回转的适当的首要方法是法律与政策。因此,这些文化斗争创造了一种可以适用法律文化研究——包括法律的构成性社会作用——的基本条件的流行现象(Coombe, 1998)。这些文化斗争在某些基本的方面,将法律等同于社会。

因此,虽然可以运用众多透视视角来帮助理解法律、政策与反歧视法学的最新发展,但是文化斗争提供了一种有着充分解释力的社会框架。它们构成了两大法学阵营及其共同起点得以产生和发展的语境背景:自由主义遗产。事实上,这些文化斗争形塑了所有的当代法学——无论是抵制性法学、局外人法学,还是介于两者之间的法学流派。它们拥有充分的解释力,其原因在于一般的当代法学——以及特别是抵制性法学和局外人法学流派,都是这些文化斗争的不可或缺的组成部分。

基于这种历史背景,并在当代的语境之下,可以将当前的法学现状,用最概括的术语描述为:通过"反歧视"的法律与政策而实现的"平等"(或社会地位公正的社会)的三个基本概念的共存:(1)自由主义法学的"形式平等"概念,盛行于1930年代至1970年代,明确批判权利上的(de jure)歧视,如今仍普遍但日渐稀少地体现于法律的基本结构中;(2)新殖民主义者或传统主义者的抵制性法学概念,产生于1970年代和1980年代,要求"回复"自由主义形式上的胜利所造成的可感知的实际社会效果,目前日益成功地否定和削弱了自由主义的反歧视遗产,成功遏制了其社会效果;(3)批判性局外人法学的"反从属"概念,出现于1980年代,要求在自由主义成果之上,超越其社会与物质方面的局限性,同时抗拒试图颠覆社会反歧视进步的抵制性法学的兴起及其对法律的挤压性影响。在文化斗争的语境之下,本章概括并描述了现状,集中关注体现在最近著作中的美国反歧视思想的这三个主要"学派"。

自由主义及其遗产:机会均等、平权行动,以及……?

当今反歧视现状的背景,是1930年代至1960年代"自由主义"对联邦国会、行政机构和最高法院相当持久的统治,与见证了诸如劳工运动、民权运动、女权运动、学生反战运动、男同性恋—女同性恋—双性恋解放运动和环境运动等"解放"运动的全国性骚乱时期的并存。这一历史性的巧合造就了所谓的"二次重建"——即造就了大批的联邦立法、行政命令,以及宪法性先例,这些规范的总和体现了对联邦法律支持新殖民主义的系统从属结构的最新的、正式的批判。这类批判主要关注"种族、肤色、教派、民族血统,以及性别"——纵览这个国家的历史,这几种主要的身份轴线,已被用于在法律和文化上提升某些类别的人和群体的地位,区别于当代社会的其他人,他们被视为殖民北美及周边大陆的"原始"移民。但是引发全国日益增加的,仍未竟的批判所必需的阐述,已经孵化出一种新的更广泛的、与法律和平等相关联的"身份"自觉和"差别"自觉,这种自觉既有助于解释局外人法学,也有助于解释抵制性法学的发生。

那些反歧视立法,起到了显著的社会效果:实证研究声称,而且人们也从未真的怀疑过,归功于正式的民权改革,传统上处于从属地位的团体的社会和物质条件已经发生了某些改善。但是形式平等从未干扰美国早已存在的社会经济等级结构的基本的新殖民主义色彩和品格。形式平等的成功,在于解除了"传统"精英对于国家资源的排他性支配,并且允许少数来自"传统"的边缘群体的人有机会获得长期以来被否定的知识和权力。然而,随着时间的流逝,形式平等的社会经验,反映出自由主义的反歧视改革在日常生活中是如此的有限。

例如,作为自由主义法律改革的目标的对机会均等的形式和规范关注,有效地将理论上的"机会"从社会现实中分离出来,允许占统治地位的群体宽慰国家良知,无需对以不正当手段获得的好处进行实质性剥夺。同样,认为在学说和法学上囊括"肤色一视同仁"(color blindness)就是对处于权利从属地位的几代人的理想回应,使法律对天然的不平等和实际的社会现实视而不见,从而制造了形式平等的法律虚构与真实的个人在日常境况中所遭遇的活生生的体验之间的鸿沟。在这些境况之下,书本上的法律与社会中的法律之间的分裂产生了:法律规定的肤色一视同仁,不允许法律"看见"社会生活中的肤色意识。其结果是,法律改革未能引发社会变革。相反,就业、教育,以及其他领域的"机会均等"成为无论是公共领域还是私人领域的各种制度的法律上所要求的、出于善意的论调,即便代表社会地位的职位和代表经济价值的资产,在社会和经济制度上,仍然主要依照肤色、民族、性别以及法律社会身份的其他轴线等"传统"界限集中在某些人手中。因而,在法学语境下,联邦采取"平权行动"的短暂实验——尤其是 1970年代一时兴起的"配额制",终结于"加利福尼亚大学董事诉巴克案"(*Regents of University of California v. Bakke*, 1998)——标志着从奴隶制到反歧视原则的全国性的逐级进步中自由主义发展的顶峰与极限(Jones, 1988),代表了使"机会均等"产生社会意义的努力的最高点。但是在那个历史时刻,随着"平权行动"成为在社会中贯彻形式平等的余绪,传统主义抵制的兴起经由文化斗争开始落实和扎根。

自由主义的法学误区和政策失误受到了诸多因素的推波助澜,但是其中一个与反歧视原则休戚相关的因素,是对自由主义或新(后)自由主义法学或学术中的"政治性"因素所遭受的责难(这种责难包括观念与现实两个层面)的矛盾性的焦虑态度。这种责难可以上溯至"司法能动主义"时代,类似于自由主义法官在 20 世纪自由主义全盛时期所遭受的责难。彼时与此时,这些责难也同样地,主要被具有抵制性认同的学者、激进主义分子、政客,以及法官,用于诋毁自新政时期至今的"自由主义价值"进入法律的合理性。这些责难之所以能在被教化的公众和主流的自由主义者中也引起共鸣,正是由于它们强调了体现在反歧视原则下的"形式平等"价值中的规范与理想,而这种自从上世纪中期几十年以来一直具有突出影响力的反歧视原则的问题在于:除个人"价值"以外其他一概视而不见。但是得到抵制者和局外人彻底理解并一体遵行的事实是,所有的法学和学术——在像美国这样的高度尊重法律的社会中——也必然是"政治的"。

虽然前者否定它，而后者揭露它，但是，这种互相的承认在两者的社会焦点和结果定位中相当显而易见。唯有"主流"自由主义仍然对这一问题持矛盾态度，竭力去政治化，因而有时可能遭遇淡化政治性、迷失方向的境况。

1980年代后期，法律与社会主流学者在坚持法律与政治之区分这一自由主义关注的重要性的同时，形成了一个有关司法决策行为的统计数据分析的"意见"模型。这个模型用于判定，相对于其被任命之前根据媒体报道为人所知、为人所认识到的政治倾向，以及类似的个人意识形态"中立"的指标所揭示的政治倾向，法官作出裁决时的政治意识形态程度。而且，这一意见模型"认为，联邦最高法院按照与法官的意见和价值相关的案件事实，来裁决争议"（Segal and Spaeth, 1993: 65）。因此，它驳斥了传统的断定"不偏不倚"的法官"客观地"适用"中立的"法律原则，宣告"法治"的"原则性"统治——这意味着，不带感情色彩的法官，不论他们个人政治选择或意识形态偏好如何，在对私人争议和公共问题作出裁决时，始终如一地运用"理由充分的判断"适用"公平的"法律原则——的"法律模型"。虽然各类自由主义学者曾提出制度性原因和其他原因来解释这种高度关联，其中包括"法律模型"规则的司法内化，但是，这种经验关联企图打破区分法律与政治的概念症结，从而对美国理想化的"法治"观念和渴望造成了威胁——在2000年总统选举中，"布什诉戈尔案"受到目前被任命至联邦最高法院席位的几位大法官的干涉，尤其是当最后这项5比4的裁决终止了选票的计算时，这种担忧尤为突显。

对于法律与政治区分的不确定，在1970年代和1980年代自由主义法学的"内部"分裂中显而易见，这种分裂加剧了自由主义和平等的既存的变异。这种分裂，将各种"主流"中心主义和自由主义认同的"批评"区别开来，一方面，前者通过"程序"理论和类似方法，支持司法运作的"法律模型"，关注法律学理的前后一致与彼此协调，从而帮助保持和/或遵从法律与政治的区分；另一方面，后者"践踏"法律学理的传统利益，展示了其在社会上自相矛盾的伪善态度。"批判法学研究"作为同一世纪上半叶现实主义者及其"直觉"对以社会为关注点的怀疑主义的承继者，虽然并不必然指向经验主义，但是在1970年代后期和1980年代初期，是作为自由主义的"激进"论调出现的，它披露了法律的"不确定性"是如何被政治与意识形态的目的所操纵。尽管形式上的"机会均等"在自由主义法律之下给了所有人以希望，但是这一阵营训练了对社会经济分层（即阶级构造）的批判性关注。批判法学学者关注对文本和现实的解构，抛弃了形式上的平等权利的整全性，以及更一般的法律的原则性品格的整全性。这种批评认为"权利"实际上毫无意义，因为精英身份的法官依照其个人的文化政见操纵了"不确定性"。法律与其说是进步论者的改革工具，不如说是经济特权与社会控制的工具。基于这些理由，批判法学研究被贴上了愤世嫉俗、虚无主义和马克思主义的标签。然而，批判法学研究不仅仅立足于自己的领域——如今，大多数评论者承认一个基本点，即法官在不时打断审判的、不可避免的不确定时刻，会利用"法律与政策"（Kennedy, 1997）。由于这种基本态度假定政治促成了法律,包括特定的司法行动,所以它模糊法律与政治的区分。这一点,不仅是批判法学研究的要旨,而且是研究法院判决的意见模型的学术著作的要旨。这一基本态度,正如我们在后文将要看到的,也是局外人法学的某些重要分支的起点。总而言之,法律与政治的区分,是理解当前法学阵营的状况及其在文化福利语境下的反歧视分析进路和政策进路的核心。

在这段时期,其他的理论构造,无论在法学理论"内部"还是"外部"——法律与社会,法律与社会科学,法律与文化,法律与文学,治疗法学(therapeutic jurisprudence),甚至法律与经济学的自由主义分支——都在继续详细论述 20 世纪基本的自由主义价值。与这些不同学术流派存在关联的学者,描绘了歧视是如何以社会地位、结构以及经济等方式构筑起来的。他们探究了法律的跨国家与跨文化维度。他们厘清了各学科间的真知灼见,揭示了歧视如何在内部小集团以及外围集团构筑起来——有些做法关注内部小集团的特权,而有些做法集中于将外围集团的人排除在外,从而不仅一直将某些团体排除在"外面",而且还把某些特定的团体保持在"里面"。有些理论构造比另一些理论构造更具"批判性",有些理论构造比另一些更具肤色与身份自觉,有些理论构造对于文化政治比另一些理论构造更有意识、也更坦率。但是作为一个群体,它们都赞同新政与民权时期传承下来的反歧视原则的基本遗产。即便这种赞同的实质仍受到抨击,但是自由主义却因此在反歧视学术和法学领域继续沿循不同的层面和线索展开。在自由主义的两侧,局外人和抵制者罗列了形成鲜明对比的选择性方案,用以影响历史之弧在当下及长远的结合力。

局外人法学:社会转型,反从属,以及"外围批判"

从 1980 年代早期到中期,批判法学研究会议引起了局外人学者的注意,他们将后自由主义"网络"用于对尽管经过几十年的法律改革但在美国社会继续存在的社会经济分层的研究联系起来。然而,批判法学研究对"阶级"的关注,并不能轻易与"交叉"(社会-法律定位的多重轴线的交互作用,共同造就了基于"身份",包括基于在阶级、种族、性别以及性倾向等各种身份的交互作用之上的特权或从属的复杂模式)研究相适应。在法律因果关系的社会分析中,这种基于身份的差别的"承认",在当时的"批判性网络"中变得不可行。而且,"权利"对于局外人来说更为重要:尽管他们分享了批判者的观点,认为形式上的权利往往只起到为心虚的国家集体意识提供某种可资利用的借口的作用,但是局外人认为"拥有权利"聊胜于无。因此,从 1980 年代中后期,批判法学研究学者与批判身份的局外人学者之间发生了"决裂",后者中的大部分妇女和少数族/民族,通过重点关注特定"身份"及其与经由法律而历史地形成的社会现状的关联,创造了新的学术立场,开辟了当前被称为局外人法学的领域(Symposium, 1987)。

因此,从1980年代早期到中期,女权主义学者着重于对社会与法律歧视的批判性关注,特别是基于性与性别的批判性关注,而有色人种的学者在1989年开创了批判性种族理论暑期讲习班,在看清形式平等的有限的社会影响之后,对种族正义的要素提出了新的要求;在这一发展中,批判种族女权主义,由有色人种的女性充当先锋,考察了基于种族与性别的身份和歧视的多样性问题(Crenshaw, 1991; Harris, 1990; Matsuda, 1996)。在这些时期,地区性会议与地方性项目,其中包括亚裔美国人法学学术会议,梳理了局外人的法学网络和反歧视话语。及至1990年代中期,一年一度的拉丁批判法学会议(LatCrit conferences)并入这些发展中,致力于社会与法律问题的研究,尤其是与拉丁语社区有密切关系的问题,而参与对从事同性恋法律研究的性向少数群体学者定期聚会的组织也加入这些发展。最近,被定位为这些不同的理论构造的外围批判者,着重于沟通"国内"和"国际",以便间接或直接地以国际发展为基础促成"权利到家"(bring rights home)——这一关注一般性地、且批判性地寻求权利的国际渗透,以加强国内对反歧视原则的理解。因此,"外围批判者"这一术语既表示了这些与法律和文化相关的多种不同的理论构造的社会地位(局外人),也表示了它们的分析态度(批判性)。然而,局外人法学的每一流派或分支,以自己的方式,通过一系列不同的、有时候是同时进行的会议或研讨会(有些会议还在继续,有些目前已经不再举办)还在不断出现。局外人法学的起源,通过可追溯的具体事件来看,是相对自发的和无组织的。

但是,即使在1980年代后期,随着局外人法学的传播和盛行,全部法学院中有三分之二的法学院里有色人种的教员只有1名或者少于1名:全部法学院中有30%的法学院没有有色人种的教员,另外34%的法学院教员名单中只有1名是有色人种。美国法律教员协会所作的一个广为人知的调查,研究了美国法学院的聘用、留任,以及解聘中的种族与性别格局,该调查在1988年宣称(或许是标志着局外人法学形成的最精确的历史时刻),"典型的法学院拥有31名教员,包括课堂教学和诊所教学的教员,以及图书馆馆长和管理学术的院长的常任职位。在这31人中,有1人是黑人、西班牙裔或者其他少数族裔,有5人是女性",从而在1980年代中后期的"典型"制度脚本中,制造了代表非白人教员形象的"一人协会"(Chused, 1988:538)。及至1990年代中期,平均每个法学院拥有3.4名少数族裔教授,16.7名女性。尽管在20世纪中叶就已经有了平等的训诫,但是正如局外人法学著述以及政府和其他研究的统计学描述所反映出来的,传统从属群体在20世纪行将结束的最后十年的活生生的经历,仍然深陷于18世纪和19世纪的遗产中。就这些社会事实和职业事实而言,无怪乎叙事作为一项较早的技术,基于社会及智识原因,在局外人倡导者中间生根发芽,他们正在为一个被否认的社会现实和人身现实正名并提供证据:尽管形式平等已经坚持了几十年,尽管对所有有关平等与歧视的事项有着众多的社会鼓噪和制度浮夸,但歧视仍在继续。

尽管局外人学者"讲述法律故事"的形式开始于个人的、职业的和社会的轶闻,但是他们意识到了由那些轶闻所证明的社会脚本的结构性和系统性的本质与维度。他们指出,缘起于少数派外围集团和多数派内部集团之间社会利益的趋同的反歧视义务,是有限的、零碎的、暂时的、不可靠的。局外人为了证实对自由主义的社会限度的批判分析,为社会相关改革提供规范化的锚定,着手研究"底层"——在部分通过法律(包括反歧视法,或无论有无法律、无论有无反歧视法)制造并支持了人类之失权化的源泉中,探求制定政策的实质洞见。他们在此研究过程中认识到,社会转型要求在团体内部和团体之间建构联盟,这些联盟行动一定不能锚定于利益趋同的策略性时刻,不能锚定于"本质化的"身份偶合中,而必须锚定于在团体内部和团体之间共同产生并互相践行的实质性反从属原则中。他们得出结论说,因此,联盟事业要求在分析与实践中,坚持自我批判以及批判的一致性与连贯性。他们已经认识到,反从属理论和社会实践,不仅要求分析与行动的"交叉"框架,还要求"多重的"框架——这解释了身份关系的结构与系统的"多重性",这些身份关系连结在一起,造就了将某些关系裹挟前行、而将某些关系弃置一边的社会经济潮流。局外人学者在当前抵制性法学和文化斗争占主流的格局之下,试图抗拒国内法的实质性紧缩,也开始挖掘存在反歧视和反从属可能性的国际资源和比较性理论框架。虽然并非所有局外人学者在本质上都是"批判的",但是这些批判性因素却是自1980年代局外人法学出现以来,局外人——尤其是"外围批判者"——介入美国法律话语的某些基本特征。

因此,这些方法被激发出来,促成了对外围集团的并不为自由主义遗产所证实的社会平等主张的认可。因此,最近,局外人话语已经超越了"平权行动"而走向要求补偿,以复兴反歧视政策;补偿的基本概念虽然在不同的背景下有必要采取不同的形式,但是它意在帮助"竞技场的平准",不是通过可能被当作对贫困者的施舍而被摒弃的"平权行动"计划,而是通过对之前产生、尚未获得补偿的债权人对劳动以及其他社会财产享有正当"债务"的偿还。局外人法学诞生于文化斗争肇始之时,它在变动不居的社会脚本中定义并限定相对于实质平等的形式平等的时候,始终对立场与政治、环境与后果怀有并保持清醒的意识。

法律学术中每一个外围批判流派,都曾与法学理论的其他"批判者"一样,遭受过同样的批评,这并不奇怪;局外人曾遭受过诉诸叙事而非实证、致力于解构而非法律改革、求助于政治而非客观性的批评。就批判法律学者而言,这些批评在一定程度上是有说服力的,批判者,包括局外人批判者,公然表示并运用"后现代"学术的这些方法与标记。但是这些批评因此不仅无法满足、更加不可能动摇局外人所支持的主要主张:肤色一视同仁依然是一个用以遮蔽截然相反的社会事实的法律拟制;形式平等并没有消除由法律慢慢灌输的基于身份的社会歧视形式;种族主义、父权制,以及其他支配形式已经通过几代人的权利执行和社会涵化(social acculturation),在社会上常态化、在结构上"制度化";"平等保护"的宪法要求,在国家集聚其进行结构改革的意愿之前,仍旧无法施行(Valdes, Culp, and Harris, 2002)。然后,总体而言,除了方法上的争论以外,这一"外围批判"学术团体,反映了对妇女、有色人种、性向少数群体,以及其他处于社会的经济与文化主流之外、美国法学理论和制定政策地之外的"局外人"的持续存在的排斥和边缘化的集体性实质反思与批判,尽管在自由主义指导下的民权时代有了形式上的法律进步。

正如上文概述所指出的,局外人法学的兴起,恰与传统上基于民族、种族、性别以及性倾向等原因被排除在法学理论外的群体进入法学理论、成为学者(和学生)的有限的增长同时发生——在很大程度上,恰是自由主义的这些改革,允许并资助了这种增长:局外人法学,与所有其他同时代的理论构造一样,都是从自由主义的诸多不同遗产中流溢出来的。但是从历史的和实质的视角,或许局外人法学异军突起最显著的方面在于,它标志着在美国法学理论内具有局外人身份的知识阶层,与致力于反从属要求而非反歧视前景的学者的第一次联合(Delgado, 1992)。两者之间的区别是显著的:反歧视原则在形式上是对肤色一视同仁的,着重关注抽象的机会。因此,它看不见,更不可能针对实质的或者结构上的不平等的根源。另一方面,反从属要求关注"实质"的平等:关注实际的社会变革,在定义中就必然意味着内部群体对于如今为人熟知的物质享受的支配的放弃。根据反从属原则,对于形式权利的积极认可只是走向平等的一个步骤,而非目标或终点。"反歧视"和"反从属"之间的区别,体现了(抵制性法学全然反对的)法律与政策的公式化表达的基础性原则与目的的变迁。

抵制性法学:紧缩与更替的政治

在最基本的实质性术语中,抵制性法学试图抑制反歧视原则的再分配性影响和潜在影响,而非在形式上批判形式平等。它不仅试图预防反歧视原则下更深远的社会效益,而且试图扭转在过去几十年间以此原则为名,在形式平等中已然发生的社会变革。与局外人法学和批判法学研究一样,它体现了对自由主义的诸多遗产的一种政治自觉反应与社会感性反应——一种直接的敌对反应。就批判者与局外人而言,抵制性学术与法学在美国法学理论的出现,可追溯至1980年代早期到中期的一些具体事件。然而,今天,抵制性法学所表达的不仅仅是法律学术的一个流派。它紧随文化斗争而来,代表了文化斗争的司法面向。尽管它与其他的法学理论构造不同,不是一种铁板一块的现象,但是抵制性学术与法学确实在起源、发展以及行动上有着相对集中的历史;抵制者似乎在组织起培养并传播其思想的"网络"方面,比"批判者"更为成功。

"联邦党人协会"(Federalist Society)正式成立于1982年,充当了酝酿抵制性法学的中心点。该协会围绕不同的分支组织起来,其中包括一个由全国法学院的学生团体组成的分支,作为帮助创立"法律与政策"学生杂志的"支部",这些学生杂志有效地形成了为抵制性法学思想的传播构建"话语"的期刊网络。联邦党人协会自从创立以来,不仅已经变成以抵制性法学的形式宣传和灌输这些思想的智识中心,而且已经变成了训练文化战士并将他们筛选进法律职业,以贯彻作为"法律与政策"的抵制性为目的的主要场所。更为特别的是,该协会变成了进入联邦司法系统以及联邦政府的其他法律与政策制定部门的惊人的通途。

协会占领了当前联邦最高法院三分之一的席位:安东宁·斯卡里亚(Antonin Scalia),克拉伦斯·托马斯(Clarence Thomas)和首席大法官威廉·伦奎斯特(William Rehnquist),这三人通常都被视为协会会员——尽管这是一个在其他方面以公开性为本位的团体,但该协会会员资格却是一个严格保守的秘密。通常理解的模式揭示,那三位大法官只在或者主要在该协会联系紧密的网络内选择学生作为颇孚声望的法律助理职位人选。三位大法官的其中之一安东宁·斯卡里亚在芝加哥大学法学院担任教员的时候,建立了该协会在当地的创始支部。紧随这一战略上飞跃的是一次类似的尝试,另一位也被提名任职联邦最高法院的前法学教授和抵制性法学学者,他也同样发起创立了一个较早的地方支部——耶鲁的罗伯特·伯克(Robert Bork)。虽然这次提名失败,但是也构成了联邦党人协会成为抵制性法学大熔炉的记录的一部分。

通过这个协会,抵制性法学理论在1980年代,开始创立社会紧缩(social retrenchment)的法律框架,运用如今有时候被称为"法律与经济"的技术,酝酿出可为肇始于新政时期的形式反歧视法和其他改革的回转提供正当理由的"公共选择"理论。为了给这项议程创造一个表面上"有原则的",而非不加掩饰的"政治"平台,抵制性法学学者与法官曾论证,宪法解释与法律应当区分"原始意图"和"历史"或"传统"的优先次序,以保证法官在此基础上,而非根据个人的政治、价值或意识形态行使司法权;抵制性法学解释说,这一方法论保证了"中立"法律原则得到"有原则的"适用,从而使法律具有正当性并区别于政治(Scalia, 1989; Berger, 1997; Bork, 1971)。于是,抵制性法学的姿态,是一种明言的形式主义,它立基于不关心政治的法官或学者通过对某些内容确定而且中立的法律原则的一致并慎重地适用,排除其他人——自由主义者、批判者、局外人的政治化分析和政治性动机,从而客观地、事不关己地裁判案件。而且,这种姿态还表现为直接抨击有可能计划推翻其智识上的整全性与方法论的局外人学术(Rosen, 1996; Farber and Sherry, 1995)。因此,抵制性法学的修辞策略起到了否定适用于抵制性法学领域的法官的态度模型的意见与结论的作用,将抵制性法学家置于以纯粹的"政治"指责其他法学理论构造的位置——但是从抵制性法学家的文本和活动中找到的记录可以证明,政治意识形态是他们主要的组织原则。

回想起来,从1986年5名大法官代表联邦最高法院就"鲍威尔斯诉哈德维克案"(*Bowers v. Hardwick*)发表的声明中,我们便可早早窥见即将到来的未来。5名大法官发表的多数意见,在回溯了错误的"历史"以申明作为对同性和异性(same-and-cross)性行为的平等认可的障碍的"传统"(Goldstein, 1988)之后,抑扬顿挫地说:"当法院涉及法官创造宪法,却没有或基本没有宪法语言或目的上的根基的时候,法院最易受到攻击,离不法的距离最近。"随意地依赖传统和联邦主义来划定学说界限,是一种危险的兆头。其后,一而再地却策略性地援引历史、传统以及联邦主义,这是一种寻求护身符的策略,从而在联邦宪法和其他法源之下为反歧视和其他民权进行学说重构规定了甚至更为严格的限制。事实上,正如被广泛指出的,抵制性法学的再解释过程,有效地逆转了反歧视法,给"传统"的歧视模式及其社会分层后果放行,并使之合法化(Aoki, 1996; Crenshaw, 1988; Wildman, 1984)。3年之后,在1989年的开庭期,鲍威尔斯案显然已经变成一个更庞大的、深思熟虑的计划的一部分。

1989年所作的判决中有三个——"阿托尼奥诉瓦德湾包装公司案"(*Atonio v. Wards Cove Packing Co., Inc.*)、"里士满市诉 J. A. 克罗森公司案"(*City of Richmond v. J. A. Croson, Co.*),以及"帕特森诉麦克里恩信用合作社案"(*Patterson v. McLean Credit Union*)——表面上对反歧视原则口惠而实不至,实际上成为抵制性法学的现实例证,也体现了其对民权的社会性抵制。前两个判例关注在宪法与联邦立法下的反歧视就业背景中的种族问题,而最后一个关注在平权行动非联邦预留项目下的种族与宪法第十四修正案的问题。在每个案件中,多数意见都声称坚持反歧视原则及其救济权利。自联邦最高法院的裁决三重奏,以及"格鲁特诉伯林杰案"(*Grutter v. Bollinger*, 2003)的留有争议的例外之后,只有白人能在联邦最高法院根据联邦宪法的平等保护条款胜诉,在每一种情形下,都旨在推翻主要被用来打破随着时间的流逝,由法律慢慢灌输的自我永固模式的"平权行动"计划,并在社会上贯彻由形式平等承诺的"机会"。反歧视原则在社会适用中的令人瞠目的逆转,是通过直接先例的一再被推翻,以及既在国内也在国际形成最新历史之弧的不断向前的趋势中实现的。正如马歇尔大法官不久之后所说的:"最高法院处理民权案件的进路发生了显著的变化……我们除了把上一个开庭期的判决视为蓄意缩减民权议程的结果之外,难以得出其他结论"(Marshall, 1990: 166-167)。因此,及至1980年代的尾声,正当批判法律研究奋力前行,局外人法学初步形成之时,抵制性学术正在转变为抵制性法理学:"自由主义"的先例逐渐被推翻,学说的修正正在强化,紧缩与更替的政治开始完全控制局面。自此以后,联邦最高法院的(形成当前的抵制性集团的5人之外)每位成员,也与马歇尔大法官一样行事:自从1989年,当前抵制性法学多数派之外的每位大法官,都极为活跃地对最近声称把"民权"与"联邦主义"并列,以便对自南北战争修正案,经由新政,一直到民权时代日渐积累并进入状态的两个法学领域予以拆分的提议表示异议(Leuchtenberg, 1966)。

1995年(另一个具备转折点意义的开庭期,作出诸如"阿达兰德建筑公司诉佩纳"[*Adarand Constructors, Inc. v. Pena*]和"合众国诉洛佩兹"[*United States v. Lopez*]等案的裁决)以来的案件主导了广泛的重构,关注(却当然不仅局限于)4条宪法条款及其与民权法的交互作用。第一个涉及宪法第一条商业条款下的国会权力,是4个条款中唯一一个建立在宪法原始文本之上的。其他三个则是以原始文件的修正案为基础的:第十修正案、第十一修正案,以及包含强制执行规定的第十四修正案第五款。商业条款与第五款已经由历史证明,是联邦对民权法及民权政策的立法权力的主要渊源——行使联邦权力,对反歧视原则进行立法,并如"合众国诉亚特兰大汽车旅馆之心"(*Heart of Atlanta Motel v. United States*, 1964)和"卡岑巴赫诉麦克伦"(*Katzenbach v. McClung*, 1964)等里程碑式的案例所证明的,以相对积极的方式强制执行第十四修正案的平等保护条款。这5位大法官在1990年代中期,准备通过适用第十修正案和第十一修正案来中断那段历史:在其后的案件中,现今5位抵制性法学大法官着力将历史上由国会使用的、将联邦反歧视政策制定为法律的主要宪法工具排除在外,因此,将时光转回到1930年代,当时联邦最高法院中一个类似的激进主义集团利用当时的法院,阻碍了联邦对社会改革或正式改革进行立法的权力。

正如这一梗概所指出的,抵制性法学的事实细节与学说分支有无数种,但是其实质与社会结果的中心模式则并非如此。比如,在"鲍威尔斯诉哈德维克案"(*Bowers v. Hardwick*, 1986)和"合众国诉洛佩兹案"(*United States v. Lopez*, 1995)中,法官们援引联邦主义,彻底缩减了联邦政府的司法与行政机构在保护第十四修正案和商业条款项下的个人宪法权利的作用。在"里士满市诉J. A. 克罗森公司案"(*City of Richmond v. J. A. Croson, Co.*, 1989)和"阿达兰德建筑公司诉佩纳案"(*Adarand Constructors, Inc. v. Pena*, 1995)中,法官们要求,平权行动救济措施应当与所遭受的不公平歧视相适应,因此需受到严格的——或"毁灭性的"司法审查。在"阿托尼奥诉瓦德湾包装公司案"(*Atonio v. Wards Cove Packing Co., Inc.*, 1989)和"帕特森诉麦克里恩信用合作社案"(*Patterson v. McLean Credit Union*, 1989)中,他们急切地推翻先例,急剧提高民权诉讼原告的证据标准,缩小联邦民权制定法中可适用的反歧视救济措施的范围。在其他发生于此处列举的例子之前或者之后案件中,抵制性法学法官运用或保佑类似的行为,若非故意,却也有效强化了由法律与社会历史地强加于传统上被边缘化的全体或个人的弱点(Cross, 1999; Eskridge, 1997; Estreicher and Lemos, 2000; Getches, 2001; Goldsmith, 2000; Hunter, 2000; Jackson, 1998; Post, 2000; Redish, 1993; Siegel, 1997; Ziegler, 1996)。

例如,在其他文化斗争的案子中,抵制性法学法官们充分限制了妇女的生育权,对于较少享有权利的妇女,除了履行法律程序之外别无"选择";严格缩减了投票权法案,削弱少数群体的投票能力,同时削弱地方和联邦根据法律代表少数群体的利益行动的权力;彻底缩减个人对抗国家的有罪指控的权利的宪法保护;并且再三破坏本土文化权利,阻碍美国印第安人的部落自我治理。通过运用学说设计和程序手段,这些抵制性法学判决和类似判决的实质底线与社会底线,正是"传统"等级结构在社会与经济上的再次巩固,在此等级结构之下,得到盎格鲁人、白人、基督徒,以及异性恋者"传统"认同的群体、个人或者利益,在文化上、系统性地得到提升,超越了与非盎格鲁人、非白人、非异性恋者、非基督徒传统相联系的社会部门或方面。在追寻文化斗争的断层线时,随着时间的流逝由体现在抵制性法学中的身份政治的"传统"形式所造成的实质结果模式和社会效果模式,是一致的:当国家权力被用于代表"传统上的"外围集团时,或者以某种方式支持20世纪的"自由主义"遗产时,国家权力的运用就在司法上要么直接通过实质的声明,要么通过间接的程序障碍或类似障碍,被宣布无效,或者受到限制;另一方面,当国家权力被用于代表"传统的"(或新殖民主义的)内部集团时,或者用于以某种方式缩减"自由主义"遗产时,国家权力的运用则在司法上得到接纳、受到祝贺,或得到确认。因此,正如我们在下文将要看到的,抵制性法学反对"传统上的"外围集团,代表"传统上的"内部集团的利益,获得了文化斗争的完胜。

文化斗争:法律改革、新殖民主义的反作用、社会冲突

正如抵制性法学和局外人法学一样,当今文化斗争的风起云涌可以追溯至1970年代和1980年代,追溯至最初几十年的自由主义反歧视动议日渐在各方发生论战的时代。但是官方宣布它的时刻却是1992年,总统候选人帕特里克·布坎南(Patrick Buchanan)在共和党全国会议的讲台上,明确宣布"文化斗争"是"美国的灵魂"。自此以后,"文化斗争"被再三援引,用以解释和激发社会的、法律的,以及政治的行动:1980年,里根当选的那一年,该术语在公开的报纸、杂志,以及相关媒体上只被提到过4次;1990年,这一术语被使用过76次;而到了1992年,正式宣布该术语的那年,使用了575次。及至世纪之交的2000年,该术语被使用了1902次,其中包括在解决2000年11月总统竞选的紧张背景下;当时,选举后的投票问题仍存在争议,具有抵制性身份的脱口秀主持人在这个国家的首都宣布,"这是一场文化斗争——两种互相排斥的世界观,继续为在我们的文化中争取卓越地位而斗争"(Kuhnhenn and Hutcheson, 2001)。该术语在公布的法院意见中的使用不限于斯卡里亚在"罗默诉埃文斯案"(*Romer v. Evans*, 1996)和"劳伦斯诉得克萨斯州案"(*Lawrence v. Texas*, 2003)的少数意见中援引的文化斗争一词:该术语还出现在其他几份意见中,法官们在判决意见中将该案描述为文化斗

争的范例,或者将文化斗争指称为那些争议的社会背景。那么,文化斗争,与其说是一个理论的建构,不如说是一个无论从法律和社会的维度和话语中都日渐频繁的见诸书面的现象。正如下文所述,文化斗争的三个攻击阵线,或"方面",集中在社会-法律控制的相关杠杆——多数主义政治、司法审查以及公共费用方面,从而可以发动一场针对反歧视原则及其自由主义遗产的"回收"运动。

这些阵线或方面中的第一个,即有针对性地运用多数主义政治,以废止或削弱"自由主义"立法或先例,是最主要的一个,因为它为第二和第三个阵线或方面创造了条件。第一方面采取了两种主要形式。正如以上历史性的附注所揭示的,第一阵线是对联邦和州政府"议员"分支的夺取和驯化。但是,当这些选举政治的常规类型不符合要求的时候,由于它们有时候确实有所不足,如果当选举产生的官员不愿意要弄抵制性政治,多数主义文化战士就将第一攻击阵线转向用"大众"普通投票强行霸占政策的制定。无论在联邦还是在州,文化斗争的这一主要方面,已经在反歧视这一目标上得到训练。

在州层级上,这种"直接"形式的选举攻击产生了领头羊加州的187号建议,以及之后的209号建议。在形式方面,这两条建议一般性地要求将"未登记的"(以及大多数非白人)个人排除在州项目或服务之外,并逐渐废除基于种族、族群以及性别的平权行动。在社会效果方面,这两条建议本质上系统地将无登记的居民变成贱民,在州教育机构中重新实行种族隔离。这种形式的攻击也可以从通过对州基本宪章的直接的修正案,来推翻同性婚姻案件中根据夏威夷州和阿拉斯加州宪法而作出的司法反歧视性判决的"大众"运动中,适当地加以证明。在这两州,法院判决,两州宪法的平等条款禁止婚姻法基于性别或性倾向进行法律歧视,但是"大众"的回应恢复了形式不平等的支配。及至1990年代,文化斗争的主要阵线或方面很明显已经以"愤怒的男性白人"为名动员起来,全神贯注于拿回想象中仍天然属于他们的东西。那么,这种文化斗争的"阵线",发掘和利用了历史上曾使欧洲殖民美洲大陆时代的早期移民及其后裔,作为被承认和识别的社会群体而受益的数量上的、结构上的、经济上的以及社会上的资本。

这一方面不是单纯的多数主义日常政治,其中利己主义的"小集团"与其说会耍手段图谋社会商品和经济财物,还不如说会为了国家的"灵魂"开展一场协同一致的多方面运动,这场运动的"敌人"始终是历史上被边缘化的、如今易受伤害的社会集团。因此,这种目标定位等同于一种"文化清洁"(culture cleansing),在一系列事件发生之后将留下一个外表上和感觉上尽可能在政治上和物质上类似于1780年代的净化的社会。这种再三诉诸"直接民主"以规避"协商式民主"的程序与结果、强行以一个固定的文化概念取代某种实体法的行为,已经对一个社会中的"民主"的含义提出了疑问,这个民主社会被假定不仅致力于共和政体本身的自我治理,而且是实现"人人享有司法公正"(Equal Justice for All)这个仍在装饰着这个国家最高法院的门廊的根本但长期被推延的志向的方式。

在联邦一级,这种核心工作最近可追溯至理查德·尼克松(Richard Nixon)的政治及其有关在国内民权的前述法律发展的社会效果中悄悄沸腾的"沉默的大多数"的主张,但是分水岭则是1980年罗纳德·里根的当选及其精明的管理小集团对白宫的占据,特别是在其第二个任期,运用全部可利用的制度手段,为抵制者在文化斗争中提供武装。然而,在通过多数主义选举政治而实现文化斗争的稳步扩大过程中,或许胜利的关键时刻来自1994年的国会选举,这次选举将"与美国签约"及其反动传统和法律社会学缩减议程的倡导者,送进了立法办公室。该"契约"呼吁对移民、福利、民权,以及用以在各种场合削减个人权利和公共基金的法律同类领域,进行彻底的全面检查。等到其中一些福利和移民"改革"在1990年代中期被颁布为法律,这些法律结合了抵制性立法(和法学)之前的成就和持续的努力,缩减了反歧视保护,使易受伤害的个人和团体的公共生命线最小化。

这第一个方面或阵线的累积结果是双重的:第一,正如上文归纳的那样,"直接"民主已经精心策划了损毁民权法"协商式"民主的装置,从而使日愈对移民、性向少数群体、种族和族群少数群体、妇女、穷人、残疾人,以及其他他者怀有敌意的社会环境逐步(重新)常态化;第二,正如下文所述,这种对选举影响力的运用有助于发起文化斗争的第二方面或阵线,从而保护并照应了第一方面的成就。在第二方面,利用联邦司法权巩固在文化斗争的第一方面或阵线获得的成果的个人,就职终身制联邦法官席位,是一个策略性的步骤,既可以保护抵制性立法,还可以从后方夹击"自由主义的"或不方便的先例。因此,文化斗争的各个方面或阵线具有交互的、协同作用的性质。

第二阵线或第二方面相当于以完全的却大型的且越来越有组织的规模,进行法院改造计划。产生于第一方面的选举浪潮已经使全国法院系统根据种族、性别、阶级,尤其是意识形态,来补充新鲜血液,恢复法律与社会中被选择的"传统",使这样传统所支持的东西成为可能;例如,所有联邦法官中大约有三分之二,直到2002年仍是白人、盎格鲁后裔和男性,这并非单纯的巧合;最近,在1995年至2002年的七年间,尽管全国人口越来越倾向于多元文化主义(Alliance for Justice, 2002; Federal Judicial Center, 2002),但是联邦法官中有色人种的净增长只有3人——从1995年的134人增加到137人(总人数862人)。如此多的新的抵制性法官来自联邦党人协会的队伍中,这也并非单纯的巧合——也不是"个人价值"的纯粹反映。

实际上,第二阵线或第二方面主要的两重目的是,第一,使联邦法院系统中立化,以作为抵制性立法在第一方面之下的落实;第二,颠覆新政与民权时期的自由主义遗产——包括在国内法中对国际发展和国际标准(至少在其有可能对振兴反歧视权利产生影响的时候)予以明确的摒弃。这种改变运动已经将抵制性学术安置在法律中:法学上的结果,以及或许是基于这种结果而产生的社会"优胜者"和"失败者"在种类上的一致性,正如之前所讨论过的,由最高法院自身最清晰地示范出来。正如上文曾指出的,在那些案件中，抵制性法官机动地制造出实体结果和社会后果，导致个人权利以及州和联邦立法权、强制执行民权的权力最小化；在那些案件中，学说设计和技术策略被战略性地提出，以修改或推翻先例，操纵反歧视原则同时在法律和社会上造成全面的衰退。形式平等的文字与行为之间显而易见且逐渐壮大的分歧，已经促成了对当前美国在抵制性立法和法学之后的"法治"效力的严重的怀疑态度。

第三阵线或第三方面是正如判例或许能做到的那样，对能向某些特定项目或政策提供资金或者拒绝给予资金的联邦支出权进行定向控制，从而实现对不可能大规模或直接完成的项目的事实回转。这第三方面或许在有关堕胎、对穷人的法律援助，以及对移民和所谓的"福利母亲"的社会服务的资金战中最能说明，但是也体现在根据所罗门修正案，对拒绝征兵和预备役军官训练项目、而且不允许把由于性、性别和性倾向等原因造成的歧视性军事政策引发的歧视带进其校园的大学，不予提供联邦资金（包括对学生的财政资助）的运动中。这些例子再一次揭示了文化斗争在形式方面，同时也在社会层面关注反歧视原则：这些例子中的每一个，再一次体现了在抵制性法律与政策的"传统的"身份政治下、在形式生活和社会生活中的反歧视原则的衰退时刻。在这第三方面或阵线中，抵制性法学经由文化斗争体现的目标，仍旧是不变的：通过各种正式支配在法律上的代际强制执行，社会外围集团在文化、选举、以及（或者）物质等层面，处在了历史的边缘，普遍地易受伤害。

文化斗争的这一方面也与其他方面合作，一起发生作用，正如"拉斯特诉沙利文案"（*Rust v. Sullivan*, 1991）所揭示的，对于提供有关堕胎信息的项目，联邦选择性地拒绝给予资金，从而尽可能地在实践中成功抵制妇女的知情权及不受拘束的生育权，对此，联邦最高法院却只起到了橡皮图章的作用。在这一特殊案件中，联邦最高法院认可了联邦政府对其制度性影响力的极为不平衡地行使，尽可能通过这种方式，抵制任何在社会争议中赞成生育权的观点、信息和选择；它以极为笼统的措辞行使该行为，比如抵制性法学往往会援引恰是用以反对这类情形的"州权"的"价值"或关注。在这个特殊事例中，文化斗争的第一方面使全国的立法机构产生了系统性、战略性地缩减妇女权利的意愿和意图，第二方面造就了将会在法理上削弱生育权，并保护歧视性立法或滥用立法权免受有效质疑的"最高"审判庭，第三阵线（协同第一和第二方面），在其他法学或立法上消除堕胎的努力仍在继续踌躇的时候，尽管增长了因循守旧者的气焰，却实施并保护了联邦拒绝为堕胎提供资金的制定法。在第三阵线与文化斗争的前两方面协同合作的情况下，甚至在抵制者或许还不能聚集起对遭受攻击的"权利"或"好处"实施直接的、实质性的收回的权力的时候，对易受伤害社区和群体起到生命线作用的公共项目和计划——包括需要联邦贷款以保证其受教育的大学学生——却受到了实际的威胁或削减。

正如前述讨论所指出的，这场斗争中的文化政治——包括抵制性法学——体现了经由欧洲人的征服以及某种相伴而生的商业活动向全球输出的、至上主义的欧洲中心意识形态联合体。这种结合在历史上和当代都有利于有财产的、异性恋的、基督徒的欧裔男性白人。它有利于具有欧洲身份的文化与映像——习惯、语言、宗教,以及显型类型。它不利于种族和民族上的少数群体、非基督教的宗教派别、妇女、土著人民、性向少数群体、移民(尤其是非欧洲移民)、残疾人以及其他传统的失权群体。总而言之,它结合了欧洲具有影响力的种族主义、排外主义、男性至上(androsexism)、异性恋至上,以及文化沙文主义等突出倾向,这些倾向在殖民主义的数世纪中向全球输出,最近又通过社会、经济、文化、法律以及政治的共同全球化过程,得到了巩固和强化。因此,抵制性政治和法学的组织原则和意识形态,或许可适当地称之为欧洲异性恋父权制(Euroheteropatriarchy)——偏见与歧视的结合,在抵制者手中,以反歧视原则为名通过法律强化了新殖民主义。随着新千年的到来,历史之弧发现,反歧视原则的自由主义遗产,正处在抵制者努力通过法律的力量重建欧洲异性恋父权制和外来批判者根据反从属规则将具有变革性的社会后果灌输进反歧视原则的十字路口。

结　语

战后自由主义在国内占支配地位,也塑造了全球人权的蓝图,人权逐渐用以形容在"代际的"术语中反映了"民权"和形式平等的自由主义概念。但是,这一日益国际化的努力,并未完全以西方的品位划定界限;三代的影响结合在一起,包括群体权利、积极权利,以及社会经济权利,超越了自由主义对于原子化的个人的"机会平等"的期待。这种努力在文化斗争的背景之下,已经造就了国际人权的格局,在相对的情形下,继续抵抗由美国抵制性法学在近些年所规定的个体权利的日益难懂的前提和结构。在这一全球配置之下,西方的影响被设计为国际的,但是国际的并非西方的;至少在有关反歧视法的问题上仍强硬地反对整合的抵制性法学之下,这种现状不大可能改变。

就国内境况而言,国际上与反歧视有关的"发展"既非线性的,也非有序的;形式的和社会的发展,到处都不一致。但是在许多方面,尽管并非全都一致,正如追踪人权与宪法权利来源(Human and Constitutional Rights Resource, 2002)的国际三代人权模式的国家与国家之间的"权利种类清单"所揭示的,国际潮流继续走向这些权利形式上向全球扩张、超越其自由主义的西方起源地的方向。他们的比较宪法权利图标显示了形式的权利扩张正在全世界的实质政策层面、至少也再次在形式层面上发生——与此相对的是,美国正在发生的形式的权利紧缩。国内和国际环境下发展轨迹的分裂——一方面加上抵制性法学充满分歧的观点,以及另一方面加上批判法学研究和局外人法学充满分歧的图景——为将要界定从形式不平等,到形式平等,再到实质平等的历史性步伐的下一个阶段这一未决政策问题搭建了平台:平等的复兴向何处去?

参考文献

- *Adarand Constructors*, *Inc. v. Pena* (1995) 515 U. S. 200.
- Alliance for Justice (2002) "Status of the judiciary: April 2002 summary update," retrieved from ⟨http://www. afj. org/jsp/notes. html⟩.
- Aoki, Keith (1996) "The scholarship of reconstruction and the politics of backlash," *Iowa Law Review*, 81: 1467-88.
- *Atonio v. Wards Cove Packing Co.*, *Inc.* (1989) 493 U. S. 802.
- Berger, Raoul (1997) *Government by Judiciary: The Transformation of the Fourteenth Amendment*. Indianapolis: Liberty Fund.
- Bork, Robert (1971) "Neutral principles and some First Amendment problems," *Indiana Law Journal* 47: 1-35.
- *Bowers v. Hardwick* (1986) 478 U. S. 186.
- Brest, Paul (1976) "Foreword: In defense of the anti-discrimination principle," *Harvard Law Review* 90: 1-54.
- *Bush v. Gore* (2000) 531 U. S. 98.
- Chused, Richard H. (1988) "The hiring and retention of minorities and women on American law school faculties," *University of Pennsylvania Law Review* 137: 537-69.
- *City of Richmond v. J. A. Croson Co.* (1989) 488 U. S. 469.
- Coombe, Rosemary (1998) "Critical cultural legal studies," *Yale Journal of Law and the Humanities* 10: 463-86.
- Crenshaw, Kimberle (1988) "Race, reform, and retrenchment: Transformation and legitimation in anti-discrimination law," *Harvard Law Review* 101: 1331-87.
- Crenshaw, Kimberle Williams (1991) "Mapping the margins: Intersectionality, identity politics and violence against women of color," *Stanford Law Review* 43: 1241-99.
- Cross, Frank B. (1999) "Realism about federalism," *New York University Law Review* 74: 1304-35.
- Delgado, Richard (1992) "The imperial scholar revisited: How to marginalize outsider writing ten years later," *University of Pennsylvania Law Review* 140: 1349-72.
- Eskridge, William N. Jr. (1997) "A jurisprudence of 'coming out': Religion, homosexuality, and collisions of liberty and equality in American public law," *Yale Law Journal* 101: 2411-74.
- Estreicher, Samuel and Lemos, Margaret H. (2000) "The section 5 mystique, Morrison, and the future of federal anti-discrimination law," *The Supreme Court Review* 2000: 109-73.
- Farber, Daniel A. and Sherry, Suzanna (1995) "Is the critique of merit anti-semitic?," *California*

Law Review 83: 853-84.
- Federal Judicial Center (2002) "The federal judges biographical database," retrieved from ⟨http://air.fjc.gov/history/judges_frm.html⟩.
- Getches, David H. (2001) "Beyond Indian law: The Rehnquist court's pursuit of states' rights, color-blind justice and mainstream values," *Minnesota Law Review* 86: 267-362.
- Goldsmith, Jack (2000) "Statutory foreign affairs preemption," *The Supreme Court Review* 2000: 173-222.
- Goldstein, Anne (1988) "History, homosexuality, and political values: Searching for the hidden determinants of Bowers v. Hardwick," *Yale Law Journal* 97: 1073-1103.
- *Grutter v. Bollinger* (2003) 539 U.S. ——.
- Harris, Angela P. (1990) "Race and essentialism in feminist legal theory," *Stanford Law Review* 42: 581-616.
- *Heart of Atlanta Motel v. United States* (1964) 379 U.S. 241.
- Human and Constitutional Rights Resource (2002) "Human and constitutional rights," retrieved from ⟨www.hcrc.org.chart/categories.html⟩.
- Hunter, James Davison (1991) *Culture Wars: The Struggle to Define America*. New York: Basic Books.
- Hunter, Nan D. (2000) "Expressive identity: Recuperating dissent for equality," *Harvard Civil Rights-Civil Liberties Law Review* 35: 1-55.
- Jackson, Vicki C. (1998) "Federalism and the uses and limits of the law: Printz and principle?" *Harvard Law Review* 111: 2180-59.
- Jones, Jr., James E. (1988) "Origins of affirmative action," *University of California-Davis Law Review* 21: 383-420.
- *Katzenbach v. McClung* (1964) 379 U.S. 294.
- Kennedy, Duncan (1997) *A Critique of Adjudication: Fin de Siecle*. Cambridge, MA: Harvard University Press.
- Kuhnhenn, James and Hutcheson, Ron (2001) "Ashcroft is next political flash point; partisan lines are clearly drawn," *Miami Herald*, January 11, Section 1A.
- Landay, Jerry (2000) "The conservative cabal that's transforming American law, the Federalist Society," *Washington Monthly* 32: 19-23.
- *Lawrence v. Texas* (2003) 539 U.S. ——.
- Leuchtenberg, William E. (1966) "The origins of Franklin D. Roosevelt's court packing plan," *Supreme Court Review* 1966: 347-400.
- Marshall, Hon. Thurgood (1990) "Transcription of remarks, annual judicial conference, second circuit of the United States," *Federal Rules Decisions* 130: 166-9.
- Matsuda, Mari (1996) *Where Is Your Body? And Other Essays on Race, Gender and Law*. Boston:

- Beacon Press.
- *Patterson v. McLean Credit Union* (1989) 484 U. S. 814.
- Post, Robert C. and Siegel, Reva B. (2000) "Equal protection by law: Federal antidiscriminatory legislation after Morrison and Kimmel," *Yale Law Journal* 110: 441-526.
- Redish, Michael H. (1993) "Taking a stroll through Jurassic park: Neutral principles and the originalist-minimalist fallacy in constitutional interpretation," *Northwestern University Law Review* 88: 165-74.
- *Regents of University of California v. Bakke* (1998) 438 U. S. 265.
- *Romer v. Evans* (1996) 517 U. S. 620.
- Rosen, Jeffrey (1996) "The bloods and the crits: O. J. Simpson, critical race theory, the law and the triumph of color in America," *New Republic* 27: 27.
- *Rust v. Sullivan* (1991) 500 U. S. 173.
- Scalia, Antonin (1989) "Originalism: The lesser evil," *University of Cincinnati Law Review* 57: 849-65.
- Segal, Jeffrey A. and Spaeth, Harold J. (1993) *The Supreme Court and the Attitudinal Model*. New York: Cambridge University Press.
- Siegel, Reva (1997) "Why equal protection no longer protects: The evolving forms of status-enforcing state action," *Stanford Law Review* 49: 1111-48.
- Symposium (1987) "Minority critiques of the critical legal studies movement," *Harvard Civil Rights-Civil Liberties Law Review* 22: 297-446.
- *United States v. Lopez* (1995) 514 U. S. 549.
- Valdes, Francisco, Culp, Jerome, and Harris, Angela (eds.) (2002) *Histories, Crossroads and a New Critical Race Theory*. Philadelphia: Temple University Press.
- Wildman, Stephanie M. (1984) "The legitimation of sex discrimination: A critical response to supreme court jurisprudence," *Oregon Law Review* 63: 265-307.
- Zeigler, H. (1996) "The new activist court," *American University Law Review* 45: 1367-401.

扩展文献

- Abrams, Kathyrn (1991) "Hearing the call of stories," *California Law Review* 79: 971-1052.
- Altman, Andrew (1993) *Critical Legal Studies: A Liberal Critique*. Princeton, NJ: Princeton University Press.
- Amar, Vikram David and Estreicher, Samuel (2001) "Conduct unbecoming a coordinate branch," *Green Bag* 4: 351-6.
- Barnes, David W. and Stout, Lynn A. (1992) *The Economics of Constitutional Law and Public Choice*. St. Paul, MN: West Publishing.
- Baron, Jane B. (1994) "Resistance to stories," *Southern California Law Review* 67: 255-86.

- Berger, Raoul (1997) "Reflections on constitutional interpretation," *Brigham Young University Law Review* 1987: 517-36.
- Blasi, Vincent (1990) *Law and Liberalism in the 1980s*. New York: Columbia University Press.
- Bork, Robert (1985) "Styles in constitutional theory," *South Texas Law Journal* 26: 383-96.
- Brisbin, Richard A. (1997) *Justice Antonin Scalia and the Conservative Revival*. Baltimore, MD: The Johns Hopkins Press.
- Calmore, John O. (1997) "Exploring Michael Omi's 'messy' real world of race: An essay for 'naked' people longing to swim free," *Law & Inequality Journal* 15: 25-82.
- Carter, Stephen (1991) *Reflections of an Affirmative Action Baby*. New York: Basic Books.
- Chang, David (1991) "Discriminatory impact, affirmative action, and innocent victims: Judicial conservatism or conservative justices?" *Columbia Law Review* 91: 790-844.
- Chang, Robert S. (1993) "Toward an Asian American legal scholarship: Critical race theory, post-structuralism, and narrative space," *California Law Review* 81: 1241-1324.
- Colker, Ruth (1986) "Anti-subordination above all: Sex, race, and equal protection," *New York University Law Review* 61: 1003-66.
- Culp, Jerome McCristal Jr. (1994) "Colorblind remedies and the intersectionality of oppression: Policy arguments masquerading as moral claims," *New York University Law Review* 69: 162-96.
- Delgado, Richard and Stefancic, Jean (2001) *Critical Race Theory*. New York and London: New York University Press.
- Dong, Selena (1995) "Too many Asians: The challenge of fighting discrimination against Asian Americans and preserving affirmative action," *Stanford Law Review* 47: 1027-57.
- Epstein, Richard (1987) "The proper scope of the commerce power," *Virginia Law Review* 73: 1387-1456.
- Farber, Daniel and Frickey, Phil (1987) "The jurisprudence of public choice," *Texas Law Review* 65: 873-928.
- Fineman, Martha (1995) *The Neutered Mother, The Sexual Family and Other 20th Century Tragedies*. New York: Routledge.
- Freshman, Clark (1991) "Beyond atomized discrimination: Use of acts of discrimination against 'other' minorities to prove discriminatory motivation under federal employment," *Stanford Law Review* 43: 241-73.
- Gelfand, M. David and Werhan, Keith (1990) "Federalism and separation of powers on a 'conservative' court: Currents and cross-currents from Justices O'Connor and Scalia," *Tulane Law Review* 64: 1443-76.
- Gould, William B. IV (1990) "The Supreme Court and employment discrimination law in 1989: Judicial retreat and congressional response," *Tulane Law Review* 64: 1485-1514.
- Harris, Cheryl L. (1993) "Whiteness as property," *Harvard Law Review* 106: 1707-91.

- Iglesias, Elizabeth M. (1996) "Rape, race and representation: The power of discourse, discourses of power, and the reconstruction of heterosexuality," *Vanderbilt Law Review* 49: 869-992.
- Iglesias, Elizabeth M. and Valdes, Francisco (2001) "LatCrit at five: Institutionalizing a postsubordination future," *University of Denver Law Review* 78: 1261-1345.
- Jaffa, Harry V. (1994) *Original Intent and the Framers of the Constitution: A Disputed Question*. Washington DC: Regnery Gateway.
- Kairys, David (ed.) (1982) *The Politics of Law: A Progressive Critique*. New York: Pantheon Books.
- Kairys, David (1993) *With Liberty and Justice for Some: A Critique of the Conservative Supreme Court*. New York: The New Press.
- Karst, Kenneth L. (1991) "Religion, sex, and politics: Cultural counterrevolution in constitutional Perspective," *University of California at Davis Law Review* 24: 677-734.
- Kelman, Mark (1988) "On democracy-bashing: A skeptical look at the theoretical and 'empirical' practice of the public choice movement," *Virginia Law Review* 74: 199-274.
- Kennedy, David (2000) "When renewal repeats: Thinking against the box," *New York University Journal of International Law and Politics* 32: 335-500.
- Klarman, Michael J. (1991) "The puzzling resistance to process-based theories," *Virginia Law Review* 77: 747-832.
- Kramer, Larry D. (1998) "But when exactly was judicially-enforced federalism 'born' in the first place?" *Harvard Journal of Law & Public Policy* 22: 123-38.
- Levit, Nancy (1989) "The caseload conundrum, constitutional restraint and the manipulation of jurisdiction," *Notre Dame Law Review* 64: 321-66.
- MacKinnon, Catharine (1991) "Reflections on sex equality under law," *Yale Law Journal* 100: 1281-1328.
- Menkel-Meadow, Carrie (1988) "Feminist legal theory, critical legal studies, and legal education or 'the Fem-Crits go to law school'," *Journal of Legal Education* 38: 61-86.
- Mezey, Naomi (2001) "Approaches to the cultural study of law," *Yale Journal of Law and the Humanities* 13: 35-67.
- Minow, Martha (1990) *Making All The Difference*. New York: Basic Books.
- Posner, Richard (1998) "Against constitutional theory," *New York University Law Review* 73: 1-22.
- Rawls, John (1993) *Political Liberalism*. New York: Columbia University Press.
- Rhode, Deborah (1989) *Justice and Gender: Sex Discrimination and the Law*. Cambridge, MA: Harvard University Press.
- Rubenfeld, Jed (2002) "The Anti-antidiscrimination agenda," *The Yale Law Journal* 111: 1141-78.

- Scales, Ann C. (1986) "The emergence of feminist jurisprudence: An essay," *Yale Law Journal* 95: 1373-1403.
- Scalia, Antonin (1997) *A Matter of Interpretation: Federal Courts and the Law*. Princeton, NJ: Princeton University Press.
- Schlag, Pierre (1997) "The empty circles of liberal justification," *Michigan Law Review* 96: 1-46.
- Schwartz, Bernard (1990) *The New Right and the Constitution: Turning Back the Legal Clock*. Cambridge, MA: Harvard University Press.
- Spellman, Elizabeth V. (1988) *Inessential Woman: Problems of Exclusion in Feminist Thought*. Boston: Beacon Press.
- Steiner, Henry J. and Alston, Philip (1996) *International Human Rights in Context: Law, Politics, Morals*. Oxford: Clarendon Press.
- Strum, Susan and Lani, Guinier (1996) "The future of affirmative action: Reclaiming the innovative ideal," *California Law Review* 84: 953-1036.
- Sunder, Madhavi (2001) "Cultural dissent," *Stanford Law Review* 54: 495-567.
- Sunstein, Cass R. (1996) "Foreword: Leaving things undecided," *Harvard Law Review* 11: 4-101.
- Thomas, Clarence (1987) "Toward a 'plain reading' of the constitution—the declaration of independence in constitutional interpretation," *Howard Law Journal* 30: 983-95.
- Thomas, Kendall (1992) "Beyond the privacy principle," *Columbia Law Review* 92: 1431-516.
- Tushnet, Mark (1985) "Conservative constitutional theory," *Tulane Law Review* 59: 910-27.
- Valdes, Francisco (1996) "Unpacking hetero-patriarchy: Tracing the conflation of sex, gender and sexual orientation to its origins," *Yale Journal of Law and Humanities* 8: 161-211.
- West, Robin (1994) *Progressive Constitutionalism*. Durham, NC: Duke University Press.
- Westley, Robert (1998) "Many billions gone: Is it time to reconsider the case for black reparations?" *Boston College Law Review* 40: 429-76.
- Williams, Joan (1991) "Dissolving the sameness/difference debate: A post-modern path beyond essentialism and critical race theory," *Duke Law Journal* 40: 296-323.
- Williams Jr., Robert A. (1989) "Documents of barbarism: The contemporary legacy of European racism and colonialism in the narrative traditions of federal Indian law," *Arizona Law Review* 31: 237-78.
- Winter, Steven L. (1980) "Indeterminacy and incommensurability in constitutional law," *California Law Review* 78: 1441-1542.

15

风险治理

帕特·奥马利 著

吕亚萍 译

查阅20年前的法律与社会研究,以及犯罪社会学的年报,我们可以发现其中对风险的探讨只占极少数。其中大部分还只针对年轻犯罪人所承担的风险;几乎没有人研究作为法律与治理的技术的风险问题。自1980年代中期开始产生了一股逐渐壮大的社会-法律研究与理论态势,重点将政府导向的风险增长作为研究的框架。自道格拉斯和威尔达夫斯基(Douglas and Wildavsky, 1983)、希林和斯滕宁(Shearing and Stenning, 1985)、赖克曼(Reichmann, 1986),以及西蒙(Simon, 1987, 1988)的著作出版以来,风险在如今已经成为社会学理论的一个核心的、具有组织功能的焦点问题,也日益成为法律与社会研究的焦点问题。在传统的法律与社会研究领域,已经展开过一些这类研究——其中大部分都集中于刑事司法领域,还有一小部分与保险法有关。但是对于这次研究风潮的主要方面,其中大部分并非关注法律问题,而更多针对自身的日常治理实践;针对公共机构,诸如环保单位的运作;以及针对例如精神病学、健康、教育以及就业等专业人士的工作。这一部分可能反映了(倾向于直接关注"分散政府"的)福柯式学术对于该领域的影响(Rose, 1996)。这一部分也可能是由于其他主要的思想困境(例如,Beck, 1992),使人联想起风险政治如今逃离了主要的社会制度,而在与大规模个人化相联系的"亚政治"领域现身。无论其原因为何,对于将风险与政府的分析扩展到法律与社会工作的许多传统领域的时机,我们无疑已经期待已久。本章将概述风险与治理领域的当前状况,指出其在刑事司法领域发展到何种程度,以及该进路在多大程度上基本上未曾触及的法律的领域——比如侵权法——为法律与社会学者拓展其研究范围提供一个几乎度身定做的良机。

存在普遍的共识认为,风险研究的兴起,反应了在一定程度上政府、警察机关、专业人士、商贸企业,以及个人,在通过风险管理的理智框架和实践技术管理其任务方面的发展。这种据说无处不在的风险,同时在有些作者将其与"风险意识"相联系之下,造就了"风险社会"这一术语(Simon, 1987; Beck, 1992, 1997; Ericson and Haggerty, 1997)。诚然,政府机构如今已经广泛涉及这类实践,例证如下:识别并对付会"冒险"犯罪的人(Simon, 1998; Hebenton and Thomas, 1996);评估精神病人对自身及其他人造成的风险(Rose, 1996, 2002);主持和管理病理性疾病的风险审查与预防项目(Petersen and Lupton, 1996; Weir, 1996);积极评估、调查和约束环境风险(Douglas, 1992; Douglas and Wildavsky, 1983)等。同时,个人、家庭和社区正在接受风险管理的建议与培训,并负责处理风险问题。健身与健康是最显而易见的领域之一,其中新的风险负担能力和行为,都始终与从饮食与运动疗法到预防性手术等大量方法结合与联系在一起。甚至在财务安全与风险管理事务中,也越来越多地建议个人通过接受财务咨询、购买保险、进行证券市场投资以及领取养老金,作为个人的风险预防措施。至少对于中产阶级来说,这些已经成为日常生活的一部分。

  这些发展可以用来说明,一个建立在风险意识与风险管理之上的社会正在形成。尽管对风险社会的范围、规模、新颖性以及理由存在着实质的分歧,但是已经有大量充实的文献,认识到一系列逐渐形成的治理风险的方法。

基于风险的治理的关键特征

  基于风险的治理与规训型治理形成最截然的反差。作为其特征,规训的或"规范化的"治理制度与实践围绕五大要素进行管理:树立一种(健康、教育、体格等的)理想或标准;通过调查建立唯一的个案记录;将个案与标准进行比较以诊断问题所在;让个人服从标准;运用积累的证据,进一步形成用于调查、诊断和干预的知识。正如福柯(Foucault, 1977)指出,医院、学校、法院、监狱、工厂、官僚机构以及大学,全都建立在这种模式的基础上。人们认为,基于风险的治理在某些关键方面区别于这种"规训"模式。

  第一,风险治理关注主要作为统计分类(风险种类)成员的个体或个案,而非独特的个案。在风险管理方法方面,个体被分配到不同的风险种类,根据这种"成员身份"来进行管理。机动车保险风险种类的成员身份就是一个典型例子。因此,个体唯一的个案记录就变得没么重要,只是作为身份分配的一种辅助。由此造成的一种常见后果是,重在调整主体的行为,而非调整其意图或动机。因此,严格责任或无过错方法就可以取代民法上的过失或刑法上的故意。同样,行为规制也可以取代教育改造刑的改革及其对动机和思想状态的关注。与此相一致的是,治理更多地关注对于分类的处理,较少关注个案。在"设计预防犯罪"(designing-out crime)——例如路面减速带设计中,个体完全从调查中消失,只针对行为的发生频率。这些模式经常假定全体都是抽象的"理性选择"的参与者(举例来说,理性的司机会减速,而不理性的司机会遭到不适或者机动车被损坏等自动的惩罚)。正如这一模式所揭示的,因为赞成个案的高度常规化的分类和与预防措施相联系的风险指标,个案的专业诊断与治疗就相对没落了。缓刑、体检、精神病,以及警察机关的报告,都在各自的权限范围内经历了这样的变迁。相较于在统计数据基础上作出判断,这种退步时常作为对专业诊断错误的批评的回答(Glaser, 1985; Cohen, 1985)。

第二,基于风险的治理通过预报来管理将来。因此,许多基于风险的治理方式散布在从公共机构到"社区"的不同地方。发生这种情况,是因为当有必要在预测到的危害发生之前进行干预的时候,风险因素和项目中"有危险"的个体仍旧位于自己的正常环境中。干预可能采取普遍的形式(例如,反犯罪街景设计和闭路电视),或者有针对性的形式,诸如为有患心脏病"风险"的人提供特别食谱,以及有"犯罪预兆"的"危险"青少年的"自爱"项目。事实上,"可能有风险"或者"有风险"变成了政府干预的触发器。作为一种必然的结果,规训的公共机构和专业知识针对这些新的"预测到的非正常人",承担起了以风险为基础的功能。老师要对评估学生的教育状况、健康状况、暴力状况以及其他风险负责;护士有义务识别有"危险的"酒类消费倾向的人;警察必须就高风险主体的出现向社区通报。另一个必然结果是,随着问题种类扩展至包括高风险种类,造成问题的纯粹扩大。这种干预可能会给"危险"的个人招致重大的、强制性的约束。例如,1998年《英国犯罪和障碍法》(British Crime and Disorder Act 1998)创设了"性罪犯命令"。这是一个新的民事命令,可以由警察机关适用于任何曾实施过性犯罪的罪犯,只要他在社区中的行为让警察机关"有忧虑的合理理由,以至于有必要发出一道命令,以保护公众不受来自他的严重伤害"。由于不曾对实际行为的严重性进行测试,不得不仅根据实际行为与未来犯罪的风险的相关性来进行考虑。

正如这一点所揭示的,虽然人们通常为人统计数据和保险统计数据对于风险治理至关重要,但是其他方法也已经展开。在诸如医疗诊断(Weir, 1996)、社会工作(Parton, 1998),以及刑事司法评估(Kemshall, 1998)的领域,统计数据可能无法获得,而且对于风险管理的任务而言或许也不能说是足够的。这种对风险的临床评估和专业判断,在宣布假释和缓刑的时候——即便有许多人认为风险的增长反映了这些方式的觉醒(Kemshall, 1998;参见 Feeley and Simon, 1992),但可能比统计学的预测起到了远远更为核心的作用。然而,始终关键的是,风险管理的定位从个案与规训的模式,转变为分类的和预测性的模式。

第三,有人声称基于风险的治理似乎是"超道德的",因为它比通常更少关注、或者更少考虑道德命令。这一部分根据风险是由科学研究或保险精算来认定的,而非来自于道德含义的事实。因此,既然风险似乎是一种"现实",那么否定它、忽略它,或者反抗它,都是非理性的。另外,关注危害的预防或将危害最小化,而非关注对规范的遵从,意味着特定的价值和道德要求要服从降低风险的抽象原则。因此,药品危害最小化策略,诸如针头和注射器的更换,可能会在总体伤害减少的名义下,容忍某些非法的或者道德上应受谴责的行为(O'Malley,1999)。这种"容忍"已经被视为风险治理一种关键策略,由于产生的反抗也是低层次的,所以使风险治理可以以较低成本扩大其管辖范围、行使其权力(Simon,1988)。讽刺的是,由于治理在这一过程中以道德中立的姿态出现,那么没办法处理风险的个体就成了道德上应受谴责的或者非理性的了。风险往往是通往责任之路的大门(Douglas and Wildavsky,1983)。因此,过去一度被当成偶然或意外事件看待的,如今可能被看成统计数据上可预测的,从而是可以控制的东西。在不可预测的伤害的意义上,"意外事件"逐渐变成了一种边缘化的、甚至可疑的类别(Green,1997)。

尽管有着这些技术客观性的表象,但是大多数有判断力的作者认为,风险是文化的或治理的产物(Douglas and Wildavsky,1983)。第一,风险是理解和处理事物的方式,本身并非真实的事物(Ewald,1991)。例如,虽然怀孕仍旧是与以往相同的经验式的状态,但是在许多医疗实践中,怀孕已经从类似疾病的状态,转变成一种风险负担的状态。对于显而易见的道德中立无论持有什么样的观点,就那些相信自己的婴儿处于风险中的怀孕妇女的道德的(和有时候是法律的)管理而言,这里的价值意涵通常都是趋于表面的。第二,风险不是事物的真实状态,而是思考事务和处理事务的一种价值判断方式。表明某事务为一种风险,意味着该事务被断定为是应当被减轻或避免的有害状态。关注预测风险的技术,往往导致我们忽视在技术的设计和实施过程中所产生的评价的道德维度。因此,例如,许多"残疾的"少数群体成员(例如,患有唐氏综合症*的人)曾经抗议,基于风险识别的预防性堕胎,等同于某种形式的优生学,对他们实施了有效的歧视,否定了那些"他者"的生命的价值。因此,将风险识别技术本身归入技术中立的范畴,没有把握住这些技术本身是为了某种道德与政治的目的设计出来的实情。

虽然这些概括性的特征被用于描述风险治理的本质,在具体的领域,风险治理的形式是多种多样且变化多端的。对法律与社会具有特别重要的意义的两个领域——刑事司法和侵权法,我们将予以更详细的探讨。

---

* Down's syndrome,先天性痴呆症。——译者注

刑事司法与风险

毫无疑问,以风险为基础的法律治理的最为汗牛充栋的研究,在与刑事司法相关的领域实施,并广泛施用。最特别的是,这一领域已经涉及犯罪预防、精算司法(actuarial justice)、基于风险的制裁和基于风险的治安管理。

犯罪预防

虽然犯罪预防可追溯至19世纪早期现代警察制度(Peel's police)形成之前,但是最近在许多国家,犯罪预防既改变了关注焦点,也变得更为核心。例如,一直到1980年代,英国和澳大利亚的犯罪预防,基本上都是警察工作的一个很次要的方面,主要针对影响贸易财产的日常安全事务;或者犯罪预防被看作一种更为宽泛的社会规划事务,设法对付造成犯罪的社会条件。不过,对于后一方面,犯罪预防只是一个附属于城市规划的、资金不足的短期项目中所反映出来的一个边缘议题而已。然而,这两个国家都以1980年代中期的"更安全社区"的发展为起点,以数百万美元的方案为标志,政府在1990年代中期重点将犯罪预防作为犯罪控制策略的核心要素。在澳大利亚,即便刑事司法势不可挡地成为州政府的重要事务,但是联邦司法办公室和如今的联邦政府"国家犯罪预防"项目的姿态鲜明的工作,反映了赋予该策略的优先性。

这些发展既单独又协同地发生作用,使得警察机关日益集中关注犯罪预防,发展和实施新的预防方案。人们熟知的例子包括"治安伙伴关系"、社区治安制度、邻里守望计划,以及警察与社区犯罪委员会(O'Malley, 1997)。1990年代中期,维多利亚州警察机关估计,仅在澳大利亚一国境内,就有三百个可确认的犯罪预防项目。正如这些发展所揭示的,犯罪预防被当作警察独立承担的职责的想法,已经发生了改变。自1980年代和1990年代以来,犯罪预防特别集中于风险管理和社区/个人责任。情景犯罪预防和"目标强化"已经变得更为核心,其关注焦点从对犯罪人和犯罪的社会原因,转向了专门应对"犯因性"(criminogenic)情景和机会结构。对潜在的被害人的责任给予了相当大的重视,以减少其"危险"状态。这项工作通过对被害人进行技能培训和开展风险认知与风险信息等项目,旨在提高他们对风险的精确认识,向他们传授风险管理与降低风险的方法。例如,英国家庭办公室已经为此展开了一些主要项目,包括几项主要关注妇女遭受犯罪侵害的风险的项目(Stanko, 1996)。住宅"社区"也被要求对邻里之间的风险降低承担责任。同样,一些非基于空间联系的协会,诸如"小型企业社区"和"同志社群",有时候也应征参与到类似的项目中。

"精算司法"

应个体犯罪人之需、量身定做的个案公正,是大多数司法区的首选模式,直到1980年代情况仍旧如此。在过去十年,其他模式开始取代了这一模式。特别是在美国,以及近来的英国、澳大利亚和加拿大,现在的判决可能会以对犯罪人的风险预测为基础。在这种程序中,基本不需要知道罪行或者犯罪人的情况,只需知道这个案子在高风险评估中的位置即可。判决经常是以量刑标准为基础的,与预测再犯的精算表相联系。这些精算表是以和犯罪历史有关的预告器为基础的。广泛应用于美国、相对较少适用的澳大利亚(比如,参见西澳大利亚州1992年《[重罪与再犯]犯罪法》[Crimes {Serious and Repeat Offenders} Act 1992])和英国(Hood, 1996)的"三振出局"(three strikes and you're out)模式,对这类犯罪人的处遇,至少在表面上是以证明其累犯风险的证据为基础的。

通过关注再犯的预测性因素,以风险为基础的判决可能会毁掉犯罪严重性与制裁严厉性相均衡的司法价值。同样它也对个案公正和自作自受的传统观念提出了挑战。然而,精算司法以技术上"客观"、威慑为基础,以及限制司法偏见的余地等为由,得到捍卫。它还被称之为"保护公众",从而凭借自身的力量拥有了一种道德的和治理上的正当理由。在美国,指责法官、精神病医师以及缓刑官员的专业判断的拙劣的预测能力的相应观点,已经被用于支持根据精算表作出的判决。有人提出,美国法官由选举产生的本质,导致美国法官比较有可能与这种趋势合作。对社会科学的信心逐渐衰退,也存在一定的相关。但是,同样重要的因素可能是司法上的朝着"被害人为重"和"问责性"与"有效性"变迁的趋势(Feeley and Simon, 1992, 1994; Glaser, 1985)。

以风险为基础的制裁

人们日益认为,不仅是形成判决的方法和基本原理,还有制裁的本质,都应以风险为导向。特别是这种导向见证了治疗性制裁被替换,取而代之以更关注安全的制裁方式。至于监禁,使犯罪人丧失犯罪能力已经不仅在美国,而且在英国和其他国家成为一个最明确的主要目标。这主要体现在监狱"仓储"基于再犯的风险性,而被交付终身监禁或者长期监禁的犯罪人方面的明白无误的作用上。监狱在这方面的能力,使其成功地控制了犯罪对公众的风险。使犯罪人丧失犯罪能力也体现在对监禁的成本效益分析的重视上。尽管在福利时代,也有相反的观点提出来,但是最近的分析表示,如果将监禁所预先避免的犯罪与犯罪控制方法的双重成本考虑在内,能够证明全面的监禁相对于普遍的高风险犯罪来说,在经济上是值得的。

伴随着这种转变,各种通过使犯人丧失犯罪能力的方式实现了缩减风险的目的的新制裁方式,开始出现(或者被彻底改造)。这些方式包括:对某些选定的犯罪人颁布宵禁令,有的情况下还跟父母签订监护协议;对犯罪人进行电子监控,以限制其进出高风险地带的活动;对犯罪人实施密集的矫正命令,以监控其风险行为;以风险管理为目的,将犯罪人关押在收容所中(O'Malley,1992)。如果对这一原则作稍许延伸,这种以风险为基础的预防性路径就溢出了犯罪人的范围,开始针对"危险"的个人或"危险的"情境——于是这些人或情境在一定程度上遭遇"准制裁"。这些准制裁包括,所有十来岁的青少年在天黑后须宵禁在家,或者禁止他们进入特定的场所,诸如大型购物中心。但是最为著名的是美国的"梅根法"(Megan's Laws)以及英国的类似法律,这类法律要求向整个社区通报这个社区里的已出狱罪犯,以促进居民的风险意识(Simon,1998)。这无疑提出了一个难题,即这一规定是否构成了对过去罪行制裁的无限的、残酷的延伸,尤其是在某些司法辖区,要求相关人等在自己住宅上张贴通告。同样令人瞩目的是,对这类罪行的所有将来的判决,因此都烙上了某种可以被视为惩罚性的释放后身份的状态。(对于这类司法上的争议的讨论,参见 Levi,2000。)这类例子揭示了关于什么样的人是"犯罪人"的问题的混乱观点。虽然那些只是"危险"的人,他们没有犯下罪行,所以通常在法律上不能予以惩罚,但是这些意在降低风险的干预措施(比如,宵禁令,要求报告,限制行动)可能与法律制裁完全相同,在几乎所有的案件中,体现了对法律权利的某种限制。正如在血液酒精含量犯罪的例子中揭示出来的,有"危险"(例如,血液酒精含量高于一定水平)的状况本身很容易就转变成一种新的犯罪。对这种预防性的逻辑作进一步延伸,在当前的英国就体现为:对表现出高度危险性但是之前还没有实施犯罪的、具有病态人格的人进行监禁的建议。

以风险为基础的警务工作

如前所述,警察机关已经以空前的规模和程度参与到犯罪预防工作中。其中最重要的是,加拿大的主要研究显示,警察机关已经在安保领域变成了信息掮客,主要承担了与风险有关的数据的收集者和这类信息的交换场所的角色(Ericson and Haggerty,1997)。这些迹象表明,治安管理的许多方面都已经转变成了风险管理,比如说,将所有的事件报告和其他警务报告,围绕风险(比如,"安全"和"防御")维度予以重构,从而变成了一种风险管理。警察机关也在提供与犯罪风险管理有关的建筑法规和地方政务设计规范的相关信息方面,发挥了重要作用。尤其是这种转变已经通过现代社会的主要以风险为基础的公共机构保险产业(它本身就是犯罪预防不断发展的主要的支持者和参与者)的不断膨胀的影响力实现了其目的。

风险与侵权法

人们认为,主要规制意外伤害领域的侵权法的出现,折射出19世纪早期自由资本主义的社会思潮。处于核心地位的、规训式过失原则的发展,要求法律主体为自己由于粗心大意造成的伤害承担责任,在某种意义上,侵权行为促成了风险意识法律化。然而,合同相对性原则将风险责任主要限制于合同相对人之间。在工作场所意外事件的情形中,通过适用同意原则(*volenti*)(认为雇员自愿承担诸多风险)和同伴原则(如果伤害中有其他雇员的过失的因素,可减轻雇主的责任),侵权责任得以进一步缩小。因此,伤害在很大程度上是自食其果的状态,而侵权法可被视为"风险管理"的时候也尚早。然而,在1890年到1940年之间,诸多情况都在朝着以保险为基础的治理或精算治理方向转变。在英国和其他国家,最初的发展是诸多"产业"侵权法被抛弃,代之以工人赔偿计划。鉴于难以获得侵权法规定的伤害赔偿,一种主要建立在超道德的、保险精算的和无过错的基础上的,由法庭予以管理和执行的社会保险形式建立起来(Cane,1993)。

在随后数年中,随着法律主体的风险责任扩大到要保护可预见到会受其行为影响的各方当事人,比如,通过1932年英国的"多诺霍诉史蒂文森案"(*Donoghue v. Stevenson*,1932)和1916年美国的"麦克弗森诉别克汽车公司案"(*McPherson v. Buick Motor Co.*,1916),法律上的注意义务得到了极大扩张。通过大幅增加其对法律责任的承担,不仅迫使各主要当事人(雇主、制造业者、运输业者等)提高风险意识,而且有效地要求他们购买了某些形式的保险险种。事实上,随着本世纪的发展,保险机制,诸如产品责任保险和公共责任保险,对于大多数司法区的商业和政府机构来说,已经是强制性的了。同时,随着保险成本逐步计入由平民支付的商品和服务价格中,侵权法的大部分内容也有效地转变为一种社会保险形式。与此同时,强制的第三方机动车保险,逐步扩大至包括以保险为基础的风险管理中,然后更进一步深入到侵权法的结构中(Simon,1997)。

这些转变的功能性影响引发了关于社会保险全盘替代侵权法的重要争议。批评主要集中于法律的一连串可察觉到的缺点,这些缺点能用较为简单的保险机制予以排除或减少。这些缺点包括:侵权法造就的大量交易成本(是行政法庭的成本的10倍),法律程序所导致的冗长的延误、高昂的费用、压迫性氛围、与保险程序相比审判结果往往不可预料或不公正、与保险程序下可获得的养老金计划相比侵权损害补偿的"一劳永逸"规则所产生的一些问题,以及诸多其他的批评等。最为根本的是1970年代在新西兰所引起的变革,这次变革事实上将整个的意外事件赔偿领域从法庭移交给社会保险基金——这是在随后数年（在英国和澳大利亚）也被其他国家审慎考虑和部分采纳的一种模式。甚至在尚未发生这类根本性变迁的司法区，清晰的风险管理思维也对侵权法造成了深远的变革。例如，在美国根据"深口袋"原则，法庭不仅追诉最直接的责任者，而且还追诉最有能力承担风险经济负担的那方当事人的责任——相比于（以一种规训的方式）将结果归咎于有过错一方，在全社会中以一种有效的方式分担损失更为重要。有人认为，这种方式的后果之一是，这一责任承担方式所带来的高保险费的威慑性后果，将高风险产业和产品驱逐出去，从而成为使风险进一步最小化的方法（Priest, 1990）。然后，集团诉讼的发展再一次充当了"社会"风险分摊的途径。例如，在许多例子中，成功的集团诉讼以基金的形式，不仅为那些已经受到伤害的人提供赔偿，而且还要为那些正在遭受伤害而尚未察觉的人（比如，与埃克森·瓦尔迪兹号石油泄漏和博帕尔灾难有关的人）提供赔偿。作为一种滚动效应，众多司法区如今都要求高风险产业设立基金，以备支付将来的大型意外事件的风险之需（Abraham, 1986）。与此相联系，相关的策略，诸如在共同诉讼中按市场份额分担损失的模式（也就是说，当生物产品的具体制造商无法确定时，损失将在不同的制造商中按照他们的市场份额来分配）提供了与刑法中的精算判决最接近的对应物。在这里，有关的概率不是再犯的可能性，而是特定的制造商对争议中的伤害的承担责任的可能性。最近，已经有了"预防性的"或者"预期的"损失，也被考虑甚至给予赔偿的征兆，其中赔偿额以压制风险的成本为基础（Fleming, 1997）。

当然，侵权法中发生的诸多以风险为基础的变革，在时间上都远远早于通常被理解为风险社会时代的当前时期。但是，这一事实表明，在20世纪的前60年间，系统性风险治理经由社会保险技术逐步兴起。福利国家的失业补贴、健康退休金、老年与疾病养老金，全都通过税收运转起来，通过不同时间和社会空间的收入再分配，分散风险并给予伤害保险。因此，需探究的关键问题就变成：与当前政府经由风险占据支配地位相比，这些风险技术本身是否就是最可靠的权威性问题？过去30年是否仅仅见证了风险治理的长期进程的某种持续、改革以及成长？或者当代的风险治理是否为当前社会与世界秩序中更为宏大变革的一种与众不同的折射？现在，我们来考察这些理论问题。

风险社会崛起的解释

已经有许多著作对这些变革提供过解释，仅靠一篇论文摘要无法囊括全部这些观点。我们在此将概述的两种是当前最有影响力的进路，或多或少代表了类型化研究谱系的两极——尽管曾有研究者尝试过将这两种进路结合起来（Ericson and Haggerty,

1997)。

"风险社会"论题

乌尔里希·贝克(Ulrich Beck)及其追随者的著作(例如,Beck, 1992, 1997; Lash et al., 1994)认为,风险在当前的重要性反映了工业科学类型的现代社会中存在的根本矛盾。过去的半个世纪的特点是科学和技术所造成的全球危机逐渐膨胀并为人们所承认。这些危机包括环境污染和破坏,来自工业和军备的原子能污染,以及大规模的全球交通运输对疾病传播的影响。这些"现代化危机"的新颖特征不仅包括他们具有全球性的和一视同仁的影响,而且尤其包括他们还是科学与工业的不可避免的副产品。不消除现代性自身的核心特征,就无法消除现代化的危机。因此,每一种新的发展伴随而来的,都是新的危机。"进步"这一现代社会的核心价值,从而陷入了难题。随着危害意识越来越不容忽视、越来越突出,科学在鉴别和衡量危机方面,也逐渐受到政府的管理和市场的导向。然而,随着越来越多的尚未发现和尚且未知的风险得到确认,这种科学工作的作用仅仅是提升不安全感;而且,随着风险测量越来越灵敏,似乎没有什么东西是完全没有风险的。"风险意识"变得更为重要,阶级意识渐渐失去影响。政府和文化开始以风险确认和风险管理为导向,之前以其他方式来治理的问题也用风险术语加以重构。

然而,对于这种进路,风险的技术本身不是关键议题——这一进路沉溺于现代化危机意识,推动了风险技术的进一步发展。对此,贝克毫无疑虑地承认福利国家是"保险国家"(Beck, 1992),有赖于风险技术和精算技术。然而,他主张,风险社会是继福利国家之后发生的。他认为,福利国家的关键特征,是风险管理支配了由阶级意识与"公益"(goods)(既在道德利益意义上又在物质财富意义上的)的不平等分配所造成的合法化危机。在他看来,这一特征从根本上将福利国家区别于以风险意识为核心、合法性问题产生于"公害"(bads)的分配的国家。福利国家强调,在风险社会中,就预测、应对和减少伤害的能力提出的诸多治理要求,特别是与全球公害有关的那些要求,都是人为的臆造。他认为,这些风险(例如全球变暖的后果和核武器攻击的可能性)不能予以保险,要么是由于其规模不可预测(尽管有治理科学提出的索赔要求),要么是由于伤害无法由金钱来矫正。因此,通过风险进行治理,除了开展增加安全感、低调处理现代化危机下的合法性危机等一系列意识形态尝试之外,通常似乎并无其他作为。

这一论题的主要力量在于,它与科学、医药和政府变迁,连同日常生活的变迁的一般性谱系是一致的。然而,借助于全球化危机生成普遍的危机意识,以取代或重构阶级、种族和性别意识的宏大主张,也是其主要缺陷的根源。部分原因在于基本上拿不出证据来证明这样一种根本性变迁。势不可挡的、泛化的风险意识只是一种断言,却并未得到证明。与此相联系,论述被定位于这样一种抽象的层面上,以至于在理论化的全球变革和所谓产生了影响和例证的具体变革之间,也基本上没法建立起任何即便最泛泛的联系。必然的结果是,更为直接的因素的作用——商业机构将危害最小化而非执行道德要求的影响,或保险产业的财政实力的影响——要么被忽略,要么被归纳为全球风险意识的一个纯粹的后果而已。而且,由于风险意识的包罗万象的论断,反证或证明其他趋势的证据被漠视,而且通常仅仅被当作风险社会的"干扰"或不完全转型的证据。因此,治理政策和技术的交叉发展的影响——诸如朝向更多惩罚性和说教的刑事司法的转变(Garland, 1996)——没有被考虑进去。而且,论述蹩脚地应对了一种事实,即直面风险也可以被看成当代意识中的一种正面力量,特别是对于承担了风险的经济活动而言。例子包括证券市场投资、企业家精神、创新力以及自我实现(例如,高风险的运动)。在此,据称占据支配地位的风险厌恶意识,在新自由主义占支配地位的当代合理性中受到了批判(Simon, 2002)。

尽管存在这许多问题,这种进路的关键力量在于,贝克(1992,1997)将这一进路与在某些主要领域(例如,某些医药领域)中积极分担风险的政策联系起来。它重点在于尝试将这类对全社会来说积极的和有利的技术,与消极的"意识形态"干预区分开来,以便全球风险可以在现代化的根源中得到解决。

治理术

治理进路表明,大规模的风险管理不是政府治理的一项新技术,而是福利国家中以政府为基础的社会保险和类似方案的特征。它对风险意识的普遍化或风险意识的社会作用,没有作出任何论断。相反,它认为,风险是一种可变的治理技术,当前时代的独特特征在于新的形式替代了福利时代的"社会"形式占据支配地位。新自由主义正在取代"社会"风险技术(新自由主义对社会风险技术抱有敌意),代之以市场模式、私人保险,以及不断增强的个体对风险管理的责任等为基础的复杂的风险管理技术(O'Malley, 1992)。其中一部分变迁包括主体和公共机构逐渐接触市场风险,以及风险意识模式和治理技术被视为商业部门所固有的因素并普遍传播(Shearing and Stenning, 1985)。这与福利社会治理方式形成了反差,新自由主义者将福利社会的治理看成意在创造"无风险的"社会,塑造静止的、极度厌恶风险的具有依赖性的主体。因此,(企业、创新和比赛上的)风险承担仅仅被新自由主义政府当作和风险减少一样重要的东西:政府和个人的核心任务是要知道何时以及如何利用风险承担和风险减少,将利益最大化。

在这个格局中,国家的作用是促进个人和私营部门实体的自主风险管理。当代基于风险的治理所具备大量与众不同的特征,都体现了国家的这一作用。其一是"增强"个体在态度转变与认识更新方面的"自主权"。其中包括胡萝卜加大棒的技术的使用,提高风险的某种个人自治(例如,以限制公共卫生设施的使用和税收激励的方式,鼓励人们加入私人健康保险;用提供税收激励的方法,鼓励人们将固定受益退休政策转换为股份制个人退休账户)。国家还给个人提供基本的信息,在此基础上,对个人风险的管理可加以"知情选择"。例如,在犯罪风险、健康危害、劳动事故、药品危害最小化等公共信息项目中,都可以发现"知情选择"的情况。因此,对于给他人造成风险的应承担责任的人(暴力犯罪人、精神病人、醉酒驾车者等)则成为强制性风险最小化的目标。这种市场模式的延伸,还包括让犯罪被害人变成司法的消费者,强调转移犯罪被害人的风险负担——这解释了刑法中的使犯罪人丧失犯罪能力的刑罚和以风险基础的判决等兴起的原因所在。

总而言之,这一进路的倡导者,都避免将风险一般化为整个"风险社会"的一个特征,而宁可将风险仅仅与特定治理技术的兴盛联系起来。除了这一点,以及尽管对于风险意识的普遍化并未提出任何论断,这一进路还认为,比较多样的文化后果确实绵绵不绝——例如,"极限运动"的兴起,被理解为是新自由主义强调风险承担和自我实现的价值的一种影响(Simon, 2002)。

这一进路还很好地说明了过去 20 年政府与个体之间,风险管理角色的最重要的重新分配的原因,也解释了近来众多的风险治理项目和商业项目采纳独特形式的理由。它也在特别动议与更广泛的形成风险政府的进程之间建立了更直接的、依据经验变换的联系。然而,这一进路对风险的政治维度的严重强调,给自身的实用性和可信度,制造了大量的限制。它低估了风险管理占据支配地位的程度,而风险管理的优势地位体现了科学和医学在识别与处理危机方面已获得提高的能力,体现了风险管理为了更广泛地干预危机所提供的积极模式。同样,该进路的风险减少(以及暗含的对风险的敌意)所折射的政治意识形态,损害了该模式评价以风险为基础的不同进路的优势的能力。此外,大多数分析都将新自由主义在政治上的至高无上视为理所当然,建立了一以贯之的新自由主义风险管理的夸张图景。因此,这一进路经常受到假定新自由主义方案已然成功,而对自身的替代性发展的考虑视而不见的指责(Frankel, 1997)。

风险的未来

若将这些主要立场合在一起考察,可以说每一个立场都过于肤浅。相关研究倾向于汇集便于获得的例子,以阐明和探索当代基于风险的治理的新颖和盛行。造成的一个后果是,基于风险的治理的传播和影响范围可能被夸大了。另一个或许更为重要的后果则是,其中有许多核心问题,我们还基本上一无所知。例如,基本上没有针对风险管理所运用的各种技术和模式(例如,保险精算、临床或经验技术;盖然或非盖然的模式;关注个体或关注集体的模式;等等)进行研究。尚未对这些技术和模式的综合与分配进行跟踪记录,并形成理论。而且,已形成的研究模式主要关注风险的治理的新颖性,通常没能考虑一些关键问题。这些问题包括:风险如何与其他的治理模式互相影响,哪个领域最容易或最不容易产生风险,产生了哪些混合风险,这些风险如何处理,以及限制基于风险的治理技术的应用和发展需要什么条件。

尽管几种主要进路都有偶然的失误,但是它们都不曾提出基于风险的治理必然要继续扩张或强化,也不曾表示这类发展的种类和方向轻易即可预测。关于这些方面,我们可以从药品规制领域习得一个有益的教训。基于风险的药品危害最小化项目(针头和注射器的交换,安全注射设备,漂白剂小袋的供应,以及一些其他措施)在欧洲和大洋洲的大多数地方几乎习以为常,在美国却由于"药品战争"(War on Drugs)而遭遇挫败,或被法庭完全排除适用(Broadhead, 1991)。另一方面,诸如职场药品测试等基于风险的手段,即便对职场安全贡献很小或者没有贡献,在美国已经成为老生常谈,而在别的国家却颇为罕见(O'Malley and Mugford, 1992)。风险在政治上不是一以贯之的,它只是一种可变的技术,可能以不同的形式被各种有分歧的,甚至抱有完全相反的目的当事人用于满足截然不同的目的。一旦风险与政治和政策的开放与创新的本质相联系,对风险的未来进行预测的实践转眼就变得混乱不堪了。这种警惕必须得到注意。

首先,法律治理的政策往往是不稳定的——正如刑事司法所轻易见证的那样。当前,在刑事司法周边可以找到多种多样的策略和哲学,它们也与使犯罪人丧失犯罪能力的体制发生竞争。这些策略包括惩罚性模式(例如,报应刑判决、锁囚劳役刑的复兴,以及死刑适用范围的扩大);类似于深度矫正和海军新兵训练营的规训模式;再整合性司法案例讨论会;甚至还有"有事业心的囚犯"模式(此模式逐渐越来越多地赋予犯人支配自己生活和计划的责任)。这些政策都很难被理解为"风险驱动"模式。然而,未来蕴含在哪一种模式中呢?甚至犯罪预防的未来会如何,都很难弄清楚。在这一领域,用来支持基于风险的技术的成本效益分析的证据,也是模棱两可的,而且也不能保证这些技术能够继续获得拥护或者持续得到拥护(Brandon, 1999)。而且,针对基于风险的模式,始终存在持续不断的批评,批评理由在于这些模式是歧视性的。例如,认为在犯罪受害的风险最小化方面,妇女应当更为熟练的观点,受到的指责是:把妇女成为犯罪被害人的原因归咎于受害者,并且忽略了社会的决定性作用和犯罪的真正根源(Stanko, 1996)。

在司法判决领域引入以风险为基础的模式并广泛传播,还有相当大的阻力。在这方面,司法系统长期以来一直有一种抵制源,法官们对违反诸如罪行与制裁相均衡原则的关注,是有说服力的,并且往往是有效的(Freiberg, 2000)。在这方面,还应当强调的是,个案公正的观点在自由主义政治和新自由主义政治领域产生强烈的回响,可能起到了抵制风险扩散的作用。在自由主义政府政策中哪些主题会走到前台、脱颖而出,是完全不能确定的。刑事司法官僚体制中也有相当大的阻力被披露出来。最近的研究揭示,行政官员和州律师认识到基于风险的判决会使法院和监狱疲于应对的潜在可能性,已经成为导致美国的"三振出局"政策在实践中经常无法推行的众多因素之一(Austin, Clark, Hardyman, and Henry, 1999)。

在民法和民事司法领域,情况也大抵相同。因此,"治理术"模式的拥趸也很容易解释(在新自由主义政治兴起的情况下)预料中的"侵权行为死亡"以及社会化的意外事件保险将其取而代之的事实并未发生的原因。这当然也能说明1970年代英国和澳大利亚的发展是有道理的,这两个国家考虑了新西兰方案,但是最后否决了这个方案。这也解释了新西兰自身的情形,过去20年间这个方案在新西兰本国也日益受到严格控制(Palmer, 1998)。但是预言将来的侵权法会采取何种形式,有那么容易吗?即使我们接受了新自由主义的不断崛起,以及风险在这一构造中的位置,未来是否就会采取集体第一方保险、所有风险都进入保险,以及侵权行为连带消亡的形式(Atiyah, 1998)?或者,未来是否就会采取如芝加哥学派所建议的在个案威慑的基础上复兴侵权法的形式?或者只是在想象中不自量力地与风险关联起来?两者似乎都无法与新自由主义的关注相调和。

另一项建议与宏大力量引导风险治理的假设恰恰相反,它认为基本上没有理由认定"风险社会"的当前技术的特性必然是固定的、其成长是必然的。这就意味着,通过风险的治理将如何发展,可能在很大程度上有赖于风险技术和思想状态得到有效利用的方式。风险,正如我们已然看到的,当然可以用于压迫。但是在某些情况下,基于风险的模式可能(并正在)用于将资源分配给贫穷和受压迫的人们,认为基于风险的模式比犯罪人中心的矫正主义模式给被害人提供了更多保护的观点,不能立即被抛弃。如果这种对风险前景进行的"政治性"解释得到大家承认,那么它对于理解特定技术和实践的力量与局限、益处与危害,对于形成一种理论和研究能够给予某些指导的风险政治学,都将是至关重要的。

结语:风险研究的社会-法律议程

虽然本章选择作为风险治理的例证的两个领域,来自法律的主流领域,但是,通过论述很显然可以看出,法律只是诸多场所之一,在这些场所中,风险逐渐演变成治理的主要目标(telos)。然而,正如上文所指出的,除了刑事司法之外,法律或许已经是所有场所中最少被审视的领域。这可能是令人惊讶的,因为有判断力的侵权法学者对上文所提出的、侵权法方面的诸多有关风险的问题,大都耳熟能详。然而,事实却是,就算是这些明显相关、已然得到充分发展的争论,至今仍尚未进入关于风险的主流探讨。因此，或许应当得出的最重要的结论是，有一个庞大、有意义、有前途的研究议程，留待相应的社会-法律学者去探索风险社会文化中的关键问题。其中诸多内容可能包含基本的但至关重要的问题，诸如前一节所提示的那些，关于法律的各个领域朝着风险变迁的程度和特征的问题。或许，这可能简单被视为"适用"这种风险模式，而非"形成"这种风险模式。但是重要的理论问题或许会在法律与社会领域得到最好的解决。

首先，风险研究绝大多数都强调风险的消极模式：风险避免、风险减少以及风险普及。但是就法人部门而言，风险已经被新自由主义者规定了价格，成为财富和公共利益的来源。虽然没必要附和这些论断，但是这些论断体现了一系列的理论挑战。如果风险主要被鉴定为减轻危害的方式，那么我们应当在何种意义上继续考察政府所设想的风险可以创造利益的作用？在风险社会文化中，很少，或基本上没有人将合同法的发展作为创造稳定的环境、使企业家对风险加以运用的技术进行过研究（O'Malley，2000）。同样，风险研究也从未探究过合同法在回应新自由主义重视市场、竞争，以及日渐增长的创新力的核心地位的过程中发生的新变化。同样的情况也适用于公司法和"竞争"法，两者很显然受到了大面积的改造，以促进"负责任的风险承担"（Wilson，2000）。这些领域发生了什么变化？它们的广泛程度如何？在尝试理解这类技术的"积极"风险时，"风险社会"文化应当如何回应？也就是说，对于假想由风险所创造的、通过操纵法律技术将财富创造最大化的方式，我们有什么话要说？

即便我们只考察将风险当成防御方法的主流关怀，但是诸如保险法这样关键的领域发生的最新变化也很少有人去研究，仍然让人诧异。比如，在澳大利亚，签订保险合同的当事人的不可更改的条件中必然有一项"保险利益"（也就是，财产利益），因为这是加入保险的东西，但是最近，这项不可能更改的条件已经被舍弃了。然而，自从这项条件被引入1774年（14 Geo Ⅲ c.48）的"赌博法案"，它已经成为区分保险与赌博的主要方法。这是否与赌博被彻底改造成"娱乐产业"有关？就19世纪保险的特征，即保险的道德性方面的重大争论来看（例如，Zelizer，1979），风险和保险的法律概念与社会概念具有何种牵连关系？它是否反过来标志着保险作为积极的风险处理方法，而非简单的风险防御措施的一种重新定义？

问题几乎是无止境的，无论我们转向法律的哪块阵地，当前的风险问题都会浮现出来。而且在风险社会理论家的泛化归纳中，所有的法律都可以隐含地被包括进来。毫无疑问，这些泛化的归纳通常过分渲染，所以需要进行大面积的改进。因此，法律与社会研究的未来任务是什么就很清楚了。

参考文献

- Abraham, K. (1986) *Distributing Risk. Insurance, Legal Theory and Public Policy*. London: Yale University Press.

- Atiyah, P. (1998) *The Damages Lottery*. Oxford: Hart.
- Austin, J., Clark, J., Hardyman, P., and Henry, D. (1999) "The impact of 'three strikes and you're out'," *Punishment and Society* 1: 131-62.
- Beck, U. (1992) *Risk Society: Toward a New Modernity*. New York: Sage.
- Beck, U. (1997) *World Risk Society*. Cambridge, UK: Polity Press.
- Brandon, C. (1999) "Value for money? A review of the costs and benefits of situational crime prevention," *British Journal of Criminology* 39: 345-69.
- Broadhead, R. (1991) "Social constructions of bleach in combatting aids among injecting drug users," *The Journal of Drug Issues* 21: 713-37.
- Cane, P. (1993) *Accidents, Compensation and the Law*, 5th edn. London: Butterworths.
- Cohen, S. (1985) *Visions of Social Control*. Cambridge, UK: Polity Press.
- *Donoghue v. Stevenson* (1932) AC 562.
- Douglas, M. (1992) *Risk and Blame. Essays in Cultural Theory*. London: Routledge.
- Douglas, M. and Wildavsky, A. (1983) *Risk and Culture*. Berkeley: University of California Press.
- Ericson, R. and Haggerty, K. (1997) *Policing the Risk Society*. Oxford: Clarendon Press.
- Ewald, F. (1991) "Insurance and risks," in G. Burchell, C. Gordon, and P. Miller (eds.), *The Foucault Effect: Studies in Governmentality*. London: Harvester/Wheatsheaf, pp. 197-210.
- Feeley, M. and Simon, J. (1992) "The new penology. Notes on the emerging strategy of corrections and its implications," *Criminology* 30: 449-74.
- Feeley, M. and Simon, J. (1994) "Actuarial justice. The emerging new criminal law," in D. Nelken (ed.), *The Futures of Criminology*. New York: Sage, pp. 43-62.
- Fleming, J. (1997) "Preventative damages," in N. Mullaney (ed.), *Torts in the Nineties*. North Ryde, New South Wales: Law Book Co, 56-71.
- Foucault, M. (1977) *Discipline and Punish*. London: Peregrine Books.
- Frankel, B. (1997) "Confronting neoliberal regimes. The post-Marxist embrace of populism and realpolitik," *New Left Review* 226: 57-92.
- Freiberg, A (2000) "Guerillas in our midst? Judicial responses to governing the dangerous," in M. Brown and J. Pratt (eds.), *Dangerous Offenders. Punishment and Social Order*. London: Routledge.
- Garland, D. (1996) "The limits of the sovereign state," *British Journal of Criminology* 36: 445-71.
- Glaser, D. (1985) "Who gets probation or parole? Case study versus actuarial decision making," *Crime and Delinquency* 31: 367-78.
- Green, J. (1997) *Risk and Misfortune. A Social Construction of Accidents*. London: UCL Press.
- Hebenton, B. and Thomas, T. (1996) "Sexual offenders in the community: Reflections of prob-

lems of law, community and risk management in the USA, England and Wales," *International Journal of the Sociology of Law* 24: 427-43.
- Hood, R. (1996) "Protecting the public. Automatic life sentences, parole and high risk offenders," *Criminal Law Review* 1996: 788-800.
- Kemshall, H. (1998) *Risk in Probation Practice*. Aldershot, UK: Dartmouth.
- Lash, S., Beck, U., and Giddens, A. (eds.) (1994) *Reflexive Modernization*. Cambridge, UK: Polity Press.
- Levi, R. (2000) "The mutual constitution of risk and community," *Economy and Society* 29: 512-29.
- *McPherson v. Buick Motor Co.* (1916) 111 NE 1050.
- O'Malley, P. (1992) "Risk, power and crime prevention," *Economy Society* 21: 252-75.
- O'Malley, P. (1997) "Policing, politics and postmodernity," *Social and Legal Studies* 6: 363-81.
- O'Malley, P. (1999) "Consuming risks. Harm minimisation and the government of 'drug users'," in R. Smandych (ed.), *Governable Places. Readings in Governmentality and Crime Control*. Advances in Criminology Series, Aldershot, UK: Dartmouth, pp. 179-96.
- O'Malley, P. (2000) "Uncertain subjects. Risks, liberalism and contract," *Economy and Society* 29: 460-84.
- O'Malley, P. and Mugford, S. (1992) "Moral technology. The political agenda of random drug testing," *Social Justice* 18: 122-46.
- Palmer, G. (1998) "New Zealand's accident compensation scheme: Twenty years on," *University of Toronto Law Journal* 44: 223-85.
- Parton, N. (1998) "Risk, advanced liberalism and child welfare: The need to discover uncertainty and ambiguity," *British Journal of Social Work* 28: 5-27.
- Petersen, A. and Lupton, D. (1996) *The New Public Health. Health and Self in the Age of Risk*. Sydney: Allen and Unwin.
- Priest, T. (1990) "The new legal structure of risk control," *Daedalus* 119: 207-20.
- Reichman, N. (1986) "Managing crime risks: Toward an insurance based model of social control," *Research in Law and Social Control* 8: 151-72.
- Rose, N. (1996) "Psychiatry as a political science. Advanced liberalism and the administration of risk," *History of the Human Sciences* 9: 1-23.
- Rose, N. (2002) "Risk of madness," in T. Baker and J. Simon (eds.), *Embracing Risk*. Chicago: Chicago University Press, pp. 209-37.
- Shearing, S. and Stenning, P. (1985) "From Panopticon to Disneyland: The development of discipline," in A. Doob and E. Greenspan (eds.), *Perspectives in Criminal Law*. Toronto: Canada Law Book Co, pp. 335-49.
- Simon, J. (1987) "The emergence of a risk society: Insurance, law, and the state," *Socialist*

Review 95: 61-89.
- Simon, J. (1988) "The ideological effects of actuarial practices," *Law and Society Review* 22: 772-800.
- Simon, J. (1997) "Driving governmentality: Automobile accidents, insurance and the challenge to social order in the inter-war years, 1919-1941," *Connecticut Insurance Law Journal* 4: 522-88.
- Simon, J. (1998) "Managing the monstrous. Sex offenders and the new penology," *Psychology, Public Policy and Law* 4: 453-67.
- Simon, J. (2002) "Taking risks: Extreme sports and the embrace of risk in advanced liberal societies," in T. Baker and J. Simon (eds.), *Embracing Risk*. Chicago: Chicago University Press, pp. 177-208.
- Stanko, E. (1996) "Warnings to women. Police advice and women's safety in Britain," *Violence Against Women* 2 (1996), 5-24.
- Weir, L. (1996) "Recent developments in the government of pregnancy," *Economy and Society* 23: 372-92.
- Wilson, G. (2000) "Business, state and community: 'Responsible risk takers,' New Labour and the governance of corporate business," *Journal of Law and Society* 27: 151-77.
- Zelizer, V. (1979) *Morals and Markets. The Development of Life Insurance in the United States*. New York: Columbia University Press.

扩展文献

- Baldwyn, R. (1997) *Law and Uncertainty. Risks and Legal Processes*. London: Kluwer.
- *Economy and Society* (2000) Special issue on "Configurations of Risk" 29(4).
- Green, J. (1997) *Risk and Misfortune. A Social Construction of Accidents*. London: UCL Press.
- Hood, C. and Jones, D. (1996) *Accident and Design. Contemporary Debates in Risk Management*. London: UCL Press.
- Lupton, D. (1999) *Risk*. London: Routledge.
- O'Malley, P. (ed.) (1998) *Crime and the Risk Society*. Aldershot, UK: Dartmouth.
- Krimsky, S. and Golding, D. (eds.) (1992) *Social Theories of Risk*. New York: Praeger.
- Stenson, K. and Sullivan, B. (eds.) (2000) *Crime, Risk and Justice*. London: Willan.

16

反思刑事司法:社会-法律专业知识与美国刑事司法的现代化

乔纳森·西蒙 著

吕亚萍 译

导论:作为二战后治理问题的刑事司法

战后政府,特别是北美和澳大利亚,在几乎延续了一代人的大萧条和战争所束缚的、未经释放的社会需求所造成的巨大压力之下,转而在上一个景气年份(1920年代)里清晰可见的"社会问题"——犯罪、城市衰败、民族与种族暴力、市政管理的腐败——中找到新的关注点。战后政治家特别关注的是,促使解决这些社会问题的国家机构现代化,包括促使一开始就特别突出的刑事司法机构现代化。在美国,这一问题已经是联邦主义的一个陈旧问题,联邦政府(其权能在应对大萧条和战争对抗之时已经得到了极大扩张)应当如何使国家和地方的刑事司法机构现代化?要解决这一问题,需要一种既非刑法也非立法科学或犯罪动机学的新型知识。这种知识更像是刑事司法机构的社会科学。这种新话语的与众不同体现在三个主题中。

第一,也是最重要的,社会-法律研究对刑事司法参与人、检察官、警察、公设辩护人、法官以及其他人的法律行为展开实证考察。这将法律与社会的刑事司法区别于大多数来自法学院的理论刑法研究,学院式的刑法研究大多仍是规范的和理论的。它还将法律与社会区别于1950年代的当代犯罪学,后者至今仍然主要研究刑事不法行为的动机问题,而对法律和公共机构的行政活动一无所知。

第二,法律与社会研究十分自觉地与最高级别系统(一般指联邦最高法院)改造基层法律制度的行动联系起来。诸如1963年"吉迪恩诉温赖特案"(*Gideon v. Wainright*,

1963),1961 年"马普诉俄亥俄州案"(*Mapp v. Ohio*, 1961),以及 1966 年"米兰达诉亚利桑那州案"(*Miranda v. Arizona*, 1966)等案件的判决体现了刑事司法体系的一种几乎完全实证的视角。[1]另一方面,这些判决还促成了刑事司法实践的具有潜在深远意义的变革。这些判决还或多或少带有一些明确的目标:即法律变革应当有益于传统上处于法律体系不利地位的群体。在这种意义上,这些判决导致了一系列自然而然的准实验;并且造成了异乎寻常的强烈反应。

第三,有关刑事司法的社会-法律研究高度关注法律职业界,法律职业界既是其研究主题,也是其研究成果的受众。上文引述的那类判决不仅突显了律师在刑事司法体系中的重要性,还提升了有组织的法律职业界对于刑事司法体系运作过程的重要性。社会-法律研究涉及对法律职业界的这种螺旋式上升的预期。研究显示,律师在刑事司法体系中的活动,往往与对抗制辩护人的理念不那么契合,而更像是官僚的活动。社会-法律研究还认为,法律规范对刑事司法体系的渗透,是刑事司法体系改革的关键。然而,研究还认为法院和律师协会需更多地参与改革过程。

事实证明,这种重点关注刑事司法的社会-法律理论框架,是极为成功的。以福特基金会赞助美国律协基金会(American Bar Foundation)调查美国的刑事司法(下文称 ABF 调查)作为起点,大量金钱和精力投入到刑事司法的法律与社会研究中。这一视域的影响力,在 1965 年约翰逊总统任命犯罪与司法委员会、稳步推进刑事司法改革的"伟大社会"(Great Society)计划中,发展至巅峰。

及至 1970 年代早期,联邦政府对州和地方刑事司法现代化的承诺正在展开,但是重新定位为"与犯罪作斗争"。刑事司法制度的现代化被认为空前重要,但是,法律与社会理论框架对当前制度深入批判的观点却被剔除了。

关于刑事司法的社会-法律话语的诞生(1953—1975)

ABF 调查

刑法与刑事司法的社会-法律进路的盛行开始于 1953 年至 1965 年之间十多年的时间跨度中。始于美国律师协会的一个委员会在罗伯特·杰克逊(Robert Jackson)大法官的领导下,发出号召对刑事司法从警察调查到最终定罪的过程展开一次主要的新调查(Jackson, 1953:743)。结束时间则是调查研究而成的著作第一卷公开出版。

1953 年 8 月,杰克逊大法官的"初步陈述"(下文称杰克逊陈述)在美国律师协会杂志上发表,从某些方面看,这是一份古怪的文件。文件开头以一种坦率的口吻讲述了美国刑事司法的危机。

311 　　正如在我国大多数公开审判中所显示的,我们的刑事程序,在我们的人民和我们的法律职业界看来,都是不可信的,在较为不被关注的日常例行公事的实务工作中,刑事程序甚至更为不可信任。人们对现存刑事程序的可信赖程度,不论是关于可以给社会提供充分保护,还是关于可以给受到刑事指控的个人提供充分保护,都存在着普遍的怀疑。

"几乎所有的人都一致认为,"按照杰克逊陈述的原话,"我们的法律执行程序存在着可悲的缺陷。"

虽然有人顺理成章地将杰克逊法官的令人警醒的措辞,曲解为我们长期关注的高犯罪率就是导致这一危机的根源,但是杰克逊发表陈述的时间是1953年——恰好在1960年代暴力犯罪频发,并纷纷报至警察机关的前夕。相反,杰克逊大法官的陈述折射出联邦政府和全国首屈一指的律师事务所中的法律职业界精英成员对这些问题的共同关注:关注作为政府职能的法律行政管理,尤其是世界上主要的民主制度潜在的尴尬景象,正在通过1950年代南部法庭的透镜折射出来。在那里,平等对待在诸多案件中甚至尚不能成为法律理由。最重要的是,杰克逊大法官是美国法理学家中最卓越的人物,他在1945年至1949年的纽伦堡审判(其中包括对纳粹法官的审判)中代表美国作为起诉人时,深刻洞察了纳粹法律体系的本质。[2]

杰克逊大法官认识到,有两种恶败坏了法律体系。有太多罪行从未报案,或者从未进入法律程序;确实进入法律程序的罪行却大多以重罪控诉的撤销告终。还有太多人因为审问方法和刑事程序的其他问题,遭遇错误定罪的风险。同时,司法判决试图缓解这两个问题,却由于在缺乏对实践中的现状如何及其原因如何的真正认识之时就轻举妄动,结果,冒险行动造成的危害与好处不相上下。

计划好的调查推进并开启了了解并解决犯罪问题的一个新空间。20世纪的大部分时间里,法律与社会科学之间的斗争,给法律上的有罪裁决和对犯罪理由的刑事矫正处理(或刑罚)之间制造了危险的分歧。虽然杰克逊陈述谦恭地表示无意侵扰两者的禁地,但实际上他的陈述起到了重新划分犯罪问题的领域的作用。该陈述通过对刑事程序的执行(大致从警察调查取证一直到罪犯矫正)的重视,提出了另一种专业知识,总而言之,认为不能仅仅关注犯罪的可归责性,或犯罪的决定因素,而要关注刑事程序本身和职业群体的实践、思想状况以及话语。

这次在最初的设想中只是为一场"更普遍的调查"而展开的小规模试验(Unsigned,1969:351)的调查,在堪萨斯州、密歇根州和威斯康星州三个州开展。这项计划实质上是对从逮捕到定罪和判刑的全部刑事程序中的学理和实务展开平行调查。田野调查开始于1956年,结束于1957年。调查者被派去观察警官、检察官,以及审判庭的工作,并提出问题。到1957年末,平均每份包含10页附注的2000多份田野调查报告,根据不同主题整理成7卷油印的书册。这7卷书册构成了严格意义上的杰克逊发起的ABF调查,至少可以被看作这类全国性调查的一次相当不错的实地试验。

一大批学者在这7卷书册的基础上,着手研究刑事程序的各个阶段,形成了详细的专题研究成果(LaFave, 1965; Newman, 1965; Tiffany, McIntyre, and Rotenberg, 1967; Dawson, 1969; Miller, 1969)。尽管这7卷田野调查的最终卷在杰克逊陈述发布之后,经过将近15年的时间才面世,但是田野调查的现场笔记却被复印了一百套,自1957年12月开始在刑事法专家手中广为流传,这在杰克逊陈述发表之后才过了4年。调查笔记的流传引发了一股评述调查结果的学术浪潮,主要以法律评论文章的形式分析具体的学理。这些文章除了给法院带来了大量有益的成果之外,还使许多研究刑法理论的重要人物转向了这次调查关注的问题所构成的研究议程。

越轨行为的另一面:警察机关和警察权的行使

维尼·拉法维(Wayne LaFave)关于警察的搜查权和扣押权的那卷成为这一系列中最先出版的一卷,可能只是一次偶然事件。无论如何,这是一次重大的偶然事件,因为刑事司法事业中的其他任何部分与警察机关相比,都无法为法律与社会话语中的治理革新和认识论创新充当更好的例证。当长达500页的专论在1950年代出现时,这部专论为警察程序提供了一份详尽彻底的描述,这恰好发生在刑事程序改革前夕,而到1965年,有关刑事程序的改革则已然步入正轨。

有关刑事司法的早期全国性研究,比如1931年威克沙姆委员会报告(Wickersham Commission Report, 1931),已经不幸地公布了警察机关挥之不去的暴力和非法,但是一直到1950年代之前,无论是律师还是社会科学家都不曾切实尝试过,使警务工作成为一个知识积累的主题。[3] 拉法维著作的主要调查结果是,警察机关在作出所有指向逮捕的重要法律决定时享有相对的自主权。虽然在全部的三个被调查的州法律中,我们都可以发现司法和检察程序对逮捕有相当大的影响空间,但是这几个州的法官和检察官在警务工作中都不具有实际的重要性。拉法维对法院进行了批评,认为法律对于自身对逮捕权的最终权威,有着看似可靠的、实则毫无根据的信心。而且,在考察了可替代的规制力量,包括法院、检察官以及立法机关之后,拉法维得出了始终如一的结论:承认警察机关自由裁量权的适当性,把重点放在促进这种自由裁量权的行使上,是一种更佳的策略。裁量权的中心地位意味着法院和其他政策制定者不能依赖司法权的判例法,去了解刑法实际上是如何实施的。将警察的自由裁量权置于法律的支配之下,必须依赖不断发展基础上的实证知识(LaFave, 1965: 82)。

在《逮捕》(Arrest)一书面世不到一年后,第二本有关警务工作和法治的重要著作出版了,即杰罗姆·斯科尔尼克(Jerome Skolnick)的《未经审判的正义——民主社会的执法》(*Justice Without Trial: Law Enforcement in Democratic Society*)(Skolnick,[1965]1975)。斯科尔尼克和拉法维一样,主要关注警察机关与公民相遇的最初阶段、警察的逮捕权,以及相应的间接搜查和查封的机会。两位学者也恰好都对警方的决策网如何与司法判决形成的刑事程序法日益发展的网络交织在一起并发生关联,有着学术兴趣。两项专题研究之间主要的和决定性的区别在于他们的社会学分析的深度。[4]《逮捕》一书主要是在论述中自觉描述警务工作实践,斯科尔尼克的书则具有将美国社会学理论引入其阐述的优点。

司法结构改革的问题,特别是排除规则,以及对搜查与查封活动的一整套约束性要求,并非仅仅是改造一套看不见的体系的问题。目前可见的体系是一套对法律改革具有自身的结构性阻力的体系。警官如同手艺人、如同民主制度下的官僚主义者,在反对该组织的实质性目标方面,构筑了一项自发的事业。致力于保证刑事被告人的正当程序的法律,必然要和那样一种职业要求发生对抗。

斯科尔尼克和拉法维一样,将警察的自由裁量权视为新的法律与社会知识的关键所在。斯科尔尼克通过对警察文化的社会学分析,将警察自由裁量权从单纯的规则缺失,转而定位于具备警务工作自身的实质性伦理的肯定性警察文化阻力。在这种语境下,警察自由裁量权和赋予为专业工作人员设立的行政机构的自由裁量权并不相似。警察局是长期存在的,而且是拥有自身的价值、种族偏见以及专业知识形式的相当孤立的组织(Skolnick,[1965]1975:82)。

斯科尔尼克的分析对正当程序革命的倡议者来说似乎是个坏消息。他对警察机关如何回应证据排除规则提供了第一手的系统性观察资料,并且提出充足的理由,说明了为什么制裁措施在短期内不大可能自动发生变革。然而,最终,这场手艺本位的职业文化与法治之间的战斗是对政治领导权的切实挑战,而非放弃正当程序革命的理由。斯科尔尼克直接触及了赫伯特·帕克(Herbert Packer, 1968)用以帮助一代人设计出正当程序与犯罪控制之间的斗争的那种自相矛盾。

刑事司法

警务工作绝非引起现代法律与社会运动第一阶段关注的唯一一个刑事司法主题。激发了有关警务工作的实证研究和政策改革的新浪潮的法律与社会的重要发展,也和诸如刑罚、青少年司法、保释,以及律师在刑事程序中的作用等主题有关。保释制度的改革,以及为贫困被告人聘请律师的规定,是1960年代早期最活跃的两个主题。刑罚和矫正社会学作为一个较传统的领域,自1950年代后期和1960年代初期开始转向显而易见的社会-法律导向,也受到了正在对警察研究发生影响的同一种智识倾向的支配。

法院改革

影响警察工作的研究、改革和权利(research, reform, and rights)的三角关系,也差不多同一段时期在刑事司法实践和领域的广泛范围中形成。改革的两个最重要领域,涉及直接位于警察工作下游的刑事程序的各个阶段:保释,或正如改革者所称呼的,审前释放的条件设定,以及辩护律师的指定。

以现金担保为基础、释放候审刑事被告人的普通法实践,在1950年代期间,似乎已经是不平等的突出例证。很显然以现金保释作为释放条件,有利于掌握了资源的人。得到广泛承认的还有,法官不仅利用保释来扣留他们认为有危险的人,还用保释确保被告人出席将来的法律程序。在1950年代和1960年代初期,在南部白人至上主义者的权力结构试图利用刑事司法制度来维持控制的过程中,这两个因素发挥了什么样的作用,已经显而易见。从这一点看来,法官预防性地扣留(如果释放回社区则可能在将来继续犯罪的)被逮捕的嫌疑人的权力,并不能被看成实行保释的弥补性利益。

对保释制度的首次有效批评是凯莱布·富特(Caleb Foote, 1965)发表的一篇法律评论文章。富特认为,现金保释,至少对于贫困被告人来说,不但违反了宪法第八条修正案禁止"过多的保释金"的规定,而且违反了宪法第十四修正案规定的平等保护条款。保释制度的改革,在1960年代富特提出的宪法挑战得到认可之前,从未引起联邦最高法院的关注。然而,他的批评,同时得到联邦和地方的政府行政分支和立法分支的采纳(Goldkamp and Gottfredson, 1995)。[5]引发接踵而至的保释改革浪潮的关键是ABF调查所确立的这类以调查为基础的、由基金会提供资金的项目。维拉司法研究所(Vera Institute of Justice)开展了一系列的经验研究,旨在验证一种方法,这种方法用于鉴别一类成为逃犯的风险较低的犯罪嫌疑人。维拉进路在1960年代和1970年代具有普遍的影响力,其中包括1966年的《联邦保释改革法案》(Federal Bail Reform Act)。新模式通过让调查者会见所有的被逮捕者,对被逮捕者的逃跑风险进行审核,以备法官在设定释放条件时适用,从而使研究成为司法的组成部分。

联邦最高法院自从1950年代开始围绕犯罪嫌疑人和刑事被告人构造起来的法律权利装备的先决条件是,那些遭受刑事审判的人,在辩护律师的代理下,有能力提起预审动议,排除经由不正当的搜查、查封或者强制招供收集到的证据。联邦最高法院直到1963年的"吉迪恩诉温赖特案"(Gideon v. Wainright)才最终认定,所有面临重罪指控的刑事被告人,如果支付不起律师费,都必须被指定一名律师(Lewis, 1964)。吉迪恩案及之后直至当今的演变发展,可能构成了ABF调查的最显著与最不朽的遗产,该案还形成了强调法律作为刑事司法现代化的关键参与者的话语。至少在美国法律体系中,如果没有律师,你就不可能拥有法律。但是一旦律师被引进诉讼程序、以完成正当程序革命所必需的法律工作,律师也就成为了实证研究的中心。社会-法律策略要求研究者把法律领域的参与者视为受到其自身职业动机驱使的个体。因而产生的详细描述总是将律师的角色问题化。亚伯拉罕·布卢姆伯格(Abraham Blumberg, 1967)对公设辩护人如何与其当事人以及其他法庭工作人员关联的研究揭示,尽管辩护人具有积极为当事人进行辩护的职业伦理义务,但是代理贫穷被告人的律师很有可能会在法庭工作组中偏向与其日常一起工作的同事。

监禁

及至20世纪之交,社会学、心理学和社会工作等新学科已经与刑事法庭和监狱系统建立了多重的、重叠的联系。比如,伊利诺伊州为本州的监狱局设立了一个正式岗位,作为州监狱的精算师,负责对撤销假释以及一些相关问题进行统计学研究。到了1950年代,科学地复归社会的目标在美国大多数地区都已经成为一项正式的国家政策。一位因为逃学而被记入纽约市青少年司法体系的青少年,可能会招来各种各样的准职业人士,他们会运用多种社会科学方法,对这位青少年进行访问、调查和彻底分析(Simon, 1998)。尽管等到1960年代行将过去之时,这项刑事矫正设施已经是一片混乱,但是在1960年代之始,这项设施似乎相当可靠。

复归社会仍居于幕后,作为诸多社会科学观察者进入监狱的理由,但是社会科学研究日渐视监狱为一扇窗口,以观察法治在管理社会秩序上的能力(Clemmer, [1940] 1958; Sykes, 1958)。1960年代,诸多实证研究从不同角度探讨了这个存有疑问的主题。监狱是与其与世隔绝的特色相结合,创设了一种截然不同的文化,还是说任何独特的监狱文化都是来自外界的诸多文化的变化无常的混合(参见 Cloward, Cressey, Grosser et al., 1960年的论文)?监狱文化是否随着监狱所青睐的社会组织形式的变化而变化(Studt, Messinger, and Wilson, 1968)?产生于监狱的文化是监狱的产物,还是同狱犯人在监禁之前所固有的犯罪亚文化的产物?

法律与社会学术和与犯罪作斗争(1975—1999)

及至1967年,社会-法律理论框架已经成功提高了刑事司法机构在最高级别政府中的地位。法律和社会进路,经由约翰逊总统1967年的司法委员会,参与到将犯罪问题整合进当局的"伟大社会"国内计划的重大努力中。1967年,出自这项计划的报告和立法建议都强调在民主制度下的多种族社会中,刑事司法的现代化所具有的优先地位与其他更有效的犯罪控制同样重要。研究楔入到全国性的改革中,起到根除司法过程中的传统地方知识的作用。然而,一年之后,等到1968年《公共汽车犯罪控制和安全街道法案》(Omnibus Crime Control and Safe Streets Act)被采纳[6],并规定联邦财政要拨付一大笔的款项,以改善州和地方的刑事司法之后,这很显然是在鼓动另一类截然不同的政府计划。与刑事司法的社会-法律话语不同,这种新的理论框架将犯罪本身——美国暴力犯罪率不断上升——当成核心问题。需要政府去改变的,并非种族主义和乡土观念在警察机关内再次上演的那种社会秩序,需要政府去做的,是保护人民免于暴力犯罪的威胁和对犯罪的恐惧。

与犯罪作斗争

忠诚的反对派:研究对犯罪的斗争

在诸多方面,约翰逊政府发起反犯罪的斗争作为对刑事司法的现代化和合法化的最终驱动力量的努力,是研究、改革和权利三角关系的最高点。然而,及至1968年,占主导地位的问题焦点是法律与秩序,而非现代化与合法化。斯科尔尼克在《未经审判的正义》一书的第一章,开宗明义地阐述了直指这一聚拢起来的政治风暴的评论:"'法律与秩序'的习惯性并列是一种过分简单化。法律不仅仅是秩序的工具,而且可能经常会站在秩序的对立面"(Skolnick, [1966] 1975: 8)。

没过几年以后,未具名作者于1968年末或1969年撰写的文章《调查的尾声》("Epilogue to the Survey")作为ABF系列的最后一卷,于1969年出版,他坦率地表达了自己对新的反犯罪斗争能赢得胜利所持的怀疑态度。

> 我们知道,制度不能套在一个公式——"法律与秩序",或别的公式——中来理解,制度的重构也不可能一蹴而就。因此,我们可以推断,比如,一次新的"反犯罪的斗争"将会败北:依照战争模式设想的犯罪控制运动,缺乏斗争所需要的持久性、敏锐性和普遍深入性。这是一个我们在这段日子的绝境中不愿承认的事实,但是却是一个必须面对的事实。(Unsigned, 1969: 352)

无论如何,刑事司法的社会-法律话语并未就此终结,但是这种话语开始日益定位于其对立面。尽管联邦对研究的资金支持将继续增长,但是和法律与社会运动有密切联系的学者,利用ABF调查所开创的刑事司法观点和诸如杰罗姆·斯科尔尼克的影响深远的同类著作展开研究的学者,除了某些例外之外,将始终被排除在直接由联邦执法援助管理部(LEAA)及其继任者提供资金、针对反犯罪战争开展的主流研究之外。

许多受社会-法律研究范例影响的学者,不与其他研究专家竞争联邦提供资金的研究分支,转而研究反犯罪斗争本身的影响(并将对建立在法律正当程序之上的社会秩序的主要威胁纳入研究范围,或者直接研究这一课题)(Feeley and Sarat, 1980; Scheingold, 1984)。他们的研究结论对于法律的积极目标是全盘破坏性的:研究并未促进有效地与犯罪作斗争,也不能期待反犯罪斗争所制造的政治原动力从长远来看会带来真正的变革。1975年,司法部自己要求国家科学院召集一支研究队伍,对反犯罪斗争的研究进展予以评估。由社会-法律学者苏珊·怀特和塞缪尔·克里斯洛夫(Susan White and Samuel Krislov, 1977）共同撰写的研究报告对 LEAA 的成果的评价无情且尖刻。他们在总结中形容联邦资金支持的研究成果，总体质量"不高，而且多数都平庸之极"（1977：17）。[7]

但是如果说与反犯罪斗争相结合的研究在定位上日益沦为技术统治论的话（Heydebrand and Seron, 1990），那么一种将研究与改革相结合的新方案也开始出现。除了詹姆斯·Q. 威尔逊（James Q. Wilson）影响深远的著作《反思犯罪》（Thinking About Crime, 1975）以外，或许没有任何一本著作能为这类新项目提供最佳例证。威尔逊概述了稍微有点目标全能的新保守主义者对肯尼迪政府和约翰逊政府（在许多方面建立在研究、改革和权利三角关系的基础上的）失败的"伟大社会"计划的批评，然后呼吁改造社会、结束反犯罪斗争，并且呼吁重新将关注点放在威慑故意犯罪人、使其丧失犯罪能力的目标上。威尔逊的这本书以及他之后撰写的著作（Wilson and Kelling, 1982）影响了一代政治家和政策制定者。1983 年，该书出版了修订版，彼时罗纳德·里根总统仍在跌跌撞撞地与犯罪作斗争。[8]

犯罪、法律和霸权：刑事司法的历史

研究、改革和权利的三角关系必然会影响法律社会学，并促使它产生新的知识路径，在 1950 年代和 1960 年代成为最有影响力的法律社会学平台的前景。反犯罪斗争及其对犯罪控制的新关注将刑事司法机构的诸多实证社会学研究关闭于大门之外，正如现今它们最多也只把社会学家看成可疑的盟友而已。或许这种封闭及因而产生的智识鸿沟，有助于解释 1970 年代历史学者针对刑事司法制度展开新的较为关键的研究的重要性（Thompson, 1975；Hay, Linebaugh, Rule et al., 1975；Rothman, 1971, 1980；Foucault, 1977；Ignatieff, 1978；Hindus, 1980）。历史学家不像那些控制数据收集渠道的人那样依赖灵感。历史的观点也允许对政府的反犯罪倡议以及这类倡议在稳定政治等级制度的斗争中的作用进行比较研究。

其中一项颇具影响力的资料是由英格兰华威大学的 E. P. 汤普森（E. P. Thompson）及其学生和同事所开展的对 17、18 世纪英国刑事司法的研究（Thompson, 1975；Hay et al., 1975）。比如，汤普森对《布莱克法案》（Black Act）的研究，其研究对象是一项立法，这项立法引入大量的死罪，但是这些死罪对绞刑架的影响则是极其不明显的。从一定意义上说，这项研究与有关 1968 年《公共汽车犯罪控制和安全街道法案》的研究一样，提出了相同的社会学问题。第二项影响深远的历史研究资料关注监狱，及其作为现代刑罚的主要工具的兴起。戴维·罗思曼（David Rothman）1971 年的著作《收容所的发明——新共和国的社会秩序与无序》（The Discovery of the Asylum: Social Order and Disorder in the New Republic），针对监狱折射出启蒙社会日益增长的人性的传统观点，提供了另一种批判的功能主义的替代性理论。罗思曼认为，监狱及其对应机构感化院，与其说是人道主义处遇的一种方式，不如说是夺回被革命多摧毁的安全秩序的感觉的一种

技术方法。一种类似的修正主义的研究成果是米歇尔·福柯的《规训与惩罚》(Discipline and Punish, 1975,1977 年用英语出版),其影响甚至更为深远,该书是对"监狱的诞生"进行的研究。福柯认为,作为对严重犯罪的规范性刑罚的监狱的出现,反映了以监管、对个体的规训式训练,以及规范化的专业知识为基础的权力新技术的兴起。正当美国刑事司法的改革主义者的阐述转向镇压和复仇之时,福柯的分析是一种对强有力的提醒,提醒我们:刑罚中的知识和权力之间的关系既非固定不变,也非可以预测(Garland, 1985, 1990; Cohen 1985; Simon, 1993; Beckett, 1997)。

反犯罪斗争时代的刑事司法改革和社会-法律学术

反犯罪斗争最终促进了自身在州和地方刑事司法制度中的现代化进程。营造公共安全的目标是现代化的主要考虑因素。在赫伯·帕克(Herb Packer, 1968)看来,犯罪控制战胜了正当程序。

量刑

对于 1950 年代和 1960 年代这一时期的社会-法律学者来说,任何工作机构都不能像警务工作那样,成为激发其研究的可能空间与渴望的典型对象。或许 1970 年代中期直到 21 世纪之交的这段时期,社会-法律学者对量刑的研究可以作为警察研究的最佳类比和强有力参照。在某种重要意义上,在我们研究的前半阶段 1973 年至 1975 年,作为法律-社会学研究主题的量刑问题并不存在。只有在刑事矫正主义开始失去其主导地位之后,量刑本身才从刑罚理论中脱离出来,成为法学和社会-法律分析的领域。

虽然大量最有影响力的著述,包括美国公益服务委员会的《为正义而斗争》(Struggle for Justice, 1971) 和安德鲁·冯·赫希(Andrew Von Hirsch)的《伸张正义》(Doing Justice, 1976) 两书,都是比较公开的规范式的,甚至是道德说教式的,但是这就是司法程序的道德伦理,以及对(其行为在经验意义上就是直接指示物的)诉讼参与人的一种道德推理。这类著作似乎对四五个州的立法机关产生了相当大的影响力,这几个州在 1970 年代中后期创制了新的量刑制度(Tonry, 1996)。在"自作自受"或者"正义模式"的一般口号之下,这些州通过各种方式用"确定刑"替代不确定刑,其中包括在立法上规定预定刑罚、在司法上设立"自动的"指导方针,或者由特别任命的量刑委员会规定量刑的刑格(Tonry, 1996: 27)。

第二波研究浪潮始于 1970 年代后期并在整个 1980 年代蓬勃发展,其中包含以测试利用监禁(或以监禁相威胁)来降低犯罪率的各种不同策略的可行性为目的的实证研究。第二波浪潮的第一个关注焦点是威慑:在 19 世纪罪犯处理和不确定刑兴起之前的时代作为刑罚的传统理由的威慑。威慑理论得益于其与法学及经济学的结合,因此满足于在诸如芝加哥大学和耶鲁大学等精英法学院复兴自己的利益(Zimring and Hawkins, 1982)。1972 年美国死刑复活以后,又将死刑作为研究课题重新引入游戏,虽然这项研究并未出现明显的赢家(Van den Haag, 1975)。

事实上在同一时间,使罪犯丧失犯罪能力也作为日益延长的长期监禁的正当理由开始兴起,但是最终立法机关发现,不存在任何有说服力的经验证据,证明长期监禁的威慑起到了作用。使罪犯丧失犯罪能力,曾一度被称为犯罪预防,在19世纪末基于人种改良的目的、以监禁和死刑的形式首次出现,监禁和死刑两者都可以达到将已决囚犯驱逐出基因库的目的。在1970年代,使罪犯丧失犯罪能力的目的重新出现,单纯关注犯罪预防,避免那些假如已决犯享有自由或者被提早释放就可能会犯下的罪行(Blumstein, Cohen, and Nagin, 1978; Zimring and Hawkins, 1995)。这类研究大多完全是演绎的;经济学家先假设了犯罪人被释放回社区之后的平均犯罪率(后来被称为用于表示等式的第十一个拉丁字母 lambda),然后在此基础上开始研究,他们试图计算出不同的量刑安排对于罪犯丧失犯罪能力的不同效果。然而,对这些甚至只是猜测性的结果的失望也旋即到来。大规模关押犯人成本高昂,以至于对 lambda 的现实评估都无法为大规模监禁提供合理理由。这导致了大规模监禁的变种,被称为"选择性丧失犯罪能力",对在监的抢劫犯和入室盗窃犯自己报告的犯罪率进行实证研究,用以查探是否能够识别某些有着充足的影响力的预测性因素,从而使丧失犯罪能力的效果与长期监禁的成本基本等值(Greenwood, 1982)。

第三波学术浪潮开始关注大规模关押本身的蓬勃发展。这种反馈性学术采取了两种形式。其一是通过发现和创设"不确定性制裁"的新形式,尝试寻找关押的替代性措施。寻找不确定性制裁的学者就像反犯罪斗士一样,往往假定缓刑或者假释过于关注服役,不能起到有效威慑的作用,或者不能使罪犯丧失犯罪能力。由于大多数这类新观念都以如何使社区制裁变得更有惩罚性、更易以控制为核心,所以,不确定性制裁与监禁一样,都是对犯罪的严厉制裁措施(Davies, 1993)。

有关刑罚正当理由和关押率的戏剧性变迁,将量刑分析与1970年代刑事司法学者的历史研究和1960年代监禁的社会学所提出的考虑因素结合起来。1980年代美国关押率的显著提高,以及在这之后一直到2000年的将近20年间关押率的继续不断上升,似乎表明在美国刑事司法的逻辑中发生了某些根本性的变迁。社会-法律学者将关押率的上升归因于种族化政治(Miller, 1996; Beckett, 1997)、美国治理的危机(Scheingold, 1991; Simon, 1997),以及"一种控制文化"(Garland, 2001)。

也许这一时期研究与改革发生整合的最重要的例证,是作为1984年《犯罪控制法案》(Crime Control Act)的结果而被任命的美国量刑委员会(United States Sentencing Commission)。联邦法院司法判决的统计学研究正在展开,以奠定描述性的研究起点。该委员会形成了将重塑这些模式的指导方针,以获得更为高度的一致性和更强大的犯罪控制。与美国各州较早设立的、更多受到自作自受的考虑因素影响的其他委员会相比,美国量刑委员会不仅愿意接受威慑和使罪犯丧失犯罪能力的考虑,而且也有意识地决定提高监禁的数量(从而在十年之内将联邦监狱在押人数的规模增加到三倍)(Tonry, 1996: 58)。许多联邦法官认为,这些指导方针消除了司法判决的所有显著影响(Stith and Cabranes, 1998)。

死刑

在我们调查的第一阶段,死刑似乎是美国刑事司法中一个逐渐没落的组成部分。虽然死刑在1950年代得以延续下来,死刑执行也仍在进行,但是及至1960年代,公众舆论开始反对死刑执行,死刑废除似乎很有可能会在不久的将来实现。社会-法律学者对这一主题的最重要贡献可能是对死刑适用的历史研究,对此1966年总统委员会也承担了部分工作。研究揭示了刑罚正在以种族歧视的方式得到适用,这个结果对联邦最高法院1972年否决了"弗尔曼诉佐治亚州案"(Furman v. Georgia, 1972)的死刑判决的法院意见起到了促进作用(Meltsner, 1973)。然而,联邦最高法院的裁决却促进了死刑的复兴,在该案裁决作出的三年内,有30多个州重新采纳了死刑。公众对死刑的支持迅速回到20世纪中叶时期的高度,各州重新开启了死刑定期适用的漫长征途(自1990年代开始,联邦政府也加入其中)。

死刑的复活已经成为社会-法律学术的激烈主题。在某种意义上,这是研究、改革和权利三角关系的逆转。权利和研究的主张走向了戏剧性的倒退,而非走向改革,于是更多的研究接踵而来。第一,社会-法律学者致力于研究公众如何理解死刑,以及这种理解如何影响到对死刑的支持等问题(Sarat and Vidmar, 1976),这个主题经常被不断地反复考察(Ellsworth and Gross, 1994)。第二,社会-法律学者试图探讨美国政治和法律文化的变革,从而为死刑变革方向上的这一历史性变迁找到原因(Zimring and Hawkins, 1986; Sarat, 2001; Banner, 2002)。第三,社会-法律学者继续追溯死刑的政治人口统计学,其研究披露了种族主义的持久存在和最近司法误判的频繁发生(Baldus, Woodworth, and Pulaski, 1990; Liebman, Fagan, Gelman, West, Davies, and Kiss, 2002)。然而,与1960年代不同,当前的联邦最高法院在评估死刑问题时,对接受社会-法律知识保持了审慎的态度。例如,鲍尔达斯(Baldus)等人的研究揭示,在佐治亚州,尽管有数百项约束判决的相关变量,但是受害人的种族仍然对获得死刑判决的可能性有着极大的影响。而联邦最高法院在证明"麦克莱斯基诉肯普案"(McCleskey v. Kemp, 1987)存在种族歧视的过程中,驳回了这类统计数据的证明力。

保释和审前释放

到1960年代末,审前释放问题已经处于完全不同的目标的审视之下。新话语不再关注贫穷的被逮捕者一直被羁押候审而丧失有效行使权利的途径的问题,相反,新话语提出了被逮捕者回归社区之后重犯掠夺性犯罪的问题。即便嫌疑人没有弃保潜逃的危险,他们也很有可能带来犯罪的风险。这种根据听证和法官的个人化评价、预防性地羁押"危险"被逮捕者的进路,在"合众国诉塞勒诺案"(United States v. Salerno, 1987)中,得到了联邦最高法院的维持,联邦最高法院在该案的法院意见中否决了之前富特所捍卫的任何审前释放的权利。1984年,联邦政府认可了1984年《保释改革法案》(Bail Reform Act)对公众安全的强调。到1978年为止,已经有23个州及哥伦比亚特区重新起草了法律,体现了对公众安全的首要关注(Goldkamp and Gottfredson, 1995: 41)。等到1984年美国联邦最高法院确认了这类预防性羁押法之时,又有另外11个州和联邦政府仿效了这样的做法。

在1980年代,对保护公众免于具有潜在危险的被逮捕者侵害的担忧,与早期对保释决定中实验和政策创新与自愿性指导方针相结合所造成的司法恣意的担忧掺杂在一起。社会-法律学者约翰·S.戈德坎普(John S. Goldkamp)和迈克尔·R.戈特弗雷德森(Michael R. Gottfredson)通过一套研究方案和与费城法院法官合作的计划,发展出一套深具影响力的模式。

律师和对抗制诉讼程序的局限

自1970年代中期以来,社会-法律学者仍在对刑事法庭的实务工作进行批判研究,并且提出,正当程序的不完全革命可追溯至1950年代。尽管所有可能面临监禁或徒刑判决的刑事被告人都获得了聘请律师的权利,但是研究显示,仍有许多被告人,甚至死刑案件中的被告人,没有得到称职的辩护律师。1980年代,联邦最高法院在"斯特里克兰诉华盛顿案"(Strickland v. Washington, 1984)中采纳了一套充分陈述的标准,该标准阻碍了下级法院对律师活动的有效性进行严密审查,为"策略性判断"留下了宽泛的空间。这一标准,与联邦最高法院自1970年代以来采取的诸多标准一样,似乎要让法律与实证研究相隔离,让法官依据法律作出个别的判决,无须对判决意见进行系统的比较(Scheck, Neufeld, and Dwyer, 2000)。

自1970年代以来的这段时期,检察官在刑事程序中的权力显著扩张。从前很大程度上由法官来裁决的事项,比如,被指控犯有重罪的青少年是否应当在成人法庭受审,如今也由检察官来决定。许多罪行的长期徒刑判决和假释的撤销也意味着检察官对于指控的决定权未能经受法官或假释委员会的有效审查。在1980年之前,检控问题乏人问津到令人惊诧的地步(MacDonald, 1979)。而在1980年以后,新的犯罪严打措施的采用,推动社会-法律学者对检察官如何作出回应进行研究(McCoy, 1993)。当今检察官的非凡的政治权力制造了新的激励,导致社会科学家密切关注检察权研究。

警务工作

反犯罪斗争消除了警察部门有组织地现代化的压力(尽管由于其他原因,包括民事责任制度和政治义务,还存在一些别的压力)。自此以后,警务工作开始运用社会科学和工程学知识,深化了调查研究。在"立足于社区的警务工作"和"解决问题的警务工作"的标语下,警务管理利用市民调查和对报案率的密切分析,改变了警力部署和战术。社区警务的出现,可以追溯至社会-法律研究对当时的重罪优先、报案快速反应这一常规现代警务战术的局限性展开的研究(Goldstein,1976;Skogan and Hartnett,1997;Skolnick and Bayley,1986),但是社区警务的普及尚未在警务管理与社会-法律研究之间开辟合作的新纪元。

刑事司法中的性别歧视和种族歧视

刑事司法制度在推进种族歧视方面的作用,是1950年代和1960年代社会-法律研究的主要关注之一,也是其后的研究、改革和权利三角关系的主要关注点。旧的研究、改革和权利三角关系,在某个重要方面,即有关歧视的问题上,对于罪犯量刑仍至关重要。1960年代量刑制度和量刑标准严重不确定的风格,被歧视性地适用于美国黑人和其他种族、民族的少数群体,而同时有利于某些妇女和白领阶层被告人,这是导致不确定刑被废除的主要批评之一。研究显示,警察机关对于致命武力的使用,受到犯罪嫌疑人的种族的影响(Skolnick and Fyfe,1993),而且有资料证明,1990年代的警察机关根据司机的种族特征而将其拦下进行毒品检查(Cole,1999)。

即使当反犯罪斗争将控制犯罪看成政策中最重要的方面,而将其他因素搁置在后,歧视问题也仍然是很重要的。在种族似乎成为决策的决定性因素的地方,联邦最高法院继续扩张若不如此就会萎缩的宪法权利(例如,*Tennessee v. Garner*,1985;*Batson v. Kentucky*,1986;另见 *McCleskey v. Kemp*,1987)。

自1980年以来,性别歧视问题已经成为研究和政策改革的主要焦点。其中最重要的两个问题是强奸(Estrich,1987)和家庭暴力(Berk and Loseke,1981;Dobash and Dobash,1992)。两者都是法律学说与刑事司法实践被深入地、显而易见地性别化的突出例证。强奸和家庭暴力的处理,与刑事司法证明的种族歧视一样,揭示了刑事司法制度不仅无法阻止刑事力量在增进性别优势方面的运用,而且还与之沆瀣一气。1960年,婚内强奸在大多数州甚至还不是犯罪。警察机关对家庭暴力案件的非罪化处理是法律与社会研究在警察部门中发现的最为持久的调查结果之一。

由于妇女受害遭到刑事司法制度如此彻底的不理不睬,所以这是一个与反犯罪斗争兼容的领域,需进行切实努力,对刑事司法制度本身的社会组织进行重构和现代化。警察和检察官已经成为社会-法律进路对执法过程中的性别歧视的研究的主要消费者。这一实务与研究的结盟,促使一些社会-法律学者与反犯罪斗争的参与者结成了比在其他情况下可能结成的更为牢固的同盟。同时,由于女性受害人及其辩护人拥有怀疑善意执法的切实根据,他们致力于对执法的批判性评价,这在反犯罪斗争中通常是缺乏的。

结　语

随着刑事司法制度在 21 世纪初期作为重铸自由社会的治理的主要场所而产生，构建这套制度如何超越法律发挥作用的知识流，比以往任何时候都更为至关重要。反犯罪斗争及随之而来的刑事司法机构权力的增强，制造了一个社会-法律的悖论。一旦刑事司法机构对法律与治理的形塑过程具有特殊的影响力，那么刑事司法机构也越发经不起尚未完全受该机构控制的密切的实证研究的检验。刑事司法中存在着研究专门技术的巨大产业，自 1968 年《公共汽车犯罪控制和安全街道法案》以来，这类研究一直得到联邦资金的稳定投资。这类研究颇具特色地只参与范围狭窄的特定项目评估，很少提供针对刑事司法机构如何发现目标并对目标采取行动的研究机会。这类研究与社会-法律研究之间有着种属联系，但是这类研究缺乏对刑事司法范畴的批判性分析。承袭那种传统，又不进入研究、改革和权利之间旧有的三角关系，是当前的学者最迫切的问题。于是社会-法律学者求助于新的方法，来获得包括诉讼在内的知识。同时，他们也开始将注意力转向与刑事司法制度紧密相关的文化族群。

注释

[1] 怀特大法官对 1967 年"邓肯诉路易斯安那州案"（*Duncan v. Louisiana*）发表的附议是这种实证立宪的最具纲领性的论述之一。

[2] 在一系列有关刑事程序的判决意见中，杰克逊召唤出极权主义的幽灵，以警告无节制的法律实施。参见"哈里斯诉合众国案"（*Harris v. United States*，1947），"布林加尔诉合众国案"（*Brinegar v. United States*，1949）和"埃尔金诉合众国案"（*Elkins v. United States*，1960）。

[3] 威廉·韦斯特利（William Westley，1953）的著作作为美国警务工作的第一项严肃的社会学研究成果，经常被研究者引用（e.g., Skolnick 1975: 45 n. 4）。

[4] 拉法维是一位年轻的法律理论学者，他在其事业的最初阶段，就开始致力于积累有关警务工作的最大规模的观察数据。斯科尔尼克是一位年轻的社会学家，受到少数精英法学院中其中一所的影响，这些精英法学院在 1960 年代初开始以新的方法展开法律与社会科学研究。

[5] 司法部在司法部长罗伯特·肯尼迪（Robert Kennedy）的领导下，较早将保释改革视为应对不平等的关键路径。地方行政官员也将保释看成一个不那么著名但是非常关键的问题。随着 1960 年代逮捕率的上升，监狱过分拥挤的状况更为恶化。

[6] Pub. L. No. 90-351, Subsection, 201-406, 82 Stat. 197 (1968).

[7] 有关美国刑事执法的法律意见的其他两项重要调查于 1970 年代后期由一些带有社会-法律倾向的学者所实施。参见 Stinchcombe, Adams, Heimer et. al. (1980); Jacob, Lineberry, et

al. (1983).

[8] 威尔逊和斯科尔尼克在许多方面彼此相似。两者都是第一次在 1960 年代将 1950 年代一流的社会科学方法引入对警察机关的研究中。两者都关注法律问题以及自由国家进行有效规制的能力问题。两者都受到美国大学激进学生运动的剧烈影响。斯科尔尼克在伯克利支持学生运动,而威尔逊在哈佛表示了对学生运动的极大愤怒。(在其事业的余生,威尔逊继续将大多数全国性的社会问题归责于那些学生及其有害的道德影响。)斯科尔尼克成为最重要的自由主义公共知识分子之一(参见 Skolnick, 1969),而威尔逊则成为最主要的右翼公共知识分子。虽然斯科尔尼克从未写过一篇长达一本书的文章来驳斥威尔逊,但是 1980 年代第一部对已经成为威尔逊主义有关犯罪政策的正统学说提出法律与社会学的回应、并得到了大量的公众讨论的著作,为斯科尔尼克的学生艾略特·柯里(Elliot Currie)所著(1987)。

参考文献

- American Friends Service Committee (1971) *Struggle for Justice: A Report on Crime and Punishment in America.* New York: Hill & Wang.
- Baldus, David, Woodworth, George, and Pulaski, Charles A. Jr. (1990) *Equal Justice and the Death Penalty: A Legal and Empirical Analysis.* Boston: Northeastern University Press.
- Banner, Stuart (2002) *The Death Penalty: An American History.* Cambridge, MA: Harvard University Press.
- *Batson v. Kentucky* (1986) 476 U.S. 79.
- Beckett, Katherine (1997) *Making Crime Pay.* New York: Oxford University Press.
- *Bell v. Wolfish* (1979) 441 U.S. 520.
- Berk, Sarah Fenstermaker and Loseke, Donileen R. (1981) "Handling family violence: Situational determinants of police arrest in domestic disturbances," *Law & Society Review* 15: 317-36.
- Blumberg, Abraham S. (1967) "The practice of law as a confidence game: Organizational cooptation of a profession," *Law & Society Review* 1: 15-39.
- Blumstein, Alfred, Cohen, Jacqueline, and Nagin, Daniel (eds.) (1978) *Panel on Research on Deterrent and Incapacitative Effects, Committee on Research on Law Enforcement and Criminal Justice, Assembly of Behavioral and Social Sciences, National Research Council.* Washington, DC: National Academy of Sciences.
- *Brinegar v. United States* (1949) 338 U.S. 160.
- Clemmer, Donald ([1940]1958) *The Prison Community*, 2nd edn. New York: Holt, Rinehart & Winston.
- Cloward, Richard A., Cressey, Donald R., Grosser, George H., et al., (1960) *Theoretical Studies in Social Organization of the Prison.* New York: Social Science Research Council.
- Cole, David (1999) *No Equal Justice: Race and Class in the American Criminal Justice System.* New York: New Press.

- Cohen, Stanley (1985) *Visions of Social Control*. London: Polity Press.
- Currie, Elliot (1987) *Confronting Crime*. New York: Pantheon.
- Davies, Malcolm (1993) *Punishing Criminals: Developing Community-based Intermediate Sanctions*. Westport, CT: Greenwood Press.
- Dawson, Robert O. (1969) *Sentencing*. Boston: Little, Brown.
- Dobash, R. Emerson and Dobash, Russell P. (1992) *Women, Violence and Social Change*. London: Routledge.
- *Duncan v. Louisiana* (1967) 391 U.S. 145.
- *Elkins v. United States* (1960) 364 U.S. 206
- Ellsworth, Phoebe and Gross, Samuel (1994) "Hardening of the attitudes: Americans' views on the death penalty," *Journal of Social Issues* 50: 19-52.
- Estrich, Susan (1987) *Real Rape*. Cambridge, MA: Harvard University Press.
- Feeley, Malcolm M. and Sarat, Austin (1980) *The Policy Dilemma: Federal Crime Policy and the Law Enforcement Assistance Adminisatration, 1968-1978*. Minneapolis: University of Minnesota Press.
- Foote, Caleb (19654) "The coming constitutional crisis in bail," *University of Pennsylvania Law Review* 113: 959-99, 1125-85.
- Foucault, Michel (1977) *Discipline and Punish: The Birth of the Prison*, trans. Alan Sheridan. New York: Pantheon.
- *Furman v. Georgia* (1972) 408 U.S. 238.
- Garland, David (1985) *Punishment and Welfare*. Brookfield, VT.: Gower.
- Garland, David (1990) *Punishment and Modern Society*. Chicago: University of Chicago Press.
- Garland, David (2001) *The Culture of Control: Crime and Social Order in a Contemporary Society*. Chicago: University of Chicago Press.
- *Gideon v. Wainright* (1963) 372 U.S. 335.
- Goldkamp, John and Gottfredson, Michael (1995) *Personal Liberty and Community Safety: Pretrial Release in the Criminal Court*. New York: Plenum Press.
- Goldstein, Hermann (1976) *Policing a Free Society*. Cambridge, MA: Ballinger Pub. Co.
- Greenwood, Peter (1982) *Selective Incapacitation*. Santa Monica: RAND Corporation.
- *Harris v. United States* (1947) 331 U.S. 145.
- Hay, Douglas, Linebaugh, Peter, Rule, John G., et. al. (1975) *Albion's Fatal Tree*. New York: Pantheon.
- Heydebrand, Wolf and Seron, Carroll (1990) *Rationalizing Justice: The Political Economy of Federal District Courts*. Albany: State University of New York Press.
- Hindus, Michael (1980) *Prison and Plantation: Crime, Justice, and Authority in Massachusetts and South Carolina, 1767-1878*. Chapel Hill: University of North Carolina Press.

- Ignatieff, Michael (1978) *A Just Measure of Pain: The Penitentiary in the Industrial Revolution.* London: Penguin.
- Jackson, Robert (1953) "Criminal justice: The vital problem of the future," *American Bar Association Journal* 39: 743-6.
- Jacob, Herbert and Lineberry, Robert L., with Heinz, Anne M., Beecher, Janice A., Moran, Jack, and Smith, Duanne H. (1983) *Governmental Responses to Crime: Crime on Urban Agendas.* Washington, DC: National Institute of Justice.
- LaFave, Wayne (1965) *Arrest: The Decision to Take a Suspect into Custody.* Boston: Little Brown and Company.
- Lewis, Anthony (1964) *Gideon's Trumpet.* New York, Random House.
- Liebman, James, Fagan, Jeffrey, Gelman, Andrew, West, Valerie, Davies, Garth, and Kiss, Alexander (2000) *A Broken System, Part II: Why There is so Much Error in Capital Cases, and What Can Be Done About It.* New York: Columbia Law School.
- McDonald, William F. (1979) *The Prosecutor.* Beverly Hills, CA: Sage Publications.
- *Mapp v. Ohio* (1961) 367 U.S. 643.
- *McCleskey v. Kemp* (1987) 481 U.S. 279.
- McCoy, Candace (1993) *Politics and Plea Bargaining: Victims' Rights in California.* Philadelphia: University of Pennsylvania Press.
- Meltsner, Michael (1973) *Cruel and Unusual Punishment: The Supreme Court and Capital Punishment.* New York: Random House.
- Miller, Frank W. (1969) *Prosecution: The Decision to Charge a Suspect with a Crime.* Boston: Little, Brown.
- Miller, Jerome G. (1996) *Search and Destroy: African-American Males and the Criminal Justice System.* Cambridge, UK: Cambridge University Press.
- *Miranda v. Arizona* (1966) 384 U.S. 436.
- Newman, Donald J. (1965) *Conviction: The Determination of Guilt or Innocence Without Trial.* Boston: Little, Brown.
- Packer, Herbert (1968) *The Limits of the Criminal Sanction.* Stanford, CA: Stanford University Press.
- President's Commission on Law Enforcement and the Administration of Justice (1967) *The Challenge of Crime in a Free Society: A Report.* Washington: US Government Printing Office.
- Rothman, David J. (1971) *The Discovery of the Asylum: Social Order and Disorder in the New Republic.* Toronto: Little, Brown.
- Rothman, David J. (1980) *Conscience and Convenience: The Asylum and its Alternatives in Progressive America.* Boston: Little, Brown.
- Sarat, Austin (2001) *When the State Kills: Capital Punishment and the American Condition.* Prince-

ton, NJ: Princeton University Press.
- Sarat, Austin and Vidmar, Neil (1976) "Public opinion, the death penalty, and the Eighth Amendment: Testing the Marshall hypothesis," *Wisconsin Law Review* 1976: 171-97.
- Scheck, Barry, Neufeld, Peter, and Dwyer, James (2000) *Actual Innocence: Five Days to Execution and other Dispatches from the Wrongly Convicted*. New York: Doubleday.
- Scheingold, Stuart (1984) *The Politics of Law and Order: Street Crime and Public Policy*. New York: Longman.
- Scheingold, Stuart (1991) *The Politics of Street Crime: Criminal Process and Cultural Obsession*. Philadelphia: Temple University Press.
- Simon, Jonathan (1993) *Poor Discipline: Parole and the Social Control of the Underclass 1890-1990*. Chicago: University of Chicago Press.
- Simon, Jonathan (1997) "Governing through crime," in George Fisher and Lawrence Friedman (eds.), *The Crime Conundrum: Essays on Criminal Justice*. Boulder, CO: Westview Press, pp. 171-90.
- Simon, Jonathan (1998) "Ghosts of the disciplinary machine: Lee Harvey Oswald, life-history, and the truth of crime," *Yale Journal of Law and the Humanities* 10: 75-113.
- Skogan, Wesley G. and Hartnett, Susan M. (1997) *Community Policing, Chicago Style*. New York: Oxford University Press.
- Skolnick, Jerome ([1966] 1975) *Justice Without Trial: Law Enforcement in Democratic Society*, revised edn. New York: John Wiley & Son.
- Skolnick, Jerome (1969) *The Politics of Protest: A Taskforce Report Submitted to the National Commission on the Causes and Prevention of Violence*. New York: Simon and Schuster.
- Skolnick, Jerome and Bayley, David (1986) *The New Blue Line: Police Innovation in Six American Cities*. New York: Free Press/London: Collier Macmillan.
- Skolnick, Jerome and Fyfe, James (1993) *Above the Law: Police and the Excessive Use of Force*. New York: Free Press.
- Stinchcombe, Arthur, Adams, Rebecca, Heimer, Carol A., et al. (1980) *Crime and Punishment—Changing Attitudes in America*. San Francisco: Jossey-Bass Publishers.
- Stith, Kate and Cabranes, Jose A. (1998) *Fear of Judging: Sentencing Guidelines in the Federal Courts*. Chicago: University of Chicago Press.
- *Strickland v. Washington* (1984) 466 U.S. 668.
- Studt, Elliot, Messinger, Sheldon and Wilson, T. P. (1968) *C-Unit: Search for Community in Prison*. New York: Sage.
- Sykes, Gresham M. (1958) *The Society of Captives*. Princeton, NJ: Princeton University Press.
- *Tennessee v. Garner* (1985) 471 U.S. 1 (1985).
- Thompson, E. P. (1975) *Whigs and Hunters: The Black Act*. New York: Pantheon.

- Tiffany, Lawrence, McIntyre, Donald Jr., and Rotenberg, Daniel L. (1967) *Detection of Crime: Stopping and Questioning, Search and Seizure, Encouragement and Entrapment*. Boston: Little, Brown.
- Tonry, Michael H. (1996) *Sentencing Matters*. New York: Oxford University Press.
- United States v. Salerno (1987) 107 S. Ct. 2045.
- Unsigned (1969) "Epilogue to the Survey of the Administration of Criminal Justice," in *Prosecution: The Decision to Charge a Suspect with a Crime*. Boston: Little, Brown, pp. 351-7.
- Van den Haag, Ernst (1975) *Punishing Criminals: Concerning a Very Old and Painful Question*. New York: Basic Books.
- VonHirsch, Andrew (1976) *Doing Justice: The Choice of Punishments*. New York: Hilland Wang.
- Westley, William (1953) "Violence and the police," *American Journal of Sociology* 59: 34-41.
- White, Susan O. and Krislov, Samuel (eds.) (1977) *Understanding Crime: An Evaluation of the National Institute of Law Enforcement and Criminal Justice*. Washington, DC: National Academy of Sciences.
- Wickersham Commission (1931) *Reports of the United States Commission on Law Enforcement and Observance*. Washington, DC: Government Printing Office.
- Wilson, James Q. ([1975] 1983) *Thinking About Crime*, 2nd edn. New York: Basic Books.
- Wilson, James Q. and Kelling, George L. (1982) "Broken windows: The police and neighborhood safety," *Atlantic Monthly* March: 29.
- Zimring, Franklin and Hawkins, Gordon (1982) *Deterrence*. Chicago: University of Chicago Press.
- Zimring, Franklin and Hawkins, Gordon (1986) *Capital Punishment and the American Agenda*. Cambridge, UK and New York: Cambridge University Press.
- Zimring, Franklin and Hawkins, Gordon (1995) *Incapacitation: Penal Confinement and the Restraint of Crime*. New York: Oxford University Press.

扩展文献

保释与审前释放

- Davis, Kenneth Culp (1969) *Discretionary Justice: A Preliminary Inquiry*. Urbana: University of Illinois Press.
- Feeley, Malcolm (1979) *The Process is the Punishment: Handling Cases in a Lower Criminal Court*. New York: Russell Sage Foundation.
- Flemming, Roy B (1982) *Punishment Before Trial: An Organizational Perspective of Felony Bail Processes*. New York: Longman.
- Goldfarb, Ronald L (1965) *Ransom: A Critique of the American Bail System*. New York: Harper & Row.
- Goldkamp, John S. (1979) *Two Classes of Accused: A Study of Bail and Detention in American Jus-

tice. Cambridge, MA: Ballinger.
- *Schall v. Martin* (1984) 467 U.S. 253.

刑事司法中的性别歧视与种族歧视

- Daly, Kathleen (1994) *Gender, Crime, and Punishment*. New Haven, CT: Yale University Press.
- Hanmer, Jalna Jill Radford and Stanko, Elizabeth A. (1989) *Women, Policing, and Male Violence: International Perspectives*. London and New York: Routledge.
- Kennedy, Randall (1997) *Race, Crime, and the Law*. New York: Pantheon.
- Ogletree, Charles (1995) *Beyond the Rodney King Story: An Investigation of Police Conduct in Minority Communities*. Boston: Beacon Press.

刑事司法史

- Chambliss, William J. (1964) "A sociological analysis of the law of vagrancy," *Social Problems* 12: 67-77.
- Friedman, Lawrence M. (1993) *Crime and Punishment in American History*. New York: Basic Books.
- Green, Thomas (1995) "Freedom and criminal responsibility in the age of Pound: An essay on criminal justice," *Michigan Law Review* 93: 1915-2053.
- Lichtenstein, Alex (1996) *Twice the Work of Free Labor: The Political Economy of Convict Labor in the South*. London: Verso.
- Marion, Nancy E. (1994) *A History of Federal CrimeControl Initiatives, 1960-1993*. Westport, CT: Praeger.
- Monkkonen, Eric H. (ed.) (1991) *Courts and Criminal Procedure*. Westport, CT: Meckler.
- Rusche, George and Kirchheimer, Otto (1939) *Punishment and Social Structure*. New York: Columbia University Press.
- Walker, Samuel (1993) *Taming the System: The Control of Discretion in Criminal Justice, 1950-1990*. New York: Oxford University Press.

青少年司法

- Cohen, Stanley (1967) "Mods, rockers, and the rest," *The Howard Journal* 12: 121-30.
- Lefstein, Norman, Stapleton, Vaughn, and Teitelbaum, Lee (1969) "In search of juvenile justice: Gault and its implementation," *Law & Society Review* 3: 491-562.
- Platt, Anthony (1977) *The Child Savers: The Invention of Delinquency*, 2nd edn. Chicago: University of Chicago Press.
- Schlossman, Steven L. (1977) *Love and the American Delinquent: The Theory and Practice of Progressive Juvenile Justice, 1825-1920*. Chicago: University of Chicago Press.

律师与刑事司法

- Mann, Kenneth (1985) *Defending White-Collar Crime: A Portrait of Attorneys at Work*. New Haven, CT: Yale University Press.

- McDonald, William F. (1979) *The Defense Counsel*. Beverly Hills, CA: Sage Publications.
- Paulsen, Monrad G. (1961) *The Problem of Assistance to the Indigent Accused*. Philadelphia: American Law Institute.

监狱学与量刑

- Andenaes, Johannes (1971) "Deterrence and specific offenses," *University of Chicago Law Review* 38: 537-80.
- Ashworth, Andrew (2000) *Sentencing and Criminal Justice*, 3rd edn. London: Butterworth.
- Bortner, M. A., Zatz, Marjorie S., and Hawkins, Darnell (2000) "Race and transfer: Empirical research and social context," in Jeffrey Fagan and Franklin E. Zimring (eds.), *The Changing Borders of Juvenile Justice*. Chicago: University of Chicago Press, pp. 277-320.
- Bottoms, Anthony (1994) "The philosophy and politics of punishment and sentencing," in Chris Clarkson and Rod Morgan (eds.), *The Politics of Sentencing Reform*. New York: Oxford University Press, pp. 17-50.
- Braithwaite, John (1989) *Crime, Shame and Reintegration*. New York: Cambridge University Press.
- Bright, Charles (1994) *The Powers that Punish: Prison and Politics in the Era of the "Big House," 1920-1955*. Ann Arbor: University of Michigan Press.
- Carroll, Leo (1974) *Hacks, Blacks, and Cons*. Lexington, MA: Lexington Books.
- Christie, Nils (2000) *Crime Control as Industry: Toward Gulags, Western Style*. London: Routledge.
- Cummins, Eric (1994) *The Rise and Fall of California's Radical Prison Movement*. Stanford, CA: Stanford University Press.
- DiIulio, John J., Jr. (1987) *Governing Prisons: A Comparative Study of Correctional Management*. New York: Free Press.
- Dumm, Thomas (1987) *Democracy and Punishment: Disciplinary Origins of the United States*. Madison: University of Wisconsin Press.
- Emerson, Robert (1969) *Judging Delinquents: Contexts and Process in Juvenile Court*. Chicago: Aldine.
- Feeley, Malcolm M. and Rubin, Edward L. (1998) *Judicial Policy Making in the Modern State: How the Courts Reformed America's Prisons*. Cambridge, UK and New York: Cambridge University Press.
- Feeley, Malcolm and Simon, Jonathan (1992) "The new penology: Notes on the emerging strategy of corrections and its implications," *Criminology* 30: 449-74.
- Foucault, Michel ([1978] 2000) "About the concept of the 'dangerous individual' in nineteenth-century legal psychiatry," in *Essential Works of Michel Foucault, 1954-1984*, Vol. 3, *Power*, ed. James Faubion. New York: New Press, pp. 176-200.

- Giallombardo, R. (1966) *A Study of Women's Prison.* New York: Wiley.
- Goffman, Ervin (1961) *Asylums.* New York: Doubleday.
- Greenberg, David F. and Stender, Fay (1972) "The prison as a lawless agency," *Buffalo Law Review* 21: 799-838.
- Hawkins, Gordon (1976) *The Prison: Policy and Practice.* Chicago: University of Chicago Press.
- Irwin, John (1980) *Prisons in Turmoil.* Boston: Little, Brown.
- Irwin, John and Cressey, Donald R. (1962) "Thieves, convicts, and the inmate culture," *Social Problems* 10: 142-55.
- Jacobs, James B. (1977) *Stateville: The Penitentiary in Mass Society.* Chicago: University of Chicago Press.
- Mauer, Marc (1999) *Race to Incarcerate.* New York: The New Press.
- Morris, Norval (1974) *The Future of Imprisonment.* Chicago, University of Chicago Press.
- Morris, Norval and Tonry, Michael (1990) *Between Prison and Probation: Intermediate Punishments in a Rational Sentencing System.* New York: Oxford University Press.
- Rhine, Edward E. (1990) "The rule of law, disciplinary practices, and Rahway State Prison: A case study in judicial intervention and social control," in John J. DiIulio, Jr. (ed.) *Courts, Corrections, and the Constitution: The Impact of Judicial Intervention on Prisons and Jails.* New York: Oxford University Press, pp. 173-222.
- Roberts, Julian V. (1997) "The role of criminal record in the sentencing process," in Michael Tonry (ed.) *Crime and Justice: A Review of Research*, vol. 2. Chicago: University of Chicago Press, pp. 303-62.
- Ross, H. Laurence, Campbell, Donald T., and Glass, Gene V. (1970) "Determining the social effects of a legal reform: The British 'breathalyser' crackdown of 1967," *American Behavioral Scientist* 13: 493-509.
- Rusche, George and Kirchheimer, Otto (1939) *Punishment and Social Structure.* New York: Columbia University Press.
- Sparks, Richard and Bottoms, A. E. (1995) "Legitimacy and order in prisons," *British Journal of Criminology* 46: 45-52.
- Sykes, Gresham M. and Matza, David (1957) "Techniques of neutralization: A theory of delinquency," *American Sociological Review* 22: 664-70.
- Sykes, Gresham M. and Messinger, Sheldon L. (1960) "The inmate social system," in R. A. Cloward et al. (eds.), *Theoretical Studies in Social Organization of the Prison.* New York: Social Science Research Council, pp. 11-13.
- Tittle, Charles R. and Logan, Charles H. (1973) "Sanctions and deviance: Evidence and remaining questions," *Law & Society Review* 3: 371-82.
- Tonry, Michael and Zimring, Franklin E. (eds.) (1984) *Reform and Punishment: Essays on Crim-*

inal Sentencing. Chicago: University of Chicago Press.
- Useem, Bert and Kimball, Peter (1989) *States of Seige: U. S. Prison Riots, 1971-1986*. New York: Oxford University Press.
- Wheeler, Stanley (1969) "Socialization in correctional institutions," in David A. Goslin (ed.), *Handbook of Socialization Theory and Research*. New York: Rand McNally &. Co. , pp. 1005-23.
- Wolfgang, Marvin E. and Riedel, Marc (1973) "Race, judicial discretion, and the death penalty," *Annals of the American Academy of Political and Social Science* 407: 119-33.
- Wright, Erik O. (1973) *The Politics of Punishment*. New York: Harper & Row.
- Zimring, Franklin E. (1991) *The Scale of Imprisonment*. Chicago: University of Chicago Press.

警察

- Bittner, Egon (1967) "The police on skid-row: A study of peace keeping," *American Sociological Review* 32: 699-715.
- Bordua, David J. (1967) *The Police*. New York: John Wiley & Sons.
- Chambliss, William J. and Seidman, Robert B. (1971) *Law, Order, and Power*. Reading, MA: Addison-Wesley.
- Ericson, Richard V. and Haggerty, Kevin (1997) *Policing the Risk Society*. Toronto: University of Toronto Press.
- Foote, Caleb (1956) "Vagrancy-type law and its administration," *University of Pennsylvania Law Review* 104: 603-50.
- Fyfe, James (1982) "Blind justice: Police shootings in Memphis," *Journal of Criminal Law & Criminology* 73: 707-22.
- Goldstein, Herman (1976) *Policing a Free Society*. Cambridge, MA: Ballinger.
- Piliavin, Irving and Briar, Scott (1964) "Police encounters with juveniles," *American Journal of Sociology* 70: 206-14.
- Remington, Frank J. (1965) "Editor's foreword," in *Arrest: The Decision to Take a Suspect into Custody*. Boston: Little Brown and Company.
- *Report by the Commission to Investigate Allegations of Police Corruption in New York City* (1972), Whitman Knapp, Chairman, August 3. New York: Bar Press.
- Wilson, James Q. (1968) *Varieties of Police Behavior: The Management of Law and Order in Eight Communities*. Cambridge, MA: Harvard University Press.

17

阶级阴影下的权利:贫困、福利与法律

弗兰克·芒格 著

吕亚萍 译

持续存在的贫困是像美国这样的发达经济制度的一个明显失败,美国吹嘘自己的富足,并且竭力向全世界推销自由劳动力市场、自由放任的资本主义和法律。在很多方面似乎不言而喻的是,资本主义经济制度和自由劳动力市场所造成的极端的财富和权力,将会导致富人和穷人之间的不平等司法。证明穷人遭遇的法律不平等并揭示其理由,呼吁社会-法律学者的批判精神,社会-法律研究者认识到,生活于贫困中的人的境遇是平等司法的法律承诺存在缺陷的一个重要例证。

社会-法律研究对于穷人的法律经历的研究,反映了对经济不平等和法律之间密切联系的一种理解。然而,经济不平等总是为社会-法律学者创设一种两难处境。早期的社会-法律研究植根于自由主义的法条主义的价值和美国社会科学的视角中。尽管社会-法律研究对自由主义的法条主义通常是批判的,但是社会-法律研究也受到了自由主义的法条主义的强烈影响。自由主义的法条主义接受了经济不平等的合法性,同时主张平等司法是可以实现的。由于经济不平等在道德上是可以接受的,所以有一种假设认为,法律不平等是暂时的,法律可以不受社会悬殊的影响,而且,诸多造成经济悬殊或者保护经济悬殊的政策是合法的。因此,相对于维护资本主义经济核心的阶级不平等,社会-法律学者会觉得,受道德谴责的极端贫困所造成的不公正,是一个比较容易批评的对象。

而且,美国社会科学的早期阶段是由芝加哥学派的实用主义形塑的,该学派舍弃了欧洲的阶级社会学理论,根据欧洲的理论,贫困和阶级冲突是不受规制的资本主义不可避免的副产品(Simon, 1999)。芝加哥学派的社会学包含一种更坚定地信奉美国是一个"无阶级"的社会的观点,他们把贫困看成是暂时的社会解组、功能紊乱以及个人失败的产物,而市场的力量则被视为美国社会必然的一面,事实上是美国社会的基础。爱

丽丝·奥康纳(Alice O'Connor, 2001)的观念史认为这种观念是"贫困知识"的核心问题。贫困学者长期关注穷人的能力和竞争力的问题。然而，贫困学者也考察了贫困的政治渊源和制度渊源，所以他们无法对流行的政治话语，即认为穷人道德上失败和个人具有可归责性的观点，形成有效的对立观点；恰恰相反，由于他们对这种政治话语倾注了大量时间和注意力，使其更为复杂和微妙，所以他们强化了这种政治话语，却从未有效地对其合法性提出质疑。

如果说社会-法律研究曾经历过美国社会科学发展浪潮的洗礼(Sarat and Simon, 2001; Simon, 1999)，那么，社会-法律研究还维持了一种批判性观点，这种观点从法律现实主义对自由主义的法条主义观点的批判中发展出来，并由批判法学研究运动的贡献所巩固。研究混合了对贫困与法律之间的关系的各种不同的、有时还互相矛盾的解释。有些学者，跟奥康纳一样，认识到贫困起源于两种人——在竞争性劳动力市场和资本主义经济制度中受益的人，以及因此必然受害的人——之间的关联(见Wright, 1994)。根据这种关系视角，贫困起源于系统性的根源，贫困的消除必然会导致不同经济利益和政治利益群体之间的冲突。事实上，基本上没有社会-法律研究继续探讨这种观点的意涵。很多时候第二种视角较为盛行，这种视角关注穷人和主流之间的差异。这种进路强调法律对于贫穷的个体的重要性——贫穷的个人的法律观念、法律能力，以及法律经历和法律文化，在多大程度上区别于其他人。虽然从个人视角开展研究或许可以揭示出自由主义的法条主义的缺点，但是研究必须运用一种关系视角，来探讨法律在贫穷的持续存在、福利的失败，以及权利的承诺中所起的作用。

这一章描述了研究贫困和法律问题的三种进路，这三种进路混合了这些互相对立的不同观点。在1960年代和1970年代的民权时代，社会-法律对贫困的研究重点关注法律对穷人的司法公正的承诺的失败。自第一种进路中演化而来的第二类研究，从穷人的视角考察了法律的重要性。这种研究特别探讨了穷人的"法律意识"，揭示了法律对日常生活的支配和抵制等实践。当代学者越来越多地从事第三种进路的研究，考察福利国家的政治和管理。学者们正在利用这种进路，考察在福利国家制度为某些人实现了权力和特权、而给另一些人制造了贫困和依赖性的过程中，法律是否成了帮凶。

对法律、贫困和福利国家之间关系的批判性审视，对政策制定者没有产生多大影响。那么为什么这个问题关系到我们？有些人提出，社会-法律研究应当忽视"政策听众的牵制"(Sarat and Silbey, 1988)。但是许多贫困学者认为，将权力持有者拒之门外，也会阻碍自己工作的核心目标(见Ewick, Kagan, and Sarat, 1999; Handler, 1992; Gilliom, 2001)。学者们需面对挑战，开展研究深化市民与政策制定者的认知，而不再让公众话语针对穷人的政治力量所制造的神话、陈词滥调和误解，限制住他们的视野。在本章的结语部分，描述了期望改变压迫穷人和把穷人排除在外的政策的学者所面临的两个难题——种族和政治权力。种族，与阶级和性别交织在一起，造成了美国社会如此深刻的分裂,以至于种族已经成为治理的要素。学者不仅必须说明种族和福利之间的灾难性关系,而且还要找到将权利动员起来、以达成不同的民主观念的方法。

民权时代的贫困研究

贫困引起了在美国法律与社会运动创立之初、遵循关注贫困权利的法律人之路的社会-法律学者的注意。肯尼迪总统在1960年代初将贫困列为全国性议题。在由民权运动、城市骚乱等突显出来的持续存在的种族差异的刺激下,以及在肯纳委员会(Kerner Commission)对提供给贫困少数群体的机会不平等的谴责的推动下,贫困项目被列入下一个十年特别优先考虑的问题。经济机会办公室(OEO)的法律服务开始于1965年,随着若干项目逐一被国会采纳,还设立了联邦资金资助的社区组织和社区律师,确保贫困权会起到作用。由青年动员项目的埃德·斯帕勒(Ed Sparer)领导的声望卓著的法律服务小队,以查尔斯·艾伦·赖克(Charles Alan Reich, 1964, 1965)的开创性研究(他主张,公民对于各种政府福利的几乎全盘的依赖,造就了应当得到宪法保护的财产权)及其他权威著作为依据,发起了生存权利宪法化的系统性努力。

自由主义的法条主义与民权运动的有力例证,一开始将社会-法律学者的注意力引向了法律程序的作用和穷人的新法律权利。关于法律与贫困的这些研究不仅证明贫困破坏了司法公正,而且还考察了正式的法律程序如何被社会语境下的社会组织"控制",从而构成了此后研究的起点(Black, 1976; Macaulay, 1984)。

发表于《法律与社会评论》第一卷的两篇关于法律与贫困的论文,是该领域早期的经典著作。卡林、霍华德和梅辛杰(Carlin, Howard, and Messenger, 1966)主要研究了穷人在民事司法制度中的不利之处。亚伯拉罕·布卢姆伯格(Abraham Blumberg, 1967)认为刑事辩护法的实践是一场"骗局",这场骗局服务于专业人士的目的,相对于当事人的信誉而言,他们必然更为信赖彼此的信誉。

他们的论文采取影响研究或"差距"研究的形式(见 Abel, 1980),考察了正式的法律要求与实际成果之间的差距。阿贝尔使用的"差距研究"这一贬义术语,并未表达出1960年代和1970年代利用这种理论构造的学者的细致入微的解释,当时法律对穷人的影响是作为与民权有关的重要方面产生的,而且开展影响研究的当代学者拥有以更复杂的历史方法和语境方法来指导解释的优势。卡林等人选择法律和贫困进行研究,是"因为这一领域对我们来说似乎最有可能对有关法律管理的结构、状态和结果的传统假设提出质疑"(Carlin et al., 1966: 9)。然而,他们的研究结果并不局限于法律体系的正式传统和规则的失败,而且还包括政治、政府管理、律师的培训和职业文化,以及以让穷人处于不利地位的方式将其社会化的制度等方面持续存在的根本缺陷。

同样,布卢姆伯格表示,他的研究是要对最近保护刑事被告人权利的法律裁决的影响力提出质疑。然而,他研究被告人与检察官、法官的交互作用所得出的精辟结论,并不局限于体现在法律规范实施过程中的形式缺陷。他比较详细地描述了诉讼过程,在此过程中,被告人与其他诉讼参与人发生的交互作用还吸收了辩护律师的角色,并且影响到律师与当事人之间的关系。

这两项研究都包含了社会-法律研究对穷人的"法律意识"、语境的影响,以及社会利益等进行研究的未来趋势的萌芽,这些研究成果都将与法律对程序目标的正式假设发生对抗。二者都特别注意诉讼参与者本身——其能力、资源,以及带给法律程序的倾向——的重要性。与第二点有关的是,后来卡林等人对贫困诉讼人的"法律能力"提供了扩展分析。

莱文和普雷斯顿(Levine and Preston, 1970)调查了穷人的"资源取向",即他们利用律师来解决争议的可能性。调查显示,穷人普遍缺乏有关自己权利和法律援助律师的有用性的知识。掌握了这方面知识的穷人则通常认为自己会败诉,这种信念阻止了他们与律师联系。同样,菲尔斯提纳(Felstiner, 1974)对争议行为的分析得出的结论是,穷人更有可能"将就"冤情,而不会提起诉讼。莱文和普雷斯顿也表明,穷人在知识方面有着相当大的差异,但是"正面"的资源取向则主要集中在相对年轻的、贫困的白人身上。

卡林等人的文章将穷人视为特别不幸、特别容易受到伤害、并且频繁受害的群体(参照 Caplovitz, 1963,该文研究了针对穷人消费者的不道德交易;Wald, 1965,该文章调查了汽车市场贷款方施予享受福利援助的人的压迫性对待;Note, 1965,描述了廉租房方面松懈的执法)。受害,是由于穷人缺乏市场选择、缺乏政治权力、诉至不那么权利本位的法庭,以及缺乏对不正当的处理提出异议的知识和资源。这些路径,全都将穷人描绘成不同于主流群体,并且不能自我保护的人。法律在保护穷人方面的失败,同时引起了法律学者和社会-法律学者的注意,他们审视了代理穷人的律师在其中起到的作用(参照 Carlin, 1962; Carlin and Howard, 1965; O'Gorman, 1963; Katz, 1978; Abel, 1979; Handler, Hollingsworth, and Erlanger, 1978)。

奥康纳对美国贫困研究的一些批评,也适用于民权时代对贫困和法律的研究。卡林及其合著者只研究穷人;在他们看来,"阶级"一词并不拥有特别的政治含义和关联意义。尽管辩护律师施展"骗局"的能力,可能有很大部分建立在布卢姆伯格所论述的参与者(比如,当事人与律师,白领民事纠纷或刑事诉讼中的公设辩护人与律师)之间的阶级差距之上,但是他没有对富人和穷人做过比较(也没有对社会各阶级进行过比较)。贫穷当事人和刑事司法之间的必然联系已经明显到不言而喻的程度。尽管民权时代的研究不仅仅记录了自由主义法律司法的局限,但是这些研究甚少探讨贫困的起源、政策背后的政治，以及经济不平等是否由法律制造（created）并维护（sustained）等问题。

这些研究忽视了研究美国黑人贫困的重要传统，即查明美国黑人贫困的起源，将黑人贫困问题放在某种生活语境（包括权威之间的交互作用）之下进行研究（DuBois, 1899；Frazier, 1939；Liebow, 1967；Stack, 1976；Ladner, 1971）。而且，学者特别强调的是贫困个体的独特特征，而不关注造成其社会处境的根源。刑事司法学者研究了与穷人联系最多的法律程序，甚少对个体的贫困或阶级给予批判性关注（与 Chambliss, 1964 和 Hagan, 1994 形成反差）。如果用一种关系术语将贫困问题概念化，可能会造成不同的疑问：为什么某些人遭遇的不利处境，得到了这种不利处境传递给其他人的利益的维持，特别是，法律制度所要求的那种特别的能力究竟给什么人带去了利益？

最后，这项研究使我们得以窥法律程序之一斑。赖克关于权利的重要性的观点，得到过广泛讨论，但是基本上没有社会-法律研究追问过这些权利对于穷人的意义。与富裕的市民相比，穷人与行政决策者相遇的次数往往更频繁（Mayhew and Reiss, 1969），而且更有可能面对非正式的但却强制性的行政决定（Lipsky, 1984）。而当有关贫困的项目在 1970 年代和 1980 年代退出历史舞台之际，社会-法律学科对贫困的研究几乎消失了。

加兰特（Galanter, 1974）的研讨会论文《为什么"富人"占据优势》("Why the 'haves' come out ahead")，盘点了就自由主义的法条主义对"一无所有者"（have nots）的承诺进行的批判。对"一无所有者"持有偏见的海量证据显示，法律引发社会变革的能力，受到某些社会因素的限制，而这些因素却恰恰是法律的正式变革试图中立化的。加兰特的综述是强有力的，因为法律制度的偏见并不局限于处于从属地位的人，诸如没有能力的穷人，而且同时也针对其他的由于经验和资源的缺乏而处于不利地位的人。但是加兰特的综述与许多关注贫困的主流研究一样，主要关注个人的竞争劣势。诉讼人在法律能力方面的差异，以及法律制度在改变这种社会公正所造成的影响方面与生俱来的无能，造成了法律偏见。由于加兰特的论文主要关注法律程序而非社会关系，所以他并未探讨阶级特权或权力的法律基础，而将论述局限于那些掌握权力的人以对自己有利的方式运用法律的过程。

"富人"不仅是一种总结，还是一个可以便利地作为贫困研究标志的转折点。学者们已经放弃了认为法律程序独立自主的观点。法律程序既不是被动的，也不是反应性的。法律及其语境是交互作用的，法律促进了导致法律不平等的社会关系的构成。日益错综复杂的研究显示，位于不同社会角色、语境以及背景的个人遭遇的各类法律经历，使得法律平等的真正概念趋于问题化（Mayhew and Reiss, 1969；Moore, 1974；Felstiner, Abel, and Sarat, 1980）。这些趋势向许多学者暗示，对社会等级结构和法律不平等之间的关系的分析，应当通过一个更为主观的视角、从日常经历的各式语境中去研究。

法律对于穷人的重要性——法律意识、支配、反抗

民权时代的贫困研究,由于反贫困斗争的彻底失败而发生转型。保守派对于民权和贫困权利的抵制、诸多贫困项目的终止或取消,以及种族政治,导致启示性地或批判性地研究贫困的学者的著作不受政策制定者的欢迎,并且阻碍了新的研究计划。自1970年代以来,政府发起的贫困研究,已经被非常谨慎地局限于项目评估和影响研究范围内,只勉强关注循序渐进的项目目标(Katz, 1989)。

对于徘徊在政府发起的不断窄化的主流贫困研究之外的学者而言,有一种贫困的批判性观点在社会-法律研究不断发展的领域中坚持己见。观点的重要转换是领域变迁的标志。新的修辞——语境中的法——关注正式的法律与其语境中的作用之间的脱节,即正式的法律与日常生活中的法律之间的脱节。还有更多的注意力集中关注法律在日常生活中的非工具性作用——符号的、竞争的以及建构的作用。新视角使得普通人的解释,成为理解法律的含义与影响的核心。普通人在诸如家庭、邻里和工作场所,以及律师办公室和法庭等发生日常交互作用和争执的场所中,解释法律并为法律赋予意义。

研究日常生活中的法为研究不平等和支配提供了重要的新窗口,"法律意识"成为这类研究的焦点。穷人、妇女和非裔美国人,不再仅仅是诉讼人的类别。法律像塑造个人和市民的意识一样,也塑造了他们的意识,从而影响了他们日常生活中的常规事务和交互作用。穷人和被压迫的人,作为法律参与者,通过法律意识的形成,在文化体系和意义体系中既作为个体也作为参与者,要求得到代理。事实上,对于代理的重视成为了法律批判研究的界定性要素,它主张让"他者"来表达——在此之前,这种表达失落在了自由主义的法条主义和法律程序的宏大图景中(Silbey and Sarat, 1987)。

三篇影响深远的研究成果表明了这种追求。埃维克与希尔贝(Ewick and Silbey, 1992)描述了"米莉"(Millie)的法律意识,米莉是一位贫困的黑人家庭妇女,她因一起肇事逃逸事故而被起诉,而事故是由某个亲戚的朋友在未征得她同意的情况下驾驶她未上保险的车所造成的。奥斯汀·萨拉特描述了寻求法律援助律师的帮助的"领取福利的穷人"的法律意识,并断定,"他们与社会上其他群体存在实质性的差异,对于其他群体而言,法律是一种不那么直接和可见的存在"(1990:344)。露西·怀特(Lucie White, 1990)研究了"G太太"(Mrs. G.)的福利听证,考察了塑造从属性的文化和历史。她认为,法律准确无误地巩固了她的当事人终其一生都在经历的不平等,制造了她的耻辱的意识——一旦在精神上给她刻上福利领取者的身份,她就不仅受到胁迫(因为

她的意见在福利程序中被消音了),而且被客体化(她的真实需求被官僚主义对"需求"和"权利"的定义所取代)。

法律意识的概念对法律和贫困研究有着重要影响,比如,它影响到了法律程序研究(Mahoney, 1991; Alfieri, 1993),律师—当事人关系研究(Alfieri, 1991, 2001; Davis, 1993; Harris, 1999; Lopez, 1992; Trubek, 1994; White, 1988; Sarat and Felstiner, 1995; for critique see Simon, 1996),以及具体福利法的作用研究(参见下文)。

然而,或许最复杂和最有争议的影响,是学者认识法律的作用的方式。因为首先,这些研究提出,法律意识对法律程序和法律权利的这些微妙影响,(再一次)说明了"富人"会出人头地的原因。恩格尔(Engel, 1998)批评了这些研究对穷人法律意识的绝对概念化。他认为,法律意识被看成了法律所衍生的集体思维模式,而不是塑造每个个体意识的交互的、主体间的进程的最终产物。在埃维克与希尔贝、萨拉特,以及怀特看来,在这种背景下,处于从属地位的个人的代理是一种反抗,是"有策略的"。恩格尔还提出,法律意识研究忽视了社会-法律领域长期确立的真知灼见——法律意识在法律的各种实质性领域的潜在变化、法律与社会的多中心关系,以及规则与含义的非正式体系之间的斡旋。

代理问题

通过分析法律在权力和反抗方面的作用得知,穷人的自助能力和发动政治斗争的能力前途未卜。批评家麦卡恩和马奇(McCann and March, 1996)认为,学者们只凭穷人偶然的不服从法律或规避法律的行为,就匆匆断定穷人是独立的、自治的参与者。开明的学者认为,自下而上的变革对于持久的民主改革和平等主义改革是必要的,他们抵制这样的印象:处于从属地位的个人是被动的、漠不关心的,这些个人还对压迫性的权力的合法性有着错误的信念。但是汉德勒(Handler, 2002)认为,对穷人自主权的错误判断,可能会造成负面后果,因为穷人恣意且有能力的形象,恰好契合保守派的论点,而且符合将贫困归责于穷人自己的道德福利政治。

麦卡恩和马奇发现,这些研究本身已经提出了说明这类"小节"(little events)重要性的三个正当理由。第一,这些研究描摹了"对立意识",反驳了处于从属地位的个人对"权利神话"持有错误意识的理论。这些研究结果与一大堆马克思主义社会历史学家的看法相同(Hay, 1975; Thompson, 1975; Genovese, 1976)。

第二,小小的反抗行为可能"在心理学,或者存在主义的意义上是重要的",因为这些行为申明了"基本的尊严、自主权和人格"(McCann and March, 1996: 226)。但是,麦卡恩和马奇对这类主张深感怀疑,断定"诸多这类著作只能当作某种遗憾叙述来阅读,记录了徒然加深约翰·加文塔(John Gaventa, 1980)称为边缘市民的'无能为力'感的那种经历"(McCann and March, 1996: 227;参照 Roberts, 2000),麦卡恩和马奇的研究印证了加文塔的结论(White, 1993; Soss, 1999)。

汉德勒(Handler, 1996, 2002)认为,偶然的反抗行为只能主导发展进程的一部分,正如怀特(White, 2002,及其准备材料)对参与启智计划(Head Start program)的母亲的研究中所描述的一样。同样,吉利厄姆(Gilliom, 2001)在访问阿巴拉契亚贫困妇女的福利监督的过程中提出,当特定的条件都具备的时候(切实的进步、参与者分享和协作,以及"拥有驾驭反抗实践的伦理理由或意识形态"),日常的反抗行为可能"起到政治形式的作用"(Gilliom, 2001:103)。吉利厄姆发现,妇女在服从福利规制时,通过"照顾原则"拔高对他人的承诺,来抵制对自己的控制。

研究日常反抗行为的第三个理由是,这些行为具备在政治上提升的潜在可能。然而,针对法律和日常反抗行为的大多数研究,都关注孤立的个人行动,很少考察这些行动与群体认同和群体支持之间的关系,使这些行动不大可能成为集体政治行动的后备力量。语境对于法律的政治潜能是至关重要的。理解权力和反抗的政治,需要一种参照架构,来指明支配者与从属者在特定的狭路相逢中,什么东西处于危境、得到了什么、又失去了什么,也就是说,这是一种理解的关系架构。而且,具有在政治上提升的潜能的反抗,是关系到反对种族主义、经济剥削和父权控制的广泛斗争的,而不仅仅关系到有技巧性地巧妙操纵着法官、法官助理、行政官员或其他官员(McCann and March, 1996:220;参照 Handler, 1992)。简言之,研究穷人的法律意识的学者必须对支配和反抗背后的社会组织和制度性语境给予更多的注意。

福利国家的管理——法律造就的依赖性

当代学者认识到国家权力在制造和维持贫困中所起到的持续、但偶然的作用,还有许多学者关注福利国家的重构——寻求一个平权的(affirmative)、更为民主的福利国家(Garland, 2001; Sarat and Simon, 2001; Handler and Hasenfeld, 1997)。美国福利国家长期以来把穷人污名化、却未给予其适当帮助的历史,让我们有充足的理由怀疑,在缺乏实质性的政治变革的情况下是否会采纳真正的平权项目。无论是民权时代的影响研究还是法律意识研究,都揭示了穷人往往属于最受压迫的人,最不具备在政治上改变这种熟悉模式的能力。

社会-法律学者感受到的鼓舞和压力,不仅来自在"文化政治"时代其影响逐渐衰落而产生的挫败(Simon, 1999; Garth and Sterling, 1998),而且还来自他们对福利国家针对少数群体、移民、工人、妇女以及穷人的福利紧缩而产生的影响的关注。将第一世界和第三世界经济制度联系在一起的全球危机,始终在深化社会-法律学者的批判性理解,还有一些贫困学者也在其研究中探讨了这种全球的经济联系(例如,Handler, 2003; Coombe, 1995; Santos, 1995; White, 1998; Nightingale, 2002)。

批判研究——福利国家中的种族、性别和阶级

正如麦卡恩和马奇所主张的,如果研究穷人的法律意识需要一种关系视角和政治视角,那么批判种族学者和批判女性主义学者对于贫困妇女和少数群体的研究发挥了重要作用,不仅促成了关系视角的形成,而且还提出了关于政治发言权的问题。批判种族学者和批判女性主义学者是最先在历史和制度语境下提出法律对贫困妇女和少数群体的支配地位的学者,而且是在这种语境下,探讨了解放实践在削弱法律支配中的作用的学者。

贫困和福利演变的批判史为社会-法律研究面向当代福利国家政策和管理打下了基础。尽管研究工人阶级冲突的一代开明学者审视了法律在阶级统治和阶级政治中的作用(Piven and Cloward, 1971; Hay, 1975; Thompson, 1975),但是戈登(1988b)批评他们忽视了贫困不断演变的本质,特别是贫困集中体现在少数群体和妇女身上,他们属于从未被基本劳动力市场接纳、也不大可能参与19世纪的理论家所预想的阶级斗争的群体(也见 Quadagno, 1992)。批判女性主义和批判种族历史学家(Gordon, 1988a, 1994; Quadagno, 1994; Sterett, 1997; Skocpol, 1992)揭示了父权制和种族主义塑造了美国公共救济体系的特征,从而彻底改变了我们的看法。弗雷泽和戈登(Fraser and Gordon, 1994)回溯了预示这些福利政策(并被这些福利政策所巩固)的"依赖性"概念的文化变迁。依赖性带有理所当然地限制福利话语的内涵,特别是理所当然地限制有关"人类本性、性别角色、贫困的起因、公民权的本质、权利的来源,以及什么算是工作和对社会的贡献"的话语的内涵(Fraser and Gordon, 1994:311)。

值得注目的是,批判性种族学者和女性主义学者将穷人的身份认同和意识置于具体的历史和关系的语境下。他们证明了,不平等的关系视角是根本性的,不平等仍继续存在,是由于不平等得到了维持父权制和白人特权的制度的支持。

此外,批判学者强调,在明确权利在弱者和无能者的生活中的作用时,不同语境和视角下的理论变迁很重要。虽然权利通常构成对被压迫者的统治,但是历史事例显示,在允许处于从属地位的人发起获得权力的运动的条件下,权利也可能变成处于从属地位的人的优势(Crenshaw, 1988; Schneider, 1986;也见 Piven and Cloward, 1977)。批判学者认为,权利的作用,也有赖于发言权和视角。米诺(Minow, 1990)对当代和历史事例的分析,表明一旦体验过贫困和压迫的人的经历影响到立法、行政或司法进程,法律可能会增进社会融入和完全的公民权。反过来,她将许多民权法的反直觉的污名化效应的根源,追溯至立法者、法官和专业人士的意识,这些人对于社会制造了被压迫者所遭遇的不利地位的状况缺乏完整的理解。

最后，批判性学者对发言权的敏锐性，致使他们对统治和压迫的研究提出了重要的疑问——学者如何能够"知道"社会上受压迫群体的经历、说明受压迫群体所关注的问题，或者让他们"表达"出自己的关注（见 Minow, 1990: 195-198；参照 Sarat, 1990；White, 1990）？穷人自己的声音在权力实现中的重要性让一些学者想到，穷人必须对研究事业本身起到核心作用，形成问题、收集并阐释数据，找到运用权利以实现变革的方式（Ansley, 2002）。

贫困和福利国家的批判性研究，就像研究法律意识和日常生活中的法律一样，巩固了贫困学者们日益强化的看法，即穷人是积极的而非无动于衷的，拥有和主流群体一样多样化的经历和价值。于是，学者开始将其关注点转移至理解穷人如何"自下而上地操纵福利国家"（Katz, 私人通信, 1997）。问题在于，学者们从福利国家中学到了什么？他们学到的东西在何种程度充实了他们对贫困和法律的研究？

道德公民

贫困法的批判史表明，按照阶级、性别和种族界线划分社会所造成的根本经济冲突，是福利国家政策的基础：雇主和富人保护其从市场中得来的优势的愿望，与工人、有工作的穷人、失业的看管人和其他不能得到一份发放最低生活工资的工作的人争取更好的经济保障的愿望相对立（Katz, 1986, 1989；Handler and Hasenfeld, 1991；Fraser and Gordon, 1994）。然而，为什么这些经济冲突甚少出现在公共话语中？

英美的福利政策史表明，按照阶级、种族和性别所划分的不同群体的经济利益在道德认同和社会公民权的话语中得以表达（Gordon, 1994；Handler and Hasenfeld, 1991）。社会供给的资格，从来不是一种普适的权利，而毋宁说是给那些不能自我维持的、值得帮助的穷人提供的补贴（residual）。研究贫困的社会-法律学者，与其他学者一样，描述了值得帮助（deserving）的穷人（他们应当获得社会保险和保护，度过在自由劳动力市场中的艰难时刻）和不值得帮助（undeserving）的穷人（他们只有在遭遇严重困难时，或者在有意改造自己的有缺陷的道德品质的情况下，才值得帮助）（Katz, 1986, 1989；Handler and Hasenfeld, 1991；Fraser and Gordon, 1994）。就此而言，与其说社会权利是一种普适的公民权利，倒不如说它更类似于一种契约（参照 Mead, 1986）。个体有义务履行社会为他们设想的角色——成为挣工资的人、挣工资的人的妻子、已婚的双亲，从而使自己自给自足。那些不服从义务的人，不值得福利的帮助（Pearce, 1990；Mink, 1990）。

福利法在其他文化中，起到了不同的作用，这些文化通过依赖关系将不同身份的人联系在一起。英美文化是埃斯平-安德森（Esping-Anderson）的术语"自由主义福利体制"的典型代表，这种体制寄予"市场主权以极大的信心"（1990, 1999: 8），只提供低水平的、须接受经济状况调查的福利补助，意在加强劳动力市场的出勤（其他的社会是澳大利亚、新西兰和加拿大）。而在大多数欧洲国家，诸如奥地利、法国、德国和意大利，连同日本,都拥有"保守的"福利体制,强调对家庭和社会地位的保护,例如,提供充足的家庭补助,使妇女得以留在家中担任传统的非工作角色。北欧各国则拥有"社会民主主义"福利体制,通过普遍的、无须接受经济状况调查的补助,从而使劳动力非商品化。按理说,就福利领取者的道德身份而言,这些福利体制之间的区别的影响是巨大的。然而,汉德勒(Handler, 2002)认为,鉴于保守主义意识形态日益增长的实力,以及官僚行为必然的相似性,这些体制在实践中会逐渐趋同。但是无论是否存在其他相似或差异,历史发展、道德话语和社会供给之间存在强烈关联,似乎是毋庸置疑的。

社会公民权话语的道德内容已经为解释福利政策的细节(Gordon, 1988b; Skocpol, 1992; Sterett, 1997)、争取贫困权利的社会运动的演变和影响(Piven and Cloward, 1977; Handler, 1978),以及性别和种族在贫困律师与其当事人的关系中的作用(Davis, 1993; Lopez, 1992; Alfieri, 1991),提供了强有力的工具。弗雷泽和戈登(Fraser and Gordon, 1994)追溯了20世纪"依赖性"的不断变化的道德污名和福利之间的关系。早期的项目丑化了特定的妇女——贫困、移民和独身的妇女,却不针对其他妇女,比如白人寡妇。1960年代,随着越来越多的未婚非裔美国妇女在失依儿童家庭补助(AFDC)中登记在册,异常的依赖性形象——如今则是一张未婚非裔美国女性家长的面孔——再一次成为白人中产阶级常态形象的对立面。受到白人家庭中母亲就业率提高、离婚率增长和结婚率降低的困扰,美国人在1980年代经历了一次"关于依赖性的道德恐慌"(Fraser and Gordon, 1994)。1990年代的福利改革体现出最新的受政治影响的形象——一代代美国非裔少女母亲落入福利的圈套,掉进无助的依赖性循环中(见P. Williams, 1991; Roberts, 1997b, 1999)。

首先,加兰(Garland, 2001)认为,对市场自发选择的重视,是分配给个人的道德身份的基础。没有工作、或者无法为自己和家庭赚到足够生活的钱的穷人、失业人员、单身人士、无学历人员、受歧视的人、受虐待的人,被认定是自己选择了不工作而依赖福利。他们服从某些条件的规训以换取补助,规定这些条件的意图是让他们去找工作,用公民应当的方式行为,通过工作或者婚姻的方式过上自给自足的生活,免于过分依赖补助的"道德危险"。

大量研究描述了暗示福利母亲的道德身份、却忽视其实际行为和经历的政策(Fraser and Gordon, 1994;也见Fineman, 1999; J. A. White, 2000; Roberts, 1997b; McKinnon, 1993; Karst, 1989)。对贫困妇女的研究,审视了抑制(而非帮助)贫困妇女开展社会默认——负责地照顾家庭——的劳动、并在道德上丑化贫困妇女的福利政策的起源和后果(Gordon, 1994; Edin and Lein, 1997; McClain, 1996; Raphael, 1996; Gilliom, 2001)。某些福利政策,特别是影响生育权的福利政策,已经表现出显著的种族偏见,体现了盛行于1990年福利改革话语中的、认为年轻的黑人妇女不能胜任母亲身份的种族成见(Roberts, 1997a)。同样,政府官员也继续将大部分的黑人小孩从他们母亲身边带走,交付寄养(Roberts,1999)。学者描述了福利领取者的形象与其实际生活之间的错位,使得帮助和教育改造福利领取者的公众形象转变成了具有不适当的惩罚性后果的、较少为人察觉的现实(L. Williams,1992)。

管理的神话和仪式

加兰特(Galanter,1974)对法律程序的冗长论述中一个最有煽动性的调查结论,大体是对"附属"争议解决制度(包括行政裁决、调解、谈判,以及非法律争议解决方式)的一种长期搁置的反思。他提出,求助于附属制度较少讲求权利,而更多地试图修复关系,但是他的界定恰恰忽略了"阶级"司法的问题。由于福利国家权利的重要性急剧增长,使得除了贫困公民之外,还有许多公民,都将权利争议的解决从法庭转向官僚机构,而贫困公民这一例外就有着抵消他的范式之虞。因为相对贫困和无能的人,远远比富有和有能力的人,更多地遭遇与重要权利相关的非正式行政决策。

由于福利政策是基于道德身份和穷人的需要制定的,汉德勒和哈森费尔德(Handler and Hasenfeld,1991)认为,贫困政策的修辞和福利的实践管理之间始终存在着巨大差距。他们将差距称之为福利政策的"神话和仪式"——称为"神话",是因为政策制定和立法话语建立在对穷人的种族成见和互相矛盾的形象上;称为"仪式",是因为执行与穷人的实际需求基本上无关的政策所遭遇的困难,经常造成对一大批福利领取者的象征性执行,以及其他的广泛存在却不被承认的管理上的失误。要求福利领取者参加工作的政策,根据历史事实来看,是不可能执行的,因为这类政策忽视了劳动力市场给穷人们制造的实际困难。例如,在1960年代初期,法律要求给福利领取者提供社会服务,但是实际上,福利机构缺乏提供社会服务的能力,也基本上没有什么提供这类服务的动力(Handler,1990)。随着正式的重点转变为资格审定,部分由于积极福利权利运动所导致的福利作用的升温,最终终止了这种对法律的仪式性遵守(W. Simon,1983)。

研究显示,最近的福利改革将会再现这种模式。福利改革强化了工作要求,规定了有生之年领取福利的时间限制,并增加了需要密切监督和执行的其他限制规定(Kost and Munger,1996)。在资源贫乏的环境下,特别积极地要求他人支持的妇女在保证就业(Henly,2002)和抚养子女方面(Edin and Lein,1997)更为成功,但是她们通常必须违反福利法的具体要求,才能维持对家庭的供养(Gilliom,2001)。那些在就业上遭遇多重障碍的人,诸如缺乏教育和交通工具,或者身有残疾的人(处于极度贫困的人数高达40%),无法参加工作(Danziger et al.,1999)。福利管理者对于解决他们的困难,吝于提供帮助,而且所有的福利领取者都面临着领取福利的强制性的时间限制。新法律鼓励对"故意"不遵守规定的福利领取者加以制裁,比如不必根据其需求,减少或者终止其福利资助。在回顾了这些以及其他研究之后,汉德勒和哈森费尔德(Handler and

Hasenfeld, 1997)得出结论说,影响了福利立法的道德形象,将导致更多的神话和仪式。

正式宣告的福利权利能给福利带来保障的神话,早已名声扫地,研究显示,行政实践阻碍了福利领取者努力使自己变得合格,导致了"官僚主义的权利褫夺"(Lipsky, 1984;也见 Bennett, 1995)。社会工作者和立法者一样,也受到他们自己对福利领取者的"道德归类"的影响(Hasenfeld, 1983; Brodkin, 1997)。正式的政策和正当程序能保障个人自治和赋权的神话,已经遭到了西蒙(Simon, 1983)和汉德勒(Handler, 1986, 1990)的全盘拷问和批判。

在企业家政府和目标管理的新时代,福利领取者的赋权甚至可能更为困难。这种新制度授予福利工作者更大的自由裁量权,以达成监管者所设定的目标,但是迪勒(Diller, 2000)提出,自上而下的控制的继续实行,如果不是为了限制当事人-社会工作者交互作用的方式,那么就是为了限制这种交互作用的结果。在论及自由主义的法条主义能否保证自由裁量权非武断或者非歧视地履行时,严重的问题就产生了。企业家政府在实践中规定了多大的自由裁量权,这种自由裁量权是如何加以运用的,是否存在有效的方式审查自由裁量权的滥用,都是需要进一步研究的重要问题(例见 Gooden, 1998 对于福利中的种族偏见的罕见研究)。

作为"私政府"的福利

麦考莱(Macaulay, 1986)对于"私政府"的精辟分析提醒我们,社会网络、邻里关系、协会、企业、契约以及其他"统治"个人的私关系通常是公共政策和法律发生作用的媒介。他提醒我们,法律尝试为组织内部或合同当事人之间的关系设定条件的时候,很少遇到现存的权力不平等的状况。麦考莱的分析还鼓励我们在福利管理之外,找出福利管理对(福利法最终试图支配的)福利领取者私人世界里的社会关系的影响。

社会-法律研究显示,他的真知灼见尤其适用于改革后的福利管理,其中多层次的公共组织和私人组织在执行联邦和州的强制性规定的过程中互相影响、充当媒介。有两个承载着市场意识形态的概念——放权和私有化——让州和地方政府对福利的更多的支配权有了合理理由,也让私人服务提供者有正当理由来承担之前由公务人员承担的福利责任(Katz, 2001)。这两个概念都暗含着实现效率更高的福利的要求——以较低的成本获得较为高效的福利。事实上,美国福利制度始终是高度分权的。自福利项目设立之初,各州及其分支机构就管理着联邦福利基金,而私人服务提供者也始终发挥着重要作用。

各州对新职责的放权作出了回应:给地方管理者更多的支配权,将核心福利的管理以及更具体化的服务分包出去。州和地方政治有权支配福利支出的标准,并控制放置在福利工作和辅助性服务上的象征性重点(Cashin, 1999)。依靠私人企业家进行福利管理,有赖于管理人员控制的分包程序,这些管理人员必须同属于抵制消费、限制福利的政治阵营(Bezdek, 2001)。

吉利厄姆(Gilliom, 2001)证明,日益侵入式的福利监督和福利领取者的控制,伤害了福利领取者与其他人的关系,也伤害了福利领取者的自身形象。福利改革的神话是,严格的归责制最终将增强贫困妇女的社会资本,但现实却是,这样一种侵入式的管理往往破坏了现存社会关系,也阻碍了新社会资本的投入(Edin and Lein, 1997; Stack, 1976)。吉利厄姆的访问对象发现,规避并绕开福利法对于家庭的维持来说是必须的,但是反过来,这种通常不可避免的规避行为对他们自身的道德公民形象有着危害性后果(Gilliom, 2001;对比 Rothstein, 2001)。

因此,存在着去中心化只是为了掩饰对福利领取者的支配过程的风险,福利不能帮助他们成为自给自足的人,他们的失败则会印证他们具有依赖性的神话。福利领取者甚至会被法律改造得具有更大的依赖性(Munger, 2002)。有人赞成复兴一个更强大的福利国家(Lowi, 1998; Karst, 1997),而另一些人的研究则表明,放权和私有化的后果是不确定的。例如,汉德勒(Handler, 1996)从事的案例研究显示,如果有权者的管理优先性在政治上受到质疑,并且当福利管理通过"邀请式赋权"为福利领取者形成自信和发展参与能力创造机会时,赋权是可以实现的。他提出,只有当掌权者能够从具有依赖性的人的参与中得到一些东西,诸如稳定性、收益率,或合法性的时候,以及只有当这种机会存续较长时间,足以产效能感和对参与发展的信任时,后一种赋权形式才可能实现(Handler, 2002)。露西·怀特(Lucie White, 2002)对通过参与启智计划而被赋权的母亲的分析,印证了他的观点。

社会-法律学者对福利国家的福利管理的研究,集中关注组织和制度结构复杂性、形成法律的象征性和建构性作用的程序,并且随时准备开创新局面。州、地方以及个人对于法令的(和宪法的)福利法律规定的服从;福利项目创新在各州的展开(例见 Soule and Zylan, 1997);制度层面的象征性服从;地方项目被地方社会、政治和经济语境所"控制"(capture)——所有这些问题,开展研究机会似乎都已经成熟。因此,探讨法律在福利国家中的文化角色和象征性作用的研究贫困问题的社会-法律学者,可从现有的有关新制度主义和组织理论(Suchman and Edelman, 1996;也见 Smith, 1988)的文献中受益良多,这些文献讨论了组织改革和发展的相似过程。

通过贫困的治理——研究的两大挑战

拉塞尔·塞奇基金会(Farley, Danziger, and Holzer, 2000)从追问为什么在种族盟约被宣布违宪50年之后、在《公平住房法案》(Fair Housing Act)宣布住房市场种族歧视非法30年之后,黑人仍生活在种族隔离的社区里开始,展开其对底特律的种族和贫困之间关系的分析。基金会的社会-法律学者从公众对种族的看法中找到了答案。他们本该谈到、但是并未说出来的是,尽管联邦最高法院和国会(参见 Freeman, 1998)有着表面上的善意行动,法律的作用却仍被相同的种族分界所形塑。对于福利国家的划分社会阶级、使许多人无法实现机会均等的制度,社会-法律学者在阐明法律在维护这种制度的复杂作用方面,可以作出巨大贡献。

种族问题

李·雷恩沃特(Lee Rainwater, 1970)和赫伯特·甘斯(Herbert Gans, 1969),在各自的论文中,尝试着解释为什么压迫性的贫困政策似乎各不相同,而且似乎在政治上也很难攻击。雷恩沃特猜想,穷人的可悲状况和不安全感,威胁到了主流,主流人士的安全和富有同样有赖于劳动力市场中的偶发事件。主流人士的安全感与"美国梦的叛逆者"(Murphy, 1987:116-117;也见 Wuthnow, 1996)之间的认知不和谐,通过为穷人制造一种身份、使他们异于常人——他们放纵、愚蠢、鼠目寸光、耽于享乐或者腐化堕落——而得以缓解。在当今这样一个劳动环境日益不可靠的世界里,主流人士和穷人的这些特征不再仅仅是身份的无自我意识的背景,而是体现在贫困政治的前沿,让无保障的工人阶级与对公共和私人福利都怀有敌意的雇主始终保持结盟。甘斯始终认为,针对穷人的惩罚性态度的根源是相当具体和明显的。穷人的存在,给更多富有的公民、大部分的纳税人,以及政府管理者带来好处。对于下层阶级的存有偏见的思维,导致人们更为从容地享受了这些好处。

乔纳森·西蒙(Jonathan Simon, 1997)提请我们注意,美国治理中"他者"的形象日益变得重要起来。西蒙证明了种族群体之间、富人和穷人之间日益显著的分裂已经极大地改变了我们对治理的预期和我们的治理实践。这种以文化差异和政治视角的差异为标志的分裂事实,使得这些群体利益之间的冲突难以形成多数意见、协商以及和解。西蒙认为,刑法上的"他者"——有色的、贫困的、掠夺性的城市人——的形象,推动了大面积的公共政策的制定,政策内容包括围堵、隔离、基于统计数据的犯罪预防以及刑罚,这些政策不仅影响了刑事司法,而且影响到土地使用、交通、学校的公共资金资助、全国的选举政治,以及其他主要的制度舞台。

贫困,与犯罪一样,也是一种治理手段。福利领取者,就像罪犯,也被人们的种族偏见所设定,巩固了"他者"的形象,"他者"的不道德行为成为再分配政策和规制政策的理由并促成了这些政策。福利依赖性被看成是一种有说服力的道德威胁、一种被福利母亲的陈旧身份所合理化的恐惧。帕特里夏·威廉姆斯(Patricia Williams, 1991)追问,有什么因素能够证明一位福利母亲在自己的公寓里由于"拒绝被驱逐"而被全副武装的警察骇人听闻地谋杀的合理性?罗伯茨(Roberts, 1997a)描述了家庭计划项目中的

"有计划的种族灭绝",该项目的种族不平等行为对贫困黑人妇女的生育权产生了显著的影响。黑人少女未婚妈妈的形象致使公众对福利领取者缺乏同情,却便利了惩罚性的福利条件和苛刻的制裁(L. Williams, 1995)。福利以及维持福利制度的种族成见,就像犯罪,促进了社会等级结构和社会秩序之间关系的建构。

如果要对贫困开展更切题、更有效的研究,学者们必须认识到美国社会深刻的种族裂痕,及其对穷人的身份、自我观念和行为的影响。在关于贫困的主流政策研究中,种族几乎是无形的,尽管存在一种无可争议的事实:不仅有色人种中的穷人经历过区别对待,而且至少部分有色人种有这种经历,是因为他们被视为不同的人种而被区别对待。马丁·吉伦斯(Martin Gilens, 1999)认识到美国福利的公共理念中所包含的一个根本预设——大多数贫困研究都未曾审视过这个预设:福利(与犯罪很相似),是挤满了非裔美国人的一个区域。

试图理解贫困以及围绕贫困展开的公共政策争论的学者必须抓住种族密码话语。诸如"下层阶级"、"福利穷人"和"贫困循环"等委婉说法,可能清洁了语言,但是这些说法不能掩盖我们对贫困的种族化理解。它们也无法掩盖将非裔美国人从主流社会孤立出来的文化隔离和制度隔离过程的持续存在。我们关于贫困的种族密码话语将穷人和工人阶级分割为两个群体:忍受工资削减、利益减少和工作不再安全的后果,因而值得帮助的白人;与预先被污名化为潜在的福利领取者,因而不值得帮助的黑人。吉伦斯提出,在这种分割被跨越之前,贫困的符号政治基本上不会发生什么改变。

我们对于美国社会黑人和白人之间深刻分裂,以及父权制价值的持续存在的关注,应当引导我们更为深刻地理解滋养了这种分裂的经济制度的支柱(参见J. Williams, 1999; Roberts, 1997b的见解深刻的批评)。种族所造成的分裂最终成为有关种族、性别和阶级的更宏大也更复杂的情节的一部分,正如乔纳森·西蒙所指出的,这种分裂极大地复杂化了穷人的身份,而且为政治变革造就了更广泛的潜能。

政治问题

以道德政治为潜在基础的一切形式的福利,都服务于占支配地位的经济利益,特别是在稳定劳动力供应方面的利益。卡茨(Katz, 2001)描述了美国福利国家三个部门——公共部门、独立部门(非盈利性机构)以及私人部门——之间的关系。私人部门主要由职工养老金和医疗保险,以及公私混合福利,诸如失业和职工赔偿项目所组成。附着于公共福利项目的污名难以改变的原因之一是,公私混合福利导致工人阶级各阶层之间的政治分裂——依赖私人捐助福利的工人反对利用二次征税,来帮助为比自己更贫困的穷人、典型的少数群体、失业人员而设立的公共福利(见Noble, 1997)。穷人发起的某些政治运动已经完全动摇了国内的政治力量,导致较为良好的立法得以通过(Piven and Cloward, 1971)。而且,公共福利的审慎且有限的自由主义化,例如在新政时期,已经得到了受益于劳动力市场稳定的较大多数的雇主的支持。

当代福利改革只是公共治理和私人治理领域中,受具有种族成见的群体支持的诸多相关改革之一,而占支配地位的经济利益则试图控制这些群体(Garland, 2001)。对"依赖性"的攻讦包括缩减工人养老金、减少工人保障和工人代表、限制消费者的破产权、限制对无业人员和失业工人的救济,以及对健康保险改革提出异议(见 McCluskey, 1999; Katz, 2001)。与最低标准无关的工人利益,被定性为经济利益、特权和不道德的依赖性的一种形式,是有效的、市场驱动的、因而也是"公平的"劳动力市场的对立面。国家对劳动市场进行重新规制的所有这些积极干预措施,使得雇主能够继续以低工资和灵活的劳动策略来增加利润率。

因此,对依赖性的抨击,为广泛的政治联合创造了潜在基础。更为普遍的是,正如吉利厄姆(Gilliom, 2001)所指出,福利国家监管和控制公民的共同经历,可能为分享理解、共同承担政治行动提供甚至更为广泛的资源。

当法律成为保护平等权利的有效能动力量的承诺,在福利国家中无法实现时,我们就被遗弃,成为"政治……的长脚女佣(the long walk home)"(Simon, 1992)。问题在于如何理解福利政治。通过对身份、福利政策和治理实践之间的互相构成作用加以考察,法律与社会学者的终极任务,已经逐渐展开。最近的法律与社会研究考察了制定法对于边缘人和被排除在外的人的日常生活所起到的作用(Engel and Munger,即出; Munger, 2002; L. White 对母亲启蒙计划的研究正在筹备中),而其他文献则对选民构造、媒体形象塑造以及管理进行了研究(Davis, 1993; Diamond, 2000; Piven and Cloward, 1977; McCann, 1994; L. Williams, 1995; Edelman, Erlanger, and Lande, 1993; Handler, 1996; Seron, Van Ryzin, Frankel, and Kovath, 2001)。但是尚未有太多研究考察女权主义历史所揭示的政治变革进程(Minow, 1990; Schneider, 2000):通过身份的重新解释、运动构建和法律的制定所启动的循环,如何造就穷人的变革?

结　语

奥康纳认为主流贫困学者的错误在于,他们放任自己采纳保守派的道德架构,所以无法为贫困的制度性渊源提供一种有效的替代性理解。然而,许多研究法律与贫困的社会-法律学者认为,他们因循的是不一样的路线。他们的研究受到揭露不公正、讲述受法律压迫的经历、解释为何这类不平等在福利国家中始终存在,并由此开创变革机会的愿望的驱动。最近的法律与社会的贫困研究的三大特征揭示了这一使命的重要性。

第一,对于大多数研究贫困的社会-法律学者而言,现在的问题是不平等,而非穷人是否遭遇过区别于主流的法律经历的问题。贫困项目和贫困研究的起源的批判史,将贫困与不道德的人——穷人、未婚妈妈、少数群体、罪犯,以及"下层阶级"——的治理联系在一起,证明这些人被孤立并且始终贫困,部分原因在于其他人从法律中获得了好处。

第二,研究者不再"像国家一样看问题"(Scott, 1998)。大多数研究者拒绝了穷人的概念化,穷人的概念化对贫困政策和管理造成了影响,并且阻碍了对种族、贫困的起因和劳动力市场的研究。人种学、阐释社会学和文化研究,为理解贫困问题开创了区别于国家特有观念的新视角。政府发起的研究,在一种较为有限的视野中展开,在为福利政策的制定提供合理理由方面发挥了重要作用,但是政府发起的研究如今必须在社会-法律学者以及其他人的研究语境中予以解读,这些人的研究直接从另一种视角说明了这类政策的价值。

第三,学者暗示他们自己也为引发社会变革发挥了诸多作用。影响研究和详细案例研究阐述了潜在的贫困和不公正背后的程序,直接表达出改革的冲动与信念。针对受压迫者的发言权、法律意识和反抗,以及穷人的政治能力的研究,试图将学者创造知识的力量与那些对知识有着最直接需求、在变革中享有最大利益的人分享。后者在精神上是"供人分享的"——与受压迫者对话,以便学者能够精确陈述他们的目标。同时,有些学者也在方法上自觉"供人分享"。学术研究越来越多地提出策略,以供激进主义学者或与政治联盟和贫困研究主题进行合作的学者所运用。策略包括:探索真诚地供人分享的研究方法;关于和当事人建立更为平等的、互相赋权的关系的争论;以及在反抗、与权利有关的运动和更为包含性的道德话语中形成更为广泛的民主参与的机会。

有关贫困、不平等和治理之间关系的研究仍旧留下了诸多未解的问题。幸运的是,社会-法律研究指明了应从何处着手回答在贫困学者看来最为迫切的那些问题。对于究竟是谁控制了市场、法律如何帮助了他们或者阻碍了他们,学者试图寻求更好的理解。学者想了解道德身份是如何形成和改变的。这方面的研究可能最终会揭示,在现代经济发达社会中,通过让穷人的身份更为公开以及让穷人和社会其他大多数公民减少隔阂,从而实现了贫困的"民主化"。此外,权力和变革往往以当地的社会组织和政治力量为媒介,后者是一大片未被勘探的领域,涉及地方权力与那些旨在"放权"、"分权"和"市场化"的法律之间的关系。

最后,有一种共识正在形成,即借助权利而进行的社会变革将愈加依赖政治。政治可以包括个人抵抗层面上的微观政治,但更重要的是指发生在公共领域的有组织的运动。学者们认为存在着将贫困问题予以政治性提升的诸种可能性。那些运动或许可以成功地利用新的权利,但是在通常情况下则往往以失败告终。因此,学者们最具雄心的计划是对穷人的经历——包括他们处于从属地位的经历和在道德身份上被丑化的经历——如何与权利运动中其他公民的政治利益融合的问题作出解释,这些权利旨在重建一个更为民主和更为平等的平权国家。

参考文献

- Abel, R. (1979) "Socializing the legal profession: Can redistributing lawyers' services achieve social justice?" *Law and Policy Quarterly* 1: 5-52.
- Abel, R. (1980) "Taking stock," *Law & Society Review*, 14: 429-43.
- Alfieri, A. (1991) "Reconstructive poverty law practice: Learning lessons of client narrative," *Yale Law Journal* 100: 2107-47.
- Alfieri, A. (1993) "Impoverished practices," *Georgetown Law Journal* 81: 2567-663.
- Alfieri, A. (2001) "Race prosecutors, race defenders." *Georgetown Law Journal* 89: 2227-77.
- Ansley, F. (2002) "Who counts? The case for participatory research," in F. Munger (ed.), *Laboring Below the Line: The New Ethnography of Poverty, Low-wage Work, and Survival in the Global Economy*. New York: Russell Sage Foundation, pp. 245-70.
- Bennett, S. (1995) "'No relief but upon the terms of coming into the house'—controlled spaces, invisible disentitlements, and homelessness in an urban shelter system," *Yale Law Journal* 104: 2157-211.
- Bezdek, B. (2001) "Contractual welfare: Non-accountability and diminished democracy in local government contracts for welfare-to-work services," *Fordham Urban Law Journal* 28: 1559-608.
- Black, D. (1976) *The Behavior of Law*. New York: Academic Press.
- Blumberg, A. S. (1967) "The practice of law as a confidence game: Organizational cooptation of a profession," *Law & Society Review* 1(2): 15-39.
- Brodkin, E. Z. (1997) "Inside the welfare contract: Discretion and accountability in state welfare administration," *Social Service Review* 71: 1-33.
- Caplovitz, D. (1963) *The Poor Pay More: Consumer Practices of Low-Income Families*. New York: Free Press.
- Carlin, J. (1962) *Lawyers on Their Own: A Study of Individual Practitioners in Chicago*. New Brunswick, NJ: Rutgers University Press.
- Carlin, J. and Howard, J. (1965) "Legal representation and class justice," *University of California Law Review* 12: 381-437.
- Carlin, J., Howard, J., and Messenger, S. (1966) "Civil justice and the poor," *Law & Society Review* 1(1): 9-90.
- Cashin, S. D. (1999) "Federalism, welfare reform, and the minority poor: Accounting for the tyranny of state majorities," *Columbia Law Review* 99: 552-627.
- Chambliss, W. (1964) "A sociological analysis of the law of vagrancy," *Social Problems* 12: 67-77.

- Coombe, R. (1995) "The cultural life of things: Anthropological approaches to law and society conditions of globalization," *American University Journal of International Law and Policy* 10: 791-835.
- Crenshaw, K. (1988) "Race, reform, and retrenchment: Transformation and legitimation in anti-discrimination law," *Harvard Law Review* 101: 1331-87.
- Danziger, S., et al. (1999) "Barriers to work among welfare recipients," *Focus* 20: 31-5.
- Davis, M. (1993) *Brutal Need: Lawyers and the Welfare Rights Movement, 1960-1973*. New Haven, CT: Yale University Press.
- Diamond, M. (2000) "Community lawyers: Revisiting the old neighborhood," *Columbia Human Rights Law Review* 32: 67-131.
- Diller, M. (2000) "The revolution in welfare administration: Rules, discretion, and entrepreneurial government," *New York University Law Review* 75: 1121-220.
- DuBois, W. E. B. (1899) *The Philadelphia Negro*. Philadelphia: University of Pennsylvania Press.
- Edelman, E. B., Erlanger, H. S., and Lande, J. (1993) "Internal dispute resolution: The transformation of civil rights in the workplace," *Law & Society Review* 27: 497-533.
- Edin, K. and Lein, L. (1997) *Making Ends Meet: How Single Mothers Survive Welfare and Low-Wage Work*. New York: Russell Sage Foundation.
- Engel, D. (1998) "How does law matter in the constitution of legal consciousness?" in B. Garth and A. Sarat (eds.), *How Does Law Matter?* Evanston, IL: Northwestern University Press, pp. 109-44.
- Engel, D. and Munger, F. (forthcoming) *Rights of Inclusion: Law and Identity in the Life Stories of Americans with Disabilities*. Chicago: University of Chicago Press.
- Esping-Anderson, G. (1990) *The Three Worlds of Welfare Capitalism*. Cambridge, UK: Polity Press.
- Esping-Anderson, G. (1999) *Social Foundations of Postindustrial Economies*. New York: Oxford University Press.
- Ewick. P. and Silbey S. (1992) "Conformity, contestation, and resistance: An account of legal consciousness," *New England Law Review* 26: 731-49.
- Ewick, P., Kagan, R., and Sarat, A. (1999) "Legacies of legal realism: Social science, social policy, and the law," in P. Ewick, R. Kagan, and A. Sarat (eds.), *Social Science, Social Policy, and the Law*. New York: Russell Sage Foundation, pp. 1-38.
- Farley, R, Danziger, S., and Holzer, H. J. (2000) *Detroit Divided*. New York: Russell Sage Foundation.
- Felstiner, L. F. (1974) Influences of social organization on dispute processing, *Law & Society Review* 9: 63-94.
- Felstiner, W., Abel, R., and Sarat, A. (1980) "The emergence and transformation of disputes:

Naming, blaming, and claiming," *Law & Society Review* 15: 631-55.
- Fineman, M. A. (1999) "Cracking the foundational myths: Independence, autonomy, and self-sufficiency," *American University Journal of Gender and Social Policy* 8: 13-29.
- Fraser, N. and Gordon, L. (1994) "A genealogy of dependency: Tracing a keyword of the US welfare state," *Signs* 19: 309-36.
- Frazier, E. F. (1939) *The Negro Family in the United States*. Chicago: University of Chicago Press.
- Freeman, A. (1998) "Antidiscrimnation law from 1954 to 1989: Uncertainty, contradiction, rationalization, denial," in D. Kairys (ed.), *The Politics of Law: A Progressive Critique*, 3rd edn. New York: Basic Books, pp. 285-311.
- Galanter, M (1974) "Why the 'haves' come out ahead: Speculations on the limits of legal change," *Law & Society Review* 9: 95-160.
- Gans, H. (1969) "Culture and class in the study of poverty: An approach to anti-poverty research," in D. P. Moynihan (ed.), *On Understanding Poverty: Perspectives From the Social Sciences*. New York: Basic Books, pp. 201-28.
- Garland, D. (2001) *The Culture of Control: Crime and Social Order in Contemporary Society*. Chicago: University of Chicago Press.
- Garth, B. and Sterling, J. (1998) "From legal realism to law and society: Reshaping law for the last stages of the social activist state," *Law & Society Review* 32: 409-71.
- Gaventa, J. (1980) *Power and Powerlessness: Quiescence and Rebellion in an Appalachian Valley*. Urbana: University of Illinois Press.
- Genovese, E. (1976) *Roll, Jordan, Roll*. New York: Pantheon Books.
- Gilens, M. (1999) *Why Americans Hate Welfare: Race, Media, and the Politics of Antipoverty Policy*. Chicago: University of Chicago Press.
- Gilliom, J. (2001) *Overseers of the Poor: Surveillance, Resistance, and the Limits of Privacy*. Chicago: University of Chicago Press.
- Gooden, S. (1998) "All things not being equal: Differences in caseworkers' support toward black and white welfare clients," *Harvard Journal of African-American Public Policy* 4: 23-33.
- Gordon, L. (1988a) *Heroes of Their Own Lives: The Politics and History of Family Violence, Boston 1880-1960*. New York: Penguin.
- Gordon, L. (1988b) "What does welfare regulate?" *Social Research* 55: 611-30.
- Gordon, L. (1994) *Pitied But Not Entitled: Single Mothers and the History of Welfare, 1890-1935*. New York: Academic Press.
- Hagan, J. (1994) *Crime and Disrepute*. Thousand Oaks, CA: Pine Forge Press.
- Handler, J. F. (1978) *Social Movements and the Legal System: A Theory of Law Reform and Social Change*. New York, Academic Press.

- Handler, J. F. (1986) *The Conditions of Discretion: Autonomy, Community, Bureaucracy*. New York: Russell Sage Foundation.
- Handler, J. F. (1990) *Law and the Search for Community*. Philadelphia: The University of Pennsylvania Press.
- Handler, J. F. (1992) "Postmodernism, protest, and the new social movements," *Law & Society Review* 27: 697-731.
- Handler, J. F. (1996) *Down from Bureaucracy: The Ambiguity of Privatization and Empowerment*. Princeton, NJ: Princeton University Press.
- Handler, J. F. (2002) "Quiescence: the Scylla and Charybdis of empowerment," in F. Munger (ed.), *Laboring Below the Line: The New Ethnography of Poverty, Low-wage Work, and Survival in the Global Economy*. New York: Russell Sage Foundation, pp. 271-80.
- Handler, J. F. (2003) *Social Citizenship and Workfare in the United States and Western Europe: The Paradox of Inclusion*. Cambridge, UK: Cambridge University Press.
- Handler, J. F. and Hasenfeld, Y. (1991) *Moral Construction of Poverty: Welfare Reform in America*. Newbury Park, CA: Sage Publications.
- Handler, J. F. and Hasenfeld, Y. (1997) *We the Poor People: Work, Poverty, and Welfare*. New Haven, CT: Yale University Press.
- Handler, J. F., Hollingsworth, E. J., and Erlanger, H. S. (1978) *Lawyers and the Pursuit of Legal Rights*. New York: Academic Press.
- Harris, B. (1999) "Representing homeless families: Repeat player implementation strategies," *Law & Society Review* 33: 911-39.
- Hasenfeld, Y. (1983) *Human Service Organizations*. Englewood Cliffs, NJ: Prentice Hall.
- Hay, D. (1975) "Property, authority, and criminal law," in D. Hay, P. Linebaugh, J. G. Rule, E. P. Thompson, and C. Winslow (eds), *Albion's Fatal Tree: Crime and Society in Eighteenth-century England*. New York: Pantheon Books, pp. 17-63.
- Henly, J. (2002) "Informal support networks and the maintenance of low-wage jobs," in F. Munger (ed.), *Laboring Below the Line: The New Ethnography of Poverty, Low-wage Work, and Survival in the Global Economy*. New York: Russell Sage Foundation, pp. 179-203.
- Karst, K. (1989) *Belonging in America: Equal Citizenship and the Constitution*. New Haven, CT: Yale University Press.
- Karst, K. (1997) "The coming crisis of work in constitutional perspective," *Cornell Law Review* 82: 523-71.
- Katz, J. (1978) "Lawyers for the poor in transition: Involvement, reform, and the turnover problem in the legal services program," *Law & Society Review* 12: 275-300.
- Katz, M. B. (1986) *In the Shadow of the Poorhouse: A Social History of Welfare in America*. New York: Basic Books.

- Katz, M. B. (1989) *The Undeserving Poor: From the War on Poverty to the War on Welfare*. New York: Pantheon.
- Katz, M. B. (2001) *The Price of Citizenship: Redefining the American Welfare State*. New York: Metropolitan Books.
- Kost, K. and Munger, F. (1996) "Fooling all of the people some of the time: 1990s welfare reform and the exploitation of American values," *Virginia Journal of Social Policy & the Law* 4: 3-126.
- Ladner, J. (1971) *Tomorrow's Tomorrow: The Black Woman*. Lincoln: University of Nebraska Press.
- Levine, F. and Preston, E. (1970) "Community resource orientation among low income groups," *Wisconsin Law Review* 1970: 80-113.
- Liebow, E. (1967) *Tally's Corner: A Study of Negro Streetcorner Men*. Boston: Little, Brown.
- Lipsky, M. (1984) "Bureaucratic disentitlement in social welfare programs," *Social Services Review* 58: 3-27.
- Lopez, G. (1992) *Rebellious Lawyering: One Chicano's Vision of Progressive Law Practice*. Boulder, CO: Westview.
- Lowi, Theodore (1998) "Think globally, lose locally," *Boston Review*, online at ⟨http://bostonreview.net/ BR23.2/lowi.html⟩
- Macaulay, S. (1984) "...Is there any 'there' there" *Journal of Law and Policy* 6: 149-87.
- Macaulay, S. (1986) "Private government," in L. Lipson and S. Wheeler (eds.), *Law and the Social Sciences*. New York: Russell Sage Foundation, pp. 445-518.
- Mahoney, M. (1991) "Legal images of battered women: Redefining the issue of separation," *Michigan Law Review* 90: 1-94.
- Mayhew, L. and Reiss, A. J. (1969) "The social organization of legal contacts," *American Sociological Review* 34: 309-18.
- McCann, M. W. (1994) *Rights at Work: Pay Equity Reform and the Politics of Legal Mobilizations*. Chicago: University of Chicago Press.
- McCann, M. and March, T. (1996) Law and everyday forms of resistance: A socio-political assessment," *Studies in Law, Politics, and Society* 15: 207-36.
- McClain, L. (1996) "'Irresponsible' reproduction," *Hastings Law Journal* 47: 339-453.
- McCluskey, M. (1999) "Subsidized lives and the ideology of efficiency," *American University Journal Gender Social Policy & Law* 8: 115-52.
- McKinnon, C. A. (1993) "Reflections on law in the everyday life of women," in A. Sarat and T. Kearns (eds.), *Law in Everyday Life*. Ann Arbor, MI: University of Michigan Press, pp. 109-22.
- Mead, L. (1986) *Beyond Entitlement: The Social Obligations of Citizenship*. New York: Free Press.
- Mink, G. (1990) "The lady and the tramp: Gender, race, and the origins of the American welfare

state," in L. Gordon (ed.), *Women, the State, and Welfare*. Madison, WI: The University of Wisconsin Press, pp. 92-122.
- Minow, M. (1990) *Making all the Difference: Inclusion, Exclusion, and American Law*. Ithaca, NY: Cornell University Press.
- Moore, S. F. (1974) "The semi-autonomous social field as an appropriate subject of study," *Law & Society Review* 7: 719-46.
- Munger, F. (2002) "Dependency by law: Welfare and identity in the lives of poor women," in A. Sarat, L. Douglas, and M. M. Umphrey (eds.), *Lives in the Law*. Ann Arbor: University of Michigan Press.
- Murphy, R. (1987) *The Body Silent*. New York: Holt.
- Nightingale, C. (2002) "Looking for stories of inner city politics: From the personal to the global," in F. Munger (ed.), *Laboring Below the Line: The New Ethnography of Poverty, Low-wage Work, and Survival in the Global Economy*. New York: Russell Sage Foundation, pp. 111-21.
- Noble, C. (1997) *Welfare as We Knew It: A Political History of the American Welfare State*. New York: Oxford University Press.
- Note (1965) "Enforcement of municipal housing codes," *Harvard Law Review* 78: 801-60.
- O'Connor, A. (2001) *Poverty Knowledge: Social Science, Social Policy, and the Poor in Twentieth Century U. S. History*. Princeton, NJ: Princeton University Press.
- O'Gorman, H. (1963) *Lawyers and Matrimonial Cases: A Study of Informal Pressures*. New York: Free Press.
- Pearce, D. (1990) "Welfare is not for women: Why the war on poverty cannot conquer the feminization of poverty," in L. Gordon (ed.), *Women, the State, and Welfare*. Madison, WI: The University of Wisconsin Press, pp. 265-79.
- Piven, F. and Cloward, R. (1971) *Regulating the Poor: The Functions of Public Welfare*. New York: Pantheon Books.
- Piven, F. and Cloward, R. (1977) *Poor Peoples' Movements: Why They Succeed, How They Fail*. New York, Pantheon Books.
- Quadagno, J. (1992) "Social movements and state transformations: Labor unions and racial conflict in the war on poverty," *American Sociological Review* 57: 616-34.
- Quadagno, J. (1994) *The Color of Welfare: How Racism Undermined the War on Poverty*. New York: Oxford University Press.
- Rainwater, L. (1970) "Neutralizing the disinherited: Some psychological aspects of understanding the poor," in V. L. Allen (ed.), *Psychological Factors in Poverty*. Chicago: Markham Press, pp. 9-27.
- Raphael, J. (1996) "Domestic violence and welfare receipt: Toward a new feminist theory of welfare dependency," *Harvard Women's Law Journal* 19: 201-25.

- Reich, C. A. (1964) "The new property," *Yale Law Journal* 73: 733-87.
- Reich, C. A. (1965) "Individual rights and social welfare: Emerging legal issues," *Yale Law Journal* 74: 1245-57.
- Roberts, D. (1997a) *Killing the Black Body: Race, Reproduction, and the Meaning of Liberty*. New York: Pantheon.
- Roberts, D. (1997b) "Spiritual and menial housework," *Yale Journal of Law & Feminism* 9: 51-79.
- Roberts, D. (1999) "Poverty, race, and new directions in child welfare policy," *Washington University Journal of Law and Policy* 1: 63-76.
- Roberts, D. (2000) "The paradox of silence: Some questions about silence as resistance," *Michigan Journal of Race and the Law* 5: 927-41.
- Rothstein, B. (2001) "Social capital in the social democratic welfare state," *Politics and Society* 29: 207-41.
- Santos, B. de S. (1995) "Three metaphors for a new conception of law: The frontier, the baroque, and the south," *Law & Society Review* 29: 569-84.
- Sarat, A. (1990) "'...The law is allover': Power, resistance and the legal consciousness of the welfare poor," *Yale Journal of Law & the Humanities* 2: 343-79.
- Sarat, A. and Felstiner, W. (1995) *Divorce Lawyers and their Clients: Power and Meaning in the Legal Process*. New York: Oxford University Press.
- Sarat, A. and Silbey, S. (1988) "The pull of the policy audience," *Law & Policy* 10: 97-165.
- Sarat, A. and Simon, J. (2001) "Beyond legal realism?: Cultural analysis, cultural studies, and the situation of legal scholarship," *Yale Journal of Law & Humanities* 13: 3-32.
- Schneider, E. (1986) "The dialectic of rights and politics: Perspectives from the women's movement," *New York University Law Review* 61: 589-652.
- Schneider, E. (2000) *Battered Women and Feminist Lawmaking*. New Haven, CT: Yale University Press.
- Scott, J. (1998) *Seeing Like a State: How Certain Schemes to Improve the Human Condition Have Failed*. New Haven, CT: Yale University Press.
- Seron, C., Van Ryzin, G., Frankel, M., and Kovath, J. (2001) "The impact of legal counsel on outcomes for poor tenants in New York city's housing court: Results of a randomized experiment," *Law & Society Review* 35: 419-34.
- Silbey, S. and Sarat, A. (1987) "Critical traditions in law and society research," *Law & Society Review* 21: 165-74.
- Simon, J. (1992) "'The long walk home' to politics," *Law & Society Review* 26: 923-41.
- Simon, J. (1997) "Governing through crime," in L. Friedman and G. Fisher (eds.), *The Crime Conundrum: Essays on Criminal Justice*. Bridgeport, CT: Westview, pp. 171-89.

- Simon, J. (1999) "Law after society," *Law and Social Inquiry* 24: 143-94.
- Simon, W. (1983) "Legality, bureaucracy, and class in the welfare system," *Yale Law Journal* 92: 1198-269.
- Simon, W. (1996) "The dark secret of community based lawyering: A comment on poverty law scholarship in the post-modern, post-Reagan era," *University of Miami Law Review* 48: 1099-114.
- Skocpol, T. (1992) *Protecting Soldiers and Mothers: The Political Origins of Social Policy in the United States*. Cambridge, MA: The Belnap Press of Harvard University.
- Smith, R. (1988) "Political jurisprudence: The new institutionalism and the future of public law," *American Political Science Review* 82: 89-108.
- Soule, S. A. and Zylan, Y. (1997) "Runaway train? The diffusion of state-level reform in ADC/AFDC requirements, 1950-1967," *American Journal of Sociology* 103: 733-62.
- Soss, J. (1999) "Lessons of welfare policy design, political learning, and political action." *American Political Science Review* 93: 363-80.
- Stack, C. (1976) *All Our Kin: Strategies for Survival in a Black Community*. New York: Basic Books.
- Sterett, S. (1997) "Serving the states: Constitutionalism and social spending 1860s-1920s," *Law and Social Inquiry* 22: 311-56.
- Suchman, M. and Edelman, L. (1996) "Legal rational myths: The new institutionalism and the law and society tradition," *Law and Social Inquiry* 21: 903-41.
- Thompson, E. P. (1975) *Whigs and Hunters: The Origins of the Black Act*. New York: Pantheon.
- Trubek, L. (1994) "Lawyering for poor people: Revisionist scholarship and practice," *Miami Law Review* 48: 983-97.
- Wald, P. (1965) *Law and Poverty*. Washington, DC: US GPO.
- White, J. A. (2000) *Democracy, Justice and the Welfare State: Reconstructing Public Care*. University Park, PA: The Pennsylvania State University.
- White, L. (1988) "To learn and teach: Lessons from Driefontein on lawyering and power," *Wisconsin Law Review* 1988: 699-769.
- White, L. (1990) "Subordination, rhetorical survival skills, and Sunday shoes: Notes on the hearing of Mrs. G.," *Buffalo Law Review* 38: 1-58.
- White, L. (1993) "No exit: Rethinking welfare dependency from a different ground," *Georgetown Law Journal* 81: 1961-2002.
- White, L. (1998) "Facing south: Lawyering for poor communities in the twenty-first century," *Fordham Urban Law Review* 25: 813-29.
- White, L. (2002) "Care at work," in F. Munger (ed.), *Laboring Below the Line: The New Ethnography of Poverty, Low-wage Work, and Survival in the Global Economy*. New York: Russell Sage Foundation, pp. 213-44.

- Williams, J. (1999) "Implementing antiessentialism: How gender wars turn into race and class conflict," *Harvard BlackLetter Law Journal* 15: 41-81.
- Williams, L. A. (1992) "The ideology of division: Behavior modification welfare reform proposals," *Yale Law Journal* 102: 719-46.
- Williams, L. A. (1995) "Race, rat bites, and unfit mothers: How media discourse informs welfare legislation debate," *Fordham Urban Law Journal* 22: 1159-96.
- Williams, P. (1991) *The Alchemy of Race and Rights*. Cambridge, MA: Harvard University Press.
- Wright, E. O. (1994) *Interrogating Inequality: Essays on Class Analysis, Socialism and Marxism*. London: Verso.
- Wuthnow, R. (1996) *Poor Richard's Principle: Recovering the American Dream Through the Moral Dimensions of Work, Business, and Money*. Princeton, NJ: Princeton University Press.

18

移 民

苏珊·斯蒂莱特 著

危文高 译

　　如果说在刑法之外还呈现出法律的肉体性、赤裸裸的强制力,那就是移民法。人们死于穿越墨西哥或其他地方至美国的沙漠之中。美国移民归化局在更为容易穿越的边防沿线加大了执法力度而导致其死亡(Thompson, 2001)。他们也可能因为要逃避移民局官员的检查而窒息于轮船的货运箱中(Lavery, 2001)。也有一些移民在欧洲某国没有获批难民身份,或被遣送回国时死亡或失踪(Harlow, 1994; War, 1994)。有些移民因为法律身份不明而饱受牢狱之灾,被指控为犯罪的移民还经常在服刑后遭到驱逐。法律便利了迁徙的选择,但是也限制了选择的机会。有时,为了遵照移民法,人们通过怀孕、收养和婚姻的方式组成跨国性的家庭。那些具有合法地位的子女及配偶通常会获得定居的权利,尽管有时是在对他们的家庭关系进行各种干预性评估之后才获此权利(Ihenacho, 1991)。

　　法律对于移民问题不可或缺。如果没有法律可适用于国内以及跨越国境的移民,那么我们所说的这种移民仅是没有任何法律后果的迁移(Coutin, 2000)。尽管国家通过各种努力来阻止移民,但移民问题已引起了国家主权及其统治的有效性问题。把注意力集中在"有效性"上并没有完全领会法律的意义,因为法律既是包容性的也是排除性的,既是跨国的也是国内的。此外,那些没有任何注册身份的边缘人导致那些不能获得难民身份的人的失踪,而跨国性家庭的形成揭示了国家正在行使控制人口的权力。这种权力经常通过科层制管理来实现的,官员与拥护者为涉及其中繁多的各项命令的意义而争论不休。国家、主权以及国际义务就是经由无数的这些日复一日的决定和协商建立起来的。

移民类别

355　　正式的移民政策通常把移民分为三类。因为在东道国有家庭关系或作为难民,或因为东道国有劳力需求时,人们可因此获准移民。除此之外,有时,人们虽然违反了准入规定,但在某国驻留了一段时间,基于人道主义而被获准留下(参见 Coutin, 2000)。人们会(且确实)根据这些类别采取移民策略,政府官员试图对此进行管理(Coutin, 2000; Salyer, 1994; Sterett, 1997a)。譬如,一个国家更愿意承认一名兽医而不愿承认一个难民的移民身份。一个律师会极力向具有良好工作技能的当事人建议,他申请移民是基于他的工作技能而不是为了寻求庇护,即使他们寻求该国庇护是为了逃避迫害。移民们可能或没能获得此种建议,他们经常遇到那些一心为了钱的律师。

　　由于劳力需求以及西方国家与贫困国家的工资差别,使得人们在没有任何法律身份的情况下也定居下来。这些没有正式身份的工人帮人打扫房子、采摘水果蔬菜以及在餐馆打工。特别在1970年代以前,一些国家通过创造临时工身份以迎合对廉价劳力的需求,只要东道主国决定需要劳工,他们都受到欢迎。但是,在欧洲国家与美国,人们都发现一旦外来者获得临时工作许可,他们都想留下来或试图这么做,而不是像雇主和国家想要的那样,把临时工作许可看成就业的权宜之计(Calavita, 1994; Wayne, 2001)。在美国,来自其他国家的低薪工人,无论是获得工作许可的还是无证的工人,都被压低了薪金,并且似乎阻碍了本土工人迁移到移民比率高的地方(Jencks, 2001)。有高技能的本土工人并不强烈地反对那些不构成竞争关系的移民,他们反对向那些具有竞争性技能的工人颁发临时工作签证(Wayne, 2001)。如果工人在一个国家没有合法身份,他们就特别容易屈从于雇主以及雇主所定的工作条件,即使他们在法律上被赋予与正式工人相同的工作保障亦复如此。而在法律不给予这类保护的地方,雇主有充分的理由使用那些没有合法身份的工人;如今,无证工人占据了绝大多数的低薪岗位,在工作中他们极易受到虐待,比如得不到他们应得的工资(Calavita, 1998)。在美国,许多低薪领域的雇主更愿用新来的移民(无论有无身份证明),而不愿用本土的工人,特别是美国黑人(Lichter and Waldinger, 2001; Lee, 2001)。由于具有特殊技术而获得工作许可的移民,情况则大不相同。

　　移民要获得正式的法律地位需要证明文件,但这不总是容易得到。晚近现代国家机器的例行化依赖于各种文件(Ewick and Silbey, 1998; Torpey, 1999; Coutin, 2000)。在许多欧洲国家以及美国,人们可以通过持续签发居留证而获得永久性的居留许可(Coutin, 2000; Groenendijk, Guild, and Dogan, 1998)。这听起来很容易,实际上却不是：与亲戚或朋友生活在一起的人，他们的名字绝不可能出现在任何生活账单或出租、租赁收条上。人们在工作却没有工作许可，所以无法积存他们合法的居住时间，以使他们获得永久性的居留许可(Calavita,1998)。苏珊·考婷(Susan Coutin)认为，移民法创造了"非存在的空间"，因为人们不能在法律上证明他们的存在，所以他们在一个国家就是非法居民。因为没有居留证明，他们便成为非法存在，这也使得他们所做之事大多变成非法的。尽管他们在物理意义上仍是存在的，但他们已脱离了祖国，即他们作为正式法律身份的人不存在了(Coutin, 2000；关于遵守西班牙移民法的不可能性，其分析参见 Calavita, 1998)。正如汉娜·阿伦特(Hannah Arendt)在1951年所言："无国籍之人，无权居留，也无权工作，当然也始终在触犯法律"(Arendt, 1951：286)。

无论有无合法身份，人们对于移民、寻求庇护人以及难民，越来越不信任，并且越来越遭受国家政策和国际协议的排挤。民族主义渲染在政治争论中，特别从1970年代中期开始，这种民族主义遍及西方国家。民族主义的兴起不仅是源于对自我利益的关注，并且普遍的争论都假定，移民会导致接收国丧失其民族特性，而这种丧失后果非常严重(参见 Perea, 1997；对美国早期排外的分析，参见 Calavita, 2000；Haney-Lopez, 1996)。这种主张依据的是一种种族差异的信念：譬如，欧洲逐渐开放其内部的边界，却签订跨国协议以便排除种族上的他者。

国家塑造与国际义务

移民管理是一项国家塑造的任务：它规定谁属于或不属于国家境域之内，这个问题通常先于公民身份(Brubaker, 1992；Constable, 1993；Maurer, 1997；Torpey, 1999)。国家拥有主权的特权，它能主张谁被包括或排除在外，这也意味着国家的自主性和控制力。法律居留所要求的繁琐文书工作构成了国家塑造的日常实践(Sayer, 1994：371；Roseberry, 1994)，这些工作不仅由地方机构的行政官员而且由首都的国家总理来开展。如果没有行政官员来执行规则，把谁排除在外的说法就几乎毫无意义。只有关注官员们是如何决定的，我们才能理解国家是如何运作的，即便我们在关注他们决定的细节时，国家与国家掌握并形塑的社会力量之间的界线也不再清晰可辨(参见 Calavita, 1992, 2000；Gilboy, 1991)。

国家主张自主性和控制力时，也即刻产生国际义务的地位以及国家如何解释这些国际义务问题。首先，《日内瓦难民公约》(Geneva Convention on Refugees, 1951年起草，旨在回应"二战"期间产生的严重的无国籍人问题)把难民界定为"有充分的理由担心由于本人的种族、宗教、民族、特定社团身份或政治意见而遭受迫害的人"(引自 Cohen and Joly, 1989：8)。公约遵循不得遭返原则：不能把庇难者送回他们处境危险的国家。以上两点都已进入欧盟的《阿姆斯特丹条约》(Treaty of Amsterdam)，现在成为欧盟的基本条约(Goodwin-Gill, 2001)。其次，《欧洲人权公约》(European Convention on Human Rights，简称 ECHR)也是"二战"后的文件，它规定当人遭到驱逐时有反酷刑的权利，以及人们寻求欧洲人的权利时有提供积极有效的国内救济的权利。欧洲人权法院在解释反酷刑的权利时，其保护的范围比《日内瓦公约》中保护不遭受非国家暴力的范围更为宽泛(Blake, 2001：112)。《欧洲人权公约》也保障家庭生活的权利。长期定居一国的移民如果发现自己遭受驱逐的命令，挑战此命令的一条途径就是诉诸《欧洲人权公约》，表明此驱逐令会毁坏一个既存家庭的生活。最后，基于《阿姆斯特丹条约》，欧盟法院也会执行劳工自由流动的权利，因此，国家对此的限制措施也会受到挑战(参见Bhabha, 1998)。这些做法中每一种都提出了有关法律与社会方面的学术问题：国家如何理解它们的要求？界定构成有充分理由担心的迫害，或界定构成一个家庭生活的知识与制度网络是什么？国与国之间的联系、推动共享信息的国际会议(Riles, 2000)，以及收集这些信息的报告(比如 Groenendijk, Guild, and Dogan, 1998；Guild, 1999；Guild and Harlow, 2001)，这些都值得我们注意，用以理解移民控制如何发展成较为宽松的、休戚与共的国际规制体系。

在欧洲，除了这些国际条约和制度外，还有些不那么正式的协定在规制着移民。欧洲国家试图彼此协调他们的移民控制，以便于签约国之间的移民，同时也更容易排除非签约国的移民(Guild, 2001)。欧盟成员国于 1990 年签订的《都柏林公约》(Dublin Convention)规定，庇难者所到达的第一个国家将是决定难民身份的国家。要是避难者到达某个成员国申请庇护之前到达过某一成员国，此国家会把他们送回到这一所谓"安全第三国"，这是为了避免他们挑选法院(forum shopping)，并使成员国分担难民(Neuman, 1993；Joly, 1996)。然而，那些最靠近因战争而分裂的贫困国家的邻国，这些国家的官员会担心他们接受了最多的移民和避难者。除此之外，正如英国一位移民律师(barrister)所指出的，此公约没有积极考虑解决避难者的同化问题：例如，人们之所以到某个国家避难是因为该国与其本国有历史的牵连，或是在那个国家有其家庭成员(Blake, 2001)。

《申根公约》(Schengen Convention)也是在 1990 年签署，但只有少数几个国家参与，它几乎复制了《都柏林公约》的庇护条款。但它在某方面又超越了《都柏林公约》，因为它既对庇护进行规制，又放松了对签约成员国公民的迁徙规制。正由于结合了这两点，它产生了成员国公民与非成员国公民之间的最为明显的差别，并因区域性选择而分化(Bhabha, 1998, 1999)。进行区分和排除变得特别重要，随着欧盟理事会致力于拓展平等权，并在 1999 年的坦佩雷会议上声明：合法移民的权利应该与成员国公民的权利一样之后，排除人们变得特别重要(Groenendijk, 2001：232-235)。2001 年 9 月 11 日之后，欧盟又进一步平衡各项移民程序设置,尽量把那些可能进行恐怖活动的人排除在外。

1993 年签署的《海牙跨国收养公约》(Hague Convention on Intercountry Adoption)对跨国收养而形成的家庭进行规制,每个签署国,包括美国和很多欧洲国家,可以选择根据本国的方式加以实施(参见 Duncan, 2000)。跨国收养现已更加国际化。美国已成为接收最多儿童的国家,尽管西欧各国都是接收国(Selman, 2000:20)。韩国曾经是最主要的输出国,现在中国取而代之成为最主要输出国,俄罗斯紧随其后。接收国每年接收的儿童为 3 万人,大约相当于欧盟每年获批难民的数量,也大约相当于每年移民中获批难民或获得酌情居留权人数的一半(Duncan, 2000; UNHCR*, 2001:10)。跨国收养的比率差别部分原因在于法律:一些国家的跨国收养更容易,而另一些国家则不是这样。

国际条约是不是使得民族国家失去了控制力或主权呢(参见 Sassen, 1996)？一些研究国家内的社会福利权利以及人权的国际性义务的学者得出结论说,民族身份正逐步失去意义(Aleinikoff, 2000; Soysal, 1994; Jacobson, 1996)。但对于大多数被排除在准入体系之外,或在进入之后又被否定了居留身份的人来说,国家仍有力量(Bhabha, 1998; Brubaker, 1994)。实施国际义务需要国内组织动员,而移民法有时规制的恰是那些很难组织起资源的外来人。最终,国家因为承担了国际义务而彰显为一个自由的国家,或是致力于人类平等和各项权利的国家。满足这些国际义务对他们的主权没有什么损害,因为主权实施了国际义务(Joppke, 1998)。但是,国家官员不总是乐意去实施这些权利。在外来者能伸张权利之前,官员们就迫不及待地把他们驱逐出境。在英国,内政部官员在人们能请律师之前就试图把你驱逐出境。1993 年,乔伊·加德娜(Joy Gardner)在与内政部官员的抗争中死亡,她迅速成为积极倡导对移民进行暴力控制的象征(Harlow, 1994)。在美国,在他们能够要求进行驱逐出境的听证之前,航空公司就会把他们送至回家的飞机上(Gilboy, 1997)。美国最臭名昭著的事件发生在 1991 和 1992 年,那些从海地到美国寻求庇护的人被阻止入境,从而他们被排除在庇护体系之外(参见 Neuman, 1993)。

相比立法者而言,行政官员的移民事务更加琐碎。政府部门发现移民政策有很大弹性,无需事前争辩,他们就能改变政策,如果行政部门控制移民政策,情况更是如此(Calavita, 1992)。在英国,行政部门承认欧洲法院(European Court of Justice)以及本国法院的决定,那么它实施一条旨在敌视英国公民与那些生活在国外的人联姻,反对那些来自印度次大陆的人的公共政策,将会变得非常困难(Sterett, 1999)。英国政府没有义务颁行规则,实际上它只会在回复议会书面疑问时宣布政策。在美国,移民归化局宣布,如果有人能帮助抓获"9·11"事件的负责人,它将为此提供"S 签证",并帮他们获得美国公民身份。从"二战"一直延续到 1960 年代的美国短期合同工项目,虽有立法权威

---

* 联合国难民事务高级专员署,简称 UNHCR。——译者注

的认可,但它仍靠行政控制。在西班牙,宪法上对移民者权利的规定显得非常宽泛和含混,移民们感受到的是飘忽不定的法律存在,这是因为存在着非常复杂而又经常矛盾的行政规制(Calavita, 1998)。

批准或否定居民、难民资格的具体决定在各国发展为不同的模式。难民的例子最为明显,美国在2000年批准了数量最多的难民资格,加拿大、德国和英国紧随其后。英国、瑞士、瑞典以及荷兰批准了大部分人道主义身份的申请,他们决定,尽管某人并不完全符合难民资格条件,但按人道主义原则应允许其留下(UNHCR, 2001:3)。尽管这是一般的国际性义务,但难民资格获得批准的比率是不同的。譬如,在2000年,阿富汗的庇护申请人获得难民或人道主义难民资格在各国的总比率为35%,而奥地利只给8%的阿富汗人批准了难民资格,德国和英国分别是25%和40%(UNHCR, 2001)。当国际人权观察及大赦国际(Human Rights Watch and Amnesty International)谴责阿富汗塔利班政权迫害阿富汗人民时,各国批准难民比率的差别更大。因为各国对于批准难民资格问题都有其政治上的理由,一个国家可能比另一个国家有更多理由,尽管国际义务是要承认处于危险中的个人而不是国家。即便如此,各国间在支持这些权利主张的结构方面仍有差别,这些支持结构的差别的存在也很好地解释了承认难民资格上的差异(Epp, 1998; Conant, 2002: ch.2)。

寻求国内援助

国内压力形塑了移民控制实践。国家要依赖非国家的行动者的合作,雇主和承运人已被纳入到移民控制的事务中。欧洲国家及美国制定了承运人的责任法规,要求民航部门也得对那些登陆的无证移民负责。在美国,民航部门先发制人,与移民机构合作以防止被逐移民者的听证要求,迅速地把他们遣送回国(Gilboy, 1997)。雇主也被发动起来为监管移民出力。在美国,如果雇主雇佣无证工人会面临制裁。当然,移民局(INS)对此很少实施制裁,这主要是因为他们在政治和法律上都很难这么做。譬如,雇主在检查移民身份时可以有基于"善意"(good faith)的例外而免责(Calavita, 1990)。移民接收国的政治环境对规则的解释有很大影响:那些已在一国定居下来的移民会对政府施压,要求政府不对刚进入该国的移民进行严格审查(Gilboy, 1991, 1992)。

只在美国才有可能的集团诉讼挑战的是一项移民政策,而不是挑战驱除或遣送某人的某个决定。譬如在美国,美国浸信会(American Baptist Church)成员曾在1980年代给萨尔瓦多和危地马拉人以庇护,控诉美国政府在是否给这些人庇护权时存在歧视。在与政府和解过程中,美国浸信会获得了庇护会谈的权利,这是很难通过成文法获得的法律条件（Coutin, 2000: 4-8）。但寻求庇护者并没有全赢；因立法而更巩固的行政政策能够且实际上使得任何申请者要获得庇护仍困难重重。但总的来说，诉讼仍是挑战各种行政做法的一条途径。在欧洲，具体案件决定了一个人是否应当被驱逐。官员们有权把这些案件理解为表达了一个共同的主张，从而决定是否适用到当下案件以外的案件中（Conant, 2002）。集团诉讼使得行政官员限制法庭决定的余地稍微小些。

打官司需要律师的帮助。那些定居一国的人总能尽其所能获得帮助，他们有稳固的朋友和家庭，还可能有一个种族性的社团能伸出援手。而避难者的情况通常很糟糕。他们到了某个国家时，既不会说该国的语言，也不懂得该国的法律制度。许多人离开了亲朋好友，许多人在本国遭受诸多恶行的侵犯，包括遭拷打和被迫流离失所。然而，在申请国提供帮助之人的帮助下，甚至那些申请庇护的人也能提起国内申请、上诉和司法审查。

例如，有些国家对那些申请庇护的人提供法律援助。英国资助成立难民法律中心（Refugee Legal Centre）（网址：www.refugee-legal-centre.org.uk），它为难民提供法律咨询。在避难者无力负担在决定申请的行政机构代理其进行答辩的私人顾问时，这个中心也代表他们进行答辩。它在律师们中享有极好的声誉。譬如，在1995年，难民法律中心利用关注难民待遇的其他西欧国家类似组织提供的信息，使英国官员认识到甚至西欧国家也不是安全的。这就为英国本国法庭诉辩难民安全问题提供了事实基础，使难民有可能在英国而不是别的国家申请庇护。议会对此的回应是通过立法宣布欧盟成员国都是安全的，从而将此问题排除在司法审判之外（Blake, 2001: 103, 117）。因为我们知道，英国法庭不是因为他们乐意以偏向挑战中央政府一方的方式解读法律而名声在外（Sterett, 1997a），所以，法庭上的胜利是代理人收集事实工作的见证，律师所需做的是确保他们的诉求看起来没有创造性地解释法律。

非政府组织（NGO）为那些定居下来的人提供咨询意见，这也使得他们的权利更有意义。法国的非政府组织从法国政府当局发布的数量繁多的驱逐令中为欧洲人权法院提供判例性案件（Groenendijk, Guild, and Dogan, 1998: 38-39）。法国在欧洲人权法院过多失败大都是政治组织的结果，同样也是法国侵犯家庭生活权利的结果。移居英国的人则可以利用移民福利联合委员会（Joint Council for the Welfare of Immigrants）这样的一个非政府组织提供的服务，它为律师提供各种建议和参考。非政府组织与政府之间的界线是模糊的；譬如在英国，政府长期资助某个咨询性的服务机构，很多为移民提供咨询的机构都不信任这样的机构，认为它是在掩饰政府的排斥政策（关于非政府组织的论述参见 Fisher, 1997）。最后，政府为那些寻求司法审查或行政决定复审的人提供法律援助。无论是事务律师还是出庭律师，他们在移民法方面都是非常专业的，而且已组织起来推动移民法实践。移民法执业律师协会（Immigration Law Practitioners Association）为执业律师收集和发布各种信息和知识，同时也对政府的政策建议作出回应。顶尖执业律师的目标之一是提升移民法实践的层次,在移民实践的重点领域引领组织去发动阶级。这些精力充沛的执业律师就移民实践所作的研讨会、专题讨论以及出版相关的书籍,所有这些都推动了欧洲移民法律权利的实现。移民们不知晓法律,这对欧洲法院的决定所能抵达的范围来说是一个现实的局限。法律援助使移民在法庭上申辩权利成为可能,这持续保持了一种压力以促进欧洲移民的权利发挥作用。在美国,非政府组织帮助萨尔瓦多移民填写申请居留美国所必需的政府文件(参见 Coutin, 2000)。

尽管美国最高法院、欧洲法院以及欧洲人权法院的决定都表明了国家应遵从的权利,但政府仍可决定如何来处理这些决定。他们可以运用其中某个决定来处理当下的个案,或是把这个决定作为一般性的原则适用到诸多案例中。欧洲在法律上的做法并不是把司法决定看成有约束力的先例,而是允许国内法院和行政官员在当下个案中限制性地解释任何决定(Conant, 2002)。如果没有大量的案件遵守欧洲法院或欧洲人权法院的最初判决,国内官员则没有任何理由去关注其中某个案件,因为其意义仅在于解决了当下案件。甚至在像美国这样的普通法系国家,政府也会根据事实区分不同案件;再三发生的案件才能形成压力。

那些关心移民国际性权利的人也有助于在驱逐具有家庭纽带关系移民时产生各种变数。欧洲人权法院一再重申:如果移民定居某《欧洲人权公约》签约国,在该国有长期家庭关系且与他们国籍所在国少有关系,在签约国驱逐这样的移民将违反第8条中所涉及的家庭生活权利。荷兰持续存在的政治压力使移民官员会认真考虑欧洲人权法院的那个裁决(Groenendijk, Guild, and Dogan, 1998: 54-55)。法国与荷兰的行政官员都会参考此法院(即欧洲人权法院)的相关决定,但在法国,尽管有欧洲法院的裁决,移民当局仍有相当大的自由裁量权来驱逐移民,这也使得非政府组织把法国当作尝试性的案件。因而,移民们的这些权利之所以有意义,在于非政府组织愿意去贯彻落实法院的裁决。相反,分散的国家机构则提供了广大的空间去挑战这些裁决,并鼓励组织去尝试(Conant, 2001: 99, 2002: ch. 2)。当然,分散的机构也增加了忽视裁决的人数。因为在国内和国际法庭上能挑战这些案件,以及在某些国家法律援助条款规定进行法庭上的审查,这也就更可能挑战法院的裁决。

把具体个人遭驱逐诉诸公共舆论有时会增加酌情准许居留的可能。在一些欧洲国家,判例法限制了官员行使自由裁量权而驱逐那些生活在欧洲国家并有广泛的家庭关系的移民,与此相伴的是兴起了"反双重惩罚的运动"。参与这些运动的人认为,犯罪的移民不仅付出了定罪和判刑的代价,而且还被驱逐。把这样的人从其生活的国家驱逐出境会使他因同样的犯罪而遭受两次惩罚。这种主张蕴含的逻辑是非公民也与公民一样具有生活在一国的权利,从而消解公民身份的法律意义。英国与荷兰都有反双重惩罚的运动(参见,http://www.ncadc.co.uk)。

每一波寻求庇护者都为法律这台机器提供了新的实验品,这涉及国家间协议中所有术语的定义,从"安全第三国"到"家庭生活权利",这些术语都已得到一国内的含义。伦敦一位出色的移民律师在1995年讥讽地说道,他非常感谢政府敌视避难者的政策,这才使得避难者的律师有事可干。无论哪个层面的胜利都会使人怀疑,到底是欧洲国家安全——政府官员认为当然如此——还是这种说法完全站不住脚,这也就导致立法重新定义从而试图消除诉讼的可能。律师、行政官员、立法者以及国内、国际法院同样也构成了家庭与劳工移民的竞技场。

法律构想我们的归属

国家之所以能排斥,是因为他们也能包容。本内迪克特·安德森(Benedict Anderson)把民族界定为一群想象自己属于一体的人,这种想象力体现在他们的历史和文化实践中。有学者把安德森的民族概念加以延伸,以此来理解称作为"社会"的民族融合(Anderson, 1983; Tan, 2001)。在选择谁的文化实践更可接受,或者谁能成为以及如何成为一个公民时,法律官员参与了这种共同体的想象。这些共同体体现了文化的融合,部分是法律的结果:印度的宝莱坞(Bollywood)电影在加利福尼亚的硅谷之所以有巨大的市场,是因为美国政府的H-1签证项目吸引了印度计算机人才到此地。

每个国家都得面对(民族)多样性以及它对公民身份的意义问题,特别是20世纪晚期以来伴随着民族分裂而带来恐怖的"种族清洗"(ethnic cleansing)情况下更是如此。公民身份的基本框架是出生地主义(*jus soli*)或按出生的公民身份以及血统主义(*jus sanguinis*)或按血统的公民身份(Brubaker,1992)。德国最为明显地代表了血统主义,排除了出生于德国的移民子女的公民身份。即使德国也放宽了归化入籍,移民子女的父母在德国合法定居8年可给予法定的公民身份(Brubaker, 2001: 538-539)。国家允许按出生的公民身份,这可从两方面来解释他们的文化,要么移民必须同化进入他们的主流文化,但即便同化最多的国家也承认公共政策上的差异(Brubaker, 2001);要么他们的文化确实是一种多元文化。

承认存在差异并非易事。在法国,右翼势力的威胁把美国人所称的双语教育扼杀在萌芽状态(Brubaker, 2001: 536)。对英国本土人而言,融入欧洲的过程使他们经受了一次文化上的入侵,因为他们意识到文化上的纯正性很难保持(Darian-Smith, 1999)。

在家庭生活权利(已定居家庭成员引发其他家庭成员的连锁移民)与由于长期定居获得许可之间,移居异国的人们经历着归属于两国之间的体验。况且,汇款回本国仍与本国保持物质上的联系,因特网也使人身联系更容易(Anderson, 1994; Chander, 2001)。政治理论家一直试图为不同的归属模式进行解释和辩护。维尔·金里卡(Will

Kymlicka)和比克胡·帕内克(Bhikhu Parekh)认为,多元文化社会必须尊重文化的差异与实践。对金里卡来说,如何尊重多元文化得看一种文化如何成为国家的一部分——通过归顺或通过移民(Kymlicka, 1996; Kymlicka and Norman, 2000, Parekh, 2000, Waldron, 1992)。说一个国家是多元文化国家,而没有注意到文化实践的细节几乎等于没说。一种文化需要什么,对此谁会成为国家的发言人?譬如,一旦接受了被挑选为领导人的男人来作为发言人,也就是以女人的顺从为代价承认文化的差异(Okin, Cohen, Howard, and Nussbaum, 1999;也参见 Sterett, 1997b)。当我们承认不同的文化时,对于个体遭遇的怀疑就沾染了金里卡著作中的批判(Okin et al., 1999; Barry, 2001)。

然而,强调个人是政治构成性的因素会引发我们忽视人们是如何身居此处的那些故事,那些最能表现人们创造的互动文化空间的故事(Coutin,即出; Yngvesson, 2002)。这在法律上可能重要,也可能不那么重要。譬如,美国一直举行大规模入籍仪式欢迎新公民。入籍把美国衬托为一个人们选择的、并愿意迁往的国家(Coutin,即出)。通过选择剥离了这一选择过程中的政治和历史背景:故土那些可怕的遭遇以及生活在美国的家人(Coutin,即出)。尽管美国的政府治理是以同意为基础的,但我们却没有为出生于美国、并在成年时同意成为美国公民的那些人举行正式的入籍仪式。如果没有同意成为公民的仪式,美国公民的契约因素就显得相当抽象,需通过宪法的意义等课程或在争论成为一个美国人所必备的义务过程中理解(Shklar, 1991)。正如邦涅·霍尼格(Bonnie Honig)所指出的,大规模的入籍仪式是在公开地展示我们的归属,不管是对那些早已归属美国的人,还是对那些正在加入的人都同样如此。这些仪式告诉公民,美国是一个值得选择的国家(Honig, 2001:ch. 4)。

不管人们经历怎样的归属,国家会划出包容和排斥的界线,这些界线是由国际义务来决定的。以种族为线或以某些文化最自然地适合归属的假设为线,都与复杂的文化与历史联系格格不入。20世纪早期,定居于美国的亚洲人就被否认有公民权。早在有人主张多元文化主义以前,这些亚洲人就能(并确实)指出他们已被同化,从军中服役到上美国的大学都能体现这点,但因为他们的种族却仍没有成为美国公民(Haney-Lopez, 1996; Calavita, 2000)。在排斥的过程中,法院和移民机构煞费苦心地游移于日常与科学的种族概念之间,告诉我们更多的是划分类别的人,而不是那些被类别化的人。

国家安全与移民控制

在2001年9月11日之前,第一世界国家争论移民问题的焦点主要涉及劳工移民和避难者,以及在什么条件下可以允许他们留在一个国家。"9·11"之后,世界各地的国家官员一直在讨论国家安全以及公民和非公民的权利问题。在欧洲,"9·11"之前几乎没有人因国家安全而被排斥在边境上或被驱除出境(Groenendijk, Guild, and Dogan: 1998: 45-46, 67)。欧洲人权法院认为,不能因为国家安全的威胁就可以将人驱逐到可能虐待被驱逐者的国家(Goodwin-Gill, 2001: 150-151)。在权利的形式表达之外,政策的协调问题困扰着驱逐令的执行:譬如在德国和西班牙,当地政府机构有权决定驱逐谁,因而驱逐令并不总能得到执行。在美国,人们因违反移民规定而受拘留,国家政府有权以公共安全遭威胁为由对他们进行调查,在此,移民法作为一种规制性力量的使用清晰可辨。对那些遭到恐怖主义指控的人以及不是美国公民的人,美国政策提供的是不同的审判程序。这一政策也清楚地表明,断言公民身份已失去法律意义还为时过早。就像公民在战时一样,他们的权利是不确定的;布什政府把一些公民设想为敌对的参战者,这些人当然不是平民法庭的主体。国际性的措施也为以国家安全为由实施移民控制营造了背景:西班牙宣布,他们不会引渡在美国被指控为恐怖主义的那些人,因为美国仍存在死刑(Dillon with McNeil, 2001)。

　　移民问题一直是横跨多学科的中心议题,学者经常强调像权利和主权这样的法律范畴的意义。法律与社会学者则分析(并一直这样分析)这些意义更宽的范畴,去理解在常规化的移民控制运动中,那些参与者是如何塑造和拆解这些范畴的。政府官员、政治运动参与者、律师以及移民自身一同塑造了移民法,尽管并非按照他们选择的方式。

注释

　　我非常感谢 Kitty Calavita, Lisa Conant, Susan Coutin 以及 Austin Sarat 对本文初稿的评论。

参考文献

- Aleinikoff, T. A (2000) "Between principles and politics: U. S. citizenship policy," in T. A. Aleinikoff and D. Klusmeyer (eds.), *From Migrants to Citizens: Membership in a Changing World.* Washington, DC: Brookings Institution, pp. 119-74.
- Anderson, B. (1983) *Imagined Communities: Reflections on the Origin and Spread of Nationalism.* London: Verso Press.
- Anderson, B. (1994) "Exodus," *Critical Inquiry* 20(2): 314-27.
- Arendt, H. (1951) *The Origins of Totalitarianism.* New York: Harcourt, Brace, Jovanovich.
- Barry, B. (2001) *Culture and Equality: An Egalitarian Critique of Multiculturalism.*
- Cambridge, MA: Harvard University Press.
- Bhabha, J. (1998) "Enforcement of human rights of citizens and non-citizens in the era of Maastricht: Some reflections on the importance of states," *Development and Change* 29(4): 697-725.
- Bhabha, J. (1999) "Belonging in Europe: Citizenship and post-national rights," *International Social Science Journal* 51: 11-24.

- Blake, N. (2001) "The Dublin Convention and rights of asylum seekers in the European Union," in E. Guild and C. Harlow (eds.), *Implementing Amsterdam: Immigration and Asylum Rights in EC Law*. Oxford: Hart Publishing, pp. 95-120.
- Brubaker, R. (1992) *Citizenship and Nationhood in France and Germany*. Cambridge, MA: Harvard University Press.
- Brubaker, R. (1994) "Are immigration control efforts really failing?" in W. A. Cornelius, P. L. Martin, and J. F. Hollifield (eds.), *Controlling Immigration: A Global Perspective*. Stanford, CA: Stanford University Press, pp. 227-32.
- Brubaker, R. (2001) "The return of assimilation? Changing perspectives on immigration and its sequels in France, Germany, and the United States," *Ethnic and Racial Studies* 24(4): 531-48.
- Calavita, K. (1990) "Employer sanctions violations: Toward a dialectical model of white collar crime," *Law and Society Review* 24(4): 1041-70.
- Calavita, K. (1992) *Inside the State*. New York: Routledge.
- Calavita, K. (1994) "Italy and the new immigration," in W. A. Cornelius, P. L. Martin and J. F. Hollifield (eds.), *Controlling Immigration: A Global Perspective*. Palo Alto, CA: Stanford University Press, pp. 52-82.
- Calavita, K. (1998) "Immigration law and marginality in a global economy: Notes from Spain," *Law and Society Review* 32(3): 529-67.
- Calavita, K. (2000) "The paradoxes of race, class, identity, and 'passing': Enforcing the Chinese Exclusion Acts, 1882-1910," *Law and Social Inquiry* 25(1): 1-40.
- Chander, A. (2001) "Diaspora bonds," *New York University Law Review* 76: 1005-99.
- Cohen, R. and Joly, D. (1989) "Introduction: the 'new refugees' of Europe," in D. Joly and R. Cohen (eds.), *Reluctant Hosts: Europe and Its Refugees*. Aldershot, UK: Avebury Press, pp. 5-18.
- Conant, L. (2001) "Europeanization and the courts: Variable patterns of adaptation among national judiciaries," in M. G. Cowles, J. Caporaso, and T. Risse (eds.), *Transforming Europe: Europeanization and Domestic Change*. Ithaca, NY: Cornell University Press, pp. 97-115.
- Conant, L. (2002) *Justice Contained: Law and Politics in the European Union*. Ithaca, NY: Cornell University Press.
- Constable, M. (1993) "Sovereignty and governmentality in modern American immigration law," *Studies in Law, Politics, and Society* 13: 249-71.
- Coutin, S. B. (2000) *Legalizing Moves*. Ann Arbor: University of Michigan Press.
- Coutin, S. B. (forthcoming) "Cultural logics of belonging and movement: Transnationalism, naturalization, and U.S. immigration politics," *American Ethnologist* 30.
- Darian-Smith, E. (1999) *Bridging Divides: The Channel Tunnel and English Legal Identity in the New Europe*. Berkeley: University of California Press.

- Dillon, S. with McNeil, D. G., Jr. (2001) "Spain sets hurdle for extraditions," *The New York Times* November 23: 1.
- Duncan, W. (2000) "The Hague convention on protection of children and co-operation in respect of intercountry adoption," in Peter Selman (ed.), *Intercountry Adoption: Developments, Trends and Perspectives*. London: British Agencies for Adoption and Fostering, pp. 40-52.
- Epp, C. (1998) *The Rights Revolution*. Chicago: University of Chicago Press.
- Ewick, P. and Silbey, S. S. (1998) *The Common Place of Law: Stories From Everyday Life*. Chicago: University of Chicago Press.
- Fisher, W. F. (1997) "Doing good?: The politics and anti-politics of NGO practices," *Annual Review of Anthropology* 26(1): 439-65.
- Gilboy, J. (1991) "Deciding who gets in: Decisionmaking by immigration inspectors," *Law and Society Review* 25(3): 571-600.
- Gilboy, J. (1992) "Penetrability of administrative systems: Political 'casework' and immigration inspection," *Law and Society Review* 26(2): 273-314.
- Gilboy, J. (1997) "Implications of 'third party' involvement in enforcement: The INS, illegal travellers and international airlines," *Law and Society Review*, 31(3): 505-30.
- Goodwin-Gill, G. S. (2001) "The individual refugee, the 1951 convention and the treaty of Amsterdam," in E. Guild and C. Harlow (eds.), *Implementing Amsterdam: Immigration and Asylum Rights in EC Law*. Oxford: Hart Publishing, pp. 141-63.
- Groenendijk, K. (2001) "Security of residence and access to free movement for settled third country nationals under Community law," in E. Guild and C. Harlow (eds.), *Implementing Amsterdam: Immigration and Asylum Rights in EC Law*. Oxford: Hart Publishing, pp. 225-40.
- Groenendijk, K., Guild, E., and Dogan, H. (1998) *Security of Residence of Long Term Residents: A Comparative Study of Law and Practice in European Countries*. Strasbourg: Council of Europe.
- Guild, E. (ed.) (1999) *The Legal Framework and Social Consequences of Free Movement of Persons in the European Union*. Cambridge, MA: Kluwer Law International.
- Guild, E. (2001) "Primary immigration: The great myths," in E. Guild and C. Harlow (eds.), *Implementing Amsterdam: Immigration and Asylum Rights in EC Law*. Oxford: Hart Publishing, pp. 65-94.
- Guild, E. and Harlow, C. (eds.) (2001) *Implementing Amsterdam: Immigration and Asylum Rights in EC Law*. Oxford: Hart Publishing.
- Haney-Lopez, I. (1996) *White by Law*. New York: New York University Press.
- Harlow, C. (1994) "The accidental loss of an asylum seeker," *Modern Law Review* 57(4): 620-6.
- Honig, B. (2001) *Democracy and the Foreigner*. Princeton, NJ: Princeton University Press.
- Ihenacho, J. M. (1991) *The Effect of the Introduction of DNA Testing on Immigration Control Proce-*

dures: *Case Studies of Bangladeshi Families*, Working paper. Coventry, UK: Centre for Research on Ethnic Relations.
- Jacobson, D. (1996) *Rights Across Borders: Immigration and the Decline of Citizenship*. Baltimore, MD: Johns Hopkins University Press.
- Jencks, C. (2001) "Who should get in? Part I." *New York Review of Books* 48(19): 57-62.
- Joly, D. (1996) *Haven or Hell? Asylum Policies and Refugees in Europe*. New York: St. Martin's Press.
- Joppke, C. (1998) "Why liberal states accept unwanted immigration," *World Politics*, 50(2): 266-93.
- Kymlicka, W. (1996) *Multicultural Citizenship: A Liberal Theory of Minority Rights*. New York: Oxford University Press.
- Kymlicka, W. and Norman, W. (eds.) (2000) *Citizenship in Diverse Societies*. New York: Oxford University Press.
- Lavery, B. (2001) "Irish police find 8 people dead and 5 sick in cargo container," *The New York Times* December 9: 5.
- Lee, J. (2001) "The racial and ethnic meaning behind Black: Retailers' hiring practices in inner-city neighborhoods," in J. Skrentny (ed.), *Color Lines: Affirmative Action, Immigration and Civil Rights Options for America*. Chicago: University of Chicago Press, pp. 168-88.
- Lichter, M. and Waldinger, R. (2001) "Producing conflict: Immigration and management of diversity in the multiethnic metropolis," in J. Skrentny (ed.), *Color Lines: Affirmative Action, Immigration and Civil Rights Options for America*. Chicago: University of Chicago Press, pp. 147-67.
- Maurer, W. (1997) *Recharting the Caribbean: Land, Law and Citizenship in the British Virgin Islands*. Ann Arbor: University of Michigan Press.
- Neuman, G. (1993) "Buffer zones against refugees: Dublin, Schengen, and the German asylum amendment," *Virginia Journal of International Law* 33: 503-26.
- Okin, S. M., Cohen, J., Howard, M., and Nussbaum, M. C. (eds.) (1999) *Is Multiculturalism Bad for Women?* Princeton, NJ: Princeton University Press.
- Parekh, B. (2000) *Rethinking Multiculturalism: Cultural Diversity and Political Theory*. Cambridge, MA: Harvard University Press.
- Perea, J. F. (ed.) (1997) *Immigrants Out!: The New Nativism and the Anti-Immigrant Impulse in the United States*. New York: New York University Press.
- Riles, A. (2000) *The Network Inside Out*. Ann Arbor: University of Michigan Press.
- Roseberry, W. (1994) "Hegemony and the language of contention," in G. M. Joseph and D. Nugent (eds.), *Everyday Forms of State Formation: Revolution and the Negotiation of Rule in Modern Mexico*. Durham, NC: Duke University Press, pp. 71-84.
- Salyer, L. (1994) *Laws Harsh as Tigers*. Chapel Hill: University of North Carolina Press.

- Sassen, S. (1996) *Losing Control? Sovereignty in an Age of Globalization*. New York: Columbia University Press.
- Sayer, D. (1994) "Everyday forms of state formation: Some dissident remarks on 'hegemony'," in G. M. Joseph and D. Nugent (eds.), *Everyday Forms of State Formation: Revolution and the Negotiation of Rule in Modern Mexico*. Durham, NC: Duke University Press, pp. 367-78.
- Selman, P. (2000) "The demographic history of intercountry adoption," in P. Selman (ed.), *Intercountry Adoption: Developments, Trends and Perspectives*. London: British Agencies for Adoption and Fostering, pp. 15-39
- Shklar, J. (1991) *American Citizenship: The Quest for Inclusion*. Cambridge, MA: Cambridge University Press.
- Soysal, Y. (1994) *Limits of Citizenship: Migrants and Postnational Membership in Europe*. Chicago: University of Chicago Press.
- Sterett, S. (1997a) *Creating Constitutionalism?* Ann Arbor: University of Michigan Press.
- Sterett, S. (1997b) "Domestic violence and immigration in Britain," *PoLAR: Political and Legal Anthropology Review* 20(2): 63-9.
- Sterett, S. (1999) "Intercultural citizenship: Statutory interpretation and belonging in Britain," in S. J. Kenney, W. M. Reisinger, and J. C. Reitz (eds.), *Constitutional Dialogues in Comparative Perspective*. New York: Macmillan Press, pp. 119-42.
- Tan, E. K. B. (2001) "From sojourners to citizens: Managing the ethnic Chinese in Indonesia and Malaysia," *Ethnic and Racial Studies* 24(6): 949-78.
- Thompson, G. (2001) "La rumorosa journal: To risk death in the desert: An inalienable right?" *The New York Times* September 20: 4.
- Torpey, J. (1999) *The Invention of the Passport: Surveillance, Citizenship and the State*. New York: Cambridge University Press.
- United Nations High Commissioner for Refugees (2001) *Trends in Asylum Decisions in 38 Countries, 1999-2000*, Population data unit, 22 June. Geneva: UNHCR. Available at: ⟨http://www.unhcr.ch/cgi-bin/texis/vtx/home/ + + wwFqzvx8n + wwW6xFqzvx8n + wwW6h FqhT0NuItFqnp1xczFqn7u FPAFqwDzmwwwwwww1Fqn7uFP⟩.
- Waldron, J. (1992) "Minority cultures and the cosmopolitan alternative," *University of Michigan Journal of Law Reform* 25(3&4): 751-93.
- Ward, I. (1994) "The story of M: A cautionary tale from the United Kingdom," *International Journal of Refugee Law* 6(2): 194-206.
- Wayne, L. (2001) "Workers, and bosses, in a visa maze," The New York Times April 29: 1.
- Yngvesson, B. (2002) "Placing the 'gift child' in transnational adoption," *Law and Society Review* 36(2): 227-56.

扩展文献

- Aleinikoff, T. A. and Klusmeyer, D. (eds.) (2000) *From Migrants to Citizens: Membership in a Changing World.* Washington, DC: Brookings Institution.
- Calavita, K. (1994) "U. S. immigration policy: Contradictions and projections for the future." *Indiana Journal of Global Legal Studies* 2: 143-52.
- Coutin, S. B. (1993) *The Culture of Protest: Religious Activism and the U. S. Sanctuary Movement.* Boulder, CO: Westview Press.
- Coutin, S. B. (2001a) "The oppressed, the suspect, and the citizen: Subjectivity in competing accounts of political violence," *Law and Social Inquiry* 26(1): 63-94.
- Coutin, S. B (2001b) "Cause lawyering in the shadow of the state: A U. S. immigration example," in A. Sarat and S. Scheingold (eds), *Cause Lawyering and the State in a Global Era.* New York: Oxford University Press, pp. 87-103.
- Coutin, S. B. and Chock, P. P. (1995) "'Your friend, the illegal': Definition and paradox in newspaper accounts of immigration reform," *Identities* 2(1-2): 123-48.
- Joppke, C. (1999) *Immigration and the Nation-State: The United States, Germany, and Great Britain.* New York: Oxford University Press.
- Sassen, S. (2000) *Guests and Aliens.* New York: New Press.
- Schuck, P. H. (1998) *Citizens, Strangers and In-Betweens: Essays on Immigration and Citizenship.* Boulder, CO: Westview Press.
- Spencer, S. (ed.) (1994) *Strangers & Citizens: A Positive Approach to Migrants and Refugees.* London: Rivers Oram Publishing.
- Sterett S. (1998) "Caring about individual cases: Immigration lawyering in Britain," in A. Sarat and S. Scheingold (eds.), *Cause Lawyering and the State in a Global Era.* New York: Oxford University Press, pp. 293-316.
- Zolberg, A. R. (1994) "Changing sovereignty games and international migration," *Indiana Journal of Global Legal Studies*, 2: 152-63.

19

商品文化、私人审查、品牌环境与全球贸易政治：法律与社会研究中的知识产权问题

罗斯玛丽·J.库姆 著

危文高 译

过去十五年来,知识产权已成为交叉学科研究中的热点主题,引发了人类学家、传播与文化研究学者、经济学家、地理学家、历史学家、传统法律学者、政治学家、社会学家以及哲学家的研究兴趣。但是,不是所有这些学术研究都阐述了知识产权在现实社会背景中的作用,大部分研究是假设性的和抽象的。本文通过文献中的核心主题来阐述的是一种代表了"法律与社会"进路的知识产权研究。简言之,这些主题包括知识产权(IPRs)在塑造传播条件中的效果、知识产权作为一种新形式的社会权力、品牌环境的空间政治、名人的名声所具有的文化权力、由于出现对信息商品的以贸易为基础的知识产权保护而产生的全球性不平等,以及对在这种新的信息经济情况下公共领域的命运的关注。

文化的商品化:知识产权的传播条件

知识产权交叉研究的核心主题之一是关注版权、商标权与形象权(以及更狭义的反不正当竞争法、设计专利与数据库保护)通过文化文本的商品化如何塑造资本主义社会的传播方式。大多数研究知识产权的批判性学者都同意,版权法不断地扩张对艺术、文学和音乐所有权人的保护范围,以至于损害了公共领域,威胁到表达自由,抑制了创造,也窒息了民主对话。传播学者西瓦·维德亚纳森(Siva Vaidhyanathan)令人信服地表明,20世纪的版权史是一个不断扩张、延长、加固保护的历史,美国的版权政策已忘记

了它当初的目标:"鼓励创新、促进科学与民主。相反,现在的法律保护了出版制作人而将负担加诸消费者。回报已创造的作品,而限制未创造的作品。法律已丧失了它的使命,美国人民对此也无可奈何"(Vaidhyanathan, 2001:4)。维德亚纳森的这一判断,与一大批法律学者英雄所见略同,如基思·奥奇(Keith Aoki)、约柴·本科勒(Yochai Benkler)、詹姆斯·波义耳(James Boyle)、朱丽·科恩(Julie Cohen)、尼瓦·埃尔金-科伦(Niva Elkin-Koren)、温迪·戈登(Wendy Gordon)、彼得·贾兹(Peter Jaszi)、戴维·兰杰(David Lange)、马克·朗里(Mark Lemley)、杰西卡·里特曼(Jessica Litman)、尼尔·内坦尼尔(Neil Netanel)、莱曼·雷·帕特森(Lyman Ray Patterson),以及帕梅拉·塞缪尔森(Pamela Samuelson)。我之所以概括维德亚纳森的著作,是因为他的著作全面、及时,并且容易理解,且重点关注法律与社会研究,一手资料与二手资料兼备。

美国宪法史表明,版权条款并没有把版权条款理解为一种财产权而是把它当作一项政策,即平衡作者、出版者与读者的利益,以便激励创新和新作品的传播。制宪者认识到,创新本身依托于先期作品的使用、批评、完善与思考。在市场经济中,作者的排他性权利是一种必要的恶——这种有限的垄断是为了鼓励创新,促进艺术与科学的不断进步,这些知识对于开化的文明社会与公共领域的持续繁荣至关重要。这种排他性权利被视为一种公众"课税"(Vaidhyanathan, 2001:21),但在时间上有严格的限制,这是为了确保作品能成为读者大众公共财产的一部分。排他性权利在范围上也受到限制;法律保护作品的表达,但不保护作品的观点。托马斯·杰斐逊(Thomas Jefferson)对版权(和专利权)的作用有着矛盾的心态(Chon, 1993)。他对人为制造的垄断导致的权力集中存疑,担心对表达的保护通过创造人为的稀缺、限制作品获取权、限定价格、限制许可,以起诉之威胁恫吓潜在的竞争者、歪曲法律而最终扩张到试图控制观点的援引。因此,杰斐逊早已对版权所具有的"消极外部性"发出了警告,如今,这种外部性已成为版权实践的表征(同上:24)。

美国版权的最初宪法性授权在20世纪被抛弃,转而支持一种新自由主义的版权观,把版权定位为不惜一切代价需要保护的"财产",而任何形式的"公益"在它的眼里都没有什么值得保护的。观点与表达的界分正在消失,这些独占性权利的"限定时间"更长了,公众合理使用的权利在技术变革和国际压力下逐渐缩小。版权正在成为公司进行法律威胁的一种形式。在《拥有文化》(Owning Culture)一书中,传播学理论家坎布鲁·麦克列奥德(Kembrew McLeod)也持此种观点,而且表明,社会生活领域正前所未有地由于知识产权的扩张而发生改变。以民间音乐为例:

> 民间音乐吸收了民间既存的曲调和文体元素,并以各种方式对这些元素加以重组,在此实践基础上创作的歌曲,既可能是对老歌轻微的改动,也可能创作一首重复熟悉的主旋律或抒情主题但又全新的歌曲。这种文化生产模式的核心是互文

性(intertextuality),即从其他文本中制作(再制作)文本,然后以此来创造一个"新的"文化文本。(McLeod,2001:39)

这些创作与表演行为越来越被定义为对版权的侵犯。其结果是,民间音乐本身被改变了。为了避开法律的审查,职业音乐人创作的音乐越来越少联及民间音乐传统。其他音乐人在音乐表演方面进行各种创作的权利也遭到剥夺。因此,与文化上多样性的口头传统保持的历史联系被切断。对知识产权的强调倾向于褒扬原创性而不是创造性的变体、保护单一的作者而不是众多的解释者、保护经典的作品而不是社会性的文本,以及更强调保护一时之作而不是借用其他资源的持续产出的作品,即便后者实际上是大多数流行音乐的生产方式。

麦克列奥德认为,法官和律师偏向于"冷藏"或至少是放慢互文性的文化生产模式。某些版权专有人(他们有公司的支持,并有能力聘请律师)获准可以控制"他们的"版权作品的发行,甚至这些作品是出自公共领域或已不受法律保护的民间传统(特别是美国黑人和印第安人的传统)。其他流行曲调——如"祝你生日快乐"——已进入人们的日常生活中,并吸收了大量资源后经多年演变而成为一种仪式。然而,这个曲调——它是由两位学校教师借用公共领域的资源创作的——在1935年注册了版权。这首曲调的歌词是由课堂和派对中的孩子们创作的,因而没有专有权,但每次公开唱这首歌时,版税都应归版权所有人。因为这首歌非常流行,它的价值就节节攀升。版权也不断地易手,引来了更强有力的所有人,因为要管理这些权利需要更大更强的律师团队。目前这首歌曲由美国在线/时代华纳公司(AOL/Time-Warner)控制(美国作曲家、词作家与出版者协会负责管理表演权)也在意料之中,它们保证餐馆所有人、夏令营、日托中心、电报快递服务机构因在庆祝生日时照例使用该音乐而付相应的版税。

维德亚纳森指出,版权对大众的活动进行征税和限制,从而成为经济强者获取更多补偿和进行文化控制的一种手段。但是,版权政策不是在公共领域形成的,而是在高度专业化的法院、特别法庭与听证会上形成的,这些或许代表公共利益的人发现他们要与微软、迪斯尼的律师搏斗。这些发展反映了

……信息及其获取权的持续集中化与公司化……偶尔,像因特网这样的技术变革威胁到了获取和使用信息的民主化。然而,政府和公司——经常通过版权法的扩张——迅速地矫正了这样的态势……一个健康的公共领域将建立在一个"薄弱的"版权政策上。(Vaidhyanathan,2001:7)

版权政策提供的保护,"足以激励和奖赏那些有抱负的艺术家、作家、音乐家与企业家,同时又有足够多的空隙允许充分而全面的民主言论以及信息的自由流动"(Vaidhyanathan,2001:5)。然而,一旦作品的作者、原创性、使用以及获取作品观点与表达权被财产权框定后,争论似乎戛然而止,作品得到最大化的法律保护也似乎无疑;怎么有人

可能为盗窃辩护呢(同上:12)?因而,维德亚纳森建议我们有必要转换争论的角度:将表达性的文化活动和民主对话的社会需求考虑在内,引入知识或信息政策的创新。

对商标的研究表明了类似的发展趋势。法律学者关注不断扩张的商标保护所具有的社会与文化意涵、具体的特定的"合理使用"抗辩的缺乏,以及不断拓宽的商标"淡化"学说(如果商标的使用"淡化"了它的意义,或仅仅偏离它正面的含义并未使消费者混淆,商标的使用者得为此承担责任)(Aoki, 1993, 1994, 1997; Coombe, 1991; Dreyfuss, 1990, 1996; Gordon, 1990; Lemley, 1999)。在讽刺和戏仿作品中对受知识产权保护文本的使用而造成的不确定的法律地位,也一直是激起法律学生、学者研究兴趣和一般媒体关注的领域(Cordero, 1998; Klein, 2000; Kotler, 1999; Pearson, 1998),这已成为公司恐吓互联网的一个新理由(Schlosser, 2001)。

在我的法律民族学著作《知识产权的文化生命》(*The Cultural Life of Intellectual Properties*)中(Coombe, 1998a),我表明了知识产权是如何形塑和引入大众文化的对话实践的,在此过程中,知识产权拥有者标志性的财产再次为其他人所占用,这些著作同时也留下了这些人的名字,法律认为作品为他们共同的传播者所有(Coombe, 1998a: 23)。就商标而言,法律坚持一贯的意识形态信念:"商标持有人通过投资、劳作及策略性的传播在消费者心中创造了一套独特的意义,此种价值只有通过所有权人的艰辛努力才能创造出来"(同上: 61)。总之,商标上添加的"标识"(distinction)在法律上被看作一种资产(商誉)。"相反,社会语言学和人类学会指出,意义总是在社会语境中,即在社会行动者所进行的交往、再生产、改变与斗争的社会实践中创造出来的"(同上)。商标就是一个潜在的竞技场,体现了两股态势的辩证法:一股是独白式的(与权威和官场相联),另一股是对话式的(违背和改变它们所遇到的各种形式,对权威而言是他者)。争夺意义的中心与边缘的这场运动具有一种能动性和创造力。文化霸权的形势总是不那么可靠,因为霸权状况必定要持续地为其他行动主体所表达和再表达。法律促进并保护的是一种独白式的交往环境,拥有知识资本的人获准制作通用(uniaccentual)的标志,而不是承认标志中因为意义的争议和不确定而存在固有的社会争斗。"知识产权在实行中经常窒息公共领域的对话实践,妨碍人们用最有力、最流行、最易获取的文化形式去表达他们对社会世界的其他看法"(Coombe, 1998a: 42)。

但是,版权和商标法也激起了那些对各种知识产权保护形式有感情的人组成共同体,致力于建立价值的替代性道德经济,以对抗他们共同的财产所有者。社会学家安德鲁·赫曼(Andrew Herman)和传播学者约翰·斯卢普(John Sloop, 1998)在讨论到一个版权和商标案件时就表明了此点,这个案件起诉的是称作内格蒂夫兰德(Negativland)的一群表演艺术家。这群艺术家对传媒风景画加以节选编排而"产生出最具戏仿特色的、融合了当代文化各种景观的拼贴画",他们通过此种方式创作了音乐(Herman and Sloop, 1998: 4)。在这首涉案的"歌曲"中,这群艺术家用U2乐队创作的单曲唱片把这些风景画节选串合起来,其中还有采访乐队成员的片断,以及电视节目的视频剪辑中评论乐队营销的方式及其在大众文化中流行的方法。这个案件在内格蒂夫兰德歌迷中引起广泛的争论和讨论。他们在因特网上评论用这种方式使用知识产权的恰当性,保护这类艺术及其创作者的必要性,以及在后现代的情境下,从大众媒体中任意挪用某些文化形式来创作真实的艺术的必要性。数字化传播方式被用于创造对知识产权实践加以判断的共同体,变成了对公司的利益进行私人审查的一种形式。歌迷们也创造了欣赏音乐的另外一个空间。作为与音乐出版人及唱片公司达成的和解协议的一部分,内格蒂夫兰德被禁止继续发行这首侵权的歌曲,被要求收回和销毁这首歌的所有复制品,并被迫把讽刺作品的版权转让给唱片公司以便唱片公司控制它的日后使用。他们的讽刺作品被认为淡化了公司投资在 U2 乐队上的价值(后者的律师认为他们已成为一个品牌),从而对消费者信誉(一种公司的资产)造成了威胁。然而,侵权作品的数字化复制品在通过电子联络的歌迷之间不断地扩散,导致公司不可能有效地监控这些需求,这为 U2 乐队创造了负面的名声,具有讽刺意味的是,这种负面的名声进一步淡化了他们自认为正在保护的商誉。

这些研究得益于《异议的文化》(*Contested Culture*)这本开拓性著作(Gaines, 1991),这是一本较早阐述知识产权法在当代消费社会中的出现及其影响的著作。盖内斯(Gaines)认为,知识产权法作为一种文化客体与话语权力,它通过限制大众化标志的可利用性、形塑意义的社会性生产而限制了人,并且规制着其他文化形式(1991:4)。譬如,版权之所以在某种程度上引起她的研究兴趣,因为版权能"以两种相反的方式发挥作用"(同上:9)。从某种程度上讲,版权实施的过程也就是它围绕文化要素设置各种限制的过程,版权并未扩展到这么一种特殊的形式:它能使其他人都能利用这些版权形式。盖内斯把版权的这种形式称作为"流通与限制的双重运动"(同上)。在某种程度上,我们可以获取各种文化形式,然而,它们也可能变成知识产权的新形式而在某个时候重新回到公共领域。(然而,不断延长的版权期限使各种文化形式在回到公共领域时仍具有文化价值变得不大可能。)

但是,盖内斯把她的知识产权研究限定在经典文本中;她检视了上诉法院的判例法和法律著作,以此方式加强了对法律自身作为一种权威性文本的理解。对大多数法律与社会学者而言,仅仅理解法律的存在方式及其功能是不够的。法律与社会研究更应关注法律是如何塑造人们意识的,法律是如何使得我们用一种特定而有限的方式认识世界的,以及法律为形成认同和共同体提供的诸多资源。然而,即便盖内斯的研究只关注意识形态化法律,但她把研究的重点放在重要的上诉案件上却是对头的。这确实为我们研究作为自由主义的法条主义的标志的范畴、矛盾以及论证形式提供了非常重要的文本。

374　商标、版权、不正当竞争、专利以及形象权这些法律提供了强有力的意识形态例证,它们曾在1920年代被法学家埃弗根尼·帕舒卡尼斯(Evgeni Pashukanis)描述为资产阶级法律的商品形式。这种法律是围绕个人(在自由主义的法条主义下更可能是一个公司)建构起来的,个人是法律上财产权(包括其人格的权利)的拥有者。权利主体是由这些权利创造出来的。个人化的人格为拥有这些权利的能力提供了意识形态基础,这种个人化的人格本身就是为了商品形式的需要而虚构出来的;只有在一个主体被迫需要出卖作为交换价值的劳动力时,创造一个具有缔约自由的个人才有意识形态上的必要。知识产权是资产阶级法律的重要领域,这里记录着法律主体所假定的权利形式,这些权利形式也是主要的法律领地,在此,商品形式延伸至更多的社会与自然界领域变得正当,同时又充满争议。

　　文学理论家约翰·福罗(John Frow, 1995)和社会学家塞利亚·露里(Celia Lury, 1993)之所以关注知识产权问题,恰恰是因为它们揭示了人的自由主义范畴对资本主义积累的根本性意义。正如福罗所指出的,"独特且具有自我决断力的人的概念——正好看起来大多能抵制商品形式"(1995:144)被用来合理化——通过像原创性、发明和审美活动的特异性这样的观念——更多文化形式的商品化。可度量的劳动力运用于原始材料之上而产生出一个作品,它表达了独一无二的个人所具有的人格和创造力——著作——对于如何正当化、扩张乃至否认知识产权至关重要(Boyle, 1996)。著作的修辞出现的情形与所有权的修辞(像人类细胞系、名人人格、植物基因资源、民间传说和农业培植方法的所有权)一样繁多。

　　对名人的研究为我们提供了一个非常清晰的人格商品化例子。社会学研究阐释了名人的社会建构及其方式:名人像产品一样被推销出去,同时又把公众附之于名人的象征性价值投入到商品中以推销产品。名人借助法律来保护他们的名字、肖像以及其他公众附之于名人人格的象征。法律与社会学者注意到,法律对形象价值的保护在激烈膨胀,这使形象权影响到私人审查的形式,并质疑这些保护依据的法律理性所具有的意识形态性质(Coombe, 1994; Cordero, 1998; Frow, 1995, Gaines, 1991; Langvardt, 1997; Madow, 1993; McLeod, 2001)。很多人认为,美国的隐私权向形象权这种历史的突然转变有其特殊性。多年来,法官都分享着公众的信念:名人既然选择了生活在公众的视线下,就不能在他们的肖像被公开使用时而抱怨他们的隐私受到了侵犯。最终,普通法与付费使用名人名字和肖像的广告惯例妥协了。不受打扰的权利变成了:通过授予形象权以排他性权利来决定如何以及何时用形象权取代隐私权。转让权以及批量复制权授予了个人,在此过程中,他或她的人格商品化了。知识产权法遵循的是商业实践的逻辑,它承认保护资本投入新领域的权利,并宣称它保护的权利植根于财产之中。正如法律现实主义者指出的,法律想要把保护的基础建立在经济价值之上,而实际上,财产如若没有法律保护就没有什么价值(Gaines, 1995:135)。

正如福罗(1995)和库姆(1998a)所阐述的,法律确实不仅仅保护名人名字和肖像。它通过包容公共领域中一切可以附之于名人的象征,逐步侵入到形成社会意义的文化活动中。法律使名人能利用他们在社会中的偶像地位控制社会活动,并对有益于表达活动的文化词汇进行不必要的限制。盖内斯、马多(Madow)和库姆都指出,那些掌握了大众文化偶像的法律权利的人会反对亚文化对名人象征的使用;他们坚持认为,收回不同价值语域中的形象这项工作具有重要的社会意义。这些学者认为,名人文本的所有者绝不可能完全控制这项活动或新的语境,因为这些形象会流传开来、形成新的意义。符号学认为明星形象是一种社会建构的现象,受这种研究的启发,这些文化分析展现了:社会行动者是如何利用大众文化提供给他们的形象来创造意义的。偶像崇拜者为此形成不同的身份认同和共同体,同时在使用名人形象上创造出新的规范、价值和伦理正当性(Coombe, 1994)。在知识产权实践的社会回应中,我们发现了价值的替代性道德经济的创生。

如今,对知识产权如何塑造传播条件的社会学研究更加注重考量特定的社会制度和定位。无论是在数字环境下(Lessig, 2001; Litman, 2001)、大学里(McSherry, 2001; Polster, 2000)、一般的科学研究中(Reichman and Uhlir, 1999, 2003),还是在具体的生物制药研究中(Rai and Eisenberg, 2003),版权和专利权的扩张正在改变人们的信息交流。这些研究都在批判近来的知识产权扩张,因为它已呈现出抑制表达、研究、发展以及创新的态势。

控制获取权:作为社会控制的知识产权实践

社会批评家杰里米·里夫金(Jeremy Rifkin)在其著作《获取权的时代》(*The Age of Access*)(2000)中对知识产权的社会后果作了全球性的宣言。尽管他很少阐述法律本身,但他阐述的"新经济"则从根本上依赖于知识产权的战略实施。他注意到公司投资和商业战略的变化,因此他建议,现实的个人财产所有权及其交换应让位于新的关系。"在这个新时代,市场已为网络铺平了道路,(物质财产)所有权逐渐地为获取权(针对无形物品的供应者)所取代"(Rifkin, 2000: 4)。当公司想要摆脱不动产、货物清单和设备时,知识产权就变得更加重要。"概念、观念、形象,而非实物,在新经济中是真实的价值条目……应指出的是,知识资本很少被交换。相反,它紧紧地为其提供者所掌握,并出租或许可其他主体有限的使用"(同上: 5)。在战略性的网络世界中,知识资本的运作权力集中到少数公司的手中。他们这些关系依赖于商业秘密、专利、商标及版权策略性的许可和共同投入。

据里夫金估计,美国经济足有40%由新信息工业和生命科学工业构成(2000:52),他们主要的资产是知识产权。如果里夫金的判断正确,也就是说,每个工业都变成了知识密集型的,在这种知识密集型的工业中(从软件工业到自动化工业),所有公司都渴望摆脱物理性的资产和没有技能的员工,那么,这样一个以知识产权为基础的经济同样也需要确保更大的权力集中。这种权力的新形式对于人们和各个共同体,或对于它能提供给人类工作和居住的条件看起来更缺少责任感。

"信息资本"的概念对理解新经济中"知识密集型"工业非常重要。简言之,产品在某种程度上是信息,它们的价值主要在于其象征性或文本成份而不是物理性的材料或交付手段。像文学、音乐、电影、软件、化学合成物、制作工艺、电影剧本、商业计划、家具设计这些东西,从根本上讲都是"大众产品"。这意味着,如果不对其使用施加法律限制而创造人为的稀缺,这些产品很容易被复制并转换成新的媒介。正是通过知识产权,信息产品中的资本才被创造出来,随着植物系基因序列技术的发展,其结果是,动物系、微生物、植物种质、文化知识,甚至人类细胞现在都成为潜在的信息产品(Coombe,2003b)。

由于电脑记忆和电信速度技术的创新,很多产品的生命周期缩短了。当"产品需与信息同步,并对信息作出持续的反馈以保持活力时,升级和创新的压力就增加了"(Rifkin, 2000: 20)。更多资金投入到信息成分的研发中,而以物质形式嵌入其中的成本却在下降。从某种程度上讲,只有这个信息内核受知识产权的保护(例如,保护集成电路图、某项技术相反的工程免遭复制,或是保护软件、基因序列免遭未经授权的使用),才有利可图。颇具讽刺意味的是,里夫金的研究表明大多数产品很快就过时了,因此,在产品潜在的保护期终结之前,他们必须把研发成本赚回来(由此看来,目前的知识产权保护期限明显过长)。这也表明,依托知识产权的新经济正在加强工业之间的"合作"关系,在其他不同的时代,这也许被认为是反竞争性的:

> 生产过程和产品生命周期缩短了,而复杂的高科技研发成本——以及启动新生产线需要投入额外的市场营销成本——却在不断提高,这促使很多公司通力协作以共享战略性的信息、互用各种资源,同时也分担成本,这种方式既能使他们处于这场竞争游戏的前列,也能使他们在这个变化无常、动荡不安、日新月异的网络经济中共同抵御损失。(Rifkin, 2000: 23)

从消费者的角度而言,这种局面并非好结果。譬如,共享互用的专利以及公司强加给其他公司(这些公司需要获取他们的知识产权)的条件会导致研究的衰退、创新的延缓,以及市场上出现更少但价更高的产品。简单基因序列专利权的实施(传统的法律原则对此持反对态度)已对生物医学的研究制造了新的障碍(Heller and Eisenberg, 2000)。在基础研究产品中享有知识产权的人可能会拒绝许可他们的技术,除非他们对将来所有的使用保留了否决权,并要求被许可人为所有许可使用的产品交付版税。许可费用变得如此让人望而却步,他们的作用实则是限制这个领域的创新。"上游领域"与"下游领域"的研究者之间的磋商变得困难重重、令人生畏(Rai,1999)。

基因是生物技术的原料,而生物技术是新经济的成长领域之一。石化工业现在已变成了生命科学工业,从化学研究转变为基因的研究与创新。它们从专利法近来的变化中获益匪浅:

> 基因像不可再生物质一样,它存在于自然界中,需要分离、蒸馏、过滤和加工……当找到具有潜在商业价值的基因后,它们便可被授予专利,在法律的眼中变成了发明。这一关键区别划分了工业时代化学资源使用的方式与生物技术世纪基因使用的方式。在上个世纪,要是化学家发现了自然界中新的化学元素,他们发明分离和过滤这些物质的方法可以被授予专利,但不会给化学元素本身授予专利——美国和其他国家的专利法均禁止把"自然发现"当成发明……然而在 1987 年,美国专利和商标局(简称"PTO")公然违反自身条例、颁布了一条影响深远的政策性法令,宣布存活生物的成分——如基因、染色体、细胞和组织——皆可成为专利,任何第一个分离出它们的特征、描述其功能以及发现它们的市场应用价值的人都可拥有知识产权。(Rifkin,2000:65-66)

除非有其他力量的干预,世界很多"基因池"(gene pool)可能为一小撮公司所控制。这对人类的福祉将意味深长(Amani and Coombe,即出)。人们自身细胞系(cell lines)的所有权可能会为那些从人体组织中分离出细胞系的医学权威机构所拥有;那些需要这些细胞系进行医疗的人将因此不得不依赖于那些权威机构并支付他们要求的费用。如果医疗进展的研究需要几个基因序列,这样的研究也会因为要取得多重许可所需高额交易成本而畏缩不前。使用专利序列的基因检测和诊断化验需要更昂贵的使用费用,保险公司对此也无力承保。这些知识产权的享有者对那些企图分享他们自身(更有益于社会)研究利益的被许可人保持密切的监控。这样的实践措施事实上取消了买方和卖方市场,限制了竞争。正如塞斯·舒尔曼(Seth Shulman)指出,"在知识经济中,我们仍然必须清晰地意识到反托拉斯意味着什么"(1999:190)。

里夫金提出的"好莱坞组织模式"是以网络为基础的组织方法的一个典型(Rifkin,2000:24-29)。而且,知识产权的实施确保了它的利润。早期电影产业依赖"福特式"的批量生产原则与纵向整合。反垄断法对电影产业联合的强制拆解,促使电影产业思索新的创制方法,更多地以顾客的意愿创作较少的电影——"大片",影片的价值是通过广告和推销权的资本化而建立起来的。这样的价值需要法律把这个表达作品的诸多方面(不仅是电影本身,还有它的人物、胶片、值得纪念的剧照、片名和其他突出的特色)作为独占性的财产加以保护。制片公司意识到,这些知识产权的实施使他们能够控制电影发行的收益,并且使电影"扎进"其他大众消费领域中。控制完整的知识产权也使外包电影制作有利可图。有特殊技能(如撰写脚本、挑选演员、布景、摄影、音效、剪辑、冲洗胶片等)的集团公司因为电影制作事业而聚集一堂,但主要的参与者是发行公司,他们的雇员较少,资源也不多。越来越多的公司涉入电影制作,然而,他们依靠的是投资于电影产业的几个主要参与者,并且他们也意识到,没有哪点版税是来自于电影的发行和销售。如果控制了知识产权,出资或雇用员工的负担和义务就可以很简单地规避掉。

里夫金比较了微软与 IBM 的资产负债表表明,微软几乎没有固定资产,而 IBM 的固定资产却相当可观(较之于微软的固定资产只占不足 2% 的市值,IBM 的固定资产超过市值的 1/5)。在传统的结算方式下,市场价值与资产的巨大差距被看成股票过高估价的信号。如今,世界最有成就的公司都有非常高的资产负债率,"但人们又认为这是有益的投资,因为它们的无形资产是不可估量的,这成为测量公司未来业绩更准确的一把标尺"(Rifkin, 2000: 51)。譬如,菲利普·莫里斯(Philip Morris)在 1998 年以 126 亿美元购买雷诺·纳比斯科(RJR Nabisco),此价相当于该公司大体看来的名义价值的 6 倍,也就是因为它的商标名称及商业信誉代表了这样的价值。

商标的社会生命

商标也许是最具意义的法律形式,因为它成为从信息产品中获取利润的根基。耐克(Nike)成功的故事就是例证。显然,耐克是一家知识密集型的企业:

> 耐克就其所有的意图和目的而言,是一家虚拟公司。公众很可能把耐克公司想成是一家运动鞋的制造商,实际上,耐克公司是一家具有成熟的营销模式和经营机制的研究与设计机构。尽管耐克公司是世界领先的运动鞋制造商,但它没有自己的工厂、机器、设备或可以说及不动产。相反,它在东南亚建立了宽广的供应商网络——称之为"生产伙伴"——生产成百上千的设计者所设计的鞋子及其他设备用品。它的很多广告及销售业务也外包出去。(Rifkin, 2002: 47)

耐克公司拥有和控制的是知识产权——商标及附随其上的商誉、某种设计特色的专利、与公司相关的广告宣传标语以及这些广告本身的版权。公司的成功之处在于商标运营以及与众不同的商标特质。正如它在"耐克城"——只销售公司产品的连锁零售经销店——所做的那样,耐克并不销售很多的产品,更多的是,它把产品作为塑造商标价值的营销工具。耐克商标已深入更多的社会生活领域。现在已成为运动队、服装和运动装备的标志,侵入到我们学校的体育馆、教室和卫生间之中,甚至影响人们的发型设计,并自动地烙印在许多北美人的皮肉之上,这些人为了宣示他们对商标的信赖,在他们自己的身体上刺上勾形纹身。

新闻记者内奥米·克雷恩(Naomi Klein,2000)开创的也许是最具煽动性和影响力的一项研究,即保护和促进商标的法律实践如何形塑了当代资本主义社会的社会、文化和身体景观。她的研究分析了1980年代中期以来"商标"的显著发展与扩张。公司确信的是,衡量成功的标准不是靠拥有多少有形财产或雇员,而是靠他们商标所具有的积极形象的力量以及他们把这些形象推进到新的空间领域的能力。商标是公司的核心意义、认同及意识之所在(Klein,2000:5);广告、赞助、商标许可与销售仅是传递此种意义的工具。这些也是知识产权经营方面的活动,正开始引起学术的关注。譬如,女性主义社会学家描述了:全球性商标经营策略是"如何明显地通过家庭、族系以及性的联系而建立起来的"(Franklin, Lury, and Stacey, 2000:68),这既是对文化的"自然化",也是对"自然"的文化驯服。一种自然联系(家庭纽带)的形式被用来类比产品与产品之间以及产品与消费者之间的关系:

> 对成功的全球性商标(如福特、耐克、麦当劳以及贝纳通)而言,其之所以强大不可或缺的一环是创造产品之间所谓的家族相似性,由此,商品被看成是分享了本质的特性:它们拥有共同的商标认同……商标作品可以看成产生了一种商品血缘关系的形式……通过独特的专利标志产生了与众不同的家族相似性的亲缘关系。(Franklin et al.,2001:69)

然而,这些商标经营的修辞形式甚至在国内市场上也是非常普遍的;我们不清楚什么使之成为这样一种逻辑,特别是成为一种全球化的逻辑。

但克雷恩表明,全球性的商标传播条件具有生成性的社会效果。为了引起耐克商标的注意,她生造了"商标回力"(the brand boomerang)这个词汇,以此来解释公司的商标如何成为一种要求公司在全球化的条件下承担责任的手段,并且它是如何使人们汇集在反公司主义的旗帜下,形成一种新型的商标政治。

克雷恩指出,如果商标成为地球村的交际通用语,"那些活跃分子现在便可像间谍/蜘蛛一样自由地徜徉在这个商标网络中——在这里关于劳动力实务、化学溢出物、虐待动物以及不道德营销的全世界交易信息……正是在这些商标筑就的全球性联系中,全球公民最终会为这个被出售的星球找到持续可行的解决办法"(Klein,2000:xx)。公司一方面在寻求把我们更多的生活商标化时,另一方面也在审查我们各种交往形式,由于缺乏非公司的空间,我们感受到更多的限制,社会的能量与期望都集中在这个限制之源的跨国性商标上(同上:130-131)。尽管(使商标成为全球通用语)这样的运动仍处于起步阶段,但克雷恩却把它视为一场战斗的开始,以此来寻找能使公司对更广大的公众负责的新机制。她详细地讨论了公司合并、特许权、商标协同效应、公司审查和就业条件如何汇集在一起,对社会支柱的就业、公民权和公民空间造成了重大的打击,导致她所说的"禁用商标"的反公司极端主义。这些情境皆是由公司利用不断扩张的知识产权保护的能力而产生的。但是,公司使这些财产的公共性价值失去光彩,脆弱性为新的反抗形式提供了杠杆。比如,尽管把生产外包出去能够、并且经常确实适合对工人进行剥削,但公司掩盖生产条件的能力是有限的。相同的交往技术既能把(外包)这样的业务分散开来,同时也使得那些积极行动者能把消费者和工人连在一起。数字化交往对这种政治具有关键作用。

在数字化的环境中,商标的重新语境化以及要求公司负责的机会不断地扩展和增加。库姆和赫曼(Coombe and Herman, 2000, 2001a, 2001b)表明,商标管理在数字化的环境中如何变得越来越政治化。她们认为,

> 万维网(world-wide web)使这样的实践成为可能,即承诺通过摧毁公司掌管、控制它们自身形象和意象的传统能力,从而改变公司/消费者之间关系的性质……并且为消费者能够挑战商品拜物教的各种形式创造条件(同时消除生产条件和生产象征价值的条件),因为正是商品拜物教的各种形式促进了商誉的发展,作为一种资产的公司人格才历史性地依赖于此。(2000:597)

如果消费文化在某种程度上总是存在于法律权力及其对它的大众解释的对话关系中,那么这种对话过程在公司试图于网络空间中控制它们的知识产权时变得更加明显,并且范围更加集中。她们通过研究商标和域名的大量纠纷后表明,在批量销售的现代条件之下处于支配地位的专有权控制体系,在数字化的公共领域正变为更具能动性的关于财产伦理与行为规范的商议。在网络空间中,公司宣传商标并从品牌资产中获益的手段也为消费者、雇员和艺术家干预这些传播方式提供了机会,以确保商誉与公众评价更广泛的公司行为之间保持某种关联(Coombe and Herman, 2001b)。

商标已延伸至商品和服务之外,成为空间和经验的标志。社会学家马克·戈特迪纳(Mark Gottdiener)断言,"我们在物质环境中进行的日常生活越加依赖并由这些包罗万象的象征组织起来,其中很多明显与商业相关"(1997:4)。当今环境的象征主义来自于大众媒体——电影、流行音乐和小说中发现的共同主题,确保我们生活在一个主题化的环境中。戈特迪纳讨论了快餐和主题性饮食连锁店的"签名版商标"(signature logos)、职业运动队的强劲销售以及购物经验、家庭度假、赌场和宾馆的主题化过程。社会学家约翰·汉尼加(John Hannigan, 1998)推进了戈特迪纳的命题,解释了1990年代晚期出现的作为"梦幻之城"的都市娱乐场所。他们设计的商标强劲醒目,不单为了娱乐,也是为了在标准化的建筑物形式内销售许可的商品,此标准化的建筑物形式在经济与文化上都与相邻的地区隔离开来(并对当地的社会问题漠不关心)。创作者根本未

考虑使这种新形式的空间文化成为可能的法律基础。商标法的自由化允许商标所有者在越来越脱离产品的环境里不断扩展营销，与此相联,产品第一次获得"次级意义"（通过单一渠道与消费者相联）。"商标外观"（trade dress）的概念发展到允许餐馆装饰、商店设计以及其他已经或可能获得象征意义的可区分空间组织拥有排他性权利。知识产权扩展至为小说人物、卡通形象和商标提供更大的保护。所有这些法律发展为投资于创造可区分空间提供了新的推动力，人们把很多精力投入到创造标志性的环境中，而产出的"作品"能通过特许权制度获得多重许可。

在大多数城市都面临有限的可利用税基的情况下，这些发展对于城市的可持续发展具有关键作用，然而，这样的发展也遭到学术界、周边地区的活跃人士和建筑批评家的反对，他们的理由既有政治上的也有审美上的。他们指责这些发展缺乏真实性，事实上是迎合了舒适、安全的消费欲望，以及恐惧面对社会差异而欲求的安全感，像汉尼加这样的批评家担心，我们城市的中心正在变成"中产阶级消费者受保护的娱乐场"（1998：7），而罔顾平等、文明和社会共同体的需要。

像大多数文化研究学者一样，戈特迪纳和汉尼加都没有认识到法律在塑造（他们所研究的）这些发展过程中的力量（Coombe，1999）。知识产权在当地生活世界如何占用这些大众文化文本的控制过程中，以及为避免商标"淡化"而尽一切可能包容它们的分歧时，作为一种手段被选择性地加以利用。法律赋予、促使并且实际上一贯坚持，这些标志的所有者控制、监管标志的使用，它通过利用一系列复杂的掩护和拟制手法使本质上是公司文化权力的形式合法化（Coombe，1998a）。关注社会中的法律可能会促使我们思考知识产权法在形成商业化建筑环境、知识产权管理的社会实践中的运用，以及法律在规制这些空间中行为的作用。譬如，在何种程度上，知识产权发挥着风险管理机制的作用？戈特迪纳把主题性的环境视为私人化的空间，它是由已侵占了城市公共领域的隔离和监视实践建构起来的。我认为，知识产权法保护象征性事物投资的各种方式使得这些象征获得其自身意义，从而把建构的环境之内与之外的活动区隔开来。人们可以"自我隔离"某些特定的象征环境；在某些商标成为社会安全的标志时，其他人对此则可能会有种种不满。无商标的环境，如少数族群聚居地和城市公园，经常被看作是不安全的；许多市政当局都慎重地要求知名咖啡的特许经营地安排到公有空间，以使中产阶级感到更安全（不也使无家可归者和边缘人更少舒心？）。与商标代码相关的反霸权空间策略也需要进行研究（女性主义者是否应在 Hooters 连锁餐厅照料婴儿？）。就我所知，尚未有这样的主题研究，但这是知识产权被看作社会中的法律来加以阐述又一路径。我们可能会思考，商标产品的全球性生产条件与这些产品的地方性使用和在具体的城市空间中的解释之间的关系，认识到不同社会地位、不同历史的人们会面对和使用这些产品，他们必然会根据来自多样化的生活世界的资源来解释它们（Coombe and Stoller，1995）。

382　　譬如，克雷恩在抵制这些都市新风景的行动中来看待以商标为目标的实践。她解释了"商标爆炸"、"过度囤积"现象以及"大盒子店"（big box）零售而产生的抗议社群，她把这些现象的原因追溯到精明的商业策略以及这些策略意图造成的社会损害。在全世界范围内，居民、工人、农场主以及环境与劳工积极分子都在攻击城市中更具显著地位的公司商标，抗议这些商标的所有者必定付诸的现实行为及其产生的社会损害。

里夫金对商业特许权的讨论表明，知识产权的管理已成为控制商业条件并限制风险和责任的一种手段。专利、版权、商标和商业秘密的排他性权利以及信任和保密关系也被用来构筑新的经济权力集中。"商业模式特许权"是一种经营方法，即母公司授予知识产权，并把掌握有形资产的负担留给被授权者。这根本地改变了小公司的社会作用。

这些被授权的小公司不再是独立自主业务的掌管者，而只不过是更大公司的职员和转包商，大公司密切地控制他们的活动，并把他们置于持续的审查和监视之下。尽管这些小公司需要承担掌握财产和雇佣工人的风险，但他们没有能力赢得任何自主性的商誉。当然，这导致的一个后果是（尽管里夫金没有言明），现今所谓的小公司少有能力去适应当地的环境、支持当地的事业或对当地的条件作出回应。被授权公司所在的社群却不能要求那些掌控有价值的知识产权、真正拥有权力的人对此负责。

全球信息经济：包容与排斥的政治

"后工业"社会的一个神话是让我们感受到知识产权规范的国际化。体现知识产权的主流意识形态的欧洲中心论假设长期以来遭受诟病（比如 Amani, 1999a, 1999b；Jaszi and Woodmansee, 1996）。所谓商业的"同场竞技"具有某种意识形态化的作用，掩盖了全球性舞台上讨价还价能力的根本不平等，也忽视了创造性活动的重要形式。这些不平衡与排斥之处现在成为不断涌现的社会运动斗争之地，这有可能进一步加剧知识产权领域的政治化进程。

在全球知识产权的规制中体现出来的新自由主义霸权逻辑可以追溯到《与贸易有关的知识产权协定》（Agreement on Trade-Related Aspects of Intellectual Property，简称TRIPs）的出现，正如法律学者尼尔·内坦尼尔（Neal Netanel）恰当概括的：

　　《与贸易有关的知识产权协定》在1995年1月1日生效，是建立了WTO（世界贸易组织）并对关贸总协定（General Agreement on Tariffs and Trade，简称GATT）作出实质性修改的协议的一部分。《与贸易有关的知识产权协定》现在约束大约130

个国家,它把知识产权最低程度的保护标准带入了贸易自由化的世界贸易组织框架中。其隐含的假设是,一个国家如果不能充分地保护外国的知识产权,就足以有效地构成贸易的非关税性壁垒。(Netanel,1998:308)

法律学者彼得·达霍斯(Peter Drahos)把《与贸易有关的知识产权协定》的产生看作一项非凡的成就:"因为美国这么一个国家能够说服其他100多个纯粹是技术和文化信息进口国为此信息的进口支付更多的费用。假定这些国家所做出的行为都是理性的关切自身利益,他们愿意在《与贸易有关的知识产权协定》上签字,确实是值得研究的现实世界之谜"(Drahos,1995:7)。达霍斯利用更为复杂的霸权和结构决定理论来探讨这个问题,他认为,全球规制理论仍需关注强制、制度企业家和讨价还价能力的不平等这些现实情况。把知识产权置入贸易框架之中是美国公司的利益集团所欲求的目标,因为他们有能力从去工业化和失去美国竞争的普遍社会忧虑中获益。

在世界知识产权组织(World Intelletctual Property Organization,简称 WIPO)负责实施的国际大会下,美国缺乏参与的动力和影响力:发展中国家总以表决多数而胜出,而世界知识产权组织也没有强制执行机制。在贸易的竞技场,美国掌握着实质性的权力,因为美国对发展中国家的出口来说是一个如此重要的市场。美国商业具有进口导向的贸易政策,激励知识产权的实施,并鼓励使用美国各层次的权力(从国外资助到贷款重组)来达到此目标。

产业协会提供给美国贸易代表处(US Trade Representative's Office)的所有数据都显示由于"盗版"而"预估的损失",其他商业协会则催促国外商业团体给本国政府施压,以使知识产权成为下一轮关贸总协定谈判的中心。美国在这些谈判中处于优势地位,因为它会派出拥有知识产权专长的谈判者。关贸总协定框架允许自由地达成贸易协定,因此发展中国家为了在某些领域确保其利益(如获得有利的纺织品和农产品出口条件),不得不在其他领域放弃其抵抗行为(如对知识产权的延展)。很明显,发展中国家觉得,与贸易相关的利益远远超过这些知识产权新举措带来的成本。政治学家苏珊·塞尔(Susan Sell)表明,在《与贸易有关的知识产权协定》的接受过程中有两股明显的趋势。一方面,产业代表者严格监督国家以确保《与贸易有关的知识产权协定》得到遵守,而另一方面,全球性的公民社会运动已被动员起来反对《与贸易有关的知识产权协定》,他们重点关注药品的获取权、有关生命形式的专利、农民权利和食品安全问题。她把这种情形描述为"知识产权在商业与社会问题上的紧张关系"(2002),由此创造了一个越来越政治化的全球政策环境。

对《与贸易有关的知识产权协定》关键条款的解释存在相当多的争斗。发展中国家、公民社会组织和其他联合国政府间组织都投入到这场争斗中,以使《与贸易有关的知识产权协定》不会超越国际人权规范、环保义务或发展目标。目前仍少有学术关注这些新政治活动(除了 McAfee, 1999)。

然而,贸易框架一直受到严格的审查。传播学者沙丽妮·温图莱利(Shalini Venturelli)表明,与全球信息社会出现相关的关键性政策问题被忽略了,这是由于未能考虑到政策的交往性后果,而它决定了"创新、所有权、生产、发行和文化表达利用的条件"(1998:48)。由于推行像《与贸易有关的知识产权协定》这样的国际信息自由化政策,文化自决的权利、创造者的文化权利以及国家采用其他文化和政治发展模式的权利皆被忽视、贬低乃至禁止了。沙丽妮认为,全球信息社会结构的出现对一个民主的公民社会必需的表达性条件产生了非常可怕的影响。尽管信息自由化(通过数字技术)增强了民主协商的技术能力,但它确实降低了民主的预期,因为它一方面增加信息领域的专有权的集中化,另一方面它把国家从公共利益的捍卫者转变为表达领域的私人专有权益的保护者。知识产权管理的新体制潜在地限制了国家在对民主生存至关重要的领域——公共领域的表达结构、表达形式和表达的可得性——为其公民决定公共利益的能力。譬如,《与贸易有关的知识产权协定》框架下的经济激励模式有利于扩大化的专有权保护,但又遮蔽了其他维度的版权传统,诸如美国宪法通过知识和信息的传播繁荣公共领域的目标、公民的公开获取权以及人的创造性劳动权利。全球正在实施的一些如保护数据库的新举措(以及我得补充的新举措,即增加植物多样性的保护和把专利保护延伸到新的生命形式)进一步加剧了此种趋势。

采纳版权保护措施可以看作推进民主发展(Netanel, 1998)和促进民主原则(特别是在美国宪法语境下)的一种手段。如果没有作为补偿性的国际压力和独立机构而由单个国家来使地方体制适应民主发展目标,《与贸易有关的知识产权协定》的体制将摧垮版权原本承诺的政治潜能。约翰·福罗把《与贸易有关的知识产权协定》看作"有预谋地攻击公民社会的根本制度"(2000:176)。世界信息市场已发生重大的调整,这是由于抛弃了新世界信息与交往秩序(New World Information and Communication Order,简称 NWICO)——一个强调发展目的而披露信息的信息管理模式——转而支持另一种模式,它强调作为私人化商品的信息产品的贸易(同上:178)。福罗对此种体制可能具有的社会后果最终仍是含糊其辞:

> 像任何复杂的政治结构一样,这种体制可能既有积极的也有消极的后果……关贸总协定的草案倾向于支持普遍而公开的信息获取权,反对限制性的、秘而不宣的文化。它们(草案)美化大众传媒对熟人文化(face-to-face cultures)产生的大多侵蚀性后果,而它们所提出的普遍性在某种意义上只不过是那些富裕国家普遍化的特殊性。然而,不管这种公开性是如何的悖谬,它起的作用可能是刺激回应性的文化生产或文化混合,抑或仅仅是激起对压制性的政治秩序产生势不两立的不满。尽管有"信息自由流动"的美化修辞,但与此同时也存在的情况是:信息中的私人

产权的加强对地方文化的保护以及公共领域的进一步构建都可能产生重大后果。(Frow, 2000: 181)

玛丽·福特(Mary Footer)和克里斯托夫·格拉伯(Christoph Graber, 2000)认为,新的世界贸易组织体制下的义务威胁到民族国家的文化政策目标。贸易自由化产生了文化霸权主义的忧虑,也产生了保护民族认同的诉求。贸易义务和文化政策的冲突正呈现出来。譬如,由于电视和电影在塑造文化认同上的影响力,欧洲和加拿大都反对把电视和电影看作与其他市场商品一样。在世界贸易组织下,所有形式的文化政策都须服从争端解决程序以此来决定这些政策是否创造了非法贸易壁垒。倾向于反映民族文化价值的知识产权内容(Samuelson, 1999)将受到严格审查。

世界版权体制的丰富多样表明艺术、文学、戏剧和音乐作品绝不可能彻底商品化。许多国家接受了不可剥夺的道德权利和集体授权体制,从而限制作品的所有者全面控制作品的各种使用方式。知识产权的集体性管理(体制)在历史上曾起到促进和保护民族文化活动的作用,尽管这种传统似乎正受到产业联合的威胁(Wallis et al., 1999)。版权的各种豁免是《与贸易有关的知识产权协定》所明确预想的、用来促进民族政策目标的一种手段,现在更多地成为世界贸易组织中争讼的对象。贸易义务、知识产权条款与文化政策目标的关系必将成为持续不断的国际争端之肇因。加拿大和法国提出、联合国教科文组织(UNESCO)也支持创制一个独立的多边法案来保存和推进文化的多样性,反对贸易体制中的霸权。这样的法案看起来不可能得到国际社会的接受,但是,在信息资本主义的条件下(Coombe, 2003a),所有国际法领域都出现了文化认同问题的复兴,再加上不断增长的非政府组织力量(它们最能代表国际法中的社会利益),这表明贸易体制不可能永久地否定和回避这些问题。

有些学者可能会高估《与贸易有关的知识产权协定》的社会与政治影响,因为该协定的关键性条款仍未得到解释。有些人认为(比如,Reichman, 2000; Correa, 2000; Trebilcock and Howse, 1999),《与贸易有关的知识产权协定》本身为国家提供诸多的可能机会:即为消费者的福利、经济与社会发展目标以及强制性许可的可能性而巧妙利用对知识产权的限制和豁免。保护版权的要求必须与表达的多样性、版权的各种变换使用、信息的自由流动、公共话语的参与以及现有作品的公开获取权相适应,国际惯例的历史很明显地体现了这点,因此,《与贸易有关的知识产权协定》的意义必须由此得到解释。

公共性的命运:信息经济中捍卫公共领域的政治学

很多批评者在关注规制知识产权的关贸总协定时,都把重点放在关贸总协定未能确保公共领域的持续维系上。在自然世界的基因资源、信息、事实、操作方法、语言或观念(以及传统上不受知识产权法保护的所有领域)方面,由于新自由主义哲学的霸权,我们目睹了公开获取权领域的销蚀(Amani and Coombe,即出)。在某种程度上,新的国际知识产权体制致力于实现文化的商品化——以及应加上自然的文化濡化(enculturation)(Coombe, 2003b)——而一些非常重要的价值却被置于危机之中。这些价值包括在公开的公共领域进行争辩和批评的愿望,以及自由地分享知识以促进艺术和科学进步的重要性(Frow, 2000: 184)。

对很多全球化和知识产权的批判性研究而言,关注公共领域的地位和忧心公共领域封闭之意涵是它们的中心所在,但此问题当然不仅限于对文本资源的控制——在当前技术和法律条件下所有的资源都可能变成信息,从而被文本化(Coombe, 2003b; Perry, 2000)。目前对知识产权保护范围和可欲性的争论主要集中于世界农作物的基因资源与农民权利(Cleveland and Murray, 1997),以及农村贫困者为了维护食品安全是否有权利长期地使用已收获的农作物的种子。传统的耕种者与医疗从业人员在他们的知识和技术被使用时应享有获得承认和补偿的权利吗?贫困者不断地创造出生物的多样性以此作为不安全条件下的一种风险保障形式,他们就此应享有什么权利(Brush, 2000)?

不幸的是,很多学者都以某种对立的方式阐述这些问题——要么反对私权,支持一种未加言明实则是单一的公共领域,有时把一种实质上为集体性的社群主义强加给原住民和农民(Brush, 1999; Gari, 1999),造成乡土或传统与现代或科学的知识之间的明显对立(Dove, 1996);要么毫无根据地从具体情况中抽象出一般,从而把其他的文化世界观的神圣维度浪漫化。幸运的是,目前对这些研究方案有些矫正,包括深入理解无论私权还是公共领域的多样性存在的各种变化;占有、保护和转让无形资产权益的不同文化方式的复杂性;以及包括"传统"与"现代"的当代知识呈现出不可避免的混合形式(Agrawal, 1995; Gupta, 1998)。然而,在当代社会抵抗运动中承认"公共性"形象(Barnes, 2001; Goldman, 1998; Rowe, 2002)和信息政策的批判性学术激情(Benkler, 2001; Boyle, 2003; Lange and Lange Anderson, 2001)的复兴仍是非常重要的。

承认公共性的重要性不仅发生在反文化中。尽管此种现象未引起学术的足够注意,但一贯坚持尊重人类与植物遗传物质的永久公共性等美德的社会网络变得更加直言不讳(例如"禁止享有生命专利"运动),并且它把环保主义者、女权主义者、农场主、食品与健康积极行动者、原住民和宗教组织这些至今无法想象的结合联系在一起,表达出替代性价值的道德经济。在农业研究中意识到需要一个切实可行的公共领域,这推动了 21 世纪第一个国际性条约的谈判。《国际植物遗传资源条约》(International Treaty on Plant Genetic Resources)在 2001 年 11 月已为 184 个国家所接受,它在世界最重要的 35 种农作物和饲料植物(代表人类粮食能源需求的 70%)中创造了一个农业的公共性和安全的公共领域。非常有意义的是,该条约还规定与发展中国家的农民强制性地共享使用条约所含资源所得的利益,这些发展中国家的农民已被承认享有获取、交易和出售覆盖作物(covered crops)种子的权利,以及参与到相关决策论坛中的权利。发展中国家也在寻求缩减他们在《与贸易有关的知识产权协定》中的义务,准许他们承认这些农民的权利,但是美国在不断地给各个国家施压,以期取消农民的这些权利。

有很多活动和实践做法曾经一直被排斥在知识产权体制视野之外,为承认和保护这些实践而开展的全球运动,已把知识产权问题及其实施的后果推进到更广阔的国际政策制定和法律义务领域(Correa, 2001)。有关知识产权的争论现在不可避免地与国际人权规范(Amani and Coombe,即出;Chapman, 1998;Coombe, 1998b, 2001)、环境政治(Martinez-Alier, 1997;McAfee, 1999)、文化和领土权利的要求(Escobar, 1998)、健康权(Sell, 2003)以及围绕地方的自我认同与自决而展开的国际斗争纠结在一起。鉴于知识产权不断增长的政治化,可以预见,社会中的知识产权研究在来年必定成为一个丰富的探索领域。

注释

感谢 Graham Boswell, Moira Daly, Simon Proulx 和 Monique Twigg 出色的研究和编辑协助。

参考文献

- Agrawal, A. (1995) "Dismantling the divide between indigenous and scientific knowledge," *Development and Change* 26: 413-39.
- Amani, B. (1999a) "Fact, fiction or folklore? It's time the tale were told—Part Ⅰ," *Intellectual Property Journal* 13: 237-73.
- Amani, B. (1999b) "Copyright, cultural industries and folklore: A tall tale of legal fiction—Part Ⅱ," *Intellectual Property Journal*, 13: 275-303.
- Amani, B. and Coombe, R. J. (forthcoming) "The human genome diversity project: Politicizing patents at the intersection of race, religion, health and research ethics," *Law and Policy Review* 26.
- Aoki, K. (1993) "Authors, inventors and trademark owners: Private intellectual property and the public domain. Part Ⅰ," *Columbia-VLA Journal of Law and the Arts* 18: 1-73.
- Aoki, K. (1994) "Authors, inventors and trademark owners: Private intellectual property and the public domain. Part Ⅱ," *Columbia-VLA Journal of Law and the Arts* 18: 191-267.
- Aoki, K. (1997) "How the world dreams itself to be American: Reflections on the relationship between the expanding scope of trademark protection and free speech norms," *Loyola of Los Angeles Entertainment Law Journal* 17: 523-47.
- Barnes, P. (2001) *Who Owns the Sky?* Washington, DC: Island Press.
- Benkler, Y. (2001) "Siren songs and Amish children: Autonomy, information, and law," *New*

York University Law Review 76: 23-113.
- Boyle, J. (1996) *Shamans, Software, and Spleens.* Cambridge, MA: Harvard University Press. Boyle, J. (2003) "The second enclosure movement and the construction of the public domain," *Law and Contemporary Problems*, 66: 33-74 Available online at ⟨http://www.law.duke.edu/journals/lcp/⟩.
- Brush, S. (1999) "Bioprospecting the public domain," *Cultural Anthropology* 14: 535-55.
- Brush, S. (2000) "The issues of in situ conservation of plant genetic resources," in S. Brush (ed.), *Genes in the Field: On Farm Conservation of Crop Diversity.* Rome: International Plant Genetic Resources Institute, pp. 3-36.
- Brush, S. and Stabinsky, D. (eds.) (1996) *Valuing Local Knowledge.* Washington, DC: Island Press.
- Chapman, A. (1998) "A human rights perspective on intellectual property, scientific progress, and access to the benefits of science," in WIPO/UNHCR *Intellectual Property and Human Rights: A Panel Discussion to Commemorate the 50th Anniversary of the Universal Declaration on Human Rights*, Publication No. 762(E). Geneva: WIPO, pp. 128-62. Available online at ⟨http:www.wipo.org/globalissues/events/1998/humanrights/papers/pdf/chapman.pdf⟩.
- Chon, M. (1993) "Progress: Reconsidering the copyright and patent power," *De Paul Law Review* 43: 97.
- CIPR (2001) "International Treaty on Plant Genetic Resources," available from ⟨iprcommission@topica.com⟩ November 8, 2001. For further details see ⟨www.ukabc.org⟩.
- Cleveland, D. and Murray, S. (1997) "The world's crop genetic resources and the rights of indigenous farmers," *Current Anthropology* 38: 477-515.
- Coombe, R. J. (1991) "Objects of property and subjects of politics: Intellectual property laws and democratic dialogue," *Texas Law Review* 69: 1853-80.
- Coombe, R. J. (1994) "Author/izing the celebrity: Publicity rights, postmodern politics, and unauthorized genders," in M. Woodmansee and P. Jaszi (eds.), *The Construction of Authorship: Textual Appropriations in Law and Literature.* Durham, NC: Duke University Press, pp. 101-131. Reprinted in Peter K. Yu (ed.), *The Marketplace of Ideas: Twenty Years of the Cardozo Arts and Entertainment Law Journal*, 2002, pp. 236-66.
- Coombe, R. J. (1998a) *The Cultural Life of Intellectual Properties: Authorship, Appropriation, and the Law.* Durham, NC: Duke University Press.
- Coombe, R. J. (1998b) "Intellectual property, human rights and sovereignty: New dilemmas in international law posed by the recognition of indigenous knowledge and the conservation of biodiversity," *Indiana Journal of Global Legal Studies* 6: 59-115.
- Coombe, R. J. (1999) "Sports trademarks and somatic politics," in R. Martin and T. Miller (eds.), *Sportcult.* Minneapolis: University of Minnesota Press, pp. 262-88. Reprinted in D. Gold-

berg, M. Musheno, and L. Bower (eds.), (2001), *Between Law and Culture: Relocating Legal Studies*. Minneapolis: University of Minnesota Press, pp. 22-49.

- Coombe, R. J. (2001) "The recognition of indigenous peoples' and community traditional knowledge in international law," *St. Thomas Law Review* 14: 275-85.
- Coombe, R. J. (2003a) "Fear, hope, and longing for the future of authorship and a revitalized public domain in global regimes of intellectual property," *DePaul Law Review* 62: 1171-91.
- Coombe, R. J. (2003b) "Works in progress: Traditional knowledge, biological diversity and intellectual property in a neoliberal era," in R. W. Perry and W. Maurer (eds.), *Globalization Under Construction: Governmentality, Law, and Identity*. Minneapolis: University of Minnesota Press, pp. 273-314.
- Coombe, R. J. and Herman, A. (2000) "Trademarks, property, and propriety: The moral economy of consumer politics and corporate accountability on the World Wide Web," *De Paul Law Review* 50: 597-632.
- Coombe, R. J. and Herman, A. (2001a) "Culture wars on the Net: Intellectual property and corporate propriety in digital environments," *South Atlantic Quarterly* 100: 919-47.
- Coombe, R. J. and Herman, A. (2001b) "Defending toy dolls and maneuvering toy soldiers: Corporate-consumer wars of position on the World-Wide Web," Powerpoint presentation available at ⟨http://www.mit.edu⟩.
- Coombe, R. J. and Stoller, P. (1995) "X marks the spot: The ambiguities of African trading in the commerce of the black public sphere," *Public Culture: Society for Transnational Studies* 7: 249-74. Reprinted in The Public Sphere Collective (eds.) (1995), *The Black Public Sphere*. Chicago: University of Chicago Press, pp. 253-78.
- Cordero, S. (1998) "Cocaine-Cola, the velvet Elvis, and anti-Barbie: Defending the trademark and publicity rights to cultural icons," *Fordham Intellectual Property, Media & Entertainment Law Journal* 8: 599-654.
- Correa, C. (2000) *Intellectual Property Rights, the WTO and Developing Countries: The TRIPS Agreement and Policy Options*. London and New York: Zed Books.
- Correa, C. (2001) "Traditional knowledge and intellectual property: Issues and options surrounding the protection of traditional knowledge: A discussion paper," Geneva: Quaker United Nations Office, November. Available from ⟨http://www.quno.org⟩ (click on Geneva pages).
- Dove, M. (1996) "Centre, periphery and biodiversity: A paradox of governance and a developmental challenge," in S. Brush and D. Stabinsky (eds.), *Valuing Local Knowledge: Indigenous People and Intellectual Property Rights*. Washington, DC: Island Press, pp. 41-67.
- Drahos, P. (1995) "Global property rights in information: The story of TRIPS at the GATT," *Prometheus* 13: 6-19. Reprinted in P. Drahos (ed.) (1999), *Intellectual Property*. Aldershot, UK: Dartmouth Publications, pp. 419-32.

- Dreyfuss, R. (1990) "Expressive genericity: Trademarks as language in the Pepsi generation," *Notre Dame Law Review* 65: 397-424.
- Dreyfuss, R. (1996) "We are symbols and inhabit symbols, so should we be paying rent? Deconstructing the Lanham Act and rights of publicity," *Columbia-VLA Journal of Law and the Arts* 20: 123-56.
- Dutfield, G. (1999) "Rights, resources and responses," in United Nations Environment Program, *Cultural and Spiritual Values of Biodiversity*. London: Intermediate Technology Publications, pp. 503-46.
- Dutfield, G. (2000) "The public and private domains: Intellectual property rights in traditional knowledge," *Science Communication* 21: 274-95.
- Escobar, A. (1998) "Whose knowledge, whose nature? Biodiversity conservation and the political ecology of social movements," *Journal of Political Ecology* 5: 53-82.
- Footer, M. and Graber, C. (2000) "Trade liberalization and cultural policy," *Journal of International Economic Law* 3(1): 115-44.
- Franklin, S., Lury, C., and Stacey, J. (eds.) (2000) *Global Nature, Global Culture*. Boulder, CO: Sage Publications.
- Frow, J. (1995) "Elvis' fame: The commodity form and the form of the person," *Cardozo Studies in Law and Literature* 7(2): 131-71.
- Frow, J. (2000) "Public domain and the new world order in knowledge," *Social Semiotics* 10(2): 173-85.
- Gaines, J. (1991) *Contested Culture: The Image, the Voice, and the Law*. Chapel Hill, NC: University of North Carolina Press.
- Gaines, J. (1995) "Reincarnation as the ring on Liz Taylor's finger: Andy Warhol and the right of publicity," in A. Sarat and T. Kearns (eds.), *Identities, Politics and Rights*. Ann Arbor, MI: University of Michigan Press, pp. 131-48.
- Gari, J. (1999) "Biodiversity conservation and use: Local and global considerations," *Science, Technology and Development Discussion Paper No. 7*. Cambridge, MA: Harvard University Center for International Development and Belfer Center for Science and International Affairs.
- Goldman, M. (ed.) (1998) *Privatizing Nature: Political Struggle for the Global Commons*. New Brunswick, NJ: Rutgers University Press.
- Gordon, W. (1990) "Toward a jurisprudence of benefits: The norms of copyright and the problem of private censorship," *University of Chicago Law Review* 57: 1009-49.
- Gottdiener, M. (1997) *The Theming of America: Dreams, Visions, and Commercial Spaces*. Boulder, CO: Westview Press.
- Gupta, A. (1998) *Postcolonial Developments: Agriculture in the Making of Modern India*. Durham, NC: Duke University Press.

- Hannigan, J. (1998) *Fantasy City: Pleasure and Profit in the Postmodern Metropolis.* London and New York: Routledge.
- Heller, M. and Eisenberg, R. (2000) "Can patents deter innovation? The anticommons in biomedical research," *Science* 280: 698-702.
- Herman, A. and Sloop, J. (1998) "The politics of authenticity in postmodern rock culture: The case of Negativland and The Letter 'U' and the Numeral '2'," *Critical Studies in Mass Communication* 15: 1-20.
- Jaszi, P. and Woodmansee, M. (1996) "The ethical reaches of authorship," *South Atlantic Quarterly* 95: 947-78.
- Klein, N. (2000) *No Logo: Taking Aim at the Brand Bullies.* Toronto: Knopf Canada.
- Kotler, J. S. T. (1999) "Trade-mark parody, judicial confusion and the unlikelihood of fair use," *Intellectual Property Journal* 14: 219-40.
- Lange, D. and Lange Anderson, J. (2001) "Copyright, fair use and transformative critical appropriation," in Duke Conference on the Public Domain (ed.), *Focus Paper, Discussion Drafts*, pp. 130-56. Available online at ⟨http://james-boyle.com/papers.pdf⟩.
- Langvardt, A. (1997) "The troubling implication of a right of publicity 'wheel' spun out of control," *Kansas Law Review* 45: 329-452.
- Lemley, M. (1999) "The modern Lanham Act and the death of common sense," *Yale Law Journal* 108: 1687-715.
- Lessig, L. (2001) *The Future Of Ideas: The Fate of the Commons in a Connected World.* New York: Random House.
- Litman, J. (2001) *Digital Copyright.* New York: Prometheus Books.
- Lury, C. (1993) *Cultural Rights: Technology, Legality, Personality.* London: Routledge.
- Madow, M. (1993) "Private ownership of public image: Popular culture and publicity rights," *California Law Review* 81: 125-240.
- Martinez-Alier, J. (1997) "The merchandising of biodiversity," in T. Hayward and J. O'Neill (eds.), *Justice, Property and the Environment: Social and Legal Perspectives.* Aldershot, UK: Ashgate, pp. 194-211.
- McAfee, K. (1999) "Selling nature to save it? Biodiversity and green developmentalism," *Environment and Planning D; Society and Space* 17: 133-54.
- McLeod, K. (2001) *Owning Culture: Authorship, Ownership, and Intellectual Property Law.* New York: Peter Lang.
- McSherry, C. (2001) *Who Owns Academic Work? Battling for Control of Intellectual Property.* Cambridge, MA: Harvard University Press.
- Netanel, N. (1998) "Asserting copyright's democratic principles in the global age," *Vanderbilt Law Review* 51: 217-349.

- Pearson, A. (1998) "Commercial trademark parody, the Federal Dilution Act, and the First Amendment," *Valpariso University Law Review* 32: 973-1028.
- Perry, B. (2000) "The fate of the collections: Social justice and the annexation of plant genetic resources," in C. Zerner (ed.), *Peoples, Plants and Justice*. New York: Columbia University Press, pp. 374-402.
- Polster, C. (2000) "The future of the liberal university in the era of the global knowledge grab," *Higher Education* 39: 19-41.
- Rai, A. K. (1999) "Regulating scientific research: Intellectual property rights and the norms of science," *Northwestern University Law Review* 94: 77-152.
- Rai, A. K. and Eisenberg, R. (2003) "Bayh-Dole reform and the progress of biomedicine," *Law and Contemporary Problems*, 66: 289-314. Available online at ⟨http://www.law.duke.edu/journals/lcp/⟩.
- Reichman, J. H. (2000) "The TRIPS Agreement comes of age: Conflict or cooperation with the developing countries?" *Case Western Reserve Journal of International Law* 32: 441-70.
- Reichman, J. H. and Uhlir, P. F. (1999) "Database protection at the crossroads: Recent developments and their impact on science and technology," *Berkeley Technology Law Review* 14: 793-838.
- Reichman, J. H. and Uhlir, P. (2003) "A contractually reconstructed research commons for scientific data in a highly protectionist intellectual property environment," *Law and Contemporary Problems* 66: 315-462. Available online at ⟨http://www.law.duke.edu/journals/lcp/⟩.
- Rifkin, Jeremy (2000) *The Age of Access: The New Culture of Hypercapitalism, Where All of Life is a Paid-For Experience*. New York: J. P. Tarcher.
- Rowe, J. (2002) "Fanfare for the commons," *Utne Reader* January-February: 40-4.
- Samuelson, P. (1999) "Implications of the agreement on trade related aspects of intellectual property rights for the cultural dimension of national copyright laws," *Journal of Cultural Economics* 23: 95-107.
- Schlosser, S. (2001) "The high price of criticizing coffee: The chilling effect of the Federal Trademark Dilution Act on corporate parody," *Arizona Law Review* 43: 931-64.
- Sell, S. (2002) "Post-TRIPS developments: The tension between commercial and social agendas in the context of intellectual property," *Florida Journal of International Law* 14: 193-216.
- Sell, S. (2003) *Private Power, Public Law: The Globalization of Intellectual Property Rights*. Cambridge, UK: Cambridge University Press.
- Shulman, S. (1999) *Owning the Future*. Boston: Houghton, Mifflen.
- Trebilcock, M. and Howse, R. (1999) *International Trade Regulation*, 2nd edn. London and New York: Routledge.
- Vaidhyanathan, S. (2001) *Copyrights and Copywrongs: The Rise Of Intellectual Property and How It Threatens Creativity*. New York: New York University Press.

- Venturelli, S. (1998) "Cultural rights and world trade agreements in the information society," *Gazette: International Journal for Communication Studies* 60(1): 47-76.
- Wallis, R. et al. (1999) "Contested collective administration of intellectual property rights in music: The challenges to the principles of reciprocity and solidarity," *European Journal of Communication* 14: 5-35.

扩展文献

- Bettig, R. (1996) *Copyrighting Culture: The Political Economy of Intellectual Property*. Boulder, CO: Westview Press.
- Blakeney, M. (ed.) (1999) *Perspectives on Intellectual Property: Intellectual Property Aspects of Ethnobiology*. London: Sweet and Maxwell.
- Brown, M. (2003) *Who Owns Native Culture?* Cambridge, MA: Harvard University Press.
- Buranen, L. and Roy, A. (eds.) (1999) *Perspectives on Plagiarism and Intellectual Property in a Postmodern World*. Albany: State University of New York Press.
- Drahos P. with John Braithwaite (2002) *Information Feudalism: Who Owns the Knowledge Economy?* New York: New Press.
- Frow, J. (1997) *Time and Commodity Culture: Essays in Cultural Theory and Postmodernity*. Oxford: Clarendon Press.
- Gordon, W. (1993) "A property right in self-expression: Equality and individualism in the natural law of intellectual property," *Yale Law Journal* 102: 1533-609.
- Maskus, K. and Reichman, J. (eds.) *International Public Goods and Transfer of Technology Under a Globalized Intellectual Property Regime*. Cambridge, UK: Cambridge University Press.
- May, C. (2000) *A Global Political Economy of Intellectual Property Rights: The New Enclosures*. New York: Routledge.
- Netanel, N. and Elkin-Koren, N. (eds.) (2002) *The Commodification of Information*. The Hague: Kluwer Law International.
- Stenson, A. and Gray, T. (1997) "Cultural communities and intellectual property rights in plant genetic resources," in T. Hayward and J. O'Neill (eds.), *Justice, Property and the Environment: Social and Legal Perspectives*. Aldershot, UK: Ashgate, pp. 178-93.

20

法律范畴化与宗教：
论现代性政治、实践、信仰与权力

加德·巴茨莱 著
危文高 译

导 言

西方立宪主义与现代自由主义建构和推进了非常成问题的霸权神话，即在民主社会中宗教从国家和政治中分离出来（Carter, 1998）。然而，对现代政治、法律和社会作一次认真的批判性分析便可解构形式性的法律范畴，并指出宗教在现代国家、法律和法律意识形态中具有不可替代、极其重要的地位。正如本文所阐述的，尽管在政体与宗教之内及其之间存在制度和文化上的差异，但宗教作为一种社会-政治和法律的力量在新自由主义的跨国和国际扩张（"全球化"）中具有非常突出的作用。尽管在第三个千年之始，在世俗理性和技术现代性回声与实践中，宗教甚至作为对它的反应和这种实践的一部分，但宗教在不同的国家和社会中的作用仍是十分明显的。

一些法律与社会研究从宗教自由、宗教制度和宗教信仰不受国家干涉的自由以及不信教的自由的宪法层面思考宗教（Friedman, 1990）。另一些法律与社会研究则视宗教为反映前现代法律体系的部落文化中的实质性要素（Currie, 1968; Pospisil, 1973）。把宗教和宗教法等同于前现代社会现象、甚至是野蛮人的特征，这样的一种倾向在1980年代以前一直是大部分法律与社会研究的特色。后来，随着对宗教法与民族国家之间的互动有更多同情理解，人们把重点更多地放在分析宗教法的多元性、宗教的多元性以及宗教与现代性是否可能适应与调和上（Rosen, 1980; Messick, 1988）。这些研究指出了伊斯兰法律（沙里阿法[shari'a]）的灵活性和实用性特点，尽管它的叙事是神学的。

马克斯·韦伯的社会学对现代性持怀疑态度,他对宗教的重视在常规化下的现代资本主义社会中仍只是边缘现象,正因为如此,它在研习宗教的法律与社会学生中并没有引起应有的学术关注。韦伯为世界各地的宗教所吸引,他认为宗教与宗教法是理解资本主义和非资本主义环境演变的基础(Weber,1964;Trubek,1986)。自韦伯1920年逝世之后的近三十年来,他对佛教、基督教、印度教、伊斯兰教、犹太教和道教的研究(Weber,1951,1952,1956,1960)仍无人能及,而且法律与社会学者也很少触及这些。只有在主要由亚当森·霍贝尔(Adamson Hoebel)和他的学生开展的法律与社会的人类学研究的影响下,法律与社会运动才丰富了我们的知识视野,洞悉到宗教与宗教法的个案研究(Hoebel,1954;Pospisil,1973)。一旦宗教法被理解成国家法律意识形态之外的领域,那么它与其他法律传统的联系与斗争大部分被忽视了。

1980年代末出现的法律多元主义呼吁有必要揭开国家法和法律意识形态的真面目以理解不同法律传统与实践之间的互动关系。它还强调要特别注意法律中的文化不和谐之处,它们是多元的、可能有序的社会正义的活水之源(Calavita,2001;Merry,1988;Sarat and Berkowitz,1994;Twining,1986,2000;Santos,1995)。本文的写作正是在这种法律多元主义传统内进行,采取了一种批判性的社群主义进路,而这在当前的法律多元主义研究中仍只是边缘性的。我认为,宗教团体实践的多样性,即便原教旨主义也可以看作是与民主秩序的妥协(Sarat and Berkowitz,1994)。这种研究认为宗教是观察世界的一套认识论指南,是一套由信仰超越性的神圣力量所驱使的文化共同体实践的体系。宗教构成并反映了现代性中人类生活各个领域的存在意义。这样的一套价值、规范和实践不能由"理性"或"非理性"的标准来加以理解和判断。

本文提供的视角不同于自由主义对宗教的解释,这种解释把宗教当作与国家实质分离的信仰范畴。而且,它也不同于把宗教看作纯粹是原始的、甚至是部落性的东西。我赞同塔拉尔·阿萨德(Talal Asad)对吉尔兹把宗教主要当成一个独特的象征实体而加以概念化研究(Geertz,1973)的批判(Asad,1993)。正如本文所呈现的,宗教与法律在不同的、有时是矛盾的社会-政治互动空间的权力内部以及与权力的冲突中是密不可分和可互换的。

因而,对于多元文化背景下研习法律、社会与政治的学生来说,理解宗教是一种挑战。在新自由主义想象一个由西方主导的全球性社会的幻想越趋明显之时,不同地方的宗教却在21世纪伊始显得相当重要,在世界大多数国家它已作为日常实践和国家实践的一部分。新自由主义的目的论现代性概念预设了理性、世俗法制的文化优越性,并且它未能考虑宗教对民主社会多元性的建构意义。颇为悖谬的是,在2001年9月11日恐怖分子对世界贸易中心的袭击之后,那种概念在以美国为首的西方社会得到了强化。然而,与常人的预期相反,1990年代的调查显示宗教活动在当代西方和中欧民主社会中具有相当高的比例:爱尔兰有88%、北爱尔兰有69%、意大利有51%、瑞士有

43%、葡萄牙有41%、西班牙有39%、匈牙利有34%、西德有34%、东德有20%、英国有19%、法国有17%的人至少每月去教堂(Bruce,1999)。

自由主义与非自由主义(非统治)的宗教团体之间的冲突在很多民主社会中是非常普遍的。由于自由主义声称宗教的私人化,把信仰与宗教活动定位在个人领域,并且由于它正统地主张非宗教美德,因而往往侵犯非统治性集体保存和维护非霸权宗教文化的权利。这些少数人的宗教文化在现代自由主义法制中被看作是与多数人的文化相对抗的。在自称是自由主义国家的法律与非统治性的宗教集体之间发生的这一冲突通过文化上的法律冲突清晰地表现出来,尤其在英国、法国、德国、印度、以色列、荷兰、土耳其和美国更明显。这些冲突甚至在国家与宗教之间存在形式上自由分离的国家——如法国、德国和美国——也是非常明显的。国家是否应该在制度上和资金上资助非统治性的宗教团体,这样的问题在这些政治体制中仍处在公众和法律上的争论中;基于宗教自由的原则,国家法院的主流宪法立场反对这样的推动。因为,这样的资助实际上有助于在这些政治体制中确立霸权性的宗教和教会。

自由主义和非统治性(非自由主义)的宗教团体之间的冲突体现了康德式的范畴化不可能产生普遍性的人权话语,这同时也阐明了非统治性团体的地方性困境。论及世俗化价值的法律与社会学著作没有解释这些地方性团体的需要,而且回避了在包容性的民主背景中如何阐述这些需要的困境(Starr,1989)。

本文旨在检讨法律与社会研究,并从去中心化的法律与社会角度来解构法律与宗教的互动关系(Garth and Sterling,1998)。在质疑自由主义的国家与宗教的二分法之后,本文批评了自由主义在认识论、逻辑以及理论上的缺陷,正是这些缺陷妨碍了它正确地阐述宗教在现代民主政治中的重要作用。自由主义未能理解这些复杂的实践,即宗教是国家权力中心的一部分,也是现代法制的必要元素。自由主义把宗教作为一种个人权利而私人化,因而在当代多元文化社会,它不可能提供包括非自由主义的宗教少数的宪法和政治途径。我批判性地阐释了自由主义对民主语境中宗教与法律挑战的回避。

本文也涉及并支持批判性的社群主义主张,即通过保护宗教少数并授予他们权力的集体权利的发展,从而吸纳民主社会中的宗教团体,挑战霸权的现代性、理性和世俗主义概念。我认为多元文化主义并不是一个自由主义的方案,而是一个有活力的政治框架,它在文化和制度上培育了对待宗教少数(包括原教旨主义少数)和非自由主义宗教团体的宽容态度。在多元文化主义背景下,法律应认识到自由主义各方面的优点以及它对民主的重要性,但这本身只是作为一个相关的传统而不是法制的一个绝对秩序标准。本文把这样的文化相对主义投入到未来的宗教与法律研究中。通过阐释宗教和法律在社会和政治中的谱系范畴从而解构和重构法律与宗教,这可能会激发当代政治体制的改革,使之成为在本质上能包容、保护和赋权于多样的、非统治的宗教团体的包容性实体。

对法律中的宗教范畴与宗教中的法律范畴的谱系研究

通过对宗教与法律的谱系分析,我将在下文解释宗教中的法律、法律中的宗教与法律、宗教的现代政治之间的互动关系。宗教自然法——它的源动力来自对上帝或某些神圣力量的信仰——用宗教来建构既定的、神圣的、永恒不变的、普遍的法律范畴,以此作为正当行为的规范性指引。根据"恶法非法"(lex iniusta non est lex)原则,此种宗教自然法是服从或不服从人法的绝对标准(Bix, 1996)。

作为诠释学和实践的那个基本法律范畴(即宗教自然法)来自于上帝和先知的意志,一直以来它是圣奥古斯丁(Saint Augustine)、托马斯·阿奎那(Thomas Aquinas)、穆罕默德·阿毛迪(Abu Alhasan Ali ibn Muhammad Almaourdi)、迈蒙尼德(Maimonides)和其他不同宗教的神学家著作中的一大特色。因而,道德性(morality)与合法性(legality)是根据作为一套神圣、超验的秩序标准的宗教而定的。在这种语境下,法律是宗教中普遍而非偶在的范畴,它将产生服从义务。法律旨在神圣的规范秩序内为人类的各种选择和司法裁决划定空间。自然法经常成为对现代国家法律不满的一个来源,也是民主和多元文化主义授权理论的一个来源。然而,宗教自然法不同于一般意义的自然法,它直到14世纪才成为主流。自此以降,自然法一直是一个非常有力的概念,但它经历了一个世俗化的过程,这主要是由中世纪后科学的逐渐兴起和作为世俗化一部分的法律理性化引发的。

哥白尼革命和康德哲学把宗教道德建构为人类意识的产物。无论我们建构了什么样的法律范畴,它总是我们自身道德的事物,产生于我们自身的意识之中。客观的范畴虽然存在,但其作为我们自己意志和意愿的一部分是要塑造和实现成为自主的人。宗教以道德为基础,人法(human law)创造了上帝;法律甚至可能被看作上帝。因而,宗教变成法律中的一个范畴。康德知道并使用了圣经律法,但这是在他更为一般性的普遍法律的人性观念框架下,把它作为受意识驱使的客观范畴来使用的(Fletcher, 1996: 519)。

法律的不断世俗化使这种人性化的法律范畴更具中心位置,并把它建构为一种全能性的范畴。这点可以从16、17世纪的胡果·格劳秀斯(Hugo Grotius),18世纪以后的后康德哲学家和英国实证主义者的著作中得到证明,在他们的著作中,神圣的主权概念已为世俗的主权概念所取代。后者被想象为个人意志的聚合,并源于契约关系之中。宗教制度本应从国家中分离出来,但宗教特性仍存在于部分国家法和法律意识形态中。因而,任何对现代法律的解构工程都应是对宗教与法律分离想象的解构。我赞同阿萨

396 德(Asad, 1993)在他对伊斯兰教和基督教的历史解释中所采用的人类学概念。阿萨德认为,宗教不是一个孤立的范畴,而是一套构成性的实践,只有在更为广泛的权力、结构、主体和历史情境观念中才可能理解它。

主要自19世纪以来的民族主义利用宗教来达到自己的政治目的。从印度的印度教、巴基斯坦的穆斯林到以色列的犹太教和爱尔兰的天主教,从美国的新教到德国的路德教,民族主义利用合法性的宗教范畴来扩充某些集体性身份的权力,从而排挤他者。宗教——由于被认为具有超自然的魔力和超验的神秘性——在诸多方面有凝聚团体精神的力量,这对团体规范和实践"秩序"及其与周遭环境的关系将产生重大影响。因为宗教正如卡尔·马克思敏锐观察到的,它是一种附随现象,反映了有差别的民族身份认同、社会等级和对少数人群的压迫。正因为如此,它成为动员具有不同利益民众的政治机制,使他们错误地认为他们有一个共同的目标。

埃米尔·涂尔干(Emile Durkheim)认为现代社会必然会经历高度的世俗化过程。因此,他关心这样的一个问题:失去了作为关键性公共凝聚力的宗教影响,这对现代社会意味着什么? 涂尔干作为与马克思和韦伯比肩的、最有影响的现代社会学奠基之父之一,以一种新康德主义的方式假定:作为一种原始的社会现象,宗教预计会为具有统一的社会-政治力量的世俗主义所驱除(Pickering, 1984)。涂尔干的目的论论证大多可能是在康德的影响下作出的,事实证明这种论证毫无根据,因为宗教在现代性的诸多不同和可能的面向中已成为国家的民间力量。

在此之中,民族国家的一个合法策略就是把宗教排除在承认的政治力量之外。正如1920年代和1960年代现代土耳其和某些威权体制所做的那样,这种合法性的尝试经常导致少数民族(土耳其)和各个地区的抵抗,加剧宗教的不满和暴力。另一个策略是在宪法上把宗教放到私人空间,18世纪的法国和美国以及"二战"后的德国就是这么做的。这样的合法策略导致国家企图忽视宗教群体以及非自由主义(非统治)的宗教团体的需要和要求。

第三种合法策略形式上承认宗教的共同体性质,但这是用来否定其他具有集体认同、同样是非统治的团体。以色列法在一定程度上追随了奥斯曼帝国的米勒特(Millet)(团体)制度。以色列的阿拉伯-巴勒斯坦人作为宗教少数(穆斯林人、基督教徒、贝多因人、德鲁兹人)在国家法律中得到承认,但作为巴勒斯坦国家的少数却被否认有集体性权利。因此,宗教在很大程度上成为实现国家控制和管理的一种手段。

自由主义在19世纪中期约翰·斯图尔特·密尔(John Stuart Mill)著作中得到进一步巩固后,从1950年代起逐步侵入到国家政治和法律意识形态之中。它与民族国家的结合产生了"自由的民族主义"。也就是说,它通过"宗教自由"法律性条款把非统治团体的宗教私人化,我们可以在两个主要的自由主义宪法方案即《美国宪法》和1998年《欧洲保护少数民族公约》(European Convention for the Protection of National Minorities)

中发现此点。现代民族国家的自由主义法理学需要面对这样的挑战,即调和国家(隐秘)的宗教认同与它对信仰或不信仰宗教都自由的平等承诺。显然,这样的挑战在新康德主义的全球化精神下得到进一步强化,自1990年代以降这种精神在世界各地刺激着自由主义(和它的对手)。

作为一种正义理论的自由主义通过两点论证来回应这种挑战:(1)个人权利优先于其他任何具体和特定的"共同的善"(common good)定义;(2)国家是中立的,并且能提供不偏不倚的程序正义(Rawls, 1973, 1993; Barry, 1995)。换言之,国家的宗教认同并不存在,即便有这种宗教认同也不能妨碍个人自由对任何团体宗教之善的优先性。这两条自由主义的根本主张都是错误的。

法律多元主义者、女权主义者、批判性的法律学者以及法律与社会研究中的社群主义者皆认为,个人权利在更广泛的文化、冲突、多元秩序、可能性、需要和限制语境中也应是指代某种"善"(good)(Crenshaw, Gotanda, Peller, and Thomas, 1995; Greenberg, Minow, and Roberts, 1998; Kairys, 1990; Sarat and Kearns, 1999; Selznick, 1992)。这种善对民主而言非常重要。然而,假若个人权利在任何可能的环境、任何可能想象的语境中具有绝对和排他的优先性,并且这种优先性永恒不变,这将会压制民主社会中非自由主义的文化和团体,因此,这种观念本身也就是一个不同的、并不必然矛盾的有关"善"的本体论观念(MacIntyre, 1984, 1988; Sandel, 1982, 1996)。把个人权利强调为绝对的、超验的秩序标准,这使任何自由主义的道义论正义遗憾地从人类生活的历史、环境、社会存在、结构和过程的复杂多样性中抽离出来。

自由主义话语并没有授权给非统治、非自由主义的团体。这些团体的成员——除非剥夺了他们内在的身份认同——不能享有自由主义的话语,这使得这些团体不能保存他们的文化、满足他们独特的共同需要。非自由主义、非统治的宗教团体并不必然否定人权和个人权利(Asad, 1993; Barzilai, 2003; Carter, 1998)。但是,他们企盼和请求在公共政策中更多关注他们少数人群的文化。

同样,国家和法院并不是毫无偏袒的,因为他们得维护和创造出他们的认同、意识形态和利益(Benhabib, 1992; Epstein and Knight, 1998; Feeley and Rubin, 1998; Horwitz, 1992; Jacob, Blankenburg, Kritzer, Provine, and Sanders, 1996; Lahav, 1997; McCann, 1994; Migdal, 1988; Rosenberg, 1991; Sarat and Kearns, 1999; Scheingold, 1974; Shamir, 1996)。在更为实际的方面,自由主义国家不得不面对多元文化社会和宗教原教旨主义团体存在的现实,这种情况下,不可能有一个代表着排他、普遍和绝对的善的个人权利的优先性。

仅有个人权利能保证民主社会中非自由主义宗教团体的自由和需要吗?一般而言,西方主导的学术研究一直忽视这种困境,一部分因为这种元叙事的自由主义视野所限,另一部分是因为在20世纪,美国的学术研究实际上没有把宗教少数人群争取人权看作一个重要的问题,而是把更多的注意力投向了美国黑人和印第安人所处的困境。而且,除了像塔拉尔·阿萨德和爱德华·萨义德(Edward Said)这样的知识分子,美国和西欧的穆斯林都被排挤在知识分子的边缘。"9·11"恐怖袭击事件之后,情况更加糟糕,不用说赋予穆斯林少数人群以话语权,就是保护他们也成为饱受批评的概念。

自由主义的缺陷体现在最突出的自由主义思想家之一的约瑟夫·拉兹(Joseph Raz)身上,他认为,多元文化主义是现代民主社会的公理。只要团体尊重他们成员的个人自由,团体就应当得到尊重。如果团体不是自由主义的,拉兹则要求在这些团体中强制实施个人自由(Raz, 1994)。因此,在那种理论中自由应是强加的,所有的选择都是自由的选择。四个错误的假设把拉兹和一般意义上的自由主义导向强制自由的悖谬之中。

第一,拉兹假设民主社会中大多数团体都是自由主义的。这种错误体现了西方认识论的偏见。然而,在很多国家,团体常常不是自由主义的。其中,有人就提到巴西、印度、爱尔兰、以色列、秘鲁,甚至北美。

第二,拉兹相信个人自由及其缺失可以客观地加以界定。实际上,如果人们想要离开某个团体,他们应享有退出的权利,特别是在团体容忍对他们使用暴力时更是如此。但这样的情形非常少见。更为常见的是,团体成员,包括那些非自由主义团体成员并不希望放弃他们的身份认同和权力资源(Asad, 1993; Mautner, Sagie, and Shamir, 1998; Renteln and Dundes, 1994; Sheleff, 1996)。自由主义者是如何决定在何种情况下人们在非自由主义环境中确实有或没有选择生活方式的自由?事实上,拉兹回避了这个问题。正如我在其他地方表明的一样(Barzilai, 2003),非自由主义的宗教团体确实为个人提供了实践和选择的空间。个人自由是一个相对的概念,它在文化和语境上视具体的团体而定。

第三,拉兹像其他新罗尔斯主义学者一样,假设个人自由是一个绝对的价值,优先于其他任何"善"和正义的观念。让我们设想一下,假使我们能获得个人自由的"客观"意义,这是否使得个人自由变成一个绝对的价值?在任何条件下皆能证成完全的个人自由,我们知道这样的组织或政体吗?以其他的价值如共同的信仰和关切为代价来保持个人自由的绝对性,这总是可取的吗?如果不是,为什么假定个人自由总是优于维护非自由主义宗教集体文化的公共权利呢?

这个论证把我们引向自由主义理论努力中的第四个错误。如果我们看到个人自由的价值(绝对自由主义意义上)与公共文化的保存之间存在一定的矛盾,我们怎么可能在规范上支持把自由主义作为多元文化主义的恰当论证呢?如果要这样,我们必须假定——像拉兹那样——自由主义优于其他任何的正义理论。然而,如果我们假定了自由主义正义理论(它只是其他正义理论中的一种传统)的优先性,我们就不得不排除多元文化主义基础的文化相关性原则。因此,拉兹的论证并没有回应多元文化背景下非自由主义宗教团体受保护——更不用说授权——的需要。

从历史上看,自由主义法律文化主要是个人主义。作为"结社"的团体不喜欢公共政策和法律中的集体性权利或体系化的集体保护(Lomosky, 1987; Roberts, 1999)。自由主义者强调群体对多元文化的政治表达和决策程序的集体参与的重要性。然而,他们却回避了这种立场的逻辑后果,并仍继续支持个人权利的优先性(Dahl, 1971; Kymlicka, 1995; Smith, 1997)。

以上阐述了法律中的宗教与宗教中的法律的诸多面向,在目的论现代性的线性历史中没有得到积极安置。相反,根据上文的谱系分析,它们在任何历史时期都是次要的,尽管不同历史时期在法律、宗教与权力的紧密联系中有一些非常重要的区分。在新自由主义的全球化政治中对法律与宗教进行谱系分析,需要我们认真思考非统治性团体的诠释与实践。本文现在转向解释有关法律与宗教的批判性的社群主义概念中的某些方面。接着,阐述当代全球化和非统治性团体交汇下的宗教与法律。

作为传统的自由主义,作为批判的社群主义

正如罗伯特·科沃尔(Robert Cover)(Minow, Ryan, and Sarat, 1993)和斯蒂芬·卡特(Stephen Carter, 1998)所述,国家法一直对非统治性的宗教诠释采取暴力态度。它取消了这些诠释成为立法和政策制定的可行来源。现代国家法所具有的压制性法的本质主义——即国家法的父权主义、服从国家官员的暴力和强制——深深地嵌入它对非自由主义(非统治)团体生活的干预之中。科沃尔强调对国家构成挑战的非统治性宗教团体的法则性(*nomos*)(如基本的世界观和规范期待)与国家使这种法则性服从于它的利益会产生冲突,因为非统治性团体威胁到国家支配性的叙事方式和霸权。国家法律意识形态与非统治性宗教团体之间的冲突反映了国家有掩饰其自身宗教的偏颇性,以及取消任何替代性信仰模式与宗教实践的倾向。

科沃尔敏锐地洞察到宗教对国家和政治权力的规范性影响。宗教相应地被视为构成规范性秩序和公民义务的必要力量,但同样也是压迫的根源之一。因此,科沃尔设法使所有宗教本体论的正义观念之间的多元互动成为立法和法律解释的一部分,但他又清醒地意识到国家不可能提出一种没有偏颇的正义。科沃尔指的是这个事实,就像1972年"威斯康星州诉犹德案"(*Wisconsin v. Yoder*)中的判决一样,国家法承认其权力的局限,认可亚米希(Amish)族群有法律权力让他们的孩子在念完八年级后从公立学校退学(Minow et al., 1993:165)。然而,正如萨拉特(Sarat)和伯科维茨(Berkowitz)所表明,在犹德案中,人们并不认为国家法受到了威胁,因而宗教实践的多样性能与国家秩

序相容。犹德案表达了自由主义的概念,国家是更高级的规范秩序,而团体的实践只有在它们没有威胁到国家秩序的前提下才有可能在法律上被认为有效。

卡特主要强调国家与宗教分离的自由主义宪政和非统治性的宗教团体之间的冲突。宗教被认为具有政治上的拯救力,它对国家法及其意识形态保持一种批判和异议态度。与科沃尔一样,卡特也不信任国家法,但不同于科沃尔,他不仅仅是一个法律多元主义者,也是一个社群主义者,他比科沃尔更信任非自由主义宗教团体的内部规范秩序,而科沃尔承认存在国家干预的情形,但这是为了某些回报性的目的,以防止种族歧视。科沃尔和卡特都认为国家法官是自由主义宪政这个错误方案的关键。作为一个法律多元主义者,科沃尔主要强调自由主义宪政语言的排他性,它通过裁判"扼杀"了其他可能的诠释,而卡特作为一个社群主义者则强调自由主义对非统治性的宗教团体美德视而不见。卡特和科沃尔多少都忽视了对自由主义作为一种反社群主义的政治力量的阐述,而这种力量正是通过国家法及其意识形态产生的。

正如马克思的敏锐分析,自由主义是一种特殊化的政治力量,它促进的是与集体相关的个人主义法律权利。个人主义的法律权利——反映在马克思对合同法和财产法的批判中——瓦解了集体意识。马克思谈的是被剥削的社会阶级,而我强调团体方面,因为宗教在凝聚非统治团体的共同规范秩序中已成为一种重要力量,并且这种规范秩序可以抵制国家法及其意识形态。

国家压制非统治性宗教团体的努力有几个面向。第一,把宗教实践活动解释为非理性行为,特别在个人自由主义以及后来的理性选择观念影响下更是如此。譬如,理性选择理论支持者斥责选举时使用宗教象征是一种非理性行为,因为它影响了投票者的自由判断(Barzilai, 2000; Bruce, 1999)。这依据的是一种错误的现代性概念,似乎是说,宗教乃一种非理性的设置,它与现代的理性法律格格不入(French, 2001; Likhovski, 1999)。对于宗教与理性,有两类习以为常的谬误。一类错误是宣称宗教是非理性的,它的基础建立在明显的错误假设之上,即相信任何东西都是好的,但认为神/女神是恶的。同样,宣称自由主义为自由选择宗教提供了可能,这也是错误的。在任何政治体制中都有霸权性的宗教,因此,那些出生时就属于宗教少数者的人就经常遭到歧视,这仅仅因为他们的宗教信仰和实践活动。

第二,在一些形式上存在宗教与国家分离的国家,资助宗教团体的教育被认为是在鼓励种族隔离(Carter, 1998)。而且,非统治团体的宗教行为作为文化保护的一部分,也经常被认为是强制性的,损害了"法治"(Roberts, 1999)。

第三,多数群体和支配性群体的宗教被看成是民族国家的一部分,而少数群体的宗教则被认为是原始文化的一部分,它可能威胁到个人和现代国家。因为西方现代性所具有现世的和不断进步的叙事特点,因此,任何阻挡这种进步的宗教都被视为原教旨主义甚至极端主义,并在国家法中受到惩罚。

正如马克斯·韦伯在其著作——在他死后出版的《宗教社会学》(The Sociology of Religion, [1922]1964)——中表明的,任何宗教范畴都应该问题化。用黑格尔的话来讲,如果世俗主义仍有"绝对性存在"意义,那它就是一种宗教信仰。因此,犹太教、基督教、佛教和伊斯兰教是宗教,但科学论、心理治疗和民族主义也是宗教。由于现代性中民族主义的扩权,国家基于某些政治目的来界定宗教的概念,既在宪法上承认团体的地位,同时又对它们进行控制、否定和边缘化。结果是,宗教一旦在某种程度上被边缘化和受到歧视,则成为不满的根源。在那些试图压制宗教的国家,比如欧洲的波兰和立陶宛、亚洲的土耳其,宗教引发了群体性对抗国家的行为。

我们也可以在其他的例子中看到,受压制和被边缘化的宗教是不满的根源之一。譬如,共产主义体制中的天主教会利用手中的权力坚决地反对这种体制,并积极地干预他们内部的事务,东德的天主教会就是这种情形。印度、印度尼西亚和以色列的伊斯兰运动也都是如此。在以色列,民族主义的犹太原教旨主义者动辄严厉批评国家,认为国家过于世俗化,特别是在奥斯陆协议(Oslo Accord, 1993-1999)达成后过分亲巴勒斯坦(pro-Palestinian)。结果导致1995年11月4日以色列总理拉宾遇刺身亡。相同的宗教对国家法不满的现象在埃及、约旦以及约旦河西岸、加沙地带反复发生,因为在那里,穆斯林组织和派系成为不满和暴力反抗政治体制及其统治精英的主要策源地。在民主与非民主的体制、世俗与非世俗的宪政安排中,宗教常常不仅建构身份认同、促发法律行动,而且塑造外在于法律和面向法律的实践。

因而,我们面对的挑战是理解在形式性的宗教与国家的宪法框架背后会发生什么。法律与社会学者实际上看到在国家法律文本之外另有其他的法律文本(Ewick and Silbey, 1998; Sarat and Kearns, 1996)。宗教能为其信仰者提供一个结构性的、神圣的文本,把一种另类秩序的规范性指引细节嵌入生活的各个方面,宗教在此意义上更具有一种独特性。这种立基于信仰高级神圣力量的规范性秩序经常对国家构成挑战。而且,宗教也为"善"与"恶"提供了绝对的、不可化约的标准。越是原教旨主义的宗教团体,就越可能通过法律性的宗教文本挑战国家。国家努力压制宗教,结果却经常引发宗教反抗和暴乱。

我们如何来协调国家总体性支配与非统治团体对他们自身宗教团体之诠释的绝对欲求之间的关系?让我们看看两个可能的范畴。第一个是个人自主和认同,第二个是对压制性法律的不满。

我借用了自由主义知识分子拉兹在文章第一部分的逻辑,以及法律多元主义者罗伯特·科沃尔和社群主义者阿拉斯代尔·麦金太尔(Alasdair MacIntyre)与斯蒂芬·卡特在文中第二部分的逻辑。个人自主和个人认同证成了法律保护个人皈依宗教团体的正当性。这是像拉兹这样的民族自由主义者所强调的概念,罗格斯·史密斯(Rogers Smith)这样著名的自由主义历史学家也分析过这样的概念(Smith, 1997)。然而,问题在于，在自由主义语境中非统治性宗教团体并没有被当作集体加以保护。

譬如，在"基亚斯村学区教育委员会诉格鲁麦特案"(*Board of Education of Kiryas Joel v. Grumet*, 1994)中，美国联邦最高法院拒绝证明联邦支持极端正统的犹太宗教团体的合法性。与此类似，如在沙阿雷·茨厄德克(Sharei Tzedeck)案中，欧洲人权法院不认可(法国)非统治性宗教团体的地位，并美其名曰：即便在欧盟，论证宗教团体的地位也需要尊重国家主权。这样的困境大部分为科沃尔和卡特所承认，在麦金太尔的哲学中也体现此点。国家法——和通过国家推进的现代自由主义法律——具有压制性，因而有意消除其他类型的诠释和实践。因此，我建议慎重考虑非统治性宗教团体的集体权利。如果承认这种权利，则意味着它在多数生活领域如教育、财产、司法和礼拜活动中都有其自主性。

在人权与非统治团体的宗教规范秩序之间可能存在冲突。在宗教规范秩序的语境下，妇女的窘境显而易见。比如，为维护家庭荣誉，穆斯林妇女遭到杀害(如卡塔尔·莎娜芙[Katal al-Sharaf])。根据大赦国际(Amnesty International)的报道，全球2001年大约有5000例这样的谋杀。"荣誉谋杀"现象在穆斯林占人口多数的聚居地如尼日利亚、苏丹、土耳其、埃及、加沙地带和约旦河西岸特别突出，在西欧穆斯林团体中也存在这种现象。难道社群主义的立场应该支持团体内的这种谋杀和其他暴力行为的正当性，以此来论证应维持少数者的非自由主义团体文化？显然不应这样。

解决这样的冲突，可以考虑两个原则。其一，退出的权利；其二，罗伯特·科沃尔提出的补偿性原则(Minow et al., 1993)。第一个原则认为，潜在的受害者应该可以离开他们的团体，并应得到国家的保护，使其免于受到暴力侵害。第二个原则是，如果国家干预某一具体的团体生活领域对消除歧视是必要的，那由此获得的社会补偿利益应超越团体的自主、整体性原则。然而，根据以上两个原则，就不应抛弃非统治性团体的内部秩序规范。

相比其他部分掌控着统治手段的组织和集体，宗教团体是否更具暴力性，这颇有疑问。世俗原教旨主义的危险在于：由于欠缺文化相对主义，宗教往往被描绘成与暴力无异，宗教原教旨主义也因此被当成极端主义和恐怖主义。各种研究表明，即便对法律的原教旨主义的宗教解释也证明是具有建设性的诠释。这些解释丰富了社会的多元性，有时在某些方面会引起国家法的改革，促进人权(Barzilai, 2003; Likhovski, 1999; Theriault, 2000)。我们在宗教中经常可以发现非常强大的、要求在宗教团体内进行改革的传统。即便是那些原教旨主义的宗教，他们也确实呈现出要求不断改革的趋势，这本身是团体立法和法律适用过程的一部分(Asad, 1993; French, 1998, 2001)。

在文化层面，宗教文本及其诠释学通过注入价值、规范、解释法律文本的方法论而有助于形成规范性秩序。在制度层面，宗教通过强化或远离国家权力，有时能使公共生活民主化。有关民主性的强化，一个极好的例子是东德天主教会所采取的做法，它鼓励东德与西德的统一,为的是在1949年《德国基本法》下掌握更多的公共要塞(Theriault,2000)。其他例子,如在尼日利亚,宗教使妇女退入团体生活中,因为国家法并不保护她们(Ifeka,2000)。在以色列的巴勒斯坦籍穆斯林妇女申请国家保护以免遭受丈夫可预期的暴力侵害,因为已有卡塔尔·莎娜芙的先例。尽管她们有巴勒斯坦民族和穆斯林宗教意识,但她们仍然这样做,这对犹太国家是一种挑战。国家虽有自由主义的平等承诺,但国家还是倾向于不干预团体生活。因此,巴基斯坦的女性不得不进行抗争,她们面对的是未曾预料到的穆斯林男性精英与犹太国家法律的强强联合,自1990年代初自由主义立法保护和提高妇女地位以来,她们就一直经历着这种抗争。因而,在以色列的巴基斯坦女权组织把主要精力放在帮助女性在团体内树立女性的共同意识,从而自救。在尼日利亚和以色列体现的这些例子中,人们从国家秩序中撤离、退入宗教之中,其目的实际上是为了形成和拓展宗教团体内的公民空间。

宗教团体与国家法的矛盾具有想象的成分,特别是在非西方的政治体制中。实际上,神圣文本和世俗文本之间是某种互补性的关系。譬如,约翰·博文(John Bowen)描述了印度尼西亚的宗教法庭是如何用互补的方式来解释宗教和世俗法律的。这种互动模式在权力运作上再次得到解释,因为国家在不同地区已增强它对宗教法庭的影响力(Bowen,2000)。在非洲国家——特别是乍得、吉布提、埃及和几内亚——已有刑事立法禁止对妇女惯用的外阴切除手术。博伊尔(Boyle)和普雷维斯(Preves)的研究表明,由于受国际影响,非洲国家跟从西方,在形式上禁止流行于穆斯林社会的外阴切除手术(Boyle and Preves,2000)。然而,这种非常有影响的立法并没有侵入宗教团体中,它的目的无非是在更广泛、多样的宗教团体文化中改变一种价值观念。

自由主义和宗教团体:全球地方化的挑战

在全球地方化(glocalization)(世界各地的全球化)的背景下,宗教与法律的研究理应成为法律与社会专业学生关注的焦点。新自由主义意义上的全球化不会取代地方宗教实践。相关研究指出,各种非统治性团体内的宗教与以往一样活跃(Barzilai,2003;Merry,2001)。而且,对全球化的担忧和全球化意义的不确定性会进一步促发宗教信仰与实践成为身份认同的重要来源。宗教团体是构成、表达和产生身份认同的重要来源,因为线性时间和新自由主义进步的意义具有不确定性,作为一种环形时间(circular time)的宗教应时而生,通过传统和神圣文本赋予集体和个人以认同感。因此,基督教、伊斯兰教和犹太教中的宗教原教旨主义运动是作为反抗现代性和排他性的世俗历史与法律观念而产生的。

全球化与宗教原教旨主义的冲突可能导致暴力行动,2001年9月11日基地组织对世贸中心和五角大楼的恐怖袭击足以证明这点。随后,在世界范围内还有一系列的、针对美国和其他西方国家的重大恐怖袭击。宗教恐怖主义有非常长的历史。宗教包容那些暴力反抗"外部敌人"(如体现世俗邪恶的国家法和法律制度)的亚文化。各种宗教——包括基督教、伊斯兰教和犹太教中都有这些暴力亚文化(Juergensmeyer, 2000)。宗教恐怖主义在西方和非西方的政治体制中都有体现,这些国家包括阿尔及利亚、埃及、英国、法国、印度、印度尼西亚、以色列、日本、北爱尔兰、黎巴嫩、菲律宾、土耳其和美国。

实际上,并非所有的恐怖事件和恐怖组织都是宗教性的。事实上从目前来看,欧洲大部分的恐怖事件和恐怖组织是世俗的——可列举些例子,如西班牙的埃塔(ETA)、德国的巴德尔·迈因霍夫(Bader Meinhoff)和意大利的红色旅(Red Brigades)。不过,在本文中,我只想简短地讨论:在新自由主义全球化中,宗教为何把恐怖主义作为对抗国家法及其意识形态的一种可能诠释?这是特别吸引人的困惑,因为宗教原教旨主义并不必然是暴力的。

行善得到永恒回报,而作恶则万劫不复,宗教文本常常把这种二元神学区分固化。宇宙和教义间的善恶斗争包括暴力冲突永无休止,应该用世界末日的战争来终结(Juergensmeyer, 2000)。信奉者为善,异教徒和凡人作为"他者"皆代表宇宙斗争中的恶。但是大多数宗教还是谴责通常意义上的战争(Weber,[1922]1964)。宗教文本中包含了法律秩序的范畴,由此可以判断一场战争是正义还是非正义的。一如其他法律文本,宗教文本受制于各种诠释,这些诠释是对文本的实际应用和文本的重构。信奉者一旦确信自己受到世俗主义的攻击,他们就可能会把宗教文本当成战争宣言,以反抗那些被他们察觉到的入侵者,由于善与恶的这种二元对立区分,因此上述这种可能性是非常高的。

自由主义全球化推动了炫耀性的世俗主义扩张,并激发了宗教原教旨主义(非统治)团体一种四面楚歌的精神感受。他们抗议自由世俗主义一些突出的表现,如色情、同性恋、堕胎、滥交,甚至与互联网相接的个人电脑。而且,超验的宇宙正义观赋予暴力以正当性,以此手段来改造现实,把宗教法推行于世。宗教恐怖主义不是把宗教纳入法律范畴,相反它想要把法律看成原教旨主义宗教中的范畴。

为什么某个宗教文本会产生出暴力性诠释,这个问题超出本文讨论的范围。一般而言,一个非统治性团体越是认为自己遭到歧视,就越有可能利用宗教作为暴力反抗法律意识形态的一个来源。宗教文本通常不能脱离社会政治语境,因为社会政治语境影响到如何利用宗教来达到不同的公共目的。譬如,伊斯兰教在解释其文本时对非穆斯林人时而非常温和,时而又非常暴力,是温和还是暴力要视他们的领袖利用宗教达到的不同目的而定,同样也依据决定宗教文本使用的社会政治语境。

在我们把很多注意力放在非统治性团体的情况下，会产生两个过程。在这方面，我采用了桑托斯的用语(Santos,1995)。第一个过程是地方知识的全球化。宗教变得更具国际性，并且它有影响和建构跨国性身份认同的能力，在因特网和国际媒介等手段的支持下，这种能力得到进一步扩大。因此，在美国，有一项对印度和巴基斯坦宗教团体的研究表明这些团体是如何维持他们原教旨主义信仰和实践的，以及他们如何在美国、印度和巴基斯坦之间形成了跨国性的网络(Williams, 1998)。

因特网建立了虚拟性跨国交往关系，非统治团体进而可以因此更好地得到支持，也可以更好地控制他们的成员。在宗教、甚至原教旨主义非统治团体中使用因特网技术与日激增，已成为一个普遍的现象。跨国自由主义的其他方面如国际媒介，使观念传播对宗教团体来说变得轻而易举。国家对虚拟空间和国际媒介的规制尽管仍具意义，但还是有点薄弱，由此，非统治性宗教团体普遍推广他们的价值和实践的能力激速增长。跨国自由主义正成为促进宗教、甚至原教旨主义观念和实践(包括其他事物在内)的一个主要的辩证性资源。与普遍的自我颂扬的世俗主义观点相反，由于国家的部分式微以及国家对虚拟空间有点过于敏感，这可能会强化宗教观念和实践的扩张，进而挑战世俗的自由主义全球化。

第二个过程是全球化中的地方化。宗教团体采取的实践可能是受到不断增长的自由主义价值的影响。为团体目的而利用(世俗)技术和更多法庭诉讼，这两方面的例子是试图在某些方面挑战国家法如移民和教育法，去除国家对非统治性宗教团体的监管。美国的法律环境在此方向上已作出改变，而教育自主性也得以增强并法制化了。此种意义上的全球化产生出更多形式的宗教实践。一个很好的例子是女权主义以及它与宗教的结合。因此，最近十年来，女权主义通过宗教而获得某些权利扩展；一项研究揭秘了惯常性的主张，它表明宗教是女权主义的替代品。受自由主义思想浸染的宗教妇女希望在她们团体中获得更多的平等，而这无需将宗教团体世俗化。因此，她们把对性别平等的宗教论证建立在人性尊严和团体文化的保存上，尽管在自由主义全球化中宗教被诋毁为对妇女的一种暴力(Katz and Weissler, 1996; Reece, 1996)。

因此，我认为宗教范畴化可以更加多样，但其重要性仍处于政治权力和法律的中心。对21世纪身份认同的建构、产生、边缘化和消除(它们构筑和挑战权力)来说，宗教范畴化仍是重要的途径。宗教范畴化仍是法律内强制和对法律抵制的一个来源。一方面，宗教将继续反映法律中的民族和其他社会认同。另一方面，宗教也仍将成为全球—地方世界中法制改革的一个来源。

结　语

本文对法律与宗教的关系进行了解构和概念化,采用的是法律多元主义的视角,我的研究主要关注权力、国家和非统治性宗教团体。文章解释了在何种程度上权力、国家和非统治性团体对于我们理解法律与宗教是十分关键的。从而我们可以得出结论,法律与社会学者应追求去中心化的法律与社会研究的批判方法,以此解构宗教中的法律与法律中的宗教之间的关系。

宗教不是脱离权力而自主存在的,在各种法制类型中都反映了人们利用宗教达到政治目的的企图。特别在 2001 年 9 月 11 日恐怖袭击事件后,我们不应为自由主义的国家与宗教分离的期望所误导,也不应为世俗价值的全球化以及世俗价值与宗教原教旨主义之间不可避免的文化战争这些幻想所迷惑。

团体对于法律与宗教研究非常重要,因为非统治性宗教团体与国家之间的冲突是法律实践和法律诠释一个非常有价值的来源。这也指出了当代自由主义的缺陷,即它对各个宗教地区的困境漠不关心。因此,本文呼吁,法律与社会研究应把重点更多地放在非自由主义和非统治性宗教团体对促进正义与民主社会的重要性上。

我们能否调和非自由主义宗教团体的法律文本与人们希冀的一个普遍的人权法典之间的矛盾? 对法律与社会学者来说,这是一个挑战,我愿意接受这一挑战。既然宗教不是脱离其他文化和历史而自主存在的,并且它(宗教)构成了人类经验和实践的一部分,因此从多样宗教中抽象出来的基本人权就应该并且能够成为我们所希望的普遍的、最低限度法典的必要部分。这部法典应该承认文化的相对性,也应该承认政治空间的重要性,因为各种非统治性团体(非自由主义和宗教性的)在其中皆能够被纳为法制文明的合法性成员。

参考文献

- Asad, T. (1993) *Genealogies of Religion: Discipline and Reasons of Power in Christianity and Islam*. Baltimore: Johns Hopkins University Press.
- Barry, B. (1995) *Justice as Impartiality*. Oxford: Oxford University Press.
- Barzilai, G. (2000) "On religion, rationality, and ethnicity: Legal culture of Oriental religiosity-shas in the legal field," Paper presented at the International Conference on Law and Religion, *Book of Abstracts*. Jerusalem: Hebrew University.
- Barzilai, G. (2003) *Law and Communities. Politics and Cultures of Legal Identities*. Ann Arbor: U-

niversity of Michigan Press.
- Benhabib, S. (1992) *Situating the Self; Gender, Community and Postmodernism in Contemporary Ethics*. New York: Routledge.
- Bix, B. (1996) "Natural law theory," in Patterson D. (ed.), *A Companion to Philosophy of Law and Legal Theory*. Oxford: Blackwell Publishers, pp. 223-40.
- *Board of Education of Kiryas Joel V. Grumet* (1994) 512 U. S. 687.
- Bowen, R. J. (2000) "Consensus and suspicion: Judicial reasoning and social change in an Indonesian society 1960-1994," *Law and Society Review* 34(1): 97-127.
- Boyle, E. H. and Preves, E. S. (2000) "National politics as international process: The case of anti-female-genital-cutting laws," *Law and Society Review* 34(3): 703-37.
- Bruce, S. (1999) *Choice and Religion: A Critique of Rational Choice*. Oxford: Oxford University Press.
- Calavita, K. (2001) "Blue jeans, rape, and the 'de-constitutive' power of law," *Law and Society Review* 35(1): 89-115.
- Carter, S. L. (1998) *The Dissent of the Governed. A Meditation on Law, Religion, and Loyalty*. Cambridge, MA: Harvard University Press.
- Crenshaw, K., Gotanda, N., Peller, G., and Thomas, K. (eds.) (1995) *Critical Race Theory*. New York: The New Press.
- Currie, P. E. (1968) "Crimes without criminals: Witchcraft and its control in Renaissance Europe," *Law and Society Review* 3(1): 7-32.
- Dahl, R. A. (1971) *Polyarchy*. New Haven, CT: Yale University Press.
- Epstein, L. and Knight, J. (1998) *The Choices Justices Make*. Washington, DC: Congressional Quarterly.
- Ewick, P. and Silbey, S. S. (1998) *The Common Place of Law; Stories from Everyday Life*. Chicago: Chicago University Press.
- Feeley, M. M. and Rubin, E. L. (1998) *Judicial Policy Making and the Modern State*. Cambridge and New York: Cambridge University Press.
- Fletcher, P. G. (1996) "Punishment and responsibility," in Patterson R. (ed.), *A Companion to Philosophy of Law and Legal Theory*. Oxford: Blackwell Publishers, pp. 514-23.
- French, R. R. (1998) "Lamas, oracles, channels and the law: Reconsidering religion and social theory," *Yale Law Journal and Humanities* 10: 505-36.
- French, R. R. (2001) "Time in the law," *University of Colorado Law Review* 72(3): 663-748.
- Friedman, L. M. (1990) *The Republic of Choice. Law, Authority, and Culture*. Cambridge, MA: Harvard University Press.
- Garth, B. and Sterling, J. (1998) "From legal realism to law and society: Reshaping law for the last stages of the social activist state," *Law and Society Review* 32(2): 409-71.

- Geertz, C. (1973) *The Interpretation of Cultures*. New York: Basic Books.
- Greenberg, J. G, Minow, M. L. , and Roberts, D. E (eds.), (1998) *Women and the Law*. New York: Foundation Press.
- Hoebel, E. A. (1954) *The Law of Primitive Man: A Study in Comparative Legal Dynamics*. Cambridge, MA: Harvard University Press.
- Horwitz, J. M. (1992) *Transformation of American Law 1870-1960*. Cambridge, MA: Harvard University Press, pp. 39-51.
- Horwitz, J. M. (1996) "Natural law and natural rights," in A. Sarat and T. Kearns (eds.), *Legal Rights: Historical and Theoretical Perspectives*. Ann Arbor: University of Michigan Press.
- Ifeka, C. (2000) "Ethnic 'nationalities,' God and the state: Whither the Federal Republic of Nigeria," *Review of African Political Economy* 27: 450-9.
- Jacob, H. , Blankenburg, E. , Kritzer, H. M. , Provine, M. , and Sanders, J. (1996) *Courts, Law and Politics*. New Haven, CT: Yale University Press.
- Juergensmeyer, J. (2000) *Terror in the Mind of God: The Global Rise of Religious Violence*. Berkeley: University of California Press.
- Kairys, D. (ed.) (1990) *The Politics of Law*. New York: Pantheon Books.
- Katz, J. and Weissler, C. (1996) "On law, spirituality, and society in Judaism," *Jewish Social Studies* 2(2): 87-115.
- Kymlicka, W. (1995) *Multicultural Citizenship: A Liberal Theory of Minority Rights*. Oxford: Oxford University Press.
- Lahav, P. (1997) *Judgement in Jerusalem*. Berkeley: University of California Press.
- Likhovski, A. (1999) "Protestantism and the rationalization of English law: A variation on a theme by Weber," *Law and Society Review* 33(2): 365-91.
- Lomosky, E. L. (1987) *Persons, Rights, and the Moral Community*. Oxford: Oxford University Press.
- MacIntyre, A. (1984) *After Virtue: A Study in Moral Theory*. London: Duckworth.
- MacIntyre, A. (1988) *Whose Justice? Which Rationality?* Notre Dame, IN: University of Notre Dame Press.
- Mautner, M. , Sagie, A. , and Shamir, R. (eds.) (1998) *Multiculturalism in a Jewish and Democratic State—A Book in Memory of Ariel Rozen-Zvi*. Tel Aviv: Ramot (in Hebrew).
- McCann, M. W. (1994) *Rights at Work*. Chicago: Chicago University Press.
- Merry, S. E. (1988) "Legal pluralism," *Law and Society Review* 22(5): 869-96.
- Merry, S. E (2001) "Rights, religion, and community: Approaches to violence against women in the context of globalization," *Law and Society Review* 35(1): 39-88.
- Messick, B. (1988) "Kissing hands and knees: Hegemony and hierarchy in shari'a discourse," *Law and Society Review* 22(2): 637-59.

- Migdal, S. J. (1988) *Strong Societies, Weak States*. Princeton, NJ: Princeton University Press.
- Minow, M., Ryan, M., and Sarat, A. (eds.) (1993) *Narrative, Violence, and the Law: The Essays of Robert Cover*. Ann Arbor: University of Michigan Press.
- Pickering, W. S. F. (1984) *Durkheim's Sociology of Religion*. London: Routledge & Kegan Paul.
- Pospisil, L. (1973) "E. Adamson Hoebel and the anthropology of law," *Law and Society Review* 7(4): 537-9.
- Rawls, J. (1973) *A Theory of Justice*. Oxford: Oxford University Press.
- Rawls, J. (1993) *Political Liberalism*. New York: Columbia University Press.
- Raz, J. (1994) *Ethics in the Public Domain*. Oxford: Oxford University Press.
- Reece, D. (1996) "Covering and communication: The symbolism of dress among Muslim women," *Howard Journal of Communication* 7(1): 35-52.
- Renteln, A. D. and Dundes, A. (eds.) (1994) *Folk Law*, 2 vols. Wisconsin: University of Wisconsin Press.
- Roberts, E. D. (1999) "Why culture matters to law: The difference politics makes," in A. Sarat and T. Kearns (eds.), *Cultural Pluralism, Identity Politics, and the Law*. Ann Arbor: University of Michigan Press, pp. 85-110.
- Rosen, L. (1980) "Equity and discretion in a modern Islamic legal system," *Law and Society Review* 15(2): 217-45.
- Rosenberg, G. (1991) *The Hollow Hope: Can Courts Bring about Social Change*. Chicago: Chicago University Press.
- Sandel, J. M. (1982) *Liberalism and the Limits of Justice*. Cambridge, UK: Cambridge University Press.
- Sandel, J. M. (1996) *Democracy's Discontent*. Cambridge, MA: Harvard University Press.
- Santos, D. S. B. (1995) *Towards a New Commonsense: Law, Science, and Politics in Paradigmatic Transition*. Routledge: New York.
- Sarat, A. and Berkowitz, R. (1994) "Disorderly differences: Recognition, accommodation, and American law," *Yale Journal of Law and the Humanities* 6: 285-316.
- Sarat, A. and Kearns, T. R. (1996) *Legal Rights: Historical and Theoretical Perspectives*. Ann Arbor: University of Michigan Press.
- Sarat, A. and Kearns, T. R. (1999) *Cultural Pluralism, Identity Politics, and the Law*. Ann Arbor: University of Michigan Press.
- Scheingold, S. A. (1974) *The Politics of Rights: Lawyers, Public Policy, and Political Change*. New Haven, CT and London: Yale University Press.
- Selznick, P. (1992) *The Moral Commonwealth—Social Theory and the Promise of Community*. Berkeley: University of California Press.
- Shamir, R. (1996) *Managing Legal Uncertainty*. Durham, NC: Duke University Press.

- Sheleff, L. (1996) *Legal Authority and the Essence of the Regime: On the Rule of Law, The Approach of the State and Israeli Heritage.* Tel Aviv: Papyrus (in Hebrew).
- Smith, R. M. (1997) *Civic Ideals—Conflicting Visions of Citizenship in U. S. History.* New Haven, CT and London: Yale University Press.
- Starr, J. (1989) "The role of Turkish secular law in changing the lives of rural Muslim women, 1950-1970," *Law and Society Review* 23(3): 497-523.
- Theriault, B. (2000) "The Catholic Church in Eastern Germany: Strategic and rhetoric of a changing minority," *Religion, State, and Society* 28(2): 163-73.
- Trubek, D. M. (1986) "Max Weber's tragic modernism and the study of law in society," *Law and Society* 20(4): 573-98.
- Twining, W. L (ed.) (1986) *Legal Theory and Common Law.* Oxford: Blackwell.
- Twining, W. L. (2000) *Globalisation and Legal Theory.* Butterworths: London.
- Weber, M. (1951) *The Religion of China—Confucianism and Taoism.* Glencoe, IL: The Free Press.
- Weber, M. (1952) *Ancient Judaism.* Glencoe, IL: The Free Press.
- Weber, M. (1956) *The Protestant Ethics and the Spirit of Capitalism.* New York: Charles Scribner's Sons.
- Weber, M. (1960) *The Religion of India: The Sociology of Hinduism and Buddhism.* Glencoe, IL: The Free Press.
- Weber, M. ([1922] 1964) *The Sociology of Religion.* Boston: Beacon Press.
- Williams, R. B. (1998) "Asian Indian and Pakistani religions in the United States," *Annals of the American Academy of Political and Social Science* 58: 178-95.
- *Wisconsin v. Yoder* (1972) 406 U. S. 205.

扩展文献

- Barzilai, G. (2001) "Law is politics: Comments on 'Law or politics: Israeli constitutional adjudication as a case study'," *UCLA Journal of International Law and Foreign Affairs* 6(1): 207-13.
- Brown, J. Nathan (1995) "Law and imperialism: Egypt in comparative perspective," *Law and Society Review*, 29(1): 103-25.
- Dane, P. (1996) "Constitutional law and religion," in D. Patterson (ed.), *A Companion to Philosophy of Law and Legal Theory.* Oxford: Blackwell, pp. 113-25.
- French, R. R. (2001) "A conversation with Tibetans? Reconsidering the relationship between religious beliefs and the secular legal discourse," *Law and Social Inquiry* 26(1): 95-112.
- Hostetler, A. J. (1993) *Amish Society.* Baltimore: The Johns Hopkins University Press.
- Kidder, L. R. and Hostetler, A. J. (1990) "Managing ideologies: Harmony as ideology in Amish and Japanese societies," *Law and Society Review* 24(4): 895-922.

- Shamir, R. (2000) *The Colonies of Law—Colonialism, Zionism, and the Law in Early Palestine.* Cambridge, UK: Cambridge University Press.
- Sierra, T. M. (1995) "Indian rights and customary law in Mexico: A study of the Nahuas in the Sierra de Puebla," *Law and Society Review* 29(2): 227-54.

21

社会科学在法律裁决中的作用

乔纳森·约维尔　伊丽莎白·梅茨　著
危文高　译

在这篇文章中,我们主要利用美国的例子来探讨社会科学与法律裁决结合的可能性及其产生的一些问题。我们也会简短地讨论以色列的情况,它可以提供一个有趣的对比。我们认为,一种复杂的转化对法律来说是必要的,以便吸收社会科学研究成果,特别鉴于法律与社会科学之间在目标、方法、社会作用和认识论存在很多差异的情况下更是如此。一方面,社会科学为法律裁决者提供很多帮助,既有关于社会和法律如何运作的信息,也有对法律本身的批判优势。另一方面,法官对社会科学领域的理解可能存在重大的限制,因此,当我们试图把这两个领域结合在一起时就必须格外谨慎。

在对社会科学与法律之间转化困难的制度方面的审视中,我们可以看到一些核心紧张关系是与这些领域对事实性的重构存在截然不同的方法相联的。这些紧张关系不仅仅是抽象的认识论问题;它们也关系到法律的理性主张的这个核心部分,因此,这对任何民主理论来说都特别重要。第一个紧张对民主话语至关重要,可以称之为政治的或制度的紧张。简言之,此紧张存在于:一方面,民主极不情愿地把裁判上的事实性委托给专家话语;另一方面,社会对裁判的兴趣是基于"最有效的"知识而不是片面的"外行观念"(其政治或意识形态特征隐藏在"常识"或"经验"背后的观念中)。第二个紧张可以称为"元科学"(metascientific)的紧张,它涉及社会科学研究结果作为科学的有效性条件,换言之,它关系到法院依靠和应用的是有效的科学而不是"伪"科学。在此,我们必须在社会科学本身的制度中论及产生正当性的内在动力。第三个紧张既是科学的也是制度的,这是由于社会科学与法律的相互作用,这种紧张源于人们对法庭上呈现出不同但又正当的社会科学方法和结论的争论。正如我们下文将要看到的,当某种颇有竞争力的科学范式支持者试图说服法庭相信他们的竞争者实际上只是"伪"科学而不是正当的科学时,第二种紧张(元科学)与第三种紧张(科学—制度)的界线这时非常难以辨清。最后,第四个紧张——在此并不直接论及——涉及这些情况:社会科学在案件背景中发挥着意识形态的功能,以及部分社会科学渗透到法律话语中。经济学是一个例子,在比较成功的"芝加哥学派"中可以见证。

我们的讨论首先概览社会科学和法律中独特的方法、目标、社会作用和认识论立场,勾画出学术上讨论此种差异的轮廓。这种必要的纲要式呈现为我们辨识某些可能的困难提供了一个总体平台,法律裁决者欲达至法律与社会科学富有成效的结合可能会遇到这些困难。我将简短地比较一下,美国存在的这些明显的紧张关系与当今以色列法律与社会科学中的不同情况。下一部分将检视,迄今为止美国和以色列法院实际使用社会科学的方式。社会科学家在处理资料和重构事实性方面发挥什么作用?法律体系是如何转化复杂的社会科学世界的知识?在对更广的领域作简短的审视后,在第三部分,我们重点关注一些"范式"例子,以便更深入的讨论。最后一部分思考社会科学的批判性承诺,我们认为,只要我们更加认真地关注社会科学和法律的转化过程,完全有可能产生一种"新的法律现实主义"。

法律场域中的社会科学转化:一些根本性的挑战

很多作者谈到,法律解决社会问题的方法与社会科学家处理社会问题的方法存在根本性差异。在有时非常尖刻地批判法律学者试图开展经验性研究中,政治学家李·爱泼斯坦(Lee Epstein)和加里·金(Gary King)概括出他们认为的关键差别:

> 一个博士(Ph.D)所受的训练,是要把他或她支持的假设接受所有可能想得到的测验和资料的印证,找出所有可能反对他或她理论的证据;而一个律师所受的训练是收集所有支持他或她假设的证据,抛开任何可能与假设相矛盾的信息。要是一个律师把客户的要求当成假设来处理,那他或她必定要被吊销执照;如果一个博士支持如客户要求一样的假设,那他或她的研究必定遭人轻视(Epstein and King, 2002:9)。

爱泼斯坦和金注意到,法律学者通常进行的经验研究,很少意识到支配社会科学研究的基本规则,也没有意识到社会科学几十年来发生的相当大的发展,因此,法律评论的读者"对经验世界所知的准确信息,较之于社会科学研究听起来刺耳、但却非常自信的结论提供的信息,就显得少得多"(2002:1)。对法学院教育的研究表明,人们意识到的这种律师和社会科学家之间显而易见的鸿沟,起始于他们训练上的差别,法学院的学生被鼓励去处理的仅是在法律文本中出现的社会问题,伴随法律阅读而来的一贯策略给了他们这种自信(Mertz, 2000)。法律认识论集中在文本结构上,因为文本结构能使读者断定某种形式的法律"真理"或至少法律权威是否得以确立(Yovel, 2001a; Mertz, 2002)。当遵照法律程序办事时,"事实"便确立起来,权威性的裁决者就是如此判断事实的。相反,社会科学家接受的训练是,要小心谨慎地处理"事实"断言,审查经验断言和研究的限制。

埃维克(Ewick)、卡根(Kagan)、萨拉特(Sarat)都谈到了社会科学和法律之间转化存在的问题:社会科学更加关注重大的复杂性和细节,描绘法律在社会中是如何运作的,而"不管有什么样的信息,即便是部分的、不完全的或有偏见的,法律都得在世界中运行"(1999:29)。很难预想法律裁决者会潜心于经验研究过程产生的"复杂性和常常增加的不确定性"中(同上)。社会科学的目标是不断地增进理解,使研究的结论更具限定性和一种认识论的有限性(知识不可避免是片面和有界限的)。法律知识的目标是为现世中的行为提供"足够好"的基础——使作出决定的基础至少呈现出一定的确定性;因此,社会权力和约定必定是法律认知形式的伴生物(产生出认识论有限性的对立面)。很多学者阐述了法律与社会科学之间的差异,对于这两个领域是否有可能进行有效的沟通,他们的结论有时非常悲观(参见,Tanford, 1990;也见 Lindman, 1989; Monahan and Walker, 1986; Sarat and Silbey, 1988)。

法律和社会科学在方法、目标和认识论上的差异,是上文概括的四种核心紧张中的既定制度表现。在政治—制度的紧张中,我们看到的差异或许最为强烈,因为社会科学和法律的目标与制度要求之间的重大差异产生了一个难解的困局。民主社会中的公民有一法定利益,实际上有人把它说成是一个"权利",即要求裁判他们的纠纷须取决于对社会现实的理解,尽可能避免武断性的假设或公然的偏见。当然,社会科学本身也很难不具有权力和偏见的阴影,尽管如此,但法律制度还是转向社会科学的研究成果寻求帮助,以使法律努力达至实践理性(这种"理性"承载双重意义:很明显,这种努力通过清除社会科学方法的工具而超越了外行知识中的"杂质";但与此同时,它也产生了"理性化"的效果,有助于法律和法律上使用权力的正当化)。人们关心裁判者应通过可靠的社会科学掌握可靠的社会世界知识,然而,此种关切需面对另一"司法"利益,即担忧法律行动者弱化为被动的、科学资料的外行消费者角色——无力批判专家证人,并受到科学之外的因素如貌似有理的专家证人的影响。

同样,法律裁决者也不可能精通某些社会科学批判所揭示的那些意识形态、本体论和心理学上的假设——法院可能会无批判地和无意识地采纳。从相对确实的司法关切到武断地拒绝社会科学结论,我们将检视这种紧张的一些表现和影响。

在第二种紧张(元科学)和第三种紧张(科学—制度)中,我们也可以看到,区分法律与社会科学的目标和方法所具有的制度后果,它已超越了第一种紧张中的纯粹的政治困境,更多地进入了认识论领域。在个案的裁决中,法院常常有权决定"伪"社会科学与正当的社会科学之间的界线——"裁决"的选择唯有越来越多地依赖社会科学领域,接受专门学术刊物的论文和学者在学术会议上的专题发言等。社会科学的历史有各种研究进路,早先的研究注定不再正当,后来的才变得可以接受——相反,"科学"理论后来才遭驳斥。因此,尽管区分"伪"的和正当的科学是非常复杂的,或许最好可以称之为一种连续体而不是二元对立关系,但是,法院必须划出清晰的界线,有时会采纳特定的哲学和元科学标准来处理模糊的或"疑似科学"(protoscientific)知识。譬如,正如我们将要看到的,法院在允许或不允许引入社会科学证据上,仍挣扎于波普尔式和库恩式的科学理论中。在此过程中,法院有时会从裁定"伪"科学的定义滑向裁决社会科学领域中公认的思想学派争论。划分"伪"科学与正统科学,即使在社会科学自身内,也不可避免地具有政治性的维度。这引发我们追问,法庭是否是解决这样的社会科学争论的恰当的制度场所。比如,人们对于允许法院对行为主义和认知方法之间的争议,或那些竞争性的方法论论争加以裁决,抱有十分明显的忧虑。除了专业问题外,我们还认为社会科学领域中研究进路的多样性是他们的一个优势——尽管这为法律行动者专心于"是/否"的裁决造成巨大的困扰。这指出了在解读特定社会科学研究的"意义"时具体领域的元规范(metanorms)的重要性。这些元规范的意义可以说取决于复杂的社会、语言背景基体(matrix of setting),因为它们指示规范去理解认识论主张的限制、如何处理冲突的结论等。这些元语言的规范很少被清晰地表述出来,通常情况下,都是通过专业性的社会化传入社会科学中;因此,大多数法学家很可能无法利用它们。

  上文描述的第四种紧张也是法律与社会科学区分的制度表现;此问题是一个奇怪的混合,它源于法律与社会科学话语的明确结合,在"芝加哥学派"的法律与经济学研究中可以发现此点。法律与经济学运动的特点是相对透彻地讨论了效率论证对法律分析的适用性,它的目的是要把这样的论证(以及它所预设的哲学、心理学、社会甚至道德的原则)同化吸收到一般意义上的法律论证和话语中。在此种情形下,法律话语变成一种奇特的经济话语形式——装着专家的样子,却经常少有经济学专业的很多惯用指标。科斯定理在如今法律话语中的影响与其在经济理论中的影响一样多。在当代美国法理学中,"实用主义"一词有时变成一种赞成"从经济上论证"(甚至是最狭义上的芝加哥学派)的立场,这完全违背了甚至是在滥用这种被称之为特别的美国哲学学派,从杜威、詹姆斯、皮尔士到罗蒂和伯恩斯坦都属于此阵营(参见 Posner,2001)。我们将在下文进一步讨论这种对经济学的行为模型的"不当"运用。

  有趣的是,这时的以色列与美国的情况不同,在法律与社会科学之间并没有美国那种程度的紧张。相反,我们发现以色列的法律学者更乐意运用社会科学,可以注意到——尽管有时前后不一——他们对受益于社会科学的研究结论和方法表现出很大兴致(Sebba,2001)。只有当以色列的社会科学家开始质疑他们成果的使用,或对任何持久稳固的身份差异踌躇不前时,冲突和对边界的维护才可能即时显现出来。或许美国与以色列在这方面的差别,反映了两国在制度、法律、知识等结构与文化方面的更为深刻的差异。现在我们转向讨论社会科学在法律领域中是如何使用的。

社会科学在法律的运用:前景与问题

我们首先将追溯美国的法律与社会科学关系,从著名的"布朗诉教育委员会案"(*Brown v. Board of Education*)中"布兰代斯意见书"(Brandies brief)的引入到现今由"多伯特诉梅里尔·道氏制药公司案"(*Daubert v. Merrell Dow*)中确立的标准。这部分的结尾将简单地对比一下以色列的情况。

鉴于美国法律与社会科学之间存在如此明显的鸿沟,如何可能把这两者撮合到一起?虽有这些为人所承认的紧张,美国法院有时还是转而寻求社会科学的帮助,尽管这种做法前后不一,并且也只是偶尔为之。实际上,社会科学信息影响法律发展有多种可能的途径。比如,法庭上专家证人证实相关社会科学研究;社会科学家出具法庭之友意见书,让法院了解社会科学领域目前的知识状况;在立法听证会上,社会科学也登入法律之门,等等。在美国,法律史学家通常会把"布兰代斯意见书"看作一座分水岭,因为它将社会科学引入了法律裁判中(Rosen, 1972)。这个长度超过 100 页的著名意见书,是由路易斯·布兰代斯(Louis Brandies)在 1908 年的"穆勒诉俄勒冈州案"(*Muller v. Oregon*)中提出的。它利用当时的社会科学,意在证明男女之间天生的差别。尽管此后看来,其中所引用的科学大部分不可信,但此份意见书本身作为一种法律上的创举仍受到热烈欢迎,引发人们不断努力去促成法律与社会科学的联姻。

对于把社会科学运用于司法裁判中,或许最富争议性之一的是"布朗诉教育委员会案",此案影响深远。布朗案由美国最高法院 1954 年作出裁决,它关键在于质疑州法规定在公立教育体制中实行种族隔离所具有的合宪性。这种隔离在以前臭名昭著的"隔离且平等"(separate but equal)的原则中就得到支持,此原则体现在以前诸多的先例中,如"普莱西诉弗格森案"(*Plessy v. Ferguson*)——这是 1896 年的案件,讲述的是路易斯安那州的法律要求把"白人与黑人"分隔在不同的列车车厢。布朗案不只是从纯法律的理由出发来攻击"隔离且平等"原则的合宪性,相反,此案的上诉人认为,事实可以证明——有其经验的、社会科学基础——隔离学校给黑人学生造成了有偏见的伤害。法院后来的裁决也是根据社会科学研究作出的,自此以后,社会科学成为被批判和捍卫的焦点(Jackson, 2000)。批判主要集中在社会科学的性质以及对它的认知上,因为布朗案就没有重视科学与辩护的界线。

大多数与布朗案相关的社会科学研究,是在被隔离的南方学校的黑人学童中开展事先设计好的"玩具娃娃测验"。社会科学家发现,这些黑人学童明显偏爱和认同白的玩具娃娃,而惧怕黑的玩具娃娃。这个测试结果被解释为一种暗示:黑人孩子非常自卑并且缺乏真实的认同感,而反过来这些问题的产生可以归因于隔离。立足于教育资源和条件的不平等的论证,只会导致在隔离框架内进行更平均主义的资源分配。然而,这些社会科学研究结论促使法院作出更为强有力的断言,"隔离性的教育设施本来就是不平等的"。

近50年后,尽管很多社会科学家对隔离造成的整体伤害仍有广泛的共识——学校隔离高居重点问题的榜单上(Erickson and Simon, 1998:16),但他们对布朗案中使用的特别的研究方法以及从中推导出的结果仍有争议(Jackson, 2000:240)。如格雷戈(Gregor, 1963:627)这样的批判者指出,态度研究并不能在各种因变量中分离出任何关键性的变量,在"隔离、偏见、歧视以及它们的'社会伴随物'"的社会现实中,没有什么研究可以当然地把推断性的态度归因于任何一个变量,如学校隔离。除此之外,克拉克夫妇(the Clarks)——他们对北方各州中未受种族隔离的黑人学童进行了同样的研究——结果在那发现相似的、甚至更明显的偏好模式(Clark and Clark, 1947; Clark, 1950;也见Kluger, 1976:456)。鉴于这样的方法论批判,范·邓·哈格(Van den Haag)(他后来为种族隔离作专家证人)认为布朗案实质上是这样一个案件:精英法庭假借科学知识的名义强加的进步议程,它根据的是极不牢靠的学者证词,几近于伪证(Van den Haag, 1960)。很明显,不仅社会科学如何产生以及如何为法院所接受,而且其后它如何遭到批判,都必定包含了制度和政治的因素。

因此,我们看到,布朗案展现出了本文开篇概括的几个主要的紧张。第一,存在一个社会科学正当性的问题,特别是从长时段来看。显然,正如自然科学一样,曾一度为人所接受的社会科学,一旦时过境迁,其方法和理解发生变化时,也就会经常受到驳斥。运用"现世主义者"(presentist)的批判,我们可以很容易地根据当下社会科学信息作出论断:以前很多判决都是错误的。历史主义与正义的关系并不融洽。不用说,审判和其他的法律-政治过程不仅产生出特定的决定,而且还产生了规则和原则;正如法律根据其他渠道的、变化了的信息而不断演进,它也会根据变化了的社会科学不时地修改原则(甚至具体的个案)。经历了无数次的辩证对话,法院逐渐地采纳了变化了的社会科学理解——从早期案件中生物学意义上的种族观转变为布朗案中的社会/环境意义上的种族观。

然而,过时的社会科学具有潜在的可错性导致了另一种不同的紧张,即上文概括的第一种"民主"紧张。埃德蒙德·卡恩(Edmond Cahn)最充分地表达了布朗案中这种民主的、法治的、大众式的观点。卡恩"不会把黑人——或任何其他美国人——的宪法权利放在任何像这些资料显示的某些科学论证所具有的那样脆弱的基础上",也不会……使我们的权利随着最新潮的心理学文本时起时落,或发生改变。如今的社会心理学家……就他们的基本取向而言都是自由主义和平等主义;可以设想,他们的继承者,其中的一代也会给我们提供一套种族观念,并把这些观念贴上"科学"的标签。那么,我们宪法权利的本质到底是什么?(Cahn, 1955: 157-158)

这是一种典型的对社会科学的批判,批判社会科学的结论和方法论过于幼稚、不精确和变化多端(同上)。这种批判也强调了寻求法律与社会科学知识所具有的重要的认识论后果。探索新领域的社会科学家可以自由地去实验——构想观念和假设,也许后来证明这些观念和假设是错的,但作为探索过程的一部分,它也将揭示出新的真相。这种实验性或探究性的知识生产模式并不很契合法律人,因为法律人必须根据他们所获得的关于现实世界的重要后果的知识得出结论。然而,像卡恩这样的批判者决不会满足于回答"法院如何知道社会世界"这样的问题:尽管运用社会科学容易犯错,但要是没有社会科学的帮助,那留下的只能是"常识"、传统、"公认的真实"、偏见和其他意识形态化的知识。相比社会科学结论,以上这些知识的运用是否更少可能被操控或不那么变化多端,我们并不清楚。但是,在此我们可以鲜明地看到,试图在法律与社会科学这两个不同的领域进行跨越性的转化会产生持续的紧张。

这些紧张又再次出现在标志性的"多伯特诉梅里尔·道氏制药公司案"中,在此案中,最高法院为允许科学证据进入联邦诉讼确立了现代标准。(后来一些案件把多伯特案的范围扩展到非科学的专家证据,并在很多州法中使用——参见 Faigman, Kaye, Saks, and Sanders, 1997)。多伯特案产生相当大的影响——300 多篇论文和很多高级法院裁决都涉及这个判决——包括成立一个法学研究所,专门处理此案涉及的元科学问题。

在多伯特案之前,有关科学证据可采性(admissibility)的规则是在"弗赖依诉合众国案"(*Frye v. United States*)中确立的,此规则要求所有这样的证据都必须在相关的社区中被"普遍接受"为可靠的(Frye, 1923: 1129-1130)。弗赖依案关注的东西,后来成了"伪科学"(在此案中,根据血压来做心理学上的"测谎"被认为是伪科学)。因此,问题的争论点涉及上文概括的第二和第三种紧张——界定有效科学的元科学问题和法院如何处理这种定义冲突的科学-制度问题。弗赖依准则(Frye test)形成后,像波普尔、拉卡托斯(Lakatos)、库恩这样哲学家才开始阐述科学和其他处理事实性的方式之间的关系,其时,科学社会学这门学科还没有发展起来;科学也远未达到它后来的声誉,对很多哲学家而言,科学只是一般性的理性活动模式。正如多伯特案中法院表明的,保守的弗赖依准则排斥了创新性研究或最新的研究,以及任何在科学家中还没有取得共识的方法;它假定了一个一元的、统一的和同质性的"好"科学形象,这种科学形象与实际社会科学中创造的多样性差距悬殊。然而,弗赖依准则确实有一点值得称道,多伯特标准也保留了此点:即处理社会科学可采性标准时,其得出结果的方法或技术必须要受到严格审查,而不是审查结果本身。联邦证据规则的采用——以及特别针对专家证言的702规则——有效地推翻了先前的判例,并要求一种新的解释方法来判定这些知识,即"有助于事实审问者理解证据或决定系争中的事实的科学……或其他专业知识"(《联邦民事诉讼规则》第702条)的可采性,由此推动法院修改旧的弗赖依标准。

多伯特案最重要的隐喻指向法院本身,这不由地使人想起了卡夫卡(Kafka):法院充当了科学证据"看门人"的角色(Daubert, 1993: 597)。这样一来(不像卡夫卡"法律门前"寓言中的看门人),就必须用两种标准来应付那些受欢迎之客和不受欢迎的人(*personae non gratae*),即为法院准备的科学可靠性标准,以及"适切性"(fit)标准——社会事实论据(social data)与法律主张的关联性(关联性实际上服务于更复杂的"元语用"[metapragmatic]功能。参见 Yovel, 2003)。在为这些"客人"考虑可能的可采性标准时,该意义上的"法院"不会回避审查由科学哲学发展起来的、用以区分科学和非科学命题的界线标准。然而,与此同时,"法院"实际上既没有采纳也没有确立统一的或排他性(甚或没有一个连贯性)的可采性界线标准,事实是,允许法院在后续判决中解释和适用多伯特标准时可以宽泛地变通。

阅读多伯特案的意见书,感觉有点像在崎岖不平的学说波潮上冲浪,其间持续的断裂,昭示着波浪下的激流涌动。此案中的必要部分是科学哲学和科学社会学研究中的两种取向,在多伯特案中我们都能感觉到它们的存在。第一种取向是试图找到对真正的科学命题具有根本意义的特征,由此,则可以决定性地区分什么是真正的科学,什么是伪科学断言。在科学哲学上,对确立这种界线标准贡献最多的当属哲学家卡尔·波普尔(1959, 1968)。在20世纪上半叶,"逻辑实证主义"(logical positivism)学派(或"维也纳圈子"[Vienna Circle])提出了一个以经验为基础的"可证实原则"(principle of verifiability),以此作为意义的语言条件(当且仅当命题具有真值函数,命题才有意义的;一些命题的真实性由它们的语义内容决定——这是指"分析命题",其他所有的命题都具有经验的可证实性)。相反,波普尔在寻求辨识真正的科学命题的界线标准中,提出了"可证伪原则"(falsifiability principle),根据这个原则,当且仅当命题可以在经验上被证伪,这个命题才是科学的;科学通过"猜想与反驳"而获得进步(Popper, 1968)。不论这个原则有什么优缺点,它在科学家中已得到广泛支持,他们激赏此原则为科学和其他命题如宗教命题、美学命题等的区分划出一条至少表面上看起来非常清晰的界线。

因此,一点也不奇怪,多伯特案主要关注的是"科学知识能够(而且曾经)被验证","验证"就意味着法院要"提出假设并检测它们,看看是否可以被证伪"(Green, 1992: 643)。然而,法院遇到了一个解释性障碍——即作为一种逻辑结构的可证伪性(falsifiability)("这个命题可以被证伪")与证伪(falsification)("这个命题事实上已被验证")的区分。波普尔所做的是界定科学可以言说哪类事情,这当然包括新的和未经验证的命题。值得注意的是,这并不必然把科学命题范畴限制在那些当前技术条件下实际上可以被验证的命题中——尽管有人会用这种方式重新界定"可证伪性",由此提供一个社会历史上可能(而不是绝对)的界线标准。在此,我们看到了混乱的局面,这种混乱是由不同的元语言规范和随之而来的社会-制度需要引起的;科学哲学家在暗中发展适合科学话语和科学的制度性需要的界线标准,而法院却在完全不同的话语和社会的迫切需要中运作。一个命题在理论上可以被验证,即便我们当前没有技术能做到这样,但这很难确保法官在实际的庭审案件中能为证据找到的"科学"基础。由于"可证伪性",多伯特案中的多数人意见所具有的结果的非终局性,致使少数人也承认"当说到一个理论的科学性是依据它的'可证伪性'时,人们会困惑不解于它的意指。我想一些联邦法官也会如此"(Daubert[伦奎斯特的异议],1993:600)。实际上,后来的很多案件都完全忽视了可证伪性标准(因此,认为在多伯特案中波普尔哲学成了美国法律,还言之稍早,Edmond and Mercer, 2002:309)。

事实上,多伯特案在促使可证伪性成为科学知识的本质性特征后,它又转向最好可称之为库恩式的科学模式。在库恩看来(Kuhn, 1962),没有什么本质性的特征可以使任何命题成为科学的,或是保证它有比其他命题更高层次的理性。相反,科学命题是那些符合了特定时间中的特定"科学共同体"的主流范式的命题。这些范式——得到承认的方法论、技术和形而上学框架,它们支撑着"常规科学"——是由社会而不是哲学来决定的,毫无疑问,从历史上看它们都是暂时的。要是科学家在某个时段整体上使用了"可证伪性"标准,那这也是一个范式——一个有关科学共同体实践的惯例性事实。把拉卡托斯和帕特森(Paterson)阐述的立场作一次实用主义转向,法院处理科学就像相关行动者或听众一样具有正当性。这点让我们想起了前文界定的第一种紧张:运用社会科学并不必然(实际上,可以说,不会)意味着把事实性交付给"专家",而是为了法院的制度目的——正义,促成产生于其他制度/话语背景中的专业知识的流动。

波普尔和库恩的哲学因此相互抵牾:前者为科学命题确定了一个分析性的界线标准,而后者则认为任何这样的标准都必定有社会的而不是科学的根基。多伯特案提出可证伪性作为科学的核心特征,使科学命题获准进入证据之中,但这之后似乎又掉入库恩的阵营中,期盼着科学共同体的引导:"另一个恰当的考虑是,理论或技术是否应公开发表并接受同行的评论……接受科学共同体的审查对'好科学'而言是必要的"(Daubert, 1993:593)。法院承认,"在某些情况下,理据充实且又创新的理论没有得到发表"(同上)。在此,我们可以看到第二和第三种紧张——"元科学"和"科学—制度"的紧张——有可能混淆的原因:不清楚法院是如何执行他们的"看门人"功能,在某种程度上,它激起了科学领域中对有偏好性的方法论而不是某个思想学派的争论。一个低级联邦法院的法官,面对被发回的多伯特案,对最高法院决定所说的看门人功能哀叹不已,确切说来有这些原因——因为这是要求他去"解决那些受人尊敬的、声誉卓著的科学家之间的论争,并且系争之事完全属于他们专业知识和专业领域范围,而在此,对什么是'好'或'不好'的科学根本没有任何科学的共识"(Daubert,考津斯基法官意见,1995:1316)。根据社会科学研究结论可以很好地消除法官的犹豫不决,这表明,在对用科学上得到承认的方法论进行的研究与那些用没有得到承认的方法论开展的研究之间的区分上,法官与门外汉一样,好不到哪里去(Kovera and McAuliff, 2000)。颇具讽刺意味的是,考津斯基(Kozinski)法官在第九巡回法院的意见书中根本没有谈及可证伪性,而是转向大众科学中最畅销的著作(Huber, 1991),以此来界定什么是"好科学"——即追问科学证人在进行其研究时,是"独立于诉讼……还是明确地为了证明的目的"(Daubert,考津斯基法官意见,1995:1317)。

多伯特案中体现出的第二个要求,指的是科学证据要"切合"当前的案件:它有助于从因果关系上证明争论中的观点吗(Yovel, 2003)?布朗案中的"玩具娃娃试验"可以测出自卑吗?自卑与教育的隔离两者之间存在"切合"吗?在下文对死刑的讨论中,我们将要讨论:法院是如何一以贯之地拒斥统计学上认为的死刑处罚受到种族的影响的证据——理由是,这些研究没有表明,某个特定的被告受到判处他刑罚的特定陪审团的歧视性对待。根据我们上文看到的,那种偏向从事独立于诉讼的研究,对后多伯特时代的社会科学论据来说,它可能很难同时达到"好科学"和"切合性"的要求。这双重牵制另外也表明了,这些困难源自未经反思的法律与社会科学之间的转化,没有充分注意两者在话语和制度规范上的差异。在"锦湖轮胎案"(Kumho Tire, 1999)中,最高法院正式地扩展了多伯特标准的看门人功能,超越了自然科学延伸至包括其他形式的专家证言,这使多伯特标准也完全能适用于社会科学证言。除了上文讨论到的波普尔标准(可证伪性),由于多伯特标准中还包括了像"明知或有可能发生错误的几率"和"控制技术运作的标准的存在和维持"这样的标准(Daubert, 1993:594),因此,在法院用于评估社会科学的工具箱与民族志或历史编纂学之类的定性、解释性研究之间产生了明显的"不切合"。第三种紧张在对定量方法论产生的文化偏见中显露无遗。

在追溯了美国法院转化社会科学的历史语境后,我们现在转而来简单地比较一下以色列的情况。我们将特别地检讨法院在承认社会科学证据上有怎样的自由,以及法院实际上依赖于社会科学的程度——司法能动主义的一个方面在于:要么批判已得到承认的社会科学,要么提出其他的解释以取代专家承认的解释。

以色列法律没有在形式上区分"科学"和"专家"证据,前者可以看成是后者的一部分。因而,并不完全要求证人证明他们结论的科学性。相反,法院注重特定证人的科学身份。在预审时,会想要专家证人证明一种专业知识与当下案件事实的相关性。(通过相关性主张来构造事实是诉讼中的一个惯常做法和惯常性意识形态,参见 Yovel, 2003。)审查的中心不是科学而是科学家,像那些传统的元科学问题,如"什么是科学命题?",并没有出现,而这样的问题在多伯特案中是通过波普尔可证伪性标准得以直接处理的。证人的科学身份更多地是由库恩式的、惯习性标准,即根据他们在科学共同体中的地位和声望而确立起来的。在这方面,以色列法院会深入地了解专家的"实质"与"形式"方面——即除了考察专家一般性的制度和学术名声外,也要考察他们对当下案件中的事实问题及其解释问题的把握能力。因此,科学证人需要把个人履历、出版作品详细清单呈交法院,除此之外,还要对他们的专业知识进行交叉询问——或者,更准确地说,是对他们因名望和其他"专业"能力标志而获得的专业形象进行的检视。

由于以色列法院主要关注科学权威的社会建构,因此他们很少需要去处理纠缠于多伯特案和布朗案中的元科学紧张。然而,这并不因此使这样的证据(指科学权威的证据)免受挑战。相反,它仍需要面对其他两个难题。第一,由于其他科学证人引入的相反证据而产生的紧张——这是考津斯基法官感叹的相互竞争的科学范式所带来的问题。第二,以色列法官本身提出的挑战,呈现为"常识"(Mautner, 1998, 2002)、事实拟制和假设(Shamir, 1996)、固有的社会和伦理观念(Barkai and Massas, 1998; Yovel, 2001b)和其他意识形态化的知识形式。其中也包括法官使用的固有叙事模式,这些叙事模式蕴含了很多社会问题,如性别(Kamir, 1997)、政治冲突和暴力(参见 Yovel, 2002a)背后的假设。由于以色列主流法学是非实证主义(Barak, 2002, 2003),支离破碎的宪法中还有一部分是不成文的,因此,一些法官援引宪法"根本原则",甚至是体现文化和意识形态偏见的"自然法"模式(作出判决)时,仍心感惬意。

正如下面对"国民银行案"(Bank Leumi)的分析,以色列法院和美国法院对社会科学证据的处理形成一个非常有趣的对比。美国法院追随多伯特标准,强调证据的可采性,而以色列法院在允许引入社会科学证据方面是相对自由的。然而,后来证明,他们对实际上依赖社会科学证据表现出更多的抵制。以色列法院并不回避提供原罪性的(original)的解释和文献,并以此与社会科学展开竞争,而不仅仅是评估证据的可采性。因此,很难把以色列法院描绘成比美国法院更愿意接受社会科学:抵制只存在于适用——分量和效果——的语言博弈中,而不是可采性的形式语言博弈中。除此之外,在谈到这种少有创新、更多是保守的趋向时,评论者指出,当社会科学和其他专业结论威胁到他们固有的规范和正当性观念,以色列法院就会抵制这些结论。这些情况包括,法院拒绝接受这种专家证言:即在原子式家庭的资产阶级解释标准外,对"双亲的能力"的再概念化(Massas and Barkai, 1998; Yovel, 2001b),或者,质疑与以色列—巴基斯坦敌对相关的意识形态的、叙事性的和实际上疑似神话的模式(Yovel, 2002a)。总之,以色列法院看起来似乎对"外部"知识相对宽松和开放,重点关注他们对专家的看门人功能,而不是他们面前摆放的一大堆专业信息。但是,尽管允许听取创新性的社会科学,法院仍是经常依靠其固有的、科学之外的观念,有时甚至对科学结论提出原罪性的批判。正如下节我们将看到的,尽管有明确学说指向相反的道路,但美国的法官还是以相似的方式加入到争辩中来,维护某个社会科学学派而反对另外一个,或是把自己个性化的司法"非同行"(nonpeer)审查强塞进他们的裁决中。

法律中的社会科学转化：一些具体的例子

前面已有概要性的历史与比较轮廓，现在我们转向检讨，法院中呈现出的法律与社会科学之间存在核心紧张的一些具体例子。通过检视这两者转化的成功或失败，可以为我们提供更深层意义上的叙事结构。

"错误的记忆"与科学的有效性：透过多伯特标准看法院审判心理学

相互竞争的社会科学范式在法庭上会以什么结果结束，心理学为审视此问题提供了丰富的资源。心理学中的不同思想学派差别非常大，不仅产生了可以相互对比的分析问题的可取之处，也产生了令人诧异的多样性，这种多样性体现在基本的心理构成理论和普遍使用的再现心理"真相"的方法上。有一种区分在美国很受关注，一种更多地具有生物学定向的心理学模型，因而偏向用药物来解决心理问题；另一种更多地具有心理动力学(psychodynamic)模型，因而更注重用"谈话"疗法来解决心理问题。我们应强调的是，有很多人主张，完全有理由利用这些丰富多样的资源和方法来建立折中性的模型。专业证书方面的区分也非常有趣：有些人在这个领域拿的是医学博士(MD)(因此有资格开处方药)，其他人拿的是博士(PhD)、社会工作硕士(MSW)，还有实际上拿其他证书的。心理学领域中的另一区分是，主要做临床的人与工作完全在实验室的人——尽管应再次指出，有很多研究者对这两种工作兼而有之。然而，在美国，这两组人的差别实际上导致了制度上的分裂，"实验室"的研究人员形成他们自己的组织，即美国心理学会(American Psychological Society,简称APS)，以便与更大的美国心理学协会(American Psychological Association,简称APA)——它曾是所有类型的心理学家都保护的伞形组织——划清界限。尽管这两个组织的成员，他们开展的研究都被相关共同体承认为"科学的"，通常情况下也能在他们支持的期刊上通过评审，但是，仍有很多人试图把美国心理学协会(APA)描绘得更加具有"科学性"——这些尝试本身是一种社会学和政治学，它可以用来评价分析的优劣（参见 Garth and Dezalay, 2002; Garth and Sterling, 1998,分析了学术/专业领域争夺正当性的斗争的社会学基础）。除了这些比较宽泛的心理学分歧外，在某些特定的理论上仍存有大量的争论。

这些相互竞争的心理学理论会以什么结果在法庭上收场呢？蕾妮·罗姆肯斯(Renée Romkens)在荷兰背景下对此问题进行的早期分析中，对比了传统的精神病学方法与根据精神创伤研究而产生出的更新范式，并指出"强有力的和建制化的科学共同体与少有力的、相对年轻的精神创伤学专家的科学共同体之间的差别"(2000：363)。在涉及虐待记忆修复——也就是说,创伤事件的记忆只有在被虐待发生多年后才浮现出来——现象的很多美国案例中,也存在同样的分歧。我们这里要讨论的案例是,新罕布什尔最高法院审查下级法院的一个裁决时,运用多伯特为基础的标准排斥了建立在记忆修复基础上的证词("新罕布什尔州诉亨格福德案"[State of New Hampshire v. Hungerford, 1997])。这是对多伯特标准一个非常有趣的逻辑延伸,因为被排斥在叙述记忆之外的证人不是专家,而是案件中的原告。可是,按新罕布什尔法律规定,如果原告的证词因为没有专家证人的帮助而无法理解,根据专家理论的法律地位,这样的证词将不予以采用。法院然后对当下案件中的社会科学争论进行了一番分析,审查了下级法院的庭审过程,此庭审是双方顶尖专家就热议的社会科学问题站在各自立场上作最后的实质较量。双方的专家都有令人叹服的资质,并且用经过同行评审的论文中的结论来支持他们的论证。

新罕布什尔法院的意见读起来引人入胜,因为,在面对两种社会科学思想学派的竞争中,它能从根本上进入争论,并且采取了其中一个学派的立场。其观点大多倚重一方的文献资料,甚至意在提出另一立场时也是如此。因此,大约有75%的参考文献是取自那些反驳记忆修复有效性的专家,其余涉及另一方的参引文献,很多都只是略而不论。当法院面对提出科学的精神创伤文献来支持延迟回忆现象时,它却主要使用那个学派直言不讳的反对者的著作。(因此可见的情况是,如法院对对精神创伤文献的阐述以这样开头的,"根据压抑理论……",阐述后面紧接着引用的是作为合著者之一的伊丽莎白·罗芙图斯[Elizabeth Loftus]的一篇论文,而伊丽莎白·罗芙图斯是那些反对法院使用记忆修复的主要发言人。这种模式持续不断,贯穿于法院对"压抑理论"的叙述之中。实际上,法院意见中大约30%的社会科学文献参考书目都是罗芙图斯一手操办的。)所有提交的、用来支持记忆修复的同行评审过的论文,都要受到来自对立的思想学派成员在方法论上的这类批判,而那些反驳记忆修复的文献却没有受到类似的批判。法院表面上勉强承认确有一些记忆修复的个案,其后,法院又立即引用一篇驳斥"压抑理论"的文章,根本没有提及:在汇编成册的文献中,这篇文章是在公开地表达一种"少数派"的立场,因为其他文章都支持"压抑理论"。在检视经验证实的多伯特标准中,法院放弃所有只顾一种研究,进而接受此种研究的方法论批判,而这早已为持反对立场的学派成员所肯认。(在我们对死刑案件的讨论中,也将再次看到这种只顾其一不顾其余研究的方式,这是非常脆弱的偏见。)法院在支持一方或另一方时,是否受到它们两者之间差异的影响,或是受其他社会因素的影响(包括有足够证据表明对妇女声言受到性虐待存在不信任的倾向),我不敢妄下结论。对这些案件所作的权力互动分析已指出,那些反对压抑概念的人通过从法院到媒体的游说,达到极其有效的效果(Stanton, 1997; Bowman and Mertz, 1996)。无论如何,本案中法院的叙事不能看成是对文献均衡的审查。

因此,我们看到,在多伯特风格审判的掩饰下,使得法院能在两种正当的社会科学学派之间的学术论争中作出立场选择。对于高度的社会冲突领域,即社会权力的使用不公正的情况下,这种现象(指法院的立场选择)就显得特别重要。这些案件体现了我们第二和第三种紧张边界的模糊性,法院此时则成为社会科学家论争的仲裁者——正如考津斯基法官指出的,这是他们没有经过训练而承担的一个角色。在下面的小节中,我们将看到,美国最高法院仍然是大踏步地迈入这个法学家不擅长的领域。

元语言缺陷与死刑:美国最高法院的转化问题

美国的死刑诉讼为我们研究上诉审判与社会科学的关系提供了一个特别有趣的例子。美国法院在对死刑案件的上诉复审中,呈送到法院的社会科学,其数量之高非比寻常。正如艾思沃斯(Ellsworth,1998)表明的,自1960年代晚期以来,在宪法上挑战死刑,它的理论依据总是来自样化的社会科学研究,它们使用的方法和范式非常宽泛,从计量经济学和统计学分析(针对案情的实际结果)到(用陪审员和模拟陪审员进行的)访谈和模拟实验,乃至态度调查。美国法院总是以完全拒斥社会科学结论而标榜自己——尽管默认社会科学资料与这些案件相关。艾思沃斯得出结论,他认为,这种拒斥与元科学的真实忧虑没有什么关系,只不过修辞上可能如此,而是与科学外的对死刑的意识形态承诺有密切关系。巴尔杜斯(Baldus)、帕拉斯基(Pulaski)和伍德沃斯(Woodworth)认为,法院的抵制也可能源自这种忧虑,即如果允许这样一些主张进入,它们也可能会破坏刑事正义的其他领域(Baldus et al.,1983,1990)。

美国死囚区中的上诉人通常根据导致他们受到判刑的实践行为或实践行为模式,来挑战死刑判决。这些挑战一般涉及下面主张中的一个或更多:(1)违反了宪法第八修正案中的"不得施加残酷的、非常的惩罚"条款,或第十四修正案"法律平等保护"条款,因此,他们受到了恣意性或歧视性的对待(通常因为种族问题);(2)鉴于死刑判决的过重,因而违反了第八修正案;(3)违反了第六修正案对陪审团程序的程序正义保障,它一般要经由"死刑陪审团"的产生程序。我们将简短地阐述第一和第三种主张。

死刑分配中存在的恣意性问题是人们主要关注点之一,这样的关注说服了最高法院在"弗尔曼诉佐治亚州案"(Furman v. Georgia, 1972)中判决废除死刑法令,结果中断了三年的死刑判决和执行。尽管弗尔曼案中很多分立的意见没有倚重社会科学研究,但在后续案件中可以看到有大量的社会科学,它们关注的焦点多半不在恣意性本身,而在种族歧视问题上。运用各种方法进行的定量研究基本上一致表明,死刑易于产生种族偏见。早期的研究更多地关注犯罪者的种族,它们发现,黑人比白人更容易被指控、被确认有罪和被判处死刑,并且在相似的情形中,黑人的死罪比白人的死罪更容易得到执行(Bowers, 1974;Dike, 1982)。沃尔夫冈(Wolfgang)和雷德尔(Reidel)(1973)考察了南方和毗邻州(border states)*中强奸的死刑判决,他们发现,强奸白人妇女的黑人男子被判处死刑的可能性比白人强奸犯大18倍。

沃尔夫冈和雷德尔的研究成为其中最早一个被用来在宪法上挑战死刑的论据。在"马克斯韦尔诉比绍普案"(*Maxwell v. Bishop*, 1970)中,第八巡回法院拒绝考虑他们的研究结论,主要有几个理由,其中之一是认为,这种研究没有表明被告的特别陪审团实际上对他有种族偏见,或是这样的偏见影响到他们的判决。这种形式的"因果关系批判"肇因于法院坚守法律话语基础上的因素关系类型,而不是由定量社会科学通常建立的那种"对应"(correspondence)关系类型(参见 Hart and Honore, 1985, "论因果关系")。这体现了我们前面讨论到的第一种紧张,即政治和制度的紧张——构成法律论证和逻辑基础的常规和规范与构成社会科学基础的常规和规范之间的紧张。这也体现出转化的难题,这个难题是由它们之间在元话语规范上的差异造成的。艾思沃斯(1988)把这种在探究(因果关系)或然性上的话语取向差异,看成一种受意识形态鼓动的借口而弃之不顾。然而,从一般规范模式到个案如何进行推理,确实存在一个真正的元话语的争议。另一方面,只要他们指的是恣意性而不是歧视,法院不会拒绝根据这种一般模式进行裁判(参见 Furman, 1972; *Gregg v. Georgia*, 1976)。很明显,根据或然性论证确认一个人有罪与根据统计上的证据来评估某一制度中问题的严重性,这两者是有差别的。

到最高法院审理"麦克莱斯基诉肯普案"(*McCleskey v. Kemp*)时,在运用各种方法进行的一系列研究中都表明了一种一以贯之的模式:认为谋杀案的受害者的种族对应于被判死刑的犯罪者的种族(Redelet and Peirce, 1985; Gross and Mauro, 1984)。谋杀白人的黑人罪犯比谋杀黑人的黑人罪犯受到死刑惩罚的可能性要大13倍。巴尔杜斯等人(1983)提交给此案法院的是一份非常详细的研究,它收集了1970年代间佐治亚州2000多个谋杀案中超过200个变量的数据资料。尽管法院的意见提到了巴尔杜斯的研究结论,并且没有否认他们统计的有效性("科学"上的紧张),但最后法院还是重申了它对"因果关系的观点"。

美国最高法院在死刑案件中拒斥的不仅仅是定量研究。"洛克哈特诉麦克利案"(*Lockhart v. McCree*, 1986)涉及有死刑判决资格的陪审团(death-qualified juries)问题,这些陪审团的挑选要经过程序,即允许控方挑选出他们期望的陪审员,而这些陪审员在原则上是反对死刑的。伦奎斯特法官分析了15种不同的研究,从态度调查到模拟实验再到访谈真实的陪审员,结果表明,死刑判决资格陪审团比一般性的判决资格陪审团更倾向于认为死刑案的被告有罪(Ellsworth, 1988)。伦奎斯特分别审查每种研究,把没有

---

* 毗邻州,指美国南北战争前与反对奴隶制各州毗邻的各个拥护奴隶制的州(如肯塔基、密苏里、弗吉尼亚、特拉华和马里兰等州)。——译者注

说服力的都一一抛弃,最后留下单个"孤立的研究"也同样被认为是不充分的(Lockhart, 1986:1764)。但是,正如艾思沃斯(1988:195)指出的,这样的研究从未把它放到其他研究背景中去评价,也从未想要对自身作一次法律论证。法院在此拒斥的是那种常见的社会科学进路,它只根据一堆调查结果得出结论,而每一调查结果单列出来都是不充分的。美国心理学协会在它的法庭之友意见书中表明了此点,并指出,当不同的方法和进路都产生同一结论时,这个结论总是更加有力。伦奎斯特在此从根本上揭示了元语言学的缺陷,但是,倘若按照那个规制专家解释话语的元层次原则,伦奎斯特确实不能解释社会科学。

正如艾思沃斯指出(1988),有趣的是,最高法院考虑了支持死刑的社会科学的价值,并推翻了自己的判决。在"巴莱福特诉埃斯特尔案"(*Barefoot v. Estelle*, 1983)中,最高法院审查了得克萨斯州的一部法律,该法律规定,只有在被确认有罪的被告人有可能在将来实施威胁社会的暴力行动时,才可允许对其强制执行死刑。得克萨斯法院运用心理学和精神病学证词以帮助陪审团决定将来的危险。在巴莱福特案中,美国精神病学协会(American Psychiatric Association)提交了一份意见书,认为在当前科学能力和知识条件下不可能作出这样的评估。在处理社会科学证据上显得相当保守的最高法院,这次却不然,它坚持认为"无论是上诉人还是美国精神病协会都没有表明,精神病学家在将来危险的判断上总是错的,仅仅是大部分时间错而已"(*Barefoot*, 1983:901)。如此前后矛盾当然会导向支持那些怀疑意识形态在法院的"元科学"法学中发挥重大作用的人。

法律语境中经济学转化的"修辞学之刺":以以色列为例

"以色列诉国民银行案"(*State of Israel v. Bank Leumi*)和其他一些案例为我们提供了一个很好的语境,以此来探讨经济学模型在审判而非规则形成中的作用。在以色列历史上,"以色列诉国民银行案"是历时最长、代价最为高昂的刑事案件之一。以色列四个最大的商业银行——以及银行首席执行官以下的一大批管理人员——被指控犯有欺诈、会计和证券监管方面的几项罪行。自1970年代早期以来,特别在1980年代早期,这几家银行就利用间接手段"扶持"和"调整"他们在特拉维夫市证券交易所(Tel-Aviv Stock Exchange)上市的普通股。这意味着,几乎在整个时期——其中某些时期还出现恶性的通货膨胀和国民经济的负增长,银行一直在为他们能卖出定额数量、并且价格很少下跌(如果有的话)的股票而出谋划策。这部分地可以通过商业性的辅助业务活动得以实现,而银行股票的大多数投资者也是银行的客户,全国几乎每家共同基金都如此。到1983年,银行产生的财政负担——为每天在公开市场上购买他们股票提供巨额的资金——预示着危机的爆发和银行的破产,和他们一起被拖垮的不仅是他们的客户,还有大多重叠性的投资集团。当金融泡沫几近破灭时,国家的中央银行出手干预,给这些银行提供的救助资金高达80亿美元(1983年期间)。公众损失惨重。

银行和他们的管理层人员被指控多项罪名,包括违反证券监管、公司欺诈和会计犯罪。在我们看来,最有意思的指控是他们被指控为普通法上的欺诈。很简单,银行被指控对他们的客户和投资者作出了欺骗性的承诺,正是基于这种承诺,后者才信赖银行会确保他们的股价不会下跌。控方认为这是欺诈,因为银行根本没有实际履行他们的承诺;自我维系的价格"支撑"机制在某个点上注定要崩盘,股价也会随之下跌。然而,控方没有引用多少证据来证明,银行雇员对股价的未来表现作了直接的口头承诺。

由于缺少这样的证据,于是控方根据一种称作"信号理论"(signaling theory)经济模型来解释欺诈情况,这一理论原是应用于所谓的"有效市场"(efficient market)命题中。根据"有效市场"命题,金融市场被视为信息的或多或少有效的处理者。输入的信息全部都是公开可以获取的信息,如公司的财政状况和收入预测。这种信息通过投资者的行为被"加工"为股价。设想公司财政状况信息的一条途径就是通过"信号"。任何信号都是交往行为,它会影响到股价。信号理论的主要洞察力在于:市场相信承载一定风险成本的信号,并依此信号而行。一个公开购买了本公司股票的首席执行官承担着一个风险,即认为市场会解读出强的信号,而不是像首席执行官仅肯定性地评论公司业绩时发出的弱信号。从制度上看,公司分配现金股利预示着它在完成两个层面的税——公司层面和资本利得(capital gains)层面之后,其利润允许发出一个相对价格较高的信号。

这是控方在国民银行案中立论的基础:银行自身一贯的投资行为向投资者发出了一个清晰而强有力的信号,即银行会无限期地支持股价。所谓信号的清晰是因为它的一贯性和持续性,信号的强有力是因为每家银行为此而承担着无可否认的成本。因此,市场能够有效地把此种信号处理成相对稳定的股价。通过竭力地维持股价平稳,银行作出了一个声明:股价能不断地、无限期地得到"调整"——他们自己知道这种声明是骗人的。

可以预想到,双方都要求经济学家提供专家科学证据。这些专家皆为以色列和美国顶尖研究型大学中享有盛誉的、资深的终身教授。他们在科学权威、方法论和世界观上大部分看法一致。辩护人的主要观点是,控方不能从信号理论上得出正确的结论。控方专家指出,银行"调整措施"明显是一种循环论证结构:每个人,无论是否是经济学家,都应该(而且能够)明白,从长远策略来看,"绝对增长"的调整是不可能的。因此,任何一个有理智的人都不会把银行的作秀看成一个无限期的承诺。经济学模型提供了一种社会认识论,一种解释社会世界的方式。无论从辩护方的解释还是控方的解释看,都要求法院根据社会科学模型重构事实性。最终,纳尔(Naor)法官没有接受辩护方的观点,因为对那些外行的投资者而言,信赖"永久性调整"的声明是非理性的,而且他们实际上并没有兑现声明中的承诺。

有趣的是,法院的分析指出,银行和他们的高管运用了相当多的修辞性力量,而信号经济学分析则错误地认为这些根本不重要。修辞学是信号理论之刺(McClosk, 1998),因为信号理论的合理性建立在对语言和沟通的描述性(representational)而非修辞性或施为性(performative)的分析上(Yovel, 2002b)。信号理论考虑信号的以言表意(locutionary)内容和信号如何解释问题,其理论部分地建立在围绕以言表意的语用论上。它很少注意到修辞和语境的意义。因此,在它支持对信号发出者行为所承载的风险进行理性评估的过程中,"信号发出者"使用的相关修辞和社会权力就被忽视了。如果一位交易者有非常重要的社会和(或)修辞影响力,在信号理论下这种影响力可能被视为一种"弱"信号,但这种弱信号也会呈现出附加效应。由于以色列银行体制和等级管理中存在大量的修辞性和社会性权力,不知情的投资者(恶性通货膨胀时期更是茫然无措)更多地会心甘情愿地受银行修辞性的诱惑。银行能维持"调整"的时间越长,他们调整性工作似乎做得越加成功。当"调整"期持续相当长的时间,对专业研究者而言,可能预示着维系其继续延长的能力在不断衰退,而对众多外行投资者而言,其表明的结果恰恰可能相反——法院指出,描述性的信号理论没有解释这个现实。

而后,法院实际上引用了它自己独树一帜的经济-社会理论,因为此案中的专家根本没有提出这种理论。从实质而言,法院权衡了那个特定时期兼有恶性通货膨胀的情况下银行的权威与修辞,结论认为,在这种环境下,通常的投资者事实上会信赖被告称之为"非理性"的解释和信念——银行本应考虑到此点。有趣的是,法院在此毅然承担起责任,开始发展一种特别的、现在已被认为是最先进的社会科学的基础形式,熟悉特沃斯基(Tverski)、克赫曼(Kahneman)、斯洛维克(Slovik)著作(1982;也参见 Kahneman and Riepe, 1998)的人都应知道这些——社会科学之所以没有出现于法庭之上,乃因为控辩双方都依赖更标准化的新古典经济学理论。在第一个紧张方面,我们看到,法院不愿把裁决交给纯粹的经济学模型,因为它不能解释社会和修辞性方面的权力、地位、角色、文化多元主义、主体性和其他社会参数。与前文描述的美国法院做法相反,在以色列,专家证据的认可比较宽松,法院不会因为专家证据在科学上不够牢靠(我们的第三和第四种紧张)而对一方或另一方的观点弃之不顾。然而,根据我们所说的第四种紧张,法院转而创造自身独特的法律-经济话语(尽管结果表明,它背后有未出现于法院中的其他思想学派的实质性支持)。虽然司法权开始考虑诉讼程序中不同形式、立场各异的观点,但是,无论美国的还是以色列体制中的法官都能自由地拒绝和批判性地评估他们面对的社会科学。有时,这可以促发我们更多地从社会方面来理解,就像国民银行案一样,但站在其他的角度来看,结果可能是,法院对法律制度的缺陷或少有权力者掌握的事实真相这些重要信息会充耳不闻。

结语：批判、谨慎转化和一种"新"法律现实主义

总之，我们看到存在着普遍的紧张，这些紧张抵制了社会科学和法律之间的直接转化。这两个领域在认识论、元话语规则和社会目的上都有非常大的差别。一方面，社会科学很自信地认为能为法律制度及其假设提供有用且深刻的批判。社会科学家所受的训练就是去分析社会各个方面，当法律试图去解释和理解社会这些方面时，社会科学也能为其提供非常好的信息和批判性质疑。

在第一个方面，即社会科学作为批判之源，萨拉特（Sarat）和西尔贝（Silbey）（1988）提出一个值得认真对待的警告：要是社会科学真的提供了有力的批判，它必定是站在法律和政策话语提供的框架外来展开批判的。对这些框架来说是一次"拉动"，但它很可能仅提出一些小的修正，或提出修补既存体制的一些方法，而不是站在体制之外对整个框架加以质疑。同时，如果完全站在既存框架之外，其风险是，可能没人会听这种批判；因为来自完全不同框架中的话语很难被接受，如果不是不可能的话（Mertz, 2000）。

再看社会科学的第二个作用，即它能为法院必定要处理的社会事实提供相关的信息和分析，就这个作用而言，我们已提到普遍存在的紧张。第一，民主国家的法院在何种程度上应把社会事实的构造和评估交给专家，这是一个政治问题。社会科学提问的理由与法律提问的理由不同，因此，把法律完全委身于社会科学，其理由并不完全不言自明（Constable, 1994）。然而，两者之间某种形式的对话看来不但是可取的，而且是不可避免的，法律人正努力地把社会科学知识转化为法律话语，尽管有时这些努力有其明显的缺陷，但态度是非常积极的。在此过程中，有效科学的定义是什么、"真诚"的社会科学家之间争论是否存在武断性，以及法律使用社会科学领域成果而产生的混合话语、其地位如何，在这些问题上，也会产生一些紧张。

鉴于法律与社会科学之间复杂的关系，因此在我们试图对他们进行转化时，就须格外小心。我们特别指出了元话语层次和相关专业文化的重要性。律师接受的是辩护和对抗性训练，律师这个词被烙印得黑白分明，话语交流的意义是要取胜。社会科学家热衷于模糊限制语（hedging）*和或然性问题，在方法论和认识论上小心谨慎、精益求精，

---

* 模糊限制语，这一概念最早由美国认知语言学家乔治·拉科夫（George Lakoff）于1972年提出，拉科夫把它描述为"能使事物更加清晰或模糊的词语"。韦氏词典第三版把模糊限制语定义为"有意使用的一种不明朗或模糊的表达"，而这种不明朗或模糊是能被听者完全理解的，一般不会导致歧义或含糊。它可以就话语的真实程度或涉及范围对话语的内容作出修正，也可以表明说话人对话语内容所作的直接主观猜度，或者提出客观根据，对话语作出间接的评估。——译者注

竭力捍卫他们对真相的主张。仅教给律师社会科学转化的"内容"是不够的;相反,作为任何有效转化过程的一部分,社会科学的话语规范也必须得以转达。语言人类学的最新研究表明,在解释语言意义的过程中,元话语结构非常重要(参见 Silverstein,1992)。法律转化和运用社会科学的努力一直以来都忽视了社会科学元语言规范,正如我们看到的,其结果是导致转化和运用中的一些重大失败。

我们认为,应建立一种"新法律现实主义",它能把当今的社会科学有效地运用于法律语境中,为此,必须更加认真地对待它们之间的转化。正如人类学家雷纳托·罗萨多(Renato Rosaldo)观察到的,在不同学科的"接触区"(contact zones)里,"社会关系经常是不平等的,人们说着不同的语言,或说同样的语言时带着不同语调、意义和目的"(Rosaldo,1994:527;也参见 Dezalay and Garth,2002)。有时,掌权者——如法院——如果没有法律体制外的压力,比如像废除死刑运动,他们就不太愿意屈尊俯就地去理解其他范式而努力(Sarat,2001)。埃里克森(Erickson)和西蒙(Simon)对美国最高法院意见中社会科学资料的运用进行了研究,他们指出,"法庭上使用资料的方式与法律共同体而不是社会科学共同体的标准一致"(1998:149)。可以期待的是,法律与社会科学的对话在未来的发展将包含更多的妥协,以使法律制度更好地实现作为批判和信息之源的社会科学的承诺。

注释

非常感谢 Marianne Constable, Marc Galanter, Karl Shoemaker, Bryant Garth, Dan Simon 为本文提供的宝贵意见。

参考文献

- Baldus, D. C., Pulaski, C. A., and Woodworth, G. (1983) "Comparative review of death sentences: An empirical study of the Georgia experience," *Journal of Criminal Law and Criminology* 74: 661-753.
- Baldus, D. C., Pulaski, C. A., and Woodworth, G. (1990) *Equal Justice and the Death Penalty: A Legal and Empirical Analysis*. Boston: Northeastern University Press.
- Barak, A. (2002) "The Supreme Court 2001 term, Forward—A judge on judging: The role of a supreme court in a democracy," *Harvard Law Review* 116: 6-162.
- Barak, A. (2003) *Purposive Interpretation in Law*. Tel Aviv: Nevo (in Hebrew).
- *Barefoot v. Estelle* (1983) 463 U.S. 880.
- Barkai, M. and Massas, M. (1998) *On the Meaning of the Terms "Parental Competence" and "Child Welfare" in Supreme-Court Verdicts Concerning the Adoption of Minors*. Jerusalem: Sacker Foundation for Statutory Research and Comparative Law.
- Bowers, W. J. (1974) *Executions in America*. Lexington, MA: D. D. Heath.

- Bowman, C. G. and Mertz, E. (1996) "A dangerous direction: Legal intervention in sexual abuse survivor therapy," *Harvard Law Review* 109: 549-639.
- *Brown v. Board of Education* (1954) 347 U. S. 483.
- Cahn, E. (1955) "Jurisprudence," *New York University Law Review* 30: 150-69.
- Clark, K. B. (1950) *Effect of Prejudice and Discrimination on Personality Development: Fact-Finding Report Mid-Century White House Conference on Children and Youth.* Washington, DC: Children's Bureau, Federal Security Agency.
- Clark, K. B. and Clark, M. P. (1947) "Racial identification and preference in negro children," in E. Hartley and T. Newcomb (eds.), *Readings in Social Psychology.* New York: Henry Holt and Co., pp. 169-83.
- Constable, M. (1994) "Genealogy, jurisprudence, and the social scientification of law," *Law & Social Inquiry* 19: 551-90.
- *Daubert v. Merrell Dow Pharmaceuticals* (1993) 509 U. S. 579.
- *Daubert v. Merrell Dow Pharmaceuticals* (1995) 43 F. 3d 1311, 1995 U. S. App. LEXIS 12 (9th Cir. Cal. 1995) (Kozinski opinion).
- Dezalay, Y. and Garth, B. (2002) *The Internationalization of Palace Wars: Lawyers, Economists, and the Contest to Transform Latin America.* Chicago: University of Chicago Press.
- Dike, S. T. (1982) *Capital Punishment in the United States.* New York: Council on Crime and Delinquency.
- Edmond, G. and Mercer, D. (2002) "Conjectures and exhumations: Citations of history, philosophy, and sociology of science in U. S. federal courts," *Law and Literature* 14: 309-53.
- Ellsworth, P. C. (1988) "Unpleasant facts: The Supreme Court's response to empirical research on capital punishment," in K. C. Haas and J. A. Iniardi (eds.), *Challenging Capital Punishment: Legal and Social Science Approaches.* London: Sage, pp. 177-211.
- Epstein, L. and King, G. (2002) "Empirical research and the goals of scholarship: The rules of inference," *University of Chicago Law Review* 69: 1-132.
- Erickson, R. and Simon, R. (1998) *The Use of Social Science Data in Supreme Court Decisions.* Urbana: University of Illinois Press.
- Ewick, P., Kagan, R., and Sarat, A. (1999) "Legacies of legal realism: Social science, social policy, and the law," in P. Ewick, R. Kagan, and A. Sarat (eds.), *Social Science, Social Policy, and the Law.* New York: Russell Sage, pp. 1-38.
- Faigman, D. D., Kaye, M., Saks, M., and Sanders, J. (1997) *Modern Scientific Evidence*, S1-3.0. St Paul, MN: West.
- *Frye v. United States* (1923) 54 App. D. C. 46, 293 Fed. 1013.
- *Furman v. Georgia* (1972) 408 U. S. 238.
- Garth, B. and Sterling, J. (1998) "From legal realism to law and society: Reshaping law for the

last stages of the social activist state," *Law & Society Review* 32: 409-72.
- Green, M. D. (1992) "Expert witnesses and sufficiency of evidence in toxic substances litigation: The legacy of Agent Orange and Bendictine litigation," *Northwestern Law Review* 86: 643-99.
- *Gregg v. Georgia* (1976) 428 U. S. 153.
- Gregor, J. A. (1963) "The law, social science, and school segregation: An assessment," *Western Reserve Law Review* 14: 626-56.
- Gross, S. R. and Mauro, R. (1984) "Patterns of death: An analysis of racial disparities in capital sentencing and homicide victimization," *Stanford Law Review* 37: 27-153.
- Hart, H. L. A. and Honore, T. (1985) *Causation in the Law*, 2nd edn. Oxford: Oxford University Press.
- Huber, P. (2000) *Galileo's Revenge: Junk Science in the Courtroom*. New York: Basic Books.
- Jackson, J. P. (2000) "Triumph of the segregationists? A historiographical inquiry into psychology and the Brown litigation," *History of Psychology* 3: 239-61.
- Kamir, O. (1997) "How reasonableness killed the woman: The 'boiling blood' of the 'reasonable person' and the 'typical Israeli woman' in the teasing doctrine of Azualus," *Plilim*,6: 137-85 (in Hebrew).
- Kovera, M. and McAuliff. B. (2000) "The effects of peer review and evidence quality on judge evaluations of psychological science: Are judges effective gatekeepers?" *Journal of Applied Pyschology* 84: 574-86.
- Kluger, R. (1976) *Simple Justice*. New York: Alfred Knopf.
- Kuhn, T. S. (1962) *The Structure of Scientific Revolutions*. Chicago: University of Chicago Press.
- *Kumho Tire Co. v. Carmichael* (1999) 119 S. Ct. 1167.
- Lindman, C. (1989) "Sources of judicial distrust of social science evidence: A comparison of social science and jurisprudence," *Indiana Law Journal* 64: 755-68.
- *Lockhart v. McCree* (1986) 106 S. Ct. 1758.
- Mautner, M. (1998) "Common sense, legitimization, coercion: On judges as storytellers," *Plilim* 7: 11-76.
- Mautner, M. (2002) "Contract, culture, compulsion, or: What is so problematic in the application of objective standards in contract law?" *Theoretical Inquiries in Law* 3: 545-75.
- *Maxwell v. Bishop* (1970) 398 U. S. 262.
- *McClesky v. Kemp* (1987) 481 U. S. 279.
- McCloskey, D. (1998) *The Rhetoric of Economics*. Madison: University of Wisconsin Press.
- Mertz, E. (2000) "Teaching lawyers the language of law: Legal and anthropological translations," *The John Marshall Law Review* 34: 91-117.
- Mertz, E. (2002) "Performing epistemology: Notes on language, law school, and Yovel's legal-linguistic culture," *Stanford Agora* 2, online at agora. stanford. edu.

- Monahan, J. and Walker, L. (1986) "Social authority: Obtaining, evaluating and establishing social science in law," *University of Pennsylvania Law Review* 134: 477-517.
- *Muller v. Oregon* (1908) 208 U.S. 412.
- *Plessy v. Ferguson* (1896) 163 U.S. 537.
- Popper, K. (1959) *The Logic of Scientific Discovery*. London: Harper & Row.
- Popper, K. (1968) *Conjectures and Refutations*. London: Harper & Row.
- Posner, R. (2001) *Frontiers of Legal Theory*. Cambridge, UK: Harvard University Press.
- Redelet, M. and Peirce, G. L. (1985) "Race and prosecutorial discretion in homicide cases," *Law and Society Review* 19: 587-621.
- Romkens, R. (2000) "Ambiguous responsibilities: Law and conflicting expert testimony on the abused woman who shot her sleeping husband," *Law & Social Inquiry* 25: 355-91.
- Rosaldo, R. (1994) "Whose cultural studies?" *American Anthropologist* 3: 524-9.
- Rosen, P. (1972) *The Supreme Court and Social Science*. Urbana: University of Illinois Press.
- Sebba, L. (2001) "Law and society in Israel: An emerging agenda," *Israel Studies Forum* 17: 83-110.
- Sarat, A. (2001) *When the State Kills*. Princeton, NJ: Princeton University Press.
- Sarat, A. and Silbey, S. (1988) "The pull of the policy audience," *Law and Policy* 10: 97-166.
- Shamir, R. (1996) "Suspended in space: Bedouins under the law of Israel," *Law & Society Review* 30: 101-26.
- Silverstein, M. (1992) "Metapragmatic discourse and metapragmatic function," in J. Lucy (ed.), *Reflexive Language*. Cambridge, UK: Cambridge University Press, pp. 33-58.
- Stanton, M. (1997) "U-turn on Memory Lane," *Columbia Journalism Review*, July/August: 44-9.
- *State of Israel v. Bank Leumi and others* (1994) Criminal Case 524/90, District Court of Jerusalem, unpublished.
- *State of New Hampshire v. Hungerford* (1997) N. H. LEXIS 64.
- Tanford, J. A. (1990) "The limits of a scientific jurisprudence: The Supreme Court and psychology," *Indiana Law Review* 66: 136-74.
- Tversky, A., Kahneman, D., and Slovic, P. (eds.) (1982) *Judgment Under Uncertainty*. Cambridge, UK: Cambridge University Press.
- Van den Haag, E. (1960) "Social science testimony in the desegregation cases—a reply to Kenneth Clark," *Villanova Law Review* 6: 69-79.
- Wolfgang, M. E. and Reidel, M. (1973) "Rape, judicial discretion, and the death penalty," *Annals of the American Academy of Political and Social Science* 407: 119-33.
- Yovel, J. (2001a) "Invisible precedents: On the many lives of legal stories through law and popular culture," *Emory Law Journal* 50: 1265-93.
- Yovel, Y. (2001b) "Trigger-happy courts: Culture and ideology in coerced adoption cases," *Law*

and Government 6: 259-68 (in Hebrew).
- Yovel, Y. (2002a) "Narrative justice," *Bar-Ilan Law Review*, 16 (2002), 283-322 (in Hebrew).
- Yovel, J. (2002b) "Rights and rites: Initiation, language, and performance in law and legal education," *Stanford Agora* 3, online at agora. stanford. edu.
- Yovel, J. (2003) "Two conceptions of relevance," *Cybernetics and Systems* 34: 283-315.

扩展文献

- Friedman, L. and Macaulay, S. (1977) *Law and the Behavioral Sciences*. Indianapolis: Bobbs-Merrill.
- Monahan, J. and Walker, L. (1998) *Social Science in Law: Cases and Materials*. New York: Foundation Press.
- Trubek, D. and Esser, J. (1987) "Critical empiricism," *Law & Social Inquiry* 14: 3-52.

第五编

法律如何重要

22

程序正义

汤姆·R.泰勒 著

高鸿钧 译

在本章中,我的目标是考察晚近心理学关于社会正义的研究成果。现在进行这类考察是一个很好的时机。我认为,新近关于社会正义的研究成果确实有助于理解以下问题,即如何解决个人之间和群体之间的纠纷,并增进他们或它们之间稳定与协调的关系。在这种考察中,我主要探讨程序和程序正义问题,有关研究成果显示,程序和程序正义在解决纠纷方面存有巨大的潜能。我将讨论这个研究领域的发展状况,并描述它的意蕴。

约翰·蒂伯(John Thibaut)和劳伦斯·沃克(Laurens Walker)在其早期关于程序正义经典著作的前言中指出:

> 一种信心十足的预言是,在这个星球的人类生活中,人际和群体间的冲突会持续增加。不断增长的人口会加剧竞争,人们意图控制急剧日益减少的资源的欲望会更加强烈,这为日渐加剧的危险埋下了隐患。似乎变得明显的一点是,未来人类生活的质量可能很大程度上取决于如何有效地控制、缓和与解决纠纷。因此,解决纠纷的程序和方法就特别值得我们关注。(Thibaut and Walker, 1975:1)

这个在1975年所作的评论至今仍然适用。社会内部和组织群体内部所发生的许多人际和群体间冲突仍然持续不断,人们日益求助于法律和法律权威以解决这些冲突。现在,如同过去一样,法律权威需要寻找一些方法,以解决冲突并增进和协调人际和群体之间的关系。这些权威必须有效地解决纠纷,这就是说,它们应能作出各方都会接受的决定,而它们在这样做时,采取的方式应能缓解各方的长期仇恨,并尽可能使各方减少对法律和法律权威的任何敌意。一种理想的纠纷解决方式是:有关各方都能接受法律的决定,彼此保持协调的关系,对于处理有关纠纷的法律权威以及更一般的法律和法律权威感到满意。

一种明显可行的和平解决冲突的途径就是诉诸心理学上对于社会正义的理解。人们的正义或公正观是一种社会协调机制,通过这种机制,人际和群体之间才得以维持互动。正义的价值就在于使得人际和群体间维持互动,消除冲突和防止社会解体。冲突和敌对可以导致社会互动关系的解体,一旦面临这种威胁,人们便不得不求助于权威。程序正义可以最大限度地防止这种解体,并有助于维持人们之间建设性长期互动关系,按照约翰·蒂伯和劳伦斯·沃克的设想,就是一旦发生冲突,权威借助程序正义的机制解决冲突。结果,法律权威关心的重要问题就是如何预防、抑制和终止社会冲突。

就正义而言,尤其明显的特点是,它是一种观念,而它仅仅存在于保持互动的特定群体、组织或社会成员的头脑之中。因此,正义是社会建构的概念,它的存在和功效在某种程度上取决于特定人群对它的共享。这种共享的理念有助于在信奉它的群体内部实现社会协调,或者有助于不同群体之间借助共同的正义概念实现社会协调。

为了使正义行之有效,重要的一点就是,人们的行为受到某些判断的形塑,这些判断涉及的是正确或错误、符合道德或违反道德以及公正或不公正的观念,而不受另一些判断的驱使,这些判断涉及的是什么对个人有益。权威必须能够促使人们接受规则和决定,这些规则和决定必须以公正的方式独立于自利的个人或群体。如果人们的行为如理性人模式所预设的那样,仅仅受到个人得失考量的驱动,那么正义的价值将变得微乎其微,因为这样一来,正义就不是人类行为的有效动力了。

同等重要的是,人们为了界定正义而确认某些共同原则。如果某人认为陪审制是解决冲突的公正方式,而另一个人认为决斗审判是解决同样冲突的公正方式,那么就意味着双方当事人都对公正的程序抱有兴趣,但他们却无法就何谓公正程序的问题达成一致。因此,即使人们同意诉诸伦理、道德和正义,也只有他们在何谓正义问题上达成一致时,正义的概念才是一种有用的社会性概念。

有关研究表明,关于分配正义和程序正义的适当原则,人们存在广泛的共识,至少在美国人中是如此(参见 Tyler, Boeckmann, Smith, and Huo, 1997)。人们通常认为,劳动领域需要坚持公平,社会和政治领域需要维护平等,家庭领域则需要倡导责任。在分配报酬方面,人们对何谓分配的"公平"或如何才算"符合道德",具有相当程度的共识。

在程序正义之维,关于何谓分配和解决纠纷的公正程序,人们也存有广泛的共识。例如,泰勒(Tyler, 1988)的研究发现,关于警察和法庭所运用的程序是否公正的问题,人们的共识始终超越年龄、性别、收入和种族因素(也见 Tyler, 1994, 2000a, 2000b)。

跨文化研究发现了更为复杂的情况,关于分配正义原则或何谓公正程序,人们是否存在普遍的共识,这一点尚不清楚。当下的研究结果显示,关于分配正义原则,因不同文化而呈现出广泛的差异。关于程序公正的判断是否具有普遍性,相关研究结论更不一致。涉及程序正义原则,某些研究者认为,不同文化存在共同原则(Thibaut and Walker,1975),而另一些研究者认为,不同文化存有重要的差异(Tyler, Lind, and Huo, 2000)。

社会正义研究

社会正义研究第一波始于"二战"后关于相对剥夺概念的发展(Tyler, Boeckmann, Smith, and Huo, 1997; Tyler and Smith, 1997)。相对剥夺理论认为,对于社会境况的满意或不满意并不源于客观结果,与人们获得酬劳或资源的多少没有直接关系。相反,这种满意度取决于社会因素,即取决于自己的结果与其他标准的比较。由于参照的标准不同,同样的客观结果可能令人满意,也可能产生不满。这些标准的性质是由社会因素决定的。其结果是,人们的主观期待由于选择的比较标准而变化不定。

相对剥夺理论在1960年代变得十分重要,因为它为人们理解民权时代(civil rights era)末期何以发生城市动乱提供了启示(Gurr, 1970)。在许多人看来,动乱很难发生,因为他们处于一段历史的末期,在这期间,少数群体的客观境况在经济和社会之维已经获得改进。相对剥夺理论暗示,如后来的结果所表明,人们对自己的境况是否满意取决于他们选择比较的标准,而不取决于他们的客观状况。在民权时代之后,少数群体更可能与白人相比较,因而会比早先感到更不满意。此外,那些少数群体中处于最有利地位的成员更可能进行这种比较,他们可能比那些处于不利地位的成员感到更为愤怒,并更可能从事集体造反的活动。因此,相对剥夺理论在理解社会动乱原因方面,不失为一种重要的洞见,这对于理解少数群体的不满至关重要。

后来的正义理论则源于相对剥夺理论的洞见。正义的判断涉及比较,而这种判断所使用的比较标准是应得(deserving)、权益(entitlement)以及公正(justice)原则。例如,在相对剥夺的情况下,某人把自己的境况和结果同他人的境况和结果相比较,如果该人所选择的是相对公平结果的标准,那么他就会感到不公。合适的标准是否意味着某人在结果上与他人相同?没有这样一种潜在的公平模式,就无法理解由社会比较所引发的情感。

有两种类型的正义判断可能潜在地引起社会-法律学者的兴趣。第一类是涉及分配正义的判断。分配正义牵涉到的人们的判断是,何为公平的结果或资源分配。当人们接受了分配正义的规范,并服从某些决定,尽管他们所得少于期待利益,只要他们认为所接受的结果公平,这些规范就能有效地协调分配问题。人们之所以在某种程度上服从分配决定,在于那些分配决定公平和公正,而关于分配正义的判断则是创造和维护安定的重要因素。

分配正义研究

围绕分配正义理念发展起来的第一种重要的研究,关注的是分配正义公平规范的适用问题。公平理论认为,公平意味着人们的报酬应该与其贡献相对应。关于公平的研究者希望,能够使结果分配符合人们关于何为公平结果的意识,由此而解决冲突。这种研究寄望,人们即使没有获得所希求的全部资源或机会,也愿意接受公平的结果,而不是充满愤怒。这种服从正义的意愿可以减少工作场所中因工作报酬和晋升而产生的冲突。

虽然大多数有关公平的研究关注的是人们的劳动结果,但同样重要的是,应注意到公平的概念存在潜在的回旋余地。例如,对于美国所处的不利地位人群的研究就独特地发现,那些在美国自由市场经济竞争中的"败者",对于经济体制并无不满。为何如此? 其中一个原因就是,大多数美国人认为,这种机制的经济结果分配是公平的,因为那些最努力的人、最勤劳的人或者最富创造力的人,应该得到最高的收入和报酬。因此根据公平原则来衡量,这种收入的差异实属公平的范畴(Hochschild, 1995; Kleugel and Smith, 1986)。

一些关注职场中人们满意与否的研究,其结果支持了以下观点,这种观点认为,人们关于结果公平的判断十分重要,这种判断能够影响到人们对于报酬和晋升是否满意,但是,研究者希望这种公平理论的进路有助于解决报酬和晋升方面的冲突,就此而言,他们认为这种理论进路并不那么有效。人们在运用公平概念时所出现的问题源于一种倾向,即人们往往夸大自己对群体所作贡献的重要性或价值。由于这种倾向,社会就很难为人们提供他们所认为的那种公正的报酬水准,即难以提供符合他们主观认定的自己应得报酬。因此,在解决社会冲突方面,关于结果公平的研究结论,并不具有研究者所认为的那样大的价值。

毫无疑问,这些困难也发生在法官和仲裁员解决法律领域冲突的过程中,因为人们夸大其应有的情感(feeling of entitlement)也是法律权威在解决纠纷中会遇到的重要因素。有人对于那些诉讼当事人进行了研究,发现那些人通常感到自己"有理"。例如在离婚案件中,当事人双方常常向法院提出不现实的诉求,都会夸大各自对于婚姻和家庭的贡献及其收入比例。

此外,关于公平的研究无法发现有助于解决冲突的分配机制,因为人们在对他人感到不满时,报酬和晋升的结果等问题并非总是关键因素。例如,麦斯克、波鲁姆、波尔蒂扎尔以及萨缪尔森(Messick, Bloom, Boldizar, and Samuelson, 1985)就曾经要求人们列出某些他人对待自己不公的行为。他们发现,回答者很少提及分配不公。相反,他们关注的却是受到体谅和礼遇之类的问题。同样,米库拉、皮特里和坦泽(Mikula, Petri and Tanzer, 1990: 133)的研究发现,"就报道出来的不公而言,其中相当大部分……涉及的是人们在人际互动和接触中受到对待的方式。"我认为这些涉及受到他人如何对待的考量构成了程序正义的要素,不管这里的"他人"涉及的其他人还是第三方权威。

上述研究成果表明,对于那些接受了分配正义理论所认为的属于公平结果的人们来说,相对于个人的情感和行为而言,这种结果并不那么重要。分配正义理论的新近研究表明,在判断结果是否公平这个问题上,所涉及的另一个因素也许至关重要。这个因素关涉人们是否情愿帮助他人的意向。这里重要的一点是,人们是否感到他人所接受的结果不公,如果回答是肯定的,那么,随之而来的问题就是,他们是否愿意采取行动帮助那些得到太少的人们。

分配正义的关键一点是,当强势人群受到他们分配正义判断的驱动时,则重新对弱势人群分配资源。此时,强势人群特别重要,因为他们牺牲自己的利益,将资源和机会留给弱势人群。在这种情况下,强势人群如果选择不这样做,他们通常有权追求自己的利益。因此,如果强势人群由于受到正义的驱动而自愿放弃权力和资源,我们就会对正义的驱动力量尤其印象深刻。

曼塔达和施内德(Montada and Schneider, 1989)的研究发现,关于正义和应得的判断,影响着那些境况良好人们对于弱势人群在情感上作出的反应。无论是对弱势人群所处的社会及其制度环境的道德义愤,还是对导致弱势人群的境况的自我谴责,都会驱动强势人群乐于实施亲社会行为。十分有趣的是,外在的罪孽环境和内在的道德义愤会影响人们的行为,如慷慨出资、帮助弱势人群,政治行为也受到道德义愤的影响。这就是说,如果人民感到制度不公,他们就想进行变革。如果他们感到人们对于弱势人群具有歉疚感,那么他们就会想要帮助那些需要帮助的特殊的人们。

如正义理论所预见,对弱势人群作出反应,并非基于同情或出于自利的考虑。这就是说,人们并非受到同情和移情的驱动;他们在采取行动时即便对自己不利也应坚定不移。人们只有基于同正义相关联的权利观念或应得的判断,感到他人有权获得帮助,才会愿意采取重新分配的行为。因此,如果人们感到发生了不正义,他们就会愿意放弃资源帮助他人。如果为他人而牺牲自己的利益是基于同情,那么他们就不会支持重新分配。这样说来,正义可以并实际上能够推动重新分配资源和机会的意愿,以帮助那些无权和无力推动这种重新分配的人。

虽然不正义所具有的潜在的重新分配效应十分明显,但是注意以下一点仍然至关重要,即强势人群能够并实际上可以在心理学上证明,他们有理由不对他人负责。换言之,他们能够对现状作出解释,认为他们拥有资源和其他利益实属合理和公正。这方面的一个例子是,人们持有一种信念,即认为那些聪明和努力工作的人会获得相应的酬劳,因而无论他们拥有什么,他们拥有是因为那是他们"赚来的"。

通过意识形态的建构,在个人关系和社会层面就出现了这样的证明理由(见 Tyler, Boeckmann, Smith, and Huo, 1997)。这样的证明理由减轻了重新分配资源和机会的心理压力,因为那些强势人群如果认为他们自己的地位属于"应得"范畴,就会感到较少心理压力,即把资源和机会再分配给那些弱势人群的压力。广泛接受的公平观念是,人们不一定会认为不平等意味着不当或不公。关键问题在于理解,为何一些人会处于有利的地位,在这一点上,存在很有说服力的心理正当理由。

弱势人群也有心理上的正当理由,这种理由使他们感到,他们的不利地位是他们应得的。弱势人群要求重新分配资源和机会,似乎是出于自利的考虑,因此他们几乎没有动力来证明自己处于此种不利地位的正当理由,但是弱势人群的境况也更为复杂。在一些情况下,要求重新分配存在风险,强势人群对于针对自己的有失正义的指责常常会作出极端的反应。此外,人们认为自己属于弱势人群会产生受害者的感觉,这会有伤自尊并弱化情感控制。因此,弱势人群具有复杂的动机。他们一方面在某种程度上趋向于承认自己处于不利地位,另一方面在某种程度上又趋向于否认和淡化自己的不利地位。

程序正义研究

蒂伯和沃克早期关于程序正义的著作,围绕着法律领域的一个核心问题,即法律权威富有成效地解决纠纷和实施规则的能力。权威具有针对有关当事人发出指令的能力(Tyler,1990)。除非人们愿意接受法律权威的决定,否则,有关权威就不能有效地发挥社会管理的功能。

在蒂伯和沃克从事研究的时期,法律制度内部流行一种情感,即寻找能够获得纠纷当事人以及一般公众接受的某些更有效机制。在诸如儿童监护调解这种引人注目的案性中,严格按照司法命令来处理存在难处。强化接受法律权威决定的愿望,导致了转向运用调解和替代性纠纷解决程序,这些程序导致了更满意并进而更愿意遵守第三方解决纠纷的决定(Kitzman and Emery,1993;McEwen and Maiman,1984)。

蒂伯和沃克的研究基于一种预设,即如果结果的获得是公正的,人们就会更愿意接受该结果,也就是说,只要决定的程序符合正义(程序正义),结果就更具可接受性。继公平研究之后,他们著作的出现成为正义研究的第二波。这种研究的关注点是权威行使的方式,即重视过程的公正而不是结果的公正。

我十分高兴地指出,程序正义最近的研究显示出更令人乐观的结论,即与早期关于分配正义的研究结果相比,程序正义在其解决社会冲突的效果上更令人满意。关于社会权威协调利益和价值差异的能力,以及促使当事人接受纠纷解决结果的能力,有关程序正义的研究结果显示出乐观的前景。而且,这方面的研究结果展示了某些清晰的模式,这些模式涉及权威应该如何寻求程序正义的策略。

蒂伯和沃克(Thibaut and Walker,1975)进行了首次系统实验,他们旨在揭示程序正义的效果。他们的实验研究表明,人们对于第三方所采取程序的公正性的认可程度,影响着他们对于该结果的满意程度。蒂伯和沃克原来的预设是,所有纠纷当事人都愿意接受他们认为程序公正的决定,而这可以为社会纠纷的解决提供一种机制,他们的研究结论显示,这种基本论点可以成立。在其后关于程序正义的实验中,这种结论得到了广泛的验证(Lind and Tyler, 1988)。

后来的田野调查发现,当纠纷当事人认为第三方的决定是经过公正的程序作出时,他们更愿意接受该决定(Kitzman and Emery, 1993;Lind, Kulik, Ambrose, and de Vera Park, 1993;MacCoun, Lind, Hensler, Bryant, and Ebener, 1988;Wissler, 1995)。这种研究最值得关注之处在于,这些程序正义效果在对真实纠纷的研究中得到了验证,这些真实纠纷所涉及的是真实的纠纷当事人。这些研究确认了蒂伯和沃克的先前的实验结论。

研究者发现,人们关于程序正义的判断,在影响人们在特定时间内遵守协议方面,尤其具有重要作用(Pruitt, Peirce, McGillicuddy, Welton, and Castrianno, 1993;Pruitt, Peirce, Zubek, Welton, and Nochajski, 1990)。普鲁伊特(Pruitt)及其合作者研究了那些促使纠纷者遵守终止纠纷的调解协议的因素。他们发现,当事人在 6 个月之后是否遵守协议,很大程度取决于调解的程序是否公正。

当群体内部的某些成员从事有益于该群体的合作行为时,除了对特定决定的反应,通常都有益群体。在接受某些权威所作出的决定时也是这样,通过权衡合作所涉及的成本与收益,群体可以获得所期望的合作行为。为了合作而实施惩罚的威胁或激励机制,可以促使人们接受某些决定。但是,如果群体成员自愿实施某些行为,且这些行为有助于群体形成内在的认同感和忠诚感,那么这些行为就有益于该群体。在正式的组织内部,这类行为被称为"模范"(extrarole)行为,因为这类行为属于有助于群体但并非必须实施的行为。有关研究认为,如果人们认为群体的决定公正,他们就会自愿地与群体合作(Bies, Martin, and Brockner, 1993;Moorman, 1991;Moorman, Niehoff, and Organ, 1993;Niehoff and Moorman, 1993;Tyler, 2000a)。因此,公正的决策程序会产生一般性效应,有助于激励人们自愿维护他们所属的群体。

寻求合作的群体成员会有一种共同的愿望,就是希望通过制定规则和建构权威与机构来组织他们的群体,然后由这些权威与机构负责社会管理,致力于使人们的行为符合群体的规则。

权威可以通过各种方式确保人们遵守规则,其中之一是奖惩制度。但是,这种机制成本过高且操作不便。结果,这种模式的权威结构缺乏效率和效能。如果群体成员自愿地支持并愿意服从权威的决定,从而自觉遵守社会规则,那么,规则和权威的效能就会增强。服从社会规则的意愿来自以下判断,即这些权威是否具有合法性,因而值得服从。关于权威合法性的研究认为,人们判断权威多大程度上具有合法性,并且他们应在多大程度上服从权威及其决定,主要取决于他们对于作出决定的程序是否公正的判断。

由此,在决定过程中采用公正的程序,是发展、维护以及增强规则和权威的合法性的关键因素,也是促使人们自愿服从社会规则的关键要素(Kim and Mauborgne, 1991, 1993; Sparks, Bottoms, and Hay, 1996; Tyler, 1990)。

此外,对于确保人们在一定时间内遵守规则来说,程序正义尤其重要。例如,帕特诺斯特(Paternoster)及其合作者访谈了受到警察处理的一些人:这些警察被叫到他们的家中,因为他们虐待妻子(即家庭暴力)。研究者分析了警察在初次处理过程中,他们行为的哪些方面影响了受访者其后会遵守禁止家庭暴力的法律。研究者发现,那些认为在初次与警察接触时受到了公正对待的人,后来会遵守法律。十分有趣的是,在与警察初次接触过程中,程序正义比其他因素更强有力地确保了他们后来的守法行为,其他因素包括,人们在与警察初次接触中,是否遭到逮捕、罚款或被带回警察局等(Paternoster, Brame, Bachman, and Sherman, 1997)。

研究者早就注意到,强势人群为了实施正义会愿意重新分配资源和机会。如同关于服从权威的研究所显示,程序正义也影响人们是否愿意服从那些帮助他人的政策。例如,如果作为强势群体的公民认为,政府的政策在制定程序上是公正的,他们更可能愿意服从这种政策,并愿意为了弱势公民重新分配资源和机会(Smith and Tyler, 1996)。公民一旦感到政府决策过程是公正的,他们通常会更愿意接受那些自己原本并不同意的政策(Ebreo, Linn, and Vining, 1996; Tyler and Mitchell, 1994)。

换言之,要促使那些强势群体感到应对其他群体负有责任,一种替代性机制是创建权威,使之运用程序来制定重新分配资源的政策,例如平权行动(affirmative action)之类的政策。基于程序正义,这样的政策在某种程度上会得到认可和执行,即便人们并不认为这些政策会促进分配正义,亦复如此。

这种探索思路致力于获悉,人们何时会认可那些引起社会变革的权威的决定,与之相对的是,人们各自决定何时进行所需要的社会变革。这背后的信念是,与一般公众相比,法律权威的活动可能更一般地代表社会变革的方向,但事实上是否真会如此,人们仍然存有争议(见 Scheingold, 1974)。

上述研究主要是在有组织群体的背景下进行的,这些群体都有运作的权威结构。有特色的是,这些权威的合法性得到了广泛认可,由此有资格得到服从。然而,一旦人们认为权威的合法性不足,即使那些决定是公正作出的,他们也不愿意服从(Tyler, 1997b)。那些合法性缺失的权威,更难解决问题和协调冲突,由此更难使人们服从公共政策。当新的权威产生时,例如俄罗斯的新议会产生或欧盟形成时,核心问题就是如何使新的政治权威取得合法性。在这方面,程序正义也扮演着关键的角色。

人们如果见证或亲身体验了所在社会、群体或组织的权威,感到它们是在公正地决策,那么,就会逐渐认为这些权威具备合法性。随着时间的推移,合法性会影响人们对权威的服从,这种服从会逐渐不再依赖人们对政策和决定的拥护。相似地,关于组织的研究显示,这些组织常常采用与正义和公正有关的符号和决策程序,以便使权威结构得以合法化,并促使成员服从组织的权威,认同组织(Tyler and Blader, 2000)。

当然,程序正义的效果并不限于等级关系或既定群体。有关研究认为,人们在受到程序正义影响方面,超越了各种类型的社会情境。巴莱特-霍沃德和泰勒(Barrett-Howard and Tyler, 1986)从四个基本维度系统地考察了各种境况,这四个维度代表了社会情境的基本维度。他们发现,程序正义的考量普遍地主导着人们对各种情境中分配的反应。与此相似,桑达克和谢泼德(Sondak and Sheppard, 1995)采用了费斯科(Fiske, 1992)所建构的情境类型,以此为基础来识别权威结构的可能类型。他们的研究发现,在所有类型的社会情境下,程序问题都至关重要。

正义与内在价值

公正的决策程序会促使人们自愿地与群体合作,因为这种程序有助于保持人们对群体的认同、忠诚和归属(Folger and Konovsky, 1989; Korsgaard, Schweiger, and Sapienza, 1995; McFarlin and Sweeney, 1992; Schaubroeck, May, and Brown, 1994; Taylor, Tracy, Renard, Harrison, and Carroll, 1995)。相似地,程序正义有助于促使人们服从社会规则,因为它会增强人们对于权威合法性的信念(Tyler, 1997b)。这种内在价值的重要性在于,当人们感到应该服从权威,他们就会履行相应的义务,自愿地服从权威和规则。

在这两种情况下,对于创建和维护内在价值来说,程序正义都至关重要,这些内在价值有助于群体成员维持自愿的合作行为。发展和维护这些内在价值的重要性日益得到强调,因为社会科学家认识到了以下冲突解决策略的限度,即诉诸对纠纷当事人的奖惩机制。个人理性选择模式已经主导了新近的社会科学思维。结果是,命令、控制、威慑或社会控制策略已经主导了关于社会管理的讨论。这些策略重视的是,把个人视为算计得失的行动者,认为他们在具体环境下根据成本与收益来思考、感受和行为。

社会科学家逐渐认识到了命令和控制在解决冲突方面的限度。在政治和法律领域,一些权威已经认识到,如果权威仅仅依赖对公民的奖惩能力,社会管理(Tyler, 1990, 2001)和对公民自愿行为的激励(Green and Shapiro, 1994)都面临困难。类似地,研究组织问题的学者现在认识到,运用命令和控制策略来管理雇员的做法也面临困难(Pfeffer, 1994)。这种策略的替代性机制在于诉诸内在价值的进路。如果人们接受内在价值的引导,自愿地服从权威,并按照有利于群体的社会合作方式从事活动,那么权威就无需借助奖惩机制来强制他们的行为。相反,权威可以依赖于人们自愿从事这些活动的意愿。

有关研究显示,对于发展和维护这些支撑性的内在价值来说,采用公正的决策程序是关键。对于采用公正决策程序的权威,人们认为其合法性更充分,也更愿意服从它们的决定。这会有助于人们的行为服从组织规则和组织权威的决定。当权威要求人们为了群体的利益而服从它们的决定时,人们如果认为权威具有合法性,就会服从它们的要求。

此外,采用公正决策程序的组织可以推动所属成员对该组织的归属和认同,而这会引导成员自愿地实施合作行为。人们希望群体取得成功,并会实施某些行为来帮助群体实现这种目标。换言之,在这种情况下,人们会愿意付出创造性的努力以增进群体利益。在危机时期,他们可能会帮助他人;帮助和鼓励群体新成员;默默从事一些活动,这些活动虽然对自己没有回报,但有益于群体。

换言之,命令和控制进路在调控冲突方面显露出了局限,伴随着对于这种局限的更清楚认知,人们会增强对创建"公民文化"或"组织文化"重要性的认知,这种"公民文化"或"组织文化"有助于发展和维护群体成员之间的内在价值。对于发展和维护某些判断而言,程序正义至关重要,这些判断涉及权威是否具有合法性,影响着成员对于群体、组织和社会的归属感与认同情感。

这些研究成果表明,程序正义为使人们服从决定提供了一种重要和可行的机制。程序正义在各种环境中都显现了这种效果,包括等级和非等级的场域,也包括政治的、法律的、管理的、人际的、家庭的以及教育的场域,每当涉及获得怎样的结果和受到如何对待的问题时,都是如此。因此,采用公正的决策程序可以更有效地解决冲突。

何谓公正程序

何种类型的程序属于公正程序?针对这个问题,我们可以从两个维度来考虑。一是关注可能的法律程序,二是讨论人们是否会认为这些程序属于公正程序。一旦我们采取这样的进路,就会显示出以下结果,即某些非正式的法律程序显得特别公正。事实上,在民事案件中,被告会认为调解比正式审判更公正,他们通常认为这种程序更令人满意(Tyler, 1997a)。在刑事案件中,被告会认为辩诉交易比正式审判更公正(Tyler, 1997a)。根据程序公正的含义,为人们提供公正的程序意味着更注重非正式的纠纷解决机制。

是什么因素促使人们把非正式审判与程序公正联系起来?有关研究富有特色地发现在评估程序公正方面,涉及的因素有七个、八个甚至更多(Sheppard and Lewicki,

1987；Lissak and Sheppard，1983；Tyler，1988）。然而，其中程序方面的四个因素是判断何谓公正的核心要素：参与机会（发言权）、论辩场域的中立性、权威的可信度以及人们的尊严受到尊重的程度。

参与

发生冲突或出现问题，人们如果能参与纠纷或问题的解决过程，就解决方案提出建议，那么，他们就会感到受到了较公正的对待。这样的机会涉及对过程的控制和意见表达。关于参与所具有的积极效果，其研究始于蒂伯和沃克，至今已得到广泛的承认（Thibaut and Walker，1975）。在有关辩诉交易（Houlden，1980）、审判听证（Heinz and Kerstetter，1979）以及调解（Kitzmann and Emery，1993；MacCoun et al.，1988；Shapiro and Brett，1993）的研究中，都发现了这种效果。在所有这些不同的场合，人们一旦有机会就应该如何解决冲突或问题发表意见和建议，就会感到受到了较公正的对待。

当人们感到他们表达的意见影响（作为一种技术性影响）了纠纷的解决结果时，参与的效果就会有所增强（见 Shapiro and Brett，1993）。然而，有关研究认为并没有发现表达效果仅仅依赖于自己意见对于纠纷解决实际结果的影响力。相关研究发现，在人们认为他们的意见对于结果的影响微乎其微或根本没有影响的情况下，他们仍然看重表达自己观点的机会（Lind，Kanfer，and Earley，1990；Tyler，1987）。例如，受害人不管自己的主张对于刑事被告的判决是否会产生影响，他们在审判听证时都会重视发表意见的机会（Heinz and Kerstetter，1979）。

人们首要关心的是，对于涉及自己的问题或冲突能够有机会参与讨论，而不在于控制问题或冲突的解决结果。事实上，在涉及应该适用何种法律或管理原则来解决冲突的问题时，人们常常诉诸社会权威作出决断。换言之，他们期望社会权威在他们意见的基础上作出最终决断。

有关研究发现，人们看重参与机会，从而表达自己的意见和陈述有关案件，这种研究结论有助于解释为何人们偏好诉诸调解。人们通常认为，与正式审判相比，调解提供了更多参与机会（McEwen and Maiman，1984）。与此类似，试图避免重罪指控的相关被告会认为，与正式审判相比，在辩诉交易中他们具有更多参与机会（Casper，Tyler，and Fisher，1988），因而认为辩诉交易是解决有关案件的更公正程序。

中立性

人们关于决定是否公正的判断深受以下判断的影响，即有关权威是否具有真诚性、中立性和客观性。他们会认为，权威的个人价值或偏见不应进入决定，有关决定应基于事实和规则。从根本上讲，人们寻求的是"公平竞赛"（level playing field），其中每一方都不应受到不公正的对待，不应处于不利地位。如果人们认为权威遵循了中立的规则并作出了符合事实的客观决定,他们就会认为该程序比较公正。

权威可信性

在影响人们关于程序是否公正的判断中,涉及的另一个因素是他们如何看待负责解决案件的第三方权威所怀有的动机。人们认为,在主持各种正式程序方面,第三方通常握有很大的自由裁量权,因而人们关注解决纠纷的权威在作出裁决的背后怀有怎样的动机。他们判断有关权威人士是否仁慈和谨慎,是否关心他们的境况、心境以及需要,是否考量他们的意见并尝试善待他们,以及是否想要公正对待他们。所有这些因素一道,影响着人们对于第三方权威是否可信赖的一般评价。

饶有兴味的是,关于权威是否可信赖的判断,是影响人们判断权威所采取的程序是否公正的主要因素(Tyler and Lind, 1992)。那些研究参与问题的学者阐释了信任的重要性。人们只有认为有关权威会真诚地考量他们的意见,才会重视向这些权威表达意见的机会。人们只要有机会参与,并认为程序较为公正,就会确信有关权威真诚地考量了他们的意见,即便他们的意见没有得到采纳亦复如此。

权威如何才能使人们相信其公正无私?在这个方面,可信性的一个关键前提是提供证明理由。有关权威在对人们作出决定时,需要表明,它们已经倾听和考量了人们的意见。为此,它们可以提供作出决定的理由。这些理由的阐释应该明确陈述所有纠纷当事人的主张。有关权威也应解释清楚,当事人的主张如何得到了考量,以及为何接受或拒绝他们的某些主张。

我在上文已经简要描述了中立性对于判断程序公正性的重要意义。有相当多的证据表明,权威性——权威的决定得到服从的能力——的基础正在从中立性基础转向信任基础。也就是说,在过去,权威常常借助中立地适用规则而获得权威性,在这种情况下,权威采用的是重视事实和十分正式的决定程序,这种程序具有客观和事实导向的属性。例如,一个人可以向任何警察或法官投诉,并可以获得差不多同等的对待和处理结果,因为他们所接触的特定权威会遵循普遍的规则。因此,人们对于行使特定权威的人士的个人背景是否了解并不重要。但是,信任则同人们对于特定权威的判断相联系。故而信任是公民与权威之间的一种特定的人格属性的关联。例如,人们可能熟知一位巡逻警察,因为他/她在管辖的社区内巡逻。人们可能信任这位警察,因为人们曾经与他/她接触过,知道他/她的动机和价值取向,从而会感到这位警察足可信任。

组织因为有反映中立性的正式规则得以获得服从。组织也可能因为雇员与其特定的管理者的私人关系而赢得服从。前一种进路体现了程序公正的中立性模式,后一种进路体现了信任导向的模式。与此类似,警察能获得服从,要么是因为人们认为他们遵守职业行为规则和统一的程序,要么是某位特定的警官在社区中受尊敬或众所周知,从而凭借个人化的联系赢得尊重。

获得尊严的对待和受到尊重

人们希望自己在社会中的权利和地位得到他人的尊重。人们十分在意的是,在与权威接触的过程中,他们作为人和作为社会成员的尊严应得到承认和认可。当人们与权威接触时,礼貌和尊重与他们获得的结果并无实质关联,而人们地位得到认可的重要性却与冲突的解决存有特殊的关联。比其他问题更重要的是,尊重与尊严是权威能够给予每个与之接触之人的东西。

程序正义机制有效性的限度

就解决冲突而言,我已经一般地描绘了程序策略可行性的乐观图景。但是,这种策略有效性的范围存在一些限制。我将论述一种潜在的限制,即社会性质对于社会冲突解决的影响(也见 Tyler, 2000b)。

第一个问题涉及社会共识(social consensus)。存在着广泛流行的一种担心,即潜在的文化背景会妨碍程序策略的可行性。这方面可能存在两种障碍。一是文化背景可能改变人们对程序正义的接受程度。二是文化背景可能改变人们界定程序公正的标准。这些顾虑具有怎样的重要性?

如早期研究者所注意到的,对于美国不同种族人群的研究表明,权威具有管理不同群体和共同体的巨大潜能。在看待程序正义的重要性上,不同种族成员之间的差异很小。无论是白人还是少数民族群体,在诉诸第三方解决冲突时,更重视的是他们所经历的程序是否公正,而不是他们所接受的结果是否公正(Tyler and Huo, 2002)。此外,有关研究结果持续地表明,白人和少数民族都以同样方式界定程序公正的含义(Tyler and Huo, 2002; Tyler, 1988; Tyler, 1994)。因此,关于程序强劲地穿越种族差异的能力,这些研究结果所得出的是十分乐观的结论。

有趣的是,一些研究也发现,程序也具有强劲的穿越意识形态的能力。就是说,持有不同社会价值观和政治意识形态的人们,常常会就特定程序是否公正这一问题达成一致意见(Bierbrauer, 1997; Peterson, 1994; Tyler, 1994)。这一发现特别重要,因为意识形态的差异对人们关于何谓结果公正的观点会有强烈的影响。在这方面,程序正义比分配正义可以成为穿越不同社会和意识形态的更好桥梁。

这些研究结论并不意味着,存在某种适合一切情境的普适的公正程序(Tyler, 1988)。相反,同样研究揭示,即便在特定的情境中,人们在界定程序公正时,也会强调不同程序要素的重要性。例如,人们在发生冲突时,会把陈述自己观点的机会看作是公正程序的核心。然而在其他情况下,获得参与机会对于判断程序是否公正则不那么重要。人们会区分不同的境况,并根据不同的境况适用不同的关于程序是否公正的判断。由此我们可以得知,人们并不会以简单的方式对待程序公正问题。特别值得注意的是,很少有证据表明,人们关于程序公正的观念与种族或性别相关联。

就程序的强劲力量而言,这种研究得出的是乐观的结论。对于穿越具有不同种族和意识形态背景的人群间的差异来说,程序似乎是行之有效的机制。然而需要注意的是,并非所有研究都证明了程序的强劲力量。例如,有关政治领域决策的研究就表明,关于何谓组织的公正决策程序,多数派与少数派就经常意见分歧(Azzi, 1993a, 1993b)。

第二个问题涉及社会范畴(social categorization)。我们发现,一般的情况是,当人们面对所属种族或社会群体之外的人时,很少在意正义问题(Tyler, Lind, Ohbuchi, Sugawara and Huo, 1998)。例如,人们如果同所属社会群体以外的某些人发生纠纷,在决定是否接受纠纷解决的裁决时,会更注重个人偏好,即个人是否赞同所建议的解决方案。如果是与所属社会群体内的人发生纠纷,那么他们在决定是否接受纠纷解决办法时,会更注重是否得到公正对待。由此,群体边界对正义的有效范围构成了限制。

在解决冲突的策略方面,也是如此。因此,我们需要鼓励人们根据上位范畴(superordinate categorizations)来定位自己群体的成员地位,以便跨越次群体的狭隘区隔。我们希望人们把自己看作共同群体的成员,而不自视为分立群体的成员。这种建议源自社会心理学对于优先性范畴的确认,即认为上位范畴有助于群体的合作(Gaertner, Dovidio, Anastasio, Bachman, and Rust, 1993)。我们需要关注,人们如何形成他们的群体边界。如果我们无论如何都认为自己是"人类"大家庭的成员,那么每个人都属于我们的群体。所以关键的问题是,权威怎样才能推动人们形成更高位阶的认同,使得人们把自己和其他群体的成员都看成是更大群体的合作伙伴。

第三个问题涉及认同(identification)。当人们在所属群体内部发生冲突,且负责解决冲突的权威也属于该群体时,人们可能更依赖正义的共识。几项研究结果支持这种结论,这些研究表明,当人们确定是否服从权威决定时,对于组织或社会具有较强认同的人更依赖关于正义的价值判断(Huo, Smith, Tyler, and Lind, 1996; Smith and Tyler, 1996; Tyler and Degoey, 1995)。

这也提出了一种策略,即我们需要重视建构人们对于社会和社会制度的认同。如果人们深度认同权威所代表的,那么,他们就会更重视自己是否受到公正对待,而较少关注是否获得有利的结果。如何才能建构积极的认同?重要的一点就是以程序公正的方式对待群体内部成员。有关研究揭示,程序正义有助于建立人们对群体的信赖和认同,以及服从权威和群体规则的情感。

结　语

正如本文对于程序正义的考察所阐明的,对于基于正义策略解决冲突的可行性,我们有重要理由表示乐观。尤其是,理解人们在公正决策程序方面所持的观点,有助于使人们服从决定、规则、权威以及更一般的制度,这种进路已经十分成功。当然,这并非意味着,人们并不注重结果。他们实际上非常注重结果。但是,他们并不仅仅关注结果。相反,他们的情感和行为包含重要的伦理和道德要素。在社会情境中,人们在如何对待他人问题上所表现的伦理或道德之维,可以成为建设性地解决社会冲突的一种途径。

参考文献

- Azzi, A. (1993a) "Group representation and procedural justice in multigroup decision-making bodies," *Social Justice Research* 6: 195-217.
- Azzi, A. (1993b) "Implicit and category-based allocations of decision-making power in majority-minority relations," *Journal of Experimental Social Psychology* 29: 203-28.
- Barrett-Howard, E. and Tyler, T. R. (1986) "Procedural justice as a criterion in allocation decisions," *Journal of Personality and Social Psychology* 50: 296-304.
- Bierbrauer, G. (July, 1997) *Political Ideology and Allocation Preferences*: What do Turkish Immigrants in Germany Deserve? Potsdam, Germany: International Network for Social Justice Research Conference.
- Bies, R. J., Martin, C. L., and Brockner, J. (1993). "Just laid off, but still a 'good citizen': Only if the process is fair," *Employee Responsibilities and Rights Journal* 6: 227-48.
- Casper, J. D., Tyler, T. R., and Fisher, B. (1988) "Procedural justice in felony cases," *Law and Society Review* 22: 483-507.
- Ebreo, A., Linn, N., and Vining, J. (1996) "The impact of procedural justice on opinions of public policy: Solid waste management as an example," *Journal of Applied Social Psychology* 26: 1259-85.
- Fiske, A. P. (1992) "The four elementary forms of sociality: Framework for a unified theory of social relations," *Psychological Review* 99: 689-723.
- Folger, R. and Konovsky, M. A. (1989) "Effects of procedural and distributive justice on reactions to pay raise decisions," *Academy of Management Journal* 32: 115-30.
- Gaertner, S. L., Dovidio, J. F., Anastasio, P. A., Bachman, B. A., and Rust, M. C. (1993) "The common ingroup identity model," *European Review of Social Psychology* 4: 1-26.

- Green, Donald P. and Shapiro, Ian (1994) *Pathologies of Rational Choice Theory*. New Haven: Yale.
- Gurr, T. R. (1970) *Why Men Rebel*. Princeton, NJ: Princeton University Press.
- Heinz, A. M. and Kerstetter, W. A. (1979) "Pretrial settlement conference: Evaluation of a reform in plea bargaining," *Law and Society Review* 13: 349-66.
- Hochschild, J. L. (1995) *Facing up to the American Dream: Race, Class, and the Soul of the Nation*. Princeton, NJ: Princeton University Press.
- Houlden, P. (1980) "The impact of procedural modifications on evaluations of plea bargaining," *Law and Society Review* 15: 267-92.
- Huo, Y. J., Smith, H. J., Tyler, T. R., and Lind, E. A. (1996) "Superordinate identification, subgroup identification, and justice concerns: Is separatism the problem, is assimilation the answer?" *Psychological Science* 7: 40-5.
- Kim, W. C. and Mauborgne, R. A. (1991) "Implementing global strategies: The role of procedural justice," *Strategic Management Journal* 12: 125-43.
- Kim, W. C. and Mauborgne, R. A. (1993) "Procedural justice, attitudes, and subsidiary top management compliance with multinationals' corporate strategic decisions," *Academy of Management Journal* 36: 502-26.
- Kitzman, K. M. and Emery, R. E. (1993) "Procedural justice and parents' satisfaction in a field study of child custody dispute resolution," *Law and Human Behavior* 17: 553-67.
- Kluegel, J. R. and Smith, E. R. (1986) *Beliefs About Inequality*. New York: Aldine-Gruyter.
- Korsgaard, M. A., Schweiger, D. M., and Sapienza, H. J. (1995) "Building commitment, attachment, and trust in strategic decision-making teams: The role of procedural justice," *Academy of Management Journal* 38: 60-84.
- Lind, E. A., Kanfer, R., and Earley, P. C. (1990) "Voice, control, and procedural justice," *Journal of Personality and Social Psychology* 59: 952-9.
- Lind, E. A., Kulik, C. T., Ambrose, M., and de Vera Park, M. (1993) "Individual and corporate dispute resolution," *Administrative Science Quarterly* 38: 224-51.
- Lind, E. A. and Tyler, T. R. (1988). *The Social Psychology of Procedural Justice*. New York: Plenum.
- Lissak, R. I. and Sheppard, B. H. (1983) "Beyond fairness: The criterion problem in research on dispute resolution," *Journal of Applied Social Psychology* 13: 45-65.
- MacCoun, R. J., Lind, E. A., Hensler, D. R., Bryant, D. L., and Ebener, P. A. (1988). *Alternative Adjudication: An Evaluation of the New Jersey Automobile Arbitration Program*. Santa Monica, CA: RAND.
- McEwen, C. and Maiman, R. J. (1984) "Mediation in small claims court," *Law and Society Review* 18: 11-49.

- McFarlin, D. B. and Sweeney, P. D. (1992) "Distributive and procedural justice as predictors of satisfaction with personal and organizational outcomes," *Academy of Management Journal* 35: 626-37.
- Messick, D. M., Bloom, S., Boldizar, J. P., and Samuelson, C. D. (1985) "Why we are fairer than others," *Journal of Experimental Social Psychology* 21: 389-99.
- Mikula, G., Petri, B., and Tanzer, N. (1990) "What people regard as unjust: Types and structures of everyday experiences of injustice," *European Journal of Social Psychology* 22: 133-49.
- Montada, L. and Schneider, A. (1989) "Justice and emotional reactions to the disadvantaged," *Social Justice Research* 3: 313-44.
- Moorman, R. H. (1991) "Relationship between organizational justice and organizational citizenship behaviors: Do fairness perceptions influence employee citizenship?" *Journal of Applied Psychology* 76: 845-55.
- Moorman, R. H., Niehoff, B. P., and Organ, D. W. (1993) "Treating employees fairly and organizational citizenship behavior," *Employee Responsibilities and Rights Journal* 6: 209-25.
- Niehoff, B. P. and Moorman, R. H. (1993) "Justice as a mediator of the relationship between methods of monitoring and organizational citizenship behavior," *Academy of Management Journal* 36: 527-56.
- Paternoster, R., Brame, R., Bachman, R., and Sherman, L. W. (1997) "Do fair procedures matter?: The effect of procedural justice on spouse assault," *Law and Society Review* 31: 163-204.
- Peterson, R. (1994) "The role of values in predicting fairness judgments and support of affirmative action," *Journal of Social Issues* 50: 95-116.
- Pfeffer, J. (1994). *Competitive Advantage Through People*. Cambridge, MA: Harvard University Press.
- Pruitt, D. G., Peirce, R. S., McGillicuddy, N. B., Welton, G. L., and Castrianno, L. M. (1993) "Long-term success in mediation," *Law and Human Behavior* 17: 313-30.
- Pruitt, D. G., Peirce, R. S., Zubek, J. M., Welton, G. L., and Nochajski, T. H. (1990) "Goal achievement, procedural justice, and the success of mediation," *The International Journal of Conflict Management* 1: 33-45.
- Schaubroeck, J., May, D. R., and Brown, F. W. (1994) "Procedural justice explanations and employee reactions to economic hardship," *Journal of Applied Psychology* 79: 455-60.
- Scheingold, S. A. (1974) *The Politics of Rights*. New Haven, CT: Yale University Press.
- Shapiro, D. and Brett, J. (1993) "Comparing three processes underlying judgments of procedural justice," *Journal of Personality and Social Psychology* 65: 1167-77.
- Sheppard, B. H. and Lewicki, R. J. (1987) "Toward general principles of managerial fairness," *Social Justice Research* 1: 161-76.
- Smith, H. J. and Tyler, T. R. (1996) "Justice and power," *European Journal of Social Psychology*

26: 171-200.
- Sondak, H. and Sheppard, B. (1995) *Evaluating Alternative Models for Allocating Scarce Resources: A Relational Approach to Procedural Justice and Social Structure*. Vancouver: Academy of Management.
- Sparks, R., Bottoms, A., and Hay, W. (1996) *Prisons and the Problem of Order*. Oxford: Clarendon Press.
- Taylor, M. S., Tracy, K. B., Renard, M. K., Harrison, J. K., and Carroll, S. J. (1995) "Due process in performance appraisal: A quasi-experiment in procedural justice," *Administrative Science Quarterly* 40: 495-523.
- Thibaut, J. and Walker, L. (1975) *Procedural Justice*. Hillsdale, NJ: Erlbaum.
- Tyler, T. R. (1987) "Conditions leading to value-expressive effects in judgments of procedural justice: A test of four models," *Journal of Personality and Social Psychology* 52: 333-44.
- Tyler, T. R. (1988) "What is procedural justice? Criteria used by citizens to assess the fairness of legal procedures," *Law and Society Review* 22: 301-55.
- Tyler, T. R. (1990) *Why People Obey the Law*. New Haven, CT: Yale University Press.
- Tyler, T. R. (1994) "Governing amid diversity: The effect of fair decision-making procedures on the legitimacy of government," *Law and Society Review* 28: 809-31.
- Tyler, T. R. (1997a) "Citizen discontent with legal procedures: A social science perspective on civil procedure reform," *American Journal of Comparative Law* 45: 871-904.
- Tyler, T. R. (1997b) "The psychology of legitimacy," *Personality and Social Psychology Review* 1: 323-45.
- Tyler, T. R. (2000a) "Social justice: Outcome and procedure," *International Journal of Psychology* 35: 117-25.
- Tyler, T. R. (2000b) "Multiculturalism and the willingness of citizens to defer to law and to legal authorities," *Law and Social Inquiry* 25: 983-1020.
- Tyler, T. R. (2001) "Trust and law abidingness: A proactive model of social regulation," *Boston University Law Review* 81: 361-406.
- Tyler, T. R. and Blader, S. L. (2000). *Cooperation in Groups*. Philadelphia: Psychology Press.
- Tyler, T. R., Boeckmann, R., Smith, H. J., and Huo, Y. J. (1997) *Social Justice in a Diverse Society*. Boulder, CO: Westview.
- Tyler, T. R. and Degoey, P. (1995) "Collective restraint in a social dilemma situation: The influence of procedural justice and community identification on the empowerment and legitimacy of authority," *Journal of Personality and Social Psychology* 69: 482-97.
- Tyler, T. R. and Huo, Y. J. (2002). *Trust and the Rule of Law*. New York: Russell-Sage Foundation.
- Tyler, T. R. and Lind, E. A. (1992) "A relational model of authority in groups," *Advances in Ex-*

perimental Social Psychology 25: 151-91.
- Tyler, T. R., Lind, E. A., and Huo, Y. J. (2000) "Cultural values and authority relations," *Psychology, Public Policy, and Law* 6: 1138-63.
- Tyler, T. R., Lind, E. A., Ohbuchi, K., Sugawara, I., and Huo, Y. J. (1998) "Conflict with outsiders: Disputing within and across cultural boundaries," *Personality and Social Psychology Bulletin* 24: 137-46.
- Tyler, T. R. and Mitchell, G. (1994) "Legitimacy and the empowerment of discretionary legal authority: The United States Supreme Court and abortion rights," *Duke Law Journal* 43: 703-814.
- Tyler, T. R. and Smith, H. J. (1997) "Social justice and social movements," in D. Gilbert, S. Fiske, and G. Lindzey (eds.), *Handbook of Social Psychology*, 4th edn, vol. 2. New York: Addison-Wesley, pp. 595-629.
- Wissler, R. L. (1995) "Mediation and adjudication in small claims court," *Law and Society Review* 29: 323-58.

23

两种不同风格的叙事:法律与社会研究同批判种族理论关于现实与理想之间联系的论述

劳拉·E.戈麦兹 著

秦士君 译

导 言

本文的出发点是,法律与社会研究的学者忽略了种族不平等、种族意识形态和种族身份的问题。基于他们作为一个群体对更一般意义上的不平等与意识形态的兴趣,我们就会感到奇怪,社会-法律研究的学者对种族不平等与种族意识并未给予更多关注。是什么原因导致这种现象呢?简要的答案是,如果不是绝大多数也至少是很多法律与社会的学者将种族视为容易测定的二元(黑人和白人)变量,这个变量对法律产生了全面的影响。即使法律与社会的学者从作品风格上看并非实证主义者,也倾向于将种族视为较容易描述的概念。但是,种族是复杂的,而且种族与法律之间的关系一团乱麻。种族并不存在于法律之外;种族由法律构成。美国和其他地方一样,法律的存在离不开种族;法律正是由种族划分系统、种族意识形态和种族不平等所构成。

这些观点构成较新风格之法律研究的出发点,也就是所谓的批判种族理论。总的来说,法律与社会的学者在近15年左右时间内并未对批判种族学者提出的主张进行过考察。即便有过研究,他们也没有尽可能认真地对待这些文献。我希望法律与社会的学者相信,对批判种族理论的考察将有助于改进我们研究。(在即将进行的课题中,我也对批判种族学者提出类似的劝告:通过更加充分地考察法律与社会领域的方法论、理论和发现,他们的研究将得到改进。)为此,我将探讨一些新近的法律与社会研究,并讨论批判种族理论有何种影响以及原本如何可能更进一步地促进它们的分析。

批判种族理论出现在1980年代中后期,伴随着少数族群(尤其是非裔美国人)的批判潮流进入了法学教授的视野。今天,有20多个美国的法学院开设批判种族理论的课程或研讨班,其中加利福尼亚大学洛杉矶分校设有批判性种族研究的高级课程(Harris, 2002;参见 http://www.law.ucla.edu/crs)。批判性种族研究学者的作品不仅涉及那些被传统地认为与公民权利和种族关系相关的学说领域(比如宪法、通常而言的就业歧视和公民权利),而且也愈来愈多地涉及许多其他的学说领域,比如,刑法与刑事程序法(Austin, 1992; Carbado, 2002a; Butler, 1995; A. Harris, 2000; Lee, 1996; Meares, 1998; Alfieri, 1998, 1999, 2001; Johnson, 1993, 1998; Ammons, 1995),侵权法(Austin, 1988; Matsuda, 2000),财产法(C. Harris, 1993),家庭法(Moran, 2001; Banks, 1998; Perry, 1994, 1993; Roberts, 1997),民事程序法(Brooks, 1994),税法(Moran and Whitford, 1996)以及环境法(Yamamoto and Lyman, 2001)。

批判种族理论是在法学学术圈之外获得广泛关注的为数不多的法学流派之一,教育部、美国人研究、非裔美国人研究以及族群研究都设有批判种族理论的课程(Harris, 2002)。非裔美国人研究的著名学者康奈尔·威斯特(Cornel West, 1995: iii)教授,称批判种族理论为"当代法学研究中最令人兴奋的发展"。考虑到批判种族理论在人文社会科学领域受到学者们积极的欢迎,而且法律与社会致力于多学科与跨学科研究,那么,批判种族理论对法律与社会研究也将会有不少助益。批判种族理论甚至突破学术圈而为普遍大众所关注,其中批判种族研究学者帕特丽夏·威廉姆斯(Patricia Williams)经常为《民族》(The Nation)周刊写专栏(名为"疯癫法学教授的日记";也见 Williams, 1991; Rosen, 1996)。

所有这些都是为了说明,对于法律与社会的学者而言,批判种族理论值得一读。但什么是"批判种族理论"呢?三部批判种族理论研究的文集,都由法学教授编著,提供了好的起点(Valdes, Culp, and Harris, 2002; Delgado, 1995; Crenshaw, Gotanda, Peller, and Thomas, 1995)。三本法学院案例汇编同样对批判种族理论进行了重点引介(Bell, 1992; Perea, Delgado, Harris, and Wildman, 2000; Yamamoto, Chon, Izumi, Kang, and Wu, 2001)。克伦肖(Crenshaw)等一致将批判种族理论界定为"左派学者的运动,其中绝大多数学者都是有色人种,驻守法学院,他们的作品挑战种族和种族权力在美国法律文化中,以及更一般地讲,在整个美国社会中建构和表现的方式"(1995: xiii)。

据说,无论是构成批判性种族理论的东西,还是作者们从这个视角出发所写的东西,二者都不是不言自明的;二者在这个领域内外都遭到了质疑(Carbado, 2002b)。我将对这个领域进行概括性的考察,包括那些明确地将自己认定为从事批判种族理论研究的学者,以及那些对这些学者进行研究的学者。还包括依照惯例应当归为批判种族理论的其他文献,在我看来,这些文献源自批判种族研究,其中有更具体地针对亚裔美国人或拉丁裔美国人的经历的法律研究,种族导向的同性恋法律研究,以及针对有色人种女性的女权主义法律研究。著名的批判种族学者弗朗西斯科·瓦尔德斯(Francisco Valdes)和谢丽尔·哈里斯(Cheryl Harris, 2002)最近对此领域作过类似的概括性考察。

批判种族研究学者就种族和法律问题进行写作,但却不是从反对近30年来在美国法理学和法律研究中占主流的反歧视模型的角度来写。这些文献几乎都是由白人所写(Delgado, 1984, 1992)。反歧视模型的核心在于将种族主义和种族歧视视为个体化的和反常的,可通过当前的法学框架,如宪法(第十四条修正案的平等保护条款)和法律(1964年《民权法案》第七章)来救济。与此相反,批判性种族学者则认为,种族主义和种族歧视是系统性(制度性)和地方性的,故此并不受反歧视救济的影响(例见 Bell, 1992; Lawrence, 1987; Haney-Lopez, 2000)。

批判种族理论同法律与社会研究至少都部分地源自批判法律研究(CLS),这是在1970年代轰动法律研究领域的一场左派学术运动(关于批判法律研究的介绍,参见 Kairys, 1982)。批判种族理论的形成部分地来自于批判法律研究内部的破裂,由少数种族的学者牵头,拒绝批判法律研究主张所有法律都是为统治阶级利益服务的意识形态的虚无主义(Crenshaw et al. ,1995)。相反,批判种族学者继续写作,试图以或激进或渐进的方式来改变美国的法律。

不厌其烦地强调对不平等进行田野调查的中心地位,是法律与社会研究从批判法律研究那里继承的一个遗产(Abel, 1995a: 297-357; Sarat, Constable, Engel, Hans, and Lawrence, 1998: 4-6; Munger, 1998:36)。法律与社会的学者试图记录不平等的结果或者各种法律程序,尤其是刑事程序的后果(代表性文献太多,此处不赘)。他们在理论上假定法律系统中的不平等无所不在(Spitzer, 1983; Galanter, 1975; Bumiller, 1988; Fineman, 1995; Sarat, 1990)。他们还研究旨在促进平等的有组织社会运动(Handler, 1978; McCann, 1994; Abel, 1995b)。虽然不平等是法律与社会研究的中心议题,但是这个领域的研究者更关注以阶级和性别为基础的不平等,而非种族不平等(参见 Daly, 1987, 1994, 1998, 这是法律与社会研究中的一个例子,关注中心仍为性别不平等,但却愈益注意到种族)。

当法律与社会的研究者开始关注种族时,他们倾向于将种族视为影响作为研究对象的法律现象(因变量)的自变量。我并不是想表明此种进路有内在缺陷——放在特定研究背景下,它可能有巨大意义。进一步讲,此种性质的法律与社会研究,关注刑事司法程序特别是死刑管理,在政策辩论中发挥了重要作用。事实上,我们可以将对种族的实证主义研究进路视为1980年代法律与社会研究的最高潮,它在那场政治运动中是非常进步的。这些研究把种族带到法律与社会研究中来,同时也促进了对自由主义的批判(通过揭示法律中立和公正的表面下巨大的裂缝)。

然而今天,将种族视为可轻易测度的自变量则导致法律与社会的研究者在涉及种族问题时患上了集体性的近视。他们很少将种族不平等、种族主义或种族身份作为考察的中心(因变量),故此,某种不平衡成为法律与社会在种族研究上的特点。与此形成鲜明对比的是,批判性种族学者经常将种族身份、种族意识形态或者种族主义作为考察的中心,而将法律作为解释种族的因素。事实上,克伦肖等认为,批判种族理论致力于"揭示法律如何是种族自身的一个构成性要素:换句话说,法律如何构成种族"(Crenshaw et al., 1995: xxv)。于是,批判种族学者经常翻转法律与社会学者在种族问题上传统的研究进路:对于后者来说,种族不平等造就法律(或造成法律的后果);然而对于前者来说,法律造就种族。

法律与社会研究中的种族

理论上来讲,社会-法律研究者将会从批判性种族学者那里借用此策略来观察就我们所知(就当我们知道)的法律与社会研究而言,将重心转移会有什么益处。但是,这在多大程度上会发生呢? 为了回答这个问题,我考察了《法律与社会评论》与《法律与社会调查》这两种一流法律与社会期刊在近十年来所发表的文章。从1990年到2000年,这两份期刊分别发表了9篇和15篇文章,探讨种族、种族不平等,或者民权领域中的法律学说(不包括书评)。(《法律与社会调查》的15篇中有7篇后于2000年发表在关于法律教育中积极平权措施的专题论文集第25卷中。)

尽管这些研究大多不是定量的,但多数仍反映了一种倾向,即不假思索地将种族处理为黑人与白人的二元变量,由此来帮助预测处在研究中心的法律的后果。尽管这些文章都或显或隐地处理了与种族或种族不平等密切相关的法律或社会现象,但在绝大多数这些研究中,种族不平等、种族划分,及/或种族意识形态,在最好的情况下,也是处在分析的边缘(参见 Provine, 1998; Morrill, Yalda, Adelman, Musheno, and Bejarano, 2000; Romero, 2000; Bybee, 2000; Phillips and Grattet, 2000)。有些例外值得注意,他们将种族放在分析的中心并深入系统地加以考虑(Nielsen, 2000; Glenn, 2000; Weitzer, 2000; Oberweis and Musheno, 1999)。总的来说,上面提到的作者并未认真处理新兴的批判性种族文献,尽管他们进行了自己的调查和分析。这些作者对截然不同于法律与社会的法律研究的其他子领域进行了广泛的探讨,而对批判法律研究这一新流派却几乎置若罔闻。

这些文章中的三分之一是重要的例外,它们以批判性种族文献的洞见为基础,采用了历史的进路。对种族进行历史研究的这些文章发表在从1990年到2000年间法律与社会的一流刊物上,一共8篇(Brandwein, 2000; Calavita, 2000; Elliott, 1999; Goluboff, 1999; Gómez, 2000; Mack, 1999; Plane, 1998; Polletta, 2000)。其中每一篇文章都不同程度地涉及批判种族理论。有 4 篇明确地将其工作界定为参与到曾经由批判种族理论学者所开启的对话当中(Brandwein, 2000: 319; Calavita, 2000: 3; Elliott, 1999: 612; Mack, 1999: 380)。还有 4 篇,其中至少有两篇引用了这个领域的作品(Gómez, 2000; Polletta, 2000)。尽管最后剩下的两篇既没有援引批判性种族理论,也没有引用与此相关的学术运动中的作品,但是它们却涉及了批判性种族理论内部核心的争论,如果融合领域内的成果,其效果将更为显著(Goluboff, 1999; Plane, 1998)。

457　　与此相类似,这些文章都涉及经验主义——这是法律与社会领域传统上的特点之一。其中一个作者为增添档案研究而进行了采访——弗朗西斯科·波利塔(Francesco Polletta)对 100 多位原南方民权工作者就他们的经历和看法进行了采访。有 3 个作者利用了一系列多种多样的原始材料,包括法院或行政机关的档案、新闻报纸、上诉决定书(Calavita, 2000; Gómez, 2000; Mack, 1999),卡拉维塔(Calavita)和戈麦兹(Gómez)分析了数百份案例文件。其中 3 篇作品针对立法辩论及/或案例法中的话语或修辞进行了单独的探讨(Brandwein, 2000; Elliott, 1999; Plane, 1998),埃利奥特(Elliott)和普雷恩(Plane)只对一两个上诉案件进行了细致的阅读。故此,从方法论上讲,这些历史性的文章是多种多样的。

　　而且,虽然每一篇只关注过去的某一时期,但它们加在一起却覆盖了一系列不同的时期,最远可以追溯到美国的殖民地时期(Plane, 1998),最近则到 1960 年代(Polletta, 2000)。5 个作者探讨了 19 世纪晚期(Brandwein, 2000; Calavita, 2000; Elliott, 1999; Gómez, 2000; Mack, 1999),阐明那个历史时期对理解当代美国种族等级结构的重要性。布拉德韦恩(Brandwein)和埃利奥特只关注国内战争的影响,以及白人至上论的意识形态如何在法律话语中产生并再生产。迈克(Mack)则仍对南方感兴趣,关注 19 世纪最后二十五年和 20 世纪初田纳西州种族、性别与社会阶级之间联系的复杂性。卡拉维塔和戈麦兹考察了同一个时期,但却把目光转向西南部和西部的非黑人少数族群。有 4 篇文章关注非黑人族群:卡拉维塔关注中国人,埃利奥特关注印第安人和黑人,戈麦兹关注墨西哥人(也稍微涉及印第安人),而普雷恩关注印第安人。剩下的作者则只关注黑人,及/或黑人与白人间的关系(Brandwein, Goluboff, Mack, Polletta)。除了族群间明确的对比之外,一些以此为主题的文章也考察种族身份如何与其他基本社会身份,即性别(gender)、性征(sexuality)(Mack, Plane)和社会阶级(Calavita, Gobuboff, Gómez, Mack, Polletta)相互交叉。

　　这组文章作为法律与社会的子领域跟批判性种族理论间的共鸣,以及批判性种族理论,显然都涉及两个共同的主题。第一个主题涉及相关主张,即认为种族是社会地建构起来的,而且法律在种族的建构中扮演了主要的角色。第二个主题探讨种族如何塑造法律,但却以一种更为细致、复杂的方式被处理为种族意识形态(racial ideology)和种族冲突(racial conflict)。在接下来每一部分中,我将首先阐述批判性种族学者如何探讨这些主题,然后是法律与社会分支领域的学者如何看待它们。

法律在种族之社会建构中的功能

种族是社会地建构起来的,种族划分具有历史的偶然性,是政治论争的产物,而且按照定义,它们是动态变化而非固定不变或本质的,这已不言自明。尽管长期以来人们并未广泛接受这个种族观点,事实上,在法律领域,人们不时地以完全相反的方式来看待种族。联邦最高法院的大法官,采用大众和科学的看法,经常将种族差异视为基于本质且永恒不变,这对律师、法律学者以及其他人的种族观点造成了深远和持久的影响。只是在最近十年,而且很大程度上由于同时来自20世纪中期民权运动中更为激进和主流的异议,才发生了向种族分类无意义论的转变,结果人们承认,那些分类的深刻意义即使到了今天也仍然是人类互动、政治与社会冲突(也就是说,社会建构过程)的结果。而且,当这种转变,即从认为种族是固定不变的、生物学的到认为种族是动态变化的、历史偶然的,在社会科学领域已经完成,一定程度上也在大众文化中完成时,主流的法学和法理学却远远落在了后面。

批判种族学者是法律学者中的先锋,甚至在他们强调对社会建构主义者观点的采信时,仍然不会削减种族和种族主义之历史或当下的意义(Alfieri, 1996; Calmore, 1992; Espinoza and Harris, 1997; Haney Lopez, 1994a, 1994b; Kang, 2000)。批判种族学者特别指出,法律(各种形式的法律,比如实证法、法律制度以及行动中的法,这只是其中一些)在种族身份的社会建构中扮演着核心的角色(Aoki, 1997; Carbado and Gulati, 2000, 2001a, 2001b; Gross, 1998; Montoya, 1998)。批判种族学者用材料证明了法律在塑造种族不平等中的核心作用(Johnson, 2000; Lee, 1996; Volpp, 2002)。其他学者则强调法律在种族意识形态的建构与再造中的作用,反之亦然(Gotanda, 1991; Harris, 1993)。

在前一部分提到的8篇法律与社会的文章中,有6篇明确地提出种族之社会建构与法律在建构过程中之作用的主题(Calavita, 2000; Goluboff, 1999; Gómez, 2000; Mack, 1999; Plane, 1998; Poletta, 2000)。其中3位作者(Calavita, Gómez, Mack)将此作为中心主题,他们关注19世纪中晚期的法律与社会,表明这个阶段的种族动力学在塑造历史的和当下的种族意识形态中的重要性,这些意识形态存在于联邦最高法院和我们在一般意义上所说的美国。

社会学家凯蒂·卡拉维塔(Kitty Calavita, 2000)在其论19世纪晚期法律的论文中,把目标放在迁居美国的中国移民身上,她首先假定种族和社会阶级都是社会地建构起来的,并且二者以重要的、彼此构成的方式相互影响。她说,"这些矛盾最具批判性的地方在于自相矛盾的前提,一方面作为生物学条件的种族,却为另一方面的阶级地位所抵消"(Calavita, 2000:2)。国会于 1884 年颁布了带有恐外性的中国移民禁止令,然而由于它只是针对中国劳工,故而使得那些为了有效地谋求中国移民的例外身份以适用法律的人可以辩称,他们是商人而不是劳工。行动中的行政法以这样的方式为中国移民创造了一片空间,使他们可以策略性地建构起自己的身份,并且抵制被广泛承认为种族主义的一贯以来的立法。

卡拉维塔的因变量是行动中的法律,或者更具体地讲,相对于只排除了中国劳工的书本上的法律,移民局的守门员如何适用排除中国人的法律。授予移民局工作人员的内在的自由裁量权可能会削弱法律的效果,而这种结果可能是、也可能不是国会议员的意图。(卡拉维塔想当然地认为国会不愿意这样的漏洞发生,但是我觉得下述信念同样似是而非,即相信国会中某些议员原本想要移民守门员去扩大例外,要么是为了保护与中国商人相联系的美国资本家的利益,要么是出于地缘政治的理由而减轻排外法律的影响。)故此,卡拉维塔在文章标题中提出的"悖论"之所以能够出现,是因为一些中国移民虽然属于工人阶级(暂时的),但却成功地主张自己属于商人阶级,从而避开了法律排除中国工人的意图。她得出结论,"法律的不确定性与身份的不确定性相平行,并且前者反映后者(尽管是出于实践的目的)"(2000:3)。

卡拉维塔依赖于批判种族学者对种族之社会建构的论述(为她所引用的),但她最终没有充分地挖掘批判种族文献应用到自己的研究当中。比如,她本可以有效地利用增加的批判性种族研究文献,其中使用了种族之"特性"(performance)的概念,在某种意义上与她的"暂时性"(passing)概念(在文章中尚未理论化)相联系,这对于她所关注的种族、性征和阶级身份的交叉十分重要(Carbado and Gulati, 2000, 2001a, 2001b; Gross, 1998, 2001)。

像卡拉维塔一样,迈克(1999)也认真地对待种族身份在与其他基本身份(性别、社会阶级)交叉的基础上得到连续再生的方式。他更加明确地依赖批判种族理论家,他相信他们的两个基本洞见,"在种族问题上中立的法律和法律学说经常使种族和性别的特权持续存在,而且种族身份本身就是法律的创造"(Mack, 1999:380)。迈克将铁路的种族隔离实践作为背景来研究社会习俗、法律和种族身份之间的联系。他指出法律上非正式的在公共交通中发生的隔离性社会实践(事实上的隔离)最终导致了铭刻在国家法律中的坚固的隔离(法律上的隔离),二者都生产了塑造黑人身份(以及,非其分析中心的白人身份)的空间。

1870 和 1880 年代的田纳西州,像绝大多数南方的州一样,在生活的各个方面,包括交通领域,都显著地存在着一个复杂的、有时候甚至自相矛盾的非正式的种族隔离系统。在这个复杂性中,迈克识别出了对某些黑人而言为了避免隔离造成的一些损害而相当于适应性(flexibility)的东西,根据他通常的说法,即策略性地将阶级及/或性别作为赌注一并押上。在公共运输领域存在法律上的隔离之前,中产阶级的黑人男子,以及尤其是黑人女子,试图主张进入火车上仅白人"女士专属车厢"(Ladies' cars)的权利。但是,他们面临着一个悖论:"为了获准进入女士专属的车厢并获得表面上的尊重,他们经常不得不表现出屈从甚至拒绝受到尊重"(Mack, 1999: 390)。最终,黑色人种的女人和男人,作为白人女性随行的仆人和雇员,可以进入女士专属的车厢;但是中产阶级黑人之受人尊敬在很大程度上以其职业远离那种严格意义上对白人雇主的依赖为条件(Mack, 1999: 390-393)。在1905年田纳西州第一部针对公共运输的种族隔离法律颁布之前,对于被女士专属车厢排除在外的遭遇,中产阶级黑人妇女通过对列车长和铁路公司经常性地提起诉讼来主张她们的权利以及尊严。因此,这些女人使用法律的策略来确认她们作为黑人和"受人尊敬的"(中产阶级)的身份,与此同时,通过这样的方式,法律塑造了种族身份。

迈克分析之最吸引人的一方面在于阶级、种族、性别和性征之间互动的复杂性。更明确地说,性征方面的陈词滥调基于种族主义者的意识形态,很大程度上由白人对隔离的需求(事实上的和法律上的)所塑造,同时也由黑人对它的抵抗所塑造。一方面,中产阶级白人和黑人都承认将"浪荡女"排除在女士专属车厢之外的合理性,尽管他们对哪些女人属于那一种类会发生强烈争执。"浪荡女的形象,在性方面随意的黑人妇女,帮助巩固了乘坐在女士专属车厢中白人女性的身份,且还可能包括那些白人男性……对那些被认定为浪荡女的人,(由列车长提供)像女士一样的待遇是没有必要的"(Mack, 1999: 389)。在对列车长提起诉讼反对被排除在女士专属车厢之外时,黑人妇女反对这种适用于她们自己的陈腔滥调,而且在这样做的时候,可能正好巩固了它对下层阶级黑人妇女的可适用性。中产阶级黑人男子,也面临着性方面的陈腔滥调,列车员和其他白人经常借助种族主义者的陈腔滥调来证明排除行为的正当性,"野蛮的黑人强奸犯"——"淫荡好色、掠夺成性的生物,无法控制自己对白种女人的欲望"(Mack, 1999: 396)。

在我讨论新墨西哥州区域的文章(Gómez, 2000)中,类似地,我探讨了法律在种族和种族身份之社会建构中的作用,但却是将分析放在美国殖民的背景中来进行的。19世纪中叶的新墨西哥经历了殖民权力的移转,从墨西哥人的统治到美国人的统治,这为探究行动中的法律在建构数量上具有支配性的墨西哥人群体中的效果提供了机会,其中包含了一系列相互冲突的情形:墨西哥人,既是"土著"又是公民,既是公民又是处于从属性地位的群体的成员(2000: 1140-1144)。强制施行的殖民地法律系统刺激墨西哥人主张自己的白人身份并剥夺普韦布洛(Pueblo)印第安人的公民权,虽然后者在墨西哥制定法中享有公民权。在此种意义上,法律将墨西哥人的身份塑造为"白色人种",尽管在更大的美国种族结构中墨西哥人真实的社会地位并非白色人种。(此外对墨西哥人同时主张或者疏远白色人种属性的探讨,参见 Martinez,1994,1997,1999)。与此同时,行动中殖民地法律的其他方面将墨西哥人的身份塑造为种族上从属于来自欧洲的美国人,后者既是个体的公民,又是殖民地政府的代理人。我指出,各种各样的刑事诉讼过程率先并一再加固了墨西哥人的集体身份,即被贴上"他者"(othered)的标签且被视为种族较低等群体。

米歇尔·埃利奥特(Michael Elliott)明确表明,要详细阐述批判种族理论的洞见并将其带入到与美国人研究领域的对话中(1999:613)。他从社会建构主义者的立场出发,主张"那些面临种族和种族差异问题的人依赖于竞争性观念的纲要,这些观念不断地被重新塑造和重新定义。换句话说,种族被不断地再创造出来——在19世纪的时候,已经有人像今天的我们一样,明确地承认了这个过程"(Elliott,1999:614)。埃利奥特细致地阅读了两个战后的法律文本,已公布的上诉决定书,指出司法判决的意见构成种族类别和种族身份之建构与再形成的重要源泉。

普雷恩(Plane,1998)讲述了18世纪早期马萨诸塞州一个法律斗争的故事,涉及英国人出于获取牧场的目的而对印第安领导者政治权威的威胁。印第安领导者,雅各布·西克诺特(Jacob Seeknout),就州法院要求他返还以非法放牧为由圈在栏中的420只羊的判决提起上诉。在上诉过程中,西克诺特的英国律师,本杰明·豪斯(Benjamin Hawes),精心编织了一个叙事,巧妙地使本土印第安婚姻实践与当时英国对父权、嫡亲和继承的规范与法律相一致。普雷恩指出,在这么做时,律师"成功地将一种秩序和'文明'施予那个世纪的印第安婚姻实践",这带来了其客户上诉的胜利,同时也造就了"互补的种族身份",一些印第安人被视为"文明人",其他则被视为"野蛮人"(1998:58)。豪斯将印第安习俗转译为英国文化和法律背景下"文明的"事物,使其客户赢得了法律的胜利,但是最终却给原本与诉讼无涉的当地印第安人穿上了文化的紧身衣。而且在最后的那一天,西克诺特和他的部族失去了更大的战场,因为英国律师以法律服务费的名义获取了大部分有争议的土地。

还有两个法律与社会的学者(Goluboff,1999;Polletta,2000)探讨了法律斗争对非裔美国人种族身份的塑造,但是他们这么做在很大程度上却并非以批判性种族理论家丰富的相关文献为基础。格鲁博芙(Goluboff)追溯到1940年代,南部黑人向联邦政府提出诉愿书,称佛罗里达州的公司雇佣他们的孩子为"苦工",违犯了宪法第十三条修正案。格鲁博芙要做的事情很重要:

> (她)提醒我们,"二战"时期的非裔美国人生活在普莱西诉弗格森案之后布朗案之前的世界里,其中联邦法院不曾以任何明显的方式保护过非裔美国人的权利,总统也不曾为了他们的利益而派遣军队。在这个前布朗案的世界里,要求平等和联邦保护以反对地方性侵害竟经常被强有力地否决掉。(1999:781)

由此她指出,这些非组织性的努力促成了草根层次上权利意识的萌发。

格鲁博芙的主张反映了批判种族学者对批判法律研究的回应,后者认为权利在最好的情况下是幻觉,在最坏的情况下则导致激进政治运动的垮台。克伦肖等(Crenshaw et al.,1995)详细叙述了这次争论,批判种族学者在权利、权利话语,以及用来加深有色人种当中某种错误意识的权利方面与批判法律研究存在诸多分歧。根据批评者的观点,权利之所以成问题是因为它们"内在地不确定,并且具有相互冲突的意义",结果导致了对现状的合理化(Crenshaw et al.,1995:xxiii;也见 Crenshaw,1988)。与此形成鲜明对比,许多参加了早期批判性种族理论研讨会的学者相信,"非裔美国人在美国的政治想象中把自己重新想象为完全享有权利的公民这种转型"是旨在引起社会变化的激进运动的关键部分(Crenshaw et al.,1995:xxiii-iv)。

格鲁博芙的研究主要是对批判种族理论的主张进行经验上的检验,但由于她没有明确地阐述批判性种族理论的文献,导致其效果削弱不少。在研究黑人对民权运动的参与时,弗朗西斯科·波利塔(Polletta,2000)设定了相似的目标:在经验上检验对权利的批判。与格鲁博芙不同,波利塔则明确地阐述了批判法律研究的主张,权利主张以及围绕着权利而展开的组织行为实际上损害了激进的政治运动。不幸的是,她对批判性种族学者的阐述不够全面:她引用了批判性种族学者帕特丽夏·威廉姆斯(Patricia Williams)的一篇文章,但却没有将其和批判性种族理论运动联系起来,或者说她没有引用其他批判性种族学者相关的作品。

尽管有这样的疏漏,但波利塔的研究仍然很迷人和重要。她将批判法律研究关于权利的批判分离出来,即关于权利的讨论和组织主要起了缓冲和吸纳激进政治运动的作用。为了检验这个主张,波利塔采访了美国民权运动中激进派的参与者,这些激进派以学生非暴力协调委员会(SNCC)和种族平等大会(CORE)为代表。她考察这些激进分子如何理解"权利、政治和抗议"之间的联系(Polletta,2000:368),发现围绕着成为"一等公民"之主张的修辞和活动塑造了黑人激进分子的种族认同,并且激起(而非抑制)了更多激进的政治要求。有些权利主张更可能导致激进事项之议程的维持,波利塔确定了这些主张的若干条件:机构活动范围的相对自主性,组织者与民族国家和民族运动权力中心之间的距离,组织之间的竞争(2000:380)。但是波利塔全神贯注于确定"色盲"(或种族中立)的条件,最终导致她忽略了经验的研究,即,这些组织者将自己的身份和目标建立在种族基础上的性质如何可能弱化批判法律研究战线的声势。

种族如何塑造法律

我曾经指出,至少有一部分法律与社会的学者开始认真对待批判种族理论的洞见,这些洞见涉及法律在建构种族、种族不平等和种族身份中的强大作用。但是对于批判性种族学者而言,这只是等式的一半;他们同样关注种族如何通过各种表现形式来塑造法律。"种族权力,在我们看来,不仅仅是——甚至不主要是法官方面偏见决定的产物,而更多的是穿越社会的渗透性方式的总和,其中法律塑造'种族关系',也为'种族关系'所塑造"(Crenshaw et al., 1995:xxv)。这样,就像法律与社会的学者曾指出"法律"与"社会"的维度相互构成(Munger, 1998)一样,批判性种族学者也将种族与法律间的相互构成视为不言自明的。

在某种意义上,这个特点似乎很像传统的社会-法律研究进路对种族的论述:将种族视为影响法律因变量的自变量。但是,如上列引文所示,考虑种族如何塑造法律涉及的不仅仅是分析法官的种族偏见;毋宁说,批判性种族理论召唤"种族"之更深层更复杂的面相。不是将种族——如定量的社会科学研究经常做的那样——设想为容易测定的二元自变量,我们应当尝试着根据我们在经验上处理种族的方式来捕捉种族作为社会现实的某些复杂性,它随着历史和社会环境的不同而有所变化。

已经有批判种族学者在这样做,其中的一种方式为探索个体和群体身份的多面性,将种族身份视为与其他身份相互交叉,比如性别、性取向、社会阶级,以及移民的地位(参见 Austin, 1989, 1992; Caldwell, 1991; Carbado, 2000, 2002b; Chang, 1993, 1999; Crenshaw, 1989; Gross, 2001; Harris, 1990; Hutchinson, 1999, 2001, 2002; Iglesias and Valdes, 1998a, 1998b, 2000; Ikemoto, 1992, 1993; Johnson, 2002; Valdes, 1997a, 1997b, 2000; Volpp, 1994, 1996, 2001, 2002; Wing, 1997)。另一种方式使得种族更为复杂(故此更为准确地反映其在真实世界中的影响),将种族设想为不仅仅局限于种族身份或者种族类别,而且还包括社会科学家处理种族的典型方式。比如,批判种族学者曾分析作为种族意识形态的种族如何塑造法律原则(Gotanda, 1991; Flagg, 1993; Lawrence, 1987, 1995)。

尽管如此,在某些方面,批判种族学者并未采用此进路以得出其逻辑上的结论,而且在我看来,这部分地由于没有采用法律与社会研究中通行的方法论。故此,唯有建立在批判性种族理论洞见之基础上的法律与社会的学者适于将此项工程继续往前推进。从法律与社会之历史子领域涉及种族的作品来看,该项工程正在进行之中。

帕梅拉·布拉德韦恩(Pamela Brandwein)明确地将来自批判性种族理论的洞见整

合进她的作品,并且将批判性种族理论作为其文章从中得益的四者之一而提名敬献(Brandwein,2000:320)。她记述了白人至上论意识形态在塑造美国最高法院就宪法第十四修正案之原则中的作用,尤其是法院在屠宰场案中的1873年决定。以前的宪法学者和法律历史学者强调这些原则的发展主要来自对原初内容冲突的诠释,但是布拉德韦恩却争辩道,他们在这么做时忽略了对于宪法原则最为核心的影响——来自于有关种族以及非裔美国人在国族中地位的党派性冲突。"北方民主党的叙事是在白人至上论的强烈影响下形成的,它拒绝赋予黑人在'人民'中的成员资格。共和党有关战争的叙事虽受白人至上论影响较弱,但却仍致力于黑人在国族集体中的成员资格"(Brandwein,2000:320)。在屠宰场案中,最高法院支持了民主党有关内战因果的叙事,在这么做时,"'北方民主党'的种族意识形态在重建时期[最高]法院的原则中默默地制度化了"(Brandwein,2000:316)。尽管共和党人赢得了内战,但是支持白人至上论的民主党人却赢得了在最高法院中的战争,这使得其自身强大的遗产以狭隘并且生硬的平等保护原则的形式留存至今。

米歇尔·埃利奥特(Elliott,1999)也探讨了种族意识形态在后内战时期中的作用,但主要针对的是白人至上论如何塑造了统治着种族划分的法律原则。较为强烈的白人至上论意识形态立足于"对种族观念自身而言必要的一个假设:每一个体属于并且只属于一个种族"(Elliott,1999:613)。白人只有在确信不同群体间的区分具有严格意义时,才相信自己比黑人和其他非白人更优越。而且,由于19世纪很大范围内的法律在种族问题上都很具体(比如,种族间通婚的法律,选举法,公民身份的必要条件等),"美国的法官在整个19世纪都不得不讲述种族分类学的故事——设定界限标明特定人属于白人、黑人、印第安人以及亚洲人的法律意见"(Elliott,1999:614)。以这样的方式,白人至上论的意识形态(它既是有关种族的意识形态,也是种族主义者的意识形态)制造了法律。

还有三位作者——迈克(1999),卡拉维塔(2000)和戈麦兹(2000)——探讨了种族如何构成法律,但却是通过观察行动中的法律,而非法律原则(关于文章的摘要,见上文)。除揭示19世纪晚期的田纳西州法律如何塑造非裔美国人的身份,迈克的研究在其他方面的阐述同样给人以深刻印象,在超过30年的时期内,种族冲突和种族化的社会特征塑造了司法和立法的回应,这些回应最终在国家法律准许的公共运输隔离中达到顶点。由于美国最高法院在1896年对于"普莱西诉弗格森案"的裁决中认为,这样的法律与宪法第十四修正案相一致,我们倾向于将这些过程视为历史运动中不可避免的,但是迈克的作品表明,这绝不是真的;毋宁说,种族身份和种族冲突以复杂且经常相互冲突的方式往前发展,它们如何影响法律必须在社会行动之高度宏观的背景和局部的场所中来探讨。

卡拉维塔的研究在彰显种族身份与法律间互动之复杂性上与迈克相似。但是她的作品在别的方面不同于迈克,她强调法律系统之机构的行动者——海关工作者的职能如同国家的守门员。这些法律工作者自己的种族现实(也就是说,他们如何在种族上看待自己,又如何看待种族的"他者",尤其是美国潜在的中国移民)在他们执行排华法案时是一股强大的力量,因为他们有很大的自由裁量权来决定谁适于成为中国"劳工"的例外。以这样的方式,种族认同对行动中的法律产生了强有力的影响。

我的研究在很大程度上关注的是种族冲突意义上的种族,具体而言即欧裔美国人和墨西哥人之间的社会冲突,后者在种族上被视为比他们的美国殖民者低等(Gómez, 2000;也见 Gómez, 2002)。新墨西哥州地区人口统计学的特点是,人口的大多数为墨西哥人与墨西哥人具有公民身份权的事实结合在一起,由于殖民者致力于巩固美国在该地区的政治和法律权威,从而造成了该地区独特的情况。结果至少在东北部地区造成了我称之为种族权力分享的政体,它统治着刑事司法系统的管理(2000:1164-1176)。于是,种族冲突通过墨西哥人以各种各样方式参与导致的制度化而塑造了法律,这些方式包括作为大陪审团和小陪审团的大多数。在刑事司法系统中,墨西哥人主要作用之最强烈的象征是,西班牙语在审判和其他法律程序中的显著作用。与此同时,系统的最高层级则由新到这个地区的欧裔美国人独占控制,他们把持着上诉法院和初审法院法官资格(这是一回事),并且构成律师从业者中的绝大多数。

结　语

如果发表在该领域两个最重要期刊上的文章是具有代表性的,那么,看起来法律与社会的学者在认识和处理新兴的批判性种族文献的思想上落在了后面。尽管法律与社会的学者在某种意义上离开坚固的实证主义传统并走向一种更具一般性的方法论(Handler, 1992),但是法律与社会对种族的研究似乎还没有找到一个新的路线。我希望我们从领域内出发所写的关于种族的东西能够对批判种族理论进行仔细审视,看它是否提出了新的问题和新的进路。

使我备受鼓励的是,有一系列采用历史进路的研究对批判种族理论进行了探讨,并将批判种族理论作为其研究的基础。这些作品表明,至少有些法律与社会的学者认真对待了批判种族理论,我希望这些分析已经说服我的读者,他们冒险闯入此种法学流派已经在智识上获益丰厚。在许多方面,社会-法律学者越是明确地探讨批判性种族理论,把批判性种族理论下的历史研究放在中心地位,其所作的历史研究便愈是有意义。对历史以及历史方法论的探索在批判性种族学者的一系列文本中都有展开(Cho, 1998; Iijima, 1998; Gotanda, 1991; Harris, 1993; Martinez, 1994, 1999; Yamamoto,

1998)。克伦肖等一致认为,对于批判种族学者而言,历史的考察可以用来展现,"民权修辞的当代结构并非种族司法之自然的或必然的意义,毋宁说,在特定的政治、文化与制度性冲突和谈判中,一整套的策略和话语诞生了"(Crenshaw et al. , 1995: xvi)。

注释

非常感谢我的同事 Rick Abel 和 Devon Carbado,他们对此文提出了意见。

参考文献

- Abel, R (ed.) (1995a) *The Law & Society Reader*. New York and London: New York University Press.
- Abel, R. (1995b) *Politics by Other Means: Law in the Struggle Against Apartheid*, 1980-1994. New York and London: Routledge.
- Alfieri, A. V. (1996) "Race-ing legal ethics," *Columbia Law Review* 96: 800-7.
- Alfieri, A. V. (1998) "Race trials," *Texas Law Review* 76: 1293-369.
- Alfieri, A. V. (1999) "Prosecuting race," *Duke Law Journal* 48: 1157-253.
- Alfieri, A. V. (2001) "Race prosecutors, race defenders," *Georgetown Law Journal* 89: 2227-77.
- Ammons, L. L. (1995) "Mules, madonnas, babies, bath water, racial imagery and stereotypes: The African-American woman and the battered woman syndrome," *Wisconsin Law Review* 1995: 1003-80.
- Aoki, K. (1997) "Critical legal studies movement, Asian Americans in U. S. law and culture, Neil Gotanda, and me," *Asian Law Journal* 4: 19-38.
- Austin, R. (1988) "Employer abuse, worker resistance and the tort of intentional infliction of emotional distress," *Stanford Law Review* 41: 1-58.
- Austin, R. (1989) "Sapphire bound!" *Wisconsin Law Review* 1989: 539-78.
- Austin, R. (1992) "'The black community', its lawbreakers and a politics of identification," *Southern California Law Review* 65: 1769-817.
- Banks, R. R. (1998) "The color of desire: Fulfilling adoptive parents' racial preferences through discriminatory station action," *Yale Law Journal* 107: 875-964.
- Bell, D. (1992) *Race, Racism and American Law*. Boston, Toronto, and London: Little, Brown.
- Brandwein, P. (2000) "Slavery as an interpretive issue in the reconstruction congresses," *Law & Society Review* 34: 315-66.
- Brooks, R. L. (1994) "Critical race theory: A proposed structure and application to federal pleading," *Harvard Blackletter Journal* 11: 85-113.
- Bumiller, K. (1988) *The Civil Rights Society: The Social Construction of Victims*. Baltimore: Johns Hopkins University Press.
- Butler, P. (1995) "Racially based jury nullification: Black power in the criminal justice system,"

Yale Law Journal 105: 677-725.
- Bybee, K. J. (2000) "The political significance of legal ambiguity: The case of affirmative action," *Law & Society Review* 34: 263-90.
- Calavita, K. (2000) "The paradoxes of race, class, identity and 'passing': Enforcing the Chinese Exclusion Acts, 1882-1910," *Law and Social Inquiry* 25: 1-40.
- Caldwell, P. M. (1991) "A hair piece: Perspectives on the intersection of race and gender," *Duke Law Journal* 1991: 365-96.
- Calmore, J. O. (1992) "Critical race theory, Archie Shepp, and fire music: Securing an authentic intellectual life in a multicultural world," *Southern California Law Review* 65: 2129-229.
- Carbado, D. W. (2000) "Black rights, gay rights, civil rights," *UCLA Law Review* 47: 1467-519.
- Carbado, D. W. (2002a) "(E) racing the Fourth Amendment," *Michigan Law Review* 100: 946-1044.
- Carbado, D. W. (2002b) "Race to the bottom," *UCLA Law Review* 49: 1283-312.
- Carbado, D. W. and Gulati, M. (2000) "Working identity," *Cornell Law Review* 85: 1259-308.
- Carbado, D. W. and Gulati, M. (2001a) "Conversations at work," *Oregon Law Review* 79: 103-45.
- Carbado, D. W. and Gulati, M. (2001b) "The fifth black woman," *Journal of Contemporary Legal Issues* 11: 701-29.
- Chang, R. S. (1993) "Toward an Asian American legal scholarship: Critical race theory, poststructuralism, and narrative space," *California Law Review* 81: 1241-323.
- Chang, R. S. (1999) *Disoriented: Asian Americans, Law, and the Nation-State.* New York and London: New York University Press.
- Cho, S. (1998) "Redeeming whiteness in the shadow of internment: Earl Warren, Brown, and a theory of racial redemption," *Boston College Third World Law Journal* 19: 73-170.
- Crenshaw, K. (1988) "Race, reform, and retrenchment: Transformation and legitimation in antidiscrimination law," *Harvard Law Review* 101: 1331-87.
- Crenshaw, K. (1989) "Demarginalizing the intersection of race and sex: A black feminist critique of antidiscrimination doctrine, feminist theory and antiracist politics," *University of Chicago Legal Forum* 1989: 139-87.
- Crenshaw, K., Gotanda, N., Peller, G., and Thomas, K. (eds.) (1995) *Critical Race Theory: The Key Writings That Formed the Movement.* New York: The New Press.
- Daly, K. (1987) "Structure and practice of familial-based justice in a criminal court," *Law & Society Review* 21: 267-89.
- Daly, K. (1994) *Gender, Crime and Punishment.* New Haven, CT and London: Yale University Press.
- Daly, K. (1998) "Black women, white justice," in A. Sarat, M. Constable, D. Engel, V.

Hans, and S. Lawrence (eds.), *Crossing Boundaries: Traditions and Transformations in Law and Society Research*. Evanston, IL, Northwestern University Press and The American Bar Foundation, pp. 209-39.
- Delgado, R. (1984) "The imperial scholar: Reflections on a review of civil rights literature," *University of Pennsylvania Law Review* 132: 561-78.
- Delgado, R. (1992) "'The imperial scholar' revisited: How to marginalize outsider writing, ten years later," *University of Pennsylvania Law Review* 140: 1349-72.
- Delgado, R. (ed.) (1995) *Critical Race Theory: The Cutting Edge*. Philadelphia: Temple University Press.
- Elliott, M. (1999) "Telling the difference: Nineteenth-century legal narrative of racial taxonomy," *Law and Social Inquiry* 24: 611-34.
- Espinoza, L. and Harris, A. P. (1997) "Afterword: Embracing tar-baby—litcrit theory and the sticky mess of race," *California Law Review* 85: 1585.
- Fineman, M. A. (1995) *The Neutered Mother, the Sexual Family, and Other Twentieth Century Tragedies*. New York and London: Routledge.
- Flagg, B. J. (1993) "'Was blind but now I see': White race consciousness and the requirement of discriminatory intent," *Michigan Law Review* 91: 953-1017.
- Galanter, M. (1975) "Why the 'haves' come out ahead: Speculations on the limits of legal change," *Law & Society Review* 9: 95-160.
- Glenn, B. J. (2000) "The shifting rhetoric of insurance denial," *Law & Society Review* 34: 779-808.
- Goluboff, R. (1999) "'Won't you please help me get my son home': Peonage, patronage, and protest in the World War II urban south," *Law and Social Inquiry* 24: 777-802.
- Gómez, L. E. (2000) "Race, colonialism and criminal law: Mexicans and the American criminal justice system in Territorial New Mexico," *Law & Society Review* 34: 1129-202.
- Gómez, L. E. (2002) "Race mattered: Racial formation and the politics of crime in Territorial New Mexico," *UCLA Law Review* 49: 1395-416.
- Gotanda, N. (1991) "A critique of 'Our constitution is color-blind'," *Stanford Law Review* 44: 1-68.
- Gross, A. J. (1998) "Litigating whiteness: Trials of racial determination in the nineteenth century south," *Yale Law Journal* 108: 109-86.
- Gross, A. J. (2001) "Beyond black and white: Cultural approaches to race and slavery," *Columbia Law Review* 101: 640-89.
- Handler, J. F. (1978) *Social Movements and the Legal System: A Theory of Law Reform and Social Change*. New York: Academic Press.
- Handler, J. F. (1992) "Postmodernism, protest, and the new social movements," *Law and Society*

Review 26: 697-730.
- Haney-Lopez, I. F. (1994a) *White by Law: The Legal Construction of Race*. New York: New York University Press.
- Haney-Lopez, I. F. (1994b) "The social construction of race: Some observations on illusion, fabrication, and choice," *Harvard Civil Rights-Civil Liberties Law Review* 29: 1-62.
- Haney-Lopez, I. F. (2000) "Institutional racism: Judicial conduct and a new theory of racial discrimination," *Yale Law Journal* 109: 1717-883.
- Harris, A. P. (1990) "Race and essentialism in feminist legal theory," *Stanford Law Review* 42: 581-616.
- Harris, A. P. (2000) "Gender, violence, race, and criminal justice," *Stanford Law Review* 52: 777-807.
- Harris, C. I. (1993) "Whiteness as property," *Harvard Law Review* 106: 1707-791.
- Harris, C. I. (2002) "Critical race studies: An introduction," *UCLA Law Review* 49: 1215-36.
- Hutchinson, D. L. (1999) "Ignoring the sexualization of race: Heteronormativity, critical race theory and anti-racist politics," *Buffalo Law Review* 47: 1-116.
- Hutchinson, D. L. (2001) "Identity crisis: 'Intersectionality,' 'multidimensionality,' and the development of an adequate theory of subordination," *Michigan Journal of Race & Law* 6: 285-317.
- Hutchinson, D. L. (2002) "Progressive race blindness?: Individual identity, group politics and reform," *UCLA Law Review* 49: 1455-80.
- Iglesias, E. M. (1998) "Out of the shadow: Marking intersections in and between Asian Pacific American critical legal scholarship and latina/o critical legal theory," *Boston College Law Review* 40: 349-83.
- Iglesias, E. M. and Valdes, F. (1998) "Religion, gender, sexuality, race and class in coalitional theory: A critical and self-critical analysis of Latcrit social justice agendas," *Chicano-Latino Law Review* 19: 503-88.
- Iglesias, E. M. and Valdes, F. (2000) "Expanding directions, exploding parameters: Culture and nation in Latcrit coalitional imagination," *Michigan Journal of Race & Law* 5: 787-816.
- Iijima, C. K. (1998) "Reparations and the 'model minority' ideology of acquiescence: The necessity to refuse the return to original humiliation," *Boston College Third World Law Journal* 19: 385-427.
- Ikemoto, L. C. (1992) "The code of perfect pregnancy: At the intersection of motherhood, the practice of defaulting to science, and the intervention mindset of law," *Ohio State Law Journal* 53: 1205-306.
- Ikemoto, L. C. (1993) "Furthering the inquiry: Race, class, and culture in the forced medical treatment of pregnant women," *Tennessee Law Review* 59: 487-517.
- Johnson, K. R. (2000) "The case against race profiling in immigration enforcement," *Washington*

University Law Quarterly 78: 675-736.
- Johnson, K. R. (2002) "The end of 'civil rights' as we know it?: Immigration and civil rights in the new millennium," *UCLA Law Review* 49: 1481-511.
- Johnson, S. L. (1993) "Racial imagery in criminal cases," *Tulane Law Review* 67: 1739-805.
- Johnson, S. L. (1998) "Batson ethics for prosecutors and trial court judges," *Chicago-Kent Law Review* 73: 475-507.
- Kairys, D. (1982) (ed.) *The Politics of Law: A Progressive Critique*. New York: Pantheon.
- Kang, J. (2000) "Cyber-race," *Harvard Law Review* 113: 1130-208.
- Lawrence, C. R. III (1987) "The id, the ego, and equal protection: Reckoning with unconscious racism," *Stanford Law Review* 39: 317-88.
- Lawrence, C. R. III (1995) "Foreword: Race, multiculturalism, and the jurisprudence of transformation," *Stanford Law Review* 47: 819-47.
- Lee, C. K. Y. (1996) "Race and self defense: Toward a normative conception of reasonableness," *Minnesota Law Review* 81: 367-500.
- Mack, K. W. (1999) "Law, society, identity and the making of the Jim Crow south: Travel and segregation on Tennessee railroads, 1875-1905," *Law and Social Inquiry* 24: 377-409.
- Martinez, G. A. (1994) "Legal indeterminancy, judicial discretion and the Mexican-American litigation experience: 1930-1980," *UC Davis Law Review* 27: 555-618.
- Martinez, G. A. (1997) "The legal construction of race: Mexican-Americans and whiteness," *Harvard Latino Law Review* 2: 321-47.
- Martinez, G. A. (1999) "Latinos, assimilation and the law: A philosophical perspective," *Chicano-Latino Law Review* 20: 1-34.
- Matsuda, M. J. (2000) "On causation," *Columbia Law Review* 100: 2195-220.
- McCann, M. W. (1994) *Rights at Work: Pay Equity Reform and the Politics of Legal Mobilization*. Chicago and London: University of Chicago Press.
- Meares, Tracey L. (1998) "Social organization and drug law enforcement," *American Criminal Law Review* 35: 191-227.
- Montoya, M. E. (1998) "Border/ed identities: Narrative and the social construction of legal and personal identities," in A. Sarat, M. Constable, D. Engel, V. Hans, and S. Lawrence (eds.), *Crossing Boundaries: Traditions and Transformations in Law and Society Research*. Evanston, IL, Northwestern University Press and The American Bar Foundation, pp. 129-59.
- Moran, B. I. and Whitford, W. (1996) "A black critique of the Internal Revenue Service," *Wisconsin Law Review* 1996: 751-820.
- Moran, R. (2001) *Interracial Intimacy: The Regulation of Race and Romance*. Chicago and London: University of Chicago Press.
- Morrill, C., Yalda, C., Adelman, M., Musheno, M. and Bejarano, C. (2000) "Telling tales in

- school: Youth culture and conflict narratives," *Law & Society Review* 34: 521-65.
- Munger, F. (1998) "Mapping law and society," in A. Sarat, M. Constable, D. Engel, V. Hans, and S. Lawrence (eds.), *Crossing Boundaries: Traditions and Transformations in Law and Society Research*. Evanston, IL, Northwestern University Press and The American Bar Foundation, pp. 21-80.
- Nielsen, L. B. (2000) "Situating legal consciousness: Experiences and attitudes of ordinary citizens about law and street harassment," *Law & Society Review* 34: 1055-90.
- Oberweis, T. and Musheno, M. (1999) "Policing identities: Cop decision making and the constitution of citizens," *Law and Social Inquiry* 24: 897-923.
- Perea, J., Delgado, R., Harris, A. P., and Wildman, S. (eds.) (2000) *Race and Races: Cases and Resources for a Multiracial America*. St. Paul, MN: West Group.
- Perry, T. L. (1993) "The transracial adoption controversy: An analysis of discourse and subordination," *New York University Review of Law & Social Change* 21: 33-108.
- Perry, T. L. (1994) "Alimony, race, privilege, and dependency in the search for theory," *Georgetown Law Journal* 82: 2481-520.
- Phillips, S. and Grattet, R. (2000) "Judical rhetoric, meaning-making, and the institutionalization of hate crime law," *Law & Society Review* 34: 567-606.
- Plane, A. M. (1998) "Legitimacies, Indian identities and the law: The politics of sex and the creation of history in Colonial New England," *Law and Social Inquiry* 23: 55-77.
- *Plessy v. Ferguson* (1896) 163 U. S. 537.
- Polletta, F. (2000) "The structural context of novel rights claims: Southern civil rights organizing, 1961-1966," *Law & Society Review* 34: 367-406.
- Provine, D. M. (1998) "Too many black men: The sentencing judge's dilemma," *Law and Social Inquiry* 23: 823-56.
- Roberts, D. (1997) *Killing the Black Body: Race, Reproduction, and the Meaning of Liberty*. New York: Pantheon Books.
- Romero, F. S. (2000) "The Supreme Court and the protection of minority rights: An empirical examination of racial discrimination cases," *Law & Society Review* 34: 291-313.
- Rosen, J. (1996) "The bloods and the crits," *New Republic*, 9 December: 27.
- Sarat, A. (1990) "The law is all over: Power, resistance and legal consciousness of the welfare poor," *Yale Journal of Law and the Humanities* 2: 343-79.
- Sarat, A., Constable, C., Engel, D., Hans, V., and Lawrence, S. (eds.) (1998) *Crossing Boundaries: Traditions and Transformations in Law and Society Research*. Evanston, IL, Northwestern University Press and The American Bar Foundation.
- Spitzer, S. (1983) "Marxist perspectives in the sociology of law," *Annual Review of Sociology* 9: 103-23.

- Valdes, F. (1997a) "Foreword: Under construction—Latcrit consciousness, community, and theory," *California Law Review* 85: 1087-142.
- Valdes, F. (1997b) "Queer margins, queer ethics: A call to account for race and ethnicity in the law, theory, and politics of 'sexual orientation'," *Hastings Law Journal* 48: 1293-341.
- Valdes, F. (2000) "Race, ethnicity, and Hispanismo in a triangular perspective: The 'essential Latina/o' and Latcrit theory," *UCLA Law Review* 48: 305-52.
- Valdes, F., Culp, J. M., and Harris, A. P. (eds.) (2002) *Crossroads, Directions and a New Critical Race Theory*. Philadelphia: Temple University Press.
- Volpp, L. (1974) "(Mis)identifying culture: Asian women and the 'cultural defense'," *Harvard Women's Law Journal* 17: 57-101.
- Volpp, L. (1996) "Talking 'culture': Gender, race, nation, and the politics of multiculturalism," *Columbia Law Review* 96: 1573-617.
- Volpp, L. (2001) "Feminism vs. multiculturalism," *Columbia Law Review* 101: 1181-218.
- Volpp, L. (2002) "The citizen and the terrorist," *UCLA Law Review* 49: 1575-99.
- Weitzer, R. (2000) "Racialized policing: Residents' perceptions in three neighborhoods," *Law & Society Review* 34: 129-55.
- West, C. (1995) "Introduction," in K. Crenshaw, N. Gotanda, G. Peller, and K. Thomas (eds.), *Critical Race Theory: The Key Writings That Formed the Movement*. New York: The New Press.
- Williams, P. J. (1991) *The Alchemy of Race and Rights*. Cambridge, MA and London: Harvard University Press.
- Wing, A. K. (1997) "Conceptualizing violence: Present and future developments in international law: Panel III," *Albany Law Review* 60: 943-76.
- Yamamoto, E. K. (1998) "Racial reparations: Japanese American redress and African American claims," *Boston College Law Review* 40: 477-523.
- Yamamoto, E. K., Chon, M., Izumi, C. L., Kang, J., Wu, F. H. (eds.) (2001) *Race, Rights and Reparation: Law and the Japanese American Internment*. Gaithersburg, NY: Aspen Publishers.
- Yamamoto, E. K. and Lyman, J. W. (2001) "Racializing environmental justice," *University of Colorado Law Review* 72: 311-60.

24

身份的构成:性别、女权主义法律理论及法律与社会运动

尼克拉·莱西 著
秦士君 译

在当代法律研究中,女权主义者先前的法律研究可能比任何其他重要的理论范式都更为形形色色。女权主义法律理论——虽然在世界不同地区的程度有所差异——发展自相对自主的社会和政治运动,以及在哲学、政治和社会理论、社会学和人类学、法学领域内一系列智识运动。在澳大利亚、欧洲和北美的背景下,女权主义法律理论的起源与受到哲学启发的若干法律研究进路相关,尽管它们自身多种多样,但也不妨将它们权且视为"批判法学研究"。然而比起众多非女权主义的批判性法律理论来,带有政治性和政策导向性的女权主义作家,在整体上更大程度地致力于经验性和物质性问题的探讨。因为此点及其他原因,女权主义者的研究在许多国家的批判性法律研究,乃至法律与社会或社会-法律运动中,都占据了核心的位置(例见 Bumiller, 1988; Daly, 1994; Fineman, 1991, 1994; Smart, 1995)。

尽管如此,近十年来,一系列关键的理论和政治问题从女权主义者对哲学和社会-政治问题的双重探讨中浮现出来。对差异和身份问题敏感度的加剧(并且一般而言很受欢迎)导致一系列智识上的重要争论,这些争论跨越了女权主义理论、批判种族理论、酷儿*理论、后殖民主义有争议的边界线,女权主义的学者对这场争论作出了重要贡献,争论涉及的身份政治与多元文化主义近些年来在学术界也开始占据核心地位。此种风格之女权主义研究中的一脉,以后结构主义哲学的洞见为基础,探讨具体的女性特质如何在强有力的社会话语如法律中结构化并得到确立。而另一脉的女权主义者则记录下他们对有关女性(及其他)身份之激进建构主义进路的不满,并赞成对物质性问题比如资源的分配与政治和法律权力的分配进行再探讨。在这种动态的紧张中,支持女

---

* 酷儿(queer)竟指具有特殊性取向或性别认同者,诸如同性恋、双性恋和变性者等。——译者注

性之人权的国际性运动——它们都涉及在诸如战争和强迫移民的背景下对国族宪法的解释与国际标准的发展——开始占据特别显著的位置。

本文将阐述并评价当下女权主义研究中彼此相对的力量,尤其考察女权主义对法律与社会研究潜在的贡献。我的论述无疑包含多种进路的女权主义法律理论的观点,其特点不在于独立自主的方法论,而在于独特鲜明的实际问题,这些问题成为社会-法律研究的议题。

女权主义法律理论与性别化法律主体的构成

女权主义法律研究经历了一个逐渐发展的过程,早期特别关注女人在学术、教学、改革议程中的问题,尔后则关注更为系统地分析性别在塑造法律规则与法律安排的形式、内容和操作中的作用,这些在公开出版的作品中已经有很多分析。到1980年代中期,人们已广泛接受了女权主义研究成为一个稳固确立且自信满满的领域:其特点固然与折中的理论风格相关,但却更在于它同其他激进并且跨学科的运动比如批判法律研究和社会-法律研究之间卓有成效的批判性对话。因发端于社会运动以及一系列政治参与,它特别强烈地倾向于探索理论与实践之间的联系。这个特点更加强了女权主义者同法律与社会研究之间的关系,后者进行的分析不仅包括法律原则,而且还包括法律在其中得到解释和执行的法律制度与实践。另一方面,女权主义法律理论,同时在欧洲和北美,与更具哲学化倾向的研究存在着理论上的关系,后者与批判性法律理论相联系,由此使得女权主义法律理论深刻地介入了哲学、社会理论与心理分析中的争论。可以说,正是这种介入决定性地塑造了近15年来的女权主义法律研究,其在确定这些问题上具有特殊的重要性,即法律在性别化身份之构成中的作用,以及性别同诸如种族、文化、阶级和性取向这些因素之间复杂的交叉关系。鉴于此,以及这种发展对为人们所接受的女权主义研究中理论与实践之间的关系提出了一些有趣的挑战,女权主义法律理论值得细致分析。

有三种稍微不同的将法律视为性别化身份之建构与确立(在最宽泛的意义上)的社会场所的方式,将它们区别出来是有益的。第一种是分析性的(analytic):当代女权主义法律研究中很重要的一个流派,摆脱了这种简单的观点,即认为主体在进入法律舞台之前已然在其他社会实践中成为女人或男人,或者成为同性恋,法律只是或公开或隐蔽地限制这些法律之外权力的影响。毋宁说,该流派主张法律在塑造性别化的(性取向的,种族的,等等)主体中扮演了一个积极而有力的角色:相关的类型、规则、制度安排、推理和分析模型造成了具有决定性和生产性的差异,涉及我们自认为是的主体种类,以及我们可以是的社会主体的种类。故此,与法律在构成性别化身份中的作用相关,分析性主张存在着两个虽然彼此关联却明显不同的方面。一方面,法律在创造和权威化性征/性别身份中扮演着积极的角色,它意味着某种相对稳定的方式,我们借此思考我们自身,以及我们与他者乃至社会世界的关系。另一方面,法律又扮演着消极的角色,它限制我们可以是的性征化(sexed)的社会主体种类。

因此,在这个观点看来,性别化身份在很重要的意义上是强有力的社会话语——如法律——的效果。举个例子,如果说有关强奸的法律对女人构成歧视,或者永久化了女人的典型形象,或者没有尊重女人的自主性或权利,那就把问题过分简单化了。因为在某种特定的意义上,有关强奸的法律同时使女人成为可强奸的:有关强奸的定义起作用的方式——尤其是对同意或不同意,以及证据规则指出的例外的强调,阻塞了其他的叙事表达——构成了强奸受害者被置入其中的主体的位置:唯一"可言说的"主体性在流行的法律安排中得到认可并确立(Lacey, 1998: ch 4)。很多此种风格的分析都是受到了后结构主义哲学家米歇尔·福柯(Foucault, 1981),以及对福柯进行了显著发展的朱迪斯·巴特莱(Judith Butler)之作品的启发。然而更为结构化的分析,虽然也利用了巴特莱以及在法律女权主义作品中有影响者如德鲁奇拉·康奈尔(Drucilla Cornell)的理论,但却产生自拉康*的心理分析(Cornell, 1995)。按照此进路,主体在性征方面的特定结构进入语言导致了对女性独特的快感(*jouissance***)的压制:对"父亲的法律"的接受使女人陷于被驱逐的地位——这个地位,依照某些理论家的观点,在国家的法律中被彻底变成现实了。

这一认为法律在构成性别化身份中扮演着有力角色的洞见,与第二种方式结合在一起,女权主义在政治上的努力带来了对当下性别在法律上主体化之诸方面进行批判(critique)的研究热潮。通过法律话语对女性身份(或者,在酷儿理论或批判种族理论下针对同性恋或黑人)的塑造被引出并加以分析。在女权主义者规范性的框架中,其中的沉默、压制、卑贱、侮辱或其他不受欢迎的特点遭到了严厉的批判(Bumiller, 1997; Smart, 1995)。在这种风格的研究中,我们发现,比如对混杂、危险的同性恋在性方面之主体性的有力分析;通过刑法确立的女性在性方面被色情化了的消极性以及男性在性方面占有性、命令性的身份;在家庭与社会福利法中确立的贫困的、依赖他人的女性和

---

* 拉康(Jacques Lacan, 1901—1980),法国哲学家,精神分析学家,结构主义的主要代表。1901 年 4 月 13 日生于巴黎。就学于巴黎高等师范学校和巴黎大学,获博士学位,此后主要从事精神分析教学和医疗工作,1953 年组织法国精神分析协会。拉康从结构主义的方法论原则出发,主张"重新解释"弗洛伊德学说,提出了镜像阶段理论,认为镜像阶段的活动是一种识别作用,即人们所认识到的形象总是客体的一个变形,是人们想象中的形象。他把结构主义方法用于研究人的无意识结构,认为无意识的结构与语言规则相类似,并强调无意识就是主体与他者包括人与环境的交往。著有《拉康文集》、《精神分析的四个基本概念》等。——译者注

** Jouissance,在法国哲学、精神分析和政治学的当前语用框架内,首先是指女性的性快感,其次是指获得法权和财产所有权而带来的欢愉。——译者注

黑人的社会身份；反歧视法中的受害者-诉讼人；贯穿合同法、财产法和人权法之原子化的所有者法律主体性。如这些例子所示，无论是分析性框架下的研究，还是规范性担当下的研究，都包含了女权主义研究与其他关注社会安排中之差异、支配或不公平的研究之间的一系列互动和联盟。

更进一步的女权主义法律研究风格，扩展自为巩固批判的基础而进行的规范性担当，这就是第三种方式，一个重构性的（reconstructive）方案。在这个观点看来，法律话语、规则与制度安排之激进的建构性是一把双刃剑：在当下确立了具压制性的性别身份的制度，经过重构以后，能够展现有关性别、性征和人类主体性的不同视野。根据上述第一种风格的研究，主体是法律话语的效果，能在一个美丽的（但是，如我们将要看到的，并非没有麻烦）悖论中，将局势翻转，并使用法律语言、法律制度、法律改革来确立新的（在规范上更令人满意的）性别化/性征化的身份。在重构性风格的研究中，我们同样有必要在可称之为规范性或概念性重构与制度性重构或改革之间作出区分。规范性重构导向对概念性建构材料——权利、自主、主权、侵犯——的重新解释（Nedelsky, 1993；Knop, 1993；Schultz, 1998），法律上的身份和划分在此基础上得到建构。制度性重构导向法律规则或制度的重新设计，立足于规范性原则及/或经验性洞见。这个区分当然是不清晰的；可以说，所有的制度性重构在某种意义上都预设了规范性重构的方案。尽管如此，在女权主义法律研究内部，仍然存在着重心——乃至原则（参见 Lacey, 1998：ch. 8）——上的重大差异，一些作者将改革主义者之政策蓝图的发展视为他们方案的一部分，而另一些则将自身限制在规范性重构当中。在那些将分析性、批判性和重构性分析模型结合在一起的作品中，女权主义者力求兼顾两种方式：一方面接受后结构主义的观点，认为主体（特别是）由法律话语的效果所构成；另一方面则规定了一种政治学，由更为坚定乃至自由的主体性行动的概念所形塑。在我论点的进展中，这将带我们进入一个新阶段；在继续这个论点之前，梳理一下这一节中确定的女权主义法律实践中的第一种分析性风格的意义将有所助益。

性征/性别作为法律话语/语言的效果：女权主义法律实践的意义

这一节的绝大部分将把拉康流派放到一边，而关注更为温和并且（至少对我而言）更具说服力的论点，宽泛地讲即福柯式的观点。尽管它涉及分析性权力，而且事实上对女权主义法律研究产生了深刻的影响，但是将性征/性别作为法律或法律话语的效果来分析还是引起了一系列理论和实践上的难题。对这四点进行区分和考虑可能是有益的。第一，我们已指出，对法律规则、类型和安排限制社会身份之表达与产生权威化身份之方式进行分析,导致女权主义法律理论缺乏一个积极自主的行动概念,这对女权主义政治实践事实上至关重要(Frazer and Lacey, 1993: chs. 4-6; Lacey, 1998: ch. 5; Benhabib, 1992)。如果主体和她的身份如此牢固地植入强有力的社会话语比如法律,并通过它得到全面地生产,那么如何可能想象相反的主体性和身份按照自己的方式运作?简言之,是否建构起来的主体为消极、受侵害、被吞没的主体?女权主义的事实,以及几个世纪以来其他有意识的反抗形式证明这个结论为假,但是问题仍然存在,在与生产主体性的制度进行批判性对话时,建构主义的分析如何能够提供一种恰当的主体性概念。使用哲学的术语,换句话说,伴随着所有的困难,后结构主义有逐渐变为结构主义的焦虑。

第二,认为比如性征/性别身份的关键特点在社会实践比如法律中产生的洞见,与另一个洞见相互关联,即在社会身份的生产中存在着阶级、性征/性别(sex/gender)、种族/种族性(race/ethnicity)等之间显著的互动效果。但这显然丝毫没有削弱性征/性别作为一条分析线路的重要性,它不仅引出了有关多种交叉之性质的重要问题,而且还对女权主义只是致力于对女性受到的压迫进行分析和予以废除的政治立场提出了诘难。如果对女性的压迫不仅仅是女性受到压迫,而同时涉及其他一系列因素,那么女权主义的主题将会怎样呢(Harris, 1990; Kapur, 1999)?政治上的破裂可能伴随着第一个政治消极性的难题而出现。在女权主义哲学中,围绕所谓"本质主义"难题而发生的无休止的争论,表明该问题同时涉及理论以及政治上的后果(Fuss, 1989)。

第三,前面已指出,女权主义理论认为性征/性别是话语的效果,在女权主义分析和女权主义政治中都导致了关注点的偏颇。分配性问题——关于平等、政治声音以及女性公平共享满足生活之物质条件的资格问题——长期以来都是女权主义事业的中心,但却在一个女权主义理想的观念中被某种程度地弱化了,这种观念要求一种文化上的承认,相当于独特的种族或宗教团体所表达的主张。更进一步讲,这里有一个倒退,分析性主张认为话语——比如法律——生产身份,另一种主张认为身份——这里是女性的身份——有价值(有时候是工具性价值,有时候是内在价值),后一种主张虽然值得去单独关注,但却并没有被前者偏好或感兴趣的分析性框架所吸收。主张女性的身份应被打开、重构并赋权——女性之价值应得到尊重(该主张显然又一次将本质主义的幽灵召唤了出来)——可以视作将女权主义重构为多元文化主义政治学的一个方面;女权主义抱怨的"本质"是一种主张,认为女人"真正的"身份在社会实践中被压抑,这些实践将普遍流行的性征/性别规范确立并权威化(Fraser, 1997)。

最后,尤其是在强烈地致力于制度重建方案(这会在最后一节确定)的女权主义者中间,存在一种广泛的认识,尽管在一方面,较宽泛意义上的后结构主义立场对其造成了显著的影响,使其将性征/性别分析为由社会话语和实践所构成;但在另一方面,它却阻碍了女权主义在规范性重构之政治方面的充分发展。可以说,关注社会话语以何种方式去生产相对自主的知识系统,并对特定真理主张予以权威化,与文化多元主义相关,或者至少在涉及我们自己的许诺时,它们自身可能就与具有压制性、暴力性的"真理的政体"相关(Nussbaum,1999:ch.1)。这进而又导致了一系列的弊病,从政治上的消极到对规范性方案整个地拒斥,这种狭隘性不仅阻塞了女权主义明显打开的政治空间,而且使制度性改革方案根据某种类似美学形式的乌托邦(字面意义上)幻想而重新设想(Barron,2000)。

显然,这四个反对意见不仅各具特点,而且在某种程度上彼此不相一致。比如说,认为身份分析将女权主义政治主体切割或打碎,就与批评女权主义政治过分关注承认问题不太协调。鉴于对当代女权主义理论和政治存在多种多样的反应,我要把众多文献中我自认为重要的主题提取出来,并尝试在下一节里分离出不同的反对意见。但在继续这件事情之前,我想提起对于将性征/性别视为法律话语的效果这个主题更进一步的关注,对我而言,如果认真留意的话,它可以解开这一节中若干理论上的纠结。

许多对性别身份之法律构成进行的研究关注的是话语的语言形式,这种关注显然已经够多,故而在涉及法律材料时,它们处理的是法律规则和原则,而不是法律制度。事实上,可能正是这种(带有欺骗性的)语言对于法律的优先性——法律在表面上容易受到概念重构之改革的影响——使其在社会和政治理论家当中成为流行的诊治对象。这些学者倾向于将法律看得比其他社会和政治制度更容易改进,在涉及法律变化之社会功效时,他们经常作出一些假定,令社会-法律学者感到有过分夸大和简化之嫌。对法律的哲学化处理,与对身份进行的女权主义法律分析,二者之间仍存在很大鸿沟。由于缺乏对社会科学工具之持续性努力使用,从而不能在一种总体性的层次上,对话语实践(discursive practice)得以在其中确立的法律的制度形式,或者法律和其他社会、经济、政治制度之间的互动进行分析。当然了,有很多有价值的作品,以社会科学的模型为基础,去分析特定法律领域的运作(例见,Freshman,2000;Wax,1998)。但是对法律制度与法律外的制度之间的关系,而非普遍流行的性征/性别话语,女权主义法律研究缺乏更为总体性的描绘,这令人好奇。在法律的社会理论中,相关的作品——比如系统论(Teubner,1993)——在涉及法律对身份构成与身份重塑之潜力概况的争论时,存在显著缺失。

我将指出,这个缺失很不幸:因为只有在制度性考察下——而且经常是在对地方具体的法律制度与法律外的制度之间的关系进行考察后——我们才可以开始解决这一节深入探究的难题,并希冀利用概念重构来为制度变革服务。此种整合性进路之启发性力量可见诸若干绝佳的例子:萨莉·恩格尔·梅丽(Sally Engle Merry)对于19世纪法律在塑造夏威夷人社会实践和性别化身份中的作用所进行的历史学和人类学分析(Merry,2000:chs.8,9);克里斯汀·巴米勒(Kristin Bumiller,1988)对于试图通过反歧视法律授予女性及其他人权力反而导致去权(disempowering)效果所进行的研究。巴米勒的研究尤其具有启发性,它破坏了这样一个假设,即认为积极的行动概念(得到授权的权利主张者)可经由立法行为毫无疑问地得到创设。

较为笼统地讲,在足够复杂的制度背景下进行分析,后结构主义的主体可以从结构主义消极性的威胁中得到拯救:由一系列的话语和实践所生产的主体性并非单一的:围绕制度和话语空间而发生的多种经验以及主体的运动无疑是理解具有反思性、对话性和潜在批判性的运动如何打开的关键。进而言之,离开广泛的制度背景去分析法律话语对身份的建构,可能有助于解释当下对承认问题的关注,但却无助于对分配问题的解释(在这些问题足可分辨的意义上)。因为法律及其改革,比起决定分配结果,或者直接实现物质的改变而言,可能更有力量去实现身份的承认。而且,在涉及身份时,制度性法律变化经常会发生意想不到的效果——比如反歧视法建构受害者身份之效果的例子(Bumiller, 1998)。同样清楚的是,充分地理解法律制度与其他社会安排(经济、政治、伦理、传统)之间的互动,以及这些安排在不同国族或其他系统中的具体效果,是落实女权主义所支持的制度性重构方案的必要条件。对于这些主张,以及女权主义社会-法律学者完全有条件去满足的进一步主张,我将在本章结尾部分继续探讨。

当代女权主义理论对身份之法律构成的批判性和规范性分析

现在我想简单考察一下,在涉及对性征/性别身份之法律构成的思考时,对当代女权主义具有的四种重要贡献。为此考察,我们既要描绘规训国家(state of the discipline),又要进一步地考虑上一节提出的难题是如何遇到及/或在该领域如何得到解决的。

首先让我们考虑一下支持激进的法律重构,并将法律分类作为重构性别化身份之基础的方案。在一系列引人入胜的论文中,露西·伊利格瑞(Luce Irigaray)支持赋予女性一系列具体公民权利的制度(Irigaray, 1994)。这些权利包括贞操权(rights to virginity)和家庭监护权(rights to guardianship of the home),以及政治、公民和宗教领域中平等的承认,它们都以这个观点为基础,即人类身份不可避免地(在结构上?)带有双重性:它涵盖男性与女性。尽管如此,现有法律却只反映了这一对儿的男性方面。解决办法是对法律进行重构,要把设计来反映女性身份并可能制度化的特殊系列权利加到法律中去。为了摆脱建立在财产关系基础上的法律权利的结构性观念——如她所说,在拥有而非存在的关系中——伊利格瑞的方案与詹妮弗·尼德尔斯基(Jennifer Nedelsky)对于权利在相互关系方面不可避免的压制性(Nedelsky, 1993)以及自主权具体化方面(Nedelsky, 1997)的强烈批判有许多共同之处。它也同由卡罗尔·吉利根(Carol Gilligan)所启发的一篇重要文献形成共鸣,吉利根在道德论证中识别出不同的声音,而这篇文献则诊断出"照顾的伦理"(ethic of care)以多种方式浸入了权利主导的法律伦理(Gilligan, 1982)。在支持特殊系列实质性权利这方面,伊利格瑞超越了尼德尔斯基。然而,由于特殊系列的实质性权利以关于身份的特定概念为基础,这导致了它在总体上与关于女性的男性至上论以及传统的(且在文化上特定的),或者说"本质主义"的观点相联系的许多特点再次模拟重现。就此而言,伊利格瑞的方案当然招来了本质主义的缺陷,这在最后一节中会有论述。它首先关注的也是承认的问题。由于它对于超越立法的制度性重构问题漠不关心,那么它也构成了某种乌托邦式的女权主义思想,它从政治立场的角度来看是成问题的(Lacey, 1988: chs. 7, 8)。

对于法律生产性别化身份之洞见的非常不同的回应,可以在朱迪斯·巴特莱的作品中看到(Butler, 1997, 2000)。巴特莱以诸种方式回应了卡罗尔·斯玛特(Smart, 1989)的作品,她在实际上并不支持将法律置于重构性策略的中心,其观点建立在对一种观念的批判的基础上,这种观念认为,即便是改革主义者,他们的方案也倾向于服从法律按照先定的身份和种类对主体进行强行固定。对于巴特莱而言,性别的"以言施为"(performativity)中内含的激进可能性,经常可以在制度结构较弱的背景下得到更好的探索:她所支持的戏讽与抵抗策略,与法律话语的限制性结构不太协调——尽管甚至在这里也存在通过对法律认可的身份的适应性重复而对现状进行超越的机会。巴特莱的立场被指出易受到两方面的批评,一方面它面临着被多种话语场所构成或自我构成的主体碎片化的风险,另一方面它对女权主义政治方案中规范性与再分配方面的关注不足。

追求具有批判性和规范性之方案的第三种方式来自法律的身份生产力量,以及最近女权主义法律和政治理论中呈现的令人着迷的特色,它结合对激进建构主义者分析主题(不论具体形态如何)的关注,向自由主义和康德主义的传统回归,其核心是普遍主义、行动概念与规范性义务。比如在德鲁奇拉·康奈尔的作品中(Cornell, 1995, 1998),我们发现解构主义、后结构主义以及拉康主义的分析与罗尔斯式自由主义(Rawls, 1971)的规范性资源重叠在一起:对于法律确立性别化身份的批判,可见诸拉康式的分析,主体进入想象的精神界是实现自由主义所允诺的尊严、平等及尊重之先决条件。尽管如此,在规范性重构的意义上,自由主义之理念仍占据支配地位:由于女权主义转入政治领域,似乎预设了它必须使用占据支配地位的渐进改革式的语言。

康奈尔向自由主义的回归,也伴随着其他女权主义者强有力的声音:玛莎·努斯鲍姆(Martha Nussbaum)捍卫社会建构主义、国际主义及人道主义的自由主义(Nussbaum, 1999: Part I);塞拉·本哈比(Seyla Benhabib)坚持从批判理论之传统出发,强调对女权主义者之规范性担当作某种普遍主义的理解(Benhabib, 1992);苏珊·欧金(Susan Okin)对罗尔斯的内在批判指出,公—私划分的允诺阻碍了公共领域中正义的实现

(Okin, 1989);雷纳塔·塞勒克尔(Renata Salecl)从拉康的传统出发,主张某种普遍主义的允诺对于权利话语的必要性(Salecl, 1994: ch. 8;关于自由主义之女权主义的复兴,参见 Dailey, 1993)。

确实,将建构主义者的分析与自由主义者的策略结合起来,有助于理解凯瑟琳·麦金农(Catharine MacKinnon)之激进女权主义(1989)。它与建构主义者之本体论的结合经常遭到批判,在这种结合下,女人似乎成为男性无孔不入的性暴力系统所决定的牺牲品和被动的产物,尽管这个系统有其乐观的自由主义改革策略,认为法律变革能够实现权力分配的真正变革。此种结合的巨大吸引力当然在于其看起来似乎为关注承认与分配的规范性方案提供了强大的行动概念与自信的基础概念。在此折中的策略中,将女性视为一个群体的正当性论证问题——也即女权主义者之主体问题——的解决,或者通过实用主义进路下对群体利益进行捍卫的政治(比较少见),或者通过规范性进路下与自由主义的允诺相关而涉及女性的突出的不公正对待(比较多见)。

不可避免的是,由这些及其他作者们捍卫的自由主义风格各有不同;当努斯鲍姆认为其立场主要隐含在密尔(J. S. Mill, 1988)当中,欧金视其立场为对罗尔斯的明确表达时,康奈尔将毫无疑问地主张拉康有关想象界作为主体进入公共正义之先决条件的分析,实现了理论结构的深刻转型。尽管如此,这些立场中的每一个都是就女权主义者针对自由主义的抽象个人主义所作出的强有力的批判而进行的回应;其中,女权主义者的批判涉及抽象自由主义对性别化身份之社会建构的漠不关心,对公—私的划分,对形式而非实质平等的关注,在性方面虚伪的中立性。对于用来应对公认的批判的策略更为详细的分析,超出了本文的范围,但是有四个要点可能值得一提。

首先,共同的假设为,许多女权主义者对自由主义的反对,更多地与其对自由主义传统的特定理解,而非自由主义形式的结构相关:简言之,建构一种激进女权主义的自由主义是可能的。第二,此种重构之显著特点在于它将我们所考虑的性别与性别化身份之社会建构的分析放在了舞台的正中心。人们可能会说,这不仅是女权主义的而且是后后结构主义的(postpost-structuralist)自由主义。第三,在其最具说服力的形式中,此种自由主义的价值,如齐格蒙特·鲍曼(Zigmunt Bauman, 1993)的"后现代伦理学"或者理查德·罗蒂(Richard Rorty)的"后现代资产阶级自由主义"(Rorty, 1991)所示,被接受为整个人类的义务,而非超越之善:为捍卫这些价值而进行辩护,不是要采纳一个"来自虚无中的观点",而是要明确地从一个立场出发。并且,与此要点相关,虽然对(某种程度的)普遍主义之可能性和妥当性的允诺在不同作者之间有所差异,但是仍存在一种观点,认为我们的价值允诺在某种程度上是可普遍化的,尽管需要使其充分地情景化以跨越不同的社会和政治空间。

最终,在女权主义内某种风格的自由主义允诺的复兴,与事实上新自由主义的女权主义者如努斯鲍姆和激进女权主义者如麦金农(Abrams, 1995: Part II)之间的联盟,以及今日全球性条件下在政治上意义最为重大的女权主义法律运动之间发生了显著的重叠。这是为确立和实现女性之人权而跨越民族与制度的尝试,不仅体现在国际条约与制度中,而且还体现在对民族宪政与非法律政体的解释上。此种意义重大的发展值得进一步分析。

案例研究:作为国际人权之享有者的女性的构成

最近15年来,在女性之人权话语的框架下所发生的若干国际性运动,无疑构成了自1960年代晚期女权运动之"第二波"肇始以来最为重要的法律/政治发展之一(Charlesworth and Chinkin, 2000)。女权国际运动的规模和范围(以及其中所表现出来的立场的多样性)集中体现在由联合国于1995年主办的北京世界妇女大会;它在运动中成功地使作为战争工具的强奸和性虐待引起公众的关注,并纳入法律救济;它将众多环境下针对女性的暴力问题公共化,其中引人注目的是,在那些把女性的性别身份塑造为经济和文化上不具生产力的社会中,女童遭受营养不良甚至杀戮;调查并规制出于性交易目的的对妇女和儿童的国际贩卖。在许多这些运动中,显而易见,承认的问题与分配的问题不可避免地纠结在一起:比如,在女性身份文化上被贬低的地方,往往伴随着女性的贫困与政治上的失声。

国际女权运动对于当代有关性别化身份之法律构成的研究提供了极好的案例,原因有若干。在女权主义法律理论和女权主义哲学中,知识上声势最为显赫的一些人——凯瑟琳·麦金农与玛莎·努斯鲍姆——是运动中的主角。尽管如此,在理论上更加引人注意的事实在于,虽然运动的发展很有活力,但是国际环境下的人权舞台却以生动的形式提出了本文第二节曾详细讨论过的诸多难题。在这个特定的语境下,让我们简要重述一下四个反对意见中的每一个。首先,消极或被吞没的话语主体:我们发现,最为普遍的批评之一——这种批评尤其来自后殖民主义研究以及众多人权活动——就在于,他们倾向于把发展中国家女性的主体性建构为消极的受害者(Kapur, 2001),此种身份既不包括行动,亦不包括欲望、快感或愉悦。第二,女权主义主体的碎片化:根据极其不同的环境,女人在全球范围内生活,并与其他人类和社会制度相互影响,可否假定乃至想象一个普遍性的后殖民式的女权主义主体?第三,国际法律结构的制度性缺陷是否必然伴随着这样的后果——尽管已有国际条约、法院以及代表大会——运动带来的实际上是某种形式的话语乌托邦主义(discursive utopianism),而非可理解的政治策略;运动虽然包含了有关再分配的政治行动,但却只表达了实质上空洞的有关承认的修辞?最后,确立和实施全球范围内某种共同的人权概念的尝试是否能够以充分背景化的方式得到实现,而不至于以普遍性规范的名义重新确立那种殖民主义的暴力:简言之,国际人权是不是新帝国主义?

大量的文献呈现出这些国际性社会运动一波波掀起的轮廓,对此进行回顾甚具启发意义,可让我们深刻理解在女权主义实践中对这些理论难题进行处理的方式。它提示我们,整体而言,这些难题很真实但却并非无药可救。它们中的每一个都带来问题,引起激烈的政治争议和论辩,并且随时间地点的不同而诉诸不同的平衡办法;尽管那些运动仍然在其所面临的多种张力中继续发挥作用。故此,它们表明了与理论上的折中相关联的政治生活的可能性。将女性视为一个群体,这个群体为某种有时候直接明了,有时候间接暗示,但几乎总是令人振奋的"策略性的本质主义"所支持,经验性的证据可证明这种看法的正当性,尽管女人彼此之间有很多差异,但是,她们都经常遭受权利滥用的影响,而这种滥用却与某种没有或具有权威根据的性别身份相关。它还可进一步地为如下的事实证明为正当,这些滥用的公共化可激起更具差异性的数据的集合,此种差异对于性别作为社会组织之轴线的建构至关重要,堪与(经过更好调查后)阶级或某些社会中种姓的目录相匹。在女权主义实践的层面,简言之,策略性的本质主义通过政治性允诺以及允诺所伴随着的目标而得到正当性证明。当我们把女性描绘成人权滥用的受害者,特别是在战争或经济"不发达"情况下,这是会引起关注的问题。绝大多数表达批判的人,并不愿意丢弃人权的框架,而毋宁说,更愿意为这个框架增添新的东西,将女性视为提出要求者,视为主张权利的主体,尽管她们作为欲求主体的生活,与她们同司法和权力相关的结构性地位不相一致(Cornell, 1998; Kapur, 1999)。但是巴米勒的研究表明,法律上权利要求者的身份能够极容易地转换为恳求者/受害者的身份(Bumiller, 1988)。为女性争取人权而实现的实质性变革是东拼西凑的成功,它凸显了一种需要,即对于法律在特定环境下实现真正变革的潜力应当有一个系统的社会理论化的理解。

正是"强行"在全球范围内施加某种"中立的"或"普遍的"权利模型,在国际人权运动中,导致了最为激烈的异议和争论。在涉及比如阴蒂切除风俗、教育机会的问题时,此问题显得尤其真实,西方自由主义的阐述,与强烈地依附于已然确立的地方性习俗和制度中的价值相冲突。但是,如果要贬低这些争论或深刻的相关异议则是错误的,因为在理论的解决办法上,它们已经形成了一些具有创造性的尝试。其中最值得注意的尝试是,一方面为某种普遍主义作出了辩护,(据说)关注点不在价值上,而在资源和资格上,这些资源和资格构成人类生活需要的诸多基本能力的基础;另一方面又承认了某种地方主义的要求,既是在那个框架下更具特点之价值的发展要求,也是具体政治策略的发展要求。虽然初看起来,国际性的舞台可能很适合为后现代主义者所赞同的多种声音的表达,但是问题在于,"普遍性"价值是否足够丰富以生成具体的原则,不管它们的执行方针如何,都能够同它们在文化上具体的起源相分离。"普遍主义"的诉求更应当被理解为相对于特定价值之普遍应用而言的一系列政治允诺的表达。

国际人权文献更加突出和引人注目的特点在于普遍主义诉求与政治策略情境化需求之间的张力。再次强调,在诸多女权主义的研究中,制度层面、社会-法律层面的缺失呈现出一种困境。显而易见,任何将人权制度化的尝试都依赖于一种理解,即在不同地方、不同条件的具体经验性证据下,不同制度之间如何相互联结。让我们以卖淫、贩卖妇女和儿童以及性奴役举例说明(Chang, 1998; Fitzpatrick and Kelly, 1998)。与此相关的运动招来了激烈的争议,有些人(特别是那些相关地区的知情者)认为反对贩卖的协定将美国激进女权主义者对性暴力的耿耿于怀(把贫困问题相对地排除在外)强加到国际议程中,给特定人道主义干预对象在经济和政治上的有益运转带来了毁灭性的后果(Murray, 1998)。因为不论自愿与否,从事性工作的移民女性都被当作非法移民或非法卖淫加以起诉,这种权利导向规制直接的后果,可能正好强化了作为性工作者的移民女性的脆弱处境。

未来的前景

那么,这个领域在未来的15年内可能怎样发展,而可设想的最具生产性的知识上的发展和联系又会是什么?女权主义法律理论与哲学,乃至女性之人权的国际政治运动间的交叉,似乎方兴未艾:在知识或政治上远未枯竭,完全有理由去设想理论之争与政治行动主义在下个十年中的生长繁荣。不过,更为开放的问题则是女权主义活动两个领域间的关系可能会如何地密切。不论联系女权主义理论和实践的轴线如何,对如下事实进行反思是有益的,即女权主义在国际舞台上愈益增加的制度性影响最广为人知者,显然是女权主义理论中自由主义规范性框架的复活(Dailey, 1993)。很清楚,在此过程中,如果有什么东西——信任、团结,对集体利益的关注?——丧失了,它们为何会丧失,这需要更多的思考。

我想特别指出,有三个问题需要进一步的分析。第一个是普遍主义的问题:"后现代资产阶级自由主义之女权主义"是否真正放弃了对超验价值的含蓄主张,毕竟它是女权主义理论长期以来批判的对象?如果没有,那么,内在于女权主义理论与其政治允诺之间的紧张是如何解决的(Philips, 2001)?第二是可普遍化的问题:如果女权主义不可避免地要通过一系列规范性允诺来确定——废除对女性的压迫,追求女性的平等或自主——那么,关于女性所遭遇的压迫或不公的那些主张的可普遍化意味着什么?尤其是在愈益国际化的政治舞台上,种族、阶级、性征等相互交叉,在这样的背景下,这些事情应该如何处理?第三个问题既是政治的,又是开放的:在理论上,以及在诸多舞台上塑造国际性运动的权力关系中,自由主义的自主性理念与女权主义实质平等的想象之间的紧张关系如何解决?

在未来对于这些问题中任何一个进行探索,我们都须记住两件事情。首先,当分析性、批判性以及重构性方案必须平等地成为女权主义方案的一部分时,它们之间的区别应当总是引起注意。理解法律在积极确定及消极限制的意义上将其主体性别化,并不是去理解与此相关的什么是成问题的;看清楚为什么我们会发现法律的性别化实践——如当下的结构化——是成问题的,尚不足以把握它们重构的可能性。分析和批判可能是概念性和制度性重构方案的必要条件,但是它们并未完成它。在制度性重构方案的层面上,关于女权主义理论,我们所遭遇的最为棘手的问题可能是:在哲学和道德上,问题是相关价值的塑造和起源;在政治上,问题是如何建立必要的联盟;在实践上,问题是世界不同地方不同社会制度之间的相互联结如何运作。

进而言之,正如我们看到的,有必要承认重构性方案本身有不同的形态——最明显的莫过于想象的/乌托邦式的在修辞上的干预,或具体的/制度性的干预。当然,这并不意味着一个方案或活动不能同时采取两种形态:比如,为女性之人权而发起的运动,即使它试图实现具体的法律和制度改变,从而产生特定的效果,也可能与伊利格瑞对女性之公民权的沉思没有多少不同。然而,区别仍旧重要:因为两种重构性方案的成就条件不同。想象的、概念的方案试图改变社会和政治的意识——改变心灵和思想,从而造成新的政治联盟和可能的政治行动——制度性方案的雄心则在于物质性的改变。尽管前者几乎总是后者的条件,但前者却可能是风险较小的方案,正如众多女权主义法律改革的资料所示,不论是在国际层面,还是在国族层面,制度性改革经常遭遇反效果(例见,Bumiller, 1988; Fineman, 1991: chs. 7-8, 1994)。

反效果难题将我带到在这个领域的发展中第二个需进一步关注的问题——此问题与学术上女权主义跟法律与社会运动之间的关系紧密相连。将女权主义的改革主义之反效果最小化,最好的——尽管不完美——方式可能是借助某种具体的知识,即特定制度在具体的地方环境下如何起作用的知识。法律的变化在特定环境下可能有多重要呢?在法律实践中,性别导向的改革,如何与其他形式的身份构成相互交叉?在这个领域中,法律制度与政治的、经济的、宗教的、文化的制度如何相互影响(涉及国际法律环境,参见 Spahn, 1998)?这意味着女权主义规范性方案的继续进行必须以大量的资料作为根据。尽管这看起来很明显,政治性的女权主义实际上面临巨大难题:在太多的领域中,女人作为政治群体的边缘化意味着,我们仍然缺乏改革方案赖以为据的基本资料。能够与此种边缘化相对抗的只有一种方式,其中想象性的重构方案能够扮演——事实上,正在扮演——核心角色。但是,如果不理解法律在法律制度与法律外制度的背景下运作的特征,改革就很难取得大的进展。

但这不仅仅是一个搜集资料的问题,也是与一系列其他学科建立知识性联盟的问题,不幸的是,这个联盟继续被偶然却强有力的事实所阻碍,即许多学科的历史以及它们看待性征/性别问题的态度。社会学、人类学,以及更为晚近的哲学和法学对女权主义的论述相对有所回应;但是,重构性女权主义的运作离不开许多学科比如政治学和经济学的洞见,而它们对女权主义的议程却远未接纳。女权主义者在法律与社会研究的传统下工作,该领域的学者装备了跨越一系列社会科学的学科技巧,当然例外地被寄予厚望以打破这些独断的和实践上具破坏性的障碍。批判学理解释对女权主义法律理论的发展至关重要,正是社会-法律研究提供了对于法律原则和安排在实践中起作用之方式的特征性理解:它们具有象征性和工具性的效果。

这当然是法律与社会研究在其中作出不少至关重要贡献的领域,比如家庭法(Fineman,1991,1994),刑事司法(Daly,1994;Smart,1995)和反歧视法(Bumiller,1988)。我想指出,仍远未完成的任务是,对涉及具体案例研究之社会-法律关系的性质更为总体性寓意的勾画。举两个相对的例子,人们可能期待系统论——在女权主义研究中很少使用的范式——可以产生重要的洞见,即法律直接塑造构成其环境的其他系统的能力的局限性;而组织理论和比较政治科学——在女权主义研究中同样很少使用——可能加强我们的观点,即对地方进行制度重构存在鲜明的可能性。既有的女权主义之法律与社会研究在阐明特定法律实践之性别化动力上已经做了很多,我想说的是,仍然有空间进行大胆的理论扩建,即从这些局部的地方性研究,走向更为普遍的社会理论性和制度性理解,而这原本是颇具哲学味道的女权主义理论所特别缺乏的。

简言之,我想指出,我们有必要建立某种女权主义的社会理论,它为人所知不仅仅因为法律分析,更因为我们可宽泛地称之为比较制度分析的东西。只有在这样的联盟下,性别因素才可能在全球范围的政治实践中占据核心,这是阶级及其知识上的后裔,如"社会排斥"论长久以来所享受的地位。

注释

诚挚地感谢 Hilary Charlesworth, Hugh Collins, Elizabeth Frazer, Emily Jackson, Ratna Kapur, Martin Loughlin, Austin Sarat 和 David Soskice,他们对此文初稿进行了有益的评论,也感谢 Shuping Wang 非常宝贵的调研支持。论文同样极大地得益于在伦敦经济学院、哥伦比亚和哈佛法学院研讨班上的讨论。

参考文献

- Abrams, Kathryn (1995) "Sex wars redux: Agency and coercion in feminist legal theory," *Columbia Law Review* 95: 304-76.
- Barron, Anne (2000) "Feminism, aestheticism and the limits of law," *Feminist Legal Studies* 8: 275-83.

- Bauman, Zygmunt (1993) *Postmodern Ethics*. Oxford: Blackwell.
- Benhabib, Seyla (1992) *Situating the Self*. Cambridge, UK: Polity.
- Bumiller, Kristin (1987) "Rape as a legal symbol: An essay on sexual violence and racism," *Miami Law Review* 42: 75-91.
- Bumiller, Kristin (1988) *The Civil Rights Society: The Social Construction of Victims*. Baltimore: Johns Hopkins University Press.
- Butler, Judith (1990) *Gender Trouble*. New York: Routledge.
- Butler, Judith (1993) *Bodies that Matter*. New York: Routledge.
- Butler, Judith (1997) *Excitable Speech*. New York: Routledge.
- Butler, Judith (2000) *Antigone's Claim*. New York: Columbia University Press.
- Chang, Jamie (1998) "Redirecting the debate over trafficking in women," *Harvard Human Rights Journal* 11: 65-107.
- Charlesworth, Hilary and Chinkin, Christine (2000) *The Boundaries of International Law: A Feminist Analysis*. Manchester, UK: Manchester University Press.
- Cornell, Drucilla (1995) *The Imaginary Domain*. London and New York: Routledge.
- Cornell, Drucilla (1998) *At the Heart of Freedom: Feminism, Sex and Equality*. Princeton, NJ: Princeton University Press.
- Dailey, Anne C. (1993) "Feminism's return to liberalism," *Yale Law Journal* 102: 1265-92.
- Daly, Kathleen (1994) *Gender, Crime and Punishment*. New Haven, CT and London: Yale University Press.
- Fineman, Martha (1991) *The Illusion of Equality: The Rhetoric and Reality of Divorce Reform*. Chicago: University of Chicago Press.
- Fineman, Martha (1994) *The Neutered Mother, the Sexual Family and Other Twentieth Century Tragedies*. New York: Routledge.
- Fitzpatrick, Joan and Kelly, Katrina R. (1998) "Gendered aspects of migration: Law and the female migrant," *Hastings International and Comparative Law Review* 22: 47-112.
- Foucault, Michel (1981) *The History of Sexuality*, vol. 1. London: Penguin.
- Fraser, Nancy (1997) *Justice Interruptus*. New York: Routledge.
- Frazer, Elizabeth and Lacey, Nicola (1993) *The Politics of Community: A Feminist Analysis of the Liberal-Communitarian Debate*. Hemel Hempstead, UK: Harvester Wheatsheaf.
- Freshman, Clark (2000) "Whatever happened to anti-semitism: How social science theories identify discrimination and promote coalitions between 'different' minorities," *Cornell Law Review* 85: 313-442.
- Fuss, Diana (1989) *Essentially Speaking*. London and New York: Routledge.
- Gilligan, Carol (1982) *In a Different Voice*. Cambridge, MA: Harvard University Press.
- Harris, Angela (1990) "Race and essentialism in feminist legal theory," *Stanford Law Review* 42:

581-616.
- Irigaray, Luce (1994) *Thinking the Difference*. London: Athlone Press.
- Kapur, Ratna (1999) "'A love song to our mongrel selves': Hybridity, sexuality and the law," *Social and Legal Studies* 8: 353-68.
- Kapur, Ratna (2001) "Post-colonial economies of desire," *Denver University Law Review* 78: 855-85.
- Knop, Karen (1993) "Re/statements: Feminism and state sovereignty in international law," *Transnational Law and Contemporary Problems* 3: 293-344.
- Lacey, Nicola (1998) *Unspeakable Subjects*. Oxford: Hart Publishing.
- MacKinnon, Catharine A. (1989) *Toward a Feminist Theory of the State*. Cambridge, MA: Harvard University Press.
- Mill, John Stuart (1988) *The Subjection of Women*, ed. Susan M. Okin. Indianapolis, IN: Hackett.
- Merry, Sally Engle (2000) *Colonizing Hawaii: The Cultural Power of Law*. Princeton, NJ: Princeton University Press.
- Murray, Alison (1998) "Debt-bondage and trafficking: Don't believe the hype," in Kamala Kempadoo and Jo Doezema (eds.), *Global Sex Workers: Rights, Resistance and Redefinition*. New York: Routledge, pp. 51-64.
- Nedelsky, Jennifer (1993) "Reconceiving rights as relationship," *Review of Constitutional Studies* 1: 1-26.
- Nedelsky, Jennifer (1997) "Embodied diversity and the challenges to law," *McGill Law Journal* 42: 91-117.
- Nussbaum, Martha C. (1999) *Sex and Social Justice*. New York: Oxford University Press.
- Okin, Susan Moller (1989) *Justice, Gender and the Family*. New York: Basic Books.
- Phillips, Anne (2001) "Nussbaum's 'illiberal' liberalism," *Constellations* 8: 249-66.
- Rawls, John (1971) *A Theory of Justice*. Cambridge, MA: Harvard University Press.
- Rorty, Richard (1991) *Objectivity, Relativism and Truth*. Cambridge, UK: Cambridge University Press.
- Salecl, Renata (1994) *The Spoils of Freedom*. London and New York: Routledge.
- Schultz, Vicki (1998) "Reconceptualizing sexual harassment," *Yale Law Journal* 107: 1683-805.
- Smart, Carol (1989) *Feminism and the Power of Law*. London: Routledge.
- Smart, Carol (1995) *Law, Crime and Sexuality*. London: Sage.
- Spahn, Elizabeth K. (1998) "Difficult straits: Economic interdependence and women's labor in Taiwan," *New England Law Review* 32: 779-95.
- Teubner, Gunther (1993) *Law as an Autopoietic System*. Oxford: Blackwell.
- Wax, Amy (1998) "Bargaining in the shadow of marriage: Is there a future for egalitarian

marriage," *Virginia Law Review* 84: 509-72.

扩展文献

- Conaghan, Joanne (2000) "Reassessing the feminist theoretical project in law," *Journal of Law and Society* 27: 351-85.
- Grant Bowman, Cynthia and Schneider, Elizabeth M. (1998) "Feminist legal theory, feminist lawmaking and the legal profession," *Fordham Law Review* 67: 249-71.
- Kapur, Ratna and Cossman, Brenda (1996) *Subversive Sites: Feminist Engagements with Law in India*. London: Sage.
- Naffine, Ngaire (2001) "In praise of legal feminism," *Legal Studies* 22: 71-101.
- Nessiah, Vasuki (1993) "Toward a feminist internationality: A critique of U.S. feminist legal scholarship," *Harvard Women's Law Journal* 16: 189-210.
- Schultz, Vicki (1990) "Telling stories about women and work: Judicial interpretations of sex segregation in the workplace in Title VII cases raising the lack of interest argument," *Harvard Law Review* 103: 1749-843.
- Schultz, Vicki (1992) "Race, gender, work and choice: An empirical study of the lack of interest defence in Title VII cases challenging job segregation," *University of Chicago Law Review* 59: 1073-181.

25

法律与社会研究中的性征

莱斯利·J.莫兰 著

秦士君 译

导 言

诞生于19世纪晚期的性征(sexuality)是人文科学中相对较新的范畴。虽然新,但如伊芙·赛奇维克(Eve Sedgwick, 1990)所言,性征在一般而言的西方社会及特别而言的西方学术中,正是一个核心的范畴。它是一个关键的概念,通过它,我们才能对个体乃至集体的人类行为赋予意义或无意义。本章的目标是考察法律与社会领域中对性征的研究。关键主题、新的发展,以及这项工作的界限都将得到探讨。笔者会参考一系列不同法域(legal jurisdictions)中的多种作品。

我想从一个谜题开始,它是性征作品的核心。异性恋(heterosexuality),是正式的占主导地位的性征,但是在法律与社会研究的作品中却很大程度上是缺失的。该研究领域中占主导地位的作品关注的是男同性恋和女同性恋的相关性征。我们如何理解占据主导地位的异性恋的缺失呢?本章一个关键目标就是探索和挑战这种"缺失"。我将首先从更为一般的关注异性恋的作品出发来阐述这种缺失;其次则转向法律与社会研究中对异性恋的探讨——这部分虽然小但却重要——探索试图直接处理异性恋的规范时提出的问题;再次则返回法律与社会研究,更为总体化地去揭示和探索如下事实,通过沉默和逃避,异性恋变成法律与社会研究中无所不在但却又无所在的主题。我这里的目的就是要引起人们对这种迫切需求的注意,即挑战在法律与社会研究中很大程度上没有说出来的异性恋的规范性(heteronormative)(Warner, 1993)框架。

接下来的分析会转向迅速增长的讨论男同性恋和女同性恋之性征的作品。这些作品之所以重要部分地取决于如下事实,在法律与社会的研究领域中,它提供了对于异性恋最具支持性的研究;同时也部分地取决于它记录和分析异性恋和同性恋的与性征相关的暴力性等级划分的形式和效果的方式,此种划分将那些在性征上被视为"他者"的人们的生活包含在内或排除在外。虽然大部分这些作品不属于任何狭义界定的法律与社会研究,但我认为这在那个语境下十分重要。在这有限可用的空间里,我将指出在这个领域里进行写作的一些关键学者,并对这项工作的一些主题和当务之急提供一个简要的概述。我想把更多的注意力放在这些研究内部正在出现的鸿沟。性征的确认和法律的暴力之间的关系值得关注。大多数写女同性恋和男同性恋的作品,主要关注的是针对女同性恋和男同性恋的法律之暴力的使用,很少关注女同性恋和男同性恋对法律之暴力的需求。我想探讨一下这种沉默。

异性恋之谜

乔纳森·卡茨(Jonathan Katz)在其作品《异性恋的创造》(*The Invention of Heterosexuality*)中指出,"……我们谈论异性恋如此频繁,而且如此容易地就滑向同性恋的话题,乃至于一再将异性恋遗忘"(Katz, 1995:12)。卡茨在这里指出了使得异性恋成为批判性质疑之对象的困难。它有消失并转向对其他有关性征的讨论的趋势。这回应了我自己搜索同法律与社会研究之学科间和多学科的基础相关的多种多样的学术索引的经验。一般而言,性似乎与"同性恋"、"女同性恋"、"男同性恋"及更为晚近的"酷儿"有着最为持久的联系。异性恋在很大程度上仍旧缺失。比如,搜索《社会学文摘索引1986—2001》(*Social Abstracts Index 1986-2001*)会产生 2792 条作品记录跟同性恋有关(如果使用"男同性恋"和"女同性恋"进行检索,会出现类似的数目和类似的作品)。与此形成鲜明对比,使用"异性恋"进行检索只出现 779 个条目。考察纳入"异性恋"范畴的文摘很快就揭示出,这些有关"异性恋"的作品关注的是同性而非异性关系。这个特点不限于社会学的作品。在另一个同法律与社会研究相关的领域进行类似的检索——政治科学领域——会有类似的特点。我们该如何理解这种事态呢?

卡茨指出了一个困难且持久的问题,任何对于一般地讨论性征以及特殊地在法律与社会研究中讨论性征的作品予以考察的尝试都有必要对此进行陈述;所谓难题即阐明其中的规范。"同性恋"、"男同性恋"和"女同性恋"占主导地位让我们注意到如下事实,在西方社会,拥有性征要被做上标记:被标记为"他者"、"外人"(Butler, 1990, 1993; Fuss, 1991; Foucault, 1980)。规范仍然未被阐明且不可阐明。消极术语(同性恋、女同性恋、男同性恋)在界定仍然缺失的积极术语时扮演了核心角色(Fuss, 1991)。

异性恋作为性欲/生殖的(erotic/genital)联系,只有通过同性恋——反面的,偏离未被明确提出的规范的不正常者、变态者和越轨者——才能得到阐明。

如果性征确认的范畴是通过"他者"、"外人"的形象而显现,那么"异性恋"术语的出现是否背离了它呢?对异性恋的研究表明,没有(Weeks, 1981, 1986)。它被用来界定"针对异性的、不正常的或变态的性嗜好"(引自 Penelope, 1993: 261)。更具体地说,异性恋第一次命名了相反之性关系的失常:与生殖实践相对的快感实践。

卡茨所指出的有关异性恋的难题(Katz, 1995)并不是一个异性恋作为他者的难题,而是在尝试使用"异性恋"以将规范引入一般的阐明和特别的批判性考察框架中时所遇到的难题和困境。作为未被注意到者,如许多有关异性恋晚近的研究所示,"异性恋"并非缺失到不被提及、不被质疑、被当作理所应当、极其自然的东西的地步;而是在此情境的衬托下,其他一切都变成例外的、失常的或者成问题的。它一方面一直在场,另一方面却尽最大可能拒绝出场(Kitzinger and Wilkinson, 1993;大体参见 Wilkinson and Kitzinger, 1993; Richardson, 1996; Weeks, 1986)。当它不在场时,它提供了一个统一体和独体,衬托出不断增长的标志着规范之不可能的变态的、他者的范畴。这些开放性的观察使我们注意到,思考性征时需要特别的警惕性。将这点记在心上,我想转向如下的研究,尝试直接阐述在法律与社会研究中有关异性恋的谜题。

发现法律与社会研究中的异性恋

在法律与社会研究中,正式讨论异性恋的作品很少。埃里森·杨(Alison Young)和理查德·科里尔(Richard Collier)的作品却是两个值得注意的例外。

我想考察一下埃里森·杨的作品中异性恋出现的两个情境。首先是她的专著《不满的女性》(*Femininity in Dissent*, 1999)。异性恋出现在她对女同性恋的媒体表达的反思当中,与一群妇女在英国格林汉姆·科门空军基地参与反核武器的抗议有关。她解释道,"对我而言,实践异性恋而非同性恋,就把自己置身在界线的那一边;我在尝试着发现[针对女同性恋之]禁忌,对于那些像我一样站在权威一边的人,对于那些从未跨越界线的人而言的更为深刻的意义"(Young, 1990: 78)。在这里,异性恋通过对其"他者"即女同性恋之意义的考察而进入分析的框架中。杨问道,关于规范,"他者"能告诉我们什么?

异性恋在杨的著作中第二次提到,是她就女同性恋学者塞里娅·克里泽和苏·威尔金森的来信展开反思。他们邀请杨(和大量其他异性恋女权主义者)参加一个有关异性恋的项目(Wilkinson and Kitzinger, 1993)。在此语境下,异性恋进入了以另一种方式进行批判性反思的框架:不是通过将同性恋作为"他者"的"自我定义",而是将异性恋本身定义为"他者"。

杨描述了规范的体验,下列的术语使人们成为"他者"。首先,规范被体验为固定住的。"'异性恋'这个名称,"她总结道,"看起来比我自己对它的使用远为恒久和具体"(Young, 1993:37)。她也将规范化的过程描述为失控体验,"现在,我的身份好像失控了"(同上)。

杨的反思有多种意义。他们报告了那种将异性恋看成规范的体验。她注意到"他者"在产生规范以及对规范的批判性反思中的重要性。那种规范,她揭示道,通过固定"他者"而得以产生,并通过守卫"他者"的界限来保全它的名称及与之相联系的价值。特别值得注意的是,异性恋"他者化"的方式可能有策略性价值。它可以用来打破那种使得异性恋的规范性权力得以(再)产生和实施的沉默。

异性恋,以及更为具体的男性的异性恋,是科里尔作品的重点关注对象。总结女同性恋、男同性恋和酷儿,以及女权主义的研究,科里尔探究了男性的异性恋如何通过异性恋/同性恋(hetero/homo)和男性气质/女性气质(masculine/feminine)这种暴力性的划分而产生。他的作品考察了被编码为异性恋的男性气质主体性得以产生的一系列制度性、组织性和政治性场所(关于在家庭,参见 Collier, 1992, 1996;关于在法学院,参见 Collier, 1998)。他对多种男性的异性恋在其制度中表现为规范的探究值得特别关注。他还探讨了在这一规范建构过程中几种男性异性恋被视为"反常"和他者的方式。同样值得注意的是,异性恋/同性恋的二元划分如何产生出一系列规范性的包容与排斥,即对好的异性恋和坏的异性恋进行区别(参见 Phelan, 2001)。

科里尔在法律研究中讨论男性的异性恋的论文,不仅探究了异性恋对男性气质主体性的编码,而且还关注了性征如何通过性别的结构性关系而产生,"将男人称为男人"。这里的危险在于,异性恋可能通过性别滑到批判框架之外。挑战就是,既要为了揭示异性恋而将其保持在框架之内,又要对异性恋的(再)生产加以批判,如安德鲁·夏普(Andrew Sharpe, 2002)在其先锋专著《跨越性别的法理学》(*Transgender Jurisprudence*)中所表明的。

对于杨和科里尔来说,异性恋都通过并在与"他者"的关系中产生。"他者"可采取多种形式,女同性恋或男同性恋,一般而言的异性恋或者特别而言的坏的异性恋。杨对所谓异性恋相对于作为规范的女同性恋而成为"他者"的反思,扭转了那种结构性的关系,提供了对异性恋/他者(hetero/other)非常不同的运用,但却是在同性恋作为规范的情境下。

初看起来,他们的作品似乎再生产而非挑战了我/他者(I/Other)这种暴力性的二元规范结构,通过它,异性恋作为规范才得以产生。此外,这些对规范予以关注的尝试似乎变成了对于性征上的"他者"进行强迫性关注的工作,这恰恰是作为规范的异性恋

(再)生产的标志。我们该如何理解这种困难,既要把异性恋的规范保留在视野中,又要赋予其实质内容,从而不至于使其仅仅成为他者的置换物?

异性恋作为我/他者的结构性关系的再生产须认真对待。杨和科里尔努力使异性恋的规范性内容受到约束,可能只是对其实质内容之欲望的表现形式,我们在寻求某种幻象,它是我/他者这种结构性关系的效果。或许,我们需要以另一种方式去解读他们遇到的困难。他们可能对我们理解异性恋的规范提出了巨大挑战。也许,异性恋的规范没有实质内容?或许,他们的研究表明,我们有必要更为认真地将异性恋的观念视为一系列排斥性实践,正是它在很多情况下产生了破坏性的摧毁生活的效果。

杨和科里尔作品中对异性恋的反思说明了将异性恋放入批判性质疑框架中的一些困难。特别需要注意的是,对于那种结构性关系及其社会和政治效果的修辞性使用。挑战在于考察由杨和科里尔承担的琐细的努力,它正反映了运用中的异性恋/同性恋这种二元划分政治的琐细。

在法律与社会的研究中,杨和科里尔的作品仍然稀少。在法律与社会研究中占据压倒性多数的大块头作品中,异性恋在哪里?为了开始回答这个问题,我想把关注点转向美国法律与社会研究协会的领军期刊《法律与社会评论》。我这样做有多种理由。期刊的编辑时不时地提到,该期刊试图既反映出构成法律与社会研究的学科的多样性,又要起到联结它们的作用;一个"将不同研究团体联系起来的论坛"(Galanter, 1973)。由此,它为填充法律与社会研究之框架的许多学科提供了一面镜子。它也是法律与社会研究特点之鲜明形象的指示器。

期刊创始于1966年,在我们发现它头一次对性征进行研究的作品之前,它进行了为时18年大约28期的调查研究。这体现在丽莎·鲍尔斯(Lisa Bowers)的文章《酷儿行为与"直接陈述"的政治:对于法律、文化和共同体的再思考》(Bower, 1994)中,探讨了女同性恋、男同性恋和酷儿的性征。迄今为止,它似乎是发表在那个期刊上唯一直接陈述性征的文章。不过,本章已经展开的论述表明,这几乎不会令人感到意外。它也表明了谨慎的必要。异性恋的未被注意不应被解读为缺席。异性恋在场,且通过沉默的方式在场。将此记在心上,我想回到在法律与社会研究中,《法律与社会评论》里对异性恋进行研究的那些书页中。

此种返回有诸多益处。异性恋特别地出现在期刊的第一期中,它出现在新期刊的封面内,与目录页相对。它首次出现在面向有意订阅者的导言中。我们被建议有下列订阅方式可选择:"学生(无选举权的)5美元;一般人7美元;组合(夫妻)8美元。""组合"的订阅方式提供了异性恋沉默现身的情境。它出现在性别化和性征化的(偶然的)前提要求"夫妻"中。

与此同时,异性恋正式地缺席。据我所知,美国法律与社会研究协会从未正式宣布自己是异性恋者的协会,或者提倡将异性恋作为偏好选择的协会。"组合订阅"表明了其他东西。通过"订阅"的类型和实践,异性恋植入其参与模式中,并铭刻在法律与社会研究的领军机构中。

在法律与社会研究中,异性恋缺席的第二个例子来自第一期的第二版中。在那一版中,若干文章讨论了与家庭、婚姻以及离婚制度相关的问题。篇幅所限,我只能简短地考察异性恋在这些文章中的一篇里出现的情况。

在《离婚制度、家庭与法律》一文中,保罗·博汉南和卡伦·胡克勒柏利(Paul Bohannan and Karen Huckleberry, 1967),考察了离婚法及处理离婚事务的律师实践。他们将法律与法律实践这个领域的特征描述为"后援制度"(back up institution)。他们解释,作为"后援",当另外一个制度失败后,这个制度才开始发挥作用。他们的结论是离婚法,以及更具体的离婚律师实务,将法律与律师置于"后援制度"的位置。但是,他们只能提供部分的"后援"。他们总结道,机构的范围有局限,并且律师没有足够的技能和资源去充分地完成此职能。需要更多的服务和服务提供者,也同样需要新的技能。

已婚夫妇被以各种方式描述为"美国社会的核心制度"和"基本的社会单位"(Bohannan and Huckleberry, 1987: 81, 101)。对其描述贯穿始终的术语是性征化(sexed)和性别化(gendered)的"夫"与"妻"的区分。作者们达成的最贴切明白的定义,处在他们尝试界定"婚姻"这样一个语境下。他们得出结论,"关于'婚姻'之意义,不存在普遍同意的解释"(Bohannan and Huckleberry, 1987: 92)。有一个普遍的定义从未被正式地提出过,即婚姻是一种异性恋的制度。玛格丽特·桑顿(Margaret Thornton)将异性恋的运作描述为"将具有规范性的性征透明普遍置于性配偶身上"(Thornton, 2002)。

异性恋虽然在正式场合缺席,但却是普遍的组织性主题。挑战在于使异性恋的透明变得不透明。在家庭之外的社会传媒中,作为"后援"制度,法律及其从业者被描述为异性恋制度的保卫者与(再)生产者。解读这些作者的意旨,加上遗失的术语"异性恋",这篇特别的文章指出,法律,作为"后援",是异性恋的制度,当异性恋的家庭不能承担其职能时,它便承担起相应的职能(Bohannan and Huckleberry, 1967: 81)。对其界限的分析,以及更深入的回顾与变革的建议,意味着对异性恋法律制度的扩张和改进的分析。

在我离开《法律与社会评论》的那些书页之前,我想简短地考察另一个在某种意义上更令人感到意外的沉默。它出现在对性别予以批判性关注的作品语境当中。我的例子仍来源于《法律与社会评论》早期的作品。柯尔汀·欧森·罗杰斯(Kirtine Olson Rogers)的文章《"为了保护她自己……":论美国康涅狄格州青少年女子罪犯之监禁条件》(1972),比较了两种青少年犯罪的制度,一种针对年轻男子,另一种针对年轻女子。她列举了这些制度间的一系列区别。概言之,她指出,比起年轻男子来,年轻女子容易遭受更加严苛、更为残酷的体制的管制。这体现为多种形式:较低的和不同的犯罪门槛,更长的监禁期限,更多约束的制度待遇,更差的设施。

对于考察和理解这两种制度设置,性别是核心的;对于欧森·罗杰斯对它们的批判性分析的完善,性别是关键的。在这里我关心的是,在那个语境下性征沉默的运作。在其分析中,性别似乎(再)生产出了围绕着异性恋的沉默。对于性征,只正式提到一次:"然后,女孩子们在门口排着队,在紧密的监视下,一次一个人,乖乖地走进浴室,她们本该停止'嬉戏'行为('chicking' behavior,一种不成熟的青少年同性恋活动)"(Rogers,1972:231)。也许不值得感到意外,性征通过同性之间的生殖/性欲行为而出场。但是更为小心的考察则会揭示出,这个例外的指向并非异性恋出场的唯一情境。异性恋是分析这些跟青少年有关的制度时无所不在的组织性主题。

在跟年轻女子有关的制度中,它出现在异性恋作为他者的情境中。欧森·罗杰斯的第一个观点认为,导致年轻女子入狱的行为在成人(以及邻近制度中的年轻男子)那里并不被视为犯罪,它们是年轻女子入狱的主要原因。"性不轨"和"怀孕"是这些原因中打头的。她报告说,在女性监禁中,它们所占比例超过了30%。进而,她解释道,存在一种趋势,监禁的其他主要理由(顽固、疏忽和逃跑)与性不轨和怀孕"融合"在一起。对女性之性征进行规制似乎成了该项制度的首要功能。

这种性征的性质是什么呢?占压倒性地位的性遭遇是异性恋。例子俯拾皆是。即使一个"女孩"的行为表现可以为其释放提供担保,对"夏日诱惑"的担心也会导致对她的释放延迟。一旦怀孕,从分娩到确保她们在"医学上无染",同屋狱友的释放都会延迟两个月。引号涉及礼貌的委婉语,通过它,异性恋即刻在那一点上表现出来。

对"嬉戏"进行注解的摘录表明了,强迫的异性恋在监视体制下、在女性的流动中通过作为"他者"的女同性恋而制度化的方式。这在涉及女性的监禁实践对比报告中被放大了,其中,年轻的女子各自住在单人宿舍中,而男孩子们则住在大宿舍里。女性的异性恋作为不守规矩、混乱失调的性征是有关年轻女子制度的结构性原则。

异性恋/同性恋与男性气质/女性气质告诉我们两种年轻人犯罪的制度框架,产生了有关异性恋两种非常不同的制度。年轻男子的制度被欧森·罗杰斯描述为"处在经常骚乱的剧痛中,且频频遭到公众严格的审查"。与此相对,年轻女子的制度是"一艘非常牢固的船舰",产生了"基于无可置辩的传统的骄傲"(Rogers,1972:223)。"牢固的船舰"是有关异性恋特定法律制度化情形中女性气质的形式和效果。故而,"经常骚乱"就意味着异性恋法律制度的男性气质。

但若要对这篇文章进行重读,我们不应忘记那种修辞上的透明以及异性恋的政治。尽管有这么多异性恋的例子,但是它们在这篇文章中却从未出现在批判性沉思或分析的框架中。欧森·罗杰斯对于这些制度涉及的异性恋并未给出明白的解释。

我不愿从早期法律与社会研究中为数不多的例子出发就进行全面的归纳,其中有教训需要吸取。从许多法律与社会的研究出发,涉及对异性恋关注的形式上的缺席,这些例子远不能表明,任何对于异性恋的关注都缺席。性征也不是最近才出现的当务之急。我初步的评论表明，从法律与社会研究的学术事业肇始之时，性征就已经是普遍深入的当务之急。尽管如此，它在很大程度上是沉默并且非反身性（unreflexive）的当务之急。法律与社会研究中的一个局限在于它没有揭露在那项研究中异性恋/同性恋这个暴力性划分无所不在的运用。当它探究法律与社会之间关系的多个界面时，它同样没有将异性恋置于那项研究的批判性凝视之下。看一下对法律与社会研究的经典传统作出正式认可的其他期刊，会让我们觉得，《法律与社会评论》在这个情境下只是一个很容易的目标，在法律与社会的研究风格中是较为保守的一例。加拿大有《加拿大法律与社会期刊》（*Canadian Journal of Law and Society*），澳大利亚有《澳大利亚女权主义法律期刊》（*Australian Feminist Law Journal*），英国有《法律与社会期刊》（*The Journal of Law and Society*）和《社会与法律研究》（*Social and Legal Studies*），就性征之法律与社会研究的世界而言，这些都提供了不同的窗口。在这些已出版的期刊的研究中，性征是较显著的特色。《社会与法律研究》在这方面非常突出。它已出版并要继续出版许多先锋作品。

女同性恋和男同性恋研究中的异性恋

尚有别的理由让我们在得出异性恋研究的贫乏性结论时应当谨慎。如果返回社会学和政治学的索引，我们会发现大量迅速增长的有关异性恋的研究。其形式表现为对女同性恋和男同性恋的研究。同样，如果我们搜索多种判决的法律研究索引，我们也会发现成千上万的引证涉及同性恋和女同性恋性征之标题下讨论异性恋作品。这些作品包括专著以及致力于性征和法律研究的专著和专业法律期刊，比如《法律与性征期刊》（*Journal of Law and Sexuality*）和《男同性恋与女同性恋法律期刊》（*Gay and Lesbian Law Journal*，前身为 *Australasia Lesbian and Gay Law Journal*）。已有的主流期刊包括致力于探讨女同性恋和男同性恋法律问题的特殊集刊，以及针对特别主题的多种研讨会（例见，Albany, 2001; Cleveland State, 2000; New York, 2000）。这些讨论性征和法律的作品，多数关注美国以及该国家司法景观的特质，但是这些作品中也有许多例子涉及其他普通法情境（*Social and Legal Studies*, 1997）。

尽管如此，这些作品只有少数直接探讨异性恋，异性恋在男同性恋或女同性恋这些在性征上作为"他者"的同性恋之中产生且通过它们而产生。有关性征的这个进路在写女同性恋和男同性恋的作品中最为明显，通过后结构主义和酷儿理论而为人所知。正是在这个情境中，最有可能存在对如下观念明白的否定，即无论是就特别的性征身份而言，还是就更一般意义上性征之社会秩序而言，同性恋和异性恋都是各自独立且无关的领域。关注同性恋/异性恋关系的作品中,最有趣的包括詹尼特·哈利(Janet Halley)论述"鲍尔斯诉哈德威克案"(Bowers v. Hardwick)的作品(1993,1994),丽莎·鲍尔斯的论文《酷儿行为与"直接陈述"的政治》(Bowers,1995),以及卡尔·史迪欣(Carl Stychin)的《法之欲》(1995)。他们的作品更加明确地涉及在异性恋作为规范的制度下,对于同性恋作为性征上的"他者"被使用的情况的考察。其他关注女同性恋和男同性恋之更为晚近的作品探讨了异性恋的假设如何亦通过性别(Eaton,1994;Sharpe, 2002)、种族(Eaton,1995;Hutchinson,1999,2000;Jefferson,1998;Kwan,1997)、种族性(Valdes,1995,1997,1998,1999)以及能力而得以表达。在此情境中,对于阶级在异性恋/同性恋关系的生产中所起的作用的讨论仍然很不充分(见 Moran,1999)。

到目前为止我们所考察的问题和作品都限定在法律与社会研究中异性恋的谜题这个框架中。现在我想重新设定框架并转而探讨和分析那些讨论性征的作品主体,它们直接涉及女同性恋和男同性恋体验,并与法律遭遇。

女同性恋、男同性恋及其界限

20世纪的最后十年,在法律方面对男同性恋和女同性恋进行研究的作品蓬勃兴起。若干因素加剧了这一繁荣:男同性恋和女同性恋身份政治的成长,艾滋病普遍流行的政治和社会效应,特别是在美国,最高法院有关"鲍尔斯诉哈德威克案"(1986)的裁决,以及宗教权利的壮大(Herman,1998)。这些研究中有多少属法律与社会的研究框架呢?

这些研究中占主导地位的模式并不是将法律看作有更广泛基础的社会科学,从而使用定量(统计学的)和定性(访谈,群体聚焦,人种学)的方法进行经验的作业。大部分作品属于法律实证主义进路。另外一个占主导地位的进路涉及法理学。哈特的《法律、自由与道德》(Hart,1963)和德夫林勋爵(Lord Devlin)的《道德规范的强制执行》(Devlin,1965)在这个领域的研究中仍然是权威性的文本,各自提供了自由主义和实用主义的视角。更为晚近的时候,自然法获得重要性,它被用作某种哲学和某种认识论,同时将作为"他者"的女同性恋和男同性恋合理化(见 Finnis,1970,1983,1993,2001)并且挑战了异性恋作为规范的地位(见 Bamforth,1997;Ball,1997;Koppelman,1997;Mohr,1988)。

总体而言,不论是法律实证主义,还是哲学上大量的研究,都不适合法律与社会研究的工作框架(见 Moran,2002)。更容易被视为法律与社会研究特征的工作涉及多学科情境下多种多样的问题。赫瑞克和贝里尔的作品《仇恨犯罪:直面反对女同性恋和男同性恋者的暴力》(Herek and Berrill, 1992)以及加里·康斯托克(Gary Comstock)在1991年的研究《反对女同性恋和男同性恋者的暴力》,对刑法的操作及刑事司法的过程提出了新的问题。他们的作品在绘制暴力形式的地图中起到了关键作用,这些暴力形式在法律中并通过法律得到助长和宽恕,无形地存在于法律制度和实践中。洛贝尔(Lobel, 1986)、泰勒和钱德勒(Taylor and Chandler, 1995)、列维萨尔和伦迪(Leventhal and Lundy, 1999)的作品开始探讨女同性恋和男同性恋内部关系中的暴力及法律的回应。瓦莱丽·杰尼斯(Valerie Jeness)跟其同事肯德尔·布罗德(Kendal Broad)(Jeness and Broad, 1997),还有雷肯·格拉特(Ryken Grattet, 2001)承担起社会学内部的重要工作,就女同性恋和男同性恋暴力政治与围绕着仇恨犯罪条款的活动进行社会问题分析。罗斯伽的作品(Rosga, 1999, 2000, 2001)就人们对同性恋的憎恶以及法律和个人的回应进行了后结构主义的分析。这篇作品的大部有着强烈的经验关切,采用问卷、调查、统计分析的方法,并利用访谈的资料形成那些受到法律影响者及以法律之名行使职责者的相关知识(参见 Moran and Skeggs, 2004)。

在政治学中,作品围绕两个主题组织起来:关键概念的批判性分析与政治学和性征身份的权威性文本。费兰(Phelan, 1997)和卡普兰(Kaplan, 1997)提供了在政治学领域内阐述性征主题之作品的例子。费兰文集中的论文主题包括"权利话语"、"平等"、"正义"和"正式承认",都通过酷儿的透镜进行分析。卡普兰对涉及性别正义的研究借助了更多的传统政治学思想。费兰的研究《性征上的陌生人》(Phelan, 2001)提供了对性征公民身份的批判性反思。鲍尔斯的论文《酷儿行为与"直接陈述"的政治》(Bowers, 1994)提出了性征公民身份的政治,在更为宽广的政治行动视域中,她使用"正式承认"的策略性术语来描述它。她试图将直接行动和实施的"新"策略理论化,它们标志着酷儿活动振奋人心的时刻。在其他同法律与社会研究相联系的社会科学领域,尤其是犯罪学和刑事司法学,涉及女同性恋和男同性恋的作品仍然稀少。小部分作品在规制之制度和实践的情境下,以及更一般地说在盎格鲁-撒克逊法律与秩序管理的情境下,研究男同性恋和女同性恋的性征(Burke, 1993; Leinen, 1993; Buhrke, 1997)。犯罪学晚近的作品包括格鲁姆瑞吉关于"倒错犯罪学"的研究(Groomridge, 1999),针对监狱的研究(Alarid, 2000),多尔顿对同性恋、犯罪和传媒(Dalton, 2000)的研究,以及斯坦科和柯里探讨同性恋憎恶和规制的作品(Stanko and Curry, 1997)。

对女同性恋和男同性恋之性征的法律研究正在发展,它们更紧密地与社会科学结盟,直接将其知识和方法吸收并使用,在更为晚近的时候,它们也同人文学科相联系。这些作品不仅因为女同性恋、男同性恋以及更为晚近的酷儿研究和活动而为人所知,同样也因为马克思主义、后马克思主义/后结构主义理论以及女权主义而为人所知(Backer, 1998; Boyd, 1999; Cooper, 1994; Davies, 1999; Eaton, 1994, 1995; Halley, 1993, 1994; Herman, 1994; Herman and Stychin, 1995; Howe, 1998, 1999; Kapur, 1999; Mason, 1995, 1997, 2001; Mason and Tomsen, 1997; McGhee, 2001; Moran, 1996; Moran and McGhee, 1998; Moran, Monk, and Beresford, 1998; Morgan, 1994, 1997; Robson, 1992, 1998, 2001; Stychin, 1995, 1998, 2000; Stychin and Herman, 2000)。大部分作品挑战了有关本质、一致性、身份的固定性以及身份类型之全体性特征的假设。受到特别关注的是性征在法律范畴中并且通过法律范畴被争论的方式。它们的偶然性和不稳定性在作品中也得到了强调。作品探讨性征化的主体如何通过异性恋/同性恋、男性气质/女性气质这种暴力性划分而产生。在这些作品中,性征总是关系性的、偏颇的、无效的,从未包容,而且总是无法圆融。

在这一节中,我想简短地探讨在女同性恋和男同性恋研究中成问题的沉默:女同性恋和男同性恋需要法律。更确切地说,我想把这种需求放在罗伯特·科沃尔(Robert Cover, 1986)及其他人作品(Derrida, 1992; Sarat and Kearns, 1992)的情境中去探讨,他们认为那种对法律的需求是对法律之暴力的需求。科沃尔的作品凸显了多种情境下法律与暴力之间的联系。最明显且极端的例子可能是刑法的情境,它与强制性施予的痛苦及特定裁判中的死亡密切相关。但是法律/暴力关系更具一般性。通过对法律文本的"解释",规则(语言和理由)转换为行动。女同性恋和男同性恋的活动与研究长期致力于关注法律之暴力,并记录其在公法和私法、民法和刑法的情境下,在同性作为"他者"之(再)生产过程中的操作。进而,女同性恋和男同性恋之政治长期以来被认为是抵抗法律暴力的实践。那种政治的许多需求体现为呼吁法律暴力之结束,以及从法律的暴力中解放出来。坚持不懈地要求被禁止的同性之间生殖行为的非罪化,可能是涉及法律暴力的参与模式的最佳例子。

在一些情况下,这些主动行动也发展出了法律暴力支持非罪化的不同的关系(Heinze, 1995; Waaldijk and Clapham, 1993; Wintermute, 1995)。性征政治与法律暴力之间变化的关系的例子,可以在关注同性恋憎恶的女同性恋和男同性恋法律与秩序的政治中找到。此种法律与秩序的政治呼吁法律之暴力的使用。一方面,它试图挑战为异性恋规范的议程而使用法律的暴力;另一方面,它又要求充分使用法律的暴力以反对异性恋作为规范的现状(Jenness and Broad, 1997; Jenness and Grattet, 2001)。很少有活动或研究指出性征与暴力之间关系的问题是在对法律的需求的情境中制造出来的。

研究女同性恋和男同性恋的学者处理法律之暴力所引起的问题的一个情境是他们对"通过法律进行抵抗"的女同性恋和男同性恋之政治的效果的考虑(Merry, 1995)。多位学者指出了女同性恋和男同性恋获得成功的方式,他们诉诸以"权利"(Stychin, 1995, 1998)、"隐私"(Thomas, 1992)、"平等"(Majury, 1994)、"性取向"为基础的特别的反歧视动议,以及更普遍的人权(Majury, 1994; Wintermute, 1995),为面向女同性恋和男同性恋者的社会正义施加了新的界限(新的缺陷)。尽管如此,这些批评很少通过对作为暴力之法律的分析去陈述这些难题。

他们的作品涉及法律之暴力,这多少有些令人感到意外。法律之暴力以两种方式出现。第一且最明显的,它出现在对于法律改革影响女同性恋和男同性恋者生活的分析中。第二,它出现在未清晰言明的法律的先验性中。鉴于此,法律之暴力是他们作品中必然要涉及的主题。在最好的情况下,作为未清晰言明的假设,这些学者给了女同性恋和男同性恋诉诸法律之暴力的许可。他们没有清晰地把这个假设表达出来,使得他们成为一再向"官方"法律故事求助以反抗暴力的轻率参与者,在这个过程中,法律以理性(reason)及合理性(rationality)的面貌出现,暴力则成了外在于法律的带有威胁性的存在(Sarat and Kearns, 1992)。没能处理好法律之暴力限制了他们以批判性方式处理法律的能力。没能处理好法律之暴力导致了一个悖论。研究女同性恋和男同性恋的学者的作品威胁要实施法律之暴力,而这正是他们在无形中一再坚持要揭露的。

卢桑·罗布森(Ruthan Robson, 1998)的作品是例外。她把女同性恋和男同性恋与法律结合起来予以批判,特别关注女同性恋和男同性恋之身份政治与法律之暴力间复杂的关系。她的研究有两个维度。第一个维度是清晰地表达法律范畴的暴力,倡导促进面向女同性恋和男同性恋者的社会公正。罗布森指出,通过这些改革,女同性恋和男同性恋者对法律的需求将身份政治与使性征身份(这里是女同性恋)规范化的暴力联系起来(参见 Phelan, 2001)。

她给出的一个例子是将性取向结合进 1990 年《美国仇恨犯罪统计法案》(US Hate Crimes Statistics Act)。"性取向"成功地结合为"仇恨犯罪"的范畴,为"新的"法律之暴力提供了一个情境,体现为加进法案中的资格。法案宣布,"性取向"不应被解释为对女同性恋或男同性恋之性征确实的指涉。它也不应被视为新的反歧视主张的立法基础。罗布森还提出了第二个法律对女同性恋和男同性恋者之暴力的例子,其情境是立法中对多种不同身份进行区别。身份范畴的立法使用了"或者……或者……"的逻辑(或者女同性恋,或者黑人;男同性恋,或者拉美人),这在相当程度上造成了与身份相联系的伤痛体验的暴力。这些范畴没有认真对待身份的多样性和复杂性。身份范畴提供了复杂的标准,通过此标准,产生了对于好的和不好的、值得关照的和不值得关照的女同性恋的区别(参见 Collier, 1998)。如此一来,他们在制造出新的社会包容的同时,也制造出了新的排斥。罗布森的分析警告我们,初看起来女同性恋和男同性恋者可以使用好的暴力(good violence),让国家去反对它自己;但与此同时也可能成为另一种好的暴力的经验,在那里国家暴力被用来反对女同性恋和男同性恋者。

罗布森之分析的力量在于它注意到了法律之暴力作为实现目的之手段的双面性。在揭示了女同性恋(和男同性恋)政治跟法律之暴力间矛盾且不稳定的关系后,最后,她分析的大部分强调法律之暴力是坏的暴力(bad violence)。这并没有完成她对性征身份与暴力之间关系的分析。她的分析的第二个新颖特点在于,她虽然揭示出法律之暴力是"坏的暴力",但却并未得出放弃暴力的结论。她致力于为女同性恋政治复兴一种好的暴力的观念。我现在就想转向她分析的那一部分。她是通过对另一种暴力的探讨完成这个目标的。

她观点的出发点是"暴力调解了女同性恋和法律之间所有关系"(Robson,1998：15)。她声称,"我认为暴力是女同性恋主义者的特征"(Robson,1998：16)。正是在这个情境中,她的作品给出了一个少见的例子,她试图阐述女同性恋(或男同性恋)使用暴力作为策略的问题(参见 Scalettar,2000)。

她尝试的第一步是在暴力和性征身份之间形成关系,并把那种暴力重新命名为"火"(fire)。她诉诸暴力的不同隐喻部分是为了回应那种与暴力相关的消极联系:"假定在女同性恋主义和暴力之间建立认同暗示了女同性恋主义是坏的(因为暴力是消极的)"(Robson,1998：16)。"火"作为替代性隐喻提出来,是为了复兴好的暴力的观念。她对隐喻的选择并非独断。她指出,"火"与一般而言的女性及特别而言的女同性恋,有着强烈的历史与文化联系。与此同时,罗布森指出"火"作为暴力的双面性:它既包括"好"的暴力,也包括"坏"的暴力。

她接着继续探讨女同性恋/暴力之关系。她观点的出发点是女同性恋主义"是内在地暴力的"(Robson,1998：26)。这可以有多种解释。女同性恋主义是反对法律之暴力即"异性恋霸权"之暴力的暴力。女同性恋的暴力不仅挑战了法律,而且还能抵抗法律。她指出,这也是某种"不可谈判"的暴力。它是对法律的挑战。她提出,法律的暴力是保守的,它保留某种事物;与此形成对比,女同性恋的暴力是能激起"解放性变革"的暴力。

我们该如何理解罗布森认为女同性恋之特征为暴力的观点？德里达讨论法律之力量的作品在这里能提供一些帮助。德里达提出:"国家惧怕根本的、创设性的暴力,那种暴力有能力正当化、合理化,或者转变法律关系以把自己表现为拥有法律权利。故此,此种暴力预先属于权利(droit)的秩序,要继续被转变或创设……"(Derrida,1992：34-35)。

罗布森的女同性恋暴力是挑战现状的暴力。其挑战体现为倾向于创设的暴力,且权利的秩序总是已经具备。其指向"解放性"的潜力赋予它某种特性,有潜力去"转变"并因此把自己表现为拥有"法律权利"。鉴于此,它是一种好的暴力,总是已经存在于好的法律之暴力的形象中。

罗布森的分析在许多方面都很重要。它在如下方面是杰出的:它指出女同性恋(和男同性恋)政治是暴力,并且要求好的暴力。第二个重要洞见在于识别出暴力的双面性,既有好,亦有坏。然而,正是在这个情境中,罗布森的分析开始失效。她对作为暴力的女同性恋主义的思考,虽然很初步,却赋予创设性或原始的暴力以优先地位。她很少甚至没有关注到那种暴力的保守方面。

第二个问题涉及罗布森维持既有好又有坏的暴力之双面性的能力。双面性很难维持。有一种倾向,通过分离出存在于每一个特定时空情况中矛盾的特性去操纵双面性(参见 Freud, 1985; Bauman, 1991; Moran, 2002)。此种压制和置换的过程加进了"或者……或者……"的逻辑,进一步将对双面性的拒绝永久化了。在罗布森的分析中,置换和压制倾向于将女同性恋暴力体现为好的暴力,与作为坏的暴力的法律之暴力相对。或许最清楚的例子就是主张女同性恋的暴力可能是"解放性的"(好的),而法律的暴力则有所保留并是保守性的(坏的)。用德里达的洞见来提醒我们十分重要,这两个方面密切相关。作为暴力的女同性恋主义,无论是在法律面前,还是作为对法律的挑战,抑或作为法律,都既是好的暴力(解放性的),也是坏的暴力(保守性的)。

结　语

在法律与社会研究中,并不总是可能抽出许多在性征研究中占主导地位的女同性恋和男同性恋作品中都被质疑过的主题,比如,在女同性恋和男同性恋研究中,女同性恋者对法律的体验非常不同于男同性恋者这一观点得到越来越多的认可(Boyd, 1999; Chapman and Mason, 1999; Majury, 1994; Mason, 1995, 1997, 2001; Robson, 1992, 1998)。如女性间性关系在法律中的历史所示,女人间同性的性关系,并没有在刑法领域中缺席,反而一直受到各种方式的规制(Doan, 2001; Duggan, 2000; Hart, 1994)。对于不同法律领域中不同法律范畴如何生产出不同的性征,仍然有许多工作需要做(Crompton, 1980; Faderman, 1981, 1983; Robson, 1992)。没能考虑女性的不同经济地位、社会地位、优先考虑事项以及社会经验的研究方式,也正遭遇挑战(Majury, 1994; Boyd, 1999)。认真对待性征/法律之全球性(总体化)维度和局部性(个体化)维度之间的相互关系,仍有许多事情要做(Bergere, 2000; Kapur, 1999, 2001; Philips, 1997; Stychin, 1998)。最后,小部分跨性别的研究开始挑战关于在法律中性征之性质及性征和性别间关系的一些假设(Sharpe, 1997, 1998, 1999, 2002; Whittle, 1998, 2000)。

这里讨论过的绝大多数作品关注的仍然是法律的"高层文化",表现为立法文献以及报道出来的最高法院的裁决。关注法律在"日常生活"中样貌的作品不常见(Bowers, 1994; Moran and Skeggs, 2001)。很少有作品在法律与社会的研究中阐述性征,指向"底层"和"大众"文化(Loizidou, 1998; Moran, 1998)。在 1994 年,丽莎·鲍尔斯指出将法律放在更宽泛的文化实践情境中的必要性,从而考察法律与法律领域之外形塑身份的多种实践场所之间的联系与断裂。在法律与社会研究中,涉及性征时,这是仍然需要阐述的诸多挑战之一。

在法律与社会研究中,对性征相关作品进行评述无疑是局部的和特殊的。对法律与社会研究中异性恋的谜题愈是进行更为宽广的反思,与暴力相关的沉默作为女同性恋和男同性恋者的策略就愈是指向作品的一些重要界限。对法律与社会研究中就异性恋作为规范性工程的经典传统进行再思考,是放在我们前面的一项主要任务。对于通过身份政治而生产出来的暴力政治进行批判性反思,那是另一回事。

我认为,这些问题迫在眉睫,需要当下及未来学者予以阐述。尽管我已经在本文中对它们进行了分别的陈述,它们作为问题和挑战却都是密切相关的。在法律与社会领域中,对于性征的研究,它们也并非独一无二。性征提供了某种情境,这些问题在其中可以得到严格的质询。有许多当代的挑战。有许多即将来临。仍有许多工作需要做。

注释

本章写于我在纽约州日内瓦市霍巴特和威廉史密斯学院政治学系费舍尔男女研究中心做兼职访问学者期间。我特别感谢费舍尔中心的同事,在此期间,他们提供了一个智识家园。

参考文献

- Alarid, L. F. (2000) "Sexual orientation perspectives on incarcerated bisexual and gay men: The county jail protective custody experience," *Prison Journal* 80(1): 80-95.
- Albany Symposium (2001) "'Family' and the political landscape for lesbian, gay, bisexual and transgender people," *Albany Law Review* 64.
- Backer, L. K. (1998) "Queering theory: An essay on the conceit of revolution in law," in L. Moran, D. Monk, and S. Beresford (eds), *Legal Queeries*. London: Cassell, pp. 185-203.
- Ball, C. A. (1997) "Moral foundations for a discourse on same-sex marriage: Looking beyond political liberalism," *Georgetown Law Journal* 85: 1872-912.
- Bamforth, N. (1997) *Sexuality, Morals and Justice*. London: Cassell.
- Bauman, Z. (1991) *Modernity and Ambivalence*. Cambridge, UK: Polity.
- Berger, N. (2000) "Queer readings of Europe: Gender, identity, sexual orientation and the (im)potency of rights politics at the European Court of Justice," *Social and Legal Studies* 9(2): 249-70.
- Bohannan, P. and Huckleberry, K. (1967) "Institutions of divorce, family and the law," *Law and Society Review* 1(2): 81-102.
- *Bowers v. Hardwick* (1986) 92 L Ed (1986), pp. 140-65.
- Bowers, L. (1994) "Queer acts and the politics of 'direct address': Rethinking law, culture, and community," *Law & Society Review* 28(5): 1009-34.
- Boyd, S. (1999) "Family law and sexuality: Feminist engagements," *Social and Legal Studies* 8(3): 369-90.
- Buhrke, R. A. (1997) *A Matter of Justice*. London: Routledge.
- Burke, M. (1993) *Coming Out of the Blue*. London: Cassell.

- Butler, J. (1990) *Gender Trouble: Feminism and the Subversion of Identity*. London: Routledge.
- Butler, J. (1993) *Bodies that Matter: On the Discursive Limits of "Sex."* New York: Routledge.
- Chapman, A. and Mason, G. (1999) "Women, sexual preferenec and discrimination law: A case study of the NSW jurisdiction," *Sydney Law Review* 21: 525-66.
- Cleveland State (2000) "Symposium: Re-orientating law and sexuality," *Cleveland State Law Review* 25.
- Collier, R. (1992) "'The art of living the married life': Representations of male heterosexuality in law," *Social and Legal Studies* 1(4): 543-63.
- Collier, R. (1996) "'Coming together?': Post-heterosexuality, masculine crisis, and the new men's movement," *Feminist Legal Studies* 4(1): 3-48.
- Collier, R. (1998) "'Nutty professors,' 'men in suits' and 'new entrepreneurs': Corporeality, subjectivity and change in law school and legal practice," *Social and Legal Studies* 7(1): 27-53.
- Comstock, G. D. (1991) *Violence Against Lesbians and Gay Men*. New York: Columbia University Press.
- Cooper, D. (1994) *Sexing the City: Lesbian and Gay Politics Within the Activist State*. London: Rivers Oram Press.
- Crompton, L. (1980) "The myth of lesbian impunity," *Journal of Homosexuality* 6(1-2): 11-32.
- Cover, R. (1986) "Violence and the word," *Yale Law Review* 95: 1601-29.
- Dalton D. (2000) "The deviant gaze: Imagining the homosexual as criminal through cinematic and legal discourses," in C. Stychin and D. Herman (eds.), *Sexuality in the Legal Arena*. London: Athlone, pp. 69-83.
- Davies, M. (1999) "Queer property, queer persons: Self-ownership and beyond," *Social and Legal Studies* 8(3): 327-52.
- Derrida, J. (1992) "Force of law: The mystical foundation of authority," in D. Cornell, M. Rosenfeld, and D. G. Carlson (eds.), *Deconstruction and the Possibility of Justice*. London: Routledge, pp. 3-67.
- Devlin, P. (1965) *The Enforcement of Morals*. Oxford: Oxford University Press.
- Doan, L. (2001) *Fashioning Sapphism*. New York: Columbia University Press.
- Duggan L. (2000) *Sapphic Slashers*. Durham, NC: Duke University Press.
- Eaton, M. (1994) "At the intersection of gender and sexual orientation: Towards a lesbian jurisprudence," *Southern California Review of Law and Women's Studies* 1994: 183-220.
- Eaton, M. (1995) "Homosexual unmodified: Speculations on law's discourse, race and the construction of sexual identity," in D. Herman and C. Stychin (eds.), *Legal Inversions*. Philadelphia: Temple University Press, pp. 46-76.
- Faderman, L. (1981) *Surpassing the Love of Men*. New York: William Morrow.
- Faderman, L. (1983) *Scotch Verdict*. New York: William Morrow.

- Finnis, J. M. (1970) "Natural law and unnatural acts," *Heythrop Journal* 11: 365-87.
- Finnis, J. M. (1983) *Natural Law and Natural Rights*. Oxford: Clarendon Press.
- Finnis, J. M. (1993) "Law, morality and 'sexual orientation'," *Notre Dame Law Review* 69: 1049-98.
- Finnis, J. (2001) "Virtue and the Constitution of the United States," *Fordham Law Review* 69 (5): 1595-1630.
- Foucault, M. (1980) *The History of Sexuality, Volume 1: An Introduction*, trans. R. Hurley. New York: Vintage Books.
- Freud, S. (1985) "The uncanny," in *The Pelican Freud Library, Vol. 14, Art and Literature*. London: Penguin Books, pp. 335-76.
- Fuss, D. (1991) *Inside/Out*. London: Routledge.
- Galanter, M. (1973) "From the new editor," *Law & Society Review* 8(1).
- Groombridge, N. (1999) "Perverse criminologies: The closet door of Dr. Lombroso," *Social and Legal Studies* 8(4): 531-48.
- Halley, J. E. (1993) "The construction of heterosexuality," in M. Warner (ed.), *Fear of a Queer Planet: Queer Politics and Social Theory*. Minneapolis: University of Minnesota Press, pp. 82-104.
- Halley, J. E. (1994) "*Bowers v. Hardwick* in the Renaissance," in J. Goldberg (ed.), *Queering the Renaissance*. Durham, NC: Duke University Press, pp. 145-204.
- Hart, H. L. A. (1963) *Law, Liberty and Morality*. Oxford: Oxford University Press.
- Hart, L. (1994) *Fatal Women*. Princeton, NJ: Princeton University Press.
- Heinze, E. (1995) *Sexual Orientation: A Human Right*. Dordrecht: Martiinus Nijhoff.
- Herek, G. M. and Berill, K. T (1992) *Hate Crimes: Confronting Violence Against Lesbians and Gay Men*. London: Sage.
- Herman, D. (1994) *Rights of Passage: Struggles for Lesbian and Gay Legal Equality*. Toronto: University of Toronto Press.
- Herman, D. (1998) *The Antigay Agenda: Orthodox Vision and the Christian Right*. Chicago, Chicago University Press.
- Herman, D and Stychin, C (eds.) (1995) *Legal Inversions*. Philadelphia: Temple University Press.
- Howe, A. (1998) "Green v the Queen: The provocation defence finally provoking its own demise?" *Melbourne University Law Review* 22: 466-86.
- Howe, A. (1999) "Reforming provocation (more of less)," *Australian Feminist Law Journal* 12: 127-40.
- Hutchinson, D. L. (1999) "Ignoring the sexualization of race: Heternormativity, critical race theory and anti-racist politics," *Buffalo Law Review* 41 (Spring/Summer): 1-116.
- Hutchinson, D. L. (2000) "'Gay rights' for 'gay whites'? Race, sexual identity and equal pro-

tection discourse," *Cornell Law Review* 85: 1358-91.
- Jefferson, T. R. (1998) "Notes towards a black lesbian jurisprudence," *Boston College Third World Law Journal* 18 (Spring): 263-94.
- Jenness, V. and Broad, K. (1997) *Hate Crimes: New Social Movements and the Politics of Violence*. Hawthorne NY: Aldine deGruyter.
- Jenness, V and Grattet, R. (2001) *Building the Hate Crime Policy Domain: From Social Movement Concept to Law Enforcement Practice*. New York: Russell Sage Foundation.
- Kaplan, M. (1997) *Sexual Justice*. New York: Routledge.
- Kapur, R. (1999) "'A love song for our mongrel selves': Hybridity, sexuality and law," *Social and Legal Studies* 8(3): 353-68.
- Kapur, R. (2001) "Postcolonial erotic disruptions: Legal narratives of culture, Sex and nation in India," *Columbia Journal of Gender and Law* 10: 333-84.
- Katz, J. N. (1995) *The Invention of Heterosexuality*. New York: Penguin.
- Kitzinger, C and Wilkinson, S. (1993) "Theorizing heterosexuality," in S. Wilkinson and C. Kitzinger (eds.), *Heterosexuality: A Feminist and Psychology Reader*. London, Sage, pp. 1-32.
- Koppelman, A. (1997) "Is marriage inherently heterosexual?," *American Journal of Jurisprudence* 42: 51-74.
- Kwan, P. (1997) "Jeffrey Dahmer and the cosynthesis of categories," *Hastings Law Journal* 48: 1257-92.
- Leventhal, B. and Lundy, S. E. (eds.) (1999) *Same-Sex Domestic Violence*. Thousand Oaks, CA: Sage.
- Leinen, S. (1993) *Gay Cops*. New Brunswick, NJ: Rutgers University Press.
- Lobel, K. (ed) (1986) *Naming the Violence: Speaking Out About Lesbian Battering*. Boston: Seal Press.
- Loizidou, E. (1998) "Intimate celluloid: Heavenly Creatures and criminal law," in L. Moran, D. Monk, and S. Beresford (eds.), *Legal Queeries*. London: Cassell, pp. 167-84.
- Majury, D. (1994) "Refashioning the unfashionable: Claiming lesbian identities in the legal context," *Canadian Journal of Women and the Law* 7(2): 286-306.
- Mason, G. (1995) "(Out)laws: Acts of proscription in the sexual order," in Margaret Thornton (ed.), *Public and Private: Feminist Legal Debates*. Oxford: Oxford University Press, pp. 66-88.
- Mason G. (1997) "Boundaries of sexuality: Lesbian experience and feminist discourse on violence against women," *Australasian Gay and Lesbian Law Journal* 7: 40-56.
- Mason, G. (2001) *The Spectacle of Violence*. London: Routledge.
- Mason, G. and Tomsen S. (eds.) (1997) *Homophobic Violence*. Sydney: Hawkins Press.
- McGhee, D. (2001) *Homosexuality, Law and Resistance*. London: Routledge.
- Merry, S. (1995) "Resistance and the cultural power of law," *Law and Society Review* 29(1): 11-

26.
- Mohr, R. D. (1988) *Gays/Justice: A Study of Ethics, Society and Law*. New York: Columbia University Press.
- Moran, L. J. (1996) *The Homosexual(ity) of Law*. London: Routledge.
- Moran, L. J. (1998) "From part time hero to bent buddy: The male homosexual as lawyer in popular culture," *Studies in Law Politics and Society* 18: 3-28.
- Moran L. J. (1999) "Homophobic violence: The hidden injuries of class," in Sally Munt (ed.), *Working Class and Cultural Studies*. London: Cassell, pp. 206-18.
- Moran, L. J. (2002) "The poetics of safety: Lesbians, gay men and home," in A. Crawford (ed.), *Crime, Insecurity, Safety in the New Governance*. Cullompton, UK: Wilans Publishing, pp. 274-99.
- Moran L. J. and McGhee, D. (1998) "Perverting London: Cartographic practices of policing," *Law and Critique* IX(2): 207-24.
- Moran, L. J., Monk, D., and Beresford, S. (eds.) (1998) *Legal Queeries*. London: Cassell.
- Moran L. J. and Skeggs, B. (2001) "The property of safety," *Journal of Social Welfare and Family Law*, 23(4): 1-15.
- Moran L. J. and Skeggs, B. (2004) *Sexuality and the Politics of Violence and Safety*. London, Routledge.
- Morgan W. (1994) "Identifying evil for what it is: Tasmania, sexual perversity and the United Nations," *Melbourne University Law Review* 19: 740-70.
- Morgan W. (1997) "A queer kind of law: The senate inquiries into sexuality," *International Journal of Discrimination and Law* 2: 317-32.
- New York (2000) "Symposium: Queer law 2000," *New York University Law Review of Law and Social Change* 16.
- Olson Rogers K. (1972) "'For her own protection...': Conditions of incarceration for female juvenile offenders in the State of Connecticut," *Law and Society Review* 7(2): 223-46.
- Penelope, J. (1993) "Heterosexual identity: Out of the closets," in S. Wilkinson and C. Kitzinger (eds.), *Heterosexuality: A Feminist and Psychology Reader*. London: Sage, pp. 261-5.
- Phelan, S. (ed.) (1997) *Playing with Fire: Queer Politics, Queer Theories*. New York: Routledge.
- Phelan, S. (2001) *Sexual Strangers: Gays, Lesbians and the Dilemmas of Citizenship*. Philadelphia: Temple University Press.
- Phillips, O. (1997) "Zimbabwean law and the production of a white man's disease," *Social and Legal Studies* 6(4): 471-93.
- Richardson D. (ed) (1996) *Theorizing Heterosexuality*. Buckingham, UK: Open University Press.
- Robson, R. (1992) *Lesbian (Out)law*. Ithaca, NY: Firebrand.

- Robson, R. (1998) *Sappho Goes to Law School*. New York: Columbia University Press.
- Robson, R. (2001) "Our children: Kids of queer parents and kids who are queer; looking at minority rights from a different perspective," *Albany Law Review* 64: 915-48.
- Rosga, A. (1999) "Policing and the state," *Georgetown Journal of Gender and Law* 1 (Summer): 145-71.
- Rosga, A. (2000) "Ritual killings: Anti-gay violence and reasonable justice" in J. James (ed.), *States of Confinement: Policing, Detention and Prisons*. New York, St. Martins Press, pp. 172-90.
- Rosga, A. (2001) "Deadly words: State power and the entanglement of speech and violence in hate crime," *Law and Critique* 12(3): 223-52.
- Sarat A. and Kearns, T. R. (eds.) (1992) *Law's Violence*. Ann Arbor: University of Michigan Press.
- Scalettar, L. (2000) "Resistance, representation and the subject of violence: Reading 'Hothead Paisan'," in J. A. Boone and Queer Frontiers Editorial Collective (eds.), *Queer Frontiers: Millenial Geographies, Genders and Generations*. Madison: University of Wisconsin, pp. 261-78.
- Sedgwick, E. K. (1990) *Epistemology of the Closet*. Hemel Hempstead, UK: Harvester Wheatsheaf.
- Sharpe, A. (1997) "Anglo-Australian judicial approaches to transsexuality: Discontinuities, continuities, and wider issues at stake," *Social and Legal Studies* 6(1): 23-50.
- Sharpe, A (1998) "Institutionalising heterosexuality: The legal exclusion of 'impossible' (trans) sexualities," in L. Moran, D. Monk, and S. Beresford (eds.), *Legal Queeries*. London: Cassell, pp. 26-43.
- Sharpe, A. (1999) "Transgender performance and the discriminating gaze: A critique of antidiscrimination regulatory regimes," *Social and Legal Studies*, 8(1): 5-24.
- Sharpe, A. (2002) *Transgender Jurisprudence: Dysphoric Bodies of Law*. London: Cavendish. *Social and Legal Studies* (1997) Special issue on "Legal perversions," *Social and Legal Studies* 6(4).
- Stanko B. and Curry P. (1997) "Homophobic violence and the self at risk," *Social and Legal Studies* 6(4): 513-32.
- Stychin, C. (1995) *Law's Desire*. London: Routledge.
- Stychin, C. (1998) *Nation by Rights*. Philadelphia: Temple University Press.
- Stychin, C. (2000) "'A stranger to its laws': Sovereign bodies, global sexualities, and transnational citizens," *Journal of Law and Society* 27(4): 601-28.
- Stychin, C. and Herman, D. (2000) *Sexuality in the Legal Arena*. London: Athlone.
- Taylor, J. and Chandler T. (1995) *Lesbians Talk Violent Relationships*. London: Scarlet Press.
- Thomas, K. (1992) "Beyond the privacy principle," *Columbia Law Review* 92: 1431-516.
- Thornton, M. (2002) "Foreword," in A. Sharpe, *Transgender Jurisprudence: Dysphoric Bodies of*

Law. London: Cavendish, p. vii.
- Valdes, F. (1995) "Sex and race in queer legal culture," *Review of Law and Women's Studies* 5: 25-71.
- Valdes, F. (1997) "Queer margins, queer ethics: A call to account for race and ethnicity in the law, theory, and politics of 'sexual orientation'," *Hastings Law Journal* 48: 1293-341.
- Valdes, F. (1998) "Beyond sexual orientation in queer legal theory: Majoritarianism, multidimensionality, and responsibility in social justice scholarship," *Denver University Law Review* 75(4): 1409-64.
- Valdes, F. (1999) "Theorizing 'outcrit' theories: Coalitional method and comparative jurisprudential experience. Race crits, Queer crits, Lat crits," *University of Miami Law Review* 53: 1265-322.
- Waaldijk, K. and Clapham, A. (1993) *Homosexuality: A European Community Issue*. Dordrecht: Nijhoff.
- Warner, M. (ed.) (1993) *Fear of a Queer Planet*. Minneapolis: University of Minnesota.
- Weeks, J. (1981) *Sex, Politics and Society: The Regulation of Sexuality Since 1800*. London: Longmans.
- Weeks J. (1986) *Sexualities*. London, Routledge.
- Whittle, S. (1998) "Gemeinschaftsfremden—or how to be shafted by your friends: Sterilization requirements and legal status recognition for the transsexual," in L. Moran, D. Monk, and S. Beresford (eds.), *Legal Queeries*. London: Cassell, pp. 42-56.
- Whittle, S. (2000) *The Transgender Debate*. London: South Street Press.
- Wilkinson S. and Kitzinger, C., (eds.) (1993) *Heterosexuality: A Feminist and Psychology Reader*. London, Sage.
- Wintermute, R. (1995) *Sexual Orientation and Human Rights: The United States Constitution, the European Convention, and the Canadian Charter*. Oxford: Clarendon Press.
- Young, A. (1990) *Femininity in Dissent*. London: Routledge.
- Young, A. (1993) "The authority of the name," in S. Wilkinson and C. Kitzinger (eds.), *Heterosexuality: A Feminist and Psychology Reader*. London, Sage, pp. 37-9.

扩展文献

- Binnie, J. and Bell, J. (2001) *Sexual Citizenship*. Cambridge, UK: Polity Press.
- Bray, A. (1982) *Homosexuality in Renaissance England*. London: Gay Men's Press.
- Chauncey, G. (1994) *Gay New York*. New York: Basic Books.
- Goldberg, D. T., Musheno, M., and Bower, L. (eds) (2001). *Between Law and Culture: Relocating Legal Studies*. Minneapolis: University of Minnesota Press.
- Goldberg Hiller, J. (2002) *The Limits to Union*. Ann Arbor: The University of Michigan Press.
- Humphreys, L. (1970) *The Tearoom Trade*. London: Duckworth.

- Keen, L. and Goldberg, S. G. (2000) *Strangers to the Law: Gay People on Trial*. Ann Arbor: The University of Michigan Press.
- Munt, S. (1994) *Murder by the Book?* London: Routledge.
- Stein, A. (2001) *The Stranger Next Door: The Story of a Small Community's Battle over Sex, Faith and Civil Rights*. Boston: Beacon Press.
- Weeks, J. (1977) *Coming Out*. London: Quartet.

26

法律与社会运动

米歇尔·麦坎恩 著
高鸿钧 译

导 言

对于社会运动的政治斗争来说,法律具有何种重要性?许多新近研究有助于我们理解这个问题。与这个论题最直接关联的是两种智识传统。社会-法律研究领域的学者提出了许多洞见,他们围绕的核心问题首先是现行法律规范以怎样的方式把社会等级合法化,其次是那些旨在挑战社会等级和不公正的法律诉求和策略以何种方式得到了复杂的体现。实际上,社会-法律研究领域的学者通过多种研究作出了自己的贡献,其中包括司法的影响、利益团体诉讼、事业型律师、权利政治学、民事纠纷以及日常反抗等,他们的研究十分有助于我们理解法律与社会运动的关系。然而,这方面的大多数研究,至多也只附带提及那些直接关注社会运动的广泛学术研究机构。社会运动方面的专家以类似的方式积累了许多个案研究,其中主要涉及法律诉求、策略和行动者,在涉及法律对于这些斗争如何重要的问题上,这些学者很少进行直接的概念分析,而复杂的社会-法律分析对此则一无所知。结果,现存直接同时涉及法律与社会这两个论题的丰富文献相对稀少并过于专门化。美国的研究在涉及世界范围的国内层面及跨国层面的行动主义(activism)时也是这样。

下文主要采用综合的方法,即运用"法律动员"(legal mobilization)理论来分析法律与社会运动的关系。这样一种解释框架旨在运用有关社会运动的洞见,从动态争论导向的、诠释主义的进路来理解法律实践,这些洞见源自对基于"政治过程"的集体行为的理论概括(McCann, 1994; Silverstein, 1996; Keck and Sikkink, 1998)。这种进路的益处在于融合了不同的学术传统,并可以为把握社会-法律研究的不同类型提供富有价值的框架,这些不同的研究类型都直接或间接牵涉社会运动的政治(social movement politics)。

法律与社会运动:概念界定

法律概念的界定

由于理解和研究法律的进路十分不同,因而关于法律对于社会运动具有怎样的重要性,存有诸多争论。在最一般的情况下,当我们提及"法律"时,意指不同类型的现象。有时意指官方的法律制度,如法院或行政机构;有时意指法律官员或精英,诸如法官、行政官员或律师;有时意指分布在法律体制内部和法律制度之外的广泛法律规范、规则或话语(Thompson, 1975)。新近的大多数研究关注上述三种用法,虽然它们采取的进路往往有点不够清晰和缺乏系统性。例如,法律现实主义者和法律行为主义者就以形式的、确定的和实证的方法识别法律。据此,法律在某种程度上涉及的是,官方制度行为直接地实际影响到的行为(Rosenberg, 1991; Bogart, 2002)。根据这样标准来衡量,法律制度和官员常常强有力地维持现状,而对既存秩序的挑战则很微弱。

相比之下,在法律的界定上,解释性过程导向的对法律动员的研究进路,富有特色地得到了更广泛的传播,当所涉及的法律规范和话语逻辑的社会斗争趋于激烈时,尤其如此。传统实证主义对于法律有其理解,通过拒斥这种理解而启动的解释视角,大都限于个别的、确定的规则或政策行为。由此,人们把法律理解为特殊的知识传统和沟通实践。正如加兰特(Galanter, 1983:127)所指出,应把法律从广义上理解为"一种文化和符号意义体系,而不是一套操作控制机制。它主要通过沟通符号来影响我们,即借助威慑、承诺、模式、说服、合法性、谴责等手段"。这种视角关注的不仅是行为,而且涉及法律意义的建构过程中主体间的力量。同样,法律话语和符号相互交叠,并且是特定社会中广泛意识理念的表达(Hunt, 1990; McCann, 1994; McCann and March, 1996)。

把法律理解为知识和语言实践,这样的进路寄望人们关注法律作为构成社会生活的常规的力量(Brigham, 1996)。这样的构成力量处于模糊状态。一方面,法律知识在某种程度上影响或标示着社会主体的身份及其实践活动。习得的法律传统形塑着公民之间理解、期待和互动模式。由此,就我们如何学会在特定社会中生活并成为公民而言,法律是重要的学习内容。法律的构造影响着我们关于社会可能性的想象。那些构成国内和跨国关系的最重要的自由主义法律传统,是我们称之为权利的传统,那些法律模式界定了合法的社会权利的分配和公民的责任。

另一方面，还可以把法律理解为一种资源，公民可以用它来建构相互之间的关系，改进社会生活的目标，提出权利的诉求，并且在个人或团体的利益、愿望或原则发生冲突时协调纠纷。由此，法律知识既可以成为目的也可以作为手段；对于人们从事社会斗争的活动，法律既可以提供规范性原则又可以提供策略性资源。实际上，这就是许多学者赋予法律动员一词的核心含义：当人们的某种愿望或诉求转变为某种权利主张或法律诉求时，就涉及法律动员(Zemans，1983)。当然，大多数这类具体的法律诉求涉及的都是确定的或没有争议的权利。但在有些情况下，公民常常以不同的方式解释法律，并在这个过程中重构法律，以便使之符合自己不断改变的需要和条件；我们会在某种程度上重构规制我们的法律。在这种意义上，我们可以把法律传统理解为一种颇具伸缩性的媒介，可以时常用来形构关系，界定权利，以及形成集体生活的期待(Merry，1985)。正如马撒·米诺(Martha Minow，1987：1867)教授所指出，法律权利"可以增进人们的权利意识，从而个人和团体可以基于权利而进行构想和行动，而不是"由国家官员来"正式认可和代行"。我们不久就会发现，这种权利意识的概念可以使人们根据权利来拓展对社会关系的理解，它对于分析世界范围的法律与社会运动至关重要。

当然，这种法律传统的不确定性和可塑性是有限的。什么在法律上可以接受，或对哪些行为可以采取强迫措施，就此而言，法律实践在运行中形成潜在的界定标准，而管理型权威常常以组织化的力量维持这种界定标准。这就是官方法律制度和国家或跨国精英角色诸如法官等的重要性所在。涉及法律合法性的含义，如何理解这些含义的限度，以及针对那些违反官方法律的人们或不受法律保护的人们有选择地运用组织化的暴力，官方制度发挥着"警察"的功能。但是，法律范围并不限于这种"警察"直接干预的领域，也超出特定的法庭，在这种情况下，官方法律含义影响力只是间接的，只是作为潜在的介入力量解决纠纷或实施特定法律实践。实际上，社会互动和交易关系，更多地发生在官方第三方力量(诸如法官或警察)或明或暗可能介入的领域，而不是官方直接介入的领域(Galanter，1983)。

在大多数解决冲突导向、过程导向的研究所关注的官方规则的"范围"之外，法律的多重生命遍布于社会，弥漫于工作场所、公司董事会、家庭、邻里、社区以及国内或跨国政治的所有公共制度的空间。实际上，法律动员问题的研究所关注的主要就是这个维度，即分析法律权利的构成性作用，探索在改变或重构社会关系和权力的斗争中，法律权利如何可以作为策略资源及作为一种限制机制、授权机制和解除授权的机制(见Scheingold，1989；Silverstein，1996)。对于认知人权规范的力量在世界范围的日渐增加，这种理解尤其显得重要，这些人权规范涉及政治体、跨国或国际领域，在这些领域中，权威的法律和制度常常不够发达或存有争议。

法律的另一个维度也在扩展。简言之，过程导向的构成法律的进路预设，法律是社会中局部的和偶然的力量。这要求人们注意以下事实，即社会运动的法律策略常常与其他政治策略相协调，诸如立法活动、党派选举动员、媒体宣传、信息公开或政治抗议等。实际上，大多数有关研究强调的是，在社会运动的斗争中，诉讼和其他官方法律行为经常并有效地被作为附属性或补充性政治策略而运用。另一方面，法律动员的进路也认识到，法律机制只是管理并赋予社会生活以意义的诸多规范类型之一。这意味着，在研究社会运动时，对于具体法律动员实践的任何评价，都必须关注更大的背景，考量那些建构社会关系的多重法律的和法律之外的力量。

社会运动

包括有关领域专家在内的学者，都以各种方式界定"社会运动"这个核心词语。政治学家查尔斯·梯利（Charles Tilly）在1984年的著作中所作的概念界定，像任何其他努力一样富有价值。他认为，社会运动是"持续的一系列互动，这种互动发生在掌权者与无法正式表达的公民的代言人之间，在这种过程中，那些代言人公开地提出明确的变革诉求，要求改变权力的分配和行使方式，并以公众示威游行的方式来支持那些诉求"（Tilly, 1984：306）。当然，这个定义的问题是，它未能把社会运动同利益集团、少数派政党、滋事分子以及其他形式的集体行动明确区别开来。为了界定社会运动的目标、代表者以及所用的策略，学界进行了各种尝试，但这些尝试很少在抽象层面取得完全的成功。我们所称之为社会运动的组织和活动，常常在时间的流程中源自或转化为其他组织形式，常常以复杂和不可捉摸的方式与其他组织形式交叠在一起，这种事实加剧了界定的难度。

尽管存在这些难题，出于本文的目的，我仍然尝试界定"社会运动"一词，限定它所意指的活动范围。在积极意义上，本文的社会运动广义上是意指特定类型的社会斗争。第一，社会运动旨在推进较之常规政治活动更为广泛的社会和政治变革。社会运动虽然可以在现存的社会关系范围内追求具体的短期目标，但它们怀有更为激进的期待，即追求一种不同的、更好的社会。第二，社会运动常常运用广泛的策略，如运用党派和利益集团之类的策略；但是，它们更多地依赖于信息公开和媒体攻势的沟通策略，以及诸如抗议、游行、罢工和干扰社会秩序等破坏性"符号"策略。这方面诸多令人惊奇的发现之一是，诉讼和其他表面上看似常规性的法律策略有时竟会加剧这种破坏性政治表达形式。法律有时制造无序，正如它常常促成有序（Lowi, 1971）。法律可以为"造反"提供一种形式或讲坛（Meranto, 1998），在社会冲突中，法律可以成为至关重要的"武器"（Turk, 1976）。

第三，社会运动通常源自非精英的骨干公民，他们在社会地位上相对地反映出较低的收入、声望或政治力量背景。社会运动虽然有时也来自精英或强大组织的领导阶层，或与后两者结盟；但社会运动的核心"土著民众"均是"无权、无钱和无名之众"

(Zirakzadeh,1997:5)。值得注意的是,这种定义既可包含"进步的"或左翼的运动,也可包含反动的或十分保守的运动,尽管绝大多数研究关注的只是前者。第四,以下论述包括传统的现代主义运动,它们关注的是阶级关系和实质的政治关系,也涉及新型(或后现代)的社会运动,它们强调广泛的以原则为基础的社会正义信念,其中特别包括了人权概念(Buechler and Cylke,1997)。最后,本文所探讨的社会运动是指那些在特定民族内部所开展的社会运动,因而一般地关注国家层面的社会运动,把国家作为社会变革的目标和手段;本文也关注针对跨国人权、环境变化以及和平的社会运动。跨国行动主义的研究在近年得到了迅速发展,并倾向于倚重本文所强调的动态过程导向的进路(Keck and Sikkink,1998)。实际上,在人权问题上,跨国和国内社会运动的合作是当代法律动员型政治的最重要表现形式之一(Sarat and Scheingold,2001)。

社会运动的法律实践:过程导向进路的考察

基于上述一般理解,我们现在就可以考察某些学者提出的洞见,尤其是那种解释性过程导向进路在法律与社会运动问题上所提出的洞见。法律动员进路的研究尤其展现了作为过程的社会纠纷或斗争,这些过程涉及运动发展和冲突的不同时间或阶段。通过关注潜在冲突的各个阶段,可以对法律在各种社会运动中的运作情况展开讨论。在每个阶段中,我都尝试举出例子,那些例子证明了在各种运动中,法律策略和实践发挥了授权或去权的作用。

但是,在运动初始阶段,人们很少把法律动员和实践活动作为外在力量强加于非法律调整的社会关系,强调这一点至关重要。斗争的社会场域本身总是由复杂的制度规范、关系和权力结构所构成的,在大多数情况下,这也包括以武力为后盾的具有法律权威的规范,提供这种武力支持的可能是单个国家、国家联盟或像联合国那样的跨国组织。因此,法律动员型政治,具有特色地牵涉到重构既定社会关系的法律之维,或者根据现行法律实践来改变那些正式的但不受重视的法律规范,或者以改变了的新方式维持共享规范,或者把其他社会关系领域的法律规范引入纠纷发生的环境。简言之,法律常常以重要的方式维持现行社会关系,同时也为人们挑战那些关系提供资源。社会运动的斗争常常涉及不确定的或存在矛盾的法律原则的含义之争。

法律与社会运动的起源

对于许多社会运动来说,法律的最重要之处在于组织形成和议题形成的最初阶段。斯图亚特·施因古尔德(Stuart Scheingold)提出的"权利政治"(politics of rights)的著名命题代表了这方面的主要洞见。正如他所指出，边缘团体可能"强调与[法律]权利相关联的权利观念，以发动和拓展政治动员"(Scheingold, 1974:131)。这个过程通常被称为"权利意识的兴起"，这可以理解为两个独立但存有密切关联的运动参与者的认知转变过程。

第一个是"确定议题"的过程，由此运动行动者可以运用法律话语来"命名"并挑战当时社会的弊端和不公正。同样，在解释现存关系如何不公方面，在界定团体的集体目标方面，以及在不同境况的公民之间建立认同方面，法律规范和传统可以成为重要的因素(McCann, 1994; Schneider, 1986)。两位专家注意到，"社会运动的主要任务之一就是……通过提出那些必须解决的问题来使先前不可想象的事务成为可能"(Keck and Sikkink, 1998:40-41)。某些学者重视的是以何种方式才能从一开始就以法律的话语来表达他们的受害者意识并提出挑战，而另一些学者重视的则是从非法律诉求到法律诉求的"转译"过程(Paris, 即将出版)。在上述两种情况下，这些学者都重视如何借助甚至对抗法律来形成运动积极分子的认同、利益及理想(Brigham, 1996)。

第二种相关方式，即法律实践有助于运动的方式，在于界定运动得以发展的总体"机遇结构"(opportunity structure)。这种洞见源自一般的学术预设，即运动形成和付诸行动更可能发生在这样的时期：统治群体和国家授权的关系十分脆弱，易于受到挑战(Piven and Cloward, 1979; McAdam, 1982)。在许多情况下，通过正式的法律诉求，尤其是通过具有轰动效应的诉讼，会导致使国家和非国家权威产生脆弱感。司法上的胜利尤其可以传达平等权之类一般诉求的重要性与合法性，有助于在广泛的法律传统中突出具体挑战内容的重要性与合法性(Scheingold, 1974; Silverstein, 1996)。实际上，许多学者已经注意到以下事件的"感染效应"：美国过去40年里的权利诉讼(Tarrow, 1983; Epp, 1990)，欧洲等地区日渐增强的法律权利动员(Cichowski, 2002)，以及世界范围的人权倡导(Keck and Sikkink, 1998)。有证据表明，在运动发起阶段，法律动员常常会取得成功，因为大众媒体出于社会正义的考量常常会积极回应权利诉求和诉讼活动，尽管这种证据主要限于美国的经验(McCann, 1994; Haltom, 1998)，且即使在那里也存有不同意见(Rosenberg, 1991)。同样值得注意的是，这样的动员机会界定了几种潜在活动的范围，这些活动的每一种在内容上都会发生变化。此外，这些机会也给他们带来一些重要的限制或约束，因为法律行为要求人们缓和呼求强度，缩小要求范围或收缩其他策略。美国劳工运动的历史就证明了这一点(Forbath, 1991)，世界各地的劳工斗争历史和其他领域人权的发展也证明了这一点(Dezalay and Garth, 2001)。

在社会运动的发展中，法律行动主义的两个维度极具特色地相互关联。例如，可以发起类似诉讼的正式法律行动以揭露体制的脆弱性并强化弱势公民的法律诉求"意识"及其重要性。边缘群体在运用这些机会采取行动时，会积累经验和增加信心，从而运用法律机制来"指控"社会弊端，提出诉求，并发展他们的事业。皮温和克劳沃德

(Piven and Cloward, 1979：4)在有关抗议政治中崛起的意识的经典论述中,也确认了这一点。当公民"开始要求变革的'权利'时",他们常常发展出"一种新的能力意识;通常认为自己处于无助境地的人们开始相信,他们有能力改变自己的命运"。

1950年代美国的民权运动表明了这种法律催化的复杂过程。开始时,一场诉讼导致了1954年"布朗诉教育委员会案"(Brown v. Board of Education)的判决,这场诉讼在两个维度上对民权运动的发展至关重要。第一,由于宣布南方白人的权力结构存在某些薄弱环节,也由于在挑战歧视行为方面提供了实际的稀缺资源,这场诉讼点燃了南方黑人的希望之火。正如历史学家阿尔顿·莫里斯(Morris,1984：30)所概括的:"1954年判决的胜诉是一种组织上的胜利,可以把这个案件背后的黑人群众联合起来;黑人通过要求他们的孩子进入设备良好的白人学校,使这个案件传至黑人的千家万户,并对人们的个人生活具有深远的意义。"

第二,要求废除种族统治,对白人权力结构施加了日益增长的压力,这导致了广泛的和明显的对正式的黑人领导集团即全国有色人种协进会(NAACP)的攻击,既包括法律上的攻击也包括身体上的攻击。这些反弹转而导致了分裂,一方是地方的和附属教会的全国有色人种协进会的领导,他们采取较为激进的抗议行动;另一方是更带有官僚色彩和法律导向的全国组织的领导。结果,南方黑人草根阶层抗议运动在总体上爆发了,吞没了单独诉诸法律行动的声音。"两种进路,即法律行动和大众抗议,实现了激荡但却有效的联姻"(Morris,1984：39)。此外,这也导致了黑人与白人冲突的升级,这种冲突的"扩展范围"涉及华盛顿官员、联邦法院、北方媒体以及全国舆论。"引起"不满的黑人草根阶层采取行动的动力,并非仅仅源于法院判决的"道德启示",也非来自联邦政府对民权的强有力支持。吉拉德·罗森伯格(Gerald Rosenberg, 1991)在这一问题上的看法是正确的。但全国有色人种协进会所倡导的法律策略明显推动了公民"权利"的诉求,并强化了南方种族斗争的基本要求。

美国的其他一些权利运动中也显示了类似的趋势,包括同性恋权利、动物权利和妇女权利运动。这些例子之所以特别有意义,是因为它们表明,在法院或其他官方讲坛中所取得的决定性且影响深远的胜利,并不一定会具有这种法律上的催化效应。例如在美国,公平薪酬的主要发展源自人们对传统法院所支持的政策的反应,人们认为女工被迫从事某些工种构成歧视,应予以矫正。1970年代遭受一系列失败之后,人们利用最高法院的判决和低级法院的一个开拓性裁决(后来在上诉中被推翻),在改变薪酬歧视的法律方面,使得公平薪酬运动取得了一个小小的胜利。但是,在该法院3项裁决所经历的5年间,尽管受到判例法原则的限制,运动领导人还是有效地采取了法律诉讼,组织全国成千上万工作场所的女工提出诉求。对于在法院所取得的最初胜利,有关人士进行了广泛的宣传,使得这个问题成为全国性议题,而这提醒了运动领导人,公平薪酬业已成为"1980年代女工的问题"。然后,代表女工提起法律诉讼成为全国各地广受瞩

513 目的事件,也成为了工会和运动成功的组织策略。此外,与有时人们所认为的不同,这些事件并不意味着法院判决"启蒙"了女工,使她们意识到自己的附属地位。相反,随着时间的推移,持续性法律诉讼使得雇主变得脆弱而容易对付,并扩展了女工可以利用的资源,使得她们能够提出整体的平等诉求,并在推进这些诉求中增加了自己的信心和经验(McCann, 1994)。

这些晚近的见解尤其与以下运动有关,即在如何界定挑战威权体制的界限时,感受到了人权诉求具有相当大的力量。实际上,把社会问题作为人权问题来对待,对于运动的动员来说,颇为行之有效且显得理由充分。里克·阿贝尔(Abel, 1995)的研究表明,"以法律来对抗权力"如何为南非的人们挑战种族隔离提供了强有力的武器。重新把女权命名为人权的事业,尤其是挑战对妇女实施暴力的女性割礼,已经重新界定了符号性斗争的领域,并动员了非政府组织,从而支持了近几十年全球女性问题的解决(Keck and Sikkink, 1998)。也有证据表明,由诉讼和其他策略补充的全球诉求,在欧盟(Cichowski, 2002)和拉丁美洲各国(Cleary, 1997; Meili, 2001),已经产生了声势浩大的运动浪潮。

当然,在扩展社会运动的能量方面,人们之所以常常没有利用法律诉讼这种资源,主要原因在于那里缺乏有利的社会条件。在各种环境下正义的运动以及美国为穷人或无家可归者所采取的行动中,某种程度上就是如此。反对美国在发展中国家建立血汗工厂的诸多劳工权利运动,和反对威权体制滥用暴力——如在墨西哥特拉特洛尔科广场和中欧发生的针对抗议学生的大屠杀(Keck and Sikkink, 1998)——的人权运动,都已经表明在动员更大规模的支持和引起公众注意方面,法律诉讼的能量有限。例如,以色列的女权主义者无法把在本国高等法院的胜利用作动员草根阶层的有效资源。此外,法律策略有时还表现出阻碍社会运动发展的特征。这方面的一个共同的批评意见就是,法律策略把资源转向了关注诉讼的律师,而不是关注草根阶层的动员和已经得到证明的其他更有效的政治组织(Scheingold, 1974; McCann and Silverstein, 1998)。有证据表明,在许多国家的内部斗争中,尤其表现出一种局限,在那里,律师常常受到他们深陷其中的精英关系的笼络或限制(Dotan, 2001; Handler, 1978)。德扎莱和格斯(Dezalay and Garth, 2001)论述了拉丁美洲的人权律师在日常工作中受到的限制,这些限制是由他们对美国基金会及其设定目标的依赖所导致的,研究揭示了这方面所存在的一种特别令人心灰意冷的限制方式。

作为政治压力的法律动员

514 社会运动的其他维度涉及共同的法律推动力。尤其是,法律诉求常常可以为运动的积极分子提供制度和符号性动力资源,以对抗那些反对者。这种杠杆作用与法律在启动运动方面的贡献密切相关,尽管实际上这不是法律的重要作用。由于法律权利的诉求有时能够从不同团体中"汇聚"强有力的支持改革目标的力量,因而人们可以运用法律的武器"迫使"其他不配合的反对者作出让步或妥协。作为启动运动的一种努力,法律动员的第二个维度通常会提起诉讼或采取其他形式的法律行动。但是我们应该承认,在法庭上取得的胜利,对于短期或长期成功的法律杠杆作用来说,并非总是必不可少。

就某些方面而言,这种见解几乎并无新意。运用法律策略和强迫日常"私人"纠纷通过非正式方式解决,是法律学者所熟悉的模式,这些纠纷包括离婚、合同债务、损害财产的责任等(Galanter, 1983)。但是,在社会政策改革方面,正式和非正式法律行为之间的辩证关系通常很少引起学界的注意(Handler, 1978; Olson, 1984; Silverstein, 1996)。

诉讼常常以几种方式为社会政策的倡导者提供强有力的策略性杠杆作用。改革者锋芒所指向的组织深知,诉讼会花费成本,这涉及直接开支,并会带来未来的财政负担。实际上,公众主要纠纷所涉及的费用常常高达数百万美元,会影响多年的经济运行,这些纠纷包括种族和性别歧视、工作场所不安全以及环境破坏等。更重要的是,人们常常担心,面对强大的公共和私人利益,法官等当事人之外的第三方丧失了决定的自主性,无论涉及资本投资、工资政策和外部性成本,还是其他事务,都是如此。因此,有关政府机构会通过直接与改革积极分子谈判来减少潜在的损失。最终,权利诉求的符号性规范力量本身并没有减弱,因为全世界的人们都日益强化权利诉求,心怀不满的团体常常能够诉诸法律的规范、惯例和要求,迫使政府作出让步,即使在缺乏明确的司法或其他官方依据时,也是如此(Scheingold, 1974, 1989; Handler, 1978)。还有,媒体会趋向于把法律权利的诉求公布于众,当纠纷提交官方审判和涉及民主信息的公开时,尤其是这样。在许多情况下,采用法律动员的方式施加压力,这种策略常常会增加公众的力量(McCann, 1994; Keck and Sikkink, 1998)。

这种处理方式的益处在于,依据有利的法律规范和依赖司法的威慑,政治斗争可以更迅速、更廉价和更有效地进行。当然,这种以法律为武器的斗争方式,几乎并不能毫无代价地保障社会改革者取得成功。启动法律诉讼常常并不能够迫使强有力的对手作出让步,由此可能导致运动的支持者经历时间漫长、代价昂贵和风险很高的法律程序,对于这些程序,他们远远无法与他们体制内的对手相抗衡。甚至更重要的是,在官方论坛中的最终失败会影响运动的士气,减弱运动进行讨价还价的交涉力量,并且会耗尽运动的资源。因而,如果法律杠杆作为一种威慑力量,没有动用就发挥了作用,那么这种法律杠杆就最为成功。但是,运动的积极分子必须愿意在一些时候把诉讼进行到底,否则就会丧失巨大的能量。无论如何,作为道德权利的源泉和对外部干预的潜在威慑力量,法律的符号性出场会赋予权利话语以巨大的社会力量。

这方面的原因在于,法律所支撑的实践依赖于独立的司法机构或其他官方法律制

515 度和规则,根据这些机构、制度和规则,有关社会运动的团体可以采取法律行动,并依赖健全的法律诉求的"支撑结构",如律师、其他组织以及财政方面的资源(Epp, 1998; McCann, 1994)。美国长期以来就存在这些条件,"二战"之后,那里的事业型律师事务所和事业型律师的增长,尤其迅速。其他许多国家在传统上具有上述部分但不是全部的条件。例如,许多国家都有官方法院和宪法,但那些司法机构常常缺乏独立性,其部分的结果是,那里难以形成对抗性运动在法律诉求方面的强健网络。不过,支撑法律动员的正式制度结构、权利诉求的呼应机制以及相关的网络,已经在全球范围的国家和跨国层面涌现出来。人权、环境、和平、原住民的非政府组织以及事业型律师的爆炸性发展,与区域性(欧洲法院)和国际(国际法院、联合国)司法机构的发展,一道推动了一种趋势,即把法律杠杆作为全球社会运动在政治上的关键策略(Sarat and Scheingold, 2001)。正如克科和希克金科(Keck and Sikkink, 1998)所指出,其中最显著的趋势是,跨国人权组织常常与国内的一些团体联手行动,在推动变革方面施加"意想不到"的压力,有效地绕开来自国家的传统阻挠方式。

如上文所见,运用法律资源对统治集团施加压力,这种方式出现于运动斗争的不同阶段。这里,有两种作用值得我们关注。

促成政策回应

许多斗争在第一个阶段就开始运用法律的策略,促使有关国家或当局对政策要求作出回应,或至少迫使它们作出某些让步。政治学家赫勒娜·希尔沃斯坦(Helena Silverstein, 1996)已经指出,这种策略如何推动了近年来美国保护动物权利的某些比较重要的发展。她指出,在各种事件中,人们开始运用诉讼来突显虐待动物问题的严重性,揭发有关施虐者,引起有关媒体的关注。一旦这些事件具有了示范的作用并得到了媒体的积极配合,具有轰动效应的诉讼就可以产生双重威慑作用:一方面可以动员公众舆论反对"施虐者",另一方面可以将那些施虐者拖入费用高昂的法律诉讼,使其面临在法院败诉之险。在总体上,这些法律策略是迫使国家和非国家权威进行变革的最有效的机制之一。米歇尔·帕里斯(Michael Paris,即将出版)和道格拉斯·里德(Douglas Reed, 2001)分别指出,在美国,法律在关于不同州层面的平等主义的学校财政改革运动中显示出了类似的动力。

这些例子再次表明,一些人常常忽略了法律杠杆的策略之维。这些事例突出表明,在法院或其他官方机构那里反复取得的明显胜利,对于有效的法律动员而言并非必不可少。在许多成功的斗争中,法律诉讼未能迫使法院在终审判决中直接赋予行动者所寻求的一些新权利和救济。但是,在有关问题上通过胜诉而取得的某些微小进步,以及一些重要诉求在法院胜诉的可能性,至少常常会对国家或有关当局施加足够的压力,这包括实际代价(诸如不良公众形象和法律费用)和潜在的风险(即通过司法制定政策),

迫使它们作出某些重要的让步。此外，法律策略还在与其他一些策略合作时显得十分行之有效，包括示威游行、立法游说、集体谈判、选举动员以及媒体公开等。法律和制度对策仅仅构成运动策略的一个维度，这个事实无疑使得如何评估法律在其中的独特贡献变得复杂。但是，上述提及的所有运动中，积极分子和具体事例的历史都确证了这种偶然和附属的法律行动具有重要性。关于这种法律杠杆动力的其他显例，可见于美国的环保权利、消费者权利、妇女权利、薪酬公平权利、公民权利以及残疾人权利的运动。

在一些国家中，没有美国那样独立和强有力的法院，因而法律杠杆的运用常常遇到困难，并扮演不同的角色。但是，这样的策略在欧洲各国（Epp, 1998）、欧盟（Cichowski, 2002）、拉丁美洲、以色列、埃及以及其他中东各国的妇女运动中，都已经产生了影响。人权活动和提起诉讼，为挑战拉丁美洲、南非、埃及以及其他国家的威权统治提供了显著的力量。实际上，诸如大赦国际及其广泛的权利活跃分子，已经改变了国内和国家间的整个政治力量的对比关系。埃里克·菲尔德曼（Eric Feldman, 2000）曾经以类似的方式指出，在日本，权利和法律动员的努力产生了更为深远的影响，在那里，独立的法院和事业型律师在影响公共政策方面一直发挥着重要的作用。

但是，在一些情况下，法律策略未能产生、甚至妨碍了进步的变革，堕胎案便是这方面的显著例子。通过"罗伊诉韦德案"（Roe v. Wade）美国女权主义者虽然赢得了"选择的权利"，但是为这种权利的行使而提供的医疗服务和财政援助并未因此得到实质改善。更为糟糕的是，"罗伊案"导致了强烈的反向运动，这种反向运动否认或至少实质上限制妇女选择堕胎的权利（Rosenberg, 1991）。简言之，在一些情况下，法律策略不仅未能推动真正的变革，反而损害了以其他替代性策略促成变革的潜能。在全球法律动员的尝试中，也可以发现类似的失败模式。这再度表明，如果缺乏强有力的法律传统、制度和组织化的活跃分子的支撑结构，法律动员有可能招致失败。诺加·莫拉格-列维尼（Noga Morag-Levine, 2001）的研究已经表明，在以色列较为强烈的社团主义（corporatist）的结构中，从美国"进口"的诉讼中心的、权利导向的进路如何招致失败，实际上这种诉讼模式扭曲了那里原本有效的政治运行轨道。最后，在世界上一些地方，人们试图通过社会运动来挑战等级权力和威权国家的统治，在诉诸法律动员的努力中，这种努力实际上已经产生了反弹。

政策实施和执行

在政治斗争的政策实施阶段，法律杠杆也常常具有突出的作用。这种作用的重要性在于，如果缺乏有效的政策实施过程，"书本上"的新法律或政策几乎无法得到接受。在这个阶段，许多学者从不同的理由出发，认为法律策略的重要性相对有限。这种倾向最通常的解释是，国家和跨国法院通常缺乏独立性和相关资源，从而无法不顾政府和社会团体的反对而执行它们的决定（Rosenberg, 1991；Handler, 1978；McCann, 1986；

Scheingold, 1974)。

不过,在关于政策实施的斗争中,法律有时可以有何作为和实际上如何重要,对于这个问题,有关法律动员的研究已经提出了一些富有价值的洞见。这方面值得关注的尤其是一些实证研究,它们已经通过数据表明了法律策略——尤其是实际的或威慑的诉讼——如何有助于运动活跃分子表达声音、立场,并在政策实施过程中施加影响,不管这种政策是否得到国家或非国家权威的认可。在美国,除了其他方面,这些政策领域包括环境、性别歧视、种族歧视以及残疾人权利。有证据表明,在这方面,欧盟和世界各国具有与之相似的动向,但与社会运动中其他阶段的活动相比,关于政策实施阶段法律杠杆的政治作用,研究更少。

对于许多"圈外"群体所追求的特殊目的来说,法律常常具有特别的重要性,法律可以把政策表述和实施过程予以"形式化"。这里所言的形式化是指在某种程度上根据公共的、一般的、明确的以及统一的程序和标准来构成和处理各种关系(Lowi, 1979)。这里的基本预设是,统治集团偏好以暗中操作(封闭的或隐蔽的)且高度裁量的方式来实施政策,由此可以避开正式程序、实体性原则的约束,规避透明、公开以及来自外部的监督。在这样非正式的场合,政策实施尽管常常作出允许挑战的表面姿态,但这往往更有助于维护统治精英既定的特权,使其代价最小化,也有助于维持统治精英的支配地位和保护他们的特权。相比之下,形式化的过程常常更利于边缘群体,在社会中,统治集团控制着大部分物质的和组织的资源,这种强化特定程序权利和实体标准的形式化过程,可以迫使统治精英承担责任(Delgado et al., 1985)。

社会运动中的群体常常利用诉讼具体地推动正式制度机构的创建,以影响国家权力并对其活动施加压力。以这种方式,法律资源常常提供了一套较为精致的工具,如基本程序、标准以及惯例等;在为政策而斗争的"补救"阶段,运用这些硬性杠杆策略,有助于影响当时行政关系的"结构"(Galanter, 1983)。例如,社会学学者劳伦·埃德尔曼(Lauren Edelman, 1990)的研究就揭示,在1970年代的美国,雇主成立的日常事务办公室如何致力于避免诉讼,并保持诚信遵守以种族为基础的平权原则的表象。成立这些办公室的初衷,主要是出于欺骗和防护性目的,但它们却利用反对歧视性规范和诉讼的威吓,迫使许多公司和国家的制度实行了"真实的"变革。在许多国家,对形式性的类似重视已经导致了人权和其他领域活跃分子根据"法治"的原则,致力于强化司法独立、法律职业独立以及程序独立,从而为反抗国家或社会利益集团的活动提供了一种法律杠杆。实际上,跨国非政府组织、地方反对威权团体以及法官常常结成联盟,由此强化法院和团体的力量,以对抗威权的或非民主的统治。自1980年代以来,在埃及、以色列、拉丁美洲各国以及欧盟,甚至在美国政治的某个历史时刻,我们可以发现这个过程。

当然,正如有关司法影响力的研究所揭示的,与其他斗争阶段相比,在政策实施阶段,法律杠杆对于改革者的助益常常较小(Handler, 1978)。法官和其他法律官员面对技术过于复杂和需要丰富经验的诉求案件,会有所畏缩,这可能使法律杠杆策略在政策实施阶段通常发挥较小的作用。此外,持有公开敌意的法院常常会削减这种机会和资源,这实际上在政策过程中否认了运动行动者的正当性。还有,法院即使支持处于不利地位的团体,如果缺乏组织良好并且愿意运用法律资源促成变革的公民,那么在大多数情况下,不正义也不会受到异议的挑战。实际上,官方法律的明显发展,甚至可能会强化对缺乏组织资源的边缘公民的伤害。简言之,法律的较高程度的形式性常常并不有助于改革者,还可能构成对运动行动者的巨大限制。还有,理解这些变数需要分析发生斗争的社会关系网络及其内部的法律运作情况。

斗争中和为斗争而形成的法律遗产

运动中有关活动的一个最后阶段或维度是,需要以最复杂、巧妙和独特的方式反映法律和社会变革。这就是常常被称为"遗产"的阶段。这涉及在运动的斗争之后,全社会的人民地位、相互关系以及有关制度的变革。遗产当然包括运动的行动者和特定政策改革的行动目标,也包括更一般的和常常没有争议的结论。法律与变革领域对于这些结论关注最少,这里我将根据自己的研究对此加以简要的阐释。

就薪酬公平问题,我研究了美国许多组织环境。我的研究发现,直接的和切实可行的政策实施虽然不难做到,但很重要(McCann,1994)。妇女从事的工作并没有达到充分平等的程度,妇女报酬增加的幅度常常徘徊在她们工资的10%~25%。我从所访谈过的妇女那里了解到的情况是,那还不是她们所得的全部,甚至不是所得的重要部分。与此相反,女工反复对我谈及的问题是工作环境如何赋予她们以力量。她们告诉我,她们作为公民的效率意识如何得到了极大提高,甚至如何认识到在其他女工中,这种意识已经得到了明显的提高。这与妇女在工会内部组织力量的增长有关,也与她们的工会对雇主力量的增加有关。许多妇女具体谈到她们"权利意识"增加的重要性,这种意识源自围绕薪酬公平问题而进行的法律动员。结果是,在大多数工作场所,为公平报酬而斗争很快就引发了新的要求,如产假、附加收益、工作流动机会以及寻求最佳关注条件等。

在这样的证据面前,我们很难否认,法律和法律动员活动使得许多人的生活和制度环境大为不同。同时,在我的研究中,并没有在其他地方发现同样的斗争成果。在某些地方,很少有积极变革的迹象;在一些工作地点,条件甚至恶化,参与早期斗争的妇女放弃了努力或者离开那里。在黑人民权运动之后,在女权活跃分子的第二波,在环境问题的法律诉求中,在服刑人员的权利诉求中,在动物权利的运动中,以及在美国其他一些运动中,我们也可以追踪到类似的混合法律遗产。但是,在其他运动中,包括同性恋权利诉求,福利权利诉求以及无家可归者的权利诉求等,在法律行动的记录方面,几乎没有什么值得称道的地方。实际上,在美国的许多案件中,法律权利的诉求和上诉到官方法律机构,已经产生了较为深远的来自反动的政治势力的"抵制"或对法律动员的反动(Rosenberg,1991;Goldberg-Hiller,2002)。在其他地方,更难以根据社会运动来估量法律动员的遗产,但类似证据揭示了各种意涵。具体的人权斗争常常产生一些戏剧性效果,并改变了政治斗争的条件,但社会关系、国家权力和物质福利的重要变化模式一直存有更多的变数。正如上文所注意到的,法律动员的努力已经对社会关系产生了短期影响,它的长期效果,即从转型的遗产到抵制阶段,尚难以预料。

这把我们带回到大多数分析者都会同意的起点:法律动员并没有内在地赋予或减少公民的权利。在这个方面,法律的重要性取决于复杂的和常常是变动不居的斗争所发生的情境。法律关系、制度和规范都是双刃剑,一方面,法律维护现状的基础结构,另一方面,法律为不时地挑战和改变统治秩序提供支持。

研究的新方向

本文由于强调法律与政治之间关系所固有的不确定性,因而我在结论部分指出以下一点,读者就不应感到惊奇了。这就是,强调进一步探索法律与社会运动之间的关系的无限机会和迫切需要。鉴于有限的篇幅,我只能对未来的研究方向提出简要的建议。

1. 我在一开始就指出,把社会-法律研究理论和社会运动理论结合起来进行研究,这种进路在学界一向较少。本文的目标之一在于阐明,把这两种理论传统关联起来,进行更多的实证和理论研究,具有重要的价值。

2. 借助于法律动员而展开的政治活动,十分迅速地变成了为人们所熟悉的世界范围的社会运动模式。关于这个领域,需要更多跨国家或超越国家的比较研究。对于某些当下的理论研究尤其是当务之急,这些理论致力于借鉴、挑战并超越来自美国的有关经验。

3. 本文反复强调,借助法律动员的政治,既依赖于精明强干而独立自主的法院、法官以及法律职业,又对它们有所贡献。关于这种关系,我们值得在各种国家的、次国家的以及超国家的情境中进行深入探究。

4. 诸多批评性文献已经表明,法律动员不仅会导致政治权力的相对软弱,也会对这种独特的局势和成功产生反弹效应。法律动员的效果和遗产问题,值得我们在各种制度和文化的情境中深入探索。

参考文献

- Abel, R. (1995) *Politics by Other Means: Law in the Struggle Against Apartheid, 1980-1994*. New

York: Routledge.
- Bogart, W. A. (2002) *Consequences: The Impact of Law and its Complexity*. Toronto: University of Toronto Press.
- Brigham, J. (1996) *The Constitution of Interests: Beyond the Politics of Rights*. New York: New York University Press.
- *Brown v. Board of Education* (1954) 347 U. S. 483.
- Buechler, S. M. and Cylke, F. K., Jr. (eds.) (1997) *Social Movements: Perspectives and Issues*. Mountain View, CA: Mayfield Publishing Co.
- Cichowski, R. I. (2002) "'No discrimination whatsoever': Women's transnational activism and the evolution of European sex equality policy," in N. Naples and M. Desai (eds.), *Women's Community Activism and Globalization*. New York: Routledge, pp. 220-38.
- Cleary, E. L. (1997) *The Struggle for Human Rights in Latin America*. Westport, CT: Praeger.
- Delgado, R., Dunn, C., and Hubbert, D. (1985) "Fairness and formality: Minimizing the risk of prejudice in alternative dispute resolution," *Wisconsin Law Review* 85: 1359-405.
- Dezalay, Y. and Garth, B. G. (2001) "Constructing law out of power: Investing in human rights as an alternative political strategy," in A. Sarat and S. Scheingold (eds.), *Cause Lawyering and the State in the Global Era*. Oxford: Oxford University Press, pp. 354-81.
- Dotan, Y. (2001) "The global language of human rights: Patterns of cooperation between state and civil rights lawyers in Israel," in A. Sarat and S. Scheingold (eds.), *Cause Lawyering and the State in a Global Era*. Oxford: Oxford University Press, pp. 244-63.
- Edelman, L. (1990) "Legal environments and organizational governance: The expansion of due process in the American workplace," *American Journal of Sociology* 97: 1531-76.
- Epp, C. (1990) "Connecting litigation levels and legal mobilization: Explaining interstate variation in employment civil rights litigation," *Law and Society Review* 18: 551-82.
- Epp, C. (1998) *The Rights Revolution: Lawyers, Activists, and Supreme Courts in Comparative Perspective*. Chicago: University of Chicago Press.
- Feldman, E. A. (2000) *The Ritual of Rights in Japan: Law, Society, and Health Policy*. Cambridge, UK: Cambridge University Press.
- Forbath, W. E. (1991) *Law and the Shaping of the American Labor Movement*. Cambridge, MA: Harvard University Press.
- Galanter, M. (1983) "The radiating effects of courts," in K. D. Boyum and L. Mather (eds.), *Empirical Theories of Courts*. New York: Longman, pp. 117-42.
- Goldberg-Hiller, J. (2002) *The Limits to Union: Same-Sex Marriage and the Politics of Civil Rights*. Ann Arbor: University of Michigan Press.
- Haltom, W. (1998) *Reporting on Courts: How the Mass Media Cover Judicial Actions*. New York: Wadsworth.

- Handler, J. F. (1978) *Social Movements and the Legal System: A Theory of Law Reform and Social Change*. New York: Academic Press.
- Hunt, A. (1990) "Rights and social movements: Counter-hegemonic strategies," *Journal of Law and Society* 17: 309-28.
- Keck, M. E. and Sikkink, K. (1998) *Activists Beyond Borders: Advocacy Networks in International Politics*. Ithaca, NY: Cornell University Press.
- Lowi, T. J. (1971) *The Politics of Disorder*. New York: Basic Books.
- Lowi, T. J. (1979) *The End of Liberalism: The Second Republic of the United States*. New York: Norton.
- McAdam, D. (1982) *Political Process and the Development of Black Insurgency, 1930-70*. Chicago: University of Chicago Press.
- McCann, M. W. (1986) *Taking Reform Seriously: Critical Perspectives on Public Interest Liberalism*. Ithaca, NY: Cornell University Press.
- McCann, M. W. (1994) *Rights at Work: Pay Equity Reform and the Politics of Legal Mobilization*. Chicago: University of Chicago Press.
- McCann, M. and March, T. (1996), "Legal tactics and everyday resistance: A political science assessment," *Studies in Law, Politics, and Society* 15(Winter): 207-36.
- McCann, M. W. and Silverstein, H. (1998) "The 'lure of litigation' and other myths about cause lawyers," in A. Sarat and S. Scheingold (eds.), *The Politics and Practice of Cause Lawyering*. New York: Oxford University Press, pp. 261-92.
- Meili, S. (2001) "Latin American cause-lawyering networks," in A. Sarat and S. Scheingold (eds.), *Cause Lawyering and the State in the Global Era*. Oxford: Oxford University Press, pp. 307-33.
- Meranto, O. (1998) "Litigation as rebellion," in A. Costain and A. McFarland (eds.), *Social Movements and American Political Institutions*. Lanham: Rowman and Littlefield, pp. 216-32.
- Merry, S. E. (1985) "Concepts of law and justice among working-class Americans: Ideology as culture," *Legal Studies Forum* 9: 59-70.
- Minow, M. (1987) "Interpreting rights: An essay for Robert Cover," *Yale Law Journal* 96: 1860-915.
- Morag-Levine, N. (2001) "The politics of imported rights: Transplantation and transformation in an Israeli environmental cause-lawyering organization," in A. Sarat and S. Scheingold (eds.), *Cause Lawyering and the State in the Global Era*. Oxford: Oxford University Press, pp. 334-53.
- Morris, A. (1984) *The Origins of the Civil Rights Movement*. New York: Free Press.
- Olson, S. M. (1984) *Clients and Lawyers: Securing the Rights of Disabled Persons*. Westport, CT: Greenwood Press.
- Paris, M. (forthcoming) *Educational Inequality on Trial: Legal Mobilization and the Politics of*

School Finance Reform. Cambridge, UK: Cambridge University Press.
- Piven, F. F., and Cloward, R. A. (1979) *Poor People's Movements: Why They Succeed, How They Fail*. New York: Vintage.
- Reed, Douglas (2001) *On Equal Terms: The Constitutional Politics of Educational Opportunity*. Princeton, NJ: Princeton University Press.
- *Roe v. Wade* (1973) 410 U.S. 113.
- Rosenberg, G. (1991) *The Hollow Hope: Can Courts Bring About Social Change?* Chicago: Chicago University Press.
- Sarat, A. and Scheingold, S. (eds.) (2001) *Cause Lawyering and the State in the Global Era*. Oxford: Oxford University Press.
- Scheingold, S. A. (1974) *The Politics of Rights: Lawyers, Public Policy, and Political Change*. New Haven, CT: Yale University Press.
- Scheingold, S. A. (1989) "Constitutional rights and social change," in M. W. McCann and G. L. Houseman (eds.), *Judging the Constitution*. Glenview, IL: Scott, Foresman and Little, Brown, pp. 73-91.
- Schneider, Elizabeth M. (1986) "The dialectic of rights and politics: Perspectives from the women's movement," *New York University Law Review* 61: 589-652.
- Silverstein, H. (1996) *Unleashing Rights: Law, Meaning, and the Animal Rights Movement*. Ann Arbor: University of Michigan Press.
- Tarrow, S. (1983) *Struggling to Reform: Social Movements and Policy Change During Cycles of Protest*, Occasional Paper #15. Center for International Studies, Cornell University.
- Thompson, E. P. (1975) *Whigs and Hunters: The Origin of the Black Act*. New York: Pantheon.
- Tilly, C. (1984) "Social movements and national politics," in C. Bright and S. Harding (eds.), *Statemaking and Social Movements*. Ann Arbor: University of Michigan Press.
- Turk, A. (1976) "Law as a weapon in social conflict," *Social Problems* 23: 276-91.
- Zemans, F. K. (1983) "Legal mobilization: The neglected role of law in the political system," *American Political Science Review* 77: 690-703.
- Zirakzadeh, C. E. (1997) *Social Movements in Politics: A Comparative Study*. London: Longman.

扩展文献

- Guidry, J. A., Kennedy, M. D., and Zald, M. N. (eds.) (2000) *Globalizations and Social Movements: Culture, Power, and the Transnational Public Sphere*. Ann Arbor: University of Michigan Press.
- Santos, B. S. (1995) *Toward a New Common Sense: Law, Science, and Politics in the Paradigmatic Transition*. New York: Routledge.
- Stychin, C. F. (1998) *A Nation by Rights: National Politics, Sexual Identity Politics, and the Dis-*

course of Rights. Philadelphia: Temple University Press.
- Trubeck, D. M., Dezalay, Y., Buchanan, R., and Davis, J. R. (1994) "Global restructuring and the law: Studies of the internationalization of legal fields and the creation of transnational arenas," *Case Western Law Review* 44: 407-98.

27

"不吠之犬":社会-法律研究关于法律、民主和选举的叙事

斯图亚特·A. 施因古尔德 著
高鸿钧 译

  无需相信,一人一票的选举和首届政府能够阻止 AK-47 冲锋枪和汽油弹,足以击败纳粹党徒,为软弱的国王提供可以控制种族力量的武器,并控制多门达利塔的公司;这并无意预言,非洲大陆其他国家追求"自由和公正"的民主事业注定失败。
  最终,年复一年、月复一月、天复一天!我们的人民持续斗争。他们不应受到欺骗!这本不该发生!本不该发生在我们身上。我们绝不允许这些灾难发生!如果人民意识到,他们无论怎样努力,都难逃旧体制的魔爪,因而不值得参与投票,那将是多么巨大的灾难。

——戈迪梅尔(Gordimer),1995:294-295

  法学家之爱秩序甚于爱其他一切事物,而秩序的最大保护者则是权威。另外,也不应当忘记,即使法学家重视自由,他们一般也把法治置于自由之上。他们害怕暴政不如害怕专断。而且,如果立法机构以立法剥夺人们的自由,并对此承担责任,法学家也不会有什么不满。

——托克维尔(Tocqueville),1959:vol. 1:285

  至少初看上去,法律对于民主的主要贡献,似乎明显和直接与确保选举责任(electoral accountability)相关联。一些学术研究开始探索如何确保公平和自由的选举以及不同选举体制下的民主真谛,不同的选举体制包括一人一票、比例代表制、单一席位选区(single-member district)以及操控选区划分(gerrymandering)等(Grofman and Lijphart,1986)。但是,社会-法律研究领域的学者并没有对这些问题进行探索。相反,他们致力于理解法律、选举以及民主如何相互支撑,这种理解注重的是法律责任(legal accountability），而很大程度忽视了选举责任。

社会-法律研究大都重视对选举的研究，我认为这种结果乃是源于一种观念，这种观念认为法律责任或法治是对民主的唯一和基本的贡献。根据这种独特的法律思维方式，选举责任虽然是民主的一个必要条件，但只有在与法律责任的结合中才可以变成一个充分条件。没有法律责任，选举责任注定不够完善、不可信赖，并会走向自我损毁。

对于社会-法律研究的内在属性而言，这种进路有其深远的渊源，这种渊源来自古典政治理论和法理学，我在下文把它们称作古典传统。社会-法律研究借鉴、删减并在一定程度上挑战这种古典传统。根据古典传统，法律责任通过权利的机制来防止民主泛滥，防止公民社会受到国家借口平等主义的目标而带来的非法侵害。相比之下，社会-法律研究似乎把权利作为武器，以对抗不平等和不民主，即作为防止国家侵害民主的一种手段；在某些时候，国家会与强势利益集团联手侵害民主。尽管这个问题具有不同的属性，但选举无论如何公平地组织和进行，都会不可避免地存在固有的缺陷，它所涉及的法律责任可以作为对选举过程固有缺陷的一种必要的矫正机制。

这是一个复杂和有争议的法律领域，其中相互竞争的民主和法律前提产生了多重叙事。本文并非旨在这些叙事之间进行选择。与此相反，我尝试探索，包括社会-法律研究学者在内的知识共同体，如何运用社会理论和实证研究来动摇古典传统，并增强和丰富了我们对于法律、民主与选举之间关系的理解，而非排斥它。

其一，社会-法律研究发轫于揭示行动之法与书本之法的差距。这种最具实证社会科学特色的研究，常常基于量化数据和以统计的方法来检验。社会-法律研究领域的理论家运用他们的发现，来解释和补充古典理论对法律、民主和选举的理解。

其二，社会-法律研究的理论家新近已经激进地打破了古典传统，并尝试对民主意志和法律责任进行一种激进的重构性理解。同时，社会-法律领域的研究者开始拓展解释方法，他们借用文化人类学的方法来分析个人之间以及首属群体内部的文化和意识。我认为，这种研究的发现将有助于更具活力的民主和适当重构的法制（legality）。

总之，社会-法律研究既维护也质疑前人所探讨的法制与民主之间的密切关系。据此，在考察社会-法律研究理论和实证研究对于古典传统所提出的挑战之前，有必要对古典传统进行阐释。

古 典 传 统

根据古典政治理论和法理学，法律和民主协同发展且相互依赖。政治理论家认为，秩序先于民主，是民主的一种必要但不是充分的条件。这种观点源于霍布斯，他认为，无法律则无秩序,无秩序则无自由。其后,民主理论家采用了霍布斯的非民主观点,把扩展的政治自由和政治责任的概念结合起来,由此创立了自由型民主。

自由型民主的政治理论

现代主义论述将霍布斯的自由和秩序概念广泛地视为民主的先驱。使霍布斯的秩序概念与自由型民主秩序概念得以连接的概念是宪政和人权,后两种最典型的法律现象与约翰·洛克相关联,并由此与自由型民主相关联。

宪政,有些类似霍布斯所称的秩序,更关注安定而不是民主。但是,宪政却把不属于霍布斯所认可的责任强加给了统治者,由此创设了一种关于政治权威的独特法律观。根据戴维·赫尔德的观点,宪政所促成的是"有限权力"的国家,"以便确保每个公民最大限度地享有自由"(David Held, 1995:50)。结果,这导致了更广泛的自由概念,并播下了人民主权的种子。正是在这种意义上,洛克才宣称"法律终结之日便是独裁开始之时"(转引自Held, 1995:44)。

但是,如果宪政只是朝着人民主权和民主的方向迈出了第一步,那么,它们的实现则需要更多的机制。据此,赫尔德继续区分了两种国家:一种是宪法型"现代国家,它的权力受到限制,它提供了一种管理机制,统治者与被统治者相互制衡"(Held, 1995:49);另一种是民主型现代国家,"其中'统治者'是公民的受托者并对公民负责"(Held, 1995:50)。后者要求确认个人权利,正是基于个人权利,特定政治共同体中的公民和公民资格才得以构成。自由型民主国家的形成,基于公民之间的公民权利和政治权利的结合,这两种权利使公民参与国家并保护他们不受国家侵害。前一种权利旨在实现公民社会的整合,而后一种权利则旨在确保民主的责任和公民的个人自主(Held, 1995:50)。

出于本文的目的,笔者有必要把自由型民主观区别于同社会-法律研究相关联的社会型民主和解放(或后现代)民主观。自由型民主主要旨在保护个人和公民社会免受专断和不负责任的国家之侵害,而社会型民主的核心在于纠正物质私有化的弊端。正如赫尔德所指出,社会型民主的权利指向"再分配的福利措施,包括采取社会保障措施、公共卫生健康措施以及新型的累进制税收措施"(Held, 1995:69)。在更广的含义上,自由型民主、社会型民主以及解放型民主这几种范式的区分,分别源于所谓的三代权利。其一,第一代权利与法治和社会契约理论相关联。它们是消极的,即限制国家或其他社会势力的干预并保护自由、隐私、正当程序等。不过,第一代权利也包括积极的权利,诸如言论自由、公民权以及竞选公职权等政治参与权利。其二,第二代权利涉及经济和社会福利,包括教育、医疗健康、最低收入保障、确保就业、工作场所组织(workplace organization)、食品供给、住房和社会保障等。这些第二代权利是社会型民主理论最早阐释的权利。其三,第三代权利包括广泛而存有争议的对公共福祉的诉求,涉及安全、安宁、健康环境、自然资源安全以及群体自决权。在本文中,第三代权利对应于解放旨向的民主。

权利代际的进步使得民主理论趋向于内在的紧张。第一代权利的民主诉求是必须确保公民和公民社会免受国家权力的侵害。第二代权利的诉求则与之相反,它以社会型民主的名义,要求国家权力进入公民社会,以便保障富有公民不受贫困公民的侵害。第三代权利的诉求目前仍然不甚清晰,因为它们并不认可对于它们的实现作出回应的体制。第二代和第三代权利也对我们下文所要论述的古典法制构成了挑战。

自由型民主的法制

根据古典政治理论,宪政代表了从霍布斯的将法律看作一种命令的基本法律概念出发迈出的第一步,宪政认为民主的先决条件是法制。

> 宪政界定了国家行为的适当形式及其限度,随着时间的推移,宪政的阐释形成了一套原则和实践,这有助于建构欧洲自由主义的核心价值之一,即为了确保每个公民享有最大限度的自由,国家的权力必须在范围和实践中受到限制。(Held, 1995:50)

从这个视角出发,一旦宪政与责任结合起来,就发生了朝向民主的转变。

古典法律理论对这种进步的贡献在于:其一,法治是对法制、宪政与合法权威之间的关联得到较为充分实现的状态的表述;其二,可实施的个人权利是自由型民主范式中法律责任的保障。前者源自法律实证主义,而后者源自新自然法理论。如下文所述,新自然法理论对于民主的责任的贡献在于它对自由的强调,从而使得自由型民主能够在一段时间内阻止社会型民主和解放型民主的实现。

在当代普通法世界的法律实证主义理论家中,哈特(Hart)具有最广泛的影响力,其理论最为雄辩。在我看来,他在政治权威合法性方面提出了成熟的法律理论,这种理论的贡献在于直截了当和相对简单易懂。哈特所主张的综合和内在的法制基于承认规则,由此产生出一体化的次级和初级规则体系。这种法制的综合性在于,它囊括了多重关系,初级规则强加行为义务,次级规则授权制定和改变初级规则(Hart, 1961:77-96)。这种法制的内在性在于,根据以承认规则为基础所提出的原则,即组织法原则,规则之间彼此协调一致。由此,哈特把我们带到了自由型民主法制的界点,使我们摆脱了约翰·奥斯汀(John Austin)那种作为主权者命令的法律概念(Hart, 1961:18-25)——根据这种概念,国家无需对公民负责。

然后,新自然法理论家使我们超越了自由型民主法制的界点。他们把作为合法政治权威保障的法制同作为个人权利以及民主责任保障的法制联结起来。富勒(Fuller, 1964:162)理论的前提是,法律的实质在于"使人们的行为服从规则的治理"。他认为,只有法律坚持某些标准时,这才有可能。例如,只有规则具备清晰易懂和不溯及既往等特征,人们的行为才愿意服从规则。根据富勒的观点,如果要使得人们的行为真正服从治理规则,这些规则必须符合某种道德准则的一些标准,他把这种道德准则称为"法律的内在道德"。根据菲利普·塞尔兹尼克的观点,法律的道德是指符合某种独特的法律理想,法律的内在之维"涉及的是规则制定和适用的方式"(Philip Selznick,1962:177,173)。同样,这种理想既是合法权威的保障又是公共责任的保障。"法制的基本因素……官方权力依据公民社会秩序的理性原则进行治理"(Philip Selznick,1962:171-172)。但是塞尔兹尼克和富勒都没有提供一种关于如何才能够充分实现个人权利的理论。他们也更少涉及第一代自由型民主权利的范畴,而是把法制等同于享有权利之权利(right to have rights)。

从一种略微不同的视角出发,法律的内在道德性要求存在内在一致的规则体系,由此,以及时、清晰和互不矛盾的方式界定法律义务。随之而来的问题是,内在一致依赖于十分发达的法律推理体系,这种体系能够反映规则、结构及其之间的关系。法律推理虽然复杂并由此难于把握,但是它是可以普遍理解的公共语言,尽管这需要通过那些受到法律训练之人的介入而间接地获得。同样,法制授权个人自主行动并有权要求国家对其行为负责。

基于以上阐释可以认为,古典法律理论中两种主要且广泛接受的区分强烈地暗示,法制同民主之间的密切关联始于并终结于自由型民主。一方面,这种自由与法律的(liberal-legal)关联可以追溯到古典法制内部关于法律与政治之间的区分。例如在美国,司法能动主义就与公民权利运动相关联,并由此对美国黑人开放了美国的政治和社会制度,这通常受到那些恪守古典法制人们的指责。根据亚历山大·毕克尔(Alexander Bickel,1962:16-23)和其他学者的观点,宪法把决断这类事务的权力授给了适当选举的美国人民的代表,而不是那些"反对多数决"(countermajoritarian)的联邦法院。这种坚持多数决原则的立场具有双重讽刺意味。首先,传统上,人们就认为法制旨在防止多数滥用权力。其次,纠正过去把美国黑人排斥在权利之外的做法构成了美国民主的重要进步。

相似地,富勒关于法律与经济的区分植根于他所坚持的古典法制概念,这种概念认为,法律的大部分规定都与行政机构的任务不相容,并由此与民主不相容。行政机构是福利国家的核心,因为它们承担着补救贫困和物质不平等问题的主要任务。根据富勒的观点,法制是通过有保障地实施那些已经确立的权利和规则来实现既定的期待。与此相反,人们认为行政机构应使其功能最大化,并由此依赖于边际效益的算计,而这就使得既定规则处于风险之中。例如,在考虑市场的健康与活力时,是选择保障经济的可计算性而忽视对竞争法的违反,还是选择强制执行有关规则反对那些妨碍竞争的做法(Weaver,1977)。在富勒看来,这并不涉及民主,而仅仅涉及对于不同的和相互排斥的法律与经济两大领域的承认。这个例子的寓意很清楚。为了实现社会型民主,本身就会妨害法律责任,而根据古典传统,这种责任对于民主来说不可或缺。

总之,古典法制推动了第一代政治和公民权利,使之超越了选举责任的范围,它不仅与民主相容,而且构成了自由型民主。反过来,对于古典法律责任的维护并没有扩展到与社会型民主相关联的第二代权利,也没有扩展到被称为解放型民主的第三代权利。实际上,关于第二代和第三代权利,古典法律责任更像是敌对者而不是盟友。

改进的社会-法律研究:从古典传统到社会型民主

自1950年代后期,离经叛道的美国社会科学开始挑战自由型民主范式,尤其是挑战共识多元主义(consensus pluralism)和美国福利国家漫不经心的干预。在1960年代,社会-法律研究处于起步阶段,它参与了这种挑战,并提供了支撑性实证研究,重新建构了古典法律理论。实证的社会-法律研究所提供的证据,揭示了古典法律责任的缺陷。此外,从事社会-法律研究的学者修正了古典法制,以便更好地保护第一代权利和维护与社会型民主相关联的第二代权利。

这里无法详细阐述社会科学家如何对自由型民主进行了祛魅,只能提及三条与社会-法律研究特别相关的研究和理论线路。其一,怀特·米尔斯(Wright Mills, 1957: 292)和其他学者对关于政治权力相对平衡分配的预设提出了挑战。米尔斯指出了一种相互依赖的"精英权力",它的"整体性在于那些经济、政治和军事组织之间利益的相应发展和一致"。其二,莎特施内德(Schattschneider, 1960)和彼得·巴奇拉奇与莫顿·巴拉兹(Peter Bachrach and Morton Baratz, 1970)开始分析不被人们注意的过程,即"偏见的流通"过程,由此那些握有比例失调的权力的人们在行使权力时,无需拒绝反对者表达声音,而只是压制它。其三,弗朗西斯·皮温和理查德·克劳沃德(Frances Piven and Richard Cloward, 1971)指出,福利的益处不仅不当,而且是用于规制穷人而不是用于减少不平等和贫困。从这些新的视角来看,自由型民主有其双重的问题。政治权力的不平等分配意味着多元主义谈判常常失败,而且以牺牲社会中最弱势的群体为代价,提供给他们的是不充足的资源,他们受到对待的方式更像奴隶而不是公民。

1960年代和1970年代发生了民权运动、反战运动、反贫困运动和环保运动,社会-法律研究开始在这种智识背景下走向繁荣。一方面,社会-法律研究提供的证据证明了更大的社会、经济和政治不平等的背景,如何同法律上的平等相互妥协。另一方面,从这些运动政治中受到启示的社会-法律研究领域的理论家,开始重新构想法律责任,以便对减少不平等的状况作出更大的贡献。

对于发生在美国的事件,如南部对民权的"大规模抵制"和对反战运动的压制,人们广泛解读为是古典法制所承诺的内容与所兑现的结果之间的差距。但是,在那段令人兴奋的日子里,即林登·约翰逊(Lyndon Johnson)发动的针对贫困之战,以及肯纳委员会(Kerner Commission)提出关于暴力的报告,似乎同样表明,法制本应得到兑现的一些内容也令人不解地落空了,而法制促成了这种落空。简言之,权利导向的能动主义,以及致力于分析与描述权利进步的社会-法律研究,所基于的基本信念是,法制与民主之间存有内在的结构性关联,但这种关联没有得到充分实现。

在更晚近的时候,社会-法律研究所处的背景是,在那里,法治和民主都不被视为理所当然,但是,这种研究发展出了崭新和很少偏见的对于自由型民主和自由型法制的兴趣。这些探索突显了一种努力,即运用自由型法制反对极权体制的压制性做法,以及代表某些群体进行表达,这些群体由于局外人身份而在本是民主的国家被拒绝享有基本权利。在这些不稳定的环境下,法律责任可以发挥古典的补充作用,作为对选举责任缺陷的一种抗衡机制。

古典法律责任的限度:法律上的不平等

社会-法律研究的主要方式,是综合探索行动之法与书本之法之间的差异。除了其他方面,这种研究揭示了形式平等的空洞性和对于政府权力宪法性限制的有限性。正如古典法制的标志常常流于空洞的许诺,法律责任对自由型民主的一种公认的贡献也同样如此。

在这方面,符号性和实际上的开创性工作始于马克·加兰特(Marc Galanter,1974)关于"为何'富人'占据优势"的分析。他提出的核心命题是,在法律平等正义表象的背后,在法律过程中"反复游戏者"比"一次游戏者"具有决定性优势。而且,反复游戏者压倒性地来自有权有势的阶层,而一次游戏者几乎全是无能力者和无依无靠者。加兰特研究的发现以及其他相关研究揭开了形式平等表象背后的实际状况,为社会-法律研究奠定了基础。与此类似,约尔·汉德勒(Joel Handler,1996)则致力于揭露,福利接受者面对他们所依赖的卑鄙而常常被滥用的国家机构的程序时,正当程序所提供的保护则显得不够充分。他的著作以及其他关于福利接受者的研究,正如皮温和克劳沃德所指出的,表明了法制是福利规制的同谋者而不是解放穷人的力量。

这些研究不可避免地会得出以下结论,即法律和法院更可能忽视而不是关注平等的价值。此外,政治学学者所从事的社会-法律研究也揭示,在相对稀少的事例中,当法院关注平等价值时,政策结果却如何令人失望。关于"顺从"和"影响"事例的研究证明,司法判决如何、为何以及在多大程度上未能转变成发挥作用的公共政策。在这些探索中,人们存有争议的是教育和社会领域种族隔离的废除、在学校中举行祷告以及刑事被告人的权利等问题。实际上,他们的考察涉及了所有领域,包括行政机构、政治领袖以及公众,研究者揭示了对于司法判决的普遍抵制和忽视的后果(Canon and Johnson,1999)。缺乏政治意志来执行司法判决,法院几乎无力矫正政治体内部资源分配不平等的偏颇。

最根本的是,社会-法律研究开始怀疑古典传统的主流之一,即其所极力鼓吹的法律自治:在公共政策事务中,法院是否无法保证对权利的救济,从而说明其毋庸置疑的政治依赖性;如果"富人"确实占有优势,那么,法律如同政治一样,是否应对人们在地位和物质资源方面的差异作出回应。

总之,社会-法律研究的出场,就推动人们提出了宪法法制的基本整合问题,而同时对法律责任作为自由型民主的保障机制提出了似乎是决定性的怀疑。

其后两种社会-法律研究验证了这种对法律责任的否定性解读。在美国之外所进行的大多数研究也表明,对于自由型法制的民主潜能需要进行重新评估。美国的相关研究显示,法律责任的政治化可以纠正自由型法制的缺陷。

重新思考自由型法制

伴随1960年代和1970年代政治和知识的躁动,以及社会-法律研究者的发现,美国的社会-法律研究领域的学者在视野上超越了自由主义的法律范式。他们在探寻更有活力的民主形式时,将自由型法制的成就视为理所当然,甚至颇多微词。在自由主义法律保护整体上捉襟见肘的环境中,他们的观点受到了更多的关注。可以说,政治活跃分子和从事社会-法律研究的学者都重新发现,自由主义的法条主义存在缺陷。

在威权主义的体制中,法治和最低限度的人权成为最佳的斗争武器。有关印度尼西亚和马来西亚的研究发现,为了使得法治能够富有意义地存续,律师进行了积极的斗争(Lev, 1998)。十分一致的情况是,律师致力于代表被占领领土上的巴勒斯坦人(Bisharat, 1998),或代表南非种族隔离体制的受害方(Abel, 1995)。在这种"以法律对抗权力"(Abel, 1998)的过程中,法律的诉求通常都限于针对压制的做法进行防卫性斗争。国际人权运动有时援助这些斗争,正如全球资本以法治的名义所进行的努力一样,尽管这种努力的主要目的在于便利商事活动。

古典法律责任也通过营造非极权的环境而增进了民主。例子是以色列和日本新法团主义的民主体制,在那里,新法团主义的团结处于优先地位,而对抗制法条主义受到了质疑(Morag-Levine, 2001; Dotan, 2001; Kidder and Miyazawa, 1993; Miyazawa, 1996)。当然,新法团主义的团结对于法团主义盟约之外的人们尤其不公,例如以色列的阿拉伯人和贝都因人就面对这种排斥,甚至在自由型民主和自由型法制已经稳固确立的一些国家中,也是这样,如在美国和英国,外国人就常常得不到法律的保护。这些"法外之人"包括移民、难民、寻求庇护者、被认为属于政治上敌人的人以及其他边缘人群。社会-法律研究描述了代表他们进行法律诉求的经历(Coutin, 2001),而这受到了来自欧盟超国家的关于法律责任原理的激励(Sterett,1998)。

所有这些经验都在不同程度上表明,自由主义的法律责任是对于民主的重要(虽然不足凭靠)贡献。还有,自由型民主和自由型法制受到了主要缺陷的困扰,这已被上述大量的研究结果所证明。据此,社会-法律研究有理由指出,法律责任的政治化可以使得法律诉求成为民主行之有效的工具。

法律责任的政治化:一种权利政治

古典法制坚持法律与政治分离,但是,权利政治通过确认而不是排斥法律与政治的难解难分的关联,来增加法律责任的活力。社会-法律研究已经具体地阐明,权利政治有助于消除偏见的流行,这种偏见会破坏选举责任。

一种权利和法制主导的政治绝不会把权利或司法判决作为法律权益或道德命令,而是作为商谈政治的资源。它们提供的是借以获得合法性的符号,并且也服务于再分配的目标。有证据表明,在动员和组织那些被排斥在多元主义谈判之外的刚刚出现的利益时,符号性权利的传播是行之有效的。在这样做时,权利政治也增加了权利诉求得到实现的可能性。

例如,美国消除种族隔离的过程就是这样。有关记录表明,最高法院所确立的宪法权利本身大都没有产生实际的效果,消除种族隔离只是在民权运动之后才获得了动力(Rosenberg,1991)。但是也有理由相信,通过权利政治,宪法诉讼对于民权运动的涌现和成功确实具有间接的贡献(Scheingold,1988)。一方面,对于公民权利诉求的司法保护助长了非裔美国人及其支持者进行有组织斗争的希望。另一方面,"大规模"对司法判决的合法抵制激发了北部自由人士的支持,更不用说电视播放那些超出法律限度的抵制场景所产生的效应了。这些宪法诉讼意想不到的结果合起来帮助打破了自重建以后维护种族隔离的政治僵局。

社会-法律研究探索了人们争取权利的运动,他们的研究涉及残疾人的权利(Olson,1984)、薪酬公平的权利(McCann,1994)以及动物的权利(Silverstein,1996),这些研究揭示了如何、为何以及在何种程度上权利政治能够取得成功。这些研究传达的一个信息是,法庭上的失败可以通过运动性质的政治活动来弥补(McCann,1994)。与此相关的一个信息是,权利政治所提供的民主机会是间接的和偶然的,最好是作为政治策略的序幕,并与这种策略结合起来,作为这种策略的补充。

近年来,关于事业型律师的研究已经提供了全球范围的多个事例,其中通过法律责任的政治化策略推动了民主的期望。美国的律师参与了保护中美移民的运动(Coutin,2001),拉丁美洲的事业型律师在草根阶层组织反对威权国家体制的运动(Meili,1998)。与此相似,日本的事业型律师进入政治领域发动民众,在确认公民的权利诉求方面,他们对法官的立场提出质疑(Kidder and Miyazawa,1993)。形式有些不同的一种政治化途径是运用法律颠覆现行制度。我们可以在美国和以色列的一些律师那里发现这种倾向（Sarat, 1998），前者致力于运用法律抵制死刑，后者则试图废除种族隔离的住房政策（Shamir and Ziv, 2001）。

显然，法律责任的政治化植根于一种改变了的法制概念，这种观念认为，法律和政治难解难分地交织在一起。人们从权利的理念出发，会认为法制与权利具有直接、绝对和决定性的联系。人们从政治的思考出发，会认为法制与权利之间的联系是间接、偶然和依赖于政治策略的选择。因此，权利政治把作为目的本身的权利转变为一种政治行动的手段。由此，具有自己社会轨迹和文化实践的法制变成了一个政治斗争的场域。

社会-法律研究所获取的关于法律不平等的信息和所作的有关解释，在法制研究方面引起了一场巨变。这种研究开始关注规范性和学理性古典传统，后来转而从社会科学和社会理论的视角来重新考察法律。此外，这种研究成果明确指出，作为维持自由型民主核心要素的古典法律责任存在缺陷，并指出宪法权利的实现更多是例外而不是常情。另一方面，社会-法律研究也揭示，为了获取能量，人们可以把政治化的法制民主化，通过权利政治提供一种改进模式的法律责任。

后自由型法制的理论化

权利政治可以为某些人提供政治支持，这些人是指那些被不公平的共识多元主义有效地排除了公民权的人。在这样做时，权利政治激发了法律责任的民主潜能，并通过确保宣布的权利得到实现，来服务于自由型法制。从这个视角出发，权利政治、自由型民主以及自由型法制便融合为相互配合的三和弦之曲。

从另一个视角看，权利政治双重颠覆了古典传统。一是实现法律责任运行策略的政治化；二是调整了与古典传统的关系。法律与政治之间存在明确的边界，这一点是古典传统理论的基础。此外，目的开放的权利政治就其范围而言，原则上可以通过确认第二代和第三代权利来超越和挑战第一代自由型民主的法制。这样就带来了一个问题，即法制在政治化的同时是否还可能得到维持？

社会-法律研究用两种后自由型法制观来对此作出回应，其中每一种都意在保障一种政治化的法制与更富有雄心的民主期望之间形成相互构成的关系。第一种后自由型法制观在精神上具有改革的气质，形成了一种广泛的但仍然属于传统的法制，它实现了充分的政治化，以适应社会型民主理论的第二代权利和再分配的目标。第二种后自由型法制观是激进转变的法制观，它明确放弃了古典传统，旨在创建一种解放型的民主和法制概念。

社会型民主的法制

菲利普·诺内特和菲利普·塞尔兹尼克(Phillipe Nonet and Philip Selznick, 1978)曾经提出工具性法治概念,在尝试把政治法制和社会法制范式与古典法治范式相协调方面,他们至少作出了部分贡献。他们在这样做时所采取的路径是转移对法制的观察立场,过去的观察是基于政治理论和法理学中的古典基础,他们现在则把法制置于社会理论和社会-法律研究的视野中。

诺内特和塞尔兹尼克对于法律的发展进行了阐释,提出了法律演进的三个阶段,即从"压制型法"开始,经过"自治型法",转向"回应型法"。前两个阶段实际上是基于法律的发展历史,并且正如他们所指出的,这"使人真实地想起法律理论的古典范式"(Nonet and Selznick, 1978: 17):

> 压制型法使人忆起托马斯·霍布斯、约翰·奥斯汀和卡尔·马克思。在这种范式中,法律在原则上是拥有不受限制裁量权的主权的命令;法律与国家密不可分。自治型法是这样一种治理模式,即在戴雪的法理学中被认为和被誉为"法治"的模式。法律实证主义的著作,诸如汉斯·凯尔森、哈特以及自然法阵营中他们的批评者,尤其是朗·富勒在《法律的道德性》一书中,也谈论官方决定服从法律,这就是自治型法律制度的独特性、思维模式以及法律判断的整体性。(Nonet and Selznick, 1978: 18)

由此,他们提出的自治型法等同于古典传统的法制,但他们提出的第三种类型(尚未实现)即法律的回应型阶段,为社会-法律研究提供了一种平等主义民主的法律范式。

正如他们所指出,回应型法是指这样"一种法律秩序,即它对社会问题承担积极的责任"(Nonet and Selznick,1978:115),而同时在某种程度保持它作为法律的特征。他们认为,为了做到这一点,法制必须变得更具有调节的特征而较少司法的特征,"也就是说,法律有能力超越形式的规定和程序公正而达到实质正义"(Nonet and Selznick,1978:108)。在他们的分析中,调节意味着超越程序、目的优先以及官僚制国家不可避免的扩展。鉴于官僚制国家具有自由裁量的倾向和受到政治强势力量的影响,必须控制自由裁量权的滥用。因此,诺内特和塞尔兹尼克把他们的主张同对共识多元主义的批评联系起来,也与汉德勒的研究结论联系起来,汉德勒认为古典法律责任的程序救济不够充分(Nonet and Selznick,1978:105)。

根据他们的判断,通过为那些被排斥在多元主义谈判之外的利益相关者提供社会诉求的论坛,回应型法使政府承担责任并推动民主。他们的论述基于美国的民权诉讼,这种诉讼由全国有色人种协进会的法律保障基金会所发起,也得到了美国经济机会局(Office of Economic Opportunity)法律服务项目所发起的反贫困运动的支持。他们用赞许的口吻把所有这些活动都视作"努力尝试使法律过程作为政治过程的替代模式"（Nonet and Selznick,1978:96）。随之而来的是,法官和其他一些法学教授也欢迎和鼓励"为参与决策"提供机会,这种参与可以作为"知识的源泉、沟通的媒介以及同意的基础"（Nonet and Selznick,1978:97）。但是,回应型法涉及法律的目的和利益相关者的同意,为此,诺内特和塞尔兹尼克希望法律秩序"为实现特定目的而积极地行使权威……法律分析的核心必须是那些影响法律目的的社会模式和宪法安排……在回应型法的语境下,权利诉求可以为揭示功能失调所导致的无序提供机会,由此可以更富有价值地使用行政资源"（Nonet and Selznick,1978:106）。

诺内特和塞尔兹尼克虽然在观点上趋向于法律权威的政治化,但他们还是决定要维护古典法制的核心。结果是他们不愿意接受法律充分政治化的说法。这一点十分明显表现在他们所主张的政治化,并不包含权利政治的命意:"社会诉求指向法律权威并利用坚持法律规则和原则的论坛。因此,这种诉求的独特核心是法院或行政机构而不是立法机构。诉求的是法律权利而不是政治意志"（Nonet and Selznick,1978:97）。相比之下,权利政治如上文所见,涉及的是在法律论坛之外谈论法律,甚至通过这种方式颠覆某些法律。

以下一点似乎也很明显,即诺内特和塞尔兹尼克没有充分论述,目的的考量一旦进入了法制,法制会有怎样的含义。他们没有意识到（更少论及）,当他们努力把法律机制等同于调节机制时,在多大程度会与古典法制的要求相冲突。他们明确地把富勒同回应型法关联起来,然而他们在这样做时,没有顾及（如上文所注意到的）富勒所揭示的法律机制与调节机制之间的矛盾,也就是说,使人们的行为服从规则治理与基于流动的边际效益计算的决定之间存在矛盾。

诺内特和塞尔兹尼克的研究尽管存在这些问题,他们仍然不失为社会-法律研究的第一代理论家,在解放型民主的法治观涌现过程中,他们是具有影响力的过渡性人物。

解放型民主的法制

追求解放型民主的法制使得社会-法律研究转向了后现代理论,并且仍在进一步脱离古典传统和选举责任的范式。在后现代的精神中,博温图拉·德·索萨·桑托斯（Boaventura de Sousa Santos）作为后现代社会-法律研究的先驱学者,重新肯定了现代阶段曾经认为是缺点的某些优点。由此,他建构了自己的民主和法律观,这种观点对秩序、规定、一致性和协调性怀有深度的不信任,而肯认了分散、颠覆、不确定性以及互相依赖这些法律的特征。据此,国家及其法律表现为解放之敌。

桑托斯的解放型民主概念含义复杂,阐释灵活,难以把握,我只能对其加以简单的阐述。他的焦点是对权力加以拒斥,他把权力看作解放型民主之敌,他的权力概念是指所有环境下和一切形式的权力。这是因为桑托斯受到了斯蒂文·卢卡奇（Steven

Lukes)的影响,认为权力意味着不平等,或更具体地说,权力意味着"不平等的交换所支配的社会关系"(Santos,1995:407)。

那么随之而来的结论就是,无论是自由主义国家还是福利国家,都不适合解放的目标。桑托斯认为,自由型民主至多是现代社会的必经阶段,实际上导致了"解放力量的诞生"(Santos,1995:2)。但是,自由主义国家和政治民主的致命缺陷在于,它们过于软弱而几乎无法形成强有力的政治秩序以遏制经济和社会中的权力。就社会型民主国家而言,它虽然关注社会和经济权力,但在提供救济时却以生硬的规制作为前提。事实上,社会型民主要求国家运用它的主权权力来矫正社会和经济秩序中的权力失衡。因为这依赖于规制的手段,社会型民主国家既过于强大又实际上过于危险,以致无法服务于追求解放型民主的主体。总之,在桑托斯看来,自由型民主的问题在于它无能力控制国家的权力,而社会型民主的问题在于它内在自我挫败地过于依赖国家权力。

据此,解放如要取得成功,就必须消除一切权力形式和权力关系,必须消除一切规制所固有的任何垂直权力的支配形式。为此,桑托斯以辩证的精神把目光转向了知识,一种不平等交换的工具。由于受到葛兰西(Gramsci)观点的启示,桑托斯注意到,每个不平等的交换场域都产生霸权性地方知识,即一种具体的常识,一种地方霸权。从这个视角出发,知识在话语上强化了不平等的交换,由此它成为解放之敌。另一方面,因为知识具有渗透性,它也可以为解放服务。"那么,解放的关系可以在权力关系内得到发展,这不是作为任何基本矛盾运动的自然结果,而是作为被创造的和富有创造性的矛盾所创造的具有创造性的结果"(Santos,1995:409)。为了推进解放的进程,人们就必须"通过辩证地讨论过程来推动……每种……社会关系,关于解放的思想、论题或反霸权共识的出现……最终会变成解放的知识"(Santos,1995:441)。

就本文而言,桑托斯理论中的两个要素十分重要。首先,解放不是通过规制而是通过对话和说服,由此可以从解放的过程中把权力清除出去。其次,需要多种关于解放的知识,他们分别用于对付每种权力场域中流行的霸权性常识。简言之,解放型民主包括分散的说服机制,由此可以把国家的大部分权力从核心领域驱逐出去,并把它们驱赶到民主的外围。

桑托斯希望对法制进行类似的改造,以便使之变成建构和维护解放型民主的助力。可以预见,他所针对的是国家法的特权、对于一致性的追求以及对规制的依赖。他建议翻转现行的做法,即形成一种分权的法制,用调解取代规制,实现有益的互惠和互赖。

因此,他切断了法律与国家的联系,因为国家法直接与解放的目标相悖。从一开始,国家法就具有把其他法律领域殖民化的独特潜能。

> 一方面,它比任何其他法律形式都更能渗透到社会领域……另一方面,因为它是自我反思性的法律形式,即只是一种自我认可的法律,特定领土上的国家法被设

想为一种排他的法律领域,由此拒绝承认它与更广泛的法律形式一道运作。(Santos,1995:429)

在桑托斯看来,国家法帝国主义(imperalism of state law)之所以颇成问题,在于深嵌于国家法之中的权利虽然具有促进民主的价值,但国家法的构成和实施都不可避免地依赖规制和权力,从而不可救药地与权力相妥协。

最值得关注的是,在桑托斯的后现代法制理论内涵中,许多变量都具有去中心化的特征。换一种说法就是,他主张从单一的法制转向彼此交叠的多重元素并存和异质的法制。桑托斯认为,这样一种多重法制如果适当地建构,可以"由激进民主的社会主义社会中的解放性法律实践构成"(Santos, 1995: 240)。然而,多重法制的解放潜能只有在以下情况下才能实现:(1) 法律非职业化,从而"权力与知识的关系变得十分透明"(Santos, 1995: 242);(2) 法律更有可接近性,这是指"在金钱和时间的成本方面,法律便于人们接近和运用,实际是一般的社会互动模式"(Santos, 1995: 242);(3) 法律具有可参与性,这意味着"当事人可亲自办理自己的案件"(Santos, 1995: 244);(4) 法律具有合意性,意指通过"调解"而不是正式权威的介入来解决纠纷(Santos, 1995: 244)。具备了这些要素,后现代法制就能够和应该"通过大众阶级反抗资本主义强加的再生产条件,组织起自动的社会行动"(Santos, 1995: 238)。

激进的去中心化的解放型法制会进一步削弱法律责任与选举责任之间的关联。解放型法制的目标不在于补充选举责任的缺陷。与此相反,它的使命在于促进非选举形式的反霸权的参与和合意。所有这些观点可能有些抽象、难以把握,在真实世界缺少参照的样式。但是,关于法律意识的解释性社会-法律研究,对桑托斯提出的解放型法制进行了实证性论证。

解释性社会-法律研究

桑托斯告诉我们,解放型民主及其法制依赖于微观场域中真正的人际互惠。因此,随之而来的是,关于法律意识的研究就应该以某种方式发现法制是否或在何种条件下能够成为解放型法制。社会-法律进路关于社区纠纷解决的研究便包含了对这种路径的探寻。起初,中心是国家主导的(state-based)纠纷解决模式,正如桑托斯所预言,这种模式显示出霸权法律意识的支配地位(Greenhouse, Ynvgvesson, and Engel, 1994)。然而,也有一些研究认为,解放型法律意识可以来自非国家的场域,而这恰好与桑托斯的主张适相一致。

埃维克和希尔贝(Ewick and Silbey, 1998:52)在搜集有关法律融入日常生活的故事时,发现了"多重声音"(polyvocality):"法制的多重声音,即各种法律意识和它们所构成以及由它们所构成的多重规划,为个人解释社会现象提供了广阔的空间,而它们同时可以使用法制的符号。"由此,法律意识因人而异,因群体而异,因时间而异,如此等等。这意味着不同和矛盾的法律意识常常可以共存并生。具体地讲,埃维克和希尔贝识别了三种彼此存在竞争的模式,即含义多变的霸权模式、反霸权模式以及解放型法律意识模式。

前两种模式及其直接含义比较简单。敬畏法律(before-the-law)叙事毫无疑问是霸权模式,这些叙事强调的是法律的优势地位和不可质疑其不适当性。抵制法律(against-the-law)叙事毫无疑问是反霸权的模式。在这种叙事中,法律被作为支配的工具和正义之敌,人们有理由予以抵制和颠覆。然而,这些抵制法律叙事虽然属于反霸权的模式,但这种模式并不必然导致反霸权或解放型法律意识。相反,他们所传达的信息只是,法制与解放之间存有不可调和的冲突(Gilliom, 2001)。

解放型法律意识的机会来自埃维克和希尔贝关于运用法律(with-the-law)的叙事,这种叙事认为法律并非"与日常生活无关联,它与日常生活相关并由日常生活框定"(Ewick and Silbey, 1998:48)。法制源于人们无法摆脱的策略性行为,它的效力取决于"公平游戏,源于日常生活并对日常生活有所贡献,但法律是一个特殊的领域,不同于生活中的普通事务"(Ewick and Silbey, 1998:234)。然而,这种对法制的去神秘化只是走向解放型法制的第一步。运用法律的意识只会引导一些人努力尝试,像精明强干的律师那样,用挑剔的眼光掌控法制。

但是,埃维克和希尔贝认为,"一些人谈论如何使特定生活与社会组织之间的关联变得更加透明,他们可能是解放导向的"(Ewick and Silbey, 1998:244)。露西·怀特(White, 1990:4)关于"G夫人"同福利官员斗争的研究也得出同样的结论。她强调翻转以下方式的重要性,这种方式就是"文化构想和长久确立的法律规范构造了主体性,以及社会地位较低人的声音和人格天生就比那些支配团体的声音和人格显得低贱"。她希望诉诸一种相反的法律过程,为反抗者的"解放实践诉求"(White, 1990:50)提供空间。但是,无论是伊维克和希尔还是怀特都没有具体涉及桑托斯的解放型法制。不过,他们的研究结论对于解放型法律意识的面貌及如何建构这种法律意识有所照应:在一种类似桑托斯所展望的法制中,法制的特色是非职业化、可接近性、可参与性以及合意性。

结　语

本文始于一个悖论。社会-法律研究虽然一向更关注法律与民主之间的关系,但实际上这种研究并没有涉及作为民主生命之源的选举,原因在于古典政治和法律理论。

根据古典传统,选举责任和法律责任是民主中相互构成的要素。虽然没有法律的民主和没有民主的法律是可能的,但只有两者的结合才构成充分的民主条件。因此,在法学研究中存在一种由来已久的传统,即把选举责任同法律责任分离开来,并且关注前者而排斥后者。

社会-法律研究就建立在这种基础上,但这是以改进的方式,这种范式与古典传统的大部分内容相冲突。虽然人们在以下问题上存在一般共识,即结构的亲缘性使得法制与民主彼此关联,但古典的社会-法律研究却基于不同的法制、民主概念以及学术研究模式。古典法律研究坚持自治的和自上而下的法律概念,以便维护选举责任,使个人免受国家强制权力的侵害,并且一般地在适当的界限内维系自由型民主。相比之下,社会-法律的研究学者则致力于探索政治、社会和文化维度的法制能以何种方式服务于富有活力的民主。此外,古典法律研究关注的是规则、原理、法律推理以及法理学,而社会-法律研究则把社会理论和实证的社会科学引入了法制研究。

不过,社会-法律研究本身也存在内部分支,由此导致了对古典传统的两种挑战。更审慎的挑战来自常规社会科学研究,这种研究揭示,法律的结果反映和强化了社会、经济和政治的不平等。这些发现深深质疑了古典的自治法律观,这种观点把法律视为政治民主的保障。这些发现认为,法制和政治可以彼此交叠,相互依赖。在法律过程中,如同在其他过程中,"富人"通常占据优势(Galanter, 1974)。

社会-法律研究揭示了法律与政治常常相互穿越边界,这种研究由此指出,对于法律的适当阐释必须考量而不是排斥政治。从事社会-法律研究的学者继续运用文献和数据来努力从政治上阐释法制。他们对于集团诉讼的研究揭示了法制与政治的混合景象。在某些情况下,政治化的法制对于自由型民主和社会型民主都有重要贡献。但是,这些成就更可能源自政治行动,这些政治行动曾经附属于并得益于古典法制,但却潜在地颠覆了这种古典法制。坚持改革思想的社会-法律研究理论家,在把政治化的法制与古典法制的核心(他们所希望保持的)相调和时,仅仅取得了部分的成功。

社会-法律研究的第二个和更为激进的挑战源于对解放型民主的期望。解放导向的社会-法律理论不再维护古典法制的核心要素。相反,解放型法制的目标是反霸权、非强制和去职业化的法制,这种法制是"是我们的观念和行动所建构的、相互渗透和混合的不同法律空间"(Santos, 1995:473)。解放的视角拒斥国家法和选举民主,由此毫无疑问地把法律责任与选举责任分离开来,并且作为替代,这种视角把法制与参与即草根阶层的民主关联起来。解释性社会-法律研究对于日常生活中的法制作用进行了探索,这些研究者认为,解放型法律意识可在坚持解放理论的前提下涌现出来。

总之,社会-法律研究为大幅度地拓展法制的概念提供了证据。社会-法律研究对于古典传统的批判,把话语场域从国家法律及其法律形式转移到政治、社会和文化环境,这种环境形塑法制并受到法制的形塑。社会-法律研究就是以这样的方式,对于法制与民主之间的关系提供了一种崭新的、存有争议的、并非从选举视角出发的理解。

参考文献

- Abel, R. (1995) *Politics by Other Means: Law in the Struggle Against Apartheid, 1980-1994*. New York: Routledge.
- Abel, R. L. (1998) "Speaking law to power: Occasions for cause lawyering," in A. Sarat and S. Scheingold (eds.), *Cause Lawyering: Political Commitments and Professional Responsibilities*. Oxford: Oxford University Press, pp. 69-117.
- Bachrach, Peter and Baratz, Morton (1970) *Power and Poverty*. New York: Oxford University Press.
- Bickel, Alexander M. (1962) *The Least Dangerous Branch: The Supreme Court at the Bar of Politics*. Indianapolis, IN: Bobbs-Merrill.
- Bisharat, George (1998) "Attorneys for the people, attorneys for the land: The emergence of cause lawyering in the Israeli-occupied territories," in A. Sarat and S. Scheingold (eds.), *Cause Lawyering: Political Commitments and Professional Responsibilities*. Oxford: Oxford University Press, pp. 453-86.
- Canon, Bradley C. and Johnson, Charles A. (1999) *Judicial Policies: Implementation and Impact*, 2nd edn. Washington, DC: Congressional Quarterly Press.
- Coutin, Susan Bibler (2001) "Cause lawyering in the shadow of the state: A U.S. immigration example," in A. Sarat and S. Scheingold (eds.), *Cause Lawyering and the State in the Global Era*. New York: Oxford University Press, pp. 117-40.
- Dotan, Yoav (2001) "The global language of human rights: Patterns of cooperation between state and civil rights lawyers in Israel," in A. Sarat and S. Scheingold (eds.), *Cause Lawyering and the State in the Global Era*. New York: Oxford University Press, pp. 244-63.
- Ewick, Patricia and Silbey, Susan S. (1998) *The Common Place of Law: Stories From*
- *Everyday Life*. Chicago: University of Chicago Press.
- Fuller, Lon L. (1964) *The Morality of Law*. New Haven, CT: Yale University Press.
- Galanter, Marc (1974) "Why the 'haves' come out ahead: Speculations on the limits of legal change," *Law & Society Review* 9: 95-160.
- Gilliom, John (2001) *Overseers of the Poor: Surveillance, Resistance, and the Limits of Privacy*. Chicago: The University of Chicago Press.
- Gordimer, Nadine (1995) *None to Accompany Me*. New York: Penguin.
- Greenhouse, Carol J., Yngvesson, Barbara, and Engel, David M. (1994) *Law and Community in Three American Towns*. Ithaca, NY: Cornell University Press.
- Grofman, Bernard and Lijphart, Arend (eds.) (1986) *Electoral Laws and their Political Consequences*. New York: Agathon Press.

- Handler, Joel (1996) "Controlling official discretion in welfare administration," *California Law Review* 54: 479-510.
- Hart, H. L. A. (1961) *The Concept Of Law*. London: Oxford University Press.
- Held, David (1995) *Democracy and the Global Order: From the Modern State to Cosmopolitan Governance*. Cambridge, UK: Polity Press.
- Kidder, Robert and Miyazawa, Setsuo (1993) "Long-term strategies in Japanese environmental litigation," *Law and Social Inquiry* 18: 605-27.
- Lev, Daniel S. (1998) "Lawyers' causes in Indonesia and Maylaysia," in A. Sarat and S. Scheingold (eds.), *Cause Lawyering: Political Commitments and Professional Responsibilities*. Oxford: Oxford University Press, pp. 431-52.
- McCann, Michael (1994) *Rights at Work: Pay Equity Reform and the Politics of Legal Mobilization*. Chicago: University of Chicago Press.
- Meili, Stephen (1998) "Cause lawyers and social movements: A comparative perspective on democratic change in Argentina and Brazil," in A. Sarat and S. Scheingold (eds.), *Cause Lawyering: Political Commitments and Professional Responsibilities*. Oxford: Oxford University Press, pp. 487-522.
- Mills, C. Wright (1957) *The Power Elite*. New York: Oxford University Press.
- Miyazawa, Setsuo (1996) "Cause lawyering by a cartelized legal profession: Profiles in cause lawyering in Japan," Paper presented to the Joint Annual Meeting of the Law and Society Association and the International Sociological Association's Research Committee on the Sociology of Law, July 10-13, 1996, University of Strathclyde, Glasgow.
- Morag-Levine, Noga (2001) "The politics of imported rights: Transplantation and transformation in an Israeli environmental cause-lawyering organization," in A. Sarat and S. Scheingold (eds.), *Cause Lawyering and the State in the Global Era*. New York: Oxford University Press, pp. 334-53.
- Nonet, Phillipe and Selznick, Philip (1978) *Law and Society in Transition: Toward Responsive Law*. New York: Harper.
- Olson, Susan (1984) *Clients and Lawyers: Securing the Rights of Disabled Persons*. Westport, CT: Greenwood Press.
- Piven, Frances Fox and Cloward, Richard (1971) *Regulating the Poor: The Functions of Public Welfare*. New York: Vintage.
- Rosenberg, Gerald N. (1991) *The Hollow Hope: Can Courts Bring About Social Change?* Chicago: University of Chicago Press.
- Santos, Boaventura de Sousa (1995) *Toward a New Common Sense: Law, Science and Politics in the Paradigmatic Transition*. New York: Routledge.
- Sarat, Austin (1998) "Between (the presence of) violence and (the possibility of) justice: Lawyering against capital punishment," in A. Sarat and S. Scheingold (eds.), *Cause Lawyering: Politi-*

cal Commitments and Professional Responsibilities. Oxford: Oxford University Press, pp. 317-46.
- Schattschneider, E. E. (1960) *The Semi-Sovereign People*. New York: Holt, Rinehard and Winston.
- Scheingold, Stuart A. (1988) "Constitutional rights and social change: Civil rights in perspective," in Michael W. McCann and Gerald L. Houseman (eds.), *Critical Perspectives on the Constitution*. Boston: Little, Brown, pp. 73-91.
- Selznick, Philip (1962) "Natural law and sociology," in *Natural Law and Modern Society*. Cleveland, OH: World Publishing, pp. 54-93.
- Shamir, Ronen and Ziv, Neta (2001) "State-oriented and community oriented lawyering for a cause: A tale of two strategies," in A. Sarat and S. Scheingold (eds.), *Cause Lawyering and the State in the Global Era*. New York: Oxford University Press, pp. 287-304.
- Silverstein, Helena (1996) *Unleashing Rights: Law, Meaning, and the Animal Rights Movement*. Ann Arbor: University of Michigan Press.
- Sterett, Susan (1998) "Caring about individual cases: Immigration lawyering in Britain," in A. Sarat and S. Scheingold (eds.), *Cause Lawyering: Political Commitments and Professional Responsibilities*. Oxford: Oxford University Press, pp. 293-316.
- Tocqueville, Alexis de (1959) *Democracy in America*. New York: Vintage.
- Weaver, Suzanne (1977) *The Decision to Prosecute: Organization and Public Policy in the Antitrust Division*. Cambridge, MA: MIT Press.
- White, Lucie (1990) "Subordination, rhetorical survival skills, and Sunday shoes: Notes on the hearing of Mrs. G.," *Buffalo Law Review* 38: 1-58.

扩展文献

- Bakan, Joel (1997) *Just Words: Constitutional Rights and Social Wrongs*. Toronto, University of Toronto Press.
- Bumiller, Kristin (1988) *The Civil Rights Society: The Social Construction of Victims*. Baltimore: Johns Hopkins Press.
- Cahn, Edgar S. and Cahn, Jean C. (1964) "The war on poverty: A civilian perspective," *Yale Law Journal* 73: 1317-52.
- Hajjar, Lisa (1997) "Cause lawyering in transnational perspective: National conflict and human rights in Israel/Palestine," *Law & Society Review* 31: 473-504.
- Herman, Didi (1996) *Rights of Passage: Struggles for Lesbian and Gay Legal Equality*. Toronto: University of Toronto Press.
- Hunt, Alan (1993) *Explorations in Law and Society: Towards a Constitutive Theory of Law*. New York: Routledge.
- Katz, Jack (1982) *Poor People's Lawyers in Transition*. New Brunswick, NJ: Rutgers University

Press.
- Keck, Margaret and Sikkink, Kathryn (1998) *Activists Without Borders: Transnational Advocacy Networks in International Politics*. Ithaca, NY: Cornell University Press.
- Lowi, Theodore J. (1979) *The End of Liberalism: The Second Republic of the United States*, 2nd edn. New York: W. W. Norton.
- McCann, Michael and Scheingold, Stuart (2001) "Rights in law," in N. J. Smelser and Paul B. Baltes (eds.), *International Encyclopedia of the Social and Behavioral Sciences*. Pergamon, Oxford, pp. 1339-44.
- Mouffe, Chantal (ed.) *Dimensions of Radical Democracy: Pluralism, Citizenship, Community*. London: Verso.
- Rose, Nikolas (1999) *Powers of Freedom: Reframing Political Thought*. Cambridge, UK: Cambridge University Press.
- Scheingold, Stuart A. (1974) *The Politics of Rights: Lawyers, Public Policy and Political Change*. New Haven, CT: Yale University Press.
- Shamir, Ronen and Chinsky, Sara (1998) "Destruction of house and the construction of a cause: Lawyers and Bedouins in the Israeli courts," in A. Sarat and S. Scheingold (eds.), *Cause Lawyering: Political Commitments and Professional Responsibilities*. Oxford: Oxford University Press, pp. 227-57.
- Unger, Roberto Mangabeira (1976) *Law in Modern Society: Toward a Criticism of Social Theory*. New York: Free Press.

第六编

全球化研究:过去、现在与未来

28

法律民族学

伊夫·达里安-斯密斯　著

高鸿钧　译

导　言

18世纪上半叶,从孟德斯鸠开始,民族学(ethnography),尤其是法律民族学研究就具有了人类学(anthropology)的典型特征。民族学存在的主要理由是,通过研究外国的法律和习惯,人们可以更好地分析和理解本国的法律制度并反思那些被视为理所当然的预设。孟德斯鸠虽然在《论法的精神》一书中错误地强调,自然环境有助于解释为何有些人沦为奴隶而另一些人则是自由人,但是,当代民族学学者认为,他的意图在于通过研究特定法律制度和法律文化的领土、气候以及整个社会条件,来分析不同的法律(Montesquieu,[1748] 1989)。

伴随着17世纪和18世纪民族主义的兴起和民族国家的建立,欧洲进入了政治剧变和社会动荡的时期,在这个时期,作为流派和方法的民族学受到了重视。民族学的特色是重视对异国民族的个案进行描述以及对特殊习俗、规范和行为进行描述。出于对其他文化的好奇和恐惧,早期的探险者、传教士和军人逐渐滋生出优越感和对于其他民族的蔑视心态。[1]到19世纪中叶,欧洲人公开轻蔑世界其他民族,认为他们没有法律、正义和纪律。但是在较早时期,西方知识界出于对其他民族的好奇心,曾有意了解甚至模仿其他民族的习俗、政府管理和法律。例如,在19世纪,欧洲人公开对中国表示蔑视,认为它"野蛮"和"未开化",但在此前时期,他们却认为中国具有成熟的法律模式和官僚制国家体制,例如霍布斯、洛克和莱布尼茨等哲学家就这样认为(见 Locke, 1988; Leibniz, 1994; Darian-Smith, 2002)。我要强调的一点是,早期民族学学者对于相距遥远民族表示出研究的兴趣,主要原因在于,他们想要借此更好地认识和管理自己,从而把握自己的生活(Baudet,1976;Lach,1965,1968)。

今天,民族学不再局限于人类学学科,它作为一种方法和流派在人文学科和社会科学引起了跨学科的广泛兴趣。但是,19世纪和20世纪学科专业中出现的民族学,近年来已经在前提和预设上发生了变化,开始转向新的知识生产和新的问题领域。法律民族学,直到1970年代还一直致力于描述小型社会,这种小型社会持续存在到大型工业国家产生之前,现在,它的概念外延已经发生了巨大变化,可以说发生了革命性变化(见Collier,1997;Merry,2000a;Moore,2001)。这种变化反映了次国家和跨国家运动对国家体制稳定性的当下政治挑战,也反映了全球经济和它的新场域以及各种劳动和商品的力量和流动性(见 Merry,1992)。这对于民族学来说,源于对"野蛮"异国与自主之国划分的中心与边缘的神话,不再能够维系和令人们深信不疑。

在本章中,我将分析那些典型地采取跨学科视角的当代法律民族学研究(Riles,1994)。但是,在考察具体的研究之前,我首先要概述何为民族学以及与民族学一般分析相关联的问题及其面临的危机。这些问题困扰着美国和其他各地的研究者。人们日渐认识到,传统的民族学调查对象已经不复存在,这些调查对象是指居住在村社保留地或少数民族聚集区的封闭而独特的文化群体,而问题正源于此。简言之,今天的民族学研究必须打破现代主义的神话,而作为方法和流派的民族学恰好发端于这种神话。

从一开始我就应该指出,本文并非一般地考察法律与民族学的文章。而且,我所提及的学者基本上都是英美学界的人类学家,对于本文未能适当讨论其他学科、国家或地方法律民族学的研究趋势,我感到遗憾(关于法律民族学在欧洲的发展趋势,参见 Snyder,1996)。尽管存在这种局限,把当代法律民族学的作者联系起来的因素是,每个以不同方法探索日常生活中复杂法律现象的学者,都面对那些处于全球政治和经济环境中的普通人群。在尝试超越全球与地方这种人为划分局限,打开先前所不承认的法律空间的过程中,新的法律民族学认为全球化的产生及其影响无论怎样界定,都已经遍布于民族国家正式的边界之内和之外。此外,这些研究表明,任何关于法律及其与全球化关系的考察,其分析都必须虑及理论视角和主题定位的范围。

我就本章作出的结论既非新颖亦非创新,但似乎需要不断重复。这就是,一种法律体系看上去无论如何稳定和具有支配地位(例如美国的法律体系),都必须适应既定法域内外涌现出来的各种法律意义、逻辑、价值、认同以及文化情境,并在某些情况下,顺应它们。我们正在经历的当代政治和经济变化加速了这种适应过程,推动了借用外国法律的进程,并加剧了对一国法律的挑战。由于人们认识到当代法律的变革速度,当下法律民族学的发展,为从法律角度研究人们富有活力的经验提供了独特的机会。当此之际,研究者不必把特定的"国家"作为分析单位,也无须回避或掩饰地方、地区、国家和跨国层面的宏观体制变革。通过对其他法律体系的概念进行开创性和探索性考察,并转而考察自己的法律体系在回应其他法律体系的过程中如何不断地修改法律概念，反思那些在发达国家中我们继续称之为现代"西方"法律的基本预设，日益变得可能，也确实日益显得必要。现在，"西方法律"跟以前相比越发与"文明"和"自由"世界相提并论了，"东方"也像在19世纪那样再次被理解为死水一潭、野蛮残忍和未开化的世界，即是与优越的西方形成对照的世界。民族学研究旨在表明，对于法律的另类理解富有价值，因为它可以迫使我们不断反问自己，何谓特定政治和文化情境中的"法律"和"法制"，以及特定的法律代表了哪些人及服务于哪些人的利益。

法律民族学：过去与现在

法律民族学的历史富有魅力且十分复杂。它的历史涉及了欧洲人对其他民族所抱持的态度的转变，与此内在相关的是，19世纪和20世纪帝国体制及其在特定殖民地情境下的相对权力发生了转变。法律民族学的历史发展过程部分受到了正在涌现的人类学和社会学理论及方法的影响。简言之，这个领域的历史值得关注，但是我们在这里无法详细讨论（见 Moore，2001；Snyder，1996；Sack and Aleck，1992；Nader，2002；Starr and Goodale，2002；Darian-Smith，即将出版；Just，1992）。可以说，人们只能根据其中的蛛丝马迹来理解当代法律民族学所经历的变革和刺激。

古典法律民族学的文本，如卡尔·卢埃林（Karl Llewellyn）和爱德华·霍贝尔（Edward Hoebel）的《夏安人的生活方式》（1941），马克斯·格鲁克曼（Max Gluckman）的《北罗得西亚巴罗策人的司法过程》（1955），以及保罗·博汉南（Paul Bohannan）的《特夫人的司法与判决》（1957）。它们全都以各种方式展示了所谓原住民"习惯法"中的逻辑和理性。虽然有些人认为，原住民的法律与西方法律相容，但是另一些人则反对这种普遍预设，认为那种法律只能参照独特的具体文化情境才能得到理解（见 Moore，2001）。

今天，法律人类学不再固执地根据其他文化情境来界定"法律"。过去，一些人或者强调社会进化的程度，从最成熟的法律文化一直描述至那些完全没有成型的法律体制，或者掩饰这种社会进化的图景；这种做法已经没有必要（Maine，1861；Hoebel，1954）。还有些学者仅仅关注人们解决纠纷和控制冲突的功能性策略，这种做法也成为了过去（Gluckman，1955，1969；Bohannan，1957，1969；Moore，1969）。当代法律人类学家把目光转到法庭、警察局和正规体制的公开法律过程的背后，开始探索法律在纵横交错的、决定着法律意识及其理解方式的社会关系中展现了怎样的特征（Comaroff and Roberts，1981；Moore，1978）。法律民族学的学者并不限于研究古老民族的文化互动，而是越来越倾向于研究自己置身其中的复杂而发达的"西方"社会（Borneman, 1992; Darian-Smith, 1999; Greenhouse, 1986; Greenhouse, Yngvesson, and Engel, 1994）。重要的是，这些民族学学者正在把他们的研究对象置于全球政治经济背景下，对于他们所研究的权力的消长变化保持高度的敏感（Starr and Collier, 1989; Moore, 1993; Greenhouse, Warren, and Mertz, 2002）。正如两位法律人类学家所简单地指出的，法律的力量在于"某种权威，这种权威赋予某种社会秩序以合法性，决定着个人与群体之间的关系，主导着人们对于文化的理解及其话语"（Hirsch and Lazarus-Black, 1994: 1）。在这个方面，苏珊·考婷指出，法律民族学"洞察的现象在表面上并非法律"（Coutin, 2000: 10）。

何谓民族学？

为了理解法律民族学的转变，首先需要回顾何谓民族学这个二十年来变化着的概念。包括法律人类学家在内的所有人类学家都倾向于认为，民族学是人所共知的学科，而其他学科的社会-法律研究也将从它的方法论中获益（见 Merry, 2000a）。但是，正如其他人注意到的，诸如保罗·威利斯等在文化研究领域对于民族学的运用与误用（Willis, 1997），就缺乏对于何谓民族学概念的理解，这已经导致一些人类学领域之外的学者错误地认为，他们所从事的是民族学的分析。在涉及法律民族学和探讨它的特殊价值之前，我认为首先有必要探究何谓当代民族学这个问题。此外，我们也有必要追问以下问题，即在考察日渐复杂和全球化的社会时，人们应该如何从事这种研究，以便在方法和流派上都能够体现这个学科的特色。

关于何谓民族学的问题近年来已经吸引了许多著名学者的兴趣，他们进行了认真的探索，也涉及了一些人对这个学科是否具有可持续性的担心，这个学科曾经基于"原始的"预设，而这种预设是殖民化的产物，并与小型社会相关联（见 Gupta and Ferguson, 1997; Augé, 1994; Ahmed and Shore, 1995; Herzfeld, 2001; Marcus, 1999）。正如拿破仑·查格农（Napoleon Chagnon, 1968）针对所谓"野蛮人"的研究所指出，如果曾经有过古朴和原汁原味的社会或部落，那么现在这种社会或部落也已经不复存在，而这是动摇美国人类学学科的最新的批评之一。包括那些被认为生活在世界边缘的所有人，都在某种程度上、以某种方式与全球的政治和经济以及现代信息交流技术相关联，并受到这些因素的影响。此外，自 1960 年代以来，解释性人类学的兴起已经表明，推崇个案研究的传统民族学有其理论局限，这转而激发了人们重估和恢复人类学研究方法的巨大兴趣。在 1980 年代中期，这种兴趣伴随着一些著作的问世而迸发出来，诸如乔治·马库斯（Goerge Marcus）与米歇尔·费什（Michael Fisher）的《作为文化批判的人类学》

(1986)和詹姆斯·克利福德(James Clifford)与乔治·马库斯的《书写的文化:民族学的诗学与政治》(1986)。这些著作迫使许多人类学家在认识论上和学科上不得不认真反思某些类型的知识生产。

作为在社会-文化人类学领域反复出现的所有标准读本,民族学表现为对文化的深入研究,它是研究者"基于个人观察以第一手材料为基础的对于活文化的具体描述",是研究者"亲临研究地点并在那里长期生活而取得的经验"的总结(Miller, 2002:5)。正如米歇尔·赫兹菲尔德(Herzfeld, 2001:25)所概括,民族学是指"田野调查及其作品,是指一种实践和一种风格"。通过田野调查和直接接触其他社会,人类学家尝试揭示具有地方特色的异国社会背后所隐藏的一些共同观念,并使母国的人们理解这些异国社会。这种调查的主要理由在于,通过理解其他民族,我们可以更好地理解自己。民族学依赖"参与性观察",或者其他人更随便地称之为与不同于自己的其他文化的人们"同住杂居"。这常常意味着,民族学学者要局限于那些能够与其建立关系且和睦相处的特定文化单位或群体。传统上,人类学家与他们所研究的人群多年共同生活,并且融入他们的生活之中,使用他们的语言进行交流,参与他们的活动与仪式,由此尝试从"当地人的视点"对他们进行解读。从理想的角度讲,人类学家在他们的整个职业生涯中,应定期地回访他们的调查地,从而深化对于其他民族的生活方式和经验的理解。人类学家通过这种方式成为一位"专家",通过长期浸淫于特定研究主题以及在这些研究领域中得到承认,从而确立自己的地位并取得知名度。

但是,民族学并不止于一种获取有关其他民族信息的手段。正如丹尼尔·米勒所指出:

> 它也是构成一种特殊视角的系列活动,第一种活动就是要亲临它所研究的人群,而不仅仅接触有关文本。第二种活动是根据那里的人们的实际行为来评价他们,而不仅仅关注作为置身现实世界中介的他们的言论。第三种活动是长期在那里从事调查,这种调查不应影响当地人的日常生活,其行为不是做给民族学家看的。这反映了观察行为的准确性,而这对于处在自然科学之外的人类学研究的可接受性来说至关重要。第四种活动涉及上述所有活动,这就是对调查结果进行整体分析,这种分析坚持的原则是,应该基于当地人们生活的基本结构和世界观来考虑他们的行为,由此,除了对能够观察到的现象进行推测性解释,还要对许多没有观察到的现象进行推测性解释。上述最后这种活动解释了为何这种深度依赖观察的研究并不属于标准的实证性调查研究。(Miller, 1997:17)

这样说来,民族学是指一种方法和视角。它也意指一种些写作类型,在整个20世纪,它成为英、美社会-文化人类学的典型特色(见 Stocking, 1983)。传统上,这种写作形式是内容丰富的专著,其中涉及作为研究对象的异国他者的大量事实、数据、描述以及作者洞见。早期的民族学尝试对另类生活方式提供整体的描述,其著作具有标准的章节目录,题目涉及宗教、家庭、仪式以及食物生产等。民族学作品虽然与旅行日记具有许多相似之处,但是与后者不同的是,它所呈现的是科学的依据,这要求它们客观、价值无涉、具有可重复性以及具有可靠的权威性。

当代民族学的转变和革新

正如乔治·马库斯和其他学者所指出,在整个1980年代和1990年代,传统的人类学研究已经面临严重的挑战。富有创新精神的研究生以及因在本行之外从事"第二职业"而生活有保障的人类学家,对于是否存在田野调查的地点提出质疑,并质疑传统的收集数据方法(Gupta and Ferguson, 1997;也见 Willis, 1997)。一些人类学家认真地重构了何谓民族学的概念,并重新思考如何以更适当的形式来表述文化差异。在1970年代,吉尔兹(Geertz, 1973)称为"浓描"的方法,有助于推动新型文本表述形式的出现,这种新的形式不再恪守标准化的论题和传统的调查架构。某些地域性文化群体正深陷于地区和全球力量的影响之中,形成这些力量的历史情境已为时久远。此外,民族学的早期雄心,即试图对另一种文化进行整体性描述,大都作为"一种虽然重要但无法实现的理想而被放弃。任何人都无法观察到一个地方的所有侧面并顾及那里的所有事务,必须选择、强调某些内容"(Peacock, 1986:19;也见 Friedman, 2000)。这其中最重要的因素可能是,仅仅探索异国他乡的人类学概念已经不合时宜,越来越多的学者(虽然人数有限),现在已经开始研究工业化国家以及作为西方权力中心的跨国媒体的所有权问题(例见 Marcus, 1999)。

重要的是,这些民族学的研究和写作新方法正在这个学科的边缘逐渐发展,其途径常常是合作性试验,它们大都是跨学科研究和新理念、理论和伦理的产物。[2] 马库斯指出:

> 这个学科内有许多专门的讨论和争论,它们源于多学科和不同学科的专家,而不再有任何涉及这个学科自我意识认同的中心话语……相反,在界定人类学时,现在争论的核心是它的边界和边缘,因为通过与科学和媒体研究相交织,各种跨学科合作形成的多样性已经修正和再造了各种有效的权威形式……这样一来,人类学就可能具有特色地吸引跨学科的参与,并产生对其本身的独特界定。(Marcus, 1998:249)

从事民族学研究和写作的新方法已经永久地打破了以下神话,即民族学在其作为个"案"证据的意义上是一种"科学",它在经验上可以重复,在试验上可以证实,因而有正当理由将其作为单个的真理、历史或现实(Grimshaw and Hart, 1995;也见 White, 1999)。[3]这也颠覆了关于民族学是中立和客观之学的观念。民族学的著作是以展示各种人类经验和社会安排的方式,潜在地从事政治和意识形态的活动,这在许多人类学家那里表现得日益明显。

基础性神话的破除意味着,民族学被广泛理解为一个收集信息并在此基础上进行著述的过程。这样的一种局面正在形成,民族学的声音及那些被研究者的不同声音在交流和对话的过程中得以交织在一起(Comaroff and Comaroff, 1992:3-48)。民族学不再能够以理所当然的西方优越视角俯视他者了,因为这个学科内部的日益多样化,向传统上那些被研究的民族敞开了理直气壮地批判那些"专家"的机会。"我们"与"他们"之间的距离拉近了(关于美国民族学对于外来词语值得称道的运用,参见 Di Leonardo, 1998)。对于某些人类学家来说,这是一种巨大的冲击,但是对于另一些人类学家来说,这展示了值得欢迎和令人鼓舞的前景。研究复杂的社会,即便所研究的可能是自己所属的社会,都有必要吸收新的批判意见,由此使这个学科敞开接受新的批判,适应新的情境和场域,因而任何民族学现在都必须经历正当化的过程。

这样一来,当代民族学者首先应该承认,他们建构的并非可以广泛运用的宏大理论,就此而言,他们所从事的工作是有限的。民族学仅仅代表了许多可能的解释之一。因此它必须保持开放,始终准备修正和重新审视那些不可再生或还原的量化数据。正如法律人类学家保罗·博汉南所指出:

> 我们不得不承认,民族学的事实远比诸如化学之类的物质科学复杂。化学的或民族学的事实都不能离开观察者,但是,在实验室的实验中,除了可以选定观察变量,化学家还可以通过控制所有变量来简化情境的复杂性。但是,对于民族学学者来说,他们的部分任务是确定观察的情境和主体,并考量主体与情境之间如何相互影响。恰恰因为情境始终构成民族学观察的组成部分,而他们无法完全控制相关情境,结果,民族学在达成共识方面比化学家面临着更多的麻烦,由此,作为自然科学要件的可重复性,在民族学学者那里只能趋近而永远无法实现。你确实无法两次踏入同一条演化着的文化河流。化学家决不能忍受这样的不确定性,但是文化研究必须接受这种不确定性。(Bohannan and van der Elst, 1998:29)

在上述援引的段落中,最后两句是关键。尽管大多数人类学家在这个领域持续进行他们的工作(见 Gupta and Ferguson, 1997;Fardon, 1990),尽管学者需要以某种确定的形式来表述他们的研究对象,以满足资助机构和著作出版者的要求,人类学家现在一般都同意,谈论"文化"并不意味着文化群体在某种形态上一成不变,或可以在某种方式上简化为统计学上的变量(在社会学和政治学的统计研究项目中这十分普遍)。对于人类学家来说,文化概念仅仅在作为一个分析范畴的意义上,才富有价值,因为在界定实际生活经验和日常事件中的文化差异时,人们离不开动态的和持续进行的政治、社会和经济实践。正如萨利·傅科·莫尔(Moore, 2001:96)所注意到的,"文化业已丧失了独立于政治的纯洁性"。总之,文化认同的边界即民族学研究的场域正在变得富有流动性并与其他领域相互渗透。没有持续不变的文化或传统,没有可以作为本源的人们可以归属的正宗文化(Clifford, 1988:10)。谈论作为一种实体的文化,会受到语言、法律、宗教、习俗、伦理认同的限制,更会受到国家边界的限制,因而,除了其他因素,这种谈论过程中包含着多元文化主义的政治话语,而这种话语最终寻求对文化差异和区别予以界定并使之永久化(见 Herzfeld, 2001:47;见 Abu-Lughod, 1991; Turner, 1994; Goldberg, 1994)。

当代民族学的方法论悖论

552 如果把文化看作一种流动和动态的过程,审慎的文化群体分类就只能依据个人之间互动的情境予以分析,那么民族学如何进行自身的研究?如果进行研究,例如研究移民法和国际条约对于因内战和宗教迫害而被驱赶出家园的阿富汗人分散社区的影响,你如何、在何处可以与被观察对象"同居共处"?考察反垄断立法对国际股市交易的白领阶层有何影响,或者探索国际媒体监督概念,哪里适合成为田野调查的场地和应采取怎样的面对面沟通方式?由于"地方"与宏观的、社会和政治的过程相关联,在"地方性"被打破的情境下,如何可能研究人们对于生活世界和日常生活意义的理解?大型社会群体不再受到地域的约束或任何明显体制的限制,当此之际,能否认为个人的观点可以代表群体?何种民族学的方法适合于研究全球化、后殖民主义和/或资本主义?[4]

我并不敢声称知晓这些问题的答案,在调查和著述的过程中,这些问题一直困扰着我(Darian-Smith, 1999: xiv)。尽管许多学者感到,人类学得益于近年来学科自身的反思,但是,关于应该采取何种适当方法来确定以下问题的范围,则很少有具体的建议。这些问题包括新的旨趣、场地选择、文化属性以及任何研究议题所涉及的权力技术。乔治·马库斯把这称为多重场域拟构(multisited imaginary)。这意味着,我们需要通过把新的场域和新的领域交叠起来,超越既定民族学研究的自然场域,这种自然场域体现的是共同体理念及其共享价值、认同和文化的预设。借助这种方法,我们实际上可以在各种场域和场地从事民族学研究(例见, Marcus, 1998: 21-25)。但是,这也可能包含不甚准确的方法,这意味着,作为调查者,我们必须"拓展对某些关系和关联的认知,这些关系和关联已经超越了传统田野现场调查所坚持的架构"(Marcus, 1998: 14, 21)。

我同意马库斯的观点,他认为,对于一般民族学尤其是法律民族学至关重要的情境是需要一种多重场域拟构,这种拟构内在地依赖社会和文化的流动性与不确定性的观念。为了展现新的关系和关联,我们必须永远放弃寻求那种界限鲜明和一成不变的文化差异单位。如同古普塔和弗格森(Gupta and Ferguson, 1997:39)所言,有必要"留意那些来自不同社会和政治场地的不同形式知识"。这些民族学从事田野调查的新场地或场域,以制度化的法律或更抽象的"社会正义"概念的形式,对于探索权力及其实践敞开了新的空间(见 Harvey, 1996)。迨至本章结尾,我将回过头来探讨法律的空间、时间及其审美问题,这将拓展马库斯所言的多重场域拟构概念的深度。我所强调的观点是,田野调查的场域不再局限于地理意义上的地点。相反,在致力于使法律更加人性化的过程中,我们必须关注混合的和居间的法律空间,通过这种空间,人们得以建构意义沟通的空间,如网络聊天室、旗帜般的法律符号、影视方面的视觉媒体、证实民族主义神话的档案库,以及强化特定道德和伦理准则的司法修辞。

记录个人化的法律体验和对这些关于认同与集体性记忆进行抽象概括,以便更好地把握权力斗争的历史情境,是民族学学者的任务之一。致力于探索种族中心主义、用冷眼观察常识,即从平常事务中察觉其异常之处,在实践中探索穿越社会-经济和政治层面的另类声音与现实,从而推动虚心聆听和认真对待来自不同世界对于自身视角的批判,正是所有这一切使得民族学能够在理解世界方面作出重要贡献。分析另类观点的必要性日益变得迫切,这些另类观点存在于弱势的少数民族层面和国家决策者层面。国家的法律制度正在推动新的和不可预见的趋势,并受到这种趋势的驱动,它需要管理诸如互联网等新的空间,控制诸如克隆胎儿或网络恐怖主义之类的危险。我们正在经历法律大转型和大变革的时代,在全球政治和经济跨国力量的压力下,民族国家开始破裂并处于紧张状态,这对于传统的国际权威中心即民族国家构成了潜在的挑战(参见图表29:1)。如果可能,我们需要恢复那种驱动早期欧洲的哲学家和17、18世纪民族学学者对于其他民族的智识好奇心。我们正生活在一个转型时期,这种转型不是200年前所发生的国家建构的那种转型,而是围绕着新的权力轴心、国家利益和国际关系而出现的国家的解构和重构。探寻替代性法律和治理方法,考察法律的差异如何能够并存,并实现彼此互动的改进,这一切都如同在孟德斯鸠的时代那样显得迫在眉睫。但是,在寻求答案的过程中,我们必须意识到(孟德斯鸠没有意识到),我们提出的诸多问题和概念结构所体现的是特殊的世界观,这种世界观不是普适的。在分析法律和法律过程时,这种意识比在以前任何时期都显得更为重要。尽管十年来政治家、法律家、经济学家以及其他理论家使用了颇具鼓动性的修辞,用以袒护资本主义和民主之间被视为理所当然的相容性,并推定认为新自由主义的胜利具有不可避免性,但是并不存在支配性世界法律制度,也没有所谓的全球法(见 Jensen and Santos, 2000)。赫兹菲尔德在提出自己这方面的观点时,措辞比其他大多数人显得更优雅:

全球化已经压缩了各个社会进行选择的场域，或至少对这种压缩施加压力。由此，人类学变成了一种弥足珍贵的资源，不仅因为它能够对十分不同的文化提供深度认知（这本身并非不重要），而且因为它所运用的独特的去熟悉化观察的技巧，可以对日益支配政治决策的全球化预设进行质疑。十分明显的是，论题数量、概念范围以及研究对象复杂性的剧增似乎并没有迫使这个学科提早退出历史舞台。相反，恰恰在这个时刻，对于人类学更强烈的关注显得特别富有价值。全球范围的符号行为的扩展，使这种行为产生了我们通过深入（现在我们界定为新方法）的民族学研究可能感到的一种回声。（Herzfeld, 2001: 15, 19-20）

图表 29.1　巴塞罗那兰布拉大道的涂鸦，1999

法律对于民族学调查的抵制

现代法律，至少我们称之为法律的东西，抵制民族学的调查及其最后付诸著述，这种研究通过大量的定点调查对人们的法律观念进行解释，定点调查的范围包括社会的边缘到精英控制的中心。这是因为，现代法律在过去 200 年的演进中，一直处于帝国主义和殖民主义的背景之下，支撑它的一直是关于"进步"的意识形态和准宗教式的客观化导向,人们广泛接受的预设是,这种法律是自治的体系和主权制定的规则,它不受"情境、经验和直觉的支配"(Flyvbjerg, 2001: 24)。这有助于解释,为何法律学者和律师首当其冲地拒斥法律民族学,因为这个学科或明或暗地对他们的具体法律世界的合法性构成了挑战(Snyder, 1996;也见 French, 1996: 432)。

正如彼得·菲兹帕特里克所雄辩地指出的,法律没有开放自己并任由人们探索它的不确定性和限度,恰恰在于要维护某种神话,这种神话就是,法律是至上主权的体现并具有无所不及的权威(Fitzpatrick, 1992;也见 Bourdieu, 1987)。作为一种权力策略,西方法律中的普遍主义预设能够使得民族国家把自己的法律制度输送到全球,它被假定可以适用于帝国所有的臣民,无论是澳大利亚原住民还是非洲人抑或印度人(Fitzpatrick, 1992; Cohn, 1996)。当然,在实践中,欧洲法在欧洲的适用既不一致也不中立,而是因特定地域而异(Stoler, 1992: 322)。[5] 此外,欧洲法并没有摆脱地方政治和法律实践的特色,并且,为了能够存续下来,它常常被迫适应新的理性和新的规范(见 Moore, 1986)。[6] 但是,尽管(也因为)实践中殖民主义的现实,以下信念仍然得到广泛的流行:法律具有客观、非人格性和普遍性,对于其他民族的"文明化"过程,它实际上是必不可少的机制。

西方法律优越的态度以不同形式存在于今天的民主修辞中,它要求世界各国以美国为模式建构宪法治理体制。还存在一种意识,认为法律可传送和迁移到世界各地的不同文化和历史场域。国际人权体制的基本原理就基于这种预设(参见本书中 Lisa Hajjar 关于人权的章节)。法律,作为一种权力的机制和研究对象,宣称可以摆脱民族学的追问,恰恰因为它凌驾于普通的经验和情境之上。法律实务者、决策者和那些掌权者不会认为法律缺乏确定性或敞开大门任凭人们质疑。在神圣与世俗之间盘旋的法律发挥着世俗化宗教的作用,使其信徒区别于那些继续热衷于"习俗"或"仪式"的人们(Fitzpatrick, 1992: 51-55; Kahn, 1999: 46)。

幸运的是,近年来越来越多的法律理论家和哲学家开始认识到,法律首先应理解为一种文化经验。为了回应跨国时代的现实和应对文化认同过程中的各种冲突、紧张和权力碰撞,社会-法律研究学者开始采取文化的进路来探讨法律及其意义(见 Sarat and Kearns, 1998; Goldberg, Musheno, and Bower, 2001; Danielsen and Engle, 1995)。正如法律人类学家罗斯玛丽·库姆所言,我们应该"把法律视为标示形式,它从社会的角度对那些意义不够明确的实践进行了明确的区分,断定它们的意义并使之定型"(Coombe, 1998a: 36)。保罗·卡恩以另一种形式表达了这种观点:

> 如果我们在探讨法律规则时,把法律作为对一种完美的世界观颇富想象力的建构,就需要运用某些技巧探索它们,这些技巧旨在探索它的经验意义。这种探索必须始于对于法律事件的浓描,这些事件是指那些业已准备承认法律权威的事件。

主体对于这些事件的时间、空间社群以及权威会有独特的理解。他们也把自己理解为法律的主体。这就是我们称之为法治的政治经验类型中的构成要素。文化研究进路始于对这些富有想象力的每种理解细节进行浓描,所有这些一道可能构成法律规则的经验。这涉及关于改革传统法律研究目的的问题。这些问题永远不会被放弃,但只要传统形式的研究模式持续下去,改革就可能被置于一旁。这里的目标是要使我们个人或群体更好地理解我们已然成为怎样的人或人群。(Kahn, 1999:2)

认真对待文化视角研究法律的必要性凸显了民族学方法的价值,而这如上所述,体现了"亲临它所要研究的人群,而不仅仅接触有关文本或目标","根据那里人们的行为来评价他们,而不仅仅关注他们的言论,即作为置身现实世界的现实中介",以及"对调查结果进行整体分析,这种分析坚持的原则是,应该基于当地人们生活的基本结构和世界观去思考他们的行为"(Miller, 1997:17)。民族学有助于我们克服法律对于更细微差异分析的抵制,这种分析以现实的人群为基础。它能够使得我们从不同种族和社会-经济背景出发,以不同的方式探索法律具有怎样的品性。民族学也能够使我们首先意识到,实践中的法律并不是统一的和普遍的,它不是文化深思熟虑的体系,它无法避免基于场域不同而受到的反抗、挑战和修改。也许最重要的是,民族学使我们"从置身于实践中的主体视角探讨法律规则,而不是从作为个人集合的规则运行的视角来探讨法律规则"(Kahn, 1999:45)。

最近,有4部出自社会-文化人类学学者具有代表性的法律民族学著作,它们展示了我认为是这个领域前沿的主题和问题。它们是达拉·库尔汉妮(Dara Culhane)的《王冠之乐:人类学、法律和加拿大原住民》(1998)、伊琳·莫尔(Erin Moore)的《印度的性别、法律和反抗》(1998)、苏珊·考婷的《合法化转变:萨尔瓦多移民为在美国为居住而斗争》(2000),以及罗斯马利·孔波的《知识产权的文化生命》(1998)。在指出这些著作之后,我将转向法律民族学的新方向,这种方向由人类学家所指出,也由其他学科的学者所指出,后者对于围绕法律互动和含义的时间、空间以及审美之维而产生的问题抱有兴趣。

达拉·库尔汉妮的《王冠之乐》体现了原住民对土地权诉求的最精致的历史和当代分析。她关注吉特克斯坦和威特斯维特人的案件和"达尔加穆克诉雷吉纳案"(Delgamuukw v. Regina, 1987-1991),由此描述了法律实务者的主张和做法,这些主张和做法促成了加拿大最高法院1997年授予原住民以领土权的里程碑性裁决。库尔汉妮这种具有冲击力的历史叙事,补充了其他法律民族学学者关于殖民地和后殖民地不公正情境的研究,这种不公正形塑了特定方式和背景下的法律意识(Merry, 2000b; Maurer, 1997; Comaroff and Comaroff, 1993, 1997; Moore, 1986)。她没有采取常规人类学的方法,即把当地民族作为独立的实体,而是对他们所倚重的独特习俗和传统进行了认真的分析和描述,由此认为原住民和非原住民民族的文化分化是动态的和充满冲突的过程。英国法在19世纪所流行的观点是,加拿大并不存在法律意义上的原住民,他们在某种方式上附属于非原住民。在法律承认文化差异的当今时代,这种作为某种政治和文化遗产的观点仍然阴魂不散(Culhane,1998:96;也见 Darian-Smith,1996)。

根据社会进化的程度,某些民族被认为更"文明"和能够控制自己,这是伊琳·莫尔的《印度的性别、法律和反抗》所涉及的历史背景。在借鉴帕萨·查特吉(Patha Chatterjee)和爱德华·萨义德(Edward Said)等人理论的基础上,她认为,大英帝国在整个19世纪和20世纪的上半叶都致力于把印度人"女性化",在谈论他们时使用的是消极、顺从和道德低下之类的西方世界东方学的话语(Moore,1998:27)。

莫尔的著作关注传统的法律民族学议题,即纠纷解决过程以及"在多重法律机制中的系列冲突"(Moore,1998:36)。但是,她采取的方法迥异于印度的传统民族学,后者的重点在于探讨种姓、宗教和以男性为中心的私人和公共生活(见 Fardon,1990)。通过精致的文字描述和访谈记录,莫尔提供了她对于印度妇女现状的分析,她特别关注的是,地方符号性意义结构和意识形态意义结构中所展现的妇女经验,以及她们如何作出决定。尽管在性别上存在一面倒的权力不平等,但是,这些结构内在地受到妇女对法律理解的影响,并受到她们定期地运用法律能力的影响,这些法律在地方、地区和国家层面赋予了她们以某种有利地位。[7]

在《印度的性别、法律和反抗》一书的字里行间,莫尔都旨在表明,法律既可成为反对歧视的武器又可成为压迫的工具,这取决于具体的政治和社会条件。法律是"两面神",有时有助于反抗,有时则有助于把现存支配性权力结构合法化(Moore,1998:35;Comaroff,1994)。法律在实践中存在矛盾和不确定性,法律的含义和策略完全依赖于当地的情境,是该书所传达的主要信息。如她在关于印度北部法律多元主义的一章中所注意到的,这些法律的模糊性和不确定性由于司法管辖权存在层级上的冲突而进一步变得复杂。

法律作为两面神,既可作为反抗的武器又可作为压迫的工具。苏珊·考婷在有关萨尔瓦多移民的研究中也体现了这一思想。从1980年代早期开始到1997年,这些移民试图进入美国,并取得永久居住权。《迁徙合法化》一书观察敏锐,描述具有说服力,叙事富有个人特色,堪称民族学的典范。书中到处涉及死亡和刑讯这些令人痛苦的事件,还描述了在忍受巨大痛苦的过程中,人们如何寻求维持稳定性和文化认同的意识(Coutin,2000:24,27-48)。该书所传达出的一个最强烈的信息,便是关于移民法以及在某个时候决定哪些人有资格合法地在美国定居的争论和冲突,必然引起更多在美国人看来至关重要的问题(也参见 Calavita 在1992年对于美国移民归化局的富有说服力的民族学研究)(见图29.2)。因此,虽然萨尔瓦多难民的困境对于主流社会来说似乎过于遥远和处于边缘,但是,这些人的存在,从许多方面都影响着作为现代法律和国家认同基础的预设:这些预设包括由边境控制所确保的固定领土管辖权和明确的公民资格概念,以及国家享有至高无上的权力(见 Darian-Smith, 1999)。没有得到授权的移民即非法入境的外国人,具有类似于"犯罪者"与"野蛮人"的居间性质。他们成为了"要区分的对象,生活在合法与非法、有价值和无价值、公民与外国人这些身份之间"(Coutin, 2000:174)。

图 29.2　州际公路上 5 辆机动车朝南驶向圣地亚哥的边境
——标牌上警告非法移民不得乘车穿越边界

考婷关注竞争性法律意识形态和管辖权,关注这些冲突与政治认同和不断强化国家、民族主义以及他者形象之间的关联,这种关注在罗斯玛丽·库姆的《知识产权的文化生命》一书中得到了富有激情的回应。这类法律民族学不同于上文提到的其他类型群体。她所考察的不是一个特定的团体或文化群体,诸如原住民族群、北印度妇女或萨尔瓦多移民。相反,库姆研究的是一种穿越各个领域和议题的特殊领域,她考察的是知识产权法如何影响了文化差异和文化关系的重塑。以这种方式,库姆的研究代表了一种新型的法律民族学,它不再局限于特定的地点或文化上认同的群体,而是密切地关注知识产权如何反映了法律意义的转变,这种转变标志着人们之间相互关系的不断重新界定(Coombe, 1998:27)。

在表面上,库尔汉妮、莫尔、考婷以及库姆所进行的法律民族学的研究十分不同,她们的研究涉及广泛的论题,这些论题穿越了传统田野调查场域,而库姆对于知识产权的探索则更大胆地涉及了法律调查的新领域。但是,把这四种法律民族学联系在一起的是她们所使用的跨学科的研究方法,她们借鉴了文化研究、文学、社会学、历史学、社会-法律研究方法以及法律理论研究的方法。每位学者重视自己研究主题的具体定位和灵活性,并通过个人化的叙事致力于理解人们如何从个人经验、策略和机会中获取意义。[8] 每位作者的作品都"针对文化",这意味着,她们的主要兴趣不在于特定文化既定的实体性理念,而在于人群、空间与认同三者之间关系的转变,而这传达着她们的研究领域所承载的动态社会结构的信息,并体现着她们所使用的调查方法(Abu-Lughod,1991, 1993)。她们都十分执着地反思现代主义的神话,常常借助诸如"原住民权利"、"妻子"、"难民"、"所有者"以及"财产权"等法律范畴,来表明这些范畴是用于把人与物之间不对称的权力关系合法化。她们都致力于探索,在宏观的政治和经济进程的背景下,复杂的现代社会存在地方性的法律紧张关系。饶有兴味的是,所有这四部著作都运用了此前被认为不合适的多样化的民族学方法,这既源于她们在许多场域和地点认真的生活、访谈和观察;也源于她们在隐喻的意义上运用了马库斯所谓"多重场域拟构"的原理,由此可以探索和描述这些场域之间的关系与关联(Marcus, 1998: 14)。

对于法律意义空间、时间和审美的思考

在本文最后部分,关于法律时间、空间和审美的转变,已有了新的理论和经验研究,我想回头讨论多重研究拟构问题并进一步探讨它的可适用性。根据理查德·福特的观点,"法律是由自己的边界界定和构成的,而这种边界又是由法律界定和创建的"(Ford,1996: 1173)。社会-法律研究学者正在意识到,用戴维·恩格尔的话来讲就是,法律"在向度上是自我意识的空间,它首先关注的是界定自己得以在其中运作的边界"(Engel 1993: 130;见 Blomley, 1994; Darian-Smith, 1999; Cooper, 1998; Milner and Goldberg-Hiller, 2002)。新近出版的《法律地理导读》一书最明显地体现了对这种法律空间向度的兴趣。编者尼可拉斯·波劳姆利(Nicholas Blomley)、戴维·德兰尼(David Delaney)(两位都是地理学家)以及理查德·福特(法律学者)汇集了许多不同领域和学科的学者,共同分析了空间界定问题及其对于法律过程和实践的影响。该书从整体上考察了种族隔离、环境能动主义、公共空间、民族身份认同以及各种作为治理和法律化新场域的跨民族边界的交叉点。这些文章在整体上强调,关于地方性区域和全球性区域之间的区分及其尺度是人为的和流动的,边界之间有许多交叠之处(Blomley, Delaney, and Ford, 2001: xx, fn. 11;也参见 Santos 的著作及其"居间法制[interlegalites]"的观点,1995: 473)。[9]

这部著作的编者声称,有三个重要后果导致了法律视角与地理视角的趋同。首先,"借助于从空间的角度解读法律和从法律的角度解读空间,我们可以理解'空间'与'法律'两者都会发生变化。过去的稳定性开始出现裂痕和紧张"。其次,我们自己的经验和想象"深受'权利'、'所有权'以及'主权'之类固有法律概念的形塑……社会空间充斥着法律意义,这些意义始终具有多重性,并常常具有开放性,供人们作出不同解释"。最后和最重要的是,"法律与空间是以重要的方式构成互动的两个维度,由此它们是更在整体上感受到的社会物质现实中基本和不可化约的维度"。这种社会物质现实涉及权力的不平等和可利用的机会与经验的不平等(Blomley et al., 2001: xvii-iii)。

当然,空间的构成不能脱离时间向度。虽然人类学致力于从跨文化的角度理解时间(见 Greenhouse, 1996: Part 1),但是,除了很少几位富有创见的民族学学者思考现代西方法律如何与特定的时间向度相关联,而不具有普遍性和价值无涉,至今几乎没有人对于法律中的时间问题进行研究(见 French, 2001; Greenhouse, 1996, 1989; Engel, 1987; Wilkinson, 1987)。卡罗尔·格林豪斯的《瞬间:跨文化时间政治学》从文化多样的进路探讨了法律中的时间问题。此书的作者热情地探索了这样的问题,即民族学研究对于时间的文化理解如何同社会秩序的不同形式相关联。根据他的观点,"其他类型的时间实际上是对由特定条件下特定人群所代表的他者力量的体现"(Greenhouse, 1996: 5)。他选取 3 个案例进行研究,其中包括美国最高法院法官提名的竞争,用这些例子表明,不同的时间如何为新的方法提供了机会,从而把规范性行为和法律经验予以概念化。

空间与时间是正在涌现的社会-法律研究的两个重要领域,这可以赋予上文马库斯所提出的多重场域拟构的概念以稍微不同的风格。新的民族学研究坚决主张,所有田野调查的场域都存在差异,作为一种分析,研究者必须关注时间关系和权力网络,主体地位正是通过这些关系和网络得以形成和得到体现。同样,对于相互竞争的和常常冲突的时间状态保持敏感,为感受法律行动的力量和策略提供了接受新方法的机会。关注时间和空间问题,使得民族学的研究摆脱了过去的定式,即主要基于叙事来理解法律以及人们对法律的理解。这种转变更广泛地标示出一种趋势,即社会-法律研究在相继考察制度结构时,日益重视法律审美的力量。我用法律审美(legal aesthetic)一词意指"法律以某种方式同可观察、可感受和可付诸文本的现象密切关联,由此需要探索人们在审美上对于物质的、符号的以及隐喻场景的重构,如何影响着他们对于权力的体验,这种权力规范着特定的领土并形塑着相互关联的各种道德"(Darian-Smith, 1999: 14)。人类学学者埃德蒙德·里奇(Leach, 1954: 12)在 1950 年代就指出,"从逻辑上讲,美学和伦理学具有同一性。如果我们要理解社会的伦理规则,就必须研究美学。"最近,彼得·古德里奇(Goodrich, 1991: 236-238)开始注意到,"阅读法律文本,如果忽视它的想象或忽视对它的审美之维,在某种意义上就是不得要领的阅读,因为这恰恰忽视了那些重要和使之具有力量的文本和内容。"

历史上,现代西方法律一直坚持的区分是,一方面是艺术、想象力、创造力与主观解释,另一方面是理性、控制和客观推理。但是,对于智识活动进行这两个领域的区分,其基础是现代主义关于理性和客观性的预设,事实上这种区分具有浓重的人为色彩。人们的感觉本身就具有文化属性,在欧洲社会,视觉具有优于其他感觉要素的地位,人们的感觉为人们的法律理解和表述提供了信息(Darian-Smith, 1999: 54-62; Bently and Flynn, 1996)。据此,科斯塔斯·杜兹纳斯和琳达·尼德的《法律与想象》中表达的观点是:

> 根据常规法理学,现代法律话语已经变成了压抑其文学性的一种文献,一种忘记了文式考究与审美布局的修辞……尽管法官和立法者与之背道而驰,但是法律始终包含审美的主宰,即一种主宰想象和纵情愉悦的姿态……实际上在现代,法律已经变成了压抑文学性和美学实践的文献,它拒斥艺术性……法律通过承载权威与主权以及传统与效忠之类的文字符号,安排、分配和主宰着自己的想象。(Douzinas and Nead, 1999: 5, 9)

时间、空间、想象、审美、隐喻以及感觉的观念,这些调查路径合起来意味着它们构成了脚踏实地和具体细致调查的新场域(例见,Hyde, 1997; Hibbits, 1994, 1992; Costonis, 1989; Abramson and Theodossopoulos, 2000)。

思考法律的价值和审美之维,或思考源于多重社会关系、日常实践以及个人和集体经验而产生的各种形式的文化差异,有助于形成富于创新和令人鼓舞的一些探讨法律民族学的方法。19世纪早期的法律民族学关注的是"原始文化"的法律美学,那种"原始文化"通过宗教、艺术、符号、灵异、语言、运动、舞蹈以及家族组织等来体现,同样,我们需要密切关注自己所处的高度复杂的社会中,社会和文化之间的基本互动关系。不过,与19世纪法律民族学不同,今天,我们能够更好地分析某些替代性和我们所不熟悉的法律过程,因为我们至少在理论上可以认知民族学的偏见,虽然还无法摆脱它们。模糊性、语境、直觉以及对于正在转变中"法律基础"的密切关注,借用彼得·菲兹帕特里克(Fitzpatrick, 2001; Rabinow, 1984: 249)的话讲是"正在旋转的理性之门",或借用米歇尔·福柯的话讲,这些就是法律民族学所给予我们的启示。现在,我们周围的世界是通过借助于电子技术而带来的新型视觉刺激和想象而构成的,也是由新的审美体验构成的,与这种体验相关联的是生物学的和恐怖主义的暴力、新的监控形式、新的道德准则以及新的正在涌现的大量无产者个人,他们没有家园,没有祖国,没有明显的特定种族和法律诉求,对于这样一个世界来说,上述视角的关注显得尤其必要。谁知道未来的30年将会发生什么?可能出现的新局面会对我们关于法律概念和法律意义的观念构成挑战,也会对我们关于文化差异的理解构成挑战,在社会秩序、文化地域以及个人和

561

国家主权观念的结构之内或它们之间,个人如何活动,这也可能面临着挑战。对于各个学科和各种理论立场的社会-法律研究学者而言,对未来的焦虑导致法律民族学具有日渐增加的价值,这恰缘于我在上文想要指出的原因,即法律民族学"洞察的是那些并非表面的法律现象"(Coutin, 2000: 10)。

注释

[1] 源于启蒙对于习惯的成见,一种区分和分级的方式随之产生。习惯在与法律相对的意义上成为了边缘的范畴,与野蛮和顽固的过去小型社会的残余景象相关联,它们被认为是现代社会改造的对象。人们认为习惯是由那些难以改变的惯行所形成的,与理性意志相悖。边沁曾说过,"相对野蛮而言,成文法[是]文明民族之法。"(Fitzpatrick, 1992: 60)

[2] 但是,如努根特(Nugent and Shore, 1997)所注意到的,人类学家与文化研究学者之间的关系并非没有紧张和冲突。保罗·威利斯(Paul Willis)是一位文化研究学者,因为运用民族学而获得声誉,他曾经观察到,文化研究者的诉求与他们的研究现实之间存在巨大的差距。尽管文化研究学者认为,"……民族学的中立性实际上很少能够做到"(Nugent, 1997, fn. 5),但是威利斯仍然在理论上倡导信息翔实的民族学,并认为人类学和文化研究应互相借鉴。至于人类学家,威利斯指出,他们沉湎于

> ……帝国主义的过去时代,过于受到"行域"观念的束缚。那是你们实际上为这个领域所"做"的事情。那是你的体制和职业准入仪式。如果没有通过那种准入仪式,你们就不能成为真正的人类学家,不管你描述和分析得多么成熟,你的主要导向和定义仍然没有入"行"。

> 关于文化研究学者,威利斯指出,"我认为,文化研究缺少真正的民族学根基,这已经使它陷入了理论化,脱离了与原本作为它的出发点的当代现实的联系"(Willis, 1997: 186-188)。

[3] 寻求超越人类学家与大多数社会科学家之间"科学之争"的一部富有吸引力的著作,是本特·弗莱波杰格(Bent Flyvbjerg)的《重视社会科学:社会调查为何失败和如何能够成功》(2001)。该书作者认为,世界不可以化约为抽象的、规则的、普遍的以及可预见的认识论。所以,社会科学试图寻求仿效自然科学和从情境中建构出理论和推理,都不可避免地招致失败(Flyvbjerg, 2001: 3)。该书作者并不主张自然科学比社会科学更重要,或者前者比后者更值得关注,而是认为

> 基于规则的理性思维模式,多都构成取得良好结果的障碍,这不是因为规则和理性本身成问题,而是因为理性视角必然源自某种自足性、甚至排斥性。这会导致人们和整个学科无视情境、经验和直觉,虽然对于获得分析、理性和规则的良好结果来说,这些现象和方法都是重要和必需的。(Flyvbjerg, 2001: 24;也见 Knorr Cetina, 1999)

[4] 我十分赞成,不存在单一的全球化概念(Jensen and Santos, 2000: 10)。全球化的力量是多样

和多维的,并且深嵌于不平等的权力关系中。此外,全球化的力量源于经济变革以及广泛的文化、社会和政治转型。我还要补充说,多维的全球化思考意味着,也需要强调后殖民主义和资本主义的多样性(见 Darian-Smith and Fitzpatrick, 1999)。关于从事这个领域研究的社会学家,以及在民族学领域中社会学与人类学视角的差异,布拉沃伊等在《全球民族学:力量、关联以及在后殖民世界的想象》(Burawoy et al., 2000)一书中,进行了饶有兴味的描述。

[5] 此外,安·斯托勒曾经指出:

> 殖民文化从未在殖民地直接转译成欧洲社会模式,而是进行独特的文化构造,这是一种本土化的创造,其中欧洲的食物、衣着、住房以及道德都在殖民统治的特殊社会秩序中被赋予了新的政治含义。正式的服饰准则、节约法令以及军容的整肃,不仅仅在于重申欧洲中产阶级的观点和价值……关键点是,正在兴起的殖民规划和欧洲人口以新的欧洲构造为基础:他们被从人口统计学上、职业上和政治地位上人为地划分为不同群体。在殖民地,不仅是白人定居者,而且包括更多临行性欧洲旅居者,都有社会和政治关怀,这种关怀常常对殖民者的决策构成了竞争,如同对被殖民者构成了竞争。(Stoler, 1992:321)

[6] 福柯把这称为"反馈效应"(*effet de retour*),由此"殖民化对于欧美权力机制具有反馈效应,这种权力机制涉及的是体制设置和权力技术。还有一些殖民模式对欧美国家产生了影响,以致欧美国家在某些事务上可以类似殖民化过程那样进行交易,即一种内部殖民主义"(引自 Stoler, 1995:75)。

[7] 在人类学界,认真采取女性视角是相对晚近的现象,法律人类学家的著述开始涉及有关女性及其与地方、地域、国家和跨国家层面权力结构的关系,这些著作在这个方面作出了重要贡献(关于这方面的重要总结参见 Griffiths, 2001)。虽然这方面有许多其他著作,但两个突出的例子值得关注。第一个是苏姗·赫尔希(Susan Hirsch)的著作《宣告与维护:非洲伊斯兰法庭中纠纷解决过程中的性别及其话语》(1998)。作者探索了穆斯林妇女在表面上服从她们的丈夫,但在实际生活中又如何运用法律制度维护自己的利益。另一部著作是安尼丽丝·瑞尔斯(Annelise Riles)的作品,该文提交给了 1994 年在北京举行的第四届世界妇女大会。她分析了通过妇女参与这类会议所形成的全球网络,特别分析了作为斐济原住民的妇女和部分欧洲妇女对这种网络运行过程的反应(Riles, 2000, 1995)。

[8] 关于法律与人类学的叙述,参见 French(1996),关于理解现代美国文化中法律意识,这类叙述的运用例见 Sarat(1990),Ewick and Silbey(1998)。

[9] 该书除了导论中涉及法律与互联网的简单评论,明显没有在实体上论述互联网所带来的空间概念是否意味着,试图对它及其与之相关信息技术进行控制的做法注定会失败(Blomley et al., 2001:xii-iv;见 Katsh, 1989; Boyle, 1996; Sunstein, 2001)。不过,这有些令人费解的缺憾并不影响该书富有挑战的气质。

参考文献

- Abramson, Allen and Thedossopoulos, Dimitrios (2000) *Land, Law and Environment: Mythical*

Land, Legal Boundaries. London: Pluto.
- Abu-Lughod, Lila (1991) "Writing against culture," in R. G. Fox (ed.), *Recapturing Anthropology: Working in the Present*. Santa Fe, NM: School of American Research Press, pp. 137-62.
- Abu-Lughod, Lila (1993) *Writing Women's Worlds: Bedouin Stories*. Berkeley: University of California Press.
- Ahmed, Akbar and Shore, Cris (eds.) (1995) *The Future of Anthropology: Its Relevance to the Contemporary World*. London and Atlantic Highlands, NJ: Athlone.
- Augé, Marc (1994) *An Anthropology for Contemporary Worlds*, trans. Amy Jacobs. Stanford, CA: Stanford University Press.
- Baudet, Henri (1976) *Paradise on Earth: Some Thoughts on European Images of Non-European Man*, trans. Elizabeth Wentholt. Westport, CT: Greenwood Press.
- Bently, Lionel and Flynn, Leo (eds.) (1996) *Law and the Senses: Sensational Jurisprudence*. London and Chicago: Pluto Press.
- Blomley, Nicholas K. (1994) *Law, Space, and the Geographies of Power*. New York and London: The Guildford Press.
- Blomley, Nicholas, Delaney, David, and Ford, Richard T. (eds) (2001) *The Legal Geographies Reader*. Oxford: Blackwell.
- Bohannan, Paul (1957) *Justice and Judgement Among the Tiv*. London: Oxford University Press.
- Bohannan, Paul (1969) "Ethnography and comparison in legal anthropology," in Laura Nader (ed.), *Law in Culture and Society*. Chicago: Aldine, pp. 401-18.
- Bohannan, Paul and van der Elst, Dirk (1998) *Asking and Listening: Ethnography as Personal Adaptation*. Propsect Hills, IL: Waveland Press.
- Borneman, John (1992) *Belonging in the Two Berlins: Kin, State, Nation*. Cambridge, UK: Cambridge University Press.
- Bourdieu, Pierre (1987) "The force of law: Toward a sociology of the juridical field," *Hastings Law Journal* 38(July): 805-53.
- Boyle, James (1996) *Shamans, Software and Spleens: Law and the Construction of the Information Society*. Cambridge, MA: Harvard University Press.
- Burawoy, Michael et al. (2000) *Global Ethnography: Forces, Connections, and Imaginations in a Postmodern World*. Berkeley: University of California Press.
- Calavita, Kitty (1992) *Inside the State: The Bracero Program, Immigration, and the INS*. New York: Routledge.
- Chagnon, Napoleon (1968) *Yanomamö: The Fierce People*. New York: Holt, Rinehart & Winston.
- Clifford, James (1988) *The Predicament of Culture: Twentieth-Century Ethnography, Literature, and Art*. Cambridge, MA: Harvard University Press.
- Clifford, James and Marcus, George E. (eds) (1986) *Writing Culture: The Poetics and Politics of*

Ethnography. Berkeley: University of California Press.
- Cohn, Bernard S. (1996) *Colonialism and Its Forms of Knowledge: The British in India*. Princeton, NJ: Princeton University Press.
- Collier, Jane (1997) "The waxing and waning of 'subfields' in North American sociocultural anthropology," in Akhil Gupta and James Ferguson (eds.), *Anthropological Foundations*. Berkeley: University of California Press, pp. 117-30.
- Comaroff, John (1994) "Foreword," in Susan Hirsch and Mindie Lazarus-Black (eds.), *Contested States: Law, Hegemony and Resistance*. New York: Routledge, pp. ix-xiii.
- Comaroff, John L. and Comaroff, Jean (1992) *Ethnography and the Historical Imagination: The Cultural Logic of Dispute in an African Context*. Chicago: University of Chicago Press.
- Comaroff, John L. and Comaroff, Jean (1993) *Modernity and Its Malcontents: Ritual and Power in Postcolonial Africa*. Chicago: University of Chicago Press.
- Comaroff, John L. and Comaroff, Jean (1997) *Of Revelation and Revolution: The Dialectics of Modernity on a South African Frontier*. Chicago: University of Chicago Press.
- Comaroff, John and Roberts, Simon (1981) *Rules and Processes: The Cultural Logic of Dispute in an African Context*. Chicago: University of Chicago Press.
- Coombe, Rosemary J. (1998a) "Contingent articulations: A critical cultural studies of law," in Austin Sarat and Thomas R. Kearns (eds.), *Law in the Domains of Culture*. Ann Arbor: University of Michigan Press, pp. 21-64.
- Coombe, Rosemary J. (1998b) *The Cultural Life of Intellectual Properties*. Durham, NC and London: Duke University Press.
- Cooper, Davina (1998) *Governing Out of Order: Space, Law, and the Politics of Belonging*. New York: New York University Press.
- Costonis, John L. (1989) *Icons and Aliens: Law, Aesthetics, and Environmental Change*. Urbana and Chicago: University of Illinois.
- Coutin, Susan Bibler (2000) *Legalizing Moves: Salvadoran Immigrants' Struggle for U. S. Residency*. Ann Arbor: University of Michigan Press.
- Culhane, Dara (1998) *The Pleasure of the Crown: Anthropology, Law and First Nations*. Burnaby, British Colombia: Talon.
- Danielsen, Dan and Engle, Karen (eds.) (1995) *After Identity: A Reader in Law and Culture*. New York: Routledge.
- Darian-Smith, Eve (1999) *Bridging Divides: The Channel Tunnel and English Legal Identity in the New Europe*. Berkeley: California University Press.
- Darian-Smith, Eve (2002) "Myths of 'East' and 'West': Intellectual property law in postcolonial Hong Kong," in David Goldberg and Ato Quayson (eds.), *Re-Thinking Postcolonialism*. Oxford: Blackwell, pp. 294-319.

- Darian-Smith, Eve (forthcoming) *Culture, Custom, Power, Law: Implications of Legal Anthropology for the Study of Law*. Oxford and Malden, MA: Blackwell.
- Darian-Smith, Eve and Fitzpatrick, Peter (eds.) (1996) Special issue on law and postcolonialism. *Social and Legal Studies* 5(3): 291-427.
- Darian-Smith, Eve and Fitzpatrick, Peter (eds.) (1999) *The Laws of the Postcolonial*. Ann Arbor: University of Michigan Press.
- Di Leonardo, Micaela (1998) *Exotics at Home: Anthropologies, Others, American Modernity*. Chicago: University of Chicago Press.
- Douzinas, Costas and Nead, Lynda (eds.) (1999) *Law and the Image: The Authority of Art and the Aesthetics of Law*. Chicago: University of Chicago Press.
- Engel, David M. (1987) "Law, time, and community," *Law & Society Review* 21: 605-38.
- Engel, David M. (1993) "Law in the domains of everyday life: The construction of community and difference," in A. Sarat and T. M. Kearns (eds.), *Law in Everyday Life*. Ann Arbor: University of Michigan Press, pp. 123-70.
- Ewick, Patricia and Silbey, Susan (1998) *The Common Place of Law: Stories from Everyday Life*. Chicago: University of Chicago Press.
- Fardon, Richard (ed.) (1990) *Localizing Strategies: The Regionalization of Ethnographic Accounts*. Washington DC: Smithsonian Institute Press.
- Fitzpatrick, Peter (1992) *The Mythology of Modern Law*. London: Routledge.
- Fitzpatrick, Peter (2001) *Modernism and the Grounds of Law*. Cambridge, UK: Cambridge University Press.
- Flyvbjerg, Bent (2001) *Making Social Science Matter: Why Social Inquiry Fails and How It Can Succeed Again*. Cambridge, UK: Cambridge University Press.
- Ford, Richard Thompson (1996) "Beyond borders: A partial response to Richard Briffault." Symposium "Surveying Law and Borders," *Stanford Law Review* 48(5): 1173-96.
- French, Rebecca R. (1996) "Of narrative in law and anthropology," *Law & Society Review* 30(2): 417-35.
- French, Rebecca R. (2001) "Time in the law," *University of Colorado Law Review* 72(3): 663-748.
- Friedman, Jonathan (2000) "Ethnography as a social system: Parts, wholes, and holes," in Sjoerd R. Jaarsma and Marta A. Rohatynskyj (eds.), *Ethnographic Artifacts: Challenges to a Reflexive Anthropology*. Honolulu: University of Hawai'i Press, pp. 195-209.
- Geertz, C. (1973) "Thick description: Towards an interpretive theory of culture," in C. Geertz (ed.), *The Interpretation of Culture*. London: Fontana, pp. 3-32.
- Gluckman, Max (1955) *The Judicial Process Among the Barotse of Northern Rhodesia*. Manchester, UK: University of Manchester Press.

- Gluckman, Max (1969) "Concepts in the comparative study of tribal law," in Laura Nader (ed.), *Law in Culture and Society*. Chicago: Aldine, pp. 349-73.
- Goldberg, D. T. (ed) (1994) *Multiculturalism: A Critical Reader*. Oxford: Blackwell.
- Goldberg, David T., Musheno, Michael, and Bower, Lisa C. (2001) *Between Law and Culture: Relocating Legal Studies*. Minneapolis: University of Minnesota Press.
- Goodrich, Peter (1991) "Specula laws: Image, aesthetic and common law," *Law and Critique* 2(2): 233-254.
- Greenhouse, Carol J. (1986) *Praying for Justice: Faith, Order, and Community in an American Town*. Ithaca, NY: Cornell University Press.
- Greenhouse, Carol J. (1989) "Just in time: Temporality and the cultural legitimation of law," *Yale Law Journal* 98: 1631.
- Greenhouse, Carol J. (1996) *A Moment's Notice: Time Politics Across Cultures*. Ithaca, NY: Cornell University Press.
- Greenhouse, Carol J., Yngvesson, Barbara, and Engel, David M. (1994) *Law and Community in Three American Towns*. Ithaca, NY: Cornell University Press.
- Greenhouse, Carol J., Warren, Kay, and Mertz, Elizabeth (eds.) (2002) *Ethnography in Unstable Places*. Durham, NC: Duke University Press, pp. 249-75.
- Griffiths, Anne (2001) "Remaking law: Gender, ethnography, and legal discourse," *Law & Society Review* 35(2): 495-509.
- Grimshaw, Anna and Hart, Keith (1995) "The rise and fall of scientific ethnography," in Akbar Ahmed and Cris Shore (eds.), *The Future of Anthropology: Its Relevance to the Contemporary World*. London: Athlone, pp. 46-64.
- Gupta, Akhil and Ferguson, James (eds.) (1997) *Anthropological Foundations*. Berkeley: University of California Press.
- Harvey, David (1996) *Justice, Nature & the Geography of Difference*. Malden, MA and Oxford: Blackwell.
- Herzfeld, Michael (2001) *Anthropology: Theoretical Practice in Culture and Society*. Malden, MA: Blackwell.
- Hibbitts, Bernard (1992) "Coming to our senses: Communication and legal expression in performance cultures," *Emory Law Journal* 41(4): 873-960.
- Hibbitts, Bernard (1994) "Making sense of metaphors: Visuality, aurality, and the reconfiguration of American legal discourse," *Cardozo Law Review* 16: 229-356.
- Hirsch, Susan (1998) *Pronouncing and Perservering: Gender and the Discourses of Disputing in an African Islamic Court*. Chicago: University of Chicago Press.
- Hirsch, Susan and Lazarus-Black, Mindie (1994) "Introduction: Performance and paradox. Exploring law's role in hegemony and resistance," in Susan Hirsch and Mindie Lazarus-Black (eds.),

- *Contested States: Law, Hegemony and Resistance.* New York: Routledge, pp. 1-31.
- Hoebel, E. Adamson (1954) *The Law of Primitive Man: A Study in Comparative Legal Dynamics.* Cambridge, MA: Harvard University Press.
- Hyde, Allan (1997) *Bodies of Law.* Princeton, NJ: Princeton University Press.
- Jensen, Jane and Santos, Boaventura de Sousa (eds.) (2000) *Globalizing Institutions: Case Studies in Regulation and Innovation.* Aldershot, UK: Ashgate.
- Just, Peter (1992) "History, power, ideology, and culture: Current directions in the anthropology of law," *Law & Society Review* 26: 373-412.
- Kahn, Paul W. (1999) *The Cultural Study of Law: Reconstructing Legal Scholarship.* Chicago and London: University of Chicago Press.
- Katsh, M. Ethan (1989) *The Electronic Media and the Transformation of Law.* New York and Oxford: Oxford University Press.
- Knorr Cetina, Karin (1999) *Epistemic Cultures: How the Sciences Make Knowledge.* Cambridge, MA: Harvard University Press.
- Lach, Donald F. (1965) *Asia in the Making of Europe.* Chicago: University of Chicago Library.
- Lach, Donald F. (1968) *China in the Eyes of Europe: The Sixteenth Century.* Chicago: University of Chicago Library.
- Leach, Edmund (1954) *Political Systems of Highland Burma.* Cambridge, MA: Harvard University Press.
- Leibniz, Gottfried Wilhelm ([1697-1716] 1994) *Writings on China.* Chicago and La Salle, IL: Open Court.
- Llewellyn, Karl and Hoebel, E. Adamson (1941) *The Cheyenne Way.* Norman: University of Oklahoma Press.
- Locke, John ([1690] 1988) *Two Treaties of Government*, ed. Peter Laslett. Cambridge, UK: Cambridge University Press.
- Maine, Sir Henry (1861) *Ancient Law.* New York: Dutton.
- Marcus, George R. (1998) *Ethnography Through Thick and Thin.* Princeton, NJ: Princeton University Press.
- Marcus, George (ed.) (1999) *Critical Anthropology Now: Unexpected Contexts, Shifting Constituencies, Changing Agendas.* Santa Fe, New Mexico: School of American Research Press.
- Marcus, George E. and Fischer, Michael M. J. (1986) *Anthropology as Cultural Critique: An Experimental Moment in the Human Sciences.* Chicago: University of Chicago Press.
- Maurer, Bill (1997) *Recharting the Caribbean: Land, Law, and Citizenship in the British Virgin Islands.* Ann Arbor: University of Michigan Press.
- Merry, Sally E. (1992) "Anthropology, law, and transnational processes," *Annual Review of Anthropology* 21: 357-79.

- Merry, Sally E. (2000a) "Crossing boundaries: Ethnography in the twenty-first century," *Political and Legal Anthropology Review* 23(2): 127-33.
- Merry, Sally Engle (2000b) *Colonizing Hawai'i: The Cultural Power of Law*. Princeton, NJ: Princeton University Press.
- Miller, Barbara (2002) *Cultural Anthropology*. Boston: Allyn & Bacon.
- Miller, Daniel (1997) *Capitalism: An Ethnographic Approach*. Oxford and New York: Berg.
- Milner, Neal and Goldberg-Hiller, Jonathan (2002) "Reimagining rights: Tunnels, nations, spaces," *Law and Social Inquiry* 27(2): 339-68.
- Montesquieu ([1748]1989) *The Spirit of the Laws*, trans. and ed. A. Cohler, B. C. Miller, and
- H. S. Stone. Cambridge, UK: Cambridge University Press.
- Moore, Erin P. (1998) *Gender, Law, and Resistance in India*. Tucson: University of Arizona Press. Moore, Sally Falk (1969) "Introduction," in Laura Nader (ed.), *Law in Culture and Society*.
- Berkeley: University of California Press, pp. 337-48.
- Moore, Sally Falk (1978) *Law as Process: An Anthropological Approach*. London: Routledge & Kegan Paul.
- Moore, Sally Falk (1986) *Social Facts and Fabrications: "Customary Law" on Kilimanjaro, 1880-1980*. Cambridge, UK: Cambridge University Press.
- Moore, Sally Falk (1993) "Introduction: Moralizing states and the ethnography of the present," *American Ethnological Society Monograph Series* 5: 1-16.
- Moore, Sally Falk (2001) "Certainties undone: Fifty turbulent years of legal anthropology, 1949-1999," *Journal of the Royal Anthropological Institute* 7: 95-116.
- Nader, Laura (2002) *The Life of the Law: Anthropological Projects*. Berkeley: University of California Press.
- Nugent, Stephen (1997) "Introduction: Brother, can you spare a paradigm?" in Stephen Nugent and Shore, Cris (eds.), *Anthropology and Cultural Studies*. London and Chicago: Pluto Press, pp. 1-10.
- Nugent, Stephen and Shore, Cris (eds.) (1997) *Anthropology and Cultural Studies*. London and Chicago: Pluto Press.
- Peacock, James L. (1986) *The Anthropological Lens: Harsh Light, Soft Focus*. New York: Cambridge University Press.
- Rabinow, Paul (ed.) (1984) *Foucault Reader*. New York: Pantheon Books.
- Riles, Annelise (1994) "Representing in-between: Law, anthropology, and the rhetoric of interdisciplinary," *University of Illinois Law Review*: 597-650.
- Riles, Annelise (1995) "The view from the international plane: Perspective and scale in the architecture of colonial international law," *Law and Critique* 6: 39-54.

- Riles, Annelise (2000) *The Network Inside Out*. Ann Arbor: University of Michigan Press.
- Sack, Peter and Aleck, Johnathon (eds.) (1992) *Law and Anthropology*. New York: New York University Press.
- Santos, Boa Ventura (1995) *Toward a New Common Sense: Law, Science and Politics in a Paradigmatic Transition*. New York: Routledge.
- Sarat, Austin (1990) "The law is all over: Power, resistance and the legal consciousness of the welfare poor," *Yale Journal of Law and the Humanities* 2: 343-79.
- Sarat, Austin and Kearns, Thomas R. (eds.) (1998) *Law in the Domains of Culture*. Ann Arbor: University of Michigan Press.
- Snyder, Francis (1996) "Law and anthropology," in Philip Thomas (ed.), *Legal Frontiers*. Aldershot, UK: Dartmouth, pp. 135-79.
- Starr, June and Collier, Jane F. (1989) *History and Power in the Study of Law: New Directions in Legal Anthropology*. Ithaca, NY: Cornell University Press.
- Starr, June and Goodale, Mark (2002) *Practicing Ethnography in Law: New Dialogues, Enduring Practices*. New York: Palgrave/St. Martin's.
- Stocking, George (ed.) (1983) *Observers Observed: Essays on Ethnographic Fieldwork*. Madison: University of Wisconsin Press.
- Stoler, Ann Laura (1992) "Rethinking colonial categories: European communities and the boundaries of rule," in Nicholas B. Dirks (ed.), *Colonialism and Culture*. Ann Arbor: University of Michigan Press, pp. 319-52.
- Stoler, Ann Laura (1995) *Race and the Education of Desire: Foucault's History of Sexuality and the Colonial Order of Things*. Durham, NC: Duke University Press.
- Sunstein, Cass (2001) *Republic.com*. Princeton, NJ: Princeton University Press.
- Turner, T. (1994) "Anthropology and multiculturalism: What is anthropology that multiculturalists should be mindful of it?" in D. T. Goldberg (ed.), *Multiculturalism: A Critical Reader*. Oxford: Blackwell, pp. 406-25.
- White, Hayden (1999) "Afterword," in Victoria E. Bonnel and Lynn Hunt (eds.), *Beyond the Cultural Turn. New Directions in the Study of Society and Culture*. Berkeley: University of California Press, pp. 315-24.
- Wilkinson, Charles F. (1987) *American Indians, Time and the Law*. New Haven, CT: Yale University Press.
- Willis, Paul (1997) "TIES: Theoretically informed ethnographic study," in Stephen Nugent and Cris Shore (eds.), *Anthropology and Cultural Studies*. London and Chicago: Pluto Press, pp. 182-92.

29

殖民法与后殖民法

萨利·恩格尔·默里 著
高鸿钧 译

当代社会的法律形成于殖民时代。虽然在1500年以前,就存在重要的法律移植和跨国法律继受,但是,在16世纪到20世纪这段时期里,世界上才出现了前所未有的法律制度移植。殖民主义的过程,几乎始终伴随着不同社会之间的法典或法律制度的移植。法律被从欧洲移植到北美、拉美、亚洲和非洲。殖民地不仅面对特定的土地、劳动和家庭关系,还要重塑那里的法律。殖民地治理面临的挑战是形成新的治理技术和规则,其中某些技术和规则既适用于宗主国又适用于殖民地(Fitzpatrick, 1992; Comaroff, 2001)。这个过程的历史遗产之一就是实行以种族为特色的法律制度,其中不同的法律制度适用于属于不同种族的居民。菲兹帕特里克(Fitzpatrick)的研究揭示,现代法律的界定是如何相对于"他者",后者是指那些被视为原始从而加以排斥的法律体制(Fitzpatrick, 1992; Darian-Smith and Fitzpatrick, 1999)。

后殖民国家在自己的领土内,现在所面对的是高度复杂的多元法律。许多关于殖民法研究的早期人类学理论都来自对英属非洲殖民地的分析。这些地区具有不同的法律制度,它们适用于不同种族的居民。这种法律的多重性导致了南非实行种族隔离体制,而在整个非洲殖民地,体制性隔离在当时是共同的现象(Mamdani, 1996)。在殖民时期,对于不同种族和不同宗教的居民适用不同的法律制度是普遍的现象。一般的情况是,欧洲的法院处理涉及欧洲人的纠纷,而"本地人"发生冲突,则诉诸习惯法法院(Roberts and Mann, 1991)。后殖民国家还保留有这种双重法律制度的遗迹,常常把过去欧洲的法律制度纳入它们的法典,在婚姻和家庭关系方面尤其如此。

这个历史过程的遗产是一种复杂的法律多元主义,其中许多国家都有彼此交叠和相互矛盾的法律制度,它们源于不平等的权力关系和不同的司法管辖权。社会-法律研究的一个基本特征就是,它承认在同一社会空间常常存有多种法律体系,这些法律体系各有不同的规则和程序。理解这些不同法律体系的动态互动,是法律与社会研究的核心(见 Merry,1988,2000)。对于殖民法和后殖民法的分析需要考察这些法律体系之间的互动,以及它们源于不平等权威和权力的含义。这是一种考古学:对于不同层级的法制(legality)及其历史语境进行分析。这种考古学的隐喻意味着循序渐进的连续发掘,但在实践中,每一种法律体系都反映了其他法律体系的影响,这或者由于上诉制度,或者由于多重司法管辖体制导致法院选择,或者由于它们在冲突中共存(见 Benda-Beckmann,1981)。作为彼此互动的法律体系,它们之间虽然在权力和影响上处于不平等的地位,但毕竟在概念和实践上都会相互参考。普通人之间的法律改革、法律移植以及变化的法律意识,随着时间的推移,引起了这种多重法律体系之间关系的变化。那些由殖民者强加或输入的法律不能立即得到接受,而是经过调整逐渐适应了情境。社会-法律研究关注的重要问题是这些不同层级法律体系之间关系的性质。

虽然流行的观点认为,欧洲法律是由帝国强权不顾殖民地人民的反抗和抵制而强加的,但是晚近的研究表明,当时的情形比这种图景更为复杂。殖民地精英常常积极构建新的法律制度,并借用欧洲或美国的法律制度。一些人这样做是旨在巩固自己的权力,并沿着自由主义的法制(liberal legality)路径改革本地的法律制度。即便这样做有时会限制自己的权力,他们亦复如此。例如,内森·布朗(Brown,1995,1997:18)对于19世纪埃及法律改革过程的研究就表明,在输入外国法律和面对帝国主义的压力而强调本国情境方面,本土精英发挥了重要作用。只要自由主义的法制可用于支持当地的政治权威,埃及的精英就乐于采用这种法制。甚至在非欧洲殖民国家中,某些国家也把采用欧洲法作为防止帝国主义直接占领的主要策略。某些国家根据法治(rule of law)的原理独立地把本国建构成了文明国家,这包括泰国(Engel,1978)、夏威夷王国(Merry,2000)、日本、埃塞俄比亚以及土耳其。

甚至在非殖民化的国家,法律也深深地多元化了。某些国家如果对原住民和移民共同体适用不同的法律体系,法律的多元化就更不可避免。原住民常常致力于保留自己独立的法律体系(例如 Biolsi,2001; Coulter,1994; Anaya,1994,2000)。私有化已经增加了社会对非国家治理形式的依赖,这包括公司内部的司法程序以及私人决策和监督制度(例如 Macaulay,1963,1986; Galanter,1981)。替代性解决纠纷机制的适用范围扩展到属于法律领域的许多方面,这使得法律程序及其结果多元化(例如 Merry and Milner,1993)。具有讽刺意味的是,许多国家法律多元化的过程都是源于后殖民时期输入了某些非西方国家的机制。例如,美国采取正式法律的替代机制即非正式纠纷解决机制,就很大程度源于受到中国、加纳和墨西哥那种调和型正义的启示(Merry and Milner,1993)。所有这些非国家形式的法律与国家法保持互动,并形塑国家自身的特性。

常常被归之于全球化背景的前20年巨大社会变革已经催生了新的法律规制体系,

并催生了这些体系之间的新型关系。在后殖民时代,法律借用的速度持续加快,这发生在东欧等转型国家,它们主要向美国和西欧等其他国家借用实体法典和法律程序。这期间,各国彼此之间广泛借用宪法、商法和其他具体的法律制度(Chanock, 2001;Klug, 2000)。法律的迁移和移植导致了世界许多地方法律的迅速美国化,商事法律尤其如此(Dezalay and Garth, 1996;Sassen, 1994, 1996)。现代法律的潮流推动了拉丁美洲和非洲法院的改革和法律规则的扩展(见 Dezalay and Garth, 2002a:220)。欧盟已经将区域性法律制度自上而下置于各个民族国家法律制度之上(Peterson and Zahle, 1995)。非法移民运动和难民潮使得那些在居住国无法取得正式公民资格的群体开始适用与该国不同的法律,并把这种法律作为一种替代性法制(见 Coutin, 2001)。全球性法律制度也在范围上不断扩展。国际法最初调控的是商事关系和国家之间的关系,现在已经开始调控国民与国家之间的关系和经济关系,还涉及环境、原住民的文化整合以及少数族裔、妇女以及儿童等弱势人群的地位。以联合国和非政府组织等跨国组织为基础的人权制度正在飞速发展,这推动了民族国家权利体系的发展并增强了对公民的保护。随着人权制度在战后的扩展,人权保护已经进入了社会生活的许多新领域,诸如妇女免受暴力的权利、食物权、住房权以及发展权等。全球化把法律多元化推到一个新的水平。

因此,当代后殖民世界呈现出丰富的法律多元化图景,这些法律体系在地方、国家和国际层面相互交叠、彼此冲突和互相补充。它包括全球贸易、商业、劳动权以及保护人权的法律体制。还有新型全球范围的司法制度,它们旨在调整商事关系,实施人权保护,并在近期用以惩罚战争罪、反人类罪以及种族灭绝罪。这类制度许多都建立于1990年之前,如前南斯拉夫国际刑事法庭;国际刑事法院的筹划始于 1994 和 1995 年,在2002 年正式成立。这种局势是殖民主义、废除殖民主义和全球化的遗产。

我们如果关注全球法、民族国家法、习惯法以及其他规范性秩序之间的辨证和相互构成关系,就会发现各种社会秩序之间存在的内在关联,以及地方力量面对不受其控制力量的脆弱性。对于这样一种后现代的法律观点而言,法律多元主义是一个关键的概念(Santos, 1995)。桑托斯运用地图的隐喻来暗示,法律是一种类似地图的符号体系,通过比例、图影和符号来表示或错误地反映现实(Santos, 1987:297)。如同地图,不同的法律体系有不同的比例、不同形式的图标,尤其重要的是它们有不同的符号体系。

一种关于等级不同但相互构成的法律秩序的理论会引出新的问题:这些体系如何维持彼此互动并产生相互影响的效应?支配体系在多大程度上能够控制附属体系?附属体系如何暗中破坏或侵蚀支配体系?附属体系中是否为某些它的运用者提供了足以影响支配体系的纠纷解决策略?多元法律体系的竞争在多大程度上可以解释法律的历史变迁?

本文通过分析殖民法及其留给后殖民时代的历史遗产来考察有关理论的发展。然后考察诸如国际人权法和商事法等各种新型全球法,并思考国际法律秩序与国家法以及地方法之间复杂和令人感到困扰的关系。

殖 民 法

在19世纪资本主义的扩张过程中,以及在欧美实现对非洲、亚洲以及太平洋地区的政治控制过程中,法律成为主要的制度体系。如同早期欧洲转向资本主义那样,在许多殖民国家,法律针对的是防止违反劳动合同、酗酒、流浪以及节日休假,基本目的是培养驯服的劳动力(Thompson, 1967; Cooper, 1987, 1989; Fitzpatrick, 1987)。从共有制转向土地私有制需要农业和矿业的资本投资,而这也依赖于法律。法律有助于劝导人们接受欧洲人的某些理念,这些理念涉及工作、时间、财产、债务、个人主义、权利、个人纪律以及性关系等维度(Comaroff and Comaroff, 1991, 1997)。

在英美的殖民主义中,法律是关于合法性叙事的核心,其表现之一就是把征服和占有重新解释为文明的扩展(见Fitzpatrick, 1992)。在19世纪欧洲帝国主义者的典型想象中,一些民族生活在混乱和野蛮的状态中,那里没有任何约束,没有道德,也没有规则,《黑暗之心》的意象恰切隐喻了这种状态。对于生活在这种状态中的人们来说,法治无疑是一种"礼物"。法律也有助于构想具有巨大反差效果的隐喻,借助这种隐喻,欧洲人和美国人使得他们的殖民征服显得顺理成章,并促使他们把殖民地的文化改造成宗主国那种文化。这种反差是以家庭和道德秩序的原型来建构的:"母亲之国"与"少年之国"形成对照[1];殖民地则被描述为"半魔鬼—半儿童"社会,与负责任但不被理解的成年白人男性的殖民者相对照,那里的人们成为了吉卜林(Kipling)名诗所言的"白人的负担"。与欧洲人富于理性和追求效率相比,殖民地的人们被描述为"迷信"、懒惰和道德堕落(Said, 1978; Mitchell, 1988);与布满林荫大道的欧洲城市相比,殖民地的城市被描述为杂乱无章;与欧洲井然有序的学校相比,他们的教育体制被描述为混乱无序(Mitchell, 1988)。这些形象背后是性别之分和种族之别,这些隐喻的原型是父子关系、施舍者和接受者之间的关系、高级种族与低级种族之间的关系。白人种族优越论就源自这类二元对立的偏见。如大量人类学的研究所显示,欧洲人和美国人通过与想象中的"他者"进行对比,从而界定他们自己,而这种"他者"不过是他们虚构的产物(Fabian, 1983; Todarov, [1984] 1999; Comaroff and Comaroff, 1991)。菲兹帕特里克(Fitzpatrick, 1992)的研究发现,在殖民时期,现代法律的神话体现了同样的对比方式和排斥心态。

这种对比鲜明的文化地图存在于法律制度中,并适用于传教士、学校、农业和矿业领域。法律自身变成了文化对立的组成部分,欧洲的行动者们由此可以理解殖民主义并使之合法化。殖民地的法律官员认为,自己给当地的人们带来文明和法治,而当地人遵守的习惯(因为不符合法律的典型特征)被视为专断独裁、反复无常和没有理性。由此就形成了"法律"与"习惯"之分,前者意味着理性和正义,后者意味着非理性和情境化裁处。[2]

伴随着资本主义和殖民主义的扩张,种族身份在殖民遭遇中具有了确定的含义并获得了具体形式。在从 16 世纪到 19 世纪的过程中,对差异的认同主要基于宗教信仰和习惯。例如异教徒、无神论者、卡菲尔(kaffir,穆斯林对非穆斯林的称呼)、原始人、蛮族等,都代表了贴标签者心目中的这类区分。但是,在 19 世纪,基于身体特征的身份认同逐渐全方位地取代了基于文化和宗教差异的身份区分。换言之,支配群体开始根据外表而不是信念来界定附属群体的特征。这时的区分指向的是身体而不是灵魂,识别的标志是肤色而不是宗教仪式。这使得识别差异的标志发生了转变,先前的差异容易改变,而这种肤色差异则不可改变,这种区分标志的转变至今对人类社会还具有重要影响。种族和性别的身份特征以及较为微妙但却与阶级存有内在关联的身份特征,对于现代的权力运行过程仍然至关重要。这些身份特征已经进入了殖民时期的法律规则和结构之中,这种法律通常被依照种族的符码鲜明地区分为"本土法"与欧洲法,用于规范它所建构的新的种族社会并使之合法化。马丁·钱诺克(Martin Chanock, 2001)对于南非法的研究揭示了这种法律的种族化对于那个国家的统治如何重要。

关于殖民地时期法律的研究已经提出了许多洞见,它们涉及这个过程本身的性质及其所留下的遗产。其洞见之一是对某些显得简单的观点提出了公开的挑战,这种简单观点认为殖民地的法律完全源于殖民者的强加。早期的相关研究关注的是殖民法的强加特征,尽管在当时这种理论定式就受到了质疑(见 Burman and Harrell-Bond, 1979)。在过去的 20 年间,相关的研究表明,新的法律体制并非仅仅源于强加,它们经历了适应和调适的过程。殖民统治者旨在减少控制的代价,而殖民社会的精英则试图把殖民政府所采用的新法律用作权力斗争的资源(Chanock, 1985, 2001;Brown, 1997)。某些殖民国家中的人们抵制殖民者的意识形态(Guha, 1997),而另在一些殖民国家,正如劳拉·纳德尔(Laura Nader, 1990)所指出,统治者则通过倡导一种调和的意识形态使自己免受宗主国的干预。

晚近研究提出的第二个主要洞见是,习惯并非如同殖民地行政管理者所想象的那样,只是原始的、一成不变的过去的残留物,它们是殖民当局与殖民地各个群体互动的产物(Chanock, 1985)。许多研究者探索了所谓习惯法的起源,这种法律体制在许多后殖民社会仍然得到广泛运用。弗朗西斯·斯奈德所进行的最初研究之一就表明,形成于殖民地情境下的这种法律,常常源于殖民地管理者从当地新精英那里获得的建议,这些新精英熟悉殖民地的语言及当地的经济和政治关系(Snyder, 1981;也见 Chanock, 1985;Moore, 1986)。这种习惯法反映了殖民地的权力关系和一些殖民官员表述"传统"法律的能力(Chanock, 1985)。这些规则得到了改进和重新界定,以便适应新的殖民地环境(Comaroff and Comaroff, 1991, 1997)。在印度,英籍殖民学者在印度教和伊斯兰教的基础上形成了宗教法律条文,从而建构地方化的、以宗教为基础的法律制度(Galanter, 1989; Cohn, 1996; Strawson, 1999)。但是,正如科恩(Cohn, 1996)所指出,在转译、解释和法典化的过程中,印度法变成了与原先十分不同的东西,尽管它取源于印度,但是其形式更像英国法。

晚近研究提出的第三个洞见所涉及的是殖民时期法律的控制范围。早期研究关注的是土地和劳动,但其后的研究表明,法律及与之相连的各种规训业已深入到家庭和共同体的生活,规定的范围甚至涉及服饰、饮酒以及一般仪式。关于殖民时期法律干预范围的分析,从马克思主义者关注法律在改变物质关系方面的作用,转向了更为福柯式的视角,即关注规训和知识体系以及对于身体和性关系的规制。资本主义对土地和劳动的要求明显驱动了欧洲法律体系扩展到各个殖民地。法律对土地关系重新进行了界定,以推动资本主义的发展,法律也构建了合同和工资的概念,把自给自足的农民转变成领取工资的劳动力。

法律也规制了其他生活领域:婚姻和家庭、性关系、节假日、饮酒,甚至服饰、举止以及居住方式(Comaroff and Comaroff, 1991, 1997; Stoler, 1989, 1991, 1995, 1997; Cooper and Stoler, 1997)。殖民法把某些日常生活惯例予以刑法化,在早期的法律体制下,这些法律的被接受程度变化不定。在巴布亚新几内亚,殖民官员努力禁止部族打斗(Gordon and Meggitt, 1985)。在殖民时代,美国人和加拿大人不遗余力地压制各自原住民的宗教和仪式活动(Cole and Chaikin, 1990)。埃及试图在法律上废除一些节假日(Mitchell, 1988)。南非的殖民法则与当地的其他规训联手打造工资劳动力以及新的个体自我,这些规训涉及工作场所、学校、医院,甚至房屋设计,把身体举止及其控制看作欧洲文明的标志(Comaroff and Comaroff, 1991, 1997)。在19世纪的夏威夷,法院积极采取行动规制性关系、劳动合同、含有酒精的饮料、毒品以及惩罚对具有高级身份者实施的暴力行为(Merry, 2000)。在20世纪早期的桑给巴尔(Zanzibar)殖民地,非洲人常常由于饮酒、跳舞和打斗而受到逮捕,殖民当局认为,这些行为与闲暇和缺乏劳动纪律有关(Cooper, 1987:240)。库珀(Cooper, 1987:240)援引了当代一位官员的话,这位官员曾经担心,"孩子气的粗野"会在"不道德的舞蹈中浪费精力"并引起"性亢奋的危险状态"。

某些新的规定有助于某种稳定的和守时的劳动力供应,而其他新的规定则间接与对劳动力的供应相关联。具有特色的是,致力于控制性关系、饮酒以及节假日,所使用的主要是一种关于原住民无序和不道德的典型话语,而不是指责原住民懒惰和强调工作美德之类的话语。禁止某些行为旨在塑造一种自我约束和内在控制的新人。推动把日常行为作为犯罪行为加以惩罚的动力,并不仅仅是出于劳动力方面的要求。相反,驱动政府官员把这些附属群体的某些日常活动界定为犯罪行为的动力,是一种独特的理论,这种理论认为部族中的主人、奴隶所有者或酋长如果放松对下属的控制,将会潜在地导致社会失序。实际上,主人和酋长的权威当时正在受到资本主义劳动关系和土地关系的损害。官员担心,奴隶所有者、酋长或殖民当局如果对下属不加控制,这些附属群体将会变得道德失控和陷入混乱。他们的担心源于以下概念,即这些附属群体与试图管理他们的人群相比,更容易滥用激情、不受约束和难以驾驭(见 Collier, Maurer, and Suarez-Navaz, 1995)。"危险阶层"的概念加剧了种族观念和性别歧视。白人通过与有色人种对比而确立了自己的种族优越感,他们把对方描述为兽性十足、野蛮残忍和好色纵欲的另类(Comaroff and Comaroff, 1991, 1997; Merry, 2000)。劳动控制的话语类似那些有关社会失序的话语,但每种话语都对刑事起诉范围的扩展提供了独特的正当理由。对于社会瓦解的担心与抱怨劳动力不可信赖和反复无常,一直如影随形。改革社会生活的吁求常常伴随着要求强化社会秩序和劳动控制。受控制的人们改进了他们的隐蔽策略,或者重新解释他们的婚姻习俗,以敷衍法官和法院。马塞尔(Masell, 1968)描述了发生在苏联中亚地区的这类抵制形式,拉泽鲁斯-布莱克(Lazarus-Black, 1994)对于殖民地和当代加勒比地区的研究发现了类似模式。纳德尔(Nader, 1990)在墨西哥发现了类似的抵制形式。如赫希和拉泽鲁斯-布莱克(Hirsch and Lazarus-Black, 1994)的研究所表明,法律能够在文化上建构范畴、规则和理解模式,这些范畴、规则和理解模式影响着人们观察世界的方式和思考应该如何行动的方法,从而有理由认为法律的力量在于文化、意识领域以及强制力量。但是,这种力量并不完善,总是引起各种争议并受到削弱。

晚近研究提出的第四个洞见涉及殖民地输入的殖民法的作用。许多研究关注的是由殖民当局施加的作为控制模式的法律。但是,法律的产生过程更为复杂。在殖民国家,一些人显然想要运用法律来占有土地和劳动,但是法律在某种程度上也限制了这种占有。在诸如南非等某些地区,殖民帝国当局就约束白人,并对他们掠夺和剥削劳动的行为予以限制(Comaroff, 1989)。在新西兰等大英帝国所属的许多殖民地,土地的转让是通过买卖而不是征服的方式。与通过征服直接占有相比,这虽然在表面上赋予殖民地以更有利的地位,但是邦纳(Banner, 2000;也见 Ward, 1973)对新西兰的研究显示,有关市场的法律规定如何弱化了毛利人土地出售者的地位,并有助于白人定居者取得广泛的土地占有权。同样,对于劳动的规制具有抑制雇主对待劳动力的作用,至少在理论上是如此。但是,这种作用很大程度上取决于劳动力是否诉诸法律以及诉诸法律的能力。无论如何,这为诸如奴隶制等强制劳动形式毕竟提供了一种替代机制,对于不受控制的市场力量及其可能产生的永久的和世代延续的债务奴隶来说,也毕竟提供了一种替代机制。

在这个意义上,法律在殖民过程中发挥了奇特的多种作用。法律当然是殖民主义的工具,有助于征服和控制,但它在强调权利的过程中也成为抵制征服和控制的话语。法律是一种手段,通过调控市场来抑制市场对于殖民统治者的臣民可能产生的负面影响(Hirsch and Lazarus-Black, 1994)。法律是将殖民占领合法化的首要武器,为征服和制服先前自主的人们提供了正当理由。法律确立了新的人际关系和范畴,重构了社区和家庭生活,并实施了新的规训模式。同时,法律为人们挑战殖民当局和村社权威提供了话语武器和论坛平台。法律能够使得妇女摆脱父亲和丈夫的控制,使得仆人能够面对主人而保护自己(Chanock, 1985; Moore, 1986)。附属群体也能够运用法律向殖民统治者、外来定居者、矿产所有者甚至奴隶所有者提出挑战(Lazarus-Black, 1994)。在许多殖民地,都存在奇特的谜题:殖民法院在土地、劳动和税收方面,为实行压制性的新法律服务,但是,殖民地人民却以某种热情把纠纷诉诸这种当地新型法院(例见 Chanock, 1985; Matsuda, 1988;也见 Fitzpatrick, 1987; Hayden, 1984)。他们把法院视作殖民精英所采用的一种控制形式,但是与此同时,他们却接受殖民法律体系所包含的法律意识并利用它们来保护自己的权益。[3]

我们不应把强加殖民法的行为看作一种直接的控制行为,准确地说,应将它看作支配群体与附属群体之间的秩序竞争,前者试图运用法院引入一种新的家庭和社区生活方式,而后者则寻求运用在法律面前人人平等和个人权利的意识形态,也尝试运用法律提供的作为警察和地方行政官以及在基层法院中作为原告所获得的新理念,来抵制对于家庭和社区生活方式的改变。法律制度既是一种控制模式,又是一种抵制武器;既是一种证明控制具有正当性的意识形态,又是一种可以用于抵制控制的新理念。法律创设了关于人格和义务的新型文化范畴,但在地方社区中,新型法律制度的运作和效应却有违殖民官员的初衷。新型法律拓展了何种空间及它们如何得到运用?这类重要的问题仍然有待未来的研究予以回答。

随着关于法律与殖民主义的研究走向成熟,学者渐趋关注历史情境的多样性。劳伦·本顿(Lauren Benton, 2002)富有雄心地进行比较历史研究,涉及的内容是500年来殖民主义扩张过程中法律体制的传播,旨在阐释这个过程所产生的纵横交错的多样形态。本顿的研究表明,甚至在缺少基础性法律秩序时,不同法律传统中的行动者也能够寻找途径交流货物和信息(Lauren Benton, 2002: 5)。她的著作围绕法律多元主义展开,但强调法律实体的流动性和多变性以及它们边界的相通性。罗楠·沙米尔(Ronen Shamir, 2001)提出了自己研究殖民法的架构,用以分析巴勒斯坦的法律。他注意到法律在表述民族经历中的重要性,即它讲述着这些人是谁以及他们的民族身份特征如何得以形成。他的研究表明,在以色列的历史中,1910年代和1920年代的那些支持或拥护犹太人复国运动的定居者,被描述为是独立地活动以构建自己的社会和制度,但事实上,当时英国政府在为这些定居者创造条件和取得土地方面扮演了重要的角色。由此,关于这些英勇无畏的定居者独立自主再造生活的故事,便在很大程度上激励了犹太复国主义,而实际上后者得到了英国殖民主义的支持。沙米尔的研究表明,人们理解或拒斥殖民主义的方式实际上构建了后殖民的现实。这种研究殖民主义的架构对于理解北美地区原住民的法律境况也富有启示意义(例见 Asch, 1988)。托马斯·鲍尔希(Thomas Biolsi, 2001)研究的问题是,作为印第安人的一支的苏人(Sioux)在保留地上围绕主权问题所展开的法律斗争,这种研究生动地显示,关于印第安政策的历史性法律遗产如何埋下了当代彼此冲突和相互矛盾这种法律困境的种子。无论如何,本土美洲人曾经反复运用法律来维护他们的主权和社区生活方式。所有这些例子都表明,殖民法律关系如何根深蒂固地渗入后殖民主义和全球化的当代。

后殖民法与全球化

　　殖民主义为当代社会和现代法律留下了什么遗产?到处弥散的多元主义就是其结果之一,这是在一般法和习惯法的区分中所感受到的一种多元主义。这些多元主义的界面已经融汇了种族和差异的观念,常常受到后殖民国家试图对它们加以统一的影响。但是,细心的民族学研究暗示,甚至在多元主义存在的场合,实际上各种多元主义之间的界线也远非明确。在安娜·格里菲斯(Anne Griffith, 1997)关于博茨瓦纳城镇冲突和家庭冲突的研究中,她就发现,尽管对后殖民国家采取一般法体系与习惯法体系的传统区分,即根据法律适用的社会范围进行区分,但是它们之间的边界并非截然分明,而是存有模糊之处。她通过关注婚姻和扶养方面的冲突,揭示了妇女在运用法律方面,依赖于法律制度提供给她们的资源和她们的亲族关系与经济地位。在博茨瓦纳,虽然受到良好教育的精英拒斥习惯法,认为它们与自己的生活毫不相干,但是她发现,普通民众则摇摆在这两种明显不同的法律体系之间。在妇女从丈夫和父亲那里寻求扶养或抚养的资助时,习惯法为她们提供了重要的资源(Griffith, 1997: 103)。同样,苏姗·赫尔希(Susan Hirsch, 1998)对肯尼亚斯瓦希里人的穆斯林法院的研究表明,法院为妇女提供了一个场所,在那里她们能够通过某些代理机制,就她们的婚姻和家庭关系进行谈判。

　　关于殖民法留给后殖民法的遗产,还存在另一种思考方式,即关注殖民冲突已经如何影响了欧洲法自身。菲兹帕特里克和达里安-斯密斯(Fitzpatrick and Darian-Smith, 1999;也见 Bhabha, 1997, 1998)指出,作为殖民法的遗产之一,是欧洲法融入了东方主义(Orientalism)。殖民法内含的二元对立的预设和种族符码,对于现代法的性质具有至关重要的影响(Fitzpatrick, 2001; Darian-Smith and Fitzpatrick, 1999)。安东尼·安格赫(Antony Anghie, 1999)描述了国际法在殖民运动中的起源,即16世纪西班牙人与印第安人遭遇过程中的那场殖民运动。他的研究表明,被视为国际法源头的弗朗西斯科·

德·维多利亚(Francisco de Vitoria)的理论,如何用一种世俗的和普遍化的法律权威基础取代了宗教的教皇权威概念。这种理论之所以获得了普遍性,是因为理论的倡导者认为印第安人具有理性的能力。这就导致西班牙人把自己所奉行的自然法体制强加给印第安人。无论如何,这种自然法体系使得西班牙人进入了印第安人的领土,并在那里逗留下来,也使得他们用一种他们认为是正当报复的战争行为来回应印第安人的抵制。因此,根据此种理论,西班牙人在印第安人被定义为侵略的抵制行动中获得了"自卫"的权利(Anghie, 1999: 95)。因此,如安格赫的研究所表明,国际法并非是既存的法律,然后被用于解决殖民冲突,相反,这种冲突和各种新产生的问题恰恰形塑了那种国际法。

伴随着后殖民时代劳动和资本的全球化,出现了一种新型的法律多元主义:一系列处于全球空间以及广泛的法律移植过程中的法律技术、法律制度和法律规则(Dezalay and Garth, 2002a, 2002b)。基于长期确立的国际法体制,新的区域性和全球性法律秩序已经涌现出来,诸如各种形式的商事法、人道主义法以及人权法(例见 Hannerz, 1992; Shapiro, 1993; Aman, 1995; Dezalay and Garth, 2002a)。自"二战"以来,伴随着构成国际人权法基础的条约、公约以及宣言,诸如国际法院之类解决国际冲突的机构、《关税及贸易总协定》(GATT)的纠纷解决体制,或国际商事纠纷的仲裁机制(Dezalay and Garth, 1996),都已经建立起来。在 1940 年代形成的诸如世界银行、国际货币基金组织以及《关税及贸易总协定》的布雷顿森林体系,对于全球资本主义的新法律秩序来说都至关重要。与此同时,《世界人权宣言》等一些人权公约被作为国际习惯法,并得到了广泛承认(见 Donnelly, 1995)。跨国法律规制的出现打破了民族国家对于法律的垄断,民族国家治下的群体要求地方法律自治和自决,一些法律以人权的话语得以表述。某些后民族国家试图统一法律制度并挫败地方主义,以此来回应这些挑战。

这种新的多元主义代表了原有格局的转变,在那种格局中,国家法律秩序处于中心地位。现代国家的创立目的旨在掌握和控制纠纷的解决过程、消除地方势力以及强化一致性等(例见 Bossy, 1983)。但在现代国家中,始终存在某种紧张关系,存在着抵制这种控制的力量,它们以法制的形式规避和拒斥国家的控制。国家法律控制更受争议,正如桑托斯(Santos, 1995)所指出,虽然导致了国家外在地表现出正在弱化的趋势,但那种弱化不过是它有意选择的行为。

这种局势在某种方式上可以被视为新帝国主义,只是它的基础是主权国家体制而不是帝国的政治控制模式。在诸如联合国等新的国际组织中,各国在形式上一律平等,尽管它们在实质上明显不平等(Fitzpatrick, 2001)。国际法律秩序的形态是极其不平等的主权国家之间形式平等的协议。这种秩序的运作机制主要是通过宣称体现国际社会利益的国际货币基金组织和世界银行。奥托(Otto, 1999)指出,这些在"二战"之后不久就成立的机构主要受到欧洲国家的控制,至今仍然保留欧洲原来的控制基础。相比之下,自废除殖民化运动以来,发展中国家一直在数量比例上控制着联合国大会。这样,尽管国家间形式平等,它们在控制关键的国际社会金融机构方面,其能力处于并不平等的地位。

菲兹帕特里克指出,新帝国主义表现为新自由主义,这在于它在国际和国内都奉行市场至上的原则,而民族国家则处于管理性和补充性的地位。新自由主义主张,对于经济活动不应强加关税、进口限制或控制外国投资等限制措施;在国内,应推动自由化、解除规制并实行私有化。这种新秩序的政治原理是民主、人权和法治。这包括移植和采用西方的法律,尤其是商事法,并改革法律制度以使其更像核心国家的法律制度。支撑这种制度的制裁机制是国内法和国际法,对于那些不服从的国家及其公民,它们可以扣押资产,或者以取消互惠待遇和承认相威胁。取消互惠待遇意味着不能得到贷款和援助,而这可能导致某些国家的经济走向崩溃(Fitzpatrick,2001:212-15)。

克里斯托弗·阿鲁普(Christopher Arup,2000)研究了世界贸易组织的文本及其影响,特别研究了其中的两个多边协议,即《服务贸易总协定》(GATS)和《与贸易有关的知识产权协定》(TRIPs),并考察了这些为实现全球法律规制而采取的新型法律如何运作。他把这些法律作为法律多元主义的例子加以分析,用桑托斯的话讲就是居间法制(interlegality)。这个词语强调的是不同法制之间如何相互碰撞、融合、交叠以及互动。这发生在几个层面,包括国家之间的法制和不以任何民族国家为中心的法制之间的互动(Arup,2001:5)。这些法制包括以跨国合同为基础的重新出现的超国家商人法,示范法典以及私人仲裁。阿鲁普没有对法律的趋异或趋同进行预见,而是探讨法律的多元性。全球的供应者仍然将继续进行跨越差异的谈判,并仍会继续需要民族国家的法律支持(Arup,2001:7)。

缺乏殖民主义政治结构支撑的跨国公司和跨国经济活动的扩展,在过去的20年中,已经推动了有关国际纠纷解决机制和谈判规则的巨大进展。国际商事法虽然至少自中世纪就一直存在,但是它近年来的扩展已经采取了新的形式。正如萨森(Sassen,1996)所注意到的,伴随着全球生产体系的扩展以及金融服务市场的全球扩展,法律规制也随之出现全球性扩展的态势,在商事冲裁方面尤其如此。确保财产权和保障公司从事跨国商务交易安全的合同显得日益重要(Sassen,1996:12-20)。德扎莱和格斯描述了在这种空间中为了进行国际商事仲裁而形成的国际私人性司法制度(international private justice system)(Dezalay and Garth,1995:33,1996)。在1970年至1990年间,发生了一种转变,即从相对不正式的仲裁转向了"海外诉讼"(offshore litigation),前者以欧洲学者和设在巴黎的国际仲裁会为基础,而后者则更注重英美的律师事务所模式在仲裁中的作用,这表现在资源的协调运用和重视对客户的服务,以及更强调事实调查和律师的对抗制辩论(Dezalay and Garth,1995:34-36)。在更晚近的研究中,他们考察的重点是精英律师和经济学家在美国和欧洲主要学术机构之间的流动情况,以及他们在拉丁美洲国家、人权组织和联合国机构的任职情况(Dezalay and Garth, 2002a)。在巴西、阿根廷、智利和墨西哥的政策制定方面,他们发现了一种转变,即从倚重欧洲绅士型的法律人转向了倚重受过美国训练的经济学家。他们考察了特定个人的职业生涯,由此揭示了一个领域中发展起来的法律技术和知识如何迁移到另一个领域。他们的研究表明,在对拉丁美洲国家的决策施加影响方面,就职业生涯的路径而言,诸如在联合国机构等国际组织的工作经历日渐变得重要。他们的研究也表明,拉丁美洲法律改革是如何由这些世界主义的精英具有特色地推动,但是当这些改革面对根深蒂固的传统习惯和根据现行法律安排的合法性而进行权力交涉时,这种改革又如何受到地方权贵势力的暗中破坏(Dezalay and Garth, 2002a: 248-250)。

海外金融体系和避税港的快速发展提供了一些渠道,由此可以避开国家金融交易税收的控制。为了保护自由市场,在全球市场格局中,这种基于独特的话语和不同地域的制度在不同的地方建立了起来,它们提供了灵活的形式,使人们能够持续地自由流动(Maurer, 1997, 1998, 2001)。它们为避开国家控制的金融交易壁垒和税赋负担提供了场地,而金融交易的数字化使得官方的检查和监视更为困难。这种变化虽然常常被视为对国家主权的侵犯,但是它们可能表明管理的地域范围发生了根本变化。投资者的运作仍然需要高度的信任机制和对于所有权的保护,海外合同的履行也需要安全保障机制。海外金融体系的快速增长引发了一些新的问题,涉及如何使管理体系覆盖这些地域并实现管理的制度化,从而确保这些机制的运作(见 Maurer, 1997)。

国际人权制度及其法律保护机制提供了另一种形式的穿越国家边界的法律规制机制。自"二战"以来,一个精心设计的人权体系和履行机制已经在国际范围内发展起来,其核心是联合国和它的附属机构(见 Merry, 2003)。这些国际人权体系和机制基于主权国家通过协议的自主互动。地方的、国家的以及国际的非政府组织日渐成为这种国际人权体系和机制的重要行动者,它们在起草人权文件和履行这些文件的过程中作出了重要的贡献(Keck and Sikkink, 1998)。1990 年苏联的解体和许多东欧国家自由政治秩序的建立,以及反抗前南斯拉夫种族主义的行动,这一切推动了人权话语和法治追求的广泛扩展(见 Wilson, 1997: 2)。

唐纳利(Donnelly)在 1995 年就注意到,尽管有人担心人权体系主要源于欧洲,但这并没有导致对人权保护的干涉。无论如何,对于破坏人权原则的行为,联合国有正当的理由采取各种形式的国际军事行动,这方面的例子是针对科索沃所采取的军事行动。同时,国际非政府组织及一些国家在保护弱势人群的人权方面正面临着压力,而这在某种方式上受到了主权的限制(见 Foot, 2000)。在新的全球秩序范围内,主权的合法性日益依赖于对最低限度的国际人权原则的遵守。在实行种族隔离政策的时期,南非代表了一个国家大规模侵犯人权原则的例子,这导致它成为被国际社会所遗弃的国家。不过,问题似乎是,主要是那些强势国家成功地对弱势国家施加压力,而如美国等一些最强势的国家则拒绝接受某些人权公约的约束(见 Ignatieff, 2001)。

因此,人权大厦虽然建立在主权的国际秩序之上,但它标示着一种新型国际法律体制。人权话语是当代全球文化潮流中的强健波澜。在1940年代和1950年代,它最初的重点是公民和政治权利,后来扩展到社会和经济权利,迨至1980年代和1990年代,又扩展到保护包括妇女、儿童以及少数族裔在内的弱势群体的权利;作为一种规制全球社会的模式,人权在思想和理念方面已经日益变得至关重要。与民族国家的法律不同,个人享有人权是基于人的尊严而不是基于作为国家或民族成员的身份。一个外国人可以不属于某个国家的公民,但是任何人都不能够置身于人权体系之外。诸如非法移民和难民的人口流动,在其所藏身的国家,他们不得不规避该国的法律制度,由此正形成大量的"人口孤岛"(见 Coutin, 2001)。这些人群无法取得公民资格,但是他们仍然享有人权(见 Sarat and Kearns, 2001)。

在过去的50年中,权利概念本身发生了巨大变化,在各种变革的情境中,人权人士已经运用了这种武器。人权的主要发展分别基于公民权利和政治权利的概念,这两种权利维护的是相对于国家的个人权利,如免受酷刑的权利,从这种个人权利出发,人权已经扩展到获得食物、住房以及选择文化和生活方式的群体性权利(见 Messer, 1993; Sarat and Kearns, 1995)。伴随着人权概念的变化,人权的重点已经不再完全集中在个人权利之维。

关于原住民人权公约的发展以强有力的方式提出了团体和共同体权利的问题。原住民被整合到移民者的国家,在美国、加拿大、澳大利亚和新西兰就是如此,他们在1940年代末和1950年代发出自决的呼声,同殖民主义进行斗争(见 Trask, 1993)。始于由美国原住民团体领导人发起的运动,世界上出现了保护原住民权利宣言的活动,该宣言文本于1977年提交给联合国会议。作为联合国人权委员会组成部分的禁止歧视和保护少数族裔分委会,于1982年成立了一个关于原住民人口群体的工作小组。不久它就发展成国际性论坛,数以百计的原住民领导人和代表,每年7月于设在日内瓦的工作小组进行会面(Coulter, 1994:37;也见 Anaya, 1994, 2000)。原住民虽然寻求根据国际法实现自决,但是他们并不寻求建立国家或实现独立,只是作为文化共同体而得以存续。他们追求的是文化身份认同而不是建立自主的国家(Lam, 1992)。这种目标基本上一直属于法律的斗争,即运用法律的语言和制度以及其他政治抗争形式进行斗争。这种斗争的主要目标之一是获得一定程度的法律自主和自治。经过原住民和联合国代表的多年讨论,《原住民权利宣言草案》在1994年定稿,它包括了原住民建构和保持自己的政府和法律以及法律制度的权利(Coulter, 1994:40)。

正在涌现的各种全球法制形式之一就是某种形式的国际法庭,它可以管辖政府及其领导人的某些犯罪行为,诸如战争罪、种族灭绝罪或与战争相关联的强奸或强征慰安妇等严重侵犯人权的行为(见 Teitel, 2000)。在国际上,还有特别审判庭,负责审理卢旺达和前南斯拉夫的战争罪犯,这方面的内容在本书其他章节有所论述。2002年,国际刑事法院开始运作,它负责审判战争罪、反人类罪以及种族灭绝罪。这些体制创新意味着,新型全球法制的建构,重点在于实现对严重侵犯人权的个人犯罪行为予以跨国起诉和惩罚。同时,第二种过渡性司法机制是真相和调解审判庭,尽管在使违法者对其行为负责的意义上,它并不是真正意义上的司法机制。理查德·威尔森(Richard Wilson, 2001)对后一种"审判"形式即南非真相和调解委员会进行了研究,他描述了该委员会如何把营救和调解的信息传给某些团体,但在约翰内斯堡的城市非洲人邻里之间,大众正义的理念如何并没有产生共鸣。

这两种方法都旨在于冲突发生后恢复正义,相对于刑事审判的优点而言,它们都存在一些问题,例如拖延、耗资和仅仅针对为数很少的被告采取行动,以及真相委员会的程序过于开放和过分注重调解和赦免。为何采取这类形式以及哪种混合形式成为可能?这类问题只能交给未来去回答,这涉及一些理念,例如社会如何克服剧烈而残酷的内部冲突的理念,以及采取何种机制更行之有效的理念。还有一些问题,它们涉及国际社会的作用和在这个过程中后冲突社会(postconflict society)的司法机制。无论如何,在商事法、人道主义法、人权法以及较晚近的国际刑法中,这些新型全球法律制度是正在发展的全球法律制度的另一个标志。这些相对微弱的法律制度与国家法之间的关系,显得复杂而不确定。

比较殖民和后殖民法制

582　　对全球法制的关注会提出一些新问题。一种新型跨国法制的涌现是否表现为一种新型殖民主义?或者这是否构成一种全新的法制?伴随着商事领域的法律移植和全球金融体制的强化,人权体系的扩展是否会导致某种同质性?或者会导致新的协商机制的形成并由此趋向多样性?殖民主义的基本文化范畴是否仍然隐含(虽然通常并未明确表达)诸如文明与野蛮之类的对立想象?现行的所谓跨国正义对未来意味着什么——意味着刑法体系和商法体系融合成全球网络?

我们可以在多大程度上把人权法看作一种全球法?它们是否具有约束力?这类形式全球法制扩展会如何重新界定主权?尽管有人谈论主权受到侵蚀,但是民族国家正在弱化这一点仍不明确;相反,民族国家似乎正在改变形式(见 Sassen, 1996, 1998)。实际上,伊格纳提夫(Ignatieff, 2001)已经指出,人权能动主义的关注之点一直是国家;动员起来的国际领域是为了对国家施加压力。

通过对殖民时代法律作用的思考,关于全球化我们能有何领悟?伴随着殖民主义而形成的多元化与全球化时代出现的多元化,两者所处的历史条件当然不同,但是这两种历史条件都驱使法律体系更加多样化并相互冲突。在这两个历史过程中,现行法律体系与引进的法律体系都在相当不同的社会条件下发生了融合。在这两个过程中,引进法律在意识形态方面的正当化理由适相类似:19 世纪的殖民主义关注文明与改革,20 世纪的全球化强调民主、发展和法治。这背后所隐含的都是中心与"他者"之分,作为"他者"只能接受改革并吸收来自中心国家的法律,尽管那时的"他者"是所谓的野蛮的异教徒,而现时的"他者"是所谓充满古老仇恨的病态和腐败社会。在这两种情势下,一些国家都远比另一些国家富裕和强大,这种不公正的界分与殖民者与被殖民者的区分大致相似。在当代,如同在殖民时代,新的法律技术和法律规则会引起重大的后果,而那些采用或引进它们的国家对此仅仅朦胧地略有感知。

但是,帝国主义时代驱动法律移植的权力动力相当不同于当代全球化时代的权力动力。在早期阶段,商务上的迫切需要意味着在殖民者制服被殖民者之前,被殖民社会已经发生了一些变革,但是殖民者的政治控制先于经济控制。相比之下,在全球化时代,驱动英美法和欧洲法得以传播的恰是经济动力。法律的接受国希望社会现代化,以便吸引外国的投资。外国的投资方要求某种法律保障和纠纷解决机制。联合国及其人权机构等国际组织逐渐建构起有关人权的全球化法理,而国际法院的创设则形成一套实施民事和刑事法律的制度机制,尽管这仅仅处在起步阶段。根据这种体制,国家并非牺牲了主权,而是主权依据国际人权标准得到了重新界定。各国批准了人权公约,这向世界表明,它们是现代国家,是发达国家,被形式上平等的国际社会所接纳。

因此,新的国际法律秩序在意识形态和政治上是帝国殖民秩序的延伸。同样的政治和经济不平等渗透到当代,尽管法律的形态已经明显不同。到处弥散的殖民时代的法律多元主义,植根于种族主义色彩的区分概念,继续产生影响。当代的法律技术和理念受到这些法律体系之间互动的形塑。法律移植及其适应仍然发生在全球范围内根深蒂固的不平等权力结构中。

注释

[1] 这类殖民话语的例子之一就是兰格(Ranger)所援引的 1910 年英格兰国王对南非梭托人的讲话:

"当一个孩子遇到麻烦,他会去找父亲,他的父亲了解具体情况之后将决定采取何种措施。然后,孩子必须信任和服从父亲,因为他只是这个大家庭的一员,他的父亲在处理他兄长的类似麻烦时积累了丰富的经验,对于这个年幼的孩子以及整个家庭的安宁和福祉,他能够作出最明智的判断……巴苏陀人就是大英帝国各个民族中最小的孩子。"(引自 Ranger and Hobsbawm, 1983: 231)

[2] 法律人类学中一个重要的智识体系已经对于这种区分提出了挑战,并认为这两者都是法律

的和理性的"习惯"(Gluckman, 1955),并认为,那些由殖民当局视为没有法律的社会也有社会秩序(Evans-Pritchard, 1940; Gulliver, 1963)。戴蒙德(Diamond, 1973)虽然承认法律与习惯之间的区分,但是对以法律为参照对象低估习惯的做法提出了异议。更晚近的著作揭示,"习惯法"这个被殖民官员认为是一成不变的过去的词汇,本身就是殖民时期虚构的形象,这受到殖民地精英活动的深深影响,他们出于自己的利益积极地重构法律(Chanock, 1985; Snyder, 1981; Moore, 1986)。殖民地民族的"习惯法",是在经历了当地社会领导权和其他权力的政治斗争,并通过其对全球经济和政治压力的反应而发展起来的(Moore, 1986)。

[3] 一个相关的例子是,在君主制时期,夏威夷致力于引进源自美国的强奸法而不采用夏威夷人关于这种犯罪的观念(Nelligan, 1983)。有时,夏威夷的妇女和当地法官利用这些法律谋利。妇女可以指控外国海员强奸,法律规定,罚金可以在受到补偿的妇女与作出判决的法官之间瓜分。

参考文献

- Aman, Alfred C., Jr. (1995) "A global perspective on current regulatory reform: Rejection, relocation, or reinvention?" *Indiana Journal of Global Legal Studies* 2: 429-64.
- Anaya, S. James (1994) "International law and indigenous peoples," *Cultural Survival Quarterly* Spring: 42-4.
- Anaya, S. James (2000) *Indigenous Peoples in International Law*. Oxford: Oxford University Press.
- Anghie, Antony (1999) "Francisco de Vitoria and the colonial origins of international law," in Eve Darian-Smith and Peter Fitzpatrick (eds.), *Laws of the Postcolonial*. Ann Arbor: University of Michigan Press, pp. 89-109.
- Arup, Christopher (2000) *The New World Trade Organization Agreements: Globalizing Law through Services and Intellectual Property*. Cambridge, UK: Cambridge University Press.
- Asch, Michael (1988) *Home and Native Land: Aboriginal Rights and the Canadian Constitution*. Toronto: Methuen.
- Banner, Stuart (2000) "Conquest by contract: Wealth transfer and land market structure in colonial New Zealand," *Law and Society Review* 34: 47-96.
- Benda-Beckmann, Keebet von (1981) "Forum shopping and shopping forums—dispute settlement in a Minangkabau village in West Sumatra," *Journal of Legal Pluralism* 19: 117-61.
- Benton, Lauren (2002) *Law and Colonial Cultures: Legal Regimes in World History 1400-1900*. Cambridge, UK: Cambridge University Press.
- Bhabha, Homi (1997) "Of mimicry and man: The ambivalence of colonial discourse," in Frederick Cooper and Ann Laura Stoler (eds.), *Tensions of Empire: Colonial Cultures in a Bourgeois World*, Berkeley: University of California Press, pp. 152-62.
- Bhabha, Homi (1998) "Anxiety in the midst of difference," *Polar: Political and Legal Anthropology Review* 21(1): 123-37.

- Biolsi, Thomas (2001) *Deadliest Enemies: Law and the Making of Race Relations On and Off Rosebud Reservation.* Berkeley and Los Angeles: University of California Press.
- Bossy, John (ed.) (1983) *Disputes and Settlements: Law and Human Relations in the West.* Cambridge, UK: Cambridge University Press.
- Brown, Nathan (1995) "Law and imperialism: Egypt in comparative perspective," *Law and Society Review* 29: 103-27.
- Brown, Nathan J. (1997) *The Rule of Law in the Arab World: Courts in Egypt and the Gulf.* Cambridge, UK: Cambridge University Press.
- Burman, Sandra B. and Harrell-Bond, Barbara E. (eds.) (1979) *The Imposition of Law.* New York: Academic Press.
- Chanock, Martin (1985) *Law, Custom, and Social Order: The Colonial Experience in Malawi and Zambia.* Cambridge, UK: Cambridge University Press.
- Chanock, Martin (2001) *The Making of South African Legal Culture 1902-1936: Fear, Favour, and Prejudice.* Cambridge, UK: Cambridge University Press.
- Cohn, Bernard S. 1996. *Colonialism and its Forms of Knowledge: The British in India.* Princeton, NJ: Princeton University Press.
- Cole, Douglas and Chaikin, Ira (1990) *An Iron Hand Upon the People: The Law against the Potlatch on the Northwest Coast.* Vancouver and Toronto: Douglas & McIntyre; Seattle: University of Washington Press.
- Collier, Jane, Maurer, William, and Suarez-Navaz, S. (1995) "Introduction," Special Issue on Sanctioned Identities, *Identities: Global Studies in Culture and Power* 2: 1.
- Comaroff, Jean and Comaroff, John L. (1991) *Of Revelation and Revolution: Christianity, Colonialism, and Consciousness in South Africa*, vol. I. Chicago: University of Chicago Press.
- Comaroff, John L. (1989) "Images of empire, contests of conscience: Models of colonial domination in South Africa," *American Ethnologist* 16: 661-85.
- Comaroff, John L. (2001) "Colonialism, culture, and the law: A foreword," *Law and Social Inquiry* 26 (2): 305-14.
- Comaroff, John L. and Comaroff, Jean (1997) *Of Revelation and Revolution: The Dialectics of Modernity on a South African Frontier*, vol. II. Chicago: University of Chicago Press.
- Cooper, Frederick (1980) *From Slaves to Squatters: Plantation Labor and Agriculture in Zanzibar and Coastal Kenya, 1890-1925.* New Haven, CT: Yale University Press.
- Cooper, Frederick (1987) "Contracts, crime, and agrarian conflict: From slave to wage labour on the East African coast," in Francis Snyder and Douglas Hay (eds.), *Law, Labour, and Crime: An Historical Perspective.* London and New York: Tavistock, pp. 228-53.
- Cooper, Frederick (1989) "From free labor to family allowances: Labor and African Society in colonial discourse," *American Ethnologist* 16: 745-65.

- Cooper, Frederick and Stoler, Ann Laura (eds.) (1997) *Tensions of Empire: Colonial Cultures in a Bourgeois World*. Berkeley: University of California Press.
- Coulter, Robert T. (1994) "Commentary on the UN Draft Declaration on the Rights of Indigenous Peoples," *Cultural Survival Quarterly* Spring: 37-41.
- Coutin, Susan Bibler (2001) *Legalizing Moves: Salvadoran Immigrants' Struggle for U. S. Residency*. Ann Arbor: University of Michigan Press.
- Darian-Smith, Eve and Fitzpatrick, Peter (1999) *Laws of the Postcolonial*. Ann Arbor: Univeristy of Michigan Press.
- Dezalay, Yves and Garth, Bryant (1995) "Merchants of law as moral entrepreneurs: Constructing international justice from the competition for transnational business disputes," *Law and Society Review* 29: 27-65.
- Dezalay, Yves and Garth, Bryant (1996) *Dealing in Virtue: International Commercial Arbitration and the Internationalization of Legal Practice*. Chicago: University of Chicago Press.
- Dezalay, Yves and Garth, Bryant (2002a) *The Internationalization of Palace Wars: Lawyers, Economists, and the Contest to Transform Latin American States*. Chicago: University of Chicago Press.
- Dezalay, Yves and Garth, Bryant (eds.) (2002b) *Global Prescriptions: The Production, Exportation, and Importation of a New Legal Orthodoxy*. Ann Arbor: University of Michigan Press.
- Diamond, Stanley (1973) "The rule of law versus the order of custom," in Donald Black and Maureen Mileski (eds.), *The Social Organization of Law*, New York: Seminar Press, pp. 318-44. Reprinted from *Social Research* (1971) 42.
- Donnelly, Jack (1995) "State sovereignty and international intervention: The case of human rights," in Gene M. Lyons and Michael Mastanduno (eds.), *Beyond Westphalia: State Sovereignty and International Intervention*. Baltimore: Johns Hopkins University Press, pp. 115-47.
- Engel, David (1978) *Code and Custom in a Thai Provincial Court*. Tuscon: University of Arizona Press.
- Evans-Pritchard, E. E. (1940) *The Nuer*. Oxford: Oxford University Press.
- Fabian, Johannes (1983) *Time and the Other: How Anthropology Makes its Object*. New York: Columbia University Press.
- Fitzpatrick, Peter (1987) "Transformations of law and labour in Papua New Guinea," in Francis Snyder and Douglas Hay (eds.), *Law, Labour, and Crime: An Historical Perspective*. London and New York: Tavistock, pp. 253-98.
- Fitzpatrick, Peter (1992) *The Mythology of Modern Law*. London: Routledge.
- Fitzpatrick, Peter (2001) *Modernism and the Grounds of Law*. Cambridge, UK: Cambridge University Press.
- Fitzpatrick, Peter and Darian-Smith, Eve (1999) "Laws of the postcolonial: An insistent introduction," in Eve Darian-Smith and Peter Fitzpatrick (eds.), *Laws of the Postcolonial*. Ann Arbor:

University of Michigan Press, pp. 1-19.
- Foot, Rosemary (2000) *Rights Beyond Borders: The Global Community and the Struggle Over Human Rights in China.* Oxford: Oxford University Press.
- Galanter, Marc (1981) "Justice in many rooms: Courts, private ordering, and indigenous law," *Journal of Legal Pluralism and Unofficial Law* 19: 1.
- Galanter, Marc (1989) *Law and Society in Modern India.* Delhi: Oxford University Press.
- Gluckman, Max (1955) *The Judicial Process Among the Barotse of Northern Rhodesia.* Manchester, UK: Manchester University Press.
- Gordon, Robert J. and Meggitt, Mervyn J. (1985) *Law and Order in the New Guinea Highlands: Encounters with Enga.* Hanover, NH: University Press of New England (for University of Vermont).
- Griffiths, Anne (1997) *In the Shadow of Marriage.* Chicago: University of Chicago Press.
- Guha, Ranajit (1997) *Dominance Without Hegemony: History and Power in Colonial India.* Cambridge, MA: Harvard University Press.
- Gulliver, P. H. (1963) *Social Control in an African Society.* London: Routledge and Kegan Paul.
- Hannerz, Ulf (1992) *Cultural Complexity: Studies in the Social Organization of Meaning.* New York: Columbia University Press.
- Hayden, Robert M. (1984) "A note on caste panchayats and government courts in India: Different kinds of stages for different kinds of performances," *Journal of Legal Pluralism* 22: 43-53.
- Hirsch, Susan F. (1998) *Pronouncing and Persevering: Gender and the Discourses of Disputing in an African Islamic Court.* Chicago: University of Chicago Press.
- Hirsch, Susan and Lazarus-Black, Mindie (eds.) (1994) *Contested States: Law, Hegemony, and Resistance.* New York: Routledge.
- Ignatieff, Michael (2001) *Human Rights as Politics and Idolatry.* Princeton, NJ: Princeton University Press.
- Keck, Margaret E. and Sikkink, Kathryn (1998) *Activists Beyond Borders: Advocacy Networks in International Politics.* Ithaca, NY: Cornell University Press.
- Klug, Heinz (2000) *Constituting Democracy: Law, Globalism, and South Africa's Political Reconstruction* (Cambridge Series in Law and Society). Cambridge, UK: Cambridge University Press.
- Lam, Maivan Clech (1992) "Making room for peoples at the United Nations: Thoughts provoked by indigenous claims to self-determination," *Cornell International Law Journal* 25: 603-22.
- Lazarus-Black, Mindie (1994) *Legitimate Acts and Illegal Encounters: Law and Society in Antigua and Barbuda.* Washington, DC: Smithsonian Institution Press.
- Macaulay, Stewart (1986) "Private government," Disputes Processing Research Program Working Paper 1983-1986, Madison: University of Wisconsin Law School. Reprinted in Leon Lipson and Stanton Wheeler (eds.) (1986) *Law and the Social Sciences.* New York: Russell Sage Foundation,

pp. 445-518.
- Macaulay, Stuart (1963) "Non-contractual relations in business: A preliminary study," *American Sociological Review* 28: 55-67.
- Mamdani, Mahmood (1996) *Citizen and Subject: Contemporary Africa and the Legacy of Late Colonialism*. Princeton, NJ: Princeton University Press.
- Masell, Gregory (1968) "Law as an instrument of revolutionary change in a traditional milieu: The case of Soviet Central Asia," *Law & Society Review* 2: 179.
- Matsuda, Mari J. (1988) "Law and culture in the District Court of Honolulu, 1844-1845: A case study of the rise of legal consciousness," *The American Journal of Legal History* 32: 16-41.
- Maurer, Bill (1997) *Recharting the Caribbean: Land, Law, and Citizenship in the British Virgin Islands*. Ann Arbor: University of Michigan Press.
- Maurer, Bill (1998) "Cyberspatial sovereignties: Offshore finance, digital cash and the limits of liberalism," *Indiana Journal of Global Legal Studies* 5: 493-519.
- Maurer, Bill (2001) "Rewiring technological and financial circuits in the 'offshore' Caribbean," *Comparative Studies in Society and History* 43(3): 467-501.
- Merry, Sally Engle (1988) "Legal pluralism," *Law and Society Review*: 22: 869-96.
- Merry, Sally Engle (2000) *Colonizing Hawai'i: The Cultural Power of Law*. Princeton, NJ: Princeton University Press.
- Merry, Sally Engle (2003) "Constructing a global law? Violence against women and the human rights system," *Law and Social Inquiry* 28(4): 913-50.
- Merry, Sally Engle and Milner, Neal (eds.) (1993) *The Possibility of Popular Justice: A Case Study of American Community Mediation*. Ann Arbor: University of Michigan Press.
- Messer, Ellen (1993) "Anthropology and human rights," *Annual Review of Anthropology* 22: 221-49.
- Mitchell, Timothy (1988) *Colonising Egypt*. Cambridge, UK: Cambridge University Press.
- Moore, Sally Falk (1986) *Social Facts and Fabrications: Customary Law on Kilimanjaro, 1880-1980*. Cambridge, UK: Cambridge University Press.
- Nader, Laura (1990) *Harmony Ideology: Justice and Control in a Zapotec Mountain Village*. Stanford, CA: Stanford University Press.
- Nelligan, P. J. (1983) "Social change and rape law in Hawaii," Unpublished PhD dissertation, Dept. of Sociology, University of Hawaii.
- Otto, Diane (1999) "Subalternity and international law: The problems of global community and the incommensurability of difference," in Eve Darian-Smith and Peter Fitzpatrick (eds.), *Laws of the Postcolonial*. Ann Arbor: University of Michigan Press, pp. 145-80.
- Petersen, Hanne and Zahle, Henrik (eds.) (1995) *Legal Polycentricity: Consequences of Pluralism in Law*. Aldershot, UK: Dartmouth.

- Ranger, Terence and Hobsbawm, Eric (eds.) (1983) *The Invention of Tradition*. Cambridge, UK: Cambridge University Press.
- Roberts, Richard and Mann, Kristin (1991) "Law in colonial Africa," in Kristin Mann and Richard Roberts (eds.), *Law in Colonial Africa*. Portsmouth, NH: Heinemann, pp. 3-61.
- Said, Edward (1978) *Orientalism*. New York: Vintage.
- Santos, Boaventura de Sousa (1987) "Law: A map of misreading. Toward a postmodern conception of law," *Journal of Law and Society* 14: 279-302.
- Santos, Boaventura de Sousa (1995) *Toward a New Common Sense*. New York: Routledge.
- Sarat, Austin and Kearns, Thomas R. (eds.) (1995) *Identities, Politics, and Rights*. Ann Arbor, MI: University of Michigan Press.
- Sarat, Austin and Kearns, Thomas R. (eds.) (2001) *Human Rights: Concepts, Contests, Contingencies*. Ann Arbor: University of Michigan Press.
- Sassen, Saskia (1994) *Cities in a World Economy*. Thousand Oaks, CA: Pine Forge Press/Sage.
- Sassen, Saskia (1996) *Losing Control: Sovereignty in an Age of Globalization*. New York: Columbia University Press.
- Sassen, Saskia (1998) *Globalization and its Discontents*. New York: The New Press.
- Shamir, Ronen (2000) *The Colonies of Law: Colonialism, Zionism, and Law in Early Mandate Palestine*. Cambridge, UK: Cambridge University Press.
- Shapiro, Martin (1993) "The globalization of law," *Indiana Journal of Global Legal Studies* 1: 37-64.
- Snyder, Francis G. (1981) *Capitalism and Legal Change: An African Transformation*. London: Academic Press.
- Stoler, Ann Laura (1989) "Making empire respectable: The politics of race and sexual morality in 20th century colonial cultures," *American Ethnologist* 16: 634-61.
- Stoler, Ann (1991) "Carnal knowledge and imperial power: Gender, race, and morality in colonial Asia," in Micaela di Leonardo (ed.), *Gender at the Crossroads of Knowledge: Feminism in Anthropology in the Postmodern Era*. Berkeley: University of California Press, pp. 55-101.
- Stoler, Ann Laura (1995) *Race and the Education of Desire: Foucault's History of Sexuality and the Colonial Order of Things*. Durham, NC: Duke University Press.
- Stoler, Ann Laura (1997) "Sexual affronts and racial frontiers: European identities and the cultural politics of exclusion in colonial Southeast Asia," in Frederick Cooper and Ann Laura Stoler (eds.), *Tensions of Empire: Colonial Cultures in a Bourgeois World*. Berkeley, CA: University of California Press, pp. 198-237.
- Strawson, John (1999) "Islamic law and English texts," in Eve Darian-Smith and Peter Fitzpatrick (eds.), *Laws of the Postcolonial*. Ann Arbor: University of Michigan Press, pp. 109-27.
- Teitel, Ruti (2000) *Transitional Justice*. Oxford: Oxford University Press.

- Thompson, E. P. (1967) "Time, work discipline, and industrial capitalism," *Past and Present* 38: 56-97.
- Todarov, Tzetevan ([1984]1999) *The Conquest of America: The Question of the Other*. Norman: University of Oklahoma Press.
- Trask, Haunani-Kay (1993) *From a Native Daughter: Colonialism and Sovereignty in Hawai'i*. Monroe, ME: Common Courage Press.
- Ward, Alan (1973) *A Show of Justice: Racial "Amalgamation" in Nineteenth Century New*
- *Zealand*. Auckland: Auckland University Press.
- Wilson, Richard A. (1997) "Human rights, culture and context: An introduction," in Richard A. Wilson (ed.), *Human Rights, Culture and Context: Anthropological Perspectives*. London: Pluto Press, pp. 1-27.
- Wilson, Richard A. (2001) *The Politics of Truth and Reconciliation in South Africa: Legitimizing the Post-Apartheid State*. Cambridge, UK: Cambridge University Press.

30

人权

利萨·哈嘉 著
高鸿钧 译

《招魂》(Calling the Ghosts)是一部反映波斯尼亚战争题材的影片,影片结尾有这样一个场面:两位主人公透过摆放明信片的货架对视。嘉德兰卡·西格尔吉(Jadranka Cigelj)和纳斯拉塔·塞瓦奇(Nusreta Sivac)是波斯尼亚的穆斯林妇女,她们是塞尔维亚奥马尔斯卡集中营的幸存者,曾到设在荷兰的前南国际法庭就她们的亲身经历作证。影片传出的画外音来自西格尔吉,涉及的内容是她们寄给前塞尔维亚同事的明信片,具体地点是普利耶多市,那里先前曾是她们的家乡,而后来成为了种族清洗之地。"来自海牙的祝福,希望在这里很快见到你。"短短两句话包含了太多的内容:现代的种族仇恨、种族灭绝的暴力、酷刑以及幸存者的精神追求和对正义的呼唤。

这两名妇女曾经受到监禁,并多次遭到塞尔维亚士兵的强奸,而当时在法律上获得救济的可能性实质上是无法想象的。奥马尔斯卡集中营的行径的违法性昭然若揭,在外国记者进入那里采访之前,集中营的指挥官采取了各种措施掩盖罪行和毁灭证据。但是,他们当时几乎没有想到(更不要说担心)他们会对自己的行为负责。在那时,对于奥马尔斯卡集中营的违法行径,不存在强制实施国际法的机制。但是事实上,仍然存在某些"书本之法",鼓励她们在释放之后讲述自己及其同伴在监禁期间的苦难经历。他们讲述这种经历的最初目的虽然是在于寻求补偿,但这些材料也构成了用以证明犯罪的证据。

在1993年,当联合国设立前南特别法庭时,幸存者提供的证据为准备起诉提供了基础。《招魂》中明信片的场面记录了国际法实施和制度建构的这个过渡阶段。它也提供了关于"行动之法"生动的民族学的影像。对于西格尔吉和塞瓦奇来说,她们从"受害人"到"见证人"的转变,则赋予了她们以控诉的权利,控诉那种毁灭她们的暴力。

法律与社会领域中的人权

590　　探索法律的力量如何形塑和改变社会关系,是法律与社会研究的核心。这种研究把法律作为社会现象和社会力量,并吸引了跨学科的学者从事交叉学科的探究。但是,直到1980年代,这个领域几乎并不关注国际法或国际领域的法律。与此相反,这个领域集中探讨的是特定国家或共同体的法律,或选定几个国家的法律进行比较分析。关于全球化和国际法的研究已经持续了20年之久。希尔贝就此评论道:

> 研究法律的社会组织特别有助于探索全球化背景下权力的运作:首先,因为有如此之多的新型互动和交流是借助法律这一媒介;其次,我们在某种程度上业已身临其境……不仅在全球化的叙事与自由主义的法条主义(legalism)之间存有明显的结构同源性,而且社会-法律研究所揭示的诸多书本之法与行动之法之间的差距,也可以在全球化的理论和实践中观察到。我们不仅观察到持续存在的矛盾,即法律理想与现实之间的矛盾,而且也可以观察到同样的差距正在形成:抽象的平等与实质上具体或经验性平等之间存在差距。(Silbey,1997:230)

人权由国际法创造出来,由此它是法律全球化的体现。同样,它们构成了法律与社会研究领域的学者进行探索的丰富而适当的矿脉。此外,法律与社会研究的大部分内容都运用类似人权之类的话语,来体现正义、授权以及权利的信念。

在英、美学界,通过有关人权及其相关议题的研究,法律与社会研究领域得到了充实。实际上,这种导向已经推动了这个领域自身的国际化。反过来,这个领域的跨学科研究也可以丰富有关人权的研究。例如,正在涌现的对于事业型律师活动的研究兴趣,就表明了法律能动性主义、国际法律和为权利斗争的社会运动这几者之间的关联。在这个领域,由社会-政治进路分析法律文本和制度的悠久传统,对于在国际层面探索这些议题是富有启示的资源。持久地关注法律多元主义和法律意识,有助于使我们关注人权组织及其能动性。

在本章中,我将简短地(并承认有选择地)回顾人权的历史,突出强调一些法律与社会研究领域所关注之点。我特别感兴趣的是这个领域所持久关注的一点,这就是"书本之法"与"行动之法"之间的"差距"。在一开始我就意识到,"人权"的概念存有多重含义和不同解释;在我的分析中,我关注的核心是与暴力有关的人权问题。

暴力、正义和社会变革

在20世纪,为了政治目的而有计划和有组织实施的暴力达到了前所未有的程度。但同时也出现了前所未有的努力,即致力于构建全球的法律体制来控制和抑制这些暴力。这两种现象即暴力与法律之间的关系是辩证互动的关系。正如奥斯汀·萨拉特(Austin Sarat)和托马斯·基恩斯(Thomas Kearns)所指出的:

> 暴力……内在于现代法律的构成中,并且……法律是这样一种构造物:它既基于真实的暴力,又基于暴力、无序与痛苦的想象和威胁……暴力如此在三种意义上构成了法律:它为构建法律秩序提供了场域和方法,为法律(作为暴力和强制机制)的存在提供了理由,以及为法律提供了得以运作的手段。(Sarat and Kearns, 1993:1, 3-4)

关注暴力与法律之间关系的上述三个维度,有助于我们理解国际法的发展。两次世界大战的暴力是强化人道主义法(在其他场合也称作战争法)的构成性因素,对纳粹大屠杀的举世震惊和反感提供了一个重要的反例,这导致以确认人权为核心的新型的国际法体系的创立。关于法律的暴力性的第三个维度也以这个理由为特征,但直到相当晚近它还是一个尚未兑现的承诺(或威慑)。

直到第二次世界大战结束时,国际法仍然几乎完全指向国家之间的关系,大都排除了有关国家与其国民之间关系的事务。主权国家意味着"平等的共同体",主权是最高的权威形式,它的基础是独立自主原则、在国内领土行使管辖权原则以及互不干涉原则。各国的国民并不能提出国际权利诉求,因为他们(实质上)不具有国际法主体的地位。直到第二次世界大战,这种基于《威斯特伐利亚和约》的秩序的合法性才开始动摇。战争的惨痛教训在于,绝大多数惨绝人寰的暴行都不是采取非法的形式,因为法律并不禁止这些行为,也不存在制止这些行为的权威。

在战争结束时,当在纽伦堡和东京成立特别审判庭来审判轴心国的领导人时,便形成了新的法律基础。确立这种审判庭及其诉讼程序的过程也确定了"战争罪"的构成要素和判断尺度,这个过程形成了一种新的犯罪种类("反人类罪"),并为新型权利(人权)奠定了基础。将国家的暴力行为纳入犯罪的范畴并予以起诉,是一项至关重要的法律创举,因为这动摇了国家主权在运用暴力方面所享有的豁免特权。实际上,作为奥斯维辛集中营纳粹"最终方案"的谋划者之一的赫曼·戈林(Hermann Goering),就运用主权理论及其法律先例来针对法庭对他的起诉进行抗辩:"但是,那是我们的权利!我们是主权国家,从事战争完全属于我们自己决定的事务。"

甚至某些谴责暴力的法律专家也对指控法律创制者的合法性表示担心。人们虽然可以(并且常常)运用法律推动变革,但法律的合法性取决于它的稳定性和可预见性。法律推理诉诸先例、既存原则、关于秩序的流行观点、正义以及权利。由此,这种审判庭便对法律的常规构成了挑战:它们的创设和运作是为了确定个人在法律上对于暴力行为承担责任,而这些个人曾经作为国家的代理人,审判庭回过头认定他们的行为构成了犯罪行为,而在当时这些行为并不构成犯罪行为。正如阿莱·奈尔(Aryeh Neier)所作的解释,这种解释针对的是一些人对审判庭所提出的法条主义立场的批评:

> 恪守实在法的人们,即那些拒绝适用自然法或高级法原则的人们,以及相信只有相关权威所制定的法律才有效的人们认为,以反人类罪审判德国人和日本人违反了法制(legality)的基本原则,这些原则就是法无明文不为罪原则(nullum crimen sine lege)和无罪则无罚原则(nulla poena sine crimine)。(Neier,1998:16)

但是,罪大恶极的暴力使得人们有理由超越那种过渡时期的保守主义。根据罗伯特·科沃尔(Robert Cover)的描述:"对纽伦堡审判的辩护……从起初就发出了一种声音,它赋予这个事件以一种指向未来的新的法律含义"(Minow, Ryan, and Sarat, 1995:196)。作为首席检察官的美国最高法院法官罗伯特·杰逊(Robert Jackson),在纽伦堡审判庭的公开陈述中,就论证了他们所从事的审判完全符合法治(rule of law)精神:

> 如果这些人是以法律的名义受到起诉的战败国的首要领导者,那么也应最先赋予他们机会,使他们能够以法律的名义对于他们的行为进行抗辩,(并且应赋予)他们为自己进行公平辩护的机会——这是一种仁慈,即他们在位期间很少惠及其本国同胞的仁慈。尽管舆论业已谴责他们的行为,但我们还是认为,我们必须对他们实行无罪推定的原则,并且承担证明他们犯罪行为的举证责任,从而确证这些被告应对他们的行为承担责任(引自 Minow, 1998:31-32)

对于轴心国领导人的起诉需要进行举证,这项原则十分庄严,也是一项根本原则。原则上,这些个人受到起诉,是基于他们反"人类"或反"和平"的犯罪而不是基于他们在体制内对特定受害者的犯罪,这些审判庭的权威来自"国际社会"而不是战胜国。原则上,高级秩序的不可侵犯性可以作为对未来暴行的一种威慑,即隐含着"不得重蹈覆辙"的警告。而且,原则上,基于这种审判庭所确立的先例,可以追究和起诉那些实施类似罪行的其他个人犯罪嫌疑人。根据奈尔的观点,"这些审判庭倡导的理念是,法律一般能够,尤其是国际法能够,处理一些重大事务,我们可以诉诸法律过程来适当处理人类部分成员对人类其他成员的严重犯罪行为"(Neier, 1998:18)。

伴随这两个审判庭的成立,在战后不久的时期内,建构国际法律体制的两项最重要的创举是 1946 年联合国 (UN) 的创立和 1948 年《世界人权宣言》(UDHR) 的通过。借助于《联合国宪章》所赋予联合国的权威,人权具有了突出的地位,尽管这些权利本身并非目的,而是作为确保全球和平与安全的手段。《世界人权宣言》内含着高远的理想,宣布人权是"不可转让的"权利,即本身就是目的。虽然《世界人权宣言》并非是具有约束力的协议,但它毕竟为全人类可能主张的一些共同权利确立了基本架构,并可以为其后通过法律把这些权利予以法典化提供了可供参照的基准。

战后设立的这些审判庭,针对某些以法律的名义所实施的暴力进行了审判。但是,剥夺国家的"主权豁免权"(sovereign immunity) 与把它们作为政治犯罪进行起诉,对于其后国际法的执行带来了一种寒蝉效应 (chilling effect)。早期基于纽伦堡审判先例的努力,即构建一个国际刑事司法制度的尝试,并没有取得成功,原因正如路易斯·亨金 (Louis Henkin) 所言,"主要国家(即联合国安理会常任理事国)并不想以激进的方式确立渗入国内事务的某些法律和法律义务,以致损害业已确立的国际秩序体系:显然是他们自己不想受到这种法律的约束"(引自 Steiner and Alston,1996:123)。

具有讽刺意味的是,当人权的话语开始获得了基础地位时,这种基础本身却开始分化。在战后时期以及其后的几十年中,政治上的迫切需要,其中明显是国家对于主权的维护和冷战期间的极化态势,使得人权和人道主义法无法实行。

作为乌托邦的人权

人们曾把乌托邦的概念界定为对完美状态的构想,这个概念的含义已经扩大,包含对缺陷的矫治之义。按照这种理解,任何为争取权利的斗争和运动,就其代表了人们要使世界(应该)变得更加美好的愿望而言,都可以称之为乌托邦。权利的乌托邦主义以及作为权利战略基础的人类尊严(及其脆弱性)的观点都以现代法律上的自由主义作为基础,其内容包括法治、法律面前人人平等以及在法域内法律应得到普遍适用和实施(参见 Dworkin,1977;Donnelly,1998;持怀疑立场的评论参见 Fitzpatrick,1992;Scheingold,1974)。

人权的理念无疑是乌托邦式的,因为这种理念预设和主张所有的人一律平等。人类的实际生活并不平等,但这种理念也具有革命的性质,因为它挑战权力和特权的等级制,而这种等级制正是迄今为止人类社会政治、经济和社会秩序的基础。

路易斯·亨金 (Louis Henkin, 1990) 曾经把 20 世纪称为"权利的时代"。他并非旨在宣布权利的胜利,而是意在强调权利理念对于世界人民的权利期待和争取权利的斗争所具有的影响。实际上,争取权利之权 (right to rights) 即使尚未成为普遍化的规范,也变成了国际化的规范。阿布杜拉伊·安-纳伊姆(Abdullahi An-Na'im)对"人权范式"进行了以下界定:"保护某些个人和集体或群体权利的理念……是国际范围的事务,而不是专属国家的内部事务"(Abdullahi An-Na'im, 2001a:87)。根据理查德·威尔逊(Richard Wilson)的观点:"尽管人们对人权的概念及其适用存有争议,但是它属于为数不多的保留下来的乌托邦式理想,各国政府对于以下原则毕竟存有明显的共识,即至少某些权利应该根据国际法受到保护"(Wilson, 1997:1)。

  人权是法律性质的权利。为了理解人权的"作用"或"能够有何作用",必须明确何谓权利。我们可以把权利界定为,在社会关系受法律支配的情境中,那些被要求、被禁止或其他被规定的做法。创设新型的权利需要创立新的法律,或以新的方法重新表述现行法律,或者将法律的管辖范围扩及新的领域。创设新型权利的过程旨在回应不断变化的观念,这些观念所涉及的是社会需求及其人各种问题,这转而增加和改变了政治-法律行动力量的平衡。这个过程的产品即确立新型权利(或改进或扩展现存权利)的新法律,以新的方式规定了社会关系和实践,由此推动了社会变革。简言之,权利是社会变革的尺度和手段。

  国际人权的理念已经流行了数十年,它先于人权最初得以制度化的实体步骤(参见Keck and Sikkink, 1998; Lauren, 1998)。开路的人权斗士之一是英国著名的乌托邦作家威尔斯(H. G. Wells)。在第二次世界大战开始时,威尔斯写道:

> 在我们社会历史的各个危机关头,从《大宪章》开始,历经各种《权利法案》和《人权宣言》,基于公共和社会生活,提出包括一般原则的具体宣言,已经成为了我们的习惯……在当代,我们面对一般生活并为特定的目标而斗争,尤其需要对这种精神进行重申。(引自 Lauren, 1998:52)

  在战争年代,威尔斯与许多其他个人、团体以真正的乌托邦形式集合起来并进行合作,一道致力于阐释人权原则,并倡导把这些原则纳入战后的国际秩序。在第一次世界大战期间,就有这类动员和合作模式,那些为了防止全球性灾难第二次爆发的早期努力,虽然招致了失败,却强化了他们对变革的要求并将这种要求法律化。例如,在第一次世界大战期间,数以百万的伤亡人员中十分之九是军人,而在第二次世界大战期间,军人和平民的伤亡比例则大体相等(Gutman and Rieff, 1999:10)。除了关注战争所造成的伤害之外,像莫汉达斯·甘地(Mohandas Gandhi)和杜波依斯(W. E. B. DuBois)那样的人权活跃分子,就面对殖民主义和种族主义的不公,深感激愤并挺身而出。第二次世界大战突显了这些考量之间的关联;种族政治(种族优越论和种族灭绝)和对外国土地的征服及其控制曾是轴心国的核心目标,由此这些问题也变成了同盟国致力于改变的核心话语和目标。在对公众的动员中,反法西斯的战争被宣布为是为"自由"而战(例如美国总统罗斯福的"四大自由"讲演),同盟国的胜利似乎将反对殖民主义和反对种族主义也纳入了战后国际法律改革的议题。

但是,在此后过程中,现实政治的考量一度压倒了乌托邦式的理想,即优先考虑人类利益和需要。第二次世界大战之后的国际法,在创设人权方面的变革并没有妨碍各国在世界政治生活中的中心地位;新的国际体制甚至也没有取代或削减各国对其国民的权威和权力。相反,人权的创设虽然推动了各国建构新的国际化的管理规范,即所有国家都希望遵守的规范,但各国同时能够维持主权实体意义上的国家权利(rights)。结果,虽然国家的权利受得了限制(例如,它们不能再宣称享有灭绝平民的"权利"),国家仍然保留其作为国际法主要主体的地位。简言之,人权获得了"普遍化的"特征是基于以下事实,即人民是国家的主体,国家是国际法的主体。这样,人权的确立就既限制又强化了世界秩序的国家中心主义。

这种安排最明显的问题是缺乏全球治理的有效机制来确保法律的施行。根据联合国国家中心主义的结构,国家既是管理者又是被管理者,是有关法律的制定者、执行者和主体。这意味着,在大多情况下,人权的保护和促进都取决于国家的自我实施。由此,人权的享有取决于各国的意愿,并且对于那些不尊重人权的行为采取行动也取决于国家体制(参见 Falk, 1985)。

一些国家虽然愿意为了遵守国际义务而改革国内体制,但大多数国家拒绝把人权法视为具有约束力和必须实施的法律,在其所涉及的利益可通过和解的方式加以解决时尤其如此。明显的例子是某些殖民帝国拒绝放弃对殖民地的占有,或拒不废除种族或民族不平等的等级制。冷战期间"东方"与"西方"之间的竞争,以及为了争夺控制"南半球"的权力和影响力的超级权力竞争,都表明了国际法不具有强制性。当然,《联合国宪章》和《世界人权宣言》所体现的"自决"和"平等"原则,肯定了反对殖民主义和反对种族主义的斗争,但是这些道德性质的律令没有缓解步履维艰并常常伴随着暴力的非殖民化和废除种族隔离的过程。

对于权利的性质和人权普遍性的尖锐的意识形态分歧,进一步弱化了人权的理念。在《世界人权宣言》中,政治权利、公民权利以及社会和经济权利是"不可分割的"权利。但是,西方的领导人和人权领域的权威学者则倾向于认为,政治权利和公民权利处于优先的位置,甚至认为只有它们才是"真正的"权利,因为社会和经济权利的保障和实行,会不可避免地妨碍市场"自由"和侵犯某些人的营利与财产权利。某些社会主义国家和发展中国家的领导人及其学者则坚持与之不同的目标,认为必须把社会和经济权利置于优先的地位,以为实现平等创造条件。这不可避免地会导致对政治权利和公民权利的限制,并认为有理由运用武力来镇压反抗。自由主义在法律上强调个人自主和自由,某些社会主义者则挑战这种立场,主张实行集中管理经济的强势国家体制,以便能够通过物品的再分配来整合社会秩序。

关于人权的其他争论所针对的是"普遍性"的含义及其正当性。具体言之,这种争论涉及的是,可否通过确立国际法律规范来促成和强行推进国内的变革。人权"普遍性"的批评者获得了"文化相对主义者"的称号。他们的论证包括双重内容:人权植根于西方个人主义的价值(因为个人被理解为人权法的"受益者"),这与强调集体关系和相互义务的社会安排和价值适相矛盾,他们认为,将这种普遍准则强加给非西方社会是一种新型帝国主义(参见 Pollis and Schwab, 1979; Renteln, 1990)。

"差距"问题

人权的首要问题始终是法典化的权利原则("书本之法")与这种法律得到实行("行动之法")之间的差距。为了表明这种差距及其后果,我们以下讨论同防止暴力有关的三种法律体系:即关于种族灭绝的公约、日内瓦四公约*以及有关酷刑的公约。

1948 年颁布的《防止及惩治灭种族罪公约》(Genocide Convention)是对法西斯大屠杀的明确否定。它旨在禁止和防止大规模的屠杀。但关于禁止暴力的范围,这个公约反映的却是一种十分特别和有限的理解。种族灭绝虽然被作为一种国际犯罪,无论是发生在战争期间还是和平时期,都不例外,但受到禁止的行为只限于那些蓄意"整体或局部地毁灭某一民族、人种、种族或宗教团体以及类似"的行为。"政治团体"被排除在外,而在就该公约的用语进行协商期间,插入了"类似"的表述,一些力量强大的国家坚持认为这只是一种策略,意在保留他们对"政治上的敌人"采取行动(包括诉诸武力)的特权(Kuper, 1994:32)。正如戴安尼·奥伦特里彻(Diane Orentlicher)所注意到的:

> 公约中"类似"表述所包含的剩余对象如同列举的对象那样重要。早期的草案虽然……在有关意图要件的条款中列入了政治团体,但在定稿时删除了这个范畴。如果把政治团体列入这类犯罪的对象,似乎会有太多的政府易于受到种族灭绝的指控。(Diane Orentlicher, 1999:154)

公约中这个措辞的删除以及缺少政治权威来实施这种禁止条款,使得这个公约保留了脆弱性,而该公约曾试图避免这种脆弱性。自 1948 年以来,数以百万计的人们被他们的政府蓄意屠杀,直到 1993 年,所有缔约国仍然都不履行其"防止和惩治"这种犯

---

* 1949 年 8 月 12 日,63 个国家在日内瓦签订了 4 个公约:《改善战地武装部队伤者病者境遇之日内瓦公约》、《改善海上武装部队伤者病者及遇船难者境遇之日内瓦公约》、《关于战俘待遇之日内瓦公约》、《关于战时保护平民之日内瓦公约》。这些公约统称"日内瓦四公约",规定了冲突各方应遵守的最低限度的原则。它们于 1950 年 10 月 21 日生效,1952 年 7 月 13 日,中国政府承认这四个公约。1956 年 11 月 5 日,中国批准了上述公约,但对其中的一些条款存有保留意见,没有接受。——译者注

罪的义务。此外，即使某国采取军事上的行动以制止种族灭绝，也受到了联合国的抗议和阻止，联合国把这种举措作为对于主权国家"内部事务"的非法干涉（参见Finnemore, 1996）。

与作为国际人权法"新"体系的组成部分、诞生于第二次世界大战之后的防止及惩治灭绝种族罪公约不同，"日内瓦四公约"（Geneva Conventions, 1949）属于国际人道主义法的范围，它具有更长时期和更确定的谱系。这些公约针对的是战争、武装冲突以及军事占领的法律行为，规定和禁止针对平民和武装人员实施属于"战争罪"的行为。禁止的行为包括强迫移民、驱赶出国、施行酷刑、集体惩罚、扣留人质、不经审判处决以及在战时蓄意袭击平民（参见 ICRC, 1989）。

这些日内瓦公约具有"习惯法"（customary law）的地位，这意味着，它们对各国都具有约束力（相反，作为国际惯例的"习惯法"［conventional law］仅仅对缔约成员国具有约束力）。作为习惯法，"严重违反"日内瓦公约的行为将受到普遍管辖权的管辖，这意味着，这种行为实施者可能受到适格法律制度的起诉（例如，某个国家法律体制）。尽管有这种规定，但违反日内瓦公约的行为仍然屡禁不止且没有受到惩罚。这正如劳伦斯·威施勒（Lawrence Weschler）所言：

> 国际人道主义法大都软弱乏力，这种状态部分是由于大多数国家政治精英存有顾虑，尤其是由于安理会五个常任理事国成员拥有持续不变的领导地位，它们大都能够援引这类规范，但是它们担心有一天这些规范会转而针对自己的行为。（在美国，这种考虑常常导致令其不安的结论："根据这种人道主义法的逻辑，亨利·基辛格［Henry Kissinger］本应对圣诞节轰炸河内的行为承担责任"，而他一直未对此承担责任。）（Weschler, 1999：21）

如同有关防止种族灭绝的公约和"日内瓦四公约"，《禁止酷刑和其他残忍、不人道或有辱人格的待遇或处罚公约》（Torture Convention）宣布特殊形式的暴力不合法。但是，前几项公约是直接回应第二次世界大战出现的问题，而后者则颁布于1984年。另一个区别是，禁止酷刑公约的形成是非政府组织倡导和施加压力的结果，而不是由政府代表发起的。实际上，对于发展国际人权来说，禁止酷刑公约的签订是由大赦国际（Amnesty Lnternational）所主导的一个突破性进展。大赦国际于1961年成立，旨在关注人们由于政治思想和活动而受到的逮捕，关注狱中服刑人员遭受的酷刑和虐待，这导致了联合国公布了禁止酷刑公约（参见 Rodney, 1996）。

禁止酷刑公约在某些重要的方面不同于防止种族灭绝公约。首先，禁止酷刑和虐待的规定适用于全人类，而不论人们的身份如何。其次，这种禁止是绝对不得克减（虽然关于酷刑的定义确实排除了"纯因法律制裁而引起的固有的或附带的疼痛或痛苦"）。不可克减（nonderogability）意味着，任何国家都不得宣称有"权"在本国法律中确认公约所禁止的酷刑。再次,根据禁止酷刑公约,凡是公共机构对于那些处于自己监管下的人员施行暴力,都构成犯罪,这种行为在经验上不同于一般酷刑,而在法律上则不同于其他形式的暴力,这种暴力是指在战争或冲突期间等出现的酷刑(参见 Hajjar, 2000; Scarry, 1985)。最后,禁止酷刑的公约明确宣布,对于这种犯罪行为的起诉实行普遍管辖的原则。

防止种族灭绝公约、"日内瓦四公约"以及禁止酷刑公约的创设旨在制止暴力。这些法律的制定是否已然使世界变得"更好"？对于这个问题,如果根据这些法律是否得到施行,那么答案则是否定的。但是,这些法律的创设毕竟宣布了一些原则,并把那些构成暴力的行为宣布为非法,由此提供了可以衡量政府行为的一些"标准,这对人权来说虽然是间接的贡献,但不失为重要的贡献"(Neier, 1998: 21)。

基于原则的行动

人权的发展史不仅包括相关法律的创立,而且包括这些法律遵守和施行中的教训。人权行动主义的出现所针对的就是这种失败的教训。法律执行的机制限于国家间层面,鉴于这种体制的弱点,一些关注人权问题的非政府组织开始建立起来,并致力于突破现状。它们为此实施了各种人权战略,包括监视和报告侵犯人权的状况以增进人们对有关情况的了解(参见 Cohen, 1995),通过倡导人权以鼓励有关行动,或采取干预措施以阻止对人权的侵犯,以及适用国际法对这些行为提起诉讼。

在过去的30年中,人权运动真正实现了全球化,其中尤为明显的是世界各种组织的涌现,以及跨国或国际人权网络的强化。人们尽管在人权的优先事项和战略方面存有争议,但是共同的目标把这种运动联结起来,这种目标就是改进遵守和执行国际法的状况。人权行动主义及其网络的发展,通过记录和抗议侵犯人权的行为来发挥以点带面的国际监督功能。在这样做时,世界各地受到伤害和不公正待遇的人们能够进入公共领域的视野,在那里,他们可以向公众提出诉求和进行呼喊。人权行动主义不足以阻止侵犯人权的行为,但它毕竟有助于扩大人权法在国际事务中的影响,并扩大国际法对于国内事务的影响。

作为人权的妇女权利

在许多方面,各种人权活跃分子都寻求通过模仿保护其他类型的人权来保护妇女的权利。在建构和促进妇女权利时,他们关注妇女所固有的脆弱性和忍受的暴力。但是,妇女权利对于人权的"普遍性"构成了典型的挑战,因为这种普遍性基于人类平等原则。在世界不同的社会中,女性与男性之间性别和其他差别使得一些人认为性别的不平等源于天生和"自然"。此外,有些人一直认为,性别不平等以及由此出现的等级性,对于维护社会秩序和保持社会一致性来说至关重要,他们顽固地认为这是既定文化的一个维度。

起初,确立妇女权利的机制取决于不歧视原则。由此,任何包含在《世界人权宣言》中的权利及其法律机制,原则上都适用于妇女。但是,仅仅倚赖不歧视原则,也许不利于妇女诉诸国际法保护自己,因为其主要危险来自最具有侵犯性和压制性的国家自身。结果是,对于作为女人的妇女所忍受的各种形式的暴力和伤害,作为国际法制定者的国家往往熟视无睹,国家享有豁免权,这种行为无法受到国际的禁止。例如,家庭成员之间的暴力(直到晚近)还被视为不属于国际干预的事务。

在对妇女的问题、需求以及脆弱性加以"关注"的过程中,人权的范式开始扩展到先前被排除的领域,这也包括所谓的家庭"私人领域"。《消除对妇女一切形式歧视公约》(Convention on the Elimination of All Forms of Discrimination Against Women)于 1981 年开始生效,它确认了妇女在公共和私人生活中权利的"不可分割性"(参见 Fried, 1994)。这个公约虽然承认文化和传统的重要性,但它对缔约国施加了以下义务:采取"一切适当措施"改变那些歧视或对妇女有害的社会和文化行为方式。

不过,这个公约没有把对妇女实施的暴力确认为侵犯人权的行为。为了弥补这种缺陷,世界妇女组织于 1980 年代发起一场运动,争取在国际范围内把家庭暴力作为侵犯人权的行为加以禁止。1990 年代,在世界范围的运动中,家庭暴力成为一个主要的问题,即如何防止对妇女实施暴力。在 1993 年,妇女团体发起了请愿运动,其中有来自 128 个国家近 50 万人签名,请愿书提交给世界人权大会(在奥地利的维也纳举行)的代表,要求把对妇女实施的暴力确认为是对她们权利的侵犯。作为对此的回应,联合国通过了《消除对妇女暴力宣言》(Declaration on the Elimination of Violence against Women),它规定,"任何基于性别的暴力行为,即对妇女造成或可能造成身体、性或精神痛苦或伤害的行为,包括威胁实施这类行为、强制或专断地剥夺自由,无论发生在公共生活还是私人生活中",都构成对人权的侵犯。在 1994 年,联合国任命了第一批关于对妇女实施暴力的特别报告员。在 1995 年,《北京行动纲领》(Beijing Platform of Action)(在中国北京举行的第四次世界妇女大会的闭幕式上发布)宣布同家庭暴力作斗争,并拟定了进行这种斗争应采取的特别措施(United Nations, 1996)。

这些活动已经把国际法扩展到"私人领域",同时寻求使国家在实施这些公约及其相关内容方面承担责任,以此推动"主流"社会保护妇女的权利。但是,这些运动的成功也引起了世界各地保守人士的批评和反对,他们反对赋予妇女以某些权利,尤其是在家庭的范围内的权利。在许多社会中,官方和大众都对在家庭关系中采行国际准则表示反感,与寻求促进和保护妇女权利和福利的力量相比,这种力量显得更加强大和富有影响力。

关于妇女权利的争论在许多发展中国家尤其激烈(参见 Hajjar,即出;Merry, 2001;Riles, 2000)。实际上,妇女权利以及性别关系问题在更为一般的意义上,已经变成了某种担忧的基本防线,这种担忧的对象为(据称是公认的)西方人权帝国主义。围绕妇女权利所进行的斗争,从一个侧面涉及了关于司法管辖范围及其权威正当性的持久争论,而这种争论的核心问题是,当国际准则与其他法律体系(宪法性法律、宗教法律以及习惯法)发生冲突时,是以前者为准还是以后者为准。

转 向 正 义

法律必不可少的特征之一就是诉诸"合法暴力"的现实威慑。实际上,人们虽然把人权作为一个理想主义的词语加以提及和予以赞誉,并认为它是帮助人们的手段,但与此同时,对加害者即侵犯人权行为人的非法行为进行起诉和惩罚,也是人权事业——如果是未竟的长期事业——的应有之义。

在 1990 年代,国际法的强制性进入了一个新的阶段,这常常被称之为"转向正义"阶段(参见 Kritz, 1995a, 1995b, 1995c; Teitel, 2000)。这个阶段的标志是人权的行动主义和人权战略得到了扩展,从为权利而斗争扩展为反对施暴者的斗争。这始于联合国在前南斯拉夫(1993)和卢旺达(1994)成立特别审判庭,用以起诉严重暴力的犯罪行为。自那时起,这类审判庭就已经设立或计划在其他地方设立,包括塞拉利昂、柬埔寨和东帝汶(参见 Bass, 2001; Robertson, 2000)。追讨过去暴行的一种"非司法"性替代机制是"真相委员会"(truth commissions),迄今已有 23 个国家成立了这种组织(参见 Hayner, 2001)。

另一种主要的发展是 1998 年对智利前独裁者皮诺切克(Augusto Pinochet)的起诉,他在伦敦被捕,而这得到了西班牙法官的授权。他被指控的罪名是实施了酷刑、种族灭绝和其他严重的暴力行为。皮诺切克案成为重要的先例,因为他在政治地位上是前国家首脑,也因为外国法院并不考虑这种地位。他虽然在英国受到的指控仅限于实施酷刑的罪名,并因为"健康欠佳"而得到释放(参见Sugarman, 2002),但是,"皮诺切克案的先例"是对纽伦堡审判遗产的继承,即对于某些种类的犯罪,可以剥夺国家领导人基于"主权"豁免原则所受到的保护。但也如同纽伦堡的遗产,国际法的强制性对于限制或阻止运用普遍辖权起诉那些被认为实施或教唆实施了严重犯罪的官员,具有寒蝉效应(参见Hajjar, 2003)。

第三个发展是1998年《罗马规约》(Rome Treaty)的通过,由此决定建立一个永久性国际刑事法院。在2002年7月,这个规约获得了法定多数国家的批准。国际刑事法院的宗旨是对某些个人起诉,即当某些个人被指控犯有最严重的侵犯人权罪时,本国法院没有或无法对其进行审判,国际刑事法院就有权介入。但是,国际刑事法院仅仅对规约所规定的、在它成立之后所发生的几种犯罪行使管辖权(即不追溯既往的管辖权),它留下的争议是,能否在审判地对那些发生在非缔约国的犯罪行为人提起诉讼。国际刑事法院的支持者特别担心的是美国政府对它的顽固反对,这种反对包括其通过了国内立法,宣布将惩罚(非北约成员国)那些参与国际刑事法院运作的国家,以及对其他缔约国施加压力,迫使缔约国与其签订各种双边"豁免协议"。

上述晚近的发展趋势对于国际法具有实质性影响,但同时也暴露了书本之法与行动之法之间存有"差距问题"的持久性。在联合国特设审判庭和国际刑事法院的监督下,以及就"皮诺切克案先例"的确立而言,书本之法业已改变。这些变化的一个重要维度是人道主义法与人权正在实现融合。璐蒂·泰特尔(Ruti Teitel)把这种融合之法称作"人类法":

> 在正在涌现的体制中,人道主义法体系的范围正在急剧扩展,并与国际人权法相融合。根据新型人道主义,战争法的规范性机制,尤其是其中的刑事正义维度,其扩展已经超越了它的历史角色。这就实现了一种转变……把战争法从……国际法的边缘转至其中心……新型法律人道主义的出现指向近年来遍布各地的政治暴力,[且]在它这样做时,重构了发挥支配作用的国际价值体系,并重新界定了全球法治。(Teitel, 2001: 5-6)

对于国际人权社会和关心人权的学者与评论者来说,"新型法律人道主义"是通过数十年来长期努力而取得的值得赞誉的突破性成果,这种努力旨在弥合人权原则与人权实践之间的差距。马撒·米诺(Martha Minow)就此表达了谨慎的乐观主义,而这已成了共同主题:

> 与有关禁止种族灭绝和酷刑的体制相比,这个领域也许更不同寻常的标志是创设了新的干预机制和独特的法律应对形式的干预。这些法律应对形式在能力和

限制上表明了个人和社会的希望和责任,其中最重要的事项在于设法应对那些对人类构成最严重破坏与贬损的行为。(Minow, 1998:1)

但是,新型人道主义也激起了反对之声。"政治现实主义者"借助权力的平衡来维护国家主权和地缘政治的稳定,反对强化国际法的执行机制,因为他们担心这会导致国家权威及其自由裁量权的弱化。此外,这些现实主义者指出,法律人道主义是一个滑坡,它会危及国际秩序的稳定并使资源(例如军事的和智识的)面临流失(或滥用)的风险,而这些资源对于维护国内或国家的安全来说不可或缺。美国政府就首当其冲地反对这种法律人道主义,并有选择地利用人权话语来论证"反恐战争"的正当性。这次战争回应2001年"9·11"恐怖袭击,美国在战争期间的所作所为一概拒绝遵守国际法,肆意破坏其他国家加强国际法律执行机制的目标和努力。

对新型法律人道主义的批评也来自某些政治和智识进步人士,他们感到"全球法"的扩展会导致其他有害因素的全球化。托尼·伊文斯(Tony Evans)认为,如同先前几十年的极化的冷战政治,不受限制的自由市场的资本主义和美国的全球霸权恰恰对人权有害,两者只是方式不同而已。他指出:"由于全球化的结构和做法是绝大多数侵犯人权之因,故而依赖这样一种试图分派责任和惩罚个人的法律体系,未免错误"(Evans, 1998:17)。

在回应这种批评时,米歇尔·埃格纳提夫(Michael Ignatieff, 2001:16)反驳了关于国际法与经济学同流合污的观点:"道德的全球化并未同经济的全球化携手并进,相反,人权的行动主义正在发挥作用,缓解着全球化的负面效应。"安-纳伊姆以类似的口吻指出:

> 现代人权概念是追求社会正义和反抗压迫的长期历史斗争的产物,它不断地适应变化着的条件,以便更好地实现自己的目标……在全球化的压力下,地方的特殊性不断减弱,因而推动人权普遍价值的实现日益变成了人们的共识。但是,因为全球化反映了发达国家与发展中国家之间不平衡的权力关系,人权的相对性与普遍性之间的紧张将会持续存在。为了使这种无法避免的紧张不至于导致不同的社会放弃人权的概念和目标,就必须作出审慎的努力,以便围绕人权的规范性内容和执行机制达成交叠共识。(An-Na'im, 2001b:95)

安-纳伊姆主张在以下两者之间维持平衡:一方面是强调借助于起诉和其他法律机制保护政治和公民权利,另一方面是借助广泛的非法律的机制来强化"不可诉的"主张和权利,即那些社会、经济和文化权利(参见 An-Na'im, 2001b)。

应该承认,新型法律人道主义仅仅是当代人权话语和实践的一个维度。但其重要性在于,它在改变国际法的内容及其适用方面,以及在激发法律行动和人权行动主义追求新的目标和促成新的结果方面,都具有重要潜能。同样重要的是,21世纪的全球人权发展,迫切需要强化相关的法律实施机制。

法律与社会研究的新方向

在这个历史时刻,在人权研究和法律与社会研究的领域,彼此渗透和相互交叠的旨趣日渐明显。特别值得注意的是,新型法律人道主义所提出的一些问题,需要法律与社会研究从法律的组织与权力的进路提供充分的理论分析。

国际法律领域飞速变化的环境激发人们进行更深入的理论探讨,从而为经验研究提供基础并提供指导。根据阿达曼蒂亚·波利斯(Adamantia Pollis)的观点,"学者的人权研究现在正处于托马斯·库恩(Thomas Kuhn)所谓的范式状态,这是作为整体的社会科学理论的标志性状态"(Pollis, 2000:22)。虽然与形成某种"法律理论"一样,人们也不可能形成统一的"人权理论",但是,我们毕竟亟须发展和提炼相关的智识资源,从而对国际法在全球秩序中正在变化着的影响,作出系统的理解和阐释,并提供支持和/或进行批判。根据璐蒂·泰特尔的观点:

> ["二战"后]体制的核心特征现在正经历实质性转变,即焦点转向了国际法律体制的基本结构与核心价值;但是,这些变化并非一定不言而喻,并不易于同我们关于国际法发展方向的直觉不谋而合。所以,我们需要更好地理解法律与历史经验的构成性互动。这就需要有关国际法律领域发展的解释性原则。(Teitel, 2001:15)

在许多从事法律与社会研究的学者中,存在这样一种意识,即我们"聚集于此"旨在推动社会朝着进步的方向变革。流行的预设是,从事这个领域研究的是"矢志其业的知识分子",这个预设常常源于一个起点,而这个起点就暗示了我们的研究所应确定的方向。例如,波温图拉·德·索萨·桑托斯(Boaventura de Sousa Santos)的学术研究就更关注法律与解放事业之间的关系,这其中包括人权:

> 我们必须借助新的激进替代方案来开拓我们关于可能性的新视野,由此来重新开创未来……我们也必须对新出现的范式予以界定,这是十分重要和充满艰辛的任务……乌托邦的思想由此就具有了双重目的:重新设计社会解放目标和堪当此任的主体以及付诸行动的愿望。没有一种乌托邦式的法律主体性,现代法律的范式转变则绝无可能,这种转变是指从承受法律(law-abiding)的公民转向创制法律(law-inventing)*的公民。(Santos, 1995:572, 573)

---

* 经核对原文,本文作者把 law-inventing 误引为 law-influencing,特更正。——译者注

评价法律解释和适用方面的争论,考察法律创制活动在促进人权和惩罚侵犯人权行为方面的作用,通过这种评价和考察来影响国际法的发展和运用,在这些方面,学者可以大有作为。法律与社会研究领域可以在这些方面提炼出范式,并努力使政治事业推动作为人权基本要求的正义、授权和权利发展。

参考文献

- An-Na'im, Abdullahi (2001a) "Human rights," in Judith R. Blau (ed.), *The Blackwell Companion to Sociology*. New York: Blackwell, pp. 86-99.
- An-Na'im, Abdullahi (2001b) "The legal protection of human rights in Africa: How to do more with less," in Austin Sarat and Thomas Kearns (eds.), *Human Rights: Concepts, Contests, Contingencies*. Ann Arbor: University of Michigan Press, pp. 89-115.
- Bass, Gary Jonathan (2001) *Stay the Hand of Vengeance: The Politics of War Crimes Tribunals*. Princeton, NJ: Princeton University Press.
- Cohen, Stanley (1995) *Denial and Acknowledgement: The Impact of Information about Human Rights Violations*. Jerusalem: Center for Human Rights, The Hebrew University. Donnelly, Jack (1998) *International Human Rights*. Boulder, CO: Westview Press.
- Dworkin, Ronald (1977) *Taking Rights Seriously*. Cambridge, MA: Harvard University Press. Evans, Tony (1998) "Introduction: Power, hegemony and the universalization of human rights," in Tony Evans (ed.), *Human Rights Fifty Years On: A Reappraisal*. Manchester, UK and New York: Manchester University Press, pp. 2-23.
- Falk, Richard (1985) *Human Rights and State Sovereignty*. New York: Holmes & Meier Publishers.
- Finnemore, Martha (1996) "Constructing norms of humanitarian intervention," in Peter J. Katzenstein (ed.), *The Culture of National Security: Norms and Identity in World Politics*. New York: Columbia University Press, pp. 153-85.
- Fitzpatrick, Peter (1992) *The Mythology of Modern Law*. London: Routledge.
- Fried, Susana (1994) *The Indivisibility of Women's Human Rights: A Continuing Dialogue*. New Brunswick, NJ: Center for Women's Global Leadership.
- Gutman, Roy and Rieff, David (1992) "Preface," in Roy Gutman and David Rieff (eds.), *Crimes of War: What the Public Should Know*. New York: W. W. Norton & Company, pp. 8-12.
- Hajjar, Lisa (2000) "Sovereign bodies, sovereign states and the problem of torture," *Studies in Law, Politics and Society* 21: 101-34.
- Hajjar, Lisa (2003) "Chaos as utopia: International criminal prosecution as a challenge to state power," *Studies in Law, Politics and Society* 30.
- Hajjar, Lisa (forthcoming) "Religion, state power and domestic violence in Muslim societies: A framework for comparative analysis," *Law and Social Inquiry* 29(1).

- Hayner, Priscilla (2001) *Unspeakable Truths: Confronting State Terror and Atrocity*. New York: Routledge.
- Henkin, Louis (1990) *The Age of Rights*. New York: Columbia University Press.
- Ignatieff, Michael (2001) "Human rights as moral imperialism," Paper presented at a conference on The Politics and Political Uses of Human Rights Discourse, Columbia University, November 8-9, 2001.
- International Committee of the Red Cross (ICRC) (1989) *The Geneva Conventions of August 12, 1949*. Geneva: ICRC Publications.
- Keck, Margaret and Sikkink, Kathryn (1998) *Activists beyond Borders: Advocacy Networks in International Politics*. Ithaca, NY: Cornell University Press.
- Kritz, Neil (ed.) (1995a) *Transitional Justice: How Emerging Democracies Reckon with Former Regimes: General Considerations*, vol. 1. Washington, DC: United States Institute of Peace.
- Kritz, Neil (ed.) (1995b) *Transitional Justice: How Emerging Democracies Reckon with Former Regimes: Country Studies*, vol. 2. Washington, DC: United States Institute of Peace.
- Kritz, Neil (ed.) (1995c) *Transitional Justice: How Emerging Democracies Reckon with Former Regimes: Laws, Rulings, and Reports*, vol. 3. Washington, DC: United States Institute of Peace.
- Kuper, Leo (1994) "Theoretical issues relating to genocide: Uses and abuses," in George Andreopoulos (ed.), *Genocide: Conceptual and Historical Dimensions*. Philadelphia: University of Pennsylvania Press, pp. 31-46.
- Lauren, Paul Gordon (1998) *The Evolution of International Human Rights: Visions Seen*. Philadelphia: University of Pennsylvania Press.
- Merry, Sally Engle (2001) "Women violence and the human rights system," in Marjorie Agosin (ed.) *Women, Gender and Human Rights: A Global Perspective*. New Brunswick, NJ: Rutgers University Press.
- Minow, Martha (1998) *Between Vengeance and Forgiveness: Facing History after Genocide and Mass Violence*. Boston: Beacon Press.
- Minow, Martha, Ryan, Michael and Sarat, Austin (eds.) (1995) *Narrative, Violence, and the Law: The Essays of Robert Cover*. Ann Arbor, MI: University of Michigan Press.
- Neier, Aryeh (1998) *War Crimes: Brutality, Genocide, Terror, and the Struggle for Justice*. New York: Times Books, Random House.
- Orentlicher, Diane (1999) "Genocide," in Roy Gutman and David Rieff (eds.), *Crimes of War: What the Public Should Know*. New York: W. W. Norton & Company, pp. 153-7.
- Pollis, Adamantia (2000) "A new universalism," in Adamantia Pollis and Peter Schwab (eds.), *Human Rights: New Perspectives, New Realities*. Boulder, CO: Lynne Rienner Publishers, pp. 9-30.
- Pollis, Adamantia and Schwab, Peter (1979) "Human rights: A western construct with limited ap-

- plicability," in A. Pollis and P. Schwab (eds.), *Human Rights: Cultural and Ideological Perspectives*. New York: Praeger Publishers, pp. 1-17.
- Renteln, Allison Dundes (1990) *Human Rights: Universalism versus Relativism*. Newbury Park, CA: Sage Publications.
- Riles, Annelies (2000) *The Network Inside Out*. Ann Arbor, MI: University of Michigan Press.
- Robertson, Geoffrey (2000) *Crimes against Humanity: The Struggle for Global Justice*. New York: New Press.
- Rodney, Nigel (1996) "Preface," in Duncan Forrest (ed.), *A Glimpse of Hell: Reports on Torture Worldwide*. New York: Amnesty International and New York University Press, pp. vi-vii.
- Santos, Boaventura de Sousa (1995) "Three metaphors for a new conception of law: The frontier, the baroque, and the south," *Law and Society Review* 29: 569-84.
- Sarat, Austin and Kearns, Thomas R. (1993) "Introduction," in Austin Sarat and Thomas Kearns (eds.), *Law's Violence*. Ann Arbor, MI: University of Michigan Press, pp. 1-21.
- Scarry, Elaine (1985) *The Body in Pain: The Making and Unmaking of the World*. New York: Oxford University Press.
- Scheingold, Stuart (1974) *The Politics of Rights: Lawyers, Public Policy and Political Change*. New Haven, CT: Yale University Press.
- Silbey, Susan (1997) "'Let them eat cake': Globalization, postmodern colonialism, and the possibilities of justice," *Law and Society Review* 31: 207-35.
- Steiner, Henry and Alston, Philip (eds.) (1996) *International Human Rights in Context*. Oxford: Clarendon Press.
- Sugarman, David (2002) "From unimaginable to possible: Spain, Pinochet and the judicialization of power," *Journal of Spanish Cultural Studies* 3(1): 107-24.
- Teitel, Ruti (2000) *Transitional Justice*. New York: Oxford University Press.
- Teitel, Ruti (2001) "Humanity's law: Rule of law for the new global politics," Paper presented at a conference on The Politics and Political Uses of Human Rights Discourse, Columbia University, November 8-9, 2001.
- United Nations (1996) *Platform for Action and the Beijing Declaration*. New York: United Nations.
- Weschler, Lawrence (1999) "International humanitarian law: An overview," in Roy Gutman and David Rieff (eds.), *Crimes of War: What the Public Should Know*. New York: W. W. Norton & Company, pp. 18-22.
- Wilson, Richard (1997) "Human rights, culture, and context: An introduction," in Richard Wilson (ed.), *Human Rights, Culture, and Context: Anthropological Perspectives*. New York: Pluto Press, pp. 1-27.

31

全球时代的法治与经济发展

凯瑟琳·亨德利 著

高鸿钧 译

过去几十年发生的事件,已经使得社会关系的互动方式实现了革命,这不仅包括个人和团体,还包括国家。这些变革源于技术革新和政治转型。信息传递的神奇速度以及互联网的全球性覆盖,对于经济关系产生了深刻的影响(例如,Helleiner, 2001; Gilpin and Gilpin, 2000)。在寻求贸易伙伴方面,商人的视野现在通常都超越了国境。不同国家的商人之间,缺乏确保期待得以兑现的人际关系,甚至没有共享的历史,因而法律便成为他们实现自我保护的机制。从理想的角度讲,法律提供了一种非人格的和普遍的共同语言,这甚至有助于经济强势与弱势之间的博弈(例如,Coase, 1988; North, 1990; Olson, 2000)。伴随着越来越多赞成市场的国家拒斥国家社会主义,这些国家的国内决策者也在某种程度上更希望,法律制度能够使得世界的商业交易和资本主义的发展长治久安。同样,全球经济日渐强化的内在关联,强有力地刺激了西方国家的政府和多国参加的金融机构,促使它们推动转型国家把法律的发展作为广泛改革计划的组成部分,用以推动向市场体制的转型。

冷战已经终结,苏联模式的国家社会主义业已解体,而这种国家社会主义体制曾经作为新自由主义市场民主模式的有效替代模式和组织国家的模式,这种终结和解体也在某种程度上导致了对法律作用的再度重视,即运用法律来刺激经济发展。对于希望参与全球经济的国家来说,除了诉诸法律之外,没有其他更行之有效的保护机制。苏联阵营的国家在放弃国家计划机制时,它们全都把市场机制视为重建经济的有效途径。中国的倾向则不同,它没有选择陡然放弃国家社会主义的路径。它虽然对外开放了某些类型的市场交易,但是中国共产党仍掌握着政治权力。改革范围和顺序的差异在法律领域得到了反映,如果认为这两个地区似乎相似,并可以把它们合并起来一道考虑,则会陷入混乱,而无益于对问题的理解(关于中国的法律改革,参见 Turner, Feinerman, and Guy, 2000; Murray, 1999)。不过在这两个地区,向市场的转变都是基于法律(Posner, 1998),在这个过程中,随着大规模的立法,在制度建构和法律起草时,它们借鉴了先进工业化国家的相关经验和专家意见。

追求"法治"(rule of law)的目标一直激励着转型国家重塑法律制度的努力。这个曾经属于法律哲学领域的话语已经在全世界变成了时尚的政治口号。实际上,在世界历史舞台上,从布什(George W. Bush)到叶利钦(Boris Yeltsin)再到詹姆斯·沃尔芬森(James Wolfensen),每一位都无不把"法治"作为追求的目标。这个概念的普及已经导致了理解上的歧义,使其含义不够确定。当然,在世界领导人和多边信贷机构那里,在追求"法治"目标时却享有某种共识(如果不是完全一致)。实际上,他们一般同意,"法治"应该(如果不是必然)与那些常常被认为更加重要的民主和市场目标密切关联。这里不够明确的是,这个目标包括哪些确切内容,至于如何实现这个目标,更是见仁见智。贯穿法治目标的法律制度应具有怎样的形态? 各国如何实现这个目标?"法治"的形式和内容决定于当地需要(包括文化规范),还是只需仿效某些法律和制度模式? 转型国家的领导人和多边信贷机构决策者各自勾画出来的法治目标影像是否相同? 凡此种种,都是不易回答的问题。实际上,它们也是学者和决策者数十年来深感困惑的问题(例如,Weber, 1967; Unger, 1976; Nonet and Selznick, 1978)。主张一种似乎可惠及所有人的正义理念,比具体界定正义的含义及其实现方式要简单得多。如果人们要赋予"法治"这个概念以具体内容,那么必定会出现分歧。在当代背景下,"法治"在含义、形式和内容上所固有的不确定性,实际上有助于它得到普遍接受。

我虽然意识到,"法治"可用于证明法律改革的正当性,但是,具体描述这个概念的一般演进,或具体描述它在国家社会主义转型过程中含义的演变,并非本文的目的(通见 Krygier, 1990; Carothers, 1999)。我的目的旨在揭示,在国家社会主义转型的情境下,当代经济领域的法律发展具有怎样的性质。这并非是第一次全球化范围的法律改革(有关对1960年代法律与发展运动的批判分析,参见 Gardner, 1980; Carty, 1992; Adelman and Paliwala, 1993)。这个过程的重复有何不同? 我通过以下追问来探讨这个问题:法律改革和经济发展为何相互交织在一起? 这类问题如何纳入到转型国家的政治议程之中? 然后,我将对相关的学术文献进行分析。我尝试描述一种基本趋势,即社会科学家为何选择研究这一改革过程,随后我将这些文献与另一些文献进行比较,另一些文献是指先前改革运动产生的文献和那些承认差距持续存在的文献。

当代转型的情境

是什么使得法律发展的当下努力同先前的努力区别开来？当下的努力关注的是冷战结束后的转型国家，即从国家社会主义转向市场经济体制的国家，因而这种努力完全不同于过去的那些努力。但是，这种努力在基本目标上与几个世纪以来的先前努力并无根本不同。简言之，这种目标就是不再把法律作为任意操纵的工具，即不再允许强权势力将其意志强加于无权的大众，而是把法律作为相对稳定的规则，以便所有的人都能运用这种规则保护自己并增进自己的利益，以防止来自私人或国家的侵害。

尽管目标相同，法律发展运动的这次重复，除了它所面对的前所未有的地缘政治情境，还有几个独特之处。首先，它开始关注正式法律制度高度发达的国家，这一点使其区别于早期的努力，后者通常关注刚刚从殖民主义挣脱出来的国家（例如，Merry，1996）。这些前殖民地的典型特征是具有习惯法的深厚传统，但这些习惯法已经被强行废除，因而争议的焦点是，如何（或者应否）把这些习惯法纳入殖民者所强加的正式法律制度之中。伴随1917年革命，苏联把它的法律制度强加给先前属于沙俄帝国的广袤领土，在1940年代，苏联把它的法律制度强加给东欧和巴尔干半岛国家，这虽然意味着上述各国的法律会具有某种相似性，但它们中的大多数都有自己正式的法律制度，这些法律制度能够被"苏联化"，亦能够"去苏联化"。其次，这一轮法律发展运动所涉及的对象，更多的是在20世纪其法律被边缘化的国家，尤其是其经济交易被边缘化的国家。再次，法律与发展运动的重新出现与深刻的政治和经济改革有关，结果是，人们常常把法律改革视为实现目的的手段而不是目的本身。最后，法律发展运动的重新出现，符合（并可能激发了）多边基金组织和各西方民主国家中发展机构对于法律发展过程中成果的兴趣，这些团体不愿无动于衷，默默无闻。

如同在之前和之后出现的其他威权主义国家，苏联及其属于这个阵营的国家在大众媒体中常常被描述为"无法"国家。确切地讲，他们并非属于这类国家。如同一些学者所指出的，这些国家具备法律制度的各种设置：法院、立法以及规章（例如，Barry, Ginsburgs, and Maggs, 1977-1979；Lasok, 1973-1975）。但是，这些法律制度意义何在？这些书本之法是否得到了实行？外界熟知的法官模式是，他们受到政治上司的左右而有意无视法律，而这只是故事的一部分。可以肯定的是，当某些官员对案件发生兴趣，他们可能通过对法官施加压力来影响案件的结果（例如，Shelley, 1986）。这不仅发生在所谓的"示范性审判"（show trials）中，而且出现在相对低调的案件中，在那种场合，当局关注的是案件的政治影响（Kaminskaya, 1982）。通过电话影响审判的"电话法"很少与成文法的规定相符合。当苏联式社会主义乌托邦的目标开始变得遥不可及,物质利益便取代了理想追求,腐败成了主要的问题(例如,Feofanov and Barry, 1996; Simis, 1982)。但是,绝大多数案件的解决几乎并不公开,且并不依据成文法作出判决(Solomon, 1996; Hendley, 1996; Ulc, 1972; Feifer, 1964)。结果这种制度被描述为"法律与恐怖的二元制",其中存有"令人震惊的法内与法外之分"(Sharlet, 1977:155,参照了Fraenkel, 1941;也见Markovits, 1995)。政治精英影响法律制度的能力和以粗糙的工具主义方式运用法律追求短期目标的能力,是苏联式国家社会主义法制一以贯之的特征。随着时间的推移,人们可以发现,为了体制的维持,那里存在自我审查机制,但这种冷却效应不过是法官揣摩政治领导的意图并依其旨意而行,以取悦于这些领导(Markovits, 1995; Kaminskaya, 1982; Ulc, 1972)。在苏联式国家社会主义存在的时期,当时所建构的正式组织结构,通过某些改进,可以服务于市场驱动的交易,但是,法律实施的不平等毕竟构成了实质性障碍。一种成功的朝向市场资本主义的转型,需要在法律规范的适用中,在某种程度上承认法律的普遍性。实际上,法律的可预见性对于经济行动者来说更具价值。如果法律缺乏可预见性,那么,法律效力就会受到损害,因为人们无法确定相关的成文法律或其他形式的法律是否会在类似条件下得到适用。结果是,缺乏可预见性的法律无法产生减少交易成本的效果。

苏联式国家社会主义时代法律传统的二元制导致了法律的模糊性后果。一方面,存在正式的法律制度,且它很大程度上具有功能的导向。另一方面,政治精英当其利益受到威胁时,可以影响具体案件的结果或改变规则。同样成问题的是针对某些社会问题发动法律的运动或战役时,这种体制体现出来的偏好(例如,Smith, 1979)。在那些国家,典型的方式是每逢新法律(常常是行政命令与立法的结合)通过,总是大张旗鼓地进行宣传,一旦体制的注意力转移到其他方面,这种新法律就成了摆设。这不仅表明一种倾向,即更受重视的是不辞劳苦地制定新法律,而不是如何使得这些书本之法得到更有效地运作;而且,这也表明另一种倾向,即官方旨在用这些新法律营造依法而行的表象。结果,普通公民把法律理解为是国家及其政治精英的工具,而不是他们自己可以运用的武器。在他们看来,法律是应躲避之物,而不是值得依赖之物。在当时,如果有人把法律作为约束国家和社会的确定规则,这种法律理想则被认为十分荒谬。当然,上述法律怀疑论并非一成不变,而可能在适应市场经济的民主过程中逐渐减弱,但是那些主张改革法律制度的人们必须考量这种现实。法律发展项目致力于制度改革,而无视相关的影响因素,普通公民把这个项目看作老式运动套路的继续。由于这种历史的遗产,这种改革在鼓励人们运用(而不是回避)法律来安排他们的经济交易方面,只取得了有限的成功。

在苏联模式的后社会主义世界,法律改革的另一种复杂性在于以下事实,即法律改革与前所未有的政治和经济体制转型同步进行。决策者至少在开始时主要关注的是法律以外的其他维度。法律制度的变革旨在促进朝向民主和/或市场的转型。这强化了技术官僚(technocratic)主导的法律发展,而国际资助机构传统上颇为赞成这种进路。这种进路强调的重点在于,构建正确的立法和进行制度的基础建设,以适应广泛的转型,而这助长了不关心法律社会效果的倾向。改革者——包括国内决策者及其国际顾问——的预设是,一旦"正确的"的制度和法律建构起来,人们就会遵守它们。在经济领域中,这常常被等同于主动确认私人财产权。关于人们会对法律改革作出怎样的反应,这类预设在最佳程度上也会带有风险,对于刚刚从国家社会主义中觉醒的人们(他们曾经对法律不信任),这种预设尤其成问题。当第一轮改革失败,决策者开始把法律改革作为独立的目标(而不仅仅作为实现所追求目标即确立市场型民主的一种手段),而这种转变常常来自以下教训,即设计精良的法律往往成为具文。但是,热衷于技术官僚的倾向却很少有所减弱。

在这种最晚近法律发展的努力中,国际行动者地位的提高无疑有助于增强对这种进路的依赖。在先前的努力中,国际机构的重点在于建构民主的政治秩序,但是,国家社会主义的转型已经导致了这种努力把经济放在首位。人们感到需要输入市场制度以吸引世界银行和类似机构的支持,而世界银行和类似机构致力于确保世界范围的经济秩序,使之稳定和高效。关于改革如何进行,以及最终获得怎样的结果,这些机构已有十分固定的模式(例如,World Bank,1996,1997,2001)。它们期待受援国家能够采用标准模式,而不是使标准模式适应特定国家的具体条件。法律只是逐渐变成了这个过程的内容组合。正如前世界银行总顾问所言:"直到晚近,几乎没有法律职业之外的人能够发现法律与发展之间的关联或理解它的重要性"(Shihata,1995:127)。现在,法律改革已经被纳入了议程,这项任务被理解为是重新引入激励机制,以便鼓励人们更大程度倚重法律。但是,这个过程很少关注社会公众对法律的态度或更一般法律文化的重要性。转型时间紧迫对国际行动者施加了前所未有的压力。此时已经来到了这样一个历史时刻:其中市场理论已经有效地取代了其他关于如何组织经济体制的理论,但寻求转型国家却十分缺乏财政和智识资源。苏联国家社会主义数十年的历程(伴随着军备竞赛)已经耗干了国库,所剩下的只是恪守某些理论教条的干部,可悲的是这些干部对市场理论一无所知。在这种一片空白的情况下,大批专家的到来,对于如何把当时失信的计划经济改造成为市场经济自然能够赢得充分的信任(例如,Privatization,1992;Kornai,1990)。

法律改革——从计划转向市场

　　一些国家致力于改革前社会主义国家的法律制度,以推动朝向市场的转型,这个过程经历了十几年的时间,结果难以评价。如果参照每个法律制度开始转型时的情形,然后同 2003 年的状况相比较,那么,我们可以无可争议地认为,那些国家发生了深刻的变化。跨地区的国家控制的经济计划机构已不复存在。实际上,这些机构都被废除(不过,在转型期间,这些机构许多高层官员都成功地利用了他们的关系攫取了大笔财富)。随着计划经济机制的废除,取而代之的是新的机制,即市场运行所需要的机制。私人财产已经合法化,并且至少在书面上已经把生产资料所有权从国家转移到私人手中。某些先前的体制受到了改造,而其他体制则重新开始构建。在前一种类型中,现行民选的立法机构颁布了很多法律,一些属于全新内容的法律,但更多是对于现存法律的重构,剔除了其中的社会主义因素。这些制定法已经有效地解除了国家对企业管理的控制,并且使它们能够自由地从事由利润所驱动的市场交易。沿着类似的路径,司法体制也发生了变化,先前党的官员控制案件结果的做法已经废除。

　　这些改革无疑迈出了必要的第一步,但是并不足以激活后社会主义社会的法律。对于 1960 年代法律发展运动的教训,新一代改革者并不重视或可能一无所知。这种教训就是,改革只有得到精心设计并且适合有关国家的特定体制和文化传统时,才会取得成功。技术官僚进路的改革很大程度上只倚重精良的改革设计,指导这种设计的信念是,经济行动者如果得到适当激励机制的驱动,他们就会信守法律(例如,Braguinsky and Yavlinsky, 2000)。这是一个几乎无法证伪的论点。如果新的法律和制度未能促成所期望的结果,那么这些法律的拥护者总可以辩解说,它们尚不完善,或者缺少某些配套的制度机制(例如,Hay and Shleifer, 1998)。不过,世间任何法律制度都不会以理想方式运作,它们毕竟存在于真实的世界,而生活其中的是有缺陷的行动者:他们对国内的政治压力作出回应,且/或根据历史传统来行动。这种行为在外人看来似乎无法预见,甚至是非理性的,但是,一旦我们能够把握该法律制度的经验现实,并把改革的因素考虑在内,改革中就能够容易地预见他们的行为。

　　私有化就是一个很好的例子。它旨在实现基本的经济目标,但需要以对法律进行重要修改作为前提,因此,它处在经济改革和法律改革的交汇点上。人们都同意,必须使产业资本摆脱国家的控制。私有化的具体操作过程可以不同(参见 Frydman, Rapaczynski, and Earle, 1993a, 1993b; Stark and Bruszt, 1998: 80-105),但是,作为追求的结果,其目标具有一致性。把生产资料交到私人手中,意在转向资本主义。更具体言之,这种做法意在形成一个新的所有者阶层,而他们将致力于维护自己的财产权。伴随着所有权的转变,具有特色的是出现了一批立法,其中包括重新制定的商业规则,它们规定公司内部以及公司之间的事务。这些规则的目标是,即使不能完全消除也要大大减弱国家在经济中的作用。当国家不再控制这些新型所有者如何对待他们的竞争者和股东,他们就从这种转变中获益,而改革者则对于这种结局深感出乎意料,并更多地指责法律。他们指责公司治理的规则不当,或其实施不力,或认为它们违反了新确立的财产权体制(例如,Coffee, 1999; Estrin and Wright, 1999; Lumelsky, 1997; Black, Kraakman, and Hay, 1996; Kuznetsov and Kuznetsova, 1996),或声称缺乏适当的"法治"环境(例如,Miller and Petranov, 2000; Banaian, 1999; Åslund, 1995)。书本之法无疑会有不完善之处,法律体制的缺陷也在所难免,而法律领域的完善状态则少之又少。这些讨论明显缺少的是对以下问题的关注,即在后社会主义国家中刚刚形成的商业共同体内部,流行的非正式规范为何允许甚至大张旗鼓地鼓励掠夺性行为(例如,Black, Kraakman, and Tarassova, 2000)。现在受到诋毁的法律大都在起草时得到了外国专家的帮助,而没有与当地商业人士保持互动。这种技术官僚进路产生的法律只是在表面上满足了某种需要,但迷失了目标,因为法律得以运作的经验现实没有得到关注。有趣的是,在经济已经起飞的东欧国家,评论者把成功归功于其他激励因素,却没有提及法律(例如,Stephan, 1999, 匈牙利的成功被归功于货币稳定; Johnson and Loveman, 1995, 波兰的成功被归功于从小型企业起步)。

只要法律发展运动意在寻求快速解决问题的"银弹"(silver bullet),即追求一套理想的制度性激励机制,以为这样就会使企业家尊重法律所确定的行为边界,这个过程就注定要重蹈失败的覆辙。相同模式的一个变种是苏联阵营的国家,它们开始结成区域性经济、政治和军事联盟(例如,Broadbent and McMillian, 1998; Alexandrov and Petkov, 1998; Fox, 1997; Sewerynski, 1997; Steinberg, 1997)。在作为其成员国的前提条件中,包括协调对它们具有重要意义的法律。但频繁变化的法律词语大都约束力较低。人们如果更多关注这些新法律的实际效力,就会发现这些法律的适用结果可能大为不同。

这些法律改革的努力在去除社会主义制度符号方面,收到了显著成效。我们即便无意贬低这种成就的重要性,也会认为这并不必定会增加经济行动者对法律的信任,而对于后社会主义国家来说,只有确立这种信任,"法治"才能深入人心。实际上,当下技术官僚进路关于法律原因和效果的僵化预设,可以追溯到苏联时代的法律运动,其中新法律或法令总被宣称具有改造社会的效果。当时,一些人不经任何经验性调查就声称法律制度能够界定和解决问题。两种进路的核心是自负和决定论,这使它们面临判断错误之险,并会使事务变得更糟,在对待人们的法律态度问题上尤其如此。

在转型的国家社会主义体制中,国内决策者在法律发展方面所采取的技术官僚进路,可以根据习得的行为而得到解释。虽然政治经济学的性质处在变化过程中,但解决问题的方法在早期的生活过程中就已经习得。在国家社会主义体制下,过多追问事务实际上如何运行往往会面临危险。决策者习惯于基于他们的观念而不是经验数据(无论定量还是定性的)作出决策。这些国家的社会科学家是否会有所改变,开始通过具体调查来探明法律运作的实际情况,从而填补过去的知识空白,仍然有待观察。

多边信贷组织和附属外国政府发展机构暴露出同样的僵化倾向,这使人们几乎没有理由对于他们的进路表示乐观。尽管"先决定—后验证"这种进路效果不佳,但却始终得到坚持。原因可以追溯到意识形态因素与实践因素。这些受到国际组织雇用的改革者,虽然不再徘徊于马克思-列宁主义之间,却抱有自己的一套信念,这些信念包括市场经济的法律制度应该具有怎样的形态的预设,以及它应该如何运作的预设。这些信念自然受到了他们教育背景以及在母国经验的影响。在目前的转型过程中,这种立场就是信奉自由市场的资本主义原则。在法律改革中,经济学家具有突出地位,其主要经济目标就是追求体制改革的效率最大化。这种对效率的追求并不限于最终结果,而且它要体现于整个过程中。因而快速发展的压力压倒一切。常常得到资助的是与快速转型有关的紧急事项。在这种情境下,速度可能是一把双刃剑。就其积极方面而言,它可防止消极懈怠并可降低风险,这种风险是指具体改革计划的延误累及所有人。在一些地方,建设规划的实施已经拖延数十年,变成了从国家预算中挤出资金的永久设置的臭名昭著的策略,明智的做法是发出这样的信号:改革是一个争取时间的过程。改革者之所以过于倚赖这种路径,是因为强调速度并不限于国家社会主义的转型期,也是法律与发展运动所一直追求的目标。就其消极方面而言,强调速度的效率观鼓励(有时强迫)在尚未准备就绪的情况下匆忙实施改革规划。浓缩时间的压力导致了人们无法对问题进行研究,从而作出正确的判断,并进而提出适当的解决办法。结果是,这些改革者似乎更像是在进行持续性战争的军队,一直忙于解决老问题而不是应对当下困扰法律制度改革的问题。

研究法律改革

为了适应市场交易而启动了改革法律制度的过程,这种过程近年来已经受到了大批学者的关注。与早期法律发展运动的大规模努力相比,对这次法律发展运动产生兴趣的并不仅仅限于法律研究者群体,而且吸引了广泛的研究者,包括那些对于体制运行深感兴趣的社会科学家,以及对转型地区前所未有的地缘政治深感兴趣的其他学者。来自其他学科的学者聚焦于法律发展这个领域,并把新的理论洞见和方法论带入了这个领域,他们主要是经济学家和政治学家。在研究法律转型中所提出的问题和所运用的方法,反映了各自学科的广泛特点。学科之间的合作也由此得以繁荣。与早期法律发展运动相比,这次法律发展运动产生了更为丰富和多样的成果。同时,这个过程的某些方面至今仍然令人感到棘手,难以把握。

一些学者早就对外国法律制度如何运行和怎样演进抱有兴趣,虽然他们主要关注点是本国的法律。法律学者对于国家社会主义转型的研究只限于狭窄的领域,常常是从一个国家入手,研究某个领域的法律或制度(例如,Solomon and Foglesong, 2000; Los and Zybertowicz, 2000; Cole, 1995)。法律学者所从事的工作可进一步分成几个主要种类。在这方面,可把学者是否参与了改革过程作为分界线,因为这涉及他们的分析在多大程度只限于书本之法。

参与者(其中以外国顾问为典型)的研究可以提供别处不能得到的信息。在最佳状态下,他们的研究可以基于自己接触的问题、得到的信任和事后回忆,揭示改革背后的缘由,并可以展示那个过程,而未参与这个过程的学者无法触及这些内容(例如,Palvolgyi and Herbai, 1997)。在一些后社会主义国家,奉行实证主义的一些决策者认为法律形式至关重要,在这些国家,作为参与者的学者所提供的洞见尤其具有价值。把参与的过程予以公开,供人们研究,仅此而言就是一种贡献。不幸的是,参与这个过程的顾问们在著作中的评论中所展示的是例外情况而不是一般情况。这些研究常常只是等同于附有简单评注的对有关法律的翻译(例如,Jersild, 2001; Bush, 1999; Boner and Kovacic, 1997; Brown, 1995),而很少进行深入的批判。这些顾问不愿意批评他们先前的同事,并不愿意推测,如果选择不同的路径结果会是如何。这种情结似乎不可理解。不过,这一局限仅仅针对学术价值而言。对于那些并不熟悉有关国家的语言和无法阅读原始文献的人们来说,这类介绍性文章也许有些帮助。它们对西方学界和决策团体提供了信息,这些信息涉及外国法律制度采取何种正式的结构。但是,它们由于没有分析这些法律和制度的日常实际运作状况,因而几乎不能增进人们对于这些法律制度具体运作状况的理解。

没有参与这个过程的西方和当地学者所进行的研究,也更多地反映了类似的进路。他们重视对于书本之法的文本分析,满足于对转型制度与其他法律制度(通常是美国法律制度)之间进行描述性和/或形式主义的比较。这是过去研究进路的延续。没有参与这个过程的学者对于这个过程的分析毕竟保持客观态度,这使得他们的研究较为严肃,他们对于立法和法律制度在该国经历了怎样的变化具有深度的认知,这使得他们的分析具有历史的深度。对于政治和意识形态中立性的追求,标志着这些地区学者的一种转变。在国家社会主义的时代,学者的基本预设和结论都要符合既定的官方套路。现在,地方法律期刊为表达意见提供了广阔的空间,这如同呼吸到新鲜的空气。但某些偏袒仍然存在。虽然法律发展运动过程具有以文本记录成果的特征,诸如基本法典内容的变化等,但是,当地的法律学者对于这个过程本身几乎不感兴趣。在这一点上,许多西方学者与他们不谋而合。大多数西方学者和当地学者对于他们认为值得分析的那些问题,很少在图书馆以外进行调查(例如,Blumenfeld, 1996; Rudnick, 1995; Biernat, 1994; Maggs, 1992)。结果他们是编辑式专家,其研究很少能够增进人们对于改革过程及其后果的理解。

法律学者所从事的部分工作是探讨现实,即研究具体的法律如何演进和它们在特定的社会中多大程度上发挥作用。苏联模式国家社会主义的解体及其对于社会科学控制的结束,为研究者开放了先前的禁区。基于这种研究,学者开始探讨法律在社会中的作用这类一般智识,并开始填补法学的知识空白,即探索如何理解和运用法律。一些这类研究开始根据人们对法律态度及法律得到运用的程度来确立比较的基础。这种方法早就被别国学者所采用,但是在当地则仍是新颖的。还有一些研究涉及案例分析(例如,Hendley, 2001; Hayden, 1990)、基于官方统计数据的分析(例如,Hendley, 2002; Raiser, 1994)以及实证调查分析(例如,Frye, 2001; Earle and Estrin, 2001; Korlaska-Bobinska, 1994)。在国家社会主义时代,人们难以接触所需的材料进行这类研究,这类研究甚至不可想象。在转型开始的时期,研究"行动之法"几乎属于外国学者从事的工作。运用社会学研究法律的传统,在东欧比在苏联地区具有更深厚的根基。即使在国家社会主义时代,一些东欧学者也保持了这种传统(例如,Kurczewski and Frieske, 1977),随着国家对于学术研究控制的放松,这种传统得到了重新重视(例如,Alexander and Skapska, 1994)。但是,在苏联,国家社会主义的解体并没有产生相似的变化。这个地区的法律学者虽然已经放弃了大部分先前的意识形态立场,但是注重学理分析的做法仍然保持下来。近期未来这是否会发生变化,仍不明朗。通过与西方的大学进行交流及与西方学者进行互动,苏联的法律学者对于社会学的方法有了更多了解,随后他们提出了与先前不同的问题。他们不再限于文本分析,而是开始探讨法律如何运作和为何运作这类问题。

各种跨地区的具有改革名号的外国顾问参与了这个过程,这导致了对其他国家立法的大量借用。但是,这种借用不同于早期转型国家的借用。由于这时存在既定的法律结构,这种借用很少全盘采用其他国家的法典。相反,其他国家的法律制度被部分地借用并整合到转型国家的法典中,以适应市场的要求。有时,这种求助于不同外国制度而进行拼凑的结果,无法形成协调一致的法律体系,而只能产生大杂烩。可能由于这个原因,那些关注国家社会主义转型时期法律的人们,除了某些例外(例如,Nichols, 1997; Ajani, 1995),并不十分重视"移植理论"(Ewald, 1995; Watson, 1991)。

研究国家社会主义转型时期的法律并不专属法律学者的学术领域。这一点区别于法律发展运动先前的大多活动。同时,非法律学者的兴趣也不应过分强调。绝大多数政治学领域关于转型的研究要么忽视法律之维,要么把法律仅仅作为一个技术问题来对待,以为它服务于建立民主和/或建立市场的更大目标。例如,在威权主义体制向民主制的转型中,就把法律改革降到第二位,限制讨论宪法和选举法(例如,Diamond and Plattner, 1996; O'Donnell and Schmitter, 1986)。在那里,官方并不承认法律在确立整个制度合法性和推动民主方面的重要作用。在更晚近的时期,政治学家已经开始把"法治"包括在他们作为民主必要条件的简单目录中,但是至于这个词语的确切含义则仍然模糊不清(例如,Linz and Stepan, 1996; Lijphart and Waisman, 1996)。那些涉及从各种威权主义的国家社会主义转向某种民主制的文献,采取的是同样的模式(例如,Bunce, 2000; Eckstein, Fleron, Hoffmann, and Reisinger, 1998)。十分奇怪的是,政治学家在进行经济转型的研究时,把法律变量纳入分析的过程更是姗姗来迟(例如,Johnson, 2001; Appel, 2000)。他们在评论政治转型与经济转型之间的关联时,采取的也是这样的路径,很少把法律转型纳入他们分析的范围(例如,Roland, 2002; Melich, 2000; Przeworski, 1991)。对于政治学家来说,国家社会主义转型包括经济与政治二维(而不包括法律以构成三维)似乎天经地义(例如,Kubicek, 1999; Bartlett, 1997)。

经济学由于日渐关注制度问题,因此经济学家很快就把对于法律的研究作为理解转型的手段。但与政治学家一样,法律改革不是他们首要关注的对象(例如,Kornai, 2000)。法律之所以值得研究,在于它可以降低转型的成本,并能够推动转向资本主义。最初人们乐观地认为,私人财产的合法化有助于促使经济行动者信守法律,但是后社会主义世界的后私有化现实表明,这种乐观未免过早。但是,一些研究者继续探索这样的问题,即制度变革或变革的整体格局如何能够带来所期望的结果。经济学家尝试在验证广泛预设的基础上,找到解决谜题的钥匙。由于认识到仅仅享有书本上的财产权还远远不够,他们开始探索公司治理体制(例如,Pistor 2001; LaPorta, Lopez-de-Silanes, and Shleifer, 1999; LaPorta, Lopez-de-Silanes, Shleifer, and Vishny, 1997)和土地管理制度(DeSoto, 2000)的潜在作用,还研究腐败程度及其危害性(例如,Treisman, 2000; Kaufmann and Siegelbaum, 1997),以及数百年来延续下来的法律结构的影响(如大陆法与普通法传统之分)。他们大都避开文化解释,并从制度结构和法律内容中寻求答案。他们希望比较大量的案例并探索各种解释变量,由此来拓展对统计方法的运用。在解释某些因果关系时,即使该领域在传统上不适用量化的方法,诸如法律习惯和法律上平等的程度,他们仍然采用这种方法(例如,Berkowitz, Pistor, and Richard, 2003; Glaeser and Shleifer, 2002; World Bank, 2001)。在借鉴大量国家经验和运用统计方法分析调查结果的基础上,这些学者形成了一些颇具吸引力的解释模式,这些解释模式所涉及的问题是法律制度如何运作,以及如何通过法律制度的微小变化来引起人们行为的深刻变化。这些研究的缺憾是缺少对各个国家情况的具体阐释。他们所运用的方法无法探索法律制度的内在特质,这种特质可能是政治压力和/或种族传统等因素的产物。

为了衡量法律制度的质量水平,"法治"、"司法独立"以及"透明度"等指标应运而生,并且正式被用于分析转型国家的法律制度。这些指标的运用在经济学家中最为流行(例如,World Bank, 2001: 117-132; Johnson, Kaufmann, and Shleifer, 1997),在政治学家(例如, Fish, 1998; Hellman, 1997)和法学家中也开始流行起来(例如,Pistor, 2001; Buscaglia and Dakolias, 1999)。非政府组织一直是致力于推动这些指标的实现,而它们在资金上得到了国际机构和/或以国家为后盾的发展机构的大力支持(例如,Freedom House, 2002; Transparency International, 2001; American Bar Association, 2001)。偏好量化的成功指标(或可证明的进展)不足为怪。实际上,国内政府和国际提供资助机构为了证明他们的支出收效明显,都需要这种证明成功的量化证据。先前在衡量指标标准化方面的努力,诸如通过的立法数量或培训律师和法官的数量来证明,显得过于粗糙,无法令人满意。现行衡量指标在采用计量经济学方法上是一个重大进步,其通常做法是在一个评价等级中包括许多影响因素。但这种衡量指标的价值取决于有关国家具体信息的准确性和选取信息的有效性。

　　经济学家已经很好地运用了实证调查的方法。具有特色的是,他们的调查对象是经济行动者的行为和态度,而不是一般的公众意见。当然,这种方法论本身并不具有内在的创新性。它的价值在于被运用于先前的禁区,当时的官方体制担心,这种调查会披露国家社会主义功能紊乱的一些内幕。在国家社会主义时期,苏联等国几乎不允许西方社会科学学者接触工业企业。他们只是借助于对流亡者或移居者的访谈,从点滴材料中努力拼接出真实状况的图景(例如,Berliner, 1957; Granick, 1954)。这种开拓路径的工作有助于理解以下一点,即官方经济(出于国家计划)在与所谓"次要"经济的并不轻松的合作中是如何运作的,以及这些非官方的和不合法的交易是如何对体制起到润滑作用的(例如,Grossman, 1977)。在这些国家,只要社会主义的制度继续存在,就不可能更深入和更系统地探索它的内在关系。它们的解体为运用新的方法研究法律在经济中的作用敞开了机会,大批经济学家开始利用这个机会。他们中的一些人关注特定国家的情况(例如,Hendley, Murrell, and Ryterman, 2000; Gray and Holle, 1998),而另一些人则对东欧各国和苏联的问题进行跨国研究(例如,Johnson, McMillan, and Woodruff, 2000)。研究者在特定时间和特定地点所捕捉到的人们的行为和态度,可以提供富有价值的信息,但是这种调查也有追求广度而欠缺深度的不足。多国调查的设计者常常提出的是一般性问题,以便使它们能够覆盖不同的法律体制,结果,这些问题在对单个国家进行具体调查之前就先入为主地提出了(例如,Lee and Meagher, 2001; Hellman, Jones, Kaufmann, and Shankerman, 2000)。由于这种调查工作,关于法律在多大程度上满足了经济行动者的需要并为他们所运用,这个问题已经形成了较为全面和清晰的图景。这意味着,法律几乎不是处于先前所认为的那样边缘地位。当然,在学术共同体中,某些人明显拒绝承认这种观点。原因并不明确,可能是由于他们不愿意放弃长期以来抱持的信念,也不愿意放弃可以为经济失败承担责任的这只廉价的法律替罪羊。

　　各种社会科学学者所创立和渐趋依赖的关于法律发展的量化指标,可以使抽象的预设得到检验。人们虽然应重视速度,但是这些快速发展的实效值得质疑。转型本身就是一个不稳定的过程,借助于某种统计数字似乎无法准确把握这个过程。这些结论起码应该通过民族学的方法加以检验(至少有时应如此)。但是,学界"区域研究"的祛魅已经使这类研究贬值,并且不鼓励青年学者掌握从事这类调查所需要的知识和技巧。时间紧迫和对有关价值缺乏理解,导致了决策者和资助者排斥这种定性的研究进路。但是,这种排斥态度的代价可能很高。决策者依赖某些判断,而这些判断是基于立法和体制变革的指数和类似指标作出的。如果这种判断失准,那么其对策可能会弊大于利,充其量也无法实行。

下一步怎么走?

决策之前应审慎研究,力求认知现状并把握相关因素,这种观点的逻辑似乎不容置疑。但是这种再简单不过的道理却屡被忽视。查明经济行动者实际如何运用(或忽视)法律,在对最近一轮法律发展的叙述中,这种必要性尤其迫切。在国家社会主义社会,由于偏好保密和鼓励甜言蜜语,真相埋藏很深,对行动之法的认知程度很低且这类认知不足以信赖。这些鸿沟需要填补。相关研究需要追溯到国家社会主义的时代,并尝试理解对于法律作用相互冲突的描述。同样,今天法律的地位及其在转型国家正在某种程度上经历的变革,都是需要一些学者进行长期研究的问题。在这个方面,尤其缺乏的是对这种变革过程的研究。

这样一种经验性研究可以为理论建构提供基础。一些社会如何与为何运用或拒斥法律作为规范经济生活的机制,这是一个数百年来一直困扰法律学者的问题。许多理论植根于中世纪的经验,在那个时期,世界的许多地方都经历了朝向市场的转型(例如,Greif, 1992; Milgrom, North, and Weingast, 1990; Weber, 1967)。从这些早期变革中获得的洞见可以用于指导今天的变革。但是,这两个时期存在的深刻差异使问题变得有些复杂。来自跨地区的丰富的经验性研究有助于学者找出它们的相似性,并通过抽象的概括,针对在国家社会主义解体后,如何使法律对于经济行动者更富有意义这一问题,形成一些理论预设。从理想的角度讲,这种理论预设一旦得到验证,就能够经受住其他后威权主义环境的考验。

外国政府和多边国际机构所推动的法律改革,前十年的目标是呼吁对前共产党国家进行冷静的评估。为何那些在早先数十年已被证明为无效的对策又再度泛起?为何推动法律改革的机构如此强调速度而不顾风险?令人遗憾的是,学界业已出现的各种批评并没有针对这些基本问题。相反,他们只知道指责(例如,Cohen, 2000; Weidel,

1998)。很少有人高屋建瓴地提出问题,而是倾向于关注领导人的个性和丑闻,并不关注自己的取向是否误导了研究的基本方法。国际组织的学者已经开始探索这样的问题,即多边信贷机构的文化是否主导了对过去行为模式的重复。但是,这些研究大都处在理论层面,至于有关改革是如何进行的以及它们是否产生了任何积极的效应,人们对此则很少进行具体的考察(例如,Barnett and Finnemore, 1999)。

参考文献

- Adelman, Sammy and Paliwala, Abdul (eds.) (1993) *Law and Crisis in the Third World*. New York: H. Zill.
- Ajani, Gianmaria (1995) "By chance and prestige: Legal transplants in Russia and Eastern Europe," *American Journal of Comparative Law* 43: 93-117.
- Alexander, Gregory S. and Skąpska, Grażyna (eds.) (1994) *A Fourth Way? Privatization, Property, and the Emergence of New Market Economies*. New York: Routledge.
- Alexandrov, Stanimir and Petkov, Latchezar (1998) "Paving the way for Bulgaria's accession to the European Union," *Fordham International Law Journal* 21: 587-601.
- American Bar Association (2001) *Judicial Reform Index for Bosnia and Herzegovina*. Washington, DC: American Bar Association and Central and East European Law Initiative.
- Appel, Hilary (2000) "The ideological determinants of liberal economic reform: The case of privatization," *World Politics* 52: 520-49.
- Åslund, Anders (1995) *How Russia Became a Market Economy*. Washington, DC: The Brookings Institution.
- Banaian, King (1999) *The Ukrainian Economy since Independence*. Northampton, MA: Edward Elgar Publishing.
- Barnett, Michael N. and Finnemore, Martha (1999) "The politics, power, and pathologies of international organizations," *International Organization* 53: 699-723.
- Barry, Donald D., Ginsburgs, George, and Maggs, Peter B. (eds.) (1977-1979) *Soviet Law After Stalin: Parts* I-III. Leyden: A. W. Sijthoff.
- Bartlett, David L. (1997) *The Political Economy of Dual Transformations: Market Reform and Democratization in Hungary*. Ann Arbor: University of Michigan Press.
- Berkowitz, Daniel, Pistor, Katharina, and Richard, Jean-Francois (2003) "Economic development, legality, and the transplant effect," *European Economic Review* 47: 165-95.
- Berliner, Joseph S. (1957) *Factory and Manager in the USSR*. Cambridge, MA: Harvard University Press.
- Biernat, Stanisław (1994) "The uneasy breach with socialized ownership: Legal aspects of privatization of state-owned enterprises in Poland," in Gregory S. Alexander and Grażyna Skąpska (eds.), *A Fourth Way? Privatization, Property, and the Emergence of New Market Economies*. New York:

Routledge, pp. 19-32.
- Black, Bernard, Kraakman, Reinier, and Hay, Jonathon (1996) "Corporate law from scratch," in Roman Frydman, Cheryl W. Gray, and Andrzej Rapaczynski (eds.), *Corporate Governance in Central Europe and Russia: Insiders and the State*, vol. 2. Budapest: Central European University Press, pp. 245-302.
- Black, Bernard, Kraakman, Reinier, and Tarassova, Anna (2000) "Russian privatization and corporate governance: What went wrong?" *Stanford Law Review* 52: 1731-808.
- Blumenfeld, Lane (1996) "Russia's new civil code: The legal foundation for Russia's emerging market economy," *The International Lawyer* 30: 471-515.
- Boner, Roger Alan and Kovacic, William E. (1997) "Antitrust policy in Ukraine," *George Washington Journal of International Law and Economics* 31: 1-48.
- Braguinsky, Serguey and Yavlinsky, Grigory (2000) *Incentives and Institutions: The Transition to a Market Economy in Russia*. Princeton, NJ: Princeton University Press.
- Broadent, Christian L. and McMillian, Amanda M. (1998) "Russia and the World Trade Organization: Will TRIPS be a stumbling block to accession?" *Duke Journal of Comparative & International Law* 8: 519-62.
- Brown, J. Robert (1995) "Order from disorder: The development of the Russian securities market," *University of Pennsylvania Journal of International Business Law* 15: 49-71.
- Bunce, Valerie (2000) "Comparative democratization: Big and bounded generalizations," *Comparative Political Studies* 33: 703-34.
- Buscaglia, Edgardo and Dakolias, Maria (1999) *Comparative International Study of Court Performance Indicators: A Descriptive and Analytical Account*. Washington, DC: World Bank.
- Bush, Larry S. (1999) "Romanian regulation of trade unions and collective bargaining," *Cornell International Law Journal* 32: 319-66.
- Carothers, Thomas (1999) *Aiding Democracy Abroad: The Learning Curve*. Washington, DC: Carnegie Endowment for International Peace.
- Carty, Anthony (ed.) (1992) *Law and Development*. New York: New York University Press.
- Coase, R. H. (1988) *The Firm the Market and the Law*. Chicago: University of Chicago Press.
- Coffee, John C., Jr. (1999) "Privatization and corporate governance: The lessons from securities market failure," *Iowa Journal of Corporate Law* 25: 1-39.
- Cohen, Stephen F. (2000) *Failed Crusade: America and the Tragedy of Post-Communist Russia*. New York: Norton.
- Cole, Daniel H. (1995) "Poland's progress: Environmental protection in a period of transition," *Parker School Journal of East European Law* 2: 279-319.
- DeSoto, Hernando (2000) *The Mystery of Capital: Why Capitalism Triumphs in the West and Fails Everywhere Else*. New York: Basic Books.

- Diamond, Larry and Plattner, Marc F. (eds.) (1996) *The Global Resurgence of Democracy*, 2nd edn. Baltimore: Johns Hopkins University Press.
- Earle, John S. and Saul Estrin (2001) "Privatization and the structure of enterprise ownership," in Brigitte Granville and Peter Oppenheimer (eds.), *Russia's Post-Communist Economy*. Oxford: Oxford University Press, pp. 173-212.
- Eckstein, Harry, Fleron, Frederic J. Jr., Hoffmann, Erik P., and Reisinger, William M. (1998) *Can Democracy Take Root in Post-Soviet Russia? Explorations in State-Society Relations*. Lanham, MD: Rowan & Littlefield.
- Estrin, Saul and Wright, Mike (1999) "Corporate governance in the former Soviet Union: An overview," *Journal of Comparative Economics* 27: 398-421.
- Ewald, William (1995) "Comparative jurisprudence (II): The logic of legal transplants," *American Journal of Comparative Law* 43: 319-66.
- Feifer, George (1964) *Justice in Moscow*. New York: Simon and Schuster.
- Feofanov, Yuri and Barry, Donald D. (1996) *Politics and Justice in Russia: Major Trials of the Post-Stalin Era*. Armonk, NY: M. E. Sharpe.
- Fish, M. Steven (1998) "The determinants of economic reform in the post-communist world," *East European Politics and Societies* 12: 31-78.
- Fox, Eleanor M. (1997) "The Central European nations and the EU waiting room: Why must the Central European nations adopt the competition law of the European Union?" *Brooklyn Journal of International Law* 23: 351-63.
- Fraenkel, Ernst (1941) *The Dual State: A Contribution to the Theory of Dictatorship*, trans. E. A. Shils. London: Oxford University Press.
- Freedom House (2002) "The world's most repressive regimes 2002," Special Report to the 58th Session of the United Nations Commission on Human Rights, Geneva. Available online at ⟨www.freedomhouse.org⟩.
- Frydman, Roman, Rapaczynski, Andrzej, and Earle, John S. (1993a) *The Privatization Process in Central Europe*. Budapest: Central European University Press.
- Frydman, Roman, Rapaczynski, Andrzej, and Earle, John S. (1993b) *The Privatization Process in Russia, Ukraine, and the Baltic States*. Budapest: Central European University Press.
- Frye, Timothy (2001) "Keeping shop: The value of the rule of law in Warsaw and Moscow," in Peter Murrell (ed.), *Assessing the Value of Law in Transition Economies*. Ann Arbor: University of Michigan Press, pp. 211-28.
- Gardner, James A. (1980) *Legal Imperialism: American Lawyer and Foreign Aid in Latin America*. Madison: University of Wisconsin Press.
- Glaeser, Edward L. and Shleifer, Andrei (2002) "Legal origins," *Quarterly Journal of Economics* 117: 1193-229.

- Gilpin, Robert and Gilpin, Jean M. (2000) *The Challenge of Global Capitalism*. Princeton, NJ: Princeton University Press.
- Granick, David (1954) *Management of the Industrial Firm in the USSR*. New York: Columbia University Press.
- Gray, Cheryl W. and Holle, Arnold (1998) "Classical exit processes in Poland: Court conciliation, bankruptcy, and state enterprise liquidation," in Leszek Balcerowicz, Cheryl W. Gray, and Iraj Hoshi (eds.), *Enterprise Exit Processes in Transition Economies: Downsizing, Workouts, and Liquidation*. Budapest: Central European University Press, pp. 207-48.
- Greif, Avner (1992) "Institutions and international trade: Lessons from the commercial revolution," *American Economic Review* 82: 128-33.
- Grossman, Gregory (1997) "The 'second economy' in the USSR," *Problems of Communism* 26: 25-40.
- Hay, Jonathon R. and Shleifer, Andrei (1998) "Private enforcement of public laws: A theory of legal reform," *American Economic Review* 88: 398-403.
- Hayden, Robert M. (1990) *Social Courts in Theory and Practice: Yugoslav Workers' Courts in Comparative Perspective*. Philadelphia: University of Pennsylvania Press.
- Helleiner, Gerald K. (2001) "Markets, politics, and globalization: Can the global market be civilized?" *Global Governance* 7: 243-63.
- Hellman, Joel (1997) "Constitutions and economic reform in the post-communist transitions," in Jeffrey D. Sachs and Katharina Pistor (eds.), *The Rule of Law and Economic Reform in Russia*. Boulder, CO: Westview Press, pp. 55-78.
- Hellman, Joel, Jones, Geraint, Kaufmann, Daniel, and Shankerman, Mark (2000) "Measuring governance and state capture: The role of bureaucrats and firms in shaping the business environment: Results of a firm-level study across 20 transition economies," EBRD Working Paper No. 51. London: European Bank for Reconstruction and Development.
- Hendley, Kathryn (1996) *Trying to Make Law Matter: Legal Reform and Labor Law in the Soviet Union*. Ann Arbor: University of Michigan Press.
- Hendley, Kathryn (2001) "Beyond the tip of the iceberg: Business disputes in Russia," in Peter Murrell (ed.), *Assessing the Value of Law in Transition Economies*. Ann Arbor: University of Michigan Press, pp. 29-55.
- Hendley, Kathryn (2002) "Suing the state in Russia," *Post-Soviet Affairs* 18: 122-47.
- Hendley, Kathryn, Murrell, Peter, and Ryterman, Randi (2002) "Law, relationships, and private enforcement: Transactional strategies of Russian enterprises," *Europe-Asia Studies* 52: 627-56.
- Jersild, Thomas M. (2001) "Duties of company directors: The developing law in Macedonia," *Review of Central & East European Law* 27: 71-91.
- Johnson, Juliet (2001) "Path contingency in postcommunist transformations," *Comparative Politics*

33: 253-74.
- Johnson, Simon, Kaufmann, Daniel, and Shleifer, Andrei (1997) "The unofficial economy in transition," *Brookings Papers on Economic Activity* 2: 159-239.
- Johnson, Simon and Loveman, Gary (1995) *Starting Over in Eastern Europe: Entrepreneurship and Economic Renewal*. Boston: Harvard Business School Press.
- Johnson, Simon, McMillan, John, and Woodruff, Christopher (2000) "Entrepreneurs and the ordering of institutional reform: Poland, Slovakia, Romania, Russia, and Ukraine compared," *Economics of Transition* 8: 1-36.
- Kaminskaya, Dina (1982) *Final Judgment: My Life as a Soviet Defense Attorney*; trans. Michael Glenny. New York: Simon and Schuster.
- Katkov, George (1969) *The Trial of Bukharin*. New York: Stein and Day.
- Kaufmann, Daniel and Siegelbaum, Paul (1997) "Privatization and corruption in transition economies," *Journal of International Affairs* 50: 419-58.
- Kolarska-Bobinska, Lena (1994) "Privatization in Poland: The evolution of opinions and interests 1988-1998," in Gregory S. Alexander and Grażyna Skąpska (eds.), *A Fourth Way? Privatization, Property, and the Emergence of New Market Economies*. New York: Routledge, pp. 119-37.
- Kornai, Jànos (1990) *The Road to a Free Economy: Shifting from a Socialist System: The Example of Hungary*. New York: W. W. Norton.
- Kornai, Jànos (2000) "What the change of system from socialism to capitalism does and does not mean," *Journal of Economic Perspectives* 14: 27-42.
- Krygier, Martin (1990) "Marxism and the rule of law: reflections after the collapse of communism," *Law & Social Inquiry* 15: 633-63.
- Kubicek, Paul (1999) *Unbroken Ties: The State, Interest Associations, and Corporatism in Post-Soviet Ukraine*. Ann Arbor: University of Michigan Press.
- Kurczewski, Jacek and Frieske, Kazimierz (1977) "Some problems in the legal regulation of the activities of economic institutions," *Law & Society Review* 11: 489-505.
- Kuznetsov, Andrei and Kuznetsova, Olga (1996) "Privatisation, shareholding and the efficiency argument: Russian experience," *Europe-Asia Studies* 48: 1173-85.
- LaPorta, Rafael, Lopez-de-Silanes, Florencio, Shleifer, Andrei, and Vishny, Robert (1997) "Legal determinants of external finance," *Journal of Finance* 52: 1131-50.
- LaPorta, Rafael, Lopez-de-Silanes, Florencio, and Shleifer, Andrei (1999) "Corporate ownership around the world," *Journal of Finance* 54: 471-517.
- Lasok, Dominik (ed.) (1973-5) *Polish Civil Law*, vols. 1-4. Leyden, The Netherlands: A. W. Sijthoff.
- Lee, Young and Meagher, Patrick (2001) "Misgovernance or misperception? Law and finance in Central Asia," in Peter Murrell (ed.), *Assessing the Value of Law in Transition Economies*. Ann

Arbor: University of Michigan Press, pp. 133-79.
- Lijphart, Arend, and Waisman, Carlos H. (1996) *Institutional Design in New Democracies: Eastern Europe and Latin America*. Boulder, CO: Westview Press.
- Linz, Juan J. and Stepan, Alfred (1996) *Problems of Democratic Transition and Consolidation: Southern Europe, South America, and Post-Communist Europe*. Baltimore: Johns Hopkins University Press.
- Litvinov, Pavel (1972) *The Trial of the Four; A Collection of Materials on the Case of Galanskov, Ginzburg, Dobrovolsky & Lashkova 1967-68*, trans. Janis Sapiets, Hilary Sternberg, and Daniel Weissbort. London: Longman.
- Los, Maria and Zybertowicz, Andrzej (2000) *Privatizing the Police State: The Case of Poland*. New York: St. Martin's Press.
- Lumelsky, Grey (1997) "Does Russia need a securities law?" *Journal of International Law & Business* 18: 111-64.
- Maggs, Peter B. (1992) "Legal forms of doing business in Russia," *North Carolina Journal of International Law and Commercial Regulation* 18: 173-92.
- Markovits, Inga (1995) *Imperfect Justice: An East-West German Diary*. New York: Oxford University Press.
- Melich, Jiri S. (2000) "The relationship between the political and the economic in the transformations in Eastern Europe: Continuity and discontinuity and the problem of models," *East European Quarterly* 34: 131-57.
- Merry, Sally Engle (1991) "Law and colonialism," *Law & Society Review* 25: 890-922.
- Milgrom, Paul R., North, Douglass C. and Weingast, Barry R. (1990) "The role of institutions in the revival of trade: The law merchant, private judges, and the Champagne fairs," *Economics and Politics* 2: 1-23.
- Miller, Jeffrey B. and Petranov, Stefan (2000) "The first wave of mass privatization in Bulgaria and its immediate aftermath," *Economics of Transition* 8: 225-50.
- Murray, Scott Tanner (1999) *The Politics of Lawmaking in Post-Mao China: Institutions, Processes and Democratic Prospects*. Oxford: Clarendon Press.
- Nichols, Philip M. (1997) "The viability of transplanted law: Kazakhstani reception of a transplanted foreign investment code," *University of Pennsylvania Journal of International Economic Law* 18: 1235-79.
- Nonet, Philippe and Selznick, Philip (1978) *Law and Society in Transition: Toward Responsive Law*. New York: Octagon Books.
- North, Douglass C. (1990) *Institutions, Institutional Change and Economic Performance*. Cambridge, UK: Cambridge University Press.
- O'Donnell, Guillermo and Schmitter, Philippe C. (1986) *Transitions from Authoritarian Rule: Ten-*

tative Conclusions about Uncertain Democracies. Baltimore: Johns Hopkins University Press.
- Olson, Mancur (2000) *Power and Prosperity: Outgrowing Communist and Capitalist Dictatorships*. New York: Basic Books.
- Palvolgyi, Rita, and Herbai, Istvan (1997) "Public participation in cooperative planning: A local tax issue in Nagykanizsa, Hungary," *Annals of the American Academy of Political and Social Science* 552: 75-85.
- Pistor, Katharina (2001) "Law as a determinant for equity market development—the experience of transition economies," in Peter Murrell (ed.), *Assessing the Value of Law in Transition Economies*. Ann Arbor: University of Michigan Press, pp. 249-87.
- Posner, Richard A. (1998) "Creating a legal framework for economic development," *The World Bank Research Observer* 13: 1-11.
- "Privatization in Poland: An interview with Jeffrey Sachs" (1992) *Suffolk Transnational Law Journal* 15: 441-67.
- Przeworski, Adam (1991) *Democracy and the Market: Political and Economic Reforms in Eastern Europe and Latin America*. Cambridge, UK: Cambridge University Press.
- Raiser, Thomas (1994) "The challenge of privatization in the former East Germany: reconciling the conflict between individual rights and social needs," in Gregory S. Alexander and Grażyna Skąpska (eds.), *A Fourth Way? Privatization, Property, and the Emergence of New Market Economies*. New York: Routledge, pp. 3-18.
- Roland, Gérard (2002) "The political economy of transition," *Journal of Economic Perspectives* 16: 29-50.
- Sewerynski, Michal (1997) "Prospects for the development of labor law and social security law in Central and Eastern Europe in the twenty-first century," *Comparative Labor Law Journal* 18: 182-203.
- Sharlet, Robert (1977) "Stalinism and Soviet legal culture," in Robert C. Tucker (ed.), *Stalinism: Essays in Historical Interpretation*. New York: W. W. Norton, pp. 155-79.
- Shelley, Louise I. (1986) "Soviet courts as vehicles for political maneuver," *Soviet Union* 13: 163-86.
- Shihata, Ibrahim F. I. (1995) *The World Bank in a Changing World: Selected Essays and Lectures*, vol. II. The Hague: Martinus Nijhoff Publishers.
- Simis, Konstantin M. (1982) *USSR: The Corrupt Society*, trans. Jacqueline Edwards and Mitchell Schneider. New York: Simon and Schuster.
- Smith, Gordon B. (1979) "Procuratorial campaigns," in Donald D. Barry, George Ginsburgs, and Peter B. Maggs (eds.), *Soviet Law After Stalin: Part III: Soviet Institutions and the Administration of Laws*. Leyden, The Netherlands: A. W. Sijthoff, pp. 143-67.
- Solomon, Peter H., Jr. (1996) *Soviet Criminal Justice Under Stalin*. Cambridge, UK: Cambridge

- Solomon, Peter H., Jr. and Foglesong, Todd S. (2000) *Courts and Transition in Russia: The Challenge of Judicial Reform*. Boulder, CO: Westview Press.
- Stark, David, and Bruszt, Laszlo (1998) *Postsocialist Pathways: Transforming Politics and Property in East Central Europe*. Cambridge, UK: Cambridge University Press.
- Steinberg, Richard H. (1997) "Trade-environment negotiations in the EU, NAFTA, and WTO: Regional trajectories of rule development," *American Journal of International Law* 91: 231-80.
- Stephan, Johannes (1999) *Economic Transition in Hungary and East Germany: Gradualism and Shock Therapy in Catch-up Development*. New York: St. Martin's Press.
- Transparency International (2001) *Global Corruption Report* (2001). Available online at ⟨www.globalcorruptionreport.org⟩.
- Treisman, Daniel (2000) "The causes of corruption: A cross-national survey," *Journal of Public Economics* 76: 399-457.
- Turner, Karen G., Feinerman, James V., and Guy, R. Kent (eds.) (2000) *The Limits of the Rule of Law in China*. Seattle: University of Washington Press.
- Ulc, Otto (1972) *The Judge in a Communist State: A View From Within*. Columbus: Ohio University Press.
- Unger, Roberto Mangabeira (1976) *Law in Modern Society: Toward a Criticism of Social Theory*. New York: Free Press.
- Watson, Alan (1991) *Legal Origins and Legal Change*. London: The Hambledon Press.
- Weber, Max (1967) *Max Weber on Law in Economy and Society*, ed. Max Rheinstein. Cambridge, MA: Harvard University Press.
- Weidel, Janine R. (1998) *Collision and Collusion: The Strange Case of Western Aid to Eastern Europe 1989-1998*. New York: St. Martin's Press.
- World Bank (1996) *World Development Report: From Plan to Market*. New York: Oxford University Press.
- World Bank (1997) *World Development Report: The State in a Changing World*. New York: Oxford University Press.
- World Bank (2001) *World Development Report: Building Institutions for Markets*. New York: Oxford University Press.

32

21世纪的经济全球化与法律

弗朗西斯·斯奈德 著

高鸿钧 译

经济全球化与法律

在过去半个世纪里,法律形式与法律体制的发展与全球化并驾齐驱。过去,"全球化"一词,乃至这种现象是否存在都饱受争议(参见 Robertson, 1992; Hirst and Thompson, 1996; Giddens, 1990; Sassen, 1996; T. L. Friedman, 1999)。但时至今日,全球化已非新奇事物,我们不应将它归结为市场一体化,更不应将它归结为新自由主义关于自由贸易和开放市场的政治和经济规划。我们对全球化的最终命运无法预知,它很大程度取决于政治和经济权力的影响。这里,全球化"表现为社会关系和交往在空间组织上发生转变的一个过程(或一些过程),它引起了活动、互动网络以及权力运作的跨大陆和跨地区流动,如何评估这个过程,取决于它的广度、强度、速度和影响力"(Held, McGrew, Goldblatt, and Perraton, 1999:16)。

其中主要影响因素是跨国公司和国际生产网络的增加、新技术的发展、工作性质和形式的变化,以及新型国际场域行动者的出现。与这种转变相关联的是跨国层面和国内层面发生了重大法律变革(Bomley, Delaney, and Ford, 2001)。在21世纪最初几年,人们见证了令人惊异的各种新型法律形式和体制的涌现,它们往往在性质、内容、规模以及运作方式上根本区别于过去几个世纪以来的法律和体制,即那种主要是以国家为基础的政府管理制度。其他场域的多重治理机制对国家治理机制起到了补充和完善的作用,并对国家治理机制构成了竞争,由此,"治理"一词取代了"政府管理"一词。国家虽然受到侵蚀甚或开始重构,但它依旧十分强大,即便它不再处于全能的控制地位,也在具体情境下的不同制度和规范中以及纠纷解决的过程中具有较大的作用(Jayasuriya, 2001)。

全球化虽然对传统的法律思考方式带来了诸多挑战(Arnaud, 1998; Twining, 2000; Delmas-Marty, 1998; Chemillier-Gendreau and Moulier Boutang, 2001),但这个领域的著述极多,因而这里无法进行全面考察。相反,本文旨在就这个领域回顾过去,展望未来,简略指出相关文献,同时尝试勾勒出未来的重要议题。本文主要涉及经济全球化的法律之维,并指出全球化不限于经济之维,许多其他维度的全球化也都具有法律的含义。本文主要着眼于法律社会学、国际关系和法律政治经济学等广泛领域,还涉及其他主要学科有关法律与全球化关系的文献,当然本文所涉及的主要是英语文献,部分因为这些文献代表了迄今为止已经出版的大多相关著述,而许多学者无论母语为何都以英语发表著述;部分因为英语著述一直致力于探讨和界定这个领域。但是,从长远的眼光看,必须超越这种地方性视野,本文只是为这种努力提供了铺路之石。人权或法律与发展议题无法在此详细讨论,它们在本书其他章节得到阐释。

法律领域的国际化

在过去几十年里,全球化即便没有明显影响法律的所有领域,也影响了其中诸多领域。法律与全球化的最初的实质性论述(Trubek, Dezalay, Buchanan, and Davis, 1994)使用了布迪厄关于社会领域(social field)的概念(例如,Bourdieu, 1987),从而展示了新型跨国的和全球范围的经济、政治过程与趋势如何改变了律师的作用、法律实务者的逻辑以及法律领域的性质。原先属于国内的法律领域在以下两种意义上都变得更加"国际化"了。首先,在过去,法律和政治领域主要是根据国内背景作出预设、采取行动和确定导向,而现在这些领域日益受到"国外"因素的影响。其次,那些宣称属于"国内"的决定也开始受到了限制和影响,甚至在其他领域实际上也有跨国的法律体制渗透到国内法律领域。这些变化提高了那些具有国际关系和知识的人们的地位和作用,并增强了某些国家对于其他国家的影响力。

萨森(Sassen, 2002:195)更晚近的研究开始关注许多当代规则形成的"非国家化"现象。这种研究所涉及的是某些情势下"国际"规范与"国内"规范之间的关系,在这些情势下,这两种规范相互交叠,以致无法识别孰为国际规范孰为国内规范。许多所谓的"国内"规范都具有"非国家"的因素,因为它们在渊源、内容、逻辑以及适用中的解释,如果不是全部也在很多方面涉及国际的、跨国的或政府间的制度、规范和纠纷解决程序。这不属于治外法权的问题,而是这些民族国家的规范或诸如欧盟之类的区域性组织的规范,在某种程度上基于或源于"国际的"规范,后者包括世界贸易组织的国际贸易规则、行为准则、标准或国际争端的解决程序。从形式上讲,"国际的"和"国内的"规范渊源并不相同,这种差异在各自的规范背景中,从法律原理上讲至关重要。但是,过去"国内"与"国外"或"本国"与"国际"之间的传统区分,常常不适合把握当代法律的政治起源、基本内容、文化含义、经济前提以及社会实践,例如无法把握对于某类专门法律职业的需要。

不过,某些法律领域一直比其他法律领域表现出更为国际化的趋势。这些法律领域多与国际贸易和跨国公司紧密关联,诸如国际商事合同(Bonell, 1994)、反垄断法和竞争政策(Graham and Richardson, 1997)、高端财政金融、知识产权(Symposium Issue, 1996-1997)、互联网和新技术(Lessig, 1999)、网络犯罪(Capeller, 2001)、劳动和社会法(Sengenberger and Campbell, 1994; Drummonds, 2000)以及现在的环境法等,它们全都比家庭法和财产法更多地受到了国际因素的影响。我们即便缺乏全球化对于许多法律领域产生影响的实证性知识,仍然可以明显发现,虽然存在国家和地方的多样性,但国际化的领域正在日趋增加(L. M. Friedman, 2001)。

但是,在理解这种趋势含义时,记住克拉斯纳(Krasner, 1999)对于主权概念的四种区分颇有教益:国际法律主权、威斯特伐利亚模式主权、相互依赖主权以及国内主权。例如,奎金(Quiggin, 2001)就指出,相互依赖主权的丧失并不必定意味着威斯特伐利亚模式主权的解体:国家在控制人员和货物跨边界流动方面能力的减弱,并不必然导致对新自由主义经济政策的采用。

法律领域的国际化常常或多或少被等同于美国化(Hardt and Negri, 2000)。作为特定类型的资本主义所体现出来的美国法律模式,通过跨国企业、大型律师事务所、国际组织、发展项目、文化模仿、自愿接受或外部强加等途径和方式,输出到许多国家。这种全球化的方式只是"弱意义的全球化",这种弱意义的全球化是指它常常容纳了相当不同的社会、文化和法律的现实,以致未来的社会实践、规范内容和全球化的法律文化都保留着内在的竞争因素(参见 Appelbaum, Felstiner, and Gessner, 2001)。不过,夏皮罗(Shapiro,1993:38)认为,"在大部分时间里,全球将会处于美国和西欧影响的阴影之下",这反映了全球经济的重心在于美国与欧盟之间的跨大西洋关系,其中明显的是外国直接投资和资本市场关系(Sassen, 2000);这种局面实属不幸,因为它加剧了今天世界财富分配的极端不平等。桑托斯(Santos, 1995;也见 Darian-Smith, 1998)把法律的全球化分为全球化的地方主义与地方化的全球主义,前者是指地方现象成功地得以全球化的过程,而后者是意指地方条件受到了跨国实践的影响,借助于这种区分,他以更理论化的修辞把握了全球化的特征。在法律领域,鉴于美国在国际政治和经济中的霸权地位,美国法律成为地方主义全球化的典型。一个明显的例子是通过 WTO 协议的知识产权保护,这种协议的基础是《与贸易有关的知识产权协议》(WTO Agreement on Trade-Related Aspects of Intellectual Property)(Sell, 1999),尽管沙夫(Shaffer,2000)的研究所表明,美国置身其中自身也深受外在压力和国际网络的影响。

全 球 治 理

有关如何控制全球化的理念,直接和间接反映了对这种权力不平衡状态的不同感受以及规范性评价。迄今为止,在这个方面出现了五种主要概念:合约;等级;网络;商人法(*Lex mercatoria*);全球法律多元主义的场域。从某种程度上讲,这些视角相互交叠,但它们在出发点、概念架构以及看待不同因素的重要性方面存在根本差异。上述每个视角都从不同角度提供了部分视点,今后需要探索它们之间趋同或趋异之点以及如何可能彼此协调与合作。

合约

根据这种观点,全球化基本上是受到名义上平等的当事人之间合约的支配,这些当事人包括国家、公司或个人等,它(他)们之间的协议以双边或多边合约的形式得以神圣化。一个例子是经济合作与发展组织(OECD)的《反贿赂公约》(Convention on Combatting Bribery)(Bontrager Unzicker, 2000)。这种观点通常强调国家在对外政治和经济关系中应享有强大的主权,也经常成为国际商事交易法律的支点。在第一种情况下,主要行动者是国家;而在第二种情况下,主要行动者则是企业,通常是跨国公司或国际生产网络中的合伙者。

等级

第二个视角,部分源于对欧洲一体化的研究,关注的是多层级的治理,由此,不同层次的治理可以实现互动。这种治理有时涉及的是相同的问题,有时涉及的是不同的生活领域(Marks, 2001)。这就需要协调行动以确保整个系统维持一致性。美国、加拿大、澳大利亚或德国那样的联邦体制,就代表了这种场景。在国际层面,属于这种类型的有北美自由贸易组织、欧盟以及 WTO 与其成员国之间的关系,这些国家当然也包括联邦制国家、区域性组织以及单一制国家。马萨诸塞州制定的"缅甸"法*表明了多层

---

* 马萨诸塞州"缅甸"法是 1996 年由该州议会制定的法律,内容涉及禁止美国的公司企业与缅甸公司从事贸易活动,并提出了"限制贸易的名单",名单中包括美国对外贸易委员会管理的 34 个成员。该委员会认为这项法律侵犯了联邦法所规定的联邦政府的外事和外贸权,违反了美国宪法,并提起诉讼。该案最后诉至美国联邦最高法院,后者裁定美国对外贸易委员会胜诉,宣布该法无效。(*Crosby v. National Foreign Trade Council*, 530 U. S. 363,2000)——译者注

级治理的复杂性(Hellwig, 2000)。

网络

第三个视角关注跨国网络,这种网络可能具有公共的性质,也可能具有私人的性质,还可能兼具这两种性质。根据斯劳特(Slaughter, 1997:197)的研究,跨国公共网络"为世界构建21世纪的国际结构提供了蓝图"。例如,在法官和国家管理者之间实行的跨国合作,就有助于通过对外合作来强化国家的力量,从而政府可以从非国家行动者的专家意见中获益。但是,行政性协议和跨政府的网络涉及民主和责任等实质性问题(参见 Picciotto, 2000; Slaughter, 2000),民族国家的权力与深层的国际整合之间还存有根本性矛盾(Picciotto, 1996-1997)。

私人网络通常包括联盟、卡特尔、企业联合以及协调性服务公司,它们涉及的是私人体制和非正式的产业规范和惯例。与政府间和跨政府的网络相比,它们主要以跨国公司为依托(Cutler, Haufler, and Porter, 1999)。但是,私人网络并不总是以商业组织为基础。这方面的一个例子是国际社会与环境认证和标识联盟(International Social and Environmental Accreditation and Labelling Alliance),它由7个国际环境网络组成,以支持公民社会形成和实施国际的私人标准(Meidinger, 2001)。这样的安排同样涉及透明度、参与性以及责任性等问题。未来需要对这些问题进行深入研究。

私域治理方面的研究者虽然常常十分关注先前的公司治理(Hopt, Kanda, Roe, Wymeersch, and Prigge, 1998),但是,研究者已经进一步关注如何控制公司和使其承担责任(McCahery, Picciotto, and Scott, 1993),也开始分析新型混合形式的国际管理,诸如国际商业税收(Picciotto, 1992)。混合型网络在协调美国与欧盟之间的跨大西洋关系方面扮演了重要的角色(Bermann, Herdegen, and Lindseth, 2000; Pollack and Shaffer, 2001),尽管这些关系的初始结构似乎属于政府间(公共)的高端网络(参见 Pollack and Shaffer, 2001:293),但它们在规制其他类型的国际商业方面也具有重要的作用。布莱斯怀特与德拉霍斯(Braithwaite and Drahos, 2000:9)对于管理的全球化——区别于公司全球化或市场全球化——进行了重要的研究,并指出,"治理的全球化是这样一个过程,其中不同类型的行动者运用各种机制来推动或抵制某些有关原则。"他们对广泛的行动者进行了分析,范围涉及环境、食品、电讯、劳动标准以及贸易和竞争领域。

一些学者已经指出,全球治理主要包括不同国家法律制度之间的竞争性互动,换言之,即公共权威之间的管理性竞争(Bratton, McCahery, Picciotto, and Scott, 1996)。但是,另一些学者认为,在许多领域,治理的法律架构采取的是网络型管理机构的形式,经常与私人行动者一道工作,由此依赖非集中化的实施机制,例如通过国家机构而不是国际或跨国的实施机制(Jayasuriya, 1999)。在上述两种情况下,对于治理机制的遵守来说,治理的透明度、合适的纠纷解决方式以及能力建设(capacity building),比强制更行之有效(Chayes and Chayes,1995)。这个过程值得未来进一步关注。

商人法

第四个相关的视角是商人法,它是中世纪商人法的类似物,私人行动者曾经运用它来组织贸易并解决商业纠纷。一些现代学者开始从比较法的角度关注这个由来已久的传统(De Ly,1992),集中探讨国际私法领域中贸易法的发展,尤其是其中的合同法发展,并注意国际商事仲裁的发展。现代商人法既涉及公共权威又涉及私人权威,是一种复合体。它虽然为"私人"而设计,但在分担风险、规定市场准入条件以及将该领域的地方与全球联结起来等方面,都扮演了重要的角色(Cutler,2001)。

这方面晚近的研究更多归功于托依布纳(Teubner,1983,1993)反思法(reflexive law)概念,即一种自我控制的系统或自我调节的管理形式。从这种观点出发,他认为商人法是一种新型全球法的范式。它包含更多的是类似诚信之类的宽泛原则而不是具体规则。它的边界是市场、职业共同体或社会网络而不是领土。它并不依赖相对自主的政治制度,与此相反,它深度依赖的是其他社会领域,尤其依赖于经济的压力。它并不具有统一性,而具有分散性和非等级性的特征(参见 Teubner,1997a,1997c)。由于受到全球化的刺激,商人法不断地打破私人规则得以形成的国家宪法所确立的等级结构,这就导致了一种新的异质(heterarchical)结构,而这是新的全球非国家法的一个特色(Teubner,1997b)。

这种制度定位是诉诸国际商事仲裁(例如,Kahn,1989;CREDIMI,2000)。源于国际私人机构的合作,商人法影响了市场的规模,正如市场的发展形塑了法律原则以及对仲裁本身的依赖(Casella,1996)。格斯和德扎莱(Garth and Dezalay,1996)的重要研究在经验层面显示,国际商事仲裁如何从社会的角度促成了等级结构的重组,改变了权威模式和权力结构,以及在这些方面它的贡献如何之大。

但是,国际商事仲裁并不完全独立于民族国家,从法律的角度和问题的性质来看,它涉及的是关于法律在社会中的地位问题。人们在国内宪法的架构内所提出的许多同样的政治和规范性问题,一旦置于国际层面来考虑,就大为不同。一个例子是宪法的制定不必以书面形式,而是采取持续的宪政化过程,或借用祖班森(Zumbansen,2002:431)的话来讲就是"宪法的积淀"。另一位学者的经验性研究表明,在为跨国界或国际交易提供法律的确定性方面,地方性制度、特定的利益机制乃至人际关系可能比普遍的规范更行之有效(Gessner and Budak,1998)。

全球法律多元主义的场域

第五个视角把公共、私人以及混合型治理与重视策略行为结合起来,这就是作为全球法律多元主义的治理场域(sites of governance)理论。斯奈德(Snyder,1999)指出,全球化受到整个世界总体决定的战略场域的支配,受到具体情境场域的支配,还经常受到多重组合的片段场域的支配。场域可以具有公共性质,也可以具有私人性质,还可以具有两者混合的性质。一些场域以市场为基础,而另一些场域则以政策为基础。每种场域都有结构之维和关系之维。结构之维包括制度、规范和纠纷解决程序。关系之维是指场域之间的关系。例如,场域可以是按照等级制的方式组织起来,也可以是自主的,还可以是独立的;场域之间可能相互竞争或彼此交叠;场域可以是相同或不同体制的一部分;以及不同场域在制度、规范和纠纷的解决程序上可能趋同或趋异。总体的场域代表了新形式的全球法律多元主义。

公司、政府、政府间组织(非政府组织)以及其他策略行动者在活动中运用法律并受到法律的形塑(Mytelka and Delapierre, 1999)。除此之外,它(他)们在决定开拓哪种场域、保存哪种场域以及如何维持该场域方面,都处于首要的地位。它(他)们影响场域的发展,从而其中一些具有司法和法律的特征,另一些则没有这类特征。例如,全球经济网络的迅速发展就与晚近的以下尝试在结果上存有冲突,这种尝试是指在区域性整合的基础上发展宪法制度。在欧盟,全球化维持和创建了一些利益和关系,这些利益和关系倾向于削弱作为区域治理模式的传统宪政(参见 Snyder, 2000)。毫不奇怪,这不仅激发了全球治理宪法化的诉求,而且引发了关于全球化是否可行和值得向往的争论。

迄今为止的研究一直主要关注场域的结构之维,而场域之间的关系则需要更深入的探讨。但是,关于场域之间关系的研究,我们可以发现两个例子。关于场域之间规范趋同最著名的例子可能是人权的国际化(Risse, Roppe, and Sikkink, 1999; Scott, 2001; Riles 2002)。另一个例子是美国、欧盟和 WTO 的反倾销法中对"非市场经济"概念的社会诠释(Snyder, 2001)。这个概念源于对冷战期间国际反倾销法中一些法律原则和概念的不断阐释,并构成了具体法律话语的组成部分。场域之间的关系涉及不对称的权力关系,其中具有最大影响的国家是美国。

新型规范和制度

近年来在全球化研究方面最令人瞩目的进展是日渐关注各种规范(Haufler, 1999),尤其是关注"软法"(soft law)或一些非法律性质规则的涌现,这些规则在严格意义上并不具有法律的约束力,但无论如何都具有实际的效力,甚至具有法律的后果(Snyder, 1993)。长期以来,国际律师已经熟悉它们(参见 Shelton, 2000),在 1970 年代,它们开始以国际行为准则的形式取得了优势地位,支配跨国公司的活动(参见,例如,Nixon,1987)。在1990年代,这些行为准则日趋由私人行动者而不是国际组织所形成,它们是作为私人行动者之间的内部准则(Hepple,1999)。索波科扎克(Sobczak,2001)指出,在某程度上,它们代表了作为全球和公司治理转型组合过程的新型行为准则。人们经常采用所谓的"非正式协议",因为与那些包含具有法律效力的协议相比,它们所体现的义务更加模糊和更不明确(Lipson,1991)。与硬法比较,软法的益处是降低了缔约和诉讼成本,它通常更适合于处理那些条件不确定或需要和解的事务(Abbott and Snidal,2000)。

软法在何种程度上实际发挥作用?这个问题不仅涉及政治与法律之间的界限,而且涉及不同的社会效果。这里的基本问题是,软法能否为管理敏感的问题提供最佳的制度设计,对于这些问题,公司、工会、非政府组织或政府之间从来就持有不同意见,例如有关工作条件的国际标准、人权或环境保护等问题,就是如此。人们有时把这类问题理解为具有这样的性质:需要协调经济利益与伦理考量之间的关系。更准确地说,这类问题应需要寻求某种平衡,即在不同类型的经济利益与不同类型的伦理考量之间维持平衡。

人们争论的问题虽然原本针对的是跨国公司的行为准则,但关于这些规范的合法性和效力的争论也涉及广泛的其他准则,即由国际上负责制定准则的组织和其他机构所形成的准则(Salter,1999)。这个领域最著名的可能是国际标准组织(International Standards Organization)和国际会计标准委员会(International Accounting Standards Committee)以及债券利率信用评级机构,如穆迪投资服务公司(Moody's)和标准普尔公司(S&P)。例如,国际会计标准委员会现在就包括了112个国家的153个专业会计机构,负责确认和发展国际会计准则。它所确立的会计标准并不具有法律效力,因而它的行为是"网络的谋略者"(Braithwaite and Drahos,2000:121),它旨在说服政府采纳这些自愿接受的准则并赋予它们以法律效力。债券利率信用评级机构,如穆迪投资服务公司和标准普尔公司,行使重要的"没有政府的治理"之权:这些非国家机构对于公司和政府的投资实施"把门"监督,从而在这个领域中发挥了国际杠杆的作用(Sinclair,1994)。

最近,阿伯特及其合作者(Abbott,Keohane,Moravcsik,Slaughter,and Snidal,2000)已经建议,把法律化(legalization)概念作为分析这种(和其他)新的规范和程序的体系架构。法律化具有三个维度:存在法律义务、这些义务得到准确界定以及授权第三方负责纠纷的解决。每个维度都是不同程度的独立系统,并且可以独立于其他维度而自行变化。具体的规范或具体的程序或多或少可以法律化。科汉、莫拉维克希克和斯劳特(Keohane,Moravcsik,and Slaughter,2000)运用这种理念提出两种理想类型,即国家间的纠纷解决和跨国的纠纷解决,从而确认了非国家一方介入的独立性,并把这种独立性区别于具体的国家利益,这种类型划分的潜在意思是,非政府行为的决定也可以得到执行。他们指出,在控制案件负担和确保执行方面,跨国纠纷的解决办法比国家间纠纷的解决办法取得了更大程度的成功,而这在某种程度上限制了国家的行为。

至少在原则上,这种分析架构并不意味着,更大程度的法律化内在优越于较小程度的法律化。但是我们很难避免得出以下结论:法律化的概念隐含着它以法律与非法律的二元区分作为基础。这种概念类似于早期法的社会理论,后者以诸如现代化理论等潜在的目的论为基础。这些学者不遗余力地根据三个维度来界定概念,并人为地把每个维度都作为统一体。实际上这三个维度本身就暗示,这些学者偏爱更大程度而不是较小程度的法律化。下述评论强化了这一点:"当未来的国际法律学者回顾……20世纪之末时,他们可能把国际司法权的急剧扩张作为冷战后时代最重要的发展"(Romano, 1999: 709, 引自 Keohane et al., 2000: 457)。卡勒(Kahler, 2000: 671)注意到,法律化的需求与供应很大程度上倚赖对国家强大权力的偏好。不幸的是,这种分析架构很少关注权力在以下场合的作用,即在决定多大程度把纠纷解决机制赋予第三方时,权力所发挥的作用(参见 Keohane et al, 2000: 459, n. 7)。因而它需要更加关注法律运作的权力和政治情境。总之,为了检验这种一般的分析架构,这些研究者需要深入进行研究。

全球治理的民主化

全球化及其对法律含义的影响,已经引起了关于全球治理去民主化(democratization)效应的热烈、强烈以及有时激烈的争论(Klein, 2000)。导致这种后果的原因很多,因为全球化业已对传统的国际制度施加了压力,并且需要一种新的法律形式、体制和制度,而它们对于每个人来说似乎(且常常)显得遥远,缺乏透明度及责任难以落实,因而根本不同于由公共权威制定的一般法律规则。世界贸易组织的创立及其获得广泛的权限,以"单一保证原则"作为基础,其特色是纠纷解决的裁决具有约束力,它已经把国际贸易法强制性地扩展到一些先前仅仅属于国内法管辖的领域,由此模糊了"国际"与"国内"的传统区分界限(Trebilcock and House, 1999)。作为上述事实的部分后果,以及作为全球化其他维度的部分后果,诸如环境(Shaffer, 2001; Wiener, 2001)、公共卫生(Fidler, 1999; Jost, 2000)、食品安全以及社会福利体系不再仅仅属于单个民族国家管辖的范围,有关问题也不能在这种基础上得到适当的处理。伴随着新型国际或跨国制度和规范的涌现,国家法律也进行了相应的协调和重构,这意味着,"产生于国外的规范"以先前无法想象的方式影响着国内的日常生活。

除此之外,随着公共与私人之间的区分变得模糊,私域现在承担先前属于公域的功能,人们更难识别哪种利益属于公共利益,更难识别可以代表这种公共利益的任何特定制度,更难决定公共产品应该如何生产和分配。全球化产生了赢者和输者,无论是在富国(Thomas, 2000)还是在穷国(Darian-Smith, 2000);输者既不信奉全球化又不退出这个过程,但可以通过各种方式表达自己的观点,虽然这常常受到限制,但限制并不必定来自本国的政治制度。实际上,全球化本身已经为创设新的跨国社会运动提供了某些机制,例如国际互联网就是这种机制,这些运动本身尽管受到政治因素的影响,但毕竟推动了全球化进程(Keck and Sikkink, 1998; O'Brien, Goetz, Scholte, and Williams, 2000)。

关于民主话语的强度似乎与国际体制的制度性、规范性和社会性整合程度相关联:在经济全球化的情境下,关键的激发因素是强化世界贸易组织,尤其是它的司法功能(Stein, 2001)。以自由化、撤销管制和私有化为基础的1980年代和1990年代的《华盛顿共识》(Washington Consensus)业已解体,现行的《后华盛顿共识》(Post-Washington Consensus)"已经添加了公民社会、社会资本、能力建设、治理透明度、新国际经济结构、制度建设以及安全网络",就此而言,至少可以作出前者解体的判断(Higgott, 2000: 139-140)。但是,正如赫格特(Higgott, 2000: 152)所注意到的,《后华盛顿共识》仍然具有令人沮丧的不完善之处。首先,它缺乏充分的政治理论基础;其次,它缺乏伦理正义理论的支撑。在这个"共识"中,管理而不是合法的(合法性)政治主张成为了全球治理的主导观点。这种视角对于现在争论的问题而言,显得完全不合时宜。从更广义上讲,尤其在那些最先拒斥《华盛顿共识》的人们中间,这已引发了关于全球公民社会的涌现及其作用的激烈争论(Anheier, Glasius, and Kaldor, 2001)。1999年西雅图世界贸易组织部长级会议的失败,随之而来的是一系列类似的峰会。其中最著名的是2001年在巴西的阿雷格里第一次"世界社会论坛"(WSF),随后是下一年的第二次"世界社会论坛"以及2003年的第三次"世界社会论坛",第四次"世界社会论坛"计划于2004年在印度的孟买举行。

在现行法律形式、体制和制度的情境下,民主意味着什么? 哪些人应该参与以及如何参与决策? 决策应该怎样形成? 这里的关键问题是形成和形塑法律关系的政治权力不均衡(参见 Likosky, 2002)。希尔贝(Silbey, 1997)认为,全球的社会交流应该称之为"后现代殖民主义",他提议应该进一步努力关注法律与权力之间的关联,由此使得正义得到更大程度的实现。现行制度并不平衡,它有利于那些能够提供技术和法律知识的国家,虽然如德扎莱和格斯(Dezalay and Garth, 2002)所指出,引进的知识深受当地权力斗争的影响。

阿曼(Aman, 1998)指出,面对正在全球化的国家,法院和立法者需要承认这种现象,即持续授权给私人领域,以及发展新型责任体系以回应公众的吁求。在这个方面,国际"公"法需要认真反思。除此之外,非政府组织将扮演重要的角色。在人们常常称之为全球公民社会正在涌现的领域,非政府组织的重要作用在于对发展提供援助、体育、人权和环境，它们在法律以及实际生活中已经变成了国家的竞争者，国际法中应该承认这样的非国家利益(Hobe, 1997)。它们应该被赋予国际的法律地位，同时，应该形成全球的法律架构以方便它们的参与和使它们承担责任(Nowrot, 1999)。还应该增加它们在世界贸易组织的立法、行政和司法部门的作用(Charnowitz, 2000)。其中重要的是确立一些基本原则，以确保有效地参与新的全球公共领域：这包括透明性、可问责性、责任、参与以及授权(Picciotto, 2001)。

全球治理如何得以实行？全球治理的改革者必须更进一步，而不是仅仅在决策方面重新调整专业知识的运用和为非政府组织提供参与机会(参见 Charnowitz, 2002)。包括世界贸易组织在内的国际组织，其"封闭"文化仍是一种主要障碍(Howse, 2002)。关于全球平等、伦理和正义的讨论也必须取得进展，例如关于全球食物的分配就需要讨论。另一种需要认真研究的问题是，法律在推进全球治理的必要改革中应发挥怎样的作用。不幸的是，世界贸易组织并没有加入《全球公约》(Global Compact)，该公约是由联合国秘书长安南所发起，在 2000 年 7 月正式公布，其中包含了关于人权、劳动以及环境等方面值得称道的倡议。除此之外，世界贸易组织以及其他国际组织，都需要改革内部管理机制和程序(Stein, 2001：531-534)。这种形式的全球治理应否"宪法化"以及实际上采取怎样的"宪法化"路径，目前仍然争论不休(参见 Petersmann, 1998；Howse and Nicolaidis, 2001)。在多元主义的世界，全球的宪法制定是一种颇具政治性和风险性的事业，这不仅因为它会遭受失败，而且因为就其人为的因素而言，它可能导致不正确的选择，即认为其"最佳模式来自西方"。向前推进最佳的方式是建构现行法律的多样性，这包括法律形式、制度、专业知识、不同参与形式以及法律文化的多样性，同时在制度上和规范上以及在纠纷解决程序方面，加强国际机构之间的协调。在一个法律多元主义日渐增加的世界，这可以把全球治理软网络(soft web)的多重场域链接起来。

注释

我向以下人士对于本文写作的帮助深表谢意：Stéphane Arnaud, Laurence Henry, Frédérique Pellaton-Capitani, Austin Sarat, Anne-Lise Strahtmann, Magda Tovar-Gomis, Eve Truilhé, Lina Tzankova，以及国际社会研究中心图书馆的职员，伦敦经济学院以及柏林高等研究所。我还要感谢柏林高等研究所"全球化课题研究小组"，2000—2001 年期间，我在那里任研究员。

参考文献

- Abbott, K. W. and Snidal, D. (2000) "Hard law and soft law in international governance," *International Organization* 54：421-56.
- Abbott, K. W., Keohane, R. O., Moravcsik, A., Slaughter, A.-M., and Snidal, D. (2000) "The concept of legalization," *International Organization* 54：401-19.

- Aman, A. C., Jr., (1998) "The globalizing state: A future-oriented perspective on the public/ private distinction, federalism, and democracy," *Vanderbilt Journal of Transnational Law* 31: 769-870.
- Anheier, H., Glasius, M., and Kaldor, M. (eds.) (2001) *Global Civil Society 2001*. Oxford: Oxford University Press.
- Appelbaum, R. P., Felstiner, W., and Gessner, V. (eds) (2001) *Rules and Networks: The Legal Culture of Global Business Transactions*. Oxford: Hart Publishing.
- Arnaud, A. -J. (1998) *Entre modernité et mondialisation: Cinq leçons d'histoire de la philosophie du droit et de l'Etat*. Paris: L. G. D. J.
- Bermann, G. A., Herdegen, M., and Lindseth, P. L. (eds.) (2000) *Transatlantic Regulatory Cooperation: Legal Problems and Political Prospects*. Oxford: Oxford University Press.
- Blomley, N., Delaney, D., and Ford, R. T. (2001) *The Legal Geographies Reader*. Oxford: Blackwell.
- Bonell, M. J. (1994) *An International Restatement of Contract Law: The UNIDROIT Principles of International Commercial Contracts*. New York: Transnational Juris Publications, Inc.
- Bontrager Unzicker, A. D. (2000) "From corruption to cooperation: Globalization brings a multilateral agreement against foreign bribery," *Indiana Journal of Global Legal Studies* 7: 655-86.
- Bourdieu, P. (1987) "The force of law: Toward a sociology of the juridical field," *The Hastings Law Journal* 38: 814-53.
- Braithwaite, J. and Drahos, P. (2000) *Global Business Regulation*. Cambridge, UK: Cambridge University Press.
- Bratton, W, McCahery, J., Picciotto, S., and Scott, C. (eds.) (1996) *International Regulatory Competition and Coordination: Perspectives on Economic Regulation in Europe and the United States*. Oxford: Clarendon Press.
- Capeller, W. (2001) "Not such a neat net: Some comments on virtual criminality," *Social & Legal Studies* 10: 229-42.
- Casella, A. (1996) "On market integration and the development of institutions: The case of international commercial arbitration," *European Economic Review* 40: 155-86.
- Charnowitz, S. (2000) "Opening the WTO to nongovernmental interests," *Fordham International Law Journal* 24: 173-216.
- Charnowiz, S. (2002) *Trade Law and Global Governance*. London: Cameron May Ltd.
- Chayes, A. and Chayes, A. H. (1995) *The New Sovereignty: Compliance with International Regulatory Agreements*. Cambridge, MA: Harvard University Press.
- Chemillier-Gendreau, M. and Moulier Boutang, Y. (eds.) (2001) *Le droit dans la mondialisation* (*Actes du congrès Marx International II*). Paris: Presses Universitaires de France.
- CREDIMI (Centre de Recherche sur le Droit des Marchés et des Investissements Internationaux,

Université de Grenoble, France) (2000) *Soveraineté étatique et marches internationaux à la fin du XXè siècle, A propos de 30 ans de recherché du CREDIMI, Mélanges offerts à Philippe Kahn*. Paris: Litec.

- Cutler, A. C. (2001) "Globalization, the rule of law, and the modern law merchant: Medieval or late capitalist associations?" *Constellations* 8: 480-502.
- Cutler, A. C., Haufler, V., and Porter, T. (eds.) (1999) *Private Authority and International Affairs*. Albany: State University of New York Press.
- Darian-Smith, E. (1998) "Power in paradise: The political implications of Santos's utopia," *Law & Social Enquiry* 23(Winter): 81-120.
- Darian-Smith, E. (2000) "Structural inequalities in the global legal system," *Law & Society Review* 34: 809-28.
- De Ly, F. (1992) *International Business Law and Lex Mercatoria*. Dordrecht: North Holland.
- Delmas-Marty, M. (1998) *Trois defis pour un droit mondial*. Paris: Editions du Seuil.
- Dezalay, Y. and Garth, B. G. (2002) *The Internationalization of Palace Wars: Lawyers, Economists, and the Contest to Tranform Latin America*. Chicago: University of Chicago Press.
- Drummonds, H. H. (2000) "Transnational small and emerging business in a world of Nikes and Microsofts," *Journal of Small and Emerging Business Law* 4: 249-306.
- Fidler, D. P. (1999) "Neither science nor shamans: Globalization of markets and health in the developing world," *Indiana Journal of Global Legal Studies* 7: 191-224.
- Friedman, L. M. (2001) "Erewhon: The coming global legal order," *Stanford Journal of International Law* 37: 347-64.
- Friedman, T. L. (1999) *The Lexus and the Olive Tree*. New York: Farrar, Strauss, and Griroux.
- Garth, B. and Dezalay, Y. (1996) *Dealing in Virtue: International Commercial Arbitration and the Construction of a Transnational Legal Order*. Chicago: University of Chicago Press.
- Gessner, V. and Budak, A. C. (1998) *Emerging Legal Certainty: Empirical Studies on the Globalization of Law*. Aldershot, UK: Dartmouth, for the Oñati International Institute for the Sociology of Law, 1998).
- Giddens, A. (1990) *The Consequences of Modernity*. Cambridge, UK: Polity Press.
- Graham, E. M. and Richardson, J. D. (eds.) (1997) *Global Competition Policy*. Washington, DC: nstitute for International Economics.
- Hall, P. A. and Soskice, D. (2001) *Varieties of Capitalism: The Institutional Foundations of Comparative Advantage*. Oxford: Oxford University Press.
- Hardt, M. and Negri, A. (2000) *Empire*. Cambridge, MA: Harvard University Press.
- Haufler, V. (1999) "Self-regulation and business norms: Political risk, political activism," in A. C. Cutler, V. Haufler, and T. Porter (eds.), *Private Authority and International Affairs*. Buffalo: State University of New York Press, pp. 199-222.

- Held, D., McGrew, A., Goldblatt, D., and Perraton, J. (1999) *Global Transformations: Politics, Economics and Culture*. Cambridge, UK: Polity Press.
- Hellwig, J. F. (2000) "The retreat of the state? The Massachusetts Burma Law and local empowerment in the context of globalization(s)," *Wisconsin International Law Journal* 18: 477-510.
- Hepple, B. (1999) "A race to the top? International investment guidelines and corporate codes of conduct," *Comparative Labor Law and Policy Journal* 20: 347-63.
- Higgott, R. (2000) "Contested globalization: The changing context and normative challenges," *Review of International Studies* 26: 131-53.
- Hirst, P. and Thompson, G. (1996) *Globalization in Question: The International Economy and the Possibilities of Governance*. Cambridge, UK: Polity Press.
- Hobe, S. (1997) "Global challenges to statehood: The increasing important role of nongovernmental organizations," *Indiana Journal of Global Legal Studies* 5: 191-209.
- Hopt, K. J., Kanda, H., Roe, M., Wymeersch, E., and Prigge, S. (eds.) (1998) *Comparative Corporate Governance: The State of the Art and Emerging Research*. Oxford: Clarendon Press.
- Howse, R. (2002) "From politics to technocracy—and back again: The fate of the multilateral trading regime," *American Journal of Comparative Law* 96: 94-117.
- Howse, R. and Nicolaidis, K. (2001) "Legitimacy and global governance: Why constitutionalizing the WTO is a step too far," in R. B. Porter, P. Sauvé, A. Subramanian, and A. Beviglia-Zampetti (eds.), *Efficiency, Equity, and Legitimacy: The Multilateral Trading System at the Millennium*. Washington, DC: Brookings Institution Press, pp. 227-52.
- Jayasuriya, K. (1999) "Globalization, law and the transformation of sovereignty: The emergence of global regulatory governance," *Indiana Journal of Global Legal Studies* 6: 425-55.
- Jayasuriya, K. (2001) "Globalization, sovereignty, and the rule of law: From political to economic constitutionalism?" *Constellations* 8: 442-60.
- Jost, T. S. (2000) "The globalization of health law: The case of permissibility of placebo-based research," *American Journal of Law and Medicine* 26: 175-86.
- Kahler, M. (2000) "Conclusion: The causes and consequences of legalization," *International Organization* 54: 661-83.
- Kahn, P. (1989) "Les principes généraux de droit devant les arbitres du commerce international," *Journal du droit international* 1989: 305-27.
- Keck, M. E. and Sikkink, K. (1998) *Activists Beyond Borders: Advocacy Networks in International Politics*. Ithaca, NY: Cornell University Press.
- Klein, N. (2000) *No Logo: Taking Aim at the Brand Bullies*. London: Flamingo.
- Keohane, R. O., Moravcsik, A., and Slaughter, A.-M. (2000) "Legalized dispute resolution: Interstate and transnational," *International Organization* 54: 457-88.
- Krasner, S. (1999) *Sovereignty: Organized Hypocrisy*. Princeton, NJ: Princeton University Press.

- Lessig, L. (1999) *Code and Other Laws of Cyberspace*. New York: Basic Books.
- Likosky, M. (ed.) (2002) *Transnational Legal Processes: Globalisation and Power Disparities*. London: Butterworths LexisNexis.
- Lipson, C. (1991) "Why are some international agreements informal?," *International Organization* 45: 495-538.
- Marks, G. (2001) *Multi-level Governance and European Integration*. Boulder, CO: Rowman & Littlefield.
- McCahery, J., Picciotto, S., and Scott, C. (1993) *Corporate Control and Accountability: Changing Structures and the Dynamics of Regulation*. Oxford: Clarendon Press.
- Meidinger, E. (2001) "Emerging trans-sectoral regulatory structures in global civil society: The case of ISEAL (the International Social and Environmental Accreditation and Labelling Alliance)," Paper prepared for the "Tools for Regulation" Panel, Joint Annual Meetings of the Law and Society Association and the Research Committee for the Sociology of Law, July 4-7 2001, Budapest, Hungary; revised Draft 1.2 available at 〈http://law.buffalo.edu/homepage/eemeid/scholarship/ISEAL.pdf〉.
- Mytelka, L. K. and Delapierre, M. (1999) "Strategic partnerships, knowledge-based network oligopolies, and the state," in A. C. Cutler, V. Haufler and T. Porter (eds.) *Private Authority and International Affairs*. Buffalo: State University of New York Press, pp. 129-49.
- Nixon, F. (1987) "Controlling the transnationals? The UN code of conduct," in Y. Ghai, R. Luckham, and F. Snyder (eds.), *The Political Economy of Law: A Third World Reader*. Delhi: Oxford University Press, pp. 416-24.
- Nowrot, K. (1999) "Legal consequences of globalization: The status of non-governmental organizations under international law," *Indiana Journal of Global Legal Studies* 6: 579-645.
- O'Brien, R., Goetz, A. M., Scholte, J. A., and Williams, M. (2000) *Contesting Global Governance: Multilateral Economic Institutions and Global Social Movements*. Cambridge, UK: Cambridge University Press.
- Petersmann, E.-U. (1998) "How to constitutionalize international law and foreign policy for the benefit of civil society?" *Michigan Journal of International Law* 20: 1-30.
- Picciotto, S. (1992) *International Business Taxation: A Study in the Internationalization of Business Regulation*. London: Weidenfeld & Nicolson.
- Picciotto, S. (1996-7) "Networks in international economic integration: Fragmented states and the dilemmas of neo-liberalism," *Northwestern Journal of International Law & Business* 17: 1014-56.
- Picciotto, S. (2000) "North Atlantic cooperation and democratizing globalism," in G. A. Bermann, M. Herdegen, and P. L. Lindseth (eds.), *Transatlantic Regulatory Cooperation: Legal Problems and Political Prospects*. Oxford: Oxford University Press, pp. 495-519.
- Picciotto, S. (2001) "Democratizing globalism," in D. Drache (ed.), *The Market or the Public*

Domain: *Global Governance and the Asymmetry of Power*. London: Routledge, pp. 335-59.
- Pollack, M. A. and Shaffer, G. (ed.) (2001) *Transatlantic Governance in the Global Economy*. Lanham, MD: Rowman & Littlefield.
- Quiggin, J. (2001) "Globalization and economic sovereignty," *The Journal of Political Philosophy* 9: 56-80.
- Riles, A. (2002) "The virtual sociality of rights: The case of 'women's rights are human rights'," in M. Likosky (ed.), *Transnational Legal Processes: Globalisation and Power Disparities*. London: Butterworths LexisNexis, pp. 420-39.
- Risse, T., Ropp, S., and Sikkink, K. (eds.) (1999) *The Power of Human Rights: International Norms and Domestic Change*. Cambridge, UK: Cambridge University Press.
- Robertson, R. (1992) *Globalization: Social Theory and Global Culture*. London: Sage.
- Romano, C. (1999) "The proliferation of international judicial bodies: The pieces of the puzzle," *New York University Journal of International Law and Politics* 31(4): 709-51.
- Salter, L. (1999) "The standards regime for communication and information technologies," in A. C. Cutler, V. Haufler, and T. Porter (eds.), *Private Authority and International Affairs*. Buffalo: State University of New York Press, pp. 97-127.
- Santos, B. de Sousa (1995) *Toward a New Common Sense: Law, Science and Politics in the Paradigmatic Transition*. New York: Routledge.
- Sassen, S. (1996) *Losing Control? Sovereignty in an Age of Globalization*. New York: Columbia University Press.
- Sassen, S. (2000) "The locational and institutional embeddedness of the global economy," in G. A. Bermann, M. Herdegen, and P. L. Lindseth (eds.), *Transatlantic Regulatory Cooperation: Legal Problems and Political Prospects*. New York: Oxford University Press, pp. 47-97.
- Sassen, S. (2002) "Opening remarks: Producing the transnational inside the national," in M. Likosky (ed.), *Transnational Legal Processes: Globalisation and Power Disparities*. London: Butterworths LexisNexis, pp. 189-96.
- Scott, C. (ed.) (2001) *Torture as Tort: Comparative Perspectives on the Development of Transnational Human Rights Litigation*. Oxford: Hart Publishing.
- Sell, S. K. (1999) "Multinational corporations as agents of change: The globalization of intellectual property rights," in A. C. Cutler, V. Haufler, and T. Porter (eds.), *Private Authority and International Affairs*. Buffalo: State University of New York Press, pp. 169-97.
- Sengenberger, W. and Campbell, D. (1994) *International Labour Standards and Economic Interdependence (Essays in commemoration of the 75th anniversary of the International Labour Organisation and the 50th anniversary of the Declaration of Philadelphia)*. Geneva: International Labour Organisation.
- Shaffer, G. (2000) "Globalization and social protection: The impact of EU and international rules

in the ratcheting up of U. S. privacy standards," *Yale Journal of International Law* 25: 1-88.
- Shaffer, G. (2001) "The World Trade Organization under challenge: Democracy and the law and politics of the WTO's treatment of trade and environmental matters," *Harvard Environmental Law Review* 25: 1-93.
- Shapiro, M. (1993) "The globalization of law," *Indiana Journal of Global Legal Studies* 37: 37-64.
- Shelton, D. (ed.) (2000) *Commitment and Compliance—The Role of Non-Binding Norms in the International Legal System*. Oxford: Oxford University Press.
- Silbey, S. S. (1997) "'Let them eat cake': Globalization, postmodern colonialism, and the possibilities of justice," *Law and Society Review* 31: 207-36.
- Sinclair, T. J. (1994) "Passing judgment: Credit rating processes as regulatory mechanisms of governance in the emerging world order," *Review of International Political Economy* 1: 133-59.
- Slaughter, A.-M. (1997) "The real new world order," *Foreign Affairs* 75(5): 183-97.
- Slaughter, A.-M. (2000) "Agencies on the loose? Holding government networks accountable," in G. A. Bermann, M. Herdegen, and P. L. Lindseth (eds.), *Transatlantic Regulatory Cooperation: Legal Problems and Political Prospects*. New York: Oxford University Press, pp. 521-46.
- Snyder, F. (1993) "The effectiveness of European Community law: Institutions, processes, tools and techniques," *Modern Law Review* 56: 19-54.
- Snyder, F. (1999) "Governing economic globalisation: Global legal pluralism and European law," *European Law Journal* 5: 334-74; Slightly shorter version published in M. Likosky (ed.), *Transnational Legal Processes: Globalisation and Power Disparities*. London: Butterworths LexisNexis, 2002, pp. 65-97.
- Snyder, F. (2000) "Europeanisation and globalisation as friends and rivals: European Union law in global economic networks," in F. Snyder, *The Europeanisation of Law: The Legal Effects of European Intergration*. Oxford: Hart Publishing, pp. 294-320.
- Snyder, F. (2001) "The origins of the 'nonmarket economy': Ideas, pluralism and power in EC antidumping law about China," *European Law Journal* 7: 369-424.
- Sobczak, A. (2001) "Réseaux de sociétés et codes de conduite: Un nouveau modèle de regulation des relations de travail pour les entreprises européennes," PhD thesis, European University Institute, Florence.
- Stein, E. (2001) "International integration and democracy: No love at first sight," *American Journal of International Law* 95: 489-534.
- Symposium Issue (1996-7) "The inaugural Engelberg conference on the culture and economics of participation in an international intellectual property regime," *New York University Journal of International Law and Economics* 29.
- Teubner, G. (1983) "Substantive and reflexive elements in modern law," *Law & Society Review*

17: 239-85.
- Teubner, G. (1993) *Law as an Autopoietic System*. Oxford: Blackwell. (Originally published as Recht als autopoietisches System, Frankfurt, 1989.)
- Teubner, G. (1997a) "Global Bukowina: Legal pluralism in the world society," in G. Teubner (ed.), *Global Law Without a State*. Aldershot, UK: Dartmouth, pp. 3-28.
- Teubner, G. (1997b) "Breaking frames: The global interplay of legal and social systems," *American Journal of Comparative Law* 45: 149-69.
- Teubner, G. (ed.) (1997c) *Global Law Without a State*. Aldershot, UK: Dartmouth.
- Thomas, C. (2000) "Globalization and the reproduction of hierarchy," *University of California at Davis Law Review* 33: 1451-501.
- Trebilcock, M. J. and Howse, R. (1999) *The Regulation of International Trade*, 2nd edn. New York: Routledge.
- Trubek, D. M., Dezalay, Y., Buchanan, R., and Davis, J. R. (1994) "Global restructuring and the law: Studies of the internationalization of legal fields and the creation of transnational arenas," *Case Western Reserve Law Review* 44: 407-98.
- Twining, W. (2000) *Globalalisation and Legal Theory*. London: Butterworths.
- Wiener, J. B. (2001) "Something borrowed or something blue: Legal transplants and the evolution of global environmental law," *Ecology Law Quarterly* 27: 1295-371.
- Zumbansen, P. (2002) "Piercing the legal veil: Commercial arbitration and transnational law," *European Law Journal* 8: 400-32.

扩展文献

- Abel, R. L. (1994) "Transnational legal practice," *Case Western Research Law Review* 44: 737-870.
- Appelbaum, R. P. (1998) "The future of law in a global economy," *Social & Legal Studies* 7: 171-92.
- Cioffi, J. W. (2000) "State of the art: A review essay on comparative corporate governance: The state of the art and emerging research," *American Journal of Comparative Law* 48: 501-34.
- Diller, J. M. and Levy, D. A. (1997) "Child labor, trade and investment: Toward the harmonization of international law" *American Journal of Comparative Law* 94: 663-96.
- Dinwoodie, G. B. (2000) "A new copyright order: Why national courts should create global norms," *University of Pennsylvania Law Review* 149: 469-580.
- Fidler, D. P. (1997) "The globalization of public health: Emerging infectious diseases and international relations," *Indiana Journal of Global Legal Studies* 5: 11-51.
- Gilson, R. (2001) "Globalizing corporate governance: Convergence of form or function," *American Journal of Comparative Law* 49: 329-57.

- Goldmann, B. (1979) "La lex mercatoria dans les contrats et l'arbitrage internationaux: réalité et perspectives," *Journal du Droit International*, Juillet-Août-Septembre: 475-505.
- Jones, C. A. G. (1994) "Capitalism, globalization and rule of law: An alternative trajectory of legal change in China," *Social & Legal Studies* 3: 195-221.
- Marsden, C. T. (2001) "Cyberlaw and international political economy: Towards regulation of the global information society," *Law Review of Michigan State University Detroit College of Law*, Summer: 355-414.
- Mazlish, B. (1999) "A tour of globalization," *Indiana Journal of Global Legal Studies* 7: 5-16.
- Ohmae, K. (1995) *The End of the Nation State*. New York: Free Press.
- Pape, W. (1999) "Socio-cultural differences and international competition law," *European Law Journal* 5: 438-60.
- Peng, S. Y. (2000) "The WTO legalistic approach and East Asia: From the legal culture perspective," *Asian-Pacific Law & Policy Journal* 1: 13-35.
- Petito, D. S. (20001) "Sovereignty and globalization: Fallacies, truth, and perception," *New York Law School Journal of Human Rights* 17: 1139-72.
- Rotman, E. (2000) "The globalization of criminal violence," *Cornell Journal of Law and Public Policy* 10: 1-43.
- Sattar, I. M. (1997) "The UNIDROIT principles of international commercial contracts and the WTO: Between an 'international restatement' and a 'globalization' of contract law" [review article on Bonell, 1994 above], *Indiana Journal of Global Legal Studies* 5: 375-88.
- Slaughter, A. -M. (1995) "International law in a world of liberal states," *European Journal of International Law* 6: 503-38.
- Slaughter-Burley, A. -M. (1993) "International law and international relations theory: A dual agenda," *American Journal of International Law* 87: 205-39.
- Steiner, H. and Alston, P. (2000) *International Human Rights in Context—Law, Politics, Morals*, 2nd edn. Oxford: Oxford University Press.
- Upham, F. (1994) "Speculations on legal informality: On Winn's 'Relational practices and the marginalization of law'," *Law & Society Review* 28: 233-41.
- von Struensee, V. (2002) "Sex trafficking: A plea for action," *European Law Journal* 6: 379-407.
- Winn, J. K. (1994) "Relational practices and the marginalization of law: A study of the informal financial practices of small businesses in Taiwan," *Law & Society Review* 28: 193-232.

索 引

（条目后数字系本书英文原版页码，检索时查本书边码数字）

Abbott, K. W. 阿伯特, 631
Abel, R. L. 阿贝尔, 148-9, 332, 513
abortion 堕胎
    and backlash jurisprudence 与抵制性法学, 285-6
    decriminalization 非罪化, 266
    as eugenics 作为优生学, 295
    movement for （堕胎）运动, 516
access to law 诉诸法律, 40, 161, 259, 536
    and colonial law 与殖民地法律, 575
    and courts 与法院, 36, 38-9, 120, 179-82
    and income 与收入, 38-9, 120
    and professional authority 与职业权威, 148
accountability 可问责性/责任
    classical 古典的, 525, 528-31, 534, 538
    and democracy 与民主, 523-4, 526-30, 536, 538-9
    and global governance 与全球治理, 633, 637-8
    in information economy 在信息经济中, 376, 379-80, 382
    and international law 与国际法, 589, 591
    and judges 与法官, 177
    legal 法律的, 523-4
    and police 与警察, 132, 134, 138-9, 142, 321
    politicized 政治化的, 531-2, 533-4, 538
    and poverty 与贫困, 331, 342
    and regulatory officials 与规制官员, 220
    and rights 与权利, 64
    and sentencing 与审判, 297
Adarand Constructors, Inc. v. Pena 阿达兰德建筑公司诉佩纳案, 281-2
adoption, intercountry 跨国收养, 357-8
advocacy, rights 倡导权利, 511, 513-15, 531, 534, 597
advocate 倡导, 96, 151
aesthetics, legal 法美学, 560-1
affirmative action 平权行动, 172, 217, 237, 512
    and backlash jurisdiction 与抵制性司法, 281-2, 283
    and compliance 与合规, 517
    and distributive justice 与分配正义, 442
    and liberalism 与自由主义, 273-6
    and outsider jurisdiction 与域外管辖, 278
African Americans, and policing 非裔美国人/美国黑人与警务, 136-7
agency
    and colonial law 机构与殖民地法律, 575, 577
    and ethnography 与民族学, 559-60
    and family law 与家庭法, 257
    and legal discourse 与法律话语, 474-6, 479
    and poverty 与贫困, 336-7
    and victimization 与迫害, 480
Agreement on Trade-Related Aspects of Intellectual Property (TRIPs) 与贸易有关的知识产权协议, 382-5, 386, 578, 626

Aid to Families with Dependent Children 对有子女家庭补助计划, 339
Albiston, Catherine 凯瑟琳·艾尔比斯顿, 70
Aman, A. C. Jr. 阿曼, 633
American Bar Association 美国律师协会, 38
American Bar Foundation 美国律师基金会, 6
    Survey of Administration of Criminal Justice 对刑事司法的调查, 310-12, 314, 316
American Friends Service Committee 美国公谊服务会, 318
American Law and Society Association 美国法律与社会学会, 3, 39, 491
American Psychological Association (APA) 美国心理学协会, 6, 421, 425
American Psychological Society (APS) 美国心理学学会, 421
Americanization of law 法律的美国化, 571, 626
Amnesty International 大赦国际, 73, 359, 402, 516, 597
Amsterdam, Anthony 安东尼·阿姆斯特丹, 106
An-Na'im, Abdullah 阿卜杜拉·安-纳伊姆, 593, 601
Anderson, Benedict 本尼迪克特·安德森, 362
Anghie, Antony 安东尼·安格赫, 577
anthropology 人类学
    and colonial law 与殖民地法律, 569
    and comparative studies 与比较研究, 114
    and customary law 与习惯法, 583 n.2
    and disputing research 与纠纷研究, 39-41
    and ethnography 与民族学, 545-6, 547, 548-9, 550-4
    linguistic 语言学的, 428
    and religion 与宗教, 393
anticorporatism 反公司主义, 379-80
antidiscrimination law 反歧视法
    backlash jurisprudence 与抵制性法学, 271-5, 278, 279-82, 283-6, 516
    and critical race theory 与批判种族理论, 455
    and empowerment 与授权, 476-7
    in liberalism 在自由主义中, 271-6, 283, 286-7
    in organizations 在组织中, 242-3
    outsider jurisprudence 局外人法学, 271-3, 274, 276-9, 280, 287
    and sexuality 与性征, 497-8
antisubordination *see* jurisprudence, outsider 反从属, 见"局外人法学"
antitrust regulation 反垄断规制, 214, 224, 231, 377, 626
Aoki, Keith 基思·奥奇, 370
APS *see* American Psychological Society, 见"美国心理学学会"
arbitration 仲裁, 117, 120, 234
    international commercial 国际商业的, 153, 629
Arendt, Hannah 汉娜·阿伦特, 355
Arnold, Marcus 马库斯·阿诺德, 107
Arup, Christopher 克里斯托弗·阿鲁普, 578-9
Asad, Talal 塔拉尔·阿萨德, 393, 396, 397
asylum seekers 寻求庇护者, 355, 356-61, 363
Atonio v. Wards Cove Packing Co., Inc. 安东尼奥诉沃兹·考夫包装公司案, 281-2
attorneys *see* lawyers 律师, 见"律师"
Austin, John 约翰·奥斯汀, 527, 533
Australia 澳大利亚
    and crime prevention 与犯罪预防, 295-6
    and custody of children 与儿童监护, 262
    and insurance 与保险, 304, 305
    and juries 与陪审团, 197, 201, 206, 207
    and policing 与警务, 138, 140
    and sentencing 与审判, 296

and welfare 与福利, 339
Austria 奥地利
 and immigration 与移民, 359
 and welfare 与福利, 339
authority 权威
 and accountability 与可问责性, 525
 international 国际的, 553
 legal 法律的, 23-5, 26-7, 36, 534
 and legal language 与法律语言, 163
 police 警察, 46
 political 政治的, 525, 526-7
 and procedural justice 与程序正义, 440-3, 444
 professional 职业的, 34, 146-63
 and trustworthiness 可信性, 446-7
autonomy 自治
 of indigenous peoples 原住民的, 581
 individual 个人的, 63, 64, 67, 90, 302, 341, 401-2, 474-7, 482, 595
 of juries 陪审团的, 196
 of law 法律的, 21, 530, 533, 538
 of police 警察的, 312
 professional 职业的, 34-5, 43, 152, 154
 of states 国家的, 356, 580
autopoiesis theory 自创生理论, 22-3, 257
Ayres, Ian and Braithwaite, John 艾尔斯和布莱斯维特, 223

Bachrach, Peter and Baratz, Morton 彼得·巴奇拉奇与莫顿·巴拉兹, 528
bail system 保释制度, 313-14, 320
Bakhtin, M. M. 巴克廷, 85
Balbus, I. D. 巴尔布斯, 87
Baldus, D. C. et al. 巴尔杜斯等, 206
Baldus, D. C., Pulaski, C. A., and Woodworth, G. 巴尔杜斯、普拉斯基和伍德沃斯, 423, 424
Baldus, D. C., Woodworth, G., and Pulaski, C. A. Jr. 巴尔杜斯、伍德沃斯和普拉斯基, 320
Baldwin, J. and McConville, M. 鲍德温与迈克康维尔, 201
Balkin, Jack 杰克·巴尔金, xi
Ballew v. Georgia 巴鲁诉佐治亚州案, 202
bankruptcy law 破产法, 153, 231, 237
Banner, Stuart 斯图亚特·邦纳, 575
bar 律师业
 corporate 公司型, 147-8, 150, 151-6
 organized 组织的, 148-51
Bardach, Eugene and Kagan, Robert 奥根·巴达赫与罗伯特·卡根, 49
Barefoot v. Estelle 巴莱福特诉埃斯特尔案, 425
Barrett, M. 巴莱特, 80
Barrett-Howard, E. and Tyler, T. R. 巴莱特-霍华德和泰勒, 443
Baudrillard, Jean 让·波德里亚, 19, 20
Bauman, Zygmunt 齐格蒙特·鲍曼, 479
Baxter, William 威廉·巴克斯特, 224
Beck, Ulrich 乌尔里希·贝克, 26, 300, 301
Becker, Howard et al. 霍华德·贝克尔等, 43
behaviorism 行为主义, 3-4, 36-8, 50, 507
Belgium 比利时
 and juries 与陪审团, 208
Benhabib, Seyla 塞拉·本哈比, 478
Benkler, Yochai 约柴·本科勒, 370
Bentham, Jeremy 杰里米·边沁, 561 n. 1
Benton, Lauren 劳拉·本顿, 576
Berger, P. L. and Luckmann, T. 伯格和卢克曼, 233
Bickel, Alexander M. 亚历山大·M. 毕克尔, 527
Biolsi, Thomas 托马斯·鲍尔希, 576
Bittner, Egon 埃根·比特纳, 45-7

Black, Donald 唐纳德·布莱克, 50
Black, Donald and Reiss, Albert Jr. 唐纳德·布莱克和小阿尔伯特·雷斯, 46
Blankenburg, E. 布兰肯伯格, 116, 118-20
Blomley, Nicholas, Delaney, David, and Ford, Richard 尼可拉斯·波劳姆利、戴维·德兰尼和理查德·福特, 559
Blumberg, Abraham 亚伯拉罕·布卢姆伯格, 37, 314, 332-3
Board of Education of Kiryas Joel v. Grumet 基亚斯村学区教育委员会诉格鲁麦特案, 401
Bohannan, Paul 保罗·博汉南, 39, 547, 551
Bohannan, Paul and Huckleberry, Karen 保罗·博汉南与卡伦·胡克勒伯利, 491-2
Bork, Robert 罗伯特·伯克, 176, 280
Boucher, Robert L. Jr. and Segal, Jeffrey A. 小罗伯特·L.布歇与杰弗里·A.西格尔, 181
Bourdieu, P. 皮埃尔·布迪厄, 147, 625
Bowen, John 约翰·博文, 403
Bowers, Lisa 丽莎·鲍尔斯, 491, 494, 496, 500
Bowers v. Hardwick 鲍尔斯诉哈德威克案, 280-1, 282, 494, 495
Boyle, E. H. and Preves, E. S. 博伊尔和普雷维斯, 403
Boyle, James 詹姆斯·博伊尔, 370
Braithwaite, John 约翰·布莱斯维特, 215
Braithwaite, John and Drahos, P. 布莱斯维特与P.德拉霍斯, 628
"Brandeis brief" "布兰代斯意见书", 414
branding 品牌化, 373, 378-82
Brandwein, Pamela 布拉德韦恩, 456-7, 463
Britain 英国
  and compliance 与合规, 115
  and crime prevention 与犯罪预防, 295, 296
  and criminal justice 与刑事司法, 317
  and custody of children 与儿童监护, 262
  and immigration 与移民, 358-60, 362
  and jury system 与陪审制度, 196-7, 198-9, 201, 202, 206, 207
  and liberal democracy 与自由主义民主, 531
  and policing 与警务, 132, 134, 137-8, 140
  and regulation 与规制, 219
  and sentencing 与审判, 296
  and social insurance 与社会保险, 304
  and welfare 与福利, 339
Brockovich, Erin 埃琳·布罗克维奇, 95-6
Brown, Nathan 内森·布朗, 570
Brown v. Board of Education 布朗诉教育委员会案, 65, 71, 72, 187, 414-16, 419, 461, 512
Bruner, Jerome 杰罗姆·布鲁纳, 106
Buchanan, Patrick 帕特里克·布坎南, 283
Bulgaria, 保加利亚
  and selection of judges 与法官遴选, 177
Bumiller, Kristin 克里斯汀·巴米勒, 476-7, 481
Bush, George H. W. 乔治·赫伯特·沃克·布什, 5
Bush, George W. 乔治·沃克·布什, 364, 606
Bush v. Gore 布什诉戈尔案, 172, 275
Bushell's case 布什尔案, 196
Butler, Judith 朱迪斯·巴特莱, 473, 478

Cahn, Edmond 埃德蒙德·卡恩, 415-16
Calavita, Kitty 凯蒂·卡拉维塔, 456-7, 458-9, 464
Caldeira, Gregory A. and Wright, John R. 卡尔德拉和莱特, 180
Caldeira, Gregory A., Wright, John R., and Zorn, Christopher J. 格列高利·A.卡尔德拉、约翰·R.莱特和佐恩, 181
Canada 加拿大

索　引

and cultural diversity 与文化多元性, 385
and first nation rights 与第一民族权利, 556
and immigration 与移民, 359
and juries 与陪审团, 197, 201, 202, 206, 207
and policing 与警务, 132, 139, 298
and same-sex relationships 与同性关系, 260
and sentencing 与审判, 296
and welfare 与福利, 339
Canadian Supreme Court 加拿大最高法院
    decision making 决策, 179-81
canon, classical 传统, 经典的
    emergence 紧急状况, 30-51
    and intellectual property 与知识产权, 373-4
    and law and democracy 与法律和民主, 524-8, 533
    as shared knowledge 作为共享的知识, x-xi
capital 资本
    informational 信息的, 376
    intellectual see property, intellectual 智识的, 见"知识产权"
capital punishment see death penalty 死刑, 见"死刑"
capitalism 资本主义
    and commodification 与商品化, 374, 385
    and law 与法律, 17, 113, 572-4, 577
    and poverty 与财产, 330-1
    and rights 与权利, 601
    transition to 转向(资本主义), 605-6, 607-12
capture theory 捕获理论, 217-18, 236, 332, 343
Carbone, J. 卡波内, 261, 263, 264
Cardozo, Benjamin 本杰明·卡多佐, 90-1
care, legal duty 注意, 法律义务 298-9

Carlin, J. E. 卡尔林, 41-3
Carlin, J. E., Howard, J., and Messenger, S. 卡尔林、霍华德和梅辛杰, 332-3
Carter, Stephen 斯蒂芬·卡特尔, 399-402
categorization 范畴化/分类
    legal 法律的, 392-406
    racial 种族的, 463-4
    social 社会的, 448
cause lawyers 事业型律师, 72, 148, 160-2, 515, 532, 590
celebrity cult 名人崇拜, 97-8, 103, 374-5
censorship, private 私人审查, 374, 379
Chagnon, Napoleon 拿破仑·查格农, 548
Chambliss, W. 钱布里斯, 82
change, social 社会变迁
    and antidiscrimination 与反歧视, 274, 276-9
    and antisubordination 与反压迫, 272, 273
    and backlash jurisprudence 与抵制性法学, 279, 516, 518
    and family law 与家庭法, 255-67
    and feminism 与女权主义, 483
    and globalization 与全球化, 162
    and law 与法律, 3-4, 19-23, 39, 187, 334
    and legal authority 与法律权威, 442
    and poverty 与贫困, 345, 346
    and rights 与权利, 63-4, 65, 68, 70-2, 74, 75, 347, 590-3
    see also civil rights movement; movements, social 也见"民权运动"; "社会运动"
Chanock, Martin 马丁·查诺克, 573
Chatterjee, Patha 帕萨·查特吉, 556
Chicago Jury Project 芝加哥陪审团项目, 44, 200, 201, 204-5
Chicago School 芝加哥学派, 43, 217, 304, 330, 411, 413

children 儿童
    and childcare responsibilities 与儿童照管责任, 258-9, 262, 266-7
    custody issues 与监护问题, 261-2, 263, 266, 440
    and poverty 与贫困, 266
    support 支持, 263-4, 266
China 中国
    and legal transfer 与法律迁移, 123
    and policing 与警务, 137, 141
    and state socialism 与国家社会主义, 605-6
circumcision, female 女性割礼, 403, 481, 513
citizens 公民
    and police 与警察, 46-7, 134, 135-42
    see also rights 也见"权利"
citizenship 公民资格
    by birth/by blood 根据出生或根据血缘, 362
    and globalization 与全球化, 74
    and immigration 与移民, 356, 361, 362-3, 558, 571, 580
    and jury service 与陪审团服务, 195, 198
    moral 道德的, 338-40, 342
    and police 与警察, 134
    and poverty 与贫困, 338
    and rights 与权利, 525-6
    sexual 性的/性别的, 496
City of Richmond v. J. A. Croson, Co. 里士满市诉 J. A. 克罗森公司案, 281-2
civil law codes 民法典, 149, 177, 246
Civil Litigation Research Project (CLRP) 民事诉讼研究项目, 38, 40
civil rights movement 民权运动, 73, 217, 462, 512
    and cause lawyering 与事业型律师业务, 162
    and legality 与法制, 527, 529, 531-2
    and policing 与警务, 45-6
    and poverty 与贫困, 331, 332-4, 338
    and social change 与社会变迁, 71, 187, 273-4
civil society 公民/市民社会
    and accountability 与可问责性/责任, 524, 525-6
    transnational 转型中的, 73, 383, 510, 628, 633
Clark, K. B. and Clark, M. P. K. B. 克拉克与 M. P. 克拉克, 415
class 阶级
    and backlash jurisprudence 与抵制性法学, 281
    and capitalism 与资本主义, 330
    and critical legal studies 与批判法学研究, 275, 276
    and ideology and consciousness 与意识形态和意识, 82, 83, 87, 92, 300, 455
    and Marx 与马克思, 17, 82, 232
    and poverty 与贫困, 333-4, 337-8, 339
    and race 与种族, 136, 343, 458-60, 573
    and rights 与权利, 275, 330-47
    and sexuality 与性征, 494
class action suits 集团诉讼, 359, 538
Clean Air Act Amendments (US; 1990) 清洁空气法修正案, 216
Clifford, James 詹姆斯·克利福德, 91
Clifford, James and Marcus, George 詹姆斯·克利福德与乔治·马库斯, 548
Clinton, Bill 比尔·克林顿, 5, 97
Clitoridectomy *see* circumcision, female 阴蒂切除术, 见"女性割礼"
cohabitation, and family law 同居, 与家庭法, 260

Cohen, Felix 菲利克斯·科恩, 2, 9 n. 2
Cohen, Julie 朱丽·科恩, 370
Cohn, Bernard S. 伯纳德·S.科恩, 573
collegiality 联合领导
  and lawyers 与律师, 41-2
  and police 与警察, 135
Collier, Richard 理查德·科里尔, 490, 491
colonialism 殖民主义
  and jury system 与陪审制度, 197
  and law 与法律, 460, 464, 554-5, 556, 569-76
Commission on the Administration of Justice (US; 1967) 司法委员会, 315
common law countries 普通法国家, 149, 198, 201, 246, 361, 526-7
communication 通讯
  and intellectual property 与知识产权, 369-75, 383-4
  technologies 技术, 99-100, 106-8, 136, 380
communitarianism 社群主义
  and moral consensus 与道德共识, 26
  and religion 与宗教, 393, 399-403
community 社区/共同体
  and crime prevention 与犯罪预防, 296
  and critical lawyers 与批判型律师, 161
  and police 与警察, 134, 137-40, 296, 321
  and society 与社会, 26-7
comparative studies 比较研究, 113-25
competition 竞争
  and effects of regulation 与规制效果, 214, 215, 217, 235
  and lawyers 与律师, 148-50, 159
  and risk 与风险, 305
  unfair 不公正, 369-70, 374
compliance 合规
  comparisons 比较, 115

  and dispute resolution 与纠纷解决, 440, 441-2
  and judicial deference 与尊重司法, 244-5
  and managerialization of law 与法律的管理化, 241-3
  professionals 职业/专家, 239-41
  and regulation 与规制, 49, 50, 222, 235-6
  and social movements 与社会运动, 517, 530
  symbolic forms 符号形式, 240-1, 244, 343
Comstock, Gary 加里·康斯托克, 495
Comte, Auguste 奥古斯特·孔德, 51 n. 2
consciousness 意识
  and class 与阶级, 82, 300
  false 虚假的, 80, 82, 336, 461
  legal 法律的, 334-7, 537, 539
  and popular culture 与大众文化, 106
  and poverty 与贫困, 331, 333, 334-7, 346
  and rights 与权利, 64, 76, 508, 510-12, 518
  and risk 与风险, 300-1
  see also ideology and consciousness 也见"意识形态和意识"
constitutionalism 宪政
  and democracy 与民主, 392, 399-400, 525, 526-30
  and globalization 与全球化, 629, 630, 633
"Contract with America"《美利坚契约》, 284
contract law 合同法, 237
  and dispute resolution 与纠纷解决, 234
  and governance of globalization 与全球治理, 627
  and risk 与风险, 305
control, social 社会控制, 39, 50, 86, 275, 345
  and bail system 与保释制度, 314
  and colonial law 与殖民地法律, 572-6
  and intellectual property rights 与知识产

权, 375-8
law as 作为法律, 18, 20, 39, 527
and organizations 与组织, 231, 246
and policing 与警务, 46, 131
Convention on the Elimination of All Forms of Discrimination Against Women《消除对妇女一切形式歧视公约》598
convergence, and globalization 趋同, 与全球化, 14, 124
Coombe, Rosemary J. 罗斯玛丽·J. 库姆 114, 121, 372, 375, 555, 556, 558
Coombe, Rosemary J. and Herman, A. 罗斯玛丽·J. 库姆与赫曼, 380
Cooper, Frederick 弗里德里克·库珀, 574
copyright 著作权, 369-74, 375, 378, 382, 384-5
Cornell, Drucilla 德鲁奇拉·康奈尔, 473, 478-9
corporations, transnational 跨国公司, 579, 624, 630-1
Cotterrell, Roger 罗杰·科特雷尔 116, 118
Courtroom Television Network 法庭电视网, 98
courts 法院 170-88
 access to 诉诸 36, 38-9, 120, 179-82
 and adversary process 与对抗制程序, 320-1
 behavioral model 行为模式, 36-7, 38, 50
 colonial 殖民的, 575-6
 intermediate appellate 中级上诉, 185-6, 423
 international 国际的, 571, 577, 581, 582, 599-600
 and judicial deference to organizational constructions 与对组织建构的司法尊重, 244-5
 local civil 初审民事, 38
 local criminal 初审刑事, 37-8
 methodology 方法论, 174-5

and positive political theory 与实证政治理论, 173-4
reforms 改革, 313-14
religious 宗教的, 403
research issues 研究问题, 36-7, 171-2
and social change 与社会变革, 70-2
studies 研究, 36-9
theory 理论, 173-4
see also judges; Supreme Court 也见"法官"; "最高法院"
Coutin, Susan 苏珊·考婷, 356, 548, 556, 557-8, 561
Cover, Robert 罗伯特·科沃尔, 399-400, 401-2, 496, 592
Cravath, Paul D. 保罗·D. 科拉维斯, 151
Crenshaw, K. et al. 克伦肖等, 454, 456, 461, 462, 465
Crime Control Act (US; 1984)《犯罪控制法》(美国, 1984), 319
Crime and Disorder Act (UK; 1998)《犯罪和妨害治安法》(英国, 1998), 294
crime prevention 犯罪预防
 and community policing 与社区警务, 138-9
 and due process 与正当程序, 313, 317
 and the other 与其他, 344
 and risk 与风险, 293, 295-6, 303-4, 320
 and sanctions 与制裁, 297-8, 318
 and war on crime 打击犯罪, 310, 315-22
criminal justice 刑事审判, 309-22
 American Bar Foundation Survey 美国律师基金会调查, 310-12, 314, 316
 and gender and race discrimination 与性别和种族歧视, 321-2
 historical studies 历史研究, 317
 in law and society scholarship 在法律与社会研究中, 315-22

and plea bargaining 与辩诉交易, 198

and police powers 与警察权力, 312-13

as problem of postwar governance 作为战后治理的问题, 309-10

reform 改革, 309-10, 313, 315, 317-22

and risk 与风险, 292, 294, 295-300, 301, 303, 320

and risk-based sanctions 与基于风险的制裁, 297-8, 304

in sociolegal discourse 在社会-法律话语中, 310-15

and violence 与暴力, 496

see also death penalty; judges; juries; police; policing; prisons; sentencing 也见"死刑";"法官";"陪审团";"警察";"警务";"监狱";"审判"

critical lawyering 批判型律师业务, 161

Critical Legal Studies (CLS) movement 批判法学运动, 53 n. 10, 331

and feminism 与女权主义, 337-8, 471

and outsider jurisprudence 与局外人法学, 276-9, 281

and race 与种族, 455

and rights 与权利, 65-6, 90, 275-6, 287, 335, 461-2

critical race theory 批判种族理论, 453-65

definition 定义, 454

feminist 女权主义, 277, 454

in law and society research 在法律与社会研究中, 456-7

and poverty 与贫困, 337-8

and race as shaping law 与影响法律的种族问题, 462-4

and rights 与权利, 66-7

and social construction of race 与种族的社会建构, 457-8

Critical Theory 批判理论, 53 n. 10

Croatia 克罗地亚

and lay judges 与外行法官, 197

Cross, Frank B. and Tiller, Emerson H. 克洛斯与提勒, 186

Culhane, Dara 库哈尼, 556

cultural legal studies 文化法律研究, 105-6, 107-8, 109, 555-6

culture 文化

commodification 文化的商品化, 369-75, 385

cultural analysis 文化分析, 30, 32, 35-6, 106, 109

and ethnography 与民族学, 548-9, 551, 552, 560-1

globalization 全球化, 100, 108, 114, 384-5

and identity 与认同, 108-9, 273-4, 276, 286, 575, 581

minority 少数, 65

organizational 组织的, 49, 233, 246

popular, and law 大众(文化分析), 与法律, 95-109, 372, 500

and procedural justice 与程序正义, 447

culture wars 文化战争, 114, 272-87

and government expenditure 与政府支出, 285-6

and judicial review 与司法审查, 284-5

and majoritarian politics 与多数主义政治, 283-4

cultures, legal 法律文化

comparison 比较, 113-25

internal/external 内行的/外行的, 116

liberal 自由的, 398

and managerialization of law 与法律的管理化, 243

meanings 意义, 105, 115-17

and police 与警务,45-7,313
populist 民粹派,107
and prisons 与监狱,315
Currie, Elliot 艾略特·柯里,323 n. 8
Czech Republic 捷克共和国
and tenure of judges 与法官任期,177

Dalton, D. 多尔顿,496
Dann, B. Michael 迈克尔·B. 丹恩,206
Darian-Smith, Eve 伊夫·达里安-史密斯,560
Daubert v. Merrell Dow 多伯特诉梅里尔·道氏制药公司案,414,416-20,422-3
Day Sclater, S. and Piper, C. 戴·S. 斯科雷特与 C. 派珀,267
death penalty 死刑
and juries 与陪审团,199,202,203,206,423-4
in law and society research 在法律和社会研究中,318,319-20
and racism 与种族主义,319,320,419,423-4
and risk-based government 与基于风险的治理,303
and social science research 与社会科学研究,423-5
decision making 决策
and fairness 与公正,436,440-9
and globalization 与全球化,633
by judges 由法官,34,36-7,96,171,177,184-7,275,311
by juries 由陪审团,43-4,195,201-2,204-5
and legal research 与法律研究,411-14
legal/jurisprudential model 法律/法学模式,179-80,275
in organizations 在组织里,235

by police 由警察,133,134-5,138,312-13
and precedent 与先例,37,185-7,282,591
and procedural justice 与程序正义,435-49
and prosecutors 与检察官,321
sincere policy model 诚信政策模式,180-1
and social science 与社会科学,36-7,410-29
story model 故事模式,204
strategic policy model 策略政策模式,181
defense lawyers 辩护律师,313,314,320-1,332-3
delay, legal 法律迟延,113,116-17,118,120-1,123-5
DeLillo, Don 唐·德里奥,96
democracy 民主
deliberative 审议的,285,384
emancipatory 解放的,525-6,528,534-6,538-9
and global governance 与全球治理,632-4
and information technology 与信息技术,384
internationalization 国际化,555
and law 与法律,24,26-7,523-39
and legality 法制,526-8,530-1,534-6,538
liberal 自由主义的,3,64-5,524-8,529-31,535,538
and participation 与参与,44
and religion 与宗教,393-4,398
and rights 与权利,524,525-7
transition to 转向,608-9,612-16
see also social democracy 也见"社会民主"
Denmark 丹麦
and compliance 与合规,115
and juries 与陪审团,208
Denvir, John 约翰·丹维尔,101
dependency, and welfare state 依赖性,与福利

国家,89,331,337-43,344,345,530
deprivation, relative 相对剥夺,437
Derrida, J. J. 德里达,498-9
deterrence 威慑
 and imprisonment 与监禁,318-19
development, economic 经济发展
 and globalization 与全球化,571,605-17
Devlin, P. 德夫林,495
Dewar, J. 德沃尔,265
Dewar, J. and Parker, S. 德沃尔和帕克,266
Dezalay, Yves and Garth, Bryant G. 伊维斯·德扎莱和布莱恩·G.格斯,153,513,579,629,633
Diamond, Stanley S. 斯坦利·S.戴尔蒙,583 n.2
Diamond, Stanley S. et al. 斯坦利·S.戴尔蒙等,45,207
Dicey, A. V. 戴雪,533
difference 差异
 and identity 与同一性,273-4
dignity 尊严
 and procedural justice 与程序正义,447
Diller, M. 迪勒,341
DiMaggio, P. J. and Powell, W. W. 迪马乔和鲍威尔,233
discourse, legal 法律话语,22,23,156,474-7
 and ideology 与意识形态,84-5
 institutionalized 建制化的,85
 narrative 叙事的,87,96,98-9,102,104
 and police 与警察,137-8
 and sex and gender 与性和性别,474-7,478
 and social movements 与社会运动,511
discretion 自由裁量
 in enforcing regulations 在执行规制时,219,222-3,224-5
 in exercise of law 在执法过程中,48-9,50

 in immigration service 在移民服务中,458-9
 in policing 在警务中,47,133-5,312-13
 in welfare administration 在福利管理中,341
discrimination 歧视
 and criminal justice 与刑事司法,321-2
 in education 在教育问题上,414-15
 in employment 在就业问题上,512
 in organizations 在组织里,242,243
 see also antidiscrimination law; gender; race; racism 也见"反歧视法";"性别";"种族";"种族主义"
dispute resolution 纠纷解决
 and distributive justice 与分配正义,435-6,437-40
 and emancipatory legality 与解放型法制,536-7
 in family law 在家庭法中,259,440
 increased role 地位日渐重要 435-6
 informal 非正式的,40,115-16,234,239,259,445-7,570
 international 国际的,577,625,628,629,631,632
 in organizations 在组织里,234,239,242
 and police 与警察,132
 and procedural justice 与程序正义,440-9
 state-sponsored 国家资助的,125
 studies 研究,39-41
 and welfare rights 与福利权利,340-1
dissent see resistance 异议,见"抵抗"
dissimulation, and power 掩饰,与权力,87-9
distributive justice 分配正义,65,436,437-40
diversity 多样性
 biological 生物的,386
 cultural 文化的,385

divorce law 离婚法,43,156-8,160,255,491-2
 effects on women 对妇女的影响,258-9,264
Donnelly, Jack 杰克·唐纳利,580
Donoghue v. Stevenson 多诺霍诉史蒂文森案,298
Donovan, Jeremiah 杰里米亚·多诺万,104
Douglas, M. and Wildavsky, A. 道格拉斯和威尔达夫斯基,292
Douzinas, Costas and Nead, Lynda 科斯塔斯·杜兹那与琳达·尼德,560
Drahos, Peter 彼得·达霍斯,383
Drexler, Peter 彼得·德莱克斯勒,102
drug regulation, and risk 毒品规制,与风险,294-5,303
Dublin Convention《都柏林公约》,357
Dubois, Philip 菲利普·杜波伊斯,171
due process 正当程序
 and courts 与法院,37
 and crime control 与犯罪控制,313,317
 and ideology 与意识形态,87
 international comparisons 国际比较,119
 and lawyers 与律师,149,314,320-1
 and rights 与权利,69,341
 and welfare 与福利,530
 see also procedural justice 也见"程序正义"
Duncan v. Louisiana 邓肯诉路易斯安那州案,323 n.1
Durkheim, Emile 埃米尔·涂尔干,16,23-4,26-7,32-3,35,232,396

economics 经济学
 Chicago School 芝加哥学派,217,411,413
 and law 与法律,5,280,318,413,528
 in legal decision making 在法律决策中,425-7

Edelman, Lauren B. 劳伦·B.埃德尔曼,233,242,517
Edelman, Murray 穆瑞·埃德尔曼,217
Eden, Kathy 凯西·伊登,98
elections, and accountability 选举,与可问责性/责任,523-4,538
Elkin-Koren, Niva 尼瓦·埃尔金-科伦,370
Ellickson, Robert 罗伯特·埃利克森,8
Elliott, Michael 米歇尔·埃利奥特,456-7,460,463
Ellmann, S. 埃尔曼,162
Ellsworth, P. C. 艾思沃斯,423,424-5
Emergency Planning and Community Right-to-Know Act (US; 1986)《紧急安排和信息知情权法案》(美国,1986),216
Emerson, Ralph Waldo 拉尔夫·沃尔多·爱默生,103
empiricism 经验主义
 and criminal justice system 与刑事司法体系,313-14
 in critical race theory 在批判种族理论中,457
 in legal scholarship 在法学研究中,411-12
 and rights 与权利,64,67-75
 in social theory 在社会理论中,15
 in sociolegal scholarship 在社会-法律研究中,1-3,7,33-4,40,44-5,174-5,207-8,495
employment 就业
 and equal opportunity 与机会均等,242,244,274,512-13,518
 and immigration 与移民,355
 and regulation 与规制,214-15,355
empowerment 授权
 and antidiscrimination 与反歧视,476-7
 and community policing 与社区警务,139-

40, 141-2
and research 与研究, 346
and rights 与权利, 66-7
and risk-based government 与基于风险的治理, 302
in social movements 在社会运动中, 510
and welfare 与福利, 336, 341, 342, 347
in workplace 在工作场所, 518
endogeneity of law 法律的内生性, 232, 238-46
enforcement 执行
comparisons 比较, 115
and government regulation 与政府规制, 47-50, 213, 218-19, 220, 221-3, 224-5, 235, 530
and immigration control 与移民控制, 354
and international law 与国际法, 599, 628
and police 与警察, 132-5, 137
of rights 关于权利的, 516-18, 595-7
Engel, David 戴维·恩格尔, 335-6, 559
entertainment, and law 娱乐, 与法律, 98, 108, 109
entitlement 权利资格
and fairness 与公正, 438
and rights 与权利, 481, 510, 531-2, 534, 593
and welfare 与福利, 89, 335, 338, 339, 341
environment, and regulation 环境, 与规制, 214, 215-16, 219, 224
epistemology 认识论
legal 法律的, 86, 410-12, 416, 420-1, 424-5, 427-9
liberal 自由主义的, 394, 397
social scientific 社会科学的, 30, 410-11, 412-13, 416-29, 507-8, 548
Epstein, Cynthia Fuchs 辛希娅·福克斯·爱泼斯坦, 42-3

Epstein, Lee and King, Gary 李·爱泼斯坦和加里·金, 411
equal employment opportunity (EEO) 均等就业机会, 242, 244
see also Office of Economic Opportunity 也见"(美国)经济机会署"
equality 平等
and cause lawyering 与事业型律师业务, 161
and culture wars 与文化战争, 273-87
gender 性别, 187, 258-9, 405, 518, 598
and ideology 与意识形态, 87
of opportunity 机会的, 242, 244, 271, 274-5, 281, 287
and poverty 与贫困, 330-4, 529
and race 与种族, 453, 455
and rights 与权利, 63-4
equity 衡平
and distributive justice 与分配正义, 436, 438-40
global 全球的, 633
see also fairness 也见"公正"
Erickson, R. and Simon, R. 埃里克森和西蒙, 429
Eskridge, William N. Jr. 艾斯克里齐, 173-4, 183
Esping-Anderson, G. 埃斯平·安德森, 339
essentialism 本质主义
communitarian 社群主义, 386, 399
and gender 与性别, 475, 478, 481
ethics, and professional practice 伦理学, 与职业实践, 41, 146
ethnicity, and policing 种族, 与警务, 47
ethnographies of law 法律民族学, 42-3, 372, 545-61
changes in 变化, 550-1

and colonial law 与殖民法, 576-7
definition 定义, 548-9
and disputing 与纠纷, 39
and globalization 与全球化, 545-6, 548
and legal space 与法律空间, 559-61
methodological dilemmas 方法论的两难, 552-4
past and present 过去与现在, 547-8
and resistance of law 与法律的抵抗, 554-8
European Convention on Human Rights《欧洲人权公约》, 124, 356
European Convention for the Protection of National Minorities《欧洲保护少数民族公约》, 396
European Court of Human Rights 欧洲人权法院, 123, 124-5, 356-7, 360-1, 363, 401
European Court of Justice 欧洲法院, 357, 358, 360-1, 515
European Union 欧盟
    and accountability 与可问责性/责任, 531
    and refugees 与难民, 356-8, 360
    and regional governance 与地方治理, 629-30
    and regional law 与地方法律, 115, 571, 625
    and social movements 与社会运动, 513, 516, 517
Evans, Tony 托尼·伊文斯, 601
evidence, expert 专家证据, 414, 416-20, 422, 425-7, 428
Ewick, P., Kagan, R., and Sarat, A. 埃维克、卡根与萨拉特, 412
Ewick, P. and Silbey, S. 埃维克与希尔贝, 335-6, 537
exclusion, and discourse 排外, 与话语, 85

facticity 真实性
    and law 与法律, 36, 411-12
    and social science role 与社会科学作用, 410, 411-12, 416, 418, 419-20, 426, 428
fairness 公正
    and distributive justice 与分配正义, 436-40
    and procedural justice 与程序正义, 436-7, 440-9, 455
"false memory" 错误记忆, 422-3
falsifiability principle 可证伪性原则, 417-20
family law 家庭法
    approaches and methods 进路与方法, 255-8
    changing definitions 变化中的定义, 260-1
    and child support 与子女抚养费, 263-4, 266
    and gender equality 与性别平等, 258-9
    and legal parenthood 与法定父母身份, 261-3, 266-7
    and limits of law 与法律的限度, 265-7
    and politics of the family 与家庭的政治, 256
    and privatization of the family 与家庭的私有化, 263-5
    and rights 与权利, 256, 598
    and same-sex relationships 与同性关系, 255, 260, 264, 284, 496-7
    and social change 与社会变迁, 255-67
fatherhood, and custody rights 父亲身份, 与监护权, 261-2, 263, 266
Federal Bail Reform Act (US; 1966)《联邦保释改革法》(美国, 1966), 314
Federal Bail Reform Act (US; 1984)《联邦保释改革法》(美国, 1984), 320
Federalist Society 联邦主义者协会, 279-80, 285
Feeley, Malcolm 麦尔康·菲利, 37-8
Feigenson, Neal 尼尔·费根森, 106
Feigenson, Neal and Dunn, Meghan 尼尔·费

根森与默根·邓恩,107
Feldman, Eric 埃里克·菲尔德曼,516
Felstiner, L. F. 菲尔斯提纳,333
feminism 女权主义
    and brand management 与品牌管理,379
    and critical legal studies 与批判法学研究,337-8,471
    and critical race theory 与批判种族理论,277,454
    and family law 与家庭法,258,260
    and the gendered subject 与性别主体,472-7,478
    and identity 与认同,276,471,477-9
    and law and society research 与法律与社会研究,484
    and legal discourse 与法律话语,156,474-7
    and legal theory 与法律理论,472-4
    and liberalism 与自由主义,478-9,482
    and outsider jurisprudence 与局外人法学,276
    and religion 与宗教,403,405
    and rights 与权利,66-7,480-2
Ferguson, Robert 罗伯特·弗格森,97
fields 领域/场域
    legal 法律的,238-9,244,246,625-6
    organizational 组织的,145-6,233,235,238-41,244,245-6
    social 社会的,246,266,625
films, and law 电影,与法律,101-3
firms, legal 法律/律师事务所
    corporate 公司的,151-3,154,157,234,311
    franchise 特许经营,159
    personal legal services 个人法律服务,156-7
    public interest 公益,515
Fiske, A. P. 费斯科,443

Fitzpatrick, Peter 彼得·菲兹帕特里克,554,561,569,572,578
Fitzpatrick, Peter and Darian-Smith, Eve 菲兹彼得·帕特里克和伊夫·达里安-史密斯,577
Flango, Victor Eugene and Ducat, Craig R. 维克多·欧根·弗兰戈与克莱格·R.杜凯特,176
Flemming, Roy B. 罗伊·B.弗莱明,182
Flemming, Roy B. et al. 罗伊·B.弗莱明等,180,181
Flyvbjerg, Bent 本特·弗林布雷格,554,562 n.3
Foote, Caleb 凯莱布·富特,314,320
Footer, Mary and Grabe, Christoph 玛丽·福特和克里斯多夫·格拉伯,384-5
force, and policing 暴力,与警务,131,133-4,136
Ford, Richard 理查德·福特,559
formalism, legal 法律形式主义,3,33,35-6,37,280
Foucault, Michel 米歇尔·福柯
    and discipline and regulation 与规训与惩罚,20,22,26-7,140,265,293,317
    and power 与权力,20-1,25-6,84,147,317
    and rationality 与理性,561
    and return-effect 与回程效应,562-3 n.6
    and subjectivity 与主体性,473
France 法国
    and cultural diversity 与文化多样性,385
    and immigration 与移民,360,361,362
    and judges 与法官,198
    and policing 与警务,142
    and religion 与宗教,396,401
    and welfare 与福利,339
Frankfurt School 法兰克福学派,53 n.10

Franklin, S., Lury, C., and Stacey, J. 富兰克林、卢里与斯塔西, 379
Fraser, N. and Gordon, L. 弗雷泽和戈登, 338, 339-40
freedom, and democracy 自由, 与民主, 398, 525
Freidson, Elliott 艾略特·弗雷德森, 34, 43, 146, 147
Friedman, J. 弗里德曼, 120
Friedman, Lawrence 劳伦斯·弗里德曼, 7, 102, 114, 116, 118, 216
Frow, John 约翰·福罗, 374-5, 384
Frye v. United States 弗赖伊诉美国案, 416-17
Fuller, Lon L. 朗·L. 富勒, 527-8, 533, 534
functionalism 功能主义
 and prisons 与监狱, 317
 and professions 与职业, 146-7
 and social sciences 与社会科学, 3
fundamentalism, religious 宗教原教旨主义, 397, 400, 401, 402, 403-6
Furman v. Georgia 弗尔曼诉佐治亚州案, 199, 319, 423-4

Gaines, J. 盖内斯, 373, 375
Galanter, Marc 马克·加兰特, 38, 198, 334, 340, 491, 507, 529-30
Galanter, Marc and Palay, T. 马克·加兰特与T. 帕雷, 151
Gans, Herbert 赫伯特·甘斯, 343
Garland, D. 加兰, 340
Garth, Bryant and Dezaley, Yves 布莱恩·格斯与伊维斯·德扎莱, 629
Garth, Bryant and Sterling, Joyce 布莱恩·格斯与乔伊斯·斯特林, 4, 5
Gaskins, Darius 戴利斯·加斯金斯, 224
Gaventa, John 约翰·加文塔, 336
gay and lesbian scholarship 男同性恋与女同性恋研究
 and heterosexuality 与异性恋, 489-90, 494-5
 and law 与法律, 488, 495-9
Geertz, Clifford 克利福德·吉尔茨, 7, 19, 393, 550
gender 性别
 and criminal justice 与刑事司法, 321-2
 and equality 与平等, 187, 258-9, 405, 518, 598
 and family law 与家庭法, 258-9
 in feminist legal theory 在女权主义法律理论中, 472-4
 and lawyers 与律师, 42
 and legal discourse 与法律话语, 156, 474-7, 573
 and policing 与警务, 135
 and poverty 与贫困, 337, 339, 341, 342
 and race 与种族, 459-60
 and religion 与宗教, 405
 and rights 与权利, 480-2, 598-9
General Agreement on Trade and Services (GATS)《服务贸易总协定》, 578
Geneva Convention on Refugees《日内瓦难民公约》, 356-7
Geneva Conventions《日内瓦公约》, 596
Genocide Convention《灭绝种族罪公约》, 595-7
George, Tracey E. 特雷西·E. 乔治, 181
Germany 德国
 and immigration 与移民, 359, 362, 363
 and lay judges 与外行法官, 197
 and litigation 与诉讼, 115, 118-19
 and policing 与警务, 132
 and regulation 与规制, 219, 224
 and religion 与宗教, 396
 and selection of judges 与法官遴选, 177

and welfare 与福利,339
Gideon v. Wainwright 吉迪恩诉温赖特案,310,314
Gilens, Martin 马丁·吉伦斯,344
Gilligan, Carol 卡罗尔·吉利根,477-8
Gilliom, J. 吉利厄姆,336,342,345
Glenn, B. J. 格莱恩,456
Glick, Henry R. and Emmert, Craig F. 亨利·R.格里克与克莱格·F.埃莫特,176
Global Compact 全球契约,633
globalization 全球化
    as Americanization 作为美国化的,626
    and backlash politics 与抵制性政治学 286
    and cause lawyering 与事业型律师业务,162
    of culture 文化的,100,108,114,384-5
    definition 定义,624
    economic 经济的,553,571,601,605-17,624-34
    and ethnography 与民族学,545-6,548,553
    and governance 与治理,594,627-30,632-4
    and information economy 与信息经济,605
    and intellectual property 与知识产权,73,379,381,382-6,579,626
    and law 与法律,7,22,25-7,123,125,570-1,577-9,582,590,600-1,624-30
    and the local 与当地,20,404,626
    norms and institutions 规范与制度,630-1
    as plural 作为多元化的,562 n. 4
    and postcolonial law 与后殖民法,572-81
    and regulation 与规制,25-7,217,225,382-3,628
    and religion 与宗教,399,403-5,406
    and rights 与权利,73-4,162
    of risk 的风险,300-1
    and social theory 与社会理论,25-6

glocalization, and religious 全球地方化,与宗教 communities 社群,403-5
Gluckman, Max 马克斯·格鲁克曼,547
Goldberg-Hiller, Jonathan 乔纳森·戈登伯格-希勒,72
Goldkamp, John S. and Gottfredson, Michael R. 约翰·S.戈德坎普和迈克尔·R.戈特弗雷德森,320
Goldman, Sheldon 谢尔登·古德曼,176
Goldstein, J., Freud, A., and Solnit, A. 古德斯坦、弗洛伊德和索尔尼特,262
Golub, S. and McClymont, M. 格鲁博与迈克莱芒特,73
Goluboff, R. 格鲁博芙,456-7,458,461
Gómez, L. E. 戈麦兹,456-7,458,460
Goodrich, Peter 彼得·古德里奇,560
Gordimer, Nadine 纳丁·戈迪默,523
Gordon, L. L. 戈登,337
Gordon, R. W. R. W. 戈登,90,149,152
Gordon, Wendy 温迪·戈登,370
Gottdiener, Mark 马克·戈特迪纳,380-1
governance 治理
    global 全球的,594,627-30,632-4
    multilevel 多层次的,627
    organizational 组织的,240-1,246,615
    and poverty 与贫困,343-5,346-7
    regional 区域的,629-30
    and role of judiciary 与司法的功能,37
    and social science 与社会科学,4-6,624
government 规制/治理
    and administration of law 与法律的行政化,310-12
    entrepreneurial 企业的,341
    and governmentality 与治理术,20-1,301-2,304
    private, welfare as 私人的,作为福利的,

341-3
    and regulation 与规制,212-16
government, risk-based 基于风险的治理,292-305
    and actuarial justice 精确的司法,296-7
    characteristics 特征,293-5
    and crime prevention 与犯罪预防,293,295-6,303-4
    and criminal justice 与刑事司法,292,294,295-300,301,303
    future prospects 未来展望,303-4
    and future research 与未来的研究,304-5
    and policing 与警务,298
    and risk society 与风险社会,293,300-2,304
    and sanctions 与制裁,297-8,304
    and tort law 与侵权法,298-300,304
government lawyers 政府律师,148
Great Society (US) 伟大社会（美国）,3,310,315,316
Greenhouse, Carol 卡罗尔·格林豪斯,89,559-60
Gregor, J. A. 格雷戈,415
grievance procedures, organizational 组织内部的申诉程序,244
Griffiths, Anne 安妮·格里菲斯,577
Groombridge, N. 格鲁姆布里奇,496
Grotius, Hugo 胡果·格劳秀斯,395
Grutter v. Bollinger 格鲁特诉伯林杰案,281
Gupta, Akhil and Ferguson, James 阿基尔·古普塔和詹姆斯·弗格森,552
Gurvitch, Georges 乔治·格维奇,18

Habermas, Jürgen 尤尔根·哈贝马斯,24-5,27
Hague Convention on Intercountry Adoption《海牙跨国收养公约》,357-8

Haley, J. 海利,115
Hall, Melinda Gann 梅琳达·甘恩·霍尔,177
Hall, S. et al. S.霍尔等,86,88-9
Halley, Jane 詹尼特·哈利,494
Halliday, T. C. 海利德,149-50
Handler, Joel F. 约尔·F.汉德勒,53 n.6,336,339,341,342,530,534
Handler, Joel F. and Hasenfeld, Y. 约尔·F.汉德勒和Y.哈森费尔德,340-1
Hannaford, P. L. et al. 汉纳福德等,207
Hannigan, John 约翰·汉尼加,380-1
Harris, Cheryl 谢丽尔·哈里斯,454
Hart, H. L. A. 哈特,495,526-7,533
hate crime 仇恨犯罪,135,495,497
Hate Crimes Statistics Act (US; 1990)《仇恨犯罪统计法》(美国,1990),497-8
Hawes, Benjamin 本杰明·豪伊斯,460-1
Haynes, Evan 伊万·海尼斯,171
Heart of Atlanta Motel v. United States 亚特兰大之心旅馆诉美国案,282
Heimer, C. A. and Staffen, L. R. 海默与斯达芬,70
Heinz, Jack P. and Laumann, Edward O. 杰克·P.海因茨和爱德华·O.劳曼,42-3,155,156
Held, David 大卫·赫尔德,525,526
Held, David et al. 大卫·赫尔德等,624
Henkin, Louis 路易斯·亨金,592-3
Herek, G. M. and Berrill, K. T. 赫瑞克和贝里尔,495
Herman, Andrew and Sloop, John 安德鲁·赫曼和约翰·斯卢普,372-3
Herzfeld, Michael 米歇尔·赫兹菲尔德,549,554
heterosexuality 异性恋
    compulsory 强制性的,492-3

and family law 与家庭法, 256, 258, 260, 264

in law and society scholarship 在法律与社会研究中, 487, 489-94, 500

in lesbian and gay scholarship 在女同性恋和男同性恋研究中, 489-90, 494-5

as object of enquiry 作为调研的对象, 488-9

Heuer, L. and Penrod, S. 豪雅和潘洛德, 206

Higgott, R. 赫格特, 632

Hirsch, Susan 苏珊·赫希, 563 n. 7, 577

Hirsch, Susan and Lazarus-Black, Mindie 苏珊·赫希和拉泽鲁斯-布莱克, 548, 575

Hobbes, Thomas 托马斯·霍布斯, 524-5, 533, 545

Hoebel, Adamson 亚当森·霍贝尔, 393

Holland see Netherlands 荷兰, 见"荷兰"

Holmes, Oliver Wendell 奥利佛·温德尔·霍姆斯, 2

Honess, T. M., Levi, M., and Charman, E. A. 霍尼斯、列维和查尔曼, 202

Hong Kong, and community policing 香港, 与社区警务, 137

Honig, Bonnie 邦涅·霍尼格, 363

Hughes, Everett 埃弗雷特·休斯, 43

humanitarianism, legal 法律人道主义, 600-1

Hunt, A. 亨特, 83

Hutter, Bridget 布丽奇特·胡特, 219

identity 认同/身份, 471-84, 576

and culture 与文化, 108-9, 273-4, 276, 385, 551, 555, 575, 581

and false consciousness 与虚假意识, 80, 461

and gender 与性别, 276, 471, 475-6, 477-9, 480-1, 573

and immigration 与移民, 362-3

moral 道德的, 339-40, 343-4, 346-7

and race 与种族, 415, 453, 455-7, 458-64, 573

and religion 与宗教, 401-2, 403, 404-5, 573

and sexuality 与性征, 473, 475-9, 488-9, 496-8

ideology and consciousness 意识形态与意识, 80-92

and class 与阶级, 82, 83, 87, 300, 455

classical and contemporary formulations 阶级的与当代的表达, 81-4

and discourse 与话语, 84-5

and the family 与家庭, 256-8

and inequality 与不平等, 80-1, 83-4, 87, 89, 156

and judges 与法官, 37, 180-1, 275, 285, 423, 425

and lawyers 与律师, 147, 149-52, 154, 160-1

in Marx 在马克思的著作中, 17, 24, 32, 81-2, 92

modes of legal ideology 法律意识形态的模式, 85-91

and power 与权力, 80-1, 82-4, 89, 91, 147, 256

and procedural justice 与程序正义, 448

and race 与种族, 453, 455-6, 457, 458, 463

and unification and fragmentation 与统一化和片段化, 89-90

see also consciousness 也见"意识"

Ignatieff, Michael 米歇尔·伊格纳提夫, 582, 601

illegitimacy, and family law 非婚生子女, 与家庭法, 261

immigration 移民, 354-64, 571

categorization 分类,355-6

and domestic pressures 与国内压力,359-62

and identity 与认同,362-3,557-8

and international obligations 与国际义务,356-9

and national security 与国家安全,363-4

and race 与种族,458-9,464

and rights 与权利,580

and social control 与社会控制,131

Immigration Law Practitioners Association 移民法从业者协会,360

imprisonment see prisons 监禁,见"监狱"

incapacitation, and imprisonment 无能力,与监禁,297,303,318-19

independence, judicial 司法独立,197,239,517,615

individualism, and liberalism 个人主义,与自由主义,479,595

individuals 个人

and commodification 与商品化,374-5

and human dignity 与人的尊严,16

and personal legal services 与个人法律服务,8,42,147-8,150,156-60,335

and rights 与权利,63-4,68-9,90,287,397-9

and risk 与风险,293-5,301-2

and society 与社会,19-20,525

and state 与国家,63,64,282,397,525-6,594

Indonesia 印度尼西亚

and alternative policing 与替代性警务,141

and religion 与宗教,403

inequality 不平等

and administrative law 与行政法,49

economic 经济的,330,333,338-9

and fairness 与公正,438-40

and ideology 与意识形态,80-1,83-4,87,89

and justice 与正义,330,332-4,338,346,529-30

and law 与法律,32,529

and legal profession 与法律职业,41-3

and race 与种族,453,455,458

information economy 信息经济

and globalization 与全球化,605

and intellectual property rights 与知识产权,375-7

and politics of inclusion and exclusion 与包容的政治和排外的政治,382-5

and protection of public domain 与保护公共领域,385-7

institutionalism 制度主义

"historical" "历史的",185

"new" "新的",69-70,343

insurance, and risk 保险,与风险,298-301,304,305

International Accounting Standards Committee 国际会计标准委员会,631

International Association of Chiefs of Police 警察长官国际协会,133

International Court of Justice 国际法院,577

International Criminal Court 国际刑事法院,571,581,599-600

International Monetary Fund 国际货币基金组织,74,122,577-8

International Standards Association 国际标准协会,631

International Treaty on Plant Genetic Resources (2001)《植物遗传资源国际条约》(2001),386

International Tribunal for the Former Yugoslavia

前南斯拉夫国际法庭,571,589,599
Interstate Commerce Commission（US）（美国）州际商业委员会,48
Ireland, and juries 爱尔兰,与陪审团,197
Irigaray, Luce 露西·伊利格瑞,477-8,483
Israel 以色列
 and colonial law 与殖民法,576
 and community policing 与社区警务,137
 and democracy 与民主,531
 and land settlement 与土地规划,88
 and religion 与宗教,396,401,402-3
 and social movements 与社会运动,513,516,532
 and social science in legal decision making 与法律决策中的社会科学,410,414,419-20,425-7
Italy 意大利
 and compliance 与合规,115
 and legal delay 与法律迟延,113,117,120-1,123-5
 and tenure of judges 与法官任期,177
 and welfare 与福利,339

Jackson, Robert 罗伯特·杰克逊,310-12,592
Jacob, Herbert 赫伯特·雅各布,38,255
Japan 日本
 and community policing 与社区警务,137,138
 and corporate lawyers 与公司律师,154
 and democracy 与民主,531,532
 and juries 与陪审团,208
 and legal transfer 与法律迁移,122
 and litigation 与诉讼,117,516
 and regulation 与规制,215,223,224
 and welfare 与福利,339
Jazi, Peter 彼得·杰兹,370

Jefferson, Thomas 托马斯·杰弗逊,370
Jenness, Valerie and Broad, Kendal 瓦莱丽·杰尼斯与肯德尔·布罗德,495
Jenness, Valerie and Garttet, Ryken 瓦莱丽·杰尼斯与雷肯·格拉特,495
Johnson, L. B. 约翰逊,310,315,316,529
Joint Council for the Welfare of Immigrants（UK）（英国）移民福利联合委员会,360
Joseph, Paul 保罗·约瑟夫,101
judges 法官,170-88
 and access to courts 与诉诸法院,179-82
 accountability 可问责性,177
 background and ideology 背景与意识形态,37,180-1,275,285,423
 and backlash jurisprudence 抵制性法学,280-2,283,284-5
 and bail system 与保释制度,313-14
 comparative studies 比较研究,171,177-9
 and decision making 与决策,34,36-7,96,171,177,184-7,275,311
 and juries 与陪审团,43-4,196,200
 and law and politics 与法律和政治,274-6,280
 lay 外行的,197
 limitations on judicial power 司法权力的限度,183-4
 and mass media 与大众媒体,100
 methodology 方法论,174-5
 research issues 研究问题,36-7,171-2
 selection and retention 遴选与任期,171,175-9,178,297,517
 and social science role 与社会科学作用,410-29
 theory 理论,173-4
 see also courts 也见"法院"
juries 陪审团,97,195-208

and attitudes 与态度, 203
and bias 与偏见, 195-6, 198-9, 207, 423-4
civil 民事的, 197, 198, 199, 200, 203, 205, 206-7
criminal 刑事的, 197-8, 199, 200, 207
in current debate 在当前的论辩中, 198-9
de mediatate linguae 调解式的, 196
and death penalty 与死刑, 199, 202, 203, 206, 423-4
in early studies 在早期研究中, 33, 200-1
future research 未来的研究, 207-8
and group decision processes 与小组决定过程, 43-4, 204-5
historical and comparative study 历史的与比较的研究, 196-9
and judges 与法官, 43-4, 196, 200
reform 改革, 205-7
research findings 研究发现, 43-5, 202-4, 206, 207-8
selection 遴选, 199, 203-4, 205-6
simulation methodology 模拟方法, 201-2, 204-5
size 规模, 202, 205
women and minorities on 女性与少数族群, 199, 203, 206
jurisprudence 法理学
backlash 抵制的 271-5, 278, 279-82, 283-6, 334-5, 516
liberal 自由主义的, 271-6
outsider 局外人的, 271-3, 274, 276-9, 280-1, 287
jurors *see* juries 陪审员, 见"陪审团"
justice 司法
actuarial 精确的, 296-7
conciliatory 调解的, 570
and critical lawyers 与批判型律师, 161

distributive 分配的, 65, 436, 437-40
and human rights 与人权, 590-3
and poverty 与贫困, 330-47
procedural 程序的, 87, 397, 435-49
and relative deprivation 与相对剥夺, 437
research 研究, 437-43
as socially constructed 作为社会建构的, 436
substantive 实质性的, 32, 38, 65, 69, 76, 533
transitional 转型的, 581, 582, 599-601
see also criminal justice; inequality 也见"刑事司法";"不平等"

Kagan, Robert A. 罗伯特·卡根, 49
Kahn, Alfred 阿尔弗雷德·卡恩, 224
Kahn, Paul W. 保罗·卡恩, 555-6
Kahn, Ronald 罗纳德·卡恩, 185
Kalven, Harry Jr. and Zeisel, Hans 哈里·卡尔文和汉斯·蔡泽尔, 44, 45, 117, 200, 202, 204-5
Kant, Immanuel 伊曼努尔·康德, 395
Kaplan, M. 卡普兰, 495-6
Katsh, Ethan M. 埃森·卡什, 91
Katz, Jonathan N. 乔纳森·卡茨, 488-9
Katz, M. B. M. B. 卡茨, 338, 345
Katzenbach v. McClung 卡岑巴赫诉麦克伦案, 282
Keck, M. E. and Sikkink, K. 克科和希克金科, 73, 511, 515
Kelsen, Hans 汉斯·凯尔森, 533
Kennedy, Anthony 安东尼·肯尼迪, 176
Kennedy, J. F. 肯尼迪, 316, 332
Kennedy, Robert 罗伯特·肯尼迪, 323 n. 5
Keohane, R. O., Moravcsik, A., and Slaughter, A.-M. 科汉、莫拉维克希克和斯劳特

631

Kerner Commission (US) (美国)肯纳委员会, 332,529

Kieslowski, Krzysztof 克日斯托夫·基耶斯洛夫斯基,103

King, Gary, Keohane, Robert O., and Verba, Sidney 加里·金、罗伯特·科汉和希尼·维尔波,173

King, Rodney 罗德尼·金,99,142

Kitzinger, Carol 卡罗尔·凯辛格,489

Klein, Naomi 内奥米·克雷恩,379,381

Knight, Jack and Epstein, Lee 杰克·奈特和李·爱泼斯坦,187

knowledge 知识
    and ideology 与意识形态,81,86
    local 当地的,19,118,315,404
    and power 与权力,20,147,317,376,412, 535-6,548

Korean Republic, and selection of judges 韩国,与法官遴选,177

Kozinski, Judge 科金斯基法官,419,420,423

Krasner, S. 克拉斯纳,626

Kritzer, H. M. 克里泽,159-60

Kuhn, Thomas 托马斯·库恩,418,601

Kulturkampf "文化斗争",272,283

Kumho Tire 锦湖轮胎案,419

Kymlicka, Will 维尔·金里卡,65,362-3

labor market, and inequality 劳动市场,与不平等,330,338-40,341,343,345

LaFave, Wayne 维尼·拉法维,312,323 n.4

Landy, David and Aronson, Ellott 大卫·兰迪和埃里奥特·阿伦森,201-2

Langdell, Christopher 克里斯托弗·兰德尔,151

Lange, David 戴维·兰杰,370

language, legal 法律语言,162
    and ideology 与意识形态,87-8

Larson, Magali Sarfatti 马格利·萨法尔蒂·拉尔森,43,146

Latinos 拉美裔人
    and antidiscrimination 与反歧视,277
    and police 与警察,136

law 法律
    administrative 行政的,47-50,122, *see also* regulation 也见"规制"
    appropriation of social science 社会科学的适用,414-21
    as autonomous 作为自治的,21,533,538
    colonial 殖民地的,197,569-76
    as constitutive 作为建构性的,24
    customary 习俗性的,547,569,572-3,576-7,596
    and democracy 与民主,24,26-7,523-39
    and economics 与经济,5,280,318,413,528
    as endogenous 作为内生性的,232,238-46
    and enforcement 与执行,47-50,132-5,137,595-7
    and ethnography 与民族学,39,42-3,372,545-61
    as exogenous 作为外生性的,233,238,245
    and globalization 与全球化,22,25-7,123,125,554,570-1,577-9,582,590,600-1,624-30
    and impact of race 与种族影响,462-4
    international 国际的,73-4,554,571,577-8,581-3,589,591-602,633
    and internationalization of legal fields 与法律领域的国际化,625-6
    managerialization 管理化,240,241-3
    and modernity 与现代性,32-3,35,43,122

and morality 与道德, 23, 24, 26, 161, 527
and nation-states 与民族国家, 1, 25-7
natural 自然(法), 23, 395, 420, 495, 533, 577
neonatural 新自然(法), 526, 527
and organizations 与组织, 231-2, 244-5
and politics 与政治, 527, 531-3, 538
in popular culture 在大众文化中, 95-109, 372, 500
postcolonial 后殖民的, 569-71, 576-81
and poverty 与贫困, 331-47
private 私(法), 153
reflexive 反思性的, 536, 629
and religion 与宗教, 392-4, 395-405
as shaped by race 受种族影响的, 462-4
and social change 与社会变迁, 3-4, 19-23, 39, 187, 255-67, 334
social construction 社会建构, 68, 233
and social construction of race 与种族的社会建构, 453, 457-62
social functions 社会功能, 23-4, 27, 39
and social movements 与社会运动, 45-6, 64, 506-19
and social relations 与社会关系, 41
and social theory 与社会理论, 15-27, 33, 526
soft 软(法), 630-1
theory 理论, 50, 533-4
and violence 与暴力, 496-9
see also authority; law and society; reform, legal 也见"权威"、"法律与社会"、"法律改革"
The Law & Society Review《法律与社会评论》, 6, 332, 456, 491-4
law in action 行动之法, 31-2, 35-41, 50, 114, 335

and accountability 与可问责性/责任, 524, 529
and administrative law 与行政法, 47-50
and human rights 与人权, 590, 595-7
and juries 与陪审团, 43-5
and lawyers 与律师, 41-3
and legal realism 与法律现实主义, 2-3, 33-4
and legal reform 与法律改革, 612-16, 617
and policing 与警务, 45-7
see also courts; juries; lawyers; police; policing; regulation 也见"法院"、"陪审团"、"律师"、"警察"、"警务"、"规制"
Law Enforcement Assistance Administration (LEAA; US)(美国)《执行援助管理法》, 316
law maintenance, and law and order 法律维护, 与法律和秩序, 46-7, 132-5
law and order 法律与秩序
international comparisons 国际比较, 119
and law maintenance 与法律维护, 46-7, 132-5
and lesbian and gay sexuality 与女同性恋和男同性恋, 497
and war on crime 与打击犯罪, 315-22
Law and Social Inquiry《法律与社会调查》, 6, 456
law and society 法律与社会
and critical race theory 与批判种族理论, 66-7, 277, 453-65
definitions 定义, 7
and feminism 与女权主义, 484
fragmentation 片断化, x, 6-8, 33-4
and governance 与治理, 5-6
institutionalization 制度化, 6, 32-5
and interdisciplinary studies 与跨学科研

究,6-7
interpretive turn 解释学转向,67,68
and legal reform 与法律改革,612-16
and Marxian theory 与马克思主义理论,53 n.10
and social theory 与社会理论,1-2,8,18,31
and war on crime 与打击犯罪,315-22
see also methodology; postrealism; realism, legal 也见"方法论"、"后现实主义"、"法律现实主义"

Law and Society Association 法律与社会学会,3,6,39,491
Lawrence v. Texas 劳伦斯诉得克萨斯州案,283
lawyers 律师
 and adversary process 与对抗程序,320-1
 background and education 背景与教育,37,42-3,148,150,151,156
 cause 事业型的 66,72,148,160-2,515,532,590
 corporate 公司型,147-8,150,151-6: in-house 内部(律师),153,154-5,234,240,243; women and minorities as 作为(律师的)女性与少数族群,148,155-6
 and criminal justice system 与刑事司法制度,310
 defense 辩护,314,320-1,332-3
 and divorce law 与离婚法,43,492
 entrepreneurial 企业的,158-9,160
 government 政府,148
 and ideology 与意识形态,147,149-52,154,156,160-1
 and immigration law 与移民法,360,361-2
 income 收入,156
 as independent counselors 作为独立顾问,152-3,154
 and market control 与市场控制,148-9
 monopoly powers 垄断权力,149
 motivations 动机,148-50
 and organized bar 与组织化律师界,149-52
 and paraprofessionals 与辅助专业人员,159-60
 and personal legal services 与个人法律服务,38,42,147-8,150,156-60,333,335
 in popular depictions 在大众印象中,102-3
 and professional authority 与职业权威,36,146-63,198
 research issues 研究问题,41-3
 solo practitioners 个体职业律师,38,41-2,152,156
 and specialization 与专业化,150,151,153-4,159-60,626
 Wall Street 华尔街,42
 women as 作为(律师的)女性,42,148,155,160

Lazarus-Black, Mindie 麦迪·拉泽鲁斯-布莱克,575
Leach, Edmund 埃德蒙·利奇,560
legal aid 法律援助
 and family law 与家庭法,259
 and immigration law 与移民法,360-1
legal studies 法律研究
 popular 大众的,95-101,105-7
 and social theory 与社会理论,18-20
legality 法制
 alternative 可替代的,571
 colonial and postcolonial 殖民与后殖民的,570,578-9,582-3
 and democracy 与民主,526-8,530-1,534-6,538
 emancipatory democratic 解放型民主的,528,534-6,537,538-9
 global 全球的,581,582

and legal authority 与法律权威,23-5
liberal 自由主义的,330-1,332-5,341,373-4,394,528-31,570
and policing 与警务,47
postliberal 后自由主义的,532-7
as situated 特定境况的 30-2,51
and social change 与社会变迁 4,23
social democratic 社会型民主的,533-4
and war crimes tribunals 与战争罪法庭,591-2
legalization, and global governance 法律化,与全球治理,631
legitimation, and legal ideology 正当化/合法化,与合法的意识形态,86-7
Leibniz, Gottfried Wilhelm 戈特弗里德·威廉·莱布尼茨,545
Lemley, Mark 马克·朗里,370
Leventhal, B. and Lundy, S.E. 列维萨尔和伦迪,495
Levine, Felice 菲利斯·莱文,7
Levine and Preston, E. 莱文和普雷斯顿,333
Levinson, Sanford 斯坦福·列文森,xi
lex mercatoria 商人法,578-9,628-9
liberalism 自由主义
 and antidiscrimination law 与反歧视法,271-6,283,286-7
 and cause lawyers 与事业型律师,161-2
 and democratic political theory 与民主政治理论,524-31,535,538
 and family law 与家庭法,257,259
 and feminism 与女权主义,478-9,482
 and individualism 与个人主义,479
 and lawyers 与律师,149
 and legal reform 与法律改革,3
 and legality 与法制,330-1,332-5,341,373-4,394,528-31,570
 and postliberal legality 与后自由主义/法制,532-7
 and religious communities 与宗教社区,393-4,396-400,403-6
 and rights 与权利,64-5,90,239,525-7,528-9,593
 social 社会的,4-5
 as tradition 作为传统,399-403
 transnational 跨国的,404-5
Lipson, Leon and Wheeler, Stanton 里昂·李普森和斯坦顿·威勒,1-2,8,255
litigation 诉讼
 corporate 公司的,42,153,234
 and family law 与家庭法,266
 infrastructural alternatives 基础结构的替代机制,40,115-16,120
 international comparisons 国际比较,115,118-20,220
 "offshore" "海外的",579
 and poverty 与贫困,333
 and rights 与权利,64,65-6,76,534,538
 and social movements 与社会运动,64,71-2,509,511-13,514,515-16,517,531-2
Litman, Jessica 杰西卡·里特曼,370
Llewellyn, Karl 卡尔·卢埃林,3,43
Llewellyn, Karl and Hoebel, Edward Adamson 卡尔·卢埃林与爱德华·亚当森·霍贝尔,39,547
Lloyd-Bostock, S. 劳埃德-波斯托克,202
Lloyd-Bostock, S. and Thomas, C. 劳埃德-波斯托克和托马斯,198-9
Lobel, K. 洛贝尔,495
Locke, John 约翰·洛克,525,545
Lockhart v. McCree 洛克哈特诉麦克里案,202,424-5
Loftus, Elizabeth 伊丽莎白·罗芙图斯,422

索 引

Luban, D. 卢班, 161
Luhmann, Niklas 尼可拉斯·卢曼, 22, 23, 24, 27
Lukes, Steven 斯蒂文·卢卡奇, 535
Lury, Celia 塞利亚·露里, 374
Lynch, David 大卫·林奇, 103
Lyotard, Jean-François 让·弗朗索瓦·利奥塔, 19

Macaulay, Stewart 斯图尔特·麦考莱, 40, 234, 341-2
MacIntyre, Alasdair 阿拉斯代尔·麦金太尔, 401-2
Mack, K. W. 迈克, 456-7, 458, 459-60, 463-4
MacKinnon, Catharine A. 凯瑟琳·麦金农, 479, 480
Madow, M. 马多, 375
Mapp v. Ohio 马普诉俄亥俄州案, 53 n. 13, 310
Marcus, George 乔治·马库斯, 550, 552, 558, 560
Marcus, George and Fisher, Michael 乔治·马库斯与米歇尔·费什, 548
marriage 婚姻
 and family 与家庭, 255, 257, 260-1
 and heterosexuality 与异性恋, 492
 and same-sex relationships 与同性关系, 72, 260, 264, 284
Marshall, Hon. Thurgood, 瑟古德·马歇尔, 281
Marx, Karl 卡尔·马克思, 16, 17, 24, 32-3, 35, 232
 and class 与阶级, 17, 82, 232
 German Ideology《德意志意识形态》, 81-2
 and law 与法律, 533
 and religion 与宗教, 396, 400
Masell, Gregory 马塞尔, 575

Mather, Lynn, McEwen, Craig A., and Maiman, Richard J. 莱恩·马瑟、克莱格·A.麦克伊文和里查德·J.梅曼, 43, 157-8, 160, 163-4 n. 6
Mauss, Marcel 马塞尔·毛斯, 16
Maxwell v. Bishop 马克斯韦尔诉比绍普案, 424
McCann, Michael W. 迈克尔·迈卡恩, 70, 71-2, 187
McCann, Michael W. and March, T. 迈克尔·迈卡恩和马奇, 336, 337
McCleskey v. Kemp 麦克莱斯基诉肯普案, 320, 322, 424
McGuire, Kevin T. and Caldeira, Gregory A. 凯文·T.迈克圭尔和格列高利·A.卡尔德拉, 181
McLeod, Kembrew 坎布鲁·麦克列奥德, 370-1
McLuhan, Marshall 马歇尔·麦克卢汉, 97, 98
McPherson v. Buick Motor Co. 麦克弗森诉别克汽车公司案, 298
Mead, William 威廉·米德, 196
meaning 意义
 and ideology 与意识形态, 80-1, 84-5, 86, 88-9, 92
 and legal culture 与法律文化, 118-19
 in organizations 在组织中, 241, 244-5
 and popular culture 与大众文化, 95, 100, 101, 104-7, 108-9, 375
 and trademarks 与商标, 372
media 媒体
 and juries 与陪审团, 207
 and rights claims 与权利诉求, 511, 515
 visual 视觉的, 97-100, 101-3, 104-5, 107-9, 121, 380
 see also culture, popular 也见"文化","大众的"
mediation 调解, 120, 536

and fairness 与公正, 445

and family law 与家庭法, 259, 266, 440

medicine, and risk 医疗, 与风险, 283-5

"Megan's Laws"《梅甘法》, 297

Menendez, Eric and Lyle 埃里克·默南德兹和莱尔·默南德兹兄弟, 95

Meritor Savings Bank v. Vinson 梅里托储蓄银行诉文森案, 244

Merry, Sally Engle 萨莉·恩格尔·梅丽, 83, 476, 497

Merton, Robert K. 罗伯特·默顿, 40

Mertz, E. 莫茨, 88

Messick, D. M. et al. 莫斯克等, 438-9

Methodology 方法论, 411-14, 416-19, 422, 424, 428

 and anthropology 与人类学, 41

 and Chicago School 与芝加哥学派, 43, 200

 empirical *see* empiricism 经验的, 见"经验主义"

 and ethnography 与民族学, 546, 548, 550, 552-4, 562 n. 3

 observational studies 观察研究, 133, 143, 200, 549

 and postsocialist reform 与后社会主义改革, 612-16

 pragmatic 实用主义的, 2, 4, 32, 34-5, 330-1, 413, 418

 qualitative 定性的, 33, 175, 186

 quantitative 定量的, 4, 33, 175, 186, 524

 simulations 模拟, 201-2

 and sociolegal scholarship 与社会-法律研究, 31-41, 50, 464

Meyer, J. W. and Rowan, B. 迈耶和罗温, 233

Meyer, J. W. and Scott, W. R. 迈耶和斯考特, 233

Mikula, G., Petri, B., and Tanzer, N. 米库拉、皮特里和坦泽, 439

Mill, John Stuart 约翰·斯图亚特·密尔, 396, 479

Miller, Barbara 芭芭拉·米勒, 549

Miller, Daniel 丹尼尔·米勒, 549, 555

Miller, Susan L. 苏珊·米勒, 137

Mills, C. Wright 莱特·米尔斯, 528

Mills, Sara 萨拉·米尔斯, 85

Minow, Martha 马撒·米诺, 338, 508, 600

Miranda rights 米兰达权利, 96, 100

Miranda v. Arizona 米兰达诉亚利桑那州案, 53 n. 13, 142-3, 310

mobilization, legal 法律动员, 506, 507-10, 594

 and genesis of social movements 与社会运动的起源, 71, 72, 510-13

 and legacy phase 与遗产的阶段 518-19

 and policy implementation 与政策执行, 516-18

 and policy responsiveness 与政策反应, 515-16

 as political pressure 作为政治压力, 513-15

Mobilization for Youth 动员青年, 332

modernity 现代性

 and ethnography 与民族学, 545-6, 558

 and law 与法律, 32-3, 35, 43, 122

 and religion 与宗教, 392-9, 400, 403

 and risk 与风险, 300-1

 and society 与社会, 16-17

Montada, L. and Schneider, A. 曼塔达和施内德, 439

Montesquieu, Charles de Secondat 查理·德·色贡达·孟德斯鸠, 545, 554

Moore, Erin 艾琳·莫尔, 556-7

Moore, Sally Falk 赛里·法尔克·莫尔, 551

Morag-Levine, Noga 诺加·莫拉格-列维尼, 516

morality 道德
    and law 与法律, 23, 24, 26, 161, 527
    and religion 与宗教, 395
    and risk management 与风险管理, 284-5
Morris, Aldon 埃尔罗尔·莫里斯, 512
movements, social 社会运动
    definitions 定义, 509-10
    genesis 起源, 510-13
    and law 与法律, 506-19
    and legacy phase 与遗产的阶段 518-19
    and legal mobilization 与法律动员, 71, 72, 162, 506, 507-13
    and policy implementation 与政策执行, 516-18
    and policy responsiveness 与政策反应, 515-16
    and rights 与权利, 64, 70-2, 73, 75, 531-2
    transnational 跨国的, 632
    see also civil rights movement 也见"民权运动"
Muller v. Oregon 穆勒诉俄勒冈州案, 414
multiculturalism 多元文化主义, 551
    and feminism 与女权主义, 471, 475
    and immigration 与移民, 362-3
    and religious minorities 与宗教少数群体, 394-5, 397-8
    and selection of judges 与法官遴选, 285
Munger, Frank 弗兰克·芒格, 7
Murphy, Walter 瓦尔特·墨菲, 37

NAACP *see* National Association for the Advancement of Colored People 见"全国有色人种协进会"
Nader, Laura 劳拉·纳德尔, 39, 573, 575
narrative 叙事
    and ideology 与意识形态, 87

    in jury decision-making 与陪审团决定, 204
    in legal discourse 在法律话语中, 96, 98-9, 102, 104
nation-state 民族国家
    and globalization 与全球化, 73, 123, 578-9, 624, 632
    and immigration control 与移民控制, 356-9
    and law 与法律, 1, 25-7
    and legal culture 与法律文化, 120-1
    and regulatory styles 与规制风格, 219-21
    and religion 与宗教, 395-7
    and society 与社会, 16
National Association for the Advancement of Colored People 全国有色人种协进会, 72, 512, 534
nationalism 民族主义
    and ethnography 与民族学, 545
    and religion 与宗教, 396, 400-1
nativism, and immigration 本土主义, 与移民, 355, 362
naturalism, scientific 科学自然主义, 9-10 n. 2
nature, enculturation 自然, 文化濡化, 385-6
Nedelsky, Jennifer 詹妮弗·尼德尔斯基, 477-8
Neier, Aryeh 阿耶·奈尔, 591-2, 597
Neighbourhood Watch programs 相邻守望项目, 138, 296
Nelson, R. L. and Trubek, L. B. 尼尔森和楚贝克, 150
neoliberalism 新自由主义
    and cause lawyers 与事业型律师, 162
    and globalization 与全球化, 402-5, 554, 578, 605, 624, 626
    and human rights 与人权, 162
    and intellectual property 与知识产权, 370-1, 382, 385

and religion and politics 与宗教和政治,
392-3

and risk 与风险,301-2,304,305

neocolonialism, US 美国新殖民主义,286

neoconservatism 新保守主义,316

neocorporatism 新法团主义,531

Netanel, Neil 尼尔·内坦尼尔,370,382

Netherlands 荷兰

and community policing 与社区警务,139

and immigration 与移民,359,361

and judges 与法官,198

and litigation 与诉讼,115,118-19

and regulation 与规制,219

networks, transnational 跨国网络,597,627-8,630

neutrality 中立性

and backlash jurisprudence,与抵制性法学 280

and ethnography 与民族学,550

and gender 与性别,479

and law 与法律,162,554-5,605

and procedural justice 与程序正义,87,397,446,447,455

and religion 与宗教,392

and rights 与权利,66,89,481

and risk-based government 与基于风险的治理,295

and scholarship 与学术,613

New Deal 新政

and backlash jurisprudence, 与抵制性法学,274,276,280-1,285

and lawyers 与律师,152

and welfare provision 与福利条款,345

New World Information and Communication order（NWICO）"世界信息与传播新秩序",384

New Zealand 新西兰

and colonial law 与殖民法律,575

and juries 与陪审团,196,197,201,206,207

and social insurance 与社会保险,299,304

and welfare 与福利,339

NGOs see nongovernmental organizations 见"非政府组织"

Nielsen, L. B. 尼尔森,456

Niemeijer, Bert 伯特·尼迈尔,219

Nikitinsky, Leonid 莱昂尼德·尼金斯基,182

Nixon, Richard M. 理查德·M.尼克松,284

Nonet, Phillipe and Selznick, Philip 菲利普·诺内特和菲利普·塞尔兹尼克,533-4

nongovernmental organizations（NGOs）非政府组织

and globalization 与全球化,629,633

and immigration 与移民,360-1

and regulation 与规制,217

and rights 与权利,73,385,513,517,571,580,596,597

and transition to democracy 与向民主转型,615

Noonan, John 约翰·诺楠,90,92

Norway, and community policing 挪威,与社区警务,138

Nugent, Stephen 斯蒂芬·努根特,561 n.2

Nuremberg trials 纽伦堡审判,311,591-2,599

Nussbaum, Martha 玛特·努斯鲍姆,478-9,480

Oberweis, T. and Musheno, M. 奥伯维斯和穆舍诺,456

O'Connor, Alice 爱丽丝·奥康纳,331,333,346

Office of Economic Opportunity（OEO；US）（美国）经济机会署,332,534

Okin, Susan 苏珊·欧金,478-9

Olson Rogers, Kirtine 柯尔汀·欧森·罗杰斯, 492-3
Omnibus Crime Control and Safe Streets Act (US; 1968)（美国）《综合犯罪控制和街道安全法》, 315, 317, 322
order, social 社会秩序
 and democracy 与民主, 524-5
 and policing 与警务, 46-7, 132-5
 and professions 与职业, 146
 and time 与时间, 559-60
 and welfare 与福利, 344
Orentlicher, Diane 戴安妮·奥伦特里彻, 596
organization theory 组织理论, 232-3, 245
 neoinstitutional 新制度主义的, 233
organizations 组织
 and affirmative action 与平权行动, 237
 and compliance professionals 与合规职业者, 239-41
 constitutive legal environment 建构性法律环境, 236-8
 and constructions of law 与法律的建构, 244-5
 cultural perspectives 文化论视角, 234-6, 237, 245, 246
 and dispute resolution 与纠纷解决, 234, 239, 242
 and endogeneity of law 与法律的内生性, 232, 238-46
 facilitative legal environment 与便利性法律环境, 234-5
 and framing of legal issues 与法律问题的结构化, 243-5
 and grievance procedures 与申诉程序, 244
 and in-house counsel 与内部法律顾问, 153, 154-5, 234, 240, 243
 and judicial deference 与司法尊重, 244-5
 and the law 与法律, 38, 42, 231-46
 and litigation 与诉讼, 153, 234
 and managerialization of law 与法律的管理化, 240, 241-3
 materialist perspectives 唯物论观点, 234-6, 237, 245
 as open systems 作为开放系统, 232-3
 regulatory legal environment 规制性法律环境, 212, 231, 235-6
 and rights 与权利, 69-70
 theoretical frames 理论框架, 231, 232-3
 see also competition 也见"竞争"
Orientalism 东方主义, 114, 556, 577
"other" "他者"
 and colonial law 与殖民地法律, 569, 572, 582
 and orientalism 与东方主义, 114
 racialized 种族化的, 343-4, 460, 464
 sexual 性的, 488, 489-90, 493, 494
Otto, Diane 戴恩·奥托, 578
Out Crits *see* jurisprudence, outsider, 批判性局外人法学, 见"局外人法学"

Packer, Herbert 赫伯·帕克, 313, 317
Palsgraf v. Long Island Railroad Company 帕尔斯格拉夫诉长岛铁路公司案, 90-1, 92
paraprofessionals, and lawyers 辅助性专业人员, 与律师, 159-60
Parekh, Bhikhu 比克胡·帕内克, 362
parenthood, redefinition 父权, 重新定义, 261-3, 266-7
Paris, Michael 米歇尔·帕里斯, 515
Parsons, Talcott 塔尔科特·帕森斯, 17, 22, 41
participation 参与
 and democracy 与民主, 526
 and procedural justice 与程序正义, 445

see also juries 也见"陪审团"
Pashukanis, Evgeni 埃弗根尼·帕舒卡尼斯, 374
patent protection 专利保护, 369, 374, 375, 376-7, 378, 382
Paternoster, R. et al. 帕特诺斯特等, 442
patriarchy 父权制
 and family law 与家庭法, 256, 266
 and poverty 与贫困, 338, 344
Patterson, Lyman Ray 莱曼·雷·帕特森, 370
Patterson v. McLean Credit Union 帕特森诉麦克里恩信用合作社案, 281-2
Peacock, James L. 詹姆斯·皮科克, 550
Peller, Gary 加里·彼勒, 9-10 n. 2, 10 n. 3
Penn, William 威廉·潘, 196
Pennington, N. and Hastie, R. 潘宁顿和哈斯提, 204
Perry, H. W. 佩里, 180, 181
personal injury lawyers 人身伤害业务律师, 158, 159
Phelan, S. 费兰, 495-6
Philippines, and alternative policing 菲律宾, 与替代性警务, 141-2
Pinochet, Augusto 奥古斯托·皮诺切特, 599, 600
Piven, Frances F. and Cloward, Richard A. 弗朗西斯·F.皮温和理查德·A.克劳沃德, 511-12, 529, 530
Plane, A. M. 普雷恩, 456-7, 458, 460-1
Plant Genetic Resources, International Treaty (2001)《植物遗传资源国际条约》(2001), 386
plea bargaining 辩诉交易, 37, 123, 198, 445
Plessy v. Ferguson 普莱西诉弗格森案, 414, 461, 464
pluralism, legal 法律多元主义, 49, 149

 and colonial law 与殖民地法律, 557, 569-71, 576, 577-8, 583
 global 全球的, 571, 629-30
 and law and society research 与法律与社会研究, 18, 569-70
 and religion 与宗教, 393, 399-400, 405
 and social theory 与社会理论, 18
pluralism, political 政治多元主义, 528-9, 532, 534
police 警察, 131-44
 centralized/decentralized 中心化的/去中心化的, 131-2, 138-9
 and citizens 与公民, 46-7, 135-42
 controlling 控制, 133, 142-3
 and crime prevention 与犯罪预防, 295-6
 definition 定义, 131
 and firearms 与枪炮, 134
 liaison officers 联络官, 138
 powers of search and seizure 搜查与扣押的权力, 312-13
 transnational comparisons 跨国比较, 132
 use of violence 暴力的使用, 312, 321, 344
policing 警务, 131-44
 alternative 替代的, 141
 and civil rights movement 与民权运动, 45-6
 community 社区, 134, 137-40, 296, 321
 and law and order 与法律和秩序, 46-7, 132-5
 and minorities 与少数族群, 47, 133, 135, 136-7, 138-9
 nonstate 非国家的, 131, 140-2
 problem-solving 解决问题的, 321
 and race 与种族, 47, 133, 136-7
 and research issues 与研究问题, 45-7
 risk-based 基于风险的, 294, 298

as situated 特定情境的,47,53 n. 13
and war on crime 打击犯罪,321
policy 政策
 and backlash jurisprudence,与抵制性法学 279-82
 on immigration 关于移民的,355
 implementation 执行,516-18,530
 and social science 与社会科学,4,331-2
 welfare 福利,340-1,346
political science, and courts 政治科学,与法院,34,38
political theory 政治理论
 and accountability 与可问责性,524,526-8
 and law and democracy 与法律和民主,524-8
 and legality 与法制,526
 liberal 自由主义的,64-5,525-8
 and rights 与权利,64-5
politics 政治
 and antidiscrimination backlash 与反歧视抵制,274-5,279-86,334-5,516,518
 and cause lawyers 与事业型律师,161-2,532
 and decline of the social 与社会的衰落,19-20
 of the family 家庭的(政治),256
 and growth of regulation 与规制的发展,216-17
 of identity 认同的(政治),282,286,471,495,496-9,558
 and judges 与法官,274-6,280
 and judicial appointments 与司法任命,38
 and law 与法律,527,531-3,538
 and legal realism 与法律现实主义,2,3,8,275
 majoritarian 多数主义者,283-4,394,427

and regulatory effectiveness 与规制的有效性,217-19
and religion 与宗教,392-4
of resistance 抵抗的(政治),336-7,346-7
of rights 权利(政治),347,531-2,533-4
and risk 与风险,292
symbolic 符号的,217-18,344,509
and violence 与暴力,590-3
Polletta, Francesca 弗朗西斯科·波利塔,456-7,458,461-2
Pollis, Adamantia 阿达曼蒂亚·波利斯,601
pollution 污染
 as global risk 作为全球风险,300
 regulation 规制,216,218,221,224
Popper, Karl 卡尔·波普尔,417-18
positive political theory 实证政治理论,173-4
positivism 实证主义
 and law 与法律,2-3,32,51-2 n. 2,86,453,455,464,495,507,524
 logical 逻辑的,417
 and rule of law 与法治,526-7,533
 and transition to democracy 与向民主转型,613
postcolonialism, and law 后殖民主义,与法律,569-71,576-81
postliberalism 后自由主义,276,532-7
postmodernity 后现代性
 and emancipatory democracy 与解放型民主,534-6
 and law 与法律,19,23-5,122,571
 and popular culture 与大众文化,103,106
postrealism, in law and society 后现实主义,在法律与社会研究中
 scholarship 学术,4-9,44
post-structuralism 后结构主义
 and critical lawyering,与批判型律师业务,

161
    and family law 与家庭法, 257
    and feminism 与女权主义, 471-2, 473, 474-7
    and sexuality 与性征, 494, 495
Poulantzas, N. 普兰查斯, 83
Poverty 贫困, 330-47
    and agency 与机构, 336-7
    of children 与儿童, 264, 266
    and citizenship 与公民权, 338-40
    and deserving poor 与应获得救济的穷人, 339, 344, 346
    and governance 与治理, 343-5, 346-7, 529
    and justice 与司法, 330-47
    and law 与法律, 331-47
    and legal consciousness 与法律意识, 331, 333, 334-7, 347
    and politics 与政治, 337, 343, 345, 346, 529-30
    and race 与种族, 256-7, 331-2, 339, 343-4
    and rights 与权利, 332-4, 338-9
power 权力
    and cause lawyering, 与事业型律师业, 160-1
    and culture wars, 与文化战争, 272
    and democracy, 与民主, 535, 633
    and dissimulation, 掩饰, 87-9
    economic 经济的, 214-15, 221, 382
    and family law 与家庭法, 256, 265, 266-7
    in Foucault 在福柯的理论中, 20-1, 25-6, 84, 147, 317
    and ideology 与意识形态, 80-1, 82-4, 89, 91, 147, 256
    and intellectual property 与知识产权, 375-6, 382
    judicial, limitation 司法（权力）的限度, 183-4
    and knowledge 与知识, 20, 147, 317, 376, 412, 535-6, 548
    legitimization 正当化/合法化, 86-7
    political 政治的, 221, 528-9
    professional 职业的, 146-63
    rhetorical 修辞的, 426-7
    social construction 社会建构, 147-8, 152
pragmatism, and social science 实用主义，与社会科学, 2, 4, 32, 34-5, 330-1, 413, 418
precedent, and legal decision making 先例，与法律决定, 37, 185-7, 282, 591
President (US), and selection of judges（美国）总统，与法官遴选, 176
pretrial release see bail system 取保候审，见"保释制度"
prisons 监狱
    and deterrence 与威慑, 318-19
    and incapacitation 与无能力, 297, 303, 318-19
    private 私人的, 140
    and rehabilitation 与改造, 314-15
    and risk management 与风险管理, 297
    studies 研究, 317
    and women 与妇女, 492-3
Pritchett, C. Herman 赫曼·普利切特, 37
privatization 私有化
    economic 经济的, 610-11
    and family law 与家庭法, 263-5
    and police 与警察, 140-1
    and religion 与宗教, 394, 396
    and welfare 与福利, 342, 345
procedural justice 程序正义, 87, 435-49
    and death penalty 与死刑, 199, 423
    and dignity and respect 与尊严和尊重, 439, 447

and distributive justice 与分配正义, 438-40

and fairness 与公正, 436-7, 440-9, 455

and internalized values 与内在价值, 443-4

limits to effectiveness 效果的有限性, 447-9

and neutrality 与中立性, 397, 446, 447, 455

and participation 与参与, 445

research 研究, 435, 440-3

and trustworthiness of authorities 与权威的可信性, 446-7

see also due process 也见"正当程序"

professionalism 职业主义

and compliance 与合规, 239-41

functionalist studies 功能主义研究, 146-7

future research 未来考察, 163

and lawyers 与律师, 36, 41-3, 146-63, 198

and social action 与社会行动, 146-7

and social science 与社会科学, 4, 31

professionalization 职业化

of law and society research 法律与社会研究, 31, 34-47

of regulatory officials 与规制官员, 224-5

property, intellectual 知识产权, 122, 237, 369-87, 558

and commodification of culture 与文化的商品化, 369-75

and globalization 与全球化, 73, 379, 381, 382-6, 579, 626

and politics of inclusion and exclusion 与包容的政治和排斥的政治, 382-5

as social control 作为社会控制, 375-8

see also branding; copyright; patent protection; trademarks 也见"品牌"、"著作权"、"专利保护"、"商标"

property, private 私有财产, 609, 610, 615

prosecution, studies 起诉, 研究, 321

prostitution 卖淫, 482

Pruitt, D. G. et al. 普鲁伊特等, 441

psychology 心理学

and competing theories 与竞争理论, 421-2

and "false memory" 与"错误记忆", 422-3

and jury decision making 与陪审团决定, 201-2, 204

and procedural justice 与程序正义, 33, 435-49

public interest law see cause lawyers 公益法律, 见"事业型律师"

publicity rights 知名权, 369-70, 374

queer legal studies 酷儿法律研究, 277, 454, 494

Quiggin, J. 奎金, 626

race 种族

and class 与阶级, 136, 343, 458-60, 573

and colonial law 与殖民地法律, 569, 572-5, 576-7, 583

and criminal justice 与刑事司法, 321-2

and gender 与性别, 459-60

in law and society scholarship 在法律与社会研究中, 456-7

and legal consciousness 与法律意识, 335

and policing 与警务, 47, 133, 135, 136-7

and poverty 与贫困, 256-7, 331-2, 337, 339, 343-4

and racial profiling 种族脸谱, 136-7, 321

as shaping law 作为改变法律的(因素), 462-4

social construction 社会建构, 453, 457-62

see also critical race theory 也见"批判种族理论"

racism 种族主义

and antidiscrimination law 与反歧视法, 455

and death penalty 与死刑, 319, 320, 419,

423-4
 and education 与教育, 414
 institutional 制度的, 103, 455
 and poverty 与贫穷, 338
 see also critical race theory 也见"批判种族理论"
Rainwater, Lee 李·雷恩沃特, 343
Rajchman, John 约翰·拉奇曼, 95
rape 强奸, 322, 473, 480
rational choice theory 理性选择理论
 and justice 与司法, 436, 443-4
 and religion 与宗教, 400
 and risk-based government 与基于风险的治理, 294
rationality 理性
 in Habermas 在哈贝马斯的理论中, 24-5, 27
 legal 法律的, 17, 32, 237, 241, 410
 practical 实践的, 412
 and religion 与宗教, 400
 scientific 科学的, 418
Rawls, John 约翰·罗尔斯, 478-9
Raz, Joseph 约瑟夫·拉兹, 398, 401
Reagan, Ronald 罗纳德·里根, 5, 97
 and backlash jurisdiction 与抵制性司法, 283, 284
 and regulation 与规制, 219, 223-4
 and selection of judges 与法官遴选, 176
 and war on crime 打击犯罪, 316
realism, legal 法律现实主义, 8, 427-9, 507
 and critical legal studies 与批判法学研究, 275, 331
 and intellectual property 与知识产权, 374
 and law in action 与行动之法, 2-3, 31, 32, 33-4, 37, 50
 "new" "新(法律现实主义)", 428-9
 and sociolegal scholarship 与社会-法律研究, 2-4
Reed, Douglas 道格拉斯·里德, 108, 515
reform, legal 法律改革, 2, 3, 528-32, 634
 and courts 与法院, 313-14
 and criminal justice system, 与刑事司法制度, 309-10, 313, 317-22
 and economic development 与经济发展, 605-17
 and juries 与陪审团, 205-7
 in law and society research 在法律与社会研究中, 612-16
reform, social 社会改革, 64
Refugee Legal Centre (UK) (英国)难民法律中心, 360
refugees 难民, 355, 356-61, 571
Regents of University of California v. Bakke 加利福尼亚大学董事会诉巴克案, 274
Regulation 规制, 21-2, 23, 212-25
 and capture theory 与捕获理论, 217-18, 236
 and compliance 与合规, 49, 50, 222, 235-6
 and discretion 与自由裁量权, 48-9, 50
 economic 经济的, 214-15
 and enforcement 与执行, 47-50, 213, 218-19, 220, 221-3, 224-5, 235
 and the family 与家庭, 255-67
 and future research 与未来的研究, 225
 and globalization 与全球化, 217, 225, 382-3, 628
 and immigration 与移民, 355, 356, 357
 and lawyers 与律师, 148
 as legal process 作为法律程序, 221
 national styles 民族风格, 219-21
 officials 官员, 219-20, 223-5
 and organizations 与组织, 212, 231, 235-6

and politics 与政治,216-19
private 私有的,213
protective 保护性的,213-14,215-16
as social process 作为社会过程,221
transnational 跨国的,25-7,227,578-9
rehabilitation, and imprisonment 改造,与监禁,314-15
Rehnquist, William 威廉·伦奎斯特,185,280,418,424-5
Reich, Charles Alan 查尔斯·艾伦·赖克,332,334
Reichmann, N. 赖克曼,292
reification 物化,90-1
Reiss, Albert J. 阿尔伯特·雷斯,46
relativism, cultural 文化相对主义,394,398,402,406,475,595
religion 宗教,392-406
 and communitarianism 与社群主义,393,399-403
 fundamentalist 原教旨主义的,400,401,402,403-6
 and identity 与认同,401-2,403,404-5,573
 and legal categorization 与法律分类,395-9
 and liberalism 与自由主义,393-4,396-400,403-5
 and modernity 与现代性,392-9,400,403
 and politics 与政治,392-4
 privatization 私有化,394,396
reparations, in outsider criticism 补偿,在局外人批判理论中 278
resistance 抵抗
 and civil rights 与民权,460,531-2,557
 and colonial law 与殖民法,575-6,577
 feminist 女权主义,478
 gay and lesbian 男同性恋与女同性恋,496-7

and information economy 与信息经济,379-80,381-2,385-6,404-5
and popular culture 与大众文化,103,106,108
and poverty 与贫困,336-7,346-7
religious 宗教的,400-1,403-5
and risk-based government 与基于风险的治理,295
respect, and procedural justice 尊重,与程序正义,439,447
Rifkin, Jeremy 杰里米·里夫金,375-8,382
rights 权利,63-75,330-47,589-602
 against torture 反酷刑,356-7,363,580,596-7
 and backlash jurisdiction 与抵制性法学,281-7,334-5,516
 comparative and transnational studies 比较的与跨国的研究,73-4
 consciousness 意识,64,76,508,510-12,518
 and Critical Legal Studies 与批判法学研究,65-6,90,275-6,287,461-2
 and critical race theory 与批判种族理论,66-7
 definition 定义,593
 and democracy 与民主,524,525-6,528,530
 and duties 与义务,65
 empirical tests 经验调查,67-74
 and equality 与平等,63-4
 and family law 与家庭法,256
 to family life 与家庭生活,357,360,361,362
 first generation 第一代,64,525-6,533
 gap between law and enforcement 法律与执行之间的差距,516-18,595-7,600

and gender 与性别, 480-2, 598-9
of indigenous peoples 原住民的 556, 580-1
and individuals 与个人, 63-4, 68-9, 90, 287, 397-9, 580
international 国际的, 358, 387, 531, 555, 571, 577, 579-81, 582-3, 589-602, 630
and law and society 与法律与社会, 24, 590, 601-2
and legal mobilization 与法律动员, 507-8, 594
and liberalism 与自由主义, 64-5, 90, 239, 525-7, 593
and movements 与运动, 64, 70-2, 73, 75
in organizations 在组织中, 69-70, 239, 244
and outsider jurisprudence 与局外人法学, 276-9
and political theory 与政治理论, 64-5, 525-6
politics of（权利的）政治, 347, 531-2, 533-4
and poverty 与贫困, 332-4, 338-9
reproductive 再生的, 266, 282, 286, 340, 344, 516
second generation 第二代, 65, 526, 533
and sexuality 与性征, 497
social construction 社会建构, 66, 74
and Supreme Court 与最高法院, 3
third generation 第三代, 65, 526, 533
and universalism 与普遍主义, 481, 482
as utopia 作为乌托邦, 593-5
of women 妇女的, 187, 472, 477-8, 480-2, 483, 512-13, 598-9
Riles, Annelise 安妮丽丝·瑞尔斯, 563 n. 7
risk 风险, 21, 216, 292-305
and criminal justice 与刑事司法, 292, 294, 295-300, 301, 303, 320

global 全球的, 300-1
and governmentality 与治理术, 301-2, 304
and individuals 与个人, 293-4, 301-2
and intellectual property rights 与知识产权, 381
and policing 与警务, 294, 298
and sanctions 与制裁, 297-8, 304
and tort law 与侵权法, 298-300, 304, 305
risk society 风险社会, 293, 300-2, 304, 305
Roberts, D. 罗伯茨, 344
Robson, Ruthan 卢桑·罗布森, 497-9
Roe v. Wade 罗伊诉韦德案, 65, 71, 516
Romano, C. 罗曼诺, 631
Romer v. Evans 罗默诉埃文斯案, 272, 283
Romkens, Renée 蕾妮·罗姆肯斯, 422
Rorty, Richard 理查德·罗蒂, 479
Rosaldo, Renato 雷纳托·罗萨多, 428
Rose, N. 罗斯, 16
Rosenberg, Gerald N. 杰拉德·罗森伯格, 70-2, 184, 187, 512
Rosenberg, Norman 诺曼·罗森伯格, 102
Rosga, A. 罗斯伽, 495
Ross, H. Lawrence 劳伦斯·劳斯, 48
Rothman, David 戴维·罗思曼, 317
Rubin, E. 鲁宾, 123
rule of law 法治
and administrative law 与行政法, 48
and backlash jurisprudence 与抵制性法学, 285
and colonial and postcolonial law 与殖民和后殖民法, 571, 572, 580
and democracy 与民主, 523-4, 525-6, 530-1, 533
and globalization 与全球化, 162, 605-17
international comparisons 国际比较, 119
and international tribunals 与国际审判庭,

592
    and legal reform 与法律改革, 3, 517, 605-17
    and policing 与警务, 132, 313
    and politics 与政治, 23, 275
    and prisons 与监狱, 315
    and rights 与权利, 65, 593
Russell Sage Foundation 拉塞尔·塞奇基金会, 343
Russia 俄罗斯
    Constitutional Court 宪法法院, 179, 182, 184
    and juries 与陪审团, 208
    and transition from state socialism 与从国家社会主义的转型, 605, 608-9, 610-15
    see also Soviet Union 也见"苏联"
Rust v. Sullivan 拉斯特诉沙利文案, 286

Said, Edward 爱德华·萨义德, 397, 556
Salecl, Renata 雷纳塔·塞勒克尔, 478
Samuelson, Pamela 帕梅拉·塞缪尔森, 370
sanctions 制裁
    and immigration 与移民, 359
    intermediate 中级的, 319
    and international law 与国际法, 78
    and regulation enforcement 与规制实施, 222-3, 235-6
    risk-based 基于风险的, 297-8, 304
    see also prisons 也见"监狱"
Sandys, M. and Dillehay, R. C. 桑迪斯和迪勒海, 205
Santos, Boaventura de Sousa 博温图拉·德·索萨·桑托斯, 404, 534-7, 538, 571, 578, 602, 626
Sarat, Austin 奥斯汀·萨拉特, 51, 103, 335-6
Sarat, Austin and Berkowitz, R. 奥斯汀·萨拉特和R.伯科维茨, 399
Sarat, Austin and Felstiner, W. L. F. 奥斯汀·萨拉特和W. L. F. 菲尔斯提纳, 158
Sarat, Austin and Kearns, Thomas 奥斯汀·萨拉特和托马斯·基恩斯, 591
Sarat, Austin and Scheingold, Stuart 奥斯汀·萨拉特和斯图亚特·施因古尔德, 161
Sarat, Austin and Silbey, Susan, 奥斯汀·萨拉特和苏珊·希贝, 331, 428
Sarbanes Oxley Act (US; 2002)《萨班斯-奥克斯利法案》(美国, 2002), 154
Sassen, Saskia 萨卡亚·萨森, 579, 625
Scalia, Antonin 安东宁·斯卡里亚, 272, 280, 283
Schattschneider, E. E. 莎特施内德, 528
Scheingold, Stuart 斯图亚特·施因古尔德, 510
Schengen Convention《申根协定》, 357
scholarship, postrealist 后现实主义学术, 1-9, 44
Scholz, John T. 约翰·T. 肖尔茨, 222
Scholz, John T. and Feng Heng Wei 约翰·T. 肖尔茨和魏·逢亨, 218-19
Schubert, Glendon 格伦顿·舒伯特, 181
Schuller, R. A. and Hastings, R. A. 舒勒和哈斯汀斯, 202
Scottoline, Lisa 丽莎·斯科特林, 95
security, national, and immigration control 国家安全, 与移民控制, 363-4
Sedgwick, Eve 伊芙·赛奇维克, 487
Segal, Jeffrey A. and Spaeth, Harold J. 杰夫里·A. 西格尔和哈罗德·J. 斯佩思, 183, 186-7, 275
segregation, de facto/de jure (事实或法律上的)隔离, 459-60
Sell, Susan 苏珊·塞尔, 383
Selznick, Philip 菲利普·塞尔兹尼克, 51, 53

n. 14, 221, 527
sentencing 判决
    determinate 终局的, 318
    mandatory minimum 强制的最低限度, 198
    and racial discrimination 与种族歧视, 321
    and risk 与风险, 296-7, 303, 304
    and war on crime 与打击犯罪 318-19
    see also death penalty 也见"死刑"
Seron, C. 塞隆, 157, 159
Seven Bishops case 七主教案, 196-7
sex offenders, and risk reduction 性罪犯, 与减少风险, 294, 297
sexuality 性征
    and class 与阶级, 494
    control 控制, 492-3
    gay and lesbian 男同性恋与女同性恋, 487-8, 489, 492-3
    and identity 与认同, 473, 475-9, 488-9, 496-8
    in law and society scholarship 在法律与社会研究中, 487-500
    in legal discourse 在法律话语中, 474-7
    and race 与种族, 459-60
    see also heterosexuality 也见"异性恋"
Shaffer, G. 沙夫, 626
Shale, Suzanne 苏桑尼·舍尔, 102-3
Shamir, Ronen 罗恩·夏米尔, 85-6, 88, 149, 576
Shapiro, M. 夏皮罗, 626
Sharei Tzedeck case 沙阿雷·茨厄德克案, 401
Sharpe, Andrew 安德鲁·夏普, 490
Shearing, S. and Stennig, P. 希林和斯滕宁, 292
Sherwin, Richard K. 理查德·K. 舍温, 104
Shihata, Ibrahim F. I. 伊波拉汉·F. I. 什哈塔, 609

Shulman, Seth 塞斯·舒尔曼, 377
Sidney, Philip 菲利普·西德尼, 98
signaling theory 信号理论, 426-7
Silbey, Susan 苏珊·希尔贝, 83, 590, 633
Silverstein, Helena 赫勒娜·希尔沃斯坦, 515
Simmel, Georg 格奥尔格·齐美尔, 16
Simon, Jonathan 乔纳森·西蒙, 86-7, 292, 343-4, 345
Simon, Rita James 丽塔·詹姆斯·西蒙, 44, 201
Simon, W. W. 西蒙, 341
Simpson, O. J. 辛普森, 96, 97, 103, 199, 203
Singapore, and community policing 新加坡, 与社区警务, 138
Skolnick, Jerome 杰罗姆·斯科尔尼克, 46, 312-13, 315-16, 323 n. 8
Slaughter, A.-M. 斯劳特, 627
Smart, Carol 卡罗尔·斯玛特, 478
Smart, Carol and Neale, B. 斯玛特和尼勒, 263
Smigel, E. O. 斯密戈尔, 42-3
Smith, Dorothy 多罗茜·史密斯, 81, 91
Smith, Rogers 罗格斯·史密斯, 401
Snyder, Francis 弗朗西斯·斯奈德, 573, 629
Sobczak, A. 索波科扎克, 630
social contract theory 社会契约论, 525-6
social democracy 社会民主
    and legality 与法制, 533-4
    and liberal democracy 与自由民主, 525, 535
    and rights 与权利, 65, 526, 528
    and welfare 与福利, 339, 525
social science 社会科学
    case examples 案例, 421-7
    and characterization of "the social" "社会性"的特征化, 15-16
    classic social theory 古典社会理论, 15-18,

23, 232

and cultural analysis 与文化分析, 30, 32, 35-6, 106, 109

and democracy 与民主, 410, 412

and globalization 与全球化, 25-6

and governance 与治理, 4-5, 615

"junk"/legitimate "伪"/正当的 410-13, 416-17, 419, 428

and law 与法律, 15-27, 33

and law and society movement 与法律与社会运动, 1-2, 8, 31, 32

legal appropriation 在法律上的适用, 414-21

and legal authority 与法律权威, 23-5

and legal decision making 与法律决定, 410-29

and legal realism 与法律现实主义, 2-4, 31, 37, 331, 427-9

and Marxian theory 与马克思主义理论, 53 n. 10

and modernity 与现代性, 16-17, 33, 43

neo-Marxist turn 新马克思主义转向, 43

and postmodernity 与后现代性, 19-20

reformist 改革主义者, 2, 528-32

as situated 特定情境下的, 30-1

and society as situated 与社会在特定情境下, 36

see also methodology 也见"方法论"

society 社会

in classic social theory 在古典社会理论中, 16-18

and community 与社区/共同体, 26-7

and individual 与个人, 19-20, 525

legal construction 法律建构, 24, 25, 68, 257

and postmodernity 与后现代性, 19

and risk 与风险, 21, 300-2, 304, 305

see also law and society 也见"法律与社会"

sociology 社会学

Chicago School 芝加哥学派, 43, 330

of legal culture 法律文化的, 51

of professions 职业的, 41-3

Sondak, H. and Sheppard, B. 桑达克和谢泼德, 443

Songer, Donald R. 唐纳德·R. 松格, 172

Songer, Donald R., Segal, Jeffrey A., and Cameron, Charles M. 唐纳德·R. 松格、杰夫里·A. 西格尔和查尔斯·M. 卡梅隆, 185, 186

South Africa 南非

and apartheid 与种族隔离, 88, 530-1, 569, 580

and legal transfer 与法律迁移, 122, 574

and selection of judges 与法官遴选, 177

Truth and Reconciliation Commission "真相与和解委员会", 581

sovereignty 主权

in Foucault 在福柯的理论中, 20

and globalization 与全球化, 74, 582, 626, 627

and immigration 与移民, 354, 356, 358

and law 与法律, 20, 256, 533, 578, 579-80, 582, 591

popular 大众的, 525

and rights 与权利, 592-3, 594, 600

Soviet Union 苏联

and legal scholarship 与法学研究, 614

and selection of judges 与法官遴选, 177-8, 178

and state socialism 与国家社会主义, 605, 607-9, 614

and transition to democracy 与向民主转型,

608-9
see also Russia 也见"俄罗斯"
space 空间
 legal 法律的,552-3,559-61,576,579
 privatized 私人的,380-1
 social 社会的,26
Spaeth, Harold J. 哈罗德·J. 斯佩思,172
Spain 西班牙
 and immigration 与移民,358,363-4
 and juries 与陪审团,208
Sparer, Ed 埃德·斯帕勒,332
Stanko, B. and Curry, P. 斯坦科和柯里,496
stare decisis principle 遵循先例原则,37,185-6
state 国家
 coercive powers 强制性权力,20,27,47,219-20,527,578
 and community 与社区/共同体,141
 and control of lawyers 与律师的控制,149
 and economic control 与控制的经济,607-12
 and the family 与家庭,255-6,264
 and governmentality 与治理术,21,304
 and immigration 与移民,356-9
 and individuals 与个人,63,64,282,525-6,594
 multicultural 多元文化的,285,362-3,394-5,397-8
 and religion 与宗教,394,395-7,399-406
 and rights 与权利,594-5
 and risk management 与风险管理,302
 and social change 与社会变迁,4
 see also democracy; nation-state; sovereignty 也见"民主"、"民族国家"、"主权"
State of Israel v. Bank Leumi and others 以色列诉国民银行案,420,425-7
State of New Hampshire v. Hungerford 新罕布什尔州诉亨格福德案,422
state socialism 国家社会主义,605,607-9,610-12,613-16
Steinberg, M. 斯泰因贝格,84,92
Stoler, Ann 安·斯托勒,562 n. 5
Strauss, Anselm 安塞姆·斯特劳斯,43
Strickland v. Washington 斯特里克兰诉华盛顿案,321
Strodtbeck, Fred 弗雷德·斯托特柏克,201
structuralism 结构主义
 feminist 女权主义,478-9
 Marxist 马克思主义,82
Stychin, Carl 卡尔·史迪欣,494
subjectivity 主体性
 heterosexual 异性恋的,490
 and law 与法律,472-7,478-9,480,537
Sumner, Colin 科林·萨姆勒,32
Supreme Court 最高法院
 and affirmative action 与平权行动,172,281,512
 and backlash jurisdiction 与抵制性司法,280-2,285-6
 Data Base 数据库,172
 and death penalty 与死刑,199,319,320,423-5
 and decision making 与决策,171,179-81,185-7
 and defense lawyers 与辩护律师,314,321
 and grievance procedures 与申诉程序,244
 and ideology 与意识形态,275,285,423,425,463
 and immigration 与移民,361
 and juries 与陪审团,202,207
 and legal realism 与法律现实主义,3,37,275
 and mass media 与大众传媒,105

and police 与警察, 142-3

and preventive detention 与预防性拘留, 320

and race 与种族, 322, 343, 457-8, 463-4

and religious communities 与宗教委员会, 401

and rights 与权利, 70-1, 531-2

and selection of judges 与法官遴选, 171, 560

and sexuality 与性征, 495

and social science 与社会科学, 423-5, 429

Surrette, Ray 雷伊·萨勒特, 102

surrogacy, and family law 代孕, 与家庭法, 261

surveillance 监视

in disciplinary society 与规训社会, 20, 492-3

by police 通过警察的, 46, 140

and welfare 与福利, 336, 340, 341, 342, 345

Sweden 瑞典

and community policing 与社区警务, 138, 139

and immigration 与移民, 359

Switzerland, and immigration 瑞士, 与移民, 359

systems theory 系统理论, 484

Tanase, T. 塔纳西, 122

Tarantino, Quentin 昆汀·塔伦蒂诺, 103

Tate, C. Neal C. 尼尔·塔特, 172

Taylor, J. and Chandler, T. 泰勒和钱德勒, 495

Teitel, Ruti 璐蒂·泰特尔, 600, 601-2

terrorism 恐怖主义

and immigration control 与移民控制, 363-4

religious 宗教的, 393, 397-8, 402, 403-4, 406

Teubner, G. 托依布纳, 22, 629

textuality, and reification 文本性, 与物化, 91

Thibaut, John and Walker, Laurens 约翰·蒂伯和劳伦斯·沃克, 435-6, 440-1, 445

Third World, and cause lawyering 第三世界, 与事业型律师业务, 162

Thomas, Clarence 克拉伦斯·托马斯, 280

Thompson, E. P. 汤普森, 317

Thompson, John B. 约翰·汤普森, 84, 86, 87-8, 89

Thoreau, Henry David 亨利·大卫·梭罗, 103

Thornton, Margaret 玛格丽特·桑顿, 492

Tilly, Charles 查尔斯·梯利, 509

Tocqueville, Alexis de 阿列克西·德·托克维尔, 101, 103, 198, 523

tort law 侵权法

reforms 改革, 207

and risk 与风险, 298-300, 304, 305

Torture Convention 《反酷刑公约》, 596-7

trademarks 商标, 369-70, 372-3, 374, 378-82

tradition, in backlash jurisprudence 传统, 在抵制性法学中, 272-3, 280-2, 284-5

transfer, legal 法律转型, 121-3, 555, 571, 574, 578, 614

"trouble cases" "棘手案件", 39

Trubek, David 戴维·楚贝克, 40

Trubek, David and Esser, John 戴维·楚贝克和约翰·埃塞尔, 4

trustworthiness, and procedural justice 可信性, 与程序正义, 446-7

truth 真理

and ideology 与意识形态, 85, 86, 88-9

and legal epistemology 与法律认识论, 412

and mass media 与大众传媒, 100, 106

Tyler, T. R. T. R. 泰勒, 436

Ulmer, S. Sidney 西德尼·S. 乌尔莫, 37, 181

United Kingdom *see* Britain United Nations 英国，见"大不列颠联合王国"，578，580，592，594-5

United States of America 美国
 and affirmative action 与平权行动，517
 and antidiscrimination backlash 与反歧视抵制，271-5，278，279-82，283-6，334-5，518
 and class 与阶级，330-1
 and conciliatory justice 与调解性司法，570
 and courts 与法院，171-2，179-82
 and criminal justice system 与刑事司法制度，309-12
 and democracy 与民主，530-1，555
 and family law 与家庭法，260，264
 and globalization 与全球化，108，626
 and immigration 与移民，131，354，355，358-9，361，362-4，458-9，464，557-8
 and information economy 与信息社会，375-6，383-4，386
 and intercountry adoption 与跨国收养，357-8
 and International Criminal Court 与国际刑事法院，600
 and juries 与陪审团，196，197-8，199，200，202，203-4，207
 and lawyers 与律师，146-63，515
 and litigation 与诉讼，119，220，299
 and origins of law and society movement 与法律与社会运动的起源，6，32，33-4
 and policing 与警务，132-3，134-5，136，137-9，140，142
 and popular culture 与大众文化，108
 and poverty 与贫困，330-47
 and private prisons 与私立监狱，140
 and problematization of the social 与社会的问题化，5-6
 and race 与种族，453
 and regulation 与规制，47-8，215-23
 and rights movements 与权利运动，70-2，511，529
 and risk-based government 与基于风险的治理，303
 and same-sex relationships 与同性关系，260，264，284，496-7
 and selection of judges 与法官遴选，171，175-9，297，517
 and sentencing 与判决，198，296-7，304，318-19
 and social science in legal decision making 与法律决策中的社会科学，410-29
 and welfare 与福利，89

United States v. Lopez 合众国诉洛佩兹案，281-2

United States v. Salerno 合众国诉塞勒诺案，320

Universal Declaration of Human Rights《世界人权宣言》，577-8，592，595，598

universalism 普遍主义
 and ethnography 与民族学，554-6
 and law 与法律，87，605，608
 and rights 与权利，478-9，480-1，482，594-5，598

US Constitution 美国宪法
 and backlash jurisprudence，与抵制性法学，280-2
 and copyright 与著作权，370
 and jury trial 与陪审团审判，197
 and legality 与合法性/法制，527
 and policing 与警务，142-3
 and religion 与宗教，396
 and selection of judges 与法官遴选，176

索 引

US Courts of Appeals 美国联邦上诉法院, 181, 185-6
US Environmental Protection Agency 美国环境保护署, 215-16, 223
US Food and Drug Administration 美国食品药品管理局, 219
US Immigration and Naturalization Service 美国移民归化局, 131, 354, 358, 359
US Sentencing Commission 美国判决委员会, 319

Vaidhyanathan, Siva 西瓦·维德亚纳森, 370, 371-2
Valdes, Francisco 弗朗西斯科·瓦尔德斯, 454
values, internalization 价值, 内在化, 443-4
Van den Haag, E. 范·邓·哈格, 415
Van Hoy, Jerry 杰里·范赫伊, 53 n.6, 159
Venturelli, Shalini 沙丽妮·温图莱利, 383-4
Vera Institute of Justice (US) 维拉司法研究所（美国）, 314
victimization, and identity construction 迫害, 与身份建构, 474-5, 480
violence 暴力
    domestic 国内的, 134-5, 322, 479, 480, 495, 598
    and family law 与家庭法, 259
    and human rights 与人权, 589-602
    and immigration control 与移民控制, 358
    legal 法律的, 36, 39, 47, 496-9
    police 警察, 47, 312, 321, 344
    religious 宗教的, 402, 403
    and sexuality 与性征, 488, 495-8
Vogel, David 戴维·沃格尔, 217
Von Hirsch, Andrew 安德鲁·冯·赫希, 318

Walker, Thomas 托马斯·沃克尔, 173

war on crime, in law and society scholarship 打击犯罪, 在法律与社会研究中, 310, 315-22
war crimes 战争罪, 311, 571, 581, 591-2, 596
War on Poverty "向贫困宣战", 334-5, 529
Washington Consensus《华盛顿共识》, 632-3
Weber, Max 马克斯·韦伯
    and law and capitalism 与法律与资本主义, 113
    and law and organizations 与法律与组织, 232, 237
    and legality 与合法性/法制, 23
    and religion and modernity 与宗教和现代性, 393, 400
    and the social 与社会, 15-17, 32-3, 35
Weitzer, R. 维泽尔, 456
welfare 福利
    administration 行政, 340-1, 342-3, 346
    and backlash jurisprudence, 与抵制性法学, 284
    and entitlement 与资格, 89, 335, 338, 339, 341
    and legal consciousness 与法律意识, 335
    and politics 与政治, 345, 346, 347, 529
    as private government 与私人治理, 341-3, 345
    and social democracy 与社会型民主, 339, 525
welfare state 福利国家
    and administration 与行政, 340-1, 528
    and child support 与儿童抚养, 264
    and critical research 与批判研究, 337-8
    and dependency 与独立性, 89, 331, 337-43, 344, 345, 530
    and gender 与性别, 337-8
    and moral citizenship 与道德公民权, 338-40, 342

and race 与种族,332,337-8,340,343-4
and reform 与改革,345
and risk 与风险,302
and social insurance 与社会保险,5,298, 299-300
and surveillance 与监视,336,340,341, 342,345

welfarism, and problematization of the social 福利主义,与社会的问题化,4-5
Wells, H. G. 威尔斯,594
Weschler, Lawrence 劳伦斯·维施勒,596
West, Cornel 康奈尔·威斯特,454
Westley, William 威廉·韦斯特利,323 n. 3
White, Lucie 露西·怀特,335-6,342,537
White, Susan and Krislov, Samuel 苏珊·怀特和塞缪尔·克里斯洛夫,316
Wickersham Commission Report (US; 1931) 威克沙姆委员会报告(美国,1931),312
Wilkins, D. B. 威尔金斯,156
Wilkinson, Sue 威尔金森,489
Williams, L. A. L. A. 威廉姆斯, 89
Williams, Patricia 帕特里夏·威廉姆斯,66-7, 344,454,461
Willis, Paul 保罗·威利斯,548,561-2 n. 2
Wilson, James Q. 詹姆斯·威尔森,224,316
Wilson, Richard 理查德·威尔森,581,593
Wisconsin v. Yoder 威斯康星州诉犹德案,399
witnesses, expert 专家证人,414,416-28
Wolfgang, M. E. and Reidel, M. 沃尔夫冈和雷德尔,424
women 妇女
and colonial law 与殖民法,575,577
and crime prevention 与犯罪预防,303-4
and domestic violence 与国内暴力,134-5, 259,322,479,480,598

and effects of divorce 与暴力的影响,258-9,264
and genital mutilation 与割礼,403,481, 513
as jurors 作为陪审员,199,203
as lawyers 作为律师,42-3,148,155-6,160
and legal anthropology 与法律人类学,556-7,563 n. 7
and poverty 与贫困,264,337,339-40,341, 342
and religious violence 与宗教暴力,402, 403
and reproductive choice 与再生产选择, 266,282,286,340,344,516
and rights 与权利,187,472,477-8,480-2, 483,512-13,518,598-9
workplace 工作场所
and drug testing 与毒品测试,303
and legal rights 与法律权,69,70,518-19
and regulation 与规制,221
and tort law 与侵权法,298
World Bank 世界银行,74,122,577-8,609
World Intellectual Property Organization (WIPO) 世界知识产权组织,383
World Trade Organization 世界贸易组织,122, 382,625,632-3

Yeltsin, Boris 鲍里斯·叶利钦,184,606
Yngvesson, Barbara 芭芭拉·扬维森,105
Yntema, H. E. 英特玛,2
Young, Alison 埃里森·杨,489-90,491

Zimring, Franklin 富兰克林·齐姆灵,6
Zirakzadeh, C. E. 齐拉克扎德,509
Zumbansen, P. 祖班森,629

译 后 记

六百多页的英文原著终于变成了七百多页的中文译稿，其中凝聚着六位译者一年来的心血和汗水，也蕴含着对于学术的敬畏与寄托。本书是一部综合性、全景式的学科要览和指南，兼具学术推介与探索之功能。书中汇集"法律与社会研究"领域之八方翘楚，对此新兴学科所涉及之诸多方面的成就与问题，展开了广泛且深入的探讨，其中不乏褒贬抑扬与回顾展望。

作为译者，我们在感慨原著之恢宏博大的同时，亦深知任务之艰巨与繁重。本书涉及众多领域，横跨若干学科，其中无数人名、称谓、事件、著作和学说，有些是汉语学术中首次出现，这些都对译者的工作构成了重大的挑战。译事之难，译事之险，个中滋味，如鱼饮水，非亲历者不能体会。不过，或许这种"如履薄冰"的心情正是译者应有的态度，非如此不足以达成最低限度的译著品质。更重要的是，高鸿钧教授的身体力行和率先垂范，使我等后辈在感佩之余，不敢有稍许松懈与怠惰。此外，作为本书译事的"副召集人"，要向我的好友危文高博士和吕亚萍，以及高鸿钧教授的两位高足秦士君和赖骏楠表示感谢，有他们的加盟和贡献，才使本书得以尽快面世。六位译者的分工如下：

高鸿钧：前言、导论、第1、2、6、22、26、27、28、29、30、31、32章；

刘　毅：第7、8、9、10、11、12章，作者介绍及索引；

危文高：第18、19、20、21章；

吕亚萍：第13、14、15、16、17章；

秦士君：第23、24、25章；

赖骏楠：第3、4、5章。

为了因应中文图书的编排传统，我们对原著的篇章顺序略作调整，特此说明。

最后，书中有若干难以定夺的关键词，得到了北大法学院张骐教授及其远在美国的学生James E. McCurley的建议和帮助，蒋浩先生和沈明博士对此书的引进翻译贡献很多，在此一并表示感谢。学术翻译在很大程度上是一种未完成的开放性的事业，期待方家、同道与读者们给予批评和指正，也期待这本译著的面世能够打开一片崭新的学术天地。

刘　毅

2010年12月25日

北京市版权局著作权合同登记号　图字：01-2008-4508
图书在版编目(CIP)数据

布莱克维尔法律与社会指南/(美)萨拉特编；高鸿钧等译.—北京：北京大学出版社，2011.1
ISBN 978-7-301-16232-3

Ⅰ.①布…　Ⅱ.①萨…②高…　Ⅲ.①法律-关系-社会-理论研究　Ⅳ.①D9②C91

中国版本图书馆CIP数据核字(2010)第208261号

The Blackwell Companion to Law and Society, edited by Austin Sarat
© 2004 by Blackwell Publishing Ltd
Except for editorial material and organization © 2004 by Austin Sarat
First published 2004 by Blackwell Publishing Ltd
All rights reserved. No part of this publication may be reproduced, stored in a retrieval system, or transmitted, in any form or by any means, electronic, mechanical, photocopying, recording or otherwise, except as permitted by the UK Copyright, Designs, and Patents Act 1988, without the prior permission of the publisher.
Simplified Chinese translation copyright © 2010 by Peking University Press
ALL RIGHTS RESERVED.

书　　　名：	布莱克维尔法律与社会指南
著作责任者：	〔美〕奥斯汀·萨拉特　编　高鸿钧等　译
责 任 编 辑：	姜雅楠
标 准 书 号：	ISBN 978-7-301-16232-3/D·2496
出 版 发 行：	北京大学出版社
地　　　址：	北京市海淀区成府路205号　100871
网　　　址：	http://www.yandayuanzhao.com　电子邮箱：law@pup.pku.edu.cn
电　　　话：	邮购部62752015　发行部62750672　编辑部62117788　出版部62754962
印 刷 者：	北京中科印刷有限公司
经 销 者：	新华书店
	787毫米×1092毫米　16开本　48.5印张　971千字
	2011年1月第1版　2011年1月第1次印刷
定　　　价：	88.00元

未经许可，不得以任何方式复制或抄袭本书之部分或全部内容。
版权所有，侵权必究
举报电话：010-62752024　电子邮箱：fd@pup.pku.edu.cn